Zakwoordenboek der Geneeskunde

Richtgetallen voor referentiewaarden van bloed- en urinebestanddelen in SI-eenheden
B = bloed P = plasma S = serum U = urine

bestanddeel	*conditie*	*referentiewaarde*	*eenheden*	*opmerkingen*
S AF (alkalische fosfatase)	volwassene	30 - 90	U/l	(30 °C)
	3 - 15 jaar	90 - 300	U/l	(30 °C)
S ALAT (SGPT)		< 30	U/l	(30 °C)
S ASAT (SGOT)		< 25	U/l	(30 °C)
S LD		< 320	U/l	(30 °C)
S $_{\gamma}$GT	vrouw	< 24	U/l	(30 °C)
	man	< 30	U/l	(30 °C)
S CK	vrouw	< 105	U/l	(30 °C)
	man	< 120	U/l	(30 °C)
S CK-MB		2 - 3	%	
S amylase		30 - 160	U/l	(30 °C) methode afh.
S TSH		0,2 - 3,0	mU/l	methode afh.
S FT_4 (vrij T_4)		11 - 25	pmol/l	methode afh.
S T_3		1,3 - 2,9	nmol/l	methode afh.
S T_4		75 - 175	nmol/l	methode afh.
S cortisol	8 uur	0,25 - 0,70	µmol/l	
	na 16 uur	0,14 - 0,33	µmol/l	
B hemoglobine (Hb)	vrouw	7,4 - 9,6	mmol/l	
	man	8,5 - 11,0	mmol/l	
B erytrocyten	vrouw	3,7 - 4,9	10^{12}/l	
	man	4,2 - 5,4	10^{12}/l	
B hematocriet (Ht)	vrouw	0,36 - 0,46	l/l	
	man	0,41 - 0,51	l/l	
B MCV		85 - 103	fl	f=femto=10^{-15}
B MCH		1,8 - 2,2	fmol	
B MCHC		19 - 23	mmol/l	
B reticulocyten		< 20	0/00	
B trombocyten		150 - 400	10^9/l	
B leukocyten		4,0 - 11,0	10^9/l	
B differentiatie				
granulocyten				
• basofiele		< 0,2	10^9/l	0 - 1 %
• eosinofiele		< 0,4	10^9/l	0 - 6 %
• neutrofiele			10^9/l	2 - 4 %
- staafkernige		< 0,6		
- segmentkernige		1,6 - 9,0	10^9/l	50 - 70 %
lymfocyten		0,3 - 3,0	10^9/l	20 - 45 %
monocyten		0,2 - 0,8	10^9/l	2 - 10 %
B BSE	vrouw	1 - 15	mm/h	
	man	1 - 5	mm/h	
B bloedingstijd	Ivy	< 4	min	
	template, simplate	< 10	min	
B APTT (cefalinetijd)		24 - 40	s	
B PT (protrombinetijd)		11 - 14	s	
B fibrinogeen		2,0 - 4,0	g/l	
B FDP		< 10	mg/l	
B D-dimeer		< 0,5	mg/l	
B antitrombine III (ATIII)		> 70	%	
B trombotest TT	therapeutisch bereik	110 - 170	s	afh. v. indicatie
B INR (TT,PT)	therapeutisch bereik	3,0 - 4,5		afh. v. indicatie
U calcium		2,5 - 7,5	mmol/24 h	
U fosfaat		13 - 42	mmol/24 h	
U creatinine		7,0 - 17,0	mmol/24 h	
U amylase		50 - 825	U/l	
U soortelijk gewicht (s.g.)		1,007 - 1,035	kg/dm^3	methode afh.
U osmolaliteit		50 - 1400	mosmol/kg	methode afh.

COËLHO

Zakwoordenboek der Geneeskunde

vijfentwintigste druk
geheel opnieuw bewerkt door
A.A.F. Jochems en F.W.M.G. Joosten

bevattende de meeste in de geneeskunde
voorkomende uitheemse en Nederlandse
woorden, uitdrukkingen,
afkortingen enz.

Elsevier / Koninklijke PBNA
Arnhem 1997

Eindredactie:	Henk Deen
Bureauredactie:	Brigitte Rondeltap-Kaal
Omslagontwerp:	Rob Buschman bNO
Druk- en bindwerk:	Koninklijke Wöhrmann bv, Zutphen
Uitgave:	Koninklijke PBNA bv, Arnhem
Uitgever:	A. Huson

CIP-GEGEVENS KONINKLIJKE BIBLIOTHEEK, DEN HAAG

Coëlho

Zakwoordenboek der Geneeskunde: bevattende de meeste in de geneeskunde voorkomende uitheemse en Nederlandse woorden, uitdrukkingen, afkortingen enz. / Coëlho. -
Arnhem: Elsevier-Koninklijke PBNA.
Vanaf de 24e dr. geheel en opnieuw bew. door A.A.F. Jochems en F.W.M.G. Joosten; [eindred. Henk Deen]
Oorspr. titel: Practisch verklarend zakwoordenboek der geneeskunde - 's-Gravenhage : Van Goor, 1946.
ISBN 90-6228-255-5 geb.
NUGI 186/741
Trefw.: geneeskunde; woordenboeken

ISBN 90 6228 255 5
NUGI 186/741

Dit zakwoordenboek staat ten dienste van de medische, paramedische, farmaceutische, verpleegkundige en verzorgende beroepen

activiteitenbegeleiders
acupuncturisten
akoepedisten
ambulanciers
analisten
apothekers
apothekersassistenten
arbeidstherapeuten
artsen
bejaardenverzorgenden
bewegingstherapeuten
biochemici
chiropodisten
dierenartsen
diëtisten
docenten gezondheidszorg
doktersassistenten
ergotherapeuten
farmaceuten
functielaboranten
fysiotherapeuten
gezinsverzorgenden
gezondheidskundigen
gezondheidsvoorlichters
heilgymnasten-masseurs
huidtherapeuten
kinesitherapeuten
kraamverzorgenden
laboranten
logopedisten
manicuren
masseurs
medisch administrateurs
medisch assistenten
medisch codeurs
medisch laboranten
medisch-maatschappelijk werkers
medisch receptionisten
medisch secretaressen
mondhygiënisten
natuurgeneeskundigen
oefentherapeuten Cesar
oefentherapeuten Mensendieck
operatie-assistenten
orthoptisten
pedicures
podotherapeuten
psychologen
psychotherapeuten
radiodiagnostische laboranten
radiotherapeutische laboranten
schoonheidsspecialisten
sociotherapeuten
sportmasseurs
sterilisatie-assistenten
tandartsassistenten
tandartsen
tandtechnici
verloskundigen
verpleegkundigen
verplegers/verpleegsters
verzorgenden
voedingsdeskundigen
voetverzorgers
ziekenhuishygiënisten
ziekenverzorgenden

Geheel herziene drukken

1946	Eerste druk
1947	Tweede druk
1949	Derde druk
1953	Vierde druk
1956	Vijfde druk
1960	Zesde druk
1964	Achtste druk
1968	Twaalfde druk
1972	Zestiende druk
1977	Achttiende druk
1980	Twintigste druk
1983	Eenentwintigste druk
1986	Tweeëntwintigste druk
1989	Drieëntwintigste druk
1993	Vierentwintigste druk
1997	Vijfentwintigste druk

Het Zakwoordenboek der Geneeskunde werd tussen 1937 en 1946 samengesteld door dokter M.B. Coëlho in Spivak (Colorado, V.S.).
Na zijn overlijden in 1947 werden de 3e en 4e druk verzorgd door Dr. P.H. van Rooijen.
Van 1956 tot 1989 werden de 5de tot en met de 23ste druk bewerkt door de arts G. Kloosterhuis.

Voorwoord

Al 50 jaar geldt het Zakwoordenboek der Geneeskunde, beter bekend als de Coëlho, als een degelijk, handzaam en volledig naslagwerk. Veel trefwoordomschrijvingen hebben een encyclopedisch karakter door de uitvoerigheid en de doorverwijzingen naar andere trefwoorden.

De uitgever heeft al heel wat jaren reactiekaartjes opgenomen in het woordenboek. Hierop kunnen de gebruikers suggesties geven voor verbeteringen van de inhoud. In de afgelopen jaren hebben wij meer dan 700 reactiekaartjes ontvangen. De suggesties zijn door ons zeer ter harte genomen.

In deze nieuwe editie zijn veel trefwoordomschrijvingen aangepast. De veranderingen hebben met name betrekking op de volgende aspecten:

- de tekst is aangepast aan de nieuwe spellingsregels;
- de leesbaarheid van de trefwoordomschrijvingen is verbeterd;
- een groot aantal bestaande omschrijvingen is geactualiseerd;
- relevante nieuwe begrippen en afkortingen zijn toegevoegd;
- waar mogelijk zijn verklaringen leesbaarder gemaakt, waarbij afkortingen en moeilijke woorden zo veel mogelijk zijn vermeden;
- het aantal doorverwijzingen is verminderd; alleen wanneer dit uit een oogpunt van studiewaarde nuttig is, wordt verwezen naar andere relevante trefwoorden;
- de psychiatrische rubriek is aangepast volgens DSM-IV.

Wij zijn ervan overtuigd dat deze herziene 25ste druk van het Zakwoordenboek mede daardoor aan leesbaarheid en bruikbaarheid heeft gewonnen en dat het een onmisbare vraagbaak zal zijn voor allen die door studie of beroepshalve met de geneeskunde te maken hebben.

Graag nodigen wij u uit om uw suggesties voor veranderingen of aanvullingen van de inhoud kenbaar te maken door gebruik te maken van de ingevoegde, portvrije reactiekaart.

Bavel/Dongen maart 1997

Drs. A.A.F. Jochems
Drs. F.W.M.G. Joosten

Aanwijzingen voor de gebruiker

Spellingvormen
In dit woordenboek worden de Nederlandse en de Griekse/-Latijnse spellingvormen bij de vetgedrukte trefwoorden dikwijls naast elkaar genoemd. De Nederlandse vorm wordt in dat geval als eerste vermeld, aangezien deze in het gewone spraakgebruik het meest wordt gebruikt en dus de meeste opzoekwaarde zal hebben, bijv. **anemie, anaemia**.

Samengestelde begrippen
In de medische terminologie komen zeer veel samengestelde begrippen voor, d.w.z. begrippen die opgebouwd zijn uit twee of meer (losstaande) woorden, bijv. anorexia nervosa en reactieve psychose. Deze bestaan dikwijls uit een zelfstandig naamwoord en een bijvoeglijk naamwoord. U vindt ze in dit woordenboek dan vrijwel altijd onder het zelfstandig naamwoord, in dit geval **anorexie, anorexia** en **psychose**. Het samengestelde begrip wordt daaronder als ondertrefwoord cursief weergegeven: ~ *nervosa* en *reactieve* ~, waarbij dus het hoofdtrefwoord is vervangen door een herhalingsteken (een tilde).

Voor- en achtervoegsels
Veel medische termen bevatten voor- of achtervoegsels waaraan men deels al de betekenis van het woord kan afleiden. De betekenis van de belangrijkste voor- en achtervoegsels wordt gegeven in de lijst op de pagina's XIV en XV.

Asterisk

Het asterisk-verwijzingsteken (*) wordt gebruikt indien voor een goed begrip van de tekst verwijzing naar een ander trefwoord noodzakelijk is. Het achter de asterisk genoemde woord is dan als trefwoord in het woordenboek opgenomen en geeft aanvullende informatie.
Dit wil echter niet zeggen dat woorden waarbij een asterisk ontbreekt, *niet* als trefwoord zijn opgenomen.

Afkortingen

De algemene afkortingen die in de trefwoordomschrijvingen worden gebruikt, worden verklaard in de Lijst van gebruikte afkortingen op pagina XI van het voorwerk.
Afkortingen die betrekking hebben op medische termen, kunt u als apart trefwoord vinden in het woordenboek.

Lijst van gebruikte afkortingen en tekens

a.	arteria
A	Amerikaans
afk.	afkorting
afw.	afwijking(en)
alg.	(in het) algemeen
anat.	anatomie, anatomisch
ant.	anterior
Ar	Arabisch
art.	articulatio
bact.	bacteriologie
bet.	betekenis
bijv.	bijvoorbeeld
bijv.nw.	bijvoeglijk naamwoord
bioch.	biochemie
biol.	biologie
ca.	circa
card.	cardiologie
c.q.	casu quo
chem.	chemie
chir.	chirurgie
D	Duits
derm.	dermatologie
d.i.	dat is
d.m.v.	door middel van
d.w.z.	dat wil zeggen
E	Engels
e.a.	en andere(n)
e.d.	en dergelijke

eig.	eigenlijk
embr.	embryologie
enkv.	enkelvoud
enz.	enzovoort
erf.	erfelijkheidsleer
evt.	eventueel
F	Frans
farm.	farmacie
fysiol.	fysiologie
G	Grieks
geb.	geboren
gyn.	gynaecologie
H	Hebreeuws
hoev.	hoeveelheid (-heden)
i.e.z.	in engere zin
Ind	Indonesisch of Indisch
inw.	inwendig
i.p.v.	in plaats van
i.t.t.	in tegenstelling tot
It	Italiaans
J	Japans
jrg.	jargon
L	Latijn
lab.	laboratorium (techniek)
lett.	letterlijk
lig.	ligament(um)

m.	musculus
M	Maleis
M.	Morbus
max.	maximaal
m.b.t.	met betrekking tot
m.b.v.	met behulp van
mnl.	mannelijk
mrv.	meervoud
N	Noors
n.	nervus
neur.	neurologie
nl.	namelijk
n.t.v.m.	niet te verwarren met
o.a.	onder andere
opp.	oppervlakte
orthop.	orthopedie
overdr.	overdrachtelijk
overl.	overleden
P	Portugees
path.	pathologie
ped.	pediatrie
pop.	populair spraakgebruik
post.	posterior
psych.	psychologie, psychiatrie
psych.an.	psychoanalyse
rec.	receptuur
resp.	respectievelijk
S	Spaans
smst.	(in) samenstelling(en)
syn.	synoniem
t.a.v.	ten aanzien van
t.b.v.	ten behoeve van
temp.	temperatuur
tgst.	tegenstelling
t.g.v.	ten gevolge van
v.	vena
vgl.	vergelijk
vklw.	verkleinwoord
vlg.	volgens
vnl.	voornamelijk
vrl.	vrouwelijk
wkw.	werkwoord
zgn.	zogenaamd, zogenoemd
zelfst.nw.	zelfstandig naamwoord
*	verwijzingsteken naar een eveneens opgenomen trefwoord
®	registered *E*, handelsmerk
~	tilde, herhalingsteken, komt in plaats van het voorafgaande trefwoord
→	leidend tot

In samenstellingen dikwijls voorkomende voor- en achtervoegsels

a-, an-	zonder, niet
aëro-	lucht
agog-	voortdrijvend
-alg(es)ie	pijn
allo-	anders
angio-	vat
aniso-	ongelijk
ante-	vóór, naar voren
anti-	tegen
apo-	(af)scheiding
art(h)r-	gewricht
auto-	zelf
bi-	twee(maal)
bio-	leven
brachy-	kort
brady-	langzaam
-chilie	lip(pen)
chrom-	kleur
-cide	dodend
-clast	afbraak
con-	samen
cryo-	koude
crypt-	verborgen
-cyt-	cel
derm-	huid
di-	dubbel
-dynie	pijn
dys-, dis-	abnormaal
ecto-	uit(wendig)
-ectomie	uitsnijding
end-, ent-	in, binnen
epi-	op, boven
ery-	rood
eu-	normaal
ex-	uit
extra-	uit, buiten
-fiel	affiniteit tot
-fobie	angst
-fonie	geluid
foto-	licht
fyt-	plant
gastr-	maag
-ge(e)n	veroorzakend
-gno	herkennen
-grafie	schrijven
gran-	gekorreld
grav-	zwaar
gyn-	vrouwelijk
helio-	zon
hema-	bloed
hemi-	half, eenzijdig
hemo-	bloed
hetero-	ongelijksoortig
hidr-	zweet
histo-	weefsel
holo-	geheel, volledig
homeo-	gelijksoortig, gelijk, constant
homo-	gelijksoortig
hydro-	water
hygro-	vocht
hyper-	vermeerderd
hypo-	verminderd
hyps-	hoog
hyster(o)	baarmoeder
-iatrie	geneeskunde
-ïd(e)	gelijkend op
idio-	kenmerkend
infra-	onder, beneden
inter-	tussen
intra-	in
iso-	gelijk
-itis	ontsteking
juxta-	nabij
karyo-	kern
kata-	neer, omlaag
-kines-	beweging
lepto-	dun; zacht

leuko-	wit
-lith-	steen
-logie	wetenschap
-lyse,	oplossing
macro-	groot
mal-	gebrekkig
medi-	midden
-mega(l)-	vergroting
meno-	menstruatie
meso-	midden
meta-	tussen
-metrie	meting
micro-	klein
mio-	minder
mono-	enkel, één
multi-	veel(voudig)
myc-	schimmel
myo-	spier
necro-	dood
nefr-	nier
neo-	nieuw
neuro-	zenuwen
-nomie	wet; regel
noso-	ziekte
nucleo-	kern
-oïd	gelijkend op
oligo-	weinig, gering
-oma, -oom	gezwel
ortho-	normaal
-ose,-osis	ziekte, aandoening
osteo-	been, bot
oto-	oor
pachy-	dik
para-	erbij; anders; verkeerd
-path-	ziek(te)
ped-	kind; voet
-penie	tekort
per-	door(heen)
peri-	rondom
-pexi	vasthechting
-plegie	verlamming
pluri-	veel(voudig)
-poëse	vorming van
polio-	grijs
-plasie	vorming
pneum-	adem, lucht, long
poly-	veel
post-	na
pre-	vóór
prieve-	tekort
pro-	voor
proto-	eerste
quadri-	vier
re-	opnieuw
ren-	nier
retro-	terug
r(h)ino-	neus
rhizo-	wortel
-rhoea	vloed
sclero-	hard
-scopie	bezichtiging
semi-	half
-stase	stilstand
steato-	vet
sub-	onder
supra-	boven
syn-	samen; tegelijk
tachy-	snel
tele-	einde; ver
tetra-	vier
thermo-	warmte
-tomie	insnijding
tox-	vergif
trans-	door(heen)
tri-	drie
trich-	haar
-trof-	voeding
-troop	affiniteit tot
ultra-	overtreffend
uni-	één
vaso-	(bloed)vat
xanth-	geel
xeno-	vreemd
xero-	droog
zoö-	dier

A

a aan het begin van een woord betekent dikwijls *niet* of *on*, bijv. septisch = ziektekiemen bevattend, aseptisch = ziektekiemvrij; afk. van atto = 10^{-18}.
a. afk. van 1. adde. 2. arteria, zie arterie.
A afk. van ampère.
α-helix zie eiwitstructuur.
α-stralen zie alfastralen.
aa. afk. van arteriae (meervoud van arteria, zie arterie).
a.a. afk. van aequalis aequalibus *L*, met eigen producten.
aa, āā (rec.) ana partes aequales *L*, van elk evenveel; syn. *ana.
AA afk. van anonieme alcoholisten; zie ook Al-Anon, alateen, ACA.
AAA afk. van aneurysma aortae abdominalis.
AAAA afk. van atherosclerotisch aneurysma van de abdominale aorta.
AACC afk. van 1. antistof-afhankelijke cellulaire cytotoxiciteit. 2. American association for clinical chemistry.
AAD afk. van 1. *ad animi deliquium. 2. alfa-l-antitrypsine-deficiëntie.
AAG afk. 1. artsenfederatie additieve (alternatieve) geneeskunde. 2. arts voor arbeid en gezondheid.
AAH afk. van analgetica-afhankelijke hoofdpijn.
A.a.l.a. afk. van achterhoofdsligging met het achterhoofd linksachter.
A.a.l.v. afk. van achterhoofdsligging met het achterhoofd linksvoor.
aambeeld zie incus.
aambei zie hemorroïde.
aandacht algemeen begrip voor het maken van bewuste keuzes uit datgene wat men kan waarnemen of denken; het vermogen zich langdurig selectief op één activiteit te richten.
aandachtstekortstoornis ~ *met hyperactiviteit*, (vlg. DSM-IV) stoornis bij kinderen vóór het zevende jaar optredend, met symptomen van aandachtstekort en hyperactiviteit-impulsiviteit en niet passend bij het ontwikkelingsniveau; kenmerken zijn o.a. bewegingsonrust, makkelijke afleidbaarheid, moeite met het opvolgen van instructies, moeite met rustig spelen, aan één stuk door praten, het niet op de beurt kunnen wachten, verstoring van andermans bezigheden, dikwijls dingen kwijtraken, dikwijls lichamelijk gevaarlijke dingen doen; syn. *ADHD-syndroom, hyperkinetisch syndroom; ~ *niet anderszins omschreven*, restgroep van stoornissen bij kinderen met als belangrijkste kenmerken onoplettendheid of hyperactiviteit-impulsiviteit, die niet voldoen aan de criteria van een aandachtstekortstoornis met hyperactiviteit; voorheen genoemd *ongedifferentieerde* ~.
aandrift het tempo en de intensiteit van iemands persoonlijke psychische dynamiek; syn. drijfveer.
aangeboren zie congenitaal.
aangezichtsligging (verlosk.) ligging van het kind in het baringskanaal met het aangezicht naar voren in plaats van met de kruin, maximale deflexieligging.
aangezichtspijn facialgie; pijn in (een deel van) het gelaat.

aangezichtsverlamming zie faciaal.
aangezichtszenuw nervus facialis, zie faciaal.
aangiftesysteem het meest bekende systeem om gegevens over infectieziekten te verzamelen; hierbij wordt een onderscheid gemaakt in A-, B- en C-ziekten; *A-ziekte*, een besmettelijke ziekte die onmiddellijk, ook bij vermoeden, op naam van de lijder, moet worden aangemeld (bijv. polio, buiktyfus); hierbij moeten soms direct maatregelen worden genomen om verdere verspreiding te voorkomen; *B-ziekte*, een besmettelijke ziekte die binnen 24 uur op naam moet worden aangemeld, alleen na vaststelling van de diagnose (bijv. hepatitis A en B, tuberculose); onderzoek van contacten kan nodig zijn; *C-ziekte*, besmettelijke ziekte waarvan aangifte moet worden gedaan zonder naamsvermelding (bijv. bof en *SOA zoals gonorroe en syfilis).
aanpassing zie adaptatie.
aanpassingsstoornis (vlg. DSM-IV) een voorbijgaande reactie, die binnen drie maanden na een herkenbare stressveroorzakende factor leidt tot het ontstaan van emotionele en gedragssymptomen (angst, depressieve stemming, teruggetrokkenheid e.d.) of lichamelijke klachten (vermoeidheid e.d.) en tekortkomingen veroorzaakt in het functioneren in beroep, studie of sociale activiteiten en/of ernstiger is dan verwacht had kunnen worden; rouwreacties behoren niet tot deze categorie.
aanranding het met geweld, of onder bedreiging van geweld, plegen van ontuchtige handelingen; zie ook verkrachting.
A.a.r.a. afk. van achterhoofdsligging met het achterhoofd rechtsachter.
aardappel- 1. *~lever*, grofknobbelige littekenlever zonder ontstekingsactiviteit. 2. *~gezwel*, gezwel van het glomus caroticum, gezwel van Hutchison.
aardbei *~galblaas*, zie cholester(ol)ose; *~tong*, zie scarlatina.
aars syn. *anus; *~kloof*, zie fissuur: fissura ani; *~made*, Enterobius vermicularis.
Aarskog-Scott-Welch *syndroom van ~*, faciodigitogenitaal syndroom.
A.a.r.v. afk. van achterhoofdsligging met het achterhoofd rechtsvoor.
AATB afk. van American association of tissue banks.
A.a.v. afk. van achterhoofdsligging met het achterhoofd voor.
AAW afk. van algemene arbeidsongeschiktheidswet.
Ab afk. van antibody (*E*), antistof of antilichaam.
abacterisch vrij van bacteriën.
abactio opgewekte abortus of partus.
abasie *G* onzekerheid bij het lopen.
abbelap (chir.) gesteelde lap van huid, spier en slijmvlies uit de onderlip naar de bovenlip of omgekeerd ter aanvulling van een tekort in één van beide.
abcedering het ontstaan van een abces; bijv.nw. *abcederend.*
abces, abscessus etterbuil, aanwezigheid van pus in een van tevoren niet bestaande holte in het lichaam; *Brodie-~*, een abces midden in het sponsachtig been van lange pijpbeenderen, een chronische osteomyelitis; *Douglas-~*, een abces in de ruimte van Douglas; *koud ~*, een abces dat voorkomt bij tuberculose; *metastatisch ~*, een abces, ontstaan op afstand van de primaire haard, doordat de bacteriën door het bloed zijn meegesleept; *peri-anaal ~*, abces bij de anus; *primair ~*, abces op de plaats van de infectiehaard; *verzakkings-~*, abces dat zich op een lager gelegen plaats heeft gevormd door een verplaatsing (verzakking), bijv. langs ruimten tussen de spierfasciën tot in de liesstreek.
ABC-schema volgorde in de werkwijze bij *reanimatie: *a*demweg vrijhouden;

*b*eademen; *c*ardiale massage; sommigen prefereren de volgorde *CAB*.
ABC-therapie afk. van arbeids-, bezigheids- en creatieve therapie.
abdomen *L* *buik, syn. *venter.
abdominaal, abdominalis *L* de buik betreffende, syn. ventralis; *abdominaal ademen*, ademen door overwegend samentrekking van de middenrifspieren en ontspanning van de buikspieren.
abducens *L* soms synoniem met nervus abducens; zie nervus.
abduceren een zijwaartse beweging maken, zie abductie.
abductie zijwaartse, afvoerende beweging; beweging van een lidmaat van de middellijn af; idem van de duim of grote teen van de overige vingers of tenen af; ~ *van de hand*, beweging van de hand in het polsgewricht in de richting van de pink; ~ *van de voet*, beweging van de voet in het enkelgewricht om de lengte-as van het onderbeen in de richting van de kleine teen; tgst. adductie.
abductoren *L* afvoerders; de spieren die een lichaamsdeel van de middellijn af zijwaarts bewegen; tgst. adductoren.
ABE afk. van acute bacteriële endocarditis.
ABEP afk. van auditory brainstem *evoked potentials; syn. *BERA, BAEP, AEP.
aberrant, aberrans *L* afdwalend, afwijkend; ook: syn. ectopisch.
aberratie, aberratio *L* afdwaling, afwijking; ~ *mentis*, geestelijke afwijking; ~ *testis*, testis die zich niet op de normale plaats bevindt; *sferische* ~, afwijking van de ideale beeldvorming door een lens.
ABGD afk. van arts bedrijfsgezondheidsdienst.
abiogenese, abiogenesis *G* het ontstaan van een levend wezen uit levenloze stof.
abiosis *G* niet-levensvatbaar-zijn; vroegtijdige dood door slechte lichamelijke toestand, die reeds bij de geboorte bestond.
abiotrofie, abiotrophia *G* 1. geleidelijk verlies van levensvatbaarheid van de lichaamscellen; ~ *retinae pigmentosa*, dubbelzijdig aangeboren degeneratie van het netvlies met pigmentvorming. 2. onvoldoende groei. 3. aangeboren ziekte die zich pas op gevorderde leeftijd manifesteert. 4. syn. abiosis.
ablactatie het staken van de borstvoeding.
ablatie, ablatio *L* loslating; door operatie verwijderen van een lichaamsdeel; ~ *mammae*, zie Halsted; ~ *retinae*, syn. solutio retinae en sublatio retinae, vochtophoping tussen het pigmentepitheel van het netvlies en de binnenste netvlieslaag; oorzaken kunnen zijn: vochtafscheiding door ontsteking of circulatiestoornissen, *gestose, leukemie, *dysproteïnemie, tractie door o.a. glasvochtbloedingen, netvliesscheur, sterke myopie.
ablefarie, ablepharos, *G* zonder oogleden.
ablutie, ablutio *L* reiniging, afwassing.
ABMT afk. van autologe beenmergtransplantatie.
ABNG afk. van artsenvereniging tot bevordering van de natuurgeneeskunde.
AB0-antagonisme afbraak van rode bloedcellen bij een kind met de bloedgroep A, B of AB, doordat de moeder soms in haar bloed IgG-antistoffen anti-A en/of anti-B bezit; deze IgG-antistoffen kunnen de placenta passeren in tegenstelling tot de van nature voorkomende antistoffen anti-A en anti-B.
ABOHZIS (mil.); afk. van **a**lgemeen, **b**ovenste-, **o**nderste ledematen, **h**oren, **z**ien, **i**ntelligentie en (psychische) **s**tabiliteit, aldus vormend een formule in gebruik bij de Koninklijke Landmacht om de mate van geschiktheid voor de militaire dienst van de betrokken persoon uit te drukken.

aboraal van de mond af.
aborteren een miskraam hebben; een miskraam opwekken.
abortief onvolkomen ontwikkeld; abortief verloop van een ziekte: genezing vóórdat het ziektebeeld zich volledig heeft ontwikkeld.
abortion *E* zie abortus; *missed ~*, het niet geboren worden van een vrucht die al minstens 4 weken dood is.
abortivum *L* 1. middel om abortus op te wekken. 2. middel om een ziekte in de aanvang te onderdrukken.
abortus *L* miskraam 1. (def. WHO) geboorte van een foetus met een gewicht van minder dan 500 g of van een zogenaamd zwangerschapsproduct zonder dat er een foetus aanwezig of herkenbaar is. 2. in Nederland gedefinieerd als de geboorte van een foetus vóór de 16de zwangerschapsweek; in Angelsaksische landen vóór de 28ste zwangerschapsweek; *~ (arte) provocatus*, het opwekken van een abortus op medische of sociale indicatie; *artificiële ~*, kunstmatig opgewekte abortus; *~ completus*, complete abortus, de gehele vrucht en nageboorte zijn uitgedreven; *~ criminalis*, illegaal uitgevoerde abortus, officieel abortus provocatus criminalis; *habituele ~*, minstens drie opeenvolgende zwangerschappen eindigen in een abortus; *~ imminens*, dreigende abortus; *~ incipiens*, een op gang zijnde abortus; *~ incompletus*, onvolledige abortus waarbij een gedeelte van de vrucht en/of de nageboorte achterblijft; *~ provocatus*, syn. abortus arte provocatus; *~ provocatus criminalis*, kortweg abortus criminalis, abortus door een niet-medicus en/of buiten de wettelijk toegestane regels; *~ provocatus lege artis* (afk. APLA), het afbreken van de zwangerschap door een medicus volgens de gebruikelijke medische technieken en zoals binnen de wet is toegestaan; *spontane ~*, abortus zonder aanwijsbare oorzaak; *tubaire ~*, het uitstoten van het zwangerschapsproduct vanuit de tuba naar de buikholte.
AB0-systeem bloedgroepsysteem met de bloedgroepen A, B, AB en 0 (nul!).
aboulie, aboulia *G* zie abulie.
ABPA afk. van allergische bronchopulmonale aspergillose.
ABR afk. van auditory brainstem response *E*.
abrachius *L* misgeboorte zonder armen.
abrasie, abrasio *L* 1. het verwijderen van weefsel door afkrabbing, bijv. bij adenotomie, curettage. 2. de normale afslijting van het gebit.
Abrikossoff, A. Russisch patholoog (1875-1955); *~-tumor*, zie myoblastoma granulocellularis.
abruptio *L* verbreking, afstoting; *~ placentae*, geheel of gedeeltelijk loslaten van een normaal in de baarmoeder gelegen placenta, voordat het kind is uitgedreven; syn. solutio placentae.
abscessus *L*, zie abces.
absence *F*, lett. afwezigheid; op kinderleeftijd optredende vorm van primair gegeneraliseerde epilepsie, gekenmerkt door een abrupt begin en einde, korte duur en verschijnselen zoals een abrupte onderbreking van de bezigheden, starende blik, oogknipperen en mondbewegingen; zie ook epilepsie.
absorbens *L* meervoud absorbentia, absorberend middel.
absorberen opslorpen.
absorptie opslorping, het vermogen dat alle weefsels van het lichaam in meerdere of mindere mate bezitten om andere stoffen, van buitenaf komende, in zich op te nemen (n.t.v.m. adsorptie).

absorptiometrie een methode om d.m.v. absorptie van gammastralen het kalkgehalte van een bot te meten; naarmate meer straling wordt geabsorbeerd is het kalkgehalte hoger.
abstergens *L* meervoud abstergentia, afvoerend middel, laxerend middel.
abstinentie onthouding, vnl. van drank, drugs of van geslachtsgemeenschap; *~syndroom,* ziektebeeld dat het gevolg is van, na langdurig gebruik, plotselinge onthouding van met name bepaalde drugs en medicijnen, dikwijls gekenmerkt door o.a. angst, onrust, gejaagdheid, prikkelbaarheid, geeuwen, zweten, tremor, kippenvel, spierpijnen, diarree, slecht humeur, verhoogde polsfrequentie en bloeddruk, versnelde ademhaling en pupilverwijding; de verschijnselen worden onthoudings- of ontwenningsverschijnselen genoemd; syn. onthoudingssyndroom; zie ook onthouding, *afhankelijkheid van een middel.
abstract denken (Piaget) laatste fase in de denkontwikkeling (vanaf het twaalfde levensjaar); kenmerken zijn o.a. de ontwikkeling van het abstractievermogen en het vermogen uit alternatieven een juiste keuze te maken.
Abt, A. Amerikaans kinderarts (1867-1955), zie syndroom van *Letterer-Siwe.
abulie, aboulia, aboulie gebrek aan wilskracht.
abundant overvloedig, rijkelijk.
abusus *L* misbruik of overmatig gebruik.
ABV (psych.) afk. van Amsterdamse biografische vragenlijst.
ABVD afk. van Adriblastina (doxorubicine), bleomycine, vinblastine, dacarbazine, een cytostatica-combinatie.
ac. (rec.) afk. van acidum; ook: acid *E.*
a.c. (rec.) afk. van ante cenam, vóór de maaltijd.
AC afk. van 1. audiologisch centrum. 2. Adriblastina (doxorubicine) en cyclofosfamide, een cytostatica-combinatie. 3. anticholinergicum. 4. anticoagulantia. 5. arbeidscentrum. 6. aanmeldcentrum (asielzoekers).
aca- zie ook aka-.
ACA afk. van 1. anticentromeer-antistoffen. 2. acrodermatitis chronica atrophicans. 3. adult children of alcoholics, vereniging van oudere kinderen (ongeveer vanaf 16 jaar) van een alcoholverslaafde; zie ook AA, Al-Anon, alateen.
ACAH afk. van auto-immune chronisch actieve hepatitis.
acalculie verlies van het vermogen om getallen te onthouden of te rekenen.
acampsie *G* gewrichtsstijfheid.
Acanthamoeba ~ *hyalina,* een in menselijke feces voorkomende amoebe.
Acanthia lectularia *L* wandluis, syn. Cimex lectularius.
acantho- *~cheilonema,* zie dipetalonema; *~cyt,* erytrocyt met een stekel- of doornappelvorm; *~cytose,* vóórkomen in het bloed van vele in grootte variërende stekelcellen, doornappelcellen; *~dactylie,* syn. arachnodactylie, dolichosteomelie; *~lyse,* verlies van intercellulair verband in de epidermis; *~lysis bullosa,* syn. pemphigus.
acanthoom, acanthoma gezwel uitgaande van de stekelcellenlaag van de epidermis; ~ *fissuratum,* verhoorning van de opperhuid en ontsteking door voortdurende druk, bijv. van een brilmontuur; *~pelvis,* rachitisch bekken met scherpe, benigne botuitsteeksels.
acanthosis verandering in de groei van de stekelcellenlaag van de huid; *hyper~,* woekering, bijv. in de vorm van wratten en condylomen; ~ *nigricans,* donker gekleurde acanthosis met vergroting van de huidpapillen; ~ *verrucosa senilis,* syn.

verruca senilis.
acapnie *G* afwezigheid van CO_2 in het bloed.
acardiacus *L* misgeboorte zonder hart.
acardie het ontbreken van het hart.
acariasis ziekte veroorzaakt door mijten.
acaricide mijtendodend (middel).
Acarus scabiei *L* schurftmijt, syn. Sarcoptes scabiei; zie ook mijt, scabiës, Demodex.
ACAT afk. van acetyl-coënzym A-cholesterol-acyltransferase, een enzym in het cholesterolmetabolisme.
acatafasie vorm van afasie waarbij de grammaticale woordvorming is gestoord.
acatalasie een (waarschijnlijk) aangeboren stofwisselingsziekte hoofdzakelijk gekenmerkt door infecties en gangreen van het mondslijmvlies en het alveolaire bot, berustend op een aangeboren en erfelijke vermindering of afwezigheid van peroxidase.
acathisie *G* onvermogen om te blijven zitten; motorische onrust.
ACBO afk. van aortocoronaire bypass-operatie.
acceleratie versnelling; antropologisch: het fenomeen van de toenemende lengtegroei en de vervroeging van de pubescentie bij de mens.
accelerine (obsoleet) *bloedstollingsfactor VI.
acceptor *L* ontvanger; syn. host *E*, recipiënt.
accessorisch, accessoir bijkomend.
accident lett. ongeval, toeval, voorval; *cerebrovasculair ~*, plotselinge verstoring van de doorbloeding van het hersenweefsel, met als gevolg het uitvallen van een deel van de hersenwerking; de oorzaak kan zijn een bloeding (haemorrhagia cerebri) of een circulatoire insufficiëntie (o.a. door trombose, embolie, hemodynamische stoornissen); syn. vasculair of vaataccident, beroerte, stroke; zie ook TIA.
accidenteel toevallig, bijkomstig; door een ongeval ontstaan.
accident-proneness *E* een in de persoonlijkheid vastgelegde karaktertrek, die iemand min of meer blijvend voorbeschikt tot het krijgen van ongelukken; een zelfdestructieve impuls staat dan centraal en het ongeluk is geen toeval meer, maar de onbewuste uiting van een intrapsychisch conflict.
acclimatisatie, acclimatatie gewenning aan een ander klimaat of omgeving.
accommodatie 1. aanpassing. 2. het vermogen van de ogen om op verschillende afstanden scherp te zien door boller of minder bol worden van de lens.
accouchement *F* bevalling; *~ force*, geforceerde bevalling door instrumenteel of operatief ingrijpen; spoedverlossing.
accoucheur *F* verloskundige; vrl. *accoucheuse*.
accres toeneming, vermeerdering; aaneengroeiing.
accretie *L* vergroeiing van normaliter gescheiden weefsels.
accumulatie opeenhoping; zie ook cumulatieve werking.
ACD *E* afk. van 1. atopische constitutionele dermatitis (zie eczeem). 2. arteria coronaria dextra. 3. actieve compressie-decompressiemethode
ACDP afk. van advisory committee on dangerous pathogens *E*.
ACE afk. van 1. *angiotensine I converterend enzym; *~-remmers*, geneesmiddelen die bloeddrukverlagend werken, doordat ze remmend werken op het angiotensine I converterend enzym (ACE); zie RAAS. 2. allergisch contacteczeem. 3. acetyl-

cholinesterase.
acefalie *G* aangeboren ontbreken van het hoofd.
acentrisch chromosoom chromosoom zonder centromeer.
acephalus *G* misgeboorte zonder hoofd.
acer *L* scherp.
ACER afk. van angiotensine-converterende enzym-remmers, zie ook ACE.
acetaat azijnzuurzout.
acetabulum *L* letterlijk: azijnnapje; gewrichtskom in het heupbeen voor de kop van het dijbeen.
aceton een van de zgn. ketolichamen die bij o.a. diabetes mellitus door insulinetekort in het bloed en in de urine kunnen voorkomen; *~emie*, de aanwezigheid van aceton in het bloed; *~urie*, de aanwezigheid van aceton in de urine.
acetylcholine chemische stof die zorg draagt voor de impulsoverdracht van de motorische *neuriet op spiervezels; parasympathische neurotransmitter.
acetyleren een scheikundige reactie waarbij aan een molecuul een acetylgroep wordt gekoppeld.
acetylsalicylzuur (farm.) bekend middel met een pijnstillende (analgetische), koortswerende (antipyretische) en ontstekingsremmende (antiflogistische) werking. De werking en de bijwerkingen berusten op de invloed die acetylsalicylzuur uitoefent op de aanmaak van *prostaglandinen.
ACG afk. van arbeidscentrum voor gehandicapten (België).
achalasie *G* onvermogen van (glad) spierweefsel zich te ontspannen; bekend is o.a. achalasie van het onderste deel van de slokdarm.
à chaud *F* in de warmte; *operatie ~*, operatie in het acute stadium (actieve fase van een ontstekingsproces).
AChE afk. van acetylcholinesterase, een enzym.
acheiria *G* syn. *achirie.
ACHG afk. van academisch centrum voor huisartsgeneeskunde (België).
achilie *G* aangeboren ontbreken van de lippen.
achillespees tendo calcaneus, pees waarmee de kuitspieren aan de hiel zijn vastgehecht.
achillo- *~dynie,* pijnlijke ontsteking van de tussen de achillespees en het hielbeen gelegen slijmbeurs; *~rafie,* hechting van de achillespees; *~tomie,* doorsnijding van de achillespees.
achirie acheiria *G*, aangeboren ontbreken van een hand.
achloorhydrie gebrek aan zoutzuur in het maagsap.
achloropsie *G* groenblindheid; het onvermogen om de kleur groen te onderscheiden.
acholie *G* ontbreken van gal; bijv.nw. *acholisch*, zonder gal.
achondrogenese *G* erfelijke ontwikkelingsstoornis van bot, welke korte armen en benen veroorzaakt; hoofd en romp zijn normaal.
achondroplasie *G* een autosomaal dominant-erfelijke stoornis in de ontwikkeling van het kraakbeen; veroorzaakt gebrekkige groei en verkromming van de lange beenderen t.g.v. vroegtijdige verbening van de groeischijven.
Achorion vroegere benaming voor *Trichophyton.
AChR afk. van acetylcholinereceptor.
achrestisch met gebrekkige *utilisatie; onbruikbaar.
achromasie 1. totale kleurenblindheid. 2. gebrek aan huidpigment.

achromatisch zonder kleurvertekening, bijv. achromatische lenzen.
achromatose het ontbreken van pigment in weefsel (bijv. huid, iris) dat normaal gepigmenteerd is.
achromie het ontbreken van de normale kleur, bijv. van de huid (zie leukodermie) of van erytrocyten.
achromotrichie het ontbreken van haarpigmentatie, grijze haren.
achroödextrine dextrine dat niet meer met jood kleurbaar is, ontstaat bij de vertering van zetmeel door het enzym amylase uit het speeksel.
achter- *~hersenen*, metencephalon; *~hoofd*, occiput; *~hoofdsbeen*, os occipitale; *~hoofdsgat*, foramen magnum.
achterhoofdsligging (verlosk.) de normale ligging van het kind in het baringskanaal, met het achterhoofd (de kruin) naar voren.
achterhoorn zie cornu.
achtermelk zeer veel eiwitten bevattende moedermelk die de baby na de eerste minuten van de voeding naar binnen krijgt; zie ook voormelk
achterstreng de zenuwstreng aan de dorsale zijde in het witte gedeelte van het ruggenmerg; zie funiculus.
achtervolgingswaan syn. paranoïde waan, zie waanstoornis.
achterwortel de streng van sensibele zenuwen aan de dorsale zijde van het ruggenmerg, zie radix.
achylie, achylia *G* het ontbreken van een spijsverteringssap; ~ *gastrica*, het ontbreken van maagsap.
acid. afk. van acidum; ook: ac.; *~emie*, zie acidose; *~iteit*, zuurgehalte.
acidofiel zuur aantrekkend; kleurbaar met een zuur reagerende kleurstof.
acidose een toename van de zuurgraad door ophoping van zuren of verlies van alkali, de pH wordt hierdoor verlaagd; deze verstoring van het zuur-base-evenwicht kan van metabole aard zijn *(metabole ~)* of van respiratoire aard *(respiratoire ~)*; de voornaamste oorzaken zijn: diabetes mellitus, langdurig en sterk hongeren, bepaalde enzymdefecten, lever- en nierinsufficiëntie, aangeboren nierafwijkingen, intoxicatie (acetylsalicylzuur, alcohol), hyperemesis gravidarum, sterke diarree en respiratoire of circulatoire insufficiëntie.
ACIDO(T) afk. van anemie, cyanose, icterus, dyspneu, oedeem (turgor).
acidum *L* *zuur.
acinair syn. alveolair; zie alveolus; n.t.v.m. acineus.
acineus *L* trosvormig; n.t.v.m. acinair.
acinus *L* lett. druif, meervoud acini; bijv.nw. *acineus*. 1. de kleine blaasjes der trosvormige klieren. 2. longblaasje.
aclasie *G* abnormale samenhang van beengedeelten, vnl. tussen epi- en diafyse.
ACLS afk. van advanced cardiac life support, specialistische reanimatie, ook wel secundaire reanimatie genoemd; het betreft o.a. ritme-herkenning, defibrillatie en pacemakertherapie, intubatie en beademing, zuur-base evenwicht.
aclusie het niet op elkaar sluiten van de elementen in onder- en bovenkaak.
acme *G* 1. het hoogtepunt van een ziekte of van koorts. 2. orgasme.
acne *G* aangezichtsvin; mee-eter, puistvormende ontsteking van de talgklieren van de huid; de oorzaken zijn o.a.: hormonale veranderingen tijdens de puberteit (~ *disseminata*, syn. ~ *juvenilis*, *simplex* of *vulgaris*); contact met bepaalde stoffen zoals halogenen (*broom, chloor, fluor* of *jodium~*), cosmetica (~ *venetata*), olie-, of teerproducten (*olie, teer~*); overgang naar een ander klimaat (*tropen~*);

ondervoeding (~ *cachecticorum*); er bestaan vele verschillende uitingsvormen van acne o.a.: ~ *cheloidea* (syn. ~ *keloidalis, keloïd~*), acne met achterlating van hypertrofische of keloïdale littekens; ~ *ciliaris*, t.g.v. ontsteking van de smeerkliertjes van de oogharen; ~ *conglobata*, zeer ernstige vorm van acne met vorming van abcessen en littekens; ~ *pustulosa*, grote puisten vormend; ~ *rosacea*, zie rosacea.

acnekeloïd uitgebreide acne, meestal in de nek op de grens van de hoofdhuid, met harde littekengezwellen.

acnemie *G* het ontbreken van de onderbenen.

acoasma *G* lichte vorm van gehoorshallucinatie.

acologie, acognosie *G* leer der geneesmiddelen.

aconitine monnikskap-gif.

acorie *G* 1. gebrek aan het gevoel van verzadiging, geeuwhonger. 2. (oogheelk.) het ontbreken van de pupil.

acormus *G* vormloze misgeboorte waarbij de ledematen niet te herkennen zijn en de navelstreng aan de hals ontspringt.

acousia *G* 1. syn. acusis. 2. onwillekeurige beweging.

ACPA afk. van anticytoplasmatische antistoffen (o.a. bij de ziekte van Wegener), syn. ANCA.

acquisitus *L* verkregen, niet aangeboren.

acra *G* (meervoud) de uitstekende lichaamsdelen: neus, onderkaak, oren en de handen en voeten.

acranie *G* aangeboren ontbreken van het schedeldak.

acria *L* (meervoud) geneesmiddelen met een sterke plaatselijke, vaak prikkelende, werking.

acro- (smst.) m.b.t. de *acra; *~asfyxie*, syn. acrocyanose; *~brachycefalie*, *craniostenose van de beide kroonnaden; *~cefalie*, zie torenschedel; *~cefalosyndactylie*, zie Apert.

acrocentrisch chromosoom chromosoom waarbij het centromeer niet centraal ligt maar dicht bij één van de uiteinden.

acrocyanose blauwe verkleuring van uitstekende lichaamsdelen.

acroderm(at)itis ontsteking van de huid van handen, voeten, enz.; ~ *chronica atrophicans*, syn. ziekte van *Pick-Herxheimer; ~ *continua pustulosa*, hardnekkige abacterische vesiculopustuleuze huidaandoening rondom de nagels, zich uitbreidend over de vingers en handpalm; ~ *enteropathica*, met puist- en korstvorming gepaard gaande dermatitis rondom de lichaamsopeningen en aan de acra, knieën en ellebogen, paronychia, nageldystrofie, haaruitval, blefaritis en conjunctivitis, tezamen met malnutritie en malabsorptie met diarree en steatorroe bij jonge kinderen; ~ *papulosa infantum*, zie Gianotti.

acrodynie 1. pijnlijke handpalmen en voetzolen met tintelingen, prikkelingen en roodheid, soms met krachtsverlies in armen en benen en spijsverteringsstoornissen; neurovasculair syndroom door gebrek aan vitaminen van het B-complex. 2. ziektebeeld gekenmerkt door pijnlijke tintelingen en prikkelingen t.g.v. polyneuropathie aan handen en voeten.

acroërythema *G* rode handpalmen, soms aangeboren, soms in de zwangerschap of bij leverziekten en door arsenicum- of kwikvergiftiging, c.q. bij overgevoeligheid hiervoor.

acrofase circadiaan maximum.

acrogerie, acrogeria vervroegde ouderdomsverschijnselen van de huid van handen en voeten.
acrokeratosis zie ziekte van Bazex.
acromegalie *G* langzaam progressieve groei van skelet en omgevende weke delen na de adolescentie zonder abnormale lengtegroei van het lichaam, het best waar te nemen aan de *acra, de lippen en de tong; wordt veroorzaakt door overproductie van groeihormoon bij adenomen van de hypofysevoorkwab en door ectopische productie van *GHRH.
acro- zie ook acra; *~melalgie*, aandoening waarbij vingers en tenen zwellen, rood en pijnlijk worden; syn. *erytromelalgie; *~micrie*, abnormaal kleine *acra.
acromion *G* schoudertop; zie ook scapula; *acromioclaviculair gewricht*, het gewricht tussen acromion en sleutelbeen.
acropachie vorming van *trommelstokvingers.
acroparesthesieën *G* stoornissen in het gevoel van handen en voeten, zoals tintelen, slapen, gevoelloosheid, enz.
acropathie ziekte van de ledematen, in engere zin van handen en voeten.
acroposthitis ontsteking van de voorhuid (preputium).
acropustulosis syn. *acrodermatitis continua.
acrosoom kleine kapvormige structuur op de kop van de zaadcel.
acrotie, acrotisme het niet voelbaar zijn van de polsslag.
acrotisme zie acrotie.
ACS afk. van arteria coronaria sinistra.
ACT afk. van 1. alfa-chymotrypsine. 2. activated clotting (coagulation) time.
ACTA afk. van academisch centrum tandheelkunde Amsterdam.
ACTH afk. van adrenocorticotroop hormoon van de hypofysevoorkwab, enzymatisch afgesplitst uit *β-lipotropine; zet de bijnierschors aan tot productie van steroïden; syn. corticotrofine; wordt speciaal - d.i. met voorkeur boven *corticosteroïden - toegepast bij chronische polyartritis, neuromusculaire aandoeningen, myasthenia gravis, nefrose, langdurige behandeling van astma.
actiepotentiaal het elektrische potentiaalverschil tussen wél en niet functionerende weefselgedeelten.
actiestroom de elektrische stroom die ontstaat (en meetbaar is) als gevolg van activiteit van spier- en zenuwweefsel.
actietremor zie Parkinson.
actieve therapie (psych.) syn. *directieve therapie.
actine één van de contractiele eiwitten van het spierweefsel.
acting in gedrag zie gedrag.
acting out *E* (psych.) een *afweermechanisme waarbij iemand zonder nadenken meestal heftig, agressief en destructief handelt, zonder rekening te houden met de negatieve gevolgen.
actinisch m.b.t. straling.
actino- (smst.) m.b.t. stralen of bestraling.
Actinomyces straalschimmel; zie actinomycose, nocardiose; meervoud *actinomyceten*.
actinomycose *G* straalschimmelziekte; veroorzaakt op verschillende plaatsen ontstekingen, vnl. aan de kaak en de hals, die etterende, niet genezende fistels doen ontstaan; andere lokalisaties zijn o.a. de longen en de darm; wordt op de mens overgebracht door plantendelen waarop zich Actinomyces bevindt.

actinotherapie stralenbehandeling.

activator 1. (alg.) stof waardoor een andere stof werkzaam wordt, tgst. inhibitor. 2. (bioch.) de prosthetische groep (niet-eiwit gedeelte) van een *enzym, die activerend werkt bij sommige biochemische processen; syn. cofactor.

actomyosine een verbinding van actine en myosine, contractiel eiwit van het dwarsgestreepte spierweefsel.

acuminatus spits(vormig).

acupunctuur een vooral in China, maar thans ook elders veel toegepaste geneeswijze door het aanbrengen van naalden tot in het onderhuids bindweefsel ter behandeling van aandoeningen of ter verkrijging van gevoelloosheid.

acusis *L* het gehoor.

acusticus *L* m.b.t. het gehoor; *nervus ~*, gehoorzenuw; bijv.nw. *akoestisch*.

acutenaculum *L* naaldhouder.

acuut plotseling beginnend, snel verlopend; tgst. chronisch; *acute buik*, term om een plotselinge, mogelijk voor het leven gevaarlijke buikaandoening aan te duiden.

ACV afk. van 1. agogisch coördinerende vaardigheid. 2. adviescommissie verslavingszorg. 3. aciclovir.

ACVP afk. van Adriblastina (doxorubicine), cyclofosfamide en VP-16 (etoposide), een cytostaticacombinatie.

acyanopsia *G* blauwblindheid, het onvermogen om de kleur blauw te onderscheiden.

acyleren een scheikundige reactie waarbij aan een molecuul een vetzuur wordt gekoppeld.

acystia *G* het ontbreken van de urineblaas.

ad (rec.) tot; bijvoegen tot.

AD afk. van 1. auris dextra, rechter oor. 2. *androgene *deprivatie. 3. antidecubitus. 4. Alzheimer disease.

ADA afk. van 1. adenosinedeaminase, een enzym in het purine-metabolisme en daardoor van belang in de ontwikkeling van immuniteit, evenals *PNP (bet. 2). 2. akoestische detectie van een aneurysma.

adactylus *G* misgeboorte zonder vingers of tenen.

ADAM afk. van animated dissection of anatomy for medicine.

adamantine tandglazuur.

adamantinoom *G* kaakgezwel, ontstaan uit emailvormend epitheel van de tandaanleg; syn. ameloblastoom.

Adamkiewicz, A. Pools patholoog (1850-1921), zie arterie: arteria radicularis magna.

Adams 1. **J.** Engels gynaecoloog (1818-1899), zie Alexander. 2. **R.** Iers arts (1791-1875); *aanval van ~-Stokes*, aanvallen van plotselinge bewusteloosheid, soms met op epilepsie gelijkende krampen, reutelende ademhaling en incontinentie, veroorzaakt door elke plotselinge stoornis in de hartwerking, die een (tijdelijke) doorbloedingsstoornis van de hersenen tot gevolg heeft. 3. **W.** Engels chirurg (1820-1900); *operatie van ~*, onderhuidse klieving van de fascia palmaris, bij contractuur van *Dupuytren. 4. **W.** Engels oogarts (1783-1829); *operatie van ~*, excisie van een wigvormig stukje uit het ooglid bij *ectropie.

adamsappel het vooruitspringend gedeelte van het strottenhoofd bij mannen, gevormd door het schildkraakbeen; syn. prominentia laryngea.

ad animi deliquium *L* tot verlies van bewustzijn optreedt.
adaptatie 1. aanpassing van het organisme of van de psyche aan gewijzigde omstandigheden, bijv. verandering van de wijdte van de pupil naar de lichtsterkte; *darm~*, toeneming van het resorberend vermogen van het resterend gedeelte na verwijdering van een groot deel van de dunne darm. 2. gewenning; afneming van het effect van een prikkel bij lang herhaalde inwerking. 3. (tandheelk.) correcte aanpassing van een vulling of regulatie aan de omgevende gebitselementen. 4. de neuro-endocriene respons op een verstoord evenwicht tussen de psychische belasting en de belastbaarheid van het organisme; *~syndroom*, slechte aanpassingsreactie van het lichaam op bepaalde prikkels, zie Selye; *~ziekten*, ziekten die ontstaan t.g.v. sterke prikkels, waartegen het organisme zich niet voldoende kan teweerstellen.
adaptometer instrument ter bepaling van het *adaptatievermogen van het netvlies.
ad axim onder een hoek.
ADC afk. van AIDS-dementie complex.
ADCC afk. van antibody dependent cellular cytotoxicity *E*.
ad chartam (rec.) in papier.
ADD(H) afk. van attention deficit disorder *E* (met hyperkinesie), syn. ADHD, zie aandachtstekortstoornis met hyperactiviteit.
adde *L* (rec.) voeg erbij.
addict iemand die verslaafd is aan het gebruik (misbruik) van verdovende middelen.
addictie samenvattend begrip van *gewenning en *verslaving.
Addison, Th. Engels arts (1793-1860) 1. *ziekte van ~*, *morbus addisonii*, bronsziekte; onvoldoende functie van de bijnierschors waardoor o.a. optreden van moeheid, bovenbuikklachten, diarree, braken, krachteloosheid, vermagering, anemie, eosinofilie, zouthonger, anorexie, hyperkaliëmie en hypotensie; de huid ondergaat een bronsachtige verkleuring t.g.v. hyperpigmentatie, soms met vitiligoplekken.
2. *ziekte van ~-Biermer*, zie pernicieuze *anemie.
addisonisme ziektebeeld, gelijkend op de ziekte van *Addison maar zonder aantoonbare organische bijnierschorsafwijkingen.
additie syn. summatie, bijv. bij geneesmiddelen, door combinatie van twee geneesmiddelen met gelijksoortige werking is het totale effect gelijk aan de som van de effecten van ieder middel afzonderlijk; zie ook potentiëring
additief toevoegsel, stof die aan voedingsmiddelen wordt toegevoegd ter verbetering van smaak, geur, kleur of houdbaarheid; mrv. *additieven*.
adductie aanvoering, spierbeweging naar de middellijn van het lichaam of een extremiteit toe; wkw. *adduceren*; *~ van de hand*, beweging van de hand in het polsgewricht in de richting van de duim; *~ van de voet*, beweging van de voet in het enkelgewricht om de lengte-as van het onderbeen in de richting van de grote teen; zie adductoren, abductie.
adductoren *L* aanvoerders; de spieren die een lichaamsdeel naar het lichaam toe bewegen, bijv. de armen tegen de romp; tgst. abductoren; zie ook adductie.
adem *~centrum*, zenuwcentrum in het verlengde merg dat de ademhaling regelt; *~frequentie*, het aantal ademhalingen per minuut; *~geruis*, zie bronchiaal, vesiculair; *~grenswaarde*, afk. AGW, syn. MAMV, de grootste hoeveelheid lucht die in één minuut kan worden in- en uitgeademd, een longfunctieproef; *~haling*,

respiratie; *~halingsketen,* cascade van oxidatie- en reductiereacties in de mitochondriën waarbij de waterstofacceptors NAD, FAD en cytrochromen zijn betrokken; het oxiderend agens is zuurstof; zie ook *oxidatieve fosforylering; *~halingsquotiënt,* verhouding tussen per tijdseenheid uitgeademd volume CO_2 en ingeademd volume zuurstof; *~halingstherapie,* behandeling van ademhalingsstoornissen door een fysiotherapeut, veelal ter voorkoming van longontsteking; *~minuutvolume,* afk. van AMV, de hoeveelheid lucht die bij een normale ademhaling in één minuut wordt in- of uitgeademd; het is afhankelijk van het ademvolume en de ademfrequentie; *~nood,* dyspneu; *~stoottest,* afk. AST, zie Tiffeneau; *~test,* proef om na te gaan of iemand (bijv. een automobilist) alcohol heeft gebruikt en hoeveel; *~tocht,* de duur van een inademing plus uitademing; *~volume,* zie capaciteit.

adenine bouwstof van de *nucleïnezuren.

adenitis *G* klierontsteking.

adeno- m.b.t. klieren; *~carcinoom,* klierkanker, zie carcinoom; *~cystoom,* zie cystadenoom; *~hypofyse,* zie hypofyse; *~lymphoma, ~lymfoom,* een goedaardig gezwel van de oorspeekselklier, bestaande uit cysten-vorming en woekering van lymfatisch weefsel; syn. Warthin-tumor, cystadenolymphoma papillare.

adenoïd *G* klierachtig; ~ *vegetaties,* woekering en ontsteking van de tonsilla pharyngea, de 'neusamandel', vrijwel uitsluitend bij kinderen; bemoeilijkt de ademhaling door de neus of maakt deze geheel onmogelijk; gaat vaak gepaard met middenoorontsteking, doofheid, spraakgebreken en lichamelijk onwelzijn.

adenoïdectomie verwijdering van de neusamandel, syn. adenotomie.

adenoma zie adenoom.

adenomalacie *G* klierverweking.

adenomatoïd gelijkend op een adenoom.

adenomatose, adenomatosis het vóórkomen van adenomen (zie adenoom), in engere zin van endocriene klieren.

adenomyomatose een *galblaas*diverticulose, gekenmerkt door uitbochtingen van het hyperplastische slijmvlies in de hypertrofische spierlaag.

adenomyoom een goedaardig gezwel dat bestaat uit klierweefsel en glad spierweefsel.

adenomyosis ~ *uteri,* syn. endometriosis interna of parietalis uteri.

adenoom, adenoma *G* goedaardig klierweefselgezwel; *acidofiel ~,* hypofyse-adenoom bestaande uit acidofiele cellen, kan leiden tot acromegalie; *basofiel ~,* hypofyse-adenoom bestaande uit basofiele cellen, kan leiden tot de ziekte van Cushing; *bronchus~,* adenoom uitgaande van de bronchiale wand met (meestal) maligne eigenschappen, ook bekend met paraneoplastische eigenschappen; *chromofoob ~,* zie prolactinoom; *eosinofiel ~,* syn. acidofiel adenoom; *fibro-~,* zie fibroadenoom; *pil~,* bij pilgebruiksters zelden voorkomend leveradenoom; *~ sebaceum,* zie angiofibroom; *toxisch ~,* adenoom van de schildklier dat een hyperthyroïdie veroorzaakt, syn. toxisch struma, struma nodosa toxica; *villeus ~,* wrat- of bloemkoolachtig adenoom van het dikke-darmslijmvlies.

adenopathie aandoening van (lymfe)klieren.

adenosinedifosfaat afk. ADP, voorloper van *adenosinetrifosfaat in de energiehuishouding van het organisme.

adenosclerose *G* verharding van klieren.

adenosinetrifosfaat afk. ATP, een *nucleotide dat cofactor is bij vele enzymatische reacties in het lichaam; wordt uit *adenosinedifosfaat gevormd bij de oxidatie van suikers, eiwitten en vetten (hoofdzakelijk in de mitochondriën) en wordt verbruikt bij energiebehoevende processen in de cel.

adenosis 1. (alg.) klierziekte. 2. goedaardige klierwoekering.

adenotomie operatieve verwijdering van de neusamandel; syn. adenoïdectomie.

adenovirus groep van morfologisch op elkaar gelijkende DNA-virussen met voorkeur voor lymfatisch weefsel, onderverdeeld in verschillende typen, die de zgn. verkoudheidsziekten veroorzaken.

adeps *L* vet; ~ *lanae* (farm.), wolvet (watervrij); ~ *suillus* (farm.), reuzel (varkensvet), gebruikt als zalfbasis.

ADEPT afk. van antibody directed enzyme prodrug therapy.

adequaat behorend bij, passend bij; de prikkels waarvoor een bepaald zintuig alléén of bijzonder gevoelig is, noemt men adequate prikkels; ~ *gedrag*, zie gedrag.

ader vat, dat bloed naar het hart voert, zie vena; *~lating*, *venasectie; *spat~*, varix.

adermine syn. pyridoxine, zie vitamine B_6.

ader *~pols*, zie venenpols; *~verkalking* (foutief), zie arteriosclerose, atherosclerose.

ad exitum *L* naar het levenseinde.

ADH afk. van 1. *antidiuretisch hormoon. 2. alcoholdehydrogenase, een leverenzym dat alcohol oxideert.

ADHD afk. van attention deficit hyperactivity disorder, syn. ADDH, zie aandachtstekortstoornis met hyperactiviteit.

adherent het vergroeid zijn.

adhesie het door bindweefselvorming aan elkaar groeien van twee tegen elkaar liggende weefseloppervlakken, soms met strengvorming; verkleving; bijv.nw. *adhesief*.

adhesiolyse operatieve verwijdering of klieving van adhesies.

ADI afk. van acceptable daily intake *E*, aanvaardbare dagelijkse inname.

Adie, W. Engels arts (1886-1935); *syndroom van* ~, pupillotonie, hypo- of areflexie, pyrosis en psychische stoornissen; de pupil van één der ogen reageert traag en onvolledig op licht en bij accommodatie (doch tenslotte sterker dan bij het andere oog).

adiënt gedrag zie gedrag.

adipo- (smst.) m.b.t. vet; *~cele*, vetbreuk, syn. van *hernia adiposa; *~cyt* vetcel; *~necrose*, versterf van vetweefsel; *~sis*, syn. adipositas.

adipositas *L* vetzucht, corpulentie; syn. obesitas, vetlijvigheid; ~ *cerebralis*, zie dystrofie: dystrophia adiposogenitalis; ~ *cordis*, vethart; ~ *dolorosa*, pijnlijke ophoping van vet aan buik ('vetschort'), billen en benen; ~ *hepatis*, vetlever.

adiposogenitalis zie dystrofie.

adiposurie *L* afscheiding van vet in de urine, syn. lipurie.

adiposus *L* vetzuchtig.

adipsie *G* geen dorst, gebrek aan dorst.

aditus *L* toegang, ingang.

adiuretine syn. *antidiuretisch hormoon.

adjuvans *L* meervoud adjuvantia, (farm.) toevoegsel; wat aan het geneesmiddel moet worden toegevoegd; bijv.nw. *adjuvant*.

adjuvant 1. (zelfst.nw.) elke factor die de *immunorespons versterkt bij contact met het antigeen; 2. (bijv.nw.) toegevoegd, aanvullend, behulpzaam; *adjuvante* *therapie* (in engere zin), ondersteunende medicamenteuze behandeling bij of na een bestraling of chirurgische ingreep, bijv. met cytostatica.

ADKL afk. van antibody dependent killer lymphocytes *E;* zie K-cellen.

ad l. (rec.) afk. van ad libitum, naar keuze, naar believen.

ADL afk. van activiteiten van het dagelijks leven, algemene dagelijkse levensverrichtingen.

ad latitudinem *L* in de breedterichting.

Adler, A. Oostenrijks psychiater en psycholoog (1870-1937), grondlegger van de zgn. Individualpsychologie; deze theorie gaat ervan uit dat er twee motieven voor het handelen zijn, nl. de machtsdrift, die tot het doorzetten van eigen wil drijft, en het gemeenschapsgevoel, d.w.z. de neiging zich met anderen te verbinden om zich van hen te bedienen en hen aan zich te onderwerpen.

ad libitum *L* naar keuze, naar believen.

ad longitudinem *L* in de lengterichting.

adnex *L* meervoud adnexa, hetgeen erbij behoort, aanhangsel; *adnexa uteri,* de organen die bij de baarmoeder behoren: eileiders, eierstokken, parametria, ophangbanden.

adolescentie ontwikkelingsfase die ongeveer begint met de groeispurt en duurt tot de volwassenheid; kenmerkend voor deze fase zijn de uitkristallisatie van de seksualiteit, beroepskeuze, levensbeschouwing, normen en waarden en het losmakingsproces van de ouders; in Engelstalige literatuur duidt *adolescense* een levensfase aan tussen het 12de en 22ste jaar.

adontie het ontbreken van de tanden en de aanleg daarvan.

ADP afk. van 1. (psych.) analytic developmental profile *E.* 2. *adenosinedifosfaat.

ad periferiam *L dislocatio* ~, draaiing van fractuurstukken ten opzichte van elkaar.

ADPKD afk. van autosomal dominant polycystic kidney disease E, syn. ADPN.

ADPN afk. van autosomaal dominante polycysteuze nierziekte, syn. ADPKD.

adrenaal m.b.t. of onder invloed van de bijnier(werking).

adrenalectomie verwijdering van één of beide bijnieren.

adrenaline syn. epinefrine, suprarenine, hormoon uit het bijniermerg, sympathicomimeticum, veroorzaakt o.a. een toename van de hartslagfrequentie, verhoging van de bloeddruk, vasoconstrictie of vasodilatatie, bronchodilatatie, toegenomen glycogenolyse en verhoogde vetafbraak.

adrenarche het vermogen van de bijnierschors om geslachtshormonen af te scheiden (verloopt ongeveer parallel met de geslachtsrijping).

adrenerg(isch) m.b.t. sympathische zenuwvezels die bij prikkeling stoffen produceren met een effect als van adrenaline.

adrenoceptor receptor voor adrenerge prikkels (zie adrenerg(isch)).

adrenocorticotrofine syn. corticotrofine, *ACTH.

adrenocorticotroop werkend op de bijnierschors.

adrenocorticotropine syn. corticotropine, *ACTH.

adrenogenitaal syndroom overproductie van androgene hormonen door de bijnierschors, waardoor bij meisjes pseudohermaphroditismus femininus optreedt; bij jongens ontstaat *macrogenitosomia praecox.

adrenoleukodystrofie afk. ALD, een recessief X-chromosomaal gebonden erfelijke ziekte met een progressieve degeneratie van de witte stof in de grote hersenen; gaat vrijwel steeds gepaard met atrofie van de bijnierschors; kenmerken o.a. mentale achteruitgang leidend tot dementie, afasie, apraxie, dubbelzijdige spasticiteit en bij vele patiënten ook blindheid; ALD behoort tot de *peroxisomale ziekten; *pseudo-neonatale ~*, een vorm van ALD die autosomaal recessief overerft.

adrenolyticum (farm.), meervoud *-lytica*, zie *alfablokk(eerd)ers en *bètablokk(eerd)ers; syn. *sympathicolyticum, anti-adrenergicum.

adrenopause het optreden van verminderde functie van de bijnierschors tussen het 50ste en 60ste levensjaar.

adrenotroop syn. *adrenerg(isch).

ADS 1. antibioticadeficiëntie-syndroom. 2. Amsterdamse dementiescreeningtest.

Adson, A. Amerikaans chirurg (1887-1951); *fenomeen van ~*, het onvoelbaar worden van de radialispols bij het *scalenussyndroom en het *costoclaviculair syndroom bij sterke abductie van de arm en bij diepe inspiratie.

adsorbens *L* sterk poreuze stof met een groot fysisch oppervlak, die andere stof opneemt door *adsorptie; wkw. *adsorberen* (n.t.v.m. absorberen).

adsorptie de bevestiging van een opgeloste of gasvormige stof aan het oppervlak van een andere stof.

adstringens *L* (meervoud -gentia) geneesmiddel met samentrekkende werking.

adult respiratory distress (syndrome) zie ARD(S).

adultus *L* volwassene.

ad us. (rec.) afk. van ad usum; *~ ext.*, ad usum externum; *~ int.*, ad usum internum; *~ propr.*, ad usum proprium (voor uitwendig, inwendig, resp. eigen gebruik).

adventitia *L* de buitenste der drie lagen van de bloedvatwand.

advers(at)ief tegenstellend; in tegengestelde richting.

ad vitr. (rec.) afk. van ad vitrum *L*, in een fles.

adynamisch m.b.t. adynamie, krachteloos.

adynamie *G* toenemende zwakte, krachteloosheid, verzwakking van de spierbeweging.

AE afk. van antitoxine-eenheden.

AED afk. van anhidrotisch-ectodermale *dysplasie.

AEP afk. van auditory brainstem *evoked potentials *E*, syn. ABEP, *BERA.

aër *G* lucht; *~emie*, caissonziekte.

AERD afk. van athero-embolic renal disease *E*.

aëro- (smst.) lucht-; *~bacter*, (bact.) groep van niet-pathogene gramnegatieve bacteriën die in het darmkanaal voorkomen.

aëroben *G*, **aërobiën** bacteriën die zich zonder zuurstof niet kunnen ontwikkelen.

aërofagie inslikken van lucht.

aërofilie niet kunnen leven zonder zuurstof.

aërofyten syn. *aëroben.

aërogeen door de lucht ontstaan; *aërogene infectie*, besmetting door kiemhoudende druppeltjes in de ingeademde lucht.

aërometer instrument voor de bepaling van de dichtheid van lucht.

Aeromonas (bact.) geslacht van gramnegatieve *staafjes, verwant met *Enterobacter, die hoofdzakelijk darminfectie teweegbrengt.

aëroob *G* afhankelijk van zuurstof (om te leven).

aëroplast 1. verbandmateriaal, geweven van kunsthars en glasvezels, ter vervanging van gips. 2. vloeistof die over wonden wordt verstoven en deze waterdicht afdekt.

aëroplethysmografie bepaling van de per ademhaling verplaatste hoeveelheid

lucht.
aërosol verstuiving van een opgelost geneesmiddel tot in de longalveolen.
aërotherapie luchtbehandeling; zie ook pneumatotherapie.
Aesculapius *L* god der geneeskunde.
aesthesia *G* (smst.) gevoel, syn. esthesie.
aestivalis *L* m.b.t. de zomer.
aetiologie *G* *etiologie.
aetiotroop *G* zie etiotroop.
AF afk. van alkalische fosfatase.
afaak oog zonder lens.
afagie, aphagia *G* onvermogen om te slikken; ~ *algera*, afagie door vrees voor pijn.
afakie, aphakia *G* het ontbreken van de ooglens.
afasie, aphasia *G* verzamelnaam voor alle door hersenletsel veroorzaakte stoornissen die tot gevolg hebben een vermindering of verlies van het vermogen zich uit te drukken d.m.v. spraak, schrift of tekens, dan wel de gesproken of geschreven taal te begrijpen (alexie); afasie treedt met name op wanneer de stoornis is gelokaliseerd in de dominante hemisfeer (hersenhelft); bijv.nw. *afatisch*; *amnestische* ~, onvermogen het juiste woord te vinden; *associatieve* ~, afasie t.g.v. stoornissen in de associatiebanen van de hersencentra; *auditieve* ~, syn. logokofose, woorddoofheid; *expressieve* ~, syn. motorische afasie, onvermogen tot het vinden en vormen van de juiste woorden en zinnen terwijl de persoon weet wat hij wil zeggen (stoornis in de spraakvorming), syn. afasie van Broca; *motorische* ~, syn. expressieve afasie; *optische* ~, syn. aphasia visualis, zie woordblindheid; *receptieve* ~, syn. sensorische afasie, onvermogen gesproken of geschreven woorden of tekens te begrijpen (stoornis in het waarnemen door de diverse zintuigen), syn. afasie van Wernicke; *sensorische* ~, syn. receptieve afasie; *tactiele* ~, onvermogen voorwerpen te benoemen bij betasting; *totale* ~, combinatie van expressieve en receptieve afasie.
afatisch bijv.nw. bij *afasie.
af- *~braakbloeding*, syn. withdrawalbleeding; *~dekproef*, zie covertest; *~drijving*, zie abortus; infanticide.
AFBZ afk. van algemeen fonds bijzondere ziektekosten.
AFC afk. van arteria femoralis communis.
afebriel koortsvrij.
afemie, aphemia *G* volkomen verlies van de spraak.
aferese, apheresis *G* (lett. verwijdering) het afnemen van een hoeveelheid bloed van een donor, waarvan óf het plasma óf geselecteerde bloedcellen bij een patiënt of de donor zelf worden getransfundeerd; te onderscheiden zijn hierdoor: erytraferese, leukaferese, plasmaferese, trombaferese.
affect 1. (psych.) gemoedsbeweging; de uiterlijk waarneembare (wisselende) uitdrukking van emoties; *~afweer*, afweerreactie om angstig makende emoties te onderdrukken; *~armoede*, geringe neiging tot gemoedsaandoening; *~handeling*, door een sterk affect veroorzaakte ondoordachte handeling; *~incontinentie*, onvermogen van een persoon om de hevigheid van zijn affect te regelen, syn. emotionele incontinentie; *~labiliteit*, het als reactie op een soms minieme gebeurtenis omslaan van een positief naar een negatief affect of omgekeerd. 2. de eerste waarneembare specifieke afwijking van een infectieziekte.

affectie 1. ziekelijke aandoening. 2. genegenheid; *~-beperking*, vermindering of verlies van interpersoonlijke contacten, bijv. in gevangenschap; zie ook deprivatie.

affectief, affectieve m.b.t. het gevoelsleven; ~ *contact*, gevoelsmatige relatie met de medemens; ~ *psychose*, zie psychose; ~ *stoornissen*, syn. van *stemmingsstoornissen; ~ *verwaarlozing*, verwaarlozing van kinderen, waarbij onvoldoende aandacht is besteed aan het ontwikkelen van hun gevoelsrelaties; veroorzaakt op latere leeftijd gebrekkige vertrouwensrelaties; syn. emotionele verwaarlozing.

affectiviteit de eigenschap gebeurtenissen te beleven, beladen met affect.

afferent, afferens *L* toevoerend, aanvoerend; tgst. efferent.

affiniteit 1. scheikundige verwantschap, aantrekkingskracht, bindingsneiging, syn. aviditeit. 2. de voorkeur van een ziekteverwekker om een bepaald orgaan aan te tasten.

affluentie toevloeiing.

afflux, affluxus *L* toevloed (bijv. van bloed).

afhankelijke persoonlijkheid zie persoonlijkheid.

afhankelijkheid van een middel (vlg. DSM-IV) verslaving; een patroon van onaangepast gebruik van een middel met duidelijke gevolgen op psychisch, sociaal en lichamelijk vlak; kenmerken zijn: tolerantie (gewenning), het optreden van onthoudingsverschijnselen bij het staken van het gebruik, het in grotere hoeveelheden gebruiken dan de bedoeling is, de wens te matigen in het gebruik en de mislukte pogingen daartoe, het besteden van een groot deel van de tijd aan activiteiten om het middel te verkrijgen, verwaarlozing van beroep of sociale activiteiten en continuering van het gebruik ondanks de wetenschap dat het gevolgen heeft of kan hebben voor het psychisch, sociaal en lichamelijk functioneren; middelen waarvan bekend is dat ze tot afhankelijkheid kunnen leiden zijn o.a. alcohol, amfetamine, cafeïne, cannabis, cocaïne, vluchtige stoffen ('lijm'), nicotine, PCP, opioïden en sedativa.

afhankelijkheidsconflict (psych.) vooral bij jonge adolescenten zichtbare strijd tussen enerzijds de afhankelijkheidsbehoefte en anderzijds het gevecht om de eigen identiteit en autonomie.

afibrinogenemie *congenitale ~*, zeldzame aangeboren stofwisselingsziekte, gekenmerkt door specifieke stoornis in de vorming van fibrinogeen waardoor dit eiwit in het plasma ontbreekt of nauwelijks aanwezig is, zodat allerlei bloedingen kunnen optreden.

afilie (psych.) afwezigheid van erotische genegenheid.

afkicken (drugsjargon) ontwenningskuur door een verslaafde; abrupte abstinentie; zie ook abstinentie.

afkolven het met de hand, een kolf of een elektrische borstpomp laten aflopen van de moedermelk.

aflatoxine giftig stofwisselingsproduct van de schimmel Aspergillus flavus, die woekert op ondeugdelijk opgeslagen aardnoten.

afnavelen het op twee plaatsen afbinden en vervolgens doorknippen van de navelstreng.

afonie, aphonia *G* klankloosheid van de stem door stoornis in de werking van de stembanden.

AFP afk. van 1. alfafoetoproteïne, foetaal eiwit dat bij open defect van de embryonale neurale buis in het vruchtwater en in het serum van de zwangere is verhoogd; *tumor*marker van hepatomen en testisgezwellen; zie ook triple-test. 2. arteria femoralis profunda.

afrasie, aphrasia *G* spraakstoornis, waardoor het spreken geheel onmogelijk wordt of wartaal wordt gesproken; syn. alogie.

afreageren onaangename gevoelens laten uitwerken door deze te vertellen, ze te ontladen op andere objecten of door te huilen, razen of juichen.

afrodisiacum, aphrodisiacum middel om de geslachtsdrift op te wekken.

afrodisie, aphrodisia *G* verhoogde geslachtsdrift.

à froid *F* lett. in de koude; *operatie* ~, verwijdering van een ontstoken orgaan op een tijdstip dat de ontsteking klinisch tot rust is gekomen; zie ook à chaud, à tiède.

afstammingsleer zie darwinisme.

afstoting zie rejectie.

aften, aphthae *L* pijnlijke erosies, overgaande in zweertjes van het mondslijmvlies, soms ook van de vulva; ~ *epizooticae,* mond- en klauwzeer, syn. ~ *contagiosa* of ~ *epidemica,* acute virusziekte bij varkens en herkauwers, die bij de mens (zelden) via ongekookte melk wordt overgebracht en o.a. blaarvorming veroorzaakt in de mond ('tongblaar') en op andere plaatsen; ~ *mickuliczi,* recidiverende, zeer pijnlijke aften van onbekende etiologie, syn. *habituele ~; ~ tropicae,* zie spruw.

aftercare *E* nazorg, bijv. voor vrouwen die een borstamputatie hebben ondergaan.

afterload *E* (card.) nabelasting; de tegendruk van de perifere vaatweerstand die het uit de linker hartkamer gepompte bloed in de aorta ondervindt (arteriële *impedantie); zie ook preload.

aftofyta, aphthophyta syn. *stomatomycosis.

aftongie, aphthongia *G* zenuwstoornis, gepaard gaand met krampachtige spierbewegingen waardoor bij iedere poging om te spreken spastische articulatiebewegingen ontstaan, die het spreken belemmeren.

aftose met aften gepaard gaande of door aften veroorzaakte aandoening.

afweer- *~mechanisme* 1. zie immunoreactie; *aspecifieke* ~, de afweer van het dierlijk organisme tegen lichaamsvreemde stoffen d.m.v. fagocytose (granulocyten, macrofagen) en door serologische factoren, zoals het *complementsysteem. 2. (psych.an.) door de psyche bewust of onbewust gebruikte methoden om hevige, pijnlijke of cultureel verboden gevoelens uit het bewuste weg te houden; voorbeelden zijn *acting out, *projectie, *rationalisatie, *verdringing en *sublimering; syn. verdedigingsmechanisme, defensiemechanisme.

afweerreflex reflectorische samentrekking van een spier of spiergroep als reactie op een heftige, meestal pijnlijke prikkel.

afweerstoffen *humorale* ~, stoffen die door slijmvlies worden geproduceerd en bacteriële groei tegengaan; zie lactoferrine, muramidase, transferrine.

afwijking aberratie.

Afzelius, A. Zweeds dermatoloog, zie erytheem.

AG afk. van 1. anonieme gokkers. 2. adviserend geneeskundige. 3. assisterende in de gezondheidszorg.

Ag afk. van 1. *antigeen. 2. zilver, argentum.

A-gal gal uit de ductus choledochus (galbuis) van waaruit de gal in de twaalfvingerige darm komt.

agalactie, agalactatio ontbreken van of een gebrekkige zogsecretie bij kraamvrouwen.

agamie ongehuwde staat.

agammaglobulinemie afwezigheid van *gammaglobuline in het plasma, waardoor het lichaam geen humorale afweer heeft tegen infecties; de *congenitale* ~ is een aangeboren stofwisselingsziekte, komt familiair voor en alleen bij jongens; de *verworven* ~ is òf 'idiopathisch' òf secundair t.g.v. eiwitverlies zoals bij ernstige nefrose of bij '*protein losing enteropathy', dan wel t.g.v. reticulosen, chronische leukemie e.a.

aganglionose afwezigheid van ganglioncellen.

agar-agar *M* uit zeewier verkregen geleiachtige stof, die wordt gebruikt in voedingsbodems voor het kweken van bacteriën.

agastrie ontbreken van de maag.

AGB afk. van algemene gezondheidszorg en beroepen.

AGE afk. van algemene gezondheidszorg en epidemiologie.

agenesie syn. *aplasie.

agenitalisme het geheel of gedeeltelijk ontbreken van genitaliën.

agens *L* oorzaak, werkzaam middel; stof die in staat is een chemische of biologische reactie te verwekken; meervoud *agentia*.

ageren (psych.) het op ondoelmatige, soms zelfs destructieve manier afreageren van spanningen, waarbij een ander (vaak de hulpverlener) degene is op wie wordt afgereageerd.

ageusie, ageusis *G* verlies van de smaak.

AGG afk. van ambulante geestelijke gezondheidszorg, syn. AGGZ.

agger *L* (anat.) verhevenheid.

agglomeraat opeenhoping, syn. conglomeraat.

agglomerinen verzamelnaam voor eiwitten in het bloed die bij verhoogde concentratie geldrolvorming van erytrocyten veroorzaken.

agglutinatie 1. aaneenkleving; methode om vreemde lichamen uit het oor, de neus of andere organen te verwijderen. 2. samenklonteren van bijv. rode bloedcellen of bacteriën.

agglutinatiereactie een reactie waarbij een agglutinatie (klontering) tot stand komt op grond van een antigeen-antilichaam-reactie, bijv. een agglutinatie van rode bloedcellen of bacteriën.

agglutininen (meervoud) *gammaglobulinen die *agglutinatie veroorzaken.

aggravatie, aggravatio *L* overdrijving; de kwaal erger voorstellen dan zij is.

aggregatie 1. samenvoeging; zich aaneenvoegen; samenklontering. 2. *~toestand*, verschijningsvorm.

AGGZ afk. van ambulante geestelijke gezondheidszorg, syn. AGG.

AGIKO afk. van assistent-geneeskundige in klinisch onderzoek.

AGIO afk. van assistent-geneeskundige in opleiding (tot specialist).

agitatie, agitatio *L* opwinding, onrust, woelen; *sine* ~, zie paralyse: paralysis agitans.

aglobulie vermindering of ontbreken van rode bloedcellen.

aglossie *G* aangeboren ontbreken van de tong.

AGM afk. van absorbent gelling material *E*.

agminatus in groepjes optredend of vóórkomend; opeengehoopt.

AGN afk. van acute glomerulonefritis.

agnathie aangeboren ontbreken van de kaak.

AGNIO afk. van assistent-geneeskundige niet in opleiding (tot medisch specialist).
agnogenetisch van onbekende oorsprong of herkomst.
agnosie *G* onvermogen zich bewust te worden van hetgeen wordt waargenomen d.m.v. de diverse zintuigen; het niet herkennen van sensorische prikkels (gehoor-, gezichts-, reukprikkels enz.); zie ook stereoagnosie.
AGO afk. van 1. algeheel geneeskundig onderzoek. 2. arbeidsinrichting voor geestelijk onvolwaardigen. 3. stichting arbeid, gezondheid en opvoeding.
AGOG afk. van anonieme gokkersomgeving.
agogie *G* zie andragogie; bijv.nw. *agogisch*.
agonie *G* doodsstrijd, bijv.nw. *agonaal*.
agonist (bijv.nw. *agonistisch*) 1. spier waarvan de werking opweegt tegen die van een antagonist (*'agonisme'*). 2. geneesmiddel dat de werking van een ander middel versterkt.
agoog beoefenaar van *agogie.
agorafobie (vlg. DSM-IV) fobie voor het aanwezig zijn op een plaats of in een situatie (plein, bus, lift, alleen buitenshuis, in een rij staan e.d.) waaruit ontsnappen moeilijk is of geen hulp te verwachten valt in het geval men de situatie niet meer aankan; komt voor in combinatie met of zonder paniekstoornis; zie ook fobie.
agrafe *F* klemmetje om wonden te hechten, wondkram; meervoud agrafen.
agrafie, agraphia *G* (afatisch) onvermogen tot schrijven.
agrammatisme onvermogen tot grammaticale vorming van zinnen, verbuigen, vervoegen, enz.; vorm van afasie.
agranulocytose sterke vermindering of ontbreken van gegranuleerde leukocyten in het bloed; het gevolg is een sterk verminderde afweer tegen infecties.
agraphia zie agrafie.
agressie 1. levenskracht die zowel positief als negatief kan worden gebruikt. 2. gedragsvormen als de directe en persoonlijke uitdrukking van ergernis en woede, uitingen van de eigen wil, enz.; *passieve* ~, vermomde agressie, waarbij men zich stiekem en manipulatief gedraagt.
agressief gedrag zie gedrag.
agressieve therapie (psych.) groepstherapievorm die vooral in zelfhulpgroepen wordt toegepast en waarbij de deelnemers elkaar wisselend zeer agressief bejegenen; uitgangspunt is de confrontatie met elkaars zwakheden.
agrypnie, agrypnia *G* zie insomnie.
AGS afk. van *adrenogenitaal syndroom.
AGSW afk. van antistoffen (tegen) glad spierweefsel.
AGW afk. van ademgrenswaarde, syn. MAMV.
agyrie afwezigheid van hersenwindingen; *relatieve* ~, syn. lissencefalie.
AGZ afk. van algemene gezondheidszorg, vormt samen met de GGZ (geestelijke gezondheidszorg) het geheel van de MGZ (maatschappelijke gezondheidszorg).
AH afk. van 1. apotheekhoudende huisarts. 2. abdominale hysterectomie.
AHA afk. van 1. American hospital association. 2. American heart association.
AHF afk. van antihemofiliefactor, syn. AHG.
AHG afk. van 1. antihemofilieglobuline, syn. AHF. 2. antihumaan globuline.
AHNP afk. van acute hemorragische necrotiserende pancreatitis.
AHO afk. van achter-het-oortoestel.
ahornstroopziekte zie maple syrup urine disease.

AI afk. van 1. auto-immuun. 2. aorta-insufficiëntie. 3. artificiële inseminatie. 4. artificiële intelligentie.

aichmofobie *G* ziekelijke vrees voor scherpe voorwerpen.

AID *E* afk. van 1. artificial insemination by donor, syn. *KID. 2. anti-inflammatory drugs *E*.

AIDS, aids (acquired immune deficiency syndrome = verworven immunodeficiëntiesyndroom), een sinds het begin van de tachtiger jaren bekend ziektebeeld veroorzaakt door een retrovirus met een grote affiniteit voor T4-lymfocyten en macrofagen, het zgn. HIV (humaan immunodeficiëntievirus); het HIV-type 1 en HIV-type 2 vertonen verwantschap met het humane T-cel leukemievirus; het virus wordt voornamelijk overgebracht door besmet bloed en bloedproducten (bloedtransfusies, besmette naalden bij intraveneuze druggebruikers) en door (met name anaal) geslachtsverkeer, voornamelijk bij homo- en biseksuele mannen; tot de zgn. risicogroepen voor het krijgen van AIDS behoren (in West-Europa) de intraveneuze druggebruikers, homo- en biseksuele mannen met wisselende relaties, prostituees en hun bezoekers alsmede de partners van bovengenoemden; een besmette zwangere kan het virus overdragen op haar kind; voorafgaand aan het eigenlijke immunodeficiëntiesyndroom zijn er dikwijls klachten van malaise, moeheid, transpireren, nachtzweten, diarree, gewichtsverlies, hoesten en lymfeklierzwelling (het zgn. AIDS-related complex, afk. ARC); het immunodeficiëntiesyndroom wordt gekenmerkt door zgn. opportunistische infecties (zie opportunisme) met als belangrijkste verwekkers *Pneumocystis carinii* (pneumonie), cytomegalovirus, *Candida* en andere schimmels, atypische mycobacteriën en *Toxoplasma*; voorts kunnen ontstaan chorioretinitis, hepatitis, encefalitis, splenomegalie, gordelroos, hypergammaglobulinemie, een gestoorde T4-T8 ratio, alsmede diverse maligniteiten waaronder het Kaposi-sarcoom; de terminale verschijnselen zijn meestal van neurologische aard (zie subacute *encefalitis); het HIV komt voor in T4-lymfocyten en macrofagen, in bloedserum, (orgaan)weefsels, liquor, sperma, urine, traanvocht, speeksel, genitaalslijm en bloed; de werking van het HIV berust op het onwerkzaam maken van met name de T4-lymfocyten en macrofagen waardoor er een cellulaire immuno*deficiëntie ontstaat; ter preventie van AIDS worden bloed-, weefsel- en orgaandonoren getest d.m.v. een AIDS-test, die antistoffen, gericht tegen het HIV, aantoont in het serum van de donor; bij geslachtsverkeer is een condoom aangewezen; na besmetting duurt het meerdere weken tot vele maanden (soms een jaar of langer) voordat er *seroconversie plaatsvindt ('positief worden'); tijdens deze periode (de *vensterperiode) is, ondanks een negatieve test, besmetting mogelijk; de incubatietijd bedraagt gemiddeld vele jaren; de prognose van AIDS is zeer slecht; geneesmiddelen die AIDS kunnen genezen zijn (nog) niet voorhanden, evenmin is er een vaccin; de ontdekker van het HIV is de Fransman Montagnier; *~-dementie complex,* zie subacute *encefalitis; *~ -related complex,* afk. ARC, syn. *~ prodromina,* verschijnselen die duiden op de waarschijnlijkheid dat het complexe beeld van AIDS zich zal gaan ontwikkelen, zoals hiervoor omschreven.

aigofonie zie egofonie.

AIH afk. van artificial insemination by husband.

AIHA afk. van auto-immuun hemolytische anemie.

AIL(D) afk. van angio-immunoblastische *lymfadenopathie (met dysproteïnemie).

AIN afk. van acute interstitiële nefritis.

ainhum een hoofdzakelijk bij negers voorkomende ziekte, vermoedelijk door herhaalde verwondingen, waardoor de kleine teen eerst opzwelt en daarna afvalt; syn. dactylolysis spontanea.

AIO afk. van 1. artificial induction of ovulation *E*. 2. assistent in opleiding (tot wetenschappelijk onderzoeker).

AION afk. van anterior ischaemic optic neuropathy *E*, visusdaling t.g.v. arteriosclerose of vasculitis.

AIP afk. van 1. auto-immuun proces. 2. acute intermitterende *porfyrie. 3. acute idiopathische *polyradiculo(neuro)pathie. 4. aldosteron-geïnduceerd proteïne.

airconditioner's long allergische *alveolitis door inhalatie van actinomyceten of bacteriën die groeien op de filters van airconditioners of bevochtigingsapparaten.

airway *E* instrument om luchtdoortocht tijdens narcose vrij te houden.

AIS afk. van 1. abbreviated injury scale. 2. adult intelligence scale. 3. algemene intravasale stolling. 4. artseninformatiesysteem.

AISA afk. van verkregen (acquired, *E*) idiopathische sideroblastaire anemie.

AITD afk. van auto-immune thyroid disease *E*, zie Graves, Hashimoto.

AIUM afk. van American institute of ultrasound in medicine.

AIVA afk. van algemene en internationale volksgezondheidsaangelegenheden.

(A)ITP afk. van (auto)immunologische trombocytopenische purpura.

AIZ afk. van 1. auto-immuunziekte(n). 2. afdeling voor intensieve zorg.

aka- zie aca-.

akestoom wild vlees; zie granulatie.

AKF afk. van antikernfactor; zie ANF.

akidurgie zie akiurgie.

akinesie, akinesia *G* afwezigheid van beweging; bewegingsarmoede; ~ *algera*, bewegingloosheid doordat bewegingen pijn veroorzaken.

akiurgie operatieve chirurgie; het gedeelte der chirurgie dat de bloedige handelingen omvat (ook: *akidurgie*).

akoepedist deskundige op het gebied van het gehoor en de zorg voor slechthorenden.

aku- zie akoe-.

a.l. (rec.) afk. van ad libitum, naar keuze, naar believen.

Al afk. van 1. antilichaam of antilichamen (antistoffen). 2. aluminium.

ala vleugel, vleugelvormig aanhangsel.

ALA afk. van (delta-)aminolevulinezuur.

alactasie lactase-deficiëntie, een aangeboren stofwisselingsziekte; veroorzaakt o.a. hevige en frequente buikpijnaanvallen bij kinderen; komt ook symptomatisch voor bij chronische enteropathieën.

alactie syn. *agalactie.

Alagille, D. Frans kinderarts; ~*syndroom*, syn. arteriohepatische *dysplasie; ziektebeeld met *hypoplasie van de galgangen, pulmonaalstenose (*stenose van de pulmonalisklep), gezichts*dysmorfose en afwijkingen van de wervellichamen.

alalie, alalia *G* verlies van het spraakvermogen, veroorzaakt door een neuromusculaire aandoening (zie neuromusculaire ziekte) van de spreekorganen.

Al-Anon afk. van alcoholics anonymus, vereniging voor partners van alcoholisten; zie ook AA, alateen, ACA.

ALARA afk. van as low as reasonably achievable.

alarmreactie vlg. *Selye, toestand teweeggebracht door stress, die kan overgaan in shock.

ALARP afk. van as low as reasonably practicable.

alastrim *P* 'witte pokken', lichte pokkensoort, die zich van de 'echte' pokken (variola) onderscheidt door kortere duur en mild karakter der ziekte.

ALAT afk. van alanine-aminotransferase, een enzym, voorheen *GPT.

Alateen vereniging van jonge kinderen van alcoholverslaafden; zie ook ACA, AA, Al-Anon.

ALBA afk. van allergenenbank, databank voor voedselovergevoeligheid.

Alban Köhler zie osteochondrose.

Albee, F. Amerikaans chirurg (1876-1945); *operatie van* ~, transplantatie van een botspaan met periost (meestal uit de tibia) in de overlangs gespleten processi spinosi van een aantal opeenvolgende wervels bij spondylitis.

alberello *It* (ook: *albarello*), meervoud alberelli, (farm.) kleine aardewerk of glazen apothekerspot; zalfkruikje.

Albers-Schönberg, H. Duits radioloog (1865-1921), zie osteopetrosis.

albinisme, albinismus *L* 1. gestoorde pigmentvorming, *enzymdefect, waardoor geen omzetting plaatsheeft van tyrosine in melanine, hetgeen kan leiden tot een ~ *totalis:* bleke huid, geelwit haar, rode pupillen, bleekblauwe irissen, soms astigmatisme, fotofobie, nystagmus, òf tot ~ *partialis:* gedepigmenteerde gebieden aan romp en extremiteiten; poliosis circumscripta; ~ *acquisita*, syn. *vitiligo. 2. ontbreken van chlorofyl bij planten.

albino mens, dier of plant met albinisme; 'witteling'.

Albright, F. Amerikaans internist (1900-1969); *syndroom van* ~, fibreuze polyostotische *dysplasie (syn. ostitis fibrosa disseminata) gecombineerd met pubertas praecox en café-au-lait vlekken; *ziekte van* ~, *pseudohypoparathyroïdie.

albumen 1. algemene term voor eiwit. 2. foutief voor albumine.

albuminaat verbinding van een eiwit met een zuur of base.

albuminen in water oplosbare eiwitten, in engere zin die in het bloed.

albuminurie het vóórkomen van albuminen in de urine; het woord wordt dikwijls foutief gebruikt voor *proteïnurie; *febriele* ~, albuminurie die voorkomt bij koorts; *orthostatische* ~, albuminurie die een gevolg is van lang staan of liggen met holle rug; *transitoire* ~, albuminurie van voorbijgaande aard.

albumosen gedeeltelijke omzettingsproducten van de eiwitten tijdens het spijsverteringsproces.

albumosurie het voorkomen van albumosen in de urine.

ALC afk. van alcoholische levercirrose.

alcal- zie alkal-.

ALCO afk. van algemeen co-assistentschap.

alcohol 1. chemische stof afgeleid van koolwaterstof, waarin een of meer H-atomen door -OH zijn vervangen. 2. ethylalcohol = ethanol. 3. genotmiddel dat ethanol bevat, sterkedrank; *~afhankelijkheid*, een zodanig gebruik van alcohol dat er sprake is van een 'afhankelijkheid van een middel' (zie aldaar); langdurig overmatig gebruik leidt tot lichamelijke en psychische stoornissen zoals het Wernicke-Korsakovsyndroom, polyneuropathie, myopathie, cerebellaire atrofie, oesophagitis, gastritis, pancreatitis, levercirrose, hypertensie, cardiomyopathie, amnestische stoornis (Korsakov), hallucinose en delirium; *~hallucinose*, verschijnsel waarbij de alcoholist visuele of akoestische hallucinaties heeft, zonder dat er sprake is van waanvorming, desoriëntatie en een bewustzijnsstoornis.

alcoholica *L* geestrijke dranken; alcoholbevattende dranken.
alcoholisme drankzucht, verzamelnaam voor verschillende vormen van het omgaan met alcoholhoudende dranken, waarbij de gebruiker de controle op het gebruik heeft verloren en er gevolgen zijn op psychisch, sociaal en lichamelijk vlak; *bèta-~*, overmatig alcoholgebruik dat wel aanleiding geeft tot lichamelijke ziekten zonder dat er sprake is van afhankelijkheid.
alcohol- *~misbruik*, aanwezigheid van een patroon van onaangepast en voortdurend gebruik van alcohol ondanks een daaruit voortvloeiend beroepsmatig, psychisch of lichamelijk probleem en/of het herhaaldelijk alcoholgebruik in situaties waarin het fysiek gevaarlijk is; misbruik kan zich voortzetten tot alcoholafhankelijkheid (verslaving); *~onthoudingsdelirium*, delirium als gevolg van het plotseling (moeten) stoppen met alcoholgebruik; *~paralyse*, door chronisch alcoholisme ontstane verlamming door aantasting van zenuwbanen; *~paranoia*, bij chronisch alcoholisme optredende achtervolgingswanen; *~verslaving*, zie alcoholafhankelijkheid.
ALCON afk. van alcohol consultancy Nederland.
ALD afk. van adrenoleukodystrofie.
aldolase enzym in de koolhydraat- en vetstofwisseling.
aldosteron hormoon van de bijnierschors (zona glomerulosa) dat de elektrolytenhuishouding regelt.
aldosteronisme syn. *hyperaldosteronisme.
Aldrich, R. Amerikaans kinderarts (geb. 1917), zie Wiskott.
aleppobuil syn. *helcosoma tropicum.
aleukie verzamelnaam voor toestanden waarbij de leukocyten in het bloed ontbreken.
Alexander, W. Engels chirurg (1844- 1919); *operatie van ~-Adams*, correctie in anteflexie door inkorting in het lieskanaal van de ronde ophangbanden van de in retroflexie liggende baarmoeder; zie ook Baldy.
alexie, alexia *L* visuele *afasie, leesblindheid, onvermogen om schrifttekens te begrijpen of tot woorden samen te stellen, zie ook dyslexie; *motorische ~*, onvermogen om hardop te lezen, doch met begrip voor het geschrevene.
alexine syn. *complement.
alexithymie (psych.) 1. het moeilijk kunnen beschrijven of herkennen van eigen gevoelens; 2. arm fantasieleven.
alfa-blokk(eerd)ers (farm.) adrenolytica die vnl. de receptoren van de bloedvaten in huid en slijmvliezen blokkeren.
alfa-helix zie *eiwitstructuur
alfastralen (ook: α-stralen) stralen uitgezonden door radioactieve elementen, bestaande uit heliumkernen met twee positieve elektrische ladingen.
Alfrey *syndroom van ~*, *apraxie en multifocale neuro-psychische toestanden (encefalopathie), voorts osteomalacie en anemie bij hemodialysepatiënten t.g.v. een chronische aluminiumstapeling in verschillende organen; syn. dialysedementie (foutief).
ALG afk. van antilymfocyten(immuno)globuline, syn. *ALS.
algesie *G* verhoogde gevoeligheid voor pijn.
algesiemeter toestel, waarmee gevoeligheid voor pijn wordt gemeten.
algidus *L* ijskoud.
-algie *G* (smst.) pijn; bijv. neuralgie, zenuwpijn.

algo- (smst.) pijn; *~dystrofie,* met pijn gepaard gaande dystrofie; syn. Sudeckse atrofie, dystrofie; *~geen* pijn veroorzakend; *~lagnie,* seksuele relatievorm, erotische geaardheid, waarbij het pijnigen van anderen of het ondergaan van pijn bevrediging brengt; zie ook masochisme, sadisme; *~melia,* neurovegetatieve pijn, gepaard met vasomotorische en/of trofische stoornissen; *~menorroe,* zie dysmenorroe.

algor *L* koude; *~ mortis,* lijkkoude.

algoritme de logische rangschikking van gegevens: 'pathway' *E.*

algurie pijnlijke urinelozing o.a. bij *cystitis.

Alibert, J. Frans huidarts (1766-1837); *ziekte van ~,* syn. *helcosoma tropicum; zie ook Bazin.

aliënatie, alienatio mentis *L* psychische stoornis (alg.).

alifatisch m.b.t. vetten.

alimentair *L* wat met de voeding verband houdt.

alimentatie 1. voeding. 2. (het ontvangen of verstrekken van) levensonderhoud, in engere zin aan bloedverwanten.

alkali loog, stof die in verbinding met zuur een zout vormt; *~reserve,* de graad van vermogen van het bloed om zuur chemisch te binden, waardoor de zuurgraad (pH) van het bloed zoveel mogelijk constant wordt gehouden; *~vergiftiging,* zie alkalose.

alkalisch basisch; m.b.t. alkali.

alkaloïden sterk werkende stikstofhoudende plantenbestanddelen, in kleine dosis als geneesmiddel verstrekt.

alkalopenie *G* alkali-tekort; vermindering van het alkaligehalte in het bloed.

alkalose ophoping van alkali of verlies van zuur in het organisme door verschillende oorzaken: *metabole ~,* alkalose door o.a. veelvuldig braken (zuur- en chloorverlies), misbruik van diuretica, ziektetoestanden met hypokaliëmie en hypercalciëmie en bij verhoogde bijnierfunctie; *respiratoire ~,* alkalose door tekort aan CO_2 o.a. t.g.v. hyperventilatie.

alkaptonurie zie ochronose.

alkyl (chem.) radicaal uit een koolwaterstofreeks, doch zonder H-atoom; *~erende stoffen* (farm.), cytotoxische middelen, welke door *crossing-over de normale celdeling kunnen verstoren en aldus *cytostasis teweegbrengen.

ALL afk. van acute lymfatische *leukemie.

allantoïs *L* een kleine uitstulping van de dooierzak aan het caudale einde van het embryo; ontstaat ongeveer op de 16de dag van de embryonale ontwikkeling; blijft bij de mens rudimentair en speelt geen rol in de ontwikkeling.

allel één van de genen die op een bepaalde plaats (locus) in het chromosoom kan voorkomen, bijv. het allel voor blauwe ogen óf het allel voor bruine ogen.

allergenen *G* antigene stoffen die bij daartoe gevoelige personen allergische verschijnselen veroorzaken; normaliter stimuleren zij het immuunapparaat niet.

allergide huidknobbeltje t.g.v. allergische arteriolitis.

allergie oorspr. een klinisch begrip (von *Pirquet) nl. het ànders d.w.z. minder reageren van het lichaam op een herhaald contact met een bepaalde stof; tegenwoordig verstaat men onder allergie een bijzondere, in de regel heftige reactie door overgevoeligheid op bepaalde stoffen van chemische of fysische aard, berustend op wisselwerking tussen *allergenen en humorale antistoffen; bijv.nw. *allergisch*; *atopische ~,* zie atopie; *anafylactische ~,* zie anafylaxie; *immediate-*

type ~, zie immediate-type reaction); *'delayed type'* ~, zie *delayed-type-allergie; *auto-*~, zie auto-immuniteit; *contact-*~, allergische reactie van de huid bij contact met een allergeen; *foto-*~, abnormale reactie van de huid op een *fotosensibilisator en licht, waarbij een immunologisch mechanisme is betrokken; *koude* ~, zie koude; *kruis*~, zie kruis; zie ook histamine.

allergologie de wetenschap betreffende de allergie en de allergische ziekten.

'alles-of-niets'-wet zie Bowditch.

allo- (smst.) vreemd; anders; *~antigeen*, antigeen dat t.g.v. een genetische variabiliteit (binnen de soort) bij een bepaald individu als 'vreemd' wordt herkend, afkomstig van een ander individu, zoals bijv. bij de bloedgroepantigenen; syn. iso-antigeen.

allocefalie afwijkingen in de anatomie van de schedel, zoals hypoplasie van de kin en onderkaak, torenschedel, adelaarsneus, palatoschisis en dergelijke; syn. dyscranie.

allochezie *G* 1. afvoeren van de ontlasting langs andere dan de natuurlijke weg. 2. afvoeren van andere stoffen dan ontlasting langs de anus.

allochirie *G* een bij ziekten en aandoeningen van het ruggenmerg waargenomen verschijnsel, dat de patiënt bijv. pijn, veroorzaakt door prikken of steken aan de linkerzijde van de romp, op dezelfde plaats aan de rechterzijde voelt.

allochtoon van elders afkomstig; tgst. autochtoon.

allodromie stoornis in het hartritme.

allodynie stoornis in de pijngewaarwording; niet-pijnlijke prikkels worden als pijnlijk ervaren.

allofoon gezegd van een klank die afhankelijk is van de positie in het woord en de klankomgeving.

allogeen betreffende individuen behorend tot dezelfde soort, maar met verschillende erfelijke aanleg; vroegere benaming homogeen of homoloog; *~ene transplantatie*, syn. allotransplantatie.

allograft *E* syn. homograft *E*, allogeen transplantaat; zie allotransplantatie.

allokinetisch onwillekeurige beweging van arm of been, als de andere arm (het andere been) willekeurig wordt bewogen.

allolalie *G* het spreken van wartaal (door psychiatrische patiënten).

alloloog van vreemde of andere soort.

allometrie de verhouding tussen de mate van groei van een individu en die van de gehele soort, c.q. van de mate van groei tussen groepen, rassen, soorten e.d.

allo- *~pathie*, geneesmethode met middelen die verschijnselen doen ontstaan verschillend van of tegengesteld aan die welke men wil bestrijden; *~plasie*, (psych.) reactievorm ten nadele van de medemens, bijv. bij een psychopaat; tgst. autoplasie; *~plastiek*, syn. *allotransplantatie (bet. 2); *~psychose*, zie psychose; *~ritmie*, verandering in de ritmische beweging van het hart, zonder dat deze beweging aritmisch wordt; *~soom*, *geslachtschromosoom; syn. heterosoom; *~sterisch*, zie enzym.

allotransfusie bloedstransfusie met bloed dat afkomstig is van willekeurige door de bloedbank goedgekeurde en anoniem blijvende donors; zie ook autotransfusie.

allotransplantatie 1. *transplantatie van weefsel op een soort-gelijk individu met verschillende genetische aanleg, bijv. van mens op mens (met uitzondering van identieke tweelingen). 2. (chir.) het inbrengen van kunstmateriaal, bijv. een *endoprothese, syn. allogene, homogene, homologe transplantatie, allo-, hom(e)oplastiek.

allotriofagie het nuttigen van oneetbare stoffen en voorwerpen.

allotriogeusie *G* smaakbedrog; het proeven van iets anders dan hetgeen in werkelijkheid gegeten wordt; smaakhallucinatie.

allotype polymorfe determinant op de ketens van de immunoglobulinen.

allotypie het optreden van genetische variaties in plasmaproteïnen (bijv. immunoglobulinen) en andere moleculen bij individuen van dezelfde soort.

aloë een in Zuid-Afrika, India en West-Indië groeiende plant, waarvan het sap wordt gebruikt als laxeermiddel.

alogie syn. *afrasie.

alopecia *G* lett: vossenhuid (naar de gelijkenis op schurft bij de vos), *haaruitval, kaalhoofdigheid; ~ *acquisita,* niet aangeboren haaruitval; ~ *areata,* syn. area celsi, haarziekte, gekenmerkt door scherp omschreven volkomen kale plekken; ~ *neuritica,* haaruitval in het vertakkingsgebied van bepaalde huidzenuwen; ~ *praematura,* vroegtijdige kaalhoofdigheid; ~ *senilis* of *androgenetica,* kaalhoofdigheid onder invloed van androgene hormonen bij genetisch gepredisponeerde mannen, in mindere mate bij vrouwen.

Alpers, B. Amerikaans neuroloog (1900-1979); *ziekte van ~*, progressieve degeneratie en sclerose van de hersenschors.

alpha- zie alfa-.

alpine ras Midden-Europees ras.

Alport, A. Engels internist (1880-1959); *syndroom van ~*, aangeboren, autosomaalerfelijke chronische progressieve nefritis; sporadisch zijn er typische oogafwijkingen en perceptiedoofheid.

ALS afk. van 1. antilymfocytenserum. 2. *amyotrofische laterale sclerose. 3. advanced life support.

ALT afk. van alanine-aminotransferase.

alteratie 1. wijziging, verandering. 2. (psych.) verandering van de persoonlijkheid.

alternans *L* afwisselend.

alternatieve geneeswijzen niet-officiële ofwel niet-universitaire geneeswijzen; bijv. acupunctuur, chiropraxis, homeopathie.

alternis horis *L* om het andere uur; afk. *alt. hor.* (rec.).

alters (psych.) afk. van alterpersoonlijkheden; de afzonderlijk te onderscheiden persoonlijkheden bij een *dissociatieve identiteitsstoornis.

alt-tuberculine, oud tuberculine, zie tuberculine.

aluminium een metaal; *~intoxicatie*, zie syndroom van *Alfrey.

ALVA afk. van (computer)apparatuur voor lichamelijk, visueel en auditief gehandicapten.

Alvarez, W. Amerikaans arts; *ziekte van ~*, 'stille beroerte', passagère ziektebeeld bij ouderen op grond van praesclerosis cerebri (zie presclerose), gekenmerkt door acute psychische stoornissen en uitvalverschijnselen van uiteenlopende sensorische, motorische, sensibele en vegetatieve aard.

alveolair m.b.t. holten; voorzien van holten; zie alveolus.

alveolitis 1. in engere zin ontsteking van longblaasjes; *(extrinsieke) allergische ~*, acuut ziektebeeld met koorts en respiratoire niet-astmatische dyspneu bij gesensibiliseerde mensen na inhalatie van een stof van biologische oorsprong die als antigeen werkt; aanhoudende blootstelling leidt tot een chronisch beeld; syn. interstitiële granulomateuze *pneumonitis, organic dust disease. 2. tandkasontsteking.

alveolus *L* kleine holte; longblaasje; klierblaasje; ~ *dentis*, tandkas.

alvleesklier syn. pancreas.

alvus *L* buikingewanden (buikorganen).

Alzheimer, A. Duits neuroloog (1864-1915); **dementie. type* ~, syn. ziekte van Alzheimer, ziekte met een preseniele, vóór het 65ste beginnend (PSDAT, afk. van preseniele dementie van het Alzheimertype) en met een seniele variant (SDAT); de ziekte uit zich in een dementie (zie aldaar) met een sluipend begin en een langzaam progressief verloop; de preseniele vorm kenmerkt zich o.a. door een snellere progressie van de ziekte en het duidelijker aanwezig zijn van genetische factoren; de eigenlijke oorzaak van de ziekte is (nog) niet bekend, aan gestoorde processen met betrekking tot de vorming van amyloïd wordt betekenis toegekend; bij histologisch (weefsel-) onderzoek van de hersenen na overlijden vindt men in verschillende delen van de hersenen (delen van het limbische systeem, frontale, temporale en pariëtale schors) celverlies (neuronen), gliosis, seniele plaques en neurofibrillaire tangles; boven de leeftijd van 65 jaar maakt de SDAT meer dan 50% van de gevallen van dementie uit.

AMA afk. van 1. antimitochondriën-antistoffen. 2. centrum voor alleenstaande minderjarige asielzoekers.

amacriene cellen cellen met lange uitlopers die contacten tot stand brengen tussen sommige lagen van het netvlies.

amalgaam verbinding van kwikzilver met metaal, gebruikt als tandvulling.

Amalric, P. Frans oogarts; *syndroom van* ~, beeld als bij het syndroom van *Usher (bet. 1), doch met netvliesafwijkingen in de vorm van 'beenbalkjes'.

amandel syn. *tonsil.

amarum *L* bittermiddel; eetlustbevorderend.

amastie, amastia aangeboren afwezigheid van de borstklier en van de tepel; zie ook amazie.

amastigoot stadium zonder zweepdraden in de ontwikkeling van sommige hemoflagellaten, gelijkend op de volwassen vorm van Leishmania.

amaurose, amaurosis *G* zwarte staar, volkomen blindheid zonder waarneembare veranderingen in het oog; ~ *fugax*, kortstondige, soms partiële blindheid aan één oog in aanvallen.

amaurotisch m.b.t. amaurose; ~ *idiotisme*, zie idiotie.

amazie aangeboren afwezigheid van de borsttepel (papilla mammae); zie ook amastie.

AMB afk. van assisted mechanical breathing.

Ambard, L. Frans fysioloog (1876-1962); *constante v.* ~, nierfunctieproef, uitgedrukt in een bepaalde verhouding (coëfficiënt) tussen het ureumgehalte van het bloed en dat van de urine.

AMBER afk. van advanced multiple beam equalization radiography *E*.

ambidexter *L* gelijkwaardige vaardigheid van beide handen (en evt. voeten).

ambiseksualiteit tweezijdig gerichte seksualiteit; zie ook biseksueel.

ambivalentie (psych.) het gelijktijdig bestaan van twee tegengestelde gevoelens of gedachten waardoor niet tot een keuze of besluit gekomen wordt; innerlijke polariteit of dualiteit.

amblyopie, amblyopia *G* 'lui oog', aangeboren of verworven tekort aan gezichtsvermogen, niet het gevolg van anatomische oogafwijkingen; indien op jeugdige leeftijd aan één oog de normale prikkels worden onthouden (door bijvoorbeeld strabismus, anisometropie, fixatiestoornissen) zullen de neuronale verbindingen tussen oog en de visuele hersenschors zich onvoldoende ontwikkelen (inhibitie); *deficiëntie-~*, *kampogen; ~ *nervosa*, verzwakt gezichtsvermogen bij neurasthenie; ~ *ex anopsia*, amblyopie t.g.v. *anopsie.

amboceptor specifieke antistof in het bloed, ontstaan na een initieel contact met antigeen; dient bij een volgende infectie als schakel tussen *complement en antigeen d.m.v. twee *haptofore groepen.

ambulance *F* 1. verplaatsbaar veldziekenhuis. 2. ziekenauto.

ambulant zie ambulatorisch; zs.nw. *ambulantisme*.

ambulatorisch wandelend, rondgaand; ~ *patiënt*, patiënt die de dokter (op het spreekuur) bezoekt; *~e ziekten*, ziekten die zonder speciale bedrust worden behandeld.

ambulatorium *L* 1. consultatiebureau, polikliniek. 2. syn. *observatorium.

AMC afk. van academisch medisch centrum Amsterdam.

AMCR afk. van anaerobic moving curved rods *E*, o.a. in de vorm van Trichomonas vaginalis, veelal vergezeld van secundaire bacteriële infecties.

ameisenlaufen *D* paresthesie alsof er mieren over de huid lopen.

amelanotisch zonder pigment; zs.nw. *amelanosis*.

amelie, amelia het ontbreken van een of meer ledematen; zie ook meromelie; *~superior*, het ontbreken van de armen; *~inferior*, het ontbreken van de benen.

ameloblast embryonale cellen van het tandglazuur; *~oom*, zie adamantinoom.

amelogenesis vorming van het tandemail.

amelus *G* zonder ledematen; misgeboorte zonder armen en benen.

amenomanie *G* (psych.) monomanie met waandenkbeelden van vrolijke aard; ook: afwijkend, genotzoekend gedrag.

amenorroe, amenorrhoea *G* wegblijven van de menstruatie t.g.v. oorzaken die hun oorsprong hebben in hypothalamus, hypofyse, ovarium of uterus; verder kan amenorroe optreden bij schildklierziekten, bij het adrenogenitaalsyndroom, bijnierschorsaandoeningen en algemeen uitputtende ziekten; *fysiologische* ~ is die gedurende zwangerschap, kraambed en lactatie en na de menopauze; *primaire* ~, het nog steeds uitblijven van de menstruatie bij een vrouw ouder dan 16 jaar, anders dan door *gynatresie veroorzaakt; *secundaire* ~, het wegblijven van de menstruatie gedurende tenminste drie maanden na een tevoren normaal verloop van de menstruatiecyclus.

amentie, amentia *L* (psych.) schemertoestand met radeloze angst en grote opwinding, incoherent denken en soms gewelddadige handelingen; ~ *naevoides*, syn. angiomatosis encephalotrigeminalis (zie angiomatose).

Ames, B. Zuid-Amerikaans biochemicus; *~-test*, proef om mutagene en carcinogene werking van bepaalde stoffen op te sporen door aantoning van DNA-beschadigingen met behulp van de bacterie Salmonella typhimurium.

ametropie *G* brekingsfout in het oog; alle afwijkingen waarbij evenwijdige lichtstralen niet tot vereniging komen op de retina, nl. astigmatisme, hypermetropie, myopie.

ameube zie amoebe.

amf- (smst.) aan beide zijden.

amfetaminen zie wekaminen.

amfiartrose gewricht met onmiddellijk tegen elkaar sluitende gewrichtsvlakken en met een geringe beweeglijkheid.

amfipat(h)isch gezegd van moleculen die groepen bevatten met geheel verschillende werking.

amforisch ~ *geluid*, hol geluid of geruis van de ademhaling dat de arts waarneemt bij auscultatie van de borstkas boven een vrije holte.

amfoteer met tegengestelde eigenschappen; zowel zuur als alkalisch kunnende reageren.

amfotoon verhoogde tonus van het gehele autonome zenuwstelsel, dus zowel vagotomie als sympathicotonie.

AMI afk. van acuut myocardinfarct.

amiantose syn. *asbestose.

amimie *G* het onvermogen om door gebaren of gelaatsuitdrukking aandoeningen of stemmingen te kennen te geven, dan wel gebaren of gelaatsuitdrukkingen van anderen te begrijpen.

amine organisch-chemische verbinding afgeleid van ammoniak.

aminerg m.b.t. prikkeloverdracht in het zenuwstelsel door aminen.

amino-acidurie pathologische uitscheiding van aminozuren met de urine; *renale* ~, amino-acidurie door stoornis in de terugresorptie door de niertubuli (bij normale plasmaspiegel); een tegelijk bestaande stofwisselingsstoornis komt dikwijls voor; *overflow* ~ *E*, amino-acidurie bij verhoogd plasmagehalte aan aminozuren t.g.v. een enzymdefect.

aminodiabetes zie syndroom van *Debré-de Toni-Fanconi.

aminoglycosiden bacteriedodende antibiotica, waarvan de werking berust op de remming van de bacteriële eiwitsynthese.

aminotransferasen zie transferasen.

aminozuren organische zuren van meestal gecompliceerde structuur; zij vormen de 'bouwstenen' van de eiwitten en vele ervan zijn *essentieel*, d.i. kunnen niet door het organisme worden gemaakt en moeten dus met het voedsel worden opgenomen; de *niet-essentiële* aminozuren kunnen door de lever worden gemaakt uit de essentiële aminozuren.

amitose directe celdeling; syn. haloschisis.

AML afk. van acute myeloïde *leukemie.

ammonium een toxisch stofwisselingsafbraakproduct van eiwitten (of beter: van aminozuren), dat in de lever wordt omgezet tot het weinig giftige ureum.

ammonshoorn zie cornu ammonis.

AMN afk. van adrenomyeloneuropathie.

amnesie *G* gedeeltelijk of geheel verlies van het geheugen; *anterograde* ~.
1. onvermogen om iets in zich op te nemen, zich in te prenten of te leren.
2. geheugenverlies dat na de genezing van de ziekte die er de oorzaak van was, nog voortduurt; *retrograde* ~, geheugenverlies voor gebeurtenissen die plaats hadden vóór de ziekte uitbrak; wordt veroorzaakt door infectieziekten, hersenschudding, epilepsie, verwondingen, enz.; *transient global* ~ *E*, enkele uren durende periode van amnesie t.g.v. verminderde doorbloeding van het limbische systeem.

amnestisch m.b.t. *amnesie; ~ *syndroom*, (vlg. DSM-IV) stoornis van het korte- en lange-termijngeheugen, niet voorkomend in het kader van een delirium of dementie en waarvoor een lichamelijke oorzaak (inclusief trauma) verantwoordelijk is; over het algemeen staat de stoornis van het korte-termijngeheugen meer op de voorgrond; de symptomen zijn vooral het onvermogen recente informatie te reproduceren, desoriëntatie in tijd (dikwijls ook van plaats en persoon) en confabulaties; het syndroom van Korsakov wordt dikwijls (ten onrechte) als synoniem gebruikt.

amniocentese punctie van de amnionholte via de buikwand ter verkrijging van vruchtwater; veelal toegepast in het kader van prenatale diagnostiek ter opsporing van chromosomale afwijkingen of aangeboren stofwisselingsziekten; syn. amnionpunctie, vruchtwaterpunctie.

amnion *G* lamsvlies, het binnenste der eivliezen van het embryo in het moederlichaam; omsluit de *~holte* (de vruchtzak), waarin het vruchtwater; *~streng*, celarme collageenbundel of vlies tussen amnionwand en de huid van de vrucht.

amnionitis ontsteking van het *amnion.

amnioscopie bezichtiging van het vruchtwater door de vruchtzak heen in de laatste zwangerschapsweken d.m.v. een endoscoop (amnioscoop).

amniotomie eivliessteek; het breken van de vliezen; het kunstmatig klieven van het *amnion ten einde de baring in te leiden of te bespoedigen.

amoebe, amoeba *G* vormveranderlijk ééncellig diertje, dat zich voortbeweegt d.m.v. protoplasma-uitstulpingen (schijnvoetjes of pseudopodiën) en zich voortplant door insnoering zonder mitoseverschijnselen; *~ dysenterie*, zie dysenterie.

amoebiasis *G* besmetting met of ziekte door *Entamoeba histolytica; *lever-~*, lokale sanguinolente (chocoladekleurige) levernecrose.

amoeboïd evenals de amoeben door schijnvoetjes zich voortbewegend of voedsel omsluitend.

amoeboom, amoeboma granulatiegezwel van het colon, veroorzaakt door chronische ontsteking t.g.v. infectie met Entamoeba histolytica; zie ook dysenterie.

amok *Ind* acute verwardheid met moordlust, meestal t.g.v. langdurig onderdrukte hevige emoties.

amor lesbicus lesbische liefde.

amorf, amorph *G* vormloos.

amorfinisme *abstinentiesyndroom dat zich voordoet bij het plotseling stoppen met morfine bij een aan morfine verslaafd persoon.

amotie, amotio verwijdering, wegruiming; bijv.nw. *amovibel*, afzetbaar (chir.).

AMP afk. van adenosinemonofosfaat; *cyclisch ~*, afk. cAMP, *nucleotide dat het intracellulaire metabolisme beïnvloedt.

amp. afk. van ampul.

amph- (smst.) aan beide zijden; zie ook amf-.

amplificatie vergroting, uitbreiding, aanvulling, versterking; verduidelijking; *gen~*, de productie van meerdere kopieën van een gen.

ampligen *E* een 'mismatched' dubbelstrengs *RNA, dat een goed bestrijdingsmiddel is van immuno*deficiëntie.

amplitude, amplitudo 1. variatiebreedte, slingerwijdte. 2. het verschil tussen de maximum- en de minimumbloeddruk; syn. polsdruk.

ampul, ampulla *L* 1. glazen buisje voor het bewaren van injectiestof, dat na vulling hermetisch wordt dichtgesmolten. 2. verwijding in het duodenum (zie bulbus duodeni), in de endeldarm, de traanbuis, enz.; *~ hepatopancreatica* verwijding van de duodenumwand na de vereniging van de ductus choledochus en de ductus pancreaticus.

amputatie gehele of gedeeltelijke chirurgische afzetting van een lichaamsdeel;

wkw. *amputeren*; *auto-~*, ogenschijnlijk spontane amputatie, bijv. t.g.v. necrose of afsnoering.
AMS afk. van American medical systems.
AMSTEL afk. van Amsterdam study on the elderly.
amusie toondoofheid; het niet kunnen waarnemen van muzikale tonen.
AMV afk. van 1. ademminuutvolume. 2. assisted mechanical ventilation.
AMW afk. van algemeen maatschappelijk werk.
amygdala (meervoud) *L* en *G* amandelen, syn. tonsillae, enkelvoud *amygdalum*.
amygdalitis amandelontsteking, syn. *tonsillitis.
amylacae *L* zetmeelrijke voedingsmiddelen; zie amylum.
amylalcohol foezelolie bevattende, vergiftige alcohol; slechte jenever.
amylase enzym dat zetmeel omzet in maltose; komt voor in speeksel en pancreassap; syn. diastase.
amylnitriet vluchtige vloeistof die ingeademd, verwijding van de bloedvaten veroorzaakt.
amyloïd spek- of wasachtige, fibrillair gestructureerde eiwitsubstantie, chemisch behorend tot de mucopolysachariden, product van een abnormaal verlopende immunoglobulinesynthese; *~e degeneratie,* syn. wasachtige degeneratie, zie amyloïdose.
amyloïdose, amyloidosis afzetting van amyloïd in verschillende organen vnl. bij chronische ziektetoestanden welke met een langdurige antigene stimulering gepaard gaan, zgn. *secundaire ~*; *'primaire' ~*, wordt gekenmerkt door Ig-ketens, komt voor bij monoklonale gammopathieën en is erfelijk; *~ cerebri*, amyloïde kernen in de hersenschors ('seniele plaques'), omgeven door gedegenereerde neurofibrillen en piramidecellen, verder diffuse amyloïde angiopathie, vermindering van hersenweefsel.
amylolyse, amylolysis ontleding, splitsing van koolhydraten.
amylolytisch zetmeelsplitsend; *~ enzym,* syn. *amylase.
amylum *G* zetmeel.
amyosthenie *G* verzwakking der spieren.
amyotonie zie myatonie.
amyotrofie syn. myatrofie, *atrofie van spieren; *~ische neuropathie*, syn. *neuralgische ~*, pijn en spierslapheid in de schouder, overgaand in tijdelijke parese van de schouder- en bovenarmspieren; de oorzaak is onbekend, de prognose gunstig.
amyotrofische laterale *sclerose (ook: *myatrofische laterale sclerose*) spierzwakte en -atrofie, fasciculaties en spierhypotonie t.g.v. degeneratie van voorhoorncellen, gecombineerd met laesies van de piramidebaan; treedt vnl. op bij mannen tussen 25 en 45 jaar; heeft eerst totale spierverlamming in armen en benen tot gevolg, na 2 à 3 jaar volgt in de regel het laatste stadium, gekenmerkt door slik-, spreek- en ademhalingsstoornissen; syn. ziekte van Charcot.
an- (smst.) afwezigheid van; ontkenning; zonder.
ana *G* (farm.) van elk dezelfde hoeveelheid als genoemd; afk. (rec.) aa of āā.
ana- (smst.) opnieuw, overeenkomstig, omhoog, terug.
ANA afk. van antinucleaire antistoffen, niet alleen die welke gericht zijn tegen kerneiwitten, doch ook andere die zich richten tegen cytoplasmatische bestanddelen; zij komen vooral voor bij SLE, verder bij andere *auto-immuunziekten.
anaal *L* m.b.t. of tot de anus behorend.
anaal karakter zie karakter.

anabiose *G* 1. terugkeer tot het leven na toestand van schijndood. 2. schijndood, zowel van de enkele cel als van een organisme; bijv.nw. *anabiotisch*.
anaboliet anabole metaboliet.
anabolisme positief, opbouwend metabolisme; de opbouwende fase in het stofwisselingsproces, waarin gecompliceerde stoffen uit eenvoudige worden gevormd; tgst. katabolisme; syn. assimilatie.
anachorese het zich verzamelen van micro-organismen in chronische ontstekingshaarden, waar zij hun virulentie grotendeels verliezen.
anaciditeit gebrek aan zuur, bijv. zoutzuur in het maagsap (achloorhydrie).
anaclise (psych.) totale afhankelijkheid van anderen en het zoeken van geestelijke steun; bijv.nw. *anaclytisch*.
anaclytische depressie zie depressie.
anaclytische therapie (psych.) psychotherapievorm waarbij aan de afhankelijkheidsgevoelens van de patiënt wordt toegegeven om zodoende een therapeut-patiënt-relatie op te bouwen.
anacoluthie *G* het overslaan van woorden of lettergrepen; afatisch verschijnsel.
anacroot notch in de stijgende lijn van de polscurve.
anacusie, anacusis *G* doofheid door aandoeningen van het labyrint of van de gehoorzenuw.
anaemia zie anemie.
anaëroben *G*, **anaërobiën** bacteriën die zonder zuurstof leven; bijv.nw. *anaëroob*, zonder zuurstof kunnen leven of zuurstof niet kunnen verdragen.
anaesthesia zie anesthesie.
anaesthetica *G* middelen die worden gebruikt t.b.v. de *anesthesie, enkelvoud anaestheticum; *lokaal ~*, chemische verbindingen met als belangrijkste eigenschap het reversibel onderdrukken van het geleidingsproces in perifere zenuwvezels; zie ook anesthesie.
anafase het derde stadium in de mitotische kerndeling van de cel: de uiteenwijking van de chromatiden.
anafrodisie, anaphrodisia *G* gehele of gedeeltelijke afwezigheid van de geslachtsdrift; syn. frigiditeit.
anafrodisiacum, anaphrodisiacum middel om de geslachtsdrift te temperen; meervoud *~disiaca*.
anafylactisch *~e shock*, shock t.g.v. sterke vaatverwijding, met o.a. roodheid en jeuk over het hele lichaam, t.g.v. een allergische reactie op o.a. medicijnen, wespensteken, 'soortvreemde' eiwitten en röntgencontrastmiddelen; zie anafylaxie.
anafylatoxinen de complementfactoren 3a en 5a die inwerken op mestcellen, waardoor *mediatoren vrijkomen.
anafylaxie *G* overgevoeligheid, vorm van allergie, die wordt teweeggebracht door de vereniging in het lichaam van een bepaald antigeen met een specifieke soort antistoffen (*reaginen), gebonden aan *mastocyten (mestcellen) of circulerende basofiele *granulocyten; hierbij komen histamine, serotonine e.a. vasoactieve *mediatoren vrij, hetgeen kan leiden tot weefselbeschadigingen met ziektebeelden als astma, hooikoorts, atopisch eczeem, bepaalde vormen van migraine, urticaria, *anafylactische shock, Quincke-oedeem.
anageen de groeifase van een haar.
anagenese 1. weefselherstel in het genezingsproces; bijv.nw. *anageen*. 2. (alg.)

evolutionaire vooruitgang.
anagoge *G* lett. omhoogbrengen. 1. (psych.) opsporing van onbewuste psychische oorzaken van ziekteverschijnselen d.m.v. gesprekken met de patiënt. 2. braken; opgeven van sputum.
anakhré syn. *goundou.
anale fase (psych.an.) ontwikkelingsfase die duurt vanaf één à anderhalf jaar tot circa drie jaar, waarin het kind ervaart dat de omgeving grenzen gaat stellen en het aan allerlei eisen moet gaan voldoen, zoals zindelijk worden; volgens Erikson wordt de basis voor het zelfstandig of juist afhankelijk functioneren in de anale fase gelegd.
analepticum *G* (farm.) opwekkend middel; in engere zin stimulans voor het hart.
analgesie ongevoeligheid voor pijn; *neurolept ~*, pijnstilling vóór en tijdens de narcose d.m.v. de combinatie van een (centraal werkend) analgeticum en een neurolepticum; afk. NLA; zie ook neuroleptanesthesie.
analgeticum pijnstillend geneesmiddel; syn. antalgeticum; *co-~*, middel dat de prikkelbaarheid van de zenuwcel en de gewaarwording van pijn in het centrale zenuwstelsel dempt.
analgetisch ongevoelig, onpijnlijk.
analist paramedisch laboratoriummedewerker met een opleiding HLO (hoger laboratoriumonderwijs).
analoog overeenkomstig.
analyse *G* onderzoek, ontleding; tgst. synthese.
analyseren onderzoeken, ontleden, oplossen.
analytisch berustend op analyse.
anamnese *G* lett. herinnering; voorgeschiedenis van een ziekte; hetgeen de patiënt bij het onderzoek over het ontstaan van de ziekte, vroegere ziekten en dergelijke aan de arts kan mededelen; bijv.nw. *anamnestisch*; *verpleegkundige ~*, het opnamegesprek, het inwinnen van informatie, het verzamelen van gegevens, door verpleegkundigen bij de opname van een patiënt.
anankasme *G* (psych.) dwanggedachte.
anankastisch onvermijdelijk, door het noodlot gedwongen; *~e persoonlijkheid*, zie persoonlijkheid.
anaphalantiasis *G* uitval van de wimpers.
anaphrodisia zie anafrodisie.
anaphrodisiacum zie anafrodisiacum
anaplasie (bijv.nw.: *anaplastisch*) 1. vermindering van de typische cel-*differentiatie (in gezwelweefsel). 2. differentiatieverlies van de kiemcel, waardoor deze in groei en functie tekortschiet.
anaplastiek *G* plastische chirurgie; zie ook plastiek.
anaritmie geheel of gedeeltelijk verlies van het vermogen om te rekenen, veroorzaakt door een stoornis in het daartoe bestemde hersencentrum.
anartrie, anarthria *G* onvermogen tot correcte uitspraak door stoornis in de articulatie van letters *(~ literalis)* of lettergrepen *(~ syllabaris)* t.g.v. krampachtige disharmonie van de spraakspieren op grond van neurologische afwijkingen: stamelen, stotteren.
anasarca *G* *oedeem in alle weefsels.
anastigmatisch opgeheven sferische aberratie bij een lens of lenzenstelsel.
anastomose *G* kunstmatige of natuurlijke verbinding van bloedvaten of delen van

het spijsverteringsstelsel.
anatomie ontleedkunde, de leer van de samenstellende delen van levende organismen; *pathologische ~*, ziektekundige ontleedkunde, kennis van de ziekelijke veranderingen in weefsels en organen; *plastische ~*, de kennis van de uitwendige vorm van het lichaam van mens en dier; *topografische ~*, de onderlinge samenhang van weefsels en organen in een bepaald deel van het lichaam.
anatoxine *G* toxine, dat door een kunstmatige behandeling zijn giftigheid heeft verloren, doch zijn antigeenwerking heeft behouden, zodat het geschikt is om te worden gebruikt voor actieve immunisatie (vaccinatie); zie ook toxoïd.
anatrofisch atrofie-herstellend of -voorkomend.
anatropie (oogheelk.) opwaartse deviatie van de gezichtslijn van één der ogen wanneer het andere oog op een bepaald punt is gefixeerd.
anaudie *G* onvermogen om gearticuleerd te spreken.
ANCA afk. van anti-neutrofielencytoplasma-antistoffen, syn. ACPA.
anceps *L* twijfelachtig, onzeker.
anchophrasis zie angofrasie.
ANCOVA afk. van analysis of covariance *E* (maatstaf voor gedragsproblemen bij kinderen).
ancylo- zie ankylo-.
andragogie deskundig en bewust gehanteerd beïnvloedingsproces waarbij gestreefd wordt naar verbetering van een bestaande toestand bij volwassenen.
andragogiek theorie van de andragogie.
andragologie de studie van de andragogie en de andragogiek.
Andrews, G.C. Amerikaans huidarts (1891-1934); *ziekte van ~-Barber*, zie pustuleuze *bacteride.
androblastoom zie arrenoblastoom.
androfonomanie moordwaanzin; amok.
androgeen mannelijke kenmerken veroorzakend; *~ene stoffen*, verzamelnaam voor hormonen die een vermannelijking tot gevolg hebben, zowel bij de man als bij de vrouw; *~-ongevoeligheidssyndroom*, pseudo*hermafroditisme masculinus met vrouwelijk fenotype, mannelijke chromosomenformule (XY) en negatieve chromatinetest; syn. testiculaire *feminisatie.
androglossie zwaar stemgeluid ('mannenstem') bij vrouwen.
androgynie *G* 1. tweeslachtigheid. 2. (psych.) integratie van mnl. en vrl. eigenschappen in één persoon.
androïd m.b.t. mannelijke eigenschappen.
andrologie wetenschap van de mannelijke geslachtsorganen en de ziekten daarvan.
andropathie verzamelnaam voor typische ziekten bij mannen.
andropauze fantasienaam voor *climacterium virile, de 'mannelijke overgang'.
androsteron mannelijk hormoon, omzettingsproduct van testosteron.
androtroop gericht op mannen.
anectase aangeboren luchtledigheid van een (gedeelte van een) long.
anejaculatie één van de vormen van het onvermogen zaad te produceren t.g.v. het niet of gebrekkig aangelegd zijn van de zaadleiders, prostaat en zaadblaasjes; het orgasme wordt normaal beleefd, doch er is geen *ejaculatie doordat zich geen sperma vormt.
anelectrotonus *L* afnemende prikkelbaarheid van een zenuw voor een bepaalde elektrische stroomsterkte.

anemie, anaemia *G* bloedarmoede, gekenmerkt door een te laag gehalte aan hemoglobine (Hb) of tekort aan circulerende erytrocyten of door beide; de voornaamste vormen zijn 1. *microcytaire* of *hypochrome* ~ met verlaagde *kleurindex en veelal verkleinde diameter der erytrocyten; oorzaken o.a. ijzertekort *(ferriprieve ~)*, chronisch bloedverlies, maligniteiten, versterkte menstruaties, uitputtende ziekten en zwangerschap of lactatie. 2. *megaloblastische* of *macrocytaire ~, hyperchrome* ~, berust op gebrek aan vitamine B_{12} of aan foliumzuur of beide, gekenmerkt door verhoogde *kleurindex en vergrote diameter der erytrocyten; bijzondere vormen zijn: *a) 'pernicieuze'* ~, met gladde tong, achylia gastrica (zie achylie), diarree, vergrote milt, perifere *neuropathie; wordt gerekend tot de auto-immuunziekten; *b)* bij spruw, coeliakie, sommige deficiëntieziekten, ondervoeding, intoxicaties en na maagresectie. 3. ~ na acuut groot bloedverlies. 4. *hemolytische* ~, versterkte afbraak van erytrocyten en ontoereikende aanmaak, andere berusten op auto-immuniteit tegen de erytrocyten of op toxische oorzaken; *congenitale sferocytaire hemolytische* ~, syn. ziekte van Minkowski-Chauffard. 5. *aplastische* ~, te laag aantal erytrocyten door onvoldoende aanmaak in het beenmerg t.g.v. beschadiging hiervan, virusinfecties, thymoom, graviditeit; meestal is er tevens leukopenie en trombopenie (pancytopenie); bijzondere vormen van aplastische anemie zijn de ~ *van *Fanconi* en de letale *progressieve aplastische* ~, welke soms kan genezen d.m.v. een HLA-identieke *beenmergtransplantatie; *achrestische* ~, hyperchrome anemie waarbij de *intrinsic factor, hoewel aanwezig, (door onbekende oorzaak) niet wordt gebruikt. 6. **normocytaire* ~ ziet men bij chronische infecties, nier- en leverinsufficiëntie, sommige *systeemziekten, endocriene afwijkingen e.a.; ~ *drepanocytaria*, sikkelcelanemie; *ferriprieve* ~, anemie t.g.v. een ijzertekort; ~ *infantum pseudoleucaemica*, syn. syndroom van von Jaksch-Hayem; *megaloblastaire* ~, zie megaloblastische anemie, pernicieuze anemie; ~ *oligosideraemica*, syn. ferriprieve anemie; *refractaire* ~, anemie met voldoende activiteit van het beenmerg doch een te grote bloedafbraak of bloedverlies, dan wel door stoornissen in de resorptie van stoffen die nodig zijn voor bloedaanmaak; *sideroblastische* ~, verzamelnaam voor vormen van anemie die zijn gekenmerkt door stoornis in de synthese van hemoglobine t.g.v. verkeerde ijzer-utilisatie; er bestaan een autosomaal-recessieve (trisomie 8) en een X-gebonden vorm, voorts de idiopathische refractaire sideroblastische anemie en een symptomatische vorm; *zwangerschaps-~*, anemie onder fysiologische (zwangerschaps-)omstandigheden, gekenmerkt door ijzertekort (grotere behoefte aan ijzer vanwege de vrucht) en toeneming van het bloedvolume.

anemoonceltumor een zeldzame vorm van een maligne *NHL, waarvan de cellen zijn omgeven door een krans van slanke uitlopers; syn. villiform lymfoom.

anencefalie gedeeltelijke afwezigheid van de hersenen.

anencephalus *G* misgeboorte zonder hersenen; misvorming, waarbij een deel van het schedeldak ontbreekt en de hersenen gedegenereerd zijn of ontbreken.

anergie 1. afwezigheid van enig reactievermogen van het organisme, in engere zin van het cellulaire immuunapparaat op contact met een allergeen; bijv.nw. *anergisch*. 2. syn. asthenie. 3. traagheid.

anerosie ongevoeligheid voor erotiek.

anerytropsie *G* roodblindheid, het onvermogen om de kleuren rood en groen te onderscheiden.

anesthesie, anaesthesia G 1. ongevoeligheid; gevoelloosheid. 2. kunstmatig opgewekte toestand waarin potentieel nadelige prikkels niet, of sterk afgezwakt, tot het centraal zenuwstelsel (CZS) kunnen doordringen ter preventie van de schadelijke gevolgen daarvan; volledige anesthesie omvat vier pijlers (doelen): bewusteloosheid, pijnloosheid, demping van autonome reflexen en spierverslapping; *algehele* ~, techniek waarbij een reversibele onderdrukking van het CZS plaatsvindt met als gevolg bewusteloosheid, pijnloosheid en demping van de autonome reflexen, syn. narcose; *Bierse* ~, ~ *vlg. Bier*, intraveneuze toediening van een lokaal anaestheticum in een extremiteit nadat een tourniquet is aangelegd en de bloedvaten zijn leeggestreken; het anaestheticum diffundeert vanuit de bloedvaten naar de zenuwen, syn. intraveneuze regionale anesthesie; zie ook Bier; *~dolorosa*, voortdurend pijngevoel bij ongevoeligheid voor pijnprikkels of aanraking bij degeneratie van terminale gevoelszenuwdraden en bij sommige hersenletsels; *epidurale* ~, syn. peridurale anesthesie, geleidingsanesthesie van de sensibele zenuwen door inspuiting van het anaestheticum in de epidurale ruimte; *gebalanceerde* ~, algehele anesthesie waarbij elke pijler van de anesthesie wordt bewerkstelligd door een daarvoor specifiek geneesmiddel; *geleidings* ~, anesthesie bewerkstelligd door het aanbrengen van een lokaal anaestheticum rondom een perifere zenuw; *infiltratie* ~, het per injectie toedienen van een lokaal anaestheticum in of rondom een gebied waarin gevoelloosheid wordt vereist; *inhalatie* ~, anesthesie door inhalatie van middelen via de longen; *intercostale* ~, verdoving van intercostale zenuwen d.m.v. een lokaal anaestheticum, syn. intercostaal block; *intraveneuze* ~, anesthesie door inspuiting in een ader; *intraveneuze regionale* ~, syn. Bierse anesthesie; *locoregionale* ~, toestand van anesthesie bij behoud van het bewustzijn; technieken zijn infiltratie-, geleidings- en regionale anesthesie; syn. lokale, plaatselijke verdoving; *lokale* ~, plaatselijke ongevoeligheid; *lumbale* ~, anesthesie van de sensibele zenuwen nabij het ruggenmerg door inspuiting van het anaestheticum in de lumbaalzak tussen de 4de en 5de lendenwervel; *neurolept~*, anesthesiemethode waarbij naast toediening van bijv. lachgas gebruik wordt gemaakt van *neuroleptanalgesie; hierbij treedt t.g.v. het toedienen van het lachgas bewusteloosheid op (in tegenstelling tot neuroleptanalgesie); *Oberst* ~, anesthesie in vinger of teen d.m.v. het aanbrengen van het lokaal anaestheticum bij de zenuwen aan de basis van de vinger of teen; zie ook Oberst; *regionale* ~, anesthesie in bepaalde gedeelten van het lichaam (regio) door het uitschakelen van het overeenkomstige deel van het zenuwstelsel (plexus, ruggenmerg) d.m.v. een lokaal anaestheticum; voorbeelden zijn plexusanesthesie, epidurale en spinale anesthesie; *rijbroek* ~, sensibiliteitsstoornissen in het gebied en de omgeving van de pudenda (uitwendige geslachtsorganen), perineum en anus bij aandoeningen van de *conus medullaris (segmenten S1-S5) met stoornissen van mictie en defecatie; *~sexualis*, ongevoeligheid voor seksuele prikkeling; *peridurale~*, syn. epidurale anesthesie; *spinale* ~, syn. lumbale anesthesie.

anesthesiologie wetenschap omtrent de bescherming van mens of dier tegen levensbedreigende gevolgen van ziekte, ongeval of medische behandeling (bijv. operatie); tot het vakgebied behoren anesthesie, reanimatie, pijnbestrijding, de opvang van bewustelozen en patiënten met meervoudige ernstige letsels en intensieve zorg.

anesthesioloog, anesthesist arts-specialist op het terrein van de anesthesiologie.

anetodermie slappe atrofische huid met kleine welvingen door uitzakking van het onderhuidse vetweefsel; tgst. scleroderma.

aneuploïd het aanwezig zijn van één (zelden meer dan één) chromosoom te weinig of te veel, bijv. trisomie 21 (syndroom van *Down).

aneurine (obsoleet) *vitamine B_1, syn. thiamine.

aneurysma *G* zak- of spoelvormige verwijding van een slagader of het hart, te onderscheiden in echte *(~ verum)* of valse *(~ spurium)* vormen; ~ *arteriovenosum*, open verbinding tussen een slagader en een *vena concomitans; ~ *dissecans*, intramuraal hematoom in een slagaderwand t.g.v. een scheur in de intima; ~ *miliare* (of *'berry'* ~, *E*), groot aantal verwijdingen, niet groter dan kleine puntjes, die ontstaan aan de kleinste slagaders - vooral aan de *circulus arteriosus - der hersenen; ~ *mycoticum*, aneurysma t.g.v. een mycotische *arteriitis; ~*racemosum*, druiventrosachtig aneurysma, bestaande uit een groot aantal kleine bolletjes; ~ *spurium*, op aneurysma gelijkende bloeduitstorting die met een slagader in verbinding staat; ~ *ventriculi* of ~ *cordis*, dunwandig litteken in de wand van de linker hartkamer, dat bij de hartactie uitpuilt.

ANF afk. van 1. antinucleaire factor; celkernantistof die bij *lupus erythematodes altijd kan worden aangetoond en bij vele andere auto-immuunziekten eveneens voorkomt; syn. *ANA. 2. atriumnatriuretische factor, syn. *ANP, atriopeptine; een bij dilatatie uit een of beide boezemwanden afgescheiden peptide dat natriumproducerend en vaatverwijdend werkt en waarschijnlijk een antagonist is van het *renine-angiotensine-aldosteron systeem (*RAAS).

ANG afk. van alliantie van natuurlijke geneeswijzen.

angelchik-prothese zie prothese.

angel's dust *E* (jrg.) phencyclidine, zie *PCP.

angiëctasie *G* vaatverwijding; rood gezwel of rode vlek (zgn. wijnvlek) als gevolg van verwijding van bloedvaten (in engere zin haarvaten).

angiitis syn. *vasculitis; ~ *necroticans*, verzamelnaam voor die collageenziekten waarbij bloedvatveranderingen op de voorgrond staan en waarvan de periarteriitis nodosa de bekendste is.

angina *L* 1. (alg.) elke ziekte die gepaard gaat met een pijnlijk gevoel van verstikking. 2. keelontsteking, tonsillitis; ~ *abdominalis* of ~ *intestinalis*, plotselinge heftige buikpijn t.g.v. intermitterende ischemie door vernauwing of embolie van buikslagaders; ~ *aphthosa* (aftenspruw), spruwachtige angina; ~ *crouposa membranacea*, kroepeuze angina, lichte vorm van angina diphtherica; ~ *diphtherica*, difterische angina; ~ *follicularis* of *lacunaris*, *tonsillitis met etterproppen in de follikels van de tonsillen; ~ *ludovici*, etterende ontsteking van de mondbodem; ~ *monocytotica*, *mononucleosis infectiosa, waarbij hoofdzakelijk angina optreedt.

angina pectoris hartkramp, met pijn in de hartstreek, angst en beklemming gepaard gaande aanvallen, berustend op een wanverhouding tussen zuurstofaanbod en zuurstofbehoefte in de hartspier, meestal bij sclerose van de kransslagaders doch ook bij kramp van deze vaten (*variant-~*) en bij anemie, hyperthyroidie en andere aandoeningen welke de zuurstofbehoefte van de hartspier vergroten; *instabiele* ~, hieronder verstaat men een angina pectoris, sinds kort bestaand, welke relatief snel in ernst toeneemt, of een stabiele angina pectoris, min of meer, plotseling in ernst toenemend, of een recidief angina pectoris na een klachtvrije periode; de instabiele angina pectoris is vaak een voorbode van het hartinfarct.

angina tonsillaris syn. *tonsillitis.

angine *F* 1. *angina. 2. benauwdheid; ~ *d'effort,* (aanvallen van) *angina pectoris bij lichamelijke inspanning; ~ *de repos*, idem (ook) in rust.

angio- *G* (smst.) vat, bloedvat, syn. vaso-.

angioblast embryonaal celtype waaruit zich de bloedvaten en bloedcellen ontwikkelen.

angiocardiografie het röntgenologisch zichtbaar maken van de holten van het hart en van de afvoerende grote slagaders d.m.v. contraststoffen; zie ook hartkatheterisatie.

angiocyt vaatendotheelcel.

angioderm(at)itis ~ *varicosa*, een hoofdzakelijk bij oudere mensen met varicosis (spataderen) voorkomende vaat- en pigmentrijke huidontsteking aan de onderbenen t.g.v. slechte aderlijke bloedafvoer; vaak komt er eczema varicosum uit voort, evenals *ulcus cruris varicosum ('open been').

angiodysplasie 1. kleine aangeboren vaatafwijkingen in mucosa en submucosa van caecum en colon ascendens, welke op latere leeftijd oorzaak zijn van bloedingen. 2. verzamelnaam voor aangeboren misvormingen op grond van vaatafwijkingen.

angiodystrofie slechte voedingstoestand van bloedvatwanden.

angioedema syn. oedema angioneurotica, zie Quincke.

angio-endotheliomatose maligne intravasculaire B-cel *non-Hodgkin lymfoom.

angiofibroom goedaardige hyperplasie van dermaal collageen bind- en vaatweefsel; syn. adenoma sebaceum; *juveniel* ~, zgn. neuskeelfibroom, hoofdzakelijk voorkomend bij jongens in de puberteit.

angiogenese, angiogenesis (nieuw)groei van bloed- en lymfevaten.

angiogenine zie TAF.

angiografie het maken van röntgenfoto's van bloedvaten (slagaders: *arteriografie*; aders: *flebografie*) met behulp van contrastvloeistof; *digital subtraction angiography A*, *subtractie van de videosignalen van twee gedigitaliseerde (zie digitalisatie) *angiogrammen, waarvan één afkomstig van een opname waarbij de vaten met een contrastmiddel gevuld zijn; de afbeelding verkregen uit het 'verschil-signaal' toont de vasculaire structuur; de methode heeft het voordeel nagenoeg niet invasief te zijn; *cerebrale* ~, arteriële angiografie van de hersenen; *interventie-*~, angiografie waarbij bovendien (per katheter) een therapeutische ingreep wordt verricht.

angiogram röntgenfoto van een vat.

angioïd gelijkend op een bloedvat.

angiokeratoma zie Fabry, Mibelli.

angiolipoma kleine, multipel in de huid voorkomende, goedaardige vaatrijke vetgezwelletjes; ~ *microthromboticum*, angiolipoma met vorming van kleine trombi in de vaatjes t.g.v. een verbruiks*coagulopathie.

angiologie leer van de bloedvaten en de ziekten daarvan.

angioma zie angioom.

angiomateus m.b.t. (bloed)vaten.

angiomatose, angiomatosis het aanwezig zijn van multipele angiomen; ~ *encephalotrigeminalis*, aangeboren naevusachtige vaatverwijding in het trigeminusgebied en in de aan dezelfde zijde gelegen zachte hersenvliezen (leptomeninx), gepaard met oligofrenie, epileptische aanvallen, heterolaterale hemiparese en glaucoom; syn. amentia naevoides, syndroom van Sturge-Weber; ~ *haemorrhagica hereditaria*, ziekte van Osler-Weber-Rendu, erfelijke cavernoomachtige capillairverwijdingen in de huid van gelaat, hals en handruggen en in de slijmvliezen van lippen, tong, bindvliezen, genitaliën, soms met cyanose en polycytemie; ~ *retinae*, ziekte van Von *Hippel-Lindau.

angioneuromyomata (meervoud) zie cutane glomus-tumor.

angioneurose, angioneuropathie verzamelnaam voor vasomotorische stoornissen, zoals digitus mortuus, ziekte van Raynaud ewn erytralgie; bijv.nw. *angioneurotisch*.

angio-oedeem, angioneurotisch oedeem zich herhalende aanvallen van voorbijgaand jeukend oedeem van huid en/of slijmvliezen, al of niet gepaard met dermografie, urticaria, erytheem; *hereditair* ~, autosomaal dominant-erfelijke, in aanvallen optredende ziekte, gekenmerkt door oedemateuze zwellingen van de ledematen en buikpijn, berustend op een enzymdefect.

angioom, angioma *G* vaatgezwel door uitgezette en gekronkelde vaten; ~ *cirsoides*, vaatkluwen, in engere zin een conglomeraat van spataders; ~ *stellatum*, syn. naevus araneus.

angiopathie ziekte van bloed- of lymfevaten; bijv.nw. *angiopathisch*; *diabetische* ~, verdikking van de basale membraan en proliferatie van endotheelcellen van de capillairen in retina, nierglomeruli, spieren en huid t.g.v. verhoogde bloedglucoseconcentratie; *cerebrale amyloïde* ~, autosomaal dominant-erfelijke angiopathie, leidend tot hersenbloedingen uit amyloïd-gescleroseerde arteriolen.

angioplastiek plastische operatie aan bloedvaten; *percutane transluminale coronaire* ~, afk. PTCA, dilatatie van een stenose in een kransslagader, (pop.) dotteren; zie ook Dotter; ballon*dilatatie.

angioplegicum *L* middel om bij vernauwing de bloedvaten te verwijden.

angiorrhexis *G* het barsten van een bloedvat.

angiosarcoom *sarcoom vnl. van de mamma, uitgaande van haarvaten.

angiospasme, angiospasmus *G* vaatkramp.

angiotensine, angiotonine een hormoon dat vaatvernauwend en bloeddrukverhogend werkt; ontstaat door inwerking van renine op een polypeptide gevormd door de lever (*angiotensinogeen); het stimuleert de productie van *aldosteron; ~ *converting enzyme E*, een enzym in het endotheel van de vaatwanden, dat angiotensine I omzet in angiotensine II.

angiotensinogeen een in de lever gevormd polypeptide; zie ook angiotensine.

angiotoom vaatgedeelte van een metameer.

angofrasie, anchophrasis *G* spraakbeklemming; het afbreken van woorden gevolgd door herhaalde langgerekte klinkers bij personen die naar hun woorden moeten zoeken of hun gedachten bij iets anders hebben.

angor *L* beklemming; angst; ~ *animi*, gevoel van dreigende dood.

angst (psych.) een beklemmende, onaangename emotionele toestand veroorzaakt door sterke negatieve verwachtingen ('gevaar'); leidt tot verhoogde waakzaamheid, toegenomen activiteit van het autonome zenuwstelsel (hartkloppingen, beven e.d.) en spierspanning; kan zich voordoen uitsluitend in bepaalde omstandigheden (situatiegebonden angst) of ongeacht de omstandigheden als kenmerk van de persoon (persoonsgebonden angst); in tegenstelling tot vrees is angst onbepaald, ongericht, heeft het geen concrete inhoud of is niet gekoppeld aan een bepaald object ('men is angstig, men vreest voor'); in de psychoanalyse maakt men onderscheid in *morele~*, angst niet aan de normen van het eigen geweten (über-ich) te kunnen voldoen; *neurotische~*, angst de eigen impulsen (Es, *id) niet in de hand te kunnen houden; *realiteits~*, angst voor objectief bedreigende angst uit de buitenwereld; zie ook *existentiële angst, paniek, fobie.

angstequivalent een lichamelijk symptoom als vervanger van een onbewuste angst.

angstneurose oude benaming voor een gegeneraliseerde angststoornis.

angststoornis, gegeneralisserde (vlg. DSM-IV), syn. diffuse angststoornis, angststoornis met een continue, buitensporige en niet te hanteren angst en bezorgdheid voor meerdere onderdelen van het bestaan (zoals werk of school-prestaties), met als belangrijkste kenmerken rusteloosheid, opgewonden of geïrriteerd zijn, snelle vermoeibaarheid, concentratie- of geheugenzwakte, prikkelbaarheid, spierspanning en slaapstoornissen; er is sprake van angst voor of bezorgdheid over onderwerpen die zich niet beperken tot de kenmerken van andere angststoornissen zoals paniekstoornis, sociale fobie e.d. of de kenmerken van de somatoforme stoornissen zoals hypochondrie e.d.; *~ door een middel of een lichamelijke aandoening* (vlg. DSM-IV), voorheen organisch angstsyndroom genoemd, een op een paniekstoornis, obsessieve-compulsieve of gegeneraliseerde angststoornis gelijkende aandoening veroorzaakt door het gebruik of onthouding van een middel (o.a. alcohol) of door een lichamelijke aandoening (o.a. hyperthy-roïdie).

angststoornissen binnen de *DSM-classificatie gebruikte hoofdcategorie, waarbij pathologische angst het belangrijkste symptoom is en waartoe behoren: paniek-stoornis (met of zonder agorafobie), agorafobie zonder paniek, sociale fobie, specifieke fobie, obsessief-compulsieve stoornis, acute en posttraumatische stress-stoornis en de gegeneraliseerde angststoornis.

ångström-eenheid 0,1 nanometer (nm) = 10^{-10} m, een niet meer toegestane lengte-eenheid.

angstsyndroom, organisch (psych.) een organisch psychosyndroom (zie aldaar), in DSM-IV genoemd angststoornis door een middel of lichamelijke aandoening.

angsttoestand toestand waarbij de patiënt angstig is, bij afwezigheid van bewust-zijnsstoornissen, denkstoornissen en stemmingsstoornissen.

angsttolerantie de mate waarin iemand kan omgaan met situaties die angst oproepen.

angularis hoekvormig.

angulatie hoek-, knik- of lisvorming.

angulus hoek; *~ infectiosus*, syn. perlèche; *~ iridocornealis*, *kamerhoek; *~ sterni*, de hoek tussen manubrium (handvat van het sternum) en corpus sterni; *~ ventriculi*, knik op de grens van de curvatura minor (zie curvatuur) van de maag en het *pars pylorica (waarin een deel van de kringspier).

anhedonie verlies van het bevrediging vinden in gewoonlijk plezierige bezigheden.

anhelatio *L* kortademigheid.

an(h)idrose droge huid door verminderde zweetafscheiding, o.a. bij aanhoudende hoge koorts en bij ziekten die met groot vochtverlies gepaard gaan of door ontbreken van zweetklieren; bijv.nw. *anhidrotisch*.

anhydrase enzym dat de dehydratie versnelt.

ANIB afk. van algemene Nederlandse invalidenbond, thans bond van gehandicapten en arbeidsongeschikten.
anidrosis zie anhidrose.
anima *L* (psych.) 1. ziel. 2. het vrouwelijk element in de man (Jung); zie ook animus.
animaal *L* dierlijk; *~male verrichtingen*, gevoel, bewegingen, enz.; *het ~male zenuwstelsel*, het motorische, sensibele en sensorische zenuwstelsel (ter onderscheiding van het vegetatieve stelsel).
animalium het *animale zenuwstelsel; zie ook vegetativum.
animus het mnl. element in de vrouw.
anionen zie ionen.
aniridie *G* ontbreken van de iris.
anisakiasis 'haringwormziekte', flegmoneuze darmwandontsteking veroorzaakt door de larve van Anisakis marina, een nematode die sporadisch voorkomt in verse ongezouten haring.
aniseikonie verschil in beeldgrootte en vorm tussen linker en rechter oog.
aniso- *~chromasie*, 1. afwijking in de erytrocyten waarbij alléén de perifere zone is gekleurd. 2. ongelijk gekleurde irissen bij één individu, syn. heterochromie; *~chromatisch*, niet geheel van dezelfde kleur, bijv. in testbeelden voor onderzoek van de kleurenzin; *~chromie*, van ongelijkmatige kleur, bijv. van erytrocyten in een bloedbeeld.
anisocorie *G* ongelijkheid van de pupillen.
anisocytose *G* ongelijke grootte van de rode bloedcellen.
anisoforie ongelijke tonus van de verticale spieren van de beide ogen, waardoor een horizontaal verschil optreedt tussen de beide gezichtslijnen.
anisokaryose ongelijke grootte en gedaante van celkernen (in een bloed- of beenmergpreparaat).
aniso- *~mastie*, ongelijke grootte van de borsten; *~melie*, ongelijke lengte van een linker en rechter lidmaat; *~metropie*, ongelijke lichtbreking der ogen; *~nucleose*, met (cel)kernen van ongelijke grootte; *~plasie*, asymmetrie van gepaarde organen.
anisosthenurie productie van urine met veranderend s.g.
ankyloblepharon *G* vergroeiing van de oogleden; aangeboren of later ontstane gehele of gedeeltelijke aaneengroeiing van de oogleden.
ankyloglossie syn. *lingua frenata.
ankylopoëse gewrichtsverstijving; zie spondylose: spondylosis ankylopoietica; bijv.nw. *ankylopoëtisch.*
ankylose, ankylosis *G* (wkw. *ankyloseren*) verstijving van een gewricht t.g.v. een gewrichtsziekte; meestal tevens verkromming.
Ankylostoma duodenalis *G* zie Ankylostomum duodenale.
ankylostomiasis *G* mijnwormziekte; syn. dochmiose, tunnelanemie; veroorzaakt door besmetting met de larve van de *Ankylostomum duodenale, die zich in de darm van de lijder snel ontwikkelt en vermeerdert en niet alleen bloed afzuigt en verwondingen in het slijmvlies van de darm veroorzaakt, maar bovendien giftige stoffen afscheidt; komt vnl. voor bij mijnwerkers en plattelandsbewoners.
Ankylostomum duodenale *L* of *Ankylostoma duodenalis,* mijnworm, hookworm *E,* behorende tot de nematoden; veroorzaakt ankylostomiasis via larven die de huid passeren.

ANLL afk. van acute niet-lymfatische leukemie.
annihilatie-angst bij baby's optredende angst om de zojuist ontdekte eigenheid te verliezen; syn. verdwijningsangst.
annularis ringvormig, *annulair*.
annulocytose het vóórkomen van erytrocyten die in het centrum geen hemoglobine bezitten en daardoor in het gekleurde bloedpreparaat als een ring (annulus) zichtbaar zijn.
annulus *L* ringvormige opening; bijv.nw. *annularis; ~ corneae,* syn. *gerontoxon, arcus lipoides; *~ fibrosus* (anat.) ring van ligamenteus bindweefsel die de tussenwervelschijven omkleedt en aldus twee wervels met elkaar verbindt.
anode *G* positieve pool van een elektrische batterij; tgst. kathode.
anodinie *G* afwezigheid van pijn bij de baring.
ano- *~dontie*, tandeloosheid; *~dynie*, pijnloosheid; *~dynum*, pijnstillend middel; *~feles*, zie Anopheles; *~ftalmie*, ontbreken van één of van beide ogen; *~maal*, afwijkend van de regel, onregelmatig; *~malie*, afwijking, abnormaliteit; onregelmatige gang van zaken.
anomaloscoop instrument voor het onderzoeken van de kleurzin voor rood en groen.
anomie, anomia *G* 1. het niet kunnen benoemen van voorwerpen. 2. wetteloos- of onwettigheid.
anonychie, anonychia afwezigheid van nagels.
Anopheles malariamug; muskiet, waarvan vele soorten de malariaparasiet op de mens overbrengen.
anophtalmus zie anoftalmie.
anopie (oogheelk.) 1. afwezigheid of rudimentaire aanwezigheid (microftalmie) van de oogbol. 2. syn. anopsie.
anopsie 1. het 'buiten gebruik' zijn van het netvlies van één der ogen; bij strabismus, enkelzijdige staar en dergelijke. 2. syn. anopie.
anorchie afwezigheid van beide testes door pre- of postnatale beschadigingen; gevolgen zijn: seksueel infantilisme, steriliteit en eunuchisme.
anorectaal m.b.t. anus en rectum; *~ syndroom*, syn. elephantiasis genito-anorectalis; syn. esthiomène (zie esthiomenos).
anorecticum eetlustbeperkend middel, syn. anorexans.
anorexans syn. anorecticum.
anorexie, anorexia *G* gebrek aan eetlust; *~ carcinomatosa*, anorexie door een maligne gezwelvorming ergens in het lichaam; *~ nervosa* of *~ mentalis* (vlg. DSM-IV), meest bij jonge vrouwen voorkomende aandoening behorend tot de eetstoornissen, gekenmerkt door een door psychische factoren bepaalde weigering het lichaamsgewicht op peil te houden, ofwel door gewichtsverlies ofwel door in een periode van groei onvoldoende in gewicht toe te nemen (minder dan 85% van het normale gewicht voor de leeftijd en lengte), angst voor gewichtstoename of dik worden bij een bestaand ondergewicht, stoornis in de beleving van lichaamsgewicht en lichaamsvorm, ontkenning van het te lage lichaamsgewicht, bij meisjes na de menarche het uitblijven van tenminste drie menstruele cycli; men maakt onderscheid in een type met of zonder kenmerken van boulimie (boulimia nervosa); lichamelijke afwijkingen het gevolg van anorexia nervosa zijn o.a. amenorroe, obstipatie, verandering in de haargroei, vertraging van de hartslag en ademhaling, daling van lichaamstemperatuur en bloeddruk, verande-

ring in de samenstelling van het bloed, acrocyanose en diverse hormonale stoornissen, t.g.v. een eventueel frequent braken hypokaliëmie, tandcariës, ontstekingen van keel, slokdarm en maag.
anorganisch *G* niet organisch, onbezield; ~ *hartgeruis,* hartgeruis dat niet door orgaanafwijkingen wordt veroorzaakt; syn. functioneel.
anorgasmie het niet kunnen bereiken van een orgasme.
anormaal abnormaal, afwijkend.
anosmie, anosmia *G* ontbreken van de reukzin.
anoso(co)gnosie het niet herkennen van een ziekte, een ziekteverschijnsel of een lichamelijk dan wel geestelijk defect door de patiënt zelf.
anostose beenverdunning, verdwijnen van beenweefsel.
anotie het geheel of gedeeltelijk ontbreken van de oorschelp, soms met afwezig zijn van de uitwendige gehoorgang en/of midden- en binnenoor.
anovulair, anovulatoir zonder ovulatie.
anoxemie, anoxyhemie zuurstofgebrek van het bloed.
anoxie zuurstofgebrek van de weefsels.
anoxygeen (in) afwezigheid van zuurstof.
ANP afk. van atriumnatriuretisch peptide; syn. *auriculine.
ansa *L* (anat.) lis of lus.
anserinus lijkend op een gans.
ant-, *anti- (smst.) tegen.
antacidum *L* zuurbindend middel; meervoud antacida.
antagonisme tegenovergestelde werking van zenuwen of spieren (bijv. buig- en strekspieren), geneesmiddelen, vergiffen of van ziekten, waardoor de aanwezigheid van de éne aandoening, de ontwikkeling van de andere uitsluit; tgst. synergisme; zelfst.nw. antagonist.
antagonisten 1. (tandheelk.) tegenover elkaar liggende elementen in boven- en ondergebit; 'tegenbijters'. 2. tegenwerkers; spieren of zenuwen met tegengestelde werking.
antalgeticum pijnbestrijdend middel, zie analgeticum.
antalgisch syn. analgetisch; ongevoelig voor pijn; pijn verminderend.
antaphrodisiacum syn. anafrodisiacum.
antasthmaticum *L* middel tegen astma; meervoud -tica.
ante vóór, bijv. *antenataal.
antebrachium *L* onderarm; ook: antibrachium.
antecedent 1. een voorafgaande gebeurtenis. 2. een voorstadium (precursor) van een stof.
ante cenam vóór de maaltijd, afk. (rec.) a.c.
antefixatie zie ventrofixatie.
anteflexie, anteflexio *L* 1. vooroverknikking; ~ *uteri,* voorwaartse ligging van de baarmoeder met een voorwaartse knik tussen cervix en corpus uteri; tgst. retroflexie. 2. voorwaartse buiging in een kogelgewricht.
antemeticum middel tegen braken; meervoud antemetica.
ante *~nataal,* vóór de geboorte; ~ *noctem* (rec.) vóór de nacht; *~pes,* voorvoet.
antepilepticum middel tegen epilepsie; meervoud antepileptica.
antepositie voorwaartse verplaatsing van een orgaan; tgst. retropositie.
anterior zie anticus.
anterograad voorwaarts gaand; tgst. retrograad.

anteversie, anteversio *L* 1. vooroverkanteling; ~ *uteri,* voorwaartse ligging van de baarmoeder met cervix en corpus uteri in elkaars verlengde; tgst. retroversie. 2. (orthop.) vooroverbuigen.
anthelix de ongeveer evenwijdig met de *helix verlopende drempelvormige plooi in het oorschelpkraakbeen op de grens van de *concha en het vrijstaande deel van de oorschelp.
anthelminthicum *L* geneesmiddel tegen worminfecties in het maag-darmkanaal; syn. vermifugum.
anthema *G* uitslag; zie enantheem, exantheem.
anthracosis, zie antracose.
anthrax *G* miltvuur, koolbuil; infectieziekte vooral bij runderen, veroorzaakt door Bacillus anthracis; komt bij de mens voor door omgang met besmet vee of producten hiervan (huiden), door infectie via de huid (pustula maligna) of via de longen; bij nuttigen van besmet vlees is infectie via de darm mogelijk; het ziektebeeld wordt bepaald door een ernstig verlopende sepsis.
anthropo- (onjuiste spelling) zie antropo-.
anti-, ant- (smst.) tegen; tgst. pro-; *~-adrenergicum,* syn. sympathicolyticum; *~ allergicum,* zie antihistaminica; ~ *allergisch,* allergie tegengaand; *~-androgenen* (farm.) hormonen die de werking van *androgene stoffen tegengaan.
anti-aritmische middelen, anti-arrhythmica geneesmiddelen tegen een onregelmatige hartslag.
antibiogram diagram van de gevoeligheid van een pathogeen micro-organisme voor verschillende antibiotica.
antibiose 1. (alg.) tegen het leven gericht. 2. antagonisme tussen micro-organismen.
antibiotics deficiency syndrome *E* afk. ADS, *deficiëntiesyndroom na orale medicatie van breedspectrum*antibiotica; de hiervoor gevoelige micro-organismen in mond en darm kunnen te gronde gaan, waardoor een dysbiose ontstaat met een droge, pijnlijke mond en veelvuldige dunne stoelgang tot gevolg; bovendien ontwikkelt zich meestal een storing in de endogene vorming van vitamine B en K.
antibioticum *L* chemische stof, geproduceerd door micro-organismen, met bactericide en/of bacteriostatische werking op andere micro-organismen, in engere zin op pathogene; de werking berust op het ingrijpen in één van de enzymsystemen van laatstgenoemde micro-organismen; meervoud antibiotica.
antiblast, antiblastie *E* celgroeibelemmerend.
antibody *E* antistof; antilichaam.
antibrachium zie antebrachium.
anticholinergisch syndroom verschijnselen die optreden bij overdosering van geneesmiddelen met anti*cholinergische werking: motorische onrust, mentale opwindingstoestand, (pseudo)hallucinaties, wijde pupillen, droge mond, warme droge huid, dorst, trage peristaltiek, temperatuurverhoging, tachycardie, bloeddrukdaling.
anticoagulantia *L* (meervoud van *anticoagulans*) stoffen die de bloedstolling vertragen, te verdelen in twee groepen nl. 1. remming van de overgang van protrombine in trombine waardoor de omzetting van fibrinogeen in fibrine wordt belemmerd; hiertoe behoren heparine en hirudine. 2. blokkering van vitamine K dat nodig is voor de vorming van verschillende stollingsfactoren in de lever; hiertoe behoren de verbindingen van dicumarine.

anticonceptie alle methoden en middelen ter voorkoming van bevruchting bij seksueel actieve paren; zie ook contraceptie (Angelsaksisch); het is een onderdeel van *geboorteregeling.
anticoncipiens *L* voorbehoedmiddel; syn. anticonceptivum, anticoncepticum.
anticus hetgeen vóór ligt; ook: anterior; *~-syndroom*, zie tibialis anterior syndroom.
anti-D-gammaglobuline syn. anti-D-immunoglobuline, resusantistoffen waarmee een resusnegatieve moeder kort na bevallen te zijn van een resuspositief kind, wordt ingespoten (anti-D-prik) om te voorkomen dat ze zelf resusantistoffen (anti-D) gaat maken; dit zou problemen kunnen opleveren voor een volgende zwangerschap van een resuspositief kind; zie ook ARI.
antidepressivum (farm.) verzamelnaam voor geneesmiddelen met stemmingsverbeterende en depressie-bestrijdende werking; syn. thymolepticum.
anti- *~diarrhoicum*, middel tegen diarree; *~diureticum*, middel tegen (overmatige) urineproductie; *~diuretisch hormoon*, afk. ADH, wordt geproduceerd in de hypothalamus en opgeslagen in de *hypofyse-achterkwab (neurohypofyse), zorgt in de nieren voor de terugresorptie van water; syn. *vasopressine, adiuretine; *~dontalgicum*, middel tegen kiespijn; *~dotum*, tegengif; meervoud antidota; *~droom*, in een richting tegengesteld aan de normale; tgst. orthodroom; *~emeticum*, middel tegen braken; *~febrilium*, koortswerend middel; *~ferment*, de antistof die het lichaam vormt tegen enzymen; *~flogistisch*, ontstekingsremmend.
antigeen enkelv. van *antigenen; *tumor-~*, antigeen op gezwelcellen, dat een specifieke immuunrespons kan verwekken.
antigenen (meervoud) exogene, d.i. lichaamsvreemde stoffen, meestal eiwitten, die het vermogen hebben in het lichaam *antistoffen op te wekken en met deze een binding aan te gaan; **transplantatie-~*, erfelijke individuele factoren die van specifieke betekenis zijn voor het blijven functioneren van een (weefsel)transplantaat.
antigeniciteit het vermogen van een organisme immuniteit te ontwikkelen.
antihemofiliefactor ~ *A*, stollingsfactor VIII in het bloed; ~ *B*, stollingsfactor IX, syn. Christmasfactor.
antihistaminica *L*, **antihistaminen** stoffen die de werking van histamine tenietdoen of tegengaan, door blokkade van H_1-receptoren (o.a. ter bestrijding van allergische ziekten) of H_2-receptoren (ter preventie of behandeling van een ulcus duodeni of ulcus ventriculi).
antihorair in een richting tegengesteld aan die van de wijzers van de klok.
antihormoon middel dat de werking van een hormoon opheft.
antilichamen zie antistoffen.
antilipaemicum (farm.) middel tegen te hoog vetgehalte van het bloed.
antilymfocytenserum afk. ALS, een tegen humane lymfocyten antistoffen bevattend serum, toegepast om de werkzaamheid van de kleine lymfocyten te onderdrukken ten einde afstoting van een getransplanteerd weefsel of orgaan te voorkomen zonder de afweer tegen infecties of de aanmaak van lymfocyten te veel te beïnvloeden.
antimetaboliet een stof die de functie van een metaboliet, een essentiële stof voor de celstofwisseling (celmetabolisme) verhindert.
antimitoticum (farm.) middel dat de celdeling verhindert of vertraagt; syn. cytostaticum.
antimongoloïde oogstand oogstand waarbij de buitenste ooghoeken laag staan ten

opzichte van de binnenste.
antimycoticum (farm.) middel tegen schimmelziekte.
antineuralgicum (farm.) middel tegen neuralgie; meervoud antineuralgica.
antinomie (psych.) innerlijke tegenstrijdigheid.
antioxidans, antioxidant stof die de oxidatie tegengaat; mrv. antioxidantia, antioxidanten.
antipathie spontane, niet beredeneerde afkeer; tgst. sympathie.
antiperinucleaire factor afk. APF, een serumfactor met een antistofkarakter die een hoge mate van specificiteit heeft bij *reumatoïde artritis.
antiperistaltiek peristaltiek in de tegengestelde richting; zie peristaltiek.
antiperniciosaprincipe afk. APP, onontbeerlijke factor voor de vorming van rode bloedcellen in het beenmerg (erytropoëse); syn. vitamine B_{12}.
anti- *~phlogisticum,* ontstekingsremmend middel; *~phlogistisch,* zie antiflogistisch.
antipsychiatrie stroming in de psychiatrie waarmee een aantal maatschappijkritische groepen in de geestelijke gezondheidszorg zich afzetten tegen de gevestigde opvattingen over behandeling in psychiatrische ziekenhuizen.
anti- *~psychoticum,* syn. voor neurolepticum; *~pyrese,* koortsbestrijding; *~pyreticum,* koortswerend middel; meervoud antipyretica; *~resusprik,* zie anti-D-gammaglobuline; *~rheumaticum,* middel tegen reumatisme.
antisepsis *G,* **antisepsia** maatregelen waardoor men tracht rottings- en ziektekiemen onschadelijk te maken.
anti- *~septicum,* micro-organismendodend lokaal ontsmettingsmiddel, syn. desinfectans; *~septisch,* ontsmettend; *~serum,* syn. immuun*serum.
antisociale persoonlijkheid zie persoonlijkheid.
antispasmodicum krampstillend middel; meervoud antispasmodica.
antistoffen (ook: *antilichamen*) tot de globulinefractie van het bloedserum behorende beschermingsstoffen die in het organisme worden gevormd als specifieke reactie op antigenen die het lichaam zijn binnengekomen, hetzij door inenting, hetzij door infectie; de antistof gaat met het antigeen een binding aan waardoor de (schadelijke) werking van het laatste wordt tenietgedaan; zie immuuncomplex; men onderscheidt: agglutininen, antitoxinen, bacteriolysinen, hemolysinen, precipitinen, opsoninen; *auto-~,* antistoffen welke in het serum kunnen worden aangetoond bij *auto-immuunziekten, zowel bij gelokaliseerde orgaanziekten als bij systeemaandoeningen, bijv. antistoffen tegen kernmateriaal, erytrocyten en trombocyten, mitochondriën e.a.; *copro-*, IgA in darmslijm; *homocytotrope ~*, zie reaginen; *incomplete ~*, antistoffen die een onvolledige binding aangaan met het antigeen en daardoor de normale ('homologe') binding beletten; *monoklonale ~*, antistoffen die het product zijn van een enkele kloon van lymfoïde B-cellen en daaruit voortgekomen plasmacellen; monoklonale antistoffen worden o.a. gebruikt bij de *detectie (en soms de eliminatie) van lymfomen en andere hematologische aandoeningen, bij lokalisering van gezwellen en metastasen of andere antigenen en als dragers van therapeutica, toxinen of radioactieve stoffen bij de behandeling van neoplasmata; *secundaire ~-reactiviteit,* de immunogene werking van *memory cells.
antistolling(stherapie) het kunstmatig vertragen van de bloedstolling d.m.v. *anticoagulantia ter voorkoming van trombose en embolie.
antistreptolysinetiter afk. AST, bepaling van de hoeveelheid antistoffen tegen streptolysine-O, een exotoxine van pathogene streptokokken; *serodiagnostiek ter

ondersteuning van de diagnose acuut reuma (polyarthritis rheumatica acuta).

antitetanusserum kunstmatig antitoxine tegen tetanus; afk. ATS.

antitoxine *G* tegengif; *natuurlijke antitoxinen* zijn de stoffen die zich in het lichaam vormen om dit te beschermen tegen de ziekteveroorzakende bacteriegiffen (zie toxine); *kunstmatige antitoxinen* worden bereid voor genezing van bepaalde ziekten; zie antistoffen, serum.

antitoxine-eenheden afk. AE, maat waarmede de sterkte van een immuun*serum wordt aangeduid; zie antitoxine.

antitragus *G* de kleine verhevenheid tegenover de *tragus.

antitrombinen stoffen die trombine inactiveren en aldus de bloedstolling remmen; afk. AT.

antitussivum middel tegen hoest.

antiviraal (farm.) werkzaam tegen een virus of virussen.

antivivisectie principiële afwijzing van proefnemingen met behulp van levende dieren.

antoniusvuur (pop.), syn. chorea en ignis sacer, ischemisch gangreen van voeten en handen door *ergotisme, vaak met psychische afwijkingen.

antracose, anthracosis stoflong door kool of roet; zie pneumoconiose.

antracosilicose het gelijktijdig bestaan van antracose en silicose; zie pneumoconiose.

antrectomie (chir.) resectie van het antrum pyloricum van de maag.

antropo- *G* (smst.) mens-; m.b.t. de mens.

antropofagie 1. kannibalisme. 2. seksuele perversiteit gekenmerkt door kannibalistische neigingen.

antropogenese de studie van de afstamming, de ontwikkeling en de erfelijkheid van het menselijk ras.

antropogenetica de kennis van de invloed van erfelijke factoren op de fysiologische en pathologische verschijningsvorm van de mens.

antropologie leer van de mens en zijn natuurlijke eigenschappen, menskunde; *criminele* ~, de studie van de lichamelijke en geestelijke kenmerken van misdadigers; *historische* ~, het onderzoek van de sporen van de vroegere mens; *somatische* ~, de studie van de morfologische eigenschappen, waardoor de mensenrassen zich van elkaar en van het dier onderscheiden; zij verdeelt de mensheid in rassen waarvan de drie hoofdgroepen zijn het negride, het mongolide en het europide ras.

antropometrie *G* meting van menselijke lichaamsdelen (bijv. schedelmeting) voor raskundige studie en om de identiteit van misdadigers vast te stellen; zie antropologie.

antropomorf in vorm gelijkend op de mens.

antroporadiometrie het meten van in het menselijk lichaam aanwezig radioactief materiaal.

antroposofie de levensleer van Rudolf *Steiner, berustend op de harmonische doorgronding van het wezen van de mens in zijn mentale, religieuze, wetenschappelijke, culturele, lichamelijke en andere uitingsvormen; volgens R. Steiner is gezondheid een labiel evenwicht in allerlei ritmesystemen; ziekte is een poging dit verstoorde evenwicht te herstellen.

antroscoop instrument voor het onderzoek van een *antrum (holte).

antrotomie chirurgische opening van een *antrum (holte).

antrum *L* (anat.) holte; ~ *G-cel*, endocriene cellen in het antrum pyloricum, die een *enterohormoon produceren dat bij hyperfunctie slijmvlieszweertjes, een verhoogd serum*gastrine en verhoogde maagzuurproductie teweegbrengt; het ziektebeeld lijkt veel op het Zollinger-Ellison-syndroom; ~ *highmori*, de holte in het bovenkaaksbeen (genoemd naar de anatoom Highmore); ~ *pyloricum* of *ventriculi*, het gedeelte van de maagholte onmiddellijk vóór de pylorus; *retained (E)* ~, voedselstagnatie in het antrum pyloricum in bepaalde (rest)omstandigheden na een Billroth II-operatie met vagotomie.

ANUG afk. van acute necrotiserende ulceratieve gingivitis.

anu- zie annu-.

anurie *G* onvermogen van de nieren om urine te vormen.

anus *L* aarsopening, uitmonding van de endeldarm; ~ *praeternaturalis*, afk. AP, kunstmatig aangelegde of uit zichzelf gevormde onnatuurlijke anus; zie ook stoma.

anxietas *L* angst, onrust, gevoel van beklemming; ~ *tibiarum*, syn. restless legs.

anxiolyticum (minor tranquillizer) geneesmiddel dat angst en onrust vermindert, in hogere doseringen vaak toegepast als slaapmiddel.

AO afk. van anonieme overeters.

AOK afk. van achterste oogkamer.

AOL afk. van acute ongedifferentieerde leukemie; syn AUL.

AOM afk. van acute *otitis media.

AO-principe afk. van Arbeitsgemeinschaft für Osteosynthese; speciale Zwitserse techniek van operatieve osteosynthese.

AOP-syndroom afk. van adipositas, oligomenorroe, parotiszwelling (en xerostomie).

aorta *L* grote lichaamsslagader; ontspringt uit de linker hartkamer, vandaar loopt zij naar boven en buigt dan naar beneden, waarna zij zich ter hoogte van de lendenwervels vertakt; ~ *ascendens*, stijgende aorta; *arcus ~e*, aortaboog; ~ *descendens*, dalende aorta; *~-insufficiëntie*, onvoldoende sluiting van de aortakleppen; *~stenose*, vernauwing van het aorta-ostium; *~venster*, röntgenbeeld van het door de aortaboog begrensde gebied.

aortaboogsyndroom syn. polsloze ziekte, arteriële doorbloedingsstoornis van één of meer van de grote slagaders die uit de aortaboog ontspringen, door afsluiting of stenosering in de omgeving van de vertakkingsplaats.

aortitis *G* ontsteking van de aorta.

aortografie arteriografie van de aorta.

aortopathie ziekte van de aorta.

AOSD afk. van adult onset Still's disease; zie Still.

AP afk. van 1. anus praeternaturalis. 2. antero-posterior, voor-achterwaarts. 3. angina pectoris. 4. anaemia perniciosa, pernicieuze anemie. 5. ante partum. 6. amnionpunctie; zie ook liquor amnii. 7. alkalische fosfatase. 8. arteria-pulmonalisdruk.

a.p. afk. van ante prandium, vóór de maaltijd, syn. a.c.

APA afk. van American psychiatric association.

APACHE afk. van acute physiology and chronic health evaluation *E*.

apallesthesie syn. *pallanesthesie.

apallisch syndroom lett. symptomenbeeld t.g.v. opgeheven werking van het *pallium; syn. van *persistent vegetative state.

apathie *G* lusteloosheid, ongevoeligheid voor indrukken van buiten, bijv.nw. *apathisch*.
apatiet calciumfosfaat.
APC afk. van 1. acetosal-paracetamol-coffeïne, een bekende combinatie tegen spier-, hoofd- en andere pijn. 2. adenoïd-pharynx-conjunctiva, een zo genoemde virusgroep die wordt gerekend tot de adenovirussen. 3. antigen presenting cells *E*, mononucleaire macrofagen die essentieel zijn voor het in gang zetten van een specifieke immuunrespons. 4. activated protein-C *(E)*, zie proteïne-C; werkt anti(bloed)stollend. 5. adenomatous polyposis coli *E*, een gen.
APCA afk. van anti-pariëtale-cellen antistoffen (zie pariëtaal).
apen *~oor*, oorschelp met naar buiten ontrolde *helix; *~plooi*, flexieplooi in de handpalm, ontstaan door versmelting van de distale en de proximale transversale plooi, syn. *viervingerlijn; *~pokken*, 1. pokken bij apen, veroorzaakt door het *~pokkenvirus*, besmettelijk voor de mens. 2. zie impetigo.
apepsie ontbreken van het verterend vermogen van het maagsap door afwezigheid van pepsine; syn. achylia gastrica.
aperiens *L* laxeermiddel; meervoud aperientia.
Apert, E. Frans kinderarts (1868-1940); *syndroom van ~*, aangeboren afwijking bij het kind, hoofdzakelijk in de vorm van torenschedel (t.g.v. *craniostenose) en syndactylie, soms tevens exoftalmie en slechte visus; syn. acrocefalosyndactylie.
apertura zie apertuur.
apertus, aperta *L* onbedekt, bloot; open; duidelijk.
apertuur, apertura *L* opening, gat, uitgang; *~ pelvis inferior*, de onderste bekkenbegrenzing; syn. pelvic outlet *E*; *~ thoracis superior* resp. *inferior*, de bovenste resp. onderste toegang tot de borstkas.
apex *L* top, bijv. van de long; punt van tand- of kieswortel; *~resectie* (tandheelk.), operatieve verwijdering van een (chronisch ontstoken) apex.
APF afk. van *antiperinucleaire factor.
APG afk. van animal pituitary gonadotrophin *E*.
Apgar, V. Amerikaans anesthesiste (1909-1974); *~-score*, puntenwaardering van de levenskansen van de pasgeborene één minuut na de geboorte uitgedrukt in de som der cijfers 0, 1 en 2 voor de kwaliteit van de polsfrequentie, de respiratiediepte, de spiertonus, het reactievermogen en de huidkleur; de score kan variëren van 0 tot 10; de levenskansen zijn groter naarmate het cijfer hoger is.
aphagia zie afagie.
aphakia zie afakie.
aphasia zie afasie.
aphemia zie afemie.
apheresis zie aferese.
aphonia zie afonie.
aphrasia zie afrasie.
aphrodisia zie afrodisie.
aphrodisiacum zie afrodisiacum.
aphthae zie aften.
aphthongia zie aftongie.
aphthophyta zie aftofyta.
APIC afk. van association for practitioners in infection control, thans association for professionals in infection control and epidemiology.

apicaal 1. tot de top (apex) behorend. 2. (tandheelk.) gericht naar de apex.
APKD afk. van autosomal polycystic kidney disease *E*.
APL afk. van 1. acute promyelocytaire leukemie. 2. alledaagse-problemenlijst.
APLA afk. van *abortus provocatus lege artis.
aplanaat zonder sferische *aberratie.
aplasie, aplasia *G* het niet of niet volledig tot ontwikkeling komen van een weefsel, orgaan of lichaamsdeel; ~ *cutis congenita*, aangeboren afwezigheid van de huid, meestal op de kruin; *pure red cell ~ E*, een *auto-immuunziekte; zie anemie.
APLD afk. van automatische percutane lumbale discectomie.
aplestie *G* onverzadelijkheid, geeuwhonger; syn. acorie.
apneu, apnoe tijdelijk ophouden van de ademhaling; zie Cheyne-Stokes.
APO afk. van 1. algemeen periodiek onderzoek. 2. anatomopathologie (België), syn. pathologische anatomie (PA).
apo- (smst.) afkomstig van; *~transferrine*, het eiwitgedeelte van *transferrine.
apocriene klieren exocriene klieren waarbij met het secreet ook een gedeelte van het cytoplasma afgesnoerd wordt zodat de kliercellen kleiner worden; vetten zijn het belangrijkste secretieproduct; voorbeelden zijn de melkklieren en de zweetklieren in de oksels; zie ook *merocriene klieren, *holocriene klieren.
apodie, apodia aangeboren afwezigheid van één of beide voeten.
apo-enzym het eiwitbestanddeel van een *enzym.
apoferritine het eiwitgedeelte van *ferritine.
apofyse, apophysis *G* 1. beenuitsteeksel, syn. processus; ~ *articulare*, gewrichtsuitsteeksel. 2. elke verhevenheid of kam aan een bot waar een spier zich vasthecht, d.i. waar pees- in botweefsel overgaat.
apografie afschrift of kopie van een recept.
apolipoproteïne het eiwitbestanddeel van plasma *lipoproteïnen.
apomorfine middel afgeleid van morfine, braakmiddel.
aponeurose, aponeurosis *L* plat wit peesvlies, peesblad; ~ *palmaris*, peesvlies van de handpalm; ~ *plantaris*, peesvlies van de voetzool.
apophysis zie apofyse.
apoplectiform op apoplexie gelijkend; *~e aanval*, aanval van verlamming en stoornis in het bewustzijn zonder werkelijke hersenbloeding.
apoplectisch met apoplexie samenhangend.
apoplexie, apoplexia *G* 1. beroerte, attaque (foutief *F*), ~ *cerebri*, obsolete benaming voor plotseling uitvallen van een deel der hersenwerking; zie cerebrovasculair *accident. 2. plotselinge bloeding in een orgaan of in een lichaamsholte; ~ *cordis* (foutief) acute hartdood; ~ *spinalis*, zie hematomyelie; *uteroplacentaire ~*, zie Couvelaire.
apoproteïne het eiwitbestanddeel van een complexe chemische verbinding, in engere zin een lipoproteïne.
apoptose 1. geprogrammeerde celdood als onderdeel van de steeds doorgaande verjonging van de weefsels. 2. afstoting van dood weefsel, bijv. een huidkorst. 3. haaruitval.
a posteriori *L* van achteren; achteraf; zie ook a tergo.
APP afk. van 1. *antiperniciosaprincipe (= vitamine B_{12}). 2. amyloïde precursor proteïne.
appendectomie operatieve verwijdering van de appendix.

appendicitis *L* ontsteking van het wormvormig aanhangsel (appendix vermiformis) van de blindedarm; wordt pop. 'blindedarmontsteking' genoemd.
appendicopathie dikwijls terugkerende pijn in de blindedarmstreek, vaak t.g.v. chronische ontsteking van de appendix vermiformis.
appendix *L* aanhangsel; ~ *vermiformis*, wormvormig aanhangsel van de blindedarm, kortweg appendix genoemd; ~ *epiploicus*, vetaanhangsel van het colon.
apperceptie (psych.) 1. de bewustwording van de betekenis van één of meer waarnemingen. 2. gerichte opmerkzaamheid.
appetostaat 1.(fysiol.) eetlustremmend systeem van neurotransmitters. 2. (farm.) eetlustremmend middel.
applanatie, applanatio *L* afplatting; ~ *corneae*, afplatting van het hoornvlies.
applicatie 1. toepassing. 2. aanbrengen; op z'n plaats houden of brengen. 3. toediening van uitwendig geneesmiddel. 4. toedieningswijze van een geneesmiddel (bijv. orale applicatie).
applicatievloeistof aanstipvloeistof, penseelvloeistof, geconcentreerde vloeistof die druppelsgewijs of met een penseel wordt anngebracht.
applicator instrument, waarmee iets wordt geappliceerd.
appositie 1. aanzetting, neerslag; groei, vorming. 2. het in contact zijn van naburige organen of orgaangedeelten. 3. het tegen elkaar liggen of brengen (chir.) van wondranden of sneevlakken.
apprehensie (psych.) vrees; onzekerheid; bezorgdheid.
apprêtuur *F* toebereiding.
approach *E* benadering; aanpak.
APR afk. van achillespeesreflex, zie reflex.
apragmatisme het hechten van meer waarde aan theorie dan aan praktische resultaten.
apraktisch m.b.t. apraxie.
apraxie, apraxia *G* het onvermogen om doelbewuste handelingen uit te voeren; ~ *algera*, apraxie doordat elke handeling met pijn en hevige emoties gepaard gaat; *ideokinetische* ~, onvermogen om een eenvoudige handeling in opdracht uit te voeren; *structurele* ~, onvermogen om een simpele figuur (bijv. een driehoek) te tekenen.
APRICOT afk. van antithrombotics in the prevention of reocclusion in coronary thrombolysis.
aprosexie het onvermogen om de gedachten op een bepaald onderwerp te concentreren.
aprosodie stoornis in het affectieve taalgebruik; het ontbreken van nadruk, toonverschillen, ritme e.d..
aprotinine een polypeptide met remmende werking op proteolytische enzymen.
APSAC afk. van acylated (anisolated) plasminogen streptokinase activator complex, een thrombolyticum.
apsithyrie sterke afonie, een psychogeen bepaalde vorm van stomheid waarbij de patiënt zelfs geen fluisterend geluid voortbrengt.
APST afk. van atrial pacing stress test *E*, methode in de cardiologie voor de evaluatie van patiënten met coronaire insufficiëntie door opvoering van de hartslagfrequentie met een externe pacemaker.
APTT, aPTT afk. van geactiveerde partiële tromboplastinetijd; syn. cefalinetijd.
APUD (bioch.) afk. van amine precursor uptake and decarboxylation; *~-cellen*,

multipotentiële argentaffiene cellen in verschillende organen, die polypeptiden produceren met hormonale en neuro-endocriene werking; zie ook apudoom.
apudoom, apudoma (pathologisch-anatomisch) verzamelnaam voor *APUD-cellen bevattende neoplasmata (zoals gastrinoom, glucagonoom, insulinoom, vipoom, oatcell-carcinoom, carcinoïd, neuroblastoom, melanoom, *medullair schildkliercarcinoom en vele andere), welke (ook in hun metastasen) hormonale polypeptiden produceren die bepaalde symptomen veroorzaken; de term apudoom is verouderd, men spreekt thans van multipele endocriene neoplasie afk. MEN.
apyrexie *G* koortsvrije toestand in het verloop van een ziekte.
APZ afk. van algemeen psychiatrisch ziekenhuis.
AQLQ afk. van asthma quality of life questionnaire *E*.
aqua *L* water; ~ *destillata*, gedestilleerd water; ~ *goulardi*, *goulardwater.
aqueduct, aqueductus *L* waterleiding; ~ *sylvii* (ook: ~ *cerebri*), verbindingskanaal tussen de 3de en 4de hersenkamer, genoemd naar de anatoom De la Boë Sylvius, 1614-1672; ~ *vestibuli*, een met endolymfe gevulde fijne uitloper van de *sacculus, eindigend in de saccus endolymphaticus.
ARA afk. van 1. American rheumatism association. 2. arbeidsrevalidatie-afdeling.
Ara, K. Japans patholoog (geb. 1894), zie Takata-Ara.
ARA-C (farm.) afk. van arabinosyl-cytosine, een cytostatica-combinatie.
arachidonzuur een zgn. essentieel vetzuur, gevormd uit met het voedsel opgenomen linolzuur.
arachnida parasieten behorend tot de 'spinachtigen', in de menselijke pathologie vertegenwoordigd door de schurftmijten en de teken.
arachnidisme ziekteverschijnselen t.g.v. de beet van een giftige spin.
arachnitis syn. *arachnoiditis.
arachnodactylie lange, dunne vingers, spinnenkopvingers; zie Marfan.
arachnoïd, arachnoidea spinnenwebvlies; zie dura mater.
arachnoiditis *G* ontsteking van de arachnoidea; syn. arachnitis.
ARA-criteria Amerikaanse opsomming van verschijnselen welke in grote lijnen tezamen pleiten voor de diagnose van de ziekte lupus erythematodes (o.a. gelaatserytheem, pleuritis, Raynaud-verschijnselen, fotosensitiviteit, oronasale ulceraties, artropathieën, LE-cellen, proteïnurie, pericarditis, pulmonale hypertensie, ochtendstijfheid, subcutane noduli, positieve reumafactoren).
Aran, F. Frans arts (1817-1861); *ziekte van ~-*Duchenne*, zie Werdnig.
ARAS afk. van ascending reticular activating system, samenstel van zenuwvezels, dat fungeert als afferente banen van de *formatio reticularis.
arbeidsongeschiktheid toestand waarbij een reëel aantoonbare mate van *invaliditeit een zekere mate van ongeschiktheid voor het verrichten van arbeid in het algemeen of in een bepaald beroep tot gevolg heeft.
arbeidsschuwheid angst om te werken.
arbeidstherapie behandeling van lichamelijk en geestelijk chronische zieken door actieve beweging, werkverschaffing, sport; syn. occupational therapy *E*.
arbo afk. van arthropod-borne *E*, d.i. overgebracht door geleedpotige dieren, nl. de groep der *arbovirussen, verder de verwekkers van pest, tularemie en borrelia recurrens, rickettsiosen, filaria, malaria, trypanosomiasis, leishmaniasis.
ARBO afk. van arbeidsomstandigheden.
arbor boom, vertakking; ~ *bronchialis*, de bronchiale vertakkingen; ~ *consanguinitatis*, stamboom; ~ *vitae*, levensboom; de op een boomvertakking gelijkende

doorsnede van de kleine hersenen; eveneens: de boomvormige tekening van het slijmvlies van de baarmoederhals.

arborescens vertakt, boomvormig; syn. dendritisch.

arborisatie multipele vertakking (zie arbor); *~block*, geleidingsstoornis in het hart (bundel van His); syn. bundeltakblock.

arbovirussen verzamelnaam voor virussen welke door artropoden (*geleedpotigen) worden overgebracht (muggen, teken, flebotomen); de meeste behoren tot de *togavirussen, andere tot de *reovirussen, *rhabdovirussen en *picornavirussen; in het insekt ontwikkelt zich een viremie, waardoor de speekselklieren worden geïnfecteerd; bij de steek wordt het virus met het speeksel overgebracht; arbovirussen kunnen ziektebeelden veroorzaken als dengue, encefalitis en encefalomyelitis, hepatitis (gele koorts), hepatonefrose.

ARC afk. van *AIDS-related complex.

arcade *F* boogvormige anatomische structuur; syn. arcus; ~ van *Buehler*, slagader die - evenals de arterie van *Riolan - boogvormig verloopt tussen de a. mesenterica superior en inferior.

arcanum *L* geheimmiddel; meervoud arcana.

arc de cercle *F* cirkelboog; tijdens de grote hysterische aanval sterke buiging tot cirkelboog van de rug; zie opisthotonus.

archaïsch karakteristiek voor een primitief ontwikkelingsstadium.

archenteron (embr.) de embryonale oerdarm.

archetype een door *Jung gebruikte term waarmee hij de bij ieder mens overgeerfde, in het onbewuste aanwezige beelden, ideeën en symbolen bedoelt; tezamen vormen zij het *collectief onbewuste.

arcuair, arcuata *L* gebogen; in een bocht verlopend.

arcus *L* boog; ~ *aortae*, boog van de grote lichaamsslagader; ~ *lipoides*, kring in het hoornvlies veroorzaakt door cholesterolafzetting, vnl. bij ouderen, syn. arcus senilis, annulus corneae, gerontoxon; ~ *palatini*, verhemelteboog; ~ *senilis*, zie arcus lipoides; ~ *pubis*, schaamboog, de onder de symfyse tussen linker en rechter schaambeen gevormde stompe hoek; ~ **Riolan*, de door het mesenterium van het colon transversum gevormde boog; ~ *zygomaticus*, jukboog.

ARD(S) afk. van adult respiratory distress (syndrome) *E*, syn. shocklong; de verschijnselen zijn: dyspneu, cyanose, verlaging van de arteriële zuurstofspanning en longoedeem t.g.v. abnormale doorlaatbaarheid van de longcapillairen door ernstig trauma, shock, sepsis, verbranding, longembolie en dergelijke.

ARD-virus afk. van acute respiratory disease virus.

area plek. 1. ~ *celsi*, haarziekte, zie alopecis areata. 2. syn. *areola (bet. 2).

areatus omschreven; pleksgewijs.

areflexie afwezigheid van reflexen.

arenavirussen RNA-virussen met een diameter van 50-300 nm, overgebracht door knaagdieren, verwekkers van o.a. lassakoorts en lymfocytaire choriomeningitis.

areola *L* 1. lichtbruine kring rondom de tepel *(~ mammae)*. 2. syn. *area*, grote, rode, harde en pijnlijke zone rondom een pokpuist.

areometer instrument voor de bepaling van het s.g. van vloeistoffen.

ARF afk. van acute renal failure *E*, acute nierinsufficiëntie.

argentaffien met affiniteit tot zilver.

argentaffinoom zie carcinoïd.

arginine één van de 'essentiële' aminozuren.

argininosuccinemie een enzymdefect waardoor het metabolisme van het aminozuur citrulline is gestoord en argininosuccininezuur in overmaat in het bloed aanwezig is met als gevolg o.a. brosse haren en nagels, hardnekkige huidafwijkingen, stilstand in de geestelijke groei, epileptoïde aanvallen.
ARGO afk. van advies en research in de gezondheidszorg en ouderenzorg.
Argyll Robertson, D. Schots arts (1837-1909); ~ *pupil*, miotische pupil die niet reageert op lichtinval en vertraagd reageert op *convergentie van de ogen.
argyrie, argyria *L*, **argyrisme, argyrose** door langdurig gebruik van zilverpreparaten als geneesmiddel ontstane, grijsblauwe verkleuring van huid en slijmvliezen, veroorzaakt door afzetting van zilverdeeltjes in het weefsel.
arhinencephalus *L* misgeboorte met gedeeltelijke anencefalie, neus- en kaakmisvorming, soms in plaats van een mond, een snuitvormig aanhangsel, soms ook slechts één oog.
ARI afk. van anti-resusimmunoglobuline, *anti-D-gammaglobuline, zie ook resusfactor.
ARIN afk. van acute reversibele intrinsieke nierinsufficiëntie.
aritmie onregelmatigheid (bijv. in de werking van het hart); *respiratoire* ~, polsversnelling bij inademing, verlangzaming bij uitademing; *sinus*~, aritmie door stoornis in de sinusknoop.
aritmomanie *G* ziekelijke dwang om te rekenen, bijv. om traptreden te tellen; één van de vormen van *monomanie.
armamentarium *L* instrumentarium, outillage, uitrusting.
armoedewaan een waan waarbij iemand ten onrechte denkt dat hij geen geld en goederen meer heeft om van te leven.
Arnold, J. Duits patholoog (1835-1915); *syndroom van* ~-**Chiari*, aangeboren misvorming van de kleine hersenen (cerebellum) en het aangrenzend deel van de hersenstam.
arousal *E* toestand van waakzaamheid voor zintuiglijke prikkels; ~-*reactie*, reactie op kleine gebeurtenissen die de dagelijkse sleur doorbreken; ~-*stoornissen*, slaapstoornissen bij kinderen, zoals angstaanvallen, slaapwandelen, praten in de slaap en soms bedplassen; syn. parasomnie.
arrenoblastoom, arrhenoblastoma eierstokgezwel, ontstaan uit foetale mannelijke elementen; syn. androblastoom, masculinovoblastoom.
arrest (card.) stilstand; asystolie; *maturatie*-~, stilstand in de rijpwording (van cellen), in engere zin *maligniteit; *sinus*-~, sino-auriculair *block.
arrheno- (smst.) met mannelijke kenmerken; ~*blastoma*,, zie arrenoblastoom.
arrhythmia *G* syn. *aritmie.
arrosie, arrosio *L* aanvreting van bloedvaten en beenderen door ontstekingsprocessen of aneurysmata, enz.
ARS afk. van arterio-renale stenose.
ars amandi de kunst van het beminnen.
arseen zie arsenicum; ~**melanose*, donkere verkleuring van de huid door langdurig gebruik van arsenicum.
arsenicisme, arsenicose vergiftiging door arsenicum; *acuut* ~ is vnl. gekenmerkt door diarree en braken, *chronisch* ~ door vermagering, uitputting, oedemen, polyneuropathie, *arsenicodermie, hemolyse, anorexie.
arsenicodermie huidverschijnselen bij chronisch *arsenicisme, erythemen aan handpalmen en voetzolen, haaruitval, hyperkeratose, witte dwarsstreping van de

nagels (strepen van Mees).

arsenicum een giftig metalloïd, syn. arseen; *~-intoxicatie,* zie arsenicisme.

ART afk. van anti-repressor *translatie.

artefact *L* 1. het kunstmatige; kunstproduct; in engere zin kunstmatig verwekte lichamelijke (zelf)beschadiging met bewuste of onbewuste motieven. 2. een meestal ongewenst ontstane afwijking bij een bepaalde (be)handeling.

arteficialis beter: artificialis, zie artificieel.

arteria zie arterie.

arterialisatie de verandering die het bloed in de longen ondergaat, d.i. van zuurstofarm in zuurstofrijk.

arterie, arteria *L* slagader, bloedvat waarin het bloed stroomt in een richting van het hart af, afk. a.; de belangrijkste arterie is de aorta; ~ *arcuata,* boogvormige slagader aan de basis van de middenhandsbeenderen; ~ *arcuata pedis,* boogvormige slagader ter hoogte van de middenvoetsbeenderen; ~ *axillaris,* okselslagader; ~ *basilaris,* arterie in het midden van de hersenbasis, ontstaan uit de vereniging van de beide aa. vertebrales; ~ *brachialis,* armslagader; ~ *brachiocephalica,* arm-hoofdslagader, oude naam voor *truncus brachiocephalicus; ~ *carotis,* halsslagader; ~ *centralis retinae,* netvliesslagader; ~ *cerebri,* hersenslagader; ~ *coeliaca,* *truncus coeliacus; ~ *colica,* slagader voor de dikke darm; ~ *coronaria,* kransslagader; ~ *cystica,* galblaasslagader; ~ *dorsalis pedis,* de slagader op de voetrug; ~ *epigastrica,* slagader voor de buikwand; ~ *facialis,* aangezichtsslagader; ~ *femoralis,* dijbeenslagader; ~ *fibularis,* kuitbeenslagader; ~ *gastrica,* slagader voor de maag, twaalfvingerige darm en alvleesklier; ~ *gastroduodenalis,* slagader voor de maag en twaalfvingerige darm; ~ *gastro-epiploica dextra,* afk. *GEA, 'maagslagader', loopt langs de grote curvatuur van de maag; ~ *glutea,* bilspierslagader; ~ *hepatica,* leverslagader; ~ *iliaca,* darmbeenslagader; ~ *innominata,* (obsoleet) syn. truncus brachiocephalicus; ~ *intercostalis,* tussenribslagader; ~ *laryngea,* strottenhoofdslagader; ~ *lienalis,* miltslagader; ~ *lingualis,* tongslagader; ~ *lumbalis,* lendenslagader; ~ *lusoria,* een aberrant verlopende rechter erteria subclavia; ~ *mammaria* of *thoracica interna,* zijtak van de ondersleutelbeenslagader; verloopt beiderzijds achter de ribben langs het borstbeen (sternum), passeert het middenrif en zet zich voort als *arteria epigastrica superior* in de bovenste buikwand; ~ *maxillaris,* bovenkaakslagader; ~ *mesenterica,* darmslagader; ~ *ophthalmica,* slagader voor de oogkas en de oogbol; ~ *ovarica,* eierstokslagader; ~ *pancreatica,* pancreasslagader; ~ *pancreaticoduodenalis,* slagader voor de alvleesklier en de twaalfvingerige darm; ~ *peronea,* slagader aan de buitenzijde van onderbeen en voet; ~ *pharyngea,* slagader voor de keelholte; ~ *phrenica,* middenrifslagader; ~ *plantaris,* voetzoolslagader; ~ *poplitea,* knieholteslagader; ~ *pulmonalis,* longslagader; ~ *radialis,* spaakbeenslagader; ~ *radicularis magna,* arterie van Adamkiewicz, zijtak van een der laagthoracale of hoog-sacrale, meestal linkszijdige, slagaders die een groot deel van de bloedtoevoer naar het ruggenmerg verzorgt; ~ *rectalis,* endeldarmslagader; ~ *renalis,* nierslagader; ~ *subclavia,* ondersleutelbeenslagader; ~ *temporalis,* slaapbeenslagader; ~ *testicularis,* zaadbalslagader; ~ *thyroidea,* schildklierslagader; ~ *tibialis,* scheenbeenslagader; ~ *ulnaris,* ellepijpslagader; ~ *umbilicalis,* navelstrengslagader; ~ *uterina,* baarmoederslagader; ~ *vertebralis,* wervelslagader; verloopt door openingen in de dwarsuitsteeksels van de halswervels; zie ook kandelaber-arteriën; ~ *vesicalis,* slagader voor de urineblaas.

arteriëctasie verwijding van slagaders; zie ook aneurysma, ectasie.
arterieel m.b.t. de slagaders.
arteriitis verzamelnaam voor verschillende soorten van ontsteking van de slagaderwand; ~ *gigantocellulare*, degeneratie van elastische vezels van de lamina interna van middelgrote arteriën, gekenmerkt door de aanwezigheid van reuzencellen; *mycotische* ~, lokale ontsteking van een bloedvatwand t.g.v. een geïnfecteerde embolus (meestal afkomstig van een bacteriële endocarditis); ~ *temporalis*, meest voorkomende vorm van arteriitis gigantocellulare, waarbij speciaal de arteriolen in de regio temporalis en omgeving (o.a. die van het netvlies) zijn aangedaan met als belangrijkste verschijnselen algemene malaise, depressies, anemie, gezichtsstoornissen, hoofd-, aangezichts-, spier- en tongpijn en een zeer hoge bezinkingssnelheid der erytrocyten.
arteriografie 1. zie angiografie. 2. het maken van een curve van de slagaderpols; syn. sfygmografie.
arteriole, arteriola *L* kleine arterie; *arteriolitis*, ontsteking van een arteriole.
arteriopathie ziekte van slagaders, in engere zin van arteriolen.
arteriosclerose, arteriosclerosis *L* slagaderverkalking (feitelijk: -verharding); diffuse degeneratie van het weefsel van de wand der slagaders (hoofdzakelijk de tunica *media), waardoor deze zijn elasticiteit verliest; ~ *cerebri*, arteriosclerose van de slagaders in de hersenen; ~*obliterans*, arteriosclerose die met afsluiting gepaard gaat.
arterioveneus een slagader èn een ader betreffend.
arthr- zie ook artr-; ~*algia*, *artralgie*, gewrichtspijn.
arthro- zie ook artro.
arthritis zie artritis.
arthrochalasis aangeboren slapte van gewrichtskapsels en -banden.
arthrochondritis ontsteking van het gewrichtskraakbeen.
arthrodesis zie artrodese.
arthrodia *G* beweeglijk gewricht.
arthrodynia zie artrodynie.
arthro-ereisis *G* zie artrorise.
arthrogryposis blijvende kromming van een gewricht; ~ *multiplex*, aangeboren misvorming en bewegingsbeperking van gewrichten met spiercontracturen, veroorzaakt door erfelijke myopathieën bij de pasgeborene of door immobilisering in utero.
arthrolysis artrolyse.
arthropathia zie artropathie.
arthropodes, artropoden zie geleedpotigen.
arthrorisis artrorise.
arthrosis zie artrose.
Arthus, N. Frans fysioloog (1862-1945); ~-*fenomeen* of -*reactie*, neerslag van *immuuncomplexen op de binnenwand van kleine bloedvaten, gevolgd door vasculitis.
articulair m.b.t. een gewricht.
articulatie, articulatio *L* 1. gewricht; beweging; meervoud articulationes. 2. de spraakbeweging.
articuleren 1. het vormen van een gewricht. 2. nauwkeurig en duidelijk spreken. 3. (tandheelk.) zie occlusie.

artificieel, artificialis *L* kunstmatig.
artr- zie ook arthr-; *~algie*, gewrichtspijn.
artritiden meervoud van artritis.
artritis, arthritis *G* gewrichtsontsteking (meervoud artritiden, resp. arthritides); *~ deformans*, zie artrose; *enteropathische ~*, artritis welke soms voorkomt bij colitis ulcerosa en M. *Crohn; *episodische ~*, zie palindroom; *~ gonorrhoica*, gewrichtsontsteking door gonokokken; *juveniele chronische ~*, artritis op jeugdige leeftijd, hetzij als een op zichzelf staande aandoening, hetzij als symptoom van een maligne ziekte (leukemie, neuroblastoom e.a.); **polyartritis*; *~ psoriatica*, een uitingsvorm van *psoriasis gepaard met chronische recidiverende seronegatieve artritische verschijnselen, vnl. van de interfalangeale gewrichten van handen en voeten en van de wervelkolom; *pseudoreumatische ~*, zie artropathie; *reactieve ~*, afk. REA, steriele *synovitis die samenhangt met een elders in het lichaam gelokaliseerd ontstekingsproces, met name urogenitale infecties met Chlamydia trachomatis en enterale infecties met o.a. Yersinia enterocolitica; **reumatoïde artritis*; *~ tuberculosa*, artritis veroorzaakt door de tuberkelbacil, hetzij acuut danwel chronisch-sluimerend; *~ urica*, *jicht.
artro- m.b.t. (een) gewricht(en); zie ook arthro-; *~centese*, punctie van een gewricht.
artrodese, arthrodesis kunstmatige verstijving van een gewricht door operatie; tgst. artrolyse; *spinale ~*, artrodese van twee of meer wervels.
artrodynie, arthrodynia *G* gewrichtspijn, syn. artralgie.
artro- *~geen*, van een gewricht uitgaand; *~grafie*, het maken van röntgenfoto's van gewrichten met gebruikmaking van contrastvloeistof; *~liet*, mus articulorum; *~lyse*, losmaken van een verstijfd gewricht; tgst. artrodese; *~nose*, syn. artrose; *~-onycho*dysplasie*, erfelijk syndroom, gekenmerkt door dysplasie van spaakbeenkopje en knieschijven, alsmede nagel*dystrofie, soms tevens met nefrotisch syndroom.
artropathie, arthropathia *G* algemene term voor gewrichtsziekte; *arthropathie tabétique F*, gewrichtsaandoening t.g.v. tabes dorsalis; syn. *neuro-~*; zie *Charcot; *~ haemophilica,* gewrichtsaandoening t.g.v. hemofilie; *kristal~*, artropathie t.g.v. neerslag van kristallen in de synovia; *~ mutilans*, sterke osteolytische misvormingen vnl. aan de vingers bij chronische reumatische artritis; *pseudoreumatische ~*, artropathie die klinisch gelijkt op *reumatoïde artritis; *pyrofosfaat~*, afzetting van CPPD-kristallen in gewrichtsweefsels, leidend tot aanvallen van *pseudojicht of tot *chronische destructieve ~* van hoofdzakelijk kleinere gewrichten met kraakbeendegeneratie; syn. chondrocalcinosis articularis.
artro- *~*plastiek* (orthop.), kunstmatige gewrichtsvorming, al of niet met behulp van een kom- en/of kopprothese; *pneumo-~grafie*, artrografie met lucht als contrast.
artropoden, arthropodes *L* *geleedpotigen.
artro- *~rise*, operatieve benige plastiek ter vermindering van de beweeglijkheid van een slap gewricht; *~scopie,* het bezichtigen van de binnenzijde van een gewricht d.m.v. een endoscoop (artroscoop).
artrose, arthrosis *G* meest bij ouderen voorkomende degeneratie van één of meer gewrichten, niet berustend op ontsteking, gekenmerkt door o.a. deformatie van het gewrichtsbot, abnormale botwoekering en atrofie van slijmvlies en gewrichtskraakbeen, soms gevolgd door secundaire ontsteking van het omringende weefsel

(banden, pezen, periost), meestal verergerd door jarenlange te zware belasting van het gewricht; syn. *osteo-~*; *pseudo-(osteo-)~*, zie pseudartrose; *secundaire ~*, syn. kristalartrose, zie artropathie.

artro- *~spore*, een spore die ontstaat door dwarsdeling van een *hyfe in afzonderlijke cellen; kenmerkend voor de parasitaire vorm van dermatofyten; *~tomie*, chirurgische opening van een gewricht.

artsenijbereidkunde syn. farmacie.

ARUI afk. van antireflux ureter-ileum (anastomose).

ARV afk. van AIDS-associated retrovirus; zie HIV.

arytenoidea zie cartilago.

AS afk. van 1. auris sinistra, linker oor. 2. aortastenose. 3. anabole steroïden. 4. atherosclerose.

ASA afk. van 1. American society of anaesthesiologists; *~-classificatie*, geneeskundig onderzoek van een te opereren zieke met het oog op de graad van urgentie. 2. acetylo-salicylic acid *E* = *acetylsalicylzuur. 3. antispermatozoën-antistoffen.

ASAT afk. van asparagine-amino*transferase, voorheen GOT.

ASB afk. van 1. assisted spontaneous breathing. 2. antishockbroek.

asbestose stoflong door asbeststof; leidt vaak tot maligne degeneratie, o.a. mesothelioom.

ascariasis *G*, **ascaridose** spoelworminfestatie; zie Ascaris lumbricoides.

ascaride, Ascaris lumbricoides spoelworm; een nematode (ronde worm) die in de dunne darm van de mens voorkomt, meestal geen bepaalde ziekte veroorzaakt, maar wel aanleiding kan zijn tot buikpijn en gebrek aan eetlust.

ascendens *L* stijgend; tgst. descendens, dalend; zelfst.nw. *ascensus*.

ascendentie 1. opklimming; stijging, omhoogbeweging. 2. voorouders. 3. meerderheid.

Aschheim, S. Duits gynaecoloog (1878-1965), zie Zondek.

Aschoff, L. Duits patholoog (1866-1942), zie Tawara; *lichaampjes* of *noduli van ~*, kleine ophopingen van cellen en leukocyten, die zich soms bij reumatische polyartritis in vaatwanden vormen.

ascilinder het centrale, prikkelgeleidende deel van de *neuriet, opgebouwd uit neuro*filamenten, in het verdere verloop omgeven door de *myelineschede.

ascites *G* buikwaterzucht; ophoping van vocht in de buikholte.

ascomyceten klasse van schimmels die zich vermenigvuldigen d.m.v. *ascosporen* (door reductiedeling ontstaan uit zakvormige cellen).

ascorbinezuur zie vitamine C.

ASD afk. van 1. atriumseptumdefect. 2. adenylsuccinase-deficiëntie.

asdrukpijn pijn op de plaats van de breuk bij druk in de richting van de lengteas van het bot bij een fractuur, syn. opdrukpijn, axiale pijn.

-ase uitgangsbenaming van een enzym.

aseksueel zonder geslacht, ongeslachtelijk.

asemie, asemia *G* stoornis in het onderscheiden van tekens, bijv. ~ *expressiva* (stoornis in de vorming van tekens), ~ *perceptiva* (stoornis in het verstaan of begrijpen van tekens); de asemie omvat de agrafie, de alexie, de amimie, enz.; syn. asemiotie.

asemiotie syn. asemie.

asepsis *G*, **asepsia** het voorkomen van besmetting met micro-organismen (zoals bij operaties) van levend weefsel en materialen door verwijdering, uitsluiting of vernietiging van (pathogene) micro-organismen.

aseptiek ziektekiemvrije behandeling.

aseptisch ziektekiemvrij.

asferisch niet bolvormig; ~ *brillenglas*, glas waarvan het oppervlak niet een deel is van een boloppervlak, doch bijv. van een cilinder.

asfyctisch schijndood; zie asfyxie.

asfyxie, asphyxia *G* (lett. polsloosheid) verstikkingsgevaar, toestand van levensgevaar met ophouden van de ademhaling en onwaarneembare polsslag t.g.v. onvoldoende toevoer van zuurstof naar de weefsels of onvermogen tot het gebruik ervan, hetzij door verstikking, hetzij door vergiftiging van bloed en weefsels (koolstofmonoxide, lichtgas, benzinedamp, cyanide en dergelijke); coma treedt meestal op; ~ *carbonica*, kolendampvergiftiging, zie koolmonoxide; ~ *digitorum*, bloedeloosheid van de vingers als bijv. bij M. *Raynaud, soms resulterend in necrose; ~ *neonatorum*, asfyxie bij de pasgeborene door te langdurige druk op de navelstreng tijdens de baring, geboortetrauma en dergelijke; ~ *livida*, asfyxie met cyanotische huid.

asfyxiofilie zie hypoxifilie.

ASH afk. van asymmetrische septale *hypertrofie, zie ook HOCM.

Asherman, J. Engels gynaecoloog (geb. 1889); *syndroom van ~*, pijn in de baarmoeder, infertiliteit, herhaalde abortus t.g.v. intra-uteriene vergroeiingen na curettage.

asialie afwezigheid van speekselafscheiding.

ASK afk. van antistreptokinase.

ASM afk. van ademstimulerende massage.

asociaal niet-aangepast aan het leven in de maatschappij.

asomnie slapeloosheid.

ASPECT afk. van anticoagulants in the secondary prevention of events in coronary thrombosis *E*.

Asperger, H. Oostenrijks kinderarts (geb. 1906); *stoornis, syndroom van ~*, een *ontwikkelingsstoornis (pervasieve), optredend bij normaal intelligente of hoogbegaafde kinderen, gekenmerkt door een redelijk normale ontwikkeling van taal en cognitieve functies enerzijds en een uitgesproken contactstoornis en beperkte stereotiepe gedragspatronen anderzijds

aspergilloom gezwelachtige granulomateuze massa in de long, veroorzaakt door *Aspergillus fumigatus.

aspergillose allergische *alveolitis, teweeggebracht door aspergillusantigeen, o.a. bij een bestaand aspergilloom.

Aspergillus schimmelgeslacht waarvan sommige soorten pathogeen zijn.

aspermie *G*, **aspermatisme** gebrek aan zaad (*sperma); veroorzaakt mannelijke onvruchtbaarheid; coïtus blijft mogelijk; echter zonder zaadlozing; aspermie kan berusten op aangeboren anatomische afwijkingen, littekens, diabetes, autonome *neuropathie, gebruik van geneesmiddelen, intoxicaties, neurologische en vasculaire stoornissen, enz.

asphyxia zie asfyxie.

aspiraat het materiaal dat bij puncties wordt opgezogen.

aspiratie 1. opzuiging, wegzuiging; inademing; ~-*pneumonie*, syn. slik*pneumonie, longontsteking door aanzuiging (bij de inademing) van schadelijke stoffen.
2. (psych.) streving.

aspirator *L* toestel om vocht of gassen uit het lichaam op te zuigen; ~ *van Potain*, door Potain geconstrueerd toestel, waarmee bij pleuritisch exsudaat vocht uit de borstholte wordt opgezogen; ~ *van Dieulafoy*, gelijksoortig toestel.
aspireren opzuigen van gassen of vloeistoffen.
aspirotomie methode van abortus provocatus in de 14de-17de zwangerschapsweek, bestaande uit dilatatie van de cervix uteri, embryotomie en extractie, aspiratie van vruchtwater en foetale resten, gevolgd door curettage.
asplenie afwezigheid van de milt; *functionele* ~, disfunctie van de milt (als bijv. bij sikkelcelziekte).
ASR afk. van aldosterone secretion rate *E*.
ASS afk. van 1. atypische somatoforme stoornis. 2. acute stress-stoornis, zie stress-stoornis.
assainering *F* verbetering van de gezondheidstoestand; *malaria*-~, het droogleggen van moerassen, de verbetering van waterafvoer, het verwijderen van vegetaties, enz., om het malariamuggen (zie Anopheles) onmogelijk te maken te broeden.
assay *E* onderzoek naar de hoeveelheid of de concentratie van een bepaalde stof in oplossing; toetsing, keuring.
assertiviteit het op de juiste plaats tegen de juiste mensen en op het juiste moment gevoelens en gedachten uiten.
assertiviteitstraining gedragstherapeutische training waarbij individueel of groepsgericht iemand wordt geleerd om op een goede manier gedachten en gevoelens te uiten en voor zichzelf op te komen, zonder daarbij agressief of verlegen te worden.
assimilatie 1. verwerking van de voedingsstoffen in het lichaam door het vermogen van alle levende wezens deze na een reeks scheikundige processen op te nemen in het bloed en om te zetten in eigen bestanddelen. 2. vernieuwing der weefselbestanddelen; tgst. dissimilatie.
associatie 1. combinatie, verbinding, samenwerking; bepaalde combinaties van afwijkingen blijken vaker voor te komen dan op grond van de prevalentie van elke afwijking afzonderlijk verwacht mag worden, zonder dat de oorzaak hiervan bekend is; bekende voorbeelden zijn de *CHARGE-, *VATER-, *VACTERL- en *MURCS-associatie. 2. (psych.) verbinding tussen bepaalde gedachten, gevoelens en/of waarnemingen; bepaalde reeksen voorstellingen en begrippen zijn nauw met elkaar verbonden doordat ze gelijktijdig of op elkaar volgend in het geheugen zijn opgenomen; *~banen*, verbindingsbanen in hersenen en ruggenmerg; *~proef*, een psychologische proef waarbij de onderzochte meteen op een toegesproken woord moet antwoorden met het woord dat het eerst bij hem opkomt; *genetische* ~, situatie waarin de frequentie van een bepaald allel bij een groep patiënten met een bepaald ziektebeeld groter is dan op grond van kansberekening verwacht mag worden; zie ook HLA.
assumptie vooronderstelling.
AST afk. van 1. antistreptolysinetiter. 2. ademstoottest.
astasie, astasia, astasis *G* onvermogen om te staan.
asteatosis zie steatose.
asten- zie asthen-.
astereognosie, astereognosis syn. stereoagnosie.
astereopsis onvermogen tot stereoscopisch zien; tgst. stereopsis.
asterixis neurologische afwijking bij metabole vergiftigingstoestanden (o.a. bij

verschillende vormen van leverinsufficiëntie, uremie, hypokaliëmie, respiratoire insufficiëntie, overdosering van sedativa), bestaande uit reflectorische, niet-willekeurige bewegingen ('flapping tremor' *E*; vleugelslagtremor).

asthene persoonlijkheid zie afhankelijke *persoonlijkheid.

asthenia zie asthenie.

asthenicus *L* zie habitus.

asthenie, asthenia *G* zwakte, krachteloosheid; *neurocirculatoire ~*, spoedige vermoeidheid met kortademigheid, aanvallen van *hyperventilatie, hartkloppingen en pijn in de borst ('irritable heart' *E*) meestal bij jonge mensen na doorgaans geringe lichamelijke inspanning, zonder dat organische hart-, long- of vaataandoeningen zijn aan te tonen ('soldatenhart'); verder: slecht geestelijk concentratievermogen, afleidbaarheid, prikkelbaarheid; duizeligheden, angst, neurovegetatieve verschijnselen, globusgevoel; de oorzaak is vermoedelijk een onvoldoend vasomotorisch aanpassingsvermogen van hart en vaatstelsel; syn. cardiopathia adolescentium, effortsyndrome *E*, syndroom van Da Costa; zie ook dystonie.

asthenisch zwak, slap, syn. *adynamisch; zie ook sthenisch; *~e habitus*, zie leptosoom, habitus; *~e koorts*, koorts gepaard gaande met hoge graad van zwakte, vooral spier- en hartzwakte; zie ook asthenie.

asthenopie snelle vermoeidheid van en pijn in de ogen met hoofdpijn, eventueel verminderde visus, lichtschuwheid en tranenvloed; oorzaken zijn o.a. accommodatie- en convergentie-stoornissen; syn. copiopia.

asthenospermie mannelijk zaad dat een te grote hoeveelheid zaadcellen bevat met een onvoldoende beweeglijkheid.

asthma zie astma.

astigmatisme storing in het gezichtsvermogen; onduidelijk zien, veroorzaakt doordat de cornea (hoornvlies) en in mindere mate de lens, ongelijkmatig gekromd zijn, waardoor stralen die van één punt uitgaan, niet meer tot één punt verenigd kunnen worden, met als gevolg onduidelijke beelden; astigmatisme kan aangeboren zijn, kan ook ontstaan door keratitis; door cilindrisch geslepen brillenglazen kan het gezichtsvermogen bij astigmatisme vaak veel verbeterd worden.

astigmometer zie oftalmometer.

astma, asthma *G* bijv.nw. *astmatisch*, aamborstigheid, benauwdheid; belemmering in de doorgankelijkheid van de kleinere luchtwegen, i.e.z. meestal bedoeld als asthma bronchiale; *~ abdominale*, buikastma, veroorzaakt doordat het middenrif omhoog wordt gedrongen door te sterke vulling van de buik; *~ arthriticum*, astma veroorzaakt door jicht; *~ bronchiale,* aanvalsgewijs optredende hevige ademnood t.g.v. kramp van de bronchiale spieren en zwelling van het slijmvlies; de oorzaken zijn verschillend doch altijd is een zekere aanleg (predispositie) aanwezig, zoals allergie voor aanwezigheid van allergenen in de inademingslucht (zie ook atopie), verhoogde gevoeligheid voor niet-specifieke prikkeling van de slijmvliezen door stof, damp, rook, mist en chronische infectie van de luchtwegen, (astmatische bronchitis) en psychogene en sociale omstandigheden; zie ook allergie, CARA, COPD; *~ cardiale*, ademnood t.g.v. stuwing in de kleine bloedsomloop door links*decompensatie van het hart; *~ dyspepticum*, astma door maaggebreken; *intrinsiek ~*, benaming van astma als een duidelijke overgevoeligheid voor allergenen is aangetoond; *pollen ~*, een vorm van astma, veroorzaakt door *pollen, komt voor bij sommige mensen met hooikoorts; *~ saturninum*, astma door loodvergiftiging; ~ *thymicum*, astma door vernauwing van de luchtpijp t.g.v. vergrote thymus; ~ *uraemicum*, astma bij uremie.

astro- *~cyt*, stervormig vertakte gliacel in het centrale zenuwstelsel met lange of korte uitlopers; zie macroglia; *~cytoom*, *glioom van neoplastisch gewoekerde astrocyten; *~glia*, zie macroglia; *~nautendieet*, zie BSD; *~virus*, een RNA-virus (diam. 28 nm) met stervormige configuratie, dat mogelijk gastro-enteritis bij kinderen veroorzaakt.

Astrup, P. Deens chemisch fysioloog (geb. 1915); *~-bepaling*, 1. micromethode voor de bepaling van pH, bicarbonaat, CO_2, O_2-spanning en -saturatie in een zeer kleine hoeveelheid capillair bloed. 2. als 'begrip' in gebruik voor het laten uitvoeren van een bloedgasanalyse.

asymbolie *G* onvermogen zich in tekens of symbolen uit te drukken of deze te duiden.

asymmetrisch ongelijk van vorm, bijv. de ene schouder lager dan de andere.

asymptomatisch zonder ziekteverschijnselen.

asynclitismus (verlosk.) zodanige ligging van de schedel van het kind tijdens de baring, dat de dwarsdoorsnede ervan een hoek maakt met het vlak van de moederlijke bekkeningang; ~ *anterior*, de pijlnaad ligt in de richting van het sacrum; ~ *posterior*, de pijlnaad ligt in de richting van de symfyse.

asynergie *G* onvoldoende samenwerking, bijv. van de spieren.

asystolie *G* onvoldoende of geheel ontbrekende samentrekking van de hartspier.

ASZ afk. van acetylsalicylzuur; stofnaam acetosal.

AT afk. van 1. alt-tuberculine, zie tuberculine. 2. (psych.) arbeidstherapie. 3. applanatie-tonometrie (oogheelk.). 4. antitrombine; AT III, antitrombine III, een enzym dat trombine-vorming belet of vertraagt. 5. ataxia teleangiectasia

a.t. afk. van à terme.

atactisch *G* onhandig, onharmonisch, onregelmatig, bijv. *~e gang*; tgst. tactisch; zie asemie, ataxie.

ataracticum *L* meervoud ataractica, groep van geneesmiddelen van zeer verschillende chemische samenstelling die door hun werking op het centrale zenuwstelsel en/of op het autonome zenuwstelsel angst, spanningstoestanden en onrust kunnen opheffen en tevens, o.a. door perifere werking, allerlei andere, zeer uiteenlopende effecten kunnen hebben, zoals die van: pre-operatief sedativum, anti-allergicum, anti-emeticum en verder ter behandeling van hik, spastische spieraandoeningen, hypertensie, neurodermitis; zie ook psychofarmacon.

ataraxie gemoedsrust; volledige geestelijke kalmte.

ataraxium zie ataractica.

atavisme neiging van een organisme om tot een vroeger type terug te vallen; weer aan den dag treden van geestelijke of lichamelijke eigenschappen van voorouders, die bij de ouders ontbreken; teruggang in de ontwikkeling.

ataxie, ataxia *G* coördinatiestoornis, vnl. bij het lopen; onzekere gang, veroorzaakt door gebrekkige samenwerking van de spieren bij aandoeningen van het zenuwstelsel; syn. dyssynergie; *acute *cerebellaire* ~ komt o.a. voor als zeldzame complicatie bij waterpokken; *hereditaire ~*, zie Friedreich; ~ *locomotrix progressiva*, evenwichtsstoornis bij het lopen die berust op tabes dorsalis; ~ *tel(e)angiectasia*, familiaire cerebellaire ataxie op jonge leeftijd, vaak met choreoathetose, hypotonie, mentale retardatie, oculocutane teleangiëctasieën, recidiverende infecties van de luchtwegen t.g.v. stoornissen in de cellulaire en in de humorale

(IgA) immunologische afweer; wordt gerekend tot de facomatosen.
ATC (farm.) afk. van anatomisch, therapeutisch, chemisch.
ATCL afk. van adult T-cell lymphoma (*leukemie).
ATE afk. van adenotonsillectomie.
atelectase, atelectasis *G* gebrekkige of geheel ontbreken van de ontplooiing van de longblaasjes; ~ *adnata*, primaire atelectase van de pasgeborene als de longen zich niet ontplooien; *compressie* ~, secundaire atelectase t.g.v. samendrukking van het longweefsel; *resorptie-*~, atelectase bij afsluiting van bronchi, gevolgd door resorptie van de lucht uit de alveoli van het betreffende longgedeelte.
ateleiosis *G* stilstand in de groei van het lichaam door insufficiëntie van de eosinofiele cellen van de hypofysevoorkwab; syn. hypofysair of pituïtair *infantilisme.
atelie (anat.) onvolkomen ontwikkeling; niet te verwarren met athelie.
a tergo *L* ruggelings; *vis* ~, stuwende kracht.
à terme *F* na een bepaalde periode; *partus* ~, bevalling na een normale zwangerschapsduur.
ATG afk. van antithymocyten*globuline, een immunosuppressivum.
athelie (anat.) aangeboren afwezigheid van de tepels; niet te verwarren met atelie.
atherogenese het ontstaan of de ontstaanswijze van atheromatose; bijv.nw. *atherogeen*.
atheroma zie atheroom.
atheromatose vettige *degeneratie van de binnenste vaatwand (intima).
atheroom, atheroma *G* 1. gele brij bestaande uit ophoping van lipiden (o.a. cholesterol), kalkneerslag, polysachariden, bloed en 'debris' in gescleroseerd weefsel. 2. foutief voor atheroomcyste.
atheroomcyste onder de huid gelegen gezwelletje met brijachtige inhoud, veroorzaakt door verstopping van een talgklier; komt vaak voor op behaarde plaatsen; syn. steatoom, talpa.
atherosclerose progressieve vernauwing van slagaders door sclerosering en *atheroomvorming in de tunica *intima, met degeneratie van elastische vezels en dunner worden van de tunica *media; (pop.) aderverkalking.
atherose syn. atherosclerose.
athetose *G* onophoudelijke krampachtige onwillekeurige langzame buig- en strekbewegingen van vingers en tenen, veroorzaakt door beschadiging in het *extrapiramidaal systeem; ~ *double*, athetose aan beide handen; wordt veroorzaakt door encefalitis in de kinderjaren.
athlete's foot *E* dermatomycose tussen de tenen.
athleticus *L* zie habitus.
athymie *G* (psych.) moedeloosheid.
athyr(e)osis onwerkzaamheid van de schildklier.
ATI afk. van alimentary tract ischaemia *E*.
à tiède *F* (chir.) na een afkoelingsperiode, d.i. nog voordat kan worden gesproken van *à froid.
ATL afk. van adult T-cell leucaemia *E*; syn. *TLCL.
atlanto- in smst.: m.b.t. de atlas.
atlas *G* bovenste halswervel (waarop de schedel rust).
atletenhart zie sporthart.
atletisch zie habitus.

ATLL afk. van adult T-cell leucaemia (lymphoma) *E*.
ATM afk. van acute transversale *myelitis (of myelopathie).
atmiatrie *G* geneeswijze met damp, gas of lucht.
ATN afk. van acute (nier-)tubulusnecrose.
ATNR afk. van asymmetrische tonische nekreflex, een reflex bij jonge baby's waarbij als het gezicht zich naar een hand richt de arm en het been aan die kant zich strekken en zich buigen aan de andere kant; deze reflex verdwijnt normaal na 4 tot 6 maanden; zie ook STNR.
atokie *G* 1. nullipariteit; zie nullipara. 2. onvruchtbaarheid bij de vrouw; syn. infertiliteit.
atonie *G* toestand van vermindering van de weefselspanning (zie tonus); *uterus ~*, onvoldoende samentrekking van de baarmoeder na de bevalling, zodat zeer gevaarlijke bloedingen kunnen optreden.
atonisch bijv.nw. van atonie; (dermatologie) met weinig neiging tot genezing.
atopeen atopisch allergeen; zie atopie.
atopie vorm van overgevoeligheid die berust op een reactie tussen een *allergeen en zgn. atopische *reaginen, dat zijn een bijzondere soort tegen deze allergenen gerichte, celgebonden antistoffen (IgE), die zich uitsluitend vormen bij daartoe erfelijk-constitutioneel voorbeschikte personen; bij deze reactie komt op de contactplaats van het allergeen met het organisme histamine vrij, dat wordt beschouwd als de directe oorzaak van de klachten (o.a. acute samentrekking van de bronchiale spieren bij allergisch astma); atopische allergenen zijn aanwezig o.m. in stuifmeel van grassen, in vele plantenbestanddelen (o.a. ook in plantaardige geneesmiddelen) en houtsoorten, in huidschilfers, insecten, wormen en mijten, schimmels, gistsoorten en bacteriën, in huisstof, in voedingsmiddelen; de meest bekende atopische ziekten (*atopische syndromen*) zijn hooikoorts, constitutioneel *eczeem, urticaria en allergisch astma; zie astma, dermatitis, rinopathie.
atopisch m.b.t. *atopie.
ATP afk. van 1. *adenosinetrifosfaat. 2. auto-immuun trombopenie; zie Werlhof.
atresie, atresia *L* ontbreken van een normale opening; *~ ani*, ontbreken van de aarsopening; *~ vaginalis*, syn. hymen imperforatus, afsluiting van de vagina door een niet geperforeerd hymen (maagdenvlies) zie ook gynatresie.
atretisch m.b.t. atresie.
atrial pacing stress test zie APST.
atrichie *G* afwezigheid van haar, waar dit normaliter aanwezig is.
atriopeptine syn. *ANF (bet. 2).
atrioventriculair betreffende hartboezem (atrium) en hartkamer (ventrikel); *~e bundel*, bundel van His, zenuwhoudende spierstrook tussen de spieren van de boezems en de kamers van het hart; deel van het geleidingssysteem van het hart; *~e kleppen*, de kleppen tussen boezems en kamers van het hart; *~e knoop*, knoop van Aschoff-Tawara, zie Tawara.
atrium *L* boezem of voorkamer van het hart, ook: sinus.
atrofie, atrophia teruggang in de voedingstoestand van organen, waardoor deze verkleinen of verschrompelen; *~ cutis*, perkamentachtige, haarloze, gemakkelijk rimpelbare dunne huid; *~ cutis maculosa*, syn. anetodermie; *degeneratieve ~*, met degeneratie gepaard gaande atrofie; *~ gyrata retinochoroidea*, atrofie van net- en vaatvlies van het oog met een gekronkeld (zie gyratus) aspect bij kinderen, oorzaak van sterke myopie, progressief visusverlies, hemeralopie en gezichtsveld-

beperking; *inactiviteits~*, atrofie door verminderde of opgeheven functie van het desbetreffende orgaan of weefsel; *lokale ~* van een orgaan kan het gevolg zijn van een plaatselijke onvoldoende toevoer van bloed; *~ senilis*, ouderdomsvermagering; *multipele systeem ~*, syndroom van Shy-Dräger, zie Shy; *~ musculorum*, zie spieratrofie; *~ n. optici*, degeneratie van vezels van de gezichtszenuw t.g.v. intoxicatie, deficiënties e.a.

atrofiel neigend tot atrofie.

atrofisch vermagerd, verschrompeld, verkleind.

atrophia, zie atrofie.

atropine alkaloïd uit *Atropa belladonna* (wolfskers), een middel dat verlammend werkt op parasympathische zenuwen, o.a. de nervus vagus.

ATS afk. van 1. antitetanusserum. 2. antithymocytenserum.

ATT afk. van 1. adrenaline Thorn test *E*. 2. antitoxinetiter. 3. antitetanustoxoïd.

attaque *F* aanval, (foutief) lichte beroerte; zie apoplexie.

attention *E* aandacht; *~ deficit disorder*, zie aandachtstekortstoornis; afk. ADD.

attenuatie verzwakking, verzachting.

atticus (anat.) koepelholte, het bovenste deel van de trommelholte (zie auris media), syn. recessus epitympanicus, epitympanum; in de atticus ligt de kop van de hamer en een deel van het aambeeld.

attitude *F* een door ervaring gevormde, positieve of negatieve houding of instelling ten opzichte van een persoon, kerk, politieke partij, ideaal, studie, artikel, enz.; *~-interview*, vraaggesprek waarbij het er om gaat de attitude van een ondervraagde bewust te maken; *~s passionelles F*, theatrale houdingen en gebaren bij (hysterische) *conversie.

atto- (smst.) 10^{-18}.

attoniteit sterkste graad van bewegingsremming bij stupor.

attributies ideeën die mensen hebben over de oorzaken van bepaalde gebeurtenissen.

attributietherapie (psych.) gedragstherapeutische methode waarbij het ingrijpen van de therapeut erop gericht is de bij de cliënt aanwezige neiging om zichzelf negatief te beoordelen, te doorbreken door bijv. emoties of gedrag positief te etiketteren.

Au-Ag afk. van Australië-antigeen, verouderde naam voor HBsAg.

audibel(e) hoorbaar; het hoorbare.

audicien leverancier van hoortoestellen.

audifoon gehoortoestel.

audimutitas *L* toestand van iemand, die wel kan horen, maar niet spreken, dus horend stom is.

audioanalgesie syn. *witte ruis.

audiogram gehoorcurve, opgenomen met de *audiometer; vergelijking tussen een normaal en een pathologisch audiogram leert het gehoorverlies voor verschillende trillingsfrequenties, zowel voor lucht- als voor beengeleiding.

audiologie 1. de wetenschap van het horen. 2. bescherming van het gehoororgaan tegen lawaai.

audiologisch centrum afk. AC, een instituut dat speciaal gericht is op het onderzoek en revalidatie van slechthorenden en doven.

audiometer elektro-akoestisch apparaat voor de bepaling van gehoordrempel en gehoorscherpte; zie audiometrie.

audiometrie bepaling met de audiometer van de gehoordrempel voor bepaalde toonfrequenties of voor verschillende geluidsintensiteiten, zowel voor lucht- als beengeleiding voor beide oren afzonderlijk; het resultaat wordt opgetekend in het zgn. *audiogram.

audit *E* verificatie; verantwoording afleggen.

auditief vermogen het zich gemakkelijk inprenten van indrukken die met het gehoor zijn waargenomen.

auditio colorata *L* het horen van kleuren, d.w.z. het zien van kleuren bij het horen van bepaalde geluiden; ook: het onwillekeurig denken aan kleuren bij het horen of uitspreken van bepaalde klinkers; syn. chromatisme.

auditocardiaal syndroom zie Jervell.

Auer, J. Amerikaans arts (1875-1948); *staafjes van ~*, eosinofiele, peroxisomen bevattende vormsels in het cytoplasma van onrijpe myeloïde cellen bij *AML.

augmentatie (chir.) lett. vermeerdering, aanwas; plastische operatie waarbij een autoloog of alloloog implantaat wordt aangebracht ter aanvulling van ontbrekend of schaars aanwezig weefsel.

AUL afk. van acute undifferentiated leucaemia *E*, syn. AOL.

aula smalle rode zone rondom de papel die te zien is op de 4de dag na primo-*vaccinatie.

aura *G* 1. lett. 'ademtocht', de tijdsduur tussen het begin van een inademing en dat van de daarop volgende. 2. niet te objectiveren verschijnselen bij het begin van een aanval van een bepaalde ziekte, vnl. epilepsie (~ *epileptica*) en migraine; deze bestaan o.a. uit 'gemoedsstoornissen', hallucinatoire sensaties (o.a. lichtflitsen, oorsuizingen, smaakveranderingen), schemertoestanden en dergelijke; de volgende vormen van aura kunnen o.a. een epileptische aanval inleiden: *motorische ~*, beven, spierschokken; *psychische ~*, psychische stoornissen (sufheid, concentratiezwakte en dergelijke); *sensitieve ~*, huiveren, gevoel van warmte, benauwdheden; *sensorische ~*, smaak- en reukstoornissen, doofheid, het zien van licht, enz. 3. ~ *asthmatica*, aura-verschijnselen welke soms een astma-aanval inluiden; ~ *vertiginosa*, aura met duizelingen.

auraal 1. m.b.t. het oor of het horen. 2. m.b.t. een *aura.

aurantiasis (goud)gele verkleuring van de huid door overmatig nuttigen van caroteen bijv. in de vorm van wortelen, palmolie, sinaasappelen, enz. bij bepaalde diëten, verder bij levercirrose en bij myxoedeem; syn. carotinosus.

auricula vklw. van auris. 1. oorschelp; bijv.nw. *auriculair*, tot het oor behorend. 2. hartoor, uitstulping van het atrium.

auriculine syn. atrial natri-uretic polypeptide, atriumnatriuretische factor (afk. resp. ANP, ANF), een peptide dat in de atriumwand wordt gevormd bij drukverhoging (volume-overbelasting) in het atrium; auriculine heeft (endogene) hypotensieve, hormonale en diuretische eigenschappen na uitscheiding in de circulatie, mede via beïnvloeding van het renine-angiotensine II-aldosteronsysteem.

auriculotemporaal m.b.t. het oor en de slaapstreek; ~ *syndroom*, eenzijdige hyperemie, profuus zweten en kippenvel in het gebied vóór en onder het oor tijdens het eten t.g.v. laesies van de oorspeekselklier; syn. syndroom van Frey.

auris *L* gehoororgaan, oor; ~ *externa*, uitwendig oor, oorschelp en uitwendige gehoorgang; ~ *media*, middenoor; bestaat uit de met slijmvlies beklede, achter het trommelvlies gelegen trommelholte, die door de buis van Eustachius in verbinding staat met de neuskeelholte en via het ovale venster met het binnenoor; in de trommelholte liggen de drie gehoorbeentjes; ~ *interna*, inwendig oor, binnenoor, zie labyrint.

auscultatie het luisteren naar geluiden in het lichaam, vnl. ademhaling, hartslag, peristaltiek, slagaders, met een stethoscoop of met het oor tegen het lichaam van de patiënt.

ausculteren beluisteren; zie auscultatie.

Austin stad in Minnesota (VS); *~-pneumonie*, (1957) syn. *legionairsziekte.

australide australide ras of rassengroep.

Australië-antigeen (obsoleet) afk. Au-Ag, syn. *HBsAg.

autacoïden verzamelnaam voor endogene (d.i. door het lichaam gevormde) stoffen met een brede farmacologische activiteit, ook wel 'lokale hormonen' genoemd, bijv. angiotensine, histamine, serotonine.

autisme zie autistische stoornis.

autistische stoornis (vlg. DSM-IV), een ontwikkelingsstoornis, aanvangend vóór het 3e jaar, met ernstige beperkingen in de sociale interacties en communicatie; beperkte, zich herhalende stereotiepe patronen van gedrag, interesse en bezigheden; frequent is er tevens sprake van een verstandelijke handicap.

auto- *G* (smst.) zelf, eigen; *~-allergie*, syn. auto-immuniteit; *~-antistoffen*, antistoffen die reageren met autologe weefselantigenen die al of niet orgaanspecifiek zijn.

autochtoon *G* op de plaats zelf ontstaan; tgst. allochtoon.

autoclaaf stoomsterilisator onder verhoogde druk tot sterilisatie van kleding, verbandstoffen, instrumenten, enz.

autodigestie zelfvertering.

auto-erotiek op zichzelf gerichte handelingen (masturbatie), gedragingen en gedachten met als doel de eigen (seksuele) lustbevrediging.

autofagie 1. het verbruiken van eigen voedseldepots, bijv. bij vermageren. 2. het opslaan van celeigen katabole producten in vacuolen.

autofonie hinderlijk resoneren van de eigen stem bij abnormaal openstaan van de buis van Eustachius; ook bij sterke vermagering t.g.v. het verdwijnen van vet naast de tuba en bij middenoorcatarre.

autogamie *G* zelfbevruchting bij protozoa.

autogeen (bijv.nw.) 1. vanzelf plaatsvindend; *~ene training* of *therapie*, behandeling van neurose door zelfontspanning en zelfsuggestie. 2. donor en ontvanger zijn hetzelfde individu; syn. autoloog; *~ene transplantatie*, syn. autotransplantatie.

autogenese *G* vorming van levende wezens onafhankelijk van andere wezens; deze theorie is weerlegd door Pasteur, die aantoonde dat iedere cel steeds uit een andere moet ontstaan; syn. generatio spontanea.

autografisme syn. *dermografie.

autohypnose zelfhypnose, zichzelf in slaap brengen.

auto-immuniteit, auto-immunisatie vorming van antistoffen, gericht tegen de eigen lichaamsweefsels, een toestand waarin bloedcellen, serumeiwitten of weefselbestanddelen als (autologe of endogene) *antigenen optreden, c.q. het immuno-apparaat zich pathologisch gedraagt door verlies van het vermogen lichaamseigen van -vreemd te onderscheiden; de orgaanletsels en algemene verschijnselen (o.a. anorexie, vermagering, hyperhidrose, hepato- en splenomegalie, koorts, dermatosen, anemie) die door auto-immuniteit ontstaan, zijn vnl. ontstekingsreacties en vasculitiden, opgewekt door het immunologische proces.

auto-immunopathie syn. auto-immunisatie.
auto-immuunziekten ziekten waarvan het ontstaan in vele gevallen wordt toegeschreven aan het vormen van antistoffen tegen eigen lichaamsweefsel, hoewel niet altijd het strikte bewijs is geleverd; tot de auto-immuunziekten worden tegenwoordig o.a. gerekend de meeste *collageenziekten, chronische agressieve *hepatitis, multipele *sclerose, thyrotoxicosis, juveniele diabetes, sympathische *oftalmie, chronische atrofische gastritis, primair myxoedeem, vitiligo, de ziekte van *Graves, pemphigus, pernicieuze *anemie, hemolytische *anemie, de ziekte van *Evans, primaire biliaire lever*cirrose, de ziekten van *Hashimoto en van *Werlhof, myasthenia gravis, polymyalgia rheumatica, colitis ulcerosa, parapemphigus, idiopathische leukopenie, de ziekten van Addison, Duhring, Sjögren en Wegener, het syndroom van *Dressler en van *Goodpasture, ouderdoms-hypothyroïdie; *gesystematiseerde* ~ worden genoemd de auto-immuunziekten waarbij de (auto-)antistoffen gericht zijn tegen antigenen die overal in het lichaam voorkomen, zoals het fenomeen van *Raynaud, SLE, polymyositis, dermatomyositis, *MCTD en de systemische *vasculitis.
auto-infectie zelfbesmetting met ziektekiemen die zich reeds in of op het lichaam bevonden, bijv. na operatie; syn. auto-*inoculatie.
auto-infusie zie autotransfusie.
auto-inoculatie zie auto-infectie, inoculatie.
auto-intoxicatie zelfvergiftiging; wordt veroorzaakt door vergiffen die zich in het lichaam vormen; in normale omstandigheden worden deze onschadelijk gemaakt door de vorming van tegengiffen (zie antitoxine), verdunning en snelle uitscheiding; bij ziekelijke toestand en onvoldoende werking der beschermende factoren ontstaan ziektebeelden die op auto-intoxicatie berusten, bijv. uremie.
autoloog van hetzelfde individu afkomstig; van de patiënt zelf of van de een-eiige tweelingpartner: *~oge transplantatie*, syn. autotransplantatie.
autolysaat entstof verkregen door filtratie van aan digestie onderworpen bacteriekweken.
autolyse zelfoplossing; ontledingsproces binnen de cellen, veroorzaakt door enzymen.
automathanasie het achterwege laten van elke therapeutische handeling bij kinderen met aangeboren afwijkingen welke onverenigbaar zijn met het leven, zodat geleidelijk de dood volgt.
automatie zelfstandige handelingen en verrichtingen buiten het bewustzijn om.
automatismus syn. automatie; ~ *ambulatorius*, bij lijders aan psychische stoornissen voorkomende zucht tot zwerven.
automutilatie zelfverminking; zelfverwondend of zelfbeschadigend gedrag.
automysofobie ziekelijke angst dat men verontreinigd is of onaangenaam ruikt.
autonomie 1. zelfstandigheid van een orgaan voor wat betreft de functie; onafhankelijke werking ten opzichte van het centrale zenuwstelsel, bijv. de hartwerking. 2. zelfbeschikking van de patiënt.
autonoom zelfstandig; *~e hulpverlening*, zelfopgezette hulpverlening buiten de reguliere gezondheidszorg om bijv. door zelfhulpgroepen, patiëntenorganisaties enz.; ~ *zenuwstelsel*, afk. AZS, syn. *vegetatief zenuwstelsel*; dat gedeelte van het zenuwstelsel dat de onwillekeurig (buiten de wil om) functionerende organen verzorgt, zoals die van de spijsvertering, de bloedsomloop, de ademhaling, de stofwisseling, enz., alsmede de *endocriene klieren; het autonome zenuwstelsel

beslaat twee werkingsgebieden door het gehele lichaam: dat van de n. sympathicus en van de n. parasympathicus, die in hoofdzaak een aan elkaar tegengestelde werking hebben en in normale toestand elkaar in evenwicht houden.

autoplasie (psych.) reactievorm ten nadele van zichzelf; tgst. alloplasie.

autoplastiek syn. autotransplantatie.

autoplectie (psych.) zich zelf slaan; bij zwakzinnigen.

autoplerose zelfbevrediging.

autopsie lijkschouwing; ook: obductie.

autopsychose zie psychose.

autorisatie volmacht, machtiging; een schriftelijke verklaring van een arts waarin een verpleegkundige bekwaam verklaard wordt bepaalde medische handelingen te verrichten.

autoscopie (psych.) zelfwaarneming, het zichzelf waarnemen als een andere persoon o.a. in dromen of als uiting van een gestoord zelfbeeld bij psychosen.

autosoom een 'gewoon' chromosoom (ter onderscheiding van geslachtschromosoom), dus bij de mens de chromosomen 1 t/m 22; bijv.nw. *autosomaal.*

autostasie aanpassing van een levend organisme aan uitwendige invloeden.

autosuggestie zelfsuggestie (zie suggestie); zichzelf een overtuiging opdringen.

autosuture® *E*, een nietapparaat voor chirurgische doeleinden.

autosynthese opbouw uit eigen kracht.

autotopagnosie foutieve oriëntatie omtrent de topografie van het eigen lichaam; syn. somato*agnosie.

autotransfusie 1. transfusie met eigen bloed dat bijv. in de weken voorafgaande aan de vastgestelde operatiedatum is afgenomen. 2. bij sterk bloedverlies stevig inzwachtelen van ledematen, waardoor het bloed naar de romp wordt gedreven, zodat gevaar voor het leven wegens bloedgebrek in belangrijke organen wordt voorkomen. 3. infusie van het bloed dat bij een operatie of bevalling verloren zou gaan, bij dezelfde patiënt.

autotransplantatie overplanting van weefsel binnen hetzelfde individu; syn. autogene, autologe transplantatie.

autovaccin *F* vaccin bereid uit micro-organismen die bij de patiënt zelf aanwezig zijn.

auxano- *G* (smst.) m.b.t. groei; *~grafie*, onderzoek naar het beste groeimedium van een micro-organisme; *~logie*, studie en kennis van groei.

auxiliair helpend; hulp verschaffend; ondersteunend; *~e ademhalingsspieren*, hulpademhalingsspieren, bijv. halsspieren die bij diepe ademhaling de ribben extra opheffen.

auxinen hormonale groeistoffen bij planten.

auxo- (smst.) m.b.t. groei; zie ook auxano-; *~cardie*, 1. hartvergroting. 2. de grootte van het hart tijdens de *diastole (in vergelijking met die bij de systole; zie meiocardie); *~troof*, behoefte hebbend aan voedsel om te kunnen groeien; tgst. prototroof.

AV afk. van 1. atrioventriculair. 2. acies visus, gezichtsscherpte. 3. arterioveneus.

AVA afk. van 1. afdelingsvertrouwensarts. 2. arterioveneuze anomalie. 3. arterioveneus aneurysma.

avasculair geen (bloed)vaten bevattend.

AVC afk. van 1. automatic volume control *E* (bij hoorapparaten). 2. (card.) aberrante ventriculaire conductie. 3. audiovisuele communicatie.

AVD-code afk. van atrium-ventrikel-dual, codeletters om aan te geven welk(e) compartiment(en) van het hart door de aangebrachte *pacemaker wordt (worden) gestimuleerd.
aversie tegenzin, afkeer; *~therapie*, (psych.) gedragstherapeutische methode die wordt toegepast om met behulp van negatieve prikkels ongewenst gedrag te beëindigen.
AVG afk. van 1. adaptieve (aangepaste) voorzieningen voor gehandicapten. 2. arts voor verstandelijk gehandicapten.
aviair m.b.t. vogels.
avidine een ei-albumine.
aviditeit bindingsneiging; syn. affiniteit.
avirulent niet giftig, niet ziekteverwekkend; tgst. virulent.
avitaal niet of weinig levensvatbaar; tgst. vitaal.
avitaminose ziekte veroorzaakt door gebrek aan vitaminen, vaak t.g.v. eenzijdige voeding.
aviveren (Fr. aviver = levend maken) het afsnijden van gerafelde, niet levensvatbare, wondranden, enz. zodat deze tegen elkaar kunnen worden gebracht en gehecht; zie wondexcisie.
AVO afk. van aanvullende opvang (asielzoekers).
avortement *F* miskraam.
AVP afk. van 1. arteriële volume pols. 2. arginine-vasopressine, peptidensysteem met bloeddrukverhogende en antidiuretische werking; vervult ook een rol als *neurotransmitter in de hersenen.
AVSD afk. van atrioventriculair septumdefect.
avulsie, avulsio *L* afscheuring, losscheuring.
AVVV afk. van algemene vergadering verplegenden en verzorgenden.
AWBZ afk. van algemene wet bijzondere ziektekosten.
AWEG afk. van academische werkplaats voor eerstelijns-gezondheidszorg.
AWO afk. van arbeidsmarkt-, werkgelegenheids- en opleidingsfonds in de sector zorg en welzijn.
AWOB afk. van arbeidsmarkt-, werkgelegenheids- en opleidingsfonds in de bejaardenoorden.
AWOZ afk. van arbeidsmarkt-, werkgelegenheids- en opleidingsfonds in het ziekenhuiswezen.
axenisch in engere zin: kiemvrij; ook: vrij van symbionten, zie symbiose.
axeroftol zie vitamine A.
axiaal in de richting van de as; *axiale pijn*, zie asdrukpijn.
axilla *L* oksel, bijv.nw. *axillair*, m.b.t. de oksel.
axis *L* 1. as, centrale lijn, bijv. axis opticus, de oogas. 2. draaier, de tweede halswervel.
axolemma zeer dunne omhullende plasmamembraan van een *axon; membraan van Mauthner.
axon syn. neuriet; ascilinder.
axonema centraal *filament. 1. de draadstructuur in de as van het chromosoom, syn. chromonema. 2. *~-complex*, het mechanisme in een trilhaar dat dit doet bewegen (ook in het spermatozoön).
axonopathie onvolwaardige functie van axonen.
axonotmesis *G* letsel van een perifere zenuw met behouden continuïteit doch met

onderbreking van de axonen.
axoplasma het (neuro)plasma in de neuriet (axon).
axungia *L* vet; ~ *porci*, reuzel.
Ayerza, A. Argentijns arts (1861-1918); *syndroom v.* ~, pulmonale *hypertensie en cor pulmonale bij stenose van de arteria pulmonalis, o.a. gekenmerkt door cyanose met donkere bijtint.
AZC afk. van asielzoekerscentrum.
AZH afk. van algemeen ziekenhuis.
AZI afk. van algemene zwakzinnigeninrichting.
A-ziekte zie aangiftesysteem.
azijn ~*napje*, zie acetabulum; ~*zuurzout*, acetaat.
azoöspermie afwezigheid van zaadcellen in het zaad van de man; is één der oorzaken van de mannelijke onvruchtbaarheid (zie steriliteit).
azotemie, azotaemia toename van stikstofhoudende afbraakproducten in het bloed; ~ *par manque de sel F*, uitdrogingstoestand door natriumverlies, bijv. door overmatig braken, waardoor de hoeveelheid circulerend vocht vermindert; hierdoor heeft o.a. de nierdoorbloeding te lijden met als gevolg verhoging van het ureumgehalte van het bloed.
azotorroe te hoog gehalte aan stikstofverbindingen (eiwitten) in de ontlasting (o.a. bij onvoldoende werking van het pancreas).
azotum *L* stikstof.
azoturie te hoog gehalte aan stikstofverbindingen (met name ureum) in de urine.
AZS afk. van *autonoom zenuwstelsel.
AZT afk. van azidothymidine (zidovudine).
Azteken vroegere Indiaanse bewoners van Mexico; ~-*type*, een op een Azteek gelijkende lijder aan idiotie, gekenmerkt door achteroverliggend voorhoofd met laag schedeldak, uitpuilende ogen, puntige neus, microcefalie en kleine kin.
azurofiel zich kleurend met de kleurstof azuur, bijv. de korrels in het cytoplasma van monocyten en lymfocyten die door azuur blauw gekleurd worden.

B

B. afk. van 1. Bacterium. 2. Bacillus.
β-lactam-antibiotica zie *bèta-lactam-antibiotica.
β-sheet zie eiwitstructuur.
β-stralen zie bètastralen.
baarkruk een lage kruk met een opening, wordt gebruikt bij een verticale bevalling; zie ook baarschelp.
baarmoeder uterus, metra; zie ook hystero-; *~hals*, cervix uteri, collum uteri.
baarschelp een soort baarkruk in de vorm van een grote holle schelp; wordt gebruikt voor vrouwen die op bed hurkend bevallen.
Babcock, W. Amerikaans chirurg (1872-1963); *operatie van ~*, verwijdering door 'stripping' (*E*) van de vena saphena magna bij spataders (varices).
babesiosis een door een teek overgebrachte infectie met een protozoön (Babesia) welke een op malaria gelijkend ziektebeeld veroorzaakt; syn. piroplasmose.
Babinski, J. Frans neuroloog (1857-1932); *reflex van ~*, pathologisch verloop van de voetzoolreflex met omhoogbewegen van de grote teen en spreiding van de overige tenen bij prikkeling van de voetzool; diagnostisch verschijnsel bij aandoeningen van de *piramidebaan; zie ook Strümpell, marche, reflex, signe de l'éventail.
babylance een speciaal ingerichte ambulance voor het vervoer van te vroeg geboren of zieke pasgeborenen naar een neonatologisch centrum.
baboon-syndrome *E* eczema generalisata.
bacil, Bacillus *L* staafvormige *bacterie.
bacillair door bacillen veroorzaakt.
bacillendrager syn. *bacteriedrager.
bacillose ziekte door bacillen verwekt.
bacillurie aanwezigheid van bacillen in de urine.
Bacillus zie bacil.
backward failure *E* onvoldoende hartwerking, waarbij de aderlijke bloedtoevoer onvoldoende wordt verwerkt (stuwing), met vochtretentie en oedeem tot gevolg, hetzij in de grote, hetzij in de kleine circulatie, hetzij in beide; zie ook decompensatio cordis.
BACOP afk. van bleomycine, Adriblastina (doxorubicine), cyclofosfamide, Oncovin® (vincristine), prednison; een combinatie-cytostaticum.
bactericide het vermogen bezittend bacteriën te doden, syn. bacteriocide.
bacteride verzamelnaam voor huiderupties die direct of indirect het gevolg zijn van bacteriën of bacteriële toxinen; *pustuleuze ~*, zeer hardnekkige uitslag van steriele dyshidrotiforme pustulae aan handpalmen en voetzolen, veroorzaakt door een allergische reactie op circulerend toxine, afkomstig van een bacteriële infectie elders in het lichaam; syn. ziekte van Andrews-Barber; eczema dyshidroticum pustulosa.
bacterie ééncellig, kernloos micro-organisme, syn. microbe; bacteriën zijn overal aanwezig, hebben een diameter van 0.0001 tot 0.001 mm en kunnen zich met

grote snelheid vermenigvuldigen (zie schizogonie); zij verrichten in de natuur een belangrijke taak voor de stofwisseling; bacteriën veroorzaken ook gistings- en rottingsprocessen; vele soorten zijn pathogeen; vinden deze in het menselijk lichaam een gunstige voedingsbodem, dan vermeerderen zij zich en kunnen zij door hun producten (endo- en exotoxinen) ziekten veroorzaken; naar de vorm onderscheidt men 1. *kokken* (cocci), bolvormige bacteriën. 2. *staafjes* (bacillen), staafvormige bacteriën. 3. *spirillen*, spiraalvormige bacteriën; wanneer zij slechts één spiraalwinding bezitten (of een deel daarvan) spreekt men van *vibrio's*. 4. *spirocheten*, dunne kurkentrekkervormige bacteriën; soms rekent men de spirocheten tot de spirillen.

bacteriedrager persoon die na ziekte of ander contact, bacteriën herbergt en met urine en/of ontlasting uitscheidt, aldus een besmettingsbron vormend.

bacteriële vaginose zie vaginose

bacteriëmie aanwezigheid van bacteriën in het bloed waardoor in het gehele lichaam infecties kunnen worden veroorzaakt.

bacteriocide zie bactericide.

bacteriofaag virus met een bepaalde bacterie als specifieke gastheer, profaag; *virulente* ~, faag die de gastheer tot oplossing brengt.

Bacteroides geslacht van vele soorten gramnegatieve anaërobe bacillen, waarvan sommige als commensaal in de menselijke darm voorkomen en onder bepaalde omstandigheden pathogeen worden; syn. Ristella.

bacteriolepticum stof die de werking van micro-organismen inactiveert.

bacteriologie leer of kennis van de bacteriën; onderzoek naar de aanwezigheid van bacteriën.

bacteriolyse oplossing van bacteriën onder invloed van bacteriolysinen.

bacteriolysine specifieke antistof in het bloed als reactie op de aanwezigheid van bacteriën, met het vermogen bacteriën van dezelfde soort te vernietigen door *bacteriolyse; bijv.nw. *bacteriolytisch*.

bacteriostase het vermogen bacteriën te verhinderen zich te vermenigvuldigen door remming van de deling of door remming van de eiwitsynthese.

bacteriurie het vóórkomen van bacteriën in de urine.

baculovirus syn. *granulosisvirus*, een uitsluitend bij ongewervelde dieren voorkomend virus.

badismografie *L* registratie van de gang (het lopen).

badkamereczeem syn. zwemmerseczeem, zie dermatomycose, epidermofytie.

BADL afk. van bijzondere activiteiten van het dagelijks leven, syn. HDL, IADL.

BAEP afk. van brainstem auditory evoked potentials *E*.

BAER afk. van brainstem auditory evoked response(s) *E*; syn. *BERA.

BAF afk. van B-cel activating factor *E*.

bagassosis allergische *alveolitis en pneumoconiose t.g.v. het inademen van suikerrietstof.

BaGZ afk. van basisgezondheidszorg.

Bainbridge, F. Engels fysioloog (1876-1921); *reflex van* ~, een toename van de hartslagfrequentie bij stuwing en dus drukverhoging in de holle aders en de rechter hartboezem.

bajonetstand typische dislocatie bij distale fractuur van de radius.

Baker, W. Engels chirurg (1839-1896); *~'s cyste,* synoviale cyste in de kniekuil.

bakkersbeen zie genu.

BAL afk. van 1. British anti-lewisite *E.* 2. broncho-alveolaire lavage.
balanitis *G* eikeldruiper; ontsteking van de eikel; syn. balanoposthitis.
balanoliet concrement in de ruimte tussen glans penis en preputium; syn. smegmoliet, preputiumsteen.
balanoposthitis zie balanitis.
balans 1. (fysiol.) het normale chemische evenwicht tussen anabolisme en katabolisme in de stofwisseling (metabolisme) gereguleerd door hormonen, enzymen, enz. 2. syn. homeostase. 3. (psych.) zorgvuldige overweging; *~suïcide*, zie suïcide.
Balantidium een *ciliaat; ~ *coli,* parasitair in het colon levende Balantidium die enterocolitis kan veroorzaken.
balbuties *L* stotteren; ook: *ballaties.*
Baldy, J. Amerikaans gynaecoloog (1860-1934); *operatie van ~*, operatieve correctie van retroflexio uteri waarbij de *ligamenta rotunda worden ingekort door samenhechting op de achterzijde van de baarmoeder.
balgevoel zie globus.
Balint, M. Hongaars psychiater en filosoof te Manchester (1896-1970), heeft o.a. bekendheid gekregen door zijn methode van opleiding van huisartsen-in-groepsverband in de gesprekstechniek en -therapie.
balk (anat.) *corpus callosum, hersenbalk.
balkangriep syn. *Q-koorts.
balkenblaas zie trabekelblaas.
ballaties *L* zie balbuties.
ballisme *L* extrapiramidale onwillekeurige werp- of trapbewegingen in armen of benen, meestal aan één zijde van het lichaam (*hemi ~*).
ballistocardiogram curve van de elektrische registratie van de terugstootgolf in het slagaderstelsel die door de hartactie wordt teweeggebracht; afk. BCG.
ballondilatatie zie dilatatie.
ballonkatheter zie katheter.
ballonkuiten omschreven dikte van de onderbenen door *pseudohypertrofie van de kuitspieren.
ballonnement *F* opgeblazenheid van de buik door ophoping van gassen in de darmen.
ballonpomp (contrapulsatieballon, counter pulsation intra-aortic balloon, intra-aortale ballonpomp, afk. IABP), een katheter aan het uiteinde voorzien van een ballon met een lengte van ongeveer 25 cm, gesitueerd in de thoracale aorta; tijdens de diastolische fase van de hartcyclus wordt de ballon gevuld met helium of CO_2, waarna op het einde van de diastolische fase deze wordt leeggezogen; het ritmisch vullen en leegzuigen van de ballon geeft met name een vermindering van de belasting van de linker hartkamer en (in mindere mate) een verbeterde doorstroming van de kransslagaders; de ballonpomp wordt toegepast bij patiënten met een verminderde hartfunctie of na een cardio-chirurgische ingreep.
ballonvalvuloplastiek techniek waarbij d.m.v. een ballonkatheter een vernauwde hartklep wordt gedilateerd.
balloteren dansen, schommelen.
ballottement *F* dansen, schommelen, bijv. van de vrucht in de baarmoeder tijdens uitwendig onderzoek of bij druk op de knieschijf bij *hydrops genu.
balneo- *~logie,* de leer of kennis der baden; *~therapie,* geneeswijze van ziekten

door baden (o.a. geneeskrachtige bronnen, zeebaden).

Balo, J. Hongaars arts (geb. 1896); *ziekte van ~*, encephalitis periaxialis concentrica: *demyelinisatie in de hersenen met concentrische uitbreiding; zeldzame aandoening met progressieve spastische paralyse, wellicht t.g.v. een cellulaire immuunreactie.

balsamica zie balsem.

balsem, balsamum *L* etherische oliën bevattende stof; sommige soorten balsem worden gebruikt voor massage, als verbandzalf, enz.

BALT afk. van bronchus-associated lymphoid tissue *E*; zie ook GALT, MALT.

balzak zie scrotum.

bamboo spine *E* zie spondylose.

bandage *F* verband, breukband, buikband; *~lens*, zeer dun geslepen zacht-plastic contactglas ter bescherming (en daardoor genezing) van sommige beschadigde toestanden van conjunctiva of cornea.

bandageren verband aanleggen, verbinden.

bandagist fabrikant van of handelaar in breukbanden, buikbanden, enz.

bandapparaat verzamelnaam van de diverse vormen van bindweefselbanden en -versterkingen.

bandenpijnsyndroom bekkenpijn bij de vrouw t.g.v. beschadiging of overmatige rekking van de ophangbanden van de baarmoeder.

bandering analyse van de banden in chromosomen.

Bandl, L. gynaecoloog te Wenen en Praag (1842-1892); *ring van ~*, een door de buikwand voelbare contractiering, die de grens vormt tussen isthmus en corpus uteri (de overgang van het baarmoederhalskanaal naar de baarmoederholte) en die tijdens de baring in de richting van de navel stijgt; een sterke stijging van de contractiering duidt op een dreigende uterusruptuur.

Bang, B. Deens arts en dierenarts (1848-1932); *ziekte van ~*, zie brucellose.

bankpapierhuid huid met fijne teleangiëctasieën in het afvoergebied van de vena cava superior, vnl. bij chronische leverziekten.

Bannwarth, A. Duits neuroloog; *syndroom van ~*, subacute aseptische ('lymfocytaire') meningoradiculitis, soms met facialisparese, gekenmerkt door mononucleaire en lymfocytaire pleiocytose in de liquor cerebrospinalis en demyelinisatieverschijnselen, verwekt door een virus (of wellicht door een spirocheet), overgebracht door de beet van een insect (meestal een teek); het syndroom van Bannwarth is een veelvuldige secundaire manifestatie van de *Lyme-ziekte.

Banti, G. Italiaans arts (1852-1925), zie splenomegalie.

bantingkuur vermageringskuur berustend op matig eten van hoofdzakelijk proteïnen (vlees, vis, ei, kaas e.d.) en onthouding van koolhydraten (meelspijzen, zoetigheid e.d.) en vetrijke spijzen, in 1863 gepropageerd door de Engelse doodkistenmaker William Banting.

BAO afk. van basic acid (maagzuur) output *E*.

Bárány, R. Hongaars oorarts (1876-1936); *~-doofheid*, totale doofheid; algehele afwezigheid van geluidsperceptie, in de regel aan één oor en meestal binnenoordoofheid t.g.v. centrale oorzaken (letsel van de nervus acusticus, vaatstoornissen, hersentumor, labyrintitis e.a.); *proef van ~*, herhaalde aanwijzing van een vast punt met gesloten ogen; voorbijwijzen naar één kant duidt op vestibulaire stoornis; *syndroom van ~*, pijn in het achterhoofd, perioden van doofheid en oorsuizen, gestoorde evenwichtszin, een en ander bij vochtrestanten in de achterste schedelgroeve na lokale ontstekingen; *~trommel*, bus met een lawaaiproducerend mechanisme om tijdens het onderzoek van een oor de gehoorfuntie van het andere oor te maskeren.

Barber, H. Engels huidarts (overl. 1955); *ziekte van Andrews-~*, zie pustuleuze *bacteride.

barbituraat barbituurzuurverbinding, slaapmiddel.

Bardet, G. Frans oogarts (1885-1971); *syndroom van ~-Biedl*, *tapetoretinale *dystrofie, vaak tezamen met polydactylie, hypogonadisme en oligofrenie.

bariatrie de wetenschap van de medische begeleiding van toeneming en vermindering van het lichaamsgewicht.

barietlong *baritosis pulmonum.

baring partus; *~sleer*, tocologie.

baritosis stoflong door langdurig inademen van barietstof.

Barlow, 1. **Th.** Engels arts (1845-1945), zie osteotabes. 2. **T.** Engels orthopeed; *handgreep van ~*, modificatie van de handgreep van *Ortolani, waarbij door druk met de duim wordt gevoeld of de heup kan worden gedislokeerd en evt. door druk met de wijsvinger het gewricht wordt gereponeerd. 3. **J.** Zuid-Afrikaans cardioloog; *syndroom van ~*, idiopathische klepbladvergroting van de mitralisklep met prolabering tijdens de systole.

baroceptor, baroreceptor 1. zintuigcellen gevoelig voor drukverschillen in de wand van de aorta ascendens en de sinus caroticus, van belang voor de bloeddrukregulatie. 2. zintuigcellen in het labyrint ter waarneming van de zwaartekracht; syn. pressoreceptor.

barotrauma beschadiging van weefsels of organen door plotselinge luchtdrukverschillen.

Barr, M. Canadees anatoom (geb. 1908); *lichaampje van ~*, *Barr body*, inactieve vorm van één van de twee X-chromosomen in de somatische cellen van de vrouw.

Barré, J. Frans neuroloog (1880-1967); *syndroom van Landry-Guillain-~-Strohl*, zie polyradiculoneuropathie.

Barrett, N. Engels chirurg (1903-1979); *ulcus van ~*, een ulcus in het cardiagedeelte van de oesophagus dat door maagslijmvlies is begrensd; vaak in combinatie met hiatushernia en strictuur, soms ook met een colontumor.

barrier *E ~cream*, crème die de huid beschermt tegen de inwerking van schadelijke stoffen; *~ *nursing*, syn. *barrièreverpleging.

barrière versperring; *bloed-liquor ~* of *bloed-hersen ~*, ondoorgankelijkheid voor sommige bloedbestanddelen en opgeloste stoffen op de grens tussen bloedcapillairen en liquor cerebrospinalis, vnl. in de plexus choroidei; *placentaire ~*, membraneuze weefsellaag in de placenta, die de scheiding vormt tussen moederlijk en foetaal bloed en slechts voedingsbestanddelen en zuurstof tot de foetale bloedsomloop toelaat en koolstofdioxide (CO_2) en stikstofhoudende stofwisselingsproducten in tegengestelde richting doorlaat; *~-verpleging*, verpleging van patiënten in een ruimte die in alle opzichten zo goed mogelijk onbereikbaar is gemaakt voor micro-organismen, o.a. door sluizensystemen, overdrukventilatie, gescheiden afvoer van besmet materiaal, zorgvuldige desinfectie van gereedschap, steriele kleding, enz.; omgekeerde isolering.

Bartholin, C. Deens anatoom (1655-1738); dubbelzijdige *klier van ~*, *glandula vestibularis major in de vaginawand met een uitvoergang naar de schede-ingang;

produceert onder invloed van hormonale en seksuele prikkeling een slijmig vocht dat dient als glijmiddel; homoloog met de *cowperse klieren bij de man; *bartholinitis*, klierontsteking bij de schede-ingang.

Bartter, F. Amerikaans endocrinoloog (1914-1983); *syndroom van ~*, hypertrofie en hyperplasie van het juxtaglomerulaire apparaat met verhoogde angiotensine- en aldosteronspiegels in het bloed, hypokaliëmische *alkalose, doch geen verhoogde bloeddruk, waarschijnlijk t.g.v. aangeboren resistentie van de bloedvaten tegen angiotensine; verschijnselen zijn o.a. perifere paresen, tetanische krampen, polyurie, myalgieën.

baryacusis *G*, **baryekoia** *G* hardhorigheid, syn. dysacusis.

BAS afk. van benzoëverbindingen, azokleurstoffen, salicylaten; deze stoffen (voedseladditieven) kunnen leiden tot gedragsproblemen zoals depressies of onhandelbaarheid.

basaal fundamenteel; in de bodem; aan de onderzijde; ~ *metabolisme*, zie metabolisme; *basale breuk*, zie basisfractuur; *basale cellen*, de onderste cellenlaag van epitheel; *basale membraan*, syn. lamina basalis, membraneuze structuur onder een bepaalde cellaag, bijv. epidermis, alveolus-epitheel, kapsel van Bowman, niertubuli.

basalioom zie basilioom.

Basedow, K. von Duits arts (1799-1854); *ziekte van ~*, zie Graves.

base excess *E* alkali-overschot.

basenpaar de combinatie van twee basen in de complementaire ketens van het DNA; de base guanine (G) paart met de base cytosine (C), de base adenine (A) met de base thymine (T); zie ook desoxyribonucleïnezuur.

baseplate *E* de basisplaat van een kunstgebit.

basic trust zie basisveiligheid.

basidiomyceten (meervoud)klasse van schimmels waarvan de sporen zich vormen op een cel van het vruchtlichaam.

basilair, basilaris *L* tot de basis behorend, m.b.t. de basis; *~-syndroom*, zie vertebro-basilaris syndroom; ~ *trombose syndroom*, zie locked-in syndrome.

basilioom (ook: basalioom) 1. basale-cellenkanker (zie basaal). 2. syn. ulcus rodens.

basing, free-basen *E* (drugsjargon) gebruiksmethode van cocaïne (bewerking van handelscocaïne met - in de regel - bicarbonaat), waardoor acuut een krachtige 'flash' en euforie ontstaan.

basis *G* fundament, grondslag; *~applicatievloeistof*, applicatievloeistof waarin geneesmiddelen verwerkt kunnen worden; zie ook applicatievloeistof; *~arts*, arts die nog niet een vervolgopleiding heeft gehad tot huisarts, sociaal-geneeskundige of medisch specialist; *~behoeften*, behoeften die allereerst moeten worden bevredigd voordat iemand aan een hoger niveau van behoeftebevrediging kan toekomen; ~ *cordis*, het door de boezems gevormde boven-achter gedeelte van het hart; *~fractuur*, basale breuk; breuk van de schedelbodem; *~gezondheidsdiensten*, door de overheid ingestelde diensten op het terrein van gezondheidsbevordering (*GG en GD); *~gezondheidszorg*, preventieve zorg ter bescherming van de gezondheid, d.m.v. bevolkingsonderzoek, GVO, opsporing en bestrijding besmettelijke ziekten en dergelijke, uitgevoerd door *GG en GD; *~veiligheid*, een zich in de zeer vroege jeugd ontwikkelend gevoel van veiligheid op basis waarvan men in staat is om goede relaties met andere mensen op te bouwen; syn.

basisvertrouwen.

basocellulair betreffende de basale cellenlaag (zie basaal).

basocyt basofiele *granulocyt.

basofiel zich kleurend met basische anilinekleurstoffen; zie granulocyt.

Bassini, E. Italiaans chirurg (1844-1924); *operatie van ~*, radicale herniorrafie, een operatie bij liesbreuk, gevolgd door versterking van de achterwand van het lieskanaal d.m.v. een plastiek, nl. hechting van de binnenste schuine buikspier aan de liesband (modificatie: aan het bekkenperiost).

bastaard 1. *hybride. 2. kind uit ouders van ongelijk ras. 3. onwettig kind.

bathycardie lage stand van het hart.

Batista, R. hedendaags Braziliaanse hartchirurg; *~ operatie*, het wegnemen van een deel van het spierweefsel van de linker hartkamer bij hartfalen, waarbij de hartkamer sterk is uitgezet en de hartwand is verdikt; de spanning in de wand neemt daardoor sterk toe; door een deel van het weefsel weg te nemen wordt de wand weer dunner en keert de normale wandspanning terug waardoor de hartkamer weer aan slagkracht wint.

bathyesthesie dieptegevoel.

batmotroop m.b.t. de beïnvloeding van de prikkelbaarheid van de hartspier.

battarisme een wijze van haastig spreken, gepaard gaande met stotteren, waarbij van sommige woorden de laatste lettergreep a.h.w. wordt ingeslikt om lucht te scheppen; syn. tumultus sermonis.

Batten, F. Engels neuroloog (1865-1918); *ziekte van ~*, voluit ziekte van Batten-Spielmeyer-Vogt (afk. BSV), een recessief erfelijke juveniele vorm van amaurotische *idiotie.

battered child syndrome *E* een, bij lichamelijk en/of geestelijk mishandelde kinderen voorkomend, ziektebeeld t.g.v. herhaaldelijke en onbedwingbare grove mishandeling; de lichamelijke verschijnselen zijn o.a. verwondingen, verbrandingen, (oude) fracturen, groei- en ontwikkelingsachterstand; de psychische verschijnselen zijn o.a. angst, gestoorde persoonlijkheidsontwikkeling, antisociaal gedrag, affect-armoede en -honger en ambivalentie t.o.v. de ouders.

Bauhin, C. Zwitsers anatoom (1560-1624); *klep van ~*, *Bauhinische klep, officiële medische term: *valva ileocaecalis.

Bauhinische klep klepvlies of plooi ter plaatse waar de dunne darm eindigt en overgaat in de dikke darm; ileocecale klep, officiële medische term: *valva ileocaecalis.

Baumgarten, B. von Duits patholoog (1848-1928), zie Cruveilhier.

bauxietlong subacute interstitiële 'pneumonitis', neigend tot fibrosering van de longen bij werkers in aluminiummijnen.

Bayes, Th. Engels mathematicus (overl. 1771); *theorema van ~*, bij een statistische gevolgtrekking moeten aperte waarschijnlijkheden en individuele feiten mede in de overweging worden betrokken; bijv.nw. *Bayesiaans*.

BAZ afk. van beleidskader arbeidsmarkt zorgsector.

Bazex, A. Frans huidarts; *ziekte van ~*, hyperkeratotische, blauwrode schilferende plekken aan vingers, neus, oren als paraneoplastisch verschijnsel bij carcinoom in het gebied van mond en farynx; syn. acrokeratosis.

Bazin, A. Frans dermatoloog (1807-1878); *erytheem* of *ziekte van ~*, erythema indurativum scrophulosorum; vorm van huidtuberculose; *syndroom van Alibert-~*, mycosis fungoides.

BB afk. van bilirubine.
BBB afk. van blood-brain *barrier *E*.
BBG afk. van bureau bijwerkingen geneesmiddelen.
BBS afk. van Besnier-Boeck-sarcoïdose.
BBSBN afk. van BBS-belangenvereniging Nederland.
BCC afk. van basaalcelcarcinoom, syn. basilioom.
Bc-conjugase een enzym dat hydrolyse bevordert van *PGA in pteroylmonoglutaminezuur.
BCDF afk. van B-cell undifferentiation factor *E*.
B-cellen 1. zie B-lymfocyten. 2. zie bèta-cellen.
BCG afk. van 1. bacille *Calmette-Guérin. 2. ballistocardiogram. 3. bronchocentrische granulomatose.
BCR afk. van 1. daling van de creatinineklaring met het ouder worden. 2. breakpoint chromosome region *E*.
BCS afk. van Budd-Chiari-syndroom.
BD afk. van biologisch-dynamisch.
BDE afk. van bijna-dood ervaring; een (meestal positieve) indrukwekkende ervaring die kan optreden in een toestand van klinische dood, gekenmerkt door het waarnemen van het eigen lichaam en de situatie waarin het zich bevindt; voorts o.a. het beleven van een reis door een tunnel, het zien van een helder licht (of een wezen van licht) en (overleden) dierbare personen, het meemaken van een levensfilm en het bereiken van een barrière (grens) die eenmaal genomen de terugkeer in het leven onmogelijk maakt; zie ook autoscopie.
BDL afk. van bezigheden in het dagelijks leven.
BE afk. van *base excess *E*; zie alkali-overschot.
beademing kunstmatige ademhaling d.m.v. een zgn. thoraxrespirator ('ijzeren long') of een toestel voor intratracheale toepassing ('beademingsapparaat') dan wel door de mond-op-mond methode of door bepaalde handgrepen.
Bechterew, W. von Russisch neuroloog (1857-1927), zie spondylose; *fenomeen van ~*, een in de lengterichting op de onderzoekbank zittende patiënt met ischias kan niet beide benen tegelijk strekken.
Beck, E. Amerikaans chirurg (overl. 1932); *~se boring*, het boren van een aantal schuin verlopende kanalen in de breukuiteinden bij fracturen die weinig neiging tot genezen vertonen t.b.v. *revascularisatie en bevordering van callusvorming.
Becker, P. Duits neuroloog (geb. 1908); *ziekte van ~*, type spierdystrofie als dat van *Duchenne, doch met een later begin en milder verloop.
Beckwith, J. Amerikaans kinderarts (geb. 1933); *syndroom van ~-Wiedemann*, aangeboren groeistoornissen zoals macroglossie, hyperplasie van nieren en pancreas, exomphalus, versnelde skeletrijping en macrosomie; een belangrijk symptoom is hypoglykemie.
becquerel (Bq) de eenheid van radioactiviteit, genoemd naar de Franse fysicus A.H. Becquerel (1852-1908); 1 becquerel = één kerndesintegratie per seconde.
bed- *~wateren*, zie enuresis; *~zweer*, zie decubitus.
Bedsonia syn. *Chlamydia.
BEE afk. van basic energy expenditure *E*.
beef-hands *E* syn. acroerythema.
been os; *~breuk*, fractuur; *~eter*, beenverettering t.g.v. ontsteking; *~geleiding*, zie osteoacusis.

beenmerg medulla ossium; erytropoëtisch (bloedvormend) orgaan, zie erytropoëse; *~*transplantatie*, het overbrengen van beenmerg (met zijn hematopoëtische stamcellen) van een *donor ter vervanging van het bloedvormend apparaat van een patiënt dat door ziekte (zoals acute leukemie, aplastische anemie, stralingsziekte, aangeboren ziekten van het bloedvormend systeem e.a.) ernstig is gestoord; *~verdringing*, zie erytropoëse.

been- *~schaar*, zie secateur; *~verbinding*, zie synostose; *~vlies*, periost; *~vorming*, ossificatie.

beet (tandheelk.) het tot stand komen van de *occlusie (bet. 2), zie psaliodontie; *open ~*, vorm van abnormale occlusie waarbij de onderste voorste *tandenrij te ver achterwaarts ligt, o.a. bij retrogenie en bij macrognathie van alléén de bovenkaak; *rechte ~*, occlusie met de front-tandenrijen in elkaars verlengde.

beffen cunnilinctio, *cunnilingus.

beharing 1. *amboseksuele ~*, het verschil tussen het mnl. en vrl. seksuele haarpatroon; 2. *niet-seksuele ~*, hoofdhaar, wenkbrauwen, wimpers en het donshaar (vellus); 3. *seksuele ~*, het beharingspatroon na de pubescentie, verschillend bij jongens en meisjes.

behavioural medicine *E* 1. het wetenschapsgebied betreffende de gedragsfactoren die bij ontstaan, verloop en behandeling van somatische aandoeningen een rol (kunnen) spelen. 2. toepassing van psychologische technieken ter behandeling van medische problemen.

behaviourism *A*, **behaviorisme** gedragspsychologie; een leer volgens welke menselijke geestesprocessen slechts zouden bestaan uit wisselwerkingen tussen reflexen, en de reacties hierop (de menselijke gedragingen en belevingen) zuiver voorwaardelijke-reflexacties zouden zijn, geheel buiten hogere bewustzijnsinvloeden om.

Behçet, H. Turks huidarts (1899-1948); *syndroom van ~*, ulceraties in mond en keel en aan de genitaliën, ontstekingen in het oog, huid- en gewrichtsafwijkingen, vasculitiden, polymorfe neurologische complicaties met veneuze trombosen t.g.v. gestoorde fibrinolyse en vaatafsluitingen, leidend tot het vena cava inferior en superior syndroom.

behoefte een psychische kracht die men ervaart als een aanzet of noodzaak tot handelen ten einde een bepaald doel te bereiken; vaak gebruikt men ook termen als verlangen, motivatie, wens, drijfveer en drang; *behoeftehiërarchie*, ordening in behoefte-opbouw van de meest wezenlijke behoeften tot de behoeften die niet direct van levensbelang zijn; zie ook Maslow.

beïnvloedingswaan waan waarbij iemand denkt dat zijn handelen, denken en voelen worden beïnvloed door iets of iemand buiten hem om.

bejel een treponematose in het Midden-Oosten, vnl. bij kinderen.

bekercel slijm producerende bekervormige epitheelcel; syn. gobletcel.

bekerkraakbeentjes *cartilago arytenoidea; zie ook larynx.

Bekesy, G. von Hongaars fysicus in de VS (1899-1972); Nobelprijswinnaar in 1961 voor zijn onderzoekingen betreffende de stimulatie van het slakkenhuis.

bekken zie pelvis; *~bodem*, diaphragma pelvis, de door spieren en banden gevormde afsluiting van de bekkenuitgang; de belangrijkste spier van de bekkenbodem is de musculus levator ani (anusopheffer); de bekkenbodem heeft bij de man twee doorgangen, de anus en de urethra, bij de vrouw zijn er drie doorgangen: anus, urethra en vagina; *~gordel*, de verbinding van de onderste ledematen met de romp, is opgebouwd uit de beide heupbeenderen, het heiligbeen en de symfyse; *~ingang,* de toegang tot de bekkenholte, het vlak dat gevormd wordt door de bovenrand van de symfyse, het promontorium en de linea terminalis; *~instabiliteit,* afk. BI, een gestoorde functie van het totale gebied van bekken, lage rug en benen, ontstaan door verweking van de symfyse (de verbinding tussen de twee schaambeenderen) en verweking van de andere verbindingen in het bekken; bekkeninstabiliteit werd tot voor kort symfysiolyse genoemd; dit is onjuist omdat bij symfysiolyse uitsluitend sprake is van een lyse (verweking) van de symfyse. *~kam,* de brede bovenrand van het heupbeen, crista iliaca; *~maat,* zie conjugata; *~pijn,* pelipathie; *~ring,* de ringvormige bekkenstructuur, gevormd door de verbinding van beide heupbeenderen en het heiligbeen; *spastisch ~syndroom,* obstipatie door contractie van de bekkenbodemspieren (i.p.v. ontspanning) door onbekende oorzaak; *~uitgang,* de onderste bekkenopening die door bekkenbodemspieren en banden wordt afgesloten.

beklemde breuk zie hernia incarcerata.

bekrachtigen bevestigen, van kracht maken, zorgen dat bijv. gewenst gedrag doorgezet wordt; zie gedragstherapie.

bekrachtiger gebeurtenis, proces of gedrag met bekrachtigende eigenschappen; *geconditioneerde ~,* bekrachtiger waarvan de bekrachtigende kenmerken zijn aangeleerd; *negatieve ~,* alle gebeurtenissen of gedragingen die wanneer ze worden aangeboden als straf fungeren; *positieve ~,* alle gebeurtenissen of gedragingen waarvan de bekrachtigende eigenschappen verbonden zijn met hun aanbieding en die indien ze worden verwijderd, tot uitdoving leiden; *uitgestelde ~,* bekrachtiger die uitgesteld wordt tot enige tijd nadat de respons is vertoond.

bel eenheid voor geluidsintensiteit.

Bell, C. Schots fysioloog (1774-1842); *~'s palsy E,* een acute idiopathische facialisparalyse (zie faciaal); *fenomeen van ~,* de opwaarts-zijwaartse beweging van de oogbol bij sluiting van de oogleden (goed waarneembaar bij facialisparalyse, zie faciaal).

belladonna *Atropa ~,* zie atropine.

Bellocq, J. Frans arts (1732-1807); *katheter van ~,* instrument voor tamponade van de neus bij ernstige neusbloedingen.

belroos zie erysipelas.

benauwdheid zie dyspneu.

Bence Jones, H. Engels arts (1813-1873); *eiwit van ~,* behoort tot de paraproteïnen en bestaat uitsluitend uit 'lichte ketens', komt in de urine voor o.a. bij de ziekte van *Kahler; veroorzaakt vaak nierinsufficiëntie zonder hypertensie of retinopathie.

Benedikt, M. Oostenrijks arts (1835-1920); *syndroom van ~,* bij beschadiging van de hersenstam in het gebied van de rode kern: parese van de nervus oculomotorius, intentietremor, hemiparese, soms hemiataxie, waggelende gang; syn. diplegie spastica infantilis.

benigne, benignus *L* goedaardig, ongevaarlijk; tgst. maligne.

benigniteit goedaardigheid.

Bennett, E.H. Engels chirurg te Dublin (1837-1907); *fractuur van ~,* syn. boksersfractuur, lengtebreuk van het os metacarpale van de duim in het proximale gewricht, meestal gecompliceerd door subluxatie.

benzodiazepinen (farm.) grote groep van farmaca met sederende, hypnotische, anti-epileptische en spierverslappende werking; 'minor tranquillizers'.

beoordelingsschaal oudere patiënten (BOP) een lijst met vragen die - uitgewerkt - inzicht geeft in hoe het met de cliënt gaat wat betreft hulpbehoevendheid, agressiviteit, lichamelijke invaliditeit, depressiviteit, psychische invaliditeit en inactiviteit.

BEP afk. van 1. brainstem evoked potentials *E*; zie ook BERA. 2. bleomycine, etoposide, platinum; een *cytostatica-combinatie.

BERA afk. van brainstem evoked response audiometry *E* (zie evoked potentials), d.i. meting van de door een gehoorprikkel teweeggebrachte samengestelde potentialen van de *nervus cochlearis en een aantal kerncomplexen in de hersenstam; syn. BAER, AEP, ABEP.

berg een met verhoogde afscheiding van huidsmeer en met korstvorming gepaard gaande vorm van *eczeem van de behaarde hoofdhuid bij kinderen; syn. seborrhoea neonatorum; zie seborroe.

Berger Frans arts, *ziekte van ~*, zie nefropathie.

bergziekte verwardheid en onrust, evt. gevolgd door dyspneu, t.g.v. hypoxemie op grote hoogte, syn. mountain sickness *E*; *chronische ~* (M. Monge), ziektebeeld bij op grote hoogte wonende mensen, gekenmerkt door polycytemie t.g.v. chronisch zuurstofgebrek; hieruit kunnen o.a. voortvloeien cyanose, voortdurende hoofdpijn, slaperigheid, gewichtsverlies, *asfyxie, verlies van mentale en fysieke vermogens, tijdelijke blind- en doofheid, neusbloedingen, macroglossie en vele andere.

beriberi een vnl. in Japan en Zuid-Oost-Azië voorkomende deficiëntieziekte door tekort aan vitamine B in de rijst (hoofdvoedsel) t.g.v. te sterke afslijping waardoor het zilvervlies grotendeels verloren gaat; het tekort betreft vnl. vitamine B_1, doch ook de andere B-vitaminen spelen een rol; andere oorzaken van vit. B_1-deficiëntie zijn langdurig alcoholmisbruik en antacida (vnl. magnesium); de beginverschijnselen zijn vermoeidheid, stijfheid van de benen, hoofdpijn, slapeloosheid, anorexie, kortademigheid, kuitpijnen; de ziekte kan zich ontwikkelen in twee vormen: 1. de *droge* vorm, ook *atrofische* of *paralytische* beriberi genaamd, met als hoofdverschijnselen vermagering en polyneuropathie (verlammingen, spierpijn, paresthesieën). 2. de *natte* (hydropische) of *cardiale* vorm met oedemen, anemie, intracellulaire waterophoping in hartspier en skelet*musculatuur (welke degeneratief atrofiëren), verwijding van de spier-arteriolen en decompensatio cordis; een acute, ernstige vorm hiervan heet **shoshin J; cerebrale ~*, overdrachtelijke benaming van het syndroom van *Wernicke-Korsakow; *oriëntale* of *oosterse ~*, de hiervoor beschreven vorm van beriberi ter onderscheiding van de *occidentale* of *westerse beriberi* met hoofdzakelijk cardiovasculaire verschijnselen, welke vooral voorkomt bij slecht gevoede chronische alcoholisten.

berkefeldkaarsfilter zie filter.

Berkson, J. Amerikaans medisch statisticus; *~'s fallacy* (1946): statistische bewerking van ziekte- e.a. gegevens betreffende ziekenhuispatiënten leveren vaak andere resultaten op in vergelijking tot de verhoudingen onder de ambulante bevolking.

berlock zie breloque.

Bernard, C. Frans fysioloog (1813-1878); *syndroom van ~*, syn. syndroom van *Horner.

Bernard, J. Frans hematoloog; *syndroom van ~-Soulier*, een erfelijke (autosomaal recessief) aanleg voor het optreden van bloedingen t.g.v. een afwezige aggregatie van de (meestal sterk vergrote) trombocyten en gestoorde adhesie met het subendotheliale weefsel.

Bernheim, B. Frans cardioloog (geb. 1880); *~-effect*, gebrekkige vulling van de rechter hartkamer, hoge veneuze druk en perifeer oedeem t.g.v. uitbochting van het kamertussenschot bij hypertrofie of dilatatie van de linker ventrikel.

Bernheim, H. Frans psychiater (overl. 1973), grondlegger van de begrippen psycho- en hypnotherapie.

beroerte zie cerebrovasculair *accident; *stille ~*, zie ziekte van *Alvarez.

bertillonage het meten van de lichaamsdelen volgens het systeem van Bertillon, ter vaststelling van de identiteit.

berusting aanvaarding van wat onvermijdelijk is; *neurotische ~*, berusting die zich uit in traagheid, lusteloosheid, passiviteit en een algemeen gebrek aan initiatief bij het omgaan met alledaagse conflicten en beslissingen.

berylliose huidziekte c.q. pneumoconiose t.g.v. vergiftiging met beryllium.

beslisboom visuele voorstelling van het denkproces in de medische besliskunde.

besluithuis een door voorstanders gewenst verblijf waar iemand op eigen tijd en wijze kan sterven, gevrijwaard van ongewenste inmenging en zonder verbod op vrijwillige euthanasie.

besmettelijkheid zie virulentie.

besmetting zie contaminatie.

Besnier, E. Frans dermatoloog (1831-1909); *ziekte van ~-Boeck*, zie sarcoïdose.

besnijdenis zie circumcisie, posthetomie; zie ook clitoridectomie, infibulatie.

Besredka, A. Frans patholoog (1870-1940); *methode van ~*, gefractioneerde inspuiting van serum ter voorkoming van een anafylactische reactie bij personen van wie niet met zekerheid bekend is, dat zij vroeger niet zijn ingespoten met soortgelijk serum; ter desensibilisatie wordt met tussenpozen het serum ingespoten.

bestialiteit seksueel contact met dieren; syn. sodomie.

bestraling behandeling d.m.v. stralen afkomstig van o.a. radioactieve elementen.

bèta-alcoholisme zie alcoholisme.

bèta-blokk(eerd)ers (farm.) syn. bèta-adrenoceptor-*antagonisten ofwel groep van adrenolytica (zie adrenolyticum) die vnl. de receptoren van de skeletspieren, de bronchi en het hart blokkeren, medicamenten die de prikkeloverdracht in bèta-*receptoren blokkeren; zie bèta-*sympathicolyticum; *~syndroom,* sufheid, gestoorde perifere bloeddoorstroming, visuele hallucinaties, depressiviteit en slaperigheid t.g.v. medicatie met bèta-blokkers.

bèta-cellen β-cellen (B-cellen) van de eilandjes van Langerhans in het pancreas; ze produceren het hormoon insuline.

bèta-lactam-antibiotica de antibiotica die behoren tot de penicillinen en de cefalosporinen; ze remmen de biosynthese van peptidoglycaan, een stof die zorgt voor de stevigheid van de bacteriecelwand; de remming komt tot stand door binding aan en blokkering van een of meer penicilline-bindende eiwitten (PBE), enzymen die betrokken zijn bij de synthese van de celwand.

bèta-sheet zie eiwitstructuur.

bètastralen (ook: β-stralen) straling van positieve of negatieve elektronen, uitgaande van kernen door radioactieve desintegratie.

bètatromboglobuline afk. BTG, een proteïne dat uit trombocyten vrijkomt, parameter bij diepe veneuze trombose.

bètatron elektronenversneller, vindt toepassing bij de bestraling van bepaalde tumoren.

betrekkingsidee een idee dat lijkt op een *betrekkingswaan, maar dat wel voor correctie toegankelijk is.

betrekkingswaan waan waarbij iemand meent dat neutrale of voor anderen bedoelde opmerkingen eigenlijk bedoeld zijn als negatieve toespeling op de eigen persoon.

Betz, W. Russisch anatoom (1834-1894); *piramidecellen van* ~, grote motorische cellen in de hersenschors waaruit gedeeltelijk de piramidebaan ontspringt.

bevalling zie accouchement, partus, tocus; *poliklinische* ~, bevalling in een kliniek, gevolgd door vertrek naar huis van moeder en kind binnen 36 uur.

bevelshallucinatie hallucinatie waarbij stemmen de betrokkene bevelend toespreken en hem als het ware tot daden willen aanzetten; kenmerkend is dat ze vnl. blijken uit een plotseling, zeer impulsief gedrag; syn. imperatieve hallucinatie.

beverkop zie parotose.

bevriezing congelatie.

bevruchting zie conceptie, fecundatie, fertilisatie, impregnatie, inseminatie.

bewegings- *actief ~apparaat*, de spieren; *passief ~apparaat*, de beenderen, gewrichten en gewrichtsbanden (ook: steunapparaat); *~armoede*, akinesie, bradykinesie, hypokinesie; *~drang*, zie hyperkinesie, hyperkinetisch, hypermotiliteit; *~leer*, kinetiek; *~stoornis*, zie ataxie, dyskinesie, kinetose, motiliteit, paralyse; *~ziekte*, *kinetose.

BEWO afk. van beschermd wonen.

bewusteloosheid zie coma, syncope.

bewustzijn conscientia *L*, sensorium *L* 1. zintuiglijke toestand waarin iemand prikkels uit de buitenwereld en uit het eigen lichaam efficiënt verwerkt en/of beantwoordt. 2. door nadenken komen tot een zeker inzicht; *~sveld*, gebied van bepaalde omvang waarin men alles wat er in de mens in psychisch opzicht omgaat, kan onderscheiden en herkennen; *~sverklaring*, een door de behandelend arts getekende verklaring t.b.v. de aflevering van een geneesmiddel waarvan de toepassing aan beperkingen onderhevig is; *~sverlaging*, daling van het niveau van alle bewuste geestelijke activiteit als gevolg van een vermindering van de biologische bewustzijnsactiviteit; zie ook coma, somnolentie, sopor; *~svernauwing*, beperking binnen het totale bewustzijnsveld, waardoor de omvang en de breedte zijn afgenomen, maar de concentratie op gedeelten kan zijn versterkt.

bezetenheid (psych.) demonomanie.

bezink *~ing*, zie BSE; *~sel*, zie sediment.

bezoar zie fytobezoar.

Bezold, 1. **A. von** Duits fysioloog (1836-1868); *~-Jarisch reflex*, bradycardie, hypotensie en hypopneu t.g.v. een vagusreflex door prikkeling van baroreceptoren. 2. **F. von** Duits KNO-arts (1842-1908); *~-mastoiditis*, etterige middenoorontsteking, zich uitbreidend naar processus mastoideus, m. sternocleidomastoideus, de nekspieren (evt. met myogene torticollis) en soms naar de borstholte.

BFM afk. van blood-formation malignancies *E*.

BG afk. van behandelend geneesheer.

B-gal gal uit de galblaas.

BGD afk. van bedrijfsgezondheidsdienst, voorheen bedrijfsgeneeskundige dienst.

BGZ afk. van bedrijfsgezondheidszorg.
Bhopal-oog ernstige beschadiging van het bindvlies van sclera en cornea plus tranenvloed en ooglidoedeem door contact met methylisocyanaat.
BHR afk. van bronchiale hyperreactiviteit
BI afk. van 1. *bekkeninstabiliteit. 2. betrouwbaarheidsinterval.
bi- *L* (smst.) dubbel, tweevoudig.
bias *E* vooroordeel; premature of slecht onderbouwde conclusie.
biatriaal m.b.t. de beide hartboezems; zie ook atrium.
bicarbonaat zie natriumbicarbonaat.
bicefaal, bicephalus syn. dicefaal, een misgeboorte met twee hoofden en twee wervelkolommen.
biceps *L* grote of tweehoofdige armspier.
bicipitalis-syndroom tendovaginitis van de lange kop van de tweehoofdige bovenarmspier.
biconcaaf tweevoudig hol (van lenzen of brillenglazen).
biconvex tweevoudig bol (van lenzen of brillenglazen).
bicornis tweehoornig, bijv. van de baarmoeder.
bicuspidalis *valvula ~ L*, tweeslippige hartklep; syn. valvula mitralis.
bicuspidati tweeknobbelige = 'valse' kiezen.
b.i.d. afk. van bis in die (*L*), tweemaal daags.
bidgreep bij ernstige bloeding aan één of meer vingers worden bij wijze van EHBO de beide handen in bidhouding tegen elkaar geknepen.
biefstuklong pathologisch-anatomisch aspect van een (nog) niet geheel geresorbeerd long*infiltraat.
Biemond, A. Nederlands neuroloog (1902-1973); *ataxie van ~*, erfelijke vorm van ataxie, gekenmerkt door degeneratie van de dorsale ruggenmergwortels en verlies van de cerebellaire cellen van *Purkinje; *syndroom van ~*, hypofysair infantilisme, coloboma iridis, polydactylie en mentale retardatie; verwant met het syndroom van Laurence, Moon en Biedl.
Biermer, A. Duits internist (1827-1892), zie Addison (bet. 2).
Bier, A. Duits chirurg (1861-1949); *stuwing volgens ~*, zie stase; *anesthesie volgens ~*, zie anesthesie.
biest colostrum.
bifidus *L* in twee delen gespleten.
bifilie hetero- en homofilie bij één individu.
bifocale glazen glazen met twee brandpunten, waardoor men zowel dichtbij als veraf kan zien.
bifurcatie, bifurcatio *L* vorksgewijze splitsing in tweeën, bijv. van de luchtpijp in de twee hoofdbronchi en van de buikaorta in de twee bekkenslagaders; *carotis-~*, de plaats waar de a. carotis communis zich splitst in de a. carotis interna en externa; *~-prothese* of *-plastiek* (chir.) vervanging van de buikaorta-bifurcatie door een kunststofprothese bij atherosclerotisch aneurysma; syn. broekprothese.
BIG afk. van 1. beroepen in de individuele gezondheidszorg. 2. bedrijfsartsen in instellingen voor gezondheidszorg.
bigeminie het optreden van een *extrasystole, gevolgd door een compensatoire *pauze, na elke slag van het basisritme van het hart.
Bignami, A. Italiaans patholoog (1862-1929), zie Marchiafava.
BIH afk. van benigne intracraniale hypertensie; zie verhoogde *hersendruk.

bijbal zie epididymis.
bijholten van de neus, **sinus paranasales*, t.w. voorhoofdsholten, zeefbeencellen (zeefbeenholten), wiggebeensholte en bovenkaaksholten.
bijmilt zie lien, spleneolus.
bijnier *glandula suprarenalis*, zeer belangrijke, dubbelzijdig boven de nieren gelegen klier met inwendige afscheiding die bestaat uit twee, functioneel en anatomisch volkomen verschillende delen: het merg en de schors; het merg (medulla) staat in nauwe samenhang met het autonoom zenuwstelsel en produceert het hormoon adrenaline; de schors (cortex) is een voor het leven onmisbaar orgaan en heeft grotendeels onder invloed van het corticotrope hormoon van de *hypofysevoorkwab belangrijke invloed op de water- en zouthuishouding van het organisme, op de suikerstofwisseling, de bloeddruk, de nierfunctie, de spiertonus, het verweer tegen stress en de groei; deze functies worden uitgeoefend door een groot aantal hormonen die alle chemisch aan elkaar verwant zijn (steroïden) en eveneens verwantschap hebben met de geslachtshormonen; enkele bijnierschorshormonen (corticosteroïden) hebben een belangrijke therapeutische waarde doordat zij 1. het organisme bij velerlei ziektetoestanden behoeden voor overmatige afweerreacties, o.a. ontstekingsreacties. 2. de productie van afweerstoffen remmen. 3. ziektegevoel, pijn en koorts onderdrukken; *~-apoplexie*, zie Waterhouse-Friderichsen; *~schorsinsufficiëntie*, zie Addison.
bijschildklieren *glandulae parathyroideae*, epitheellichaampjes, vier of meer kleine endocriene orgaantjes achter de schildklier gelegen; zij hebben een belangrijke functie bij de regulering van de calcium- en fosfaatstofwisseling d.m.v. het hormoon dat zij afscheiden (zie parathormoon).
bijslaap verouderde term voor 1. geslachtsgemeenschap. 2. bedgenoot of bedgenote.
bijsluiter (farm.) drukwerkje dat bijgevoegd is in de verpakking van geneesmiddelen, bevattende algemene gegevens omtrent samenstelling, (bij)werking, wijze van toediening, indicaties, contra-indicaties en dosering.
bijtwond zie vulnus.
bijziendheid myopie.
bilateraal beiderzijds; tweezijdig; in twee richtingen.
bilharzia, bilharziose, bilharziase, bilharziasis zie schistosomiasis.
bili- *L* (smst.) gal; m.b.t. gal; bijv.nw. *biliair*.
bilirubine roodbruine galkleurstof die vooral in de milt wordt gevormd uit het hemoglobine en via de lever wordt uitgescheiden met de gal.
biliverdine groene galkleurstof waaruit bilirubine ontstaat.
billen zie clunes, nates.
Billroth, C. Oostenrijks chirurg (1829-1894); *pylorusresectie vlg. ~*: I. met *end-to-end hechting van maag en duodenum en sluiting van de rest van de maagwand. II. met sluiting van de duodenum-wond en *side-to-end hechting van de maagwand in het duodenum.
bilnaad perineum.
bilocularis uit twee afdelingen bestaand.
bilspier musculus gluteus.
bimanueel tweehandig.
bimodaal het vóórkomen van slechts twee ontwikkelingsgraden van een erfelijk kenmerk in een groep.

binauraal met twee oren; met twee gehoorbuizen.
b. in d. (rec.) afk. van bis in die (*L*), tweemaal daags, syn. b.i.d.
bindingseiwitten eiwitten die in het bloed hormonen en andere stoffen aan zich kunnen binden; syn. transporteiwitten.
bindvlies conjunctiva.
bindvliesontsteking conjunctivitis.
bindweefsel steunweefsel met een bindende functie in organen en een functie als omhulling van organen; het bevat bloedvaten en zenuwen; het weefsel bestaat uit verspreid liggende cellen met daarin tussencelstof waarin zich eiwitrijke vezels bevinden; er zijn verschillende soorten bindweefsel; *collageen ~,* bevat in de tussencelstof vele trekvaste (collagene) vezels, komt vooral voor in pezen en banden; *elastisch ~,* bevat in de tussencelstof vele elastische vezels, komt o.a. voor in de wand van de grote slagaders; *reticulair ~,* bevat in de tussencelstof vele dunne vezels (reticulinevezels); dit netvormig weefsel is het basisweefsel voor beenmerg, milt en lymfeknopen; *~band,* zie ligament, retinaculum; *~massage,* zie massage; *~ziekten,* zie collageenziekten.
Binet, A. Frans psychiater (1857-1911); *test van ~-Simon,* test voor de bepaling van de intelligentie van kinderen beneden 12 jaar door beoordeling van antwoorden op gestelde vragen, ook met behulp van afbeeldingen.
Bing, R. Zwitsers neuroloog (1878-1956); *syndroom van ~,* zie Horton.
binnenoor zie labyrint.
binnenwaartsdraaiing endorotatie.
binoculair m.b.t. beide ogen; *~e microscoop,* microscoop met een dubbel oculair (voor twee ogen); *~ zien,* het zien met beide ogen, terwijl men het voorwerp waarnaar men kijkt toch slechts enkelvoudig ziet.
Binswanger, O. Duits zenuwarts (1852-1929); *ziekte van ~,* demyelinisatie in de witte substantie van grote en kleine hersenen bij oude mensen (meestal met hypertensie) t.g.v. atherosclerose van terminale arteriën, gepaard met *dementie, paranoïdie, atactische gang, dysartrie.
bio- *G* (smst.) leven; *~actief materiaal,* een *biomateriaal om een specifieke biologische activiteit te induceren; *~activering,* het verschijnsel dat een in het lichaam opgenomen stof (bijv. geneesmiddel) die zelf weinig effectief is, in een actieve metaboliet wordt omgezet; *~chemie,* de wetenschap die de toepassing van scheikunde op het gebied der biologie bestudeert; *~dynamica,* de kennis van de energie die door levende organismen wordt teweeggebracht; *~-energetica,* de energie-overdracht in levende stof.
bio-energetische therapie alternatieve vorm van psychotherapie die zich richt op het bevrijden van gevoelens die in gespannen spieren en in een verkeerde lichaamshouding opgesloten liggen.
bio-equivalentie gelijkwaardigheid van twee (handels)preparaten van hetzelfde geneesmiddel
biofeedback *~ training,* een in de psychologie toegepaste (conditionerende) techniek waarmee de patiënt volgens het *terugkoppelingsprincipe met behulp van elektronische apparatuur fysiologische functies die normaliter zelfregulerend en onwillekeurig verlopen, willekeurig kan leren beheersen.
biofysica de wetenschap die de werking van natuurkundige invloeden op biologische processen bestudeert en tevens deze analyseert.
biogenese, biogenesis *G* 1. de leer dat het levende slechts uit het levende kan

worden geboren. 2. de leer van het ontstaan van leven op aarde.
biogenetische grondwet de ontwikkeling van een levend wezen is een verkorte herhaling van de ontwikkeling van zijn soort.
biografie levensbeschrijving.
biologie *G* de wetenschap van de levende materie.
biologische dood zie dood.
biomateriaal stoffen (geneesmiddelen uitgezonderd) of een combinatie van stoffen van synthetische oorsprong (metalen, kunststoffen, keramisch materiaal) of natuurlijke producten (menselijk, dierlijk, plantaardig); worden tijdelijk of blijvend gebruikt om weefsels, organen of functies van het lichaam te behandelen, te vergroten of te verplaatsen; zie ook *bioactief materiaal.
biomerkers zie merkers.
biometrie *G* de kunst van het meten der levensverrichtingen.
biomorfose het fysiologische proces van het oud worden der weefsels van alle meercellige organismen.
bionica gebruikmaking van de kennis der verrichtingen van levende wezens ter oplossing of verbetering van technische problemen; bijv.nw. *bionisch.*
bionosis ziekte veroorzaakt door levende organismen.
bionten (meervoud) levende wezens.
bioprothese zie prothese.
biopsie microscopisch of chemisch onderzoek van stukjes weefsel, verkregen door opzuiging (d.m.v. punctie), uitponsen, uitsnijden (= proefexcisie) of afschaven (curettage); *placenta-~* of *chorionvilli-~*, zie vlokkentest.
biopt weefselmateriaal verkregen door *biopsie; wkw. *biopteren.*
bioritmiek, bioritme de periodieke wisselingen en verschillen in de metabole, endocriene en andere fysiologische gebeurtenissen in het organisme; zie biologische *klok, chronobiologie.
bioscopie onderzoek of de dood al of niet is ingetreden.
biosfeer het gedeelte van de aarde waar leven voorkomt.
biosynthese de scheikundige opbouw van biochemische stoffen, in de regel in de cel, door de invloed van een enzym.
Biot, C. Frans arts (1774-1862); *ademhalingstype van ~*, periodieke adempauze totdat het ademcentrum wordt geprikkeld door zuurstofgebrek, o.a. bij verhoogde hersendruk door diverse oorzaken.
biotechnologie toepassing van biologische mechanismen in productieprocessen.
biotiek levensleer; bijv.nw. *biotisch*, m.b.t. de levensomstandigheden.
biotine zie vitamine B.
biotonus 1. zie turgor. 2. (psych.) de totaliteit van psychische en somatische levensenergie; ongeveer syn. *vitaliteit.
biotoop specifiek woongebied van dieren of planten; *micro-~*, biotoop van bacteriën, bijv. in mond-, neus-, keelholte, vagina, darm.
biotransformatie de veranderingen welke een 'dode' stof (in engere zin een geneesmiddel) in het lichaam ondergaat.
biotype syn. *genotype.
biotypie indeling naar typen van lichaamsbouw.
BIOZ afk. van beleidsinstrument opleidingsplanning zorgsector.
bipara een vrouw die twee kinderen heeft gebaard.
bipolair 1. in de persoonlijkheidsleer de aanduiding voor trekken of kenmerken die

op te vatten zijn als de tegenovergestelden van elkaar. 2. (lett.) twee polen.

bipolaire stoornis (vlg. DSM-IV) stemmingsstoornis waarin zowel manische, hypomanische als depressieve perioden voorkomen; DSM-IV maakt onderscheid in *bipolaire I stoornis*, met recidiverende depressies en manische of gemengde episodes en *bipolaire II stoornis*, met depressieve en hypomane episodes; vroeger: manisch-depressieve psychose; zie manie (bet. 2), depressie.

biseksueel 1. (in de biologie) met zowel mannelijke als vrouwelijke geslachtskenmerken. 2. (in de seksuologie) iemand die zich seksueel zowel tot mannen als vrouwen aangetrokken voelt.

bis in die *L* tweemaal daags, afk. (rec.) b. in d.

bismut metaal dat in sommige geneeskundige preparaten wordt gebruikt tegen darm-, huid- en maagziekten en bij röntgenonderzoek.

bismutisme chronische vergiftiging met bismut.

bistouri *F* oorspr. dolkvormig mes; operatiemes met spits toelopende punt.

BIT afk. van beroepen interesse test.

bite-wing *A* (tandheelk.) röntgenfilm voor het maken van een binnensmondse foto, speciaal voor het vaststellen van proximale cariës.

Bitot, P. Frans oogarts (1822-1888); *vlekken van ~*, vlekjes die ontstaan bij xerosis conjunctivae.

bitterwater oplossing van zwavelzure magnesium, laxeermiddel.

BIVAD afk. van biventricular assist device *E*.

bivalent configuratie van twee gepaarde homologe chromosomen tijdens de profase van de eerste meiotische deling.

blaar bulla, *~ziekte*, huidziekte gepaard gaande met blaarvorming.

blaas zie vesica; zie ook cyst-, flycteen, vesicula; *~worm*, zie Cysticercus; syn. hydatide; *~retentie*, foutief voor urineretentie.

black-out *E* 1. 'gat' in geheugen na drankgebruik, een *amnesie voor een gedeelte van de roestoestand. 2. zeer kortdurende bewusteloosheid. 3. kortdurende blindheid zonder verlies van het bewustzijn.

bladgroen chlorofyl.

blafhoest droge hoest met blaffend geluid bij laryngitis.

Blalock, A. Amerikaans chirurg (1899-1964), zie Taussig.

blarenkoorts zie pemphigus.

blast *E*. 1. plotselinge, zeer sterke luchtdrukgolf bij explosies, die door haar intensiteit directe beschadigingen in het lichaam kan veroorzaken (verscheuring van longweefsel, maag, trommelvliezen; inwendige bloedingen); ook de relatieve drukverlaging onmiddellijk na het passeren van de drukgolf kan door zuigwerking beschadigende invloed hebben. 2. *G* onrijpe (bloed)cel; ook in smst., bijv. lymfoblast; bijv.nw. *blastair*.

blastcell *E* laagst gedifferentieerde cel van welk type ook.

blasteem (embr.) niet-gedifferentieerd kiemweefsel.

Blastocystis hominis een unicellulaire, niet-pathogene gistsoort die bij de mens, vnl. in de tropen, in de darm wordt aangetroffen.

blastoderm (embr.) de ééncellige wand van de *blastula; kiemschijf; uit het blastoderm ontwikkelen zich het ecto-, meso- en endoderm.

blastogenese het ontwikkelingsstadium van de vrucht van de 1ste tot de 15de dag na de bevruchting.

blastocyste embryonaal ontwikkelingsstadium, waarbij een holte is gevormd,

begrensd door een enkele laag cellen (*blastoderm*); syn. *blastula.
blastoma zie blastoom.
blastomeer delingscel van de *zygote.
blastomycose hoofdzakelijk in de VS voorkomende schimmelziekte met longaandoeningen en metastatische hyperplastische huidlaesies.
blastoom, blastoma *G* actief gezwel, nieuwvorming van weefsel, gekenmerkt door bijzondere groei.
blastospore een gistspore (zie spore, bet. 1) ontstaan door knopvorming.
blastula (embr.) ontwikkelingsstadium van het embryo waarbij een holte is gevormd, omgeven door een enkele laag cellen; syn. blastocyste.
blauw *~blindheid*, tritanopie; *~geelblindheid*, zie erytrochloropsie; *~proef*, zie chromocystoscopie; *~scheut* of *~schuit* (pop.) 1. syn. *scorbuut. 2. blauwe plekken aan de onderbenen door varicosis; *~zucht*, zie cyanose.
bleb *E* blaar, blaasje.
bleek pallidus; *~heid*, zie pallor.
blefarisme hardnekkig en frequent krampachtig knippen met de oogleden.
blefaritis, blepharitis *G* ontsteking van de ooglidranden; ~ *squamosa*, blefaritis met het optreden van schilfertjes op de ooglidranden; ~ *ulcerosa*, blefaritis met verzweringen op de ooglidranden.
blefaroblennorroe, blepharoblennorroe *G* blefaritis, gecombineerd met blennorroe.
blefarofimosis, blepharophimosis *G* oogspleetvernauwing; ogenschijnlijke oogspleetverkleining t.g.v. oogaandoening, soms ook aangeboren; syn. blefarostenose.
blefaron, blepharon *G* ooglid.
blefaroplastiek (chir.) het operatief herstellen van een beschadigd ooglid.
blefaroptose, blepharoptosis *G* *ptose (afzakken, 'hangen') van één of beide bovenste oogleden, door verlamming van de gemeenschappelijke oogspierzenuw (n. oculomotorius).
blefarospaat ooglidklem.
blefarospasme, blepharospasmus *L* ooglidkramp; wordt veroorzaakt o.a. bij een vreemd lichaam ('vuiltje') in het oog; ook bij ontsteking.
blefarostaat ooglidhouder.
blefarostenose syn. van *blepharophimosis.
blennorroe, blennorrhoea *G* etterige ontsteking van slijmvliezen bijv. van de vagina, van de urethra en van het oogbindvlies; in engere zin: gonorroïsche ontsteking van bindvlies of urethra; ~ *neonatorum*, gonorroïsche ontsteking van het oogbindvlies bij pasgeborenen; zie ook catarre, chemosis, Chlamydia, colpitis, conjunctivitis, gonorroe, lemositas.
blepharitis zie blefaritis.
blepharo- zie blefaro-.
blessure zie vulnus.
Bleuler, E. Zwitsers psychiater (1857-1939), had grote invloed op de ontwikkeling van de psychiatrie door zijn onderzoek naar schizofrenie.
bliklijn de lijn die het draaipunt van het oog verbindt met het fixatiepunt (zie macula lutea); valt bijna samen met de *gezichtslijn.
blikveld het gebied dat men d.m.v. de oogbewegingen kan overzien met het centrum van het netvlies; niet te verwarren met gezichtsveld.

blindedarm zie append-, caecum.
blinde lis niet normaal functionerend gedeelte van de dunne darm, meestal na darm- of maagoperatie; *~-syndroom*, onvoldoende vertering en resorptie t.g.v. stilstand (stase) van de darminhoud en het ontstaan van een abnormale bacteriegroei.
blinde vlek zie papil.
β-lipotropine hormoon uit de hypofysevoorkwab met een vet-mobiliserende werking; afk. β-LPH (bèta-lipotroophormoon).
BLM afk. van bleomycine.
Bloch, B. Zwitsers huidarts (1878-1933); *syndroom van ~-Sulzberger*, zeldzame huidziekte, vnl. bij vrouwen, met achtereenvolgens vesiculeus-bulleuze, lineair gerangschikte efflorescenties, welke gehypopigmenteerde, grillig gevormde littekens achterlaten; soms afwijkingen aan ogen, tanden, haren, nagels en centrale zenuwstelsel; er bestaat eosinofilie; syn. incontinentia pigmenti, melanosis corii degenerativa, melanoblastosis, pigment*dysplasie.
block *E* blokkering, obstructie.
bloed- zie sanguis; *~aandrang*, zie congestie; *~armoede*, zie anemie, chlorose; *~beeld*, de verzamelde gegevens van hemoglobinegehalte, aantal erytrocyten en leukocyten en de verdeling van de laatste in de verschillende soorten (zgn. differentiële telling of leukocytenformule); *~bezinking*, *BSE; *~braken*, zie gastrorragie, haematemesis; *~breuk*, zie hematocele; *~cellen*, er zijn 3 soorten: rode bloedcellen (erytrocyten), witte bloedcellen (leukocyten) en bloedplaatjes (trombocyten); *~diarree*, zie dysenterie, melaena, proctorragie.
bloeddruk de druk in de grote arteriën; de bloeddruk is afhankelijk van de elasticiteit en de tonus van deze arteriën, van het hartminuutvolume (cardiac output *E*) en de viscositeit van het bloed, de weerstand in de perifere bloedsomloop en de kracht van de hartactie; voorts spelen hormonale en neurale regulatie een rol; de bloeddruk wordt uitgedrukt in twee waarden: de *maximale* of *systolische* en de *minimale* of *diastolische* (zie ook systole, diastole); het verschil tussen deze twee noemt men de *polsdruk*; *directe ~meting*, intra-arteriële meting; *indirecte ~meting*, de gebruikelijke meting met behulp van een manchet.
bloederziekte zie hemofilie.
bloedgasanalyse zie Astrup.
bloedgroep naar de al of niet aanwezigheid van de antigenen (hemagglutinogene stoffen) A en B op de erytrocyten benoemt men de bloedgroep van het individu met A, B, AB of 0 (nul!); tegelijkertijd (wet van Landsteiner) komen in het plasma de antistoffen (agglutininen) voor die gericht zijn tegen de niet op eigen erytrocyten voorkomende antigenen; zo heeft bijv. een persoon met bloedgroep A in het bloedplasma de antistof anti-B; indien bij een bloedtransfusie een *incompatibiliteit tussen gever en ontvanger zou bestaan, zouden de ingebrachte erytrocyten door het plasma van de ontvanger worden geagglutineerd, hetgeen voor deze noodlottig is wegens verstopping van haarvaten en door de naderhand optredende hemolyse; personen met bloedgroep AB zijn universele ontvangers (afwezigheid van antistoffen in het plasma), die met bloedgroep 0 universele *donors; het verdient de voorkeur dat bloedgroep van gever en ontvanger dezelfde zijn en tevens moet de *resusfactor overeenstemmen (isotransfusie); behalve voor bloedtransfusie heeft de kennis der bloedgroepen waarde voor de gerechtelijke (forensische) geneeskunde en voor de antropologie.

bloeding zie hemorragie, sanguinolentie.
bloedingstijd de tijdsduur gedurende welke de bloeding uit een prikwondje niet tot staan komt; de normale bloedingstijd bedraagt 3-5 minuten.
bloed- *~kanker*, zie leukemie; *~kleurstof*, hemoglobine; *~koek*, zie placenta; *~lichaampje*, syn. bloedcel; *~loop*, hematorroe; *~neus*, epistaxis, rinorragie; *~ontlasting*, melaena, proctorragie; *~ontleding*, hemolyse; *~parasiet*, hemosiet; *~pigment*, kleurverlenende stof afkomstig uit het bloed, zoals Hb; *~plaatje*, trombocyt; *~prop*, trombus; *~schennis*, incest.
bloedsomloop circulatie; de door het hart (zie cor) onderhouden stroming van het bloed door het lichaam in het vaatstelsel, bestaande uit van het hart afvoerende slagaders (arteriën), aanvoerende aders (venen) en als overgang tussen deze de haarvaten (capillairen); zij dient voor toevoer van voedsel en zuurstof aan de lichaamscellen, afvoer van onbruikbare stofwisselingsproducten (zie metabolisme) en vervoer van stoffen (vnl. hormonen) tussen de organen onderling; de *kleine* circulatie is die tussen hart en longen (opneming van zuurstof, afgifte van koolstofdioxide en water), de *grote* die tussen hart en de rest van het lichaam (afgifte van zuurstof en voedsel, opneming van stofwisselingsproducten); het voedsel komt in opgeloste vorm in de circulatie via het poortaderstelsel (vena portae).
bloed- *~spiegel*, zie spiegel (bet. 1); *~spoeling*, zie hemodialyse; *~spuwing*, haemoptoe, hemoptyse; *~stelping*, hemostase.
bloedstolling het proces van interactie van de bloedstollingsfactoren, dat leidt tot de vorming van het vezelige, onoplosbare fibrine; deze factoren zijn: I. *fibrinogeen. II. *protrombine. III. *tromboplastine. IV. calcium. V. *pro-accelerine. VI. *accelerine. VII. *proconvertine. VIII. antihemofiliefactor (zie hemofilie A). IX. ('*plakfactor') tromboplastinogeen of Christmasfactor (zie hemofilie B). X. *Stuart-Prowerfactor. XI. *Rosenthalfactor. XII. *Hagemanfactor. XIII. *FSF.
bloed- *~stuwing*, zie stase, congestie; *~suiker*, glucose in het bloed; *~suikercurve*, syn. glucosebelastingcurve; *~transfusie*, zie transfusie; *~uitstorting*, zie hematoom; *~vaatgezwel*, zie hemangioom; *~vatontsteking*, vasculitis; *~vergiftiging*, zie septikemie, sepsis; *~verwantschap*, consanguïniteit; *~vlek*, zie naevus; *~voorziening*, vascularisatie; *~vorming*, hematopoëse; *~wateren*, hematurie; *~wei*, zie serum; *~zuigend*, hematofaag; *~zuiger*, zie Hirudo; *~zweer*, zie furunkel; *~zweten*, haemathidrosis.
bloemkool *~tumor*, aspect van een exofytisch gegroeid carcinoom van de cervix uteri; *~oor*, beeld van een vaak bij boksen beschadigde en weer genezen oorschelp.
blok zie heartblock.
blokkade 1. onderbreking van de zenuwgeleiding. 2. (farm.) de werking van bepaalde (genees)middelen die het effect van een biologisch werkzame stof (grotendeels) tenietdoen.
blokke(erde)rs zie alfablokk(eerd)ers en bèta-blokk(eerd)ers; *H_2-blokkers*, farmaca die de werking van histaminen in de wandcellen (zie pariëtaal) van de maag blokkeren (zgn. histamine-H_2-receptor*antagonisten).
blokker jargon voor *blokkeerder.
blokwervel vergroeide lichamen van twee of meer wervels.
Bloom, D. Amerikaans huidarts (geb. 1892); *syndroom van ~*, erfelijke ziekte, gekenmerkt door groeistoornissen en verschijnselen van LED.

blotting *E* 1. (bioch.) elektroforetische overbrenging van eiwitten in een gel op nitrocellulose. 2. concentratiemethode; zie ook southern, western blot.
blowen (drugsjargon) cannabis roken.
blozen zie erytheem, erytrofobie, flush, rubeosis.
β-LPH afk. van bèta-lipotroophormoon (bèta-lipotropine).
BLS afk. van basic life support, elementaire cardiorespiratoire reanimatie.
blue *E* blauw; ~ *baby*, kind met cyanose door bepaalde vormen van aangeboren hartafwijkingen; syn. cyanopathie, morbus caeruleus; ~ *bloater*, lijder aan longemfyseem met onderverzadiging van het bloed met zuurstof, waardoor een cyanotisch en 'opgeblazen' uiterlijk wordt veroorzaakt t.g.v. *hypopneu (respiratoire insufficiëntie); ~ *legs*, zie erytrocyanose; ~*toes E*, (meervoud) cyanotische verkleuring van één of meer tenen t.g.v. geëmboliseerde cholesterolkristallen.
blurred vision *E* wazig zien.
blush rode kleur, als symptoom van een aandoening.
B-lymfocyten (B van 'bursa', zie Fabricius), syn. *B-cellen, evenals de T-lymfocyten afkomstig uit de lymfoïde stamcel in het beenmerg, verder ontwikkeld in het zgn. *bursa-equivalent-systeem; gestimuleerd door antigeen, rijpen B-lymfocyten tot *plasmacellen.
BM afk. van 1. basaalmetabolisme (zie metabolisme). 2. basale membraan.
BMA afk. van belangenvereniging van mensen met AIDS.
BMC afk. van botmineraalgehalte (content).
BMD afk. van 1. Becker-spierdystrofie (muscle dystrophy). 2. botmineraaldichtheid.
BMG afk. van 1. benigne monoklonale *gammopathie. 2. basale membraan.
BMI afk. van body mass index *E*; syn. index van *Quetelet.
BMP afk. van 1. basic motor pattern *E*, de minimale functies die een kind moet beheersen om eenvoudige ADL-vaardigheden (wassen, eten enz.) te kunnen uitvoeren. 2. beenmorfogenetisch proteïne.
BMR afk. van 1. basic metabolic rate *E*. 2. bof-mazelen-rodehond (vaccin).
BMT afk. van beenmergtransplantatie.
BNS afk. van bijnierschors.
BOA afk. van bloedoverdraagbare aandoening; zie ook SOA.
BOB afk. van bevolkingsonderzoek op borstkanker.
Bobath, Karl en **Berta** Tsjechische fysiotherapeuten te Londen; *oefentherapie vlg.* ~, methode ter behandeling van spastici door bedwinging van de reflexactiviteit en het aanleren van bepaalde beheerste bewegingen ('bewegingsfacilitatie'); neuro-development training *E*.
BOC afk. van 1. beleidsgericht onderzoek co-assistentschappen. 2. borstonderzoekcentrum.
Bochdalek, V. Hongaars anatoom (1801-1883); *hiatus van* ~, hiatus pleuroperitonealis, aangeboren dubbelzijdige posterolaterale plekken in het middenrif, welke tot *herniatie kunnen leiden.
bochel zie gibbus, kyfose.
Bockhart, M. Duits huidarts (1883-1921), zie ostiofolliculitis.
bocksbeutel *D* dikbuikige wijnfles; ~*geschwür*, buisvormige zweer in slijmvlies die zich verwijd voortzet in het onderliggende weefsel; syn. boordenknoopulcus.
body *E* lichaam; ~ *burden*, de totale hoeveelheid radioactieve stoffen die in het lichaam zijn opgehoopt; ~ *composition*, de kwantitatieve samenstelling van het menselijk lichaam; ~ *mass index*, afk. BMI, syn. index van *Quetelet; ~ *odour E*,

zie kakidrosis; ~ *section*, zie planigrafie.

Boeck, C. Noors dermatoloog (1845-1917), zie sarcoïdose.

BOEL afk. van blicken orientarer effer ljund *Zw.*, het richten van de blik op een geluid.

boelimie zie boulimie.

Boerema, I. Nederlands chirurg (1902-1980); *hyperbare zuurstoftherapie vlg.* ~, in een overdruktank plaatsvindende vorm van *hyperbare zuurstofbehandeling, zie zuurstof; *knoop van* ~, een door Boerema ontwikkeld instrument voor de hechting van de slokdarm aan het jejunum na gastrectomie; *tank van* ~, zie hyperbare zuurstoftherapie vlg. Boerema.

boeren zie ructus.

boeren *~been*, coxa vara adolescentium; *~long*, zie landbouwerslong; *~rug*, juveniele thoracale kyfose t.g.v. M. Scheuermann.

Boerhaave, H. wereldberoemd Nederlands arts (1668-1738), hoogleraar te Leiden in de geneeskunde, schei- en plantkunde, grondlegger van de studie der klinische geneeskunde; *syndroom van* ~, ruptuur van de oesophagus gevolgd door mediastinitis, vooral optredend bij of na braken; zie ook *Mallory-Weiss.

boezem zie atrium, sinus; *~fladderen*, zie fladderen; *~knoop*, syn. *sinusknoop.

bof zie parotitis; *~virus*, een *paramyxovirus met een diameter van ongeveer 140 nm, veroorzaker van parotitis epidemica; de *envelop bevat een hemagglutinine, een hemolysine en een neuraminidase.

Bogaert, L. van Belgisch neuroloog; *ziekte van* ~, subacute scleroserende *panencefalitis, een persisterende virusinfectie.

Böhler, L. Oostenrijks chirurg (1885-1973); *symptoom van* ~, pijn lateraal resp. mediaal in de knie door (passieve) abductie resp. adductie bij laesie van de laterale resp. mediale meniscus.

bokserssyndroom organisch psychosyndroom door traumatische encefalopathie, gekenmerkt door o.a. geheugen- en concentratiezwakte, traagheid van het denkvermogen (bradyfrenie) en stemmingsveranderingen; zie ook punch-drunk.

bolus *L* 1. spijsbrok; slikbrok. 2. (toediening van een) aanmerkelijke hoeveelheid van een geneesmiddel in één keer.

bomberen opbollen, gewelfd zijn; uitpuilen.

bombesine een *enterohormoon, vnl. in maag en pancreas, met vele endo- en exocriene secreties; komt ook voor in de longen en het centrale zenuwstelsel; syn. gastrin releasing peptide *E*, afk. GRP.

bondage seksueel spel met vastbinden.

bonenziekte zie favisme.

Bonhoeffer, K. Duits psychiater (1868-1948), grondlegger van de systematiek der oorzaken van de psychische stoornissen die hun oorsprong hebben in lichamelijke ziekten; *exogene reactietypen van* ~, groep bij elkaar horende psychische syndromen die soms na een infectieziekte of intoxicatie naar voren komen, t.w. amentie, delirium, syndroom van Korsakov, hallucinose en het hyperesthetisch-emotioneel syndroom; zie ook organisch psychosyndroom.

Bonnet, A. Frans chirurg (1802-1858); *stand van* ~, de neiging van een patiënt een gewricht (met zwelling, vochtophoping en dergelijke) ter pijnvermindering in de stand te houden die er de grootste inhoud aan geeft.

Bonnet, C. zie Charles Bonnet.

Bonnevie, K. Noors zoöloog (1872-1950); *~Ullrich-syndroom*, syn. *pterygiumsyndroom.

boodschapper- *~moleculen*, in engere zin; *neuropeptiden; *~-RNA*, zie ribonucleïnezuur.

booggang zie labyrint.

boordenknoop(je) één van de modellen *trommelvliesbuisjes, gelijkend op een boordenknoop; *~abces*, syn. 'abcès en bouton de chemise' *F*, twee bijeenliggende abcessen waarvan de holten zijn verbonden door een nauw kanaal; *~ulcus*, syn. *bocksbeutelgeschwür.

booster-injectie *A* zie injection de rappel; zie ook herinneringsinjectie.

BOP afk. van *beoordelingsschaal oudere personen.

BOPZ (Wet) bijzondere opnemingen in psychiatrische ziekenhuizen, voorheer KZ-wet; deze wet is in 1994 ingevoerd en is van toepassing op psychiatrie, psychogeriatrie en de zorg voor verstandelijk gehandicapten; volgens de BOPZ kan men niet onvrijwillig worden opgenomen zonder rechterlijke machtiging (afk. RM) of inbewaringstelling (afk. IBS); dwangbehandeling mag alleen onder bijzondere omstandigheden.

borborygmi *G* borrelingen in de darmen door aanwezige vloeistoffen en gassen bij verhoogde peristaltiek.

borderline 1. op de grens van. 2. *~persoonlijkheid* (psych.), zie persoonlijkheid.

Bordet, J. Belgisch bacterioloog (1870-1961); *bacil van ~-Gengou*, zie tussis.

Bordetella bacteriegeslacht (genoemd naar *Bordet) met grote verwantschap tot het geslacht Haemophilus; *~pertussis*, zie tussis.

Bornholmse ziekte epidemisch optredende infectieziekte, genoemd naar het Deense eiland Bornholm, gekenmerkt door ontsteking van tussenribspieren en middenrif, veroorzaakt door een coxsackievirus; syn. pleurodynia epidemica.

Borrelia een bacterie behorende tot de spirocheten; *~*burgdorferi*, de verwekker van de *Lyme-ziekte; *~ recurrentis*, syn. Spirochaeta obermeyeri, overgebracht door teken (zie teek); *~ vincenti*, de medeverwekker van de angina van *Plaut-Vincent.

Borst, J. Nederlands internist (1902-1975); *theorema van ~*, wanneer de nieren niet in staat zijn natrium bij een normale bloeddruk uit te scheiden, ontstaat hypertensie.

borst zie thorax, pectus; *~ademhaling*, zie costale *respiratie; *~been*, sternum; *~buis*, zie ductus; *~holte*, zie cavitas; *~klier*, zie mamma; *~klierontsteking*, zie mastitis; *~pomp*, toestel voor het kunstmatig leegzuigen van de lacterende borstklier; borstkolf; *~spier*, musculus pectoralis; *~vlies*, zie pleura; *~wervel*, vertebra thoracica.

borstelzoom cellenrand van de proximale nier*tubulus en darmepitheelcellen met een 'gerafeld' elektronenmicroscopisch aanzicht, syn. *microvilli.

BOS afk. van borstvoeding-ondersteuningsset, een hulpmiddel om de borstvoeding (opnieuw) op gang te brengen, of om borstvoeding te kunnen geven aan een adoptiekind.

bosluiskoorts zie tickbite fever.

boston-korset (orthop.) een modificatie van het *milwaukee-korset.

bot zie been.

Botallo, L. Italiaans anatoom (1530-1600), zie ductus arteriosus.

bot- *~broosheid*, osteopsathyrose; *~inductie*, een proces dat de proliferatie van ongedifferentieerde mesenchymale cellen stimuleert en leidt tot vorming van osteoprogenitoire cellen, die het vermogen bezitten om nieuw bot te vormen; *~ontkalking*, foutieve benaming voor osteoporose; *~ontsteking*, ostitis.

Botriocephalus zie Diphyllobothrium.

botryomycoom vaatrijk *granuloom in de lip (n.t.v.m. de botryomycose bij het paard), syn. granuloma teleangiectaticum.

botulisme, botulismus *L* vlees- of worstvergiftiging; infectieziekte door het toxine van Clostridium botulinum, een anaërobe bacterie die voorkomt in besmette worst, vlees en conserven; het toxine werkt vnl. op het zenuwstelsel en veroorzaakt (na een korte periode van algemene ziekteverschijnselen) spierzwakte en verlammingen, allereerst in het gebied van de hersenzenuwen.

bot- *~verdikking*, osteopetrosis; *~verharding*, *osteosclerose; *~verweking*, osteomalacie; *~vorming*, osteogenese.

Bouchard, Ch. Frans arts (1837-1915), zie Charcot.

bouderie *F* het bewust verkeerd uitvoeren van een handeling; pruilen, mokken.

bougie *F* buigzaam staafje dat in lichaamsopeningen kan worden gebracht, als onderzoek of om vernauwingen te verwijden.

Bouillaud, J. Frans arts (1796-1881); *ziekte van ~*, polyarthritis rheumatica acuta.

boulimie, boulimia (nervosa) (vlg. DSM-IV) eetstoornis gekenmerkt door onbeheerste 'vreetbuien', regelmatig zelfopgewekt braken, gebruik van laxeermiddelen, strenge diëten, vasten, energieke lichaamsoefeningen ter voorkoming van gewichtstoename, permanente overbezorgdheid over lichaamsomvang en -gewicht; het gewicht is meestal normaal maar aan grote schommelingen onderhevig; t.g.v. het frequent braken kan tandcariës, hypokaliëmie en een ontsteking van keel, slokdarm en maag ontstaan.

Bourdon, B. Frans psycholoog (geb. 1860); *test van ~-Wiersma*, psychologische test d.m.v. het aanstrepen van figuurtjes, cijfers en letters voor het onderzoek van iemands aandacht en oefeningsvermogen, snelheid van denken en handelen en van het optreden van geestelijke vermoeidheid.

bourdonnement *F* gegons, gebrom, gezoem.

Bourneville, D. Frans arts (1840-1909), zie facomatosen.

bouton *F* lett. knop of knoop. 1. huiduitslag met puisten. 2. *~ terminal*, eindknopje, eindplaatje in een *synaps.

boutonnière *F* knoopsgat; *~-deformiteit* bij reumatoïde artritis, flexie van het proximale en hyperextensie van het distale interfalangeale gewricht, doordat poging tot strekking van de vinger resulteert in buiging t.g.v. gewrichtsdestructie en 'slippen' van de strekpezen naar volair.

Bouveret, L. Frans arts (1850-1929); *ziekte van ~*, paroxismale *tachycardie.

boven- *~arm*, brachium; *~been*, femur; *~buik*, het gedeelte van de buik dat boven de navel ligt; *~kaak*, maxilla; *~lip*, labium superius; *~natuurlijk*, *~zinnelijk*, zie metafysica, parapsychologie.

bovien, bovinus *L* m.b.t. het rund; *boviene TBC-bacillen*, tuberkelbacteriën afkomstig van runderen.

bovilexie koe roepen bij het passeren.

bovotuberculine *tuberculine gewonnen uit boviene tuberkelbacillen.

Bowditch, H. Amerikaans fysioloog te Boston en Leipzig (1840-1911); *wet van ~*, de kracht van de hartcontractie kan niet worden verhoogd door de prikkel te versterken ('alles-of-niets'-wet).

bowel *E* darm.

Bowen, J. Amerikaans huidarts (1857-1941); *ziekte van ~*, intradermaal *epithelioom, gelijkend op eczeem, cellen bevattend van maligne structuur; syn. intra-epidermaal carcinoom.
Bowman, Sir W. Engels arts (1816-1892), zie glomerulus.
BOZ afk. van buikoverzicht.
BPD afk. van 1. bronchopulmonale *dysplasie. 2. bipariëtale diameter van de schedel van de foetus, syn. distantia biparietalis.
BPL afk. van bèta-propriolacton.
BPPD afk. van benigne paroxismale positie-duizeligheid.
BPR afk. van biceps-peesreflex.
BPS afk. van 1. beoordelingsschaal voor psychische en sociale problemen. 2. borderline persoonlijkheidsstoornis, zie persoonlijkheid.
Bq afk. van *becquerel.
braak- *~loop* (pop.) cholera; *~middel*, zie emeticum, vomitief.
braamcel *echinocyt; burr cell.
brace *E* (lett. beugel), korset, rompspalk of romporthese ter correctie van standafwijkingen van de wervelkolom.
bracherium *L* breukband, syn. hamma, apparaat (bandage) om uitstulping van breukinhoud te voorkomen.
brachiaal m.b.t. de arm; *~ale neuralgie*, *neuralgie van de armzenuw.
brachialgie armpijn.
brachium *L* arm (ook: bovenarm).
Bracht, E. gynaecoloog te Berlijn (geb. 1882); *handgreep van ~*, een verloskundige handgreep toegepast bij stuitligging van het kind.
brachy- (smst.) kort; tgst. dolicho-; *~cardie*, zie bradycardie; *~cefaal*, *~cephalus*, te korte voor-achterwaartse diameter van het neurocranium ten opzichte van de schedelomtrek, zie ook craniometrie; *~dactylie*, aangeboren verkorting van vinger- en teenkootjes t.g.v. *achondroplasie; zie ook brachyfalangie; *~falangie*, abnormale kortheid van één of meer kootjes van vingers of tenen; *~gnathie*, aangeboren onderontwikkelde boven- en onderkaak; *~mesomelie*, aangeboren onderontwikkeling van de (lange) pijpbeenderen van armen en/of benen; *~therapie*, behandeling met ioniserende straling op korte afstand van het lichaam of op de huid, inwendige bestraling.
Bradford-Eggleston trias orthostatische (posturale) hypotensie, anhidrose en impotentie t.g.v. functiestoornis van het *autonoom zenuwstelsel.
brady- (smst.) langzaam; tgst. tachy-.
bradyartrie scanderende spraak.
bradycardiacum (farm.) geneesmiddel ter verlaging van de hartslagfrequentie.
bradycardie (ook: *brachycardie*); abnormaal verlangzaamde hartwerking, met een polsslag van minder dan 60 slagen per minuut; syn. oligocardie; sporthart; *sinus-~*, lage samentrekkingsfrequentie van de boezems van het hart.
bradyfrasie langzame spraak veroorzaakt door vermoeidheid of een psychische stoornis.
bradyfrenie traagheid van het denkvermogen.
bradykinesie 1. (psych.) abnormale traagheid in geestelijke activiteit. 2. abnormale traagheid in lichamelijke bewegingen; syn. hypokinesie.
bradykinine polypeptide met hormonale werking op glad spierweefsel en belangrijk voorstadium van meerdere enzymatisch actieve stoffen; stimuleert de

vasculaire permeabiliteit en sensorische receptoren.

bradylalie verlangzaamde spraak; het met moeite aaneenvoegen van lettergrepen.

bradylexie traag leestempo door bemoeilijkte woordvorming uit de letters.

bradymelie syn. periostale dysplasie; kortheid van de ledematen, groot hoofd en een vrijwel normale ontwikkeling van de romp bij *dyschondroplasie.

bradyphrasie, -phrenie zie bradyfrasie, bradyfrenie.

bradypneu vertraagde ademhaling.

bradyspermie vertraagde zaadlozing, tgst. prospermie.

bradyteleokinesie een verschijnsel dat zich voordoet bij letsels in de kleine hersenen, nl. het staken van een beweging voordat het doel is bereikt.

bradytrofie 1. laag-optimale voedingstoestand van weefsel t.g.v. spaarzame bloedvoorziening, in engere zin pees- en bandweefsel, kraakbeen, hoornvlies, ooglens, gebit, tussenwervelschijven, trommelvlies, gehoorbeentjes, vaatwanden. 2. verlaagd basaalmetabolisme.

bradyzoiet *Toxoplasma-parasiet tijdens de zgn. latente fase van toxoplasmose.

Bragard, K. Duits orthopeed (1890-1973); *symptoom van ~*, 1. sterke dorsale flexie van de voet bij gestrekt omhooggeheven been veroorzaakt pijn bij ischias. 2. bij laesie van de mediale meniscus neemt de drukpijn af bij buiging van de knie.

braidisme hypnotisme (zie hypnose) genoemd naar J. Braid (Engels arts, overl. 1860), die het hypnotisme als eerste in de geneeskunde toepaste.

brailleschrift voelbaar blindenschrift genoemd naar de blinde uitvinder L. Braille (1808-1852).

Brailsford, J. Engels arts (1888-1961), zie Morquio.

brain *E* brein, hersenen; verstand; *emotional ~*, syn. *limbisch systeem; *~ failure*, tekortschieten van de hersenfunctie; ook: de langzame achteruitgang naar dementie; *~storm* 1. (pop.) aanval van 'verstandsverbijstering', plotselinge psychotisch-emotionele crisis. 2. het gebruik maken van ideeënassociaties; *visceral ~*, syn. *limbisch systeem; *~-washing*, hersenspoeling, zie menticide.

braken vomeren; *explosief~*, syn. *projectiel~*, zie projectielbraken; zie ook retentie-braken, vomitus.

branchiaal zie branchiogeen.

branchiogeen, branchiaal de (embryonale) kieuwspleten betreffend.

branchiogene fistel een lateraal in de hals gelegen aangeboren fistel, restant van een kieuwspleet (kieuwboogopening) die niet volledig is geoblitereerd.

Brandt-Danbolt syndroom zie acrodermatitis enteropathica.

Brånemark, P. Noors kaakchirurg; *methode van ~*, zie osseoïntegratie.

Branhamella een bacterie van het geslacht Neisseria, genoemd naar Sarah Branham, Amerikaans bacteriologe (overl. 1962); *~ catarrhalis*, voorheen *Neisseria catarrhalis, heet thans Moraxella catarrhalis, een gramnegatieve diplokok; zie Neisser.

Bras, G. Nederlands patholoog (geb. 1913); *syndroom van ~-Stuart*, afsluiting van de leveraders bij jonge West-Indische kinderen met leververgroting, ascites en necrose van levercellen; de oorzaak is onbekend.

Braun, H. chirurg te Zwickau (1862-1934); *slede van ~*, een sledevormige, verstelbare, steun voor onderbeen en bovenbeen ter ondersteuning van een (gebroken) been.

Braun, H. chirurg te Göttingen (1847-1911); *anastomose van ~*, side-to-side *anastomose van de aan- en afvoerende jejunumlis, ter preventie van het aanvoerende-lis-syndroom na een gastro-enterostomie (volgens Billroth II).

break-off *E* lett. afbreken; *~-fenomeen* (psych.), gevoel van onbehagen en mentale vervlakking, derealisatie, depersonalisatie en het optreden van hallucinaties t.g.v. geestelijke isolatie, zoals bijvoorbeeld bij piloten tijdens solovluchten op grote hoogte, syn. ecplexia.

breath holding spells een bij jonge kinderen voorkomende stoornis in de ademhaling als reactie op een onaangename ervaring; de ademhaling (uitademing) stopt reflexmatig; een blauwe (cyanotische) vorm treedt op tijdens huilen of gillen; een bleke vorm na een (onverwachte) pijnprikkel, zonder huilen; bij aanhoudende aanvallen kunnen bewustzijnsverlies en insulten optreden; op schoolgaande leeftijd verdwijnen de aanvallen veelal.

breedspectrumantibiotica antibiotica met een 'breed' werkingsgebied, d.w.z. werkzaam tegen vele grampositieve en gramnegatieve micro-organismen, rickettsiae en sommige virussen.

brefoplastiek plastische operatie (zie plastiek) met embryonaal of zeer jeugdig kinderlijk weefsel.

bregma *G* fontanel.

breiarm syn. tennisarm; zie epicondylitis.

breking zie refractie.

brekingsafwijking (oogheelk.) ametropie, refractie-anomalie.

breloque *F* vorm van dermatitis t.g.v. fotosensibiliteit na contact van de huid met bepaalde plantensappen; ook: berlock (foutief).

Brenner, F. Duits patholoog (1877-1969); *~-tumor,* fibromateus eierstokgezwel, ontstaan uit haarden van *Walthard.

Bretschneider, H. Duits farmacoloog; *vloeistof van ~*, calciumvrije cardioplegische oplossing.

breuk zie fractuur; hernia; *~band*, syn. bracherium, hamma; *~operatie*, herniotomie, herniorafie.

Brevibacterium een bacteriegeslacht van korte beweeglijke staafjes, voorkomend in aarde, zuivelproducten, water en afvalstoffen.

BRIC afk. van benigne recurrente intrahepatische cholestase.

Bricker, E. Amerikaans chirurg; *operatie van ~*, resectie van de urineblaas eventueel met omgeving, en implantatie van de ureters in een geïsoleerde ileumlis met afvoer naar buiten (= *stoma van ~*); syn. uretero-ileo-cutaneostomie.

bride *F* vergroeiing, streng, adhesie.

Bright, R. Engels arts (1789-1858); *ziekte van ~*, *glomerulonefritis.

brilcel neutrofiele leukocyt met een kern, bestaande uit twee evengrote segmenten, door een dunne brug verbonden.

brilhematoom hematoom onder de huid van de beide oogkassen, o.a. bij schedelbasisfracturen en letsels van het neuswortelgebied.

Brill, N. Amerikaans arts (1860-1925); *ziekte van ~-Symmers*, syn. lymphoblastoma megafolliculare (zie lymfoblastose); *ziekte van ~-Zinser,* laat recidief van typhus exanthematicus met mild verloop, afkomstig van Oost-Europese immigranten in Noord-Amerika.

Briquet 1. **Paul**, Frans patholoog (1796-1881); *gangreen van ~*, gangreen van de long bij bronchiëctasieën. 2. **Pierre**, Frans zenuwarts (overl. 1891); *syndroom van ~*, zie somatisatiestoornis.

brisement forcé *F* geforceerd rechtmaken of breken van verkromde beenderen of gewrichten.

Brissaud, P. Frans neuroloog (1852-1909); *ziekte van ~-Meige*, hemifacialisspasme t.g.v. druk op de n. facialis nabij de hersenstam t.g.v. een vaatafwijking (bijv. een aneurysma); *~-infantilisme*, *myxoedeem in combinatie met dwerggroei en hypogenitalisme.

brittle nails *E* zie nagel.

BRM afk. van biological response modifiers *E*, stoffen die in staat zijn een immunoreactie op te wekken; voorbeelden zijn: bacteriële producten (met name de celwanden van gramnegatieve bacteriën, zoals *BCG, Bordetella pertussis en Corynebacterium parvum), cytokinen (interferonen, interleukinen), LAK-cellen en thymushormonen.

broad β-disease *E* vorm van *hyperlipidemie.

Broca, P. Frans antropoloog (1824-1880); *centrum van ~*, motorisch spraakcentrum in de onderste winding van de linker frontaalkwab van de grote hersenen bij rechtshandigen (bij linkshandigen rechts gelegen); komt alleen voor bij de mens en bij de meeste antropomorfe aapsoorten; bij laesie van het spraakcentrum is er sprake van *~afasie*, een motorische afasie; *index van ~*, het lichaamsgewicht in kg is gelijk aan het aantal cm dat de lichaamslengte meer dan 100 cm bedraagt.

Brocq, H. Frans huidarts (1856-1928); *pseudopelade van ~*, multipele atrofische huidveldjes op de schedel met zeer spaarzame beharing; *ziekte van ~-Wilson*, zie Wilson (bet. 3).

broddelen een stoornis in het spreken, gekenmerkt door o.a. monotoon, snel, aritmisch en rommelig spreken; oorzaken zijn o.a. taalzwakte, slechte articulatiemotoriek, gebrek aan concentratie, erfelijkheid; gaat vaak gepaard met dyslectische verschijnselen.

Brodie, B. Engels chirurg (1783-1862), zie abces.

broedstoof apparaat om bacteriën in te kweken; zie ook thermoregulator.

broekoperatie (pop.) operatie waarbij de aorta*bifurcatie wordt vervangen door een kunststofprothese.

brok-in-de-keel *faryngospasme.

bromidrosis *G* het verspreiden van een onaangename zweetlucht t.g.v. het tot ontbinding komen van de door het zweet vochtig gehouden afschilfering van de huid.

bromisme chronische vergiftiging door misbruik van broompreparaten, gepaard gaande met op acne gelijkende puisten, bronchitis en neurologische afwijkingen en psychische stoornissen (hallucinaties, nystagmus).

bromoderma huidaandoening door het inwendig gebruik van broom, gekenmerkt door scherp omschreven vegeterende erupties bedekt door korsten.

Brompton-cocktail mengsel van morfine, cocaïne, alcohol en water.

bromtolgeruis ononderbroken 'muzikaal' geruis, veroorzaakt door de bloedstroom langs een samengedrukt gedeelte van de halsader; heeft geen pathologische betekenis; syn. bruit de diable.

bronchectasie zie bronchiëctasie.

bronchi meervoud van bronchus.

bronchiaal de luchtpijptakken betreffend; *~ ademgeruis*, auscultatorisch verscherpt ademgeruis bij verwoesting (caverne, abces), infiltratie (pneumonie) en compressie van longweefsel; *~ale catarre*, catarrale ontsteking van de luchtpijpvertakkingen, zie bronchitis; *~ale kramp*, tonische kramp van de spieren der kleine bronchi bij bronchiaal astma; *~ale stenose*, zie bronchostenose; *~toilet*, manuele en instrumentele ondersteuning van de ademhaling ter preventie of behandeling van obstructie van de luchtwegen door vastzittend secreet (slijm).

bronchiën foutief voor bronchi.

bronchiëctasie *G* verwijding van de luchtpijpvertakkingen, cilindrisch of zakvormig (ook: *bronchectasie*).

bronchiolitis ontsteking van de fijnere luchtpijpvertakkingen (*bronchioli*); syn. bronchitis capillaris, catarrhe suffocant *F*, bronchopneumonie.

bronchiostenose, bronchiostenosis zie bronchostenose.

bronchitis *L*, meervoud bronchitiden, een (catarrale) ontsteking van het slijmvlies der bronchi; zowel *acute* als *chronische* ~ kan worden veroorzaakt door virussen, pathogene bacillen of kokken of door een combinatie van virussen en bacteriën; men onderscheidt *droge* ~ (veel droog hoesten) en *vochtige* ~ (minder hoesten maar met opgeven van veel fluimen; zie bronchoblennorroe); ~ *foetida*, bronchitis waarbij rottingsbacteriën in de longen raken en oorzaak kunnen zijn van bronchiolitis of gangreen; ~ *capillaris*, capillaire bronchitis (ook: *micro~*), meestal bij ouderen en bij jonge kinderen voorkomend, waarbij ook de fijnste luchtpijpvertakkingen zijn aangedaan, syn. bronchiolitis, catarrhe suffocant de Laënnec *F*; ~ *crouposa*, weinig voorkomende vorm van bronchostenose, waarbij fibrineuze stolsels worden opgegeven.

broncho- zie ook bronchio-.

bronchoblennorroe slijmvloed van de bronchi; gaat bij chronische bronchitis gepaard met het opgeven van etterig sputum.

bronchoconstrictie vernauwing van de kleinere bronchiale vertakkingen.

bronchofonie het stemgeluid van de patiënt, dat door de stethoscoop, geplaatst op de borstkas, wordt gehoord; de bronchofonie is verzwakt boven vloeistof in de pleuraholte en bij verstoppingen van bronchi, versterkt boven infiltraten in de longen en bij compressie-atelectase.

bronchografie röntgen-contrastfotografie van de bronchi en hun vertakkingen.

bronchogram röntgen-contrastfoto van de bronchiale vertakkingen.

broncholyse behandeling van bronchospasmus met spasmolytica.

bronchomycosis zie landbouwerslong.

bronchopneumonie *G* haardvormige longontsteking, welke rechtstreeks ontstaat uit een bronchiolitis, syn. lobulaire pneumonie.

bronchopulmonaal, bronchopulmonair, bronchopulmonalis *L* m.b.t. de bronchi en longen; *~e dysplasie*, zie dysplasie.

bronchorroe hypersecretie van taai, moeilijk op te hoesten sputum bij chronische bronchitis.

bronchoscoop instrument voor onderzoek van de binnenzijde van luchtpijp en grote bronchi.

bronchoscopie *G* visueel onderzoek van de luchtpijp met een bronchoscoop.

bronchospasmus kramp(toestand) van de bronchiale spieren bij astma.

bronchostenose, bronchiostenose *G* (ook: bronchiale stenose), vernauwing van de bronchi door het geraken van vreemde lichamen in de luchtwegen, zwelling van het slijmvlies, gezwellen en t.g.v. longemfyseem.

bronchus *G* luchtpijpvertakking, meervoud bronchi; *~carcinoom*, zie carcinoom: carcinoma bronchiale; *~scopie*, zie bronchoscopie.

bronsdiabetes levercirrose, gecombineerd met suikerziekte en huidpigmentatie door *hemochromatose.
bronst paringsdrift.
bronsziekte zie Addison.
bronwater *~cyste*, zie cyste; *~therapie*, crenotherapie.
broodschurft zie pellagra.
Brooke, zie tricho-.
broom één der halogenen; *~vergiftiging*, zie bromisme; *~*klaring*, leverfunctieproef waarbij wordt bepaald hoeveel tijd er gemoeid is met de uitscheiding van een hoeveelheid intraveneus ingespoten broomsulftaleïne.
Brown-Sequard, Ch. Frans fysioloog (1817-1894); *verlamming van ~*, partiële *dwarslaesie met eenzijdige spastische verlamming en ongevoeligheid aan de niet verlamde zijde door druk op het ruggenmerg (piramidebanen), veroorzaakt door gezwellen of verwonding; bij laesie van de voorhoorn ontstaan slappe paresen.
Brucella geslacht van gramnegatieve bacteriën, vroeger aangeduid als Micrococcus, verwekkers van brucellose.
brucellose, brucellosis een ziekte van dieren op mensen overgebracht (zoönose) met acuut, soms chronisch verloop, veroorzaakt door Brucella, gekenmerkt door algemene klachten, gewrichtspijnen, *neuritiden, milt-, lymfeklier-, leverzwelling, uitputting, psychoneurose; *~ melitensis*, overgebracht door geiten; *~ suis*, overgebracht door varkens; *~ abortus*, overgebracht door runderen, syn. ziekte van Bang.
Bruch, K. Duits anatoom (1819-1884); *membraan van ~*, de basale laag van het vaatvlies van het oog.
Brudzinski, J. von Pools arts (1874-1917); *teken van ~*, bij prikkelingstoestanden van de hersen- of ruggenmergvliezen (bijv. meningitis) veroorzaakt 1. passieve buiging van de nek: buiging van de knieën en heupen. 2. passieve buiging van het gestrekte been in de heup: buiging in heup en knie van het andere been.
Brueghel-syndroom oromandibulaire dystonie, gecombineerd met aanvallen van *blefarospasme.
brug (anat.) pons *L*; *~ van Varol*, *pons Varolii.
brugcallus callus tussen twee botten die normaliter niet benig zijn verbonden, bijv. tussen radius en ulna na onderarmfractuur.
brughoek de ruimte tussen de brug van Varol (pons Varolii), het rotsbeen en de kleine hersenen; *~syndroom*, verschijnselen als bij brughoektumor, bovendien functie-uitval van de hersenzenuwen V, VII en VIII, soms cerebellaire verschijnselen en sensibiliteitsstoornissen in gelaat en mondholte; *~tumor*, gezwel (neuroom) van de nervus octavus in de brughoek; veroorzaakt perceptiedoofheid, tinnitus, evenwichtsstoornissen.
Brugia malayi zie Filaria.
brugverschijnselen ziekteverschijnselen die een oorzakelijk verband tussen een bestaande en een vroegere aandoening aannemelijk maken; zie ook brughoek.
bruit *F* geruis; *~ de cuir neuf*, lett. geluid van nieuw leer; wrijfgeruis bij pericarditis, hoorbaar bij auscultatie; *~ de diable*, zie bromtolgeruis; *~ de pot fêlle*, lett. geluid van een gebarsten pot, percussiegeluid bij oppervlakkig gelegen holten in de long en bij verwijde schedelnaden (bijv. bij verhoogde intracraniële druk).
Brunner, J. Duits anatoom (1653-1727); *klieren van ~*, duodenumklieren waarvan het product het slijmvlies beschermt tegen beschadiging door de (zure) *chymus.

Bruton, O. Amerikaans kinderarts (geb. 1908); *ziekte van ~*, X-chromosomaal gebonden *hypogammaglobulinemie bij kinderen, gekenmerkt door frequente, zich herhalende pneumonie, otitis, sinusitis e.d.
bruxisme tandengeknars, vnl. tijdens de slaap.
BS afk. van bowel syndroom.
BSD afk. van balanced synthetic diet *E*, synthetisch voedsel, dat geen afvalstoffen vormt, speciaal samengesteld voor ruimtevaarders (astronautendieet); zie ook elementair *dieet.
BSE afk. van 1. bezinkingssnelheid der erytrocyten; niet-specifieke proef voor algemeen oriënterend diagnostisch onderzoek met onstolbaar gemaakt bloed; een bezinking van 3-7 mm na 1 uur geldt als normaal; bij belangrijk hogere waarde is er wellicht een pathologisch proces; syn. valsnelheid. 2. boviene spongiforme encefalopathie; zie ook ziekte van *Creutzfeldt-Jakob.
BSF afk. van 1. B-cel stimulerende factor. 2. broomsulftaleïne.
BSV afk. van ziekte van *Batten-Spielmeyer-Vogt.
BT afk. van 1. bewegingstherapie. 2. beeldende therapie.
BTB afk. van bundeltakblock.
BTC afk. van basale temperatuurcurve.
BTG afk. van *bètatromboglobuline.
bubo *G* klapoor, zwelling van de liesklieren t.g.v. ontsteking; kan worden veroorzaakt door infectie na verwonding ter plaatse, echter meestal een gevolg van weke *sjanker; komt ook voor bij pest; gaat in de regel gepaard met pijn en koorts en kan leiden tot fistelvorming; *indolente bubonen*, pijnloze bubonen die niet veretteren; *strumeuze bubonen*, zeer grote syfilitische bubonen; *tropische* of *klimatische bubonen*, bubonen bij lymphogranuloma inguinale.
bubonenpest zie pest.
bubonocele *G* zwelling in de liesstreek door een lies- of dijbreuk.
bucca *L* wang.
buccaal, buccalis *L* tot de wang behorend, de wang betreffend.
buccal smear *A* zie 'likproef', drumsticks.
Buchem, F. van Nederlands internist (1897-1979); *ziekte van ~*, zie hyperostose.
buckystralen zeer zachte röntgenstralen voor oppervlakte-therapie; syn. grensstralen.
bucnemia tropica syn. *elefantiasis.
Budd, G. Engels arts (1808-1882), zie Chiari.
budding *E* knopvorming; uitbotting; syn. gemmatie.
buddy *E* vrijwilliger in de gezondheidszorg die praktische en 'emotionele' hulp biedt, bijvoorbeeld bij AIDS-patiënten.
Buerger, L. Amerikaans chirurg (1879-1943); *ziekte van ~*, thromb(o)angiitis obliterans, een chronische met afsluiting van het vat gepaard gaande ontsteking van slagaders en aders vooral van de onderste extremiteiten, meestal bij mannen op middelbare leeftijd, leidend tot ischemische verschijnselen en dysbasie, soms tot gangreen of necrose; *proef van ~*, bij slagaderlijke doorbloedingsstoornissen van het been wordt dit cyanotisch bij omlaaghangen en bleek bij heffen van het been in het heupgewricht; zie ook Bürger.
buffalo hump *E* vetophoping ter hoogte van de overgang van hals naar rug bij vetzucht.
buffer opgeloste stof of oplossing die de *pH constant houdt.

buffy coat *E* de laag leukocyten en trombocyten die ontstaat boven de erytrocyten bij centrifugatie van onstolbaar gemaakt bloed.
Bugnet *methode van ~*, heilgymnastische methode ter oefening van paretische spiergroepen d.m.v. statische contracties tegen een weerstand in; syn. neuromyotherapie.
buig- zie flec-, flex-.
buigen zie anteflexie, kataflexie.
buik abdomen; *~griep*, populair voor maag-darmontsteking, zie enteritis; *~holte*, lapara *G*; *~ingewanden*, zie intestinum; *~kramp*, zie colica; *~loop*, zie diarree; *~pers*, prelum abdominale; *~pijn*, zie enteralgie; *~speekselklier*, pancreas; *~spreken*, ventriloquisme; *~tyfys*, typhus abdominalis, zie tyfus; *~vlies*, peritoneum; *~vlieszak*, zie bursa; *~waterzucht*, ascites.
builenpest zie pest.
buis zie ductus; *~zweer*, zie fistel.
buiten *~baarmoederlijk*, zie graviditeit; *~echtelijk*, extramatrimoniaal; *~ooghoek*, paropia; *~waartsdraaiing*, eversie; exorotatie; *~zintuiglijk*, syn. bovenzinnelijk.
Bülau, G. von Duits internist (1835-1900); *drainage vlg. ~*, onafgebroken *drainage van de pleuraholte bij empyeem vlg. het hevelprincipe of mechanisch.
bulbair de *bulbus medullae betreffend; *~e crisis*, aanvallen van onregelmatige hartwerking met polsversnelling; komt voor bij difterische verlamming (zie difterie); *~e paralyse*, verlamming uitgaande van het verlengde merg t.g.v. bloeding, trombose of embolie; *progressieve ~e paralyse*, chronische, na het 35ste levensjaar optredende aandoening van het verlengde merg met bemoeilijkte spraak, kauw- en slikstoornissen, daarna speekselvloed, versnelde polsslag, voortgaande degeneratie der aangedane spieren, enz.
bulbitis ontsteking van de *bulbus penis bij gonorroe.
bulbus *L* bal, bol, bolvormig lichaamsdeel, plaatselijke opzwelling van een lichaamsdeel; *~ duodeni*, syn. ampulla, benaming van het gedeelte van het duodenum onmiddellijk na de pylorus (pars superior duodeni); *~fenomeen*, ongevoeligheid van de oogbol voor druk (bij tabes dorsalis); *~ oculi*, oogbol; *~ medullae*, het verlengde merg (medulla oblongata); *~ olfactorius*, kolfvormige structuur ('reukkolf') aan het begin van de *tractus olfactorius; het is de plaats waar de *fila olfactoria samenkomen; ligt op de zeefplaat (lamina cribrosa) van het zeefbeen.
bulging disc *E* discusprotrusie.
bulimie, bulimia *G* zie boulimie.
bulla *L* blaar, blaasje, groter dan een vesicula; *~ ethmoidalis* (anat.), slijmvliesverwijding onder de middelste neusschelp.
bulldogskin *E* dikke voorhoofdshuid met vele rimpels bij acromegalie.
bulleus, bullosus *L* blaar- of blaasvormig; *~ eczeem*, huiduitslag met blaarvorming.
bult zie kwaddel.
bundel zie atrioventriculair; *~takblock*, zie arborisatieblock.
bunion *E* knol; valgusstand van de grote teen met verdikking van de distale weke delen om het *metatarsofalangeaal gewricht en vorming van een bursa.
Bunnell, W. Amerikaans arts (1902-1966), zie Paul.
buphthalmos *G*, **buphthalmus** ossenoog, een aangeboren of in de eerste levensjaren optredende, meestal dubbelzijdig ziekelijke vergroting van het oog t.g.v.

recessief erfelijke verhoogde intra-oculaire druk; heeft blindheid tot gevolg.

Burgdorfer, W. Amerikaans bacterioloog, zie Borrelia.

burgemeestershals sterke verdikking van de hals door lymfeklierontsteking.

Bürger, M. Duits internist (1885-1966); *ziekte van ~-Grütz*, primaire *hyperlipoproteïnemie op grond van LPL-deficiëntie, gekenmerkt door opalescent serum, hepatosplenomegalie, retinale vetafzetting en xanthomen, doch geen atherosclerose; zie ook Buerger.

Burkitt, D. Engels chirurg (geb. 1911); *tumor van ~*, een lymfomateus neoplasma (monoklonale B-cel tumor), dat wordt gerekend tot de non-Hodgkin lymfomen, met maligne eigenschappen en meervoudige lokalisaties o.a. in de kaakbeenderen, retroperitoneaal en in de ovaria, veroorzaakt door het *Epstein-Barr virus, waarschijnlijk onder invloed van immuno*deficiëntie; een constante chromosomale afwijking bij het Burkitt-lymfoom is de *translokatie van chromosoom 8 naar chromosoom 14.

Burnet, F. Australisch viroloog (1899-1985), ontdekker van de (naar hem genoemde) verwekker van de *Q-koorts; grondlegger van het begrip *immuunsurveillance; Nobelprijswinnaar in 1960 voor zijn werk over de immunologische *tolerantie.

Burnett, C. Amerikaans arts (geb. 1901); *syndroom van ~*, hypercalciëmie, alkalose en kalkafzetting in de weke delen, bij maagpatiënten door overmatig en langdurig gebruik van melk en alkalische producten; syn. melkalkalisyndroom.

burning feet *E* lett. brandende voeten, neuropathie van sensibele zenuwen van de voetzolen.

burnout-syndroom toestand van lichamelijke, emotionele en psychische uitputting, het gevolg van emotioneel belastende werksituaties waarin intensief en langdurig met mensen wordt gewerkt; symptomen zijn vermoeidheid, slapeloosheid, prikkelbaarheid, depressie, afstandelijkheid, twijfel aan eigen bekwaamheid, verslavingsdrang; zie ook neurastheen syndroom.

Bürow, K. von Duits chirurg (1809-1874); *vloeistof van ~*, liquor burowii of burowse vloeistof, solutio acetatis aluminici; wordt gebruikt voor natte omslagen bij ontstoken wonden.

burr-cel syn. *echinocyt.

bursa *L* zakvormige ruimte, al of niet gesloten; *~ mucosa*, slijmbeurs; bursae bevinden zich op plaatsen waar huid of spieren over uitstekende beenpunten moeten glijden; *~olecrani*, syn. bursa intratendinea olecrani (bursa Monroi), bursa in de pees van de musculus triceps brachii dicht bij het olecranon; ontsteking hiervan staat bekend als mijnwerkerselleboog; *~ omentalis*, buidelvormige uitstulping van het buikvlies tussen maag en pancreas.

bursa-equivalent het bij zoogdieren in het lymfoïde darmweefsel en in het beenmerg aanwezige systeem dat de (thymus-onafhankelijke) B-lymfocyten produceert; zie bursa *Fabricius.

bursitis *L* ontsteking van een slijmbeurs (bursa); wordt veroorzaakt door aanhoudende plaatselijke wrijving, stoten of drukken; verschijnselen zijn zwelling, roodheid en pijn; *~ calcarea*, bursitis met kalkafzettingen; *~ praepatellaris*, de meest voorkomende vorm van bursitis, nl. van de boven de knieschijf gelegen slijmbeurs; vaak bij mensen die veel moeten kruipen (dienstmädchenknie, *D*).

burst size *A* de hoeveelheid virus die door één besmette cel wordt gevormd.

Buruli district in Uganda; *~-zweer*, necrotiserend ulcus van huid en subcutis,

veroorzaakt door *Mycobacterium ulcerans.
BUS afk. van Bonnevie-Ullrich-syndroom.
Buschke, A. Duits dermatoloog (1868-1943), zie scleroedema adultorum.
butterfly-dermatitis *E* symmetrische dermatitis in het gelaat ter weerszijden van de neus bij *erythematodes; syn. vespertilio.
BV afk. van 1. bacteriële vaginose. 2. bejaardenverzorgende, bejaardenverzorging.
BVA afk. van bureau vertrouwensarts.
BVAS afk. van Belgische vereniging van artsensyndikalisten.
BVG afk. van bedrijfsvereniging voor de gezondheid, geestelijke en maatschappelijke belangen.
BVP afk. van beroepsvoorbereidende periode.
BVV afk. van beroepsgroep verplegenden en verzorgenden.
BW afk. van 1. Bourdon-Wiersma. 2. beschermd wonen. 3. borstwervel. 4. biologische waarde.
Bx (jrg.) aanduiding op de *status (bet 2): 'biopsie verricht'.
bypass *E* (chir.) omlegging; overbruggingsoperatie; zie plastiek; syn. pontage *F*; *coronaire ~*, bypass van afgesloten of te sterk vernauwde kransslagaders; deze omleidingsoperaties worden uitgevoerd met een beenader (een gedeelte van de vena saphena magna, de zgn. 'venengraft') maar in toenemende mate met slagaders zoals de linker arteria mammaria interna (afk. *LIMA), de rechter arteria mammaria interna (afk. *RIMA) en de arteria gastro-epiploica (afk. *GEA); *cardiopulmonaire ~*, operatietechniek waarbij hart en longen worden uitgesloten van de circulatie (d.m.v. een shunt tussen het ostium van het linker atrium en de aorta) en geoxygeneerd bloed door het vaatstelsel wordt gepompt; *~-enteropathie*, diarree, meteorisme, darmdilatatie, pneumatosis cystoides (zie pneumatose), soms tevens gewrichts- en huidafwijkingen, een en ander als gevolg van een darmbypass; *jejuno-ileale ~*, chirurgische 'kortsluiting' van jejunum en ileum ter verkrijging van lichaamsgewichtverlies; obsolete methode wegens kans op ontstaan van enteritis, osteomalacie, levercirrose, nierinsufficiëntie e.a.
byssinose *G* chronische bronchitis door inhalatie van stof in de katoen-, vlas- en hennepindustrie ('monday sickness').
B-ziekte zie aangiftesysteem.
BZK afk. van budgettair zorg kader.
BZV afk. van biochemisch zuurstofverbruik.
BZW afk. van begeleid zelfstandig wonen.

C

c afk. van centi = 1/100.
c. afk. van 1. cochlear (rec.). 2. cum, met.
C symbool voor 1. Celsius (zie thermometer). 2. carboneum, koolstof.
ca. afk. van carcinoom.
Ca symbool voor het element calcium.
CAAS afk. van cardiovasculaire angiografie analysesysteem.
CAB afk. van catheter geassocieerde bacteriëmie.
CABG afk. van coronary artery bypass grafting *E.*
Cabot, R. Amerikaans internist (1868-1939); *ringen van ~*, membraanresten van erytrocyten bij pernicieuze en andere anemieën en loodintoxicatie.
CABS afk. van coronary bypass surgery *E.*
CAB-schema *reanimatie in de volgorde *c*ardiale massage, *a*demweg vrijhouden, *b*eademen.
Cacchi, R. Italiaans uroloog; *syndroom van ~-Ricci*, medullaire *sponsnier.
-cace *G* (smst.) slecht; slechte toestand.
cachectisch op cachexie wijzend.
cachet *F* (farm.) capsula amylacea.
cachexie, cachexia *G* sterk verslechterde lichaamsgesteldheid met vermagering, spieratrofie, anemie, bruingele huid met geringe turgor en algemene zwakte t.g.v. chronische ziekten; *~ africana*, zie geofagie; *~ carcinomatosa*, cachexie t.g.v. kanker; *~ pachidermique F*, syn. *myxoedeem; *~ paludosa*, cachexie t.g.v. chronisch-recidiverende malaria, evt. tezamen met herinfecties.
cachinnatio schaterlachen, dwanglach; onnatuurlijk lachen.
cacuminaal m.b.t. het *cacumen*, d.i. de top van een orgaan (syn. culmen); *~ale spraak* ,spraakgebrek met articulatie achterin de mond.
CAD afk. van 1. cardiac assist *device *E.* 2. consultatiebureau voor alcohol en drugs. 3. computer-assisted design *E*, computer-gestuurd ontwerp, bijv. van een prothese. 4. catheter associated disease *E.* 5. catheter à demeure, verblijfskatheter. 6. continue ambulante dialyse. 7. coronary artery disease *E.*
cadaver zie kadaver.
cadmium een metaal; *chronische ~vergiftiging* veroorzaakt chronische bronchitis en onherstelbare beschadiging van de niertubuli.
caduceus *expertsysteem betreffende de interne geneeskunde.
caecaal tot de blindedarm behorend; zie caecum.
caecitas *L* blindheid; *~ verbalis*, *woordblindheid.
caecum *L* begin van de dikke darm (colon), blindedarm, syn. caput coli, typhlon.
caecus *L* blind eindigend; blind.
caeruleus *L* blauw; zie ook cerul-.
caesarea m.b.t. Caesar, keizerlijk; zie ook sectie.
CAF (farm.) afk. van cyclofosfamide, Adriblastina (doxorubicine), fluorouracil (cytostatica-combinatie).
café au lait *F* lett. koffie met melk; *~ vlekken*, lichtbruine huidvlekken vooral

vóórkomend bij *facomatosen, verder bij polycysteuze nierdegeneratie, het syndroom van *Albright en bij subacute bacteriële *endocarditis.

cafeïne (ook: *coffeïne*) alkaloïd uit koffiebonen, thee en colabonen; cardiotonicum, centraal stimulans, diureticum; derivaat van xanthine.

CAG afk. van coronaire angiografie.

CAH afk. van chronische actieve of agressieve *hepatitis.

CAHZ afk. van coronaire atherosclerotische hartziekten.

CAI afk. van catheter geassocieerde infectie.

caissonziekte *F* duikersziekte, onderdrukziekte, syn. aëremie, ziektebeeld met hoofdpijn, duizeligheid, misselijkheid, verwardheid, soms verlammingen en bewusteloosheid (en zelfs de dood) t.g.v. embolie van stikstofgasbelletjes in het bloed, die zich vormen door plotselinge verlaging van de luchtdruk buiten het lichaam; komt o.m. voor bij duikers bij de overgang uit overdruk (onder water) in de vrije buitenlucht.

Cajal, S. Spaans anatoom-histoloog (1852-1934); *cellen van ~*, *astrocyten; *kern van ~*, zie nucleus interstitialis; *methode van ~*, impregnatie van zenuwweefsel met goudchloride ter aantoning van *astrocyten.

CAK afk. van centraal administratiekantoor AWBZ.

CAL afk. van 1. chronic airflow obstruction *E*. 2. craniocervicaal acceleratieletsel, syn. whiplashtrauma.

calabarzwelling zie Filaria.

calamity syndrome *E* peracute en alarmerende angsttoestand met vervreemdingsverschijnselen en ervaring alsof een catastrofe plaatsvindt; zie ook acute *stressstoornis.

calcaneodynie pijn in het hielbeen.

calcaneus *L* hielbeen, ook: *calcaneum*.

calcar doornachtige uitwas van een bot; spoor; *~ femorale*, verticale weefselversteviging van de dijbeenhals vóór de trochanter minor.

calciëmie in *hypo-* en *hyper~*, te weinig resp. te veel calcium in het bloed.

calciferol zie vitamine D; *chole~*, vitamine D_3; wordt in de huid onder invloed van ultraviolet licht (zonlicht) gevormd uit cholesterol; *ergo~*, vitamine D_2; ontstaat door bestraling van bepaalde plantenbestanddelen.

calcificatie verkalking, kalkafzetting; *extraskelettale ~*, calcificatie in arteriewanden, huid, ogen ('red eyes'), ingewanden en spieren bij sommige stoornissen in het calciummetabolisme.

calcifylaxe, calciphylaxis 'kalkafweer' of -bescherming; afzetting van calciumzouten in weefsels als reactie op het binnendringen van schadelijke agentia waartegen zich tevoren een overgevoeligheid heeft ontwikkeld, bij een normaal calciumgehalte van het bloed.

calcinose, calcinosis het vóórkomen van neerslagen van calciumzouten in organen of weefsels op verschillende plaatsen in het lichaam, al of niet gepaard met alkalose of met verhoogd calciumgehalte in het bloed; *hyalino~*, *fibrose met kalkafzetting; *tumorale ~*, zeldzame metabole, gezwelvormige afzetting van calciumfosfaat rondom grote gewrichten (heup, knie, elleboog); de *~ universalis*, in huid, spieren, pezen, gewrichtskapsels, wordt foutief wel 'kalkjicht' genoemd.

calciphylaxis zie calcifylaxe.

calcitonine hormoon, geproduceerd door de zgn. C-cellen (behorend tot het *APUD-systeem) van de schildklier, dat het calciumgehalte van het bloed verlaagt door remming van de botontkalking en van de tubulaire terugresorptie van calcium.

calcium 'kalk'; symbool Ca, een voor het organisme onmisbaar element t.b.v. de spierfunctie, de productie van *neurotransmitters, van hormonen, mediatoren en vele andere; *~antagonisten* (beter: ~ *entry blockers* of *instroomremmers*), verzamelnaam voor een groep geneesmiddelen die de calciuminstroom in spiercellen remmen en daardoor o.a. de zuurstofbehoefte van de hartspier verminderen; calciumantagonisten gaan spasmen van de coronaire arteriën tegen en werken verwijdend op arteriolen waarop de hypotensieve werking en de afneming van de perifere vaatweerstand berusten; *~deficiëntie*, zodanige verstoring van het calciummetabolisme, dat de verliezen uit het lichaam de opneming overtreffen; ~ *overload blockers*, farmaca die te hoge stijging van intracellulaire calciumconcentratie tegengaan.

calculosis syn. *lithiasis.

calculus *L*, **calculex** steentje (vklw. van *calx*), galsteentje, niersteentje, enz.; ~ *bronchialis*, uit ingedikt slijm gevormde steen in de luchtwegen; ~ *faecis* of ~ *stercorarius*, dreksteen; ~ *felleus*, galsteen; ~ *prostatae*, prostaatsteen; verkalkt prostaatlichaampje; ~ *pulmonum*, longsteen gevormd uit verkalkte weefseldelen bij longtuberculose; ~ *salivalis*, speekselsteen; *staghorn* ~, nierbekkensteen met uitlopers in meerdere calices; ~ *vesicae*, blaassteen.

CALD afk. van chronic active liver disease *E*.

Caldwell, G. Amerikaans KNO-arts (1834-1918); *operatie van ~-Luc*, opening van de chronisch ontstoken bovenkaaksholte via de buccale mondholte ter hoogte van de 2de premolaar.

calicivirus een subgroep van *picornavirussen.

calix *G* (meervoud *calices*) kelk; ~ *gustatorius*, smaakbeker, eindorgaantje van de smaakzenuw; ~ *renalis*, nierkelk, de kelkvormige verzamelkanalen van het nierbekken die de nierpiramiden omvatten; ~ *superior syndroom*, zie syndroom van *Fraley.

calla afk. van common all-antigen *E*.

calleus zie callosus.

callositas *L* eelt, eeltplek, plaatselijke verdikking der hoornlaag van de opperhuid.

callosus *L* tot nieuw weefsel vergroeiend.

callus *L* eelt; ook: nieuw weefsel dat bijv. na een beenbreuk de beide breukuiteinden verbindt en later door kalkafzetting nieuw been wordt.

Calmette, L. Frans bacterioloog (1863-1933); bacil van *~-Guérin*, avirulente, van runderen afkomstige tuberkelbacil, gebruikt voor de bereiding van een vaccin tegen tuberculose (afk. BCG-vaccin); inenting met BCG-vaccin wordt ook toegepast ter niet-specifieke stimulatie van de immunologische afweer.

calmoduline een belangrijk intracellulair proteïne dat calcium bindt en aldus essentiële celactiviteiten reguleert.

calor *L* hitte; verhoogde weefseltemperatuur, verschijnsel van ontsteking.

calorie *F* verouderde energie-eenheid: de hoeveelheid warmte, nodig om 1 g water één graad C te verwarmen; zie ook Joule; bijv.nw. *calorisch*.

calorimeter warmtemeter; de thermometer wijst de warmtegraad aan, de calorimeter de hoeveelheid warmte.

calvaria *L* schedeldak; bestaat uit het voorhoofdsbeen, de beide wandbeenderen, de squamae (schelpen) van de slaapbeenderen en van het achterhoofdsbeen.

Calvé, J. Frans orthopeed (1875-1954); *ziekte van Legg-~-Perthes*, zie osteochondrose.
calvities *L* kaalhoofdigheid; syn. *alopecia.
calx *L* 1. steen (zie calculus). 2. achterste uitsteeksel van het hielbeen.
calyx zie calix.
cambriczwachtel *E* stevige elastische zwachtel van batist; toepassing als steun- of drukverband.
camera *L* kamer; ~ *obscura*, donkere kamer; ~ *oculi anterior*, de voorste *oogkamer; ~ *oculi posterior*, de achterste *oogkamer.
camisia follium *L* syn. *dwangbuis.
cAMP afk. van cyclisch *AMP; zie ook second *messenger.
campimeter vlak bord waarop de omtrek van het gezichtsveld wordt opgetekend; ook 'donkere vlekken' (scotomen, zie scotoom) worden ermee gelokaliseerd.
camptocormia abnormale buigingstoestand, statische misvorming van de romp.
camptodactylie syn. campylodactylie; vinger of teen die niet gestrekt kan worden, meestal door beperking in het gewricht tussen het basiskootje en het middenkootje (het *PIP-gewricht).
camptomelie permanente gebogen stand van één of meer skeletdelen; bijv.nw. *camptomeel*, ook: *campomelie*.
Campylobacter een bacteriegeslacht dat hoofdzakelijk infecties van het spijsverteringskanaal veroorzaakt; ~ *jejuni*; een gramnegatieve bacterie, veroorzaakt darminfecties; slachtkippen vormen een belangrijke besmettingsbron; zie ook Helicobacter.
campylobacteriose ziekte als gevolg van infectie met de bacterie Campylobacter.
campylodactylie syn. camptodactylie.
CAMR afk. van cytotoxic antibody mediated reaction *E*.
CANA afk. van chronische aspecifieke nasale aandoening.
canal- zie ook kanal-; *~aid E*, gehoorprothese die in de uitwendige gehoorgang wordt gedragen en zo-goed-als onzichtbaar is.
canaliculus *L* kanaaltje; ~ *lacrimalis*, traankanaal, afvoergang van de traanpunten naar de saccus lacrimalis (traanzak).
canalis *L* kanaal; ~ *centralis*, centraal kanaal in het ruggenmerg; ~ *facialis*, het kanaal in het slaapbeen, waarin de nervus facialis verloopt; ~ *inguinalis*, lieskanaal; ~ *nasolacrimalis*, traanafvoergang.
cancer *L* kanker; ~ *aquaticus*, waterkanker, zie noma; ~ *en cuirasse F*, in de lymfebanen om de borstkas zich uitbreidende kanker, dikwijls uitgaande van de borstklier; ~ *family syndrome E*, zie Muir; ~ *pyreticus*, kanker die met hoge koorts gepaard gaat (meestal leverkanker).
cancroïd *L* verhoornde kanker van de huid; n.t.v.m. carcinoïd en chancroïd.
candela *L* basiseenheid voor lichtintensiteit, afk. cd.
Candida ~ *albicans*, zie candidiasis.
candidemie aanwezigheid van (virulente) Candida albicans in het bloed.
candidiasis, candidose een schimmel(gist)ziekte van huid en slijmvliezen door infectie met Candida albicans; syn. moniliasis; ~ *chronica*, autosomaal-recessieve chronische mucocutane candidiasis bij cellulaire immunologische *deficiëntie; *systemische* of *gegeneraliseerde* ~, 'septische' (embolische) verspreiding van Candida-infectie veroorzaakt afwijkingen in velerlei organen (longen, endocard, hersenen en hersenvliezen, nieren, milt, enz.) met koorts en andere algemene

ziekteverschijnselen, veelal t.g.v. verslechtering van de algemene weerstand van het organisme (druggebruik, alcoholisme, immuun*deficiëntie, bijv. AIDS); ~ *vaginalis*, veel voorkomende candidiasis van het vagina-epitheel met sterk jeukende, vaginale afscheiding.

canicolakoorts vorm van *leptospirose met vnl. meningeale verschijnselen.

caninus (*dens* ~) *L* hoektand.

canities *L* diffuus grijs worden van de haren; wordt veroorzaakt door verlies van de kleurstof.

cannabis hennep; *Cannabis sativa*, Indische hennep; zie marihuana.

cannelure *F* groef, gleuf.

cannula *L* zie canule.

cantharidine blaarverwekkend gif in de Spaanse vlieg, Cantharis vesicatoria.

cantharidismus *L* vergiftiging door cantharidine.

Cantharis vesicatoria syn. Lytta vesicatoria, Spaanse vlieg, een 2 cm lange kever, die in Zuid- en Midden-Europa op bomen leeft; na droging werden de kevers tot poeder verwerkt waarin het gif cantharidine, dat gebruikt werd als trekpleister, als afrodisiacum of als middel tegen impotentie.

canthus *G* ooghoek; zie ook epicanthus.

canulatie het inbrengen van een canule, katheter en dergelijke in een afvoerbuis, bloedvat of een lichaamsholte.

canule *F* 1. buisje, mondstuk, enz., bijv. voor de slang van een irrigator. 2. punctienaald, injectienaald; *venster*~, punctienaald voorzien van een aantal zijdelingse openingen, gebruikt voor het geven van een hypodermoclyse of ander infuus.

CAO afk. van 1. chronic airway (of: airflow) obstruction *E*. 2. collectieve arbeidsovereenkomst.

CAP (farm.) afk. van cyclosporine, azathioprine, prednisolon, een combinatie van cytostatica.

capacitatie tot iets in staat stellen; ergens toe geschikt (capabel) maken.

capaciteit vermogen, kracht, inhoud; *aërobe* ~, de maximale hoeveelheid zuurstof die per minuut door het lichaam wordt opgenomen; *vitale* ~ (afk. VC), de hoeveelheid lucht die de longen na diepe inademing door maximale uitademing kunnen uitademen; de lucht die daarna nog in de longen aanwezig is, heet residu; vitale capaciteit plus residu = *totale* ~, afk. TC; van de vitale capaciteit is ongeveer 15% het ademvolume (de hoeveelheid lucht die bij een 'gewone' ademhaling wordt in- en uitgeademd; ongeveer 65% complementaire lucht, inspiratoire reservevolume, afk. IRV, (de hoeveelheid lucht die na een gewone inademing nog met inspanning kan worden ingeademd) en ongeveer 20% reservelucht, syn. expiratoire reservevolume, afk. ERV, (de lucht die na een gewone uitademing nog extra kan worden uitgeademd).

CAPD afk. van continue ambulante peritoneale dialyse.

capillair m.b.t. de capillairen; ~*e bronchitis*, zie bronchitis; ~*e apoplexieën*, kleine puntvormige bloedingen in de hersenen.

capillairen, capillaria *L* (enkelvoud *capillair*) haarvaten; de fijnste vertakkingen van bloedvaten, galvaten, lymfevaten, enz.

capillarectasie verwijding van haarvaten.

capillariasis darmaandoening, veroorzaakt door een worm (Capillaria philippinensis) met frequente volumineuze diarree en vermagering t.g.v. darmresorptiestoor-

nissen en eiwitverlies.
capillaropathie ziekte der haarvaten (capillairen).
capilli *L* de hoofdharen; zie pili; *~tium*, het hoofdhaar.
capistratio syn. *phimosis.
capistrum *L* kaak- of knieverband.
capitium *L*, **capitum** *L* hoofdverband.
capitulum hoofdje, kopje; afgerond, verdikt beeneinde; vklw. van caput.
Caplan, A. Brits arts (overl. 1976); *syndroom van ~*, stoflong door silicaten (silicose) na reumatoïde artritis en nodulaire longfibrose, beroepsziekte bij mijnwerkers.
capnografie het optekenen van opeenvolgende waarden die bij *capnometrie worden gevonden.
capnometrie 1. meting van het koolstofdioxidegehalte in de alveolaire uitademingslucht. 2. meting van rookdichtheid.
CAPRI afk. van 1. cardio-pulmonary research institute *A*. 2. coronary angioplasty versus bypass revascularisation investigation.
capside eiwitmantel die het virus-nucleïnezuur (DNA of RNA) omgeeft en beschermt; heeft antigene eigenschappen en is opgebouwd uit identieke *capsomeren.
capsomeren de kleinste optisch herkenbare eenheden van gebundelde eiwitmoleculen waaruit een *capside is opgebouwd; de capsomeren kunnen op verschillende wijzen gerangschikt zijn, waardoor het virion een kenmerkende vorm heeft.
capsule, capsula *L* kapsel. 1. (farm.) ~ *amylacea*, syn. oblatum; in de regel doosvormige capsule van *ouwel om onaangenaam smakende geneesmiddelen in te nemen; ~ *ceratinosa*, capsule vervaardigd van keratine, dragee-omhulsel (zie coating, bet. 2); ~ *operculata*, (meestal) cilindervormige capsule van gelatine (lost op in de maag), bestaande uit twee over elkaar geschoven helften, gevuld met een geneesmiddel. 2. (anat.) omhullend weefsel of vlies, dat een ander deel omsluit, bijv. ~ *articularis*, gewrichtskapsel; ~ *interna*, bundel afferente en efferente zenuwvezels van de hersenschors ter hoogte van thalamus, nucleus lentiformis en nucleus caudatus; ~ *nuclei dentati*, de witte stof die de getande kern in de kleine hersenen omhult; ~ *lentis*, het kapsel dat de lens van het oog omhult; ~ *renis*, nierkapsel.
capsulorafie reven van een gewrichtskapsel, in engere zin bij habituele luxatie.
capsulotomie (chir.) kapselsplijting.
captivatie (psych.) het beginstadium van de hypnose.
capuchon zie operculum.
caput *L* hoofd; ~ *coli*, blindedarm; ~ *femoris*, kop van het dijbeen; ~ *humeri*, kop van het opperarmbeen; ~ *medusae*, krans van uitgezette huidaderen om de navel door bloedstuwing bij sommige leverziekten, syn. varicomphalos; ~ *obstipum* (ook: torticollis) scheefhals; ~ *quadratum*, kort hoofd met afplatting van het achterhoofd en uitpuilende voorhoofds- en wandbeenknobbels t.g.v. zwelling van de ossificatiecentra bij rachitis; ~ *succedaneum*, oedemateuze huidzwelling van dát gedeelte van het kinderhoofd, dat bij de geboorte het eerst naar buiten komt, meestal het achterhoofd; geboortegezwel.
CARA, cara afk. van chronische aspecifieke respiratorische aandoeningen; verzamelnaam voor virale, bacteriële, allergische en hyperreactieve aandoeningen van de slijmvliezen van de ademhalingsorganen met neiging tot diffuse obstructie van

de (kleinere) luchtwegen, waardoor vooral de expiratie bemoeilijkt is; de basisafwijkingen zijn spasmen, hypersecretie, oedeem, obstructieve bronchiolitis en destructie van parenchym; zie ook COPD.
carbo *L* kool; ~ *animalis*, dierlijke kool; ~ *medicinalis*, kool in de geneeskunde gebruikt ter adsorptie van schadelijke stoffen in het lichaam; ~ *vegetabilis*, plantaardige kool.
carbogeen mengsel van 95% zuurstof en 5% koolstofdioxide ter behandeling van ademhalingsstoornissen en koolmonoxidevergiftiging.
carbonaat koolzuurzout, koolzuurverbinding met basische stoffen.
carboneum *L* koolstof.
carbonisatie verkoling, hoogste graad van verbranding.
carboxihemoglobine syn. koolmonoxide-hemoglobine, afk. HbCO (zie koolmonoxide).
carboxipeptidase eiwitsplitsend enzym uit het pancreas.
carbunculus *L* negenoog, karbonkel; veelal met koorts gepaard gaande plaatselijke huidontsteking, waarbij zich gelijktijdig een verzameling van steenpuisten ontwikkelt.
carcinofobie ziekelijke vrees voor kanker.
carcinogeen kankerverwekkend; kankerverwekkende stof; zelfst.nw. *carcinogeniteit*.
carcinogenese het ontstaan en de groei van kanker, berustend op wijzigingen (mutaties) in het cel*genoom.
carcinoïd 'op carcinoom gelijkend', langzaam groeiend neoplasma van argentaffiene cellen met lage maligniteitsgraad, vnl. in ileum en appendix, ook voorkomend in bronchi, maag en pancreas, met neiging tot vorming van metastasen, waarvan vooral die in de lever door productie van o.a. serotonine en bradykinine aanleiding geven tot het *flushingsyndroom en tot perivasale, retroperitoneale en endocardiale fibrose.
carcinoma zie carcinoom.
carcinomatose syn. carcinose. 1. de ziektetoestand die het gevolg is van carcinoom. 2. de oorzaak die leidt tot het ontstaan van carcinoom. 3. de toestand die ontstaat door het metastaseren van carcinoom.
carcinoom, carcinoma *G* kanker, kwaadaardig woekergezwel van epitheliaal weefsel (huid, slijmvlies en klierweefsel) met onbeperkte groei en optreden van zgn. dochtergezwellen t.g.v. *metastasen, die de aangetaste organen verwoesten; ~ *adenomatosum*, syn. *adeno~*, kanker met kliervormige bouw; ~ *basocellulare*, maligne *epithelioom; ~ *bronchiale*, longkanker; *chorio~*, zie choriocarcinoom; ~ *ex ulcere*, carcinoom ontstaan in een ulcus pepticum; ~ *fibrosum*, syn. *scirrhus; ~ *in situ*, carcinoom in aanleg; microscopisch-anatomische veranderingen in epitheel, waarvan bekend is dat zij na enige tijd kunnen ontaarden in carcinoom; ~ *medullare*, mergkanker, carcinoom met hoofdzakelijk neoplastisch weefsel en weinig stroma; *nasopharynx ~*, zie lymfo-epithelioom; ~ *planocellulare*, plaveiselcelkanker; ~ *pulmonum*, zie carcinoma bronchiale; ~ *renis*, nierkanker, zie Grawitz; ~ *spinocellulare*, huidcarcinoom, uitgaande van het *stratum basale, syn. spinalioom,; ~ *verrucosa*, een relatief goedaardige vorm van carcinoom met *exofytische groei, vnl. uitgaand van epidermis en de slijmvliezen van mond, larynx en genitaliën.
carcinosarcoom *G* gemengd gezwel, carcinomateuze woekering bij sarcoom of

sarcomateuze woekering bij *carcinoom.

carcinose, carcinosis *G* syn. *carcinomatose.

Cardarelli, A. Italiaans arts (1832-1927), zie Oliver.

cardia *G* maagmond, uitmonding van de slokdarm in de maag.

cardiaal van het hart uitgaande; m.b.t. het hart.

cardiac index de cardiac output per m^2 lichaamsoppervlak.

cardiac output *E* afk. CO, *minuutvolume van het hart.

cardiacus 1. lijder aan een hartaandoening. 2. m.b.t. het hart.

cardialgie *G* 1. pijn in de hartstreek. 2. syn. *gastralgie.

cardiëctasie *G* uitzetting van het hart.

cardiocare intensive care (*E*) voor hartpatiënten.

cardiocutaan syndroom syn. leopard syndroom, lentiginosis profusa; aangeboren erfelijk ziektebeeld, wisselend gekenmerkt door grote aantallen pigmentvlekken, geleidingsstoornissen in het hart, pulmonalisstenose, cardiomyopathie, hypertelorisme, strabismus, ptose van de oogleden, nystagmus, irisafwijkingen, vertraagde puberteit, hypospadiasis, cryptorchisme, somatische en mentale retardatie, perceptiedoofheid, skeletafwijkingen.

cardiodepressie vermindering van de amplitude in het ECG; negatieve *inotropie.

cardiodilatine een vaatverwijdend *peptidehormoon in de boezemwanden van het hart.

cardio- (smst.) m.b.t. het hart; *~frenische hoek* (anat.), de thoraxruimte tussen borstvlies en middenrif; *~geen*, van het hart uitgaand; m.b.t. het hart; *~graaf*, apparaat voor het maken van een *cardiogram.

cardiografie het registreren van de hartbewegingen d.m.v. een *cardiograaf; *echo-~*, onderzoek van de structuren van het hart d.m.v. *echografie (bet. 3).

cardio- *~gram*, curve van de hartbeweging; *elektrocardiogram*, zie *elektrocardiogram; *~lipine*, één der fosfo*lipiden; geactiveerd door lecithine en cholesterol heeft het antigene eigenschappen, waarvan o.a. wordt gebruikgemaakt bij de uitvoering van de *VDRL-reactie; *antilipide~antistoffen* richten zich in het lichaam tegen fosfolipiden en kunnen aldus trombose en vaatziekten teweegbrengen; *~loog*, specialist voor hart- en vaatziekten; *~megalie*, hartvergroting.

cardiomyopathie pathologische toestand van de hartspier, niet het gevolg van coronair lijden, klepafwijkingen, aangeboren hartafwijkingen, cor pulmonale, pericard-afwijking(en) of hypertensie, waardoor deze in functie tekortschiet; *congestieve ~*, dilatatie van het hart, verminderde kamer-contractiliteit en aritmieën met decompensatio cordis, meestal t.g.v. myodegeneratie van de hartspier; *histiocytoïde ~*, zeldzame myocardziekte bij zeer jonge kinderen, meestal meisjes, gekenmerkt door hartspier*hypertrofie en ritmestoornissen op grond van *histiocytachtige degeneratie van hartspiercellen; de oorzaak is onbekend, de prognose infaust; syn. *infantiele xanthomateuze ~*; *hypertrofische obstructieve ~*, afk. *HOCM; syn. *subaortale obstructieve ~*, afk. SAOC; familiale hypertrofie van het kamerseptum beneden het ostium aortae, vaak oorzaak van ventriculaire ritmestoornissen en van acute hartdood bij inspanning; *primaire ~*, 'idiopathische' cardiomyopathie, cardiomyopathie t.g.v. hypertrofie en elastose of fibrose van het myocard, waardoor dit sterk in dikte toeneemt (hetgeen o.a. de oorzaak kan zijn van een vernauwing van de toegang tot het ostium arteriosum); *restrictieve ~*, cardiomyopathie die leidt tot vermindering van de vulling der hartkamers (toeneming wanddikte, vertraagde diastolische ontspanning en instroombelemmering van de ventrikels); *secundaire ~*, specifieke hartziekte t.g.v. ziekten als *myocarditis, ernstige anemie, hyper- en hypothyroïdie, intoxicaties (alcohol!), avitaminose B_1, toxoplasmose, ziekten van *Chagas, *Löffler en *Hurler, metabole stoornissen en vele andere.

cardiopathie hartaandoening.

cardioplegie *G* 1. plotselinge stilstand van het hart; hartverlamming. 2. kunstmatige stilstand van de hartactiviteit t.b.v. een operatie aan het hart d.m.v. perfusie met kaliumhoudende vloeistof, afkoeling en/of intermitterende aorta-afklemming.

cardioptosis laagstand van het hart, druppelhart.

cardiospasmus *L* kramp van de maagmond (cardia) en van het onderste deel van de slokdarm.

cardiostenie syn. *stenocardie.

cardiosteroïden syn. *hartglycosiden.

cardiotachometrie het tellen van de polsfrequentie gedurende langere tijd d.m.v. de *cardiotachometer*; het resultaat heet *cardiotachogram*.

cardiotocografie continue registratie van de foetale hartactiviteit, de contractietoestand van de baarmoeder en de intra-uteriene druk vóór en/of tijdens de baring; afk. CTG.

cardiotonicum *L* middel dat de werkzaamheid van het hart bevordert.

cardiotonisch de werkzaamheid van het hart bevorderend.

cardiovasculair betrekking hebbend op hart en vaten.

cardioversie het toedienen van een elektrische gelijkstroomschok aan het hart ter coupering van een aanval van tachycardie of *fibrillatie (bet. 2).

carditis lett. hartontsteking; zie pancarditis.

cardulance spoedambulance voor acute hartpatiënten in levensgevaar.

care *E* zorg, verzorging.

carentie ontberen; vasten, voedselonthouding, ook: 'dieethouden'; *~dieet*, een energie-arm dieet of een dieet waarin bepaalde voedingsstoffen ontbreken.

carezza vorm van geslachtsgemeenschap waarbij de penis niet wordt bewogen en waarbij een niet-orgastische bevrediging bij man en vrouw wordt bereikt zonder ejaculatie, syn. coitus reservatus.

carfologie, carphologia *L* plukken, zie crocidismus; *carphologie génitale* (ook: *sexuelle*) *F*, het plukken aan de geslachtsorganen in bewusteloze toestand, een teken van de naderende dood bij hersenlaesies.

CARGO afk. van commissie voor arbeidsgeneeskundig onderzoek.

cariës, caries *L* beeneter; necrose van beenweefsel door osteomyelitis, tuberculose, syfilis, enz.; langzaam verlopende ontsteking gepaard gaande met plaatselijke verettering van bot; sterft een beenstuk af, dan vormt zich een sekwester; door verettering ontstaan ook *fistels; spondylitis kan ook cariës der wervels en Pott's bochel veroorzaken; *~ dentium*, beeneter der tanden, tandbederf, 'wolf'; *~ humida*, vochtige beeneter; *~ sicca*, droge beeneter.

carieus aangestoken, aangevreten; *~ze tanden*, aangestoken tanden, 'wolf' der tanden; zie cariës.

carina *L* ribbel, kam; bijv.nw. *carinatum*, kielvormig; *~ tracheae*, de kraakbeenkam op de splitsing van de luchtpijp in de twee hoofdbronchi.

cariogeen cariës verwekkend of bevorderend.

carminativum *L* windverdrijvend middel, aangewend bij ophoping van gassen in het darmkanaal; meervoud carminativa.

carnificatie de overgang van een weefsel in een 'vleesachtig' uiterlijk t.g.v. bloedrijke bindweefselvorming.
carnifobie, carnofobie tegenzin in het eten van vlees, syn. horror carnis.
carnitine een voor de skeletspierwerking onmisbaar aminozuur dat in de lever wordt gesynthetiseerd; ~-**deficiëntie*, veroorzaakt progressieve spierzwakte; carnitine is werkzaam gebleken bij sommige ziekten, berustend op enzymdefecten, die gepaard gaan met spierzwakte.
carnosinemie aangeboren stofwisselingsstoornis waarbij in het bloed carnosine, een spierdipeptide, wordt aangetroffen.
caro *L* vlees; ~ *luxurians*, wild vlees.
Caroli, J. Frans arts (geb. 1902); *syndroom van* ~, aangeboren, autosomaal recessief overervende cystische verwijdingen van levergalgangen met cholesterolconcrementen en soms met congenitale leverfibrose (ziekte van Grumbach).
caroteen oranjerood pigment uit wortelen, enz., zie vitamine A; caroteen speelt in het netvlies een rol bij het proces van het 'zien' door de omzetting van lichtenergie in chemische energie die de oogzenuw prikkelt.
carotine zie caroteen.
carotinosis syn. *aurantiasis.
carotis *G arteria* ~, halsslagader; *~sinussyndroom*, zie glomus caroticusreflex.
carpaal m.b.t. de handwortel; zie carpus.
carphologia *L* zie carfologie.
carpus *L* handwortel; ~ *valgus*, ombuiging van de hand in de richting van het spaakbeen t.g.v. relatief sterke groei van de ellepijp; syn. ziekte van Madelung.
carrier *E* 1. bacillen- of virusdrager. 2. (biol.) celbestanddeel dat een aandeel heeft in het transport van metabolieten in het organisme; *~-protein*, zie hapteen. 3. *trait~*, zie trait. 4. chemische stof toegevoegd aan een vaccin of toxoïd om het effect hiervan te verhogen.
cartilage-hair syndrome *E* zeer dun haar, gestoorde botgroei (dwerggroei) en chronische neutropenie, waarschijnlijk t.g.v. een selectieve immunodeficiëntie.
cartilagineus m.b.t. het kraakbeen; zie cartilago.
cartilago *L* kraakbeen, meervoud cartilagines; ~ *arytenoidea*, bekervormige kraakbeentjes; ~ *cricoidea*, cricoïd, ringvormig kraakbeen van het strottenhoofd; ~ *thyroidea*, schildvormig kraakbeen; zie *larynx.
carunkel, caruncula *L* 1. vlezige verhevenheid, slijmvlieswratje; ~ *hymenales*, slijmvlieswratjes van het maagdenvlies (hymen), die na ontmaagding overblijven; ~ *lacrimalis*, traanheuvel in de binnenste ooghoek; ~ *sublingualis*, verhevenheid ter weerszijden van het tongtoompje; ~ *urethrae*, uitstulping van het slijmvlies van de uitmonding der urethra bij vrouwen na de menopauze. 2. verhevenheid bij door ettering genezende wonden.
carus *G* zeer diepe slaap, doodsslaap.
caryo- zie karyo-.
CAS afk. van 1. congenitaal adrenogenitaal syndroom. 2. computer assisted surgery.
cascademaag *zandlopermaag met een knik in het röntgenbeeld ter hoogte van de cardia.
case-finding *E* het opsporen van mensen met een extra risico voor een bepaalde ziekte, bijv. atherosclerose.
caseïne kaasstof; wordt door verdunde zuren uit melk neergeslagen.
CASES afk. van computer assisted simulation (and) education system *E*.

CASS afk. van coronary-artery surgery-study *E*.
Castleman, B. Amerikaans patholoog, zie lymfoom.
castraat iemand die gecastreerd is, syn. spado.
castratenstem de hoge stem, die in hun kinderjaren gecastreerde mannen ook nadat zij volwassen zijn, behouden.
castratie, castratio *L* 1. ontmanning, ontvrouwing; *ontmanning:* operatieve verwijdering van de testes (orchidectomie); wordt toegepast bij chronische ontsteking of genitale maligniteiten, òf om impotentie teweeg te brengen; bij castratie op jeugdige leeftijd ontstaat het beeld van eunuchoïdisme, de stem blijft hoog (*castratenstem) en de secundaire geslachtskenmerken komen niet tot ontwikkeling; *ontvrouwing:* operatieve verwijdering van de eierstokken (ovariëctomie), waardoor onvruchtbaarheid ontstaat; wordt toegepast bij sommige ziekten van de geslachtsorganen, bij bepaalde vormen van kanker en bij ernstige osteomalacie. 2. (psych.) het aan een man ontnemen van zijn gevoel van mannelijke waarde.
castratie-angst 1. (psych.an.) begrip dat inhoudt dat kinderen op het moment dat ze het geslachtsverschil herkennen, in hun fantasie een verklaring zoeken en castratie gaan vrezen; de psychoanalyse stelt dat de verhoogde angst van zieke kinderen voor lichamelijke ingrepen op deze fantasie berust. 2. ongegronde vrees de ongeschondenheid van het lichaam te verliezen.
castratiecomplex ziekelijke angst om van de mannelijke geslachtsorganen beroofd te worden.
casuïstiek verzameling van ziektegevallen; beschrijving van een ziektegeval.
casus *L* de patiënt in kwestie, het ziektegeval.
CAT afk. van 1. combined approach technique *E*, methode van tympanoplastiek. 2. computer assisted tomography *E*. 3. computerized axial tomography *E*, syn. computertomografie; zie tomografie. 4. capillary agglutinationtest *E*. 5. choline-acetyl-transferase.
cataforie zie heteroforie
catalepsie starzucht; toestand van ('wasachtige') verstijving der ledematen, doorgaans met een verlaagde bewustzijnsgraad; treedt meestal op als verschijnsel van psychische stoornissen (hypnose) of hersenaandoeningen.
cataleptisch in toestand van catalepsie.
catamnese 1. de ziektegeschiedenis van een patiënt na behandeling tot zijn dood. 2. anamnese, opgenomen na het geneeskundig onderzoek.
cataract, cataracta *G* grijze staar, ooglenstroebeling, veroorzaakt vermindering van het gezichtsvermogen, zwarte schimmen, nyctalopie (dagblindheid) of hemeralopie (nachtblindheid), afhankelijk van de plaats van de staar (centraal of perifeer), bij ongunstig verloop blindheid; ~ *caerulea*, cataract met een blauwe glans door perifere lenstroebelingen; ~ *calcarea*, witgeel verkleurde staar door afzetting van kalk en cholesterolkristallen; ~ *complicata*, cataract t.g.v. andere ziekten van het oog, bijv. choroiditis, glaucoom, iridocyclitis; ~ *extractie*, operatie ter verwijdering van de troebele lens, *intracapsulaire extractie* met medeneming van het kapsel, *extracapsulaire extractie* met achterlating van het kapsel; ~ *matura*, rijpe staar; ~ *praesenilis*, op betrekkelijk jeugdige leeftijd ontstaand cataract; *secundaire* ~ (zgn. nastaar), ondoorschijnende membraan, ontstaan uit opgezwollen lensvezels, achtergebleven na een extracapsulaire cataract-extractie; *seniele* ~, ouderdomsstaar, de meest voorkomende vorm van cataract; in de

meeste gevallen kan door operatie blindheid worden voorkomen; *zonnebloem~*, zie chalcose.

catarraal met de verschijnselen die gepaard gaan met een slijmvliesontsteking (*catarre).

catarre, catarrhe *F*, **catarrhus** *G* ontsteking van slijmvliezen met afscheiding van slijm; *catarrhe sec*, droge catarre, chronische bronchitis, die gepaard gaat met veel hoesten zonder dat veel slijm wordt opgegeven; ~ *aestivus*, hooikoorts, rhinitis vasomotoria; ~ *autumnalis*, herfstcatarre, in het najaar optredende hooikoorts; ~ *bronchialis*, bronchiale catarre, zie bronchitis; ~ *epidemicus*, influenza, griep; *tubaire* ~, catarre van de tuba Eustachii, in de regel gevolg van neusverkoudheid; ~ *ventriculi* syn. *gastritis of ~ *gastricus*, maagcatarre.

catathymie zie katathymie.

catatone stoornis (vlg. DSM-IV) de aanwezigheid van *catatonie* zich uitend in motorische immobiliteit of doelloze overmatige activiteit, negativisme, mutisme, gemanierdheid, echolalie of echopraxie, komt o.a. voor bij schizofrenie (catatone type) en als gevolg van diverse lichamelijke aandoeningen.

catatonie zie catatone stoornis; *acute letale* ~, zeer sterke bewegingsdrang en opwinding welke tot de dood door uitputting leiden.

catch-up growth *E* zie inhaalgroei.

catecholaminen chemische verzamelnaam voor de sympathische neurotransmitters noradrenaline, adrenaline en dopamine, producten van het bijniermerg.

categoraal tot een bepaalde groep behorend; *categorale ziekenhuizen*, ziekenhuizen die bestemd zijn voor een bepaalde categorie patiënten, gevormd naar leeftijdsgroep (kinderziekenhuizen), bepaalde ziekten (reumacentra, kankerziekenhuizen) of specifieke zorgbehoeften (revalidatiecentra).

cat-eye syndroom aangeboren iris-*coloboma; zie coloboom.

catgut *E* geprepareerde katten- of schapendarmen; wordt gebruikt als hechtmateriaal en voor het afbinden van bloedvaten; lost zich op den duur geheel in het weefsel op; zie silkwormgut.

catharsis *G* 1. reiniging, purgéring. 2. (psych.) ontlading van een herinnering die lange tijd is verdrongen en weer tot het bewustzijn doordringt; *cathartisch *colon*, toestand van onwerkzaamheid van de dikke darm door langdurig misbruik van laxeermiddelen.

catharticum *G* purgeermiddel.

cathepsine kathepsine.

catheter officiële spelling *katheter.

catheterisatie zie katheter, katheterisatie.

cathexis *G* (psych.) 1. mentale of emotionele concentratie op een persoon, voorwerp, een geestesproces of voorstelling. 2. (psych.an.) fixatie van libidineuze tendensen op een object dat aan seksualiteit van nature vreemd is.

cat scratch disease/fever kattenkrabziekte, zie lymphogranuloma benignum.

cauda *L* staart; ~ *equina*, paardenstaart, onderste uiteinde van het ruggenmerg met de hieruit ontspringende zenuwwortels; ~*syndroom*, neurologisch uitvalverschijnsel bij hernia nuclei pulposi, bloeding in het wervelkanaal en dergelijke, waarbij mictie- en/of defecatieaandrang zijn opgeheven en paresen kunnen optreden.

caudaal, caudalis *L* m.b.t. het staartuiteinde of het achtereinde van het lichaam; zie cauda; *caudaalwaarts*, in de richting van de stuit; tgst. craniaalwaarts; *caudaal regressie syndroom*, agenesie of hypoplasie van de dijbenen en de

caudale wervels.
caudagrafie foutief voor caudografie.
caudalis zie caudaal.
caudografie syn. *saccografie.
causa *L* oorzaak; ~ *efficiens*, de oorzaak die de uitwerking tot gevolg heeft; ~ *ignota*, onbekende oorzaak.
causaal oorzakelijk; *~ale therapie*, behandeling van een ziekte door de oorzaak te bestrijden.
causalgie brandende pijn in het uitbreidingsgebied van een perifere gevoelszenuw, meestal na verwonding in de omgeving van de zenuw (ook na amputaties); komt ook als symptoom voor bij het Südecksyndroom.
causaliteit oorzakelijk verband; betrekking tussen oorzaak en gevolg.
causticum, cauterium *L* bijtend middel, bijtende stof, meervoud caustica, cauteria.
caustisch, causticus *G* bijtend, brandend; *caustische middelen*, bijtende middelen, die plaatselijke vernietiging van weefsel veroorzaken, bijv. alkaliën, carbol, zilvernitraat, salpeterzuur; worden gebruikt bij bepaalde woekeringen, wratten.
caute *L* (rec.) voorzichtig.
cautère *F* toestel om te branden; wordt toegepast bij spoed bijv. bij slangenbeet, dollehondsbeet, enz.; zie galvano-, thermocautère.
cauterisatie, cauteriseren behandeling met een cautère of met causticum; *diathermische* ~, cauterisatie d.m.v. hoogfrequente elektrische stroom.
cauterium zie causticum.
cava *L* hol; *vena* ~, holle ader; zie vena.
cave! *L* wees op uw hoede!, opgelet!, pas op (voor).
cave-disease *E* zie grotziekte.
caverne holte, een door verkazing of verweking ontstane holte bij longtuberculose; *bronchiëctatische* ~, door uitholling en verwijding van een bronchus ontstane caverne.
cavernoma hemangioom of lymfangioom met sterk verwijde, holtevormige bloed- resp. lymfevaten.
CAVH afk. van continue arterioveneuze *hemofiltratie.
cavimeter instrument om vorm en grootte van het cavum uteri te meten.
cavitas *L* holte; ~ *abdominalis*, buikholte; ~ *articularis*, gewrichtsholte; ~ *coronalis*, deel van de tandholte in de tandkroon; ~ *dentis*, tandholte in het tandbeen; ~ *epiduralis*, ruimte tussen de dura mater en de wand van het wervelkanaal; ~ *glenoidalis scapulae*, gewrichtsuitholling op het schouderblad voor het opperarmbeen; ~ *medullaris*, mergholte; ~ *nasi*, neusholte; ~ *oris*, mondholte; ~ *pharyngis*, keelholte; ~ *pleuralis*, pleuraholte; ~ *thoracis*, borstholte, is door de ribben omgeven en wordt naar beneden begrensd door het middenrif; ~ *uteri*, baarmoederholte.
cavitatie holtevorming; in engere zin het ontstaan van kleine gasbelletjes in vloeistof t.g.v. drukverschillen of onder invloed van laagfrequente ultrasonore trillingen.
caviteit holte; (holte in tand of kies; bijv.nw. *cavitair*.
cavografie angiografie van de vena cava superior (via armvene) of van de vena cava inferior (via vena femoralis).
CAVM afk. van cyclofosfamide, Adriblastina®, VM 26, prednison; een combinatie-

cytostaticum.

cavum *L* holte; ~ *cranii*, schedelholte; ~ *Douglasi*, de *intraperitoneale ruimte tussen rectum en uterus (wordt ook kortweg *Douglas* genoemd); ~ *tympani*, trommelholte, middenoorholte.

CB afk. van consultatiebureau.

CBC afk. van coronaire bypass-chirurgie.

CBCL afk. van child-behaviour checklist *E*.

CBF afk. van cerebral blood flow *E*, bloeddoorstroming van de hersenen.

CBO afk. van centraal begeleidingsorgaan (voor de intercollegiale toetsing).

CBOZ afk. van centrale bond van onderling beheerde ziekenfondsen.

CBR afk. van complementbindingsreactie.

CBS afk. van colloïdaal bismutsubcitraat.

cc afk. van centimètre cubique *F*, kubieke centimeter (cm^3), thans vervangen door milliliter (ml).

CC afk. van centraal college voor de erkenning en registratie van medisch specialisten.

CCCS afk. van costoclaviculair compressiesyndroom.

CCD afk. van crossreacting carbohydrate determinant *E*.

C-cel celsoort in de schildklier, die *calcitonine produceert.

CCK afk. van cholecystokinine.

CCM afk. van congestieve cardiomyopathie.

CCMS afk. van coöperatieve centrale vereniging van medisch specialisten.

CCP afk. van critical control points, zie ook HACCP.

CCPD afk. van chronic cycling peritoneal dialysis *E*.

CCR afk. van cytocentrifuge research *E*.

CCT afk. van 1. Coombs' consumptietest. 2. controlled clinical trial *E*. 3. client centered therapy *E*; zie *Rogeriaanse therapie.

CCU afk. van cardiac care unit *E*, bewakingsafdeling voor acute hartpatiënten.

CCZ afk. van 1. centrale catalogus ziekenhuisbibliotheken. 2. coördinatiecentrum chronisch zieken.

cd candela, de eenheid van lichtsterkte.

CD afk. van 1. *conjugata diagonalis. 2. cluster of differentiation *E*, bijv. $CD4^+$, $CD8^+$, zie T-cellen.

CDA afk. van 1. congenitale dyserytropoëtische anemie. 2. cluster designated antibodies *E*, vorm van monoklonale antilichamen.

CDAI afk. van *Crohn's disease activity index *E*.

CDC afk. van 1. caudo-dorsale (zenuw)cellen. 2. center (for) disease control *A*. 3. cluster of differentiation code *E*.

CDCA afk. van 1. complement depending cytotoxicity assay *E*. 2. *CDC-autotransmitter *E*.

CDE afk. van cyclofosfamide, doxorubicine, etoposide, een cytostatica-combinatie.

CDLE afk. van chronische discoïde *lupus erythematodes.

CDF afk. van cytidinedifosfaat.

cDNA complementair DNA, een in vitro gesynthetiseerde kopie van DNA waarbij een ribonucleïnezuur (dikwijls) mRNA als matrijs heeft gediend.

CDV afk. van canine distemper virus *E*.

CE-merk afk. van conformité Européenne-merk; een merk dat aangeeft dat het product voldoet aan Europese eisen (lett.: volgens Europese richtlijnen).

CEA afk. van 1. carcinogene ectopische antigenen. 2. carcino-embryonaal antigeen; *~test*, een methode voor het aantonen van kanker, vnl. van colon, rectum en longen, in mindere mate van ovarium. 3. cost effectiveness analysis *E*.
cebocephalus *L* misgeboorten met dicht bijeenstaande ogen, neusmisvorming tot slechts één klein neusgat, smal gehemelte.
cefaalhematoom *hematoom aan het hoofd van pasgeborenen t.g.v. hevige druk bij de baring; verdwijnt meestal door resorptie.
cefal- zie ook cephal-.
cefalalgie, cephalalgia *G* pijn in het hoofd, zie ook cefalea; *~ histaminica*, zie Hortonsyndroom.
cefalea, cephalea *G* hoofdpijn, zie ook cefalalgie, hoofdpijn; *~ vasomotorica*, hoofdpijn bij hooikoorts en rhinitis vasomotorica.
cefaline partieel tromboplastine; *~tijd*, syn. van *APTT.
cefalografie registratie van de bewegingen van het hoofd.
cefalometrie schedelmeting, zie craniometrie.
cefalosporinen antibiotica met een kenmerkende chemische structuur die evenals de *penicillinen bactericide werken; zie ook *bèta-lactam-antibiotica.
cefalotomie zie craniotomie.
cefalotripsie verbrijzeling van het hoofd van het ongeboren kind, wanneer dit op geen enkele andere wijze kan worden geboren; het gebruikte instrument noemt men *cefalotripter* of *cefalotribe*.
CEI (farm.) afk. van converting enzyme inhibitor *E*.
cel, cella *L* de kleinste organisatie-eenheid van een organisme.
celcyclus syn. celdelingscyclus, delingscyclus van een cel met telkens een interfase tussen twee opeenvolgende mitosen.
celdeling proces waarbij, na kerndeling, uit één cel twee cellen ontstaan; *~scyclus*, syn. celcyclus.
-cele *G* (smst.) zwelling of breuk; uitbochting.
celer *L* snel; *pulsus ~*, snelle polsslag; zelfst.nw. *celeriteit*, snelheid.
celinsluitselziekte syn. *cytomegalie-infectie.
celkern zie nucleus.
cella zie cel.
celleer zie cytologie.
cellijn zie kloon.
cell-mediated immunity zie cellulaire *immunoreactie; afk. CMI.
celloscoop instrument voor elektronisch tellen van bloedcellen.
cellula *L* cel, kleine holte, vklw. van cella; *~ ethmoidalis*, meervoud cellulae ethmoidales; zie etmoïdcellen.
cellulair in cellen verdeeld, uit cellen bestaand; *~aire pathologie*, ziekteleer van Virchow, berustend op de grondstelling, dat alle ziekten veroorzaakt worden door ziekelijke verandering der cellen.
cellulase plantaardig enzym dat cellulose hydroliseert.
cellulitis ontsteking van het onderhuidse bindweefsel; zie ook sinaasappelhuid.
cellulose celstof, hoofdbestanddeel van de celwand van een plantencel.
celmembraan het dunne vlies rondom het celplasma; bij een plantencel is het celmembraan omgeven door een dikke celwand.
celorganellen zie organellen.
celseparator instrument waarmee veneus bloed van een patiënt of donor wordt

gescheiden in een cellen- en een plasmafractie, waarna de cellen naar de patiënt of donor worden teruggevoerd; de celseparator vindt vnl. toepassing bij *plasmaferese.

Celsius, A. Zweeds sterrenkundige (1701-1744), zie thermometer.

Celsus, Aulus Cornelius voornaamste heelkundige der oudheid, Romeins geneesheer (25 v. Chr.-45 n. Chr.); zijn werken werden tot in de 18de eeuw gebruikt; zie quadrilaterium.

cement 1. (tandheelk.) beenweefsel waarin de tandwortels zijn gevat, syn. substantia ossea, tandkit. 2. (tandheelk.) bepaalde vullingsmaterialen. 3. bevestigingsmateriaal bij sommige botlaesies.

centese, centesis *L* het doorprikken, een punctie; zie paracentese.

centi- (smst.) 10^{-2}; *~morgan*, zie cM;*~poise* (cP) eenheid van viscositeit.

centraal 1. in het midden gelegen; ~ *groefje*, fovea centralis retinae; zie macula lutea; ~ *kanaal*, kanaal in het centrum van het ruggenmerg dat van de vierde hersenkamer uitgaat; ~ *lichaampje*, zie centrosoom; *~ale veneuze druk*, de druk in de beide venae cavae en het rechter atrium; ~ *zenuwstelsel*, hersenen en ruggenmerg, vanwaar - als van een centrum uit - de zenuwen uitgaan; afk. CZS. 2. vergelijkende plaatsbepaling in de neurologie, nl. gelegen in de richting naar het centrale zenuwstelsel toe; tgst. perifeer.

central core disease *E* een aangeboren spierziekte (myopathie), gekenmerkt door anatomische defecten in het centrum van de spierfibrillen; zie ook myatonie.

centrifugaal middelpuntvliedend; tgst. centripetaal.

centriole zie centrosoom.

centripetaal middelpuntzoekend; tgst. centrifugaal.

centro- (smst.) in het midden; centraal.

centroblast het 'oer'-stadium van de lymfocyt in de kiemcentra der lymfefollikels, overgaand in de *centrocyt*; deze celtypen vertonen een actieve mitose en kunnen leiden tot vorming van *follikelcentrumtumoren.

centrocyt zie centroblast.

centromeer de plaats in het chromosoom waar in het stadium van de metafase de twee *chromatiden (dochterchromosomen) met elkaar zijn verbonden; het is de aanhechtingsplaats voor de 'trekdraden' om de twee chromatiden van elkaar te scheiden.

centrosoom centraallichaampje, één der cel-*organellen, uitsluitend in dierlijke cellen; het centrosoom deelt zich tijdens de profase van de mitose in tweeën; de beide helften begeven zich naar de twee 'polen' van de cel (worden daarom polen genoemd) en spelen een rol bij de uiteenwijking van de chromatiden tijdens de anafase.

CEP afk. van congenitale erytropoëtische porfyrie.

cephal-, cephalo- *G* (smst.) m.b.t. het hoofd; zie ook cefal-, cefalo-.

cephalalgia zie cefalalgie.

cephalea zie cefalea.

cephalonus *L* groothoofd, iemand met een te grote horizontale schedelomtrek en te grote hersenen; meervoud cephalones.

cera *G* bijenwas; ~ *alba*, witte was.

ceraat (farm.) zalf waarin was is verwerkt.

cercaria het laatste larvestadium van *trematoden.

cerclage *F* 1. operatieve fixatie van de breukstukken van een fractuur d.m.v.

kringvormig omgelegde, meestal metalen steunbanden. 2. zie McDonald, Shirodkar.

Cercomonas hominis *L* protozoön, dat in het darmkanaal van de mens voorkomt, syn. Megastoma entericum; ook: *Cercomonas intestinalis*.

cerebellair m.b.t. het cerebellum; ~ *syndroom*, klinisch beeld bij aandoeningen van de kleine hersenen, o.a. gekenmerkt door hypotonie, areflexie, houdingsinstabiliteit, ataxie, dysartrie, nystagmus, intentietremor.

cerebellum *L* vklw. van cerebrum; de kleine hersenen.

cerebraal m.b.t. de hersenen; ~ *infarct*, herseninfarct; zie infarct.

cerebralgie hoofdpijn (lett. hersenpijn).

cerebral palsy *E* infantiele *encefalopathie; hersenbeschadiging op vroege leeftijd gepaard met gestoorde motoriek, sensibiliteit en groei, defecte spraak en zintuigfunctie, intelligentie- en gedragsstoornissen.

cerebrohepatorenaal syndroom syn. syndroom van *Zellweger.

cerebropathie algemene term voor hersenaandoeningen.

cerebropetaal in de richting naar de hersenen toe.

cerebrosclerose 1. verharding van hersenweefsel. 2. arteriosclerose in de hersenen.

cerebrosiden bepaalde vorm van lipiden die zich vnl. in het centrale zenuwstelsel bevinden.

cerebrospinaal m.b.t. hersenen en ruggenmerg; *~ale *meningitis*, ontsteking van hersen- en ruggenmergsvliezen; ~ *vocht*, zie liquor cerebrospinalis.

cerebrovasculair m.b.t. de bloedvaten in de hersenen; ~ *accident*, zie accident.

cerebrum *L* de beide hersenhemisferen, verenigd door het *corpus callosum; ~ *abdominale*, de 'buikhersenen', een andere benaming voor plexus solaris of zonnevlecht, één der grootste zenuwvlechten van het sympathisch zenuwstelsel (zie *autonoom zenuwstelsel), gelegen in de bovenbuik; syn. plexus coeliacus.

ceroïd lichtbruin gepigmenteerd lipide, dat zich bij sommige lipoïdosen in de weefsels ophoopt (*ceroïdose)*.

ceruloplasmine koperhoudend enzym; binding van globuline met koper, in welke vorm het *transport van dit metaal in het lichaam plaatsheeft.

cerumen *L* oorsmeer, bestaat uit afscheidingsproducten van de smeer- en talgkliertjes van de uitwendige gehoorgang; het kan zich ophopen en verharden tot een prop (*~prop*).

ceruminoom gezwel uitgaande van de cerumenklieren.

cervicaal tot de hals of de nek behorend; *~catarre*, catarrale ontsteking van de baarmoederhals; *~zweepslagsyndroom*, syn. *whiplashsyndroom; ~ *kanaal*, kanaal in de baarmoederhals; ~ *syndroom*, nekpijn en pijn in de armen met tintelingen en bewegingsbeperkingen in nek en schouders t.g.v. afwijkingen (zie spondylose) van halswervelgewrichten door cervicale radiculo- en *myelopathie, soms met vage klachten als *migraine cervicale en kwadrantsyndromen.

cervical hostility *E* dodende werking van het cervixslijm op spermatozoën door antisperma-antistoffen; een oorzaak van steriliteit.

cervicitis catarrale ontsteking van de cervix uteri; ~ *chlamydialis*, cervicitis die bij geslachtsverkeer ontstaat door infectie met *Chlamydia trachomatis.

cervicocefaal syndroom syn. *whiplashsyndroom.

cervicodynie reumatische nekpijn.

cervicogeen voortkomend uit nek, achterhoofd of hals.

cervicolordodesis operatieve handhaving van de cervicale lordose.

cervix *L* nek, hals; *~carcinoom*, baarmoederhalskanker; *~ dentis*, tandhals; *~erosie*, ontstoken rode hof rondom de baarmoedermond; *~insufficiëntie*, pathologische eigenschap van de cervix waarbij deze zonder, of met slechts geringe, weeën-activiteit spontaan en te vroeg ontsluit; meestal in het 2de, soms in de eerste helft van het 3de trimester van de zwangerschap; zonder duidelijke verschijnselen treedt een vergaande ontsluiting op; de therapie omvat veelal cerclage (zie McDonald, Shirodkar); *~ uteri*, baarmoederhals.

Cesar, Marie Nederlands oefentherapeute (1894-1975); *oefentherapie of bewegingsleer vlg. ~*, een paramedische behandelmethode, gericht op behandeling en voorkoming van klachten t.g.v. een onjuist houdings- en bewegingspatroon, al dan niet veroorzaakt door een bepaalde afwijking of ziekte.

cessatio *L* het ophouden, wegblijven; *~mensium*, menopause.

cestoden lintwormen, te onderscheiden in *Taenia (bet. 2), *Diphyllobothrium en *Echinococcus.

cetaceum (farm.) syn. *walschot.

CF afk. van *cystische fibrose.

CFA afk. van 1. cryptogenic fibrosing alveolitis, *E.* 2. chronische fibroserende alveolitis.

CFK afk. van chloorfluorkoolwaterstof(fen).

CFN afk. van council of food and nutrition *E.*

CFO afk. van christelijke federatie van bonden van personeel werkzaam bij de overheid en in de sectoren gezondheidszorg en maatschappelijk welzijn.

CFR afk. van 1. critical flow retardation *E.* 2. coronary flow reserve *E.*

CFS afk. van chronic fatigue syndrome *A*; zie myalgische *encefalomyelitis.

CFU afk. van colony forming unit *E.*

CG afk. van controlerend geneesheer.

C-gal gal uit de *ductus hepaticus (leverbuis).

CGD afk. van 1. *chronische granulomateuze ziekte (disease *E*). 2. constitutional growth delay *E.*

CGL afk. van chronische granulocytaire leukemie.

cGMP afk. van cyclisch *GMP.

CGP afk. van chorion-groeihormoon-prolactine.

cgs afk. van centimeter-gram-seconde (systeem).

cGy afk. van centigray, 1/100 gray, zie rad.

ch. (rec.) afk. van charta; *ch.c.* (rec.) afk. van charta cerata.

CH50 de hoeveelheid of de verdunning van een serum die nodig is om 50% van een testsuspensie van rode bloedcellen te lyseren in een standaard hemolytische complementbepaling; het is een grove maat voor de complementactiviteit.

CHA afk. van congenitale hartafwijking.

CHAC afk. van cyclofosfamide, hexamethylmelanine, Adriblastina®, carboplatinum; een *cytostatica-combinatie.

Chaddock, Ch. Amerikaans neuroloog (1861-1936); *reflex van ~*, 1. omhoog bewegen van de grote teen en spreiding van de overige tenen door prikkeling van de huid rondom de buitenenkel bij aandoeningen van de *piramidebaan. 2. buigen van de pols en strekken van de vingers bij prikkelen van de onderarm aan de ulnaire zijde bij halfzijdige verlamming.

Chagas, C. Braziliaans bacterioloog (1879-1934); *ziekte van ~*, Zuid-Amerikaanse trypanosomiasis, in chronische vorm o.a. gekenmerkt door cardiomyopathie en destructie van abdominale ganglioncellen met als gevolg denervatie van darmsegmenten (→ mega-oesophagus, -duodenum en -colon) en reductie van enterohormonenproductie.

chagrijn, chagrin *F ~huid*, zie peau de chagrin; *cornea-~*, dof hoornvlies door oedeem van het epitheel bij acuut glaucoom.

chalasis *G* ontspanning van een kringspier.

chalazion *G* hagelkorreltje; hard knobbeltje in de ooglidrand t.g.v. verstopping van de afvoergang van een klier van *Meibom met chronische ontsteking van het omgevende weefsel, syn. porose.

chalazodermie syn. cutis laxa.

chalcose, chalcosis ophoping van koper in de weefsels; *~ lentis*, chalcose in de ooglens ('zonnebloemcataract') t.g.v. de aanwezigheid van een koperhoudend corpus alienum in het oog.

chalicosis pulmonum *L* steenhouwerslong; syn. silicose, een vorm van pneumoconiose (stoflong).

chaloon *G* antihormoon, een weefselspecifieke organische stof die bepaalde organen in hun werkzaamheid en mitotische activiteit remt.

CHAM afk. van consequent vasthouden aan een hiërarchie in de belangrijkste psychiatrische toestandsbeelden welke arbitrair worden ingedeeld in een *monothetisch systeem (Silbermann) ten einde eenheid in de psychiatrische diagnostiek te waarborgen.

chamaecefalie *G* pathologische afplatting van het hoofd.

chamberlandfilter zie filter.

chancre *F* zie sjanker; *~ mixte*, gelijktijdig bestaan van een harde en een weke *sjanker; *~ redux*, zie reïnduratie.

chancroïd weke sjanker; zie sjanker.

Chandra, N. Engels anesthesioloog; *methode van ~*, verhoging van de druk in de borstkas door uitwendige compressie, tegelijk met luchtinblazing in de luchtpijp onder druk, bij cardiopulmonale resuscitatie; zie reanimatie.

chanker zie sjanker.

CHAP (farm.) afk. van een combinatie van cytostatica tegen eierstokcarcinoom: cyclofosfamide, hexamethylmelanine, Adriblastina®, cisplatine; zie ook CHAC.

Charcot, J. Frans zenuwarts (1825-1893); *arterie van ~*, de ramus striati van de middelste hersenslagader (a. cerebri media) die o.a. de capsula interna van bloed voorziet; *gewricht van ~*, *neuro-artropathie, sterke pijnloze destructie en deformatie van een gewricht t.g.v. tabes dorsalis, syringomyelie, lepra, diabetes; *trias van ~*, nystagmus, intentietremor en scanderende spraak bij sterk voortgeschreden gevallen van multipele sclerose; *ziekte van ~-Marie-Tooth*, erfelijke atrofie van de distale spieren der extremiteiten t.g.v. degeneratie van voorhoorncellen; progressieve familiale polyneuropathie; zie ook amyotrofische laterale sclerose.

CHARGE-associatie afk. van coloboma iridis, hartafwijking, atresie van choane(n), retardatie (lich. en psych.), genitale afwijking, ear; aangeboren letaal syndroom.

charisma (psych.) geestesgave, talent, bijzondere uitstraling van een persoon.

Charles Bonnet Zwitsers filosoof, *syndroom van ~*, (psych.) het voorkomen van complexe visuele hallucinaties bij afwezigheid van een psychische stoornis en waarvan betrokkene het abnormale karakter inziet; vnl. bij ouderen met ernstige visuele stoornissen.

Charrière, J. Frans instrumentmaker (1803-1876); *plaatje van ~*, metalen plaatje met gaatjes van verschillende diameter om de dikte van katheters te meten.

charta *L* papier; ~ *cerata*, waspapier.

chasma *G*, **chasmus** *L* geeuwkramp.

chaud zie à chaud.

Chauffard, A. Frans internist (1855-1932), zie Still-Chauffard, Minkowski; *driehoek van ~*, schaduw naast die van het hart op de röntgenfoto bij atelectase van de rechter longonderkwab.

CHD afk. van coronary heart disease(s) *E*.

Chediak, A. Cubaans arts; *ziekte van ~-Higashi*, recessief-erfelijk syndroom bij jonge kinderen, gekenmerkt door fotofobie, albinisme, lymfomen, neutropenie, hepatosplenomegalie, sterke vatbaarheid voor infecties en veranderingen in het morfologische bloedbeeld t.g.v. stoornissen in de functie van de fagocyten.

cheilitis *G* ontsteking van het lipslijmvlies; ~ *granulomatosa*, zwelling van mondslijmvlies en lippen (snuitvorming) met kleine granulomen.

cheilognathopalatoschisis gespleten lip, kaak en gehemelte.

cheiloplastiek 1. operatieve vorming van een lip. 2. syn. *cheilotomie (bet. 1).

cheiloschisis *G* gespleten lip, hazenlip; ~ *complicata*, hazenlip waarbij ook spleten in gehemelte en bovenkaak voorkomen.

cheilose, cheilosis *G* zwelling, kersrode verkleuring, fissuur- en korstvorming, soms met erosies van liprood en mondhoeken; wordt toegeschreven aan lactoflavinegebrek.

cheilotomie 1. (orthop.) operatieve verwijdering van randwoekeringen (exostosen) bij artrotische gewrichten. 2. (chir.) operatieve verwijdering van een deel van een lip.

cheir-, cheiro- (ook: chir- of chiro-) *G* (smst.) m.b.t. de handen; *~artropathie*, bleke, stug aanvoelende gezwollen vingers, al of niet met flexiecontracturen.

cheirologie *G* (ook: chirologie) 1. de kunst om met de handen te spreken (door doofstommen), vingertaal; syn. dactylologie. 2. karakterontleding door studie van de handen.

cheiropompholyx *G* zie pompholyx, dyshidrosis.

cheirospasmus *L* syn. chirospasmus, schrijfkramp; syn. grafospasme, mogigrafie.

chelaat verbinding van een organische stof (*chelator*) met metaalionen.

chelatie het ontstaan van een *chelaat; *~therapie*, een (omstreden) behandeling om kalk uit de bloedvatwanden te verwijderen.

chemiatrisch syn. iatrochemisch, zie iatrochemie.

chemisme het verloop van een chemische (= scheikundige) reactie; het chemische verloop van een metabolisch proces.

chemitters afk. van chemical transmitters *E*, syn. *enterohormonen.

chemodectoma gezwel uitgaande van chemoreceptorische cellen.

chemolyse oplossing van stenen of gruis, bijv. nierstenen, d.m.v. spoeling met een chemisch middel.

chemonucleolyse behandeling van hernia nuclei pulposi met kraakbeenoplossend enzym (chymopapaïne) d.m.v. inspuiting.

chemoprofylaxe voorkómen van ziekten d.m.v. chemotherapeutica.

chemoreceptor *receptor die door chemische substanties (reuk, smaak) of door chemische veranderingen in het bloed (bijv. verminderde zuurstofverzadiging) wordt geprikkeld.

chemosis *G* zwelling van het oogbindvlies rondom het hoornvlies door sereus vocht; komt o.a. voor bij conjunctivitis.

chemotaxis *G* de bewegingen van sommige levende wezens in een richting naar een scheikundige oplossing toe of andersom.

chemotherapeuticum 1. chemisch bereid geneesmiddel met bacteriostatische of bacteriocide werking tegen pathogene micro-organismen. 2. geneesmiddel om tumorcellen te doden.

chemotherapie behandeling met een chemotherapeuticum; **adjuvant-~*, voor verwachte, (nog) niet klinisch manifeste metastasering na primaire chirurgie van een maligniteit.

cherryred spot *E* kersrode vlek op de plaats van de macula lutea (gele vlek) bij degeneratie hiervan, zoals bij sommige vormen van gangliosidose.

cherubisme erfelijke, dubbelzijdige zwelling van de onderkaken t.g.v. fibreuze dysplasie.

Chester stad bij Liverpool (Eng.); *~-porphyria*, zie porfyrie.

Cheyne, J. Schots arts (1777-1836); *~-Stokes' ademhaling*, afwisselend diepe ademhaling met tussenpozen van vrijwel volkomen stilstand t.g.v. verminderde prikkelbaarheid van het ademcentrum; komt o.a. voor bij hartaandoeningen, uremie, hersen-anoxemie, verhoogde druk in de schedel e.a.

CHF afk. van congestive heart failure *E*.

CHG afk. van college voor huisartsgeneeskunde, thans CHVG.

Chiari, H. Oostenrijks patholoog (1851-1916); *ziekte van ~-Budd*, progressieve, met afsluiting gepaard gaande, ontsteking van de wand van aders met trombose van de leveraders, leidend tot stoornis van de leverfunctie en soms tot lokale leverinfarcten; *syndroom van ~-Frommel*, baarmoederatrofie, langdurige amenorroe, hetzij post partum (lactatie-atrofie), hetzij bij hypofysegezwellen.

chiaroscuro *It.* verscheidenheid in presentatie van kleuren in licht en donker.

chiasma *G* x-vormige kruising, de kruisvormige uitwisselingsfiguur tussen twee chromatiden van een bivalent, microscopisch zichtbaar tijdens de eerste meiotische deling; *~ opticum* (ook kortweg: chiasma), kruising van de linker en rechter gezichtszenuw.

CHIC afk. van chirurgische intensive care-afdeling.

chignonziekte syn. *piedra.

chimeer, chim(a)era 1. monster uit de mythologie met het lichaam van een geit, de kop van een leeuw en de staart van een slang. 2. misgeboorte bestaande uit delen van verschillende genetische oorsprong. 3. hersenschim. 4. persoon met een beenmergsysteem van donor-origine.

chimerisme entbastaard; innesteling en prolifererende groei van een homoloog transplantaat; toestand waarbij in het organisme lichaamseigen en lichaamsvreemde weefsels naast elkaar voortbestaan, in engere zin aanwezigheid van twee verschillende typen van erytrocyten in het bloed (bij niet-identieke tweelingen); zie ook chimeer.

chimismus *L* syn. chemisme; *~ vaginalis*, het chemisch zelfreinigingsproces van de vagina; de zure reactie wordt gehandhaafd door melkzuur uit vergisting van glycogeen onder invloed van grampositieve bacillen (bacillen van Döderlein).

chinezen (pop.) dagelijks en langdurig inhaleren van heroïnedamp.

chinine zie kinine.

chinolonen groep van synthetische antibiotica met bactericide werking.
chinonisme kininevergiftiging, gekenmerkt o.a. door braken, diarree, oorsuizen, doofheid, gezichtsveldbeperking, cardiomyopathie, hypothermie.
chip *E* spaander, splinter; ~ *fractuur*, beenbreuk waarbij een splinter is afgeslagen tijdens het ongeval.
chiragra *G* handjicht.
chiro- (smst.) m.b.t. de handen; *~logie*, zie cheirologie; *~podie*, verzorging van de gezonde en de zieke hand en voet; *~podist*, beoefenaar van de chiropodie; *~praxis*, *~practie*, een alternatieve geneeswijze door handgrepen, hoofdzakelijk aan de wervelkolom, uitgeoefend door opgeleide leken (chiropractici, chiropractors), berustend op de opvatting dat vele ziekten worden veroorzaakt door druk op spinale ganglia. zie cheirospasmus; *~theca*, vinger- of handverband.
chirurg *G* lett. handwerker; heelkundige, arts die de heelkunde beoefent, operateur.
chirurgie *G* heelkunde; operatieve geneeskunde; *endoscopische* ~, operatieve technieken m.b.v. een endoscoop; syn. minimaal-invasieve chirurgie, (pop.) sleutelgatchirurgie, (pop.) kijkoperatie; *genetische* ~, zie genchirurgie; *minimaal-invasieve* ~, syn. endoscopische chirurgie; *plastische* ~, de heelkundige behandeling van al of niet aangeboren misvormingen.
CHIVO afk. van chirurg in voortgezette opleiding.
CHL afk. van congenitale heup-luxatie.
Chlamydia *G* mantel; ovale bacteriën die zich uitsluitend intracellulair vermenigvuldigen, doch niet tot de virussen behoren omdat ze zowel DNA als RNA bevatten; ~ *psittaci*, verwekker van *psittacose; ~ *trachomatis*, veroorzaker van trachoma-inclusie-*conjunctivitis, pneumonie bij pasgeborenen, proctitis, endocarditis, otitis en van urogenitale ontstekingen, overgebracht door geslachtsverkeer.
chlamydospore cel in een *hyfe die opgeslagen voedsel bevat.
chloasma *G* vlekkige geelbruine huidverkleuring, levervlekken; ~ *faciei*, meest voorkomende vorm van chloasma, nl. in het gelaat, als huidziekte waarvan het ontstaan wordt veroorzaakt door (zon)licht (een zgn. *fotodermatose) of onder invloed van hormonen (MSH, oestrogenen, progesteron), syn. melasma; chloasma komt voorts o.a. voor bij zwangerschap, leverziekten, aandoeningen van de bijnieren of de baarmoeder, bij cachexie (~ *cachecticorum*), bij chronische malaria, kanker, tuberculose, enz.; ~ *gravidarum*, chloasma bij zwangerschap; ~ *uterinum*, chloasma bij aandoeningen van de baarmoeder.
chlooracne zie acne.
chloorethyl zeer vluchtige vloeistof, gebruikt als narcoticum bij kort durende operaties en voor plaatselijke anesthesie door bevriezing.
chloremie *G* syn. *chlorose.
chloroform vloeistof, vroeger veel gebruikt als narcoticum, maar wegens giftigheid in onbruik.
chlorofyl bladgroen; heeft de eigenschap licht te absorberen en met de energie daarvan koolstofdioxide te assimileren tot glucose en zuurstof.
chloroleukemie syn. *chloroom.
chloroom, chloroma *G* groenachtig gezwel bij zeldzame, atypische vorm van myeloïde leukemie, vnl. voorkomend in het gebeente van het hoofd, de wervelkolom en de ribben; syn. chloroleukemie.
chloroplast chlorofylbevattend organel in plantencellen, dat d.m.v. lichtenergie CO_2 en H_2O omzet in glucose.

chlorose, chlorosis *G* bleekzucht, obsolete verzamelnaam voor ijzergebreksanemie; vroeger als apart ziektebeeld erkend bij jonge meisjes ('groene ziekte'); ~ *tarda*, ijzergebreksanemie bij vrouwen boven de 40 jaar.
choanen de achterste neusopeningen die in de keel uitkomen.
chocoladecyste 1. holte in de eierstokken, gevuld met oud bloed, bij endometriose. 2. lipogranulomen in neus, neusbijholten en in de oogkassen.
cholagogum *L* stof die de galstroom van de galblaas naar de darm bevordert; syn. cholekineticum.
cholang- *~iografie*, het röntgenologisch zichtbaar maken van de galwegen, resp. de galblaas d.m.v. contraststoffen; de gemaakte foto noemt men *~iogram*; syn. *cholecystografie*, zie ook ERCP; *~iole*, galcapillair; *~iolitis*, ontsteking van galcapillairen; *~itis*, ontsteking van de galwegen; *~iopathie*, stoornis in de enterohepatische circulatie van galzuren.
cholascos ophoping van gal in de vrije buikholte door lekkage van de galwegen t.g.v. misvorming, ontsteking of verwonding.
chole *G* gal; syn. fel.
cholecalciferol vitamine D_3, een steroïdhormoon dat een rol speelt in de fosfor-calcium-stofwisseling, vnl. het instandhouden van de normale calcium- en fosfaatconcentraties in het extracellulaire lichaamsvocht.
chole- (smst.) *~cystectomie*, operatieve wegneming van de galblaas; *~cystitis*, galblaasontsteking; *~cystografie*, zie cholangiografie.
cholecystokinine een *enterohormoon in het jejunum, dat contractie van de galblaas en dilatatie van de m. *sphincter Oddii teweegbrengt; bevordert ook de productie van pancreasenzymen.
cholecystolithiasis galblaassteenziekte; aanwezigheid van concrementen (galstenen) in de galblaas.
cholecystose verzamelnaam voor ziekte van de galblaaswand, niet berustend op ontsteking of kwaadaardige gezwelvorming, te onderscheiden in *cholesterolose, *polypose en *diverticulose.
chole- *cystotomie*, operatieve opening van de galblaas; *~docholithiasis*, stenen in de *ductus choledochus; *~dochotomie*, chirurgische insnijding van de ductus choledochus; *~dochus*, galopnemend, galbevattend; zie ook *ductus choledochus; *~kinese*, de voortbeweging van de gal in de galwegen; *~kineticum*, syn. cholagogum.
cholelithiasis *G* galsteenziekte; wordt veroorzaakt door de vorming van concrementen (galstenen), die in de galblaas zowel als in de lever lange tijd symptoomloos aanwezig kunnen zijn; cholelithiasis komt het meest voor boven de 40 jaar, vnl. bij vrouwen; een galblaas die stenen bevat kan gemakkelijk in ontsteking geraken (cholecystitis); als galstenen in de galgangen een afvloedbelemmering veroorzaken, kunnen ze o.a. galsteenkolieken (zie koliek) en *icterus veroorzaken.
cholemie de aanwezigheid van een abnormaal grote hoeveelheid galbestanddelen in het bloed; ~ *simple familiale F*, familiale niet-hemolytische *hyperbilirubinemie met icterus, syn. ziekte van Gilbert.
cholera *G ~ asiatica*, door de kommabacil veroorzaakte besmettelijke ziekte, die gepaard gaat met hevig braken en diarree; door het grote vochtverlies ontstaat uitdroging welke leidt tot hese stem (vox cholerica), collaps, temperatuurdaling, spierkrampen, anurie, bewusteloosheid, vaak met letaal gevolg; soms is er geen

diarree (~ *sicca*); ~*-diarree* of *cholerine*, zeer frequente waterige diarree; ~ *El Tor*, een in vergelijking tot cholera asiatica mild verlopende vorm van cholera, veroorzaakt door *vibrio El Tor; ~ *infantum*, bij zuigelingen voorkomende vorm van diarree met heftige *gastro-enteritis en ernstig algemeen ziekzijn, door te veel of bedorven voedsel; ~ *nostras*, acute gastro-enteritis; zomerdiarree; *'pancreatische'* ~, de diarree die optreedt bij het *WDHA-syndroom; ~ *tyfoïd*, met grote sufheid gepaard gaande cholera.

choler- ~*ese*, productie van gal door de lever; ~*eticum*, stof die de cholerese bevordert; ~*icus*, persoon die opvliegend van aard is; ~*iform*, op cholera gelijkend; als bij cholera; ~*ine*, zie cholera; ~*isch*, opvliegend van aard; ~*ragie*, galvloed.

cholestase, cholestasis *G* galstuwing; *extrahepatische obstructieve* ~, cholestase door de aanwezigheid van galstenen, wormen, gezwellen, stricturen, littekens, enz. in de grotere galwegen; *intrahepatische obstructieve* ~, cholestase door cholangitis, cystische fibrose, primaire biliaire levercirrose e.a.; *niet-obstructieve* ~, cholestase t.g.v. gebruik van medicamenten (o.a. orale contraceptiva), zwangerschap, hepatitis, M. Hodgkin, primaire biliaire levercirrose, sepsis e.a.

cholesteatoom, cholesteatoma *G* parelgezwel, langzaam groeiend goedaardig gezwel dat zich ontwikkelt uit plaveiselepitheel, waarvan door verhoorning een laagsgewijze concentrische ('uivormige') structuur ontstaat en een parelmoerglans optreedt; bevat meestal cholesterolkristallen; *congenitaal* of *primair* ~, cholesteatoom dat zich op verschillende plaatsen in de schedel kan voordoen; syn. epidermoïd; ~ *tympani, secundair* ~ van het middenoor t.g.v. of gepaard gaand met chronische otitis media waarbij epitheel uit de uitwendige gehoorgang is binnengegroeid en matrix van het gezwel is geworden.

cholesterol 'galvet', een vetachtige, niet in water oplosbare stof behorend tot de sterolen; is belangrijk als bouwstof voor de celmembranen en voor de productie van bijnierschorshormonen en geslachtshormonen; wordt in het bloed vervoerd verpakt in lipoproteïnen: ongeveer 75% van het cholesterol zit verpakt in *LDL, 20% in *HDL en 5% in VLDL; het cholesterolgehalte in het bloed wordt dus hoofdzakelijk bepaald door LDL-cholesterol, ook wel slecht cholesterol genoemd omdat het zich afzet in de wand van slagaders zodat atherosclerose ('aderverkalking') ontstaat; ~*-embolie*, afsluiting van kleine arterietakjes door cholesterolpartikels uit atheromateuze ulcera in de atherosclerotische aorta, leidend tot kleine nierinfarcten, buikpijn, livedo reticularis aan de benen, pancreatitis, pijnlijke voeten.

cholesterolemie (ook: *hyper*~) verhoogd cholesterolgehalte van het bloed.

cholester(ol)ose abnormale afzetting van cholesterol in weefsels en organen, in engere zin in de galblaaswand (aardbeigalblaas).

choline vitamine behorend tot het B-complex (B_4); speelt een rol in de vetstofwisseling en heeft een stimulerend effect op de parasympathicus.

cholinergisch syndroom ziektebeeld t.g.v. intoxicatie met organische fosforverbindingen, gekenmerkt door o.a. pupilvernauwing, speekselvloed, braken, diarree, transpiratie, bronchospasmen en spier*fasciculaties, soms gevolgd door overwegend motorische polyneuropathie.

cholinergische werking prikkeloverdracht in het zenuwstelsel door acetylcholine; heeft plaats bij motorische zenuwen en bij de parasympathicus.

cholinesterase enzym, voorkomend in de neuromusculaire en neuronale synapsen, dat bij de prikkeloverdracht vrijkomend acetylcholine hydrolyseert; *~remmers*, stoffen die de werking van cholinesterase verminderen, waardoor de fysiologische afbraak van aetylcholine wordt verhinderd en intoxicatie optreedt.

cholose galziekte; verzamelnaam voor ziekten die met geelzucht gepaard gaan.

cholostasis *L* verminderde of opgehouden afvloed van gal.

cholurie vóórkomen van galbestanddelen in de urine.

chondritis *G* kraakbeenontsteking.

chondro- (smst.) m.b.t. kraakbeen; *~blast*, kraakbeenvormende cel; *~blastoom*, goedaardig gezwel uitgaand van kraakbeenweefsel, gezeteld in de epifyse van pijpbeenderen; *~calcinose*, neerslag van calciumzouten in kraakbeenweefsel; *pseudojicht; *~clast*, kraakbeen absorberende cel; *~cyt*, kraakbeencel; *~dystrofie*, *~dysplasie*, syn. *dyschondroplasie; *~malacie*, kraakbeenverweking; *~matose*, kraakbeenvorming door *metaplasie in de synovia van gewrichten, peesscheden en bursae.

chondron groepje chondrocyten, omgeven door een zgn. kraakbeenhof, syn. kraakbeenterritorium.

chondroom, chondroma, kraakbeengezwel, te onderscheiden in ecchondroom (aan het oppervlak van kraakbeen groeiend) en enchondroom (binnen in kraakbeen groeiend).

chondro- *~pathie*, (alg.) ziekte van kraakbeen; *~phyma*, syn. chondroom; *~plasie*, de vorming van kraakbeen (door chondrocyten); *hypo~plasie*, gebrekkige kraakbeenvorming; *~sarcoom*, zie sarcoom.

chondrosis 1. ziekte van kraakbeen, in engere zin gezwelvorming. 2. kraakbeenvorming.

CHOP afk. van cyclofosfamide, hydroxyrubidomycine, Oncovin® (vincristine), prednison; combinatie van cytostatica.

Chopart, F. Frans chirurg (1743-1795); *gewricht van ~*, articulatio tarsi transversa of articulatio mediotarsea, gezamenlijke benaming van de gewrichten talus-os naviculare pedis en calcaneus-os cuboideum in de voet.

chorda 1. dunne streng; *~ dorsalis*, de embryologische voorloper van de wervelkolom; *~e tendineae*, peesdraden van de papillaire spieren in het hart lopend naar de kleppen tussen boezem en kamer; *~ tympani*, tak van de nervus facialis voor de smaakgeleiding; *~ venerea*, pijnlijke erectie en kromming van de penis bij urethritis gonorrhoica; *~ vocalis*, stemband. 2. streng aan de onderzijde van de penis, een aangeboren fibrosering van het distale uretrale zwellichaam bij hypospadie; fibreus rudiment van het *corpus spongiosum.

chorditis vocalis ontsteking van de stembanden.

chordoom zeldzaam (maligne) gezwel afkomstig uit resten van de chorda dorsalis.

chordotomie operatieve doorsnijding van de pijnbanen (tractus spinothalamicus in de vóórzijstreng) in het ruggenmerg.

chorea *G* dans; een extrapiramidaal syndroom, gekenmerkt door plotselinge onwillekeurige gecoördineerde, maar rukkende, bewegingen; *~ dimidiata*, syn. *hemichorea; *~ gravidarum*, chorea in de zwangerschap; *hemi~*, zie hemichorea; *~ hereditaria*, zie Huntington; *~ major* of *magna*, zich steeds herhalende, regelmatige krampachtige bewegingen bij (hysterische) conversie; tarantarisme; *~ minor* of *~ sancti viti*, sint-vitusdans, hoofdzakelijk bij meisjes tussen 6 en 13 jaar, vaak in combinatie met acute polyartritis en/of endocarditis, syn. *~ rheumatica* of *~ infectiosa*; *~ mollis*, chorea minor met hypotonie, spierzwakte en geringe frequentie van de bewegingen; *seniele* ~, treedt soms op in combinatie met seniele dementie; *symptomatische* ~, chorea als verschijnsel bij ziekten als encefalitis, SLE, syndroom van Creutzfeldt-Jakob e.a.; *tetanoïde* ~ (Gowers), rigide choreoathetotische bewegingen bij de ziekte van *Wilson (bet. 2); ~ *unilateralis*, syn. *hemichorea.

choreo-athetose extrapiramidale stoornis bij cerebral *palsy, kernicterus e.a., gekenmerkt door choreatische en athetotische bewegingen; syn. congenitale chorea.

choreatisch m.b.t. chorea.

chorio- ~*-amnionitis*, ontsteking van chorion èn amnion; ~*angioma*, een hemangioom van de chorionbestanddelen van de placenta; ~*blastoom*, syn. choriocarcinoom; ~*capillaris*, zie lamina; ~*carcinoom*, kwaadaardig gezwel van de baarmoeder, uitgaande van het epitheel van chorionvlokken; ~*epithelioma*, syn. van choriocarcinoom; ~*ïd-*, zie choroïd-; ~*ma*, choriongezwel; ~ *meningitis*, zie meningitis.

chorion *G* vaatvlies; het buitenste der vliezen die het embryo omhullen; bijv.nw. *choriaal*; ~*biopsie*, zie vlokkentest; ~ *frondosum*, het deel van het chorion dat de chorionvlokken (zie villi) bevat, aldus het embryonale deel van de placenta vormend.

chorio(n)gonadotrofine hormonale stof, nagenoeg identiek met het gonadotrope hormoon van de *hypofysevoorkwab, die spoedig na het intreden van zwangerschap in het lichaam wordt gevormd en met de urine wordt uitgescheiden.

chorio(n)villusbiopsie zie vlokkentest.

chorioretinitis zie choroidoretinitis.

chorioretinopathie aandoening van chorion èn retina; *birdshot (E)* ~, speciaal beeld van chorioretinopathie, gekenmerkt door vele witgele, regelmatig gespreide vlekjes in de fundus oculi, papiloedeem en/of -atrofie, aanwezigheid van cellen in het glasvocht.

choristie, chorista *G* abnormale verplaatsing van (gedeelten van) kiemcentra tijdens de embryonale ontwikkeling.

choristoom, choristoblastoom gezwel dat zich ontwikkelt uit *ectopische embryonale celgroepen.

choroïd, choroidea *G* het vaatvlies van het oog, bestaande uit twee vaatlagen en een buitenste pigmenthoudende laag; bijv.nw. *choroideus*.

choroïdeopathie ziekte van het vaatvlies van het oog.

choroïderemie aangeboren afwezigheid of atrofie van gedeelten van het choroïd met uitzondering van de pigmentlaag.

choroiditis ontsteking van het choroïd; ~ *exsudativa*, choroiditis waarbij zich exsudaatplekken vormen, die na enige tijd weer geresorbeerd worden, doch littekens achterlaten; afhankelijk van de plaats van de littekens kan het gezichtsvermogen benadeeld worden; ~ *suppurativa*, etterige choroiditis waarbij abcessen optreden en het gezichtsvermogen verloren gaat.

choroidoretinitis gelijktijdige ontsteking van vaat- en netvlies van het oog; syn. chorioretinitis; ~ *juxtapapillaris*, choroidoretinitis rondom de discus nervus optici.

chororetinaal m.b.t. choroïd en retina.

chr. afk. van chromosoom.

Christ, J. Duits arts (1871-1943), zie hypohidrotisch-ectodermale *dysplasie.

Christian, H. Amerikaans arts (1876-1951); *ziekte van* ~*-Weber*, syn. panniculitis febrilis.

Christian science *A* de leer berustend op de stelling, dat ziekte een dwaling is van de geest en door gebed kan worden genezen; syn. *scientisme*.

Christmas-factor bloedstollingsfactor IX.

chromaffien zich kleurend met chroomkleurstoffen; ~ *systeem*, groepjes van chromaffiene cellen op verschillende plaatsen in het lichaam (vnl. bijniermerg, glomus caroticum), die *catecholaminen produceren.

chromaffinoom, chromaffinoma gezwel uitgaande van cellen van het *chromaffiene systeem; syn. paraganglioom.

chromatelopsis *G* kleurenblindheid.

chrom(at)hidrosis uitscheiding van gekleurd zweet, veroorzaakt door chemische invloeden of door bacteriën; syn. chromidrose.

chromatiden de twee (overlangse) helften van de chromosomen ('dochterchromosomen') die zich tijdens de anafase van de mitose uit elkaar begeven.

chromatine kernstof, de (sterk kleurbare) stof in de celkern (nucleus), chemisch opgebouwd uit DNA gekoppeld aan eiwitten; de basiseenheid van chromatine is een *nucleosoom; het chromatine is op te vatten als een kluwen van chromosomen, waarvan de afzonderlijke structuur in het verloop van de kerndeling (zie mitose) duidelijker wordt; *geslachts~*, zie drumsticks; *~test*, zie drumsticks.

chroma- (smst.: m.b.t. kleur), *~tisch*, gekleurd; *~tisme*, kleurgewaarwording; *~todysopsie*, (obsoleet) *kleurenblindheid; *~tofobie*, kleurenvrees; abnormale vrees voor bepaalde kleuren; zie erytrofobie.

chromatografie scheidings- of analysemethode waarbij gebruik wordt gemaakt van twee fasen: een stilstaande (stationaire) en een bewegende (mobiele) fase; door gebruik te maken van de eigenschappen van zowel de te scheiden componenten in een homogeen mengsel als van de fasen van het chromatografiesysteem, kan men een scheiding bewerkstelligen; *gas~*, analytische scheidingsmethode waarbij wordt gebruik gemaakt van de affiniteitsverschillen tussen de verdampings- en de vloeistoffase van de componenten der onderzochte stof.

chromatolyse 1. verdwijning van de lichaampjes van *Nissl na beschadiging van de cel. 2. desintegratie van de chromatine in de celkern.

chromatometer instrument voor onderzoek van de kleurzin en kleurenblindheid, syn. *chromatoptometer*.

chromatopsie het zien van alle voorwerpen in een bepaalde kleur; syn. chromopsie.

chromatose, chromatosis verandering van het pigmentgehalte van de huid.

chromidrose syn. *chromathidrosis.

chromoblastomycose zie chromomycose.

chromocrinie uitscheiding van kleurstof.

chromocystoscopie (ook: *cystochromoscopie*) methode van nierfunctieonderzoek, waarbij met de cystoscoop in de blaas wordt waargenomen hoe lang na de parenterale inspuiting van een kleurstof (bijv. methyleenblauw) uitscheiding hiervan door de nieren plaatsheeft; syn. blauwproef.

chromodermatose *G* huidziekte met verandering van de huidkleur.

chromofiel gemakkelijk kleurbaar; tgst. chromofoob.

chromofoob 1. moeilijk of niet kleurbaar. 2. kleurenschuw; het niet kunnen verdragen van (helle) kleuren; tgst. chromofiel.

chromofoor 1. chemische groep in een verbinding die de kleur bepaalt. 2. kleur-

dragend.
chromogeen kleurstofvormend; kleurstofvormer.
chromomeer een goed kleurbare verdikking ('bandje') in een chromosoom, veroorzaakt doordat het *chromatine ter plaatse sterk is opgerold (gecondenseerd); de dikte van de chromomeren en het aantal zijn constant en karakteristiek voor het desbetreffende chromosoom.
chromo- *~mycose*, syn. dermatitis verrucosa, zeldzame parasitaire huidziekte met vorming van bruine wratten; *~nema*, zie axonema; *~psie*, zie chromatopsie.
chromosomen draadvormige structuren in de celkern die de genen bevatten; een menselijke cel bevat normaal 46 chromosomen; ieder chromosoom bevat één spiraalvormig gewonden DNA-molecuul (zie DNA).
chromotherapie *G* (alternatieve) geneeswijze met gekleurd licht.
chronaxie tijddrempel, nodig voor een spiercontractie, resp. voor een zintuiglijke indruk, na het ontstaan van de hiervoor minimaal benodigde prikkel.
chronisch *G* langzaam, slepend verloop; tgst. acuut; ~ *moeheidssyndroom*, zie myalgische *encefalomyelitis.
chronische granulomateuze ziekte afk. *CGD (bet. 1), X-chromosomaal erfelijke ziekte, gekenmerkt door vorming van granulomen en/of abcessen in organen, lymfeklieren en huid, reeds kort na de geboorte; oorzaak is een defect in de bactericide werking van microfagen (granulocyten) en macrofagen.
chronobiologie studie en kennis van de invloed van tijdsomstandigheden (wisseling van dag en nacht, getijden, temperatuurverschillen, seizoenen) op biologische ritmen bij mens, dier en plant, zoals slaap, lichaamstemperatuur, ademhaling, hartslag, seksuele functies, voedingstijdstippen, en vele andere.
chronofarmacologie toediening van een geneesmiddel op het meest geschikte tijdstip van de dag.
chronograaf toestel waarmee het ogenblik of de duur van een waargenomen verschijnsel nauwkeurig wordt opgetekend.
chronoscoop toestel om tot in zeer kleine delen van seconden de duur van bepaalde verschijnselen (bijv. nervale prikkels) te meten.
chronotropie beïnvloeding van het tempo van een periodieke beweging, bijv. de hartslag.
chroom een *sporenelement dat in de vorm van *GTF o.a. voorkomt in biergist en melasse.
chrysiasis 'gouddermatitis' verkleuring van de huid t.g.v. goudtherapie.
CHT afk. van congenitale *hypothyroïdie.
Churg, J. Amerikaans patholoog (geb. 1910); *syndroom van ~-Strauss*, syn. allergische granulomateuze *vasculitis, vorm van polyarteriitis met sterke bloed*eosinofilie, vnl. in de longen, doch ook in hart, nieren en maag-darmkanaal; chronisch verloop.
CHVG afk. van college voor huisartsgeneeskunde en verpleeghuisgeneeskunde.
Chvostek, F. Oostenrijks arts (1835-1884); *teken van ~*, toeneming van de mechanische prikkelbaarheid van de n. facialis, o.a. bij tetanie.
CHVP (farm.) afk. van cyclofosfamide, hydroxyrubicine, vm-26, prednison (cytostatica-combinatie).
chyl, chylus *G* melkachtige vloeistof waarin het vet uit het voedsel veranderd wordt vóór de opneming in het bloed; vethoudende lymfe; bijv.nw. *chylosus*. *~eus*, chylachtig, uit chyl bestaand, m.b.t. chyl; *~ifer*, chylvoerend, chyldragend;

~ocele, chylstuwing in de tunica vaginalis communis; *~omicron*, grootste lipoproteïne (99% vet, 1% eiwit); het transporteiwit van de in de darmwandcellen ge(re)synthetiseerde triglyceriden met vetzuren van meer dan 12 koolstofatomen; de transportpartikels (diameter ongeveer 1 μm) heten chylomicronen en worden afgegeven aan de lymfevaten (chylvaten) van de darmvlokken waarna ze via de borstbuis (ductus thoracicus) in het bloed komen; ze worden door lipoproteïnelipase afgebroken tot voorstadia van *VLDL en *HDL; *~othorax*, syn. *hydrothorax chylosus, ophoping van opalescent vethoudend vocht in de pleuraholte; *~opericardium*, aanwezigheid van chyl in de pericardruimte; *~operitoneum*, aanwezigheid van chyl in de buikholte; *~urie*, de aanwezigheid van chyl in de urine.

chylo- (smst.) m.b.t. chylus, chylusbevattend e.d.

chylus zie chyl.

chylvat centrale lymfevaten van de darmvlokken waarin de lchylomicronen worden opgenomen.

chymificatie de digestie van het voedsel in de maag tot chymus.

chymopapaïne zie chemonucleolyse.

chymotrypsinogeen pro-enzym in het pancreassap dat in het duodenum door trypsine wordt omgezet in het actieve enzym chymotrypsine.

chymus *G* spijsbrij in de maag.

CHZ afk. van coronaire hartziekte(n).

CI afk. van claudicatio intermittens.

Ci *curie.

CIB afk. van chronisch idiopathisch boezemfibrilleren.

cibaal m.b.t. voedsel.

CIC afk. van circulerende immuun-complexen.

cicatricieel, cicatricialis *L* littekenachtig; *hernia ~*, littekenbreuk.

cicatrisatie vorming van litteken.

cicatrix *L* litteken.

CICRA acronym van Crohn's ileitis chronica regionalis.

CID afk. van CMV inclusion disease *E*.

CIDP afk. van chronische idiopathische demyeliniserende polyradiculo(neuro)pathie.

CIE afk. van 1. centrum voor infectieziekten-epidemiologie. 2. countercurrent-immuno-elektroforese, syn. CIEF.

CIEF afk. van counter-immuno-elektroforese.

cIg afk. van cytoplasmatisch immunoglobuline.

ciguatera ziektebeeld met maag-darmverschijnselen en polyneuropathie t.g.v. vergiftiging door het eten van bepaalde soorten tropische of subtropische vis.

cilia *L* (meervoud) enkelvoud cilium. 1. ciliën, wimpers, oogharen. 2. trilharen.

ciliaat trilhaardiertje, protozoön dat zich d.m.v. trilharen voortbeweegt.

ciliair 1. m.b.t. de oogharen. 2. m.b.t. het corpus ciliare. 3. m.b.t. trilhaar (cilium).

cilinder *G* cilindervormig afgietsel van de nierkanaaltjes; kan in de urine voorkomen bij nierziekten; cilinders kunnen verschillend van samenstelling zijn, bijv. hyaliene, epitheel-, was-, korrel-, vetcilinders; *~-bril*, bril met cilindrisch hol of bol geslepen glazen, zie astigmatisme.

cilindroom, cylindroma 1. (alg.) adenocystisch carcinoom uitgaande van epitheelcellen, gekenmerkt door cilindervormige celconvoluten; syn. siphonoma. 2. zie tulbandgezwel.

cilindrurie *G* het vóórkomen van cilinders in de urine.

cilium *L*, meervoud *cilia. 1. wimper, de oogharen. 2. trilhaar.

Cimex lectularius *L* wandluis (ook: *Acanthia lectularia*).

cimino-shunt kunstmatige inwendige arterioveneuze shunt t.b.v. aansluiting van de bloedbaan aan een kunstnier; de arteria radialis (zie arterie) wordt d.m.v. een venster verbonden met één der onderarmaders.

CIN afk. van cervicale intra-epitheliale neoplasie, wordt ingedeeld in CIN I (lichte dysplasie), CIN II (matige dysplasie) en CIN III (sterke dysplasie en carcinoma in situ).

cincho- *~nine*, alkaloïd in de grijze kinabast; zie ook kinine; *~nisme*, chronische vergiftiging door langdurig gebruik van kinabastpreparaten; verschijnselen zijn o.a. hoofdpijn, visusstoornissen, duizeligheid, oorsuizen, soms delirium; *~toxine*, een vergif dat zich ontwikkelt uit kinine onder invloed van warmte, licht en organische zuren.

cinderella syn. erythema dyschromicum perstans (zie erytheem).

cineangiogram gefilmd angiogram, in engere zin van de bloedbeweging in hart, grote vaten en coronaire circulatie.

cinefactie verbranding tot as, lijkverbranding.

cingulum *L* 1. breed doekverband, sluitlaken. 2. syn. herpes zoster. 3. bundels zenuwvezels die gedeeltelijk het corpus callosum omringen.

CIPD afk. van chronische inflammatoire *demyelinisatie polyneuropathie.

CIQ afk. van circulerende immuuncomplexen.

CIR afk. van cumulatieve incidentie ratio.

circa- (smst.) ongeveer; *~diaans*, *~lunair*, *~nnuair*, *~septaan*, *~trigintaan*, *~vigintaan*, alle termen in de *chronobiologie, aangevende een tijdsverloop van resp. circa 24 uur, een maand, een jaar, 7 dagen, 25-35 dagen en 18-24 dagen.

circinata kransvormige exsudaten in het netvlies bij diabetes mellitus.

circinatus, circinair (dermatologie) kringen vormend, gedeeltelijk ringvormig.

circulair zich in een kring bewegend, periodiek terugkerend.

circulatie kringloop; in engere zin de bloedsomloop; *kleine ~*, de bloedsomloop door de longen in tgst. tot de *grote ~:* de circulatie door de rest van het lichaam; *collaterale ~*, zie collateraal; *coronaire ~*, de bloedsomloop door de hartspier; *extracorporale ~*, zie extracorporaal; *~tijd*, de tijd die het bloed nodig heeft om een bepaalde weg af te leggen; *portale ~*, de bloedsomloop door het gebied van de vena portae.

circulus *L* (vklw. van circus, kring); *~arteriosus cerebri (cirkel van Willis)*, arteriële vaatkrans aan de schedelbasis, verbinding (anastomose) tussen de linker en rechter a. carotis en de beide aa. vertebrales; *~ sanguinis*, bloedsomloop; *~ vitiosus*, het wederzijds beïnvloeden en verergeren van twee ziekelijke toestanden, bijv. hart- en longaandoening waarbij de laatste de eerste verergert, enz.

circumcisie, circumcisio *L* besnijdenis, syn. posthetomie, verkorting van de voorhuid van de penis; bij phimosis is circumcisie soms noodzakelijk; soms wordt bij het (zeer) jonge meisje onder circumcisie clitoridectomie verstaan; *faraonische ~*, syn. infibulatie.

circum- *ductie*, kringvormige beweging in een gewricht of van het oog; *~ferentie*, omtrek, omvang; *~flexus* (anat.), met een bocht teruglopend; *~script*, plaatselijk, begrensd, omschreven.

circus movement *E* (card.) rondgaande beweging van de contractieprikkel in de hartspier door herhaalde re-entry; syn. cirkelbeweging.
cirkelbeweging (card.) zie circus movement.
cirrestor (afk. van circulator en respirator) hartlongmachine voor kunstmatige bloedsomloop en ademhaling bij *open-hartchirurgie.
cirrose, cirrhosis *G* schrompeling van organen met name de lever; begint met nieuwvorming van bindweefsel (fibrose) dat later gaat schrompelen, waardoor de cellen van het aangetaste orgaan te gronde gaan en dit verhardt; *cardiale lever~*, zie nootmuskaatlever; *~ hepatis*, levercirrose, chronisch verlopende regeneratieve hyperplasie van leverweefsel met fibrose na diffuse leverbeschadiging van langere duur, meestal leidend tot leverinsufficiëntie, ascites, testisatrofie en portale hypertensie; kan optreden t.g.v. chronische agressieve en virushepatitis, langdurig alcoholmisbruik, chronische obstructie van de galwegen, sommige stapelingsziekten, cystische fibrose, leverstuwing en 'idiopathisch'; *(primaire) biliaire lever~*, vorm van langzaam verlopende levercirrose op grond van een autoimmunologische destructieve cholangiolitis; afk. PBC; *(secundaire) biliaire lever~*, cirrose t.g.v. langdurige galstuwing door oorzaken buiten de lever (galstenen, gezwellen en dergelijke); *juveniele lever~*, syn. chronische agressieve hepatitis; *macronodulaire lever~*, gebieden van normaal leverweefsel worden afgewisseld door fibrotische gedeelten, waardoor de lever een onregelmatig hobbelig aanzien heeft; *micronodulaire lever~*, syn. *~ van Laënnec* of *portale lever~*, waarbij de lever een gekorreld aspect krijgt t.g.v. een diffuse *fibrose van het parenchym; syn. *atrofische lever~*; *pigment~*, syn. hemochromatose; *~ pulmonum*, bindweefselvorming in de long.
cirsocele *G* spataderbreuk; syn. *varicocele.
cirsoides gelijkend op een kluwen; *angioma ~*, zie angioom: angioma cirsoides.
CIS afk. van carcinoma in situ.
cisterna verwijding, holte; *~ magna*, de tussen cerebellum en verlengde merg gelegen verruiming van de subarachnoïdale ruimte; zie ook suboccipitaal; *~pontocerebellaris*, brughoek.
cisternografie röntgenogram (*cisternogram*) van een cisterna met behulp van een contrastmiddel.
cistron speciale benaming voor een gen om aan te geven, dat dit een bepaalde erfelijke functie vertegenwoordigt.
cito *L* (rec.) met spoed, zo snel mogelijk; *~, tuto et jucunde* (uitspraak van Asclepiades, waarnaar iedere geneeskundige behandeling behoort te streven): op de snelste, veiligste en aangenaamste wijze.
citraatbloed door toevoeging van natriumcitraat onstolbaar gemaakt bloed.
citroenzuurcyclus syn. Krebscyclus, chemische omzetting van pyrodruivenzuur (gevormd door anaërobe afbraak van glucose) in de mitochondriën van de cel, waardoor energie vrijkomt in de vorm van *ATP; zie ook glycolyse.
citrullinurie aminoacidurie met sterk verhoogde hoeveelheid van het aminozuur citrulline in plasma en cerebrospinale vloeistof; wordt o.a. gekenmerkt door geestelijke achterstand.
CJ(D) afk. van Creutzfeldt-Jakob (disease), syn. CJZ.
CJZ afk. van Creutzfeldt-Jakob-ziekte, syn. CJD.
CK afk. van 1. creatinine-klaring. 2. *creatine(fosfo)kinase, voorheen CPK.
cl afk. van centiliter = 1/100 liter = 10 cc = 10 ml.

cladogenesis evolutie door vertakking of splitsing; bijv.nw. *cladistisch*.
Claoue *operatie van* ~, drainerende operatie (*antrotomie) van de bovenkaaksholte via de onderste neusgang.
clapotage *F* plas- of klotsgeruis, treedt o.a. op bij ileus.
clara-cellen bronchioli-epitheelcellen zonder trilhaar.
-clasie, -clasis *G* (smst.) scheuring, fragmentatie, uiteenvallen; bijv.nw. in smst.: *-clastisch*, m.b.t. afbraak of afsterven van lichaamscellen.
clasmatose het in stukjes breken van cellen op het eind van hun leven.
clastomanie vernielzucht, abnormale vernietigingsdrang.
claudicatio *L* hinken, mank lopen; kan zijn aangeboren, gevolg van kinderverlamming, na beenbreuk, enz.; ~ *caudalis*, zie Verbiest; ~ *intermittens*, 'intermitterend hinken', perioden van mank lopen en pijn in de benen (met name in de kuiten), mankheid t.g.v. afsluiting van arteriolen welke ischemie van de beenspieren veroorzaakt; komt voor bij arteriosclerose, thromboangiitis obliterans, aortastenose en polyarteriitis nodosa; syn. angina cruris; ~*intestinalis*, syn. mesenteriale *ischemie; ~ *masticatoria*, functieverlies van de kauwspieren tijdens het kauwen t.g.v. ischemie door arteriële *insufficiëntie van de a. carotis externa.
claustrofilie (psych.) abnormaal verlangen om zich in gesloten ruimten (ook in gevangenschap) te bevinden; tgst. claustrofobie.
claustrofobie engtevrees, angst om in gesloten ruimten (kamers, zalen, kerken, liften) te verblijven; ook: het ontstaan van een onaangenaam gevoel en benauwdheid bij het dragen van nauwsluitende kleding; tgst. claustrofilie.
claustrum *L* lett. afsluiting; dunne laag van grijze stof in de grote hersenen; ~ *virginale*, syn. hymen.
clavicotomie syn. *cleidotomie.
clavicula *L* sleutelbeen, vklw. van clavis (sleutel).
claviculair m.b.t. het sleutelbeen.
clavus *L* eksteroog, likdoorn; (door mechanische belasting) plaatselijke eeltachtige verdikking van de huid, vnl. op de (tenen van de) voet; ~ *phthisicus*, pijn in de borst door pleuritis bij longtuberculose; ~ *syphiliticus*, roodbruine eeltachtige dikte aan voetzool of handpalm bij syfilis.
CLB afk. van centraal laboratorium van de bloedtransfusiedienst van het Nederlandse Rode Kruis.
CLE afk. van congenitaal lobair emfyseem.
clearance *E* lett. zuivering, klaring; *renal* ~, nierfunctieproef waarbij de hoeveelheid bloedplasma wordt bepaald welke per tijdseenheid door de nieren van een uit het lichaam te verwijderen stof (bijv. creatinine) wordt ontdaan.
clear cells *E* 'glasheldere' cellen in het microscopische beeld; komen voor in sommige organen, in adenomen (bijv. van de bijschildklieren) en in carcinomen.
cleido- *G* (smst.) m.b.t. het sleutelbeen.
cleidotomie (verlosk.) doorsnijding van het sleutelbeen om de bevalling van een kind met te brede schouders te vergemakkelijken (ook: clavicotomie).
clenching het overlappen van de pink en de wijsvinger over de middel- en ringvinger bij vorming van een vuist.
Clérambault, G. de Frans psychiater (overl. 1934); *syndroom van* ~, syn. *erotomanie (bet. 2).
CLG afk. van constitutioneel lange gestalte.
client centered therapie zie *Rogeriaanse therapie.

climacterieel m.b.t. het climacterium; *climacteriële depressie*, zie depressie; *climacteriële-paranoïde syndroom*, syndroom dat vooral voorkomt bij eenzame vrouwen in de leeftijd tussen 40 en 50 jaar (tijdens het climacterium), waarbij sterke paranoïde wanen ontstaan die niet zelden aanleiding geven tot suïcide; *climacteriële psychose*, zie psychose.

climacterium *L* (bijv.nw. *climacterisch*) hoogtepunt, climax; vnl. worden hiermee bedoeld de overgangs- of wisseljaren bij de vrouw; de periode die valt tussen het einde van de geslachtsrijpheid en het volledige functieverlies van de eierstokken; ongeveer in het midden van het climacterium ligt de *menopauze; ~ *praecox*, een te vroeg (vóór het 40ste levensjaar) intreden van het climacterium, syn. premature *menopauze; ~ *virile*, de overgangsjaren bij de man; syn. andropauze, (pop.) penopauze.

clinical trial *E* (klinische proefneming), klinisch onderzoek om bijv. een nieuw geneesmiddel, een nieuwe behandeling te testen en te evalueren.

clinicus arts die in een kliniek werkt; de vroegere betekenis dat deze tevens onderwijs geeft, is vervaagd.

clinocefalie *G* zadelhoofd, dolichocefale schedel met zadelvormige inzinking t.g.v. vergroeiing tussen wand- en wiggebeen.

clinodactylie afwijking in de stand van één of meer vingers of tenen door zijwaartse verkromming.

clitoridectomie (chir.) verwijdering van de clitoris.

clitoris *G* kittelaar; de clitoris is een sponsachtig op de penis gelijkend deel van het vrouwelijke geslachtsorgaan; het bevindt zich direct onder de samenvoeging der kleine schaamlippen; evenals de penis komt de clitoris onder seksuele prikkeling in erectie.

clitorisme, clitorismus syn. clitoromegalie, vergroting van de clitoris.

clitoromegalie syn. *clitorisme.

clivus *L* (anat.) helling; hellend oppervlak.

CLL afk. van chronische lymfatische *leukemie.

CLO afk. van Campylobacter-like organisms *E*.

cloaca *L* riool; 1. gemeenschappelijke uitmonding van vagina en rectum bij vernietiging van de tussenwand. 2. holte waarin de sekwester gelegen is bij beennecrose (zie necrose).

cloacogeen gezegd van epidermoïdaal anaal carcinoom.

cloasma zie chloasma.

clone zie kloon.

clonograaf toestel om krampbewegingen en peesreflexen op te schrijven.

clonorchis een trematodengeslacht, waarvan ~ *sinensis* in Oost-Azië t.g.v. het eten van besmette vis de oorzaak is van chronische cholangitis met icterus, biliaire levercirrose, pancreatitis (*clonorchiasis*).

clonus *G* 1. zich snel herhalende ritmische samentrekkingen van een spier of spiergroep. 2. een plotselinge, voorbijgaande spiersamentrekking die een beweging veroorzaakt; bijv.nw. *klonisch*; zie ook *tonisch-klonische aanval.

Clostridium *L* spoelvormige, anaërobe, grampositieve bacillen, waarvan vele soorten pathogeen zijn; zij ontlenen hun levensenergie aan gistings- en rottingsprocessen waarbij gasvormige ontledingsproducten ontstaan (CO_2, ammoniak, methaan, zwavelwaterstof); ~ *difficile*, verwekker van hardnekkige diarree, met name van pseudomembraneuze *colitis en het *antibiotics deficiency syndrome;

~ *perfringens* of ~ *welchii*, zie gas*gangreen.
clownisme het dwangmatig maken van grimassen en clowneske bewegingen; komt voor als uiting van *conversie, bij syndroom van *Down en schizofrenie.
CLS afk. van capillary leak syndrome *E*.
clubbing *E* verdikking van de uiteinden van vingers en tenen; zie trommelstokvingers.
clue cells *E* zie hagelslagcellen.
clunes *L*, enkelvoud *clunis*, billen, zitvlak, syn. nates.
cluster *E* groep(ering), opeenhoping, bundel; ~ *headache*, syn. Horton-syndroom.
clustering *E* het gelijktijdig voorkomen van meerdere risicofactoren voor de gezondheid bij een patiënt.
cM centimorgan, eenheid die gehanteerd wordt om de afstand tussen twee genen op een chromosoom aan te geven; 1cM komt overeen met 1% *crossing-over tussen twee genen.
CMAP afk. van 1. compound muscle action potential *E*. 2. contrast medium appearance picture *E*.
CMC afk. van chronische mucocutane *candidiasis.
CME afk. van continuous medical education *E*.
CMF afk. van cyclofosfamide, methotrexaat, fluorouracil; een *cytostatica-combinatie.
CMFA afk. van continuous muscle-fiber activity *E*.
CMF(D) combinatie-cytostaticum van cyclofosfamide, methotrexaat en 5-fluorouracil (evt. plus doxorubicine).
CMH afk. van (immuun)complex mediated hypersensitivity *E*.
CMI afk. van cell mediated immunity *E*.
CML afk. van 1. cell mediated lympholysis *E*. 2. chronische myeloïde *leukemie.
CMN afk. van 1. codex medicamentorum neerlandicus, verzameling voorschriften en aanwijzingen ter aanvulling van de Nederlandse Farmacopee, uitgegeven onder auspiciën van de Kon. Ned. Mij. ter Bevordering der Pharmacie (KNMP). 2. centraal motorisch neuron (de piramidebaan).
CMPC afk. van centrale medisch-pharmaceutische commissie.
CMS afk. van 1. chronisch moeheidssyndroom; zie myalgische *encefalomyelitis. 2. chronisch mononucleosis syndroom.
CMTC afk. van centraal medisch tuchtcollege.
CMV afk. van cytomegalovirus.
cnemis *G* scheenbeen; syn. tibia.
cnemo- *lordose*, voorwaartse verkromming van het scheenbeen (cnemis); zie ook sabelbeen; ~*scoliose*, zijwaartse verkromming van het scheenbeen.
cnesmus *G* jeuk.
CNF afk. van centrale *neurofibromatose.
cnidosis *G* netelroos, syn. urticaria.
CNOP afk. van cyclofosfamide, Novantrone (mitoxantron), Oncovin (vincristine), prednison; een combinatie van cytostatica.
Co symbool voor het element kobalt.
CO afk. van 1. koolstofmonoxide. 2. cardiac output, syn. HMV; zie minuutvolume.
CO_2 koolstofdioxide.
COA afk. van centraal orgaan opvang asielzoekers.
coacervaat gecondenseerd colloïdaal systeem dat ontstaat wanneer hoogpolymere

stoffen aan elkaar hechten in waterige oplossingen.

COAD afk. van CO-asphyxia disease *E*; zie asfyxie.

coagulans stof die coagulatie teweegbrengt.

coagulase enzym dat coagulatie bevordert.

coagulatie, coagulatio *L* stolling van lichaamsvochten; wkw. *coaguleren; elektro-~*, zie diathermische *cauterisatie; ~ *sanguinis*, bloedstolling.

coagulatienecrose afsterven van weefsel onder coagulatie.

coagulatio zie coagulatie.

coaguline syn. *precipitine.

coagulopathie toestand van verminderde werking van stollingsfactoren in het bloed; *verbruiks~* of *consumptie~*, zie defibrinatiesyndroom.

coagulum *L* stolsel, meervoud coagula.

coalitie, coalescentie samensmelting van twee of meer fibreuze, kraakbenige of benige embryonale elementen.

coarctatie ~ *van de aorta*, vernauwing van de aorta, gewoonlijk ter plaatse van de ductus arteriosus (Botalli), in de regel met ontwikkeling van arteriële collaterale circulatie tussen de bovenste en onderste lichaamshelft, bloeddrukverhoging in de bovenste en verlaagde bloeddruk in de onderste lichaamshelft; syn. isthmusstenose; *'omgekeerde'* ~, bijnaam voor het *Takayashu-syndroom, waarbij de arteriële circulatie juist in het onderste deel van het lichaam overweegt.

co-assistent medisch student in opleiding voor *basisarts.

coast-fever *E* kustkoorts, malaria.

coating *E* omhullen, overtrekken; 1. (farm.) het bedekken van tabletten of pillen met een laag suiker ter voorkoming van een onaangename smaak bij het innemen of om oxidatie en/of vochtigworden bij de bewaring tegen te gaan of met een stof die in de maag niet, doch in de darm (*'enteric'~*) wèl ontleedt ten einde inactivering van het medicament door het maagsap te voorkomen òf het maagslijmvlies tegen inwerking van het medicament te beschermen; syn. dragee; *press-~*, syn. *dry-~*, het aanbrengen van de kapsellaag onder druk (waarbij geen vocht in het medicament kan dringen). 2. de vorming van een neerslag op bloedcellen (erytrocyten, leukocyten, trombocyten) door plasma-eiwitten, geneesmiddelen enz.

Coats, G. Engels oogarts (1876-1915); *ziekte van* ~, exsudatieve retinopathie bij kinderen met aangeboren retinale teleangiëctasieën, vaak gevolgd door andere degeneratieve aandoeningen van het oog met visusverlies.

cobalamine vitamine B_{12}; zie vitaminen.

cobblestone *E* straatkei; *~-aspect*, gastroscopisch beeld bij chronische gastritis; ~ *mucosa*, het uiterlijk van het darmslijmvlies bij *enteritis regionalis (ziekte van Crohn).

cobra gifslang; *~gif*, zie ofiotoxine; *~kop* (jrg.) röntgenbeeld van een ureterocele in de vorm van een ronde contrastophoping omgeven door een smalle opheldering binnen de met contrastmiddel gevulde blaas.

COC afk. van 1. combination-type oral contraceptive *E*. 2. calcifying odontogenic cyst. 3. Nederlandse vereniging tot integratie van homoseksualiteit (oorspronkelijk: cultuur- en ontspanningscentrum).

Coca, A. Amerikaans bacterioloog (overl. 1959), grondlegger van het begrip atopie.

cocaïne een alkaloïd, gebruikt als oppervlakte-anaestheticum (±1860), later meer bekend als een, gemakkelijk tot verslaving leidend, genotmiddel (drug).

cocaïnisatie plaatselijke verdoving met cocaïne.
cocaïnisme chronische vergiftiging door voortdurend gebruik van cocaïne.
cocci meervoud van *coccus.
Coccidia *G* klasse sporozoën, bol of eirond van vorm zonder bewegingsorganen; kunnen een algemene infectieziekte met chronische vage darmklachten, de *coccidiosis*, veroorzaken, vooral bij mensen met (cellulaire) immuno*deficiëntie.
coccidioidomycose een vnl. in het zuidwesten van de VS voorkomende schimmelziekte die na een mild begin ('desert fever') zich hoofdzakelijk uit in longinfiltraten en secundaire huidafwijkingen; syn. valley fever, woestijnkoorts.
coccidiosis *G* zie Coccidia.
coccogeen zie kokkogeen.
coccus *L*, **kok** ronde, bolvormige of kogelbacterie; meervoud cocci (ook: coccen, kokken); zie ook Gonococcus, Diplococcus, Micrococcus, streptokok, stafylokok.
coccygeus *G*, **coccygis** stuit- of staartbeen, syn. coccyx.
coccygodynie *G* pijn in het stuitbeen.
coccyx zie coccygeus.
cochinbeen zie elefantiasis.
cochl. (rec.) afk. van cochlear.
cochlea *L* slakkenhuis van het binnenoor; het eigenlijke gehoorzintuig; bevat het eindorgaan van de nervus acusticus (orgaan van *Corti).
cochleaire implantatie, cochlear implant *E* syn. elektrische binnenoorprothese; directe elektrische stimulatie van retrocochleaire akoestische zenuwvezels of banen in het geval van een dubbelzijdige cochleaire *doofheid d.m.v. meerdere geïmplanteerde elektroden; de elektroden worden aangestuurd door een processor die akoestische signalen omzet in elektrische signalen.
cochlear *L* lepel, afk. (rec.) c. of cochl.; ~ *cibarium*, eetlepel, 15 ml.
cochlearis het slakkenhuis betreffend, tot het slakkenhuis behorend.
cochleopalpebrale reflex het onwillekeurig knippen met de ogen bij het horen van sterke geluiden.
Cockayne, E. Engels arts (1880-1956); *syndroom van ~*, autosomaal recessief erfelijke aandoening, gekenmerkt door *progeria, spasticiteit, ataxie, doofheid, retinopathie, microcefalie, dwerggroei, mentale retardatie.
COD afk. van *colloïd-osmotische druk.
code het geheel van symbolen met een vastliggende betekenis; *genetische ~*, relatie tussen de rangschikking van nucleotiden in een nucleïnezuur en die van aminozuren in het eiwit waarvoor dat nucleïnezuur codeert; zie ook codon.
coderen schrijfwijze in de leer van de eiwitsynthese voor de plaatsbepaling van de aminozuren.
codocyt syn. *schietschijfcel.
codominant het tot expressie komen van beide allelen van een gen in heterozygote toestand, bijv. bij bloedgroep AB.
codon codewoord voor drie verbonden nucleotiden, triplet, waarmee de plaats van een bepaald aminozuur in het eiwitmolecuul wordt aangegeven.
coec- zie caec-.
coelestische geneesmethode geneesmethode met voorwerpen voor godsdienstig gebruik (beelden, boeken, relikwieën, enz.).
coeliacus *L* tot de buikholte behorend.
coeliakie inheemse spruw, spijsverteringsstoornis waarbij atrofie van de darmvlok-

ken in het jejunum (t.g.v. een overgevoeligheid voor gluten) bestaat, welke verdwijnt door een *glutenvrij dieet; gekenmerkt o.a. door ontkleurde, volumineuze, vethoudende (door onvoldoende resorptie), stinkende, niet-gevormde faeces, meteorisme, borborygmi, flatulentie, hyperperistaltiek, buikpijn, hemorragische diathese, skeletmisvormingen (t.g.v. malabsorptie van vitamine D), hypocalciëmie met secundaire hyperparathyroïdie, haaruitval, amenorroe, atrofische tong, e.a.; de 'overgevoeligheid' voor gluten bij coeliakie berust waarschijnlijk op immunologische oorzaken (IgA-antigliadine), welke leiden tot destructie van het darmepitheel, waardoor ook een disfunctie van enterohormonen kan optreden.

coelialgie pijn in de buik.

coeloom de embryonale borst- en buikholte.

coënzym de prosthetische groep van een *enzym, welke bij biochemische reacties op een ander enzym kan overgaan.

coeruleus zie caeruleus.

cofactor syn. *activator.

coffeïne zie cafeïne.

coffer-dam *E* dun vel van rubber om het operatieterrein vochtdicht te isoleren bij met name tandheelkundige ingrepen.

Coffey, R. Amerikaans chirurg (1869-1933); *operatie van ~*, implantatie van een ureter in de dikke darm, bijv. bij verbroken urine-afvoer naar de blaas.

Cogan, D. Amerikaans arts (geb. 1908); *syndroom van ~*, interstitiële keratitis met tinnitus, vertigo en progressieve doofheid.

COGEM afk. van commissie voor genetische modificatie.

cognitief betrekking hebbend op het geheel van adaptieve informatieverwerkingsprocessen waartoe de mens in staat is; *cognitieve dissonantie*, de gevoelsmatige gevolgen wanneer men zich bewust wordt van het erop na houden van twee of meer attitudes of denkbeelden die niet met elkaar overeenstemmen of wanneer iemands gedrag in strijd is met zijn denkbeelden; *cognitieve functies*, syn. kenfuncties zijn o.a. waarneming, aandacht, inprenting, geheugen, oriëntatie, denken, taalgebruik, vaardigheden; *cognitieve herstructurering*, d.m.v. bepaalde technieken het denken en de daaraan ten grondslag liggende veronderstellingen beïnvloeden of veranderen; *cognitieve therapie*, therapievorm die een verandering van denkwijze en van gewoonten beoogt, uitgaande van het idee dat de manier waarop iemand zijn of haar ervaringen inhoud geeft, bepalend is voor de stemming en het gedrag.

cognitivisme richting in de wetenschap die zich vooral richt op de structuur van de denkprocessen en waarbij het individuele verschil op het tweede plan staat.

cohabitatie, cohabitatio *L* *coïtus, geslachtsgemeenschap.

cohabiteren het uitoefenen van de *coïtus, syn. coïteren.

COHb afk. van carboxihemoglobine (beter: HbCO); zie ook koolmonoxide.

coherent samenhangend; zelfst.nw. *cohesie*; tgst. incoherent.

cohort *L* 1. groep van verwante families. 2. bevolkingsgroep waarvan de individuen gedefinieerd zijn door één of meer dezelfde kenmerken; *~-immuniteit*, de bescherming tegen infectieziekte(n) die niet-ingeënte mensen hebben op grond van massale onvatbaarheid van de gevaccineerde medeburgers.

coiling *E* elongatie (langer worden) van een (athero)sclerotisch gedeelte van een slagader.

co-infectie zie infectie.
coin-lesion *E* 1. scherp begrensde ronde haard met een middellijn van maximaal enkele cm. 2. solitaire ronde schaduw op röntgenfoto's van de longen.
coïteren het hebben van geslachtsgemeenschap (zie coïtus) syn. cohabiteren; bijv.nw. *coïtaal*.
coïtus, coitus *L* bijslaap (verouderd), geslachtsgemeenschap, seksuele omgang, paring; syn. cohabitatie (samenwoning); ~ *extramatrimonialis*, buitenechtelijke seksuele omgang; ~ *impurus*, ~ *suspectus*, besmette, bedenkelijke coïtus (met een van geslachtsziekte verdacht persoon); ~ *interruptus*, geslachtsgemeenschap, onderbroken vóór de zaadlozing, met de bedoeling bevruchting te voorkomen; ~ *ab ore*, syn. fellatie; ~ *reservatus*, syn. *carezza.
col. (rec.) afk. van *colatura L*, gefiltreerde vloeistof.
COL afk. van chronische obstructieve longziekten; syn. COLD; zie COPD.
COLD afk. van chronic obstructive lung disease *E*; syn. COL; zie COPD.
cold turkey *A* (vanwege het verschijnsel kippenvel) drugsjargon voor abrupte abstinentie.
colectomie gehele of gedeeltelijke excisie van het colon.
coleocele *G* *herniatie via de wand van de schede.
coleoptosis *G* uitzakking van de schede, syn. prolapsus vaginalis (zie prolaps).
coleotomie syn. colpotomie.
colibacil in de darm van ieder normaal mens voorkomende bacil, die in verschillende organen ontstekingsprocessen (coli-infectie) kan doen ontstaan; zie ook Escherichia.
colibacillose ziekte door colibacillen veroorzaakt, vooral van gal- en urinewegen; zie colicystitis, colipyelitis.
colica *L*, zie koliek.
colicine stof, gevormd door Escherichia coli en Shigella's, welke andere bacteriestammen uit dezelfde groep in hun groei kan remmen.
colicus tot de karteldarm behorend.
coli- (smst.) m.b.t. of veroorzaakt door de *colibacil, bijv. ~*cystitis*, *cystitis veroorzaakt door *Escherichia coli; ~*pyelitis*, nierbekkenontsteking door Escherichia coli.
colitis *L* ontsteking van de dikke darm (colon); ~ *collagenosa*, colon-kolieken en frequente waterige diarree t.g.v. bandvormige collageen-bindweefsel deposities onder het darmepitheel e.c.i.; ~ *cystica profunda*, slijmhoudende retentiecysten in de submucosa van het colon na genezing van bacillaire dysenterie; ~ *granulomatosa*, de 'colonvariant' van de enteritis regionalis (M. Crohn); ~ *ischaemica*, colitis met bloederige diarree door infarcering van de darmwand t.g.v. gebrekkige bloedvoorziening bij oudere mensen; ~ *membranacea*, syn. colica mucosa; ~ *mucosa*, colitis gekenmerkt door sterke slijmlozing; ~ *pseudomembranacea*, colitis met oedemateuze en ulcereuze ontsteking van het slijmvlies waarbij bloed, slijm en fibreuze membranen worden ontlast; doet zich meestal voor na medicatie met breedspectrumantibiotica; ~ *ulcerosa*, met koorts en zweervorming gepaard gaande colitis waarbij etter en vaak ook bloed worden afgescheiden; een auto-immuunziekte.
coliurie aanwezigheid van colibacillen in de urine.
collaberen 1. verzwakken, vervallen; plotseling instorten (zie collaps). 2. samenvallen, ineenschrompelen, bijv. van een long of longgedeelte.

collageen eiwitbestanddeel uit bindweefselvezels en (kraak)been; *~-implantatie* (chir.) onbloedige subcutane inbrenging van een collagene stof om ontsierende uitdiepingen in de huid op te heffen.

collageenziekten, syn. *collagenosen* of **connective tissue diseases E*, ziekten, gekenmerkt door plaatselijke of algemene degeneratie en zwelling van het extracellulaire bindweefsel met fibrinoïde veranderingen; tot de collageenziekten behoren dermatomyositis, lupus erythematodes, periarteriitis nodosa, polymyositis, reumatoïde artritis, sclerodermie, de ziekten van Christian-Weber, Sjögren en Osler-Weber, het scleroedema adultorum, de arteriitis gigantocellulare en de thromboangiitis necroticans; van de meeste collageenziekten is bekend dat zij auto-immuunziekten zijn.

collagenose syn. *collageenziekte.

collaps, collapsus *L* instorting, flauwte, plotselinge afneming van de levensverrichtingen, waardoor het lichaam niet meer actief kan reageren; toestand die optreedt t.g.v. een *syncope; *long~*, samenvallen van de longen; *~ mentalis*, zenuwinstorting; *~-therapie*, kunstmatig doen samenvallen van een orgaan om therapeutische redenen, in engere zin *pneumothorax.

collateraal zijdelings; *~ale anemie*, bloedgebrek in een deel van het lichaam, terwijl in een ander deel bloedovervulling bestaat; *~ale circulatie*, (bloed)stroom via zijtakken wanneer het hoofdvat is afgesloten, bijv. door trombose, embolie, verwonding of afbinding.

collator zie hydrocollator.

collectief onbewuste (*Jung) dat deel van de psyche dat eigen is aan ieder menselijk individu, van welke tijd of cultuur ook, onafhankelijk van de persoonlijke ervaring; dit gemeenschappelijke onbewuste is ook de bron van het persoonlijke onbewuste.

collerette *F* huidkraagje; ring van schilfers, alsof een blaar is afgeknipt.

Colles, A. Iers chirurg (1773-1843); *fractuur van ~*, botbreuk van het spaakbeen (radius), waarbij het distale stuk achter- en opwaarts is gedislokeerd (zie dislocatie).

colliculus *L* kleine verhevenheid; *~ seminalis*, colliculus in het prostaatgedeelte van de urethra, waarop het vas deferens uitmondt; syn. verumontanum.

collier de Venus *F* syn. leucoderma syphiliticus, zie leukodermie.

colliquatie versmelting, vervloeiing, verweking; *~necrose*, het afsterven van weefsel onder opzwelling en vervloeiing.

colliquatief gekenmerkt door overvloedige diarree of zweetafscheiding.

collocatie (Belg.) opname van een psychisch gestoorde in een gesloten psychiatrische inrichting wegens gevaar voor zichzelf of voor anderen, verplichte opname.

collodium oplossing van genitreerde cellulose (pyroxyline) in een mengsel van ether en alcohol, zeer brandbaar; wordt als *basisapplicatievloeistof gebruikt; *~kind*, zie erytrodermie.

colloïd 1. lijmachtige niet kristalliserende stof; bijv.nw. *colloïdaal*; tgst. kristalloïd; *~-degeneratie*, zie degeneratie. 2. de inhoud van de schildklierfollikels waarin T3 en T4 worden opgeslagen.

colloïd-osmotische druk afk. COD, de osmotische druk uitgeoefend door de colloïden (bloedplasma-eiwitten) door hun vochtaanzuigende werking; de COD bedraagt ongeveer 3,3 kPa (25 mmHg).

collum *L* hals; *~ dentis*, tandhals; *~ femoris*, hals van het dijbeen; *~-fractuur*,

fractuur van de dijbeenhals; ~ *mandibulae*, het dunne gedeelte van de onderkaak onder de gewrichtskop; syn. processus condylaris; ~ *obstipum*, scheefhals (ook: caput obstipum of torticollis); ~ *uteri*, baarmoederhals, syn. cervix uteri.

collunarium *L* neusspoeling, neusdouche.

collutio, collutorium *L* mondspoeling.

collyrium *L* oogwater.

coloboom, coloboma *G* misvorming, spleet; ~ *iridis*, spleet in de iris door operatie of aangeboren; ~ *labii*, hazenlip.

colon *G* karteldarm, het tussen blindedarm en endeldarm gelegen deel van de dikke darm; ~ *ascendens*, het opstijgend gedeelte van het colon; ~ *descendens*, het afdalend gedeelte van het colon; *transversum*, het zich tussen het opstijgende en afdalende bevindende gedeelte van het colon; *irritable* ~ *E*, syn. *spastisch* ~, syn. ~ *irritabile L*, syn. colopathia spastica, kramptoestand, vooral van het colon descendens met pijn in de linker buikhelft en (spastische) constipatie afgewisseld met perioden van diarree.

colonoscoop syn. coloscoop.

colonoscopie syn. coloscopie.

colopathia ziekte van het colon.

color *L* kleur; ~ *tristis*, de bleekrode kleur van syfilitische uitslag.

coloriet huidkleur.

colorimeter kleurmeter, toestel om het gehalte van een bepaalde stof in een vloeistof te meten door kleurvergelijking.

coloscoop een endoscoop voor *coloscopie; syn. colonoscoop.

coloscopie inwendig onderzoek van het colon m.b.v. een coloscoop; syn. colonoscopie.

colostomie (chir.) het maken van een open verbinding van het colon door de buikwand naar buiten; zie ook anus praeternaturalis, stoma.

colostrum *L* biest; de moedermelk, een geelachtig vocht, gedurende de eerste dagen na de bevalling, als de moedermelk haar normale samenstelling nog niet heeft aangenomen, bevat minder caseïne en meer vet, daarnaast de zgn. colostrumlichaampjes (leukocyten) en moederlijke antistoffen.

colotyphus buiktyfus met zweren vnl. in de dikke darm.

colpitis *G* ontsteking van het slijmvlies van de vagina, syn. elytritis, vaginitis; meestal door *Candida albicans*, *Trichomonas vaginalis* of anaëroben (bacteriële vaginose); bij kinderen soms ook door binnendringen van spoelwormen en vreemde voorwerpen (kralen); ~ *mycotica*, door woekering van schimmels veroorzaakte colpitis; ~ *senilis*, bij oude vrouwen voorkomende colpitis t.g.v. verminderde oestrogeenproductie.

colpocleisis *G* (chir.) operatieve afsluiting van de ingang van de schede.

colpocele *G* schedebreuk, breuk in de uitgestulpte schedewand; syn. hernia vaginalis.

colpopo(i)ese (chir.) constructie van een (kunstmatige) vagina bij aplasie.

colpoptose, colpoptosis prolaps van de vagina, schede-uitzakking.

colporrafie operatieve schedevernauwing bij prolapsus vaginae en uteri.

colpos *G* schede, syn. vagina.

colpo *~scoop*, schedespiegel, speculum; *~scopie*, onderzoek van de schede en de baarmoedermond met de colposcoop; *~spasmus*, schedekramp; zie ook vaginisme; *~tomie*, syn. sectio vaginalis, coleotomie.

columella 1. onderrand van het neustussenschot. 2. (chir.) kunstmatige vaste verbinding tussen de voetplaat van de stapes (stijgbeugel) en een nieuw (kunstmatig) trommelvlies.

columna *L* zuil; ~ *anterior*, voorste zuil van het ruggenmerg; ~*e griseae*, grijze zuilen, de grijze stof van het ruggenmerg; ~ *lateralis*, resp. ~ *posterior*, zijdelingse, resp. achterste zuil van het ruggenmerg; ~ *vertebralis*, syn. spina dorsa, ruggengraat of wervelkolom.

columnotomie (orthop.) operatieve behandeling van kyfose.

COM (farm.) afk. van cyclofosfamide (Endoxan®), Oncovin® (vincristine), methotrexaat; een *cytostatica-combinatie.

coma *G* bewusteloosheid; afwezigheid van bewustzijn en van de mogelijkheid gewekt te worden bij behoud van de voor het lichamelijk bestaan onontbeerlijke functies, de zgn. vitale functies, veroorzaakt door tekortschieten van de stofwisseling der hersencellen t.g.v. zuurstof- of glucosegebrek, intoxicatie (bijv. acidose, alkalose, alcohol), circulatiestoornissen in de hersenen of beschadiging van hersenweefsel door verhoogde intracraniële druk (hersentumor, subdurale of andere bloeding en dergelijke); ~ *agrypnum*, coma met delirante verschijnselen, meestal bij toxisch-febriele ziekten; ~ *apoplecticum*, coma bij hersenbloeding; ~ *cholaemicum* of ~ *hepaticum*, coma bij leverziekten (cholemische *encefalopathie); ~ *dépassé F*, hersendood; ~ *diabeticum*, coma bij ernstige diabetes mellitus t.g.v. verhoogde zuurgraad (acidose) in het bloed door diaceetzuur, aceton, β-oxyboterzuur; ~ *eclamptica*, zie eclampsie; *hypertensie-*~, coma bij sterk verhoogde bloeddruk t.g.v. hersenoedeem door vaatspasmen en verhoogde vaatpermeabiliteit; ~ *hypochloraemicum*, coma door overmatig verlies van zout (natriumchloride), bijv. bij de ziekte van Addison; ~ *hypoglycaemicum*, syn. hypoglykemisch coma t.g.v. een sterk verlaagd glucosegehalte van het bloed; komt vnl. voor bij overdosering van insuline (diabetes) en bij insulinoom; ~ *uraemicum*, zie uremie; ~ *vigil*, zie persistent vegetative state.

combinatiegezwel gezwel dat, anatomisch beschouwd, uit twee of meer verschillende gezwellen bestaat.

combustie, combustio *L* verbranding, naar diepte ingedeeld in drie graden; *eerstegraads* is beperkt tot het oppervlakkige deel van de opperhuid met pijn en roodheid en volledige genezing als kenmerken; *tweedegraads* gaat gepaard met een diepere aantasting van de opperhuid en kent een oppervlakkige en diepe indeling naar gelang nog restanten opperhuid aanwezig zijn van waaruit herstel kan optreden, pijn en blaarvorming zijn de belangrijkste kenmerken; bij *derdegraads* staat volledig verlies van opperhuid (en de diepere lagen) op de voorgrond; het ongevoelig zijn van de aangedane gedeelten voor speldenprikken en het optreden van littekenvorming zijn de belangrijkste kenmerken.

comedicatie het gebruiken van meer dan één geneesmiddel tegelijk.

comedo *L* mee-eter, meervoud comedones; prop bestaande uit haar- en talgklierresten, talg en hoornlamellen, welke een haarzakje opvult en aan de top zwart is verkleurd door melanine.

comitans *L* begeleidend; ook: *concomitans*.

COMLA afk. van cyclofosfamide, Oncovin® (vincristine), methotrexaat, leukovorine, Alexan® (cytarabine); een cytostatica-combinatie.

commensaal een organisme dat in of op de gastheer leeft zonder deze te schaden; commensalen behoren tot de normale flora van het gezonde lichaam; ze leven op de huid en op de slijmvliezen van de luchtwegen, spijsverteringskanaal, urine- en geslachtswegen en ze voeden zich met secreet en voedselresten van de gastheer; *~ale infectie*, ziektetoestand, veroorzaakt door micro-organismen die bij gezonde mensen zonder schade aanwezig zijn en slechts bij tekort aan afweer van de gastheer weefsels kunnen binnendringen en ziekten veroorzaken.

commensalisme vorm van *symbiose waarbij de gastheer onder normale omstandigheden geen schade lijdt.

comminutief in meerdere stukken; *~ve fractuur*, of *~ve breuk*, beenbreuk in meerdere stukken, versplintering, verbrijzeling.

commissura zie commissuur.

commissurotomie insnijding of doorsnijding van een fibreuze band; *mitrale ~*, insnijding van het (gescleroseerde) ostium mitrale van het hart tot aan het spierweefsel.

commissuur, commissura *L* fibreuze verbinding van twee weefseldelen, bijv. *~ palpebrarum*, de verbindingsplaatsen van de uiteinden der oogleden.

commotio *L* beweging, beroering, opwinding; *~ cerebri*, hersenschudding (ook: concussio cerebri); wordt veroorzaakt door harde val, klap of stoot tegen de schedel met als gevolg een acute functiestoornis van de hersenen zonder aantoonbare beschadigingen van het hersenweefsel; zie ook contusie; *~ retinae*, netvliesschudding met voorbijgaande troebeling en vermindering van de gezichtsscherpte.

communicatie het overbrengen van informatie; *~deviantie*, (psych.) afk. CD, binnen het onderzoek naar schizofrenie gebruikte hypothese waarbij men ervan uitgaat dat er tussen gezinsleden een afwijkende communicatie bestaat, die het verloop van het ziekteproces kan verklaren.

compact vast, massief, samengedrongen.

compartiment afgesloten ruimte in het lichaam die is begrensd door niet-elastische structuren (alg.: bot, fascia, kraakbeen); *~syndroom*, verschijnselen t.g.v. verhoogde weefseldruk in een compartiment, zoals: ischemie, spiernecrose, fibrosering, uitval van zenuwfunctie (met paresthesieën), evt. gevolgd door schrompeling van spieren leidend tot contracturen.

compatibiliteit verenigbaarheid, bijv. van bloedgroepen, van geneesmiddelen, weefsels, enz.; tgst. incompatibiliteit; bijv.nw. *compatibel*.

compensatie herstel van het evenwicht; poging van de natuur om bij stoornis in de functie van een orgaan of van de psyche, deze te herstellen, door het gebrek op andere wijze te verhelpen; tgst. decompensatie.

compensatorisch, compensatoir werking waarbij compensatie optreedt.

competitief mededingend, concurrerend.

complement *F* aanvulling; een complex systeem van verscheidene activeerbare eiwitfactoren in het bloedserum, onmisbaar in het humorale-immunologische proces, waarbij de onderscheidene factoren zich in een bepaalde sequentie (*~cascade*) binden met *immuuncomplexen; bovendien kunnen complementfactoren door bacteriële en virale ziekteverwekkers worden geactiveerd waardoor deze worden gelyseerd en verder vertonen zij interacties met fagocyten en mestcellen; vele componenten van het complementsysteem worden gesynthetiseerd door macrofagen; *~binding-* of *~fixatiereactie*, afk. CBR, proef om in serum specifieke antistoffen aan te tonen met gebruikmaking van het feit dat bij de reactie met immuuncomplex complement wordt gebonden; *~consumptie*, *consumptie van complement bij circulatie van grote hoeveelheid immuuncomplexen, bijv. bij

LED, infectieuze endocarditis, malaria-nefropathie, virushepatitis; *~-deficiëntie*, stoornis in de sequentie van de complementcomponenten, waardoor *ICXN blijven circuleren en *immuuncomplex-ziekten kunnen ontstaan.

complementair aanvullend; *~ DNA*, zie cDNA; *~e kleuren*, twee kleuren die door menging wit opleveren, bijv. rood en groen; *~e lucht*, lucht, die men na normale inademing nog kan inademen.

complementatie het vermogen van twee verschillende genetische defecten om elkaar te corrigeren; dit bewijst dat ze zijn veroorzaakt door verschillende mutaties.

complex 1. het geheel, alles tezamen, een tot eenheid verbonden veelheid; *een ~ van verschijnselen*, alle verschijnselen die tezamen het ziektebeeld vormen, syn. *symptomen~*, *syndroom. 2. (psych.) een door een *affect beheerste groep van voorstellingen.

compliantie, compliance *E* 1. (maat voor) de ontplooiings- of bewegingsmogelijkheid, bijv. van longen en borstkas, van het trommelvlies en dergelijke; rekbaarheid; soepelheid. 2. (psych.) inschikkelijkheid; mate waarin men moeilijke omstandigheden het hoofd kan bieden; ook: plooibaarheid; coöperatief; in engere zin de mate waarin geneeskundige adviezen door de betrokkene worden opgevolgd, bijv. het innemen van geneesmiddelen, therapietrouw.

complicatie *F* verwikkeling; het in het verloop van een ziekte of therapie optreden van een bijkomende ziekte of negatief gevolg, te verklaren vanuit de aard van de ziekte of therapie.

compliceren ingewikkeld maken.

componententransfusie toediening van alleen die elementen van het donorbloed waaraan behoefte bestaat.

compositus *L* samengesteld.

compos mentis *L* bij vol bewustzijn; tgst. impos mentis.

compres, kompres zie splenium; *~sief*, samendrukkend.

compressie, compressio *L* samendrukking; tgst. decompressie; *~ cerebri*, samendrukking van de hersenen, bijv. door bloeduitstorting in de schedel, bij meningitis, hersentumor; *~ medullare spinalis*, zie dwarslaesie; *~myelitis*, compressie van het ruggenmerg, vnl. t.g.v. spondylitis; *~trombose*, zie trombose.

compressorium *L* toestel om druk uit te oefenen, bijv. om bloed te stelpen.

compria afk. van competitive radio-immunoassay *E*.

comprimé *F* samengeperst geneesmiddel in of tabletvorm.

compromised *E* met onvoldoende weerstand tegen een infectie, bijv. door een inadequate immuun*respons; *~ immunity*, toestand waarbij de immuniteit door bepaalde oorzaken (o.a. orgaantransplantatie) gevaar loopt.

compulsie syn. *dwanghandeling.

compulsief gedwongen, dwangmatig, een *dwanghandeling betreffende.

compulsieve persoonlijkheid zie obsessieve-compulsieve *persoonlijkheid.

computertomografie zie tomografie.

COMT afk. van catechol-o-methyltransferase; inactiveert catecholaminen.

conamen suicidii *L* poging tot zelfmoord.

conatief m.b.t. de wilskracht.

conc. (rec.) afk. van concentratus of concisus.

concaaf hol, bijv. van lenzen, tgst. convex.

concentratie 1. het gehalte aan vaste stof van een oplossing; *~proef* (Volhard), nierfunctieproef d.m.v. vochtonthouding. 2. het richten van de aandacht op één punt.

concentratus *L* geconcentreerd; afk. (rec.) conc.

concentreren 1. verhogen van het gehalte aan vaste stof van een oplossing. 2. (psych.) de aandacht op één punt richten.

concentrisch met een gemeenschappelijk middelpunt.

conceptie 1. begrip, opvatting, ontwerp. 2. het in zich opnemen; ontvangenis, het ontvangen van sperma. 3. bevruchting; onder conceptie kan zowel fertilisatie (bevruchting) als nidatie (innesteling) worden verstaan.

conceptus *L* de bevruchte eicel.

concha *L* schelp; ~ *auriculae*, het tegen de schedel liggende kuipvormig deel van de oorschelp tussen uitwendige gehoorgang en anthelix; ~ *narium* of ~ *nasalis*, neusschelp; ~ *toestel*, een gehoortoestel dat in de oorschelp kan worden gedragen.

conchectomie operatieve verwijdering van een (neus)schelp.

conchoscoop instrument om de neusschelpen en de neuswand te bezichtigen.

concipiëren zwanger worden.

concisus *L* in stukjes gesneden, afk. (rec.) conc.

concomiterend begeleidend; ~ *scheelzien*, een afwijking van de gezichtslijn van één der ogen, die bij alle oogstanden in dezelfde mate aanwezig is.

concordant overeenstemmend, overeenkomend, gelijk; tgst. discordant.

concordantie de aan- of afwezigheid van een bepaald kenmerk bij beide individuen van een paar; wordt voornamelijk toegepast bij *tweelingonderzoek; zie ook discordantie.

concreet-operationeel stadium volgens de theorie van Piaget het stadium dat optreedt in de leeftijd tussen 6 en 12 jaar, zijnde de periode waarin het kind in staat is logisch te denken en begrippen te bewaren: van aantal (6 jaar), massa (7 jaar), gewicht (9 jaar); het kind kan objecten classificeren, deze ordenen in series met een dimensie (zoals grootte) en begrijpt termen die iets zeggen over verhoudingen (A is langer dan B).

concrement, concrementum *L* steentje, gruis op een slijmvliesoppervlakte, in een holte of buis ontstaan door afzetting van zouten in een dode stof (slijm, epitheel, stolsel) bijv. galsteen, niersteen; ~ *stercoris*, dreksteen.

concretio *L* vergroeiing; ~ *pericardii*, vergroeiing van de bladen van het hartzakje, syn. pericarditis adhaesiva.

concussie, concussio *L* schudding, zie commotio.

concussor *L* toestel voor vibratiemassage.

condensor *L* stelsel van lenzen in de microscoop, dat de lichtstralen tot één stralenbundel op het te bezichtigen beeld verenigt.

conditionalisme, conditionisme *L* de leer dat alle gebeurtenissen en toestanden niet van één enkele oorzaak, maar van talloze oorzaken afhankelijk zijn, die voor zover ze noodzakelijk zijn voor het ontstaan van de gebeurtenis of de toestand, dezelfde waarde hebben.

conditioneel voorwaardelijk; zie ook reflex.

conditionering 1. koppeling tussen een prikkel en een bepaald gedrag; *klassieke* ~, hierbij wordt ervan uitgegaan dat veel menselijke gedragingen zgn. voorwaardelijke *reflexen zijn; *operante* ~, in dit gedragstherapeutisch model wordt ervan uitgegaan dat de gevolgen van een bepaalde handeling invloed hebben op de

kans dat die handeling herhaald wordt of niet; wordt ze gevolgd door een positief ervaren gebeurtenis of resultaat, dan neemt de kans op herhaling toe; bij een negatief ervaren gebeurtenis of resultaat neemt de kans op herhaling af.
2. vóórbehandeling van transplantatiepatiënten om het afweersysteem zodanig uit te schakelen dat het transplantaat niet wordt afgestoten.

condoom voorbehoedmiddel, overtreksel over de penis, vervaardigd van zeer dun en elastisch materiaal ter bescherming tegen besmetting of ter voorkoming van bevruchting; syn. (pop.) kapotje.

conduct disorder *E* zie antisociale gedragsstoornis.

conductie geleiding, rechtstreekse overdraging.

conductor *L* vrl. *conductrix*, geleider (voor elektriciteit of warmte); in de geneeskunde ook ter aanduiding van iemand die een erfelijke ziekte overbrengt zonder zelf ziek te zijn, bijv. bloederziekte (hemofilie) en kleurenblindheid.

conduit *E* leiding, geleidebuis; *~operatie*, buisvormige prothese ter overbrugging van een obstructie.

conduplicato corpore met dubbelgevouwen lichaam; gelijktijdige geboorte van hoofd en romp bij dwarsligging van een niet voldragen vrucht.

condyloma *G* vijgwrat, een woekering in de huid, vnl. in de omgeving van de geslachtsorganen en de anus; meervoud condylomata, condylomen; *reuzen~*, grote bloemkoolachtige tumor in de ano-genitale streek met (geringe) maligniteit; *~ta acuminata*, hanenkamvormige wratjes die zich ontwikkelen onder invloed van vochtigheid, o.m. bij gonorroe en in de graviditeit; *~ta lata*, brede vijgwratten, platte, ronde, tot verweking overgaande gezwellen bij secundaire syfilis in de omgeving van het perineum; *~ planum*, syn. (hairy) *leukoplakie.

condylus *G* gewrichtsknokkel, het bolle gewrichtsdeel van een pijpbeen, meervoud condyli.

confabulatie (psych.) het opdissen van een verhaal dat grotendeels is opgebouwd uit verzonnen feiten om leemtes in de herinnering op te vullen; komt voor bij het amnestisch syndroom.

confectionering (farm.) de verwerking van geneeskrachtige stoffen tot een vorm die de patiënt kan worden toegediend (bijv. tabletten, zalven).

confertus *L* in groepen verdeeld; tgst. disseminatus, verspreid.

configuratie, configuratio *L* de algemene vorm, de rangschikking der zichtbare en onzichtbare delen van een lichaam.

conflict 1. meningsverschil. 2. (psych.) strijdigheid van persoonlijke strevingen en verlangens met de omstandigheden die door het milieu (gezin, geloof, werk, samenleving) worden opgelegd; *~escalatie*, van stap tot stap ernstiger worden van een conflict; *~hanteren*, manier van omgaan met een conflict; *~model*, opstelling, houding waarbij men het bewust op een conflict laat aankomen.

confluent teaching *E* artsopleiding waarin tezamen met de medische vakkennis de affectieve aspecten van het beroep aandacht hebben.

confluèren samenvloeien, ineenvloeien.

confusie 1. lichte desoriëntatie in tijd, plaats en persoon gepaard gaand met een lichte bewustzijnsdaling. 2. verwarde toestand. 3. verlegenheid.

congelatie bevriezing.

congenitaal, congenitus aageboren, bij de geboorte aanwezig, hoeft niet erfelijk te zijn; *~ale pylorushypertrofie*, zie pylorus.

congestie overmatige bloedtoevoer naar een orgaan in het lichaam; bloedaandrang.

congestief gepaard gaand met stuwing (congestie); *-ve hartinsufficiëntie*, *decompensatio cordis gepaard met vochtstuwing.
conglobatus *L* opeengehoopt; samengevloeid.
conglomeraat opeenhoping; syn. agglomeraat.
conglutinatie aaneenkleving, oppervlakkige vergroeiing; syn. agglutinatie.
conglutinine serumbestanddeel dat een rol speelt bij de agglutinatie van *complementfactoren.
congressus *L* zie coïtus.
coniose *G*, (ziekte t.g.v.) inhalatie van stof; zie pneumoconiose.
coniotomie (chir.) opening van de larynx via een dwarse insnijding tussen schild- en ringkraakbeen.
conisatie verwijdering van een kegelvormig stukje weefsel, zoals excisie van een stukje uit de baarmoederhals (cervix).
conjugaal echtelijk.
conjugata 1. verbindingslijn. 2. (in engere zin vrouwelijke) bekkenmaat; *~ diagonalis*, syn. *~ inclinata*, afstand tussen onderrand symfyse en promontorium; ongeveer 1,5 cm + conjugata vera; *~ vera*, afstand tussen bovenrand symfyse en promontorium, ongeveer 11 cm.
conjugatie, conjugatio *L* 1. vereniging van zaad- en eicel; gametenversmelting. 2. (bioch.) chemische koppeling. 3. koppeling van bij elkaar behorende bewegingen en/of waarnemingen, bijv. die van de beide ogen. 4. paring.
conjugeren zie conjugatie; *geconjugeerde bilirubine:* in de lever aan glucuronzuur gekoppelde bilirubine.
conjunctiva *L* oogbindvlies; het slijmvlies dat de binnenzijde van de oogleden en de voorkant van de oogbol bekleedt; syn. syndesmos.
conjunctivaal m.b.t. het oogbindvlies.
conjunctivitis *L* oogbindvliesontsteking t.g.v. bacteriële, virale, chemische, traumatische of allergische oorzaken; gaat gepaard met zwelling en roodheid, tranenvloed, afscheiding van slijm en soms etter, brandende pijn, jeuk, lichtschuwheid; *actinische ~*, conjunctivitis door fel licht, ultraviolette stralen en dergelijke, zoals bij lasogen; *~ blennorrhoica*, etterige bindvliesontsteking; *~ catarrhalis*, de meest voorkomende vorm van bindvliesontsteking; *~ crouposa,* met vorming van membranen gepaard gaande vorm van conjunctivitis, soms veroorzaakt door de difteriebacil; *~ diphtherica*, etterige bindvliesontsteking, veroorzaakt door de difteriebacil, met zwelling van lymfeklieren vóór het oor en aan de hals; *~ exanthematica,* de vorm van conjunctivitis die gelijktijdig optreedt met exantheemziekten, zoals roodvonk, waterpokken, mazelen, enz.; *~ folliculosa* of *follicularis,* folliculaire catarre, langdurige ontsteking met roodheid, zwelling en korreling van het bindvlies, meestal optredend bij jeugdige personen; geneest vaak vanzelf; *~ gonorrhoica*, conjunctivitis door gonokokken; **inclusie-~*, een door *Chlamydia trachomatis veroorzaakte conjunctivitis die zich bij pasgeborenen na de partus incidenteel ontwikkelt bij cervicitis chlamydialis van de moeder, of door contactinfecties bij urethritis (ook infecties in zwembaden!); *~ phlyctaenularis* of *scrofulosa*, conjunctivitis met kleine blaasjes en zweertjes, meestal bij kinderen met scrofulose; *~ trachomatosa*, syn. trachoom; *~ vernalis* of *aestivalis*, voorjaarscatarre met optreden van woekeringen op het bindvlies.
Conn, J. Amerikaans internist (geb. 1907); *syndroom van ~*, slechte nierfunctie met polyurie en -dipsie, hypokaliëmie, hyperkaliurie, hypernatriëmie, *alkalose,

hyperglykemie, hoge bloeddruk, tetanische verschijnselen en myasthenie, een en ander door overproductie van het bijnierschorssteroïd aldosteron, meestal door een solitair adenoom, soms door hyperplasie van de beide bijnieren; syn. primair hyperaldosteronisme.

connataal bij de geboorte bestaand; aangeboren.

connective tissue *E* tela conjunctiva *L*, de van het *mesenchym afkomstige steunweefsels: bindweefsel, been, kraakbeen, ligamenten, pezen, fascies en aponeurosen; ~ *diseases*, lett. bindweefselziekten, zie collageenziekten.

conquassatio *L* verbrijzeling.

consanguïen bloedverwant; ~ *huwelijk*, huwelijk tussen bloedverwanten.

consanguïniteit bloedverwantschap.

conscientia *L* 1. ~ *mentalis*, het *bewustzijn; 2. ~ *moralis*, het geweten, sociaal en geestelijk besef van goed en kwaad, recht en onrecht.

consecutief opvolgend; ~*ve ziekten*, elkaar opvolgende ziekten; ook: ziekten die uit elkaar voortspruiten; ~*ve werking*, latere werking als gevolg van een vorige.

consensueel overeenkomend.

consensuele pupilreflex vernauwing van de pupil bij verlichting van de andere (die zich eveneens vernauwt).

consensus 1. algemene gelijkheid van opvatting. 2. afspraak, overeenstemming, bijv. tussen artsen over de behandeling van een zieke of van ziekten. 3. intercollegiale toetsing.

consent *E* toestemming; *informed* ~, zie informed consent.

conservatief behoudend; een behandeling waarbij men de zieke lichaamsdelen tracht te behouden.

conservator (in een kliniek) de hoogst geplaatste arts na de hoogleraar of eerste geneesheer.

conservering in goede toestand houden, voor bederf behoeden; *bestralings*~, het verduurzamen van voedsel d.m.v. ioniserende stralen; syn. radurisatie.

consiliaris *L* consulterende arts die tot gemeenschappelijk overleg (consilium) bij een zieke wordt ontboden.

consistentie dichtheid, vastheid van een lichaam of vloeistof, bijv. waterig, dun of dik vloeiend, brijachtig, enz.

consolidatie 1. vast worden ('verdichting'), verstevigen, bijv. genezing van een beenbreuk. 2. het compact worden van een longinfiltraat of -exsudaat; zelfst.nw. *consolidaat*; syn. solidificatie. 3. verduurzamen.

consonant medeklinker; tgst. vocaal, klinker.

consonantie versterking van de klank van rhonchi door meetrillen van lucht.

constipatie, constipatio *L* verstopping, hardlijvigheid, syn. obstipatie, obstructie; *atone* ~, constipatie t.g.v. een zeer sterke uitzetting van de darm, die niet meer in staat is samen te trekken; *spastische* ~, constipatie waarbij de sterk samengetrokken dikke darm de ontlasting a.h.w. vasthoudt.

constituens *L* zie vehiculum; meervoud constituentia.

constitutie *L* gesteldheid, gestel; alle geërfde en verworven eigenschappen van een organisme of van een mens die men als een eenheid beschouwt, vormen tezamen het gestel of de gesteldheid van die eenheid.

constitutieziekten (ook: constitutionele ziekten) ziekten die op een geërfde of verworven abnormale constitutionele eigenschap of groep van eigenschappen berusten, bijv. astma, eczeem.

constrictie bijv.nw. *constrictief*; 1. samensnoering, afklemming, afknikking. 2. gevoel van beklemdheid. 3. syn. strictuur, vernauwing.
consult, consultatie raadpleging van een arts door een zieke; ook het gezamenlijk overleg van verschillende artsen omtrent een zieke.
consultatiebureau instelling waar voorlichting wordt gegeven en eventueel onderzoek wordt verricht t.b.v. bepaalde doelgroepen (zuigelingen, verslaafden) en bepaalde ziekten zoals TBC; syn. (in België) dispensarium.
consumerend uitterend.
consummatie lett. voltooiing, in engere zin de bevestiging van een huwelijk door coïtus.
consumptietest zie Coombs.
consumptie verbruik. 1. het opnemen van voedsel; ~ *aucta*, vermeerderd voedselgebruik. 2. uittering, weefselverbruik, bijv. bij uitputtende ziekten. 3. tekort aan morfologische of chemische elementen in het circulerende bloed t.g.v. een groot verbruik daarvan bij een gelokaliseerd pathologisch proces in het lichaam, waardoor het normale verloop van fysiologische processen in het gedrang komt.
cont. (rec.) afk. van contunde.
contact 1. aanraking. 2. ~ of *contactus*, iemand die met een besmettelijke ziekte in aanraking is geweest. 3. (psych.) de omgang met de medemens; *~armoede*, het hebben van weinig relaties met anderen; *~stoornis*, onvermogen tot normale communicatie met anderen; *~dermatitis*, zie dermatitis; *~eczeem*, zie eczeem; *~infectie*, infectie door aanraking van of omgang met een zieke.
contactglas of **-lens** dun schaaltje van glas of plastic met lichtbrekend vermogen, dat direct op de oogbol wordt gedragen ter correctie van afwijkingen van de gezichtsscherpte.
contactus 1. zie contact (bet. 2). 2. de plaats waar een afwijking zich per contiguitatem voortzet; vklw. *contactulus*.
contagiositeit besmettelijkheid; bijv.nw. *contagieus*.
contagium *L* smetstof die een ziekte van de lijder op anderen kan overdragen.
contaminanten verontreinig(en)de stoffen die in eet- en drinkwaren kunnen voorkomen en evt. ziekte kunnen veroorzaken.
contaminatie, contaminatio *L* besmetting; het overbrengen van levende, in engere zin pathogene, micro-organismen van de ene plaats naar de andere.
contensief verband steunverband, bijv. gips- of spalkverband.
contenta *L* inhoud.
contextuele therapie (psych.) therapie waarbij het uitgangspunt is dat elk individu geboren is in een ingewikkeld netwerk van vroegere en bestaande relaties die ieder voor zich invloed uitoefenen op de aard van de toekomstige relaties en dat mensen loyaal blijven aan hun oorspronkelijk gezin en dus alleen maar geholpen kunnen worden als hun loyaliteiten gerespecteerd worden.
contextuele psychiatrie zie psychiatrie.
contiguitas *L* nabuurschap; bijv.nw. *contiguus* aangrenzend, naburig; *per contiguitatem*, overgrijpen, bijv. van een ontsteking op een ander lichaamsdeel, dat los tegen het ontstokene aanligt.
continent uitscheiding-beheersend, bijv. van de urine en van de ontlasting; ~ **stoma*, chirurgische techniek welke voorkomt dat het uitscheidingsproduct spontaan het lichaam verlaat.
continentie, continentia *L* het vermogen om iets, bijv. de ontlasting en de

urinelozing op te houden; tgst. incontinentie; bijv.nw. **continent*.
continu, continuus *L* (*vrl.* **continua**) continuerend, aanhoudend, voortdurend, zonder onderbreking; *febris continua*, aanhoudende koorts, met ten hoogste 1 °C verschil in lichaamstemperatuur per etmaal.
continua zie febris continua.
continuerend zie continu.
continuïteit, continuitas *L* ononderbroken samenhang; *per continuitatem*, uitbreiding in hetzelfde weefsel of in aangrenzende weefsels; tgst. discontinuïteit.
continuus zie continu.
contorsie ombuiging, verstuiking.
contra *L* tegen, syn. anti; tgst. pro.
contraceptie voorbehoeding tegen zwangerschap; syn. *anticonceptie.
contractie samentrekking van spieren, schrompeling van littekens; *~ring* (verlosk.) zie retractiering.
contractiel samentrekbaar; zelfst.nw. *contractiliteit*.
contractuur, contractura *L* blijvende samentrekking, schrompeling of verkorting van weefsels, waardoor verkromming ontstaat door dwangstand van één of meer gewrichten; *myopathische ~*, contractuur veroorzaakt door spieren; *neuropathische ~*, contractuur veroorzaakt door een zenuwaandoening; *~ palmaris*, zie Dupuytren; *~ van von Volkmann*, contractuur t.g.v. posttraumatische ischemische necrose van spieren, vnl. aan de onderarm na elleboogfracturen.
contra-extensie tegenrekking, het rekken van een ontwricht of gebroken lichaamsdeel gelijktijdig en in tegengestelde richtingen op een distale (extensie) en een proximale plaats (contra-extensie) ten einde dit lichaamsdeel weer in zijn normale stand te brengen.
contra-incisie tegenopening door een snede; het aanbrengen van een snede tegenover een andere snede, bijv. om etter te laten afvloeien.
contra-indicatie tegenaanwijzing; een aanwijzing dat een bepaalde behandeling moet worden ontraden.
contralateraal aan de andere (lichaams)zijde; tgst. homolateraal.
contrapulsatieballon zie ballonpomp.
contrapunctie tegenopening door een punctie.
contraria contrariis curantur *L* het tegengestelde wordt door het tegengestelde genezen, grondbeginsel der allopathie in tgst. tot de *homeopathie.
contrastimulans *L*, **contrastimulus** zie rasorisme.
contrastmiddel voor röntgenstralen minder doorgankelijke stof die op de röntgenfoto een contrastbeeld te zien geeft van het orgaan dat ermee is gevuld ten opzichte van de omgeving (contrast*radiografie).
contre-coup *F* lett. tegenstoot; uitdrukking om aan te geven, dat een verwonding is ontstaan door een geweld dat heeft ingewerkt aan de tegengestelde zijde van het getroffen lichaamsdeel.
controlewaan waan waarbij betrokkene het idee heeft dat zijn of haar gedachten, gevoelens en of gedrag door anderen worden gecontroleerd (bestuurd).
contunde stoot fijn, afk. (rec.) cont.
contusie, contusio *L* kneuzing, een verwonding t.g.v. stomp geweld, waarbij de huid intact blijft; *~ cerebri*, hersenkneuzing, meer of minder ernstige beschadiging van hersenweefsel (bloedingen, oedeem) t.g.v. stomp geweld op de schedel; zie ook commotio.

conus *L* kegel, meervoud coni; ~ *arteriosus*, het kegelvormige begin van de a. pulmonalis, syn. infundibulum; ook: ~ *pulmonalis;* ~ *medullaris* syn. ~ *terminalis*, het onderste kegelvormige einde van het ruggenmerg; ~-*syndroom*, syn. cauda-syndroom.
convalescentie hersteltijdperk na een ziekte, ook reconvalescentie genoemd.
convectie overbrenging van warmte d.m.v. bewegende tussenstof, bijv. lucht.
convergentie het elkaar naderen van de bliklijnen vóór de ogen, tgst. divergentie; ~*reactie*, vernauwing van de pupillen bij het convergeren van de ogen; ~*verlamming*, opheffing of stoornis van de convergentie.
convergeren op één punt gericht zijn.
conversie (*L* convertere = veranderen) 1. (alg.) omzetting, omkering. 2. (psych.) een psychische stoornis behorende tot de *somatoforme stoornissen, waarbij lichamelijke klachten of uitvalsverschijnselen zijn op te vatten als de uitdrukking van een psychisch probleem (conflict); i.t.t. de nagebootste stoornissen staan de klachten niet onder willekeurige controle; voorheen *hysterische neurose* genoemd; *sero*~, zie seroconversie.
convertine zie proconvertine.
convex bol, bijv. van lenzen; tgst. concaaf.
convoluut in elkaar gekronkelde massa.
convulsie stuip, toeval, sterke krampaanval.
Cooley, Th. Amerikaans kinderarts (1871-1945), zie thalassemie.
Coombs, R. Engels patholoog (geb. 1921); ~-*consumptietest (-reactie)*, serologische proef voor het aantonen van incomplete *antistoffen (chemisch: gammaglobulinen), berustend op verlies (*consumptie) aan antigammaglobulinen in een testserum (een dierlijk serum dat antistoffen tegen menselijk gammaglobuline bevat) dat vlg. een bepaalde techniek is samengebracht met het te onderzoeken serum; de proef vindt vnl. toepassing bij het aantonen van auto-antistoffen tegen celkernen en van resus-antistoffen om na te gaan of de sterkte van de antistoffen niet zó groot is geworden dat de vrucht gevaar loopt; *typologie vlg.* ~ *en Gell*, indeling van de typen van *hypersensitiviteit, te weten: *anafylaxie, cytotoxische hypersensitiviteit, *immuuncomplex-hypersensitiviteit, cellulaire hypersensitiviteit (d.i. het *delayed type) en de stimulatore hypersensitiviteit.
coöperatief genegen tot samenwerking; (ge)willig.
coördinatie samenwerking van verschillende spieren voor het tot stand komen van een bepaalde beweging; *disjunctie der* ~, het blijven staan van het ene oog (bijv. door verlamming der oogspieren) terwijl het andere zich beweegt.
COP afk. van 1. circumoval precipitation *E*. 2. (farm.) cyclofosfamide, Oncovin® (vincristine), prednison; een cytostatica-combinatie.
COPD afk. van chronic obstructive pulmonary diseases *E*, syn. COL, COLD verzamelnaam voor chronische, irreversibele (i.t.t. asthma bronchiale), diffuse vernauwingen van de luchtwegen; hiertoe behoren chronische bronchitis, chronische bronchiolitis en emfyseem; zie ook CARA..
cophosis *G* doofheid.
copieus overvloedig, bijv. van ontlasting, enz.
COPIH afk. van commissie opsporing en preventie van ischemische hartziekten.
coping *E* 1. (tandheelk.) metalen gietstuk bij brugwerk. 2. (psych.) aanpassing aan (relatief) moeilijke omstandigheden (stress); de cognitieve en gedragsmatige inspanningen die een persoon verricht bij een dreigende overbelasting.

copiopia *G* syn. asthenopie.
copragogon *G* laxeermiddel; meervoud copragoga.
copremese *G* drekbraken.
copremie resorptie in het bloed van afvalstoffen uit feces bij obstipatie; syn. stercoremie.
coprofagie *G* eten van ontlasting.
coprofilie neiging om eigen feces te bewaren of om ermee te spelen.
coprolagnie *G* seksuele opwinding die wordt verkregen door contact met uitwerpselen.
coprolalie *G* het uitslaan van vuile taal.
coproliet *G* darmsteen, dreksteen; weinig voorkomend *concrement in de darmen dat zich daar kan ontwikkelen uit onverteerbare stoffen; kan ontsteking en darmvernauwing veroorzaken; syn. scybaloliet, scatoliet, fecoliet.
coproporfyrine een porfyrine*metaboliet die in de darm wordt gevormd uit *bilirubine en wordt uitgescheiden met de ontlasting en de urine; syn. stercoporfyrine.
copropraxie tentoonspreiding van obscene handelingen of gebaren.
coprostase *G* darmverstopping door ophoping van ontlasting; syn. constipatie.
copulatie, copulatio *L* *coïtus, paring.
cor *L* hart; holle spier, bestaande uit een linker- en een rechterhelft, beide bevattende een voorkamer (boezem, atrium) en een kamer (ventrikel); ~ *adiposum*, vethart; ~ *biloculare*, hart waarin het tussenschot ontbreekt zodat het slechts uit één kamer en één voorkamer bestaat; ~ *bovinum*, ossenhart, bijzonder vergroot hart; ~ *mobile*, zwerfhart, zeer beweeglijk hart; ~ *pendulum*, druppelhart; ~ *pulmonale*, chronische hypertrofie, dilatatie en/of decompensatie van de rechterkamer van het hart door chronisch verhoogde druk in de kleine (= long)circulatie; ~ *villosum* of ~ *hirsutum*, hart met vlokkige afzettingen van fibrine bij ontsteking van het hartzakje (pericard); syn. trichocardie.
CORA afk. van chronische obstructieve respiratoire aandoening.
coracoideus *L* zie processus (bet. 2).
cordocentese *paracentese (aanprikken, doorsteken) van de navelstreng bij de ongeboren vrucht.
core *E* binnenste; kern; centrum, in engere zin van een virus; klokhuis.
core- (smst.) m.b.t. het centrum (bijv. de pupil), *~ctopie*, al of niet aangeboren uitmiddelpuntige stand van de pupil in de iris; *~dialyse*, syn. iridodialyse; *~lysis*, operatieve losmaking van synechia iridis posterior (zie synechie); *~morphosis*, kunstmatige vorming van een pupil; *~stenoma*, pupilvernauwing, syn. stenocorie, miose.
Coriolis, G. Frans ingenieur (overl. 1843); *~-effect*, (alg.) het ontstaan van misselijkheid, braken, desoriëntatie en duizeligheid t.g.v. hoofdbewegingen van een persoon tijdens passieve rotatie als voortvloeisel uit de discrepantie tussen de actuele rotatie*vector en die welke wordt ervaren door het halfcirkelvormige kanalensysteem.
corium *L* lederhuid, huidlaag onder de opperhuid.
cornea *L* het hoornvlies van het oog, het doorschijnende deel van de buitenste oogrok (sclera); ~ *conica*, zie keratectasie; ~ *globosa*, zie keratoglobus, stafyloom; *~lens*, zie contactglas; *~reflex*, het onwillekeurig sluiten van de oogleden bij aanraking van het hoornvlies.

corneocyten hoorncellen; vormen de kernloze voortzetting naar het huidoppervlak van de keratinocyten.
cornificatie verhoorning.
cornu *L* hoorn; ~ *ammonis* (obsoleet) ammonshoorn; *pes hippocampi; (dermatologie) ~ *cutaneum*, vnl. op het gelaat of het hoofd voorkomende uitwas die ontstaat door plaatselijke verhoorning; ~ *dorsale*, achterste hoorn van de grijze stof van het ruggenmerg, syn. crus posterior; ~ *uteri*, de hoornvormige overgang van *fundus uteri naar de eileider; ~ *ventrale*, voorste hoorn van de grijze stof van het ruggenmerg, syn. crus anterior; bevat de motorische oorsprongcellen van de voorwortels der ruggenmergszenuwen.
corona *L* krans, kroon; ~ *dentis*, tandkroon; ~ *glandis*, de achterrand van de glans penis; ~ *radiata*, een krans van langwerpige cellen van de *Graafse follikel die de eicel na de ovulatie omgeeft; ~ *veneris*, venuskrans, uitslag bij syfilis, als een krans rondom het voorhoofd; ~*virussen*, RNA-verkoudheidsvirussen; de humane coronavirussen hebben een afmeting van 90 nm en zijn o.a. gekenmerkt door uitsteeksels op de *envelop welke het beeld van een 'kroon' veroorzaken.
coronaal bijv.nw. bij corona (n.t.v.m. coronair); in engere zin: m.b.t. de sutura coronalis (zie sutuur), bijv. ~*ale vlak* = frontale vlak.
coronair kransvormig; de kransslagaders betreffend; ~*e insufficiëntie*, discrepantie tussen zuurstofaanbod en -behoefte van de hartspier t.g.v. een onvoldoende coronaire circulatie; ~*e hartziekte*, zie angina pectoris; n.t.v.m. coronaal.
coronariografie invasieve methode om de anatomie van de aa. coronariae op film vast te leggen.
corpora meervoud van corpus; ~ *oryzoidea*, zie rijstlichaampjes.
corporeel lichamelijk; aan den lijve.
corporisatie op lichamelijke wijze tot uitdrukking brengen van psychische belevingen.
corpulentie vetlijvigheid.
corpus *L* lichaam, meervoud *corpora; ~ *albicans* (Willisii), het (witte) litteken van een verdwenen corpus luteum; ~ *alienum*, vreemd lichaam; voorwerp dat van buiten af in het lichaam is geraakt; ~ *alienum granulomatosa*, ontstekingsreactie op verontreinigingen die ergens in het lichaam zijn terechtgekomen; ~ *amylaceum*, colloïdale vormsels in sommige organen, vnl. in de prostaat; ~ *callosum*, lett. eeltachtig lichaam, de grote verbinding tussen de beide hersenhemisferen, genaamd hersenbalk; ~ *cavernosum*, zwellichaam, sponsachtig weefsel, ingeschakeld in de bloedsomloop, dat bij sterke bloedvulling zwelt en hard wordt; ~ *ciliare*, straalvormig lichaam van het oog, straallichaam; ~ *liberum*, los liggend weefselpartikel in een natuurlijke lichaamsholte, bijv. mus articularis; ~ *luteum*, geel lichaam in de eierstok; ontstaat in de gesprongen Graafse follikel (na uitstoting van de eicel) en scheidt progesteron af; ~ *luteum atreticum*, luteïnisatie van een niet gesprongen follikel; ~ *pineale*, syn. epiphysis cerebri; ~ *spongiosum penis*, het corpus cavernosum rondom de mnl. urethra; ~ *striatum*, grote kernmassa in de hersenhemisferen, bestaande uit de nucleus caudatus en de nucleus lentiformis; ~ *uteri*, het baarmoederlichaam; ~ *vitreum*, het glasvocht van het oog.
corpusculair m.b.t. een corpusculum.
corpusculum vklw. van corpus, lichaampje, meervoud corpuscula; ~ *sanguinis*, bloedcel; ~ *tactus*, tastlichaampje in de huid.

correlatie wisselwerking, onderlinge samenhang; de onderlinge invloed van de lichaamsorganen.

Corrigan, D. Iers arts (1802-1880); *ziekte van* ~, postreumatische aortaklep-insufficiëntie.

corrigens *L* verbeterend; toevoegsel aan geneesmiddelen om de smaak of reuk te verbeteren; meervoud corrigentia.

corrosie aanvreting, verwoesting, bijv. van beenderen, slijmvliezen, enz. door zweervorming of bijtende stoffen.

corrosivum *L* bijtende stof.

corset lyonnais *F* (orthop.) een Frans korset voor behandeling van scoliose.

cortex *L* schors, bast; bijv.nw. corticalis; ~ *cerebri*, hersenschors, syn. *pallium; ~ *chinae*, kinabast; ~ *granati*, wortelbast van de punica granatum, middel tegen lintwormen; *neo~*, syn. neopallium; ~ *ossium*, syn. *corticalis (bet.2).

Corti, A. Italiaans anatoom (1822-1876); *orgaan van* ~, de in de ductus cochlearis gelegen eindorgaantjes van de gehoorzenuw, dat zijn de zintuigelementen die het eigenlijke gehoororgaan vormen.

corticalis 1. (bijv.nw.) tot de schors (cortex) behorend, bijv. die van de hersenen, de bijnieren, enz. 2. (zelfst.nw.) de schorslaag (substantia compacta) van de beenderen.

corticoïd syn. *corticosteroïd.

cortico- *~bulbair, bulbaris*, m.b.t. hersenschors en bulbus (medulla oblongata); *~spinaal, spinalis*, m.b.t. hersenschors en ruggenmerg; *~steroïden*, bijnierschors-hormonen; syn. corticoïden; *~trofine*, zie ACTH; *~troop*, de bijnierschors stimulerend.

cortisol hydrocortison.

cortison precursor (voorstadium) van cortisol.

Corvisart des Marets, J. Frans arts (overl. 1821); ~ *gelaat*, angstige gelaatsuitdrukking met open mond en bleek-cyanotische huid bij ernstige hartzwakte; *ziekte van* ~, chronische hypertrofische myocarditis.

corymbiform (dermatologie) trosvormig.

Corynebacterium familie van onbeweeglijke grampositieve bacillen met verdikte uiteinden, waarvan sommige soorten pathogeen zijn.

coryza *G* neusverkoudheid, neuscatarre, een virusinfectie; syn. gravedo; zie rhinitis acuta.

COS afk. van cerebrale ontwikkelingsstoornis.

COSAPs afk. van children of substance abusing parents.

COSAZ afk. van centraal overleg van specialisten in academische ziekenhuizen.

cosmeticum *L* schoonheidsmiddel, middel om het uiterlijk te verfraaien, mrv. cosmetica.

cosmetisch de schoonheid bevorderend.

cosmiden *vectoren, opgebouwd uit delen van een *plasmide en de *bacteriofaag; ze worden gebruikt om grote fragmenten DNA te *kloneren.

costa *L* rib, meervoud costae; de borstkas wordt gevormd door 12 ribbenparen, die alle d.m.v. gewrichtjes met de wervelkolom zijn verbonden; iedere rib bestaat uit een benig en een kraakbenig gedeelte; *~e verae*, ware ribben, de zeven bovenste ribbenparen die rechtstreeks door kraakbeen met het borstbeen verbonden zijn; *~e spuriae*, valse ribben, de vijf onderste ribbenparen, waarvan de drie bovenste met het kraakbeen van de hoger gelegen rib, en de beide onderste (*~e fluctuantes*, zwevende ribben) niet met de andere noch met het borstbeen verbonden zijn; ~ *cervicalis*, halsrib, d.i. sterk ontwikkeld dwarsuitsteeksel van de 7de halswervel.

Costa, J. da Amerikaans militair arts (1833-1900); *syndroom van ~*, zie neurocirculatoire *asthenie.

costaal de ribben betreffend; ~ *ademen*, borst- of ribademhaling, de vergroting van de borstkas bij inademing hoofdzakelijk plaatshebbend door de opheffing van ribben en borstbeen (bij vrouwen hét type van ademhaling).

Costen, J. Amerikaans KNO-arts (1895-1962); *syndroom van ~*, artrose van het kaakgewricht, malocclusie, hoofdpijn, neuralgieën, oorpijn, oorsuizen, trismus, hardhorendheid, syn. temperomandibulair syndroom.

costochondrodynie zie Tietze.

costoclaviculair syndroom pijn in de arm, hypotrofie van handspieren en distale paresthesieën t.g.v. druk op de vaat-zenuwstreng van de arm ter hoogte van de passage tussen sleutelbeen en eerste rib; zie ook scalenussyndroom.

COTG afk. van centraal orgaan tarieven gezondheidszorg.

Cotte, G. Frans chirurg (1879-1951); *operatie van ~*, resectie van de nervus presacralis bij anderszins onbehandelbare pijn in het kleine bekken of bij vulvaire en anale jeuk.

cotton wool *E ~ exsudaten*, wolkachtige, vaag begrensde, vaak vluchtige neerslagen van proteïnen in het netvlies t.g.v. plaatselijke degeneratieve veranderingen (gezwollen axonen) bij vasculaire retinopathieën.

cotyledonen de lobben van het uteriene oppervlak van de placenta.

coulissenfenomeen horizontale beweging van de achterste keelwand naar de gezonde zijde tijdens het slikken of foneren bij éénzijdige parese van de nervus glossopharyngeus (tongkeelzenuw).

counselling *E* voorlichting, uitleg, advisering, overleg; *genetic ~*, zie genetic counselling.

counter pulsation intra-aortic balloon *E* zie ballonpomp.

coup *F*, slag, stoot; ~ *de chaleur*, *warmtestuwing, zonnesteek; ~ *de fouet*, zie zweepslag (bet. 2); ~ *de sabre*, lett. sabelhouw (zie morphaea), lineaire sclerodermie in de regio frontoparietalis.

couperen *F* afsnijden; een ziekte in het beginstadium genezen.

couperose *F* roodheid en ontsteking der huidklieren in het gelaat; syn. acne *rosacea.

Courvoisier, L. Zwitsers chirurg (1843-1918); *teken (regel, wet) van ~* 1. bij een stuwings*icterus duidt een grote palpabele harde gevulde, niet pijnlijke galblaas op een gezwel van de galwegen of pancreaskop. 2. bij obstructie van de ductus choledochus door een galsteen, treedt meestal geen zwelling van de galblaas op.

Couvelaire, A. Frans gynaecoloog (1873-1948); *syndroom van ~*, bloeduitstorting in de musculatuur van de baarmoeder t.g.v. een zwangerschaps*coagulopathie, waardoor een abruptio placentae (placentaloslating) ontstaat, gevolgd door miskraam; syn. uteroplacentale *apoplexie.

couvade *F* mannenkraambed.

couveuse (*F* broedoven, broedstoof) ventileerbaar kastje waarin te vroeg geboren of zwakke kinderen de eerste weken na de geboorte bij een bepaalde temperatuur, vochtigheidsgraad en zuurstofmilieu kunnen worden verpleegd.

cover-test *E* functieproef voor de oogspieren door waarneming van de oogbeweging na het wegnemen van de bedekkende hand; syn. afdekproef.

Cowden-syndroom ziektebeeld, genoemd naar een patiënt van die naam, gekenmerkt door een misvormd lichaam t.g.v. embryonale groeistoornissen en de aanwezigheid van multipele hamartomen (o.a. papillomen op tandvlees, oorschelpen en oogleden); familiaal zou het Cowden-syndroom voorbeschikking tot maligne neoplasie betekenen.

Cowper, W. Engels anatoom (1666-1709); *klieren van* ~, **glandulae bulbourethrales* of *bulbocavernosae*, dubbelzijdige klieren, uitmondend in de mannelijke urethra, produceren slijm bij erotische prikkeling.

coxa *L* heup; ~ *saltans*, knappende of verende heup, pijnlijke 'springende' bewegingen van het heupgewricht door bursitis of door verdikking van de tractus iliotibialis bij glijden over de grote trochanter tijdens buiging; ~ *valga* resp. ~ *vara*, buiging van de heup naar binnen resp. naar buiten door verkromming van de hals van het dijbeen; ~ *vara adolescentium*, coxa vara die in de puberteit optreedt t.g.v. epifysiolyse, syn. boerenbeen.

coxagra *L* heupjicht.

coxalgie pijn in de heup.

coxarthritis ontsteking van het heupgewricht.

coxartrose, coxarthrosis artrose van het heupgewricht; zie ook artrose, *malum coxae senile.

Coxiella (bact.) geslacht van bacteriën uit de familie der rickettsiae; ~ *burneti*, verwekker van de Q-koorts.

coxitis *L* ontsteking (*artritis) van het heupgewricht.

coxsackievirus een tot de enterovirussen gerekende groep virussen waartoe behoren de verwekkers van myocarditis neonatorum, aseptische meningitis, herpangina en bornholmse ziekte; Coxsackie is een plaatsje in de Amerikaanse staat New York.

cP *centipoise = $^1/_{100}$ poise.

CP afk. van Corynebacterium parvum.

CPA afk. van 1. cyproteron-acetaat. 2. centrale post ambulancevervoer.

CPAP afk. van continuous positive airway pressure *E*, continue positieve luchtwegdruk, een vorm van kunstmatige beademing, waarbij de patiënt spontaan ademt en tijdens de uitademing een verhoogde druk wordt aangebracht.

CPB afk. van cardio-pulmonary bypass *E*.

CPC afk. van cardiopulmonaalchirurgie, cardiopulmonaalchirurg.

CPCA afk. van cardiopulmonaalchirurgie voor arts-assistenten in opleiding.

CPD afk. van citraat-fosfaat-dextrose, een ontstollingsmiddel.

CPK afk. van *creatine(fosfo)kinase, thans afk. CK.

CPLD afk. van chronische polymorfe lichtdermatose.

cpm counts per minute *E*.

CPM afk. van centrale pontiene *myelinolyse.

CPMP afk. van committee for proprietary medicinal products.

CPP afk. van centrale pubertas praecox.

CPPD afk. van calcium pyrophosphate dihydrate *E*; komt in kristalvorm voor in gewrichtsweefsels bij stofwisselingsstoornissen op latere leeftijd.

CPPR afk. van centrale pacemaker-patiëntenregistratie.

CPR afk. van cardio-pulmonale resuscitatie.

CPRS afk. van comprehensive psychopathological rating scale.

CPT afk. van commissie voor praktische tuberculosebestrijding.

CR afk. van 1. cervicale radiculopathie. 2. complete remission *E*, volledige remissie.
crack *E* (pop.) opwekkend middel dat ontstaat door bewerking van cocaïne, waardoor de effecten van cocaïne worden versterkt.
craig-spalk abductiespalk voor de behandeling van heupluxatie bij jonge kinderen.
crampus *L* spierkramp, tonische pijnlijke samentrekking van spieren.
craniaal 1. m.b.t. het cranium. 2. in de richting van de schedel (ter anatomische plaatsaanduiding); tgst. caudaal.
cranialgie schedelpijn.
craniocaudaal richtingbepaling in de anatomie, nl. (gedacht bij staande houding) van het hoofd af benedenwaarts.
craniocervicaal m.b.t. de schedel en de nek (hals); *~acceleratieletsel*, afk. CAL, syn. whiplashtrauma.
cranioclasie het vanuit de baarmoeder naar buiten brengen van de geperforeerde en verbrijzelde schedel van een ongeboren kind; moet soms worden toegepast als de geboorte niet mogelijk is, doordat het hoofd van het kind te groot is ten opzichte van de bekkeningang; zie cranioclast.
cranioclast *G* tang om de schedel van het kind te perforeren en te verbrijzelen; zie cranioclasie.
craniofaciaal m.b.t. hersen- en aangezichtsschedel.
craniofaryngeoom gezwel van de hypofyse t.g.v. neoplastische epitheeldegeneratie van de embryonale aanleg van de hypofysevoorkwab (het zakje van Rathke); tumor van Erdheim.
craniologie schedelkunde, syn. frenologie.
craniometrie schedelmeting; methode in de antropologie om d.m.v. het meten van de schedel, het ras of de rassengroep te bepalen waartoe het te onderzoeken individu behoort; syn. cefalometrie; de craniometrie onderscheidt twee hoofdgroepen onder de rassen, t.w. de *brachycefalen*, rassentypen met een ronde schedel en de *dolichocefalen* met een langwerpige, beide onderverdeeld in *prognaten* en *orthognaten*; tot de prognate brachycefalen behoren Maleiers, Papoea's, Mongolen, Tartaren, e.a.
craniopagus *G* dubbelmonster met de schedels aan elkaar gegroeid.
cranioscopie onderzoek van de schedel.
craniostenose, craniostose, craniosynostose voortijdige verbening van één of meer schedelnaden (suturen), waardoor de schedelgroei in de richting loodrecht op de verbeende naad wordt belemmerd en een abnormale schedelvorm ontstaat.
craniotabes *L* schedelverweking, op rachitis berustende verweking van het schedelgebeente, waardoor dunne plekken ontstaan.
craniotomie 1. operatie waarbij de schedel wordt geopend. 2. decapitatie (onthoofding) van het ongeboren kind; syn. cefalotomie.
craniotonoscopie auscultatie van de schedel om aandoeningen van de hersenen of de beenderen op te sporen.
cranium *L* schedel; bestaat uit twee gedeelten, de hersenschedel (*~ cerebrale* of *neuro~*) en de aangezichtsschedel (*~ viscerale* of *splanchno~*); de eerste wordt gevormd door 8 beenstukken en herbergt de hersenen; de aangezichtsschedel wordt gevormd door 14 beenstukken en omvat de kaakbeenderen en de groep beenderen grenzende aan de neus; tot de kaakbeenderen behoren het boven- en onderkaaksbeen, het verhemeltebeen, het jukbeen; *~ bifidum*, schedeldefect al of

niet met uitstulping van de schedelinhoud naar buiten.
crapula *L* dronkenschap en katterigheid.
craurosis zie lichen.
craving *E* heftig verlangen en dwangmatig zoeken naar verslavende stof.
craw-craw Afrikaanse benaming voor allerlei soorten jeukend huiduitslag.
CRC afk. van colorectaal carcinoom.
CRD (farm.) afk. van controlled release dosis *E*.
C-reactieve proteïne, afk. CRP een acute-fase eiwit dat door de lever wordt geproduceerd als reactie op een ontsteking; het is sterk verhoogd binnen 6 tot 8 uur na het begin van de ontsteking; het is dus een gevoelige maar aspecifieke indicator voor ontstekingsprocessen; de naam is ontleend aan het gegeven dat het eiwit in vitro een neerslag vormt met de C-polysachariden van pneumokokken.
creatieve therapie (psych.) therapievorm waarbij d.m.v. creatieve uitingen spanningen en conflicten bewust kunnen worden gemaakt en verwerkt.
creatine een tussenproduct in de stofwisseling; in spieren is creatine gekoppeld aan fosforzuur tot creatinefosfaat als energierijke verbinding waaruit *ATP gevormd kan worden m.b.v. het enzym *creatine(fosfo)kinase, afk. CK.
creatine(fosfo)kinase afk. CK, voorheen CPK, een enzym dat in staat is om de fosfaatgroep van creatinefosfaat over te brengen naar *ADP zodat het energierijke *ATP ontstaat, bijvoorbeeld nodig voor spiercontractie; van CK bestaan *isoënzymen, nl. CK-BB (= CK 1), vooral voorkomend in de hersenen (brain *E*), CK-MB (= CK 2), vooral voorkomend in de hartspier en verhoogd bij hartinfarct, CK-MM (= CK 3), vooral voorkomend in skeletspieren (muscle *E*) en CK-Mt, mitochondriaal CK.
creatinine stof in het bloedserum die uit creatine vrijkomt bij de spierstofwisseling; de *~-klaring* of *-*clearance* is een goede (oriënterende) nierfunctieproef (glomerulusfiltratie).
creationisme de leer dat elke vorm van leven is toe te schrijven aan een afzonderlijke scheppingsacte.
creatorroe aanwezigheid van te veel onverteerde spiervezels in de ontlasting.
Credé, K. Duits vrouwenarts (1819-1892); 1. *handgreep van ~*, zie crederen. 2. *profylaxe vlg. ~*, indruppeling van de ogen van de pasgeborene met 2% (beter: 1%) verse zilvernitraatoplossing ter voorkoming van gonorroïsche conjunctivitis; in Nederland niet meer gebruikelijk.
crederen de methode van de Duitse verloskundige Credé om d.m.v. wrijvingen, samentrekkingen van de baarmoeder op te wekken en vervolgens door knijpen de placenta uit te drijven.
creeping disease *E* voortkruipende huidziekte, veroorzaakt door insectenlarven of wormen die de huid binnendringen; gaat met jeuk gepaard.
crémaillère *F* tandrad; tanding van een chirurgisch instrument.
cremaster-reflex reflectorisch oplichten van de testis door strijken langs de binnenzijde van de dij door samentrekking van de musculus cremaster (een voortzetting van de binnenste schuine buikspier rondom de zaadstreng).
crematie lijkverbranding.
cremor crème; wordt gebruikt als koelzalf of als zalfbasis; bevat tot 60% water.
cremule *F* chocoladetabletje waarin een geneesmiddel is verwerkt.
crena ani de gerimpelde huid rondom de anus.
crenatie karteling; schrompeling; met geschulpte randen.

crenatur gegroefd, geschrompeld, gekarteld.
crenotherapie *G* alternatieve geneeswijze met bronwater.
creool 1. kind van Europese ouders, buiten Europa geboren, in engere zin in Zuid- en Midden-Amerika. 2. (uitbr.) in Suriname geboren neger of kleurling.
creosoot olieachtige vloeistof getrokken uit beukenteer, met scherpe smaak; heeft een antiseptische werking; plaatselijk verdovingsmiddel en *exsiccans bij aandoeningen van de luchtwegen.
crepitatie, crepitatio, crepitus *L* 1. knetterend reutelgeruis (*rhonchi); ~ *indux*, knetterend reutelgeruis bij het begin van longontsteking; ~ *redux*, idem bij genezende longontsteking. 2. knetterend geluid bij het over elkaar wrijven van ruwe oppervlakken, bijv. bij beenbreuken en bij huid*emfyseem.
crescent *E* zie halve maan.
crest-syndroom zie CRST-syndroom.
cretinisme gebrekkige ontwikkeling van lichaam en geest t.g.v. aangeboren onvoldoende functie van de schildklier gedurende de groei van het organisme; cretinisme heeft drieërlei oorzaken van onvermogen tot vorming van schildklierhormoon nl. 1. congenitale hypothyroïdie. 2. prenatale jooddeficiëntie (in streken waar endemisch struma voorkomt) met mentale retardatie en/of perceptiedoofheid, motorische stoornissen, dwerggroei en klinische hypothyroïdie (*endemisch* ~). 3. als *enzymdefect waarbij een aangeboren stoornis bestaat in de enzymatische biosynthese van het schildklierhormoon; zie ook hypothyroïdie, idiotie.
Creutzfeldt, H. Duits neuroloog (1885-1964); *ziekte van ~-Jakob*, syn. Creutzfeldt-Jakob disease, afk. CJD, een zeldzame (ongeveer 1 op een miljoen mensen) snel progressieve, fataal eindigende degeneratieve ziekte van de hersenen; kenmerken; dementie, ataxie, myoclonie en (extra)piramidale verschijnselen; in de hersenen ontstaan sponsachtige holten gepaard gaand met verlies van zenuwcellen (spongiforme encefalopathie); CJD is verwant met o.a. *kuru en veterinaire ziekten zoals *BSE bij runderen (de zgn. gekke-koeienziekte) en *scrapie (voorkomend bij geiten en schapen); overdracht van dier naar mens is tot op heden niet aangetoond; het is nog steeds onduidelijk wat de oorzaak is van de ziekte, ofwel een nog onbekend virus ofwel prionen (prion = proteinaceous infectious particle); op de celmembranen van menselijke en vele dierlijke cellen bevindt zich het normale prioneiwit PrPn (afk. van prion protein normal); bij de mens komt dit eiwit voornamelijk voor op de hersencellen; bij CJD wordt het normale PrPn veranderd in een pathogeen eiwit, PrPp (afk. van prion protein pathogen); deze verandering voltrekt zich erg langzaam, hetgeen de lange incubatietijd (10 tot 30 jaar) verklaart; bij de mens is aangetoond dat CJD kan worden overgedragen vanuit geïnfecteerde personen door groeihormoon (bereid uit menselijke hypofysen) en door transplantatie van hoornvliezen en dura mater (harde hersenvlies); het prioneiwit (of mogelijk het nog onbekende virus) is zeer resistent en dus nauwelijks te bestrijden; overdracht van CJD door besmet bloed, bloedcomponenten of plasmaproducten is tot op heden niet aangetoond.
Creveld, S. van Nederlands kinderarts (1894-1971), zie dysplasie, Gierke.
crevice *F* spleetvormige ruimte, in engere zin die tussen tandvlees en tand- en kiesoppervlak; bijv.nw. *creviculair*.
CRF afk. van 1. corticotrofine releasing factor *E*, stof uit de hypothalamus, die de hypofyse-achterkwab aanzet tot productie van ACTH en cortisol. 2. coagulase reacting factor *E*.

CRH afk. van corticotrofine releasing hormoon.

cribriform (anat.) zeefvormig.

cricoïd *cartilago cricoidea, ringkraakbeen van het strottenhoofd; ~ *pressure*, zie methode van *Sellick.

cri-du-chat-syndroom *F* aangeboren autosomaal chromosoomdefect (een gedeelte van de korte arm van het vijfde chromosoom ontbreekt) met gezichts- en schedelmisvormingen, korte nek, miauwend stemgeluid, ernstige geestelijke en lichamelijke achterstand.

Crigler, J. Amerikaans kinderarts (geb. 1919); *syndroom van ~-Najjar*, autosomaal recessief-erfelijk enzymdefect dat de bilirubine-*conjugatie (bet. 2) verstoort, leidend tot (congenitale) niet-hemolytische *hyperbilirubinemie en icterus, soms tot onherstelbare hersenbeschadiging, gelijkend op kernicterus.

cri hydrocéphalique *F* luide doordringende kreet, die met korte tussenpozen in de slaap herhaald wordt door kinderen bij de aanvang van hersenvliesontsteking; zie meningitis.

crin- (smst.) m.b.t. haar of haren; *crines pubis L*, schaamharen.

crinofagie versmelting van een celsecreetpartikel of een fagosoom met een lysosoom, gevolgd door enzymatische afbraak.

crinogeen door haren veroorzaakt.

crise *F* meervoud crises, acuut en meestal ernstig ziekteverschijnsel dat aanvalsgewijze bij sommige ziekten kan optreden, bijv. bij de ziekte van *Addison, hyperthyroïdie, sikkelcelziekte en vele andere; *aplastische* ~, remming van de hemopoëse in het beenmerg; ~ *cérébrale*, tijdelijke hersenfunctiestoornis waardoor plotselinge, voorbijgaande sensorische, motorische, sensibele of psychische verschijnselen ontstaan; ~ *laryngée*, strottenhoofdcrise, gepaard gaande met grote benauwdheid en hevige hoest; ~ *nitritoide* (Milian), *congesties in het gelaat, braken, beklemmingsgevoel, tachycardie en bloeddrukdaling, soms met collaps, in aansluiting aan intraveneuze toediening van een arseenpreparaat; ~ *noire*, maagcrise met braking van bloed; zie ook crisis.

crisis *G* 1. keerpunt in het verloop van een ziekte; meestal verbetering of herstel, soms ook het tegengestelde; bij acute ziekten kan de crisis plotseling optreden, bijv. bij snelle daling van de temperatuur, bij terugkeren van het bewustzijn, enz. 2. peracute verergering in het verloop van bepaalde ziekten, zoals bij de ziekte van Addison, bij hyperthyroïdie e.a. 3. (psych.) hevige en plotselinge uiting van een verstoring van het psychisch evenwicht; *hypertensieve* ~, acute ziektebeelden waarbij het noodzakelijk is de verhoogde bloeddruk onmiddellijk te verlagen, zoals acute encefalopathie, eclampsie, intracraniële bloeding, maligne *hypertensie e.a.; ~ *incompleta*, onvolledige crisis, als bijv. de temperatuur na het intreden van de crisis weer enigszins gaat stijgen; *geprotraheerde* ~, gerekte, langer aanhoudende crisis; zie ook crise.

crista *L* kam, scherpe rand, beenkam; ~ *ampullaris*, een kam in de ampullen van de halfcirkelvormige kanalen, bekleed met het zintuigepitheel waarop zich de cupula ampullaris bevindt; ~*boring*, beenmerg*biopsie d.m.v. een boring in de bekkenkam; ~ *buccinatoria*, de orale (zie oraal, bet. 2) onderkaakrand in de bocht tussen het horizontale en het verticale deel; ~ *frontalis*, voorhoofdskam, over het midden van de binnenzijde van het voorhoofdsbeen; ~ *galli*, hanenkam, driehoekig uitsteeksel op de zeefplaat van het os ethmoidale (zeefbeen); ~ *iliaca*, brede bovenrand van het heupbeen; ~ *intertrochanterica*, dorsale beenlijst tussen trochanter major en minor van het dijbeen; ~ *mitochondrialis*, instulpingen van de binnenmembraan van de mitochondriën.

cristall- *~ine*, eiwitlichaam in de ooglens; zie globuline; *~itis*, ontsteking van de ooglens; *~ofobie*, overmatige angst voor glasscherven of splinters.

CRL afk. van crown-rump-length *E*, kruin-romp(stuit)-lengte.

CRM cross-reacting material *E*.

CRMO afk. van chronisch recidiverende multifocale osteomyelitis.

crocidisme, crocidismus het plukken aan de dekens door subcomateuze zieken.

Crohn, B. Amerikaans clinicus (1884-1983), zie enteritis regionalis.

CROS afk. van contralateral routing of signals *E*.

cros-hoortoestel hoorbril voor iemand die aan één zijde doof is, waarbij het microfoontje zich aan die zijde in de brillenpoot bevindt en waarbij het elektrische signaal via een dun draadje door het montuur naar een telefoontje bij het andere (goede) oor geleid wordt, dus contralateraal; zie ook CROS.

crossing-over *E* overkruising, onderlinge uitwisseling van delen van homologe chromosomen tijdens de meiose.

crossover-test *E* dubbelblindproef waarbij de patiënt afwisselend een placebo en een werkzaam middel krijgt toegediend, zie dubbelblind.

Crosti, A. Italiaans dermatoloog (geb. 1896), zie Gianotti.

croup laryngitis diphtherica, zie kroep.

Crouzon, O. Frans neuroloog (1874-1938); *ziekte van ~*, zie dysostose.

crowding zie pathology of crowding.

CRP afk. van *C-reactieve proteïne.

CRS afk. van congenitaal rubellasyndroom.

CRST afk. van calcinosis, Raynaud, sclerodactylie, teleangiëctasieën; *~-syndroom*, ziektebeeld waarbij verschijnselen van de genoemde aandoeningen gecombineerd voorkomen, soms ook gepaard met disfunctie van de slokdarm; wordt veroorzaakt door autoimmunisatie; syn. syndroom van Thibierge-Weissenbach.

cruciatus *L* gekruist.

cruor sanguinis *L* bloedkoek, ook kortweg cruor; zie placenta sanguinis.

crura meervoud van crus.

cruraal, cruralis tot het been (vnl. het onderbeen) behorend; *hernia ~*, syn. hernia femoralis, dijbreuk; zie ook crus.

cruris van het onderbeen (crus), bijv. crurisfractuur.

crus *L* been, onderbeen, ook: dij; (anat.) streng of steel, meervoud crura; ~ *clitoridis*, steel van de clitoris, aan weerszijden op het schaambeen ontspringend; ~ *penis*, steel van het mannelijk lid, aan weerszijden op het schaam- en zitbeen ontspringend.

crush-syndroom shock en hemoglobinurie, soms myoglobinurie, t.g.v. zware en uitgebreide kneuzing (crush, *E*) van spierweefsel, in zware gevallen tevens lower nephron nephrosis, zie nefrose.

crusta *L* korst op de huid, op wonden of op slijmvlies; ~ *lactea*, 'melkkorst', huiduitslag met puisten op het lichaam, armen en benen, ook vaak op het hoofd; bij jonge kinderen treedt soms een bijzondere vorm op, zie ecthyma; ook in de betekenis van dauwworm; ~ *lamellosa*, uitslag van korsten en schubben, schubbenkorst.

crusteus met korstvorming.

Cruveilhier, J. Frans patholoog (1791-1874); *atrofie van ~*, syn. ziekte van Aran-

Duchenne, zie Werdnig; *syndroom van ~-Baumgarten*, portale *hypertensie bij levercirrose en splenomegalie met collaterale circulatie via de open vena umbilicalis (en/of para-umbilicalis), o.a. gepaard met een caput medusae.

crux *L* kruis; ~ *cordis*, het gebied van de samenkomst van de wanden van de vier hartholten; ~ *medicorum*, kruis, plaag der artsen, bijv. van ziekten die hun veel vruchteloze zorg en moeite veroorzaken; ~ *mortis*, doodskruis.

cryesthesie *G* grote gevoeligheid voor koude.

cryo- (smst.) m.b.t. koude; *~adhesie*, koude-agglutinatie door cryoglobulinen; *~chirurgie*, 1. zie hypothermie (bet. 2). 2. cauterisatie van weefsel door kunstmatige bevriezing.

cryoglobulinemie *essentiële gemengde ~*, vorm van vasculitis-ziekte, alléén van capillairen en venulen, gekenmerkt door het vóórkomen van IgG- en IgM-cryoglobulinen, purpura, artralgieën en soms glomerulonefritis.

cryoglobulinen serumeiwitten, meestal paraproteïnen welke bij ±4 °C een precipitaat (neerslag) of gel vormen; zij komen in zeer kleine hoeveelheid in het bloed voor en vermeerderen zich bij uiteenlopende aandoeningen; cryoglobulinen kunnen oorzaak zijn van hyperviscositeit van het bloed en van vasculitiden (zie vasculitis).

cryopathie verzamelnaam voor ziektebeelden die door cryoglobulinen kunnen worden veroorzaakt.

cryoprecipitaat eiwitneerslag dat ontstaat wanneer bevroren bloedplasma bij een temperatuur van maximaal 6 °C wordt ontdooid.

cryoscopie *G* bepaling van de vriespuntdaling van oplossingen, bijv. lichaamsvochten; deze daling is evenredig aan de moleculaire concentratie.

cryotherapie *G* fysiotherapie d.m.v. koude.

crypte, crypta *G* zakje, kuiltje (in slijmvlies); zie ook Lieberkühn.

crypto- (smst.) verborgen, onduidelijk, onzichtbaar.

cryptococcose schimmelziekte veroorzaakt door Cryptococcus neoformans, gekenmerkt door longgranulomen en huidafwijkingen òf in de vorm van een ernstige meningitis; meestal is er een gestoorde cellulaire immuniteit.

cryptogenetisch van onbekende oorsprong of ontstaanswijze.

cryptomennorroe menstruatie zonder uitwendig bloedverlies.

cryptorchisme, cryptorchidie die vorm van het ontbreken van het indalen (maldescensus) van de testis, waarbij de testikel(s) nooit palpabel is (zijn) geweest.

cryptoscoop toestel voor röntgenonderzoek bij daglicht; syn. fluoroscoop.

Cryptosporidium een protozoön, verwekker bij de mens van hardnekkige waterige diarree (*cryptosporidiosis*), vnl. in de tropen bij kinderen en bij mensen met immunodeficiëntie.

cryptotie aangeboren afwijking waarbij het bovenste deel van de oorschelp (helix) onder de huid van de slaapstreek ligt; syn. pocket ear *E*.

CS afk. van 1. cheiloschisis. 2. Cockayne-syndroom. 3. corticosteroïden.

CSA afk. van centrale sterilisatie-afdeling.

CSC afk. van 1. centrale sereuze chorioretinopathie. 2. centrale sterilisatieclub.

CSD afk. van cortical spreading depression *E*.

CSF afk. van 1. cerebrospinal fluid *E*, *liquor cerebrospinalis. 2. colony-stimulating factor *E*, een macrofagen-hormoon, dat *proliferatie van leukocyten bevordert.

CSII afk. van continue subcutane insuline-infusie.

CSM afk. van cervicale spondylogene *myelopathie.
CSNB afk. van congenitale stationaire nachtblindheid.
CSV afk. van cerebrospinale vloeistof.
CT afk. van 1. creatieve therapie. 2. computer*tomografie (*CT-scan*). 3. chemotherapie. 4. celtherapie. 5. cefalinetijd. 6. cognitieve therapie. 7. Chlamydia trachomatis.
CTA afk. van computertomografie-angiografie.
CTCL afk. van cutane T-cel leukemie.
CTD afk. van 1. connective tissue disease *E*. 2. cumulatieve trauma disorders *E*.
CTG afk. van 1. computertomografie. 2. cardio*tocografie of cardiotocogram.
CTL afk. van cytotoxische T-lymfocyt, syn. Tc.
CTM afk. van capillary tube migration *E*.
CTMC afk. van connective tissue mast cell *E*.
CTR afk. van cor-thorax ratio, de verhouding van de breedte van het hart tot die van de (inwendige) thorax op het röntgenbeeld.
CTS afk. van 1. computertomografie scanning *E* ('ct.-scan'). 2. carpale-*tunnelsyndroom.
CTSV afk. van college van toezicht sociale verzekeringen.
CTV afk. van *Chlamydia trachomatis virus.
CUA afk. van 1. confusing unnecessary abbreviation *E*. 2. cost utility analysis *E*.
cubitaal tot de elleboog *(cubitus)* behorend, de elleboog betreffend.
cubitus elleboog.
cuboïd, os cuboideum dobbelsteen- of teerlingbeen; voetwortelbeen tussen hielbeen en 4de-5de middenvoetsbeen.
cucullaris monnikskapspier; syn. *musculus trapezius.
cucurbita *L* kop, laatkop (obsoleet); ~ *cruenta*, bloedige kop; zelfst.nw. *cucurbitatie*.
cuff *E* manchet; *rotatoren-~*, groep kleine spieren rondom het schoudergewricht.
cuffed tube *E* buisje met opblaasbare rubber manchet.
culbute *F* buiteling, bijv. van het embryo in de amnionholte of van de ooglens bij cataract-operatie.
cul de sac *F* (lett. doodlopende weg), syn. *cavum Douglasi, excavatio rectouterina; *hernia ~*, *rectocele.
culdo- *centesis*, punctie van de buikholte via de fornix vaginae; *~scopie*, endoscopie via een punctieopening naar het *cavum Douglasi; *~tomie*, incisie van de fornix vaginae post.
Culex groep steekmuggen van de subfamilie Culicinae, meest bekend als *vector en tussengastheer van Wuchereria bancrofti en filariasis (*~ fatigans*); *~ fasciatus*, verwekker van gele koorts.
culicide muggendodend middel.
culicosis kwaddelvorming door muggensteken.
Cullen, Th. Amerikaans gynaecoloog (1868-1953); *symptoom van ~*, blauwe verkleuring van de navelkuil bij aanwezigheid van bloed in de buikholte en bij acute pancreatitis.
culmen *L* top (van een orgaan), syn. cacumen; ~ *monticuli*, de hoogste kwab van de kleine hersenen.
culmineren het hoogtepunt bereiken, bijv. van een ziekte.
culter *L* chirurgisch mes.

cultuur op een voedingsbodem gekweekte bacteriën.
cum *L* met; ~ *vitris*, met (oog)glas, afk. CV.
cumulatie zie cumulatieve werking.
cumulatieve werking het zich ophopen van sommige geneesmiddelen in het lichaam, bijv. door foute dosering, waardoor zij vergiftiging kunnen veroorzaken (bijv. digitalis-preparaten); doet zich in principe voor als de halfwaardetijd langer is dan het doseringsinterval; na verlaging van de dosis of na staken van de medicatie vindt uiteindelijk toch eliminatie plaats; zie ook sekwestratie.
cumulus 'wolk' van follikelcellen in een mucoze substantie waardoor de rijpe eicel wordt omgeven.
cuniculus tunneltje of gangetje in de huid.
cunnilinctio syn. *cunnilingus.
cunnilingus het likken van de vrouwelijke geslachtsdelen (cunnus) als seksuele prikkeling; syn. cunnilinctio, beffen.
cunnus *L* syn. vulva.
cupido afk. van cup-punctie in Douglas; *~-systeem*, punctie van het *cavum Douglasi onder laparoscopisch toezicht met behulp van een vacuüm-cupje, geplaatst in de achterste *fornix.
cupri- (smst.) koper; *~urese*, uitscheiding van koper door de nieren.
cupula *L* (anat.), ~ *ampullaris*, de zintuigharen op de *crista ampullaris, gevat in een gelei-achtige massa; ~ *cochleae*, de spits of koepel van het slakkenhuis; ~ *pleurae*, de pleurakoepel boven de longtoppen.
cupulogram curve verkregen door *cupulometrie*, d.i. een onderzoekmethode van het evenwichtsorgaan d.m.v. gedoseerde stopimpulsen op de draaistoel.
cupulolithiasis vorming van calciumconcrementjes tussen de zintuigharen der cupula ampullaris van het vestibulaire orgaan; oorzaak van duizelingen.
curabel geneeslijk.
curage *F* syn. curettage.
curare Indiaans pijlgif; sap uit de Strychnos toxifera; wordt gebruikt om spierverslapping teweeg te brengen; curare verlamt de bewegingszenuwen, zonder dat het gevoel en het bewustzijn verloren gaan.
curatie genezing.
curatief genezend.
cure *E* genezing.
curettage *F*, ook: *curage*, chirurgische bewerking d.m.v. een *curette; uitkrabben, schoonmaken of verwijderen van afwijkend weefsel, bijv. van de baarmoeder; zie ook abrasie, raclage.
curette *F* lepel- of lusvormig, scherp of stomp instrument om een curettage te verrichten; *~ment*, weefsel dat d.m.v. een *curettage wordt verkregen.
curie (Ci) verouderde eenheid van radioactiviteit (genoemd naar het echtpaar Curie); 1 curie = 3.7×10^{10} kerndesintegraties per sec.; zie ook becquerel.
curietherapie geneeswijze met radium of radio-isotopen; door Marie en Pierre Curie ontdekt en naar hen genoemd; syn. radiumtherapie.
Curling, Th.B. Engels arts (1811-1888); *~-ulcus*, acute maag- of duodenumzweer t.g.v. een ernstige huidverbranding (vorm van 'stress-*ulcus').
currens *L* zich voortbewegend; *larva ~*, syn. *larva migrans*, *larve die zich (vnl. via de huid) verplaatst door het lichaam van zijn gastheer en daarbij ziekteverschijnselen kan veroorzaken; zie Strongyloides stercoralis.

current *E* stroming; in- en uitstroom; zie fluxus (bet. 2).

Curschmann, H. Duits internist-neuroloog (1875-1950); *ziekte van ~-Steinert*, zie dystrofie: dystrophia myotonica.

curvatuur, curvatura *L* kromming; zie ook curve; ~ *major* en *minor*, grote en kleine bocht (onderrand en bovenrand) van de maag.

curve kromme lijn; in engere zin een grafische voorstelling die bijv. het verloop van de lichaamstemperatuur weergeeft of dat van het gewicht en dergelijke; ook: een cardiogram, een dromogram, enz.

CUSA afk. van cavitron ultrasonic surfield aspirator.

Cushing, H. Amerikaans neurochirurg (1869-1939); *syndroom van ~*, ziektebeeld gekenmerkt door o.a. vetzucht, vollemaansgezicht, bloeddrukverhoging, osteoporose, psycholabiliteit, moeheid, hyperglykemie, een en ander veroorzaakt door verhoogde productie van *cortisol, hetzij door neoplasie van de bijnierschors, hetzij secundair t.g.v. ectopische ACTH-productie (vooral door bronchuscarcinoom) of overproductie van ACTH door een basofiel adenoom van de hypofysevoorkwab (in engere zin genoemd de ziekte van Cushing), dan wel iatrogeen t.g.v. het toedienen van corticosteroïden; *~-ulcus*, *ulcus pepticum t.g.v. hersenlaesie (stimulering van de nervus vagus).

cuspidatus hoektand, meervoud: cuspidati, zie dentes.

cuspis *L* (anat.), meervoud *cuspides, cuspidati*, bijv.nw. *cuspidaal*; 1. punt, spits; angel; knobbel. 2. driehoekig blad van een hartklep; zie ook bicuspidalis.

cutaan, cutaneus m.b.t. de huid (cutis); *~ane reactie*, syn. cutireactie; *~ane T-cel lymfomen*, verzamelnaam voor non-Hodgkin lymfoom met lage maligniteit en typische ophopingen van lymfocyten in de huid.

cutane glomus-tumor kleine pijnlijke gezwelletjes in het nagelbed, bestaande uit glomus- en spierweefsel; syn. glomus cutaneum.

cutaneus zie cutaan.

cuticula *L* huidje, dunne huidschilfer; vklw. van cutis.

cutireactie 1. reactie ontstaan door het in de huid spuiten van een druppel tuberculine-oplossing in de diagnostiek van tuberculose (reactie van Mantoux).
2. methode om allergische ziekten op te sporen (intracutane inspuiting met allergeenextracten welke door hun antigene eigenschappen kwaddels doen ontstaan); syn. intradermoreactie; zie ook lapjesproef, Pirquet.

cutis *L* huid; ~ *anserina*, kippenvel; door koude, schrik en dergelijke trekken de aan de haarzakjes bevestigde spiertjes (mm. arrectores pilorum) zich samen en komen de haren rechtop te staan, waardoor de huid het aanzien krijgt van die van een geplukte kip; ~ *laxa*, sterk plooibare slappe huid t.g.v. zeer losse consistentie van de subcutis, syn. chalazodermie, dermatolysis; ~ *marmorata*, syn. *livedo reticularis; ~ *rhomboidea*, ruitvormige groeven in de nekhuid bij oudere buitenmensen; ~ *verticis gyrata*, geplooide huidverdikking gelijkend op het aspect van hersenwindingen (gyri); komt o.a. voor aan voorhoofd en handen en voeten bij acromegalie.

Cuvier, G. de Frans natuuronderzoeker (1769-1832); zie ductus cuvieri.

c.v. afk. van cum vitris, met (oog)glas.

CV afk. van 1. *conjugata vera. 2. corpus vitreum, glasachtig lichaam in het oog, glasvocht.

CVA afk. van 1. cerebrovasculair *accident. 2. cardiovasculair accident.

CVB afk. van 1. (farm.) cisplatine, vinblastine, bleomycine, een cytostatica-combinatie. 2. chorionvillusbiopsie; zie vlokkentest.

CVC afk. van centraal-veneuze catheterisatie, zie katheterisatie.

CVD afk. van 1. centrale veneuze druk. 2. cerebral visual disorder *E*.

CVH afk. van common variable hypoglobulinaemia *E*.

CVID afk. van common variable immunodeficiency *E*, een verzamelnaam voor een groep immunodeficiënties die in een aantal gevallen genetisch bepaald lijken, maar bij de geboorte nog niet aanwezig zijn; de ziekte kan zich op iedere leeftijd openbaren; de belangrijkste afwijking is hypogammaglobulinemie, een tekort aan IgG en meestal ook IgA en IgM; meestal is hierbij sprake van een stoornis in de ontwikkeling van B-cellen tot plasmacellen.

CVOD afk. van chronic venous obstructive disease *E*.

CVP afk. van cyclofosfamide, vincristine, prednison; combinatie van cytostatica.

CVS afk. van 1. chorionic villus sampling *E*; zie vlokkentest. 2. chronisch vermoeidheidssyndroom, syn. CMS (bet. 1); zie myalgische *encefalomyelitis.

CVST afk. van cerebrale veneuze sinustrombose.

CVVAZ afk. van commissie verantwoordelijkheid verpleegkundigen in algemene ziekenhuizen.

CvZ afk. van college voor ziekenhuisvoorzieningen.

CVZ afk. van cardio-vasculaire ziekten.

CW afk. van continuous wave *E* (Doppler).

cyanocobolamine zie vitamine B_{12}.

cyanopathie of *morbus caeruleus* is een bij kinderen, geboren met een hartgebrek, voorkomende vorm van cyanose; zij zien blauw vnl. aan het gelaat (lippen, oren) en aan de ledematen; zie ook blue baby.

cyanopsie het zien in blauwe kleur door stoornis in de retina.

cyanose, cyanosis *G* blauwzucht, blauwe verkleuring van huid en slijmvliezen (*centrale ~*) door te groot gehalte gereduceerd hemoglobine in het bloed t.g.v. onvoldoende oxygenatie bij ernstige hart- en longziekten of van de acra, de uitstekende delen van het lichaam (*perifere ~*), door vertraagde veneuze afvoer, shock of koude.

cyanotisch blauwzuchtig, zie cyanose.

cybernetica *L* lett. stuurmanskunst; (fysiol.) het harmonisch verloop van de keten der processen tussen waarneming en reactie; zie ook terugkoppeling.

cyberninen paracriene stoffen; syn. paramonen; zie ook paracrinie.

cybernosis regulatiestoornis in het organisme; zie ook cybernetica.

cyclisch zich in een kring bewegend, periodiek terugkerend; *~e albuminurie*, zie Pavy; *~e psychose*, psychose die in twee, elkaar steeds opvolgende fasen verloopt; zie ook cyclothymie.

cyclitis *G* ontsteking van het corpus ciliare; gaat in de regel gepaard met iritis en heet dan iridocyclitis, of met andere ontstekingen van het oog, zoals choroiditis of scleritis.

cyclodialyse operatie bij glaucoom, waarbij een verbinding wordt gemaakt tussen voorste oogkamer en suprachoroïdale ruimte.

cycloforie *heteroforie door stoornis in het evenwicht van de scheve oogspieren.

cycloïde psychose zie psychose.

cycloop, cyclopus *G* misgeboorte met cyclopie.

cyclopie *G* misgeboorte met slechts één oog midden in het gelaat en daarboven een snuitachtig uitsteeksel in plaats van een neus; zie cycloop.

cycloplegie *G* verlamming van de accommodatiespier.
cyclopropaan trimethyleen, narcoticum.
cyclopus zie cycloop.
cyclothymie *G* langdurige stemmingsstoornis die wordt gekenmerkt door sterke stemmingswisselingen met perioden van vrolijkheid en levendigheid en perioden van verdriet en zwaartillendheid (zonder dat er sprake is van een depressie i.e.z.).
cyclotropie afwijking in de stand van een oog ten opzichte van de vóór-achterwaartse as bij het fixeren van een voorwerp.
cyclus kring, kringloop; zie ook cyclisch; *menstruele* ~, het periodiek terugkerende tijdperk van de menstruatie.
cyesis *G* zwangerschap, syn. *graviditeit.
cylinder zie cilinder.
cylindroma zie cilindroom.
cylindrurie zie cilindrurie.
cymographion *G* zie kymograaf.
cynanche *G* verstikkende keelontsteking.
cynobex hebetica *G* blafhoest, bij nerveuze jonge kinderen.
cynorexie zie kynorexie.
cyrtometer syn. *stethometer.
cystadenoom adenoom met vorming van cysten; ~ *papilliferum*, cystadenoom met papillaire woekeringen in de cysten.
cystalgie pijn in de urineblaas, syn. cystodynie.
cystathionemie een enzymdefect dat leidt tot een stoornis in het katabolisme van het essentiële aminozuur methionine, waardoor een overmaat aan cystathionine in het bloed ontstaat (alsmede *cystathionurie*; gepaard met oligofrenie.
cyste, cystis *G* bijv.nw. *cystisch*; blaas of holte met vloeibare, stroperige of taaie inhoud; *aneurysmatische bot*~, sacciforme holte in bot, gevuld met bloedvaten; ~*apoplectica*, *extravasatiecyste na bloeduitstorting in de hersenen; *atheroom*~, zie atheroom; *branchiogene*~, aangeboren cyste in het halsgebied, soms fistelend; rest van een embryonale kieuwspleet; *bronwater*~, zie keratocyste; *dentogene*~, pathologische holten in onder- en/of bovenkaak, bekleed met epitheel als dat waaruit gebitselementen zijn gevormd en die gevuld zijn met vocht of een brij; *dermoïd*~, zie dermoïd; **entamoeba*-~, (in engere zin) het stadium van de verwekker van amoeben-*dysenterie, dat het weefsel binnendringt; *eruptie*~, met bloed gevulde cyste aan de *occlusale zijde van een doorbrekend (melk)gebitselement; *exsudatie*~, bestaande holte waarin zich vocht ophoopt; *extravasatie*~, cyste ontstaan door bloeduitstoring, waarin na resorptie van het bloed een heldere vloeistof achterblijft; ~*fellea*, galblaas, syn. vesica fellea; *kerato*~, aangeboren cyste in het mediastinum, gevuld met heldere vloeistof (bronwatercyste); *multiloculaire*~, cyste met meer dan één holte; *ovariaal*~, eierstokcyste; *retentie*~, zie retentie; ~*sebacea*, talgcyste, atheroomcyste, talpa; *uniloculaire*~, enkelvoudige cyste, met slecht één holte.
cystectasie verwijding of uitzetting van de gal- of urineblaas.
cysteïne een zwavelbevattend aminozuur.
cystectomie verwijdering van de gal- of urineblaas.
cystencephalus *G* de zwaarste vorm van hydrocefalie.
cystennier zie ren cysticus.
cysterna foutief voor cisterna.

cysteus verwijd in de vorm van een cyste.
cystic fibrosis *E*, zie *cystische fibrose.
cystica *G* blaasworm; syn. cysticercus.
cysticercose, cysticercosis ziekte veroorzaakt door Cysticercus.
Cysticercus *G* syn. hydatide, blaasworm, blaasvin, overgangsvorm (cystevormig ontwikkelingsstadium) van lintwormei tot de volwassen lintworm; de blaasworm ontwikkelt zich in het lichaam van de 'gastheer' en kan in organen doordringen en ziekten teweegbrengen (cysticercose); ~ *bovis*, runderblaasworm, ontwikkelt zich tot Taenia saginata; ~ *cellulosa*, varkensblaasworm, ontwikkelt zich tot Taenia solium; ~ *pisiformis*, konijnen- of hazenblaasworm, ontwikkelt zich tot Taenia serrata; ~ *tenuicollis*, hondenblaasworm, ontwikkelt zich tot Taenia marginata.
cysticus *L* blaasvormig; tot de blaas behorend.
cystine een zwavelbevattend aminozuur, ontstaan door koppeling van twee moleculen *cysteïne.
cystinose cystine-*stapelingsziekte, recessief-erfelijke stoornis in de cystinestofwisseling met ophoping van cystinekristallen in vele organen zonder cystinurie, rachitische botveranderingen met dwerggroei, nierdegeneratie met vorming van cystine-concrementen; syn. ziekte van Lignac.
cystinurie vóórkomen van een te hoog gehalte aan cystine in de urine, soms door een aangeboren stofwisselingsziekte, meestal in de vorm van een 'overflow'-*aminoacidurie.
cystische fibrose afk. CF, syn. cystic fibrosis, taaislijmziekte, congenitale pancreasfibrose, mucoviscidose; het is een erfelijke aandoening (recessief-autosomaal) voorkomend bij ongeveer 1 op 2500 pasgeborenen; ongeveer 4% van alle mensen is drager van de CF-gen, dat voorkomt op de lange arm van chromosoom 7; bij kinderen openbaart CF zich door bindweefselwoekering (fibrose) en cystenvorming in vele systemen met name in het pancreas; het secreet van exocriene klieren (pancreas, bronchiale, darm-, zweet en speekselklieren) bevat slijm (mucus) dat zeer taai (viskeus) is; dit gaat gepaard met verteringsstoornissen (maldigestie) en recidiverende luchtweginfecties, atelectasen en bronchiëctasieën t.g.v. stase van taai slijm; bij pasgeborenen is een meconiumileus een gevreesde complicatie; volwassen mannen zijn infertiel door obstructie van de afvoerwegen van de testes; de prognose van deze fatale ziekte is de laatste tijd sterk verbeterd, meer dan de helft van de CF-patiënten wordt thans ouder dan 30 jaar.
cystisch syn. *cysteus.
cystitis *G* blaasontsteking, blaascatarre, ontsteking van het blaasslijmvlies; ~ *colli*, ontsteking van de blaashals; ~ *interstitialis*, (chronische) ontsteking van de blaaswand.
cystocarcinoom *G* klierkanker waarbij holten voorkomen.
cystocele *G* blaasbreuk, uitzakken of uitpuilen van de urineblaas, syn. vesicocele; *crurale* ~, blaasbreuk door een breukpoort in de dij; *inguinale* ~, blaasbreuk door een breukpoort in de liesstreek; *vaginale* ~, blaasbreuk door uitzakking van de voorste vaginawand.
cystochromoscopie zie chromocystoscopie.
cystodynie syn. *cystalgie.
cystografie röntgenonderzoek van de blaas met behulp van contrastvloeistof; de opname heet *cystogram*.

cystolithiasis *G* blaassteenziekte; het vóórkomen van stenen in de urineblaas.
cystoom, cystoma hol gezwel, voornamelijk van de eierstok.
cystometrie onderzoek van blaasfunctie en -capaciteit.
cystopexie (chir.) fixatie van de blaas aan de buikwand (bij cystocele).
cystoptosis gedeeltelijke verzakking van de blaaswand in de urethra.
cystorragie blaasbloeding.
cystorroe, cystorrhoea *G* blaascatarre; syn. cystitis.
cystoscoop instrument, voorzien van een lichtbron, om de urineblaas van binnen te bezichtigen.
cystoscopie onderzoek met een cystoscoop.
cystospasmus *G* blaaskramp.
cystotomie *G* urineblaasoperatie, bijv. ter verwijdering van blaasstenen; syn. lithotomie.
cytaferese het verwijderen of verzamelen van verschillende celfracties met een celseparator, en het plasma terugvoeren naar de patiënt.
cytase *G* syn. *complement.
cyto- *G* (smst.) de cellen betreffend.
cytochromen ijzerbevattende enzymen, gelokaliseerd in mitochondriën en endoplasmatisch reticulum, betrokken bij de productie van cellulaire energie (in de vorm van ATP), resp. eiwitsynthese; bij sommige metabole processen werken cytochromen detoxificerend.
cyto- *~cide*, het vermogen bezittend cellen te vernietigen; *~clasie*, *~clasis*, kapotgaan van cellen, in engere zin van bloedcellen; celdestructie; *~concentraat*, concentraat van bloedcellen t.b.v. het opsporen van bepaalde celtypen; *~diagnose*, het onderzoeken van cellen in lichaamsvochten om de aard van ziekten vast te stellen; *~fiel*, met aantrekkingskracht tot cellen; *~fotometrie*, meettechniek voor de bepaling van de hoeveelheid DNA en RNA in de volgens een bepaalde methode (Feulgen) gekleurde cel; *~genetica*, het onderdeel van de erfelijkheidsleer m.b.t. structuur (speciaal van de chromosomen) en functie van de cel; *~hemometer*, instrument om bloedcellen te tellen.
cytokinen polypeptiden, welke biologische signalen van cel tot cel kunnen doorgeven, en met andere stoffen een complex vormen t.b.v. biologische afweerreacties; ze worden vooral geproduceerd door monocyten, macrofagen en lymfocyten.
cyto- *~logie*, celleer; *~lysis*, *~lyse*, het oplossen van cellen, bijv. *hemolyse; *~lysinen*, lysinen (antistoffen) die cellen kunnen oplossen, bijv. hemolysinen.
cytomegalie-infectie 1. congenitale infectie bij pasgeborenen t.g.v. intra-uteriene infectie met cytomegalovirus, welke meestal symptoomloos verloopt, doch soms wordt gekenmerkt door lever- en miltvergroting, hemolytische anemie, icterus, trombocytopenie, choroidoretinitis, encefalopathie met mentale retardatie en blind- en doofheid, motorische stoornissen; in de urine zijn veelal reuzencellen (zgn. vogelogen) te vinden; syn. celinsluitselziekte. 2. na de leeftijd van één jaar heeft een cytomegalie-infectie het beeld van een acute ziekte met koorts, spier- en gewrichtspijnen, keelpijn, erytheem, enantheem, spleno- en hepatomegalie, leukocytose met basofiele-monocytose; soms treden op: pneumonie, chorioretinitis, hepatitis, myocarditis of poly(radiculo)neuropathie.
cytomegalovirus (afk. CMV) één der herpesvirussen, gekenmerkt door het gezwollen aspect dat het bij de geïnfecteerde cellen veroorzaakt; veroorzaakt behalve virus-specifieke immuniteit bij de gastheer, een afneming van de

algemene cellulaire immuniteit met vermindering van de *helper cells (T4) en toeneming van de *suppressorcellen (T8) = verlaagde T4/T8 ratio; het cytomegalovirus wordt verbreid doordat het met bijv. urine en speeksel wordt uitgescheiden en ook kan worden overgebracht bij seksueel contact (sperma; cervixslijm) en met bloedtransfusie, orgaantransplantatie via virusdragende donoren; besmetting van de foetus door de virusdragende moeder kan leiden tot intra-uteriene sterfte of foetale misvormingen; voorts speelt het cytomegalovirus een rol bij een deel van de ziekteverschijnselen van *AIDS, vooral in het ontstaan van Kaposi-sarcoom; de immunoreactie tegen CMV is grotendeels van cellulaire aard.

cyto- *~metrie*, het tellen van bloedcellen (*flow-~metrie*, automatische differentiatie van leukocyten d.m.v. een bepaalde techniek van lichtverstrooiing); *~pathogeen*, syn. cytotoxisch; *~penie*, zie pancytopenie; *~plasma*, syn. protoplasma; *~skelet*, systeem van eiwitfilamenten in een eukaryote cel dat vorm geeft aan die cel en celbewegingen kan bewerkstelligen d.m.v. contracties, resp. verslappingen van de eiwitfilamenten; *~sol*, (foutief) syn. cytoplasma; bijv.nw. *cytosolisch*; *~spin E*, zie cel; *~stasis*, *~stase*, 1. belemmering van de celdeling en daardoor remming van celgroei; bijv.nw. *~statisch*. 2. afsluiting van bloedcapillairen door leukocyten in het eerste stadium van ontsteking.

cytostaticum (meervoud cytostatica) een geneesmiddel dat celgroei en celdeling remt; wordt toegepast bij de behandeling van een *neoplasma of ter verkrijging van *immunosuppressie; zie ook chemotherapeuticum.

cyto- *~taxis*, 1. de invloed welke cellen in een bepaalde richting dirigeert. 2. de eigenschap van een cel zich in een bepaalde richting te kunnen bewegen; *~toxie*, eigenschap van lymfocyten cellen te kunnen doden; *~toxinen*, stoffen met een specifieke toxiciteit voor bepaalde cellen, bijv. influenzavirus voor het epitheel van de luchtwegen waardoor dit necrotisch wordt, 'hepatotoxinen' voor levercellen, 'neurotoxinen' voor zenuwcellen, enz.; bijv.nw. *~toxisch*, *~toxische allergie*, vorm van anafylactische allergie waarbij celmembraanbeschadiging plaatsvindt (bijv. hemolyse, trombocytolyse); *~tropie*, met affiniteit tot cellen.

CYVADIC afk. van cyclofosfamide, vincristine, Adriblastina (doxorubicine) en dicarbazine, een cytostatica-combinatie.

C-ziekte zie aangiftesysteem.

CZS afk. van centraal zenuwstelsel.

D

d afk. van deci = 1/10.

d. afk. van 1. (rec.) da; detur; dentur. 2. (rec.) divide. 3. dexter. 4. ductus.

D afk. van 1. dioptrie. 2. afstand (distance *E*). 3. dilutie, decimale verdunning. 4. dalton.

da *L* geef, afk. (rec.) d.

DA afk. van 1. dopamine. 2. doktersassistent(e). 3. drugs anonymous, anonieme drugsgebruiker.

DAB afk. van 1. ductus arteriosus Botalli. 2. diaminobenzidine.

DAC afk. van dagactiviteitencentrum.

Da Costa, J. Mendes Amerikaans internist (1833-1900); *syndroom van ~*, syn. neurocirculatoire *asthenie.

dacryocystitis *G* ontsteking van de traanzak; komt acuut voor bij verkoudheid; chronische vorm van dacryocystitis gaat gepaard met ophoping van etter of slijm in de traanzak en tranenvloed.

dacryocyt peervormige erytrocyt met uitloper aan één zijde; komt voor bij thalassemie, myelofibrose en myeloïde metaplasie; syn. traandruppelcel.

dacryoma 1. syn. dacryops. 2. verstopping van een traanpunt, zodat het traanvocht over het onderste ooglid en wang loopt.

dacryops *G* cysteuze verwijding van een afvoergang van de traanklier.

dacryorroe *G*, **dacryorhisis** *G* tranenvloed, traanoog; wordt veroorzaakt door verstopping van een traanpunt of van een traanbuis en bij een afhangen (ptose) van een onder-ooglid; syn. epiphora, stillicidium lacrimarum.

dacryostenose vernauwing van het traankanaal (canaliculus lacrimalis ofwel ductus nasolacrimalis).

dactylitis *G* ontsteking van een vinger.

dactylo- *gryposis*, verkromming van vingers of tenen; *~logie*, het spreken met behulp van de vingers, vingerspraak; syn. cheirologie; *~lysis spontanea*, syn. *ainhum*; *~scopie*, onderzoek van vingerafdrukken (*dactylogram*), ter herkenning of identificatie van personen.

dadelziekte zie dengue.

DAF-gen gen dat codeert voor het eiwit DAF, afk. van decay accelerating factor; dit eiwit is betrokken bij de afweer; bij transplantatie van een hart van een DAF-varken (een *transgeen varken met het DAF-gen) is de kans op afstoting door de patiënt duidelijk verminderd.

dagblindheid zie nyctalopie.

dagschommeling vooral bij depressies optredende eigenschap waarbij de patiënt 's morgens uitgesproken somber en inactief is en in de loop van de dag actiever en levendiger wordt.

dagziekenhuis ziekenhuis waar de (vnl. geriatrische en psychiatrische) patiënten uitsluitend overdag aanwezig zijn - niet gedurende de weekeinden - hoofdzakelijk voor het ondergaan van ergo- en fysiotherapie.

dakpansgewijs imbricatus.

dal fil *Ar* syn. elefantiasis.
dalkoorts zie valleikoorts.
Dalrymple, J. Engels oogarts (1804-1852); *teken van* ~, *exoftalmie met wijde oogspleet, zie Graves.
dalton eenheid van moleculairgewicht, symbool D of Da.
daltonisme kleurenblindheid, vnl. voor de kleuren rood en groen; door de Engelse natuurkundige J. Dalton (1766-1844) bij zichzelf ontdekt.
dander *E* zie dandruff.
dandruff *E*, ook: *dander E*, 1. huidschilfers van het behaarde hoofd, hoofdroos; zie tinea furfuracea. 2. schilfers van dierlijk haar of van vogelveren, waarvoor *atopische mensen allergisch kunnen zijn.
Dandy, W. Amerikaans chirurg (1886-1946), zie Foerster.
Dandy-Walker syndroom congenitale hydrocefalie door afsluiting van de openingen in de vierde hersenventrikel waar de liquor niet kan afvloeien.
dandykoorts zie dengue.
Dane, D. Engels viroloog; *~partikel*, *HBcAg omgeven door *HBsAg.
Danlos, H. Frans dermatoloog (1844-1912), zie Ehlers.
danse hilaire *F* pulsaties van de longhilus bij sommige hartaandoeningen en bij open *ductus Botalli.
DAPAG afk. van dangerous pathogens advisory group *E*.
Darier, F. Frans dermatoloog (1856-1938); *ziekte van* ~, syn. dyskeratose.
darm intestinum; *~ader*, v. mesenterica; *~afsluiting*, zie ileus; *~been*, os ilium; *~beenader*, v. iliaca; *~beenslagader*, a. iliaca; *~beenspier*, m. iliacus; *~bloeding*, enterorragie; *~brand*, (jrg.) enteritis necroticans; ~*catarre*, zie enteritis, colitis; *~fistel*, zie fistel; *~hormoon*, zie enterohormonen; *~kanaal*, zie intestinum; *~kronkel*, zie volvulus; *~lymfe*, chylus; *~parasiet*, zie enterozoön; *~pek*, zie meconium; *~scheil*, mesenterium; *~slagader*, a. mesenterica; *~spruw*, coeliakie; *~steen*, *coproliet; *~vlokken*, zie villi.
dartos zie tunica.
dartre *F* huiduitslag.
darwinisme afstammingsleer, door Darwin (1809-1882) ontworpen theorie van het ontstaan der soorten; volgens deze leer voeren de ontelbare zich vormende organismen een strijd om de bestaansmogelijkheden (struggle for life), waarin de ongeschikten ten onder gaan en de overwinnaars een nieuwe soort vormen ('survival of the fittest'); syn. descendentieleer.
dasverband verband aangelegd met een tot dasvorm gevouwen doek.
DAT (psych.) afk. van 1. differentiële aanlegtest. 2. dementie Alzheimer-type.
data *E* gegevens; informatie; *~blok*, functionele groepering van klinisch relevante gegevens; ~ *dredging E*, manipulatie met gegevens.
dattnernaald zeer fijne driedelige naald voor lumbale punctie.
dauerkatheter *D* verblijfskatheter; zie katheter.
dauwworm vorm van atopisch eczeem (eczematoïd) bij zuigelingen en kleuters, syn. eczema infantum.
Davydov, S. Tsjechisch gynaecoloog; *operatie van* ~, constructie van een (kunstmatige) vagina (colpopoëse) door uitstulping van het peritoneum naar het perineum.
Day, R. Amerikaans arts (geb. 1905), zie Riley.
dB afk. van *decibel.

DBC afk. van diagnose-behandelingcombinatie, een zorgproduct dat het geheel van activiteiten omvat dat door ziekenhuis en medisch specialist wordt uitgevoerd om tegemoet te komen aan een specifieke zorgvraag waarmee de individuele patiënt de specialist consulteert.

DBH afk. van dopamine-bètahydrolase, een enzym dat de omzetting van dopamine in noradrenaline katalyseert.

DBP afk. van 1. vitamine-D bindend globuline (proteïne), waarschijnlijk met een (tijdelijke) opslagfunctie; zie bindingseiwitten. 2. diastolic blood pressure *E*. 3. distantia biparietalis, de grootste breedte van de schedel.

DC afk. van 1. decompensatio cordis. 2. direct current(-shock), gelijkstroom(shock). 3. diagnostisch centrum. 4. doctor of chiropractic, chiropractor.

d.c. (rec.) afk. van durante cenam, tijdens de maaltijden.

d.c.c. (rec.) afk. van detur cum confectione, verstrek mèt bijsluiter.

d.c.f. (rec.) afk. van detur cum formula, het worde gegeven mèt het recept.

DCI afk. van digital cardiac imaging *E*.

DCIS afk. van ductaal carcinoma in situ.

DCM afk. van dilaterende cardiomyopathie.

d.c.m. (rec.) afk. van detur cum monitione, verstrek met waarschuwing.

d.c.p. (rec.) afk. van detur cum prohibitione, verstrek mèt verbod.

dct (rec.) afk. van decoctum, decoct, afkooksel.

d.d. (rec.) afk. van de die, per dag.

DDAVP afk. van desamino-D-arginine-vasopressine, kortweg desmopressine, het synthetische analogon van vasopressine.

DDC (farm.) afk. van didesoxycitidine, syn. ddC, een virostaticum.

DDD afk. van daily defined dosis, dagelijks vastgestelde hoeveelheid.

DDG afk. van dreigend destructief gedrag.

DDHK afk. van Dr. Daniel den Hoed kliniek.

DDS afk. van 1. diaminodifenylsulfon, middel tegen lepra. 2. doctor of dental surgery *E*, tandarts.

DDT afk. van dichloordifenyltrichloorethaan, een insecticide.

de- *L* (smst.) van, on, weg, af, enz., bijv. decalcineren, ontkalken.

deafferentatie syn. desafferentatie het ophouden of sterk verminderen van zintuiglijke of sensibele prikkels, bijv. bij doofheid, blindheid en laesies van afferente systemen in het centrale zenuwstelsel.

deanimatie kunstmatige toestand van een langdurige toestand van hersendood (*decerebratie, bet. 2), waarbij het centrale zenuwstelsel geen werking meer vertoont (de patiënt wordt beademd) en slechts het hart nog contraheert ('agonia retardata').

debaseren (orthop.) verwijderen van het proximale capitulum van de gesubluxeerde eerste falanx (kootje) van een (meestal de 2de) teen.

debiel zie debiliteit.

debiet opbrengst, productie, vermogen; zie ook hartdebiet.

debiliteit, debilitas *L* zwakte; ~ *cordis*, hartzwakte; ~ *mentalis* of ~*mentis*, verouderde benaming voor lichte vorm van zwakzinnigheid (IQ 50-70); ~*spsychose*, zie psychose; ~ *sexualis*, verminderd seksueel vermogen; zie ook impotentie.

Debré, R. Frans kinderarts en bacterioloog (1882-1978); *syndroom van ~-de Toni-Fanconi*, kortweg Fanconi-syndroom, aangeboren stofwisselingsziekte met *amino-acidurie, dwerggroei, cerebrosclerose, glucosurie, polyurie, rachitische botafwijkingen, acidose, vaak hyperfosfatemie; syn. 'aminodiabetes'; berust misschien op secundaire nierfunctiestoornissen bij *cystinose doch kan ook uiting zijn van een primaire functiestoornis van de proximale niertubuli; *~-Fibiger-syndroom*, zoutverliessyndroom door een deficiëntie van een enzym (21-hydroxylase) dat een rol speelt bij de synthese van aldosteron; het syndroom is een erfelijke autosomaal recessieve stoornis.

débridement *F* losmaking. 1. chirurgische reiniging van wonden, wondtoilet. 2. verwijding van de baarmoederhals om de geboorte van het kind mogelijk te maken. 3. verwijding van een natuurlijke opening om een vreemd voorwerp te verwijderen.

débris *F* lett. puin, afval; in engere zin weefsel- en bloedresten na een verwonding.

debulking *E* in omvang of grootte afnemend, bijv. van een gezwel na therapie.

decalcificatie ontkalking; onttrekking van calcium aan (been)weefsel.

decalvans haar verwoestend; kaalheid veroorzakend.

decanteren (farm.) afschenken.

decanuleren verwijdering van een canule, bijv. een tracheacanule.

decapitatie, decapitatio *L* onthoofding; (verlosk.) bij dwarsligging van het kind, om het hoofd en de romp afzonderlijk te doen geboren worden en wanneer om andere redenen op geen andere wijze de geboorte mogelijk is.

decapsulatio *L*, ontkapseling; ~ *renum*, nieroperatie waarbij de nier geheel of gedeeltelijk van haar omkapseling wordt ontdaan, o.a. om spanning op te heffen en een betere bloedtoevoer te bevorderen.

deceleratie plotselinge aanzienlijke vertraging van een beweging; *~trauma*, stomp letsel van inwendige organen t.g.v. deceleratie (bijv. een auto-ongeluk); bijv.nw. *deceleratief*.

deceptie, deceptio emotioneel verwerkte teleurstelling na een te hoog gestemde verwachting; ~ *visus*, gezichtsbedrog.

decerebratie, decerebrering 1. verwijdering van de hersenen. 2. ophouden van de hersenwerking. 3. doorsnijding van de hersenstam tussen de colliculi caudales en colliculi craniales lamina tecti, leidend tot o.a. *decerebratiestijfheid, toestand waarbij de activiteit van de grote hersenen uitvalt en slechts die van de hersenstam nog bestaat.

decerebratiestijfheid een bij decerebratie voorkomende (tonische) strektoestand van het lichaam.

decerebratiesyndroom syn. van *persistent vegetative state.

decibel geluidseenheid, het tiende gedeelte van een *bel; afk. dB; één dB is ongeveer de maat voor de kleinste verandering in geluidssterkte die het menselijk oor kan waarnemen.

decidua *L* fysiologische groei van het baarmoederslijmvlies onder invloed van de zwangerschapshormonen; ~ *vera*, het gedeelte van de decidua dat de baarmoederwand bekleedt; ~ *reflexa* (syn. ~ *capsularis*), het gedeelte van de decidua dat de vrucht omhult; ~ *serotina* (syn. ~ *basalis*), het gedeelte van de decidua vera, dat later deel uitmaakt van de moederkoek (placenta).

deciduoma *G* gezwel van de decidua, na de bevalling optredend; ~ *malignum*, syn. choriocarcinoom.

decoct, decoctum *L* afkooksel, afk. (rec.) dct.

décollement *F* losraken of losmaken van twee weefseloppervlakken.

decompensatie stoornis in de compensatie.

decompensatio cordis syn. hartfalen, toestand waarbij het hart tekortschiet in de van hem geëiste arbeid (hartzwakte); de verschijnselen zijn afhankelijk van de oorzaak, doch altijd is de kracht van de hartspier relatief (de verlangde prestatie is te groot) of absoluut (ziekten van de hartspier) te gering; de bestaande vergroting van de hoeveelheid circulerend vocht in het lichaam vormt een belangrijk aangrijpingspunt bij de therapie (ontwatering, ontzouting); men onderscheidt backward failure van de linker *(linksdecompensatie)* en van de rechter harthelft *(rechtsdecompensatie)*; de eerste treedt speciaal op bij hypertensie, aorta- en mitralisklepgebreken (zgn. *linksbelasting*) en veroorzaakt stuwing in de longcirculatie (met kortademigheid, cyanose, soms asthma cardiale en longoedeem) welke uiteraard verhoogde eisen stelt aan de rechter kamer *(rechtsbelasting)* die hypertrofisch wordt en evt. tekortschiet; dit leidt tot rechtsdecompensatie met als gevolg stuwing in de grote circulatie (oedeem aan voeten, enkels, enz., leverstuwing, ascites, hydrothorax); overigens treedt rechtsdecompensatie ook op bij klepgebreken van de rechter harthelft en bij *cor pulmonale; zie ook orthopneu, septumdefect, Starling.

decompositie 1. de ernstige achteruitgang van de algemene toestand waartoe een voedingsstoornis bij een zuigeling kan leiden. 2. de ontleding van een lijk.

decompressie opheffing van samendrukking of drukverhoging, zie caissonziekte, compressie; *~-operatie*, schedeloperatie om verhoogde hersendruk op te heffen bij compressio cerebri.

deconditionering het afleren van een aangeleerde reactie op een prikkel.

decongestivum middel dat *congestie vermindert, slijmvliesslinker.

decontaminatie ontsmetting; *selectieve ~*, bestrijding van kolonisatie van pathogene micro-organismen met sparing van de anaerobe bacteriën die het bedreigde orgaan of organisme beschermen.

decorticatie 1. verwijdering van de schors, ontkapseling, bijv. van gezwellen, van het nierkapsel, enz. 2. syn. decerebratie (bet. 2).

decorum *L* uiterlijke waardigheid, fatsoen; *~verlies*, verlies van gevoel voor fatsoen, waarbij de betrokkene ongepaste grappen kan maken, de gulp open laat staan en dergelijke.

decrementum *L* afneming der verschijnselen, bijv. van koorts, pijn, enz. bij een ziekte; tgst. incrementum; *stadium decrementi*, het stadium bij acute ziekte waarin de verschijnselen afnemen.

decrepiditeit ouderdomszwakte.

decrepitus *L*, **décrépit** *F* afgeleefd, gebrekkig, vervallen.

decruitment tgst. van *recruitment.

decubitus *L* lett.: het neerliggen (per decubitum); in engere zin doorliggen, bedzweer; degeneratie van weefsels t.g.v. een slechte plaatselijke doorbloeding veroorzaakt door druk- en/of schuifkrachten, optredend bij lang te bed liggen, op plaatsen, zoals stuit, heupen, hielen, schouderbladen, soms ook aan de oren of andere lichaamsdelen; de aangedane plaats wordt eerst donkerrood, later blauw en zwart, daarna vertoont zich een korst die afvalt en een moeilijk te genezen zweer overlaat; decubitus wordt bevorderd door uitterende en koortsige ziekten, ouderdom en verlammingen, en kan ook worden veroorzaakt door het aanleggen van sterk drukkende verbanden (necrose ontstaan door druk).

decursus *L* beloop, verloop, afloop.

decussatio *L* (anat.) kruising, in engere zin van zenuwbanen; zie chiasma.

de die (rec.) per dag, afk. d.d.
deductie gedachtegang die leidt van het algemene tot het bijzondere, bijv.nw. *deductief*.
deel- *~cel*, merocyt; *~symptoom*, kenmerkend ziekteverschijnsel in lichte graad.
deelspecialisme medisch specialisme dat een onderdeel vormt van een 'groot' specialisme, bijv. de urologie is een deelspecialisme van de chirurgie, cardiologie is een deelspecialisme van de interne geneeskunde; ook: sub- of superspecialisme.
defaecatio *L* zie defecatie.
defatigatio *L* afmatting, uitputting; zie ook fatigatio.
defecatie, defaecatio *L* stoelgang, het afgeven van de ontlasting; de onverteerbare, onbruikbare en onbenutte overblijfselen van het voedsel die zich in het darmkanaal ophopen, worden via de anus naar buiten gedreven.
defecografie röntgencontrastdoorlichting van het rectum tijdens defecatie ter aantoning van de oorzaak van obstipatie of incontinentie.
defect gebrek, ontbreken, bijv. van een lichaamsdeel; *enzym-~*, zie enzymdefect; *genetisch ~*, een gebrek, veroorzaakt door mutatie van een gen; *psychisch ~*, geestelijk gebrek; *~schizofrenie*, zie schizofrenie; *~toestand*, (psych.) verzamelnaam voor ziektebeelden die ontstaan als gevolg van een organische hersenaandoening.
defectio animi *L* flauwte.
defeminatie, defeminatio het verlies van de heteroseksuele libido en de seksuele kenmerken bij de vrouw.
défense musculaire *F* spierbescherming, spierverzet; reflectoire contractietoestand van de buikspieren bij prikkeling van het buikvlies, vnl. bij ontsteking (peritonitis, appendicitis).
defensiemechanisme zie afweermechanisme.
deferens *L* afvoerend, tgst. afferens, syn. efferens.
deferentitis *L* ontsteking van de afvoerbuis (ductus deferens) van de zaadbal; syn. funiculitis, spermatitis.
defervescentie afnemen van de koorts.
defibrillator apparaat om fibrilleren van de hartspier op te heffen d.m.v. elektrische impulsen.
defibrinatie zie defibrineren; *~syndroom*, syn. verbruiks*coagulopathie, acuut ontstaan van een ernstige hemorragische diathese (bloedingsneiging) t.g.v. een pathologische activering van het stollingsmechanisme onder invloed van ernstige interne ziekten (bijv. sepsis, slangenbeet, hemolyse), waardoor trombine wordt gevormd, dat door het reeds verzadigde en/of zieke macrofagensysteem niet wordt geïnactiveerd, zodat fibrine ontstaat, dat in alle organen intravasale stollingen veroorzaakt; het fibrinogeen wordt hierdoor massaal verbruikt en *consumptie van de stollingsfactoren II, V en VIII en van trombocyten heeft plaats, zodat het bloed zijn stollend vermogen kwijt is en levensgevaarlijke bloedingen kunnen ontstaan.
defibrineren het bloed ontdoen van fibrinevezels; zie fibrine.
deficiëntie gebrek, tekort; *~-amblyopie*, zie kampogen; *enzym-~*, syn. enzymdefect, zie inborn errors of metabolism; *foliumzuur~*, zie foliumzuurdeficiëntie; *herstel-~*, gemis aan vermogen van een organisme om beschadigd DNA te herstellen; *immuno~*, zie immunodeficiëntie; *kalium~*, zie kalium; *lactase ~*, onvermogen

van de dunne darm om melksuiker te splitsen, hetgeen tot hardnekkige diarree leidt (o.a. bij coeliakie, M. Crohn, acute gastro-enteritis en 'idiopathisch' bij bejaarden); *selectieve IgA-~*, aangeboren afwijking, vaak zonder klachten; veroorzaakt soms recidiverende infecties vnl. van longen en darmen; **stamcellen-~* veroorzaakt ernstige gecombineerde immunodeficiëntie, die slechts door beenmergtransplantatie is te behandelen; *~syndroom*, syndroom ontstaan door een gebrek aan bepaalde stoffen (bijv. enzymen, hormonen) of door een vermindering van de immuniteit (zie immunodeficiëntie); *voorwaardelijke ~*, deficiëntie die mede berust op één of meer andere factoren, bijv. pernicieuze anemie (deficiëntie van vitamine B_{12} en ontbreken van intrinsic factor); *~ziekte*, gebreksziekte, aandoening die het gevolg is van een tekort in het lichaam aan één of meer voor het normale leven noodzakelijke stoffen, in engere zin door ondervoeding, gebrek aan vitaminen of hormonen.

deficit *L* tekort, ontbreken; *kalium~*, tekort aan kalium in het lichaam, vnl. gekenmerkt door apathie, verwardheid, reflexverlaging, tachycardie, extrasystolie, ECG-afwijkingen, darmparalyse, spierzwakte, hardnekkige hoofdpijn, soms coma, veroorzaakt o.a. door onvoldoende kaliumtoevoer, maligne gezwellen, acute myeloïde leukemie, voorts door *depletie, vnl. t.g.v. darmstoornissen en nierziekten, syndroom van *Fanconi, diuretica en leverziekten; *pols~*, het verschil tussen het aantal (aan de pols te voelen) contracties van de linker hartkamer en het aantal polsslagen wanneer de eerste niet alle in staat zijn een polsgolf te verwekken.

deflatie (in engere zin) verlies van een gedurende een geneeskundige behandeling bereikt voorlopig resultaat.

deflexie, deflectie, deflexio *L* 1. strekking; *~-ligging* (verlosk.) (van de vrucht in het moederlichaam) schedelligging met achterover gebogen hoofd, bijv. aangezichtsligging, voorhoofdsligging, enz. 2. (psych.an.) het onbewust afleiden van gedachten die in de bewuste aandachtssfeer liggen.

defloratie ontmaagding, verscheuring van het maagdenvlies (hymen).

defluvium capillorum *L* haaruitval.

deformatie syn. *deformiteit.

deformerend misvorming of vervorming veroorzakend.

deformiteit misvorming, ook: deformatie.

defrontalisatie psychochirurgische ingreep bij sommige ongeneeslijke psychische ziekten, bestaande uit afsnijding (lobectomie) of doorsnijding (lobotomie) van de frontale (= voorhoofds)kwab der grote hersenen; meestal treedt een karakterverandering op en soms verschijnselen van amnesie; syn. prefrontale leukotomie.

degeneratie, degeneratio *L* ontaarding, bijv. teruggang in de lichamelijke of geestelijke ontwikkeling van de nakomelingen, achteruitgang in de levensvatbaarheid van een individu; (pathologisch-anatomisch) ziekelijke veranderingen in de cellen of het weefsel, waardoor deze minderwaardig worden; als degeneratie optreedt in organen, worden deze eerst groter, later gaan ze schrompelen en worden dus kleiner. Men onderscheidt: **A.** eiwitachtige ontaardingen: 1. *troebele zwelling*, zwelling van het cytoplasma door vochtopneming (vooral bij acute infectieziekten). 2. *slijmige* en *colloïde ~*, waarbij het weefsel doorschijnend wordt; komt voor in de schildklier (zie struma), in de nieren (zie cyste), bij kanker (zie carcinoom); 3. *vacuolaire* of *hydropische ~*, vorming van abnormale met vocht gevulde (hydrops) vacuolen in de cellen, vooral in witte bloedcellen.

4. *hyaliene* en *fibrinoïde* ~, vorming van homogene glazige substantie vnl. in bindweefselcellen bij collageenziekten. 5. *amyloïde* ~, zie amyloïdose. **B.** vetachtige ontaardingen: 1. *vettige* ~, vetbolletjes in de cel o.a. bij fosfor- of arsenicumvergiftiging en bij longtuberculose; 2. *lipoïd-*~, ophoping van lipiden vnl. in niertubulusepitheel bij bepaalde nierziekten en bij atherosclerose. **C.** glycogeenontaardingen, zie glycogenose. **D.** pigment-ontaardingen, vooral in de huid, zonder celbeschadigingen (behalve bij hemochromatose); *cerebromaculaire* ~, syn. amaurotische *idiotie; *hepatolenticulaire* ~, zie ziekte van *Wilson (bet. 2).

degeneratiepsychose zie psychose.

degenereren ontaarden; zie degeneratie.

dégénéré supérieur *F* geestelijk ontaard mens met grote verstandelijke begaafdheid; vorm van *sociopathie.

deglutitie, deglutitio *L* het slikken.

Degos, R. Frans huidarts (geb. 1904); *ziekte van* ~, maligne atrofische *papulosis.

degranulatie 1. verlies van een granulatiestructuur (korrelstructuur). 2. het proces van het vrijkomen van mediatoren die in de korrels van mastocyten en gesensibiliseerde granulocyten zijn opgeslagen; dit proces gaat gepaard met verdwijning van de korrels en treedt op na contact van de betrokkene met zgn. *histamineliberators in brandnetels, kwallen, ongedierte, sommige voedingsstoffen e.a. òf via het 'gewone' immuunsysteem, waarbij door het complement anafylatoxinen worden gevormd.

degressief regelmatig of trapsgewijs afnemend.

dehalogenase enzymproces in de schildklier dat van de tyrosinen het jood afsplitst.

dehiscentie, dehiscentia *L* vaneenwijken, scheur, spleet; ook (chir.): het 'openspringen' van een pas gehechte operatiewond.

dehydratie, dehydratatie tekort aan vocht in de weefsels; ook: onttrekking van vocht aan de weefsels; syn. exsiccose, tgst. hyperhydratie.

DEJA afk. van deskundigheidsbevordering jeugdhulpverlening allochtonen.

déjà vu, déjà vécu *F* (psych.) overtuiging iets reeds eerder gezien of beleefd te hebben; vorm van paramnesie.

dejectie, dejecta *L* ontlasting, stoelgang; zie defecatie, feces.

Déjerine, J. Frans neuroloog (1849-1917), echtgenoot van de Franse neurologe Augusta *Klumpke; *syndroom van ~-Roussy*, zie thalamussyndroom; *ziekte van* ~, luetische arteriitis in het ruggenmerg.

dekbeet (tandheelk.) schaarbeet (zie psaliodontie) waarbij de beide tandenrijen tegen elkaar sluiten; de normale overbeet.

del *(E: dell; D: delle)* 1. inzinking in het centrum van een huid*efflorescentie; deuk. 2. centrale indeuking aan beide zijden van een erytrocyt.

delayed-type *E* ~ *allergie*, vorm van allergie die zich vnl. uit als contacteczeem (zie eczeem) na sensibilisatie voor allerlei micro-organismen, plantaardige stoffen, metalen, talloze cosmetica, geneesmiddelen, plastics, enz.; tgst. immediate type; ~ *reactie*, vertraagde (cellulaire *immuno)reactie, infiltratie van lymfoïde cellen ter plaatse van de lokalisatie van antigenen in de weefsels.

deletair schadelijk, gevaarlijk, dodelijk.

deletie 1. het afbreken en verloren gaan van een deel van een chromosoom bij de kerndeling, doordat dit deel het centromeer mist. 2. afwezigheid van de erfelijke informatie voor één of meer aminozuren.

delier, officiële spelling: *delirium.
deligatie, deligatura afbinden (bijv. van bloedvaten); ook: verband.
delirant ijlende lijder aan *delirium; wkw.: *delireren*.
delirium een acuut, in de loop van een etmaal in ernst variërende psychische stoornis t.g.v. een (ernstige) lichamelijke aandoening, intoxicatie of onthouding van middelen, gekenmerkt door o.a. verminderde aandacht, onsamenhangende spraak, een (meestal reversibele) bewustzijnsstoornis (bewustzijnsverlaging), angst, chaotisch denken (waanvoorstellingen), desoriëntatie en geheugenstoornissen; m.i.v. DSM-IV behoort het delirium niet meer tot het organisch psychosyndroom; ~ *acutum*, acute aanval van razernij, spoedig genezend of met de dood eindigend; syn. pernicieuze *psychose; ~ *alcoholicum*, syn. delirium tremens; ~ *epilepticum*, voorbijgaande verschijnselen van delirium bij epilepsie; ~ *ex inanitione*, delirium door uitputtende ziekte; ~ *febrile*, delirium bij koortstoestanden, ijlen, enz.; ~ *potatorium*, syn. delirium tremens; ~ *tremens*, delirium veroorzaakt door chronische alcoholvergiftiging, dronkemanswaan; verschijnselen zijn opgezet rood gelaat, hevige onrust, slapeloosheid, voortdurend beven, gezichtshallucinaties (zie micropsie, zoöpsie), paranoia..
delle *D* inzinking, bijv. bij *molluscum contagiosum syn. *del.
Delphi-techniek 'verantwoord fantaseren' als uitgangspunt van toekomstige ontwikkelingen en denkwijzen.
delta-agens, delta-virus 'het koekoeksei in het nest van het hepatitis B-virus', een incompleet RNA-virus ter grootte van ±35 nm (geïncorporeerd in een HBsAg-partikel), dat voor zijn vermeerdering afhankelijk is van het hepatitis-B-virus en bij wijze van superinfectie in staat acute *hepatitis B te veroorzaken; de zich ontwikkelende antistoffen zijn van het IgM-, later van het IgG-type; vaccinatie tegen hepatitis B beschermt ook tegen de delta-agens-infectie.
deltaspier *musculus deltoideus.
delusie waan, waandenkbeeld; bedrog, misleiding.
demarcatie afgrenzing van levend en dood weefsel; *~lijn*, de lijn die ziek en gezond weefsel van elkaar scheidt.
demasculinisatie het verlies van de heteroseksuele libido en de seksuele kenmerken van de man.
d'emblée zie emblée.
dementeren, dementering dement worden.
dementie, dementia *L* ontgeestelijking, geesteszwakte; 1. (alg.) syndroom, met als centraal kenmerk een deterioratie ('aftakeling') van cognitieve (ken-)functies bij intact bewustzijn; dit proces en de reacties daarop van het individu leiden in de loop der tijd tot o.a. verlies aan belangstelling, initiatiefverlies, aandachts-, inprentings- en geheugenstoornissen (korte- en lange-termijngeheugen), desoriëntatie in tijd, plaats en later ook in persoon, stoornissen m.n. in het abstracte denken, oordeels- en kritiekstoornissen, agnosie, apraxie, afasie; vervlakking van het gevoelsleven, afname van de motoriek, het scherper worden van vroegere persoonlijkheidskenmerken en decorumverlies; niet kenmerkende, eventuele andere symptomen zijn o.a. een depressieve of manische stemming, paranoia (ziekelijke achterdocht), wanen en hallucinaties; de diverse ziekten die tot dementie leiden verschillen in aard en intensiteit in de hierboven genoemde stoornissen; de termen *corticale ~* en *subcorticale ~* duiden meer op te onderscheiden klinische syndromen dan op de strikte lokalisatie van onderliggende

processen; bij de corticale vorm staan vooral stoornissen in het leervermogen en focale uitvalsverschijnselen zoals agnosie, afasie en apraxie op de voorgrond; bij de subcorticale vorm vergeetachtigheid voor recente en oude informatie, moeite met plannen en probleemoplossen, traagheid, inactiviteit, apathie, motorische stoornissen (tremor, loopstoornissen e.d.), verhoogde spiertonus en spraakstoornissen; tot de subcorticale vormen behoren o.a. M. Parkinson, M. Huntington, progressive supranuclear *palsy en de dementie bij AIDS; behalve de ziekte van Alzheimer en de eerder genoemde ziekten zijn de meest voorkomende oorzaken van dementie: multipele herseninfarcten (vasculaire dementie), encefalopathieën, M. Creutzfeldt-Jakob, geneesmiddelenintoxicatie, neurolues, metabole en endocriene ziekten, avitaminosen, hersengezwellen, M. Pick, alcoholisme, subduraal hematoom, hydrocefalie; *multi-infarct* ~, zie vasculaire dementie; ~ *paralytica*, syn. paralysis progressiva, een door *neurosyfilis, hoofdzakelijk psychiatrisch ziektebeeld t.g.v. encefalitis van de grijze stof en atrofie van de frontale hersenwindingen, gekenmerkt door o.m. schemertoestanden, agressie, vermoeidheid, depressies, karakterveranderingen, onverschilligheid, ontremmingen, onzinnige handelingen, decorumverlies, verschijnselen van *dementie, absurde grootheidswaan, euforie; neurologische verschijnselen zijn o.a. anisocorie, Argyll Robertson pupillen, *facies paralytica, spastisch-atactische gang, tremoren, hypodynamie, progressieve paresen, logoclonie, trofische stoornissen, toevallen; ~ *praecox*, 'vroegtijdige persoonlijkheidsafbraak', begrip dat heeft plaats gemaakt voor dat van schizofrenie; ~ *praesenilis*, zie Alzheimer; ~ *pugulistica*, zie bokserssyndroom; ~ *senilis*, zie Alzheimer; *vasculaire* ~, vlg. DSM-IV (stapsgewijs verergerende) dementie met focale neurologische verschijnselen of klachten veroorzaakt door een cerebrovasculaire aandoening (bijv. multipele infarcten in de hersenschors), syn. multi-infarct dementie. 2. (vlg. DSM-IV) er is sprake van multipele cognitieve stoornissen, zich uitend in: geheugenstoornissen (verminderd vermogen om nieuwe informatie op te nemen of zich eerder geleerde informatie te herinneren); tenminste een van de volgende cognitieve stoornissen: afasie, apraxie, agnosie of een stoornis in de uitvoerende functies (plannen maken, organiseren, logische conclusies trekken en het abstraheren); een, ten aanzien van de cognitieve stoornissen, significante verstoring van het functioneren in sociale relaties of op het werk in vergelijking tot het vroegere functieniveau en het niet uitsluitend optreden van de cognitieve stoornissen gedurende het verloop van een delirium.

dementiesyndroom zie dementie.

demineralisatie vermindering van de anorganische bestanddelen van het lichaam, bijv. ontkalking van het skelet.

Demodex geslacht van mijten; ~ *folliculorum*, mijt die vaak voorkomt in talgklieren, syn. Acarus folliculorum.

demodicidosis aandoening veroorzaakt door Demodex.

demografie de studie van de samenstelling van volksgemeenschappen.

demonomanie duivelswaanzin; syn. demonomelancholie, demonopathie; de inbeelding door de duivel bezeten te zijn; een meestal met verschijnselen van godsdienstwaan en melancholie gepaard gaande psychische stoornis, die door *psychische infectie soms epidemisch voorkomt.

demulcens *L* (farm.) emolliens; meervoud demulcentia.

demyelinisatie degeneratieve verdwijning van de myelineschede van zenuwvezels welke leidt tot een gestoorde prikkelgeleiding, zich uitend als verlammingen en sensibiliteitsafwijkingen; demyelinisatie is reversibel (remyelinisatie) als de axon onbeschadigd is gebleven; syn. myelinolyse.

denaturatie het verloren gaan van de (moleculaire) structuur.

denatureren ongeschikt maken voor consumptie, zoals o.a. bij spiritus.

dendriet boomvormig vertakt protoplasmauitsteeksel van de zenuwcel dat de prikkels geleidt in de richting naar het cellichaam toe.

dendritisch syn. *arborescens.

denervatie syn. *enervatie (bet. 1).

dengue *S* dandykoorts, dadelziekte, knokkelkoorts; een met influenza verwante ziekte die vnl. voorkomt in tropische streken; gaat gepaard met hoge koorts, hemorragieën, hepatitis, encefalitis;, retro-orbitale pijn, splenomegalie, blarenvormende huiduitslag, gewrichtspijn, enz.; de ziekte duurt 1-2 weken en laat soms een maandenlang gevoel van moeheid achter, de verwekker behoort tot de *arbovirussen en wordt overgebracht door een mug (Aedes aegypti); *secundaire ~*, ernstige vorm van dengue, waarschijnlijk bij reïnfectie door immuuncomplexvorming.

denkstoornissen verzamelnaam voor stoornissen in de vorm of verloop van de gedachtegang (geremd, ontremd, haperend, onsamenhangend, wijdlopig of verward) en/of in de gedachte-inhoud (waan, dwanggedachte, vergissing).

de novo opnieuw; nieuw.

dens *L* tand, gebitselement, meervoud *dentes; *~ epistrophei*, de tand van de tweede halswervel; *~ sustentatus* (tandheelk.), tand met kromme wortel.

densimeter dichtheidsmeter, instrument voor de bepaling van het soortelijk gewicht van vloeistoffen; syn. hydrometer.

densiteit, density *E* dichtheid; de hoeveelheid stof in een bepaalde ruimte; *relatieve ~*, syn. soortelijk gewicht.

densitometrie bepaling van de soortelijke massa (massa gedeeld door volume).

dentaal, dentalis *L* m.b.t. de tanden en kiezen.

dentafoon gehoorapparaat dat tussen de tanden kan worden gedragen en zo het geluid opvangt, dat door de schedelbeenderen verder wordt geleid.

dentageen uitgaand van één of meer gebitselementen.

dentagra *L* 1. tandpijn, kiespijn. 2. kiezentang.

dentes *L* tanden, gebitselementen (tanden, kiezen); de tanden bestaan uit een vrij gedeelte (de kroon) en een deel in de tandkas bevestigd (de wortel), waartussen de tandhals; aan zijn einde heeft de wortel een opening waar bloedvaten en de tandzenuw doorheen lopen; de tand is opgebouwd uit ivoor of dentine, gelijkend op beenweefsel; dit ivoor is bij de kroon bedekt met email, bij de wortel met cement; *~ angulares*, syn. *~ canini* of *~ cuspidati*, oog-, hoek- of hondstanden; *~ incisivi*, snijtanden; *~ lacteales*, syn. *~ decidui*, melktanden; *~ molares*, syn. *~ multicuspidati*, ware kiezen (met meer dan twee knobbels op de kroon), maaltanden; *~ permanentes*, tanden van het blijvend gebit; *~ premolares*, syn. *~ bicuspidati*, valse kiezen (met twee knobbels op de kroon), vóór-maaltanden; *~ sapientiae*, syn. *~ serotini*, verstandskiezen.

denticulum, dentikel zie odontinoïd.

dentifricum *L* tandpoeder.

dentine tandstof, tandbeen; syn. odontine; zie dentes, email.

dentist tandarts, tandheelkundige.

dentitie, dentitio *L* tanden krijgen. *1ste dentitie*, het dóorbreken van de melktanden; het melkgebit bestaat uit 20 elementen (per kaakhelft 2 snijtanden, 1 hoektand en 2 melkkiezen). *2de dentitie*, het dóorbreken van het blijvende gebit dat bestaat uit 32 elementen (per kaakhelft 2 snijtanden, 1 hoektand, 2 valse kiezen (premolaren) en 3 ware kiezen (molaren); ~ *difficilis*, moeilijk en pijnlijk dóorbreken van tanden en kiezen; ~ *secunda*, 2de dentitie, tandwisseling.

dentur *L* er worde gegeven, afk. (rec.) d.; ~ *tales doses*, men geve deze dosering (bijv.) per pil of poeder (gevolgd door vermelding van het gewenste aantal pillen of poeders), afk. d.t.d.

dentura *L* tandenrij, het gebit; zie ook dentes, dentitie.

denudatie lett. ontbloting; (chir.) verwijdering van een oppervlakkige weefsellaag; ook: blootlegging van een orgaan.

deontologie 1. genees- en verpleegkundige plichtenleer. 2. casuïstiek.

deoxy- zie desoxy-.

dep. (rec.) afk. van depuratus, gezuiverd.

dependentie, dependence *E* lett. afhankelijkheid; (psych.) afhankelijkheid van bijv. alcohol, drugs of geneesmiddelen; zie afhankelijkheid van een middel.

depersonalisatie het gevoel buiten het eigen lichaam of geest te staan, komt vaak voor bij sterke vermoeidheid (met name bij adolescenten) en psychische stoornissen.

depersonalisatiestoornis syn. depersonalisatieneurose (vlg. DSM-IV) dissociatieve stoornis, niet het gevolg van een andere psychische stoornis, het gebruik van een middel of lichamelijke aandoening, gekenmerkt door hardnekkige of terugkerende ervaringen van depersonalisatie (vaak ook derealisatie) waarbij de reality-testing ongestoord is.

depigmentatie verdwijning van het pigment, tgst. pigmentatie.

depilatie ontharing; ook: aangeboren kaalheid; zie ook epilatie.

depilatorium *L* ontharingsmiddel; meervoud depilatoria.

depletie, depletio *L* 1. ledigen, ontlasten van lichaamsvloeistof; ~ *sanguinis*, ontlasten van bloed, bloedonttrekking; ook: uitscheiding, onttrekking. 2. toestand van een tekort of die tot een tekort leidt, bijv. van mineralen, stollingsfactoren, enz. 3. *kalium~*, onttrekking van kalium aan het organisme, o.a. door (overmatig) gebruik van diuretica, laxantia, corticosteroïden en (fysiologisch) bij bejaarden; zie ook kalium*deficit.

depolarisatie vermindering van de elektrische potentiaal van de celmembraan van een zenuwcel; in engere zin (card.) ontlading na daling van de membraan*potentiaal, waarop de hartspiervezel reageert met een contractie; zie ook repolarisatie.

depositie (foutief) afzetting van een stof in een weefsel, bijv. *kristal~*, zie kristaldepositie; zie ook depot.

depot voorraad, ophoping van een stof op een bepaalde plaats in het lichaam; *~injectie*, intramusculaire inspuiting van een geneesmiddel in overmaat ter geleidelijke resorptie waardoor het middel langere tijd werkzaam is; *~ijzer*, niet-functioneel ijzer, vnl. gelokaliseerd in beenmerg en lever, normaliter ongeveer 800 mg; boven deze hoeveelheid spreekt men van ijzerstapeling; zie hemosiderose.

depper prop van gaas om bloed, wondvocht en dergelijke af te deppen; zie ook tampon.

depravatie *L* (psych.) lett. vervorming; geestelijk bederf, verlies van sociale en/of seksuele moraliteitsnormen; verdorvenheid, verslechtering; n.t.v.m. deprivatie.

depressie 1. verplaatsing naar beneden, indrukking, indeuking. 2. (vlg. DSM-IV), stemmingsstoornis, niet het gevolg van het gebruik van een middel of lichamelijke aandoening of een normaal rouwproces, gekenmerkt door: een voort- en langdurende depressieve stemming (of geprikkeldheid bij jongeren), sterk verlies aan interesse voor en het genoegen in bijna alle activiteiten, gewichts(eetlust)toe- of afname, niet kunnen of juist moeten slapen, gejaagd- of geremdheid, vermoeidheid en verlies van energie, gevoelens van waardeloosheid of schuld en een pessimistische kijk op de eigen gezondheid, situatie of toekomst, denk- en concentratiestoornissen en besluiteloosheid, wanhoopgevoelens en gedachten over suïcide; binnen DSM-IV maakt men onderscheid in eenmalig, recidiverend of chronisch zijn van de stoornis, in bipolaire (I en II)-stoornissen, het wel of niet aanwezig zijn van psychotische, catatone, melancholische (vitale), atypische kenmerken of met een begin post partum of een seizoenspatroon; de in DSM-IV opgenomen aanduiding 'met melancholische (vitale) kenmerken' komt overeen met het ('oudere') begrip vitale depressie; *anaclytische* ~, depressie bij baby's als reactie op een scheiding van de moeder in het eerste levensjaar, met als symptomen huilerigheid, terugtrekgedrag, contact afweren, voedselweigering, slaapstoornissen, grotere vatbaarheid voor infecties, huidafwijkingen, ontwikkelingsstilstand, nauwelijks reactie op prikkels, na twee à drie maanden totale uitputting; *climacteriële* ~, depressie tijdens het climacterium die in verloop in vele opzichten afwijkt van de andere depressies; naast kenmerken van het vitaal-depressieve syndroom vindt men steeds een hysteriforme bovenbouw; *endogene* ~, depressie waarbij aanlegfactoren een tot nu toe onbekende en ter discussie staande rol vervullen; *exogene* ~, depressie met duidelijke externe oorzaken, syn. reactieve depressie; *geagiteerde (vitale)* ~, depressie waarbij naast de uitgesproken depressieve symptomen ook onrust en bewegingsdrang, prikkelbaarheid en opstandigheid kunnen voorkomen, syn. verhulde depressie; *gemaskeerde* ~, depressie waarbij de typische depressieve symptomen ontbreken, maar waarbij naast tobberigheid vooral hypochondrische klachten optreden; ~ *in engere zin*, stemmingsstoornis met depressies zonder manische episoden; syn. unipolaire stoornis; tgst. bipolaire stoornis; *involutie*~, depressie in of na de overgangsjaren, vaak mede veroorzaakt door verslechterde sociale omstandigheden; *neurotische* ~, in onbruik geraakte aanduiding voor alle depressies waarbij het contact met de werkelijkheid niet verloren wordt; *postpartum* ~, depressie die binnen enkele weken na de bevalling (postpartum) kan ontstaan en wordt gekenmerkt door een sombere stemming, vaak wisselend van intensiteit, 's avonds het hevigst; voorts intense vermoeidheid, vaak gebrek aan eetlust, inslaap- en doorslaapstoornissen, hoofd- en rugpijn, verlies van libido, soms agressieve gevoelens t.a.v. het kind en schuldgevoelens omdat men zich geen goede moeder vindt; *postschizofrene* ~, depressie in aansluiting op een schizofreen-psychotische periode, waarbij de psychotische symptomen op de achtergrond geraken; *psychotische* ~, depressie waarbij het contact met de werkelijkheid verloren is; *reactieve* ~, syn. exogene depressie; *retardatie*-~, depressie waarbij als belangrijkste symptoom een vertraging in het bewegen en handelen optreedt; *seizoengebonden* ~, vooral in de herfst en winter, veelal bij vrouwen optredende vorm van depressie met slaapzucht, vergrote eetlust en gewichtstoename, waarschijnlijk als gevolg van de verschuiving van licht naar donker, syn. SAD, seasonal affective disorder; *unipolaire* ~, syn. depressie in engere zin; *vitale* ~, depressie gekenmerkt door interesseverlies, het uitblijven van positieve reacties (hoe kortdurend ook) op plezierige gebeurtenissen (anhedonie), het 's ochtends de meeste klachten hebbend, het (tenminste 2 uur) te vroeg ontwaken, een psychomotorische geremd- of geagiteerdheid, anorexie of gewichtsverlies, onterechte of overmatige schuldgevoelens en 'dagschommelingen'; in DSM-IV depressie met melancholische (vitale) kenmerken genoemd.

depressief terneergeslagen, gedrukt, somber, syn. gedeprimeerd; *~ve episode, periode*, de episode van een *bipolaire stoornis, waarin er sprake is van een *depressie (bet. 2).

depressiefractuur fractuur waarbij het botweefsel is ingedrukt.

deprivatie beroving; beroofd zijn van; gemis; n.t.v.m. depravatie; *~syndroom*, (psych.) angst, schuwheid en andere verschijnselen, zoals depersonalisatie, extase, hallucinaties, desoriëntatie, bewustzijnsdaling e.a., die het gevolg zijn van een permanent tekort aan *affectie (bet. 2) of van sensorische en sensibele indrukken (contactarmoede) uit de buitenwereld, bijv. bij astronauten of bij bejaarden.

depurans *L* zuiveringsmiddel, afvoermiddel; meervoud depurantia.

depuratus *L* gezuiverd, afk. (rec.) dep.

deradelphus *G* misgeboorte met drie of vier armen en vier benen.

deradenitis *G* ontsteking van de halsklieren.

dérangement interne *F* stoornis in een gewricht (vnl. in het kniegewricht), ontwrichting, afspringing van kraakbeenstukken, meniscusletsel, bandscheuring, *plicasyndroom.

derdendaagse koorts zie malaria.

derde ruimte (jrg.) weefselgebied waarheen, vooral bij ernstige acute buikziekten, water en elektrolyten aan de inmiddels insufficiënt wordende circulatie worden onttrokken, met o.a. als gevolg verlaagde diurese, hersenoedeem en neurologische beschadigingen.

derde ventrikel ventriculus tertius.

derealisatie (psych.) gevoel, meestal in combinatie met depersonalisatie optredend, waarbij de omgeving als vreemd wordt ervaren; syn. onwerkelijkheidsgevoelens.

derepressie (psych.) het 'losmaken' van een verdrongen voorstelling.

derivaat chemische verbinding, afgeleid uit een andere verbinding.

derivans *L* afleidend middel (syn. revulsivum), meervoud derivantia.

derivantia, derivatoria *L* zie derivans.

derivatie, derivatio *L* afleiding; zie ook derivans.

derivatoria zie derivantia.

derma *G* huid; bestaat uit drie lagen, nl. de opperhuid (epidermis), de lederhuid (corium) en het onderhuidse bindweefsel (subcutis).

dermaal m.b.t. de huid, zie derma.

dermabrasie *abrasie van de huid.

dermadroom het 'huidbeeld' dat zich bij sommige interne ziekten voordoet.

dermaticum (farm.) verzamelnaam van geneesmiddelen voor huidaandoeningen.

dermatitis *L* huidontsteking; kan acuut en chronisch optreden; *atopische* ~, syn. constitutioneel *eczeem; ~ *actinia*, huidontsteking t.g.v. (zonne)stralen; ~ *artefacta*, door de betrokkene zelf uitgelokte huidletsels, die als echte huidletsels worden getoond; ~ *bullosa*, blarenvormende huidontsteking; ~ *calorica*, huidontsteking door warmte, vooral felle zon; *contact-~*, dermatitis door chronische of herhaalde inwerking op de huid van irritatieve of toxische stoffen; syn. *orthoër-gisch contact*eczeem*; ~ *exfoliativa*, ziekte van *Wilson (bet. 3), ernstige dermatitis met epidermis- en haarverlies; ~ *herpetiformis*, zie ziekte van *Duhring; ~ *perioralis*, rosacea-achtige dermatitis rondom de mond en in het gelaat t.g.v. gebruik van bepaalde zalven; ~ *pratensis*, huidaandoening na aanraking met fotosensibiliserend gras, gevolgd door zonbestraling; ~ *repens*, zeer hardnekkige vorm van amicrobiële pustulose, bestaande uit groepjes pustels die na barsten overgaan in een erosie, welk proces zich steeds herhaalt; ~ *scabiosa*, syn. scabiës; ~ *seborrhoides*, constitutioneel eczeem bij zuigelingen, overgaand in dauwworm; ~ *skiagraphica*, syn. *radio~*, röntgenhuid, bruine pigmentatie, atrofie, teleangiëctasieën, vaak haaruitval, soms (na jaren) ulceratie of maligne ontaarding; ~ *venenata*, syn. contact-dermatitis.

Dermatobia hominis Zuid-Amerikaanse vliegensoort waarvan de larven in de huid van verschillende diersoorten ontstekingen en abcessen veroorzaken.

dermato- (smst.) m.b.t. de huid; *~chalasis*, lokale, te ruime huid die slap in plooien hangt; *~fibroom*, syn. fibroxanthoom, histiocytoom; *~fyt*, schimmelparasiet van de huid; *~ fytose*, huidschimmelziekte; *~glyphica*, kennis van het handlijnenpatroon; handlijnkunde; *~grafie*, syn. dermografie; *~logie*, leer der huidziekten; vener(e)ologie; *~loog*, huidarts; *~lysis*, syn. cutis laxa; *~ma*, huidgezwel; *~mycose*, huidziekte veroorzaakt door schimmels; zie epidermofytie, favus, tinea, pityriasis, trichofytie; *~myositis*, *collageenziekte hoofdzakelijk gekenmerkt door primaire *polymyositis, creatinurie, oedemen en dermatitis, soms retinopathie, miltvergroting, vasomotorische afwijkingen e.a.

dermatoom 1. (anat.) huidgedeelte dat geïnnerveerd wordt door de achterwortel van één ruggenmergszenuw, een segmentaal huidveld. 2. huidgezwel. 3. instrument voor het verkrijgen van huidlappen voor huidtransplantatie.

dermato- *~phagoides pteronyssinus*, een in huisstof vaak voorkomende mijt die een allergeen afscheidt dat (hooikoorts)astma veroorzaakt bij atopici; zie atopie; *~phytosis*, zie dermatofytose; *~plastiek*, huidvorming, het operatief aanvullen van ontbrekende huidgedeelten; *~rragie*, huidbloeding; *~sclerosis*, syn. scleroderma; *lipo~sclerosis*, zie lipodermatosclerose; *~se*, (alg.) huidziekte, huidaandoening; *~stomatitis*, syn. syndroom van *Stevens-Johnson; *~tillomanie*, 'plukken' aan de huid door neurasthenici; *~troop*, met speciale affiniteit tot de huid; *~vener(e)o-loog*, specialist voor huid- en geslachtsziekten; *~zoënwaan*, bij druggebruikers voorkomende waan waarbij de gebruiker het idee heeft dat er kleine insecten onder de huid bewegen; door eindeloos plukken en krabben kunnen flinke huidbeschadigingen optreden; *~zoönose*, door dierlijke huidparasieten *(dermatozoa)* veroorzaakte huidziekte.

dermis *L* huid; lederhuid (syn. corium).

dermite (jaune d')ocre *F* diffuse okerkleurige (hemosiderine-)pigmentatie aan de onderbenen en de voeten t.g.v. onvoldoende 'pomp'-functie van het diepe adersysteem.

dermo- (smst.) *~actinomycosis*, straalschimmelziekte van de huid.

dermografie *G* overgevoeligheidsverschijnsel van de huid, vorm van (fysische) *urticaria; syn. autografisme, dermatografie; wanneer men met een voorwerp figuren op de huid beschrijft, verschijnen deze weldra in rode kleur om later te verbleken, doch nog enige tijd zichtbaar te blijven.

dermoïd *G* op de slijmvliezen voorkomende huidachtige uitwassen.

dermoïdcyste cyste, waarvan de wand met huid overeenkomt en temidden van vet (o.a. cholesterol) ook been, kraakbeen, haren, enz. kan bevatten; gezwel dat vaak in de eierstokken wordt aangetroffen.
derodidymus *G* misgeboorte met twee hoofden en twee wervelkolommen.
derving *(*withdrawal, E)* daling van het gehalte van een hormoon in het bloed; in engere zin plotselinge onthouding van een (hormonaal) geneesmiddel dat langere tijd werd toegediend en de als gevolg hiervan optredende verschijnselen, bijv. een bloeding uit de baarmoeder; ook: onttrekking.
DES afk. van diëthylstilbestrol; *~-dochter*, dochter van een moeder die gedurende de zwangerschap DES heeft gebruikt, waardoor de kans op obstetrische en gynaecologische problemen is vergroot; bovendien is er een geringe kans op het krijgen van vagina- of baarmoederkanker; *~-moeder*, vrouw die tijdens haar zwangerschap DES heeft gebruikt; het risico op het krijgen van borstkanker is vergroot; haar kinderen (geboren tussen 1947 en 1975, DES werd toen dikwijls voorgeschreven) kunnen gezondheidsproblemen krijgen; *~-zoon*, zoon van een moeder die tijdens de zwangerschap DES heeft gebruikt; kunnen afwijkingen hebben aan de geslachtsorganen (dikwijls slechts één zaadbal of niet ingedaalde zaadballen).
desafferentatie syn. *deafferentatie; tgst. desefferentatie.
desaggregatie zie desintegratie.
desaturatie overgang van een verzadigde in een onverzadigde verbinding.
Descemet, J. Frans anatoom (1732-1810); *membraan van ~*, de binnenste vezellaag van de cornea tezamen met het endotheel van de voorste oogkamer.
descemetitis (oogheelk.) ontsteking van de membraan van *Descemet.
descendens *L* dalend; tgst. ascendens.
descendentie afstamming, nakomelingschap.
descending perineum syndrome *E* gevoel van incomplete stoelgang met defecatiedrang en pijn in het perineum bij slapte van de bekkenbodemspieren.
descensus *L* afdaling; *~ ovariorum* 1. afdaling van de eierstokken tijdens de ontwikkeling. 2. verschuiving van de eierstokken bij knikking of achteroverzakking van de baarmoeder; *~ testiculorum*, afdaling van de testes uit de buikholte naar de balzak tijdens de embryonale ontwikkeling van de vrucht; *~ uteri*, baarmoederuitzakking, verzakking, prolaps.
DES-dochter zie DES.
desefferentatie ophouden of sterk verminderen van motorische ontladingen van onderbroken efferente spinale zenuwbanen; tgst. deafferentatie.
desensibilisatie het desensibiliseren, ongevoelig maken voor een antigeen of allergeen, bijv. voor pollen bij hooikoortspatiënten; immunotherapie.
desensitisatie (psych.) vorm van gedragstherapie waarbij een cliënt (veelal met een fobie) in een ontspannen toestand een voor hem angstverwekkende situatie ondergaat op een zodanige wijze dat daarbij nog geen angst ontstaat, om daarna de intensiteit van de angst geleidelijk op te voeren zodat een gewenning kan ontstaan en daardoor *deconditionering van de angst.
déséquilibré *F* persoon die spoedig uit zijn geestelijk evenwicht raakt.
desert fever *A* zie coccidioidomycose.
DESI afk. van dual energy subtraction imaging *E*.
desiccans (uit)drogend middel; mrv. *desiccantia*.
desiccatie, desiccatio *L* het uitdrogen, uitdroging; ook: *dessicatie*.

desincrustatie lett. ontkorsting; in engere zin 'dieptereiniging' van de huid.
desinfectans *L* ziektekiemdodend middel, ontsmettingsmiddel, stof die door haar chemische structuur in staat is micro-organismen op of in materiaal c.q. levend weefsel te doden onder in de praktijk aanvaardbare (d.i. zonder schade aan te richten) omstandigheden; meervoud desinfectantia; syn. antisepticum.
desinfecteren ontsmetten, ziektekiemvrij maken; het verlagen van het besmettingsniveau van materiaal c.q. levend weefsel d.m.v. een *desinfectans; zelfst.nw. *desinfectie*.
desinfestatie vernietiging van parasieten (zie ook infestatie), in engere zin van insecten, larven en eitjes op voedsel.
desinhibitie zie disinhibitie.
desinsectisatie uitroeiing van insecten met insecticiden.
desintegratie 1. opheffing van de samenhang; bijv. na de dood ontbindt het lichaam door desintegratie van de cellen (ook: *desaggregatie*). 2. (natuurk.) spontaan uiteenvallen van een atoomkern, gepaard met uitzending van ioniserende stralen. 3. (psych.) het verloren gaan van de eerder plaatsgevonden integratie van de psychische functies en de daaruit voortvloeiende vaardigheden; ~ *stoornis van de kinderleeftijd*, syn. *Heller-syndroom.
-desis (smst.) bevestiging, vastmaking (chir.).
desmaal m.b.t. fibreus weefsel.
desmine een mesenchymaal en spierspecifiek intermediair *filament.
desmocranium *L* (embr.) vliezige schedel, het tweede tijdperk in de ontwikkeling van de schedel.
desmoïd hard, peesachtig bindweefselgezwel.
desmoïdreactie maagonderzoek door de patiënt een gummizakje afgesloten met catgut, gevuld met methyleenblauw of jodoform te laten inslikken; indien weinig of niets van deze stoffen in urine of speeksel verschijnt, is het catgut dus niet verteerd, hetgeen op stoornis in de maagwerking (maagzuurproductie) wijst.
desmokinase enzym in het speeksel van vampiers, dat plasminogeen activeert tot *plasmine.
desmologie de leer der ligamenten en pezen.
desmorrhexis verscheuring van een ligament.
desmosoom syn. *macula adhaerens; zie ook hemidesmosoom.
desmotrofie syn. *tautomerie.
desmurgie verbandleer.
desobliteratie (chir.) het verwijderen van de oorzaak van een obliteratie (verstopping); zie desobstructie.
desobstructie (chir.) verwijdering van de gescleroseerde *intima van een slagader, syn. rekanalisatie.
desodorans *L* reukverdrijvend middel; meervoud desodorantia.
desodoriseren reukloos maken.
desorganisatie verlies van de samenhang der organen, ontbinding.
desoriëntatie verwardheid; verlies van het vermogen om mensen en dingen te herkennen, plaatsen te bepalen of van het begrip voor tijd.
desoxygenatie vermindering van de zuurstofvoorziening van de weefsels.
desoxyribonucleïnezuur afk. DNA (a = acid *E*, zuur); ieder chromosoom bevat één spiraalvormig gewonden DNA-molecuul; het DNA is meestal dubbelstrengs, (dsDNA) d.w.z. het bestaat uit twee lange ketens die d.m.v. waterstofbruggen

met elkaar zijn verbonden; iedere keten is opgebouwd uit vele nucleotiden (gemiddeld 150 miljoen per DNA-molecuul) en is dus een polynucleotide; ieder nucleotide bestaat uit drie bouwstenen nl. de suiker desoxyribose, fosforzuur en één van de vier stikstofhoudende basen: adenine (A), guanine (G), cytosine (C) of thymine (T); voornoemde waterstofbruggen worden gevormd tussen de basen A en T, terwijl de base C altijd met de base G paart; het spiraalvormige DNA-molecuul is op te vatten als een wenteltrap (helix) met als treden de basenparen AT en CG; de volgorde van de basen in het DNA is de code voor de te vormen eiwitten; in dit verband moeten we een gen zien als een stukje DNA waarvan de omvang gemiddeld enkele honderden basenparen bedraagt; het aantal genen bij de mens wordt geschat op ongeveer 50.000; zie ook recombinant-DNA.

desquamatie, desquamatio *L* afschilfering, vervelling van de opperste huidlagen, bijv. bij roodvonk, huidziekten, enz. of van de bovenste cellaag van de slijmvliezen o.a. bij catarre; ~ *insensibilis*, de normale desquamatie van de gezonde huid.

dessicatie (foutief) zie desiccatie.

destructie vernietiging, verwoesting; bijv.nw. *destructief, destruerend; ~luxatie*, ontwrichting door verwoesting van gewrichtsuiteinden en het kapsel.

desynchronisatie ontbreken van synchronisatie tussen twee of meer bioritmen (zie bioritmiek).

detectie ontdekking, blootlegging, opsporing, aantoning.

detergens, detergentium (farm.) mrv. *detergentia* 1. (wond)reinigend middel. 2. afvoermiddel. 3. stof die de oppervlaktespanning verlaagt, zgn. bevochtigingsstof *(wetting agent, E)*.

deterioratie verslechtering; (psych.) geestelijke achteruitgang; 'aftakeling'.

determinant factor die een ontwikkeling of een toestand (mede) bepaalt; syn. epitoop; *antigene* ~, syn. hapteen.

detonatie ontlading.

detorsie manuele of operatieve opheffing van de torsie van een orgaan of gezwel.

detoxi(fi)catie ontgifting; ontwenningskuur bij verslaving.

detritus *L* afval, loslatende weefselresten, vormloze stof.

detrusor urinae (obsoleet) blaasmusculatuur voor de ontlediging van de blaas.

detumescentie vermindering van zwelling, slinking.

detur *L* geef, men geve, afk. (rec.) d.; ~ *cum confectione* (rec.), afk. d.c.c., verstrek mèt bijsluiter; zie ook DSC; ~ *cum formula* (rec.), het worde gegeven mèt het recept (het recept worde op het etiket overgeschreven), afk. d.c.f.; ~ *cum monitione* (rec.) afk. d.c.m., verstrek mèt waarschuwing; ~ *cum prohibitione* (rec.), afk. d.c.p., verstrek mèt verbod; ~ *sine confectione* (rec.), afk. d.s.c., verstrek zonder bijsluiter; ~ *sine monitione* (rec.), afk. d.s.m., verstrek zonder waarschuwing.

deuteranomalie vorm van anomale *trichromasie, kleurenzwakte voor groen.

deuteranopie vorm van dichromasie, nl. totaal gemis van het systeem voor waarneming van groen.

deuteromyceten syn. *fungi imperfecti*; klasse van schimmels die zich ongeslachtelijk vermenigvuldigen.

devascularisatie onderbreking van de bloedvoorziening van een orgaan of lichaamsdeel door obstructie van de toevoerende vaten.

deviant afwijkend van de norm.

deviatie, déviation *F* afwijking; afwijkende stand; koersverandering; bijv.nw.

deviant; ~ *angulaire*, zie marche en étoile; ~ *conjuguée*, gecombineerd zijdelings afwijken van de beide ogen in dezelfde richting bij hersenaandoeningen.

Devic, E. Frans arts (1869-1930); *ziekte van ~*, *neuromyelitis, gepaard met *neuritis optica, wellicht t.g.v. een cellulaire immuunreactie.

device *E* apparaat, toestel, hulpstuk; *cardiac assist ~*, een implantaat in de linker hartkamer en aorta ter bevordering van de cardiale *output; afk. CAD.

devitalisatie 1. het ontnemen van levenskracht, bijv. de invloed van straling op kankercellen. 2. het (doen) verminderen van vitaliteit. 3. (tandheelk.) het vernietigen van de pulpa dentis ('zenuwbehandeling').

dexter, dextra- rechts, rechter; zie ook dextro-.

dextran een kunstmatig polysacharide (een polymeer van glucose), dat in een 6% oplossing wordt gebruikt als vervangingsmiddel van bloedplasma voor transfusiedoeleinden.

dextrine zetmeelgom, een polysacharide.

dextro- (smst.) rechts; *~cardie*, verplaatsing van het hart naar rechts in de borstholte; *~manie*, rechtshandigheid; *~positie*, verplaatsing (van een orgaan) naar rechts; *~se*, syn. glucose; *~versie*, optische draaiing naar rechts.

DFN afk. van diabetesfonds Nederland.

DG afk. van districtsgeneeskundige.

DG en GD afk. van districtsgeneeskundige- en gezondheidsdienst.

DGAVP afk. van desglycinamide-vasopressine.

DGD afk. van districtsgezondheidsdienst, districtsgeneeskundige dienst.

DGI afk. van disseminated gonococcal infection *E*.

DGN afk. van dialysegroep Nederland.

DH afk. van 1. delayed hypersensitivity. 2. dermatitis herpetiformis.

DHCC afk. van dihydroxycholecalciferol, een vitamine-D metaboliet.

DHR afk. van delayed hypersensitivity responses *E*.

DHT afk. van dihydrotestosteron.

DHV afk. van districtshuisartsenvereniging.

diabète *F* suikerziekte, zie diabetes; ~ *bronze*, diabetes t.g.v. pancreasfibrose tegelijk met donkere verkleuring van huid, slijmvliezen en inwendige organen bij *hemochromatose; ~ *gras*, suikerziekte bij dikke mensen; ~ *maigre*, suikerziekte met vermagering.

diabetes *G* (lett. doorloop) suikerziekte; *brittle E ~*, 'labiele' diabetes met onvoorspelbaar wisselende tolerantie voor koolhydraten en behoefte aan insuline, moeilijk te reguleren; ~ *mellitus* (lett. honingzoet), gestoord koolhydraat-*metabolisme met verhoogd glucosegehalte van het bloed (hyperglykemie) en uitscheiding van glucose met de urine (glucosurie), veroorzaakt door onvoldoende productie en/of werking van het pancreashormoon, genaamd insuline, gecombineerd met ten dele nog onbekende predisponerende factoren; de gestoorde suikerstofwisseling levert onvoldoende energie, waardoor abnormaal veel vetten en eiwitten (op een onjuiste wijze) worden verbrand hetgeen kan leiden tot vorming van aceton en diaceetzuur, resulterend in *acidose en tenslotte *coma diabeticum; men onderscheidt (volgens WHO) *type I-~*, d.i. *insuline-afhankelijke* *IDDM (vaak auto-immunologisch bepaald) en *type II-~*, *NIDDM (vaak erfelijk bepaald); de voornaamste verschijnselen van diabetes zijn polyurie (veel urineren), polydipsie (veel drinken), polyfagie (veel eten), vermoeidheid, vermagering, jeuk en een verhoogde gevoeligheid voor infecties; voor de diagnose is de bloedsuikercurve van groot belang; de behandeling bestaat uit een dieet, eventueel aangevuld met insuline of orale middelen, soms is vermagering noodzakelijk; ~ *insipidus* (lett. smaakloos), polyurie (veel urineren) door onvermogen van de *hypofyse-achterkwab tot afgifte van het antidiuretisch hormoon vasopressine, hetzij *'idiopathisch', hetzij door verschillende intracraniële aandoeningen; *insuline-resistente* ~, voor behandeling meer insuline nodig dan bij vergelijkbare personen om een normaal glucosegehalte te bereiken; ook gedefinieerd als meer dan 200 IE insuline per dag nodig, oorzaken zijn o.a. de plaats van toediening van de insuline, insuline-antilichamenkoorts, vetzucht, Cushing; *juveniele* ~, syn. jeugddiabetes, behoort veelal tot type I-diabetes (zie hiervoor); *latente* ~, onder normale omstandigheden geen verschijnselen van diabetes of een gestoorde bloedsuikercurve; echter ten tijde van stress (ziekte, ongeval, operatie), zwangerschap of behandeling met corticosteroïden openbaart zich de ziekte; de oorzaak is een toegenomen *gluconeogenese en *glycogenolyse; *late onset* ~ *E*, diabetes die zich eerst op latere leeftijd manifesteert *('ouderdoms~')*, behoort veelal tot type II-diabetes (zie hiervoor); ~ *nephrogenica*, diabetes t.g.v. een *transportdefect in de terugresorptie van water in de niertubuli; *potentiële* ~, een persoon waarvan de erfelijke aanleg aanwezig is om diabeet te worden (bijv. één van de ouders is diabeet); *renale* ~, zie renale *glucosurie; *secundaire* ~, diabetes door andere oorzaken, zoals *hypercorticisme *(steroïd~)*, hyperpituïtarisme, hyperthyroïdie, enzymatisch insuline-antagonisme en pancreasbeschadiging bij hemochromatose, pancreatitis e.a.; syn. *verworven* ~; *stress~*, zie latente diabetes; *zwangerschaps~*, zie latente diabetes.

diabetides *F* door diabetes veroorzaakte huidaandoeningen.

diaceturie afscheiding van diaceetzuur in de urine.

diacetylmorfine zie heroïne.

diacrisis (bijv.nw. *diacritisch*) 1. differentiële diagnose. 2. volledige beslissing; een crisis, die over het verdere verloop beslist.

diadochokinese het vermogen om snel achtereen tegengestelde bewegingen uit te voeren; tgst. dysdiadochokinese.

diadynamische stroom gelijkgerichte, d.i. halfsinusoïdale, wisselstroom welke impulsen levert met een frequentie van 50 en 100 hertz (Hz); in de fysiotechniek (onderdeel van de fysiotherapie) in gebruik voor de behandeling van trofische en circulatiestoornissen, spierspasmen, kneuzingen e.d.

diaetetica, diatetiek ook: diëtetica of diëtetiek, dieetleer.

diafaan doorschijnend; zelfst.nw. *diafanie*.

diafanoscoop toestel waarmee men de doorschijnendheid van lichaamsholten, maag, kaak, enz. kan onderzoeken.

diaferometer toestel voor het bepalen van het basale metabolisme.

diaforese, diaphoresis het zweten.

diafragma, diaphragma *G* scheiding. 1. het middenrif, een platte spier die de borstholte van de buikholte scheidt; het middenrif is van groot belang voor de ademhaling. 2. het vlies dat bij dialyse de beide oplossingen van elkaar scheidt. 3. schijf met verstelbare opening. 4. syn. pessarium occlusivum; ~ *pelvis*, bekkenbodem; zie ook musculus levator ani; ~ *sellae*, een duplicatuur van de *dura mater, die de hypofyse begrenst ten opzichte van de hersenbasis; ~ *urogenitale*, het voorste gedeelte van de bekkenbodem, uitgespannen in de *arcus pubis.

diafragmalgie pijn in het middenrif, syn. frenalgie.
diafyse, diaphysis *G* het middelste deel van een pijpbeen tussen de beide einddelen.
diagnose vaststelling van de aard van een ziekte door geneeskundig onderzoek; *differentiële* ~ (syn. diacrisis), het stellen van een diagnose door de kenmerken van verschillende ziekten te vergelijken; *verpleegkundige* ~, een vaststelling van iemands feitelijke en mogelijke reacties op gezondheidsproblemen of levensprocessen, op grond waarvan verpleegkundige zorg kan worden verleend.
diagnostiek de kunst om een diagnose te stellen; zie ook *prenatale diagnostiek.
dialysaat 1. de (vloei)stof die bij dialyse de membraan passeert. 2. product door dialyse ontstaan.
dialyse *G* scheiding, berustend op het principe, dat klein-moleculaire, opgeloste stoffen gemakkelijk bepaalde vliezen (membranen) passeren, groot-moleculaire stoffen (eiwitten) en cellen langzaam of niet; *peritoneale* ~, dialyse via het buikvlies als dialysemembraan met behulp van dialysevloeistof welke in de buikholte wordt gebracht; zie CAPD, hemodialyse.
dia- *~meter*, middellijn, zie conjugata; *~pasma*, strooipoeder; *~pauze*, winterslaap.
dianoetica de leer van het doordenken; bijv.nw. *dianoetisch*, m.b.t. de intellectuele functies.
diapedese, diapedesis *G* uittreding van bloedcellen uit de bloedvaten (bij ontsteking), zie inflammatie.
diaphoreticum *L* zweetmiddel; meervoud diaphoretica; syn. hidroticum.
diaphragma *G* zie diafragma.
diaphysis zie diafyse.
diaplegia *L* dubbelzijdige verlamming (van de vier ledematen).
diarree, diarrhoea *G* buikloop, veelvuldige brijachtige tot waterdunne ontlasting; komt voor bij velerlei darmaandoeningen zoals infecties, ontstekingen (o.a. ziekte van Crohn, colitis ulcerosa), medicijnen en intoxicaties (o.a. antibiotica, diverse antacida, laxantia, alcohol), operaties (o.a. gastrectomie, vagotomie, darmresectie), enzymdeficiënties, stoornis in de enterohormonenwerking, hormonale afwijkingen (diabetes mellitus, hyperthyroïdie), malabsorptie (o.a. lactose, sucrose, sorbitol, lactulose, fructose), ischemische darmaandoening, bestralingsenteritis, *VIP, sommige prostaglandinen; bijv.nw. *diarroïsch*; ~ *ablactatorum,* buikloop bij kinderen in het eerste levensjaar bij te snelle overgang van borstvoeding naar andere voeding; ~ *alba*, witte buikloop, syn. aphthae tropicae; *motorische* ~, diarree t.g.v. verhoogde peristaltiek van de darmmusculatuur; ~ *nervosa*, buikloop veroorzaakt door vagusprikkeling, schrik, angst, neurasthenie; *osmotische* ~, diarree t.g.v. een toegenomen hoeveelheid vocht in de ontlasting door osmotische actieve stoffen in de ontlasting; ~ *paradoxa*, buikloop als gevolg van verstopping zie constipatie; *secretoire* of *secretorische* ~, diarree t.g.v. een toegenomen vochtproductie door het darmslijmvlies.
diarthrosis *G* beweeglijk, werkelijk gewricht.
diaschise, diaschisis *G* gestoorde functie in een bepaald hersencentrum door opheffing van de verbinding met andere centra.
diascopie 1. doorlichting, zie röntgenoscopie. 2. bezichtiging van de huid onder glazen-spateldruk.
diastase, diastasis *G* 1. uiteenwijken van beenderen (zonder ontwrichting); ook het uiteenwijken van de rechte buikspieren (rectus-diastase). 2. verouderde naam

voor amylase.

diasteem (tandheelk.) ruimte tussen twee opeenvolgende elementen, in engere zin die tussen de beide mediale snijtanden in de bovenkaak.

diastematomyelie *G* syn. diplomyelie.

diastemochilie *G* gespleten lip, hazenlip.

diastole *G* ontspanning van het hart na iedere samentrekking; bijv.nw. *diastolisch*.

diastolisch met de diastole in verband staande.

diatel inrichting voor zelf-dialyse buitenshuis; zie hemodialyse.

diathermie toepassing van hoogfrequente elektrische stroom voor doorwarming van zieke organen; syn. thermopenetratie, transthermie; *ultrakortegolf-~*, afk. UKG, speciale vorm van diathermie, nl. met een golflengte van 69 cm.

diathermocoagulatie stolling (*coagulatie) in gezwellen door diathermie, ten einde het gezwelweefsel te vernietigen.

diathese, diathesis aanleg of vatbaarheid voor een bepaalde ziekte, bijv. *exsudatieve ~* (obsoleet), aanleg voor ontstekingen van huid- en slijmvliezen; *hemorragische ~*, bijzondere aanleg voor het optreden van bloedingen welke weinig of geen neiging vertonen om tot staan te komen t.g.v. functiestoornis hetzij in de bloedstolling, hetzij van de bloedplaatjes dan wel van de bloedvaten of beide; zie ook trombopenie, defibrinatiesyndroom; *lymfatische ~*, zie scrofulose; *reumatische ~*, aanleg voor reuma; *uratische ~*, aanleg voor jicht. **N.B.** Het begrip 'diathese' is in velerlei opzichten verouderd, doordat van meerdere diathesen de oorzaak bekend is en van 'aanleg' niet gesproken kan worden.

diazoreactie reactie die in de urine ontstaat door aanwezigheid van bepaalde aromatische stoffen, die worden aangetroffen bij sommige uitputtende en koortsige ziekten, vnl. buiktyfus, longtering, M. Hodgkin, mazelen.

DIB afk. van diagnostisch interview voor borderline-patiënten.

Dibothriocephalus zie Diphyllobothrium.

DIC afk. van disseminated intravascular coagulation *E* ; zie defibrinatie; syn. DIS.

dicentrisch chromosoom afwijkend chromosoom, bevat twee centromeren i.p.v. één.

dicefaal, deciphalus *G* misgeboorte met twee hoofden en twee wervelkolommen, syn. bicefaal; *~ tetrabrachius*, dicefaal met vier armen; *~ tripus*, dicefaal met drie voeten.

dichotisch (bijv.nw.) de beide gehoororganen betreffend.

dichotomie *G* deling in twee gelijkwaardige delen of takken, bijv. van bronchi.

dichromasie kleurenblindheid, kleurenzwakte; lijders aan dichromasie missen één van de drie systemen voor kleurperceptie en wel òf het rode *(protanopie)* òf het groene *(deuteranopie)* òf het blauwe *(tritanopie)*.

dichromatopsie *G* obsoleet voor dichromasie.

dichtheid zie densiteit; *~smeter*, densimeter.

dicktoxine entstof tegen roodvonk, genoemd naar het echtpaar Dick, bacteriologen te Chicago.

dicroot *dicrote polsslag*, dubbele polsslag; wanneer de linkerkamer van het hart het bloed uitdrijft, treedt een stijging van de polskromme op, daarna volgt weer een daling; wordt deze daling onderbroken door een kleine voelbare stijging, dan spreekt men van *dicrotie*.

dicty- *~itis*, syn. retinopathie; *~oma*, netvliesgezwel.

dictyopsie *G* bijziendheid, waarbij de lijder alles gesluierd of in een waas ziet.

dictyosomen gladwandige, platte blaasjes waaruit het Golgi-systeem is opgebouwd.
didelphys *G* misgeboorte van het vrl. geslacht met dubbele geslachtsorganen.
DIDMOAD-syndroom autosomale, recessief erfelijke combinatie van *d*iabetes *i*nsipidus, *d*iabetes *m*ellitus, *o*ptische *a*trofie en (perceptie)*d*oofheid; syn. syndroom van *Wolfram.
dieet voorgeschreven voedingswijze; voeding die om medische redenen afwijkt van 'normale' voeding; *absoluut* ~, verbod van alle voedsel; *astronauten* ~; *Borst-*~ (naar dr. *Borst) eiwitloos, koolhydraat- en vetrijk dieet ter behandeling van sterke nierinsufficiëntie; *colitis-*~, zachte vetarme voeding zonder grove bestanddelen, evenwel niet zonder cellulose; *elementair* ~, synthetisch dieet dat essentiële aminozuren, glucose, vet, mineralen en vitaminen bevat; zie ook BSD; *ketogeen* ~, dieet arm aan koolhydraten en eiwitten, rijk aan vetten; *Sippy-*~ of *Sippykuur*, rustkuur van 5 tot 6 weken volgens een omschreven schema ter genezing van een *ulcus pepticum (obsoleet); *slakkenarm* ~, dieet dat weinig onverteerbare voedingsstoffen bevat.
diëncefaal m.b.t. het diencephalon
diëncefalose aandoening van het diencephalon.
diencephalon *G* (spr. diën-) tussenhersenen (thalamus en hypothalamus).
diepte- *~gevoel*, zie proprioceptief systeem; *~psychologie*, psychologie van het onderbewustzijn.
diep-veneus de niet-oppervlakkige aderlijke bloedafvoer.
diëtetiek dieetleer.
diëthylstilbestrol zie DES.
Dieulafoy, G. Frans arts (1839-1911); *erosie* of *exulceratie van* ~, atrofie gevolgd door *erosie of zelfs *ulceratie van het maagslijmvlies t.g.v. compressie door een slagader van ongewoon groot kaliber ('persistent calibre artery' *E*).
different 1. verschillend. 2. sterk werkend.
differentiatie het zich ontwikkelen van cellen, weefsels, organen, enz. tot eenheden met bepaalde eigenschappen en eigen karakter.
differentieel met een verschil in verband staand; *~ele diagnose*, zie diagnose; *~ele telling*, telling van de verschillende soorten leukocyten in een bepaald totaal aantal in het bloeduitstrijkje; de procentuele verdeling ('witte bloedbeeld') kan de medicus tot hulp zijn bij het stellen van een diagnose, syn. leukocytenformule.
differentiëring het waarneembaar worden van de verschillen bij de ontwikkeling der soorten.
difform wanstaltig; *~iteit*, zie deformiteit.
diffusie vermenging van opgeloste stoffen met opgeloste stoffen, gassen met gassen of vloeistoffen met vloeistoffen, wanneer deze met elkaar in aanraking komen.
diffuus, diffuse verspreid, zonder bepaalde grens; ~ *angststoornis*, zie gegeneraliseerde angststoornis; ~ *intravasale stolling*, zie stolling; ~ *ontwikkelingsstoornis*, syn. *autistische stoornis, zie ontwikkelingsstoornissen.
difosgeen stikgas, syn. surpalite; zie strijdgassen.
difterie, diphtheria *G* besmettelijke en meestal toxische ziekte die in de regel zich uit als tonsillitis, met vorming van membranen; lokaliseert zich soms ook in de neus of in de larynx (zie kroep) en - zelden - in de vulva en in huidwonden; complicaties: myocarditis en parese van het palatum (slikstoornissen); verwekker is de grampositieve Corynebacterium diphtheriae of difteriebacil die een exotoxine vormt; profylaxe door vaccinatie met anatoxine is doeltreffend en de ziekte

hierdoor zeldzaam geworden.

difteritis foutief voor difterie.

difteroïd o.a. bij kwaadaardige vorm van roodvonk optredende, op difterie gelijkende keelaandoening.

diftongie zie diplofonie.

dig. (rec.) afk. van digere.

DiGeorge, A. Amerikaans internist (geb. 1921); *syndroom van ~*, verhoogde vatbaarheid voor infecties met virussen, schimmels en sommige bacteriën door selectieve uitval van de cellulaire immunologische afweer t.g.v. agenesie van de thymus, berustend op aplasie van de 3de en 4de kieuwboog (er bestaat tevens aplasie van de bijschildklieren); zie Nezelof, SCID.

digere *L* (rec.) laat het verteren; afk. dig.

digerens *L* middel ter bevordering van de spijsvertering, meervoud digerentia, syn. digestief.

digereren 1. verteren van het voedsel, zie ook digestie. 2. (farm.) het laten weken van *extractiestoffen bij een bepaalde temperatuur.

digestie spijsvertering; de digestie dient om het voedsel geschikt te maken voor opneming in bloed- en chylvaten en de onbruikbare stoffen die hiervan overblijven als feces het lichaam te doen verlaten.

digestief, digestivum middel ter bevordering van de digestie (spijsvertering).

digitaal m.b.t. de vingers; *~ale exploratie*, onderzoek (bijv. van lichaamsholten) met de vinger.

digitalis *L ~ purpurea*, vingerhoedskruid; *~ folium* (farm.) het blad van Digitalis purpurea; digitalis wordt vnl. toegepast bij decompensatio cordis en bij boezemfibrilleren en -fladderen; zie ook hartglycosiden.

digitalisatie 1. medicatie met digitalispreparaten, in engere zin de 'instelling' van de benodigde dosis voor langere duur. 2. de uitdrukking van gegevens in cijfers ter verwerking in een computer; ook: *digitiseren*. 3. het weergeven van informatie uitsluitend d.m.v. cijfers; ook: *digitalisering*; bijv.nw. *digitaal*.

digitalismus *L* chronische vergiftiging met digitalispreparaten.

digitoclasie zie 'finger-fracture'-techniek.

digitolinguaal syndroom unilaterale paresthesieën in vingers en onderarm, overspringend naar het mondgebied bij migraine (indien rechtszijdig, bovendien motorische afasie).

digitus *L* vinger, teen, meervoud digiti; *~ hippocraticus*, trommelstokvinger, zie trommelstok; *~ malleus*, *hamerteen of *hamervinger; *~ mortuus*, dode vinger.

dijbeen femur; *~ ader*, vena femoralis; *~ slagader*, arteria femoralis.

dikke darm colon.

dil. (rec.) afk. van dilue of dilutus, verdund.

dilaceratie verscheuring, losscheuring.

dilatatie, dilatatio *L* verwijding, uitzetting; *ballon~* (chir.) niet-operatieve behandeling van vaatvernauwingen en aangeboren hartafwijkingen, zoals coarctatie van de aorta en hartklepgebreken d.m.v. een ballonkatheter (zie katheter); techniek eveneens toepasbaar voor bijv. slokdarmvernauwingen; zie ook Dotter, Gruntzig, PTA, PTCA; *~ cordis*, uitzetting van het hart als compensatiemechanisme wanneer het aan verhoogde eisen moet voldoen; zie decompensatio cordis, Starling; *~ ventriculi*, maagverwijding (*gastrectasie).

dilatatietrombose trombose in een verwijd vaatgedeelte.

dilatatio zie dilatatie.
dilatator *L*, **dilatatorium, dilator** 1. verwijder; instrument om te verwijden, bijv. de hals van de baarmoeder; zie ook Hegar. 2. geneesmiddel dat buisvormige organen verwijdt (bronchi, bloedvaten, enz.).
dilatie uitstel; niet te verwarren met dilatatie.
dildo kunstpenis.
dilue *L* verdun, afk. (rec.) dil.
dilutie, dilutio *L* verdunning, in de homeopathie afgekort tot *D*. *D1* is een verdunning van 1:10. *D2* van 1:100. *D3* 1:1000. *D4* 1:10.000. *D5* 1:100.000. *D6* van 1:1.000.000, enz.; *~-syndroom*, ziektebeeld t.g.v. hyponatriëmie; het lage zoutgehalte van het bloed veroorzaakt celbeschadigingen waardoor o.a. optreden anorexie, dorst, misselijkheid, braken en psychotische verschijnselen; syn. low salt syndrome *E*.
dilutus *L* verdund, afk. (rec.) dil.; zie ook dilue.
DIM afk. van 1. dysmenorroe, infertiliteit, menorragiën. 2. dyspareunie, intestinale klachten, menorragiën. 3. dienstverlening aan instellingen voor maatschappelijk welzijn en gezondheidszorg.
dim. (rec.) afk. van dimidium, de helft.
dimensie afmeting.
dimidium *L* de helft, afk. (rec.) dim.
dimorf vóórkomend in twee vormen of gedaanten; *~isme*, het bestaan van twee groepen organismen binnen eenzelfde (dier)soort, bijv. *geslachtsdimorfisme*: 1. afhankelijk van de sekse. 2. het bezitten van eigenschappen van beide seksen, zoals in het embryo en bij hermafroditisme.
Diogenes Grieks wijsgeer, 4de eeuw v. Chr., *~-syndroom*, extreme zelfverwaarlozing, meestal bij oude mensen, o.a. gekenmerkt door multipele deficiëntieziekten, achterdocht en agressiviteit.
dioptrica zie dioptriek.
dioptrie eenheid voor het brekend vermogen van lenzen, nl. een lens met een focus van 1 m; afk. *D*; een lens met een focus van 0,5 m heeft een sterkte van 2D.
dioptriek, dioptrica *L* de leer van de breking der lichtstralen.
dioptrometrie meting van de *refractie en/of het accommodatievermogen van het oog; syn. dioptometrie.
dioxinen groep koolhydraten, waarvan *TCDD het bekendst is (als *herbicide); dioxinen concentreren zich in grondstoffen waaruit voedsel wordt gefabriceerd; besmetting kan via de maag-darm (en via de huid) optreden; toxische gevolgen zijn vnl. niet-blijvende leverbeschadiging en chloor-*acne; carcinogene en mutagene werking zijn niet (volledig) uit te sluiten.
dip *E* lett. put; 1. inzinking in het audiogram op een bepaalde golflengte, waaruit verminderde waarneming voor de corresponderende toon blijkt. 2. (alg.) inzinking in een curve.
DIP afk. van distaal interfalangeaal (gewricht).
d.i.p.a. (rec.) afk. van divide in partes aequales *L*, verdeel in gelijke delen.
dipeptidase enzym uit de dunne darm dat dipeptiden afbreekt tot aminozuren.
dipeptide verbinding van twee aminozuren.
Dipetalonema een nematode die *filaria veroorzaakt; twee soorten: ~ *perstans* en ~ *streptocera*.
diphallus *G* misgeboorte met een dubbel mannelijk lid.

diphth- zie dift-.

Diphyllobothrium lintwormsoort, behoort tot de cestoden; ~ *latum*, bij vissen voorkomende brede lintworm, ook voorkomend bij vis-etende mensen, bereikt een grote lengte, nl. 6 tot 9 m met ongeveer 2500 of meer leden.

DIPI afk. van directe (= rechtstreekse) intraperitoneale *inseminatie (d.i. via het cavum Douglasi).

diplacusis verschil in waarneming van toonhoogte en geluidskwaliteit tussen de beide gehoororganen.

diplegie, diplegia *G* (ook: **dia-**) dubbelzijdige verlamming; tgst. monoplegie; ~ *facialis*, syn. prosopodiplegie, prosodiplegie, dubbelzijdige aangezichtsverlamming.

Diplobacillus dubbelbacil, een bacil die chronische oogontsteking veroorzaakt (bacil van Morax-Axenfeld).

Diplococcus *G*, **diplokok** paarsgewijs groeiende kokken zoals gonokokken, meningokokken en pneumokokken; ~ *pneumoniae*, obsolete naam voor Streptococcus pneumoniae, pneumokok.

diplodontie (tandheelk.) dubbeltand.

diploe *G* het sponsachtige been (spongiosa) in de beenderen van het schedeldak.

diplofonie het voortbrengen van een dubbele toon bij stemvorming, meestal bij noduli vocales (stembandknobbels) of stembandgezwellen; syn. diftongie.

diploïdie het aanwezig zijn in de lichaamscellen van het normale aantal chromosomen.

diplokok zie Diplococcus.

diplomyelie *G* aangeboren afwijking waarbij het ruggenmerg in de lengterichting is gespleten door een benig of kraakbenig tussenschot dat uitgaat van één of meer wervels, syn. diastematomyelie.

diplopie, diplopia *L* dubbelzien; *monoculaire* ~, het zien van dubbelbeelden met één oog, bijv. bij cataract, bij afwijkingen van de pupil of van de cornea en bij accommodatiekramp; *binoculaire* ~, dubbelzien t.g.v. een afwijking van de gezichtslijn van één der ogen, vnl. bij oogspierverlammingen of in het beginstadium van strabismus; ligt het (schijn)beeld van het afwijkende oog ten opzichte van het ware beeld aan de zijde van dit oog, dan spreekt men van *homonieme* ~ of *gelijkzijdige* ~, ligt het aan de zijde van het niet-afwijkende oog, dan heet dit *heteronieme* ~ of *gekruiste* ~.

diplornavirus familie van RNA-virussen met een diameter van ±70 nm; zie reovirussen en rotavirussen.

diplosoma *G* dubbelmonstrum, zie monstrum.

diploteen stadium in de *meiose waarin de gepaarde chromosomen zich overlangs hebben gesplitst.

diprosopus *G* misgeboorte met twee gezichten of gedeelten van gezichten; ~ *triophthalmus* of *tetrophthalmus*, met 3 of 4 ogen; ~ *triotus* of *tetrotus*, met 3 of 4 oren.

dipsomanie *G* periodieke, aanvalsgewijze optredende (tijdelijke) drankzucht; de lijders krijgen op bepaalde tijden, bijv. om de 3, 4, 5 of 6 maanden, een aanval ('kwartaalzuipers').

dipygus *G* misgeboorte met één hoofd en twee rompen; ~ *dibrachius*, dipygus met twee armen; ~ *tetrabrachius*, dipygus met vier armen.

directieve therapie (psych.) behandelvorm waarbij de therapeut actief gebruik

maakt van verschillende therapeutische strategieën en de cliënt(en) huiswerkopdrachten geeft teneinde richting te geven aan veranderingen bij de cliënt(en); syn. actieve therapie.
diro gemengde entstof ter voorkoming van difterie en scarlatina (roodvonk), bevat difterie-anatoxine en dicktoxine.
DIS afk. van diffuse *intravasale stolling.
dis- (smst.) betekent on, wan-, mis-, slecht, verkeert, moeilijk, zie ook dys-.
DISA afk. van digitale intraveneuze subtractie-*angiografie.
disacharidase verzamelnaam voor de enzymen die disachariden splitsen, zoals lactase, maltase en sacharase.
disacharide suiker, chemisch bestaande uit twee enkelvoudige suikers; de bekendste disachariden zijn lactose, lactulose, maltose en sacharose.
discantdoofheid doofheid voor hoge tonen; tgst. basdoofheid.
discectomie operatieve verwijdering van een (deel van een) discus.
disciformis schijfvormig, syn. discoïd.
discissie, discissio *L*, ook: *discisio* of *discisie*, insnijding of doorsnijding; ~ *cataractae*, syn. ~ *lentis*, het maken van insnijdingen in het voorste lenskapsel van het oog ten einde een bestaande staar (*cataract) tot oplossing te brengen.
discitis ontsteking van een discus, in engere zin van een tussenwervelschijf.
discografie intradurale-contraströntgenografie van tussenwervelschijven.
discoïd schijfvormig; in engere zin schijfvormige huidaandoening; syn. disciformis, nummulair.
discoïdectomie syn. discectomie, excisie van een discus intervertebralis (tussenwervelschijf).
disconnectie onderbreking in de onderlinge samenhang; *cerebromedullospinaal ~syndroom*, zie locked-in syndrome.
discontinuïteit onsamenhangendheid, het onderbroken zijn (*discontinueren* = onderbreken, ergens mee ophouden, tgst. van continueren).
discopathie onjuiste verzamelnaam voor ziekten, veroorzaakt door aandoening van een tussenwervelschijf, zoals hernia nuclei pulposi, prolapsus nuclei pulposi, discusversmalling, enz.
discordant (erf.) niet overeenstemmend, ongelijk, tegengesteld; tgst. concordant.
discordantie het aanwezig zijn van een bepaald kenmerk bij slechts één individu van een paar; wordt voornamelijk toegepast bij *tweelingonderzoek; zie ook concordantie.
discose, discosis syn. *discopathie.
discotomie verwijdering van een prolapsus of hernia nuclei pulposi.
discreet 1. blijvend en niet actief. 2. afzonderlijk. 3. gering.
discrepantie gebrek aan overeenstemming; tegenstrijdigheid; onderlinge afwijking.
discriminatie onderscheidingsvermogen; *~verlies*, het percentage woorden van een bepaalde woordenlijst, dat niet wordt verstaan bij een bepaalde geluidsintensiteit; komt o.a. voor bij presbyacusis.
discus *G* schijf; ~ *articularis*, de kraakbeenschijf in sommige gewrichten; ~ *hernia*, syn. hernia nuclei pulposi; ~ *intervertebralis*, tussenwervelschijf; ~ *nervi optici*, de plaats waar de oogzenuw overgaat in het netvlies; veroorzaakt in het gezichtsveld de blinde vlek; syn. papil.
disease *E* ziekte; *central core ~*, zeldzame aangeboren vorm van spierdystrofie; *periodic ~*, groep van ziekten vnl. in het Middellandse-Zeegebied met periodiek

optreden van koorts; *polycystic* ~, ren cystica; *pulseless* ~, zie aortaboogsyndroom, Takayashu; *venereal* ~, venerische ziekte, geslachtsziekte, SOA.

disfunctie verstoring van de normale werking van een orgaan; *autonome* ~, syn. autonome neuropathie, zie *autonoom zenuwstelsel; *craniomandibulaire* ~, verzamelnaam voor afwijkingen van het kaakgewricht; *erectiele* ~, (organische) *impotentie.

disinhibitie het wegvallen van een inhiberende (remmende) zenuwinvloed, waardoor exciterende (zie excitatie) impulsen een groter effect krijgen en *facilitatie optreedt.

DISH afk. van DNA in situ hybridisatie.

disjunctie scheiding, opheffing; ~ *der coördinatie*, zie coördinatie; *non*-~ (erf.), verdelingsfout waarbij de twee homologe (gelijksoortige) chromosomen tijdens de eerste meiotische deling niet uit elkaar gaan of een verdelingsfout waarbij de chromatiden (dochterchromosomen) tijdens de tweede meiotische deling of tijdens de mitose niet uit elkaar gaan; in al deze gevallen ontstaan er dochtercellen die te veel of te weinig chromosomen hebben; een bekend voorbeeld is het syndroom van *Down waarbij het chromosoom 21 in drievoud voorkomt (trisomie 21).

disk *E* zie discus; *slipping* ~, prolapsus nuclei pulposi, hernia nuclei pulposi.

dislocatie, dislocatio plaatsverandering, verschuiving, bijv. van de breukstukken bij beenbreuken (zie fractuur).

dismaturiteit, dysmaturitas *L* onderontwikkeldheid van de pasgeborene t.g.v. intra-uteriene ondervoeding door placenta-insufficiëntie; wanverhouding tussen geboortegewicht en duur van de zwangerschap, zich o.a. uitend in rimpelige huid, zeer laag bloedsuikergehalte, glycogeentekort en afwezigheid van vetweefsel; n.t.v.m. immaturitas.

disparaat gescheiden; niet op één punt.

dispensarium *L* consultatiebureau; polikliniek; apotheek; dispensary *E*, dispensaire *F*, ambulatorium *D*.

dispensatorium *L* 1. receptenboek. 2. syn. *farmacopee.

dispergens stof waarin een andere stof *(dispersum)* fijn verdeeld is.

dispergette (farm.) tabletvorm die gemakkelijk in water uiteenvalt en hierin een suspensie vormt.

dispermie bevruchting van de eicel door twee zaadcellen.

dispersie 1. verspreiding, strooiing; emulgeren. 2. het ontleden van het licht in de samenstellende enkelvoudige kleuren.

dispersum zie dispergens.

displacement *E* 1. syn. ectopie. 2. (tandheelk.) afwijking van de normale stand van een tand of kies.

disposable *E* wegwerpbaar, overbodig na gebruik; zie ook reusables.

dispositie aangeboren of verkregen aanleg, vatbaarheid of voorbeschiktheid tot bepaalde ziekten, ook: predispositie.

disproportion *E* wanverhouding; *congenital fibre type* ~, zeldzame neuromusculaire ziekte, gekenmerkt door een onregelmatige opbouw van de spierfibrillen.

disruptie uiteenrukking of -scheuring; ontwrichting (ook overdrachtelijk).

dissecans m.b.t. een splitsing of splijting.

dissectie 1. het losprepareren van weefsel. 2. scheiding van weefsellagen door bloeding; *aorta*~, zie aneurysma dissecans.

dissectiebril bril met twee bolprismatische glazen, vervaardigd uit een platbolle lens die middendoor is gesneden, zodat men a.h.w. twee halve brillenglazen verkrijgt; zelfs bij geringe convergentie kunnen hiermee kleine dichtbije voorwerpen worden waargenomen.

disseminatie, disseminatio *L* uitzaaiing, uitbreiding, verspreiding, bijv. van gezwellen; ongunstige wending in een ziekteproces door toeneming der ziektehaarden.

disseminatus verspreid, tgst. confertus; zie ook disseminatie, generalisatus.

dissimilatie de ontleding der bestanddelen van het lichaam, de afbraak; tgst. assimilatie.

dissimulatie, dissimulatio *L* verheimelijking, het verbergen van gebreken of ziekten; tgst. simulatie.

dissociatie, dissociatio *L* 1. stoornis in de *associatie. 2. ontleding van moleculen in meerdere moleculen, o.a. bij verhoging van temperatuur en verlaging van druk. 3. stoornis in de samenwerking tussen boezem en kamer van het hart. 4. (psych.) volgens de meest gangbare theorie is het een ontbreken van eenheid van het bewustzijn, het in zekere mate onafhankelijk van elkaar bestaan van meerdere bewustzijnsinhouden meestal t.g.v. heftige, traumatiserende, emotionele gebeurtenissen (in het verleden) die een integratie van geheugen, gedachten, handelingen of persoonlijke identiteit verhinderen; in uitgesproken vorm optredend bij dissociatieve stoornissen.

dissociatieve ~ *amnesie* (voorheen psychogene amnesie genoemd), (vlg. DSM-IV) stoornis gekenmerkt door één of meerdere perioden van geheugenverlies (voor belangrijke persoonlijke feiten van meestal traumatische aard), niet te verklaren door gewone vergeetachtigheid, niet behorend tot een andere dissociatieve -, stress- of somatisatiestoornis en niet veroorzaakt door het gebruik van een middel of lichamelijke aandoening: ~ *fugue* (voorheen psychogene fugue genoemd), (vlg. DSM-IV) stoornis gekenmerkt door het plots van huis of werk vertrekken, amnesie voor het eigen verleden, soms ook voor de eigen identiteit (of het aannemen van een nieuwe), niet behorend tot een dissociatieve identiteitsstoornis en niet veroorzaakt door het gebruik van een middel of lichamelijke aandoening; ~ *identiteitsstoornis* (syn. meervoudige persoonlijkheidsstoornis), (vlg. DSM-IV) stoornis, niet veroorzaakt door het gebruik van een middel of een lichamelijke aandoening, gekenmerkt door het aanwezig zijn van tenminste twee duidelijk te onderscheiden persoonlijkheden (met een duidelijke eigenheid en constantheid) die regelmatig het gedrag bepalen (waarbij de ene persoonlijkheid een amnesie voor de andere kan hebben) en een amnesie voor belangrijke persoonlijke feiten.

dissociatieve stoornissen (vlg. DSM-IV) algemene term voor stoornissen met als belangrijkste kenmerk het in versterkte mate optreden van dissociatie (zie bet. 4); hiertoe behoren de dissociatieve amnesie, - fugue, - identiteitsstoornis en de depersonalisatiestoornis.

dissolutie het oplossen, ontbinden.

dissolvens *L* 1. oplossend middel. 2. verdunnend middel, bijv. om het vochtgehalte van het lichaam te doen toenemen, enz.; meervoud dissolventia.

distaal 1. (anat.) het verst verwijderd van het centrum, de oorsprong, het midden; tgst. proximaal. 2. (tandheelk.) het vlak van tand of kies, gericht van het mediane vlak af (met inachtneming van de kaakkromming).

distalbril verrekijkerbril, een bril samengesteld als een verrekijker voor zeer hoge mate van bijziendheid.

distantia *L* 1. afstand tussen twee punten. 2. verschil; (verlosk.) ~ *biparietalis*, de grootste dwarsafmeting van de schedel; ~ *occipitofrontalis* resp. *-mentalis*, de afstand tussen achterhoofd en voorhoofd, resp. kin; ~ *suboccipitobregmatica*, de afstand tussen achterhoofd en grote fontanel.

distantie afstand; *~geruis*, op enige afstand van de lijder reeds hoorbaar (hart)geruis; *~toon*, op enige afstand van de lijder reeds hoorbaar geluid van de eerste harttoon bij mitralisstenose.

distensie uitrekking, overrekking.

distensieverband rekverband (bij beenbreuk); syn. distractieverband;; zie ook extensieverband.

distichiasis *G* syn. districhie, dubbele rij oogharen; kan door prikkeling van het bindvlies conjunctivitis doen ontstaan.

distinctus *L* gescheiden, apart; duidelijk.

Distoma *G*, **Distomum** *L* ingewandswormensoort, vroegere benaming voor een aantal trematoden (zuigwormen); ~ *crassum*, syn. Fasciolopsis buski, komt voor in darm en lever; ~ *haematobium*, syn. bilharzia, zie schistosomiasis; ~ *hepaticum*, leverbot, syn. Fasciola hepatica; ~ *lanceolatum*, komt voor in de lever; ~ *pulmonale* (obsoleet), in de tropen in de longen van mensen voorkomende worm, heet thans Paragonimus westermani.

distomie misgeboorte met twee monden.

distomolaar (tandheelk.) overtollige kies, distaal van de verstandskies.

distoproximaal van distaal naar proximaal voortschrijdend.

distorsie, distorsio *L* verstuiking, verzwikking; het plaatsvinden van een niet-fysiologische (functionele) beweging van een gewricht met als gevolg rekking en inscheuring van gewrichtskapsel, eventueel van de gewrichtsbanden, gaat gepaard met bloeduitstorting in en/of om het gewricht, syn. stremma.

distractie het aan weerszijde bij een beenfractuur trekken of een ontwrichting (*luxatie) ter repositie van de fractuur- of gewrichtsdelen; *~verband*, rekverband, syn. distensieverband; *~krammen* (meervoud) rekkrammen, waarmee bij beenfractuur de beenuiteinden van elkaar verwijderd kunnen worden.

distress *E* 1. benauwdheid; *respiratory ~ syndrome*, *E* zie hyaliene-membranenziekte. 2. psychische nood en uitputting door emotionele stress.

districhie 1. syn. distichiasis. 2. twee haren in één follikel.

dit. afk. van dijodotyrosine, zie tyrosine; zie ook DIT.

DIT afk. van 1. diffuse intravasale trombose; zie ook DIC, DIS. 2. dietary induced *thermogenesis *E*. 3. dijodotyrosine.

diurese, diuresis *G* vorming van urine door de nieren.

diureticum *L* urinedrijvend (urineproductie bevorderend) middel, plaspil, meervoud diuretica; syn. uragogum; *lis-~*, elk diureticum dat zijn aangrijpingspunt heeft in het (opstijgende deel van de) lis van *Henle.

diurnus *L* 1. overdag plaatshebbend; bijv.nw. *diurnaal*. 2. eens per etmaal.

diutinus, diuturnus *L* langdurend.

div. (rec.) afk. van divide, verdeel.

divergent zich steeds verder van elkaar verwijderend; *divergentie*, uiteenwijking; stand van de ogen, waarbij de gezichtslijnen uiteenwijken; tgst. convergentie; syn. *divergerend*; ~ *scheelzien*, buitenwaarts scheelzien.

diverticulitis *L* ontsteking van divertikels, veelvuldig voorkomend bij ouderen in

de vorm van diverticulitis coli, zie divertikel.
diverticuloma granulomateuze gezwelmassa in de wand van het colon t.g.v. chronische diverticulitis.
diverticulose *L* vóórkomen van een groot aantal divertikels.
divertikel, diverticulum *L* (zakvormige) uitstulping, bijv. van de slokdarm, de dikke darm of de urineblaas, meervoud diverticula; ~ *meckelii*, *Meckel's divertikel, uitstulping van de kronkeldarm (ileum), een restant van de *ductus omphalo-entericus; ~ *oesophagi*, uitstulping van de slokdarm; *pulsie~*, een divertikel ontstaan door druk van binnenuit; ~ *spurium*, onecht divertikel, d.w.z. een uitstulping van de darmmucosa door de spierlaag (tunica muscularis); *tractie~*, een divertikel ontstaan door trekkrachten van buitenaf; ~ *verum*, echt divertikel, d.w.z. een uitstulping van alle lagen van de darmwand; zie ook Zenker.
divide *L* verdeel, afk. (rec.) div.
divisio deling, verdeling; in engere zin monogonie door deling.
dizygotie ontstaan uit twee zygoten; dizygote *tweeling.
DKTP afk. van difterie-kinkhoest-tetanus-poliomyelitis (vaccin).
DL 1. aanduiding dat een stof bestaat uit rechts- en linksdraaiende isomeren (dexter = rechts; laevo- = links). 2. (farm.) afk. van dosis letalis (dodelijke dosis).
DLE afk. van discoïde lupus erythematodes.
DLV afk. van differentiële longventilatie, syn. ILV.
DM afk. van 1. dystrophia myotonica, zie dystrofie. 2. diabetes mellitus.
DMARD (farm.) afk. van disease-modifying anti-rheumatic drugs *E*.
DMD afk. van 1. *Duchenne's muscular dystrophy *E*. 2. disease modifying drugs *E*.
DMSO afk. van dimethylsulfoxide, vehiculum (transportmiddel) voor farmaca dat een groot doordringingsvermogen door de huid heeft.
DNA afk. van de Engelse term: deoxyribonucleic acid, in het Ned. *desoxyribonucleïnezuur (afk. DNZ); zie ook recombinant-DNA; *~-fingerprinting*, zie VNTR.
DNCB afk. van dinitrochloorbenzeen; *~-test*, huidreactie ter bepaling van cellulaire immunoreactiviteit bij patiënten met neoplasmata.
DNES afk. van diffuus neuro-endocrien systeem.
DNP afk. van dinitrofenyl, een tweewaardig *hapteen.
DNS afk. van dysplastisch *naevus-syndroom.
DNZ afk. van desoxyribonucleïnezuur; syn. DNA.
dobbelsteenbeen (anat.) zie cuboïd.
DOCA afk. van desoxycorticosteronacetaat, een hormoon van de bijnierschors.
-doch- *G* (smst.) m.b.t. een (klein) vat, buisje, kanaaltje.
dochmiose syn. *ankylostomiasis.
dochter *~cel*, elke cel die door deling van een 'moedercel' ontstaat; *~chromosoom*, zie chromatiden; *~gezwel*, zie metastase.
Döderlein, A. Duits gynaecoloog (1860-1941); *~-bacil*, een van nature voorkomende bacterie (Lactobacillus) in de vagina; zie ook chimismus.
dode ruimte het deel van de tractus respiratorius (ademhalingsweg) dat niet deelneemt aan de gaswisseling.
dode vinger zie digitus.
Doehle, K. Duits patholoog (1855-1928); *~-lichaampjes*, basofiele insluitsels, hoofdzakelijk bestaande uit RNA, in neutrofiele granulocyten bij sommige

infectieziekten.

doelwitcel *targetcell *E*, die cellen, waarop een bepaalde fysiologisch actieve stof zijn werkzaamheid richt.

dolabra *L* zwachtelverband gevormd door renversé's.

dolicho- (smst.) lang; tgst. brachy-; *~cefaal*, met lange schedel; zie cranio-, clinocefalie, leptocefalie, sfenocefalie; *~cephalus*, individu met lange schedel; *~colon*, abnormaal lange, doch niet verwijde dikke darm; *~steomelie*, syn. arachnodactylie; ook: syn. acanthodactylie.

dolor *L* *pijn, weeën, meervoud dolores, zie partus; *~es ad partum*, baringsweeën; *~es ad secundinas*, nageboorteweeën; *~es nocturni*, nachtelijke pijnen; *~es osteocopi nocturni*, pijn in de beenderen vnl. van hoofd en scheenbeen, 's nachts bij syfilis en framboesia; *~es post partum*, naweeën; *~es praesagientes*, voorspellende weeën, teken van naderende partus; *~ terebrans*, 'borende' pijn.

domein deel van een eiwitmolecuul met een eigen (tertiaire) structuur; in zeer grote eiwitmoleculen zijn de verschillende domeinen door flexibele peptidenketens met elkaar verbonden; *membraan ~*, gebied van een plasmamembraan met min of meer eigen bouw en functie; zo zijn bij vele epitheelcellen het apicale en basolaterale deel van het plasmamembraan verschillende domeinen.

dominant overheersend; (erf.) indien bij een ongelijk allelenpaar (zie allel) slechts het éne tot uiting komt en het andere niet, dan noemt men het overheersende allel dominant, het andere *recessief.

dominantie 1. (erf.) zelfst.nw. bij *dominant. 2. (psych.) heerszucht.

domino-transplantatie transplantatie van een hart, afkomstig van een totale thoraxinhoud waarvan alleen de longen benodigd zijn (wegens een ongeneeslijke longziekte).

donatisme hypnotiseren door fascinatie.

Donohue, W. Canadees patholoog (geb. 1906); *ziekte van ~*, zie leprechaunisme.

donor gever, tgst. acceptor. 1. iemand, die bloed afgeeft ten bate van degene die een bloedtransfusie behoeft; ook: iemand die weefsel of een orgaan afstaat t.b.v. *transplantatie. 2. *~inseminatie*, zie inseminatie.

Donovan, Ch. Iers tropenarts (1863-1951), ontdekte de oorzaak van het granuloma venereum (*Donovania granulomatis*, een bacterie, zie granuloom) en, onafhankelijk van Leishman, van de lichaampjes van Leishman-Donovan.

donovaniosis syn. granuloma venereum (zie granuloom).

dood zie mors; *biologische ~*, toestand volgend op klinische dood t.g.v. onherstelbaar verlies van orgaan(functies) met name van de hersenen; *klinische ~*, ontbreken van spontane bloedsomloop, ademhaling en bewustzijn; d.m.v. reanimatietechnieken is eventueel biologische dood te voorkomen; zie ook hersendood, *BDE (bijna-dood ervaring).

doodkistgeboorte geboorte van de vrucht na de dood van de moeder.

dood *~sangst*, transe *F*; *~sdriften*, (Freud) driften die in tegenstelling tot levensdriften streven naar een volledige opheffing van de biologische spanning; *~skruis*, crux mortis, het dalen van de lichaamstemperatuur tegelijk met het stijgen van de polsfrequentie bij infectieziekten (op de curve: het elkaar kruisen van de pols- en de temperatuurlijn); prognostisch ongunstig; *~slag*, homicide; *~sstrijd*, agonie; *~swens*, verdrongen gedachte waarbij men iemand of zichzelf dood wenst.

loof-blindheid zeldzame combinatie van visuele en auditieve invaliditeit t.g.v. bijv. rubella-infectie van de moeder in de zwangerschap, syndroom van *Usher of meningitis.

doofheid onvermogen om te horen; in de praktijk ook wel omschreven als een gehoorverlies van meer dan 90 dB of het niet kunnen verstaan van spraak ondanks optimale versterking; syn. surditas; men onderscheidt 1. *geleidings~*, (luchtgeleiding van het geluid gestoord, beengeleiding normaal) doofheid t.g.v. afsluiting van de uitwendige gehoorgang of door aandoeningen van het middenoor, zoals otitis media, otorroe, tubaire catarre, otosclerose, defecten van trommelvlies en gehoorbeentjes. 2. *perceptie~*, (lucht- en beengeleiding in dezelfde mate gestoord) doofheid t.g.v. verminderde functie van het gehoorzintuig (*cochleaire ~*), zoals bij presbyacusis, ziekte van Ménière, beschadiging door een toxische stof of virus, akoestisch *(lawaai~)* of ander (naburig) trauma; bijzondere vormen zijn de congenitaal-hereditaire perceptiedoofheid en de familiale progressief-hereditaire perceptiedoofheid, berustend op *abiotrofie van het orgaan van Corti of t.g.v. processen die retrocachleair plaatsvinden (*retrocochleaire ~*) waaronder bij bepaalde aandoeningen van de nervus acusticus, brughoek- en andere cerebrale processen; ~ *verbalis*, onvermogen om woorden te verstaan, terwijl het gehoor ongestoord is; zie ook Bárány.

doofstomheid zie surdomutitas.

doolhof zie labyrint.

doorblazing pertubatie.

doorbloeding de mate waarin een weefsel van bloed wordt voorzien, afhankelijk van de wijdte en de lengte van de toevoerende bloedvaten, de bloeddruk en de graad van viscositeit van het bloed.

door- *~braakbloeding*, niet-menstruele baarmoederbloeding tijdens behandeling met ovulatieremmende hormonen (de 'pil'); *~liggen*, decubitus.

doorn zie spina; *~spier*, musculus spinalis; *~uitsteeksel*, processus spinosus; *~appelcellen* (meervoud), geschrompelde rode bloedcellen bij sommige bloedziekten òf t.g.v. een hypertonische omgeving.

doorspoelingstransfusie zie exsanguinatie.

DOPA afk. van dihydroxyfenylalanine, een precursor van adrenaline.

dopamine een catecholamine dat de output van het hart, de nierdoorbloeding en de diurese bevordert en de aanmaak en afgifte van prolactine remt; precursor van noradrenaline, antagonist van acetylcholine; dopamine is een weefselhormoon dat als neurotransmitter in het centrale zenuwstelsel werkzaam is; is waarschijnlijk identiek met prolactin inhibiting factor (PIF).

dopaminerg reagerend op dopamine.

doping *E* het (doen) gebruikmaken van in farmacologische zin werkzame middelen door personen die deze middelen gewoonlijk niet of niet in dezelfde hoeveelheden gebruiken, met de bedoeling een grotere lichamelijke of geestelijke prestatie te (doen) bereiken dan waartoe de betrokkene zich zonder het gebruik van die middelen in staat acht; het streven tot doping komt vnl. voor bij beoefenaars van (wedstrijd)sport, doch doet zich ook voor bij mensen die een zeer vermoeiend beroep uitoefenen, bij studerenden e.a.; de toegepaste middelen zijn talrijk en van zeer uiteenlopende aard (wekaminen, stimulantia, psychofarmaca, hormonen, sedativa, zelfs narcotica).

Doppler, C. Oostenrijks natuurkundige (1803-1853); *~-effect*, de toonhoogte van een geluid varieert met de snelheid waarmee geluidsbron en waarnemer zich ten opzichte van elkaar bewegen; ~ *onderzoek*, onderzoek waarbij gebruik wordt gemaakt van het Doppler-effect, namelijk de weerkaatsing van het uitgezonden ultrageluid door bewegende rode bloedcellen; het weerkaatste signaal ondergaat een frequentieverschuiving waarvan de grootte wordt bepaald door de snelheid en de richting van de bloedstroom; in de cardiologie en vaatchirurgie wordt het Doppler-onderzoek veelal gecombineerd met echocardiografie (*duplex-onderzoek); *kleuren ~*, de bloedstromen in het hart en de grote vaten kunnen met behulp van een kleurencode zichtbaar worden gemaakt.

dopverband verband ter beschutting van het oog d.m.v. een dop van geperforeerd plastiek of metaal.

DORA afk. van double-outlet right atrium *E*.

dorsaal, dorsalis *L* tot de rug of de rugzijde behorend; tgst. ventralis; *~ale flexie*, opwaarts bewegen van de rug van hand of voet.

dorserslong pneumoconiose t.g.v. het inademen van stof (waarin schimmelsporen) dat bij het dorsen opstuift.

dorsiflexie buiging van hand of voet in pols- resp. enkelgewricht in de richting van hand- resp. voetrug.

dorsoventraal *L* in een richting van de rug naar de buik.

dorsum *L* rug.

DORV afk. van double-outlet right ventricle *E*.

DOS afk. van diffuse *ontwikkelingsstoornissen.

DOSA afk. van Doppler-spectra-analyse.

dose *F* en *E* *dosis; *~ de rappel*, zie injection de rappel.

doseren afwegen, de gift bepalen; *dosering*, syn. dosis; *gefractioneerde dosering*, toediening van een geneesmiddel in getemporiseerde fracties.

dosimeter toestel voor het meten van de dosering van röntgenstralen.

dosiologie de kennis van de te geven *dosis medicijnen, syn. posiologie.

dosis *G* (farm.) gift, hoeveelheid van een geneesmiddel; *booster ~*, zie injection de rappel; *~ effect*, (erf.) een verandering in het fenotype als gevolg van een afwijkend aantal genkopieën; *initiale ~*, begindosering van een geneesmiddel, bij bepaalde middelen hoger (*loading dose E*) of lager dan de *onderhouds~* (waarmee wordt doorgegaan); *~ letalis*, dodelijke dosis; *maximale ~*, de grootste dosis die vlg. de farmacopee van een sterk werkend geneesmiddel mag worden gegeven per etmaal of per keer, ook al schrijft de arts een grotere dosis voor (tenzij hij op het recept een uitroepteken plaatst); *~ refracta* (farm.), in herhaalde kleine giften; *speur~*, zie speurdosis.

dosule (farm.) geneesmiddel in tabletvorm met gereguleerde afgifte.

DOT afk. van direct observed therapy *E*.

DOTS afk. van Dutch orthopaedic trade society, overlegorgaan van de leveranciers van orthopedische implantaten.

Dotter, C. Amerikaans radioloog; *methodiek van ~ en Judkins*, het weer doorgankelijk maken van vernauwde arteriën d.m.v. een volgens de techniek van *Seldinger ingebrachte ballonkatheter (zie katheter); syn. *PTA; wkw. *dotteren*; zie ook PTCA, angioplastiek, dilatatie.

double blind test *E* zie dubbelblind proef.

double Dutch-methode een vorm van anticonceptie waarbij de pil en condoom gecombineerd worden.

Douglas, J. Schotse arts (1675-1742); *~abces*, abces in het *cavum Douglasi; *cri du ~ F*, pijnkreet bij vaginaal toucher van het cavum Douglasi bij ruptuur van een extra-uteriene graviditeit.

Down, J. Langdon Engels arts (1828-1896); ~ *syndroom*, afk. DS, syn. (ten onrechte) mongolisme, mongoloïde idiotie; een vorm van idiotie of imbeciliteit met als kenmerken: klein rond hoofd, weinig profiel, lage wenkbrauwboog, hoog verhemelte, kleine neus, scheve ooglidspleet, *epicanthus, grote tong, korte plompe handen en voeten, slappe gewrichten, vaak geringe lengtegroei, irisvlekken, ver uit elkaar staande ogen, korte hals, laagstaande navel, sterk plooibare slappe huid, abnormale handlijnen; er is sprake van een extra chromosoom 21 (trisomie 21); de gewone trisomie 21 komt bij 90-95% van deze patiënten voor; in 2-5% van alle gevallen van DS is er sprake van mozaïek-trisomie 21 (mosaicisme) waarbij dus zowel normale cellen als zogenaamde trisomische cellen voorkomen; bij 3-5% van alle Down-patiënten is er sprake van translokatie-trisomie 21, waarbij het extra chromosoom 21 vastzit aan een ander chromosoom, meestal aan chromosoom 14, soms aan 13 of 15; bij het ouder worden van de moeder (en mogelijk ook van de vader) neemt de kans op een kind met DS toe; is de moeder 20 jaar dan is de kans 1/2500, bij 37 jaar 1/200, bij 40 jaar 1/100 en op 45-jarige leeftijd is de kans 1/25; zie ook triple-test.

downer *E* (jrg.) fantasienaam voor tranquilizer.

DP afk. van dementia paralytica.

DPA afk. van dual photon absorptiometry *E*, *absorptiometrie met behulp van gammastralen met twee verschillende energie-pieken, waardoor de storende invloed van de absorptie door de weke delen die het desbetreffende bot omgeven, wordt uitgeschakeld.

DPG afk. van difosfoglyceraat, aanwezig in erytrocyten; 2,3-~-*concentratie*, maatstaf voor de O_2-affiniteit van Hb.

DPGN afk. van diffuse proliferatieve *glomerulonefritis.

DPM afk. van disintegrations per minute *E*.

DPN afk. van difosfopyridinenucleotide; zie NAD.

DPS afk. van (aantal) desintegraties per seconde.

DPSF afk. van detecteerbare presymptomatische fase.

DR afk. van digitale radiologie.

draadextensie het reponeren van een gedislokeerde fractuur met een gewicht aan een door het distale breukuiteinde aangebrachte staaldraad (rekverband).

draadwormziekte filariasis.

draag- ~*doek*, zie mitella; ~*kracht*, het vermogen om moeilijkheden te incasseren en te verwerken; ~*last*, de problemen en moeilijkheden die iemand krijgt te verwerken; ~*moeder*, vrouw die voor een kinderloos echtpaar een kind baart; ~*verband*, zie suspensorium.

draaier (anat.) axis, epistropheus (obsoleet), de tweede halswervel.

draaiing rotatie.

draaipunt ~ *van het oog*, het centrale punt waaromheen het oog draait, ligt in het glasvocht ongeveer 10 mm vóór de retina.

draaispier musculus rotator, kleine korte wervelspier die zorgt voor het strekken van de wervelkolom.

drachma *G*, **drachme** oud medicinaal gewicht = 3 scrupels = 3,84 gram.

dracunculosis, dracunculiasis, dracontiasis *G* huidziekte, veroorzaakt door de medinaworm; zie Dracunculus medinensis.

Dracunculus medinensis *G* medina- of guineaworm, lichtgele, 60 cm tot 1 m lange en ±1 mm dikke, tropische worm, behorend tot de nematoden, die dracunculosis veroorzaakt, een huidziekte die gepaard gaat met jeuk over het gehele lichaam, braken, koorts, hoofdpijn, enz. en de vorming van pijnlijke etterende builen, die doorbreken en een zweer achterlaten waaruit de kop van de worm te voorschijn komt; syn. Dracunculus persarum, Filaria medinensis, Gordius medinensis.

dragee *G* (farm.) geglazuurde pil of tablet; kapsel- of mantelpil, resp. -tablet; meervoud dragées.

Dräger, G. Amerikaans neuroloog (geb. 1917), zie Shy.

drain *E* een buisje of ander hulpmiddel waardoor vocht (bloed, wondvocht, pus) kan worden afgevoerd; zie drainage; *golfrubber ~*, drain van gegolfd rubber voor drainage van grotere wonden; *penrose ~*, rubber drain met ingelegd gaas.

drainage, draineren afvoeren van vloeistoffen (wondvocht, bloed, pus en dergelijke) d.m.v. drains of door het maken van (een) opening(en); zie ook lymfedrainage.

drang syn. impuls, neiging waaraan weinig of geen weerstand kan worden geboden en die snel tot actie voert en gericht is op directe lustbevrediging; *~handelingen*, worden vaak vooraf gegaan door onlustgevoelens, die via de actie worden ontladen en waarbij pas achteraf schuld of spijtgevoelens optreden in tegenstelling tot *dwanghandelingen; dranghandelingen worden vaak aangeduid met het achtervoegsel -zucht of -manie.

drankzucht zie alcoholisme.

drapetomanie syn. *dromomanie.

drasticum *G* (farm.) meervoud drastica, sterk werkend (prikkelend) laxerend middel (obsoleet)

DRC afk. van drugs related crime.

DRE afk. van digital rectal examination *E*, rectaal *toucher.

drek feces; *~fistel*, zie stercoraal; *~steen*, zie coproliet.

drempellijn het eigenlijke *audiogram, nl. de lijn die de toonhoogte aangeeft welke juist binnen het waarnemingsbereik ligt.

drempelproteïnurie zie proteïnurie.

drempelwaarde 1. grenswaarde, waarbeneden een prikkel of een geneesmiddelconcentratie niet effectief is. 2. de hoogte van de concentratie van een bloedbestanddeel waarboven uitscheiding - in engere zin door de nieren - begint of abnormaal groot wordt.

drepanocyt sikkelcel; *~ose*, *sikkelcelziekte.

Dressler, W. Amerikaans cardioloog (1900-1969); *syndroom van ~*, pericarditis als complicatie van een hartinfarct, hart*tamponade e.d.

DRF afk. van dosisreductiefactor.

DRG afk. van diagnosis related groups *E*.

drie *~delig*, trimeer; *~hoekhoofd*, trigonocefalie; *~hoeksbeen*, os triquetrum; *~hoekzit*, zie driepootfenomeen; *~lingzenuw*, trigeminus, zie nervus; *~maal daags*, (rec.) ter de die; *~pootfenomeen*, vermindering van druk op de rug bij meningitis door in zittende houding de rug te strekken d.m.v. steunen op de handen achter het zitvlak; *~slippig*, zie tricuspidaal.

drift (psych.) spanningsvolle toestand die iemands gedrag, gericht op het bereiken van behoeftebevrediging, opwekt en onderhoudt.

drift *A*, **drifting** het plaatshebben van antigene *mutaties in micro-organismen, waardoor deze hun reeds verkregen immuniteitseigenschappen verliezen, in engere zin antigene veranderingen in de virale *mantel-eiwitten van de diverse influenza-virussen.

driften (Freud) biologische behoeften die de basis van de persoonlijkheid vormen, te onderscheiden in seksuele en agressieve driften.

dri-heat *A* systeem van voedseltransport aan een lopende band in ziekenhuiskeukens met behulp van verhitte metalen 'pellets' welke de borden warm houden, en dieetsignalering vlg. bepaalde kleurenschema's.

drip *E* 1. druppel-*infusie; ook wel: voedings-infuus via een sonde door de neus. 2. druppeling; *postnasale ~*, irritatie van het epitheel der luchtwegen door producten van neus en nasofarynx, meestal gepaard met frequent kuchen.

dromedarkurve *D* bifasisch koortsverloop.

dromogram *G* curve van de snelheid, bijv. van de bloedstroom, syn. tachogram.

dromolepsie syn. *epilepsia procursiva.

dromomanie *G* overheersend verlangen tot zwerven, voorkomend o.a. bij epilepsie en autisme; syn. drapetomanie, poriomanie.

dromotherapie *G* geneeswijze met loopoefeningen.

dromotropie, dromotropisme beïnvloeding van de snelheid van (zenuw)geleiding.

dronkaard potator.

dronkemansgang titubatie.

droog siccus *L*.

droom (psych.) tijdens de slaap optredende fantasieën, gedachten en andere psychische activiteiten; *~analyse*, psychoanalytische techniek, waarbij de droominhoud onderzocht wordt op zijn betekenis; *dag~*, (wens)fantasie; *~leer*, oneirologie; *natte ~* (pop.), droom meestal met seksuele inhoud, gepaard gaand met een zaadlozing; *~toestand*, bewustzijnsstoornis (daling) gekenmerkt door armoede in ongerichte en doelloze bewegingen en handelingen van de patiënt (hij dwaalt maar wat rond); niet te verwarren met droom; zie ook schemertoestand.

drop attack *E* plotseling op de grond vallen van een persoon, zonder dat zich te voren andere verschijnselen (bijv. een duizeling) hebben voorgedaan; komt o.a. voor bij het fenomeen van *Adams-Stokes, tumor cerebri en het *vertebrobasilaris syndroom.

drop-out *E* 1. persoon die zich aan alle normale maatschappelijke verantwoordelijkheden onttrekt en geen contact met medemensen meer wenst. 2. cliënt/patiënt die voortijdig therapie of onderzoek beëindigt.

dropping hand *E* hangende houding van de hand bij verlamming van de nervus radialis.

DRP afk. van diabetische retinopathie.

drug *E*, meervoud drugs 1. geneesmiddel, medicament. 2. (in engere zin) stof die een verandering van het menselijk bewustzijn teweegbrengt en om deze reden wordt gebruikt; men onderscheidt: bewustzijnsverlagende of roesmiddelen (opiaten, barbituraten, alcohol, ether, tri e.a.), opwekkende middelen (wekaminen cocaïne e.a.) en bewustzijnsverruimende middelen (LSD, marihuana, hashish e.a.); men onderscheidt *soft* (licht of niet verslavend) en *hard* (verslavend) drugs; zie ook abstinentie, addictie, afhankelijkheid van een middel, afkicken, dependentie, gewenning, verslaving.

drugfever *E* koorts veroorzaakt door geneesmiddelen.

druif *~gezwel*, zie stafyloom; *~vlies*, zie uvea (bet. 2); *~vormig*, racemosus.
druilnier (jrg.) röntgenbeeld van een laterocaudaal afhangende onderpooi van de nier met pyelum als een verwelkte bloem, bij hydronefrose.
druiper zie gonorroe.
druipoog beeld van een oog met conjunctivitis catarrhalis.
druivensuiker syn. *glucose.
druk zie compressie, tensie, tonus; *gemiddelde arteriële ~*, de diastolische *bloeddruk vermeerderd met eenderde van de polsdruk, syn. mean arterial pressure *E*; *~pols*, langzame polsslag t.g.v. verhoogde intracraniële druk, bijv. bij bloeduitstorting binnen de schedel, hersengezwel en dergelijke; *~ulcus*, zie ulcus.
drumsticks *E* lett. trommelstokken, aanhangsels van de kernmembraan van een deel der granulocyten in het perifere bloed, bestaande uit zgn. geslachtschromatine, uitsluitend voorkomend bij vrouwelijke individuen, ook te vinden in cellen van andere weefsels, vooral huid en slijmvliezen; het aantonen van drumsticks (zgn. chromatinetest) is een methode om met vrij grote zekerheid het geslacht van een bepaald individu te bepalen wanneer de gonaden hieromtrent geen uitsluitsel geven; syn. lichaampjes van Barr.
druppel zie gutta; *dikke ~*, aan de lucht gedroogd preparaat van een druppel bloed voor microscopisch onderzoek op malariaparasieten; *~klysma*, zie instillatie; *~hart*, cor pendulum, klein hart bij asthenici (zie habitus) welks lengteas door de lage stand van het middenrif een kleinere hoek maakt met het mediane vlak dan normaal; syn. cardioptosis; *~infectie*, zie infectie; *~infuus*, zie instillatie; *~meter*, stactometer.
drusen *D* (oogheelk.) hyaliene verdikkingen in de membraan van *Bruch of in de discus nervi optici, soms met gezichtsveldbeperking door druk op zenuwvezels.
DRV afk. van dode-ruimte vergroting; een mechanisch hulpmiddel ter preventie van (postoperatieve) longcomplicaties.
dry-coating *E* zie coating.
DS afk. van *Down-syndroom.
DSA afk. van digitale subtractie *angiografie; syn. DVI.
d.s.c. (rec.) afk. van detur sine confectione, verstrek zonder bijsluiter.
dsDNA afk. van dubbelstrengs *DNA.
d.s.m. (rec.) afk. van detur sine monitione, verstrek zonder waarschuwing.
DSM afk. van diagnostic and statistical manual (of mental disorders) *A*; een diagnostische handleiding van de American Psychiatric Association waarin psychische stoornissen worden geordend op grond van beschrijvende kenmerken in plaats van op basis van theorieën over oorzaken. De aanduiding III-R duidt op de derde herziene (revised) versie (1987); de huidige, vierde versie is DSM-IV (1994).
DSR afk. van digital substraction radiology.
DST afk. van dexamethason-suppressietest, proef op de productie van *cortisol (vindt toepassing bij de diagnose van het syndroom van Cushing en in de diagnostiek van depressietoestanden).
d.t.d. (rec.) afk. van dentur tales doses, men geve deze dosering.
DTG afk. van drugsvrije therapeutische gemeenschap.
DTH afk. van delayed type hypersensitivity *E*.
DTIC (farm.) afk. van dimethyl-triazeno-imidazol-carboxamide; dacarbazine; een cytostaticum.

DTPM afk. van difterie, tetanus, poliomyelitis, mazelen (vaccin).
DTT afk. van dithiotreïtol.
dU afk. van daily urin *E*, de dagelijkse hoeveelheid urine, 24 uurs urine.
dualis in tweevoud; getweeën; ook: *duadisch*.
dualisme de visie welke aan lichaam en ziel beide een eigen bestaan toekent.
dualiteit tweevoudigheid; zie ook ambivalentie.
Duane, A. Amerikaans oogarts (1858-1926); *syndroom van* ~, erfelijk aangeboren, meestal éénzijdig en hoofdzakelijk bij vrouwen voorkomend beperkt vermogen van het oog tot buitenwaarts draaien; ook de binnenwaartse beweging is gestoord en hierbij trekt de oogbol zich terug in de oogkas; syn. retractiesyndroom, Stilling.
dubbel *~beeld*, zie diplopie; *~blindproef*, onderzoek naar bijv. de werkzaamheid van een nieuw geneesmiddel in vergelijking met een *placebo (bet. 2), of een nieuwe therapie in vergelijking met een reeds bestaande, waarbij de onderzoeker en onderzochte (patiënt) niet eerder dan na de uitkomsten van de proef op de hoogte worden gesteld van de gevolgde procedure, ter voorkoming van beïnvloeding van de uitkomst van het onderzoek; *~koolzure soda*, natriumbicarbonaat; zuiveringszout; *~monstrum*, zie monstrum duplex; *~slachtigheid*, zie hermafroditisme; *~tand* (tandheelk.), diplodontie; *~zien*, zie diplopie, strabismus, visus.
Dubin, I. Amerikaans patholoog (geb. 1913); *syndroom van ~-Johnson-Sprinz*, ziektebeeld als syndroom van *Rotor, doch met leverpigmentatie.
dubius, vrl. **dubia** *L* twijfelachtig, zie prognose.
Dublinse handgreep een handgreep bij de verlossing vlg. de methode van Credé (zie crederen) doch reeds vóór de geboorte van het kind.
Dubreuilh, M. Frans dermatoloog (1857-1935); *ziekte van* ~, melanosis circumscripta praecancerosa.
Duchenne, G. Frans neuroloog (1806-1875); *fenomeen van* ~, intrekking van het epigastrium tijdens de inademing bij verlamming van het middenrif; *paralyse van Erb-~*, zie Erb; *symptoom van ~-Trendelenburg*, kanteling van het bekken naar de zijde van het in staande houding opgeheven, in heup en knie tot 90° gebogen been bij insufficiëntie van de heterolaterale bilspieren, dijbeenhalsverkorting of heupluxatie; *ziekte van ~, dystrophia musculorum progressiva* of *juvenilis* (zie dystrofie), X-chromosomaal gebonden (dus alleen bij jongens voorkomend) recessief-erfelijke spierdystrofie, die op 2-jarige leeftijd manifest wordt als spierzwakte van de benen (met vaak *pseudohypertrofie van de kuitspieren), later gevolgd door uitbreiding naar vrijwel alle skeletspieren, kyfoscoliose, contracturen, skelet-atrofie; er zijn typische veranderingen in het ECG, er bestaat mentale retardatie, verhoogde CK-activiteit en (waarschijnlijk) gestoorde sarcolemmadoorlaatbaarheid; de prognose is somber; *ziekte van Aran-~*, zie Werdnig.
Ducrey, A. Italiaans huidarts (1860-1940); *bacil van* ~, syn. Haemophilus ducreyi, verwekker van het ulcus molle (weke sjanker), zie sjanker.
ductaal lett.: in een *ductus.
ductectomie (chir.) verwijdering van een (zieke) ductus.
ductiliteit rekbaarheid in de lengte.
duct- *itis* ontsteking van een ductus; *~ulus*, buisje (vklw. van ductus), meervoud ductuli; *ductuli efferentes testis*, de uitlozingsbuisjes van de zaadballen, vormen het begin van de bijbal.
ductus *L* kanaal, gang, afvoerbuis, meervoud ducti; bijv.nw. *ductulair*, *ductaal*;

~ *Arantii*, syn. ductus venosus; ~ *arteriosus (Botalli)*, verbinding tussen aorta en a. pulmonalis waardoorheen bij het embryo bloed stroomt en die na de geboorte dicht gaat; ~ *arteriosus persistens*, 'open ductus Botalli', na de geboorte niet gesloten; veroorzaakt een continu geruis; ~ *choledochus*, galbuis, ontstaande uit de vereniging van de ductus cysticus en de ductus hepaticus; ~ *cochlearis*, zie labyrint, sacculus; ~ *cuvieri*, twee korte veneuze stammen die bij het embryo uitmonden in de primitieve hartboezem; de rechter stam ontwikkelt zich tot de *vena cava superior, van de linker stam resteert o.a. de *sinus coronarius; ~ *cysticus*, afvoerbuis van de galblaas; ~ *deferens*, oude naam: vas deferens, zaadleider, de voortzetting van de epididymis, uitmondend in de urethra; *endolymphaticus*, syn. aqueductus vestibuli (zie aqueduct); ~ *hepaticus*, leverbuis, afvoerbuis van de lever; ~ *lymphaticus*, de rechter lymfebuis, mondt uit in de rechter ondersleutelbeenader; verzamelt de lymfe van rechter arm en de rechter helft van hoofd en borstgebied; ~ *nasolacrimalis*, afvoergang van de traanzak naar de neusholte; ~ *omphalo-entericus*, embryonale verbinding tussen de embryonale darm em de dooierzak (navel); ~ *pancreaticus*, syn. ~ *wirsungianus*, alvleesklierbuis; ~ *semicirculares* (meervoud), het deel van het vliezig labyrint, gelegen in de drie halfcirkelvormige kanalen, dat de zintuigelementen van het evenwichtsorgaan bevat; ~ *stenonianus*, de afvoergang van de oorspeekselklier; ~ *sudoriferi*, afvoergangen van de zweetklieren; ~ *thoracicus*, borstbuis die de lymfevaten van de linkerhelft van het bovenlichaam opneemt, en die van buik en benen; mondt uit in de linker ondersleutelbeenader; ~ *venosus*, syn. ductus Arantii, een foetaal bloedvat dat de vena umbilicalis (navelstrengader) verbindt met de vena cava inferior (onderste holle ader); na de geboorte gaat het vat verbindweefselen tot het ligamentum venosum.

Duffy zeldzame bloedgroep, aangeduid als Fy, genoemd naar een patiënt genaamd Duffy.

Dühring, L. Amerikaans huidarts (1845-1913); *ziekte van ~*, sterk jeukende, symmetrisch-erythemateuze, vesiculobulleuze dermatitis vnl. aan de strekzijde van de extremiteiten en op de rug, gepaard met ziekzijn, soms met atrofie van darmvlokken en coeliakie; behoort tot de auto-immuunziekten; in de toppen van de huidpapillen en in de nierglomeruli worden deposities van IgA-immuuncomplexen aangetroffen; syn. dermatitis herpetiformis.

duikersziekte zie caissonziekte.

duim pollex.

duivenmelkersziekte een longaandoening (exogene allergische longalveolitis), veroorzaakt door inademen van antigenen die voorkomen in de uitwerpselen van duiven; dit ziektebeeld moet worden onderscheiden van de longontsteking veroorzaakt door Chlamydia psittaci; zie psittacose. ornithosis.

duizeligheid gevoel van ruimtelijke *desoriëntatie, zie vertigo.

Dukes, Cl. Engels huidarts (1845-1925); *ziekte van ~*, *vierde ziekte.

dumpingsyndroom door het overmatig snel ledigen van de maaginhoud in de dunne darm optreden van misselijkheid, transpiratie, opgeblazenheid in de bovenbuik, soms met duizeligheid, hartkloppingen, hoofdpijnen, geeuwen, beven en borrelingen in de buik kort na de maaltijd, meestal bij mensen die een maagresectie (in engere zin een pylorusresectie) hebben ondergaan, syn. postgastrectomie syndroom.

Duncan-syndroom een erfelijke (X-chromosomale recessieve) immunodeficiëntie, zich uitend in familiaire maligne gezwelvorming.

dunne darm intestinum tenue, enteron.

duodenaal m.b.t. de twaalfvingerige darm; zie duodenum.

duodenitis *L* ontsteking van het duodenum.

duodenum *L* twaalfvingerige darm, het bovenste deel van de dunne darm, aansluitend op de pylorus van de maag, waarin de *ductus choledochus en de *ductus pancreaticus uitmonden.

Duplay, E. Frans chirurg (1836-1924); *ziekte van ~*, *periarthritis humeroscapularis.

duplex *L* dubbel, tweevoudig, syn. duplicatus; *~onderzoek*, een combinatie van *echografie van de vaten en het meten van de stroomsnelheid van het bloed (*doppler-onderzoek).

duplicatie het in tweevoud aanwezig zijn van dezelfde genetische informatie in een chromatide.

duplicatus zie duplex.

duplicatuur uit twee lagen bestaande; plooi.

Dupuytren, G. Frans chirurg (1777-1835); *contractuur van ~*, schrompeling van het peesblad van de handpalm, waardoor de vingers in buigstand worden gedwongen; syn. fibrosis palmaris.

duraal m.b.t. het harde hersenvlies, zie dura mater.

dura mater *L* het buitenste der drie hersenvliezen, het harde hersen- en ruggenmergsvlies; de hersenen zijn evenals het ruggenmerg omgeven door drie vliezen, t.w. het binnenste of zachte hersenvlies *(pia mater)*, het middelste of spinnenwebvlies *(arachnoidea)* en het buitenste of harde hersenvlies *(dura mater)*.

durante *L* tijdens, gedurende; *~ cenam*, afk. d.c., tijdens de maaltijden; *~ partu*, gedurende de bevalling.

Duroziez, P. Frans arts (1826-1897); *dubbelgeruis van ~*, bij lichte druk met de stethoscoop op een grote slagader is na het (normale) systolische, een diastolisch geruis te horen bij aorta-insufficiëntie, M. Graves, cardiovasculaire *beriberi en soms bij ernstige anemie; *ziekte van ~*, congenitale mitralisstenose.

Durrer, D. Nederlands cardioloog (1918-1984), befaamd om zijn baanbrekende onderzoekingen op het gebied van de hartspiercontracties.

dutcherlichaampjes ophopingen van immunoglobulinen in de kernen van lymfoplasmacytoïde cellen in het beenmerg.

δV afk. van delta virus, zie delta-agens.

DVA afk. van drugvrije afdeling.

DVI afk. van digital vascular imaging *A*; syn. *DSA.

DVN afk. van diabetesvereniging Nederland, thans NDF.

DVO afk. van dagverblijf voor volwassenen.

DVT afk. van diep-veneuze *trombose; zie ook Homans.

dwaalleer heterodoxie.

dwangbuis camisia follium *L*, een kledingstuk uit sterke, ruwe stof, met lange mouwen die aaneengeknoopt kunnen worden om de beweeglijkheid van de patiënt te beperken.

dwanggedachte syn. obsessie, kwellende gedachte waar iemand niet van loskomt en die als zinloos wordt ervaren; men probeert de gedachte te negeren of te onderdrukken of door een andere gedachte of handeling te neutraliseren; men is zich bewust dat de gedachte niet van buitenaf wordt ingebracht maar een produc van de eigen geest is.

dwanghandeling (psych.) syn. compulsie, op zichzelf volstrekt zinloze handeling die iemand op een bepaalde manier moet uitvoeren als reactie op een dwanggedachte, hoewel men zich bewust is dat de handeling overdreven of onredelijk is; dwanghandelingen hebben tot doel een angstveroorzakende situatie te neutraliseren, maar de samenhang tussen de handeling en de te neutraliseren situatie is buitensporig.

dwangmatige persoonlijkheid zie obsessieve-compulsieve *persoonlijkheid.

dwangnagel nijnagel, stroopnagel, inscheuring van de huid langs de nagelriem, veel voorkomende plaats van infectie van het nagelbed.

dwangneurose oude term voor *obsessieve-compulsieve stoornis.

dwangstand zie contractuur.

dwangstoornis (psych.) zie obsessieve-compulsieve stoornis.

dwangverschijnsel (psych.) het onwillekeurig vele keren een handeling of gedachte moeten herhalen.

dwangvoorstelling zie dwanggedachte.

dwarfism *E* *dwerggroei; *camptomelic syndrome*, vorm van *dyschondroplasie met o.a. vlak gelaat, kromme (armen en) benen, hypoplastische schouderbladen, platte wervellichamen (zie camptomelie) ; *(neonatal) death ~*, zie thanatofore *dwerggroei.

dwarslaesie dwarse onderbreking van de continuïteit van het ruggenmerg door trauma of ziekteproces, waardoor mobiliteit en sensibiliteit onder het niveau van de laesie uitvallen en de willekeurige beïnvloeding van blaas en rectum is opgeheven; *pontiene ~syndroom*, zie locked-in syndrome.

dwarsligging (verlosk.) afwijkende ligging van het kind in de baarmoeder, waarbij een spontane (natuurlijke) geboorte niet mogelijk is.

dwarsuitsteeksel processus transversus.

dwerggroei zie ook nanisme; kan ontstaan door 1. endocrinologische oorzaken in de jeugd (hypopituïtarisme en hypothyroïdie; zie Lorain, cretinisme). 2. chromosomaal (zie gonadale *dysgenesie, pseudohypoparathyroïdie, syndroom van Down). 3. skeletziekten (zie rachitis, dyschondroplasie, osteodystrofie, osteopsathyrose, ziekten van *Hurler en *Morquio, chondro-ectodermale *dysplasie, osteomalacie e.a.). 4. groeibelemmerende invloeden in de jeugd, zoals malabsorptie, juveniele reumatoïde artritis, cystische fibrose, congenitale hartgebreken, nier- en leverinsufficiëntie *(cardiale*, resp. *renale* en *hepatogene ~)*. 5. constitutioneel ('idiopathische' en primordiale dwerggroei en progeria): *thanatofore ~*, dwerggroei gekenmerkt door gebrekkige ontwikkeling van de ledematen (micromelie), zeer korte ribben, wervellichamen van geringe hoogte, sterk misvormd bekken, een en ander onverenigbaar met het leven.

DWI afk. van darmweginfectie.

DX afk. van diagnose.

DXA afk. van dual energy X-ray absorptiometrie.

DyM afk. van dystrophia myotonica.

dynamica leer van de krachten die bewegingen veroorzaken; bewegingsleer.

dynamie (spier)kracht.

dynamisch m.b.t. beweging of kracht; (psych.) met innerlijke bewogenheid en energie; tgst. adynamisch (zie adynamie).

dynamismus *L* syn. vitalisme.

dynamometer *G* instrument om de knijpkracht van de handen te meten.
-dynie (smst.) pijn.
dynorfine een *endorfine waaromtrent nog weinig bekend is.
dys- *G* (smst.) zie ook dis-; betekent on-, wan-, mis-, slecht, verkeerd, moeilijk.
dysacusis *G* 1. hardhorigheid. 2. het opkomen van onaangename gewaarwordingen bij het horen van bepaalde tonen of klanken; syn. baryekoia, dysekoia. 3. wangehoor, het waarnemen van verschillende toonhoogten door linker en rechter oor bij eenzelfde geluid.
dysaesthesia zie dysesthesie; ~ *dolorosa*, dysesthesie gepaard met spontaan pijngevoel; komt o.a. voor bij organische zenuwaandoeningen.
dysageusie slechte smaak in de mond.
dysanagnosie *G* het onvermogen om de juiste woorden te lezen; een bij psychische stoornissen voorkomende afwijking waarbij andere woorden worden gelezen dan de lijder voor zich ziet; vorm van dyslexie.
dysartrie, dysarthria lichte vorm van *anartrie uitspraakstoornis t.g.v. een neurologische aandoening.
dysartrose, dysarthrosis 1. (alg.) afwijking in de functie van een gewricht. 2. gewrichtsmisvorming. 3. aangeboren ontwrichting; syn. luxatio congenita.
dysautonomie *familiale* ~, recessief erfelijk syndroom vnl. bij kinderen van joodse afstamming, gekenmerkt door geremde traanafscheiding, vluchtige exanthemen, psycholabiliteit, speekselvloed, aanvallen van profuse transpiratie, orthostatische hypotensie, hyporeflexie en kyfoscoliose, berustend op een functiestoornis van het autonoom zenuwstelsel, waarschijnlijk t.g.v. *paraneoplasie.
dysbacteriose syn. dysbiose; zie eubiose.
dysbasie, dysbasia *G* moeilijk lopen, lichte vorm van abasie; ~ *intermittens ischaemica arteriosclerotica*, zie claudicatio intermittens; ~ *lordotica progressiva*, syn. dystonia musculorum deformans.
dysbètalipoproteïne een 'low-density' β-*lipoproteïne (zie LDL).
dysbiose verstoring van de *eubiose.
dysbulie *G* wilszwakte, gebrek aan wil om gezond te zijn.
dyscalculie verminderde vaardigheid in het rekenen; rekenblindheid.
dyscataporia *G* moeilijk slikken, vnl. van vloeistoffen.
dyscefalie elke misvorming van het hoofd of het gelaat.
dyschezie van de endeldarm uitgaande obstipatie; sterke ophoping van feces in het rectum bij normale functie van het overige gedeelte van het colon.
dyschondroplasie langzame en onregelmatige verbening van het kraakbeen der botten van de ledematen, waardoor deze verkrommen en kort blijven, tevens met vorming van kraakbenige uitwassen; uiterlijke kenmerken zijn: korte ingetrokken neus, korte ledematen, kromme onderbenen; staan en lopen geschiedt op de buitenrand der voeten; syn. achondroplasie, chondrodystrofie.
dyschondrosis stoornis in de groei van kraakbeen.
dyschondrosteosis een vorm van dyschondroplasie die leidt tot een gebrekkige groei van de ledematen (micromelia).
dyschromatie, dyschromatopsie, dyschromasie (obsoleet) *kleurenblindheid.
dyschromie, dyschromia stoornis in de pigmentatie van huid en haar; ~ *in confetti*, multipele gedepigmenteerde maculae; ~ *oedematosa pilocutanea*, dyschromie bij kwashiorkor.
dyscorie onregelmatige vorm van de pupil.

dyscranie syn. *allocefalie.
dyscrinisme, dyscrinie verkeerde werking van klieren of de toestand die hiervan het gevolg is.
dysdeglutitie verslikking.
dysdiadochokinese *G* onvermogen om snel achtereen tegengestelde bewegingen uit te voeren, bijv. pronatie en supinatie; komt voor bij een gestoorde functie (bijv. trauma, intoxicatie) van de kleine hersenen.
dysenterie, dysenteria *G* bloeddiarree, persloop, rode loop; een vooral in tropische landen ernstige ziekte van de dikke darm, die veroorzaakt wordt door de Bacillus dysenteriae *(bacillaire ~)* of door de *Entamoeba histolytica *(amoebe~)*, de ziekte begint met diarree die aanhoudend toeneemt, zodat na enige dagen voortdurend bij kleine tussenpozen kleine hoeveelheid bloed en slijm onder pijnlijke persingen (tenesmi) worden afgescheiden; bij amoebedysenterie krijgt de ziekte soms een chronisch karakter; een ongunstig verloop krijgt amoebedysenterie dikwijls door de vorming van leverabcessen (~ *hepatica*) of buikvliesontsteking t.g.v. darmzweren; ~ *endemica*, inheemse dysenterie.
dysergie *G* verkeerde werking van organen.
dyserytropoëse, dyserythropoiesis pathologische kwalitatieve aanmaak van rode bloedcellen t.g.v. stoornis in het nucleïnezuurmetabolisme, o.a. kenbaar aan de afwijkende (polynucleaire) vorm van de erytroblasten en aan anemie; behalve drie *aangeboren* vormen bestaat de *verworven* ~ t.g.v. vit. B_{12}-deficiëntie, folinezuur- en ijzertekort en *achrestische oorzaken.
dysesthesie *G* vermindering van de gevoeligheid of overgevoeligheid voor bepaalde huidprikkels (pijn, branderigheid, jeuk); zie esthesie.
dysfagie, dysphagia *G* slikstoornis, bemoeilijkt slikken; ~ *sideropenica*, syndroom van Plummer-Vinson (beter: syndroom van Paterson-Kelly), dysfagie met atrofie van tong-, mond-, keel- en slokdarmslijmvlies, spierzwakte, dunne brokkelige nagels, chronische gastritis, neuralgieën en miltvergroting t.g.v. ijzergebreksanemie (ferriprieve anemie); ~ *spastica*, syn. oesofagisme.
dysfasie stoornis in het vermogen om woorden of zinnen te vormen, echter zonder stoornis in het denken.
dysfibrinogenemie (aangeboren) aanwezigheid in het bloed van abnormale vormen van fibrinogeen.
dysfonemie het onvermogen om de juiste klank (foneem) in de juiste volgorde te plaatsen.
dysfonie, dysphonia *G* gebrekkige of verkeerde stemvorming; ~ *spastica*, dysfonie door (meestal) psychogene stembandkramp.
dysforie voortdurend aanwezige sombere stemming of prikkelbaarheid, soms gepaard gaand met angst of rusteloosheid; tgst. euforie.
dysfrasie stoornis in het vermogen om zinnen te vormen.
dysgenesie, dysgenesis 1. elke omstandigheid die voortplanting en embryonale ontwikkeling nadelig beïnvloedt c.q. verslechtering of degeneratie van een ras tot gevolg heeft. 2. (alg.) abnormale, gebrekkige orgaan- of lichaamsontwikkeling; *gonadale* ~, dysgenesie t.g.v. mutatie van genen in het geslachtschromosoom waardoor optreden: vertraagde lengtegroei, gonadaal *infantilisme, hypoplasie van de gonaden met afwezigheid van secundaire geslachtskenmerken en afwijkingen als cubitus valgus, vogelgezicht, webbed neck, misvormde oorschelpen, coarctatie van de aorta, 'ouwelijk' uiterlijk, polydactylie, aangeboren doofheid;

op latere leeftijd staan verschijnselen van gonadale insufficiëntie op de voorgrond; bij meisjes (syndroom van Turner, geslachtschromosomaal X0, 'ovariële agenesie') afwezigheid der mammae, gering ontwikkelde uterus, vagina en schaam-okselbeharing, primaire amenorroe; bij jongens zeldzamer (syndroom van *Klinefelter): azoöspermie, cryptorchisme, gynaecomastie, eunuchoïde lichaamsbouw; *reticulaire* ~, aangeboren cellulaire en humorale immuno*deficiëntie doordat de lymfoïde en de myeloïde *stamcellen niet tot ontwikkeling zijn gekomen.

dysgenitalisme *L* gebrekkige ontwikkeling van de geslachtsorganen.

dysgerminoma kwaadaardig gezwel, uitgaande van ovarium-kiemweefsel; bij de man: seminoom.

dysgeusie stoornis in de smaakgewaarwording.

dysglobulinemie afwijkende kwantitatieve en/of kwalitatieve samenstelling van de eiwitten in het bloedplasma.

dysglossie articulatiestoornis t.g.v. een aangeboren of verworven organische afwijking aan de uitwendige spraakorganen.

dysgnathie vormanomalie van de kaak.

dysgonie onvoldoende groei, bijv. in een kweek van micro-organismen.

dysgrafie stoornis in het vermogen om te schrijven, bijv. bevend schrift; n.t.v.m. dysorthografie.

dysgranulopoëse aanmaak van pathologische witte bloedcellen, kenbaar o.a. aan pathologische *granulatie, doehle-lichaampjes, hyposegmentatie e.a.

dysgrypnie *G* pathologisch gestoorde slaap.

dyshematopoëse primaire gestoorde aanmaak van bloedcellen in het beenmerg op grond van beenmergziekte.

dyshemoglobine chemische verbinding van hemoglobine met een stof waardoor het gedenatureerd wordt; het meest bekend zijn HbCO, Hi en SHb; niet te verwarren met hemoglobinopathie.

dyshidrose, dyshidrosis *G* (ook: *dysidrosis*) stoornis in de zweetvorming; in engere zin overmatige zweetvorming; *dyshidrotisch eczeem*, zie eczeem, pompholyx.

dysimmunoglobulinemie verlaagde serumconcentratie van één of meer der Ig-subklassen.

dysidrosis zie dyshidrose.

dysinhibitie zie disinhibitie.

dyskeratose, dyskeratosis stoornis van het verhoorningsproces (keratinisatie) van de opperhuid; ~ *follicularis*, ziekte van Darier, huidziekte met roodbruine, hyperkeratotische verhevenheden, soms met korstvorming, veelal over het gehele lichaam; syn. psorospermosis.

dyskinesie, dyskinesia *L* bewegingsstoornis; ~ *intermittens arteriosclerotica*, door arteriosclerose veroorzaakte (en zich af en toe herhalende) tijdelijke bewegingsstoornissen; *primaire ciliaire* ~, *immotile cilia syndrome; *tardieve* ~, ~ *tarda*, op latere leeftijd optredende extrapiramidale bewegingen, vooral van mond, lippen en tong (~ *orofacialis*); kan ook het gevolg zijn van het gebruik van neuroleptica.

dyslalie articulatiestoornis bij het spreken waarbij de (intacte) spraakorganen verkeerd worden gebruikt (functionele uitspraakstoornis).

dyslepticum (farm.) activiteit verstorend middel.

dyslexie 'woordblindheid' (foutief), syn. legasthenie, leeszwakte; onvermogen om te lezen; veelal t.g.v. onvoldoende capaciteit van de verbindingsbanen tussen optische en akoestische hersenschors; komt ook voor door geheel andere oorzaken, zoals *diplopie, *heteroforie, hersenlaesies en emotionele stoornissen.

dyslip(id)emie veranderd gehalte aan lipiden in het bloedserum.

dyslipoproteïnemie afwijkende *lipoproteïnen-samenstelling.

dyslogie *G* verstandsstoornis, bemoeilijkte gedachtegang, waardoor wartaal wordt gesproken.

dysmasesie bemoeilijkt kauwen; zwakte van de kauwspieren.

dysmaturitas *L* zie dismaturiteit.

dysmegakaryopoëse aanmaak van afwijkende trombocyten door het beenmerg.

dysmelie aangeboren misvorming aan armen of benen.

dysmenorroe zeer heftige pijn in onderbuik en rug, soms gepaard met braken, depressie, hoofdpijn en dergelijke, tijdens de menstruatie; syn. algomenorroe; *primaire ~*, dysmenorroe vlak vóór of in het begin van de menstruatie bij normale inwendige geslachtsorganen; prostaglandine speelt waarschijnlijk een rol bij het optreden van primaire dysmenorroe; *secundaire ~*, dysmenorroe t.g.v. een organische afwijking van de inwendige geslachtsorganen.

dysmetrie 1. het niet in staat zijn de juiste maat te schatten, nodig voor het uitvoeren van een beweging. 2. onvermogen om een beweging te stoppen op het gewenste punt of moment.

dysmimie lichte vorm van *amimie.

dysmnesie geheugenstoornis; stoornis in de juistheid van de geheugeninhoud.

dysmorfie syn. *dysmorfose; bijv.nw. *dysmorf*.

dysmorfische stoornis zie lichaamsbeleving, stoonis.

dysmorfofobie zie lichaamsbeleving, stoornis.

dysmorfogenese misvorming door een ontwikkelingsstoornis.

dysmorfopsie vervorming van een visueel beeld bij ziekten van de *media (bet. 3), het netvlies of de discus nervi optici.

dysmorfose misvorming, vormafwijking; syn. difform, dysmorfie.

dysmorfosteopalinclasie het weer breken van in verkeerde stand genezen beenbreuken.

dysmyelinisatie stoornis in de *myelinisatie.

dysnoësie *G* stoornis in het denken.

dysodontie stoornis in de gebitsaanleg.

dysontogenie, dysontogenesis *G* ziekelijke afwijkingen en stoornissen in groei en ontwikkeling.

dysontologie *G* leer of kennis der ontwikkelingsstoornissen.

dysopsia algera *L* (ook: *dysopia algera*) nerveuze stoornis van het oog; pijn in het oog bij het zien.

dysorthografie onvermogen een woord goed te schrijven terwijl de intelligentie normaal is en het onderwijs goed was; n.t.v.m. dysgrafie.

dysosmie *G* stoornis in de reukzin.

dysosteosclerose *dysostose gepaard met osteosclerose.

dysostose, dysostosis *L* het geheel of gedeeltelijk ontbreken van beenderen door gebrekkige of foutieve ontwikkeling; gebrekkige ossificatie; *~ craniofacialis*, *craniostenose gepaard met hypoplasie van de bovenkaak, exoftalmie, strabismus, hypertelorisme (morbus Crouzon); *~ enchondralis*, verzamelnaam voor constitutionele stoornissen in de ontwikkeling van bot uit kraakbeen; *~ multiplex*, syn.

ziekte van *Hurler-Pfaundler; *pachy~*, verdikking en verdichting van bot t.g.v. gebrekkige ossificatie.

dyspareunie *G* pijn bij de vrouw of man tijdens of direct na de coïtus.

dyspepsie, dyspepsia *G* gestoorde spijsvertering; symptomen zijn vooral een vol gevoel in de bovenbuik, pijn in de maagstreek, voorts misselijkheid, braken, oprispen, zuurbranden en retrosternale pijn; komt voor bij diverse aandoeningen van het eerste deel van het spijsverteringsstelsel van organische of functionele aard; ~ *acida*, door overmatige melkzuurvorming of dito zoutzuurafscheiding veroorzaakte dyspepsie; *functionele ~*, chronische of recidiverende bovenbuiksklachten (zie dyspepsie) die gedurende tenminste vier weken aanhouden, niet aan inspanning gebonden zijn en waarvoor geen organische oorzaak aantoonbaar is; men maakt afhankelijk van de klachten veeal onderscheid in vier subgroepen, het (gastro-oesofagale) refluxtype, dysmotiliteitstype, ulcus-achtige type en het niet specifieke type; ~ *nervosa*, dyspepsie door nerveuze spanning.

dysperceptie abnormale zintuiglijke waarneming.

dysphagia zie dysfagie.

dysphasia zie dysfasie.

dysphonia zie dysfonie.

dysphoria zie dysforie; *gender ~* (*E*), transseksualiteit.

dysphrasia zie dysfrasie.

dyspinealisme *L* stoornis in de functie van de glandula pinealis.

dysplasie, dysplasia *G* misvorming; abnormale vorming en groei van weefsel; *anhidrotisch-ectodermale ~*, zie hypohidrotische ectodermale *dysplasie; *bronchopulmonale ~*, afk. BPD, longfibrose met emfyseem (van pasgeborenen) met hyaliene membranenziekte door zuurstofintoxicatie en te hoge druk bij de beademing; *chondro-ectodermale ~*, syn. syndroom van Ellis-Van Creveld, erfelijk ziektebeeld van dyschondroplasie (een stoornis in de verbening van het kraakbaan van de botten) tezamen met polydactylie, korte pijpbeenderen (dwerggroei), dysplasie van het gebit en aangeboren hartgebreken; *craniometafysaire ~*, verbeningsstoornis, leidend tot excessieve groei van schedelbeenderen, voorts *leontiasis en oculair hypertelorisme (abnormaal grote afstand tussen de ogen); *fibreuze ~*, goedaardige botaandoening waarbij haarden van fibreus weefsel met botpartikels voorkomen; een bijzondere vorm is de ~ *fibrosa polyostotica* (syndroom van *Albright); *fibromusculaire ~*, *fibroplasie van slagaderwanden, vooral van de carotiden en de hersen- en nierarteriën, hoofdzakelijk gekenmerkt door CVA en TIA, resp. nekpijn, nefrogene hypertensie e.a.; *hypohidrotische ectodermale ~*, aangeboren erfelijke hypohidrose (te geringe zweetproductie) door gebrek aan zweetklieren, waardoor o.a. overgevoeligheid voor hoge temperaturen bestaat; verdere afwijkingen kunnen zijn: nagel- en gebitsdystrofie, hypotrichose en hypoplastische mammae; syn. Christ-Siemens-syndroom; *multipele epifysaire ~*, meerdere gevlekte, afgeplatte hypoplastische epifysen, korte vingers e.a. afwijkingen in het skelet; syn. dysostosis enchondralis epiphysaria; syndroom van Wynne-Davies; *myeloïde ~*, voorstadium van de acute myeloïde leukemie; preleukemisch syndroom; *oculovertebrale ~* (Weyers), erfelijk syndroom, gekenmerkt door kleine oogkassen, microftalmie, coloboom, bovenkaaks-*dysplasie en misvormde wervels en ribben; *polyostotische fibreuze ~*, celrijk fibreus *stroma (bet. 1) waarin zich onrijpe botbalkjes hebben gevormd ('weefbeen'); *spondylocostale ~*, recessief-erfelijke afplatting van wervels, die vaak een dorsoconvexe vorm vertonen, gepaard met epifysaire lengtegroei van ribben; *spondylo-epifyseale* ~, syn. multipele epifysaire dysplasie (zie hiervoor); *periostale* ~, syn. bradymelie.

dysplasminogenemie 1. tekort aan *plasminogeen in het bloed. 2. aanwezigheid in het bloed van abnormaal plasminogeen.

dysplastisch *~e lichaamsbouw*, stoornissen of afwijkingen in de lichaamsvorm; zie ook dysplasie; ~ *naevus-syndroom*, zie naevus.

dyspnée d'effort *F* kortademigheid door lichamelijke inspanning.

dyspneu, dyspnoe, dyspnoea *G* bemoeilijkte ademhaling, kortademigheid, benauwdheid; komt voor bij stoornis in de gaswisseling in de longen, bij inademing van zuurstofarme lucht, bij verstopping van bronchi, bij vochtophoping in de borstholte (bij pleuritis), bij hartzwakte en andere ziektetoestanden; *cardiale* ~, benauwdheid door hartaandoening; *expiratorische* ~, benauwdheid bij uitademing; *inspiratorische* ~, benauwdheid bij inademing.

dyspraxie lichte vorm van *apraxie.

dysproteïnemie pathologische samenstelling van de bloedplasma-eiwitten.

dysrafie onvolkomen sluiting van een embryonale buis; *spinale* ~, aangeboren afwijkingen van de wervelkolom, zoals *spina bifida met neurologische, urologische, orthopedische en/of dermatologische verschijnselen.

dysregulatie stoornis in het vermogen van het organisme om de normale toestand te handhaven of te herstellen.

dysritmie verstoring van het ritme, in engere zin van de hartslag.

dyssebacia hoornpropvorming in de huidfollikels.

dyssomnia gestoorde slaap, 'slecht slapen'.

dysstasia bemoeilijkt staan, met pijn in lende en achterzijde van de benen.

dyssynergie, dyssynergismus gestoorde coördinatie tussen spieren, organen of farmaca; in engere zin syn. *ataxie; tgst. synergisme; ~ *cerebellaris myoclonica*, syndroom van Hunt, intentietremor, onzekere gang, dysmetrie, hypotonie van de ledematen, myoclonieën (ook in de oogbewegingen), dysdiadochokinese, aarzelende spraak en psychische veranderingen, een en ander door degeneratieve aandoeningen van het cerebellum; ~ *van het colon*, syn. spastisch *colon.

dysthanasie *L* verlenging van de doodsstrijd door medische maatregelen.

dysthymie (vlg. DSM-IV) chronische depressieve stemmingsstoornis (milde vorm van depressie i.e.z.) met gebrek aan interesse in de gewone dagelijkse dingen, met o.a. de volgende kenmerken: eet- en slaapstoornissen, geringe energie of vermoeidheid, gering gevoel van eigenwaarde, slechte concentratie, besluiteloosheid, gevoel van hopeloosheid; syn. depressieve neurose, neurotische depressie.

dysthyroïdie, dysthyrosis *G* stoornis in de werking van de schildklier.

dystokie, dystocia *G* moeilijke bevalling.

dystonie, dystonia *G* labiliteit van de *tonus door verbreking van het evenwicht in het vegetatieve zenuwstelsel (sympathicus-parasympathicus), hoofdzakelijk gekenmerkt door bewegingsstoornissen (dyskinesie), tremoren, choreatische verschijnselen, myoclonieën en tics; ~ *lordotica deformans*, torsiespasmus, extrapiramidale hyperkinesie die zich uit in de vorm van draaiende bewegingen van romp en/of extremiteiten die kunnen leiden tot langdurige houdingsafwijkingen en contracturen; ~ *musculorum deformans*, op *athetose gelijkende, bij kinderen voorkomende progressieve spierziekte, gepaard gaande met verdraaiingen van de romp; *vegetatieve* ~, syndroom met o.a. hoofdpijn, duizeligheid, angsttoestanden, mobiliteits- en secretiestoornissen van het maag-darmkanaal, transpireren, hartkloppingen, soms pijn achter het borstbeen, dyspneu, lage bloeddruk, koudegevoel, bleekheid, zwaartegevoel in de ledematen; het syndroom treedt aanvalsgewijs op, terwijl algemene moeheid wekenlang het beeld beheerst; zie ook neurocirculatoire *asthenie, AZS, leiodystonie.

dystopie, dystopia *G* aangeboren afwijking in de ligging der organen; ~ *cantorum*, verplaatsing van de (vernauwde) nasale ooghoek temporaalwaarts, meestal met eveneens verplaatste traanpunten.

dystress zie distress.

dystrofie, dystrophia *G* voedingsstoornis, groeistoornis van organen, degeneratie van organen, weefsels, cellen; ~ *adiposogenitalis*, syndroom van *Fröhlich, vetzucht gepaard met dwerggroei, wegblijven van de geslachtsrijping en hypogonadisme na de normale puberteitsjaren t.g.v. afwijkingen in de hypothalamus; ~ *bullosa hereditaria*, zeldzame vorm van erfelijke *epidermolyse; ~ *mesodermalis congenita*, syn. syndroom van *Marfan; ~ *musculorum*, spierdystrofie; verzamelnaam voor erfelijke spierziekten met geleidelijk optredende progressieve spierzwakte door necrose, vet- en bindweefselvorming in de spieren, niet veroorzaakt door innervatiestoornissen, stapeling of structurele afwijkingen; zie Becker, Duchenne, Landouzy-Déjerine; ~ *myotonica*, ziekte van Curschmann-Steinert, syn. myotonia dystrophicans, autosomaal dominant-erfelijke spierziekte met zwakte, *amyotrofie en *myotonische reactie van de aangedane spieren (vnl. mimische en onderarmmusculatuur, tong, thenar, musculus sternocleidomastoideus e.a.), verder calvities, cataract, infantilisme, slaperigheid, cardiomyopathie, testisatrofie en geestelijke afwijkingen; ~ *oedematosa hereditaria*, syn. lymphoedema praecox; ~ *ophthalmoplegica*, autosomaal dominant-erfelijke dystrofie van uitwendige oog- en farynxspieren op volwassen leeftijd, leidend tot blefaroptose en slik- en spraakstoornissen; *osteo~*, zie osteodystrofie; *posttraumatische ~*, syn. *Sudecksyndroom; ~ *retinae pigmentosa*, zie retinitis pigmentosa; *sympathische reflex ~*, syn. *Sudecksyndroom; *tapetoretinale ~*, erfelijk syndroom gekenmerkt door dystrofie van het tapetum nigrum (pigmentlaag in het vaatvlies van het oog).

dystropie (psych.) abnormaal gedrag.

dysurie, dysuria *G* pijnlijke en moeilijke urinelozing; kan worden veroorzaakt door vernauwing (strictuur) van de urethra, blaas- of urethrasteen, prostaatvergroting, verlamming van de sluitspier van de blaas, ontstekingsprocessen, enz.; ~ *psychica*, nerveuze dysurie, het door zenuwstoornis veroorzaakte onvermogen om te urineren in het bijzijn van anderen of het onvermogen om ononderbroken te urineren (urineren met korte onderbrekingen); ~ *spastica*, dysurie veroorzaakt door blaaskramp.

dysvitaminose (gevolgen van een) gestoorde vitaminenstofwisseling.

DZ afk. van dizygoot, dizygote tweeling.

DZA, DZa afk. van dizygote tweeling waarvan de beide leden afzonderlijk zijn opgevoed; zie ook DZT.

DZN afk. van digitaal ziekenhuis Nederland.

DZT, DZt afk. van dizygote tweeling waarvan de beide leden samen (together) zijn opgevoed; zie ook DZA.

E

E afk. van 1. eenheid. 2. exa, voorvoegsel: 10^{18}

E. afk. van Escherichia, bijv. *E.* coli.

EA afk. van early antigen *E.*

EAA afk. van 1. extrinsieke allergische *alveolitis. 2. essential amino-acids *E.*

EAC afk. van early antigen complex (van het *Epstein-Barr-virus) *E.*

EACA afk. van epsilon amino-capronacid (zuur).

EAE afk. van experimentele allergische encefalomyelitis

EAGS afk. van alliance of genetic support groups.

e-antigeen (afk. HBeAg), een determinant van het hepatitis B-virus.

early gastric cancer *E* oppervlakkig groeiend maagcarcinoom dat niet dieper infiltreert dan de submucosa.

EAS (farm.) afk. van eenheids-afleveringssysteem.

EAST afk. van enzyme allergo sorbent test *E.*

Eaton, M. Amerikaans arts (overl. 1958); *myastheen syndroom van ~-Lambert*, het optreden van myasthenie (spierzwakte), met snelle vermoeidheid (vnl. in de benen), in associatie met maligne aandoeningen, speciaal het bronchus-*adenoom.

EB afk. van Epstein-Barr.

EBCA afk. van Epstein-Barr capside antigeen.

Eberth-bacil tyfusbacil.

éblouissement *F* het zien van sterretjes, flikkeringen voor de ogen bij congestie of anemie van de hersenen.

EBNA afk. van Epstein-Barr nucleair antigeen; in de celkern van de met EB-virus geïnfecteerde B-cel aanwezig virusspecifiek antigeen

Ebola riviertje in Zaïre; *~-virus*, tot de *rhabdovirussen behorende verwekker van een acuut verlopende ernstige koortsende infectieziekte met dehydratie, slijmvliesbloedingen, cachexie; hoge mortaliteit.

ebrietas *L* dronkenschap.

Ebstein, W. Duits internist (1836-1912); *anomalie van ~*, aangeboren gehele of gedeeltelijke vergroeiing van de slippen van de valvula tricuspidalis; *koortstype van ~-Pel*, golvend koortsverloop tussen normaal en ongeveer 40 °C met een periode van ongeveer drie weken, kenmerkend voor brucellose en lymfogranulomatose.

eburn(e)atie, eburnificatie verdichting van de beensubstantie, waardoor het sponsachtige beenweefsel ivoorhard wordt, veroorzaakt door een chronische beenvormende beenmergontsteking; (tandheelk.) blootliggende dentine.

EBV afk. van *Epstein-Barr-virus.

EC afk. van erytrocytenconcentraat, voorheen packed cells.

c- *G* (smst.) uit.

carteur *F* ooglidhouder, syn. élévateur *F.*

causa ignota *L* door onbekende oorzaak, afk. e.c.i.

ECB afk. van 1. eenheid voor chronische beademing. 2. endocervix biopsie.

ECC afk. van 1. extracorporale circulatie. 2. endocervix curettage.

ECCE afk. van extra-capsulaire cataract-extractie.
ecchondroom, ecchondroma *G* kraakbeengezwel; zie chondroom.
ecchymose syn. *ecchymoom*, in de regel door stoten of kneuzen veroorzaakte bloeduitstorting in huid of slijmvliezen, zichtbaar als rode tot blauwgroene vlek of streep ('blauwe plek'); komt soms voor zonder duidelijke uitwendige oorzaken.
eccoproticum *L* (farm.) zachtwerkend afvoermiddel; meervoud eccoprotica.
eccriene klieren syn. *merocriene klieren.
eccrisis *G* afscheiding of uitscheiding.
ECFA afk. van eosinophylic chemotactic factor of anaphylaxis *E*.
ecforie, ecphoria *G* wederbewustwording van een geheugenbeeld.
ECG afk. van elektrocardiogram.
echelonnering indeling van gezondheidszorgvoorzieningen in *intra-, *extra- en *semimurale voorzieningen.
Echinococcus *G* de met vocht gevulde blaasworm, d.i. het larvenstadium van de hondenlintworm (Taenia echinococcus); kan zeer groot worden en 'dochterblazen' ontwikkelen, hetgeen tot complicaties kan leiden; in de blaas ontwikkelt zich een *scolex; de Echinococcus nestelt zich meestal in de lever, ook wel in de longen, de darm of andere organen; ~ *alveolaris*, syn. ~ *multilocularis*, bijzondere soort van Echinococcus, vnl. in de lever voorkomend, die een gezwel veroorzaakt bestaande uit een groot aantal blaasjes gevuld met geleiachtige vloeistof; ~ *granulosus*, hondenlintworm (±5 mm), syn. Taenia echinococcus; zie echinokokkose.
echinocyt erytrocyt met talloze regelmatig over het oppervlak verspreide scherpe puntjes; komt voor bij toestanden met versterkte bloedafbraak en bij nierfunctiestoornissen; syn. braamcel, burr-cell *E*.
echinokokkose echinococcusziekte; verspreiding van de blaasjes der *hydatide (blaasworm) van Echinococcus granulosus (hondenlintworm) door het gehele lichaam, vooral in de hersenen.
Echinostoma een trematode (zuigworm) die in Zuidoost-Azië als darmparasiet bij sommige diersoorten en bij de mens hardnekkige diarree veroorzaakt *(echinostomiasis)*.
echo 1. weerklank; nazeggen. 2. weerkaatsing of *reflectie van geluids-, licht-, ultrasonische, radio- en radargolven. 3. (pop.) echoscopie; *~-effect*, syn. reboundeffect.
echografie 1. een vorm van afasie waarbij de patiënt schrift kan kopiëren, maar zijn gedachten niet in schrift kan uitdrukken. 2. het schriftelijk herhalen van iets dat men juist gehoord heeft. 3. onderzoek van weefselveranderingen in het lichaam (organen, gezwellen, ooglens, grote vaten) en van de inhoud der lichaamsholten, berustend op registratie van teruggekaatste ultrasone golven, bijv. *echocardiografie*.
echokinesie *G* drang tot nabootsing van bewegingen; syn. echopraxie.
echolalie 1. drang tot het naspreken of herhalen van eigen woorden of die van een ander; komt o.a. voor bij schizofrenie. 2. vorm van afasie, waarbij de lijder wel de woorden van een ander kan nazeggen, doch niet in staat is zelfstandig te spreken.
echomatisme drang tot het nabootsen van gebaren, geluid, bewegingen, enz.; verzamelnaam voor echokinesie, echolalie, echomimie, verbigeratie.

echometrie zie echografie (bet. 3); zie ook duplex-onderzoek.
echomimie drang tot het nabootsen van gebaren.
echo-onderzoek zie echografie (bet. 3); zie ook duplex-onderzoek.
echopraxie onbedwingbare drang om bewegingen en handelingen na te bootsen of woorden na te zeggen; syn. echokinesie.
echoscopie directe bezichtiging op een scherm van de resultaten van echografisch onderzoek; zie echografie (bet. 3).
ECHO-virus afk. van *'enteric cytopathogenic human orphan'*, een met de coxsackiegroep verwante, tot de *enterovirussen behorende groep van virussen, die op 'zomergriep' gelijkende, goedaardig verlopende ziektebeelden veroorzaken, afwisselend gekenmerkt door koorts, exantheem (huiduitslag), lymfeklierzwellingen, slijmvliesontsteking, meningisme, diarree, myalgie.
e.c.i. afk. van e causa ignota *L*, door onbekende oorzaak.
eclabium *L* *eversie van een lip.
eclampsie, eclampsia *G* stuipen; ~ *gravidarum*, zwangerschapshypertensie die gepaard gaat met convulsies (zwangerschapsstuipen) en/of coma; kan voorkomen tijdens zwangerschap, tijden de partus (~ *parturientium*) en kort, meestal binnen 24 uur, na de bevalling (~ *puerperalis*); zie ook pre-eclampsie; ~ *infantum*, kinderstuipen, gepaard gaande met klonische of tonische krampachtige spiersamentrekkingen in de regel met bewusteloosheid, starende blik, bleekheid en blauwe lippen.
eclamptica patiënte met eclampsie.
eclectisch *~e methode*, de methode om van de verschillende wijzen van behandeling de beste te kiezen zonder zich aan een bepaald stelsel te binden.
eclipsis *G* lichte bewusteloosheid, flauwte; syn. eclysis.
eclysis zie eclipsis.
ECM afk. van erythema chronicum migrans.
ecmnesie 1. gestoord herinneringsvermogen voor recente gebeurtenissen. 2. vorm van paramnesie (geheugenbedrog) waarbij men denkt in het verleden te leven.
ECMO afk. van extracorporale membraan-oxygenatie, extracorporale gaswisseling.
ecnoia *G* soms met waandenkbeelden gepaard gaande sterke prikkelbaarheid in de puberteit, vnl. bij meisjes.
ecochleatie 1. syn. enucleatie. 2. verwijdering van de *cochlea.
ECoG afk. van *elektrocochleografie.
ecogenetica de kennis van het verband tussen genetische factoren bij het individu en invloeden van de omgeving.
ecologie de leer of kennis van de levenswijze en de bestaansvoorwaarden der organismen in relatie met hun omgeving; in engere zin de kennis van de relatie tussen de biotische en de sociale levensomstandigheden van de mens; bijv.nw. *ecologisch*.
ecomanie nederigheid ten opzichte van superieuren en dominering over minderen.
Economo, K. von Oostenrijks neuroloog (1876-1931); *ziekte van ~*, encephalitis lethargica, zie encefalitis.
ecotaxis de beweging van circulerende cellen naar specifieke plaatsen in het lichaam.
ecoulement *G* uitvloeiing, bijv. van de etterige afscheiding bij gonorroe.
ecphoria zie ecforie.
ecplexia zie break-off fenomeen.

ECR afk. van extracellulaire ruimte.
écrasement *F* doorsnijden van weefsel zonder bloedverlies, bijv. van gezwellen, d.m.v. een écraseur (soort kettingzaag); syn. histotripsie.
ECT afk. van *elektroconvulsietherapie.
ectasie, ectasia *G* uitrekking, verwijding van een orgaan of van bloedvaten; bijv.nw. *ectatisch*, verwijd.
ecthyma *G* puistenvormende huidaandoening, veroorzaakt door andere ziekten; ~ *cachecticorum* (of ~ *gangraenosum* bij kinderen), uitslag en zweren, vooral op billen en rug t.g.v. algemene slechte toestand van het lichaam of immuno*deficiëntie; ~ *contagiosum,* schapenpokken, orf; papuleuze, soms purulente virusaandoening van de schapenhuid, besmettelijk voor de mens; ~ *diabetica*, ecthyma bij diabetes mellitus; ~ *syphiliticum*, huidaandoening in het 2de stadium van syfilis, syn. syfilide.
ectoblast syn. ectoderm.
ectocardie *G* syn. ectopia cordis.
ectocervix het in de vagina uitstekende deel van de *cervix uteri; portio.
ectoderm *G* de buitenste laag van het kiemvlies van het embryo; dit vlies bestaat uit drie lagen: het ectoderm of het animale blad; *mesoderm*, de middelste laag of het vasculaire blad; *endoderm*, de binnenste laag of het vegetatieve blad.
ectodermosis erosiva pluriorificialis syn. syndroom van *Stevens-Johnson.
ectofytisch zie exofytisch.
ectogenese de groei van een bevruchte eicel buiten de baarmoeder in een kunstmatig milieu.
ectomie uitsnijding, ook in smst.; chirurgische verwijdering.
ectomorfie vorm van lichaamsbouw vlg. Sheldon, gekenmerkt door overheersing van de organen afgeleid uit het ectoderm: tere botten, smalle en slanke bouw en een groot oppervlak ten opzichte van de geringe massa.
ectopagus *G* dubbelmonstrum met aaneengegroeide borstkassen.
ectoparasiet syn. epizoön; ook: ectozoön.
ectopie, ectopia *G* aangeboren verkeerde ligging van organen buiten de natuurlijke plaats, of van de vrucht buiten de baarmoeder; zie ook ectopisch; ~ *cordis*, syn. ectocardie, buiten de borstkas liggend hart, niet door de ribben of het borstbeen bedekt; ~ *testis*, testikel die buiten de normale afdalingsroute vastligt en niet in het scrotum is te brengen; ~ *testis abdominalis,* waarbij de testis in de buikholte ligt.
ectopisch buiten de fysiologische, d.i. de normale plaats; *~e groei*, groei van weefsel op een plaats waar dit normaal niet voorkomt, bijv. bij endometriose; *~e prikkeling* (van het hart), uitgaande van een plaats buiten de normale prikkelingscentra; *~e zwangerschap*, buitenbaarmoederlijke zwangerschap.
ectopisch-hormonaal syndroom ziekteverschijnselen t.g.v. de inwerking van stoffen welke het product zijn van het metabolisme van carcinomen van velerlei organen (bronchi, pancreas, darm, thymus, ovarium, nier, lever, testis, bijnier); het ectopisch-hormonaal syndroom omvat ziektebeelden als die welke worden teweeggebracht door vasopressine, TSH, parathormon, ACTH, MSH, renine, erytropoëtine, LH, histamine, serotonine.
ectoplasma de taaie buitenste laag van het protoplasma bij amoeben en bij sommige cellen.
ectoscopie *G* uitwendig onderzoek.

ectrodactylie *G* misgeboorte waarbij tenen of vingers ontbreken.
ectromelie *G* misgeboorte waarbij één of meer ledematen ontbreken.
ectropia *G* uitstulping; naar buiten gekeerd zijn; ~ *orificii uterini*, zwelling en uitstulping van het slijmvlies van de baarmoedermond en -hals; syn. eversie; zie ook ectropie.
ectropie, ectropion *G*, **ectropium** *L* naar buiten gekeerd zijn, in het bijzonder van het onderste ooglid, tgst. entropion; veelal door ontsteking, verbranding of verwonding; ~ *paralyticum*, door verlamming van de kringspier van de oogkas; ~ *senile*, door ouderdomsverslapping van de kringspier; ~ *portionis uteri*, naar buiten krullen van de vóór- en/of achterlip van de portio, in de regel na inscheuring t.g.v. de baring; zie ook ectropia.
ectropioneren binnenste buiten keren, bijv. van de oogleden.
ectubatie syn. *extubatie.
ectyloticum *G* middel tegen eeltplekken.
ECV afk. van 1. extracellulair volume. 2. extracellulaire vloeistof. 3. elektrische cardioversie.
eczeem, eczema *G* frequent optredende aandoening van de oppervlakkige huidlagen, die bij zowel vrouwen als mannen op iedere leeftijd in verschillende vormen, zowel chronisch als acuut, kan voorkomen; kenmerken zijn o.a. de onscherpe begrenzing, het naast elkaar voorkomen van roodheid, papels, blaasjes en schilfering (zie ook efflorescentie) en de jeuk; bij chronische vormen treedt frequent *lichenificatie op; eczeem kan worden teweeggebracht door prikkeling van chemische stoffen op de huid, immunologische oorzaken, het gebruik van medicamenten, door algemene *sensibilisatie van het organisme, door hitte, zonlicht, besmetting, door inwendige ziekte-oorzaken en door constitutionele factoren; ~ *ani*, eczeem aan de anus; *atopisch* ~, syn. constitutioneel eczeem; ~ *bullosum (bulleus ~)*, blarenvormend eczeem; ~ *caloricum*, eczeem veroorzaakt door hitte; ~ *capillitii*, eczeem van de behaarde hoofdhuid, bijv. veroorzaakt door luizen; *constitutioneel* ~, eczeem op basis van aangeboren overgevoeligheid, syn. atopisch eczeem (zie atopie), atopische dermatitis, eczematoïd, neurodermitis; *contact* ~, allergisch eczeem ontstaan door *sensibilisatie voor een stof die gedurende enige tijd met de huid in aanraking is geweest; *dyshidrotisch* ~, syn. pompholyx, jeukende, met blaasjesvorming gepaard gaande huidaandoening, vnl. van de handpalmen en voetzolen, door een gestoorde zweetvorming; ~ *dyshidroticum pustulosa*, zie pustuleuze *bacteride; *endogeen* ~, syn. constitutioneel eczeem; ~ *herpeticum*, varicelliforme eruptie van *Kaposi; *hybride* ~, zie *hybride eczeem, combinatie van constitutioneel eczeem en allergisch contacteczeem; ~ *infantum*, zie dauwworm; *kokkogeen* ~, vorm van contacteczeem, nl. door kolonisatie van en opvolgende sensibilisatie voor micro-organismen; syn. epidermo-dermitis; ~ *marginatum*, eczeem vnl. in okselholte en liesstreek, veroorzaakt door *Trichophyton (een schimmel); *medicamenteus* ~, eczeem veroorzaakt door prikkeling van scheikundige stoffen; *microbieel* ~, syn. kokkogeen eczeem; ~ *nummulare*, eczeem met muntvormige vlekken; *orthoërgisch contact*~, zie contact*dermatitis; ~ *papulosum*, knobbelvormend eczeem; ~ *pediculosum*, eczeem veroorzaakt door luizen; ~ *pustulosum*, puistenvormend eczeem met etterblaasjes en korstvorming; ~ *seborrhoicum*, eczeem met erythemateuze plekken in huidgedeelten met veel talgklieren; ~ *solare*, door de zon veroorzaakt eczeem; ~ *squamosum*, eczeem met schilfering gepaard gaande; ~ *tyloticum*,

hyperkeratotisch eczeem; ~ *varicosum*, vochtig eczeem bij angiodermitis; ~ *vesiculosum*, blaasjesvormend eczeem.
eczematide 1. op eczeem gelijkende huidaandoening, ontstaan als allergische reactie op een bacteriële infectie of besmetting. 2. eczeemvariant.
eczematisatie 1. ontstaan van eczeem t.g.v. voortdurende irritatie van de huid door uitwendige oorzaken. 2. het overgaan van huidaandoeningen in eczeem.
eczematoïd syn. constitutioneel *eczeem.
ED afk. van 1. effectieve dosering. 2. elementair dieet. 3. erectiele disfunctie.
EDA afk. van epidurale analgesie.
edentaat zonder tanden; tandeloos.
edeticum (farm.) syn. psycholyticum.
edetisch zie eidetisch.
EDRF afk. van endothelium-derived relaxing factor *E*, een vasodilatator, afgescheiden door vasculair endotheel op endogene stimuli.
EDS afk. van *Ehlers-Danlos-syndroom.
EDTA afk. van 1. ethyleen-diamine tetra-azijnzuur, een antistollingsmiddel. 2. European dialysis and transplant association.
EDV afk. van eind-diastolisch volume.
Edwards, J. Engels geneticus (geb. 1928); *syndroom van* ~, status dysraphicus t.g.v. autosomale trisomie van het 18de chromosoom.
EE afk. van expressed emotion *E*.
EEC afk. van ectodermale (*dysplasie), ectodactylie, cleft lip *E*.
EEG afk. van elektro-encefalogram.
eelt zie porose, tyloom, tylosis.
eendagskoorts zie efemeer.
eendengang waggelende gang. 1. bij krachtverlies door myopathie (spierziekte) van de proximale beenspieren (evt. tezamen met botmisvorming) t.g.v. vitamine D-deficiëntie. 2. bij dubbelzijdige aangeboren heupluxatie; zie ook waggelgang.
een- *~hoornig*, unicornis; *~zaamheid*, zie deprivatie; *~zijdig*, unilateralis.
eerstelijnsgezondheidszorg gezondheidszorg voor mensen in hun thuissituatie door o.a. huisarts, kruiswerk, apotheker, tandarts.
eetlust orexie *G*.
eetstoornissen (vlg. DSM-IV) hiertoe behoren anorexia nervosa, bulimia nervosa en daarop gelijkende stoornissen.
ef- zie ook eph-.
EFA afk. van essential fatty acids.
efebiatrie studie van de ziekten van jonge mensen (18-25 jaar).
efeliden, ephelides *G* (enkv. efelide, ephelis *G*) zomersproeten; deze komen hoofdzakelijk bij blonde en roodharige mensen voor, vooral in de zomer.
efemeer, ephemera *G*, één dag durend; koorts of lichte ongesteldheid van weinig betekenis, van voorbijgaande aard; *febris* ~ (ook: *febris ephemerica*), eendaagse koorts.
effector het op een prikkel of andere stimulus reagerende celsysteem, weefsel of eindorgaan; *~-cellen*, T-lymfocyten die de cellulaire immuniteit uitoefenen.
efferent, efferens *L* afvoerend; syn. deferens, tgst. afferent.
effervescens *L* bruisend (bijv. van zouten).
EFFI naam afgeleid van de oorspronkelijke afkorting FI (food-industry), stichting voor training, research and control in food-industry.

efficax *L* werkzaam; *dosis~*, de kleinst mogelijke werkzame hoeveelheid, bijv. van een geneesmiddel.
effleurage *F* vorm van massage d.m.v. lichte strijkbewegingen.
efflorescentie elke vorm van huiduitslag, onderscheiden in primaire en secundaire vormen; tot de *primaire* behoren: bulla, cystis, macula, papula, pustula, tuber, tumor, urtica, vesicula; tot de *secundaire:* cicatrix, crusta, excoriatie, pigmentatie, ragade, squama; de secundaire vormen ontwikkelen zich uit de primaire.
effluvium *L* lett. afvloed; ~ *capillorum*, het uitvallen van de haren.
efflux 1. uitvloed, uitstroming; tgst. influx. 2. syn. abortus.
effort *E* inspanning; ~ *syndrome*, syn. neurocirculatoire *asthenie.
effractuur, effractio *L* *depressiefractuur van de schedel.
effusie 1. het doorsijpelen van vloeistof naar een lichaamsholte of in weefsel. 2. de vloeistof zelf.
EFI afk. van eventfree interval *E*.
EFS afk. van eventfree survival *E*.
egalatie foutief voor egalisatie.
egesta meervoud *L* uitwerpselen, ontlasting, braaksel, syn. ejecta; tgst. ingesta.
EGF afk. van epidermale groeifactor; een stof, geproduceerd in klieren en organen, met een stimulerende invloed op de groei van weefsels..
EGFR afk. van epidermale groeifactorreceptor.
ego (*L* = ik) volgens Freud een verzameling van reacties waardoor getracht wordt het genotsstreven van het id (Es) in overeenstemming te brengen met de eisen van de realiteit; dit leidt tot de ontwikkeling van vaardigheden en vermogens die zich uiteindelijk voegen tot een systeem dat zichzelf kan beschouwen: een ik; syn. Ich, ik; *~centrisme*, in de theorie van Piaget een kenmerk van het preoperationele kind, zich uitend in het onvermogen om zich in het gezichtspunt van een ander te verplaatsen; *~-dystoon*, zie ik-dystoon; *~filie*, het hebben van een gunstig oordeel over zichzelf; zelfingenomenheid; *~fobie*, het hebben van een ongunstig oordeel over zichzelf; *~fonie*, blatend geluid bij auscultatie van sommige longprocessen door resonantie van samengedrukte luchtpijpvertakkingen, syn. tracheofonie; *~-functies*, zie ik-functies; *~manie*, zelfoverschatting, eigen overwaardering, grootheidswaan; tgst. inferioriteitscomplex, zelfdepreciatie; *~-syntoon*, zie ik-syntoon; *~tisme*, overdreven zelfingenomenheid.
EGS afk. van endovascular grafting system.
EHBH afk. van eerste hulp bij hartstoring.
EHBO afk. van eerste hulp bij ongelukken.
EHBR afk. van eerste hulp bij rampen.
EHBS afk. van eerste hulp bij sportongevallen.
EHC afk. van erfelijke hypercholesterolemie.
Ehlers, E. Deens dermatoloog (1863-1937); *syndroom van ~-Danlos*, afk. EDS, een erfelijke bindweefselziekte met een sterk gevarieerd ziektebeeld (hyperelasticiteit van de huid, fragiliteit van bloedvaten, gewrichtsdislocaties, oogafwijkingen en vele andere) t.g.v. biochemische defecten in collageen, bloedplaatjes en sommige plasmaproteïnen; syn. mesenchymose.
Ehrlich, P. Duits seroloog (1854-1915); *~-cellen*, mestcellen; zie mastocyten.
EHS afk. van *ectopisch hormonaal syndroom.
EIA afk. van 1. enzyme immune assay *E*. 2. exercise-induced asthma *E*.
eicel ovulum, ovum.

eicosanoïden verzamelnaam voor fysiologisch werkzame stoffen (*prostaglandinen, *tromboxanen, *leukotriënen), metabolieten van arachidonzuur, betrokken bij o.a. bloeddrukregeling, bloedstelping, ontstaan van koorts, pijngewaarwording, allergie.
eideticum zie edeticum.
eideticus iemand met *eidetisch vermogen.
eidetisch (ook: *edetisch*) ~ *vermogen*, het kunnen produceren van geheugenbeelden met alle details van een waarneming en eveneens met gefantaseerde veranderingen.
EIEC afk. van entero-invasieve Escherichia coli, kan het colonslijmvlies binnendringen.
eierschaal-effect röntgenbeeld bij verkalkte lymfeklieren in de longhilus.
eierstok ovarium.
Eijkman, Chr. Nederlands fysioloog en hygiënist, officier van gezondheid van het KNIL (1858-1930), Nobelprijswinnaar in 1929, grondlegger van de kennis van het ontstaan van beriberi.
eikel zie glans.
eilandcellen zie insulae *Langerhans.
eileider salpinx, zie ook oviduct, tuba.
eindplaat *motorische* ~, contactplaats van de fijnste uitlopers der motorische zenuwen met de spiervezels; syn. neuromusculaire synaps.
Einthoven, W. Nederlands fysioloog (1860-1927), Nobelprijswinnaar in 1924, vooral bekend door zijn ontwikkeling van de snaargalvanometer en het maken en de uitleg van het *elektrocardiogram (afk. ECG).
EIQ afk. van electro-immuno quantitation *E*, een combinatie van elektroforese en immunodiffusie.
Eisenmenger, V. Duits internist (1864-1932); *ziekte van* ~, aangeboren hartafwijkingen, gekenmerkt door cyanose, ventrikelseptumdefect, dextropositie van de aorta en dilatatie van de arteria pulmonalis; soms is er een persisterende *ductus arteriosus.
eisprong ovulatie; ~ *stimulatie*, zie ovulatie-inductie.
eivliessteek amniotomie.
eivliezen zie amnion, chorion; zie ook amniotomie.
eiwit proteïne, opgebouwd uit aminozuren; *acute-fase eiwitten*, plasma-*proteïnen die in concentratie toenemen tijdens een ontstekingsproces, met name *C-reactieve proteïne; ~*spectrum*, onderlinge verhouding van het gehalte van de eiwitten in het bloedplasma; ~ *structuur*, de vorm waarin een eiwit kan voorkomen; we onderscheiden hierbij een *primaire structuur* (de aminozuurvolgorde), een *secundaire structuur* (regelmatig vouwpatroon van de ketens, bijv. α-helix of β-sheet), een *tertiaire structuur* (complexe, driedimensionale structuur), een *quaternaire structuur* (de driedimensionale betrekkingen tussen de verschillende moleculen van een eiwitcomplex); onder de *α-helix* (alfa-helix) verstaan we de veel voorkomende structuurvorm van eiwitten, waarbij de lineaire volgorde van de aminozuren is gevouwen tot een rechtsdraaiende spiraal; de *β-sheet* (bèta-sheet) is het regelmatige patroon van heen- en teruggevouwen aminozuurketens bij (gedeelten van) sommige (globulaire) eiwitten; ~*verlies*, zie nefrose.
ejaculaat in engere zin de (totale hoeveelheid) zaad die bij coïtus, masturbatie of spontaan (pollutie) wordt uitgestort; zie ook ejaculatie.

ejaculatie, ejaculatio *L* het uitstorten van zaad (sperma) uit het urinekanaal; ~ *ante portas*, ejaculatie reeds voordat immissio (binnendringen) van de penis heeft plaatsgehad; ~ *deficiens*, geremde geslachtsdrift, gebrekkige coïtus, subnormaal orgasme, gering ejaculaat; ~ *praecox*, voortijdige ejaculatie met verzwakt of ontbrekend orgasme; ~ *retardata*, vertraagde, 'moeizame' ejaculatie; zie ook anejaculatie; *retrograde* ~, ejaculatie in de urineblaas bijv. na transuretrale prostatectomie; *voortijdige* ~, syn. ejaculatio praecox.
ejecta zie egesta.
ejectie 1. uitstoting, bijv. van bloed door de hartkamers bij de systole; ook: syn. ejaculatie. 2. afstoting, bijv. van een transplantaat.
eksteroog clavus.
ekwi- zie equi-.
elas- *tase*, 1. een enzym dat elastine ontleedt. 2. een elastisch eiwit in het bindweefsel van de slagaderwanden; *~tine*, een belangrijk eiwit in elastische vezels; *~toma*, gele verhevenheid in de huid bij *pseudoxanthoma elasticum; *~torrhexis*, syn. pseudoxanthoma elasticum; *~tose*, degeneratie van elastische vezels in de weefsels.
ELCA afk. van excimer laser coronaire angioplastiek.
electief uitkiezend, voorkeur hebbend (electio *L* = keuze); *~ve therapie*, voorkeurbehandeling, ook in de zin van preventieve maatregel; *~ve werking*, die alleen in een bepaalde richting, op bepaalde organen, enz. mogelijk is.
elefantiasis, elephantiasis *G* olifantsziekte, olifantsbeen; ~ *arabum*, een in de tropen voorkomende chronische huidziekte, waarbij zich telkens herhalende, met koorts gepaard gaande aanvallen van door filariasis (draadworm) veroorzaakte lymfangitis (lymfevatontsteking) voordoen, welke tezamen met de ontstane lymfestuwing leidt tot enorme verdikking en verharding van de huid (pachydermie) van benen en uitwendige geslachtsorganen; ~ *genito-anorectalis*, syn. esthiomène (zie esthiomenos); ~ *gingivae*, zie fibromatose; ~ *graecorum*, syn. lepra; ~ *nostras*, syn. lymphoedema praecox.
Elektra-complex term waarmee Freud de erotische relatie van een meisje met haar vader beschrijft en die gepaard gaat met jaloerse en vijandige gevoelens jegens de moeder; Elektra was de dochter van de Griekse held Agamemnon, die door haar moeder was vermoord; ze liet haar moeder doden om de dood van haar vader te wreken; zie ook Oedipus-complex.
elektrobioscopie *G* elektrisch onderzoek of de dood is ingetreden.
elektrocardiagnostiek kennis van de elektrische processen in het hart.
elektrocardiogram afk. ECG, curve van de actiestroom van het hart, geeft informatie over de hartfrequentie en het hartritme, over de wijze waarop de prikkelgeleiding plaatsvindt en over de toestand van de hartspier.
elektrocaustiek zie elektrocoagulatie.
elektrocoagulatie vernietiging van weefsel door elektrische stroom (ook: elektrocaustiek).
elektrocochleografie het registreren van actiepotentialen van het gehoorsysteem t/m *cochlea (slakkenhuis).
elektroconvulsietherapie (ECT) bij zwaar depressieve patiënten gebruikte therapievorm, waarbij door het toedienen van zes tot tien gecontroleerde stroomstoten door de hersenen (op tot nu toe onverklaarbare wijze) de depressie soms wordt doorbroken; wordt alleen toegepast als andere therapieën geen uitkomst

bieden; de patiënt moet toestemming verlenen; syn. elektroshocktherapie.

elektrocutane gevoeligheid gevoeligheid voor elektrische prikkels van de gevoelszenuwen in de huid.

elektrocutie dood door elektriciteit.

elektrode pool van een elektrisch element; de van isolatie voorziene uiteinden van de geleiddraden van een elektrische cel, die in de geneeskunde wordt gebruikt voor behandeling of onderzoek; de positieve elektrode heet anode, de negatieve kathode.

elektro-encefalografie het registreren van de potentiaalschommelingen van de schors der grote hersenen d.m.v. de elektro-encefalograaf.

elektro-encefalogram curve, verkregen bij elektro-encefalografie; afk. EEG.

elektroferogram het door elektroforese verkregen beeld.

elektroforese methode om d.m.v. een elektrisch veld de serumeiwitten kwantitatief te bepalen.

elektrogustografie registratie van potentiaalverschillen bij onderzoek van de smaak.

elektrogymnastiek spiersamentrekkingen opgewekt door elektrische stroom.

elektrolyse het scheiden van ionen (geladen deeltjes) in een oplossing d.m.v. een elektrische stroom; de positief geladen ionen (kationen) begeven zich naar de kathode (negatieve pool), de negatief geladen ionen (anionen) gaan naar de anode (positieve pool).

elektrolyten verbindingen (zuren, basen en zouten) die in waterige oplossing in ionen worden gesplitst.

elektromagnetische stralen (natuurk.) stralen met de snelheid van het licht (300.000 km/s). Hiertoe behoren o.a. radiogolven, warmtestralen, röntgenstraling, afkomstig uit de elektronenwolk van een atoom en gammastralen, afkomstig uit de atoomkern.

elektromechanische dissociatie (card.) toestand waarbij een voldoende elektrische activiteit van het hart (zichtbaar op het ECG) gepaard gaat met afwezigheid van de mechanische functie (pompfunctie); komt voor bij harttamponade, acuut zeer groot myocardinfarct, massale longembolie en acute massale verbloeding.

elektromotorisch punt een punt op de huid vanwaar uit zenuwen en spieren door elektrische stroom kunnen worden geprikkeld.

elektromyografie het meten van de actiestroom bij de spiersamentrekking.

elektromyogram (afk. EMG), de curve die bij elektromyografisch onderzoek wordt verkregen.

elektron zeer klein kerndeeltje met negatieve lading dat om de positief geladen atoomkern cirkelt.

elektronystagmografie registratie van oogbewegingen op grond van de hierdoor optredende veranderingen in de sterkte van het elektrische krachtveld in de orbita (oogkas).

elektro-oculografie meting van de actiepotentialen van het pigmentepitheel van het netvlies; afk. EOG.

elektropunctuur het prikkelen met een elektrische naald; het toepassen van elektrolyse met een elektrisch geladen puntig voorwerp.

elektropyrexie het opwekken van koorts door elektrische stroom.

elektroretinografie meting van de actiepotentialen van de zintuigcellen van het netvlies; afk. ERG.

elektroshocktherapie zie elektroconvulsietherapie.
elektrotherapie geneeswijze waarbij elektriciteit wordt toegepast; men gebruikt verschillende vormen van elektrische stroom, waarvan de twee belangrijkste zijn de faradische of inductiestroom (zie faradisatie) en de galvanische of constante stroom (zie galvanisatie).
elektrotonus de in zenuwen plaatshebbende verandering van de elektrische prikkelbaarheid als er een constante stroom doorheen gaat.
element 1.grondstof, hoofdstof; grondslag; 2. (tandheelk.) een tand of kies.
elephantiasis zie elefantiasis.
elephantoid fever *E* koortsaanvallen bij elefantiasis.
elevatie verhoging, verheffing; stijging.
elevator, elevatorium *L*, élévateur *F* lett. opheffer. 1. instrument om het beenvlies van het bot los te maken of ingedrukte beenstukken weer op te halen. 2. instrument waarmee de baarmoeder bij knikking weer kan worden opgericht. 3. instrument om het ooglid vast te houden.
elfjesgelaat hoog voorhoofd, *epicanthus, vlakke neusrug, smalle onderkaak, brede mond, uiteenstaande tanden, grote oorschelpen bij supravalvulaire aortastenose.
ELGZ afk. van eerstelijnsgezondheidszorg.
eliminatie verwijdering uit het lichaam; wkw. *elimineren*.
ELISA afk. van enzyme-linked immunosorbent assay *E*, t.b.v. identificatie van een oorzakelijk antigeen.
elixer, elixir *Ar* alcoholisch aftreksel van (in engere zin geneeskrachtige) kruiden.
elleboog zie cubitus, olecranon, vertex.
ellepijp ulna.
ellepijpslagader arteria ulnaris.
Elliot, R. Engels oogarts (1864-1936); *operatie van ~*, *trepanatie van de sclera op de grens van de cornea ter verkrijging van een filtrerend litteken om de verhoogde intra-oculaire druk bij glaucoom te verlagen.
elliptocytose vorm van hemolytische anemie, gekenmerkt door een hoog aantal ovale erytrocyten in het bloed, al of niet met hemolyse en anemie, geelzucht en hyperplasie van het beenmerg.
Ellis, R. Engels kinderarts (1902-1966); *syndroom van ~-van Creveld*, zie chondroectodermale *dysplasie.
Ellison, E. Amerikaans chirurg (1918-1970), zie Zollinger.
elongatie, elongatio *L* verlenging, langer worden; uitrekking; *~ cervicis*, syn. *~ colli*, pathologische verlenging van de baarmoederhals.
ELS afk. van 1. extended lymphadenopathy syndrome *E* (obsoleet; zie PGL). 2. Eaton-Lambert-syndroom.
Elsberg-syndroom *polyradiculitis van de *cauda equina met toename van het aantal cellen in de liquor cerebrospinalis bij herpes simplex virus-infectie, gekenmerkt door o.a. urineretentie.
El Tor zie vibrio.
elueren uitwassen; het losmaken van een geadsorbeerde stof van het *adsorbens; scheiding van een stof van één of meer andere door herhaalde spoelingen; zelfst.nw. *elutie, eluaat*.
ELUS afk. van endoluminale ultrasonografie.
elusive *E* ontwijkend.
elutriatie gebruikmaking van dichtheidsverschillen bij de scheiding van bepaalde

stoffen d.m.v. oplossing.

elytritis *G* schede-ontsteking.

elytro- (smst.) m.b.t. de schede (vagina); *~blennorroe*, ettervloed uit de schede; *~cele*, *colpocele; *~*plastiek*, elke plastische operatie aan de schede; *~ptose*, schede-uitzakking, syn. colpoptose; *~rrafie*, syn. colporrafie; *~rragie*, schedebloeding; *~scoop*, schedespiegel, syn. colposcoop; *~spasmus*, schedekramp, syn. colpo*spasmus; *~tomie*, syn. sectio vaginalis.

emaciatie vermagering, uittering.

EMA afk. van epitheel-membraan antigeen.

email dunne harde laag glanzend witte stof die om het tandbeen (dentine) van de kroon van de tanden en kiezen ligt, syn. glazuur; om het tandbeen van de wortel ligt een minder harde laag, het cement.

emanatie, emanatio *L* 1. uitstraling bij de ontleding van radium. 2. uitvloeiing van radioactieve gassen, zie radioactiviteit.

emanatorium *L* ruimte bestemd om radioactieve gassen in te ademen.

emansio mensium *L* het uitblijven van de menstruatie; syn. amenorroe.

emasculatie ontmanning; zie castratie.

d'emblée *F* ineens, onverwacht optredend, bijv. *delire ~*, onverwacht optredende delier; *syphilis ~*, syfilis, die uitbreekt zonder *primair affect.

embolectomie operatieve verwijdering van een embolus.

embolie, embolia *G* verstopping van kleine slagaders of haarvaten door een *embolus als gevolg waarvan in het door deze slagader van bloed voorziene weefsel een verminderde doorbloeding (ischemie) optreedt, gevolgd door necrose en/of infarct; de meest voorkomende vorm van embolie is die door een afgebroken stuk van een trombus (tromb(o)embolie); *veneuze ~*, de embolus wordt met de bloedstroom meegevoerd door uiteraard steeds wijder wordende aders en zal tenslotte via de rechter harthelft blijven steken in een tak van de arteria pulmonalis en aldus een longinfarct veroorzaken; *arteriële ~*, verstopping van een slagader van de grote circulatie door een arteriële embolus waardoor infarcten kunnen ontstaan in het hart, de nieren, de milt, de hersenen en andere organen of in de extremiteiten; *gas-~*, syn. lucht-embolie; *long-~*, embolie in (de vertakkingen van) de longslagader (arteria pulmonalis); *lucht-~*, syn. pneumat(h)emie, de aanwezigheid van luchtbellen in het hart of in de bloedvaten t.g.v. luchtaanzuiging naar een open ader bij trauma en bij sommige operaties; *micro-~*, vnl. bij endocarditis voorkomende kleine embolieën die aanleiding geven tot bloedinkjes in huid en conjunctiva of infarcten in de nieren en/of hersenen; *~ paradoxa*, embolie in één der takken van de grote circulatie door een veneuze embolus die uit de rechter in de linker harthelft is terechtgekomen via een opening in het septum; *vet~*, zie vetembolie.

embolisatie 1. het ontstaan van een embolus. 2. (chir.) het afsluiten van een bloedvat door inbrenging van een bepaalde substantie ten einde de doorbloeding van een vaatrijk gebied te verminderen, dan wel een bloedend vat of een arterioveneuze fistel te sluiten.

embolus *G* prop, vreemd lichaam dat door lymfe of bloedstroom wordt voortbewogen en ergens in een vat of het hart blijft steken waardoor *embolie kan ontstaan; deze proppen kunnen zijn bloedstolsels, kleine deeltjes van een gezwel of van een trombus, een vetdruppel (vetembolie), ziektekiemen, enz.

embrocatio *L* natte omslag.

embryo *G* de vrucht in het moederlichaam tot ± de 3de maand na de bevruchting; daarna spreekt men van foetus; zie ook embryogenese.
embryocardie *G* ziekelijke verandering in het ritme van het hart, waarbij de eerste en tweede harttoon gelijkluidend worden en op gelijke afstand van elkaar liggen; komt voor bij arteriosclerose, ontsteking van de hartspier, ziekte van *Graves en sommige intoxicaties.
embryogenese de ontwikkeling van de embryonale aanleg tot het tijdstip waarop de weefsels het type van volwassen weefsel hebben bereikt, d.i. gedurende de 16de tot 75ste dag na de conceptie.
embryogenie het ontstaan en de verdere ontwikkeling van de vrucht.
embryologie leer van de ontwikkeling van het ongeboren kind; syn. fetologie.
embryonaal in kiem aanwezig, onontwikkeld, het embryo betreffend.
embryopathie ziekte van de ongeboren vrucht, bijv. bij het congenitale *rubella-syndroom (CRS).
embryoselectie zie pre-implantatiediagnostiek.
embryotomie operatieve verkleining van het ongeboren kind als geboorte op geen andere wijze mogelijk is, syn. embryulkie.
embryotoxon *G* troebeling van het hoornvlies van het oog bij pasgeboren kinderen.
embryotransplantatie (ook: *embryotransfer*) zie inseminatie in vitro, in-vitro-*fertilisatie (IVF).
EMC afk. van esthetisch medisch centrum.
EMD afk. van elektronisch medisch dossier.
EMDR (psych.) afk. van eye movement desensitization reprocessing *E*, een psychotherapeutische techniek voor de behandeling van de posttraumatische stress-stoornis die berust op het in gedachten oproepen van de traumatische herinnering en de bijbehorende gevoelens door betrokkene, terwijl deze de snel en vlak voor de ogen heen en weer bewegende vinger van de therapeut volgt, waardoor uiteindelijk vermindering van de aan de herinnering verbonden angst dient op te treden.
EMEA afk. van European medicines evaluation agency.
emergentie, emergentisme uitgroei, uitwas; ook (fig.): van hogere orde; bijv.nw. *emergent*.
emesis *G* braking; zie ook emeticum, vomitus.
emeticum *L* braakmiddel, meervoud emetica.
emetisch braakopwekkend, syn. emetogeen.
emetogeen braakopwekkend, syn. emetisch.
emf- zie ook emph-.
EMF afk. van endomyocardiale *fibrose.
emfyseem, emphysema *G* luchtzucht; met de benaming emfyseem (zonder verdere aanduiding) wordt *longemfyseem* bedoeld, d.i. verlies van longblaasjes door enzymatisch (elastase-)proteolytische invloeden waardoor verminderde gaswisseling en vernauwing van de kleinere luchtwegen optreedt; kan ook worden veroorzaakt door veelvuldige sterke inspanning (bij zangers, glasblazers, e.a.), verder t.g.v. astma, bronchitis en zeer vaak als ouderdomskwaal, voorts congenitaal t.g.v. α-antitrypsine-deficiëntie; gaat gepaard met kortademigheid die met de minste inspanning toeneemt, secundaire polyglobulie en cyanose; ~ *bullosa*, meerdere alveoli tezamen veranderen in grote holten; ~ *capitis*, ophoping

van lucht tussen het beenvlies van de schedel en de weke delen bij verwonding van luchthoudende beenderen, bijv. voorhoofdsbeen of zeefbeen; ~ *interstitialis*, emfyseem waarbij lucht in het *interstitiële weefsel is geraakt; *mediastinaal* ~, zie pneumomediastinum; ~ *subcutaneum, huid~*, het binnendringen van lucht in het onderhuidse weefsel, bijv. door rotting (zie gangreen) of verwonding der luchtwegen; bij druk op luchthoudende weefsels wordt een knetterend geruis (crepitatie) waargenomen.

EMG afk. van 1. elektromyografie, elektromyogram. 2. exomphalos, macroglossie, gigantisme.

EMGO afk. van instituut voor extramuraal geneeskundig onderzoek.

EMGZ afk. van eerstelijns maatschappelijke gezondheidszorg.

eminentie, eminentia *L* (anat.) uitsteeksel, uitstekend deel; syn. prominentia; ~ *mediana*, het gebied waar de overdracht plaatsheeft van hypothalamische *neurohormonen naar de hypofyse.

emissaria Santorini *L* de kleine aders die de schedelbeenderen doorboren en de aders binnen en buiten de schedel met elkaar verbinden.

emissietomografie zie tomografie.

emissio *L* afscheiding, uitvloeiing onder druk.

emmenagogum *G* middel dat de menstruatie bevordert.

emmetropie *G* normaal gezichtsvermogen, dus waarbij evenwijdig invallende lichtstralen zodanig worden gebroken, dat zij zich juist op het netvlies verenigen.

emolliens *L* meervoud emollientia, middel om huid, slijmvliezen, enz. weker te maken; syn. demulcens.

emotie gevoelens die bewust worden waargenomen, in tegenstelling tot *affect waarbij het gaat om zowel bewuste als driftmatige gevoelens.

emotionele bias verstoring van het waarnemingsvermogen door een emotionele oorzaak.

emotionele incontinentie zie affectincontinentie.

emotionele verwaarlozing zie affectief: affectieve verwaarlozing.

empasma *G* (farm.) strooipoeder.

empâtement *F* deegachtige zwelling.

empathie (psych.) door Rogers omschreven als het vermogen om de ervaringswereld van de cliënt te beleven alsof die van jezelf is, zonder overigens het alsof-karakter van dat beleven ooit te verliezen.

emphraxis *G* verstopping van vaten, buizen, poriën, enz.

emphysema zie emfyseem.

empiricus *L* iemand die alleen op ervaring of proefneming afgaat.

empirie zie empirisme; bijv.nw. *empirisch* op ervaring of proefneming berustend.

empirisme, empirie leer dat de behandeling op ervaring of proefneming, dus op de praktijk moet berusten en niet op de theorie.

emplastrum *L* pleister; ~ *adhaesivum*, kleefpleister; ~ *anglicum*, Engelse pleister.

emprosthotonus *G* syn. episthotonus.

empty sella *E* zie sella turcica.

empyeem, empyema *G* pusophoping in een (tevoren bestaande - natuurlijke -) lichaamsholte; ~ *articuli*, pusophoping in een gewricht; ~ *pulsans*, het gevoel va[n] kloppen in een empyeem, meestal veroorzaakt door het voortplanten van de hartslag.

empyesis *G* etterende zweer, verettering.

empyocele *G* etterbreuk, met pus gevulde verdikking.
emulgator (farm.) chemische stof, die gebruikt wordt voor het bereiden van emulsies of in bestaande emulsies deze als zodanig doet bestaan.
emulgide (farm.) emulgator voor het bereiden van crème (zie cremor) uit olie-watersuspensies.
emulsie vloeistof die in zeer fijne druppels in een andere vloeistof is verdeeld.
emulsine uit amandelen getrokken stikstofbevattend ferment.
emundans *L* reinigend (bijv. braak-, afvoer-)middel, meervoud emundántia.
EMV afk. van eye, motoric, verbal *E*.
ENA afk. van extractable nuclear antigen *E*.
enamelum *L* email; (tandheelk.) substantia adamantina.
enantheem, enanthema *G* inwendige uitslag, uitslag op de slijmvliezen, bijv. de Koplik-vlekken bij mazelen.
enartrose, enarthrosis 1. (anat.) *nootgewricht. 2. (orthop.) vastzetten van een gewrichtskop in een -kom.
encanthis kleine uitgroeisels op de nasale omslagplooi van de *conjunctiva.
encauma *G* (ook: *enkauma*) brandwond.
encauston *G* (ook: *enkauston*) syn. email.
encefalitiden meervoud van *encefalitis.
encefalitis, encephalitis *G* syn. cerebritis, ontsteking van hersenweefsel, als gevolg van een bacteriële of virusinfectieziekte; verschijnselen: koorts, hoofdpijn, bewustzijnsstoornissen, slaapzucht, oogspierverlammingen, onrust, ataxie, chorea, athetose e.a.; dikwijls zijn ook ruggenmerg en/of hersenvliezen aangedaan (encefalomyelitis, resp. -meningitis); ~ *infantum*, acute cerebrale kinderverlamming; ~ *epidemica* syn. ~ *lethargica*, slaapziekte of nona, sporadisch voorkomende aandoening, gekenmerkt door o.a. somnolentie, *lethargie, verwardheid, oogstoornissen en *hyperkinesie met slaapzucht; ~ *luetica*, zie dementie: dementia paralytica, lues cerebri; ~ *para-infectiosa*, encefalitis als complicatie bij infectieziekten zoals mazelen, rode-hond, waterpokken, bof, vaccinia, malaria tropica; ~ *postvaccinalis*, encefalitis na (primaire) pokkenvaccinatie (obsoleet); *subacute* ~, typisch ziektebeeld, veroorzaakt door het *HIV, gekenmerkt door afneming van cognitieve functies, progressief geheugen- en concentratieverlies e.a. (zgn. *AIDS-dementiecomplex).
encefalo- zie ook encephalo-.
encefalocele *G* hersenbreuk, meestal aangeboren uitstulping der hersenvliezen door de schedelbeenderen naar buiten, waardoor een gezwel ontstaat gevuld met hersenweefsel of liquor cerebrospinalis (of beide); heeft meestal encefalitis of meningitis tot gevolg en verloopt in de regel dodelijk; syn. hernia cerebri.
encefalografie registratie van anatomische of functionele kwaliteiten van (gezonde of zieke) hersenen; *echo-~*, encefalografie van de schedelinhoud d.m.v. ultrasonische trillingen; *elektro-~*, zie elektro-encefalografie; *lucht-~*, encefalografie met behulp van in de hersenkamers ingebrachte lucht als contrastmiddel.
encefaloliet verkalking in de hersenen.
encefalomalacie hersenverweking door versterf van hersenweefsel na afsluiting van meestal sclerotische hersenarteriën; zie ook cerebrovasculair *accident, hersen*infarct.
encefalomeningocele *G* *encefalocele, waarbij de hersenvliezen èn de hersensubstantie uitpuilen.

encefalomyelitis ontsteking van hersenen en ruggenmerg; zie ook encefalitis; *myalgische* ~, syn. myalgische encefalomyopathie, afk. ME, moeheidssyndroom, chronische, vaak invaliderende, vermoeidheid met klachten overeenkomend met het neurastheensyndroom (zie aldaar), mogelijk t.g.v. het latent aanwezig blijven van een virus na een doorgemaakte infectie, ook genoemd ME-syndroom, postviraal-syndroom, chronisch moeheidssyndroom (afk. CMS), chronisch vermoeidheidssyndroom (afk. CVS); zie ook CFS en PFS.

encefalopathie, encephalopathia *G* hersenziekte, degeneratieve hersenaandoening; *bilirubine-*~, encefalopathie t.g.v. beschadiging van de hersenen door bilirubine bij *kernicterus; *boviene spongiforme* ~, afk. BSE, zie Creutzfeldt-Jakob; ~ *haemorrhagica superior* (obsoleet) syn. ziekte van *Wernicke; *hemodialyse-*~, encefalopathie met spraakstoornissen, apraxie en myoclonieën t.g.v. intoxicatie door *aluminium dat in te hoog gehalte in de spoelvloeistof aanwezig is; *hepatogene* ~, encefalopathie door *leverinsufficiëntie met een polymorf klinisch beeld dat kenmerken vertoont als bij portale encefalopathie; *hypertensie-*~, hersenverschijnselen t.g.v. verhoogde bloeddruk, zoals voorbijgaande verlammingen en bewusteloosheid, visus- en spraakstoornissen, ernstige hoofdpijn, misselijkheid, braken, slaapzucht, verwardheid, epileptoïde insulten, soms voorbode van een cerebrovasculair *accident; ~ *hypoxaemica*, encefalopathie t.g.v. onvoldoende zuurstoftoevoer naar de hersenen met neurologische uitvalverschijnselen van uiteenlopende aard; als deze toestand langer duurt dan 5 à 6 minuten, kunnen (indien de patiënt overigens herstelt) restverschijnselen optreden, zoals dementie, agnosie, parkinsonisme, choreoathetose, cerebellaire ataxie, myoclonieën e.a.; ~ *infantilis*, verzamelnaam voor verschijnselen van vroege letsels in de ontwikkeling van de hersenen, zoals cerebral *palsy (*E*), stoornissen van intellectuele en affectieve aard, taal-, spraak- en perceptiestoornissen, epilepsie; *metabole* ~, verzamelnaam voor encefalopathieën, veroorzaakt door toxische (pathologische) producten, per definitie van selectieve of focale aard met uitwerking op gliacellen, synapsen, celorganellen, enz. op moleculair of cellulair niveau; afk. ME (bet. 2); *portale* ~, encefalopathie door de toxische inwerking van eiwitstofwisselingsproducten op het centrale zenuwstelsel t.g.v. collaterale circulatie (buiten de lever om) bij portale *hypertensie; de verschijnselen zijn (alg.) apathie, psychotische symptomen, epileptische insulten, monotone en/of gescandeerde spraak, flapping tremor, onregelmatig handschrift, vaak hyperventilatie, *EEG-afwijkingen, soms choreo-athetose; het beeld kan overgaan in coma hepaticum; ~ *saturnina*, encefalopathie door chronische loodvergiftiging (saturnisme), gepaard gaande met blindheid, ijlen, krampen, hallucinaties of psychische depressie en vervolgingswaan; *toxische* ~, encefalopathie door endotoxinen bij een infectieziekte, gepaard met convulsies, bewustzijnsverlaging, meningeale prikkelingsverschijnselen e.a.

encefalopathisch m.b.t. *encefalopathie; ~ *syndroom*, zie organisch psychosyndroom.

enceph- zie ook encef-.

encephalasthenie *G* zenuwzwakte, syn. cerebrasthenie.

encephalitis zie encefalitis.

encephalolysis *G* operatieve doorboring van de schedel om de hersendruk te verminderen, syn. trepanatie.

encephalon het geheel van hersenstam, cerebrum, tussenhersenen en cerebellum;

de hersenen.

encephalopathia zie encefalopathie.

enchondraal in het kraakbeen.

enchondroom kraakbeengezwel, zie chondroom.

enclavatie omsluiting, inklemming, bijv. van de baarmoeder of van het kinderhoofd (bij zwangerschap) in het bekken, enz.

encoprese *G*, **encopresis** 1. het uitscheiden van de ontlasting in de kleren. 2. (vlg. DSM-IV) herhaaldelijk defeceren op daarvoor niet bestemde plaatsen door (niet-verstandelijk gehandicapte) kinderen ouder dan vier jaar, niet veroorzaakt door het gebruik van een middel of een lichamelijke aandoening, met uitzondering van mechanismen die tot obstipatie leiden.

encounter *E* lett. ontmoeting; (psych.) *~-techniek,* verzamelnaam voor verschillende soorten groepstrainingen waarbij het de bedoeling is om d.m.v. een intensieve groepservaring het individu weer in contact te brengen met zijn eigen gevoelens, gedachten, ervaringen en lichaam.

encysteren het zich omgeven met een kapsel.

endarteriëctomie (chir.) verwijdering van de intima van een arterie c.q. tevens *trombectomie.

endarteriitis *G* ontsteking van de binnenwand der slagaders.

endectropie *ectropie van de darm.

endeldarm rectum, proctos.

endemiciteit de niet in getalsmaten uit te drukken graad van de ernst, uitbreiding, omvang en afloop van een endemie van een besmettelijke ziekte.

endemie inheemse ziekte; ziekte die hardnekkig in een bepaalde streek heerst, bijv. malaria; zie ook endemisch.

endemisch 1. inheems. 2. m.b.t. een *endemie; ziekten komen endemisch voor wanneer ze over een langere tijd in een constante frequentie in een bevolking voorkomen, bijv. pneumokokkenpneumonieën in Nederland of tuberculose in ontwikkelingslanden; we spreken van een epidemie wanneer zich in een korte periode plotseling meer gevallen voordoen (meer dan het endemisch niveau) van een bepaalde infectieziekte, bijv. een influenza-epidemie in Nederland; wanneer een epidemie zich uitstrekt over verschillende werelddelen spreken we van een pandemie; in alle ziekenhuizen komen ziekenhuisinfecties endemisch voor, dat wil zeggen er is altijd een aantal patiënten met ziekenhuisinfecties; het is afhankelijk van lokale factoren of een ziekenhuisinfectie endemisch of epidemisch voorkomt; zo kunnen twee patiënten met *MRSA in een Nederlands ziekenhuis een (lokale) epidemie (epidemische verheffing) zijn, terwijl meerdere patiënten met MRSA in een Frans ziekenhuis nog steeds als endemisch beschouwd wordt.

ndergoon, endergonisch energie opnemend; tgst. exergoon.

ndermaal, endermatisch in de huid; in de huid dringend, bijv. een injectie; syn. intracutaan; zie ook derma.

ndesmaal in het bindweefsel.

ndo- (smst.) in, inwendig, binnen (ook: ento-).

ndobiose verzamelnaam voor de begrippen parasitisme en symbiose.

ndobrachy-oesophagus syn. *Barrett-oesophagus.

ndocarditis *G* ontsteking van de binnenwand van het hart (endocard); kan voorkomen bij sepsis, pyemie, acuut gewrichtsreuma, enz.; embolische complicaties zijn o.a. meningitis, cerebrovasculair *accident, visusdaling, abcessen, convulsies; *acute bacteriële* of *infectieuze* ~, endocarditis veroorzaakt door hemolytische streptokokken, pneumokokken of Staphylococcus aureus, afkomstig van huidinfecties, osteomyelitis, intraveneuze katheters, operatieve ingrepen, infusen e.a.; *subacute* of *infectieuze* ~, syn. endocarditis lenta; *enterokokken* ~, subacute endocarditis veroorzaakt door enterokokken uit maag-darmkanaal of urinewegen; ~ *lenta*, veroorzaakt door de α-hemolytische Streptococcus viridans, afkomstig uit de mondholte; ontstaat alleen op reeds beschadigde hartkleppen; ~ *rheumatica*, endocarditis bij acuut reuma, zie polyarthritis rheumatica acuta; ~ *septica*, syn. ~ *ulcerosa*, endocarditis door septikemie met vorming van ulcera; ~ *verrucosa*, lichte vorm van endocarditis gepaard gaande met vorming van wratjes op de hartkleppen, de binnenwand van het hart, enz.; wordt meestal veroorzaakt door gewrichtsreuma.

endo- *~cardium*, het endotheel van het hart; *~carentie*, vitaminegebrek in de weefsels door verminderde benutting of vermeerderde behoefte; *~cavitair*, in een holte; *~cervicitis*, ontsteking van de endocervix (baarmoederhalskanaal); *~cervix*, het endometrium van de cervix uteri (baarmoederhals); *~colpitis*, ontsteking van het schedeslijmvlies; *~cranium*, de binnenwand van de schedelholte.

endocrien m.b.t. de afgifte van hormonale stof naar de bloedstroom; *para-~*, betreffende de productie van een atypische hormonale stof; *ortho-~*, idem betreffende een typisch product.

endocriene klieren klieren met interne secretie, d.w.z. dat de producten (hormonen) door het bloed worden opgenomen.

endocrinogene psychose zie psychose.

endocrinologie *G* de leer der interne *secretie en van de endocrinopathie.

endocrinopathie ziekte veroorzaakt door pathologische werking van één of meer *endocriene klieren; *multipele* ~, zie MEN.

endocyt celinsluitsel.

endocytose transport door de celmembraan van buiten de cel naar binnen; tgst. exocytose; zie ook fagocytose, pinocytose.

endo- *~derm*, (embr.) het binnenste kiemblad, zie ectoderm; *~dontitis*, syn. pulpitis *~dontium*, *pulpa dentis.

endoflebitis, endophlebitis ontsteking van de *intima van een ader; ~ *obliterans*, vernauwing van aders t.g.v. endoflebitis; *pulmonale ~ obliterans*, veno-occlusive disease van de longen, soms leidend tot pulmonale *hypertensie.

endoftalmie, endophthalmus syn. *enoftalmie.

endoftalmitis, endophthalmitis exsudatieve ontsteking in het inwendige van de oogbol, leidend tot glasvochtabces of etterige iritis, soms tot panoftalmie.

endofytisch naar binnen toe groeiend; tgst. ecto- of exofytisch.

endogamie *G* huwelijken van stamgenoten onderling; incestueuze verhouding in een gezin, meestal tussen vader en dochter; inteelt.

endogeen *G* van binnen uit, van binnen uit ontstaan; tgst. exogeen.

endolimax nana *L* bij de mens voorkomende, niet-pathogene amoebe.

endolymfe labyrintvocht, binnenvocht, het heldere eiwithoudende vocht dat zich i het labyrint bevindt; syn. liquor scarpae.

endometriose, endometriosis goedaardige woekeringen van functionerend baarmoederslijmvlies (zowel klierweefsel als stroma), al of niet vergezeld van glad spierweefsel op plaatsen waar het normaliter niet voorkomt; ~ *externa*, endome triose in of in de omgeving van andere organen dan baarmoeder of eileider, hoofdzakelijk in het kleine bekken, zowel intra- als extraperitoneaal; ~ *interna*, endometriose in baarmoederspier en/of eileider, syn. adenomyosis uteri; ~ *parietalis*, syn. ~ *interna uteri*, syn. adenomyosis uteri interna, endometriose in of tegen de baarmoederspier.

endometritis *G* ontsteking van het baarmoederslijmvlies; ~ *cervicalis*, syn. ~ *colli*, cervicale catarre, ontsteking van het slijmvlies van de baarmoederhals; ~ *puerperalis*, ontsteking van het baarmoederslijmvlies door infectie bij de bevalling.

endometrium *L* het slijmvlies van de baarmoeder (metra).

endomorfie vorm van lichaamsbouw (vlg. *Sheldon) gekenmerkt door overheersing van organen afgeleid uit het endoderm: ronde vormen, grote massa en relatief klein lichaamsoppervlak.

endomorfisme structuurverandering door inwendige oorzaken.

endomysium *L* het omhulsel der spierbundels.

endon dispositie voor het zich ontwikkelen van een ziekte, ontstaan door interactie van aangeboren factoren en milieu-invloeden.

endoneurium bindweefsellaagje dat het *neurilemma direct omhult.

endonuclease een enzym dat een nucleïnezuurmolecuul kan splitsen waardoor fragmenten ontstaan; zie ook restrictie-*enzym.

endoparasiet parasiet die in het lichaam van de gastheer leeft (in weefsels, bloed, darmholte); tgst. ectoparasiet; zie epizoön.

endopathie elke ziekte die niet door uitwendige invloeden ontstaat.

endophlebitis zie endoflebitis.

endophthalmitis zie endoftalmitis.

endoplasma *G* het binnenste gedeelte, tevens hoofdbestanddeel, van het protoplasma.

endoplasmatisch reticulum syn. ergastoplasma; een netwerk (reticulum) van membranen in het celplasma; het membranenstelsel bestaat uit twee bijna tegen elkaar liggende membranen, zodat afgeplatte holten en kanaaltjes ontstaan; het endoplasmatisch reticulum, afk. ER, vervult een functie bij de eiwitsynthese en bij het transport van stoffen in de cel.

endoprothese kunststofprothese ter vervanging van een inwendig lichaamsdeel, bijv. hartklep, bloedvaten, galgangen, bot, gewricht; zie ook exoprothese, implantatie.

endoresectie urologische operatietechniek met behulp van een ‘werkcystoscoop’ die een elektrische lis bevat waarmee (c.q. een deel van) de prostaat kan worden gereseceerd, blaaspoliepen kunnen worden verwijderd en dergelijke; zie ook resectie, TUR.

endorfinen verzamelnaam voor endogene, in centraal zenuwstelsel en hypofyse geproduceerde polypeptiden, ook voorkomend in het maag-darmkanaal; *alfa-* en *bèta-~* hebben een morfinomimetische (analgetische) werking; *gamma-~* werken hoofdzakelijk excitatief; bovendien hebben de endorfinen waarschijnlijk een homeostatische invloed op stemming, emoties en gedrag (de zgn. ‘neuro-regulatorische’ functie); endorfinen worden mogelijk opgewekt bij acupunctuur.

endorotatie binnenwaartsdraaiing.

endoscoop instrument om lichaamsholten en inwendige kanalen te onderzoeken.

endoscopie onderzoek van lichaamsholten of inwendige kanalen met een endoscoop.

endoscopische chirurgie zie chirurgie.
endosmose zie osmose.
endossaal in het bot.
endostium *L* het binnenbeenvlies dat de mergholte bekleedt.
endotheel, endothelium *G* inwendig bekleedsel van de bloed- en lymfevaten; zie ook intima; *~kanker*, syn. endothelioom.
endothelioom maligne gezwel ontstaan uit endotheelcellen; *angio-~*, endothelioom van vaatendotheel *(angio-endotheliosis)*.
endotheliosarcoom zie Ewing.
endotheliose 1. syn. *reticulo-~*, zie reticulose. 2. (alg.) ziekte van *endotheel, bijv. dat van een glomerulus renalis. 3. aanwezigheid van endotheelcellen in urine of exsudaat.
endothelium zie endotheel.
endothymie de kwaliteit van de grondstemming (Lersch) van het individu welke bepalend is voor het temperament als basis van het karakter.
endotine het gezuiverde werkzame bestanddeel van alt-tuberculine.
endotoxine 1. lett. binnenvergif; *toxine dat zich in sommige bacteriën bevindt en pas na hun afsterven wordt losgelaten. 2. lipopolysacharide in de celwand van gramnegatieve bacteriën; één van de biologische activiteiten van endotoxine is inductie van interferonsynthese, dus een antiviraal effect; voorts werkt endotoxine pyrogeen en fagocytose-bevorderend.
endotoxinemie het vóórkomen van endotoxinen in het bloed.
endovasculair syn. *intravasculair.
endoveneus syn. *intraveneus.
endozoönose dermatozoönose waarbij de parasiet in de huid verblijft.
end-to-end *E* operatieve verbinding tussen de uiteinden van twee buisvormige organen (darm, (bloed)vaten, ureter), waarvan de continuïteit is verbroken; syn. terminoterminaal.
end-to-side *E* operatieve verbinding tussen het uiteinde van een buisvormig orgaan (waarvan de continuïteit is verbroken) met de zijkant van het andere uiteinde; syn. terminolateraal.
enema *G* syn. klysma, klisteer, lavement.
energetica *L* leer van het lichamelijk arbeidsvermogen.
enervatie 1. de innervatie uitschakelend, verzwakking, ontzenuwing. 2. (chir.) resectie van een deel van een zenuw ter bestrijding van een neuralgie (zenuwpijn) of om een motorische functie uit te schakelen. 3. syn. neurasthenie. 4. (psych.) algemene lusteloosheid, matheid, uitputting.
enerveren ontzenuwen, verzwakken.
Engelse ziekte *rachitis.
engouement *F* ophoping, verstopping, bijv. van pus of drekstoffen, ook: beklemming of begin van ontsteking; zie ook incarceratie.
engram (psych.) geheugenbeeld; de indruk die in het geheugen achterblijft na een waarneming of psychische ervaring.
engtevrees claustrofobie; zie ook fobie.
enhancement *E* lett. verbetering; in de immunologie: paradoxe vorm van passieve immuniteit, d.w.z. bescherming van een antigeen door antistoffen in plaats van vernietiging.
enkauma zie encauma.

enkauston zie encauston.
enkefalinen pentapeptiden, behorend tot de *endorfinen, vóórkomend in de hersenen en het maag-darmkanaal, gelokaliseerd in zgn. korte-baanzenuwuiteinden; zij hebben een modulerende invloed op synaptische transmissie.
enkel zie malleolus.
ENL afk. van erythema nodosum leprosorum.
enoftalmie, enophthalmus *L* syn. endoftalmie, het terugzakken van de oogbol in de oogholte, bijv. door atrofie van het oog, verlamming van de nervus sympathicus, verdwijning van het vet in de oogholte, verwonding achter het oog, enz.; tgst. exoftalmie.
enolase enzym dat deelneemt in de cyclus van de spiercontractie; *neuro-~*, glycolytisch enzym dat in overmaat wordt geproduceerd in neuro-endocriene neoplasieën.
enophthalmus zie enoftalmie.
enossaal in het bot (gelegen).
enostose, enostosis *G* beenweefselgezwel binnen in een bot.
enrouement *F* heesheid.
Entamoeba *G* microscopisch eencellig diertje (protozoön); ~ *buccalis*, commensaal in carieuze tanden; ~ *histolytica*, syn. ~ *tetragena*, syn. ~ *dysenteriae*, veroorzaker van amoebe*dysenterie.
entelechie het leidend principe van iemands eigenschappen en levensuitingen.
enten het op een voedingsbodem brengen van kweekmateriaal bijv. pus, wondvocht, sputum.
enteralgie *G* buikpijn, ingewandspijn, syn. enterodynie.
enterectomie wegnemen (resectie) van een deel van de darm.
enteric coating zie coating.
enteritis *G* darmslijmvliesontsteking; ~ *membranacea*, syn. *colica mucosa; ~ *necroticans*, acute necrotiserende enteritis veroorzaakt door Clostridium perfringens, leidend tot ulceraties en soms perforaties; ~ *purulenta*, etterige darmontsteking; ~ *regionalis*, chronische, transmurale ontsteking van een deel (vaak het laatste deel: *ileitis terminalis*) van de dunne darm en/of het colon, met zweervorming, waardoor o.a. sterk functieverlies van het resorberend darmoppervlak (malabsorptie) kan ontstaan; lokalisatie in mondholte, slokdarm, maag en duodenum komt ook (zelden) voor; complicaties zijn bloedarmoede, fistelvorming, stenosering, artralgieën, uveïtis, retro-oculaire ontstekingen, urologische afwijkingen, erythema nodosum, voorts vaak hypoproteïnemie als bij exsudatieve *enteropathie; syn. ziekte van Crohn; ~ *ulcerosa*, enteritis gepaard gaande met vorming van zweren in de darm.
enterobacter gramnegatieve bacterie die vnl. darm- en urineweginfecties veroorzaakt; komt als commensaal voor, doch is ook in afvalwater en dergelijke te vinden.
enterobiose, enterobiosis (ook: *enterobiasis*) *G* het vóórkomen van de aarsmade, de Enterobius vermicularis, een nematode (rondworm), in de darm van de mens; door besmetting van de éne mens op de andere komen de eieren in de maag, die zich tot maden ontwikkelen; de wijfjes leggen eieren in de omgeving van de anus en verwekken daarbij jeuk; syn. oxyuriasis.
entero- m.b.t. de darm; ~**carentie*, vitaminegebrek door gestoorde resorptie in de darm; ~*centesis*, darmpunctie; ~*cleaner E*, zie sudabad.

enterocele ingewandsbreuk.
enteroclysis zie enteroklysma.
Enterococcus syn. Streptococcus faecalis, zie streptokok.
enterocolitis ontsteking van het slijmvlies van dunne en dikke darm; ~ *necroticans*, enterocolitis met lokale necrosen en perforaties bij pasgeborenen.
enterocystocele *G* darm- en blaasbreuk.
enterocyten cilindervormige trilhaar-epitheelcellen van de darmvlokken.
enterodynie *G* syn. enteralgie.
enterogastron weefselhormoon in de wand van het duodenum die de maagfunctie remt; syn. gastric inhibitory polypeptide (GIP); *~-effect*, de (fysiologische) langzame ontlediging van de maag na vetrijk eten.
enterogeen met de darm in verband staande; van de darm afkomstig.
enteroglucagon glucagon dat door *APUD-cellen in de darmwand en in de α-cellen van de eilandjes van Langerhans wordt gevormd; bevordert de motiliteit van ileum en colon; *~oma*, een *apudoom dat enteroglucagon in overmaat produceert.
enterohepatische kringloop kringloop tussen dunne darm (enteron) en lever (hepar).
enterohormonen *gastro-intestinale hormonen*, (poly)peptiden, afgescheiden door endocriene (*APUD-)cellen in het maag-darmkanaal (zgn. ectopische hormoonproductie) of het pancreas; zij hebben in hoofdzaak een regulerende invloed op de werking van het maag-darmkanaal; sommige enterohormonen zijn ook in het centrale zenuwstelsel aanwezig; syn. chemitters.
enterokinase een enzym, geproduceerd door de wand van de twaalfvingerige darm, dat trypsinogeen omzet in trypsine.
enteroklysma, enteroclysis *G* 1. darmspoeling, uitspoeling van de endeldarm me geneesmiddelen of water. 2. het via een slang rechtstreeks in de darm brengen van een contrastmiddel t.b.v. een röntgenologisch onderzoek.
enteroliet darmsteen, drekSteen, zie coproliet.
enterolysis het losmaken van darmen uit adhesies.
enteromerocele *G* dijbreuk, syn. hernia cruralis.
enteropathie, enteropathia ingewandziekte; ~ *exsudativa*, elke aandoening van het slijmvlies van maag en/of darm die gepaard gaat met verhoogde doorlating van eiwitten (albumine, globulinen) naar het lumen, waardoor hypoproteïnemie en oedemen kunnen ontstaan; syn. protein losing enteropathy.
enteroplastiek *plastiek van de darm, bijv. een darmverwijding bij darmvernauwing.
enteroptose, enteroptosis *G* het verzakken van de ingewanden door verslapping van de banden of van de buikwand; hangbuik; syn. ziekte van Glénard, splanchnoptose, visceroptose.
entero- *~rragie*, darmbloeding; *~rrafie*, darmhechting, darmnaad; *~scoop*, endoscoop voor inwendig onderzoek van de darm; *~stenosis*, darmvernauwing; *~stomie*, het aanleggen van een kunstmatige darmfistel of een nieuwe darmuitmonding; *~tomie*, (chir.) darmopening.
enterotoxine 1. toxine met affiniteit tot het darmkanaal. 2. toxine, gevormd in h darmkanaal door diverse bacteriën.
enterotyphus buiktyfus; zie tyfus.
enterovirus grote groep van morfologisch op elkaar gelijkende *picornavirusser

die in de darm (en feces) worden aangetroffen; tot deze groep behoren de coxsackie- en ECHO-virussen en het poliomyelitisvirus.
enterozoön *G* dierlijke darmparasiet; meervoud enterozoa, enterozoën.
enthelmint ingewandsworm.
ent-hepatitis syn. serum-*hepatitis.
enthesie, enthesis 1. (anat.) de (histologische) overgang van pees- of ligament- in botweefsel op origo (oorsprong) en insertie (aanhechting); spieraanhechting. 2. (chir.) herstel van een misvorming of lichamelijk defect met gebruikmaking van 'dood' materiaal (bijv. metaal of plastiek).
enthesitis *enthesie-ontsteking (bet. 1).
enthesopathie aanhechtingspijn.
ento- zie ook endo-; *~derm* (anat.) het binnenste van de drie kiembladen van het embryo; *~dermaal *cystoom*, teratoïd neoplasma, uitgaande van het entoderm.
entommatisch syn. *entoptisch.
entomologie insectenkunde.
entoptisch in het inwendige oog; syn. entommatisch; ~ *verschijnsel*, waarneming veroorzaakt doordat zich in het oog een object bevindt of t.g.v. een proces in het oog.
entorsie verstuiking (verzwikking) met bandverscheuring; zie ook distorsie.
entotisch in het oor; ~ *geruis*, geruis in het oor zelf ontstaan.
entozoön *G* dierlijke parasiet die in het lichaam van zijn gastheer leeft, meervoud entozoa, entozoën.
entrapment *E* inkapseling; verstrikking; bekneld raken; *~-neuropathie*, de verschijnselen die ontstaan door beknelling van perifere zenuwen; zie tunnelsyndroom.
entropie 1. het gedeelte van de in een organisme aanwezige energie, uitsluitend beschikbaar voor intern gebruik en niet voor het verrichten van arbeid; (uitbr.) verlies van nuttig arbeidsvermogen. 2. *entropion.
entropion *G*, **entropium** *L*, **entropie** naar binnen gekeerd zijn van de oogleden, tgst. ectropion; *litteken~*, entropion door littekens en schrompeling van het bindvlies; *spastisch ~*, door kramp (spasmus) van het tot het ooglid behorend gedeelte der oogkringspier veroorzaakt entropion; ~ *senile*, entropion bij oude mensen.
entry blockers *E* (farm.) farmaca welke het binnendringen van elektrolyten in de cel tegengaan.
entstof vaccin.
enucleatie, enucleatio *L* 1. uitpelling, bijv. van een gezwel uit zijn kapsel; ~ *bulbi*, verwijdering van de oogbol uit de orbita. 2. amputatie van ledematen in het gewricht (ook: exarticulatie).
enuresis *G* 1. onwillekeurige urinelozing, bedwateren. 2. (vlg. DSM-IV) meerdere keren per week optredende urinelozing (bed of broek) bij (niet verstandelijk gehandicapte) kinderen ouder dan 5 jaar, niet veroorzaakt door het gebruik van middelen of een lichamelijke aandoening; ~ *diurna*, onwillekeurige urinelozing overdag; ~ *nocturna*, onwillekeurige nachtelijke urinelozing, bedwateren; ~ *risoria*, lach-enuresis, het onbedwingbaar lozen van de volledige blaasinhoud bij lachen.
envelop 1. omkleding. 2. *~-film*, membraan van lipoproteïnen dat sommige *virusdeeltjes omhult. 3. *~-techniek* (oogheelk.), plaatsing van een kunstlens in

het kapsel waaruit de zieke lens (cataract) vlak tevoren is verwijderd.

enzym *G* katalysator, die een bepaald scheikundig proces in het organisme veroorzaakt of bevordert, zonder zelf te veranderen; enzymen zijn biochemische *katalysatoren, zonder welke stofwisseling en spijsvertering onmogelijk zouden zijn; enzymen zijn zeer specifiek, d.w.z. voor ieder substraat is een apart enzym nodig (slot-sleutel reactie); voor de werking zijn enzymen o.a. afhankelijk van de temperatuur en de zuurgraad (pH); enzymen zijn eiwitten, meestal is een enzym een zgn. samengesteld eiwit, d.w.z. een eiwit *(apo-~)* chemisch verbonden met een niet-eiwit ('prosthetische groep'), dat als *co-enzym of als *activator kan optreden; in de benaming van enzymen maakt men gebruik van het achtervoegsel *-ase*, bijv. sacharase, lactase, fosfatase, hydrolase, transaminase, enz.; *allosterisch ~*, een enzym dat niet alleen een specifiek substraat 'herkent' en er zich mee verbindt, maar bovendien het electief vermogen heeft zich met één of meer andere verbindingen te associëren, waardoor een wijziging van de ruimtelijke structuur van het eiwit optreedt; *converting (E) ~*, lett. omzettend enzym, zie angiotensine; *~defect, ~deficiëntie*, enzymziekte, blijvend of voorbijgaand, al of niet aangeboren tekort aan werking van één of meer enzymen; syn. enzymopathie; *herstel~*, syn. reparatie-enzym, een enzym dat in staat is beschadigingen van het DNA-molecuul te herstellen, waardoor het optreden van *mutaties wordt voorkomen; *~inductie*, toename van omzettingscapaciteit van een enzymsysteem na aanbieding van een substraat; *iso-~*, zie iso-enzymen; *pro-~*, zie pro-enzym; *reparatie-~*, syn. herstelenzym; *restrictie-~*, enzym (een zgn. endonuclease) dat een DNA-molecuul kan knippen waardoor o.a. nieuwe stukken DNA kunnen worden ingebouwd; zie ook recombinant-DNA.

EOG afk. van *elektro-oculografie of -oculogram.

eonisme syn. *transvestie.

EOR afk. van elektrische *ontaardingsreactie.

EORTC afk. van European organization for research on treatment of cancer.

eosine een zure rode kleurstof.

eosinofiel zich kleurend met zure kleurstoffen zoals eosine; *~e cellen*, een vorm van *granulocyten, die in hun celplasma korreltjes (granula) hebben, die zich sterk kleuren met zuur reagerende kleurstoffen, zoals eosine; eosinofiele cellen hebben door specifieke receptoren affiniteit tot IgE (zie ook reaginen), waardoor invloed wordt uitgeoefend op het verloop van atopisch-allergische reacties; verder inactiveren de eosinofiele cellen waarschijnlijk de mediatoren van mestcellen en beschadigen zij de larvale stadia van sommige wormen; *~ syndroom*, ziektebeeld gekenmerkt door zeer sterke eosinofilie van het beenmerg en het perifere bloed (leukocytose met 60-90% eosinofiele cellen) met infiltratie in diverse organen leidend tot disfunctie (hart, longen, centraal zenuwstelsel, lever, milt);de oorzaak is onbekend; een vorm van het eosinofiel syndroom is bekend als de ziekte van *Löffler.

eosinofilie toeneming van het aantal eosinofiele cellen in het bloed, bijv. bij bepaalde allergische ziekten, sommige vormen van leukemie, roodvonk, collageenziekten, parasitaire (vooral worm-) ziekten, pemphigus, M. Hodgkin; *tropische ~*, sterke eosinofilie, gepaard met algemene klierzwellingen en vluchtige longinfiltraten.

eosinopenie vermindering of afwezigheid van *eosinofiele cellen.

EOV afk. van enkelvoudig onverzadigd vetzuur.

EP afk. van 1. evoked potential. 2. etoposide, Platinol (cisplatine), een cytostaticacombinatie.
EPAP afk. van expiratory positive airway pressure.
EPEC afk. van enteropathogene Escherichia coli, kan darminfecties bij jonge kinderen veroorzaken.
epencephalon *G* achterhersenen.
ependym *G* endotheel van de hersenkamers en het centrale kanaal van het ruggenmerg; de ependymcellen behoren tot de neuroglía, zijn voorzien van trilharen en vormen neurogliavezels.
EPF afk. van 1. exophthalmus producing factor *E* (verwant met TSH). 2. epidermis-proliferatiefactor. 3. early pregnancy factor.
eph- zie ook ef-.
ephelides zie efeliden.
ephesis (zomer)sproet; mrv. *ephelides*; zie ook efeliden.
ephemera zie efemeer.
ephidrosis *G* verhoogde zweetafscheiding, pathologisch zweten, bijv. nachtzweten bij tuberculose; syn. hyperhidrose.
epi inkorting van episiotomie.
epi- *G* (smst.) op, boven, over; *~blast* (embr.) ectoderm (in engere zin zonder de neurale plaat); *~canthis*, zie encanthis.
epicanthus *L* sikkelvormige huidplooi van het bovenste ooglid die dikwijls de binnenooghoek (canthus) bedekt; komt als normale eigenschap in lichte vorm voor bij sommige rassen, bijv. bij het Mongoolse ras.
epicard, epicardium *L* het binnenblad (lamina visceralis) van het hartzakje.
epicardie verschuiving van het hart naar boven.
epicardium zie epicard.
epicauma *G* zweer (oorspr.: verbranding).
epicerasticum *L* verzachtend middel.
epichrosis *G* pigmentatie of andere verkleuring van de huid.
epicomus *L* dubbelmonstrum, met de schedels aan elkaar gegroeid.
epicondylitis *G* periostitis van een epicondylus; ~ *humeri,* ('tennisarm'), tendoperiostitis van de buitenste epicondylus van het opperarmbeen door frequent gebruik (surmenage) van de daar aangehechte spieren (breien, tennissen, vioolspelen, schroevendraaien, golfen).
epicondylus *L* knobbel aan de binnen- en buitenzijde boven aan de condylus bij dijbeen en opperarmbeen.
epicrien afgifte door endocriene cellen van hormonale stof aan andere cellen.
epicrise 1. de verschijnselen van een ziekte die na de crisis optreden. 2. terugblik, overzicht van de ziektegeschiedenis. 3. *follow-up.
epicutaan syn. *epidermaal.
epicystotomie *G* blaassnede, syn. sectio alta (zie sectie).
epidemie *G* min of meer plotseling optredende, vele mensen gelijktijdig aantastende en weer voorbijgaande ziekte, al of niet van infectieuze aard; zie ook endemisch.
epidemiologie leer van de frequentie van het optreden van ziekten en van factoren die de frequentie bepalen.
epidemisch tot een epidemie behorend.
epidermaal lett. op de huid. 1. m.b.t. de epidermis. 2. syn. epicutaan; *~ale thera-*

pie, het brengen van een geneesmiddel op de huid, bijv. inwrijven.

epidermis *G* opperhuid; bijv.nw. *epidermaal.*

epidermodysplasia verruciformis *dysplasie van de opperhuid, veroorzaakt door een *oncovirus, met wratvormige roze verhevenheden die maligne kunnen degenereren na frequente zonbestraling en onder invloed van immuno*deficiëntie.

epidermofytie door schimmels veroorzaakte aandoening van de opperhuid.

epidermoïd 1. epidermis-achtig; syn. epidermoïdaal. 2. atheroomcyste.

epidermolyse, epidermolysis *G* loslating van de opperhuid (epidermis); ~ *allergica*, epidermolyse door geneesmiddelen-allergie; ~ *bullosa acquisita*, een *paraneoplastisch verschijnsel; ~ *bullosa hereditaria simplex*, erfelijke huidziekte, gepaard gaande met blaarvorming en loslating van de opperhuid, soms gelijktijdig met haaruitval en nagelziekten; syn. ziekte van Goldscheider; *toxische epidermale* ~, epidermolyse t.g.v. stafylokokkeninfecties (ziekte van Ritter von Rittershain).

epidermomycose (alg.) oppervlakkige of diepe schimmelziekte van de huid.

epididymis *G* bijbal, tegen de achterzijde van de zaadbal gelegen en uit de afvoergangen daarvan gevormd langwerpig orgaan, tevens verzamelorgaan van spermatozoën (zaadcellen).

epididymitis *G* ontsteking van de bijbal (epididymis).

epiduraal hetgeen op of buiten de dura mater ligt; syn. periduraal; *~rale anesthesie*, syn. peridurale anesthesie, zie anesthesie; *~rale injectie*, injectie in de epidurale ruimte; *~rale ruimte*, de ruimte tussen de schedelbeenderen en het harde hersenvlies (dura mater) en de ruimte aan de buitenzijde van het harde ruggenmergsvlies (dura mater).

epidurografie syn. peridurografie; zie kanalografie.

epif- zie ook epiph-.

epifarynx, epipharynx neus-keelholte, achter de neusholte gelegen gedeelte van de keelholte, syn. naso*farynx.

epifenomeen 1. bijverschijnsel dat niet kenmerkend is voor de onderhavige ziekte. 2. (ziekte)verschijnsel dat optreedt in afwezigheid van ziekte.

epifrenaal boven het middenrif liggend.

epifysair de epifysairschijf betreffend; *~schijf*, de laag kraakbeen tussen epi- en diafyse, waarin naar weerszijden de botgroei plaatsheeft; er resteert tenslotte een dunne epifysairlijn.

epifyse, epiphysis *G* einddeel van een pijpbeen; ~ *cerebri*, pijnappelklier, syn. glandula pinealis, corpus pineale; neuro-endocrien orgaan, steelvormig verbonden met het dak van de derde hersenkamer; evt. invloed van de pijnappelklier op het bioritme is onduidelijk.

epifysiodese (chir.) 1. operatieve behandeling van epifysiolyse. 2. verwijdering van een epifyse om verdere botgroei te voorkomen.

epifysiolyse, epiphysiolysis *G* loslating van een epifyse; **distractie-~*, beenverlenging bij kinderen d.m.v. een uitwendig apparaat dat tractie uitoefent en botvorming bevordert.

epifyt 1. een plant die op een andere plant leeft. 2. een schimmel die op de huid leeft.

epifytie 1. schimmelaandoening van de huid. 2. het leven van een plant op een andere plant; bijv.nw. *epifytisch.*

epigastralgie *G* pijn in het epigastrium.

epigastricus betreffende of behorende tot het epigastrium.

epigastrium *L* het gedeelte van de bovenbuik tussen de beide *hypochondria.

epigastrius *L* syn. thoracopagus parasiticus.

epigenese, bv.nw *epigenetisch*, het ontstaan en de ontwikkeling van een anatomisch of fysiologisch fenomeen in de periode tussen geboorte en puberteit.

epiglottis *G* strotklepje; kraakbenig klepje dat bij het slikken het strottenhoofd afsluit waardoor geen voedsel in de luchtwegen geraakt.

epiglottitis syn. laryngitis supraglottica, ontsteking van het strotklepje, kan evenals de laryngitis subglottica (zie pseudokroep) door zwelling van de epiglottis tot ernstige problemen met de ademhaling leiden.

EPIIC afk. van European prevalence of infections in intensive care, Europees prevalentieonderzoek naar infecties tijdens intensive care.

epikauma zie epicauma.

epikeratoplastiek (oogheelk.) refractie*chirurgie waarbij een lamel van een donorcornea op het hoornvlies van de patiënt wordt vastgehecht.

epilatie, epilatio *L* ontharing, uittrekking of verwijdering van haren met de wortel; wkw. *epileren.*

epilatorium *L* ontharingsmiddel, meervoud epilatoria.

epilepsie, epilepsia *G* vallende ziekte (obsoleet); het aanvalsgewijs, meestal kortdurend, plaatsvinden van veranderingen in de elektrische activiteit van hersencellen (abnormale, buitensporige ontladingen), met stoornissen in de hersenfunctie tot gevolg (het insult, de aanval); intensiteit en aard van de verschijnselen (het aanvalstype) zijn afhankelijk van de lokalisatie en van de mate waarin de hersenfunctie is gestoord en bestaan eventueel uit motorische, sensorische, vegetatieve of psychische verschijnselen; veelal is er tevens sprake van een bewustzijnsverlies of -daling; voor bepaling van het aanvalstype zijn de bevindingen van het EEG-onderzoek tijdens of tussen de aanvallen door en de klinische verschijnselen tijdens de aanval doorslaggevend; het belangrijkste indelingscriterium berust op de mate waarin de diverse delen van de hersenen deel uitmaken van de aanval; indien de verandering van de elektrische activiteit tot een deel van de hersenen beperkt blijft, is er sprake van een partiële (syn. focale) aanval en is het bewustzijn ongestoord; breidt, als gevolg op de partiële aanval, de abnormale elektrische activiteit zich verder uit over de beide hersenhelften, dan spreekt men van een secundair gegeneraliseerde aanval; van een primair gegeneraliseerde aanval is sprake bij directe betrokkenheid van beide hersenhelfsen; bij gegeneraliseerde aanvallen treedt bewustzijnsverlies op; tot de partiële aanvallen behoren: de eenvoudige partiële aanval met behoud van het bewustzijn (met motorische, sensorische of autonome stoornissen of met stoornissen van de hogere hersenfuncties, psychische functies) en de complexe aanval met een gestoord bewustzijn; tot de primair gegeneraliseerde aanvallen behoren: de tonisch-klonische aanval (syn. grand mal), de absence (syn. petit mal), de myoclone en de atone aanval; sommige aanvallen beginnen met een aura, die veelal bestaat uit een vreemd gevoel van onwel-zijn dat vanuit de maagstreek naar boven trekt of het hebben van onaangename geur- of smaaksensaties of het zien van bijzondere kleuren of lichteffecten; van een status epilepticus is sprake indien een aanval zeer langdurig aanhoudt of de ene aanval de andere opvolgt; deze situatie is, in het geval van een gegeneraliseerde tonisch-klonische aanval, door het optredende zuurstoftekort een ernstige bedreiging voor o.a. de hersenen en het hart; oorzaken van epilepsie zijn o.a. idiopathisch, traumata, stofwisselings- en stapelingsziekten, tumoren, ontstekingen, abcessen, herseninfarcten en intoxicaties; *focale* ~, zie epilepsie; *gegeneraliseerde* ~, zie epilepsie; *genuïne* ~, syn. *idiopathische* ~, epilepsie waarvoor met de huidige onderzoeksmethoden, inclusief postmortaal onderzoek geen oorzaak wordt gevonden; ~ *partialis continua*, aanhoudende klonische bewegingen van een deel van het lichaam bij intact bewustzijn, syn. syndroom van Kojevnikow; ~ *procursiva*, het maken van loopbewegingen bij een verminderd bewustzijn, syn. dromolepsie; *psychomotorische*~, een complex-partiële aanval uitgaande van de temporaalkwab waarbij, bij een gedaald of opgeheven bewustzijn (waardoor de patiënt soms weet dat hij een aanval heeft gehad) de patiënt automatische bewegingen maakt (gebaren maken, smakken, kauwen, likken) of routinehandelingen verricht en er allerlei psychische, zintuiglijke of vegetatieve verschijnselen kunnen voorkomen; de aanval kan beginnen met een aura; het optreden van een langdurige schemertoestand evt. met zwerfzucht (fugue) komt voor, waarvoor achteraf een volledige amnesie bestaat; syn. temporale epilepsie; *reflex* ~, op reflexmatige wijze uitgelokte aanval t.g.v. een externe prikkel; *symptomatische* ~, epilepsie als uiting van een lichamelijke aandoening (zie epilepsie); ~ *tarda*, epilepsie die zich openbaart na het 25ste levensjaar; *temporale* ~, syn. psychomotorische epilepsie; zie ook absence, Jackson-aanval, paralyse van *Todd, salaamkrampen, *tonisch-klonische aanval.

epilepticus *L* lijder aan epileptische aanvallen.

epileptiform op epilepsie gelijkend; *~e krampen*, krampen die veel op epileptische krampen gelijken en bij andere ziekten voorkomen; zie ook eclampsie, epileptoïd.

epileptisch m.b.t. of in verband met epilepsie.

epileptogeen epilepsie bevorderend; door epilepsie veroorzaakt; *~gene zone*: 1. zone, gedeelte of plaats van het lichaam waarvan prikkeling een aanval van epilepsie kan doen ontstaan. 2. de haard in de hersenen vanwaar de epileptische aanval uitgaat.

epileptoïd op epilepsie gelijkend.

epileren ontharen, uittrekken van haren met de wortel.

epinefrectomie operatieve verwijdering van de bijnier.

epinefrine syn. *adrenaline.

epinefritis, epinephritis *G* ontsteking van de bijnier.

epineurium bindweefselschede die een zenuw als geheel omhult.

epioecie *G* (spr. epieukíe) huisepidemie; epidemie, die tot een gezin beperkt blijft.

epiph- zie ookepif-.

epipharynx zie epifarynx.

epiphenomène *F* zie epifenomeen.

epiphora *G* tranenvloed, syn. stillicidium lacrimarum.

epiphysiolisis zie epifysiolyse.

epiphysis zie epifyse.

epiplo- *~cele*, netbreuk, breuk waarin zich omentum bevindt; *~-enterocele*, net- en darmbreuk; *~icus*, behorende tot of m.b.t. het net; *~itis*, ontsteking van het *epiploon* (omentum).

epi- *~schesis*, het inhouden van de urine of de ontlasting; *~scleritis*, ontsteking van het bindweefsel tussen sclera en conjunctiva; *~sema*, herkenningsteken; voorteken van een ziekte; *~siocele*, syn. prolapsus vaginae; *~siorafie*, syn. perineosynthese;

–siocleisis, operatieve sluiting van de schede-ingang; *–siohematoom*, bloeduitstorting in de grote schaamlippen; *–sion*, (anat.) omgeving van de vulva; vrl. schaamstreek; *–siotomie*, pop. 'een epi zetten', operatieve verwijding van de schede-ingang door insnijding (inknipping) van het perineum (bijv. bij bevalling); *–soom*, zie plasmide; bijv.nw. *episomaal*.

epispadias, epispadiacus lijder aan epispadie.

epispadie, epispadiasis *L* aangeboren abnormale uitmonding van de urinebuis naar de rug van het mannelijk lid doordat deze zich tijdens de ontwikkeling niet van boven gesloten heeft.

epispasticum *L* middel om de huid te prikkelen, blaartrekkend middel; revulsie.

epistase 1. reflectorische zenuwstoornis. 2. invloed van het X-chromosoom op de bevruchte eicel ten aanzien van de geslachtsbepaling. 3. tgst. van hypostase. 4. bloedstelping.

epistaxis *G* neusbloeding.

epistemologie lett. kennisleer; *epistemonisch*, de wetenschap betreffend.

episthotonus *L* kramp waarbij het lichaam naar voren gekromd is ('bolle rug'); tgst. opisthotonus.

epistropheus *G* (obsoleet) 2de halswervel of draaier.

epitaxie depositie van kristallen op een *nidus (bet. 2) van een andere kristalsoort.

epitheel, epithelium *G* bovenste laag van de huid en slijmvliezen, het uit cellen (in één of meer lagen gerangschikt) bestaande weefsel, dat de uitwendige oppervlakte van het lichaam en vele lichaamsholten bedekt; er zijn verschillende vormen van epitheelcellen, nl. cilinder-, kubisch-, overgangs-, plaveisel- of plaat- en trilhaarepitheel; ~ *germinale*, kiemepitheel; ~ *seminale*, zaadepitheel.

epitheliaal op het epitheel betrekking hebbende.

epithelioom, epithelioma *G* uit *epitheelcellen bestaand gezwel; kwaadaardige vormen van epithelioom zijn kankergezwellen, zie carcinoom; ~ *contagiosum*, syn. molluscum contagiosum; ~ *cuniculatum*, wratachtig plaveiselcelcarcinoom op de voetzolen met een lage maligniteitsgraad; *lymfo-~*, zie lymfo-epithelioom; ~ *papillare*, syn. papilloom; ~ *spinocellulare*, *anaplasie (bet. 1) in epitheelwoekeringen van huid- of slijmvliesdefecten, vaak met verhoornde plekjes.

epitheliosis 1. virusziekte met affiniteit tot epitheliaal weefsel, bijv. *molluscum contagiosum. 2. proliferatie van het bindweefselepitheel.

epithelium zie epitheel.

epitheloïde cellen op epitheelcellen gelijkende bindweefselcellen, die o.a. voorkomen in *tuberkels en chronische ontstekingsprocessen.

epithema *G* 1. verzamelnaam voor endo-, epi- en mesotheel. 2. papkompres.

epithese individueel gemodelleerde oppervlakte-prothese.

epitoop endogene *determinant; typisch deel van een *MHC-molecule, dat door T-lymfocyten kan worden herkend.

epitrichium *L* de buitenste cellaag van de foetale huid, die enige tijd vóór de geboorte wordt afgestoten.

epitrochlea epicondylus medialis humeri.

epitympanum syn. *atticus.

epizoön *G* dierlijke parasiet bij de mens, die behalve op de huid, ook tussen de haren en in de kleding verblijf houdt; ongedierte; meervoud epizoa; syn. ectoparasiet.

epizoönose *G* huidziekte veroorzaakt door een epizoön.

epizoötie epidemie die onder dieren heerst, bijv. veepest.
EPO afk. van 1. erytropoëtine. 2. epidemiologisch preventief onderzoek. 3. eosinofiel peroxidase.
eponychium nagelriem.
eponym *G* (lett. naamgever) in engere zin degene naar wie een ziektebeeld, symptoom, enz. is genoemd omdat hij/zij dit als eerste heeft beschreven, het belang ervan heeft ingezien e.d.
EPP afk. van erytropoëtische *protoporfyrie.
EPS afk. van exophthalmus producing substance *E*, een hypofysevoorkwab-hormoon (verwant met TSH).
EPSIM afk. van enquète de prévention secondaire de l'infarctus du myocarde *F*.
EPSP afk. van exciterende postsynaptische potentiaal.
Epstein, A. Amerikaans internist (1880-1965); *virus van ~-Barr*, tot de groep van de *herpesvirussen behorend virus; via infectie van B-lymfocyten veroorzaker van de mononucleosis infectiosa in Europa, van het *Burkittgranuloom (Afrika) en van het lymfoëpithelioom (Azië); bij beide laatstgenoemde aandoeningen werkt het virus oncogeen bij immunodeficiënte individuen; *syndroom van ~*, syn. nefrotisch syndroom.
epulis *G* uitwas van het tandvlees van gevarieerde aard, syn. uloncus, meervoud epulides.
epuloticum *L* middel om de littekenvorming bij wonden te bespoedigen.
EPV afk. van extrapiramidale verschijnselen.
Eq afk. van equivalent.
equaal gelijk, gelijkmatig; *equale polsslag*, polsslag waarvan de grootte constant blijft; tgst. inequaal.
equi- *~finaliteit*, mogelijkheid om hetzelfde gedrag vanuit meerdere oorzaken te verklaren; *~librium*, evenwicht; *~na*, m.b.t. het paard; *~nia*, syn. malleus (kwade droes); *~potent* (fysiol.), functioneel onderling verwisselbaar, van gelijke kracht; *~valent*, gelijkwaardig; *~voca*, zie autogenese.
ER afk. van 1. (o)estrogene receptor. 2. *endoplasmatisch reticulum.
ERA afk. van extrarenale arteriosclerose.
eradicatie uitroeiing.
Erb, W. Duits internist en neuroloog (1840-1921); *paralyse van ~*, syn. *paralyse van ~-Duchenne*, verlamming door beschadiging van het bovenste deel van de plexus brachialis; *punt van ~* 1. punt in de bovensleutelbeengroeve waar het bovenste deel van de plexus brachialis elektrisch kan worden geprikkeld. 2. punt op de rand van het borstbeen in de 3de linker tussenribsruimte voor de auscultatie van de aortakleppen, syn. *punctum quintum; *spastische *paraplegie van ~*, komt (zelden) voor bij *neurosyfilis; *symptoom van ~*, verhoogde elektrische prikkelbaarheid van de spieren bij tetanie; *ziekte van Goldflam-~*, zie myasthenie; zie ook Klumpke, myotonie.
ERCP afk. van endoscopische retrograde cholangiopancreaticografie.
Erdheim, J. Oostenrijks patholoog (1874-1937); *tumor van ~*, *craniofaryngeoom; *ziekte van ~*, necrotiserende desintegratie van de tunica *media van de aorta, soms leidend tot ruptuur van de aorta; syn. medianecrosis idiopathica aortae.
erectie, erectio *L* oprichting, opzwelling o.a. van penis of clitoris; hierbij wordt een prikkel uitgeoefend op in het ruggenmerg gelegen zenuwcentra, waardoor de corpora cavernosa (zwellichamen) zich maximaal met bloed vullen; *~ stoornis*

(vlg. DSM-IV) seksuele opwindingsstoornis bij de man gekenmerkt door een aanhoudend of telkens terugkerend onvermogen een erectie te krijgen of vast te houden, niet veroorzaakt door een middel of lichamelijke aandoening; zie ook impotentie.

erectiel het vermogen bezittend tot erectie.

erectio zie erectie.

erepsine, ereptase verzamelnaam voor eiwitsplitsende enzymen in het darmsap.

erethicus *L* zie erethisch.

erethioticum *L* prikkelend middel, meervoud erethiotica, syn. erethisticum.

erethisch prikkelbaar, overgevoelig, tgst. torpide; *~e granulaties* of *~e zweren*, pijnlijke, bloedende of tot bloeding geneigde granulaties of zweren; *~e habitus*, bij 'scrofuleuze' kinderen, smal bleek gelaat, doorschijnende huid.

erethismus *L* overprikkeling; (psych.) overspanning; *~ mercurialis*, overprikkeling van het zenuwstelsel (onrust, prikkelbaarheid, slapeloosheid, tremoren) t.g.v. kwikzilververgiftiging (zie hydrargyrose); *~ nervosus*, idem door geestelijke overspanning; *~ tropicus*, zonnesteek.

erethisticum syn. *erethioticum.

erfelijkheid zie genetica.

erffactor zie gen.

erg *G* (natuurk.) niet meer toegestane arbeidseenheid, nl. de arbeid nodig om 1 grammassa 1 cm te verplaatsen.

ERG afk. van *elektroretinografie of -gram.

ergastoplasma syn. *endoplasmatisch reticulum.

ergocalciferol vitamine D_2.

ergodermatose beroepsziekte van de huid.

ergoftalmologie het nastreven van optimale omstandigheden t.b.v. het functioneren van het gezichtsorgaan; de preventieve zorg voor het oog in de beroepsuitoefening; visuele *ergonomie; visuele functieleer.

ergogeen prestatieverhogend.

ergograaf toestel waarmee men de arbeid of de vermoeidheid van spieren kan optekenen.

ergogram lijn die de arbeid van spieren aangeeft.

ergometer arbeidsmeter, toestel om de zwaarte van de arbeid te meten, bijv. de *fiets~*; zie ergometrie.

ergometrie het meten van een hoeveelheid arbeid van een bepaalde vorm.

ergonomie de wetenschap die zich bezighoudt met het aanpassen van technische hulpmiddelen aan de behoeften, de capaciteiten en de beperkingen van de mens; aanpassing van de arbeid aan de mogelijkheden die de mens ter beschikking staan.

ergostaat 1. (obsoleet) zie ergometer. 2. een apparaat voor therapeutische oefening van spieren.

ergosterol provitamine D_2, dat onder invloed van ultraviolette stralen de werkzaamheid van antirachitis-vitamine verkrijgt; zie vitamine D.

ergot, ergot de seigle *F* moederkoorn, een vooral op vochtige bodem voorkomende uitwas bij graansoorten (vnl. aan roggearen), die een vergiftige werking heeft (zie ergotisme).

ergotherapie behandeling van personen lijdende aan chronische (invaliderende) ziekten d.m.v. het stimuleren van lichamelijke en geestelijke activiteiten, o.a. in de vorm van handelingen uit het dagelijkse leven; vorm van revalidatie waarbij arbeidstherapie en opvoedkundige aspecten gezamenlijk worden behartigd.

ergotinine één der alkaloïden uit moederkoorn (zie ergot), wordt in de geneeskunde gebruikt als oxytocicum (weeënopwekkend middel).

ergotisme, ergotismus *L* kriebelziekte, vergiftiging met moederkoorn, bijv. door gebruik van brood gebakken met graan, dat moederkoorn (zie ergot) bevat of door het gebruik van moederkoornpreparaten; verschijnselen zijn een kriebelend gevoel in de ledematen, diarree, duizeligheid, pupilverwijding, spierkrampen en ischemisch gangreen van voeten en handen t.g.v. voortdurende vaatkramp.

ergotroop het organisme prikkelend ter verbetering van de weerstand.

ergotropie 1. reactie van het dierlijk organisme op uitwendige, niet-specifieke prikkels, bijv. massage, balneotherapie. 2. dadendrang, werklust, tgst. ergofobie.

Erikson, E. Amerikaans psychoanalyticus (geb. 1902), ontwikkelde theorieën over de psychosociale ontwikkeling van de mens.

erogeen *G* gevoelig voor de geslachtsdrift, bijv. *erogene zones*, plaatsen van het lichaam die bij prikkeling de geslachtsdrift opwekken.

Eros *G* god van de liefde.

erosie, erosio *L* bijv.nw. *erosief*. 1. oppervlakkige slijmvlieszweer; komt vaak voor aan de uitwendige baarmoedermond t.g.v. naar buiten doorgroeien van het cervixslijmvlies; *hemorragische* ~, door bloedingen onder de oppervlakte van het maagslijmvlies veroorzaakte erosie, waardoor het slijmvlies verweekt en wordt afgestoten. 2. syn. excoriatie.

erotiek de direct of indirect op seksualiteit berustende menselijke voorstellingen en handelingen; bijv.nw. *erotisch*.

erotisme, erotismus *L* toestand van bovenmatige opwinding tijdens de coïtus, voorkomend bij sommige vormen van *sociopathie.

erotomane waan zie waanstoornis.

erotomanie, erotomania *L* 1. liefdeswaanzin; overmatig versterkte geslachtsdrift; ook: sterk overdreven verliefdheid zonder seksuele bijgedachten. 2. syn. syndroom van De *Clérambault, vorm van *egomanie met kenmerken van een *erotomane waan.

ERP afk. van 1. effectieve refractaire periode. 2. endoscopische retrograde pancreaticografie.

ERPD afk. van effectieve renale plasmadoorstroming.

ERPF afk. van effective renal plasma flow *E*.

erratisch veranderlijk, van plaats verwisselend, zwervend; *~e rillingen*, o.a. bij sepsis voorkomende, af en toe optredende koude rillingen; *~e symptomen*, veranderlijke verschijnselen.

errhinum *L* middel om de neus te reinigen, niesmiddel.

ERS afk. van 1. extensive rating scale *E*. 2. European respiratory society.

ERT afk. van endocrine-related tumours *E*.

eructatie, eructatio *L* oprisping, boeren, ook: ructus, ructatio.

eruptie, eruptio *L* het uitbreken van huiduitslag; ~ *aestivalis bullosa*, syn. hidroa vacciniformis, bij sterke zonbestraling voorkomende blaasjes op de huid; ~ *dentis*, tanddoorbraak; ~ *dentis difficilis*, bemoeilijkte doorbraak.

ERV afk. van expiratorisch reservevolume, de hoeveelheid lucht die na een gewone uitademing nog extra kan worden uitgeademd; zie ook IRV (bet. 1).

erwtbeentje os pisiforme, een handwortelbeentje.

erysipelas *G* wondroos, belroos; acute besmettelijke huidziekte veroorzaakt door infectie van een wondje met streptokokken; ~ *faciale*, erysipelas van het gelaat; ~ *gangraenosum,* wondroos waarbij huidversterf in plekken optreedt (veelal dodelijke afloop); ~ *neonatorum*, wondroos bij kinderen vlak na de geboorte, ontstaan in de navelwond; ~ *phlegmonosum*, wondroos waarbij de ziekte zich uitbreidt naar de diepere huidlagen en het onderhuidse vetweefsel; ~ *spontaneum*, syn. ~ *exanthematicum* of *idiopathicum*, erysipelas die ontstaat zonder dat een wond geïnfecteerd is, dus schijnbaar uit zichzelf (dikwijls echter recidief van een vroegere - soms jaren geleden opgetreden - erysipelas).
erysipeloïd *G* een op erysipelas gelijkende huiduitslag aan de vingers of op de handrug, goedaardig zonder koorts verlopend, vooral bij personen, die door hun beroep veelvuldig met dierlijke stoffen in aanraking komen, onder wie slagers en personeel in vleeswarenfabrieken.
Erysipelothrix een geslacht der corynebacteriën, soms oorzaak van erysipeloïd.
erysofaak instrument voor het verwijderen van de ooglens bij cataract.
erytheem, erythema *G* meer of minder duidelijk omschreven roodheid van de huid t.g.v. vaatverwijding en bloedovervulling (zie hyperemie); ~ *anulare*, ringvormig erytheem op de romp o.a. bij reuma; ~ *caloricum*, door eerste graad van verbranding of door bevriezing veroorzaakt erytheem; ~ *chronica migrans* in grootte toenemende, iets boven het huidniveau liggende erythemateuze ring rondom een bleek centrum, veroorzaakt door een teek-beet en gepaard met algemene ziekteverschijnselen en lymfomen, soms het eerste teken van *Lyme-ziekte; ~ *dyschronicum perstans*, goedaardige 'asgrauwe' onregelmatige vlekken op romp, armen en gelaat, die spontaan verdwijnen; syn. cinderella (jrg.), dermatose van *Ramirez; ~ *exsudativum multiforme*, huidaandoening met rode, licht verheven onregelmatige vlekken, hetzij idiopathisch (ziekte van Hebra), hetzij symptomatisch, d.w.z. toxisch of allergisch ontstaan; ~ *fixatum*, ronde roodbruine plekken (plaques) t.g.v. gebruik van bepaalde medicijnen en bij sommige huidziekten; ~ *ab igne*, erytheem door stralende warmte; ~ *induratum,* symmetrische geïndureerde blauwpaarse huidknobbels, meestal aan de benen van jonge vrouwen, soms spontaan schrompelend, doch meestal ulcererend met achterlating van atrofische littekens; syn. ziekte van Bazin; ~ *infectiosum*, zie vijfde ziekte; ~ *malare* of *mitrale*, cyanotisch erytheem op jukbeenderen, wangen en voorhoofd bij mitralisstenose; ~ *marginatum*, passagère paarsrode vlekken met bleek centrum en scherpe onregelmatige begrenzing, niet specifiek maar wel suggestief voor acuut reuma; ~ *nodosum,* pijnlijke blauwrode knobbels in de huid, meestal aan de onderbenen, toegeschreven aan een immuuncomplexreactie op een tuberculeuze aandoening of sarcoïdose en op verschillende bacteriële (Yersinia, lepra), virale en schimmelinfecties (coccidioidomycose, histoplasmose), soms ook op geneesmiddelen; ~ *nodosum leprosum*, nodulaire ontstekingsreactie van het onderhuids bindweefsel bij lepra, meestal in het verloop van de behandeling; afk. ENL; ~ *palmare*, erytheem in de handpalmen bij verschillende huidziekten en bij hypoproteïnemie; verder bij levercirrose en sommige hartziekten, voorts 'idiopathisch' als dominant-erfelijke huidziekte; syn. liver palms *E*; ~ *pudoris*, blozen; ~ *pulsans*, het synchroon met de polsslag rood worden van het nagelbed, o.a. bij aorta-insufficiëntie; ~ *solare*, door zonlicht veroorzaakt erytheem, zonnebrand; ~ *venenatum,* syn. ~ *ab acribus*, door vergiftige stoffen, bijv. geneesmiddelen, veroorzaakt erytheem.

erythematodes de huidverschijnselen van *lupus erythematodes (LE) t.g.v. afzetting van immunoglobulinen en complementfactoren langs de basale membraan; deze benaming dient ook ter onderscheiding van de viscerale vorm en om verwarring met lupus vulgaris (een totaal andere ziekte) te voorkomen. 1. *chronisch discoïde* vorm met alléén een erythematosquameuze dermatose (roodheid en afschilfering) vnl. in het gelaat en op het behaarde hoofd met atrofie en hyperkeratose van de follikels. 2. ~ *disseminatus*, waarbij de huidveranderingen ook voorkomen op romp en extremiteiten; vormt in 70-80% van de gevallen een onderdeel van *lupus erythematodes disseminatus; de huidverschijnselen zijn o.a.: vlindervormig erytheem in het gelaat, haaruitval, petechiën (puntbloedingen) en fotosensibiliteit.

erythème *F* erythema; ~ *du neuvième jour*, vluchtig erytheem gepaard met malaisegevoel en koorts, ±9 dagen na een injectie met een chemotherapeuticum, vnl. arsenicum- en goudpreparaten.

erythr- zie ook erytr-.

erythraemia zie erytremie.

erythralgia zie erytralgie.

erythrasma *G* chronische vorm van moeilijk te genezen, met rode en gele jeukende plekken gepaard gaande huiduitslag vnl. in liesplooien en oksels of op andere plaatsen waar twee huidoppervlakken tegen elkaar liggen, veroorzaakt door een Corynebacterium.

erythrismus zie erytrisme.

erythro- zie ook erytro-.

erythroblastoma zie erytroblastoom.

erythroblastosis foetalis, erythroblastosis neonatorum verzamelnaam voor de congenitale hemolytische anemie, de hydrops foetalis en de icterus gravis (kernicterus) bij het pasgeboren resuspositieve kind van een resusnegatieve moeder en een resuspositieve vader; syn. morbus haemolyticus neonatorum; zie ook kernicterus, erytroblastose.

erythrocyanosis zie erytrocyanose.

erythrocythemie, erythrocythaemia *L* *polycytemie.

erythrocytosis zie erytrocytose.

erythrodermia zie erytrodermie.

erythroedema *G* bij jonge kinderen voorkomende chronische ziekte, gepaard gaande met vermagering, zwellingen aan handen en voeten, rode vlekken op de huid, schilfering en psychische verandering.

erythroleucoblastosis zie icterus neonatorum gravis.

erythroleucosis zie erytroleukose.

erythromelalgia zie erytromelalgie.

erythropoiesis zie erytropoëse.

erythrosis *G* 1. polycytemie. 2. syn. erytrodermie; ~ *facialis*, syn. rosacea.

erytr- zie ook erythr-.

erytraferese syn. erytroferese, *aferese van erytrocyten.

erytralgie, erythralgia pijnlijke rode huid, een van de vele vormen van angioneurose.

erytremie, erythraemia *G* polycytemie.

erytrisme, erythrismus *L* roodharigheid.

erytro- zie ook erythro-.

erytroblast onrijpe rode bloedcel.
erytroblastisch orgaan orgaan waarin zich rode bloedcellen vormen, het beenmerg; syn. *erytropoëtisch orgaan.*
erytroblastoom, erythroblastoma gezwelvorming uitgaande van erytropoëtisch weefsel.
erytroblastose het vóórkomen van erytroblasten in het perifere bloed; zie ook erythroblastosis foetalis.
erytrocyanose, erythrocyanosis blauwrode huidverkleuring; ~ *cutis symmetrica,* koubenen, bij meisjes en jonge vrouwen voorkomende blauwrode huidverkleuringen aan de onderbenen die bij koude verergert, jeukt en pijnlijk is; syn. ~ *crurum puellarum.*
erytrocyt rode bloedcel.
erytrocytenconcentraat afk. EC, een geconcentreerde suspensie van erytrocyten, bereid door van het donorbloed het plasma en de andere cellen te verwijderen (oude naam: 'packed cells'); kan 35 dagen worden bewaard bij 4 °C.
erytrocytemie syn. van *polycytemie.
erytrocytolyse zie erytrolyse.
erytrocytose, erythrocytosis *G* 1. het vóórkomen van een groot aantal erytrocyten in exsudaat. 2. tijdelijke vermeerdering van rode bloedcellen, voorbijgaande vorm van polycytemie.
erytrodermie, erythrodermia *G* vorm van ziekelijke huidverkleuring (chromodermatose) waarbij de huid rood wordt zoals bij erytheem, en vermeerderde afschilfering vertoont; ~ *exfoliativa,* met vochtafscheidende zwelling van de huid; ~ *ichthyosiformis congenitalis* ('collodiumkind'), pasgeborene van wie de huid met een glimmende laag (door abnormaal sterke desquamatie) is bedekt.
erytrofaag cel die rode bloedcellen in zich opneemt (*erytrofagie*).
erytroferese zie erytraferese.
erytrofobie 1. angst voor de kleur rood of rode voorwerpen. 2. de angst om te blozen, syn. rubrofobie.
erytroïd 1. roodkleurig. 2. de reeks cellen betreffend, welke leidt tot de vorming van rode bloedcellen.
erytroleukemie 1. syn. ziekte van Di *Guglielmo. 2. type van anemie met groot aantal erytrocyten en leukocyten; oude benaming voor acute myeloïde leukemie.
erytroleukose, erythroleucosis ziektebeeld gekenmerkt door een bloedbeeld met zowel leukemische kenmerken als *dysplasie van erytrocyten.
erytrolyse erytrocytolyse, het opgelost worden van erytrocyten.
erytromelalgie, erythromelalgia aanvallen van pijn, roodheid en zwelling der ledematen (vooral aan de tenen) veroorzaakt door afwijkingen van de arteriolen t.g.v. trombocytemie; syn. ziekte van Mitchell; syn. acromelalgie.
erytromelie syn. ziekte van *Pick-Herxheimer.
erytron verzamelnaam voor de erytrocyten en hun stamcellen.
erytroplakie, erytroplasie precancereuze (carcinoom *in situ), helderrode fluweelachtige kleine plakken op slijmvlies met plaveiselcelepitheel; ~ *van Queyrat,* erytroplasie op de glans penis of in de sulcus coronarius.
erytropoëse, erythropoiesis *G,* bijv.nw. *erytropoëtisch,* vorming van rode bloedcellen.
erytropoëtine een hormoon dat de aanmaak van erytrocyten (erytropoëse) bevordert; wordt in de nieren gevormd en in sommige pathologische omstandigheden

ook in andere weefsels.

erytroprosopalgie syn. *Horton-syndroom.

erytropsie *G* het zien van de kleur rood, bijv. een rode waas, over alles.

Es zie id.

ES afk. 1. van extrasystole. 2. erectiestoornis. 3. embryonale stamcel. 4. ernstige spraakmoeilijkheden.

ESC afk. van expiratoire seconde-capaciteit.

escamoteren afhandig maken; (psych.) het 'ontfutselen' van een geheim tijdens het psychologisch onderzoek.

escape *E* ontsnapping; (psych.) de zucht naar bezigheid, intoxicatie (roken, drank), recreatie en dergelijke, om te ontkomen aan een onaangename neiging of verplichting; *~d beat E*, zie ventriculaire *escape; *~-fenomeen*, vermindering van het effect van een geneesmiddel bij langdurig gebruik; *ventriculaire ~*, (tijdelijke) overneming van de functie van *pacemaker (bet. 2) door de atrioventriculaire knoop wanneer deze onvoldoende prikkels ontvangt van de sinusknoop.

eschara *G* korst, brandkorst.

escharotomie incisie van stricturen na recente verbranding bij cyanose of gestoorde capillaire circulatie van de distaal gelegen niet-verbrande huid en bij progressieve neurologische afwijkingen.

Escherichia geslacht van normaal in de darm van de mens en gewervelde dieren voorkomende bacteriën.

esculaapteken een met een slang omkronkelde staf, genoemd naar *Aesculapius, internationaal erkend symbool voor de medische beroepen.

esDNA afk. van enkelstrengs *DNA, ssDNA.

esdoornstroopziekte zie maple syrup urine disease.

eserine (oogheelk.) geneesmiddel; veroorzaakt verlaging van de druk in het oog, accommodatiekramp en pupilvernauwing, syn. fysostigmine.

ESES afk. van epidurale spinale elektrische stimulatie.

ESF afk. van erytropoëse-stimulerende factor.

ESL afk. van extracorporale *schokgolflithotripsie; syn. ESWL; zie ook litholapaxie.

Esmarch, F. von Duits chirurg (1823-1908); *slang van ~*, gummislang (of moderner: stuwband) om de bloedtoevoer naar een lidmaat af te snoeren teneinde (kort tijd!) een bloeding tot staan te brengen of om onder bloedloosheid een operatie of een venapunctie te kunnen uitvoeren.

esoforie binnenwaarts scheelzien.

esophagus zie oesophagus.

esotropie syn. *strabismus convergens.

ESP(S) afk. van 1. extra sensory perception *E*, buitenzintuiglijke waarneming. 2. European stroke prevention (study) *E*.

espundia *S* vorm van huid-leishmaniose met uitgebreide zweervorming in mond, neus en keel.

ESR afk. van erythrocytes sedimentation rate *E*, syn. *BSE.

ESS afk. van emotioneel stress-syndroom.

essentieel 1. wezenlijk; *~tiële ziekte*, zelfstandig ontstane ziekte, zonder aantoonbare oorzaken, syn. idiopathisch. 2. onmisbaar, onontbeerlijk.

EST afk. van estrogen substitution therapy *E*.

ester de verbinding van een alcohol met een zuur.

esthesie gevoel, syn. aesthesia.
esthesiometer instrument ter bepaling van het tast-, pijn-, warmte- en koudegevoel.
esthiomenos *G* wegvretende uitslag, lupus; *esthiomène F*, chronische ulcererende en scleroserende ontsteking van vulva en rectum bij *lymphogranuloma inguinale; syn. anorectaal syndroom; elephantiasis genito-anorectalis.
estradiol syn. *oestradiol.
estrogeen zie oestrogeen.
ESV afk. van 1. eind-systolisch volume. 2. extracorporale steenvergruizing, syn. ESL, ESWL.
ESWL afk. van extracorporeal shock-wave lithotripsy; syn. ESL, zie schokgolflithotripsie.
ET afk. van 1. embryo*transplantatie of -transfer. 2. epicutanetest ('lapjestest'). 3. ergotherapie.
etalagebenen pop. voor *claudicatio intermittens.
état *F* toestand (*L* status); ~ *de mal*, syn. status epilepticus.
ETEC afk. van enterotoxische Escherichia coli, kan enterotoxine produceren waardoor diarree (reizigersdiarree) kan ontstaan.
ethanol ethylalcohol, zie alcohol.
ether zeer vluchtige chemische verbinding, narcoticum en analepticum.
etherisch vluchtig; ook: sterk riekend; vergeestelijkt.
ethiek zedenleer, onderdeel van de filosofie dat in termen van 'goed' of 'slecht' het menselijk gedrag normeert en codes vaststelt; *medische ~*, complex van gedragscodes die de uitoefening van het medische beroep bepalen; *verpleegkundige ~*, idem van het verpleegkundige beroep.
ethmocephalus *L* misgeboorte, gelijkend op een arhinencephalus met één oog en een snuitvormig aanhangsel in plaats van een mond.
ethmoiditis ontsteking van het zeefbeen, *os ethmoidale, etmoïd.
ethogram beschrijving van alle verschillende gedragspatronen welke mens en dier kunnen vertonen.
et(h)ologie de natuurwetenschappelijk-biologische benaderingsmethode in de studie van het gedrag van mens en dier; gedragspsychologie of -leer.
ethyl- *~alcohol*, zie alcohol; syn. ethanol; *~bromide*, (ook broomethyl) verdovingsmiddel met kortdurende werking; *~chloride*, chloorethyl.
etiologie de leer der ziekte-oorzaken.
etiotroop gericht op of tegen de oorzaak.
etmoïd zeefbeen, os ethmoidale; *~cellen*, cellulae ethmoidales, zeefbeencellen, holten in het zeefbeen, vormen samen de sinus ethmoidalis.
ETO-sterilisatie sterilisatiemethode waarbij gebruik gemaak wordt van het giftige gas ethyleenoxide (ETO).
etter zie pus.
etterbacteriën vnl. stafylo- en streptokokken.
etterlichaampjes dode en uiteengevallen leukocyten in pus.
eu- (smst.) goed, beter, optimaal.
eubiose evenwichtige onderlinge verhouding van de organismen in een *biotoop (specifiek woon- of leefgebied); tgst. dysbiose.
eubiotiek kennis van hygiënische leefwijze; de kunst om gezond te leven.
eucapnie de juiste hoeveelheid gebonden CO_2 in het bloed.
euchroea, euchroia *G* een gezond uiterlijk.

euchromatopsie het vermogen om de kleuren te onderscheiden.
euchronie de normale opvolging van spiercontracties bij gecoördineerde bewegingen.
eufenetiek, euphenetica *G* herstel van aangeboren genetische afwijkingen in een zo vroeg mogelijk stadium van de groei van het individu, teneinde verkeerde ontwikkeling te corrigeren.
euforie overdreven goede stemming, veelal gepaard gaand met een niet reëel optimisme; tgst. dysforie.
eufosglas geelachtig glas ter bescherming van het oog tegen ultraviolette stralen.
EUG afk. van extra-uteriene *graviditeit, syn. EUP.
eugenese zie eugenetica.
eugenetica, eugenetiek, eugenica, eugenese *G* bewaking van de genetische kwaliteit, de leer van de verbetering van het menselijk nageslacht door voorkoming van de verbreiding van erfelijke ziekten en van invloeden die schadelijk kunnen inwerken op de genen; voorkóming van overdracht van ongunstige erfelijke informatie.
euglykemie normaal bloedsuikergehalte.
eugonadaal (bijv.nw.) met geslachtsklieren.
eugonie normale groei, bijv. van een kweek van micro-organismen; zie ook dysgonie.
eukaryoot een organisme waarvan de cellen een kern bezitten die omgeven is door een kernmembraan (eu = echt, karyon = kern): bij bacteriën is het erfelijk materiaal niet omgeven door een kernmembraan, het zijn daarom *prokaryoten.
Eulenburg, A. Duits neuroloog (1840-1917); *ziekte van ~*, zie paramyotonia congenita.
Euler, U. von Zweeds fysioloog (1905-1983), Nobelprijswinnaar in 1970, ontdekker van de prostaglandinen en onderzoeker van de neurotransmissie; *alveocapillaire reflex van ~*, reflectorische vasoconstrictie van de kleine longvaten t.g.v. plaatselijke hypoxie in de long.
eumycetoma syn. *mycetoma.
eunuch ontmande, gesnedene; man die castratie heeft ondergaan.
eunuchisme, eunuchoïdisme, bijv.nw. *eunuchoïd*, hypogonadisme bij de man, persoonsverandering door onvoldoende ontwikkeling van het klierweefsel der geslachtsorganen, zoals bij eunuchen; gaat gepaard met grotere lengte en sterke vetontwikkeling van het lichaam, terwijl de geslachtsorganen klein blijven.
EUP afk. van extrauterine pregnancy, syn. EUG.
eupareunie *G* paring met normale seksuele gevoelens en bevrediging; tgst. dyspareunie.
eupepsie, eupepsia *G* normale spijsvertering, tgst. dyspepsie.
EUPHA afk. van European public health association.
euphenetica zie eufenetiek.
euphoria zie euforie.
euploïd een normaal aantal chromosomen bevattend.
eupneu, eupnoe, eupnoea *G* normale ademhaling.
eupraxie *G* het uitvoeren van doelbewuste normale handelingen; handelingsbekwaamheid; tgst. apraxie.
euritmie regelmatigheid, bijv. in de werking van het hart; tgst. aritmie.
EUROCAT afk. van European registration of congenital anomalies and twins *E*

eurysomie syn. *habitus pycnicus; bijv.nw. *eurysoom*.
Eurotransplant transplantatiecentrum te Leiden.
Eustachius, B. Italiaans anatoom (1520-1574); *buis van* ~, zie tuba Eustachii.
euthanasiasme het streven naar legalisering van *euthanasie.
euthanasiast arts die niet ongenegen is in voorkomende gevallen bij een patiënt op diens verzoek euthanasie toe te passen.
euthanasie *G* het bevorderen van een zachte pijnloze dood; 'genadedood'; een levenverkortende opzettelijke handeling die primair in het belang is van een ondraaglijk lijdende, ongeneeslijke zieke; *actieve* ~, het toepassen van levenverkortende middelen of handelingen; *actieve indirecte* ~, het toepassen van middelen, gericht op vermindering van het lijden, die echter bespoediging van de dood tot gevolg hebben; *onvrijwillige* ~, het toepassen van euthanasie zonder uitdrukkelijke en geldige instemming van de zieke; *passieve* ~, het achterwege laten van levenverlengende middelen of handelingen; *vrijwillige* ~, het toepassen van euthanasie met uitdrukkelijke en geldige instemming van de zieke.
euthesie goede gezondheidstoestand.
euthymie zich opgewekt voelen; vrolijke gemoedsstemming.
euthyroïdie normale werking van de schildklier.
euthyscopie actieve optische behandelingsmethode van amblyopie ('lui oog').
eutokie, eutokia *G* voorspoedige normale bevalling; tgst. dystokie.
eutopisch op de juiste plaats; zie ook ectopisch.
eutroficatie het bevorderen van een normale voedingstoestand; syn. eutrofiëring.
eutrofie goede voedingstoestand; tgst. dystrofie.
eutrofiëring syn. eutroficatie.
evacuans *L* afvoerend middel, laxeermiddel; meervoud evacuantia.
evacuatie ontlediging.
Evans, R. Canadees arts (geb. 1912); *ziekte van* ~, auto-immuun hemolytische anemie, leukopenie, trombocytopenie en purpura.
(e)vaporimeter verdampingsmeter; *evaporimetrie*, meting van de verdampingsgraad.
eventratie, eventeratie, eventratio *L* 1. het naar buiten komen van een deel der buikingewanden door een breukpoort. 2. (verlosk.) verwijdering van de ingewanden van de foetus om de geboorte mogelijk te maken; syn. exenteratie. 3. het naar buiten brengen van de ingewanden tijdens een buikoperatie.
eversie, eversio 1. naar-buiten-draaiing; uitstulping, uitzakking. 2. buitenwaartse beweging van de voet om de lengteas; tgst. inversie (bet. 3).
evertoren de spieren die *eversie (bet. 2) van de voet bewerkstelligen.
EVG afk. van eerstverantwoordelijke groepsleider
evidement *F* (chir.) uitkrabben.
eviratie, eviratio *L* 1. verlies van het mannelijk gevoelsleven (inclusief het seksuele) en vervanging daarvan door het vrouwelijke. 2. *castratie.
evisceratie *L* 1. verwijdering van de ingewanden bij embryotomie. 2. het naar buiten brengen, bijv. van de darmen bij laparotomie.
evocatieve therapie (psych.) algemene term voor alle vormen van psychotherapie die gericht zijn op de onderliggende oorzaken van psychische problemen.
evoked potentials *E* de elektrische reactie van de hersenschors op prikkels van perifere receptoren, in engere zin die van de zintuigen; syn. *evoked response E*.
evolutie 1. geleidelijke ontwikkeling, tgst. involutie. 2. het proces van de ontwikke-

ling der lagere diersoorten tot hogere, gedreven door *mutaties en gericht door selectie. ~ *spontanea*, de, bij verkeerde ligging in het moederlichaam, plaatshebbende geboorte van een kind zonder verloskundige hulp.
evolutieleer, -theorie de leer of de theorie van de ontwikkeling van hogere vormen in de natuur uit lagere; ontwikkelings- of afstammingsleer.
evulsie, evulsio *L* (chir.) uittrekking; uitscheuring; ~ *nervorum*, syn. neurexerese.
EVV afk. van eerstverantwoordelijke verplegende (verzorgende).
Ewing, J. Amerikaans patholoog (1866-1943); ~-*tumor*, kwaadaardige tumor (endothelioom) van het beenmerg der lange pijpbeenderen; syn. endotheliosarcoom.
Ewing-test gestandaardiseerde proef door twee onderzoekers voor gehoor-screening van kinderen van ongeveer 8 tot 12 maanden oud.
ex- *G* (smst.) uit; (ook: ec-).
exacerbatie plotselinge verergering van een verschijnsel of van een ziekte; tgst. remissie.
exaeresis zie exerese.
exaltatie zeer sterke opwinding met voorstellingen van aangename aard, waarbij de werking van de geest versneld en de remming verminderd is.
exania *L* uitzakking van de endeldarm.
exanimatio *L* zeer diepe bewusteloosheid.
exantheem, exanthema *G* huiduitslag; *exanthemata acuta*, exanthematische ziekten, acute infectieziekten gekenmerkt door het optreden van uitslag; vele virussen en geneesmiddelen kunnen een exantheem veroorzaken; *dauwdruppel* ~, varicella in het vesiculo-bullaire stadium; ~ *subitum*, syn. *zesde ziekte.
exanthematisch met een exantheem optredend; ~*e tyfus*, vlektyfus.
exanthropia *G* mensenschuwheid.
exarthrosis zie exartrose.
exarticulatie (chir.) het afzetten van een lid in het gewricht.
exartrose, exarthrosis syn. *luxatie.
excavatie, excavatio *L* holte, uitholling; ~ *recto-uterina*, syn. cavum Douglasi, cul de sac.
excavator (tandheelk.) lepelvormig instrument ter verwijdering van carieus tandbeen.
excementosis gezwel van de tandwortel, uitgaande van het cement.
excentrisch niet in het middelpunt gelegen.
excerebratie (verlosk.) het verwijderen van de hersenen bij *embryotomie.
excess *E* teveel; overschot.
excidum stukje weefsel, verkregen door excisie.
excipiens *L* zie vehiculum; meervoud excipientia.
excisie uitsnijding.
excitabiliteit syn. *irritabiliteit.
excitans *L* opwekkend, prikkelend middel, syn. stimulans; meervoud excitantia.
excitatie 1. opwinding. 2. (fysiol.) prikkeling van een zenuwcel, tgst. inhibitie.
excitatiestadium stadium van opwinding in het begin van de narcose.
excitomotorisch m.b.t. een prikkel die een beweging opwekt.
excochleatie, excochleatio *L* uitlepeling, bijv. het verwijderen van ziek weefsel met een lepelvormig instrument.
excoriatie ontvelling, verlies van opperhuid.

excrement meervoud *excrementen* (ook: *excremenfaecesta* of *excreta*), uitwerpselen (feces, urine).
excrescentie, excrescentia *L* uitwas, uitgroeisel.
excreten, excreta *L* zie excrement.
excretie afscheiding naar buiten het lichaam, bijv. urine, zweet.
excystatie terugkeer naar de *vegetatieve vorm van geëncysteerde parasieten (n.t.v.m. excitatie).
exedens *L* aanvretend; progressief ulcererend.
exencefalie, exencephali, exencephalus *G* misgeboorte, waarbij het schedeldak geheel of bijna geheel ontbreekt en de weinig ontwikkelde hersenen buiten de schedel liggen.
exenteratie, exenteratio *L* verwijdering van de ingewanden bij het ongeboren gestorven kind als de geboorte niet anders mogelijk is; ~ *bulbi*, operatie waarbij de oogbol wordt verwijderd; ~ *orbitae*, operatie waarbij de gehele oogkas wordt geledigd.
exerceerbeen beenweefsel dat gevormd wordt in de spierbundels door frequente sterke inspanning van de spieren, bijv. bij sport.
exerese, exaeresis *G* verwijdering.
exergoon, exergonisch energie producerend; tgst. endergoon.
exesie, exesio *L* verzwering, aanvreting.
exflagellatie het 'uitwaaieren' van de microgameten (flagella) uit een microgametocyt naar de macrogametocyt, eindfase van de seksuele ontwikkelingsgang van de malariaparasiet in de maagwand van een Anopheles.
exfoliatine een stafylokokkentoxine dat epidermolyse veroorzaakt.
exfoliatie, exfoliatio *L* afstoting van cellen; idem van afgestorven weefsel.
exhaeresis zie exerese.
exhalatie, exhalatio *L* uitademing, tgst. inhalatie; zie ook expiratie.
exhaustio *L* uitputting; syn. defatigatio; ~ *uteri,* weeënzwakte.
exhibitionisme 1. seksuele variant waarbij iemand opgewonden raakt door het tonen van (meestal) de geslachtsdelen aan iemand die dat niet verwacht. 2. (vlg. *DSM-IV) een *parafilie, gekenmerkt door een terugkerende intense seksuele drang en seksueel prikkelende fantasieën betreffende het tonen van de geslachtsorganen aan een nietsvermoedende vreemde.
exhumatie, exhumeren, exhumatio opgraving van een lijk.
existentialisme filosofische stroming (van met name J.P. Sartre) uitgaande van het bestaan, het zijn van de individuele mens, met als centrale thema's de herhaalde persoonlijke beslissingen die genomen moeten worden in een wereld zonder zin, de individuele verantwoordelijkheid en de daaruit voortvloeiende (soms bedreigende) vrijheid.
existentiële angst (psych.) allesoverheersende angst bij het zich realiseren dat alles onzeker is.
existentiële therapie (psych.) vorm van psychotherapie die uitgaat van het *existentialisme en zich richt op het subject (de handelende en beschouwende persoon) en de onmiddellijke situatie.
exit, exitus *L* aftreding, verdwijning; ~ *letalis* (zie letaal), dodelijke afloop.
ex juvantibus *L* (het vaststellen van de aard van een ziekte) op grond van de uitwerking van een geneesmiddel.
exocarentie tekort aan voedingsstoffen.

exocrien afscheidend d.m.v. een afvoerbuis; wanneer het gevormde product naar buiten het lichaam wordt gebracht spreken we van excretie, bijv. excretie van urine, zweet; tgst. endocrien.
exocytose, exocytatie transport van stofwisselingsproducten uit de cel door de celmembraan; tgst. endocytose.
exoforie buitenwaarts scheelzien, tgst. esoforie.
exoftalmie, exoftalmus, exophthalmus *L* het naar voren verplaatst zijn van de oogbol, syn. protrusio bulbi, proptose.
exofytisch groeiend naar de buitenzijde; tgst. endofytisch.
exogeen van buiten afkomstig; door oorzaken van buitenaf ontstaan; tgst. endogeen.
exogene reactietypen van Bonhoeffer zie Bonhoeffer.
exomphalus *G* navelbreuk.
exon een coderend stukje DNA; ieder *gen bevat behalve exons ook *introns, stukjes DNA die niet coderen; bij de vorming van *mRNA worden de introns uit het DNA verwijderd; dit proces wordt splicing genoemd.
exonuclease een enzym dat een nucleïnezuurmolecuul vanaf de uiteinden kan splitsen.
exophoria zie exoforie.
exophthalmus zie exoftalmie.
exoplasma *G* syn. ectoplasma.
exoprothese prothesen die aan de buitenzijde van het lichaam worden aangebracht ter vervanging of ter ondersteuning van anatomische of fysiologische functies; o.a. bril, gehoorapparaat, kunstgebit enz.; zie ook endoprothese.
exorbitisme onvoldoende diepheid van de oogkas.
exorcisme (psych.) duiveluitbanning, duivelbezwering.
exorotatie buitenwaartse draaiing.
exoserose oedeemvorming bij eczemateuze ontstekingsprocessen.
exosmose zie osmose.
exostose, exostosis *G* beenuitwas, benig aangroeisel, 'knok'; ~ *bursata*, beenuitwas waaromheen zich een slijmbeurs heeft gevormd; ~ *cartilaginea*, met kraakbeen beklede beenuitwas, syn. ecchondroom; ~ *eburnea clavata*, plat-ronde uitwasjes aan de schedel.
exotoxine door levende bacteriën afgescheiden toxine.
exotropie syn. *strabismus divergens.
exp- zie ook exsp-.
expander *E* 1. (chir.) opblaasbaar hulpmiddel van siliconenrubber dat subcutaan wordt ingebracht ter vergroting van het huidoppervlak; na enkele weken volgt huidplastiek. 2. zie plasma-expander.
expansie 1. uitzetting; vergroting d.m.v. rekking, bijv. t.b.v. een huidtransplantatie ('*weefsel*'-~). 2. (psych.) verhoogd gevoel van het vermogen van de eigen persoonlijkheid.
expansief in alle richtingen.
expectatief afwachtend; ~*tieve behandeling*, behandeling waarbij men de ziekte in haar verloop niet stuit door geneesmiddelen, enz., doch slechts dreigende of zeer hinderlijke verschijnselen bestrijdt.
expectorans *L* middel dat expectoratie (het ophoesten van slijm) bevordert, meervoud *expectorantia*.
expectoratie het ophoesten, het opgeven van fluimen.

experiëntiële psychotherapie zie psychotherapie.
experiment proef, proefneming; *~ator*, iemand die proeven neemt; *~eel*, proefondervindelijk.
expert *F* deskundige, bijv. voor het gerecht.
expertise *F* deskundig onderzoek; deskundig verslag.
expertsysteem (computer)systeem dat beschikt over specifieke gegevens (kennis) betreffende een bepaald onderwerp en de mogelijkheden om daar gericht mee om te gaan.
expiratie uitademing (ook: *exspiratio*, *exspirium*), tgst. inspiratie (inademing); verwijdering van lucht uit de longen door passieve samenvalling van de bij de voorafgegane inademing uitgezette borstkas dank zij de elasticiteit van borstkaswand en longen; *~ prolongata*, verlangzaamde uitademing door zwelling van slijmvlies, slijm in de fijnere luchtpijpvertakkingen of emfyseem.
expiratiedatum vervaldatum, uiterste gebruiksdatum
expiratorisch, expiratoir de uitademing betreffend, zie expiratie; *~e dyspneu* zie dyspneu.
expired-air inflation *E* kunstmatige ademhaling door mond-op-mond beademing.
explantaat 1. weefselkweek, kunstmatig voortgroeiend dierlijk weefsel op een voedingsbodem. 2. donorweefsel of -orgaan; zie ook transplantatie.
exploratie, exploratio *L* onderzoek, speciaal dat van inwendige organen, bijv. de endeldarm, de schede; syn. indagatio.
exploratief onderzoekend.
exploratio zie exploratie.
exposie hoeveelheid van het aantal ionisaties, teweeggebracht door röntgen- of gammastraling in een gegeven massa lucht; de eenheid van exposie was de *r.
expositie, expositio *L* blootlegging; blootstelling aan; tijdstip van een besmetting.
exposure in vivo *E* (psych.) gedragstherapeutisch oefenprogramma.
expressed emotion theory *E* (psych.) de invloed uitgaande van gezinsfactoren bij het verloop van schizofrenie van één der gezinsleden.
expressie uitdrukking, leegdrukking, bijv. van de baarmoeder of de maag; zie ook genexpressie.
expressieve taalontwikkelingsstoornis ontwikkelingsstoornis waarbij het taalgebruik slechter is dan op die leeftijd mag worden verwacht.
expressiviteit de mate waarin het effect van een *gen bij een individu merkbaar is.
exprimeren leegdrukken, uitdrukken.
expulsie uitstoting; uitdrijving.
exsanguinatie 1. wisseltransfusie, doorspoelingstransfusie; vervanging van de totale hoeveelheid bloed van een pasgeborene door resusnegatief bloed. 2. dodelijk bloedverlies; verbloeding.
exsiccans *L* uitdrogend (vloeistof in zich opnemend) en samentrekkend geneesmiddel, meervoud *exsiccantia*; zelfst.nw. *exsiccatie,* uitdroging.
exsiccose syn. *dehydratie.
exsp- zie ook exp-.
exspirium *L* zie expiratie.
exst- zie ook ext-.
exstinctio (farm.) door wrijven of schudden zeer fijn verdelen van kwikzilver in zalf of vloeistof.
exstrofie, exstrophia *G* aangeboren omstulping van een hol orgaan; *~ vesicae,*

*extroversie van de blaas, soms gecombineerd met epispadie; 'open blaas'; n.t.v.m. extrofie; zie ook ectropie.
exsuccatie uitzuiging; syn. exsuctie.
exsuctie syn. *exsuccatie.
exsudaat het uit de haarvaten tredende vocht bij ontsteking; bevat in tegenstelling tot *transsudaat eiwitten en (eventueel) cellen; *albumineus* ~, eiwitbevattend exsudaat; *fibrineus* ~, vezelstofbevattend exsudaat; *hemorragisch* ~, bloedbevattend exsudaat; *ichoreus* ~, rottend exsudaat; *sereus* ~, uit helder weiachtig vocht bestaand exsudaat.
exsudatie uitzweting van vocht; zie exsudaat; *~cyste,* zie cyste.
exsudatief met exsudaat gepaard gaand; *~tieve diathese,* bijzondere vatbaarheid voor ontsteking van huid- en slijmvliezen, zwelling van lymfeklieren en nog niet nauwkeurig bekende stofwisselingsstoornissen.
exsufflatie, exsufflatio *L* 1. geforceerde uitademing. 2. uitblazen van gas of lucht uit een holte. 3. (foutief) doorblazing met lucht.
ext. afk. van externus of (rec.) extende, uitwendig.
ext- zie ook exst-.
extase *G* geestvervoering; verrukte stemming die iemand geheel aan de omgeving of de gedachte aan het alledaagse onttrekt; bijv.nw. *extatisch.*
extaticus *L* iemand die zich in een toestand van extase bevindt.
extende (rec.) strijk uit, spreid uit, afk. ext.
extensie 1. de strekbeweging in een gewricht door de werking van de strekspieren; tgst. flexie. 2. rekking, strekking van ledematen, bijv. na beenbreuk of ontwrichting om het lichaamsdeel weer in de juiste houding te brengen; *~verband,* rekverband.
extensor strekspier.
exteriorisatie 1. (chir.) operatieve plaatsing van een orgaan buiten het lichaam. 2. (psych.) het veranderen van innerlijke moeilijkheden in conflicten met anderen. 3. syn. externalisatie. 4. naar buiten doorbreken van een ontsteking.
externalisatie (psych.) 1. het buiten zichzelf lokaliseren van zintuiglijke indrukken. 2. syn. *exteriorisatie (bet. 2).
extern, externus *L* uitwendig, afk. ext.; tgst. internus.
externum *L* (farm.), meervoud externa, geneesmiddel dat uitwendig wordt toegepast; tgst. internum.
externus zie extern.
exteroceptief lett. prikkels-ontvangend van buiten het lichaam; tgst. proprioceptief.
exterosensoren receptoren (exteroceptoren) in of op het lichaamsoppervlak, die gevoelig zijn voor prikkels uit de omgeving, o.a. gehoorzintuig, reukzintuig, smaakzintuigen.
extinctie 1. zie exstinctio; *~methode,* voortdurende toediening van kleine doses kwikzilver om syfilis te genezen (obsoleet). 2. (psych.) het na korte of langere tijd vervagen of verdwijnen van in het geheugen aanwezige gedragspatronen of vaardigheden. 3. geleidelijke afneming van een functie.
extirpatie (chir.) totale wegneming van een lichaamsdeel of gezwel.
extr. afk. van extract of extractie.
extra- *L* (smst.) buiten, uit; tgst. intra-; *~-articulair,* buiten de gewrichten gelokaliseerd; *~buccaal,* buiten op de wang, buiten de mond; *~bulbair,* buiten een bulbus gelegen, bijv. buiten de oogbol; *~capsulair,* (oogheelk.), buiten het lenskapsel, zie

cataractextractie; *~cardiaal*, buiten het hart; *~cellulair*, buiten de cel gelegen; *~chromosomaal*, buiten (of onafhankelijk) van de chromosomen.

extracorporaal, extracorporeel buiten het lichaam (gelegen); *~ale circulatie*, kunstmatige tijdelijke omlegging van de bloedsomloop buiten het lichaam.

extracraniaal buiten de schedel.

extract, extractum *L* stof verkregen door indikking van aftreksels, bijv. van kruiden; afk. extr.

extractie, extractio *L* 1. uithalen, uittrekken (ook: extraheren); *~ dentis*, trekken van tanden of kiezen; *manuele ~*, met de handen uithalen (van het kind uit het moederlichaam); *forcipale ~*, idem met de verlostang. 2. bereiding van extracten.

extractiestoffen organische stoffen, door alcohol, ether of water uit dierlijke of plantaardige stoffen getrokken.

extractio zie extractie.

extractum zie extract.

extraduraal gelegen buiten de dura mater binnen de schedel.

extragenitaal buiten (of onafhankelijk) van de geslachtsorganen.

extrahepatisch buiten de lever, bijv. de extrahepatische galwegen, de galwegen tussen lever en twaalfvingerige darm.

extraheren 1. uithalen, uittrekken (bijv. van tanden). 2. het maken van een extract; zie ook extractie.

extramatrimoniaal buitenechtelijk.

extramediaal, extramediaan buiten de middellijn gelegen.

extramedullair buiten het ruggenmerg, buiten het beenmerg.

extramembraneus (verlosk.) buiten de vliezen.

extramuraal 1. buiten de wand gelegen. 2. buiten een ziekenhuis.

extramuralisatie behandeling van een patiënt buiten het ziekenhuis ofwel alleen dagbehandeling.

extranodaal 1. buiten een *nodus gelokaliseerd. 2. buiten het lymfatische systeem.

extranucleair buiten de celkern.

extraperitoneaal buiten het buikvlies (peritoneum) gelegen.

extrapiramidaal systeem het systeem van motorische neuronen dat valt buiten dat van de piramidebaan; het betreft een aantal kernen (o.a. nucleus caudatus en substantia nigra) met hun onderlinge verbindingen en hun projectiesystemen op de voorhoorncellen.

extrapleuraal buiten het borstvlies gelegen.

extrarenaal buiten de nieren.

extrasystole ontijdige (voortijdige) samentrekking van het hart, onafhankelijk van het normale ritme en uitgaande van een andere plaats dan de sinusknoop; *infranodale* of *kamer ~*, uitgaande van een plek in de kamermusculatuur, meestal bij beschadiging van het myocard; *nodale ~*, extrasystole uitgaande van de atrioventriculaire knoop; *supranodale ~*, syn. *boezem~*, extrasystole uitgaande van een plek in de boezemmusculatuur; *supraventriculaire ~*, een nodale of supranodale extrasystole; *ventriculaire ~*, syn. infranodale extrasystole.

extrathoracaal buiten de thorax.

extra-uteriene graviditeit, zwangerschap, afk. EUG, zwangerschap waarbij de vrucht zich buiten de baarmoeder ontwikkelt, bijv. in de tuba (eileider).

extravasatie uittreding van lichaamsvloeistoffen (o.a. bloed) buiten de ruimten waarin deze vloeistoffen zich normaliter bevinden; zelfst.nw. *extravasaat*.

extravesicaal buiten de blaas.
extreem, extremus buitenste.
extremiteit uiterste; *~en*, (meervoud) ledematen, de armen en benen.
extremus zie extreem.
extrinsic *E* van buiten komend. 1. *~ factor*, stof, aanwezig in voedingsmiddelen, nodig voor de vorming van rode bloedcellen; de stof is bekend als vitamine B_{12}. 2. factoren als infecties, mechanische en chemische invloeden, die op erytrocyten een destructieve invloed uitoefenen.
extrofie, extrophia *G* aangeboren misvorming van een inwendig orgaan.
extrorsus *L* naar buiten gekeerd, tgst. introrsus.
extrospectie 1. beschouwing van gebeurtenissen buiten het eigen ik; tgst. introspectie. 2. voortdurend bekijken van de eigen huid.
extroversie (psych.) karaktereigenschap om persoonlijke belangstelling naar buiten uit te dragen, tgst. introversie; bijv.nw. *extrovert*.
extrusie 1. uitstoting; syn. expulsie. 2. (tandheelk.) het uitsteken van een tand of kies boven het kauwvlak.
extubatie het wegnemen van het buisje (endotracheale tube) na intubatie.
exuberans overvloedig uittredend, woekerend.
exulcerans zweervormend.
exulceratie, exulceratio *L* verzwering.
exutorium *L* 1. middel om een kunstmatige wond te verwekken; meervoud exutoria. 2. kunstmatig verwekte wond.
ex vacuo ten gevolge van een lege ruimte in het lichaam.

F

f afk. van *femto = 10^{-15}, bijv. fl = femtoliter = 10^{-15} liter.

f. (rec.) afk. van fac, fiat of fiant.

F afk. van 1. Fahrenheit (zie thermometer). 2. (chem.) fluor.

faag zie bacteriofaag; *~typen* (meervoud) die bacteriën die de faaggevoeligheid binnen een soort aangeven.

faalangst (psych.) een, niet op reële gronden gebaseerde, angst niet te kunnen presteren in bepaalde situaties (spreekbeurt, examen enz.); soms een onderdeel van een gegeneraliseerde angststoornis.

Fab afk. van fragment antigen binding *E*, eindstructuur van het antistofmolecuul waar de binding met het antigeen plaatsheeft; bestaat uit een lichte keten en de terminale helft (Fd-fragment) van de zware keten; zie ook Fc-fragment, hapteen.

fabella sesambeentje dat kan voorkomen in de laterale pees van de driehoofdige kuitspier in de kniekuil.

fabisme, fabismus *L* zie favisme.

Fabricius, H. Italiaans anatoom (1533-1619); *bursa ~*, een bij vogels voorkomende uitstulping van de cloaca welke lymfocyten van het B-(bursa)type produceert (zie B-cellen); zie ook bursa-equivalent.

Fabry, J. Duits dermatoloog (1860-1930); *ziekte van ~*, een X-gebonden *lysosomale lipiden-stapelingsziekte t.g.v. deficiëntie van het enzym α-galactosidase, met afwijkingen in bloedvaten, hart, nieren en zenuwstelsel, typische corneatroebelingen en vorming van noduli in de huid, vnl. op de romp (angiokeratoma corporis diffusum).

fabuleren zie confabulatie.

fac *L* (farm.) maak, bereid (ook: fiat of fiant), men make, men bereide, afk. (rec.) f.; *~ lege artis*, maak volgens de regelen der kunst, afk. (rec.) f.l.a.

FAC afk. van fluorouracil, Adriblastina (doxorubicine), cyclofosfamide; een *cytostatica-combinatie.

acet slijp- of slijtvlakje, bijv. aan een tand, kies of gewrichtsvlak; *~denervatie*, methode ter verlichting van rugpijn d.m.v. het uitschakelen van de zenuwtakjes van de gewrichtsvlakjes tussen de wervels; *~ectomie*, operatieve verwijdering van een kleine gewrichtsvlakte, in engere zin aan een wervel.

aciaal, facialis *L* m.b.t. het aangezicht of de aangezichtszenuw; afk. van *nervus ~*, aangezichtszenuw, 7de hersenzenuw; *~paralyse*, aangezichtsverlamming, verlamming van de spieren die door de nervus facialis worden geïnnerveerd, dat zijn de zgn. mimische gelaatsspieren; *'idiopathische' ~ paralyse*, syn. paralyse van Bell; *~parese*, *parese van de nervus facialis; zie ook krokodillentranen.

acialgie aangezichtspijn.

acialis zie faciaal.

acies *L* gelaat, vlakte; *~ abdominalis*, het ingevallen gelaat met ingezonken ogen, scherpe smalle neus en vale huidskleur bij buikvliesontsteking (peritonitis); *~ articularis*, gewrichtsvlakte; *~ gastrica*, het ingevallen gelaat met scherpe trekken en vale kleur bij chronische maaglijders; *~ hippocratica*, syn. *~ decomposita*, de gelaatsverandering bij collaps en bij het sterven; ~ *myopathica*, ptose van de oogleden en zwakte van de aangezichtsspieren bij myasthenie; ~ *paralytica*, slappe gelaatsuitdrukking door hypotonie van de mimische spieren.

facilitatie lett. vergemakkelijking. 1. het sneller en gemakkelijker doen verlopen van een fysiologisch of biologisch proces door bevordering van prikkeloverdracht, hetzij door veelvuldige herhaling, hetzij d.m.v. een *katalysator of een *carrier, dan wel door een *disinhibitie. 2. bepaalde (genees)middelen hebben sneller effect als het organisme eerder met deze of verwante stoffen heeft kennisgemaakt.

facing *E* (tandheelk.) bekleding van de wangzijde van een metalen kunstkroon met porselein of ander geschikt materiaal.

faciodigitogenitaal syndroom X-chromosomaal recessief-erfelijk syndroom, hoofdzakelijk gekenmerkt door geringe lichaamslengte, aangezichtsmisvormingen, verziendheid, korte handen en voeten.

facio-scapulo-humerale dystrofie zie Landouzy.

faciostenose dysostose van aangezichtsschedelbeenderen; *craniostenose.

faco- zie ook phaco; *~emulsificatie*, (oogheelk.) methode om de ooglens te verwijderen door de ultrasonisch gefragmenteerde lensmassa af te zuigen; *~geen*, van de ooglens afkomstig; door de lens ontstaan; *~malacie*, verweking van de ooglens.

facocele, phacocele *G* lensbreuk, het naar buiten treden van de lens van het oog na doorboring van het hoornvlies (cornea) door een zweer.

facomatosen groep van aangeboren, autosomaal dominante ziekten, gekenmerkt door gepigmenteerde vlekken en gezwelachtige misvormingen (hamartomen) in huid, hersenen, lever, nieren, hart en longen, voortgekomen uit embryonale defecten; tot de facomatosen worden gerekend: neurofibromatose, tubereuze *sclerose, de ziekte van *Hippel-Lindau, angiomatosis encephalotrigeminalis, ataxia teleangiectasia, basocellulair *naevussyndroom.

facometer instrument om de brandpuntsafstand van lenzen te meten.

facoscoop instrument waarmee de lens van het oog kan worden waargenomen en de accommodatie kan worden bepaald.

FACS afk. van fluorescence activated cell sorting *E*.

factitium *L* 1. (in engere zin) met opzet bij zichzelf toegebrachte verwonding; automutilatie; 2. (bijv.nw.) kunstmatig, onnatuurlijk; (zelfst.nw.) kunstmiddel, hulpstuk; ook: *factitius*.

facultatief willekeurig, naar keuze, naar eigen verkiezing; tgst. obligaat.

FAD afk. van 1. familial *Alzheimer disease *E*. 2. flavine adenosinedinucleotide, coënzym bij dehydrogenasen, evenals NAD een waterstofacceptor; in FAD is riboflavine (vitamine B_2) ingebouwd.

$FADH_2$ gereduceerde vorm van FAD(bet. 2)

fading *E* in de gedragstherapie gebruikte techniek waarbij een nieuwe prikkel samen met een oude wordt ingevoerd, terwijl de nieuwe langzamerhand de oude prikkel met de daarbijbehorende negatieve reactiepatronen gaat vervangen.

FAE afk. van foetale alcoholeffecten.

faecaal zie fecaal.

faeces *L*, **faecalia, faecaliën** zie feces.

faecoliet zie fecoliet.

faecoloma gezwelachtige, enorme ophoping van feces in het rectum.

faeculent zie feculent.
faex *L* gist; ~ *medicinalis*, gist voor geneeskundig gebruik.
FAG afk. van 1. fluorescentie-angiogram. 2. federatie antroposofische gezondheidszorg.
fag- zie ook phag-.
fagedena, phagedaena een zich snel uitbreidende verzwering; zie ook fagedenisme.
fagedenisch snel om zich heen invretend (van zweren).
fagedenisme, phagedaenismus *L* ziekteverschijnsel gepaard gaande met de vorming van snel om zich heen en diep invretende zweren (fagedena); ~ *tropicus*, *ulcus tropicum.
fagocyt vreetcel, elke cel in het organisme die het vermogen heeft vreemde materie, o.a. bacteriën, in zich op te nemen en door lysosomale activiteit onschadelijk te maken; *mononucleaire* ~, syn. *macrofaag.
fagocytose de vernietiging van in het organisme binnengedrongen bacteriën, virusdeeltjes en dergelijke en andere schadelijke elementen (o.a. *immuuncomplexen, dode cellen, schadelijke macromoleculen) door *fagocyten.
fagosoom een in de cel door *endocytose opgenomen partikel.
fagotherapie therapie door bijzondere voeding, voedingskuur.
FAH afk. van fenylalanine-hydroxylase, het enzym dat ontbreekt bij patiënten met PKU.
Fahr, Th. Duits patholoog (1877-1945); *ziekte van* ~, epileptische aanvallen, extrapiramidale verschijnselen (rigor, parakinesieën), spasticiteit, vaak tevens organisch psychosyndroom, kalkafzettingen in arteriolen en capillairen van de basale hersenganglïen, waarschijnlijk door stoornis in de werking van parathormoon.
Fahrenheit, G. Duits natuurkundige (1686-1736).
FAIZ afk. van federatie van algemene instellingen voor zwakzinnigenzorg.
failure *E* falen; *backward* ~, zie backward failure; *forward* ~, zie forward failure; *ovarian*~, onvermogen van de eierstokken tot productie van *eicellen.
fako- zie faco-.
falan- zie ook phalan-; ~*ga*, mishandeling door geseling van de voetzolen; ~*gisatie* (chir.) isolatie van een middenhandsbeentje, dat aldus de functie van de verloren gegane vinger kan overnemen.
falanx kootje van vinger of teen; meervoud falangen; zie ook phalan-.
falciform sikkelvormig; zie ook falx.
fallisch m.b.t. de fallus; ~ *karakter*, karakter dat, volgens de psychoanalytische theorie, wordt gekenmerkt door het beschouwen van seksueel gedrag als een uiting van macht; ~*-oedipale fase*, ontwikkelingspsychologische fase (3-5 jaar) waarin het kind zichzelf los van de andere gezinsleden beleeft en waarin het besef daagt van seksuele verschillen en rollen; het is de fase waarin het schuidbesef wortelt en het Oedipus-complex wordt doorgemaakt.
fallodynie pijn in de penis-in-erectie.
Fallot, E. Frans arts (1850-1911); *tetralogie van* ~, aangeboren hartafwijking, gekenmerkt door stenose van de arteria pulmonalis, ontspringen van de aorta niet alleen uit de linker- maar tevens uit de rechterkamer, opening in het kamerseptum en hypertrofie van de rechterkamer; *trilogie van* ~, idem, doch met een defect in het boezemseptum en zonder pulmonalis-stenose.

fallus penis.
Falta, W. Oostenrijks internist (1875-1950); *syndroom van* ~, gelijktijdige uitval van de functie van verschillende endocriene klieren.
falx *L* sikkelvormige structuur; bijv.nw. falciform.
FAM zie MAF.
fames *L* honger; ~ *canina*, vraatzucht; syn. hyperorexie; zie ook boulimie.
familiaal 1. de familie of het gezin betreffend. 2. familiair.
familiaar 1. vertrouwelijk, ongedwongen; onvormelijk. 2. syn. familiair.
familiair gezegd van ziekten of verschijnselen die in een groep van bloedverwanten voorkomen, zonder duidelijke erfelijkheid; synoniemen: familiaal (bet. 2) en familiaar (bet. 2).
familial mediterranian fever *E*, afk. FMF, recidiverende kortdurende perioden van koorts en hoge BSE, acute hevige buik- en/of thoraxpijn, gewrichtspijnen en vluchtige huidafwijkingen, soms op den duur nefrotisch syndroom door amyloidose leidend tot nierinsufficiëntie; de oorzaak is onbekend; het syndroom komt autosomaal recessief erfelijk voor bij mensen uit landen rond de Middellandse Zee.
Fanconi, G. Zwitsers kinderarts (1892-1979); *~-syndroom*, zie syndroom van *Debré-de Toni-Fanconi.
faneroscopie onderzoek van de huid bij lupus met een lens of glazen plaatje waardoor de lupusknobbeltjes duidelijker zichtbaar worden.
fanerose zichtbaar worden.
fango *It* vulkanisch slik uit Monsummano (Italië) die warmte lang 'vasthoudt' en bij reumatiek verwarmd op het lichaam wordt gebracht.
fantasie, phantasia *G* (psych.) vermogen van de geest om eigen voorstellingen te vormen; creatieve verbeeldingskracht; *geleide* ~ (psych.), therapeutische techniek waarbij de cliënt wordt gevraagd om aan de hand van een gegeven beeld verder de eigen fantasie te volgen, met als doel moeilijke of onverwerkte situaties uit het leven onder ogen te zien.
fantasma, phantasma *G* waarneming waarbij de lijder zich ervan bewust is dat wat hij waarneemt op waanvoorstelling berust; wordt veroorzaakt door sterke verbeeldingskracht, syn. fantoom, pseudohallucinatie.
fantoom lett. hersenschim, spook. 1. syn. fantasma. 2. model, kunstlichaamsdeel, bijv. van het vrouwelijk bekken t.b.v. oefening van verloskundige handgrepen, gynaecologische diagnostiek en operaties; *~-gezwel*, voorkomend bij psychische stoornissen, waarbij door opgeblazenheid van de darmen schijnbaar een gezwel of zwangerschap bestaat; *~pijn*, pijn, die geprojecteerd wordt in een geamputeerd lichaamsdeel.
FAP afk. van 1. familiale adenomateuze *polypose. 2. femur arterial pressure.
FAPG afk. van fatty alcohol propylene glycol, een vetloos en watervrij *vehiculum voor geneesmiddelen welke percutaan worden toegediend.
faradisatie het leiden van een inductiestroom door het lichaam; dit oefent een sterke prikkel uit op zenuwen en spieren; zie ook elektrotherapie, galvanisatie.
Farber, S. Amerikaans kinderarts (1903-1973); *ziekte van* ~, een sfingolipidose (stapelingsziekte) met gewrichtszwellingen, multipele granulomen, botdefecten, leververgroting.
farma- zie ook pharmac-; *~ceut*, doctorandus in de farmacie, apotheker; *~ceutisch* m.b.t. 1. (alg.) de farmacie. 2. (in engere zin) de toedieningsvorm en afgifte va

werkzame stoffen in de farmacie; *~cie*, artsenijbereidkunde; *~codynamie*, de kennis van de werking der geneesmiddelen; *~cofoor*, 1. het werkzame deel van het *farmaconmolecuul. 2. iemand die aan *farmacomanie lijdt.

farmacogenetica 1. de invloed van de erfelijke eigenschappen van het organisme op de werking van farmaca. 2. de mutagene werking van farmaca op chromosomen en genomen. 3. de invloed van farmaca op de eicel en de groeiende vrucht.

farmacognosie de kennis van de kenmerken der geneesmiddelen.

farmacokinetiek de kennis van de wijze en snelheid van resorptie, distributie, chemisme en excretie van geneesmiddelen m.b.t. hun farmacologische, therapeutische en toxische werking.

farmacologie de leer of kennis van de geneesmiddelen en de interactie tussen deze en een levend biologisch systeem (mens en dier).

farmacomanie ziekelijke zucht om geneesmiddelen te gebruiken of anderen te laten gebruiken.

farmacon, pharmacon *G* 1. geneesmiddel, syn. medicament, meervoud *farmaca*. 2. vergif.

farmacopee, pharmacopoea *G* verzamelde wettelijk vastgestelde voorschriften voor samenstelling, bereidingswijze en keuring van geneesmiddelen volgens bepaalde farmaceutische normen ten einde de uniformiteit van die middelen te verzekeren; apothekershandboek.

farmacopsychiatrie onderdeel van de psychiatrie dat zich bezighoudt met de studie van psychische verschijnselen t.g.v. het gebruik van farmaca.

farmacotherapie therapie die vnl. of uitsluitend bestaat in de behandeling met geneesmiddelen.

farmacustodie bewaring van en de zorg voor geneesmiddelen vóór de verstrekking aan de patiënt.

farmak- zie farmac-.

farmer's lung *E* *landbouwerslong.

Farr-test radio-immunologische techniek ter kwantitatieve aantoning van anti-dsDNA-antistoffen met hoofdzakelijk prognostische betekenis bij systemische lupus erythematodes.

faryn- zie ook pharyn-, met betrekking tot de keelholte.

faryngectomie gehele of gedeeltelijke verwijdering van de wand van de farynx.

faryngisme, pharyngismus *G* syn. pharyngospasmus.

faryngitis, pharyngitis *G* keelontsteking, slijmvliesontsteking van de keelholte, ontsteking van verhemelte, amandelen en keelwand.

faryngocele een slokdarmdivertikel doordringend tussen de keelvernauwende spier.

faryngoplastiek een plastische operatie om een defect in de keel te corrigeren.

faryngorinoscopie, pharyngorhinoscopia *G* onderzoek van neus- en keelholte met een rinoscoop.

faryngotomie, pharyngotomia *G* operatieve opening van de keelwand.

farynx, pharynx *G* keel, keelholte, het bovenste gedeelte van het spijsverteringskanaal gelegen tussen mondholte en slokdarm, van boven naar onder bestaande uit epifarynx (nasofarynx), mesofarynx (orofarynx), en hypofarynx (laryngofarynx); syn. fauces, guttur; *~ reflex*, aanraking van de achterste farynxwand veroorzaakt een braakbeweging; syn. keelreflex.

fascia zie fascie.

fasciculatie lokale samentrekking van een klein deel van een spier, soms uiting van

een aandoening van het perifere motorische neuron; bijv.nw. *fasciculair*.
fasciculus *L* bundeltje, vnl. van zenuwvezels, bijv. ~ *anterior proprius*, grondbundel van de voorstreng van het ruggenmerg.
fascie, fascia *L* 1. peesblad, peesvlies dat spieren bedekt, bijv. ~ *transversa abdominis*, peesweefsellaag tussen het buikvlies en de dwarse buikspier; ~ *lata*, peesblad dat de gezamenlijke dijspieren omgeeft; ~ *superficialis*, de zgn. oppervlakkige fascie, d.i. het losmazige bindweefsel van de subcutis. 2. een zwachtelverband gevormd door cirkeltoeren.
fasciitis ontsteking van de fascia superficialis, zie fascie; ~ *necroticans*, flegmoneuze ontsteking van de subcutis, leidend tot necrose met blaarvorming en in lappen loslatende huid.
Fasciola hepatica *L* leverbot, een schapen-trematode (zuigworm); aanwezigheid bij de mens veroorzaakt dyspepsie en leververgroting.
fascioliasis het op/in het lichaam voorkomen van trematoden (zuigwormen).
Fasciolopsis buski een trematode, vnl. in darm en lever.
fasciotomie (chir.) klieving van fasciaweefsel (zie fascie).
fase verandering, trap van ontwikkeling, tijdperk; syn. stadium; *anagene* ~, groeifase; *katagene* ~, overgangsfase; *telogene* ~, rustfase.
fasisch in fasen verlopend.
fastidium *L* misselijkheid, walging, weerzin tegen spijzen.
fastigium *L* 1. hoogtepunt, bijv. van ziekte of koorts, syn. acme. 2. (anat.) scherpe hoek.
fatigatio *L* vermoeidheid.
fatisch m.b.t. de spraak (*phasis, L*); m.b.t. schrift of tekens.
fatty streak *E* het zich afzetten van lipiden in de intima van slagaders in het beginstadium van atherosclerose.
fatuïteit, fatuitas *L* onnozelheid, stompzinnigheid.
fauces *L* keel.
fausse couche *F* vroeggeboorte, miskraam; zie abortus.
fausse route *F* verkeerde weg (bij katheteriseren of sonderen).
faust, faustus *L* gunstig, bijv. een prognose; tgst. infaust.
favisme ook: fabisme, bonenziekte, ziektebeeld (vnl. in Middellandse-Zeegebieden) als van hemolytische *anemie met icterus en hemoglobinurie t.g.v. (geslachtsgebonden aangeboren) overgevoeligheid voor de favaboon op grond van een *G6PD-deficiëntie in de erytrocyten.
favus *L* hoofdzeer; hardnekkige besmettelijke chronische huidziekte, vnl. op de behaarde hoofdhuid, veroorzaakt door de schimmel Trichophyton schönleini; door afsterven van de haarwortels kan favus blijvende kaalhoofdigheid tot gevolg hebben; ~ *barbae*, baardzeer; ~ *capitis*, hoofdzeer; ~ *confertus*, hoofdzeer met vorming van zeer dicht bij elkaar gelegen korsten.
faxen-syndroom *D* clownesk in het rond draaien met grimassen bij schizofrenie.
F-cellen erytrocyten bij volwassenen welke foetaal hemoglobine (HbF) bevatten in plaats van normaal Hb (HbA).
Fc-fragment (afk. van fragment, crystallizable *E*) het constante gedeelte van de zware keten van het *Ig-molecuul.
FCH(L) afk. van familiair gecombineerde hyperlipidemie (hyperlipoproteïnemie), erfelijke stoornis waardoor er bij meerdere familieleden zowel hypercholesterolemie als hypertriglyceridemie kan voorkomen.

FCP afk. van 1. flow cessation pressure *E*. 2. fibroserende chronische pneumonie.
FCR afk. van fractional catabolic rate *E*.
FD afk. van familiaire dysbètalipoproteïnemie, syn. FDB.
FDA afk. van food and drug administration *A*.
FDB afk. van familiaire dysbètalipoproteïnemie, syn. FD.
Fd-fragment zie Fab.
FDP afk. van fibrinogen/fibrin degradation products *E*.
febriel koortsig, tgst. afebriel, koortsvrij.
febrifugum *L* koortswerend middel, syn. antipyreticum, meervoud febrifuga.
febris *L* koorts, verhoogde lichaamstemperatuur, kenmerkend verschijnsel bij infectieziekten en algemene ontstekingsprocessen, gewoonlijk gepaard gaande met versnelling van pols en ademhaling en gestoorde stofwisseling; bij gezonde volwassenen is de normale temperatuur, in de endeldarm gemeten, tot 37,3 °C; 's avonds ongeveer drie tiende graad meer; bij kinderen is de normale temperatuur ongeveer 0,5 graad hoger; een lichaamstemperatuur van 0,5 tot 1 graad boven normaal, noemt men *subfebriel;* zodra de temperatuur boven 38 °C stijgt, spreekt men van koorts; buitengewoon hoge koorts (boven 42 °C) noemt men *hyperpyrexie*; ~ *adynamica*, syn. *asthenica* of ~ *torpida,* *adynamische koorts, koorts gepaard gaande met algehele zwakte; ~ *continua*, aanhoudende koorts, die meerdere dagen kan duren, de lichaamstemperatuur meer dan 39 °C bedraagt en waarbij in de loop van een etmaal het temperatuurverschil kleiner is dan één graad; ~ *e causa ignota*, koorts waarvan de oorzaak onbekend blijft; ~ *ephemera* of ~ *ephemerica*, eendaagse koorts; ~ *exanthematica tropica*, zie tropical typhus; ~ *flava*, gele koorts, ochropyra; acute tropische infectieziekte, veroorzaakt door een *arbovirus, overgebracht door muskieten (Aedes egypti), gekenmerkt door koorts, proteïnurie, nierinsufficiëntie, darm- en maagbloedingen (bloedbraken) en geelzucht door hepatitis welke leidt tot leveratrofie; de ziekte is endemisch in Midden-Afrika en Zuid-Amerika en heeft in het algemeen een hoog sterftecijfer; ~ *glandularis*, klierkoorts, vnl. bij kinderen voorkomende aandoening, gepaard gaande met zwelling van de lymfeklieren in de hals; ~ *hectica*, koorts waarbij er zeer sterke schommeling optreedt in de lichaamstemperatuur; ~ *hungarica*, vlektyfus (zie tyfus); ~ *intermittens*, koorts waarbij in de loop van een etmaal het temperatuurverschil meer dan één graad bedraagt en één van de metingen een normale lichaamstemperatuur laat zien; ~ *larvata*, syn. *malaria larvata; ~ *melitensis*, maltakoorts, een vnl. in de havenplaatsen van de Middellandse Zee voorkomende brucellose; het koortstype is een febris undulans; ~ *puerperalis*, kraamvrouwenkoorts, *septikemie uitgaande van een endometritis (beter: myometritis) t.g.v. een infectie via de vagina tijdens het kraambed; ~ *recurrens*, gekenmerkt door aanvallen van hoge koorts en koortsvrije tussenpozen, die ieder dagen duren; ~ *remittens*, de meest voorkomende vorm van koorts, waarbij in de loop van een etmaal, het temperatuurverschil meer dan één graad bedraagt en geen van de metingen een normale lichaamstemperatuur laat zien; ~ *traumatica*, wondkoorts; ~ *tropica*, syn. *malaria tropica; ~ *typhoidea*, tyfeuze koorts (zie tyfus); ~ *typo inverso* of ~ *typus inversus*, koorts van het omgekeerde type, nl. 's ochtends hoger dan 's avonds; ~ *undulans*, golvende koorts, koortstype waarbij het niveau van de lichaamstemperatuur in het verloop van een bepaalde tijd een golvend verloop heeft; ~ *uveoparotidea*, zie Heerfordt.
caal m.b.t. feces.

fecaliën uitwerpselen, drekstoffen; syn. feces.
feces, faeces fecaliën (enkv. faex), ontlasting.
fecoliet steenharde ontlasting, darmsteen, dreksteen; syn. coproliet.
feculent feces-achtig.
fecundatie bevruchting.
feedback *E* zie terugkoppeling.
feeder *E* (orthop.) hulpapparaat in de vorm van een uitgebalanceerde onderarm- of elleboogsteun met kogelgewrichten en scharnierende stangenstelsels.
feedercells *E* zoogdiercellen die zich t.g.v. röntgenbestraling niet meer kunnen delen doch nog wel enige tijd in leven blijven en gebruikt worden als stimulators in weefselkweken.
Feer, E. Zwitsers kinderarts (1864-1955), zie acrodynie (bet. 2).
Fehlleistung *D* lett.: misprestatie, een uitdrukking van Freud in de psychoanalyse voor de in het dagelijks leven voorkomende, dikwijls veelzeggende vergissingen, ('Freudiaanse') versprekingen, verschrijvingen, het vergeten van namen, woorden, voornemens.
Feil, A. Frans neuroloog (1889-1951) zie Klippel.
fel *L* gal, groenachtig zeer bitter vocht dat door de levercellen wordt afgescheiden en zich in de galblaas verzamelt; wordt tijdens de spijsvertering in het *duodenum uitgestort, waar het o.a. de vertering van vet bevordert en rotting tegengaat; kleurt de ontlasting.
FEL afk. van familiaire erytrofago-lymfohistiocytose.
felien m.b.t. katachtigen.
Felix, A. Tsjechisch bacterioloog (1887-1956), zie Weil (bet. 2).
fellatie, fellatio *L* (fellare = zuigen) het (ter seksuele prikkeling) in de mond nemen van de penis; syn. coitus ab ore, irrumatio, (pop.) pijpen.
felleus *L* m.b.t. gal; *vesica fellea*, galblaas.
félon *F* syn. onychia.
Felty, A. Amerikaans arts (1895-1963); *syndroom van ~*, chronische gewrichtsontstekingen met misvormingen, miltvergroting, huidpigmentaties, lymfomen en granulocytopenie, soms met verhoogd infectierisico.
feminicide moord op vrouwen en meisjes.
feminien vrouwelijk; tgst. viriel, mannelijk.
feminisatie het proces van de ontwikkeling van vrouwelijke eigenschappen bij een mannelijk individu; *testiculaire ~*, zie *androgeen-ongevoeligheidssyndroom.
feminisme het streven naar gelijkwaardigheid van man en vrouw.
femora meervoud van femur.
femoraal, femoralis *L* tot de dij behorend; m.b.t. het bovenbeen (femur).
femorocele *G* dijbreuk; syn. hernia femoralis.
femto- (smst.) 10^{-15}, voorvoegsel, bijv. bijv. fl = femtoliter = 10^{-15} liter.
femur *L* dijbeen; meervoud femora; *caput femoris*, kop van het dijbeen; *collum femoris*, hals van het dijbeen.
FENAC afk. van federatie van Nederlandse audiologische centra.
fenestra *L* venster; meestal ronde opening in een bot; *~ ovalis*, syn. *~ vestibuli*, opening tussen trommelholte en voorhof van het labyrint, afgesloten door de stijgbeugelplaat; *~ rotunda*, syn. *~ cochleae*, ronde venster, opening tussen trommelholte en slakkenhuis van het oor; is gesitueerd aan het einde van de *scala tympani en is afgesloten door een membraan.

fenestratie 1. operatietechniek bij *otosclerose waarbij een opening (fenestra novovalis) wordt gemaakt van de trommelholte naar het labyrint ter vervanging van het functieverlies van het ovale venster (operatie van Lempert). 2. het maken van een opening in een (gips)verband ter controle van een plaatselijke aandoening of ter behandeling van een wond. 3. syn. *bypass van een obstructie, bijv. bij *PLD. 4. opening van één of meer cyste(n) van een cysteus orgaan, zódanig dat de holte open blijft. 5. openingen of poriën in endotheel van met name glomeruli en leversinusoïden.
fenocopie een aangeboren anatomische afwijking als gevolg van een niet-erfelijke verandering in de groei van het embryo door uitwendige oorzaken.
fenol carbolzuur.
fenomeen verschijnsel, teken, symptoom; *coulissen~*, zie coulissenfenomeen; *facialis~*, teken van *Chvostek; *herdersstaf~*, sterke verkromming tot *coxa vara van het bovenste deel van het dijbeen bij fibreuze *dysplasie; *Koch-~*, zie Koch; *kurkentrekker~*, het zich in een soort schroefbeweging van het bovenlichaam oprichten van mensen met rugklachten uit de zittende, gebukte of liggende houding naar de verticale; *LE-cel~*, het vóórkomen van *LE-cellen; *pivot-shift ~ E*, traumatische voorwaartse subluxatie van het tibiaplateau bij fixatie van de voet, meestal bij sportuitoefening; *schuiflade~*, zie schuifladefenomeen; *tandrad~*, zie tandradfenomeen; *tibialis~*, geassocieerde beweging naar boven (buiging) van voet en tenen bij willekeurige buiging in heup en knie, bij aandoening van het afdalende motorische systeem (reflex van Von Strümpell); *ulnaris~*, ongevoeligheid in het gebied van de nervus ulnaris bij sommige psychosen; *zakmes~*, zie zakmesfenomeen.
fenomenologie de leer of kennis van de ziekteverschijnselen, syn. symptomatologie.
fenotype (erf.) de vorm waarin het individu zich aan de waarneming manifesteert; uitdrukking van de gezamenlijke genen; zie ook genotype.
fenylketonurie afk. PKU, syn. ziekte van Følling, oligophrenia phenylpyruvica, enzymdeficiëntie van het enzym fenylalanine-hydroxylase (afk. FAH) bij het jonge kind in de stofwisseling van het (essentiële) aminozuur fenylalanine, waardoor o.a. verhoogde afscheiding van fenylpyrodruivenzuur in de urine plaatsheeft; de verhoogde fenylalaninebloedspiegel leidt tot irreversibele hersenletsels, waardoor oligofrenie, hypertonie met wijdbeense gang, hyperkinesie, prikkelbaarheid, epileptische verschijnselen, driftbuien en agressiviteit optreden; verder verspreidt het kind vaak een muizenlucht en worden eczeem, pigmentarmoede (blauwe ogen, blanke huid, blond haar), slechte groei, braken en spiertrekkingen waargenomen; tijdige instelling van een fenylalanine-arm dieet waarborgt meestal een gunstig verloop en ontwikkeling van het kind; zie ook hielprik.
enytoïne (farm.) een anti-epilepticum; *~syndroom*, zeldzame complicatie bij medicatie met fenytoïne, vnl. gekenmerkt door exantheem, anorexie, hyperplasie van het tandvlees met gingivitis, lymfeklierzwellingen.
enz, E. Oostenrijks internist (1907-1972); *symptoom van ~*, bij spondylarthrosis cervicalis (zie spondylartrose) veroorzaakt passieve draaiing van het voorwaarts gebogen hoofd pijn in de nek.
o- zie ook phaeo-.
ochromocytoom, phaeochromocytoma *G* gezwelachtige woekering van *chromaffiene cellen, meestal uitgaande van het bijniermerg, o.a. gekenmerkt

door een verhoogd VMA-gehalte in de urine; de ziekte gaat o.a. gepaard met paroxismale bloeddrukverhoging, heftige hoofdpijn, netvliesbloedingen, hyperhidrose, orthostatische hypotensie(!), woedeaanvallen, tachycardie en hyperglykemie; syn. paraganglioma medullare.

feodermie, phaeoderma *G* donkere huidverkleuring door hyperkeratose.

FEP afk. van foto-elektrische plethysmografie of plethysmogram.

ferment verouderde naam voor enzym.

fermentatie gisting; splitsing of ontleding veroorzaakt door enzymen.

fern-test *E* zie varenproef.

feromonen hormoonachtige stoffen die aan de omgeving worden afgegeven en soortgenoten zintuiglijk kunnen bereiken en (evt. seksueel) beïnvloeden; 'geurstoffen'.

ferriprieve anemie zie anemie.

ferriprivie ijzertekort; ook: *ferroprivie*; bijv.nw. *ferriprief*.

ferritine eiwit-ijzercomplex, vorm van oplosbaar ijzer, opgeslagen in lever, milt, beenmerg en darm.

ferrugineus ijzerhoudend.

ferrum *L* ijzer; ~ *candens*, gloeiend ijzer, dat wordt gebruikt om ziekelijk weefsel weg te branden.

fertilisatie 1. lett. vruchtbaarmaking. 2. bevruchting; **in-vitro* ~ (lett.: in glas), (afk. IVF), bevruchting van de eicel buiten het lichaam; wordt toegepast bij vrouwen met ondoorgankelijke eileiders, falende of afwezige eierstokken; zie ook ICSI, MESA, PID.

fertiliteit, fertilitas vruchtbaarheid; bijv.nw. *fertiel*; zie ook subfertiliteit.

ferula *L* spalk.

fetiche zie fetisj.

fetide, fetidus *L* stinkend; zie ook fetor.

fetisj, fétiche *F* voorwerp of lichaamsdeel dat bij personen met fetisjisme *(fetisjist)* seksuele gevoelens opwekt.

fetisjisme (vlg. DSM-IV) een *parafilie gekenmerkt door het seksueel opgewonden raken door het zien of aanraken van (levenloze) voorwerpen, bijv. kledingstukken, of van bepaalde lichaamsdelen.

fetologie syn. *embryologie.

fetoproteïne ook: *fetoglobuline*, een foetaal proteïne, dat ook voorkomt bij volwassenen met bepaalde (kwaadaardige) gezwellen.

fetor *L*, **foetor** stank; ~ *ex ore*, stinkende adem, syn. halitose; ~ *hepaticus*, muffe zoete uitademingslucht bij lijders aan *leverinsufficiëntie en acute gele *leveratrofie.

feu d'herbes *F* 'onkruidsvuur', röntgenbeeld bij osteosarcoom.

feu sacré *F* plotselinge hevige ('uitschietende'), kortdurende pijn.

FEV afk. van forced expiratory volume *E*, de maximale hoeveelheid lucht die na maximale inademing kan worden uitgeademd in een bepaalde tijd, bijv. in één seconde, aangeduid als FEV_1.

fever *E* koorts; zie febris.

FFA afk. van free fatty acid *E*, vrij vetzuur.

FFF afk. van 1. fight, flight, fright (fear), toestand waarbij het gehalte aan adrenaline sterk is verhoogd. 2. female, fat, forty, syn. VVV, predispositie voor galblaasstenen.

FFM afk. van fat-free mass *E*; syn. *lean body mass.

FFP afk. van fresh frozen plasma *E*, vers-bevroren plasma, een stollingspreparaat waarin alle in menselijk plasma aanwezige stollingseiwitten zijn behouden.

FH afk. van familiaire hypercholesterolemie; syn. FHC.

FHA afk. van 1. focus-huid-afstand (focus van de röntgenbuis). 2. fytohemagglutinatie, een lymfocytenstimulatietest voor (cellulair-)immunologisch onderzoek.

FHC afk. van familiaire hypercholesterolemie, syn. FH.

FHM afk. van familiaire hemiplegische migraine.

FHT afk. van 1. foetale harttonen. 2. familiaire hypertriglyceridemie.

fiant, fiat zie fac.

fiberscoop, fiberendoscoop zie fibroscoop.

fibra *L*, vezel, spiervezel, zenuwvezel, meervoud fibrae of fibrillen, vklw. fibrilla, *fibril.

fibreus bindweefselachtig; n.t.v.m. fibrineus.

fibril, fibrilla vklw. van fibra, fijne vezel; ook bedoeld als langdradige structuren in bijv. een spiervezel, bekend als spierfibrillen (myofibrillen).

fibrillair vezelachtig; vezelig; *~e contracties*, kortdurende onwillekeurige samentrekkingen van slechts enkele spierbundels.

fibrillatie, fibrilleren 1. samentrekking van afzonderlijke spiervezels. 2. een vorm van hartaritmie (ritmestoornis), waarbij de hartspiervezels zich zeer snel en ongecoördineerd samentrekken; komt meestal voor in de boezems: *boezem~*, *atrium~*, is (meestal) onschuldig; *kamer~*, *ventrikel~* is een beruchte complicatie van het hartinfarct en is zonder verdere therapie dodelijk; zie ook fladderen.

fibrinase *bloedstollingsfactor XIII; zie FSF.

fibrine een vezelig, onoplosbaar eiwit dat bij stolling wordt gevormd uit het oplosbare plasma-eiwit fibrinogeen.

fibrineus (n.t.v.m. fibreus), vezelstofhoudend, fibrineachtig; *~neuze ontsteking*, ontsteking met uitzweting van fibrine.

fibrinogeen een der eiwitten van het bloedplasma, factor I van de *bloedstollingsfactoren; zie trombine.

fibrinolyse het weer oplossen van bij de bloedstolling gevormd fibrine.

fibrinolysine syn. *plasmine.

fibrinolyticum stof die fibrinolyse bewerkstelligt.

ibrinolytisch enzymsysteem systeem van de componenten *proteïne-C, *proteïne-S, *trombomoduline en proteïne-C-remmer, dat belangrijk bijdraagt tot regulering van de fibrinevorming; disfunctie van het fibrinolytisch enzymsysteem bevordert vnl. diepe-veneuze trombose, longembolieën en tromboflebitiden.

ibrinopeptide *A* afk. *FPA, een peptide dat door trombine van fibrinogeen wordt afgesplitst, parameter voor activatie van het bloedstollingsproces.

ibroadenoom goedaardig *adenoom, ontstaan door gezamenlijke groei van bindweefsel en klierepitheel.

ibroblasten jonge bindweefselcellen waaruit de bindweefselvezels voortkomen; *~cultuur*, weefselcultuur van fibroblasten uit een huidbiopt ter bepaling van een eventueel enzymtekort bij het betreffende individu.

brocalcinosis verkalking in fibreus gedegenereerd weefsel.

brocartilago *L* vezelkraakbeen.

brocyste een fibroom dat *cysteus is gedegenereerd; bijv.nw. *fibrocystisch*.

brocyt bindweefselcel.

fibrodysplasie syn. ostitis fibrosa disseminata, syndroom van Albright; zie Albright.
fibro-elastose proliferatie van elastisch bindweefsel; *endocardiale* ~, aangeboren fibro-elastose van het endocardiale en subendocardiale weefsel, meestal van linker harthelft en aorta.
fibro-epithelioma *G* gezwel ontstaan door nieuwvorming van bindweefsel en epitheel.
fibroïd 1. (bijv.nw.) gelijkend op fibrine. 2. (zelfst.nw.) verzamelnaam voor fibroom, myoom of (leio)myoom van de baarmoeder.
fibroma zie fibroom.
fibromatose, fibromatosis het bestaan of de vorming van meerdere fibromen; ~ *gingivae*, woekering van tandvlees op plaatsen waar meerdere opeenvolgende tanden en/of kiezen ontbreken.
fibromyalgie spierpijn bij ouderen wanneer meer en meer spiervezels atrofiëren en plaats maken voor bindweefsel.
fibromyoom, fibromyoma *G* goedaardig spierweefselgezwel met zeer veel vezels.
fibromyositis *fibrose in een ontstoken spier.
fibronectinen in het bloed en in weefselvloeistoffen aanwezige enzymatische *glycoproteïnen, van belang voor velerlei, vnl. fysiologische functies van het organisme en migratie van cellen, fagocytose, bloedstolling en vele andere, doch ook wondgenezing, reactie op ontstekingen en dergelijke.
fibroneuromatosis *G* syn. *neurofibromatose.
fibroom, fibroma *L* uit bindweefsel bestaand gezwel, vnl. voorkomend in lichaamsholten, bijv. mond, neus, darm, baarmoeder, enz.; men onderscheidt drie groepen van bindweefselgezwellen: 1. de (goedaardige) *fibromen* (met veel vezels). 2. de **sarcomen* (met weinig of zonder vezels). 3. de *fibrosarcomen*, deze groep bestaat uit overgangsvormen tussen 1 en 2.
fibropapilloom *G* vlokkig fibroom dat o.a. in de urineblaas voorkomt.
fibropericarditis *L* ontsteking van het hartzakje met bindweefselwoekering, waardoor verdikking optreedt.
fibroplasie vorming van bindweefsel, bijv. in genezende wonden; *polyostotische* ~ zie syndroom van *Albright; *retrolentale* ~, fibroplasie van het glasvocht, gevolgd door loslaten van het nog in ontwikkeling zijnde netvlies bij de prematuur geborene t.g.v. intoxicatie door toegediende zuurstof; *retroperitoneale* ~, fibroplasie in de ruimte achter het buikvlies met als gevolg obstructie van de ureters; komt zowel idiopathisch voor als t.g.v. langdurig gebruik van het geneesmiddel methysergide (tegen migraine), voorts o.a. bij lymphogranuloma malignum, lymfo- en reticulosarcoom, carcinoïd.
fibrosarcoom *sarcoom, uitgaande van vezelig bindweefsel.
fibroscoop buigzame *endoscoop, gefabriceerd van glasvezels die ook in gebogen toestand het licht geleiden; syn. fiberscoop, fiberendoscoop.
fibrose, fibrosis toeneming van bindweefsel in een orgaan; ~ *cystica*, cystische fibrose, syn. van cystische fibrose; *endomyocardiale* ~, haardvormige voortschrijdende fibrose van endo- en myocard, o.a. leidend tot klepgebreken en verminde de cardiale output; *pijpensteel-*~, PA-beeld van de grotere leveraders door granulomatose bij schistosomiasis; ~ *plantaris*, fibrosering en schrompeling van het peesblad van de voetzool; ~ *pulmonum*, longfibrose, diffuse peribronchiale

interalveolaire bindweefselvermeerdering in de longen door oorzaken zoals infectieuze en allergische longziekten, pneumoconiosen, collageenziekten, histiocytosen, sarcoïdose, mitralisstenose en gebruik van cytostatica; de verschijnselen zijn o.a. verminderde longfunctie, dyspneu, hoest, cyanose en soms cor pulmonale.

fibrositis *L* ontsteking van bindweefsel, hetzij onderhuids, hetzij in spieren (myositis rheumatica), rondom gewrichten (periartritis) of periostaal; voorts: bursitis, tendinitis, fasciitis, panniculitis e.a.; ~ *syndroom*, 'weke-delenreuma', vage benaming voor pijn in het bewegingsapparaat zonder aantoonbare ontsteking, gekenmerkt door stijfheid en gevoel van spanning in de weefsels (spieren, ligamenten) en depressieve moeheid.

fibrotisch gekenmerkt door bindweefsel(vorming).

fibroxanthoom syn. fibroma lipomatodes, lipoïd-*histiocytoom, bruingeel *xanthoom met fibromateuze elementen.

fibula *L* kuitbeen; syn. perone.

-fiel (smst.) met neiging tot; aangetrokken tot; ook: -phiel, -phyl.

fièvre *F* koorts (zie febris); ~ *boutonneuse F*, goedaardige koortsende ziekte in het Middellandse-Zeegebied met spier- en gewrichtspijn, hoofdpijn en exantheem; wordt veroorzaakt door Rickettsia conorii, overgebracht door teken; syn. tekenbeetkoorts, *tickbite fever.

figlu-proef het aantonen van formiminoglutaminezuur (afk. FIGLU) in de urine bij foliumzuur-deficiëntie.

FIGO afk. van fédération internationale de gynécologie et d'obstétrie *F*.

fijt zie panaritium; *herpetische* ~, syn. herpetic whitlow *E*, een herpes simplex infectie van het eindkootje van een vinger; beroepsziekte van kinderverpleegkundigen en tandartsen.

filagrypnie 'toekunnen' met weinig slaap.

filament draadvormige structuur.

fila olfactoria ongeveer twintig bundeltjes zenuwceluitlopers die de reukzintuigcellen verbinden met de *bulbus olfactorius; ze lopen door de kanaaltjes in de zeefplaat (*lamina cribrosa); de bundeltjes vormen samen de reukzenuw, nervus olfactorius, hersenzenuw I.

Filaria draadworm, behoort tot de rondwormen (zie nematoden), komt in alle tropische streken, doch ook elders, voor; de overbrenging van de larven (microfilaria's) op de mens heeft door steek van muskieten plaats; zij geraken in de bloedstroom en kunnen (in de regel 's nachts) in het perifere bloed worden aangetoond; de bij de mens voorkomende ziekteverwekkende soorten zijn: Wuchereria bancrofti, Brugia malayi, Onchocerca volvulus, Loa-loa en *Dracunculus medinensis; over de betekenis van *Dipetalonema perstans, Streptocera* en *Mansonella ozardi* is nog weinig bekend; de ziekteverschijnselen van de twee eerstgenoemde soorten zijn in het algemeen: lymfangitis en lymfadenitis aan de benen, epididymitis, chylurie, hydrocele, elefantiasis; de loa-loa of ~ *oculi* (ook: ~ *loiasis*) wordt gekenmerkt door zwerftochten van de volwassen wormen (macrofilaria's) door de subcutis (bekend is de passage door het oog) en het optreden van omschreven oedemateuze huidzwellingen ('calabarzwelling'), meestal nabij grote gewrichten, en spoedig verdwijnend.

filariasis, filariosis *L*, **filariose** draadwormziekte; zie Filaria.

Filatow, N. Russisch kinderarts (1847-1902); *ziekte van ~-Dukes,* zie vierde ziekte.

filicide moord op een eigen kind.
-filie (smst.) zie -fiel.
filière *F* plaatje met gaten van verschillende grootte als maatstaf voor de dikte van katheters en sondes.
filiform draadvormig, bijv. van bougies of van de polsslag.
filoponisme verslaving aan wekaminen.
filter, filtrum *L* 1. toestel om water te zuiveren van bacteriën en onreinheden; *berkefeldkaarsfilter* (bact.), filter in kaarsvorm, gebakken van infusoriënaarde; *chamberlandfilter,* idem van porseleinaarde; *seitzfilter*, filter met asbestlaag. 2. (anat.) het verticale ondiepe 'gootje' in het midden van de bovenlip (in het verlengde van het neustussenschot); bij een kort filtrum heeft de bovenlip een te kleine verticale lengte, bij een lang filtrum is deze lengte te groot..
filtraat hetgeen door een filter is gelopen.
filtrabel filtreerbaar.
filtratiehoek zie kamerhoek.
filtrum zie filter.
filum *L* draad, meervoud fila; ~ *terminale*, dunne bindweefseluitloper van de *conus medullaris, vastgehecht aan het os coccygis; ~ *terminale syndroom*, syndroom van de 'gekluisterde' conus medullaris, ontwikkelingsstoornis waarbij het ruggenmerg laag in het wervelkanaal gefixeerd is en onder tractie staat; gevolgen zijn o.a. paralysen, spieratrofie, gestoorde sensibiliteit, rugpijn, loop-, mictie- en defecatiestoornissen, dysrafische verschijnselen als hypertrichose, naevi e.d.
fimbria vezel, franje, meervoud fimbriae; *fimbriae tubae,* diep ingesneden franjeachtige uitsteeksels van de eileider (tuba) aan de zijde van de eierstok, waarvan de ~ *ovarica* het grootst is.
fimbriëctomie resectie van de fimbriae tubae.
fimbriocele *G* breuk (zie hernia) waarin de fimbriae tubae voorkomen.
fimbriolyse (chir.) operatieve losmaking van vergroeiingen van *fimbriae (soms oorzaak van steriliteit).
finger *E* vinger; *~-fracture techniek*, syn. digitoclasie (chir.), kneuzing tussen duim en vinger door de chirurg van ernstig beschadigd (meestal lever)weefsel, gevolgd door wegzuiging; *mallet ~*, slap afhangend en niet strekbaar eindkootje van een vinger t.g.v. af- of inscheuring van de strekpees; *snapping ~*, zie knipmesvinger.
fingerprinting DNA-fingerprinting, 'streepjescode', zie VNTR.
FISH afk. van fluorescentie *in situ hybridisatie.
FIOM afk. van federatie van instellingen voor de ongehuwde moeder en haar kind; Nederlandse vereniging van organisaties voor hulpverlening bij zwangerschap en alleenstaand ouderschap.
Fisher, Miller Amerikaans neuroloog (geb. 1910); *syndroom van ~*, ataxie, areflexie en oogspierverlammingen na een doorgemaakte infectieziekte, variant van het syndroom van Landry-Guillain-Barré-Strohl (zie polyradiculoneuropathie).
fissipaar zich voortplantend door deling (splijting); zie bacterie.
fissuur, fissura *L* 1. (anat.) spleet, kloof, gleuf. 2. (chir.) barst, scheur, enz.; ~ *ani* aarskloof, hardnekkig spleetvormig zweertje in de plooien om de anus, meestal goedaardig, doch zeer pijnlijk door het grote aantal zenuwen op deze plaats; ~ *mammae*, tepelkloof, barstje in tepel bij zogende vrouwen, veroorzaakt door het

verkeerd aanleggen van het kind aan de borst. 3. het röntgenbeeld van het scheidingsvlak tussen twee longkwabben; ook: de longgrens op de röntgenfoto bij pneumothorax.

fistel, fistula *L* pijpzweer, buiszweer; kanaal, aangeboren, kunstmatig aangebracht of door verzwering ontstaan, twee lichaamsholten met elkaar verbindend of naar buiten doorbrekend; men onderscheidt lymfe-, etter-, drekfistels, enz., naar gelang de stoffen die zij uitscheiden; ~ *ani*, endeldarmfistel; *arterioveneuze* ~, abnormale verbinding tussen een ader en een slagader; ~ *interdigitalis crinogenita*, fistel(s) tussen de vingers bij kappers t.g.v. binnengedrongen haartjes; ~ *sacci lacrimalis*, traanzakfistel; *lip*~, kunstmatige fistel waarbij het slijmvlies van een hol orgaan in de huid wordt geïmplanteerd.

fistula zie fistel.

fistuleus van een *fistel voorzien.

Fitz Hugh, Th. Amerikaans arts (overl. 1959); ~-*Curtis syndroom*, salpingitis, peritonitis en *perihepatitis gonorrhoica bij vrouwen met pijn veroorzakende snaarvormige adhesies; syn. syndroom van Stojano.

FIV afk. van forced inspiratory volume *E*, de maximale hoeveelheid lucht die na maximale uitademing kan worden ingeademd in een bepaalde tijd, bijv. in één seconde, aangeduid als FIV_1.

fix (drugsjargon) intraveneuze injectie; ook: *hit* of *shot*.

fixatie 1. (chir.) bevestiging, vasthechting. 2. het gericht houden van het oog op een bepaald beeld; ~*punt*, zie macula lutea. 3. het vastzitten van een orgaan aan omgevende weefsels door vergroeiingen. 4. (psych.an.) een te sterk gehecht blijven aan een (eerdere) kinderlijke ontwikkelingsfase, terwijl de verdere rijping zich wel voltrekt.

fixeerpunt, fixeren zie fixatie.

fixus zeer lang durend; steeds terugkomend op dezelfde plaats.

fl afk. van femtoliter = 10^{-15} liter.

f.l.a. (rec.) afk. van fac lege artis (zie fac).

flabby *E* ~ *heart*, groot slap hart; ~ *ridge*, overtollige mucosa op de *processus alveolaris door resorptie van kaakbot bij tandeloosheid.

fladderen syn. flutter *E*, een vorm van hartaritmie, waarbij de boezems of kamers zich zeer snel (180-400 keer per minuut) ritmisch samentrekken. zie ook fibrillatie.

fladderthorax zie thorax.

flagel- ~*laat*, zie flagellatum; ~*lant*, ~*lator*, een persoon met voorkeur voor flagellantisme; ~*lantisme*, seksuele voorkeur, behoefte, waarbij het geselen van anderen of het gegeseld worden seksuele gevoelens opwekt en bevrediging brengt; ~*latie*, 1. geseling. 2. massage in de vorm van slaande bewegingen met de vingers. 3. zie exflagellatie; ~*latum*, parasitair protozoön voorzien van zweepdraden; ~*lum*, 1. zweepdraad. 2. de mannelijke geslachtelijke vorm van de malariaparasiet, syn. microgameet; meervoud *flagella*.

flamberen uitgloeien, steriel maken in een vlam.

flank (anat.) de zijwand van de buik tussen ribbenboog en heupbeen, anatomisch gerekend tot de *lende.

flap 1. (anat.) neerhangend lapje; lel; (gynaecologie) uithangende kleine schaamlip. 2. (smst.) ~*oor*, zie macrotie; ~*operatie* (tandheelk.), verwijdering van hyperplastisch tandvlees.

flapping tremor *E*, 'schuddende tremor', syn. *asterixis.
flash *E* (jrg.) gevoel van sterke opwinding, gelukzaligheid en seksuele prikkeling bij bepaald gebruik van sommige drugs (vnl. amfetaminen, heroïne en cocaïne).
flatulentie opgeblazenheid, gasophoping in de darmen; frequent winden laten, winderigheid.
flatus *L* wind, uit de endeldarm ontsnappende gassen; ~ *faucis*, syn. ructus; ~ *vaginalis*, syn. *garrulitas vulvae.
flauwte zie collaps, syncope.
fleb- zie ook phleb-; *~itiden*, meervoud van flebitis.
flebectasie, phlebectasia *G* spatader, syn. varix; ~ *haemorrhoidalis*, aambei, syn. hemorroïde; ~ *venae spermaticae*, zakaderbreuk, uitzetting van de aders van de zaadstreng, syn. varicocele.
flebectomie, phlebectomia *G* operatie waarbij een gedeelte van een ader, c.q. spatader, wordt verwijderd.
flebitis, phlebitis *G* aderontsteking, gaat dikwijls gepaard met vorming van kleine trombi (tromboflebitis); flebitis treedt soms op bij het bestaan van een maligne tumor elders in het lichaam; *(thrombo)~ migrans*, hardnekkige, steeds op andere plekken recidiverende (trombo)flebitis.
flebograaf toestel waarmee een curve van de aderpols wordt opgetekend.
flebografie 1. zie angiografie. 2. het maken van een curve van de aderpols *(flebogram)*.
fleboliet adersteen, verkalkt bloedstolsel, dat zich vnl. vormt bij spataders.
flebologie de kennis van de anatomie, fysiologie en ziekten der aders.
flebotomie aderlating met insnijding van de ader; syn. venasectie.
flebotrombose, phlebothrombosis *G* syn. tromboflebitis; zie diepe veneuze *trombose.
flecteren buigen.
flegm- zie ook phlegm-.
flegma *G* slijm; (obsoleet) ontsteking met 'slijmvorming'; tegenwoordig bedoelt men met flegma: *flegmatisch temperament*, onverstoorbare kalmte, bijna ongevoelige bedaardheid.
flegmasie, phlegmasia *G* ontsteking; in hoofdzaak gebruikelijk in de samenstelling ~ *alba dolens*, pijnlijke zwelling van het onderhuids celweefsel der benen, vnl. bij kraamvrouwen (kraambenen), t.g.v. tromboflebitis als voortzetting van parametritis, de veelvuldigste oorzaak van kraamvrouwenkoorts (febris puerperalis); soms ook na zware ziekten en als eerste teken van maligniteit of na langdurig gehurkte houding; ~ *caerulea dolens*, peracute tromboflebitis van de vena femoralis met reflectorische vaatkrampen en gestuwde huidaders, waardoor het gehele been gezwollen, blauw en pijnlijk wordt.
flegma *~ticus*, persoon met flegmatisch temperament (zie flegma); *~tiek*, *~tisch*, onverstoorbaar.
flegmatorroe, phlegmatorrhoea *G* (ook: *phlegmorrhoea*) slijmvloed.
flegmone, phlegmone *G* acute weefselontsteking met ettering en neiging tot snel uitbreiding; bijv.nw. *flegmoneus*; *gas~*, met rotting gepaard gaande flegmone, waarbij zich gas ontwikkelt t.g.v. infectie met gasbacillen.
flegmoneus met flegmone gepaard gaande, tot flegmone behorend.
flegmorroe, phlegmorrhoea *G* zie flegmatorroe.
Fleischner, F. Duits radioloog (geb. 1893); *lijnen van ~*, ondoorzichtige lineaire

plekken boven het middenrif op de röntgenfoto, beeld van atelectatische gedeelten in het longweefsel; syn. discoïde of plaat*atelectase.

fletcheren het voedsel zeer fijn en langdurig kauwen om er meer nut van te hebben, genoemd naar de Amerikaan H. Fletcher (1849-1919).

Fletcher-index een maat om de ernst van het gehoorverlies aan te geven, genoemd naar de Amerikaanse audioloog Fletcher; syn. hoorindex.

flexibilitas *L* buigzaamheid; ~ *cerea*, wasachtige buigzaamheid der ledematen bij katalepsie.

flexie, flexio *L* 1. de buigbeweging in een gewricht door de buigspieren; tgst. extensie; *~supinatie*, supinatie van de onderarm bij rechthoekige buigstand in het ellebooggewricht. 2. (anat.) gebogen structuur; ~ *uteri*, inknikking van de baarmoeder; deze kan zijn vóórover *(anteflexie)*, zijwaarts *(lateroflexie)* of achterover *(retroflexio)*.

flexor *L* buigspier.

flexuur, flexura *L* bocht, bijv. van de darm; ~ *lienalis*, de bocht die de dikke darm bij de milt maakt; milthoek; ~ *hepatis*, de bocht van het colon ter hoogte van de lever; leverhoek; *~-syndroom*, pijn, meestal links, in de bovenbuik ter hoogte van de flexura lienalis, vaak uitstralend naar de hartstreek of de lende, veelal tezamen met obstipatie en opzetting van de buik, veroorzaakt door krampen van het colon descendens, waarachter zich gassen kunnen ophopen.

flikkerscotoom zie scotoom.

flintglas zie achromatisch.

flocculatie uitvlokking; *~reactie*, op uitvlokking berustende diagnostische reactie in de serologie.

flocculus *L* vlokje; neerslag; ~ *cerebelli* (anat.) kwabje aan de onderzijde van de kleine hersenen.

flog- zie ook phlog-.

flogistisch ontstekingsachtig.

flogogeen door flogose ontstaan; ontstekingverwekkend.

flogose, phlogosis *G* ontsteking, syn. inflammatie.

flooding *E* (psych.) vorm van gedragstherapie gebaseerd op klassieke conditionering, waarbij de cliënt zo vaak wordt onderworpen aan een vreesverwekkende prikkel (waarbij vermijdingsreacties worden voorkomen) dat de angst als vanzelf uitdooft doordat de gevreesde consequenties uitblijven; syn. implosieve therapie.

floppy infant *E* lett. slap kind, verzamelnaam voor aandoeningen bij jonge kinderen waarbij spier*hypotonie het hoofdkenmerk is met uiteenlopende ziektebeelden en velerlei oorzaken, zoals hypofysaire insufficiëntie, voedingsdeficiënties, hypercalciëmie, hypokaliëmie, lever- en nierziekten, chromosoomanomalieën (Down-, Edwards-, Patausyndroom), cerebropathieën door enzymdefecten, ziekten in de zwangerschap, *asfyxie na de geboorte, prematuur, *encefalitiden, familiale dysautonomie, *spieratrofieën, *poliomyelitis, syndroom van *Prader-Willi, idem van *Lowe, aandoeningen van het bewegingsapparaat e.a.

floppy valve *E* lett. slappe klep; *~-syndroom*, vorm van mitralis-insufficiëntie (zie mitraal) t.g.v. prolaps van één of beide mitralisklepslippen.

flora het plantenleven in een bepaald gebied; in engere zin de in een lichaamsholte (mond, darm, vagina) levende, niet-pathogene bacteriën; zie ook *residente flora, *transiënte flora.

flores *L* (farm.) 1. bloemen of bloesem van een plant. 2. geneesmiddel verkregen door sublimatie, bijv. ~ *sulfuris*, bloem van zwavel.

floride in volle bloei, op het hoogste punt; acuut, heftig.

flori(d)zine een glycoside dat glucosurie teweegbrengt; zijn de nieren gezond, dan is 1/2 min. na inspuiting glucose in de urine aan te tonen (nierfunctieproef).

flow *E* stroom(snelheid); *~metrie*, het meten van de doorstroming van een gas of vloeistof, uitgedrukt in een hoeveelheid per tijdseenheid met behulp van een flowmeter; *peak* ~, zie peak flow.

fluctuatie golvend gevoel dat men waarneemt bij bimanuele palpatie van de huid, als zich daaronder een met vloeistof gevulde holte bevindt.

fluidum *L* vloeistof.

fluim zie sputum.

fluisterstem zie vox; *~-proef*, eenvoudige doch weinig betrouwbare proef om de gehoorsterkte te bepalen; de fluisterstem wordt in stille omgeving normaliter verstaan op ongeveer 6 m afstand.

fluor *L* 1. vloed, uitvloeiing; ~ *albus*, syn. leukorroe, leukomatorroe, afvloed van een abnormale hoeveelheid wit vocht uit de vagina door ontstekingen in de vagina, baarmoeder of vulva of door veranderingen in de vaginale flora; **abundante* ~ vaginalis doet zich sporadisch als fysiologisch verschijnsel voor t.g.v. de (normale) cyclische hormonale veranderingen gedurende de menstruele cyclus; ~ *vaginalis*, te sterke en/of onwelriekende vaginale afscheiding, doorgaans van kleur veranderd, t.g.v. banale of specifieke infecties (o.a. *Candida albicans*, *Trichomonas vaginalis*, anaëroben) of genitale tumor; zie ook bacteriële *vaginose. 2. chemisch element dat veel overeenkomst vertoont met chloor; tekort aan fluor in drinkwater werkt cariës in de hand.

fluorescentie lichtgevendheid.

fluoridering toevoeging van fluor-verbindingen aan drinkwater ter voorkoming van cariës (tandbederf).

fluorochroom elke fluorescerende merkstof die wordt gebruikt bij *immunofluorescentietesten.

fluoroscoop syn. *cryptoscoop.

fluorose, fluorosis 1. te hoog gehalte aan fluor in drinkwater. 2. ~ *dentalis*, gestippeld tandemail, waarschijnlijk t.g.v. te hoog fluorgehalte van drinkwater; zebratanden.

flush *E* lett. blozen; 1. ~ of *flushingsyndroom*, optreden van congesties met vlekkige cyanose van de huid, aanvallen van geeuwhonger met hypoglykemie, pellagroïde huidafwijkingen, astma-aanvallen, hyperperistaltiek met diarree, endocardfibrose in de rechter harthelft en neiging tot migraine; meest bekend is flush bij carcinoïd, verder komt het voor bij feochromocytoom, apudoma's, dumping, urticaria pigmentosa, hyperthyroïdie. 2. ~ *meting*, opneming van de bloeddruk aan hand of voet bij roze verkleuring van de huid nadat deze extremiteit d.m.v. compressie bloedleeg was gemaakt.

flutter *E* zie fladderen; *~ing*, onaangenaam trillend gevoel in de hartstreek; *ocular* ~, snelle kleine, onwillekeurige oogbewegingen bij de oogvolgproef of spontaan.

fluxio *L* aandrang van bloed naar een bepaald deel van het lichaam.

fluxus *L* 1. vloeiing, bijv. hevige bloedvloeiing bij kraamvrouwen; ~ *capillorum*, haaruitval. 2. stroom, stroming; tgst. reflux.

flycteen, phlyctaena *G* 1. blaasje, bijv. ontstaande bij conjunctivitis phlyctaenulosa. 2. brandblaar.

flyctenose, phlyctaenosis *G* huidziekte die met de vorming van blaasjes of blaren gepaard gaat, bijv. herpes.

flyctenulair, (ook: *phlyctaenulosa*) met blaasjes (*flyctenen) gepaard.

FMF afk. van *familial mediterranian fever.

FMF(T) afk. van forced mid-expiratory flow (time) *E*.

FNA afk. van Formularium der Nederlandse apothekers.

FNAB afk. van fine needle aspiration biopsy *E*.

FNH afk. van focale nodulaire hyperplasie.

FNS afk. van focale neurologische symptomen.

foam-cell *E* schuimcel; syn. xanthoomcel.

FOB afk. van 1. forensische observatie en begeleiding. 2. fecaal occult bloed.

FOBA afk. van forensische observatie- en begeleidingsafdeling.

fobie (vlg. DSM-IV) angststoornis met een, ook in de ogen van de betrokkene onredelijke en overdreven angst met een specifieke inhoud, die in geen verhouding staat tot datgene wat als bedreiging wordt gevoeld, die door de betrokkene niet is te verklaren noch te corrigeren, en die aanleiding geeft tot vermijdingsgedrag, hetgeen in het dagelijks leven tot belemmeringen leidt; *enkelvoudige ~*, syn. specifieke fobie; *sociale ~*, fobie voor één of meerdere sociale situaties (contact met onbekenden, het worden beoordeeld), waarin men moet presteren of functioneren en een 'afgang' (vernedering) vreest, waarbij de verschijnselen niet het gevolg zijn van een andere psychische stoornis; zie ook faalangst; *specifieke ~*, fobie veroorzaakt door de verwachting of de concrete aanwezigheid van een specifiek voorwerp of situatie (water, vliegen, dieren e.d.) waarbij de verschijnselen niet het gevolg zijn van een andere psychische stoornis; zie ook agorafobie.

fobische stoornissen zie fobie.

FOBO afk. van fouten, ongevallen en bijna-ongelukken, zie ook FONA, MIP.

focaal 1. de focus betreffend; tgst. globaal; *~ale belichting*, belichting van het oog van terzijde met een lens (bij oogonderzoek). 2. haardvorming.

focal *E* m.b.t. een haard; *~ infection*, haardinfectie, het in de bloedbaan geraken van ziekteverwekkers of toxinen vanuit een chronische ontstekingshaard, waardoor elders in het lichaam metastatisch nieuwe haarden kunnen ontstaan; *~ loss of cross-striations*, zeldzame vorm van aangeboren *myopathie (uitval van dwarsstrepingen).

focobuis röntgenbuis met kathode uit holle spiegel bestaande.

focomelie, phocomelus *G* ontwikkelingsstoornis tijdens de zwangerschap waarbij de bovenarmen en/of bovenbenen (soms ook de onderarmen of onderbenen) niet gevormd worden zodat de handen en voeten (al of niet met korte onderarmen en onderbenen) direct met de romp zijn verbonden.

focus *L* 1. brandpunt, bijv. van een lens, een ontsteking, enz.; *ectopische ~*, zie pacemaker. 2. haard; centrum van een (ziekte)proces.

FODOK afk. van (Nederlandse) federatie van organisaties van ouders van dove kinderen.

Foerster, O. Pools neurochirurg (1873-1941); *operatie van ~-Dandy*, bilaterale doorsnijding van de motorische wortels C. 1 t/m 3 en het spinale deel van de nervus accessorius bij *torticollis spasmodica.

foetaal m.b.t. de foetus.

foetaal alcoholsyndroom multipele aangeboren afwijkingen bij kinderen van chronisch-alcoholische moeders, vnl. gekenmerkt door pre- en postnatale groeiachterstand, mentale retardatie, microcefalie, strabismus, epicanthus, ontremd gedrag, vlakke psychomotoriek, stereotypie, stug haar.

foetalisatie het bij volwassenen voorkomen van foetale kenmerken in organen of orgaansystemen.

foetidus fetide, stinkend.

foetoproteïnen embryonale eiwitten; *alfa-*~ komen voor bij foetussen met een aangeboren open afwijking van het centrale zenuwstelsel.

foetor zie fetor.

foetus *L* de vrucht in het moederlichaam; tot ± de 3de maand na de bevruchting noemt men de vrucht embryo, daarna spreekt men van foetus; ~ *in foetu*, de aanwezigheid van een misvormde foetus binnen het lichaam van een tweeling (zeer zeldzaam); ~ *mortuus*, dode vrucht in de baarmoeder.

FOG afk. van financieel overzicht gezondheidszorg, thans FOZ.

Fogarty, Th. Amerikaans chirurg (geb. 1934); *katheter van ~*, dunne katheter die in een bloedvat langs een trombus wordt opgeschoven waarna de top tot ballonvorm kan worden opgeblazen (ter voorkoming van embolie, ter verwijdering van emboli of trombi).

FOGM afk. van financieel overzicht gezondheidszorg en maatschappelijk welzijn.

foie *F* lever; ~ *appendiculaire*, metastatische (portale) abcederende hepatitis bij of na appendicitis; ~ *cardiaque*, gestuwde lever bij hartinsufficiëntie; zie nootmuskaatlever; ~ *ficellé*, *hepar lobatum; ~ *glacé*, 1. *perihepatitis chronica hyperplastica. 2. amyloïdlever; ~ *gras*, vetlever; ~ *systolique*, zie leverpols.

fokaal zie focaal.

fokomelie zie focomelie.

folaat verzamelnaam voor verschillende verbindingen van *foliumzuur.

Foley, T. Amerikaans endocrinoloog; *syndroom van ~*, familiale, autosomaal dominant-erfelijke, benigne hypercalciëmie.

folia zie folium; ~ *cerebelli*, de windingen van de kleine hersenen.

folidinezuur syn. *folinezuur; formyltetrahydropteroylglutaminezuur.

folie *F* 1. psychische stoornis; ~ *cardiaque*, zie fibrillatie; ~ *commune*, syn. idée fixe; ~ *à deux*, oude benaming voor inductiepsychose, zie gedeelde psychotische stoornis; ~ *du doute*, psychotische twijfelzucht; ~ *instinctive*, syn. ~ *des actes* of ~ *raisonnante*, waantoestand waarbij de lijder schijnbaar in staat blijft volkomen logisch te redeneren; ~ *uterine*, syn. furor uterinus of nymfomanie. 2. versterkingsscherm dat gebruikt wordt in de röntgenologie.

folinezuur acidum folinicum *L*, syn. folidinezuur; heeft dezelfde werking als *foliumzuur, doch 10 tot 100 maal zo sterk; zie vitamine B_{11}.

folium (meervoud folia) *L* 1. (farm.) blad van een plant, bijv. *digitalis ~*, blad van het vingerhoedskruid. 2. (anat.) bladvormige structuur, bijv. ~ *linguae*, bladvormige tongpapil; *~zuur*, acidum folicum *L*, pteroylglutaminezuur; *~zuur-deficiëntie*, oorzaak van megaloblastaire anemie; komt voor t.g.v. malabsorptie of malnutritie en door gebruik van sommige geneesmiddelen; een tekort aan foliumzuur bij de zwangere verhoogt de kans op een neuraalbuisdefect (open ruggetje) bij pasgeborenen; alle vrouwen die zwanger willen worden wordt daarom geadviseerd vanaf tenminste 4 weken vóór de conceptie (bevruchting) tot tenminste 8 weken na de conceptie 0,4 mg foliumzuur dagelijks te gebruiken..

folliclis *L* tuberculeuze huidaandoening gepaard gaande met zwellingen of knobbeltjes onder de huid.

folliculair m.b.t. een *follikel; *~e catarre*, syn. conjunctivitis folliculosa.
folliculitis *L* ontsteking van de folliculi (zie follikel); ~ *barbae*, stafylogene folliculitis van de baard of andere behaarde huidgedeelten.
folliculosis *L* ziekte van een follikel, in engere zin conjunctivitis folliculosa.
follikel, folliculus *L* haarzakje; huidkliertje; blaasje; meervoud folliculi, bijv.nw. *folliculosus*; ~ *dentis*, tandzakje; ~ *lingualis*, tongfollikel; ~ *persistens*, *Graafse follikel die niet is gebarsten, waardoor overproductie van oestrogenen, anovuiatie, gebrek aan progesteronvorming en amenorroe, sóms metrorragie optreden; ~ *pili*, haarzakje.
follikelcentrumtumor een non-Hodgkin *lymfoom, uitgaande van *centroblasten en met een infiltrerende groei.
follikelhormoon zie oestrogenen.
follikelrijpingshormoon syn. follikelstimulerend hormoon.
follikelstimulerend hormoon afk. FSH, hormoon uit de hypofysevoorkwab (adenohypofyse), stimuleert de rijping van de follikels in het ovarium; syn. follikelrijpingshormoon; zie ook FSH.
Følling, I. Noors arts (1888-1980); *ziekte van ~*, zie fenylketonurie.
follow-up *E* voortgezette observatie; van bijv. een zieke na herstel of van een chronisch zieke.
folzuur syn. *foliumzuur.
fomentatie behandeling met warme omslagen, zie fomentum.
fomentum *L* warme omslag; ~ *siccum*, droge warme omslag.
fomes meervoud fomites *L*, in de klassieke epidemiologie: het dode voorwerp dat besmetting overbrengt.
FONA afk. van fouten, ongevallen en near-accidents; registratie van (bijna) fouten in de uitoefening van de geneeskunde; thans MIP.
FONAK afk. van fouten, ongevallen, near-accidents (bijna-ongelukken) en klachten; zie ook FONA, MIP.
fonasthenie, phonastenia zachte spraak of moeilijke fonatie, meestal door misbruik van het stemorgaan; ook bij psychasthenie.
fonatie het voortbrengen van geluid, de stemvorming; de stem wordt in het strottenhoofd door trilling van de stembanden en door bijzondere standen van de monddelen gevormd; de trilling wordt teweeggebracht door de uitademingslucht; de hoogte van de voortgebrachte toon hangt af van de spanning van de stembanden.
fone- zie ook phone-.
foneem spraakklank (n.t.v.m. phonema).
fonematiek kennis van de spraakklanken in hun verhouding tot het hele klanksysteem van een taal; zie ook foneem.
fonendoscoop stethoscoop voorzien van een geluidsversterker.
fonetiek, phonetica *G* de leer van het geluid of de stem, klankleer.
fonetisch de stem betreffend of daartoe behorend.
fonetografie optekening van de door de stem voortgebrachte omvang van toonhoogte en geluidssterkte, en van de golfvorm van het geluid ('timbre').
foniatrie medische behandeling ter verbetering van de stemvorming.
-fonie (smst.) geluid of stem.
fonisme abnormale geluidgewaarwording, bijv. het horen van geluiden bij het kijken in schel licht.

fonoangiografie het registreren van vaatgeruisen.
fonocardiografie het registreren van hartgeruisen; zelfst.nw. *fonocardiogram.*
fonologie kennis van de samenhang der spraakklanken.
fonomechanocardiografie *fonocardiografie gelijktijdig met registratie van intracardiale druk en externe polscurven.
fonometer instrument voor meting van de sterkte van het spreekgeluid.
fonoscoop instrument voor registratie van geluiden, in engere zin die van het hart.
fons pulsatilis *L* grote fontanel.
fontanel bij de geboorte nog niet verbeende plek van de schedel; sluit zich in de regel in het begin van het tweede levensjaar, syn. *fonticulus; *grote* of *voorhoofds~*, tussen voorhoofdsbeen en wandbeenderen; *kleine* of *achterhoofds~*, waar wandbeenderen en achterhoofdsbeen bij elkaar komen.
fonticulus *L* meervoud fonticuli, syn. fontanel; ~ *major,* syn. ~ *frontalis*, grote of voorhoofdsfontanel; ~ *minor*, syn. ~ *occipitalis*, kleine of achterhoofdsfontanel; ~ *sphenoidalis,* voorste zijfontanel; ~*mastoideus*, achterste zijfontanel.
FOPSIS afk. van forensisch psychiatrisch informatiesysteem.
forage *F* (door)boring; in engere zin operatieve boring van een kanaal in het caput femoris ter verbetering van de bloedvoorziening.
foramen *L* gat, opening, venster, meervoud foramina; ~ *intervertebrale*, tussenwervelgat, waar de ruggenmergszenuwen de wervelkolom verlaten; ~ *magnum*, achterhoofdsgat; ~ *nutricium*, de opening in een bot die aan de voedende vaten toegang geeft naar de mergholte; ~ *ovale*, opening in het boezemtussenschot van het foetale hart.
Forbes, A. Amerikaans arts; *syndroom van ~-Albright,* galactorroe, amenorroe en gonadale infertiliteit t.g.v. *hyperprolactinemie.
forceps *L* tang; ~ *obstetrica,* verlostang, zie Kielland, Naegele.
forcipaal in: *forcipale *extractie*, verlossing met de tang om de bevalling mogelijk te maken of te bespoedigen.
forcipressuur *L* tijdelijke bloedstelping door met een tang het bloedende lichaamsdeel dicht te knijpen.
Fordyce, J. Amerikaans huidarts (1858-1925); *plekjes van ~*, ectopische talgkliertjes in het mondslijmvlies; *ziekte van ~*, jeukende folliculaire papeltjes in okselholte, areola mammae, navel en schaamstreek.
forensisch, forensis *L* gerechtelijk.
-forese (smst.) zie -phoresis.
Forestier, J. Frans neuroloog (geb. 1890); *ziekte van ~*, pseudospondylosis ankylopoietica; syn. spondylosis hyperostotica; zie spondylose.
formaldehyde een sterk prikkelend gas dat desinfecterend werkt; zie ook formaline.
formaline een oplossing van 34% formaldehyde, gebruikt als desinfectiemiddel; syn. formol.
formatio reticularis (anat.) systeem van structuren in de hersenen, welke van betekenis zijn voor de instandhouding van het bewustzijn; de formatio reticularis heeft tezamen met het limbische systeem invloed op de psycho-emotionaliteit.
formeel-operationeel stadium in de theorie van Piaget het ontwikkelingsstadium dat rondom het twaalfde jaar begint en waarin het abstracte denken een aanvang neemt; syn. formeel-operationeel niveau.
forme fruste niet geheel tot ontwikkeling gekomen vorm van een ziekte.

formicatie, formicatio *L* syn. myrmeciasis, door druk op de gevoelszenuwen of door vaatkramp veroorzaakt gekriebel, nl. een gevoel alsof mieren op de huid kruipen, een vorm van paresthesie.
formol syn. formaline.
formula zie formule.
formularium *L* (farm.) verzameling recepten.
formule, formula *L* 1. recept, voorschrift. 2. voorstelling van een verbinding of eigenschap door cijfers of tekens (bijv. in de chemie).
fornicatie *F* 1. (bordeel)ontucht; overspel. 2. afgoderij.
fornix *L* (anat.) koepel, gewelf, syn. laquear; ~ *cerebri,* boog van witte hersenstof onder het corpus callosum; ~ *cranii,* schedeldak; ~ *pharyngis*, keelkoepel, het bovenste gedeelte van de keelholte; ~ *vaginae*, schedekoepel, het bovenste gedeelte van de schede; (~ *vaginae anterior* en *posterior*).
Forssmann, W. Duits internist, later uroloog (1904-1979), verrichtte in 1929 bij zichzelf de eerste hartkatheterisatie; Nobelprijswinnaar in 1956.
forward failure *E* onvoldoende hartwerking met verlaagd *minuutvolume, waardoor de slagaderlijke bloedvoorziening ontoereikend is met als gevolg verminderde doorstroming van de organen en lage slagaderlijke bloeddruk; *relatieve* ~, te kleine arteriële doorstroming bij vergroot minuutvolume, bijv. bij hyperthyroïdie, hoge koorts, sterke anemie.
fosfaat zout van fosforzuur.
fosfaatsteen blaas- of niersteen die hoofdzakelijk uit fosfaat bestaat.
fosfatase enzym in de fosforstofwisseling; de bloedspiegel van *alkalische* ~ is verhoogd bij intra- en extrahepatische excretiestoornissen en bij verhoogde botafbraak; het gehalte van *zure* ~ in het bloed neemt toe bij prostaatcarcinoom.
fosfaturie verhoogd gehalte aan fosfaten in de urine.
fosfeen lichtgewaarwording door prikkeling van het oog anders dan door licht.
fosfolipide elk lipide dat fosfor bevat; fosfolipiden zijn de voornaamste bestanddelen van celmembranen (cardiolipine, lecithine, sfingomyeline en vele andere).
fosfor scheikundig element, giftige gele tot rode wasachtige stof die in het donker licht afgeeft.
fosforescentie het *fosforesceren*, d.i. licht afgeven na belichting.
fosfornecrose *G* beenversterf der kaken door chronische fosforvergiftiging; kwam vooral vroeger voor bij arbeiders in luciferfabrieken.
fosgeen *G* stikgas, gifgas; zie ook strijdgassen.
FOSS afk. van federatie van ouders van slechthorende kinderen en kinderen met spraak-taalmoeilijkheden.
fossa *L* (anat.) syn. fovea; holte, kuil, groeve, bijv. ~ *axillaris*, okselholte, syn. axilla; ~ *inguinalis medialis*, een slechts door aponeurotisch weefsel gevormde zwakke plek in de voorste buikwand lateraal van de musculus rectus abdominis en mediaal van de ingang van het lieskanaal, breukpoort van de *hernia inguinalis medialis; ~ *poplitea*, kniekuil.
fossula *L* kleine holte, kuiltje, groefje.
fot-, foto- (smst.) m.b.t. licht of zonbestraling; zie ook phot-, photo-.
fotalgie lichtschuwheid; pijn die ontstaat als er licht in het oog valt.
fotisme abnormale lichtgewaarwording, bijv. bij het horen van scherpe of harde geluiden.
foto- zie ook photo-.

foto-allergie een abnormale reactie van de huid op een *fotosensibilisator waarbij een immunologisch mechanisme is betrokken; vaak ontstaat hierdoor het beeld van eczeem.
fotobacterie lichtgevende bacterie, fosforescerende bacterie.
fotobiologie de leer of kennis van de invloed van het licht op levende wezens.
fotochemisch m.b.t. een chemische werking onder invloed van licht.
fotochromatische therapie geneeswijze waarbij de zieke in het licht van een bepaalde kleur wordt geplaatst, bijv. door hem in een kamer te laten verplegen die een bepaalde kleur behang en gordijnen heeft; wordt o.a. toegepast bij fototherapie en bij de antroposofische geneesmethode.
foto- *~dermatose*, huidziekte die ontstaat door factoren waarbij (zon)licht een essentiële rol speelt; zie ook fotosensibiliteit; *~dynie*, syn. fotalgie; *~dysforie*, syn. van *fotofobie.
fotofobie lichtschuwheid, komt voor bij oogziekten, meningitis, enz.; syn. fotodysforie.
fotohemolyse *hemolyse (bloedafbraak) t.g.v. contact met sommige agentia in combinatie met lichtbestraling (ultraviolet).
fotokeratosen (meervoud) aandoeningen van de cornea onder invloed van lichtbestraling.
fotometer 1. lichtsterktemeter. 2. instrument om de lichtzin te meten.
foton de kleinste stralingseenheid (quant) waaraan een energie kan worden toegekend.
fotopisch ~ *zien*, het zien bij adaptatie aan daglicht, een functie van de kegeltjes in de *retina; syn. *fotoptisch*.
fotopsie 1. het zien van vonken of 'sterretjes' bij ziekten van de retina; syn. scintillatie. 2. lichthallucinatie.
fotoptometer zie optometer.
fotoreceptor *receptor voor lichtprikkels.
fotosensibilisatie het overgevoelig worden van de huid onder invloed van (zon)licht, bij bepaalde personen, na gebruik van bepaalde stoffen (o.a. medicijnen).
fotosensibilisator elke stof die *fotosensibilisatie kan veroorzaken o.a. bepaalde medicijnen.
fotosensibiliteit overgevoeligheid voor zonlicht, waardoor huidafwijkingen kunnen ontstaan; specifiek verschijnsel bij erythematodes, pellagra, porfyrie, hartnupziekte, tetracycline-sensibilisatie, hidroa vacciniformis en de ziekte van Chediak-Higashi.
fotosynthese *fotochemische reactie, teweeggebracht door omzetting van lichtenergie in chemische energie; meestal wordt bedoeld de omzetting van koolstofdioxide en water tot glucose onder invloed van het zonlicht; dit proces, ook wel koolstofassimilatie genoemd, vindt plaats in het bladgroen (chlorofyl).
fototherapie 1. lichtbehandeling, geneeswijze waarbij lichtstralen worden gebruikt het eerst door de Deense arts Finsen toegepast, vnl. bij sommige huidziekten. 2. gebruikmaking van lichtenergie met een golflengte van 400-500 nm ter preventie van hoge plasma-bilirubine concentraties ('blauwe lamp').
fototoxiciteit schadelijke werking van lichtstraling, o.a. zonlicht.
fototropisme, fototropie de invloed van licht op de bewegingen van een organisme, bijv. het zich draaien van de planten naar het (zon)licht.

foudroyant *F* zeer snel tot ernstige gevolgen leidend (dood); syn. fulminans, siderans.
fourchette *F* lett. vork; ~ *vulvaire*, slijmvliesplooi aan de binnenkant van de achterste *commissuur van de beide grote schaamlippen; syn. frenum pudendi.
Fournier, J. Frans dermatoloog (1832-1915); *gangreen van* ~, peracute gangreneuze bacteriële *cellulitis van het scrotum.
fout-negatief (bijv. van een laboratoriumonderzoek) uitslag van een onderzoek die zonder de gemaakte fout positief zou zijn geweest.
fovea zie fossa; ~ *centralis*, zie macula lutea; vklw. *foveola*, kuiltje, groefje.
FOVIG afk. van federatie van organisatie van ouders van visueel gehandicapte kinderen.
Fowler, G. Amerikaans chirurg (1848-1906); ~*-houding*, rugligging met het hoofd omhoog en opgetrokken benen zodat het bekken het laagste deel vormt; vindt met name toepassing bij peritonitis om pus af te laten vloeien naar de ruimte van *Douglas (*cavum Douglasi) waarna het materiaal uit die ruimte wordt gepuncteerd.
FOZ afk. van financieel overzicht zorg, voorheen FOG.
FP afk. van family planning.
FPA afk. van *fibrinopeptide A.
FPI afk. van forensisch-psychiatrisch instituut.
FPK afk. van forensisch-psychiatrische kliniek.
fractional test *E* gefractioneerd onderzoek van het maagsap.
fractie deel van een geheel; wkw. *fractioneren*.
fractura zie fractuur.
fracture en bois vert *F* zie green-stick fracture.
fractuur, fractura *L* been(bot)breuk, verbreking van de natuurlijke samenhang van beenweefsel; ~ *assularis*, syn. ~ *comminutiva*, splinterbreuk, verbrijzelingsbreuk, meerdere fractuurdelen; *avulsie*~, breuk ontstaan door afscheuring, afrukking; *collum*~, fractuur van de dijbeenhals; ~ *completa*, volledige breuk waarbij het been in twee stukken is gebroken; ~ *complicata*, syn. gecompliceerde breuk; *compressie*~, breuk ontstaan door samendrukking (bijv. wervels); ~ *directa*, breuk op de plaats waar het been geraakt werd; *fissuur*~, fractuur waarbij slechts een barst in het bot is ontstaan, zonder dislocatie; ~ *van Galeazzi*, zie Galeazzi; *gecompliceerde* ~, breuk waarbij de weke delen (huid, enz.) boven de breuk beschadigd zijn, waardoor er een open verbinding bestaat tussen de breukuiteinden en de buitenwereld; *gesloten* ~, syn. ongecompliceerde fractuur; *green-stick* ~, zie green-stick fracture; *impressie*~, breuk ontstaan door indrukking (bij schedelbeenderen); *inclavatie*~, breuk waarbij de fractuuruiteinden in elkaar zijn geperst (bijv. dijbeenhals in heupkop); ~ *incompleta*, syn. infractie; onvolledige breuk, niet geheel gebroken; ~ *indirecta*, breuk op een andere plaats dan die waar het been geraakt werd; *intra-articulaire* ~, breuk tot in het gewricht doorlopend; *Colles* ~, zie fractura radii typica; *ongecompliceerde* ~, breuk waarbij de weke delen (huid, enz.) boven de breuk intact zijn, er bestaat geen verbinding tussen breuk en de buitenwereld; *open* ~, syn. gecompliceerde fractuur; *pareer*~, zie Monteggia; *pathologische* ~, door zeer gering trauma ontstane breuk, optredend bij plaatselijk (o.a. door metastasen) of algeheel (o.a. door osteoporose) verzwakte beenderen; *pilon* ~, extra-articulaire fractuur die door axiale krachtinwerking ontstaat; ~ *radii typica* (fractuur van Colles),

(distale) radiusfractuur met typische bajonetstand van het distale deel; ~ *simplex*, syn. ongecompliceerde fractuur; *spontaan* ~, syn. pathologische fractuur; *subcapitale* ~, breuk optredend vlak onder een gewrichtskop (bijv. humerus); ~ *surcularia*, zie green-stick fracture; *vermoeidheids*~, breuk door voortdurend inwerkende krachten ontstaan, zie marsvoet.

fragiel-X-syndroom X-chromosomaal gebonden erfelijke afwijking gepaard gaande met een geestelijke achterstand en lichamelijke kenmerken (o.a. langwerpig aangezicht, afstaande grote oorschelpen, vergroting van de testes); het gen ligt op een breekbare (fragiele) plaats van het X-chromosoom bij het distale uiteinde van de lange arm.

fragilitas zie fragiliteit.

fragilité globulaire *F* verminderde resistentie der erytrocyten tegenover hypotonische zoutoplossingen bij icterus haemolyticus (*sferocytose).

fragiliteit, fragilitas *L* breekbaarheid; ~ *ossium congenita*, aangeboren broosheid en breekbaarheid van de beenderen.

fragmentatie verdeling in stukjes, versplintering.

fragmentocyt sterk misvormde erytrocyt o.a. voorkomend bij intravasale stolling en thalassemie; syn. helmcel, schistocyt.

fragmentum *L* gedeelte, uittreksel.

Fraley, E. Engels uroloog; *syndroom van* ~, syn. calix superior syndroom, pijn in de flank t.g.v. compressie van een kelkhals door een intrarenaal vat.

framboesia, framboesie op syfilis gelijkende besmettelijke ziekte, doch niet behorend tot de seksueel overdraagbare aandoeningen, gekenmerkt door het verloop in een aantal stadia; de ziekte wordt veroorzaakt door Treponema pertenue en gaat gepaard met het optreden van knobbeltjes onder de huid, vooral in het gelaat, armen en benen, geslachtsorganen en de anus, die tot geelrode ulcererende papillomateuze efflorescenties uitgroeien; syn. guineapokken, pian, polypapilloma tropicum, tonga, yaws.

frambozentong zie scarlatina.

francis-sterilisatie het steriliseren van injectiespuiten, gemonteerd met naald en naaldbescherming in afgesloten aluminium scheurcapsule.

Franklin, E. Amerikaans arts (geb. 1928); *ziekte van* ~, maligne woekering van lymfoïde cellen die een gedeelte van de zware ketens van Ig-moleculen uitscheiden; de symptomen gelijken op die van M. Hodgkin; syn. heavy chain disease (afk. HCD), zware-keten-ziekte.

franklinisatie behandeling met statische elektriciteit (genoemd naar de natuurkundige en politicus B. Franklin, 1706-1790); zie elektrotherapie.

fratricide broedermoord.

FRC afk. van functionele residu-capaciteit.

freak *E* 1. zonderling, asociaal persoon. 2. iemand die ergens bovenmatig intensief mee bezig is.

Fredrickson, D. Amerikaans arts; *typologie vlg.* ~, de inmiddels in onbruik geraakte indeling van de *hyperlipoproteïnemieën; de indeling berust op de onderliggende stoornis in de afbraak van de diverse typen lipoproteïnen.

Frei, W. Duits dermatoloog (1885-1943); *reactie van* ~, intracutane injectie van een suspensie van pus uit een lymfoom van lymphogranuloma inguinale; positieve lokale reactie (erythemateuze harde papel na 4 dagen) is pathognomonisch.

FREMEC afk. van frequent travellers medical card, een kaart met de medische gegevens t.b.v. reizende gehandicapte passagiers.

frémissement *F* snorren; een snorrend geluid als van een kat; ~ *cataire*, gevoel van snorren bij het opleggen van de hand op de hartstreek bij sommige hartklepaandoeningen; syn. thrill *E*.

fremitus *L* trillen, gonzen; het voelbaar trillen van de borstwand door de stemvorming; kan aanwijzingen geven omtrent de toestand van de borstorganen; ~ *dentium*, tandenknarsen.

fren- zie ook phren-.

frenalgie pijn in het middenrif, syn. frenodynie.

frenesie, phrenesia *G* oude benaming voor maniakale waanzin of razernij of voor sommige met koorts gepaard gaande hersenaandoeningen.

frenico-exerese, phrenico-exaeresis *G* *neurexerese van de nervus phrenicus (middenrifzenuw).

frenicotomie operatie waarbij de middenrifzenuw (n. phrenicus) wordt doorgesneden om het middenrif (phren) aan die zijde buiten werking te stellen, teneinde de long rust te verschaffen.

frenisch, phrenicus *G* m.b.t. het middenrif (phren), bijv. nervus phrenicus, middenrifzenuw; *~e ademhaling*, syn. abdominale ademhaling.

frenitis, phrenitis *G* 1. ontsteking van het middenrif. 2. ontsteking van de hersenen.

freno- *~cardie*, hartneurose met benauwdheden, hartkloppingen, pijn in de hartstreek, enz.; *~dynie*, zie frenalgie; *~lepsie*, dwanggedachte, dwangvoorstelling; *~leptisch*, met frenolepsie gepaard gaand; *~logie*, schedelleer, de obsolete leer dat de hersenschors uit afgegrensde gebieden zou bestaan in elk waarvan een bepaalde karaktereigenschap zou zijn gelokaliseerd en elk tot uitdrukking komend in de individueel verschillende vorm van de schedel; syn. craniologie; *~plegie*, verlamming van het middenrif.

frenulum *L* toompje, bijv. ~ *linguae*, tongtoompje, -riem.

frequent, frequens *L* dikwijls, veelvuldig; *pulsus* ~, snelle pols.

frequentie menigvuldigheid; aantal malen per tijdseenheid.

Freud, A. Oostenrijks psychoanalytica (1895-1982), dochter van Sigmund Freud, grondlegster van de kinderanalyse, leverde een belangrijke bijdrage aan de verdere ontwikkeling van de psychoanalyse.

Freud, Sigmund Oostenrijks zenuwarts (1856-1939), grondlegger van de psychoanalytische persoonlijkheidstheorie, die ervan uitgaat dat het menselijk gedrag in hoge mate wordt bepaald door onbewuste motieven; de driften vormen de basis van de persoonlijkheid (zie id); het kind ondervindt al gauw weerstand van de buitenwereld bij het bevredigen van deze driften, waardoor bij hem een functie ontstaat die de buitenwereld verkent en de driftbevrediging afstemt op de buitenwereld (het Ich, zie ego); nog weer later vormt zich het *superego; in dreigende situaties reageert de persoon met angst als reactie op gevaar; dit gevaar kan van buiten komen, maar ook van binnenuit het Es; als het niet mogelijk is de angst af te wenden met bewuste middelen, kan het gevaar worden ontlopen door *afweermechanismen; Freud veronderstelde dat onderdrukte psychische trauma's uit de kinderjaren op latere leeftijd actief worden uitgedrukt; door de persoon zich deze onderdrukte trauma's (d.m.v. *psychoanalyse) weer bewust te laten worden, kan hij deze alsnog verwerken.

Freund, J. Hongaars bacterioloog in de VS (1892-1960); ~ *adjuvans*, gedroogde dode mycobacteriën toegevoegd aan een antigeenemulsie; veroorzaakt na inspuiting aanzienlijke versterking van de CMI (cell mediated immunity) en van antistoffenaanmaak; soms treden ongewenste neveneffecten op.

Frey, Lucja Pools arts (1889-1944), zie *auriculotemporaal syndroom.

Freyer, P. Engels chirurg (1852-1921); *operatie van ~*, suprapubische transvesicale prostaatenucleatie.

frictie, frictio *L* wrijving, zie massage.

Friderichsen, C. Deens arts (1886-1961), zie Waterhouse.

Friedländer-bacil Klebsiella pneumoniae, syn. pneumobacil.

Friedreich, N. Duits arts (1825-1882); *ziekte* of *tabes van ~*, erfelijke *ataxie, aangeboren familiaire, meestal op jeugdige leeftijd optredende ziekte, gekenmerkt door onstabiele gang en bewegingen, cardiomyopathie, tremoren en negatieve peesreflexen t.g.v. sclerosering van de achterstrengen van het ruggenmerg.

frigide *F* koud, koel.

frigiditeit, frigiditas *L* 1. geslachtelijke koelheid, in engere zin bij de vrouw; het geheel of bijna geheel ontbreken der seksuele prikkelbaarheid; syn. anafrodisie, hyfedonie. 2. (alg.) gebrek aan animo.

frigotherapie geneeskundige behandeling waarbij wordt gebruik gemaakt van zeer lage temperatuur.

Fröhlich, A. Oostenrijks arts (1871-1953); *syndroom van ~*, dystrophia adiposogenitalis, zie dystrofie; *pseudo-~-syndroom*, vetzucht, macrosomie en kleine genitaliën in de pre-puberteit, vaak familiaal.

froid *F* koud; zie à froid.

frôlement *F* zie frottement.

Frommel, R. Duits gynaecoloog (1854-1912), zie Chiari.

frons *L* voorhoofd; *~ quadrata*, syn. caput quadratum.

frontaal, frontalis *L* m.b.t. het voorhoofd of tot de voorzijde; *~kwab*, zie lobus cerebri; *~ syndroom*, patroon van verschijnselen welke zich kunnen voordoen bij aandoeningen (atrofie, tumor, encefalopathie e.a.) van de voorhoofdskwabben der hersenen, zoals vermindering van activiteit, hogere initiatieven en creatief vermogen, vervlakking van zelfkritiek en gevoelsleven, contactstoornissen, willoosheid, verlies van decorum, remming van reactie op affecten, enz.; *frontale vlak* (anat.) denkbeeldig vlak door het lichaam, evenwijdig aan het voorhoofd.

frontbeet de wijze waarop de voorste *tandenrijen op elkaar sluiten, nl. de onderste achter de bovenste; *omgekeerde ~*, *occlusie waarbij de onderste tandenrij vóór de bovenste schuift.

frostbite *E* plaatselijke weefselbeschadiging door vrieskoude.

frottement *F* wrijven, wrijfgeruis; geruis dat bij droge pleuritis of pericarditis hoorbaar en soms voelbaar is; *frôlement*, zachter wrijfgeruis dan frottement.

frotteurisme (vlg. DSM-IV) een parafilie, vnl. bij mannen, waarbij een sterke seksuele drang en gedrag bestaat om tegen iemand te wrijven of iemand aan te raken.

frozen shoulder *E* fixatie van de bewegingen in het schoudergewricht door ontsteking van het gewricntskapsel; zie ook periarthritis humeroscapularis.

fructose vruchtensuiker, levulose, een monosacharide; zie ook fructosurie, invertsuiker.

fructosurie syn. levulosurie, het vóórkomen van fructose in de urine. 1. *essentiële ~*, zeldzame, goedaardige koolhydraatstofwisselingsafwijking van onbekende oorzaak; na toediening van fructose stijgen het bloedglucosegehalte en de uitscheiding met de urine tot abnormale hoogte. 2. *hereditaire* ~, erfelijk familiaal *enzymdefect (waarschijnlijk verminderde aldolase-activiteit) waardoor fructose zich in de lever ophoopt en toediening van fructose een hypoglykemie en hyperfructosemie teweegbrengt met braken, zweten, bleekheid, cyanose, tremor, somnolentie, coma.

fructus *L* (farm.) vrucht van een plant.

fruste *F* onvolledig, onduidelijk, niet geheel tot ontwikkeling gekomen.

frustraan *~ane contractie*, samentrekking van de (linker) hartkamer die niet als perifere polsslag is te voelen.

frustratie diepgevoelde teleurstelling; *~-agressiemodel*, theorie die ervan uitgaat dat frustratie altijd agressie oproept, en dat agressief gedrag dus altijd te verklaren valt uit eerder opgelopen teleurstellingen; *~tolerantie*, de mate waarin men teleurstellingen kan incasseren en verwerken.

frynodermie (dermatologie) paddenhuid; hyperkeratosen door gebrek aan vitamine A.

FSF afk. van fibrine stabiliserende factor (bloedstollingsfactor XIII), een plasmaproteïne dat vloeibare fibrine polymeriseert tot vaste substantie; syn. fibrinase; *~-deficiëntie* leidt tot een hemorragische diathese.

FSH afk. van 1. follikelstimulerend hormoon dat geproduceerd wordt in de hypofysevoorkwab; *gonadotrofine dat bij de vrouw de ontwikkeling van de *Graafse follikel en de vorming van het oestrogene hormoon bevordert, bij de man de rijping van de zaadcellen beïnvloedt. 2. fascioscapulohumeraal.

FST afk. van fenolsulfotransferase.

FSP afk. van fallopian tube sperm pertubation (perfusion); techniek waarbij opgewerkt zaad rechtstreeks in de eileider wordt gebracht om de barrière van de baarmoedermond te omzeilen.

FSV afk. van falciparum sporozoite vaccine *E*.

FT_4 vrij (free *E*) T_4 (thyroxine).

FTAA afk. van fluorescent treponemal antibody absorption (test) *E*, een serumreactie op lues.

FTD afk. van frontotemporale dementie.

FTI afk. van free thyroxine index *E*.

ftise, ftisis, phthisis *G* tering; met de benaming ftise wordt meestal long*tering (*~ pulmonum*) bedoeld, een voortgeschreden stadium van longtuberculose waarbij *cavernevorming is opgetreden, syn. consumptie; ~ *atra*, antracose met longverweking; ~ *bulbi*, verschrompeling van de oogbol t.g.v. een oogziekte; ~ *bulbi essentialis*, syn. oftalmomalacie; ~ *calculosa*, longtering waarbij het zieke weefsel verkalkt; ~ *consummata*, longtering die grote verwoestingen in de organen, vooral in de longen, veroorzaakt; ~ *galoppans*, vliegende tering, syn. tuberculosis miliaris acuta; ~ *lapicidarum*, steenhouwerslong, syn. chalicosis pulmonum.

Fuchs, E. Oostenrijks oogarts (1851-1930); *endotheeldystrofie van ~*, dubbelzijdige degeneratieve veranderingen van endo- en epitheel van de cornea, leidend tot littekenvorming en blindheid.

fucose desoxygalactose, een pentose.

fucosidase een enzym dat fucoside splitst in fucose en een alcohol.

fucoside een glycoside opgebouwd uit fucose en een alcohol.

fucosidose een lysosomale *mucolipidose die leidt tot voortschrijdende mentale retardatie; de stapeling van fucose veroorzaakt cardio- en hepatosplenomegalie; verder: galblaasatonie en subunguale angioompjes.

-fugaal (smst.) in de richting naar een bepaald punt toe.

fugax *L* vluchtig, bijv. snel kokend; snel verdwijnend.

fugue *F* zwerfzucht; zie ook *dissociatieve fugue.

-fugus *L* (smst.) verminderend, verdrijvend, bijv. *febrifugus*, koortswerend.

fulguratie, fulguratio *L* 1. het door de bliksem getroffen worden. 2. behandeling met hoogfrequente stroom. 3. stekende pijn.

fuligo *L* roet; zwart of zwart-bruin beslag op tong, lippen, enz. bij zieken met hoge koorts; bijv.nw. *fuligineus*.

fulminans *L* bliksemsnel; zeer snel de dood tot gevolg hebbend, gezegd van het verloop van ziekten of verschijnselen; syn. foudroyant, siderans.

fumigatie, fumigatio 1. het inhaleren van de rook van een brandend geneesmiddel. 2. het ontsmetten van een ruimte door stoffen te verbranden waarbij desinfecterende gassen vrijkomen.

functie, functio *L* verrichting, werking; ~ *laesa*, gestoorde verrichting, kenmerkend verschijnsel van ontsteking, ontwrichting, beenbreuk.

functieleer tak van de psychologie die zich bezighoudt met functies als waarnemen, bewegen, onthouden, leren, denken, intelligentie, gevoelens, motivatie.

functionalisme (psych.) de opvatting dat een mentale toestand een functie is van het centrale zenuwstelsel.

functioneel, functionele 1. een verrichting of functie betreffend; ~ *analyse*, (psych.) methode om de ontstaansgeschiedenis van klachten en de wijze waarop symptomatisch gedrag is gestimuleerd en bekrachtigd, te achterhalen; ~ *psychose*, zie psychose; ~ *syndroom*, syn. vegetatieve *dystonie c.q. neurocirculatoire asthenie; ~ *ziekten*, ziekten waarbij de kenmerkende verschijnselen uitsluitend bestaan uit stoornissen in de verrichtingen van het lichaam, waarbij dus geen anatomische veranderingen kunnen worden aangetoond; 2. effectief; doelmatig.

funda *L* slingerverband; ~ *maxillae*, kaakslingerverband.

fundoplicatie (chir.) hechting van plooien van de maagfundus om het distale einde van de oesophagus heen bij hiatushernia (zie hiaat), teneinde beklemd raken van een maagslip in de breukpoort te verhinderen; wordt ook toegepast bij het ulcus van *Barrett.

fundoscopie oogspiegelen (ook: *funduscopie*), het bezichtigen van het inwendige van het oog (met name de fundus oculi) met de oogspiegel (oftalmoscoop).

fundus *L* bodem, grond; ~*copie*, zie fundoscopie, ~ *oculi*, de achtergrond van het oog; ~ *uteri*, bovenste gewelfde deel van de baarmoederholte; ~ *ventriculi*, de maagkoepel onder het middenrif; ~ *vaginae*, de schedekoepel.

fungemie, fungaemia aanwezigheid van fungi (schimmels) in het bloed.

fungeus zwammig, paddestoelvormig; m.b.t. schimmels; ook: *fungaal*.

fungicide een schimmeldodend middel.

fungoïde de vorm van een paddestoel hebbend.

fungus *L* 1. zwam; schimmel; meervoud *fungi*; bijv.nw. *fungeus*, *fungaal*; meercellige plantachtigen zonder chlorofyl, die groeien in draden (*hyfen) die kunnen samengroeien tot een netwerk (mycelium); leven parasitair, saprofytisch of in symbiose; ~ *imperfectus*, fungus met ongeslachtelijke vermenigvuldiging; ~ *perfectus*, fungus met geslachtelijke vermenigvuldiging. 2. paddestoelachtig gezwel.

funiculitis *L* ontsteking van de afvoerbuis van de zaadbal; syn. deferentitis, spermatitis.
funiculus *L* streng; ~ *medullae spinalis*, ruggenmergstreng, te onderscheiden in de dubbelzijdige vóór-, achter- en zijstreng; ~ *spermaticus*, zaadstreng; ~ *umbilicalis*, navelstreng.
FUO afk. van fever of unknown origin *E*.
furfur *L* fijne zemelachtige afschilfering van de huid.
furfuraceus, furfureus *L* furfur vertonend.
furibund, furibundus *L* razend, in razernij verkerend.
furor *L* razernij, woede; aanval van waanzin; ~ *epilepticus*, aanval van woede bij lijders aan *epilepsie; ~ *uterinus*, syn. nymfomanie; zie ook furibund.
furunculose, furunculosis *L* steenpuistziekte; het optreden van veel steenpuisten; komt vaak voor bij lijders aan suikerziekte, granulocytopenie, leukemie en andere ziekten met een gestoord afweermechanisme; zie ook furunkel.
furunkel, furunculus *L* steenpuist, bloedzweer; met pijn en vaak ook met koorts gepaard gaande, plaatselijke huidontsteking, veroorzaakt door het binnendringen van etterbacteriën (stafylokokken) in smeer- en zweetklieren en haarzakjes.
fusie 1. aaneenvoeging; (orthop.) syn. artrodese. 2. (psych.) het in elkaar opgaan van verschillende onderscheiden persoonlijkheden bij een *dissociatieve identiteitsstoornis.
fusiformis *L* spoelvormig, bijv. van bacteriën of cellen.
fusion *E* zie fusie.
Fusobacterium anaërobe, niet-sporenvormende *bacil; de soort ~ *fusiformis* behoort tot de normale mondflora en komt massaal voor in de ulcera van de *Plaut-Vincent angina en stomatitis.
fusogenen stoffen die celfusie bewerkstelligen.
fustigatie, fustigatio *L* geneeswijze waarbij de huid intensief wordt geprikkeld ter bevordering van de huiddoorbloeding.
FUT afk. van fibrinogen-uptake test *E*.
FV afk. van forced volume *E*.
FVC afk. van forced vital capacity *E*.
FWG afk. van functiewaarderingssysteem in de gezondheidszorg.
fylogenese, fylogenie, phylogenesis *G* ontstaan en ontwikkeling van soort of ras; zie ook ontogenese.
fymatose, phymatosis *G* ziekte die gepaard gaat met huiduitwassen.
fys- zie ook phys-.
fysconie, physconia *G* 1. vetlijvigheid, syn. adipositas. 2. opgeblazenheid, syn. meteorisme.
fysiater natuurarts, arts voor natuurgeneeswijze; zie ook natuurgeneeskunde.
fysiatrie, fysiatriek, physiatrica *G* syn. van *natuurgeneeskunde.
fysiek lichamelijke gesteldheid.
fysiologie de leer der levensverrichtingen.
fysiologisch tot de fysiologie behorend; de natuurlijke verrichtingen van levende wezens of hun organen betreffend; ~*e zoutoplossing*, oplossing van 0,9% keukenzout in gedestilleerd water (overeenkomstig zoutgehalte als in lichaamsvochten); zie isotonisch.
fysionomie, physiognomie *G* de gelaatsuitdrukking, de gelaatstrekken, het uiterlijk.

fysionomiek, physiognomiek gelaatkunde, de leer der gelaatstrekken en -uitdrukking, syn. prosopologie.
fysionomonie, physiognomonie de leer die meent karakters uit het gelaat te kunnen vaststellen (n.t.v.m. physiognomie).
fysiotechniek fysiotherapie met behulp van apparaten en technische hulpmiddelen.
fysiotherapeut deskundige die officieel bevoegd is tot de uitoefening van alle vormen van fysiotherapie met uitzondering van de radiologie.
fysiotherapie het toepassen van *oefentherapie, massagetherapie (zie massage) en *fysische therapie ter preventie of behandeling van orthopedische, neurologische, reumatische e.a. afwijkingen van de normale lichaamshouding en -functie; *manipulatieve* of *manuele* ~, vorm van fysiotherapie die d.m.v. goed gedoseerde en systematische handgrepen rechtstreeks op het lichaam aangrijpt om statische veranderingen, verschuivingen, fixaties, dislocaties en dergelijke te corrigeren en te reponeren; zie ook chiropraxis, osteopathie.
fysisch tot de natuur behorend; lichamelijk; *~e therapie,* vorm van fysiotherapie waarbij men gebruik maakt van fysische middelen (met uitzondering van ioniserende straling) met een therapeutisch of diagnostisch doel; hiertoe behoren elektro-, hydro-, mechano- en thermotherapie.
fysocele met gas gevuld gezwel of plaatselijke breukuitzetting.
fysostigmine alkaloïd uit de zaden van Physostigma venerosum (een peulvrucht), een mioticum (pupilvernauwend middel); syn. eserine.
fytobezoar een uit plantenvezels e.a. vreemde lichamen bestaande darm- of maagsteen; prop van onverteerbaar plantaardig voedsel.
fytofaag planteneter; wezen dat zich voedt met plantaardig voedsel.
fytofotodermatose groep van *dermatosen (huidziekten) veroorzaakt door *fotosensibiliteit na contact van de huid met bepaalde plantensappen of met bergamotte-olie.
fyto- (smst.) m.b.t. planten, *~geen*, uit planten ontstaan, van plantaardige oorsprong; *~logie*, de leer of kennis van de planten; *~nose*, ziekte door planten (of een bepaalde plant) veroorzaakt; *~pathologie*, de leer of kennis der plantenziekten; *~therapie,* *kruidengeneeskunde; *~toxine*, plantaardig vergif.

G

g afk. van 1. gram. 2. gravitatie, zwaartekracht.
G afk. van het voorvoegsel giga = 10^9.
γ, gamma *G* gewichtseenheid = 1/1000 milligram = 1 μg (microgram).
γ-stralen zie gammastralen.
Ga symbool van gallium, een element.
GAAZ afk. van geriatrische afdeling in een algemeen ziekenhuis.
GABA afk. van gamma aminobutyric acid *E*, gamma-aminoboterzuur, remmende factor in de neurotransmissie.
GAD afk. van generalized anxiety disorders *E*.
GAF afk. van global assessment functioning scale, schaal voor de algemene beoordeling van het functioneren.
Gaisböck, F. Duits internist (1868-1924), zie polycytemie.
gal syn. *chole, *fel, zie ook A-gal, B-gal, C-gal.
galactagogum (obsoleet) *L* zogdrijvend middel; meervoud galactagoga.
galactemie 1. het vóórkomen van vetdeeltjes in het bloed, bijv. na vetrijk eten. 2. syn. hyperlipidemie, piaremie. 3. bloedbevattende melk.
galact(h)idrosis *G* kraamvrouwenzweet, melkachtige zweetsecretie die bij vrouwen na de bevalling soms optreedt.
galactocele *G* 1. hydrocele met melkachtige inhoud. 2. door druk van de gevormde melk ontstane uitzetting van een verstopte melkgang van de borstklier.
galactofoor 1. (zelfst.nw.) melkgang. 2. (bijv.nw.) melkvoerend, syn. lactiferus.
galactoforografie röntgenografie van een melkgang met behulp van een contrastmiddel dat wordt ingebracht in de uitmonding op de tepel.
galactografie het met behulp van een contrastvloeistof in beeld brengen van de melkgangen in de borstklier.
galactogram het bij galactografie verkregen beeld.
galactopoëse melksecretie en melkexcretie tijdens het zogen.
galactorroe melk- of zogvloed. 1. overvloedige zogafscheiding tijdens de lactatie (het zogen). 2. buiten de lactatieperiode wordt het teweeggebracht door een *prolactinoom en komt ook voor t.g.v. neuro-endocriene, hypofysaire en thyrogene oorzaken, bij hypogonadisme en M. Addison, bij afwijkingen in de mamma, door sommige medicamenten, door paraneoplasie en bij endometriose.
galactose een monosacharide, dat samen met glucose lactose vormt.
galactosemie *enzymdefect in de chemische omzetting van *galactose, waardoor deze overmatig in het bloed voorkomt, hetgeen al dadelijk bij de pasgeborene (wegens aanwezigheid van lactose in melk) aanleiding geeft tot nierbeschadiging en geelzucht, lever- en miltvergroting, braken en diarree, later ook cataract, onvoldoende groei, mentale retardatie, spierslapte en areflexie; bij tijdige diagnose kan melkvrije voeding irreversibele beschadiging van lever en hersenen voorkomen.
galactosidase een galactosidesplitsend enzym.
galactoside een glycoside met als suiker galactose.

galactostase melkstuwing in de borstklieren.
galactosurie aanwezigheid van galactose in de urine.
galacturie melkachtige urine.
galanine een hypothalamus-peptide met nog onbekende werking.
galblaas zie vesica fellea; *kalkmelk* ~, *radiopake galblaas bij aanwezigheid van een grote hoeveelheid calciumzouten in de gal; *parelsnoer* ~, resp. *zandloper* ~, röntgenbeeld van de divertikels, resp. insnoering(en) bij de zgn. gegeneraliseerde, resp. segmentale vorm van *adenomyomatose van de galblaas.
gal *~buis*, zie ductus; *~bult*, urticaria.
galea *L* helm; ~ *aponeurotica* peeskap van de schedel.
galeatus *L* lett. gehelmde, lijder aan neurasthenie, die een gevoel van druk op het hoofd heeft.
Galeazzi, R. Italiaans orthopeed (1866-1952); *fractuur van* ~, breuk van het distale eind van de radius met dislocatie van het uiteinde van de ulna; *symptoom van* ~, anisomelie (verschil in beenlengte) bij aangeboren heupontwrichting.
galenicum *L* (farm.) meervoud galenica, zie galenisch geneesmiddel.
galenisch geneesmiddel natuurlijk, plantaardig geneesmiddel, tgst. spagirisch (scheikundig) geneesmiddel.
Galenus, C. Grieks arts te Rome (129-199), de grootste geneesheer van de oudheid en universeel geleerde.
galkleurstof zie bilirubine, urobiline, biliverdine.
gallium symbool Ga, een metaal; *~-scan E*, *scanning met behulp van gallium.
Gallizia, F. Italiaans chirurg; *trias van* ~, fibrocalcinose in het oorkraakbeen, palmaire fibrose en induratio penis.
galoppans zeer snel verlopend, bijv. *phthisis* ~, vliegende tering.
galopritme afwijking in het ritme van de hartslag, klinkend als het galopperen van een paard, nl. in plaats van de twee gewone tonen, telkens twee zeer korte gevolgd door een langere in de diastole.
galsteen zie colica, cholelithiasis.
galstuwing zie cholestase.
GALT afk. van gut-associated lymphoid tissue *E*; zie ook BALT, MALT.
galvani- *~satie* geneeskundige toepassing van galvanische stroom; *~sch*, door galvanisme voortgebracht; *~sme*, elektriciteit, ontstaande door inwerking van twe ongelijksoortige stoffen op elkaar.
galvano- *~caustiek*, branden met een galvanocautère; *~cautère F*, toestel om te branden waarbij de gloeiing door elektrische stroom wordt verkregen; *~punctuur* zie elektropunctuur; *~therapie*, zie elektrotherapie.
galvet zie cholesterol.
gameet 1. mnl. en vrl. voortplantingscel (zaad- en eicel) met een haploïd aantal chromosomen, die versmelten tot een zygote (bevruchte eicel) waaruit zich een nieuw organisme ontwikkelt. 2. (in engere zin) gerijpte *gametocyt van het malaria*plasmodium; *macro~*, vrl. gameet; *micro~*, mnl. gameet.
gametocide gametendodend.
gametocyt geslachtelijke vorm van de malariaparasiet (*plasmodium) die zich ontwikkelt uit een bloedmerozoiet; *macro~*, de vrl. gametocyt; *micro~*, de mnl. gametocyt; uit de rijping van de gametocyt ontstaat de *gameet.
gametogenese de vorming van gameten, zie meiose.
gamma zie γ.

gamma-encefalografie onderzoekmethode van de hersenen met gebruikmaking van radioactieve isotopen die gammastralen uitzenden, vnl. om gezwellen en andere haardvormige aandoeningen op te sporen.
gammaglobulinen de globulinen-fractie van het bloedserum waartoe de immunoglobulinen behoren; zie ook anti-D-gammaglobuline.
gammapathie zie gammopathie.
gammastralen (ook: *γ-stralen*) stralen uitgaande van radioactieve elementen, bestaande uit elektromagnetische trillingen met een groot doordringingsvermogen.
gammopathie stoornis in de vorming van gammaglobulinen; **monoklonale ~*, ziektetoestand waarbij *paraproteïnen worden gevonden, bijv. bij de ziekten van Kahler en Waldenström.
gang wijze van lopen, voortbewegen.
ganglia, gangliën meervoud van *ganglion; *basale ~*, benaming voor enkele structuren van grijze stof in de hersenen (claustrum, corpora amygdaloideum en striatum, nucleus lentiformis, thalamus).
gangliëncel zie ganglioncel.
gangliitis *G* ontsteking van ganglioncellen.
ganglioformis *L* in de vorm van kleine knobbeltjes.
ganglioom *G* van ganglia (zie ganglion) uitgaand gezwel.
ganglion *G* meervoud ganglia, gangliën. 1. zenuwknoop, verdikking in het verloop van een zenuw, uit zenuwcellen en -vezels bestaande; *~blokkeerders* (farm.) zie *alfa-blokkeerders en *bèta-blokkeerders; *~cel*, zenuwcel in een ganglion; *~ cervicothoracicum*, het gecombineerde onderste cervicale en bovenste thoracale ganglion in de truncus sympathicus, syn. ganglion stellatum; *~ ciliare*, ganglion in het verloop van de nervus oculomotorius, gelegen achter het oog; *~ Gasseri* (obsoleet), syn. *~ semilunare* (obsoleet), ganglion trigeminale; *~ spinale*, spinaal ganglion in het verloop van de segmentale achterwortels; *~ stellatum*, syn. ganglion cervicothoracicum; *~ trigeminale*, het grote ganglion in het verloop van de nervus trigeminus. 2. peesknoop; met geleiachtig vocht gevulde verdikking van een peesschede aan hand of voet, meestal veroorzaakt door aantasting van pezen door stoot of val; is in de regel niet pijnlijk, doch kan hinderlijk zijn bij bewegingen.
ganglionair de gangliën betreffend, op gangliën lijkend; *~ zenuwstelsel*, syn. *autonoom zenuwstelsel.
ganglioneuroom zie neuroom.
ganglioplegicum *ganglion (bet. 1) blokkerend geneesmiddel.
gangliosiden complexe lipiden, behorend tot de groep der sfingo(glyco)lipiden; zie gangliosidosen.
gangliosidosen stapelingsziekte, groep van autosomaal recessief-erfelijke ziekten op grond van (*lysosomale) enzymdeficiëntie, gekenmerkt door stapeling van *gangliosiden in de hersenen en (of) viscerale organen (vnl. lever en milt); er zijn vijf te onderscheiden vormen.
gangmaker zie pacemaker; *~cellen*, zie sinusknoop.
gangosa *S* zie rinofaryngitis.
gangreen, gangraena *G* versterf (*necrose) van weefsels of lichaamsdelen door onvoldoende of afgesloten bloedsomloop in het betreffende lichaamsdeel, zware letsels, verbranding, enz., in combinatie met infectie vooral met anaërobe micro-organismen waardoor rotting optreedt; men onderscheidt de *droge vorm* waarbij

geen rotting optreedt (is in engere zin geen gangreen maar *necrose) en de aangedane delen tot een harde massa indrogen, syn. mummificatie, en de *vochtige vorm* die met rotting en dikwijls met stank gepaard gaat; ~ *bullosa serpiginosa*, huidziekte bij lijders aan diabetes, met vorming van blazen en weefselversterf; ~ *emphysematosa*, koudvuur, vnl. bij runderen voorkomende kwaadaardige vorm van *gasgangreen, veroorzaakt door Clostridium feseri; ~ *fulminans*, zie gangrène; *gas~*, ontwikkeling van gas t.g.v. wondinfectie met gasvormende bacteriën (soort *Clostridium) in necrotiserend weefsel; ~ *nosocomialis*, ziekenhuisversterf, in ziekenhuizen door infectie van wonden; ~ *pulmonis*, longversterf, met rotting gepaard gaand; ~ *senilis*, seniel gangreen, ouderdomsversterf door storing in de bloedsomloop; ~ *symmetrica*, zie Raynaud.

gangrène *F* gangreen; ~ *foudroyante*, snel verlopend versterf, syn. gangraena fulminans.

gangreneus m.b.t. gangreen.

Ganser, S. Duits psychiater (1853-1931); *syndroom van ~*, (psych.) (vlg. DSM-IV) dissociatieve stoornis met als verschijnselen een verlaagd bewustzijn met verbijstering, *conversieverschijnselen, het geven van antwoorden die net niet juist zijn en soms *hallucinaties.

Ganz zie Swan-Ganz.

gap *E* lett. leemte, hiaat; bijv. in de vaattonen tijdens het opnemen van de bloeddruk of in het audiogram bij gehoorverlies voor een bepaalde toon; *~junction*, zie nexus.

GAPZ afk. van geriatrische afdeling in een psychiatrisch ziekenhuis.

Gardner, E. Amerikaans chirurg (geb. 1909); *syndroom van ~*, erfelijke vorm van het voorkomen van darmpoliepen met gelijktijdig optreden van huidafwijkingen (nagelatrofie, haaruitval, multipele talpa's), soms tevens osteomen, waarschijnlijk door *paraneoplasie.

Gardnerella vaginalis een (gram-variabele) kokkobacil (zie coccus), veroorzaker van sommige 'niet-specifieke' ontstekingen van de vagina; syn. Corynebacterium vaginale.

gargarisatie gorgelen;

gargarisma *G* gorgeldrank.

gargoylism *E* gelaatsvorm als van een gargoyle *E* of gargouille *F* (waterafvoer aan dakgoten in de vorm van een drakenkop); wordt aangetroffen bij verschillende vormen van *gangliosidosen en *mucopolysacharidosen (stapelingsziekten).

Garré, C. Zwitsers chirurg (1857-1928); *ziekte van ~*, scleroserende, niet-etterende *osteomyelitis.

Garrod, A. Engels internist (1857-1936), beschreef het eerst (1919) *inborn errors of metabolism (aangeboren stofwisselingsziekten); *~-pads E*, verdikte vingergewrichten bij diabetes.

garrulitas *L* praatzucht; ~ *vulvae*, uitstoting van lucht uit de vagina.

GAS afk. van general adaptation syndrome *E*, zie stress.

gas *~bacil*, zie Clostridium; *~chromatografie*, zie chromatografie; *~flegmone*, zie flegmone, oedeem; *~gangreen*, zie gangreen; *~oedeem*, zie oedeem.

gasp *E* ademteug, gelijkend op de moeizame ademhaling van een vis op het droge door de foetus vóór de geboorte, ook waarneembaar bij sommige stervenden.

Gasser, C. Zwitsers kinderarts (geb. 1912); *syndroom van ~-Karrer*, zie hemolytisch-uremisch syndroom.

gasserectomie (jrg.) chirurgische verwijdering van het *ganglion trigeminale (obsoleet: ganglion Gasseri) bij *trigeminus*neuralgie.

gaster *G* maag; syn. stomachus.

gastheer een organisme waarin of waarop een ander organisme leeft; bij een definitief verblijf spreekt men van een eindgastheer; verlaat het 'gast-organisme' de gastheer op zoek naar een definitieve, dan spreekt men van een tussengastheer (waarin de gast zich veelal heeft voortgeplant).

gastralgie maagpijn, maagkramp; syn. cardialgie, gastrodynie.

gastralgokenose *G* pijn in de maag zonder stoornis in de maagwerking, optredend bij lege maag.

gastrectasie *G* maagverwijding, maaguitzetting.

gastrectomie *G* verwijdering van de maag; zie ook Billroth.

gastricismus *L* bedorven maag, lichte vorm van gastritis.

gastricus *L* de maag betreffend, tot de maag behorend.

gastrine maagslijmvlies*hormoon dat de maagsapsecretie bevordert; wordt vnl. geproduceerd door de zgn. G-cellen in de maagwand en de D-cellen in de eilandjes van Langerhans.

gastrinoom een *apudoom dat het polypeptide gastrine in overmaat produceert waardoor het syndroom van *Zollinger-Ellison wordt veroorzaakt.

gastrisch m.b.t. de maag.

gastritis *G* ontsteking van de maagwand, in engere zin van het slijmvlies (maagcatarre); ~ *anacida*, met gebrek aan maagzuur gepaard gaande gastritis; is meestal het begin van atrofie van het maagslijmvlies; ~ *atrophicans*, gastritis met verschrompeling van het maagslijmvlies; *auto-immuun* ~, gastritis waarbij auto-antistoffen worden gevormd tegen de zgn. pariëtale cellen van de maag en/of het product hiervan: de *intrinsic factor; gevolg kan zijn hypochloorhydrie en/of pernicieuze anemie; ~ *hyperpeptica*, syn. gastritis acida, gastritis met overmatige zuurvorming.

gastro- *G* (smst.) de maag betreffend.

gastrocardiaal syndroom als gevolg van een volle maag reflectorisch optredende hartklachten (tachycardie, extrasystolen, pijn in de hartstreek, gevoel van benauwdheid) en 'opgeblazenheid'.

gastrocele *~cele*, maagbreuk, syn. hernia ventriculi.

gastrocnemius m.b.t. de kuit.

gastrocolische reflex krachtige peristaltiekgolven van maag tot colon dadelijk na een maaltijd.

gastrocrise syn. *crise gastrique.

gastroduodenalis m.b.t. de maag en het duodenum (twaalfvingerige darm).

gastroduodenitis gastroduodenale catarre, ontsteking van het slijmvlies van maag en twaalfvingerige darm.

gastroduodenostomie operatie waarbij maag en twaalfvingerige darm met elkaar worden verbonden; zie Billroth.

gastrodynie syn. *gastralgie.

gastro-enteritis *G* maag-darmcatarre, gelijktijdige gastritis en enteritis.

gastro-enterologie de kennis van het maag-darmkanaal.

gastro-enterostomie operatie waarbij de maag met de dunne darm wordt verbonden, bijv. bij maagzweer (*ulcus ventriculi) of maaguitzetting (gastrectasie).

gastro- *~geen*, de maag betreffend, van de maag uitgaand; *~graaf*, toestel dat de maagbewegingen optekent; *~helcoma*, syn. ulcus ventriculi; *~-intestinaal* (bijv.nw.) maag en darm betreffend; *~loog*, arts, specialist voor maagziekten; *~malacie*, maagverweking door inwerking van het maagsap, treedt zelden vóór de dood op.

gastro- *~pathie* ziekte van de maag; *hypertrofische ~pathie*, hyperplasie van alle elementen van het maagslijmvlies met vorming van plooien, erosies en ulcera; *~pexis* of *-pexie*, vasthechting van de maag aan de voorste buikwand; *~plastiek*, zie maagverdeling; *~ptose*, maagverzakking, lage stand van de maagbodem; *~rragie*, maagbloeding; *~rrhoea acida*, overmatige vorming van maagsap; syn. syndroom van Reichmann, gastrosuccorroe; *~*schisis*, aangeboren defect in de voorste buikwand; *~scoop*, maagspiegel, endoscoop voor de maag; *~scopie*, onderzoek van de maag met een gastroscoop; *~spasmus*, maagkramp; *~staxis*, langzame bloeding uit het maagslijmvlies; *~stenose*, maagvernauwing; *~stomie*, operatie waarbij een maagfistel wordt aangelegd voor kunstmatige voeding van de patiënt, bijv. bij slokdarmvernauwing; *~succorroe*, syn. gastorrhoea acida; *~tomie*, (chir.) het openen van de maag (n.t.v.m. gastrostomie); *~xynsis*, brakingen van veel maagzuur (bij hyperchloorhydrie) met hoofdpijn.

gastrula het stadium van het embryo, volgend op de *blastula, waarin ecto-, meso- en entoderm zijn te herkennen; *~tie*, de ontwikkeling van blastula tot gastrula.

gaswisseling zie respiratie.

Gaucher, Ph. Frans arts (1854-1918); *ziekte van ~*, *sfingolipidose (een stapelingsziekte) waarbij zich cerebrosiden ophopen in histiocyten en reticulumcellen *(~-cellen)*, vnl. in milt, lever, bot, beenmerg en lymfeklieren, waardoor vooral splenomegalie optreedt, huidpigmentaties, myopie, longfibrose en hemorragische *diathese; vaak 'spontane' fracturen t.g.v. osteolyse door osteoclasten en macrofagen.

gauge *E* 1. gereedschap om de afmeting(en) van een instrument of voorwerp nauwkeurig te bepalen; standaardmaat. 2. afmeting; diameter; afstand. 3. kaliber.

GAUZ afk. van geriatrische afdeling in een universitair ziekenhuis.

GAV afk. van geneeskundig adviseur bij een verzekeringsmaatschappij.

gavage *F* overvoeding, gedwongen voeding, mestkuur, bijv. bij cachexie, tuberculose.

gay *A* (jrg.) homoseksueel.

GB afk. van 1. gezinsbehandelprogramma. 2. ganglionblock. 3. geen bijzonderheden, syn. gb, g.b.

G-banderingstechniek een differentiële Giemsa-kleuring waardoor de chromosomen donkere en lichte banden vertonen waardoor de chromosomen individueel kunnen worden gerangschikt.

GBGD afk. van gemeenschappelijke bedrijfsgezondheidsdienst.

GBM afk. van glomerulaire basale membraan; zie glomerulus.

GBS afk. van Guillain-Barré-syndroom.

GBV afk. van GB-virus, zie hepatitisvirussen.

GCA afk. van giant cell *arteriitis *E* (arteriitis gigantocellulare).

G-cellen cellen in het maagslijmvlies die *gastrine produceren.

GCP afk. van good clinical practice.

GCS afk. van Glasgow coma score *E*.

G(M)-CSF afk. van granulocyte (macrophage)-colony stimulating factor.

GDC afk. van Guglielmi detachable coils, kortweg Guglielmi-spiraaltjes, een endovasculaire behandeling van inoperabele cerebrale aneurysma's met elektrolytisch loslaatbare (detachable) platina spiraaltjes.

GDH afk. van glucosedehydrogenase, een enzym.

GDL afk. van gluconodeltalacton, een stof voor *nutriënten-conservering.

GDS afk. van 1. gastro-delivery system. 2. globaldeterioration scale. 3. geriatrische-depressieschaal.

GEA afk. van gastro-epiploic artery *E*, arteria gastro-epiploica dextra, 'maagslagader'; zie ook coronaire*bypass.

geagiteerde (vitale) depressie zie depressie.

gebit dentura.

geboorte *~cijfer*, zie nataliteit; *~gezwel*, *caput succedaneum; *~overschot*, het verschil tussen het aantal sterfgevallen en het aantal geboorten (per jaar); *~regeling*, een begrip dat ruimer is dan *anticonceptie; het omvat behalve anticonceptie ook alle middelen die de innesteling van het vruchtje in de baarmoeder belemmeren (zoals 'spiraaltje' en morning-afterpil) en abortus provocatus in alle vormen..

GeBu afk. van geneesmiddelenbulletin.

gecanneleerd voorzien van canneluren; gegroefd, bijv. *~e sonde*, gleufsonde.

geconditioneerd (psych.) afhankelijk van of gebonden aan bepaalde omstandigheden; *~e bekrachtiger*, zie bekrachtiger; *~e reflex*, *~e respons*, respons die wordt uitgelokt door een aanvankelijk neutrale stimulus; *~e stimulus*, bij klassieke conditionering de stimulus die als gevolg van de koppeling met de ongeconditioneerde stimulus een nieuwe respons begint uit te lokken.

geconjugeerd bij elkaar behorend, samengaand, gekoppeld; *~e oogspierverlamming*, de opheffing van de beweging der beide oogbollen in een bepaalde richting.

gedachtegang het verloop van de gedachten; voor stoornissen van de gedachtegang: zie gedachtevlucht, Sperrung.

gedachte-onttrekking waanidee dat de betrokkene minder gedachten over heeft omdat de gedachten uit het hoofd zijn verwijderd.

gedachtestemmen syn. *Gedankenlautwerden.

gedachtevlucht stoornis van het denken gekenmerkt door een onophoudelijke stroom van versnelde spraak met abrupte veranderingen van onderwerp, meestal op basis van begrijpelijke associaties of woordspelingen; komt vooral voor bij manie; syn. ideeënvlucht.

Gedankenlautwerden *D* hallucinatie waarbij men (innerlijke) stemmen de eigen gedachten hoort weergeven; syn. gedachtestemmen.

gedecapiteerd onthoofd; *~e hypertensie*, verhoogde bloeddruk met te lage maximale (systolische) waarde, ten opzichte van de (verhoogde) minimale (diastolische) waarde.

gedeelde psychotische stoornis oude benamingen folie à deux, inductiepsychose, geïnduceerde paranoïde psychose; (vlg. DSM-IV) een stoornis niet het gevolg van een andere psychische stoornis, het gebruik van een middel of lichamelijke aandoening, gekenmerkt door het optreden van wanen, overeenkomend met de wanen van een ander waarmee men een zeer nauwe relatie heeft.

gedenatureerd 1. ongeschikt gemaakt voor consumptie. 2. het eigen karakter verloren hebbend.

gedeprimeerd syn. *depressief.

gedesequilibreerd uit zijn evenwicht, onevenwichtig.
gedesoriënteerd (psych.) het vermogen tot oriëntatie verloren hebbend.
gedissemineerd zie disseminatie.
gedrag wijze waarop een individu reageert op/in een bepaalde situatie; *acting in* ~, op zichzelf gericht destructief gedrag; *acting out* ~, zie acting out; *adequaat* ~, in staat zijn uit gedragsalternatieven te kiezen, zonder in paniek te raken; *adiënt* ~, toenaderend gedrag; *agressief* ~, 1. specifiek gedrag dat onmiddellijk voorafgaat aan een werkelijke aanval of verdediging en dat daardoor een afschrikwekkende werking heeft. 2. gedrag waarbij men iemand anders pijn of letsel toebrengt of dat daartoe de bedoeling heeft; *oppositioneel opstandig* ~, bij kinderen voorkomend gedrag dat zich uit in het vaak driftig zijn, ruzie maken met volwassenen, opstandigheid, enz.
gedragsmodificatie zie gedragstherapie.
gedragsstoornissen (vlg. DSM-IV) op kinderleeftijd voorkomende stoornissen te onderscheiden in antisociale- en oppositioneel-opstandige gedragsstoornis; *antisociale* ~, een zich herhalend en aanhoudend gedragspatroon waarbij de elementaire rechten van anderen of bij de leeftijd behorende regels of normen worden overtreden, gekenmerkt door vormen van agressie tegen mens en dier, vernielingen, liegen of stelen en het overtreden van allerlei gedragsregels; dikwijls is er tevens sprake van een aandachtstekortstoornis; *oppositioneel-opstandige* ~, een aanhoudend patroon van negativisme, vijandigheid en openlijke ongehoorzaamheid, niet optredend in het kader van een psychose of stemmingsstoornis.
gedragstherapie (psych.) behandelmethode waarbij ervan wordt uitgegaan dat de op te heffen stoornissen zijn veroorzaakt door verkeerd verlopen leerprocessen, die via opnieuw leren moeten worden gecorrigeerd; hierbij moet een beroep worden gedaan op *conditioneringsprincipes; de therapie richt zich op gedragspatronen als zodanig in plaats van op onbewuste processen; syn. gedragsmodificatie.
gedragswetenschap wetenschap die zich bezighoudt met het bestuderen van menselijk gedrag en het veranderen daarvan; enkele voorbeelden zijn de sociologie, psychologie en andragogie.
Gee, S. Engels arts (1839-1911); *ziekte van ~-Herter,* *coeliakie bij kinderen, tevens gekenmerkt door extreme vermagering, slecht humeur, deficiëntieverschijnselen (oedemen, rachitis), dwerggroei, anemie.
geelblindheid tetartanopie.
geelzucht zie icterus.
-geen (smst.) uitgaande van, verwekt of veroorzaakt door, enz., bijv. *gastrogeen*, van de maag uitgaand, *pathogeen,* ziekteverwekkend, *psychogeen*, door geestelijke oorzaken ontstaan.
geestelijk m.b.t. de geest, mentaal, psychisch.
geestesstoornis, geestesziekte verouderde benamingen voor psychische stoornis of ziekte.
geesteszwakte verouderde benaming voor *zwakzinnigheid.
geeuw syn. oscedo, oscitatie; *~honger*, 1. syn. syndroom van Kleine-Levine; morb hunger syndrome *E*, aanvallen van hevige honger en vraatzucht, afgewisseld door diepe slaap en psychische onrust, vnl. bij mannen na sterke vermoeienis; wordt ten onrechte wel verward met *boulimie. 2. plotseling heftig opkomende honger

gefractioneerd in *fracties verdeeld; in gedeelten gebeurend.
gegeneraliseerd door het gehele lichaam verspreid; syn. systemisch.
gegranuleerd gekorreld.
gehandicapten zie handicap.
gehemelte *palatum.
gehemeltebeen *os palatinum.
geheugen één van de hogere cerebrale (corticale) functies, behorende tot de cognitieve (ken-)functies, gekenmerkt door het vermogen informatie (zintuiglijke indrukken, gedachten, emoties, leerervaringen enz.) in zich op te nemen (inprenten), voor kortere of langere tijd te behouden (geheugen i.e.z.) en zich weer bewust te worden (herinneren); *~cel*, zie memory cells; *korte-termijn ~*, het vermogen informatie enige tijd vast te houden; bij een stoornis hierin is men niet meer, of minder, in staat nieuwe informatie op te nemen; *lange-termijn ~*, het vermogen informatie voor langere tijd (evt. levenslang) vast te houden; bij een stoornis hierin is men niet meer in staat zich informatie uit het verleden te herinneren; zie ook memory; *~verlies*, amnesie; *~vervalsing*, zie confabulatie.
gehoor acusis, acousia; *~apparaat*, audifoon; *~beentjes*, ossicula auditus, zie incus, malleus, stapes; *~gang*, zie meatus; *~hallucinatie*, hallucinatie waarbij iemand er ten onrechte stellig van overtuigd is geluid of één of meer stemmen te horen; *~veld*, het door de *pijngrens en de gehoor*drempellijn begrensde gebied in het audiogram; *~zenuw*, nervus cochlearis, nervus acusticus.
geigercounter *E*, geigerteller een apparaat, dat de hoeveelheid radioactieve deeltjes kan tellen.
geïndiceerd nodig geacht; aangewezen; noodzakelijk (bijv. een operatie).
geïnvetereerd verouderd.
G-eiwitten eiwitten die zich binden aan GTP (guanosinetrifosfaat).
gekke-koeienziekte zie ziekte van *Creutzfeldt-Jakob.
gekronkeld tortuosus.
gel een vormvast mengsel van een colloïde stof met verschillende vloeistoffen, bijv. *hydrogel:* mengsel van een colloïde stof met water.
gelaat zie facies; *~shoek*, syn. profielhoek; *~kunde*, zie fysionomiek, prosopologie; *~strek*, zie lineament; *~szenuw*, nervus facialis.
gelarveerd gemaskeerd, verborgen, verkapt.; zie ook larvatus.
gelatie het ontstaan van een *gel uit een oplossing; n.t.v.m. chelatie.
gelatinase bacterieel enzym dat gelatine doet vervloeien.
gelatine uit beenderen verkregen lijmachtige stof.
gelatinosus *L* lijmachtig, geleiachtig.
gelatio bevriezing; syn. congelatie.
geldrolvorming zie impilatio.
geleedpotigen artropoden, stam van het dierenrijk met de meeste soorten, waartoe behoren o.a. de schaaldieren (kreeftachtigen), duizendpootachtigen, de spinachtigen en, veruit de grootste groep, de insecten; veel artropoden kunnen *arbovirussen overbrengen.
gele koorts *febris flava.
gele vlek zie macula lutea.
gelfoam® *E* sponsachtig, resorbeerbaar materiaal van vaste colloïdale stof, gebruikt bij plastische operaties, in engere zin bij *tympanoplastieken (gehoorverbeterende ooroperaties), en als haemostaticum (bloedstelpend middel).

gelificatie lett.: de vorm van een *gel aannemen; in engere zin (bloed)stolling.
Gell, P. Engels immunoloog, zie Coombs.
gelose zie myogelose.
gelosyncope syncope ('flauwvallen') door kortdurende bloeddrukverlaging in de hersenen na een heftige hoest- of lachbui e.d.
gelotripsie speciale vorm van knedende massage van *myogelosen, waarbij deze met een ronde houten stok worden fijngedrukt.
gelule *F* (farm.) syn. capsule.
gemelli *L* *tweeling, syn. gemini; ~ *conjuncti*, syn. gemini conjuncti, aaneengegroeide tweelingen, Siamese tweeling, dubbel*monstrum.
gemini *L* syn. *gemelli.
gemitigeerd verzwakt, verzacht, mild.
gemma *L* (anat.) smaakbeker, eindorgaantje van de smaakzenuw.
gemmangioom, gemmangioma vaatgezwel voortgekomen uit angioblasten.
gemmatie 1. zie budding. 2. monogonie door knopvorming.
gen erffactor; gedeelte van een *chromosoom dat een erfelijke factor vertegenwoordigt; elk gen bezet een bepaalde plaats op een bepaald chromosoom; meervoud *genen.
gena *L* wang.
genchirurgie het kunstmatig veranderen van de DNA-structuur (de genen) in een chromosoom; syn. genetic engineering, genetische manipulatie, genetische modificatie.
genconversie uitwisseling tussen niet-homologe chromosomen.
gender *E* geslacht; sekse; *~dysforie*, syn. transseksisme, *transseksualiteit; *~identity*, *identiteit*, het meest elementaire, basale gevoel man of vrouw te zijn; hoeft niet overeen te komen met het biologisch geslacht; *~identiteitsstoornis* (vlg. DSM-IV), een sterke aanhoudende discrepantie tussen de biologische en de genderidentiteit (een aanhoudende identificatie met het andere geslacht); het zich niet op het gemak voelen met het eigen geslacht of het er zich naar moeten gedragen; bij (jong-)volwassenen een sterke wens de primaire en secundaire geslachtskenmerken te laten wijzigen in die van het andere geslacht (geslachtstransformatie); *~rol*, het gedrag dat binnen een bepaalde cultuur van mannen of vrouwen wordt verwacht of als zodanig wordt betiteld.
geneeskunde *forensische ~*, syn. *gerechtelijke ~*, geneeskunde t.b.v. gerechtelijk onderzoek en rapportage; *humanistieke ~*, studie en uitoefening, van de geneeskunde tegen de achtergrond van de levensloop en de levensstijl van de zieke; *sociale ~*, deel van de geneeskunde dat primair gericht is op de wisselwerking tussen mensen en hun materiële en immateriële milieu m.b.t. hun gezondheid; de sociale geneeskunde omvat de arbeids- en bedrijfsgeneeskunde, de algemene en de jeugdgezondheidszorg, de verzekeringsgeneeskunde en de 'bijzondere vormen' (tuberculosebestrijding, medische milieukunde, sociale geriatrie, epidemiologie, sportgeneeskunde).
geneios *G* de kin.
genen meervoud van *gen.
general adaptation syndrome *E* zie stress; afk. GAS.
generalisatus zich uitbreidend van één plek of haard uit door of over het gehele lichaam.
generaliseren elk geval als gelijk beschouwen; geen onderscheid maken tussen

zieken die aan dezelfde ziekte lijden; tgst. individualiseren.

generatie, generatio *L* 1. geslacht, voortbrenging, voortplanting; *~psychose*, zie psychose. 2. al de individuen van dezelfde trap van een voortplantingsreeks; *~ aequivoca*, syn. *~ automatica*, *~ originaria*, *~ spontanea*, zelfwording van het leven (*abiogenese).

genereren voortbrengen, verwekken; telen; bewerkstelligen.

genericum (farm.) syn. generiek, geneesmiddel.

generiek geneesmiddel geneesmiddel dat onder zijn stofnaam (generieke naam) in de handel is; syn. genericum.

genese ontstaan, wording, vorming, ontwikkeling; komt ook in smst. voor, bijv. *eugenese*, verbetering van de ontwikkeling der nakomelingschap (zie eugenetica); *fylogenese*, ontstaan en ontwikkeling van de soort of van het ras.

genetica erfelijkheidsleer; de wetenschap van de wetten der erfelijkheid en de wetmatigheid waarmee erfelijke factoren worden overgedragen op het nageslacht.

genetic counselling *E* genetisch advies; erfelijkheidsvoorlichting; advisering van (aanstaande) ouders omtrent erfelijke ziekten en aangeboren afwijkingen van het nageslacht.

genetic engineering *E* zie genchirurgie.

geneticum *L* geneesmiddel, dat op de geslachtsorganen werkt.

'genetic drift' *E* het optreden van veranderingen in genfrequenties (bij kleine bevolkingsgroepen) die berusten op het cumulatief effect van kleine toevalsfluctuaties.

genetic mapping *E* het bepalen van de *loci (plaatsen) en de bijbehorende eigenschappen of functies van de genen.

genetisch 1. m.b.t. de voortplanting. 2. m.b.t. de erfelijkheid of erfelijke oorsprong; *~e code*, zie code; *~e heterogeniteit*, het verschijnsel dat verschillende genetische mechanismen tot (vrijwel) identieke klinische beelden leiden; *~e informatie*, de rangschikking van de nucleotiden in het DNA; *~e manipulatie*, genetische modificatie, genetic engineering *E*, zie genchirurgie.

genetologie de toepassing van de genetica in de geneeskundige praktijk in de vorm van genetic counselling en genetische therapie.

genexpressie de vorm waarin het gen zich manifesteert bijv. de productie van een bepaald eiwit; het verloopt via transcriptie (omzetting van DNA in RNA) en translatie ('vertaling' van RNA in een eiwit).

genezing zie sanatie.

genfrequentie de relatieve frequentie van een bepaald *allel in een bevolking.

Gengou, O. Frans bacterioloog (1875-1957), zie tussis.

geniculata (anat.) geknikt.

genio- (smst.) m.b.t. de kin.

genitaal m.b.t. de geslachtsorganen of het geslachtsleven.

genitale fase in de psychoanalyse het volwassen stadium van de seksuele ontwikkelingsfasen.

genitaliën, genitalia *L* in- en uitwendige geslachtsorganen, de primaire geslachtskenmerken.

genius *L* geest, karakter; *~ epidemicus*, de (grotendeels onbekende) factoren die het ontstaan en verloop van een epidemie bepalen; *~ morbi*, de factoren die het uitbreken en karakter van een ziekte bepalen.

genmerkers chromosomale DNA-kenmerken vlakbij een te definiëren *gen, die de

- indirecte - opsporing van dat gen vergemakkelijken of mogelijk maken.

geno- (smst.) m.b.t. genetische erfelijkheidsinvloeden of het geslacht.

genocide uitroeiing van een heel volk, bevolkingsgroep of ras.

genodermatose verzamelnaam voor huidziekten, in het ontstaan waarvan erfelijke factoren een rol spelen.

genoom de totale erfelijke aanleg; het geheel van alle genen in een celkern.

genoplastie *F* operatie om een wang opnieuw te vormen.

genotype de gezamenlijke, zowel dominante als recessieve erfelijke aanleg van een organisme, syn. biotype.

gentherapie een therapie waabij een gen in een lichaamscel wordt gebracht met behulp van een vehiculum (voertuig) bijv. een virus of liposoom.

gentle teaching *E* een basisattitude voor het werken met verstandelijk gehandicapten die erop gericht is elkaar (zorgverlener en gehandicapte) te leren waarderen, een hechte relatie aan te gaan met mensen die daar juist veel moeite mee hebben en het creëren van een gezond leefklimaat in de woongroepen.

genu *L* knie, meervoud genua; *articulatio ~*, kniegewricht; ~ *recurvatum*, doorbuiging van de knie naar achteren; ~ *valgum*, syn. ~ *introrsum*, x-been, bakkersbeen, meervoud *~a valga*, naarbinnenknikking van de knieën waardoor de benen een x-vorm krijgen; ~ *varum*, syn. ~ *extrorsum*, o-benen, meervoud *~a vara*, naarbuitenknikking van de knieën, waardoor de benen een o-vorm krijgen.

genuïen, genuinus *L* natuurlijk, echt, aangeboren; *genuïene longontsteking*, echte (kroepeuze of fibrineuze) longontsteking.

genus *L* (meervoud genera) geslacht (in de biologische systematiek); een genus bestaat uit een aantal species (soorten).

geofagie het eten van aarde, syn. cachexia africana.

geotrichose (schimmel)infectie van (hoofdzakelijk) mond, bronchi, longen, darmkanaal.

geprotraheerd langdurig, voortslepend, bijv. van een ziekte.

geraamte skelet.

gerandomiseerd zie random.

geremde persoonlijkheid zie persoonlijkheid.

geriater arts-specialist voor ziekten van bejaarden.

geriatrie de wetenschap betreffende het ontstaan, de behandeling en de preventie van ziekten van bejaarden.

Gerlier, E. Zwitsers arts (1840-1914); *ziekte van ~*, endemisch syndroom gekenmerkt door aanvallen van duizeligheid, tezamen met ptose van de oogleden, pijnlijke slappe parese van de nekspieren, gezichtsstoornissen, diplopie, fotofobie; syn. endemische paralytische *vertigo.

germicide *L* zaad- of kiemdodende stof.

germinatie ontkieming, ontspruiting; bijv.nw. *germinatief*, *germinaal.*

germinoom 1. (alg.) een gezwel uitgaande van testis- of ovariumweefsel; in engere zin *seminoom. 2. type van zeldzame gezwellen, histologisch gelijkend op het genitaal germinoom, voorkomend retroperitoneaal, mediastinaal en mediaan in het centrale zenuwstelsel, waarschijnlijk ontstaan uit primitieve embryonale kiemcellen.

geromorfisme, geromorphismus *L* sterke rimpeling van de huid, vnl. van het gelaat, bij jonge mensen; zie ook progeria.

gerontagogie bejaardenzorg.

gerontagoog iemand die ouderen ondersteuning geeft bij veranderingsprocessen.
gerontofiel met voorkeur voor of genegenheid jegens de ouderdom of de oudere mens.
gerontologie de wetenschap van de processen die zich bij het ouder worden en tijdens de ouderdom in het organisme afspelen; zie ook geriatrie.
gerontopsychiatrie psychiatrie die zich vooral bezighoudt met de problemen van de ouder wordende psychisch gestoorden; zie ook psychogeriatrie.
gerontoxon *G* ouderdomskring, syn. arcus lipoides, arcus senilis, annulus corneae, zie *arcus lipoides; ~ *lentis*, ouderdomskring van de ooglens, troebeling die vele jaren tot de ooglens beperkt kan blijven; zie ook embryotoxon.
gerst(e)korrel zie hordeolum.
Gerstmann, J. Weens neuroloog (overl. 1969); *syndroom van* ~, het gezamenlijk vóórkomen van acalculie, agnosie, agrafie en links-rechts desoriëntatie bij afwijkingen in de temporale kwab van de dominante hersenhemisfeer.
geruis zie rhonchi, souffle, strepitus.
gesaccadeerd met horten en stoten.
Geschwind, N. Amerikaans neuroloog (1887-1984), ontdekte de anatomische asymmetrie en de fysiologische lateraliteit van de hersenschors, de betekenis van het *planum temporale en verdiepte het inzicht in het taalvermogen en embryogenetische en verkregen pathologie (in engere zin de disconnectie-syndromen als afasie, apraxie, agnosie, enz.), voorts ontwikkelingsstoornissen als autisme, dyslexie, stotteren.
geslacht zie generatie, gender; *~elijkheid*, seksualiteit; *~elijk onvermogen*, *impotentie; *~sbepaling*, zie drumsticks; *~schromatine*, zie Barr, drumsticks.
geslachtschromosoom chromosoom of chromosomenpaar dat het geslacht van het individu bepaalt: X-chromosoom en het Y-chromosoom; iedere lichaamscel van een vrouw bevat in de celkern twee X-chromosomen (XX), bij een man is dit het chromosomenpaar XY; syn. heterosoom.
geslachtsdrift libido sexualis.
geslachtsgebondenheid zie sex-linkage.
geslachtsidentiteit zie genderidentiteit.
geslachtsidentiteitsstoornis zie genderidentiteitsstoornis.
geslachtskenmerken zie genitaliën, puberteit; *primaire* ~, geslachtskenmerken vanaf de geboorte; *secundaire* ~, geslachtskenmerken vanaf de puberteit; *tertiaire* ~, term ook wel gebruikt als synoniem van genderidentiteit.
geslachtsorganen zie genitaliën, gonade.
geslachtsrijpheid zie menarche, puberteit.
geslachtstransformatie het laten wijzigen van de primaire en secundaire geslachtskenmerken in die van het andere geslacht, zie ook genderidentiteitsstoornis.
geslachtsverhouding syn. sex-ratio.
geslachtsziekten zie venerische ziekten.
gespleten ~ *lip*, cheiloschisis; ~ *tong*, zie lingua.
gesprekstherapie (psych.) sessies van diverse vormen van (therapeutische) gesprekken; in engere zin psychoanalytische therapie.
gestageen (de invloed van een) hormoon dat een zwangerschapsbehoudende werking heeft.
Gestalt *D* term waarvan het meest essentiële kenmerk is dat hij gebruikt wordt ter

aanduiding van: samenhangende gehelen, volledige structuren of 'totalen' waarvan de aard niet te ontdekken valt door eenvoudige analyse van de samenstellende delen; 'het geheel (Gestalt) is meer dan de som der delen'; vormt het principe of uitgangspunt van de *gestaltpsychologie en *gestalttherapie.
gestaltpsychologie stroming in de psychologie die menselijke gedragingen niet in afzonderlijke elementen splitst vanwege het unieke karakter van de eenheid in de menselijke waarneming en beleving; zie ook Gestalt.
gestalttherapie vorm van existentiële proces-psychotherapie, individueel en in groepsverband toegepast; centraal staat het individu in wisselwerking met de omgeving met als doel de stoornis hierin op te sporen en te genezen: het middel daartoe is bewustzijnsontwikkeling van het individu, betrokken op wat 'hier en nu' gaande is; methoden zijn o.a. herbeleving van vroegere ervaringen via rollenspellen, confrontaties en *bio-energetische therapie; de cliënt leert hierdoor de eigen levensmogelijkheden en gezondheid te bevorderen.
gestatio *L*, zwangerschap, drachtigheid, syn. *graviditeit.
gesteeld pediculatus, pedunculatus; pendulans.
gestiek gebarentaal.
gestose ziekte die verband houdt met de zwangerschap; in engere zin zwangerschapstoxicose; *eclamptogene* ~, syn. *zwangerschapstoxicose.
geur *~hallucinatie*, het waarnemen van een geur terwijl deze waarneming niet berust op een zintuiglijke prikkel; zie ook hallucinatie; *~stoffen*, zie ecto*hormoon, feromonen.
geusiolepsis smaakverbetering van geneesmiddelen.
gevaarscriterium in de BOPZ-wet omschreven criterium op grond waarvan iemand tegen zijn zin mag worden opgenomen in een psychiatrisch ziekenhuis als er sprake is van gevaar voor zichzelf, gevaar voor anderen of gevaar voor de algemene veiligheid van personen of goederen.
gevlekt zie maculosus.
gevoel algemene term voor 1. *affect. 2. *emotie. 3. geloof. 4. zintuiglijke prikkel, zoals warmte of pijn; zie ook sensibiliteit.
gevoelshallucinatie *hallucinatie waarbij iemand er ten onrechte van overtuigd is dat hij zintuiglijke prikkels zoals tintelingen, een elektrische stroom of bewegingen onder zijn huid voelt.
gewaarwording sensorische ervaringen, het resultaat van stimulatie van een receptor of zintuig en de daaruit volgende activatie van bepaalde hersengebieden; zie ook perceptie.
gewelf fornix.
gewenning het zich voordoen van het feit dat van een bepaalde stof (drugs of medicijnen) om effect te sorteren, een steeds grotere hoeveelheid moet worden ingenomen, omdat de stof enerzijds sneller wordt afgebroken en anderzijds het centrale zenuwstelsel er ongevoeliger voor wordt; syn. tolerantie (bet. 2)
gewricht zie articulatie; *glenohumeraal* ~, het schoudergewricht; *~skapsel*, capsula articularis; *~smuis*, mus articularis; *~sverstijving*, zie ankylose, artrodese; *~sxanthoom*, zie synovitis.
gezichts- *~grens*, horopter *G*, de afstand van een punt in de ruimte, dat een beeld geeft op identieke (symmetrisch corresponderende) plaatsen der beide netvliezen; *~hallucinatie*, *hallucinatie waarbij iemand er ten onrechte van overtuigd is voorwerpen of beelden te zien; syn. visuele hallucinatie; *~hoek*, hoek tussen de

van de uiterste grenzen van het waargenomen voorwerp uitgaande lichtstralen, die elkaar in het optisch centrum van het oog kruisen; *~leer,* optica; *~lijn,* de lijn die het fixatiepunt verbindt met de macula lutea; zie ook bliklijn; *~scherpte,* visus; *~veld,* het gebied dat het stilstaand oog kan overzien; zie ook blikveld; *~vermogen,* zie paropsis, visus; *~zenuw,* *nervus opticus.

gezinsinteractiemodel theorie waarbij er vanuit wordt gegaan dat verstoorde relaties (interacties) in een gezin de oorzaak zijn van de ziekte van een van de leden van dat gezin.

gezinstherapie (psych.) behandeling waarbij het hele gezin in de therapie wordt betrokken, nadat uit klachten van een of meer gezinsleden blijkt dat de gezinsinteracties verband houden met het probleem van de cliënt.

gezondheid sanitas *L*; toestand van volledig lichamelijk, geestelijk en maatschappelijk welbevinden (definitie van de WHO); ook: toestand van aanpassing van het organisme aan zijn fysieke, sociale, mentale en microbiologische milieu, om hem in staat te stellen effectief te functioneren; *~sleer,* zie hygiëne.

gezondheidsvoorlichting en -opvoeding zie GVO.

Gezondheidsraad adviesorgaan van de regering.

gezwel zie neoplasma, tumor.

GFR afk. van glomerular filtration rate *E*, syn. *GFS.

GFS afk. van glomerulaire filtratiesnelheid (van de nieren); syn. GFR.

GGD afk. van gemeenschappelijke (gemeentelijke, gewestelijke) gezondheidsdienst.

GG en GD afk. van gemeentelijke geneeskundige en gezondheidsdienst.

γ-globuline zie gammaglobuline.

γ-GT(P) afk. van gamma-glutamyltranspeptidase, syn. gamma-glutamyltransferase, afk. gGT, een enzym; een gevoelige indicator voor leveraandoeningen, met name voor intrahepatische metastasen en *hepatose (bet. 2).

GGV afk. van 1. gespecialiseerde gezinsverzorging. 2. gespecialiseerde gezinsverzorger.

GGZ afk. van geestelijke gezondheidszorg.

GH afk. van groeihormoon.

GHBG afk. van geslachtshormoon-bindend globuline.

GHD afk. van groeihormoondeficiëntie.

GHI afk. van geneeskundige hoofdinspectie van de volksgezondheid.

GHIGV afk. van geneeskundige hoofdinspectie voor de geestelijke volksgezondheid.

ghost cell *E* zie spookcel.

GHRH afk. van growth-hormone releasing hormone *E*, een product van de *hypothalamus, dat *HVK groeihormoon doet produceren.

GHS afk. van gecontroleerde hyperstimulatie (van ovulaties).

Gianotti, F. Italiaans dermatoloog (geb. 1920); *ziekte van ~-Crosti,* acrodermatitis papulosa infantum, koperkleurige, erythematopapuleuze huideruptie op gelaat, handen en voeten bij kinderen, gepaard met lymfomen, hepatomegalie en gestoorde leverfunctie, mogelijk t.g.v. infectie met *HBsAg.

Giardia een geslacht van de flagellaten (zie flagellatum); syn. Lamblia; *~ lamblia,* syn. *~ intestinalis,* zie giardiasis.

giardiasis infestatie met *Giardia, in engere zin met Giardia intestinalis; kan slijmvliesbeschadiging en darmvlokatrofie veroorzaken.

gibbositas *L* gebocheld zijn; bochel, bult; zie gibbus.

gibbus *L* bochel, bult, kyfotische verkromming van de wervelkolom. 1. *hoekige* verkromming (gibbus in engere zin) in de regel in het gebied van de borstwervels en bovenste lendenwervels, meestal veroorzaakt door spondylitis tuberculosa (zie Pott). 2. *arcuaire hyperkyfose* ('ronde rug') door spondylosis ankylopoietica, ziekte van Scheuermann, rachitis, aangeboren houdingsafwijkingen ('habituele' kyfose) of door seniele osteoporose tezamen met het slapper worden van de spieren.

Gibert, C. Frans dermatoloog (1797-1866); *ziekte van ~*, syn. pityriasis rosea.

Giemsa, G. Duits bacterioloog (1867-1948); *~-oplossing*, samengestelde kleurstof voor de kleuring van bloedpreparaten en ziektekiemen.

Gierke, 1. **E. von** Duits patholoog (1877-1945); *ziekte van ~-van Creveld*, niet-lysosomale hepatorenale glycogenose t.g.v. glucose-6-fosfatase deficiëntie. 2. **H.** Duits anatoom (1847-1886); *lichaampjes van ~*, ringvormige epitheelcel-aggregaten in de thymus; syn. lichaampjes van Hassall.

gierst *~koorts*, sudor angelicus; *~korrel*, milium; *~uitslag*, zie miliaria.

GIF afk. van growth hormone inhibiting factor *E*, syn. somatostatine.

gif- *~gas*, zie strijdgassen.

GIFT afk. van gamete intrafallopian transfer *E*, een vorm van kunstmatige *inseminatie, waarbij mnl. en vrl. gameten in een eileider worden samengebracht; zie ook IVF, ZIFT.

giga- (smst.) 10^9, symbool G, voorvoegsel.

gigantisme overmatige groei met overigens goede proporties t.g.v. overproductie van groeihormoon bij adenoom van de eosinofiele cellen van de hypofysevoorkwab op jeugdige leeftijd (d.i. zolang de epifysairschijven nog werkzaam zijn); syn. macrogenese; zie ook acromegalie.

gigantocellulare *L* m.b.t. reuzencel.

Gilbert, N. Frans internist (1858-1927); *syndroom van ~-Lereboullet*, geringe, niet-pathologische verhoging van ongeconjugeerd *bilirubine.

Gilford, H. Engels arts (1861-1941), zie Hutchinson, progeria.

Gill, A. Bruce Amerikaans chirurg (overl. 1965); *operatie van ~* 1. verwijdering van de mobiele wervelboog bij spondylolisthese, gecombineerd met spondylodese d.m.v. botspanen. 2. talus-calcaneus plastiek bij pes equinus.

Gilles de la Tourette, G. Frans zenuwarts (1857-1904); *syndroom van ~*, (vlg. DSM-IV) een op niet-volwassen leeftijd ontstane *ticstoornis die in milde vorm wordt gekenmerkt door onvrijwillige tics en bewegingen en in ernstige gevallen door hevige onvrijwillige bewegingen, geluiden in de vorm van uitroepen, vloeken en kreten en vaak een onbeheersbare dwang tot het uiten van obsceniteiten; syn. maladie des tics, syndroom van Meige.

gilvor *L* vale geelbleke gelaatskleur bij cachexie.

gingiva *L* tandvlees; *~-spleet*, de 'ruimte' tussen het tandvlees en de gebitselementen.

gingivectomie verwijdering van 'overtollig' tandvlees, dat soms ontstaat na extractie van gebitselementen.

gingivitis *L* ontsteking van het tandvlees.

ginglymus *G* scharniergewricht.

GIP afk. van 1. gastric inhibitory polypeptide *E*, syn. *enterogastron, een *enterohormoon dat insulineproductie bevordert, daarom is de nieuwe (juistere) naam: glucose-dependent insulinotropic polypeptide. 2. geneesmiddeleninformatieproject.

gipsbed aan de lichaamsvorm aangepaste gipsspalk voor het hele lichaam.

Girdlestone, G. Engels orthopeed (1881-1950); *~-situatie*, zie hängehüfte.

gishiri Afrikaanse traditionele insnijding van de voorste c.q. achterste vaginaalwand van nauwelijks geslachtsrijpe meisjes op zeer uiteenlopende 'indicaties' bij sommige stammen in Nigeria.

gist zie faex.

GIT (psych.) afk. van Groninger intelligentietest.

GITT afk. van glucose-insuline tolerantietest.

GLA afk. van gammalinoleenzuur (acid).

glabella *L* het gedeelte van het gelaat, resp. de schedel, boven de neuswortel en tussen de wenkbrauwen; *~reflex*, syn. nasopalpebrale reflex; kloppen op de glabella veroorzaakt dubbelzijdige samentrekking van de musculus orbicularis oculi bij het syndroom van *Parkinson.

glandula *L* klier, meervoud glandulae; klieren zijn organen, waarvan de functie is het afscheiden van bepaalde stoffen: secreten (secreta) of excreten (excreta); *secreten* worden in het lichaam gebruikt, *excreten* zijn afvalproducten, die verwijderd worden; men onderscheidt exocriene en endocriene klieren; exocriene klieren voeren hun product via een kanaal af, bijv. de zweetklieren en de spijsverteringsklieren; wordt het afscheidingsproduct direct door het bloed opgenomen (interne secretie) dan spreekt men van endocriene klieren, bijv. de hypofyse, de schildklier en de bijnieren; anatomisch kent men: *tubuleuze* of buisvormige klieren, bestaande uit één, soms verscheidene microscopisch kleine buisjes (zweet-, maagsap-, darmsapklieren, enz.) en *acineuze* of trosvormige klieren, bestaande uit een groot aantal microscopisch kleine ronde blaasjes tot een tros verenigd (speeksel-, slijm-, smeer-, melkklieren, enz.); de werking van de klieren wordt beïnvloed door bepaalde zenuwen (secretorische zenuwen); *~ Bartholini*, slijm afscheidende klieren in de schede-ingang bij de vrouw; *~e bulbourethrales*, *Cowperse klieren, klieren van het vliezig gedeelte der urinebuis die een deel van de zaadvloeistof leveren; *~e ceruminosae*, oorsmeerklieren; *~e duodenales*, klieren van Brunner van het duodenum; *~e gastricae propriae*, fundusklieren, de eigenlijke maagklieren; *~e glomiformes*, kluwenvormige klieren; *~e intestinales*, klieren van Lieberkühn, darmklieren die het darmsap leveren; *~ lacrimalis*, traanklier; *~e lactiferae*, melkklieren; *~e laryngeae*, slijmklieren van het strottenhoofd; *~e lymphaticae*, lymfeklieren, watervaats-klieren; *~ parathyroideae*, zie bijschildklieren; *~ parotidea* of *parotis*, oorspeek-selklier; *~ pinealis*, syn. epiphysis cerebri, pijnappelklier; *~ pituitaria*, syn. hypofyse; *~e salivales*, speekselklieren; *~e sebaceae*, huidsmeerklieren; *~ sublingualis*, ondertongspeekselklier; *~ submandibularis*, onderkaakspeekselklier; *~e sudoriparae*, zweetklieren; *~ suprarenalis*, zie bijnier; *~e tarsales*, klieren van Meibom, ooglidklieren die het sebum palpebrale afscheiden; *~ thyroidea*, zie schildklier; *~ vesiculosa*, zaadblaasje, syn. *vesicula seminalis; *~ vestibularis major*, klier van *Bartholin.

glandulair, glandularis *L* klierachtig, de klieren betreffend.

glans *L* eikel; *~ clitoridis*, eikel van de clitoris; *~ penis*, eikel van de penis.

glanshuid zie liodermie.

Glanzmann, E. Zwitsers kinderarts (1887-1959); *ziekte van ~*, zie trombasthenie (bet. 2).

glas- *~achtig*, vitreus; *~lichaam, ~vocht*, *corpus vitreum.
glasblazersstaar *cataract t.g.v. langdurig herhaalde blootstelling van de ogen van glasblazers aan infrarood licht uit gloeiend glas.
Glasgow-coma-schaal beoordeling van de graad van bewustzijn bij (sub)comateuze toestanden door waardering van de motorische en verbale reactie en het openen van de ogen op gestandaardiseerde (pijn)prikkels.
glaucoom, glaucoma *G* groene staar; wordt veroorzaakt door verhoogde druk binnen het oog, soms zonder aantoonbare oorzaak (primair), is soms echter het gevolg van reeds bestaande oogaandoening (secundair); ~ *absolutum*, blind oog door verdwijning van de laatste resten van het gezichtsveld t.g.v. glaucoom; ~ *acutum*, acute stijging van de intra-oculaire druk door kamerhoekafsluiting; ~ *congenitum*, zie buphthalmos; *~teus*, glaucoom betreffend.
glaucosurie groenachtige urine door aanwezigheid van indicaan.
glazuur adamantine; syn. email.
GLDH afk. van glutamaatdehydrogenase, een mitochondriën-enzym.
Glénard, F. Frans arts (1848-1920); *ziekte van ~*, zie enteroptose.
glenohumeraal gewricht het gewricht tussen schouderblad en opperarmbeen.
glenoidalis m.b.t. een (ondiepe) holte, bijv. in de anatomie.
glenoides ondiepe holte.
gleuf fissuur, scissuur.
glia *G* bepaalde vorm van bindweefsel, steunweefsel van het zenuwstelsel, bestaat uit *~cellen* met hun uitlopers, de *~vezels;* de gliacellen vormen de bekleding van de hersenkamers en van het centrale kanaal van het ruggenmerg; bovendien komen zij in de witte en grijze hersenstof voor als astrocyten.
gliaal met betrekking tot glia.
gliacellen verzamelnaam voor de cellen die de *neuroglia vormen.
gliadine zie coeliakie, gluten.
glieus kleverig; lijmachtig.
glijbreuk hernia paraperitonealis.
glioblastoom, glioblastoma een gezwel uitgaande van *neurogliacellen, syn. spongioblastoom; ~ *multiforme*, snel progressief groeiend *astrocytoom; veroorzaakt in vele gevallen immunologische *deficiëntie.
glioom, glioma *G* gezwel bestaande uit woekerend gliaweefsel; (foutief) ~ *retinae*, syn. retinoblastoom.
gliosis *G* verdichting van gliaweefsel, verspreide glioomvorming in het centrale zenuwstelsel.
glischrurie het lozen van slijmachtige urine.
Glisson, F. Engels arts (1597-1677); *kapsel van ~*, syn. capsula fibrosa perivascularis, het bindweefsel waarmee de galgangen en levervaten met hun vertakkingen bekleed zijn; *lus van ~*, lederen lus, aangebracht om het hoofd ter rekking van de nekwervelkolom.
globaal over het geheel genomen; tgst. focaal.
globine het eiwitbestanddeel van hemoglobine.
globoïdcellen grote bolvormige cellen door stapeling van stofwisselingsproducten; *~-*leukodystrofie*, zie Krabbe.
globosus *L* bolvormig.
globulicide *L* bloedcellendodend; de eigenschap van soortvreemd bloedserum de bloedcellen van andere diersoorten te doden; hierdoor is bloedtransfusie van dier

op mens onmogelijk.

globuline eiwitachtige stof in bloedplasma, spieren, planten, eidooier, enz.; oplosbaar in zwakke keukenzoutoplossingen en alkaliën; *antithymocyten-~* (afk. ATG) wordt vóór een orgaantransplantatie toegepast (samen met o.a. *TLI en prednison) om door een (tijdelijke) *immunosuppressie het afstotingsmechanisme tegen te gaan.

globulinurie het lozen van globuline met de urine.

globulus *L* bolletje, bijv. zetpil (suppositorium), meervoud globuli.

globus *L* bal of bol; ~ *nervosus*, het gevoel alsof een uit de maag opstijgende bal in de keel blijft steken, voorkomende bij nerveuze toestanden; ~ *pallidus* (anat.) het mediale deel van de nucleus lentiformis; ~ *vesicalis*, palpabele gevulde urineblaas, (in engere zin) die door de patiënt niet geledigd kan worden.

glomectomie (chir.) verwijdering van een glomus caroticum.

glomerulonefritis ziekte van Bright, ontsteking van de glomeruli in de nierschors, gekenmerkt door *vasculitis van de vaatkluwens en inflammatoire beschadiging van de glomerulaire basale membraan (zie glomerulus); de pathogenese is immunologisch, nl. afzetting van *immuuncomplexen of vorming van antistoffen tegen de glomerulaire basale membraan; de oorzakelijke antigenen kunnen zowel van bacteriële (vooral streptokokken) als van virale (hepatitis, mazelen e.a.) of parasitaire (o.a. malaria) aard zijn, dan wel auto- of tumor-antigenen; de klinische verschijnselen van *acute* ~ zijn hoofdzakelijk proteïnurie, oligurie en hematurie, oedemen en hypertensie, voorts o.a. moeheid, anemie, hoofdpijn, nausea; *chronische* ~ ontwikkelt zich soms geleidelijk uit een acute streptokokkenglomerulonefritis en leidt tot terminale *nierinsufficiëntie; *diffuse* ~, volledige en gelijkelijke aantasting van glomeruli; tgst. *focale* ~ (die bijv. voorkomt bij systemische *lupus erythematodes, SLE); *membraneuze* ~, het ontstekingsproces is hoofdzakelijk in de glomerulaire basale membraan gelokaliseerd; *membranoproliferatieve* ~, zie nefritis; *progressieve* ~, snel verlopende, meestal focale vorm van glomerulonefritis met ernstige beschadigingen van de glomeruli, die wordt aangetroffen bij o.a. het syndroom van *Goodpasture en dat van *Schönlein-Henoch, bij systemische *lupus erythematodes (SLE) en acute streptokokkenglomerulonefritis, polyarteriitis en bij glomerulonefritis door anti-*GBM-antistoffen; *proliferatieve* ~, glomerulonefritis waarbij vooral het *mesangium van de glomeruli is aangedaan.

glomerulosclerose zie sclerose.

glomerulus *L* kluwen, vklw. van glomus, meervoud glomeruli; ~ *renalis*, een kluwen van lusvormige capillairen omgeven door het kapsel van *Bowman (het ingestulpte beginstuk van een *nefron); de glomerulus met het kapsel van Bowman wordt lichaampje van *Malpighi (nierlichaampje) genoemd, ligt in de nierschors; vaatwand en kapsel van Bowman zijn onderling gescheiden door en vergroeid met de zgn. basale membraan; deze drie structuren vormen samen een membraan waarin het bloed wordt gefilterd; het gevormde ultrafiltraat komt in het kapsel van Bowman terecht.

glomus meervoud glomera, vklw. glomerulus; syn. paraganglion; kluwen van neurovasculair weefsel dat *receptoren bevat t.b.v. de regulatie van vegetatieve functies in het lichaam; het bekendste glomus is het ~ *caroticum*, gelegen in de carotis-*bifurcatie, met als voornaamste functie de reactie op het O_2-gehalte van het bloed; ~ *caroticum-tumor*, aardappelgezwel, meestal goedaardige hyperplasie van het glomus caroticum; door groei en lokalisatie kunnen zich uitval-, prikkelings- en afsluitingsverschijnselen voordoen; syn. chemodectoma; ook op andere plaatsen waar autonome zenuwvezels grote vaten kruisen, kan glomusweefsel voorkomen (~ *vagale*, ~ *tympanicum*, ~ *jugulare* e.a.); ~ *caroticum-reflex*, bradycardie, acute hypotensie, syncope en evt. asystolie door prikkeling van de hyperirritabele sinus caroticus; syn. carotissinussyndroom; ~ *cutaneum*, zie cutane glomus-tumor.

glossa *G* tong, syn. lingua.

glossalgie pijn in de tong; syn. glossagra, glossodynie.

Glossina Afrikaanse steekvlieg die Trypanosoma op de mens overbrengt; ~ *morsitans*, syn. tseetseevlieg.

glossitis *G* tongontsteking, meestal als onderdeel van stomatitis; gaat gepaard met sterke zwelling, waardoor spreken en slikken bemoeilijkt worden; ~ *dissecans*, tongontsteking met vorming van diepe kloven.

glosso- (smst.) m.b.t. de tong; *~cele*, uitpuilen van de tong bij sterke *macroglossie; syn. prolapsus linguae; *~coma*, achterwaartse verplaatsing van de tong; *~dynie*, pijnlijke tong; *~dynia exfoliativa*, zie Möller; *~lalie* 1. het spreken in een denkbeeldige taal door extatici. 2. het praten in de droom en bij slaapwandelen. 3. wartaal. *~pharyngeus*, zie nervus; *~plegie*, verlamming van de tong; *~ptosis*, 1 syn. macroglossie. 2. syn. glossocoma. 3. benedenwaartse verplaatsing van de tong; *~*spasmus*, tongkramp; *~tomie*, gehele of gedeeltelijke operatieve verwijdering van de tong.

glossy skin *E* glanzende atrofische huid t.g.v. trofoneurotische invloeden (Sudeck-syndroom, gewrichtsreuma, ziekte van Raynaud e.a.) vooral voorkomend aan vingers of tenen.

glottis *G* het stemapparaat; ~ *ligamentosa*, syn. ~ *vocalis*, de stembanden en de opening daartussen; *~oedeem*, oedema glottidis (zie oedeem).

glottografie registratie van de stembandbewegingen.

GLP afk. van good laboratory practice, goede laboratoriumpraktijk, een kwaliteitsnorm.

glucagon een polypeptide, geproduceerd door de α-cellen van de eilandjes van *Langerhans in het pancreas met bloedsuikerverhogende werking door glycogenolyse.

glucagonoom een pancreas*apudoom dat *glucagon produceert en gepaard gaat met necrotiserende huidafwijkingen, stomatitis, normochrome anemie, vermagering, hypokaliëmie, hyperglykemie e.a.

gluco- zie ook glyco-.

glucocorticoïden, glucocorticosteroïden één van de drie groepen steroïdhormonen die door de bijnierschors worden geproduceerd; ze hebben een veelzijdig werking o.a. bevordering van de *gluconeogenese, remming van allergische reacties en ontstekingsreacties (antiflogistische werking); het belangrijkste hormoon van deze groep is cortisol (hydrocortison).

gluconeogenese de vorming van glucose uit eiwitten en vetten onder invloed van het hormoon cortisol (hydrocortison) uit de bijnierschors, syn. neoglucogenese, glyconeogenese (obsoleet).

glucose syn. dextrose, druivensuiker, (pop.) bloedsuiker, een monosacharide; komt voor in fruit, honing, enz.; wordt in de urine en, in een hoger % dan normaal, in het bloed gevonden van lijders aan diabetes.

glucosebelastingcurve curve die het nuchtere glucosegehalte van het bloed aangeeft èn het gehalte telkens 5 maal een half uur na éénmalige toediening van 50 g glucose; ter diagnostisering van diabetes; zie ook GTT, GITT.
glucoside een glycoside met als suiker glucose.
glucosurie *G* het lozen van *glucose bevattende urine, syn. melliturie voorkomend bij o.a. diabetespatiënten t.g.v. een verhoogd glucosegehalte van het bloed; *renale ~*, glucosurie bij normaal bloedglucosegehalte t.g.v. een onvoldoende terugresorptie van glucose in de proximale niertubuli.
glue *E* lett. kleefstof; in engere zin *mucopus; *~ ear*, lijmoor, een ingedikte lijmachtige vloeistof in het middenoor als gevolg van langer bestaande onderdruk door slechte doorluchting van de buis van Eustachius.
gluma suppositoria *L* uit cacaoboter vervaardigde holle zetpil die met een geneesmiddel wordt gevuld; zie ook suppositorium.
glutaei *L* de billen; bijv.nw. *glutaeus L, gluteaal.*
glutathion een tripeptide, aanwezig in de meeste dierlijke en plantaardige weefsels; co-enzym met een zuurstofoverdragende functie; *~reductasedeficiëntie*, een aangeboren stofwisselingsziekte door een tekort aan het enzym glutathion-reductase in de erytrocyten, waardoor: hypochrome anemie met aniso-, poikilo- en reticulocytose, miltvergroting, spasticiteit en oligofrenie.
gluten *L* 1. lijm. 2. geelgrijze, kleverige, taaie eiwittenbevattende stof in tarwe, rogge, haver en gerst, hoofdzakelijk bestaande uit de proteïnen glutenine en gliadine; dit laatste bezit voor sommigen een toxische werking; *~-enteropathie*, verzamelnaam voor *coeliakie, M. Gee-Herter, inheemse *spruw; *~vrij dieet*, dieet zonder bestanddelen waarin rogge, tarwe, gerst of haver zijn verwerkt.
glutenine een tarweproteïne.
glutinans *L* kleefmiddel voor kleine wonden, bijv. collodium, kleefpleister.
glutine beenderlijm, gebruikt tegen bloedingen, voor verbanden, enz.
glutinosus *L* kleverig, lijmbevattend.
glutoïd met formaline geprepareerde gelatine, met de eigenschap niet in maagsap, maar wel in het alvleessap op te lossen; *~capsule* (farm.) *capsule (bet. 2) vervaardigd van glutoïd; *~proef*, toediening van een met salicylzuur of jood gevulde glutoïdcapsule, teneinde de werking van de alvleesklier te controleren; bij onvoldoende werking wordt het salicylzuur (of jood) te laat of in het geheel niet in de urine gevonden.
gluurder syn. voyeur.
glycaemie, glycaemia zie glykemie.
glycerine kleur- en reukloze stroopachtige zoete vloeistof; wordt o.a. gebruikt voor het bereiden van zalven, klysma's, suppositoria, penseelvocht en schudmixturen.
glycerol syn. *glycerine.
glycine een niet-essentieel aminozuur; zie hyperglycinemie.
glycinurie uitscheiding van glycine in de urine bij hyperglycinemie.
glyco- zie ook gluco-.
glycocalix mucopolysacharide-filamenten op de microvilli van de cellen van het maagslijmvlies die gezamenlijk een netwerk vormen dat verteringsenzymen bevat.
glycogeen dierlijk zetmeel, een polysacharide die in de lever en in de spieren wordt gevormd en opgeslagen; *~stapelingsziekte*, zie glycogenose.
glycogenese de vorming van glycogeen uit glucose; tgst. glycogenolyse.

glycogenolyse de ontleding van glycogeen tot glucose; tgst. glycogenese; zie glucagon.
glycogenose glycogeenstapelingsziekte berustend op enzymdeficiëntie in de koolhydraatstofwisseling; afhankelijk van de aard van het deficiënte enzym onderscheidt men meerdere typen van glycogenose; glycogeen wordt in overmatige hoeveelheid opgeslagen, vnl. in lever, hart, nieren, tong.
glycolipiden verbindingen van koolhydraten en lipiden.
glycolyse 1. (in engere zin) afbraak van glucose tot pyrodruivenzuur (anaërobe afbraak). 2. (in ruimere zin) anaërobe afbraak van glucose èn de daarop volgende aërobe afbraak van glucose in de Krebs- of citroenzuurcyclus tot koolstofdioxide en water.
glyconeogenese syn. *gluconeogenese.
glycopenie tekort aan glucose in bloed en/of weefsels; *neuro~*, glycopenie in hersenweefsel, leidend tot cerebrale disfunctie, gekenmerkt o.a. door onbehagen, moeheid, angst, verwardheid, geïrriteerdheid, tremor, duizeligheid, ataxie, agressiviteit, derealisatie, amnesie.
glycoproteïnen, -proteïden zie mucoproteïnen.
glycosiden plantaardige stoffen met een suikercomponent; zie ook hartglycosiden.
glycosileren zich verbinden met glucose.
glycostasis handhaving van een normaal suikergehalte.
glykemie, glycaemie glucose in het bloed; zie ook hyperglykemie, hypoglykemie.
G(M)-CSF afk. van granulocyte (macrophage) colony stimulating factor *E*.
GMD afk. van gemeenschappelijke medische dienst.
GMP afk. van 1. guanosinemonofosfaat. 2. good manufactoring practice, goede werkwijze (manieren) bij productie.
gnathologie de wetenschap betreffende het kauworgaan, dat zijn de kaken, de kaakgewrichten en de kauwmusculatuur (*gnathos G* = kaak).
gnathoschisis *G* aangeboren kaakspleet.
gnathostomiasis besmetting met *Gnathostoma*, een nematode (rondworm), parasiet van vee, soms van de mens; gekenmerkt door lokale pijnlijke huidoedemen.
-gnosie, -gnosia *G* (psych.) het vermogen concrete en abstracte dingen door waarneming te herkennen; zie ook gnosis, stereognosie.
gnosis *G* (psych.) kennis; het weten; het ontstaan van associatieve herinneringsbeelden in de hersenschors t.g.v. zintuiglijke impulsen; *optische ~*, herkennen op afbeelding; *tactiele ~*, herkennen op de tast; zie ook -gnosie.
gnostisch m.b.t. de fijnere zintuiglijke gevoeligheid; *~e sensibiliteit*, het diepe gevoel, bijv. het kunnen voelen in welke stand een gewricht zich bevindt.
gnotobiologie de biologie die zich richt op het ontwikkelen en toepassen van kennis van de basale biologie van kiemvrije dieren (gnotobionten) en de relaties tussen micro-organismen en gastheer.
gnoto- *~biont*, kiemvrij dier; *~biose*, leven uitsluitend in de aanwezigheid van de eigen soort, zie ook gnotobiotisch; *~biotiek*, de wetenschap betreffende het kiemvrije dier; *~biotisch*, kiemvrij, vrij van vreemde stoffen; *~foor*, organisme, besmet met bekende micro-organismen.
GnRH afk. van gonadotrofine releasing hormoon, gonadoreline.
gobletcel zie bekercel.
godemiché *F* kunstpenis, dildo.
godsdienstwaan theomanie.

goerita zie gurita.
goitre *F* krop; ~ *cardiaque*, hartkrop, schildklierverharding veroorzaakt door hartaandoening; ~ *exophthalmique*, ziekte van *Graves.
gokken, pathologisch (vlg. DSM-IV) stoornis in de *impulscontrole, gekenmerkt door overmatig gokgedrag (steeds grotere bedragen, mislukte pogingen ermee te stoppen), dat na verloop van tijd het sociale en financiële bestaan geheel beheerst (crimineel gedrag, afhankelijk van anderen om de financiële problemen op te lossen).
gokverslaving (pop.) zie gokken, pathologisch.
Goldflam, S. Pools neuroloog (1852-1932); *ziekte van ~-Erb*, zie myasthenie.
Goldscheider, A. Duits internist (1858-1935), zie epidermolyse.
Golgi-systeem (-apparaat, -net, -substantie) een in alle cellen voorkomende structuur van gladwandige, platte blaasjes (dictyosomen), die als pakketjes op elkaar zijn gestapeld; het dient voor transport en uitstoten van door de cel gevormde stoffen, die verzameld worden in blaasjes die worden afgesnoerd en zich verplaatsen o.a. naar het celmembraan waarna de stof wordt uitgestoten; kliercellen hebben een goed ontwikkeld Golgi-systeem.
Goltz-Gorlin syndroom X-gebonden fokale huid-hypoplasieën en papillomateuze zwellingen van de bovenste luchtwegen.
gomgezwel zie gumma.
gomphosis *G* inklemming van een bot in een ander bot, bijv. een tand in de kaak ('spijkergewricht') of bij beenbreuk: een stuk bot tussen twee of meer andere stukken.
gonacratia *G* zaadloop; syn. spermatorroe.
gonade *G* geslachtsklier (testis en ovarium).
gonadoreline syn. *LHRH.
gonadotrofinen hormonen die de werkzaamheid van de gonaden reguleren; zij worden afgescheiden door de hypofysevoorkwab en worden verder aangetroffen in serum en urine van zwangeren (**chorion~*); syn. gonadotropinen, GSH.
gonadotroop de gonaden beïnvloedend, de werking van de geslachtsklieren regulerend; ~ *hormoon*, syn. gonadotrofine.
gonadotropine syn. *gonadotrofine.
GON afk. van gehandicaptenorganisatie Nederland.
gon- *G* m.b.t. de knie; *~agra*, kniejicht; zie ook podagra; *~algie, ~algia*, pijn in de knie; *~algia paraesthetica*, kniepijn t.g.v. inklemming van de betreffende gevoelszenuw in het kanaal van *Hunter (bet. 3); *~arthritis*, syn. gonitis; *~artrose, ~arthrosis*, artrose van het kniegewricht; *~artrotomie*, knieoperatie.
gonio- *G* (gonia = hoek) m.b.t. een hoek.
goniodysgenesis afwijkende structuur van de *kamerhoek.
gonion de uiterste punt van de onderkaakhoek.
gonioplastiek een bij glaucoom uitgevoerde operatie, waarbij een stuk sclera wordt ingehecht in de kamerhoek.
gonioscopie microscopische bezichtiging, c.q. meting, van de kamerhoek in het levende oog.
gon- *~itis*, ontsteking van het kniegewricht, syn. gonarthritis; *~ocampsis*, knieverkromming.
gonococcaemie, gonococcaemia zie gonokokkemie.
gonococcus, gonokok koffieboonvormige bacterie, verwekker van gonorroe, door

de Duitse huidarts A. Neisser in 1897 ontdekt; syn. Neisseria gonorrhoeae.
gonocyt kiemcel, de mnl. en vrl. geslachtscellen en hun voorstadia.
gonokok zie Gonococcus.
gonokokkemie, gonococcaemie het voorkomen van gonokokken in het bloed; zie ook Gonococcus.
gono- *~rrhoicus*, lijder aan gonorroe; *~rrhoïsch*, gonorroïsch, m.b.t. gonorroe; *~rrhoismus*, syn. gonokokkemie.
gonorroe, gonorrhoea *G* druiper, syn. blennorroe, urethritis venerea; geslachtsziekte veroorzaakt door Neisseria gonorrhoeae (gonokok); besmetting van het oog leidt tot *conjunctivitis gonorrhoica.
gonorroïsch m.b.t. gonorroe.
gono- *~septïkemie*, syn. gonokokkemie; *~soom*, (erf.) geslachtschromosoom; bijv.nw. *gonosomaal*; *~tomie*, 1. castratie. 2. (chir.) opening van het kniegewricht *~toxine*, het toxine van de Gonococcus.
Goodpasture, E. Amerikaans patholoog (1886-1960); *syndroom van ~*, een anti-basaalmembraan-auto-immuunziekte in nierglomeruli en longalveolen met glomerulonefritis, anemie en hemosiderose van de longen, meestal bij jonge mannen.
Goormaghtigh, N. Belgisch patholoog-anatoom (1890-1960); *cellen van ~*, de mesangiumcellen, interstitiële cellen, van het juxtaglomerulaire apparaat die de driehoek innemen tussen de *macula densa en de aan- en afvoerende arteriolen van de nierglomeruli (zie glomerulus); vormen samen het zgn. *Polkissen *D*.
GORD afk. van gastro-oesophageal reflux disease, syn. GORZ.
gordelroos zie herpes.
Gordius tot de nematoden (rondwormen) behorende dunne lange worm, parasiet die soms in de maag van de mens geraakt; ~ *medinensis*, zie Dracunculus medinensis.
Gordon, A. Amerikaans neuroloog (1874-1953); *reflex van ~*, omhoog bewegen van de grote teen en spreiding van de overige tenen t.g.v. knijpen in de kuitspieren bij aandoeningen van de *piramidebanen.
gorgeldrank gargarisma.
gorgeret *F* itinerarium.
gorita zie gurita.
Gorlin, R. Amerikaans patholoog (geb. 1923); *formule van ~*, formule om de grootte van de doorstroomopening van een hartklep te bepalen op grond van stroomsnelheid en bloeddruk aan weerszijden van de klep; *syndroom van ~*, syn hyperkinesia cordis; *syndroom van ~-Sedano*, autosomaal dominant erfelijke ziekte, gekenmerkt door multipele basocellulaire naevi (met maligne neigingen) kaakcysten, skeletafwijkingen en ectopische kalkafzettingen.
GORZ afk. van gastro-oesofageale refluxziekte, syn. GORD.
GOS afk. van gedragsobservatieschaal geriatrie.
GOSPIZ afk. van groep ter opsporing, studie en preventie van infecties in de ziekenhuizen (België).
gossypium watten; ~ *depuratum* vetvrije of hydrofiele watten.
gossypol katoenplantpigment dat remmend werkt op de spermatogenese.
GOST afk. van geheugen- en oriëntatiestoornissen(-schaal).
GOT afk. van glutamaatoxaalacetaat*transaminase, een enzym, thans ASAT.
göthlintest methode ter bepaling van de capillaire fragiliteit, d.i. de breekbaarhei

van de haarvaten; door omsnoering van de bovenarm kunnen bij bepaalde ziekten bloedingen in de huid ontstaan (petechiën), waarvan het aantal de petechiale index (PI) uitmaakt.

goudsolreactie methode o.a. ter aantoning van lues van het centrale zenuwstelsel door middel van een reactie van een colloïdale goudoplossing met cerebrospinaal vocht.

Gougerot, H. Frans dermatoloog (1881-1955); *syndroom van ~-Ruiter*, *vasculitis allergica.

goulardwater vloeistof ter behandeling van ontstoken wonden.

goundou, gundu hyperostose ter weerszijden van de neuswortel bij framboesia; syn. anakhré.

goutte *F.* 1. jicht; ~ *articulaire*, syn. arthritis urica; zie ook podagra. 2. druppel; ~ *militaire*, chronische druiper, 'nadruiper', zie gonorroe.

gouttière *F* gootvormige spalk van ijzerdraad, die aan de vorm van het betrokken lichaamsdeel kan worden aangepast.

Gowers, W. Engels neuroloog (1845-1915); *syndroom van ~*, paroxismaal optredende *vasovagale aanvallen, zich uitend in misselijkheid, inspiratoire dyspneu en pijn in de hartstreek; *fenomeen van ~*, het zich oprichten door zich met de handen langs de bovenbenen omhoog te drukken, bij spierzwakte en rugklachten.

G6PD afk. van glucose-6-fosfaatdehydrogenase, een erytrocyten-enzym; *~deficiëntie*, een vorm van hemolytische anemie, leidt tot hemolyse bij gebruik van sommige medicamenten (antimalariamiddelen, sulfonamiden e.a. chemotherapeutica, analgetica), bij het nuttigen van favabonen en bij diabetische acidose.

GPI afk. van glucosefosfaatisomerase, een erytrocytair enzym; *~-deficiëntie*, autosomaal recessief *enzymdefect, hoofdzakelijk gekenmerkt door een hemolytische anemie van wisselende aard met een hoog percentage reticulocyten, (hepato)splenomegalie, icterus; er is overeenkomst met *G6PD-deficiëntie.

GPO afk. van gepasteuriseerde plasma-eiwitoplossing (plasma-vervangingsmiddel).

GPP afk. van good pharmacy practice.

GPT afk. van glutamaatpyruvaat*transaminase, een enzym; thans ALAT.

gr. afk. van grain *E*, zie granum.

Graaf, R. de verloskundige te Delft (1641-1673); *~se follikels*, blaasjes in de eierstokken, waarin zich de eitjes ontwikkelen; *~se kanaaltjes*, syn. ductuli efferentes testis.

Gradenigo, G. Italiaans arts (1859-1926); *syndroom van ~*, acute of chronische ontsteking van het rotsbeen, soms met abducensparese, aangezichtspijn en verlaagde corneareflex.

gradiënt (card.) verhoudingsgetal van de druk vóór en achter een hartklep; (alg.) de graad van verandering van een variabel (wiskundig) symbool.

Graefe, A. von Duits oogarts (1828-1870); *verschijnsel van ~*, achterblijven van het bovenste ooglid gedurende de neerwaartse beweging van de oogbol als de blik langzaam omlaag wordt gericht; zie Graves.

-grafie (smst.) 1. methode of wijze van afbeelden, schrijven, tekenen, enz., bijv. *cardio~*. 2. beschrijvende wetenschap, bijv. *biblio~*.

grafologie schriftkunde, karakterbeoordeling uit het handschrift.

grafospasme, graphospasmus *G* schrijfkramp; syn. cheirospasmus, mogigrafie.

graft *E* *transplantaat; *~-versus-host ziekte*, ernstige anafylactoïde verschijnselen die kunnen optreden na behandeling van (cellulaire) immunodeficiënte ontvangers (gasten) door implantatie van met name lymfoïd weefsel van immunocompetente donoren; het transplantaat (transplantaatcellen) richt zich tegen de ontvanger (gast) i.p.v. het tegenovergestelde; zie ook beenmerg*transplantatie, GVHD.

grafting *E* weefseltransplantatie.

Graham, A. Amerikaans arts (1886-1957); *~-tumor*, kleine carcinoomknobbeltjes met fibreus stroma in hyperplastisch schildklierweefsel, relatief goedaardig.

Gram, H. Deens arts (1853-1938); *gramkleuring*, bacteriënkleuring volgens Gram met anilinekleurstof, daarna met joodkaliumoplossing en ten slotte ontkleuring met alcohol van 96%; sommige bacteriën behouden de kleuring *(grampositief)*, bij andere gaat deze dan verloren *(gramnegatief)*.

gramnegatief, -positief; gramkleuring zie Gram.

grand mal *F* obsolete term voor *tonisch-klonische aanval.

Granstein, R. Amerikaans immunoloog; *cellen van ~*, sterk vertakte cellen in de *epidermis die de activiteit van T-suppressorcellen versterken; zij bieden weerstand tegen *UV-B.

granula *L* vklw. van granum, korrel; meervoud granula.

granulair, granuleus korrelig; *~e atrofie*, schrompeling van organen waarbij deze een korrelig aanzien krijgen.

granulatie korrelige weefselvorming, woekering; *hypo~*, (alg.) te geringe korreling; *~weefsel*, vaatrijk korrelig bindweefsel dat zich vormt op de bodem van een wond en waaruit het litteken ontstaat; *~ van het celplasma*, het vóórkomen van granula in het celplasma.

granulatiegezwel (ook: *granuloom*) uit granulatieweefsel bestaande zwelling van gewoonlijk ontstekingsachtige oorsprong, die later verschrompelt en littekens achterlaat.

granuleren granulaties vormen, korrels vormen; bijv.nw. *granuleus*, *granulatief*.

granuleus zie granulair.

granulie syn. tuberculosis miliaris acuta, zie tuberculose.

granulocyt witte bloedcel (leukocyt) met korrels (granula) in het cytoplasma, te onderscheiden in neutrofiele, eosinofiele en basofiele granulocyten; de korrels van de *basofiele ~* bestaan uit opgeslagen histamine e.a. mediatoren die vrijkomen (degranulatie) wanneer IgE, zich bevindend op het celoppervlak reageert met het specifieke antigeen; de vrijkomende stoffen veroorzaken de symptomen van de allergische reactie; de functie van de *eosinofiele ~* is regulering van de interactie tussen IgE en de specifieke antigenen bij allergische ontstekingsprocessen; verder zijn zij cytotoxisch (faagwerking) voor bepaalde stadia van helminten; zie ook eosinofiel; de functie van de *neutrofiele ~* is hoofdzakelijk fagocytose; syn. microfaag.

granulocytopenie tekort aan granulocyten in het bloed; zie agranulocytose, neutropenie.

granulocytopoëse vorming van granulocyten.

granulocytose vermeerdering van *granulocyten in het bloed; zie ook neutrofilie.

granuloma zie granuloom.

granulomateus met kenmerken van *granulatie of *granulatiegezwel.

granulomatose ziekte die wordt gekenmerkt door vorming van granulomateus weefsel; *allergische ~*, foutief voor *eosinofiel syndroom; *chronische septische* bij jonge kinderen voorkomende septische granulomateuze ontstekingen, recidive-rende abcederende pneumonieën, etterige lymfadenitiden en dermatitis, osteomy litis en dergelijke, een en ander vaak met lever- en miltvergroting, t.g.v. een X-chromosomaal-erfelijk enzymdefect in de bactericide werking van de microfagen (neutrofiele granulocyten).

granuloom, granuloma *L* 1. *granulatiegezwel; *eosinofiel~*, een meestal bij oudere kinderen optredende ziekte, gekenmerkt door *histiocytose, longfibrose en het voorkomen van solitaire granulomateuze bothaarden die grote aantallen eosinofiele cellen bevatten; ~ *gangraenescens*, beeld van **midline granuloma*, niet veroorzaakt door ontsteking doch door necrotiserende neoplasie; ~ *gluteale infantum*, bruinrode erwtgrote, iets verheven granulomateuze huidknobbeltjes op babybillen ter plaatse van een genezen luiereczeem, waarschijnlijk ontstaan onder invloed van een Candida-infectie; ~ *pyogenicum*, goedaardige, snel groeiende, licht bloedende, vaatrijke tumor van de huid en aangrenzende slijmvliezen in een oedemateus *stroma; ~ *venereum*, ~ *inguinale* of ~ *pudendi*, venerisch granuloom, een geslachtsziekte in Zuidoost-Azië en Australië, veroorzaakt door kapselkokken van Donovan, gekenmerkt door een granulerend, verheven vleeskleurig ulcus. 2. (tandheelk.) ~ *apicale, wortel~*, cysteus *granulatiegezwel aan de tandwortelpunt, gevolg van pulpitis.

granulopenie foutief voor granulocytopenie.

granulopoëse foutief voor granulocytopoëse.

granulosaceltumor gezwel met maligne eigenschappen, uitgaande van de wand der Graafse follikels, zie Graaf.

granulose, granulosis *L* granulaire oogziekte, syn. trachoom; ~ *rubra nasi*, door ontsteking van de afvoergangen van de zweetklieren veroorzaakte sterke roodheid van de neushuid met rode knobbeltjes; ~-*virus*, syn. baculovirus.

granulosus *L* gekorreld, korrelig, zie granulatie.

granulum *L* korreltje, meervoud granula.

granum *L* syn. grein, korrel; *grain *E*; afk. gr., oud Nederlands medicinaal gewicht, vroeger in gebruik voor recepten; 1 granum of grein = 64 mg.

graphospasmus *G*, zie grafospasme.

grasseren heersen, woeden, zich snel verbreiden.

gravedo *L* syn. coryza.

graveel gruis, zeer kleine blaas- of niersteentjes, niergruis, enz., syn. uropsammus.

Graves, R. Iers arts (1797-1853); ~' *disease* (ook bekend als ziekte van *Basedow), aandoening van de schildklier, die meer bij vrouwen dan bij mannen voorkomt en berust op *hyperthyroïdie; wordt met name gekenmerkt door exoftalmie, struma, tachycardie (trias van *Merseburg) en een verhoogd (basaal) metabolisme; wordt gerekend tot de auto-immuunziekten; *ophthalmic ~-disease E*, *dwangstand van een oog bij lijders aan hyperthyroïdie met protrusio bulbi (zie protrusie), oogbewegingsstoornis, tranenvloed, ooglidretractie en glanzende ogen.

gravida *L* zwanger, zwangere vrouw.

graviditeit, graviditas *L*, zwangerschap, de toestand van het lichaam van de vrouw vanaf de bevruchting (conceptie) tot aan de geboorte (partus) van het kind; ~ *extra-uterina*, syn. *ectopische zwangerschap, buitenbaarmoederlijke zwangerschap, waarbij de vrucht zich in plaats van in de baarmoeder, in de buikholte (*abdominale* ~), in een eileider (*tubaire* ~) of in een eierstok (*ovariële* ~) bevindt; ~ *nervosa*, schijnzwangerschap.

gravimeter zwaartemeter; instrument om het s.g. van vloeistoffen te meten.

gravis *L* ernstig, zwaar.
gravitaxis *positieve* ~, *taxis (bet. 2) in de richting van de zwaartekracht; *negatieve* ~, in de richting tegenovergesteld aan de richting van de zwaartekracht.
Grawitz, P. Duits patholoog (1850-1932); *~-tumor,* adenocarcinoom van de nier.
gray symbool Gy = 100 *rad = 1 J per kg.
gray baby syndrome, gray-disease *E* braken, bleekheid, cyanose, opgezette buik en circulatoire collaps bij de pasgeborene t.g.v. gebruik van chlooramfenicol of cefalosporinen door de moeder aan het einde van de zwangerschap.
grayscale imaging *E* verbetering van vage contrasten in een röntgenbeeld.
green-stick fracture *E* fractuur van jong bot, waarbij de samenhang van de botschacht op één plaats niet geheel is verbroken (zoals bij het doorbreken van een jonge boomtak); ook: fracture en bois vert *F* en grünholzfraktur *D*; syn. fractura surcularia.
greffe *F* overplanting, transplantaat.
Gregg, D. Amerikaans fysioloog; *stelling van* ~, de *perfusiedruk heeft een rechtstreeks effect op het zuurstofverbruik van de hartspier.
Greither, A. Duits huidarts (geb. 1913); *ziekte van* ~, aangeboren vorm van *keratose aan handpalmen en voetzolen.
grens- *~stralen*, zie buckystralen; *~streng* (anat.), truncus sympathicus.
gressus *L* voortbeweging, bijv. de manier van lopen.
grey-disease *E* syn. *gray baby syndrome.
GRF afk. van growth-hormone releasing factor *E*, een polypeptide-hormoon dat door sommige tumoren wordt geproduceerd; syn. GRH.
griep *influenza; vaak foutief gebruikt in de zin van verkoudheid.
GRH of **GHRH** afk. van growth-hormone releasing hormone *E*; syn. GRF.
GRIH afk. van growth-hormone release-inhibiting hormone *E*, d.i. *somatostatine.
Grijns, G. Nederlands fysioloog (1865-1944), grondlegger van de kennis van de werking van vitamine B_1 als oorzaak van beriberi.
Grisel, P. Frans arts (1891-1961); *syndroom van ~-Malgaigne*, zie torticollis nasopharyngealis.
Gritti, R. Italiaans chirurg (1857-1920); *operatie van* ~, femuramputatie vlak boven de knie met plaatsing van de patella op de femurstomp.
groeihormoon afk. GH, somatotrofine.
groenblindheid zie deuteranopie.
groene ring van Kayser-Fleischer, in de buitenste omranding van het hoornvlies, gevormd door koperneerslag bij de ziekte van *Wilson (bet. 2); de kleur is groen-bruin.
groepsdynamica de processen en interacties die zich onderling afspelen tussen de leden van een groep.
groeve sulcus.
grondstemming zie stemmingsgrond.
grondstofwisseling zie basaal *metabolisme.
grootheidswaan syn. macromanie, megalomanie; zie waanstoornis.
grossesse *F* vergroting, verdikking; zwangerschap; ~ *nerveuse,* schijnzwangerscha[p,] ingebeelde zwangerschap, syn. graviditas nervosa.
grotziekte goedaardige acute *pneumonitis na verblijf in een grot, veroorzaakt do[or] Histoplasma capsulatum, een pathogene schimmel; cave disease *E*.
groundglass-cell *E* *hepatocyt (levercel) die met een speciale kleuring is aan te

tonen, kenmerkend voor een HBAg-infectie.
Grover, R. Engels dermatoloog; *ziekte van ~*, jeukende papulovesiculaire dermatose, gekenmerkt door passagère *acantholyse, oorzaak onbekend.
GRP afk. van gastrin releasing peptide *E*; syn. bombesine.
gruis zie concrement.
Grumbach, R. Frans arts, zie Caroli.
Grüntzig, A. Duits angioloog in Zwitserland en de VS (1939-1985); *methodiek van ~*, modificatie van de methode van *Dotter en Judkins, nl. met gebruikmaking van een ballonkatheter.
grutum *L* syn. milium.
gryposis *G* verkromming; zie ook onychogryp(h)osis.
GSH afk. van 1. gonadenstimulerende hormonen, syn. *gonadotrofinen. 2. glutathion-sulfhydril. 3. geïsoleerde systolische hypertensie.
GTD afk. van gestational trophoblastic disease *E*.
GTF afk. van glucose-tolerantie factor, een *chroom-houdende stof die o.a. onmisbaar is in het metabolisme van insuline.
GTP afk. van glutamyl transpeptidase (een enzym).
GTRH afk. van *gonadotropine releasing hormone *E*.
GTT afk. van 1. glucosetolerantietest, proef om te onderzoeken hoeveel glucose kan worden genuttigd zonder dat glucosurie optreedt en welke waarde het bloedsuikergehalte daarbij bereikt. 2. (rec.) guttae, druppels.
guajacproef proef om de aanwezigheid van bloed te constateren.
gubernaculum *L* lett. geleider; verbindingsstreng van bindweefsel.
Gubler, A. Frans arts (1821-1879), zie Weber (bet. 3).
Guérin, J. Frans bacterioloog (1872-1961), zie Calmette.
Guglielmi detachable coils, Guglielmi-spiraaltjes zie GDC.
Guglielmo, G. di Italiaans hematoloog (1886-1961); *ziekte van ~*, erytremische myelose; zeldzaam acuut leukemisch ziektebeeld met degeneratieve kenmerken in de erytropoëse; syn. erytroleukemie.
Guillain, G. Frans neuroloog (1876-1961); *syndroom van Landry-~-Barré-Strohl*, zie polyradiculoneuropathie.
Guilleminault, C. Amerikaans fysioloog; *syndroom van ~*, ademstilstand tijdens de slaap, oorzaak onbekend, meestal bij mannen van middelbare leeftijd.
guinea- *~pokken*, syn. framboesia; *~worm*, zie Dracunculus medinensis.
gula *L* slokdarm; syn. oesophagus.
Gull, W. Engels arts (1816-1890); *ziekte van ~*, zie hypothyroïdie.
gumma *G* vnl. bij tertiaire syfilis voorkomend granulatiegezwel dat gomachtig aanvoelt; meervoud gummata; *~ tuberculosum*, bij huidtuberculose voorkomend gumma, syn. scrofuloderma; bijv.nw. *gummeus*.
Gumprecht, F. Duits internist (1864-1947); *~-schollen D*, uitgesmeerde kernsubstantie van lymfocyten, als artefact ontstaan in het uitstrijkpreparaat bij chronische lymfatische leukemie.
gundu zie goundou.
Gunn, R. Engels oogarts (1850-1909), zie kruisingsverschijnsel.
Günther, H. Duits internist (1884-1956), zie myositis, papillitis, porfyrie.
gurita *Ind*, goerita, gorita, sluitlaken met aangehechte sluitbanden.
gustatorius *L* de smaak betreffend.
gustometrie meting van de smaakperceptie (bijv. bij facialisparese).

gustus *L* smaak; ~ *depravatus*, bedorven smaak.
Guthrie, R. Amerikaans kinderarts (geb. 1916); ~*test*, methode om fenylalanine in het bloed (evt. ook in urine) aan te tonen ter opsporing van fenylketonurie ('hielprik').
guts (chir.) beitel met holle bek.
gutta *L* 1. druppel, meervoud guttae; ~ *cadens* (obsoleet) auscultatorisch geluid van een vallende druppel bij hydropneumothorax. 2. verouderde naam voor jicht (zie podagra).
guttata gevlekt (in kleine, scherp omschreven ronde vlekjes).
guttur *L* keel; zie ook farynx; ~*aal*, m.b.t. de keel.
Guyon, J. Frans chirurg (1831-1920); **tunnelsyndroom van* ~, samendrukking van de nervus ulnaris in het ulnariskanaal.
GUZ afk. van genito-urinaire ziekte.
GVH afk. van graft versus host-reactie, een reactie van het transplantaat tegen de gastheer; tgst. HVG.
GV afk. van 1. geriatrisch verpleegkundige. 2. gezinsverzorging, gezinsverzorgende. 3. griepvaccinatie.
GVHD afk. van graft versus host disease *E*.
GVO afk. van gezondheidsvoorlichting en -opvoeding (health education *E*) d.m.v. voorschriften, voorzieningen en voorlichting.
GVP afk. van geneeskundige verzorging politie.
GVS afk. van geneesmiddelenvergoedingssysteem.
GVT afk. van gezinsvervangend tehuis (voor volwassenen); zie ook KGVT.
Gy symbool voor *gray.
gymn- of **gymno-** (smst.) naakt; (biol.) zonder omhulsel of wand.
gynaeco- (smst.) m.b.t. de vrouw; ~*grafie*, pneumoradiografie van het kleine bekken bij de vrouw; ~*logie*, de wetenschap van de ziekten der vrouwelijke geslachtsorganen; ~*logisch*, m.b.t. de vrouwenziekten; ~*loog*, vrouwenarts; ~*maan*, (zelfst.nw.) vrouwengek, syn. satyriasis; ~*mastie*, abnormale ontwikkeling van het klierweefsel van de mannelijke borsten, waardoor deze op vrouwenborsten gelijken; kent vele oorzaken.
gynaecrotie *G* het verlangen om vrouwen te geselen; zie ook flagellantisme.
gynandrie *G* vorm van pseudohermafroditisme waarbij de vrouw een mannelijk voorkomen, op die van een man gelijkende geslachtsorganen en mannelijke gevoelens heeft.
gynatresie, gynatresia *G* aangeboren afsluiting van de vrouwelijke geslachtsorganen.
gynoïd m.b.t. vrouwelijke eigenschappen; zie ook androïd.
gyratus *G* kringvormig; kronkelig (bijv. van huiduitslag); met het aspect van hersenwindingen (zie ook gyrus).
gyrus *G* hersenwinding, meervoud gyri; de oppervlakte der beide halfronden van de grote hersenen bestaat uit een groot aantal windingen of gyri.
GZO afk. van gezondheidszorgonderzoek.
GZZ afk. van gezondheidsbepaalde zelfzorgactiviteiten.

H

h afk. van het voorvoegsel hecto = 100.
H symbool voor het element hydrogenium, waterstof.
H. afk. van Haemophilus.
H_2-receptoren (H van histamine) receptoren op de *pariëtale cellen van het maagslijmvlies; blokkade van deze H_2-receptoren met H_2-receptoren-antagonisten remt de door histamine, pentagastrine en insuline opgewekte maagsecretie.
HA afk. van 1. hemagglutinatie. 2. hepatitis A. 3. huisarts. 4. histocompatibiliteitsantigeen.
HAA afk. van hepatitis associated antigen.
haakvormig unciformis, uncinatus.
haar zie trich-; *~cellen*, 1. de zintuigcellen in het orgaan van *Corti. 2. zie hairy cells.
haard focus *L*, *~infectie*, zie focal infection; *~nefritis*, zie nefritis.
haar- *~groei*, zie alopecia, beharing; *~mens*, homo silvestris; *~nestcyste*, zie sinus pilonidalis; *~papil*, papilla pili; *~pijn*, trichalgie, trichesthesie; *~roos*, pityriasis capitis; *~schacht*, scapus pili; *~splijting*, trichoschisis; *terminaal~*, het haartype bij volwassenen; *~tong*, zie lingua, trichoglossie; *~ui*, bulbus pili; *~uitval*, zie alopecia, calvities, effluvium, defluvium capillorum, madarosis, pelade; *~vaten*, zie *capillairen; *~worm*, Trichina; *~wortel*, radix pili; *~zakje*, folliculus pili, zie follikel.
haasspier *musculus psoas.
habenula de voortzetting van de *striae medullares van de epiphysis cerebri.
habitat (*habitatio L* = wonen), het ecologisch gebied waar een symbiont zich ophoudt en handhaaft doordat ook de *gastheer daar voorkomt; zie ook symbiose.
habituatie afnemen van de reactie op een langdurig aangeboden prikkel (bijv. bij een brughoektumor).
habitueel telkens terugkerend (bijv. van een luxatie), tot een gewoonte geworden.
habitus *L* uiterlijk voorkomen, lichaamsgesteldheid; de bekendste indeling van de menselijke lichaamsvormen (biotypie) is die van Kretschmer; hij onderscheidt 1. ~ *asthenicus*, gekenmerkt door lange, smalle bouw, weinig ontwikkelde spieren, lange borstkas, scherpe ribbenhoek, druppelhart, afhangende schouders, scapulae alatae, enteroptose. 2. ~ *pycnicus*, korte gedrongen lichaamsbouw, korte nek, rode gelaatskleur, diepe borstkas, grote buikomvang, neiging tot adipositas en bloeddrukverhoging. 3. ~ *athleticus*, sterke ontwikkeling van het skelet en de spieren, brede schouders, slank bekken, weinig vetafzetting.
habromanie syn. *amenomanie.
HACCP afk. van hazard analysis and critical control points *E*, een kwaliteitssysteem m.b.t. keukenhygiëne.
hachure *F* massage waarbij hakkende bewegingen met de buitenzijde der handen worden toegepast.
Hackenbruch, P. Duits chirurg (1865-1924); *operatie van ~*, hechting van de

fascie van de buitenste schuine buikspier aan de *liesband, één van de vormen van een liesbreukoperatie; modificatie: hechting aan het bekkenperiost.
haem- zie ook hem-.
haem de prosthetische groep (zie enzym) die tezamen met het eiwit globine het *hemoglobine-molecuul vormt; wordt uit haem het ijzer verwijderd, dan blijft een (proto)porfyrine over; de afbraakproducten van haem zijn achtereenvolgens de galpigmenten bilirubine, urobilinogeen en urobiline.
haema- zie ook hema-; m.b.t. bloed.
haemagogum *L* middel dat bloedingen bevordert, bijv. bij menstruatie.
haemalopia zie hemalopie.
haemangioma zie hemangioom.
haemangio- *~blastoma*, zie hemangioblastoom; *~blastomatose*, een *angioom van bloedcapillairen met proliferatie van de vaatcellen; *cerebelloretinale ~blastomatose*, zie ziekte van von *Hippel-Lindau; *~-endothelioma*, *endothelioom uitgaande van bloedvatendotheel; *~pericytoma*, meestal goedaardig gezwel, uitgaande van *pericyten; kan in het gehele lichaam voorkomen waar capillairen zijn; *~sarcoma*, zie hemangiosarcoom.
haemarthros *G* bloeduitstorting in een gewricht.
haematemesis *G* bloedbraken; het uitgebraakte bloed heeft door inwerking van het maagsap een bruinachtige kleur.
haemat(h)idrosis *G* ‘bloedzweten’, het afscheiden van zweet dat door bacteriën rood gekleurd is; syn. haem(h)idrosis, *sudor sanguineus.
haematicum *L* geneesmiddel dat de bloedaanmaak bevordert.
haemato- zie ook haemo-, hemato-; *~cele* zie hematocele; *~cephalon*, syn. cefaalhematoom; *~chezia*, ontlasting van bloederige feces; *~coelia*, bloeduitstorting in de buikholte.
haematocolpos *G* ophoping van menstruatiebloed in de schede door ontbreken van de natuurlijke opening in het maagdenvlies; zie ook gynatresie, haematometra.
haematocornea bloeding in het hoornvlies.
haematocystis zie hematocyste.
haematoma zie hematoom.
haematometra *G* ophoping van menstruatiebloed in de baarmoeder door *gynatresie; zie ook haematocolpos, haematosalpinx.
haematomphalos *G* bloedgezwel in de navel.
haematorrhachis *G* bloeding in het wervelkanaal.
haematorrhoea *G* zie hematorroe.
haematosalpinx *G* bloeduitstorting in de eileider (salpinx); kan worden veroorzaakt door ophoping van menstruatiebloed bij ontbreken van de natuurlijke opening in het maagdenvlies of bij een buitenbaarmoederlijke zwangerschap.
haematosis zie hematose.
haem(at)ostaticum *G*, **hemostaticum** bloedstelpend middel, meervoud -statica.
haematothorax zie hemothorax
haematotympanon *G* bloeduitstorting in de trommelholte (middenoor).
haematozoon *G* meervoud haematozoa, haematozoën, parasiet die in het bloed voorkomt, bijv. Schistosoma, Filaria, malaria, enz.
haematuria zie hematurie.
Haementaria officinalis *L* Mexicaanse bloedzuiger (hirudo).
haemi- 1. (smst.) zie ook hemi-. 2. m.b.t. bloed.

haem(h)idrosis syn. *haemathidrosis; niet te verwarren met hemidrosis.
haemo- 1. (smst.) zie ook haemato-, hemo-. 2. m.b.t. bloed.
haemobilia zie hemobilie.
haemoblastosis zie hemoblastose.
haemochromatosis zie hemochromatose.
haemolysis zie hemolyse.
haemopericardium zie hemopericard.
haemoperitoneum zie hemoperitoneum.
haemophilia (foutief) zie hemofilie.
Haemophilus geslacht van veelal pathogene gramnegatieve bacteriën; bekende vertegenwoordigers zijn ~ *ducreyi* (ulcus molle), ~ *influenzae* (verwekker van Haemophilus-meningitis, pneumonie, epiglottitis e.a. en van secundaire infecties bij *influenza en mazelen) en ~ *pertussis* (zie tussis); zie ook Hib.
haemophthalmus zie hemoftalmie.
haemopoeticum *G* geneesmiddel dat de bloedvorming bevordert; meervoud haemopoetica.
haemoptoe *G* zie hemoptoe.
haemoptysis, hemoptyse zie hemoptoe.
haemorrhagia zie hemorragie.
haemorrhoidalis zie hemorroïdaal.
haemorrhois zie hemorroïde.
haemospermatismus zie hemospermatisme.
haemosporidea orde van parasieten tot de sporozoa behorend (o.a. Plasmodium, Toxoplasma).
haemostasis *G* zie hemostase.
haemostaticum zie haematostaticum.
haemostaxis *G* bloeddruppeling, druppelsgewijze bloeding.
haemothorax zie hemothorax.
HAES afk. van hyper(a)esthetisch emotioneel syndroom.
haesitatio zie hesitatie.
hagelkorrel zie chalazion; *~long*, zie sneeuwvalfenomeen.
hagelslagcellen syn. clue cells *E*; onscherp begrensde vaginale-epitheelcellen, beladen met polymorfe, staafvormige bacteriën, zoals aangetroffen bij Gardnerella-*colpitis.
Hagemanfactor bloedstollingsfactor, genoemd naar patiënt J. Hageman, bij wie in 1953 een verlengde bloedingstijd werd gevonden zonder bloedingsneiging; syn. stollingsfactor XII.
Haglund, P. Zweeds orthopeed (1870-1937); *exostose van ~*, exostose (botuitwas) van de calcaneus met reactieve bursitis nabij de aanhechting van de achillespees; *syndroom van ~*, aseptische necrose van de calcaneusapofyse bij kinderen.
HAGRO afk. van huisartsengroep.
Hahnemann, S. Duits arts (1755-1843), grondlegger van de homeopathie.
HAI afk. van 1. hemagglutinatie-inhibitie. 2. hospital-acquired infections *E*, ziekenhuisinfecties.
HAIg afk. van hepatitis-A immunoglobuline.
HAIO afk. van huisarts in opleiding.
hairy cells *E* vrij grote cellen in het perifere bloed en beenmerg, van oorsprong (neoplastische) lymfocyten (vnl. Ig-dragende B-cellen), voorzien van een sterk

ingesneden kern en een rafelig begrensde cytoplasmazoom met haarachtige uitlopers; *~-disease*, zie leukemie.

HAK afk. van hypofyse-achterkwab.

hakvoet zie pes.

halator *L* syn. inhalator.

halfcirkelvormige kanalen canales semicirculares (syn. booggangen); zie ook labyrint.

halfwaardetijd afk. HWT, syn. halveringstijd, maatstaf voor de eliminatiesnelheid van een in het lichaam werkzame stof en derhalve voor de werkingsduur; afk. T1/2. 1. de tijd waarin een radioactieve stof de helft van zijn activiteit verliest door desintegratie van 50% van de aanwezige atomen. 2. de tijd nodig om de hoeveelheid van een geneesmiddel in het lichaam te halveren *(biologische ~)*.

half-way house *E* zie sluisinternaat.

halichthyotoxisme *G* vergiftiging door het nuttigen van gezouten vis.

halisterese ontzouting, ontkalking; het verdwijnen van zouten of kalk uit de beenderen bij volwassenen.

halitose stinkende adem, syn. fetor ex ore.

halitus *L* geur, uitwaseming.

hallauerglas syn. *eufosglas.

Hallermann-Streiff syndroom mandibulo-oculofaciale *dyscefalie.

Hallervorden, J. Duits neuroloog (1882-1965); *syndroom van ~*, progressieve spierrigiditeit, choreoathetose en epileptische aanvallen in de jeugd t.g.v. een erfelijk stofwisselingsdefect in de globus pallidus en de zona reticularis van de substantia nigra.

Hallopeau, F. Frans huidarts (1842-1919), zie acrodermatitis continua.

hallucinatie waanvoorstelling,een psychische ervaring met het karakter van een waarneming die niet berust op een zintuiglijke prikkel en gewaarwording, en die door de patiënt kritiekloos voor waar wordt aangenomen; optredend bij een helder bewustzijn duidt het op een psychose; *pseudo~*, waaraan de patiënt onmiddellijk twijfelt; *weduwen~*, die optreedt na het overlijden van een partner, waarbij de patiënt meent een stem of andere geluiden van de partner te horen; *~ dedouble*, hallucinatie die aan beide kanten van het lichaam verschillend is; zie ook bevelshallucinatie, gehoorhallucinatie, geurhallucinatie, gevoelshallucinatie e gezichtshallucinatie.

hallucinatorisch met hallucinaties gepaard gaande, deze betreffend.

hallucinogeen zie psycholyticum.

hallucinose toestand waarin iemand langdurig hallucinaties heeft bij helder bewus zijn.

hallux *L* grote teen; *~ valgus*, afwijking in de stand van de grote teen waarbij dez naar buiten gericht staat; door de hierdoor ontstane abnormale drukverhoudinge kan zich gaandeweg ter hoogte van het gewricht tussen middenvoet en teen een exostose ('knok') vormen en de grote teen over de ander tenen heen komen te liggen; een soortgelijke gewrichtsaandoening waarbij de teen niet naar buiten staat, doch naar beneden gebogen is, heet *~ flexus* of *~ rigidus*.

halo *G* gekleurde kring, bijv. rondom de tepel, gele vlek of bij het waarnemen va een lichtbron.

halogeen één van de elementen chloor, broom, jood en fluor.

hals zie cervix, collum; *~ader*, vena jugularis; *~rib*, zie costa; *~slagader*, arteria

carotis; *~sympathicus,* syn. *truncus sympathicus
halswervel vertebra cervicalis.
Halsted, W. Amerikaans chirurg (1852-1922); *operatie van ~*, radicale amputatie van de borstklier bij carcinoom met verwijdering van de grote en kleine borstspier en uitruiming van de okselholte ('okseltoilet').
haltloos neiging om daden en besluiten te richten naar de suggestie van de omstandigheden.
halvemaan jargon voor de gameten van *Plasmodium falciparum vanwege hun vorm; *~vormig*, semilunaris; *~vorming*, proliferatie van nierglomerulus-kapselepitheel en podocyten.
halveringstijd (obsoleet) zie halfwaardetijd.
HAMA afk. van humane anti-muis antistoffen.
hamartoblastoma *G* syn. hamartoom.
hamartoom, hamartoblastoma *G* gezwelachtige embryonale woekering van overigens normale orgaanweefsels, vnl. in lever of nieren.
hamer zie malleus; *~teen*, syn. digitus malleus, dorsaalflexie in het metatarsofalangeale gewricht en rechthoekige plantairflexie in het interfalangeale gewricht; *~vinger*, zie mallet-finger.
hamma *G* bracherium.
Hamman, L. Amerikaans arts (1877-1946); *syndroom van ~-Rich*, langzaam progressieve longfibrose (zie fibrose: fibrosis pulmonum), door onbekende oorzaak met een slechte prognose; *teken van ~*, scherp klinkend borrelend of knarsend geluid in de hartstreek bij pneumomediastinum en/of (meestal linkszijdige) pneumothorax, soms ook bij hernia diaphragmatica, teweeggebracht door de hartactie.
hamstrengen, hamstrings *E*, de pezen die de kniekuil zijdelings begrenzen, nl. mediaal de pezen van de musculi semitendinosus, semimembranosus, gracilis, sartorius en lateraal de pezen van de musculus biceps femoris.
hamulus haakvormig botuitsteeksel.
hanche à ressort *F* verende heup bij luxatio coxae.
Hancock-prothese varkensklep-prothese in de vaatchirurgie.
hand zie manus, palma manus, vola; *apostel~*, gebogen vingers t.g.v. dupuytrencontractuur; *~bad*, maniluvium; *dropping ~ E*, hand bij radialisparalyse; *~enspraak*, zie cheirologie; *fantoom~*, sensibele sensaties na amputatie, alsof de hand nog aanwezig was; *klauw~*, overstrekking van de basis- en buiging van de eindkootjes bij paralyse van de nervus medianus en nervus ulnaris; *klomp~*, zie talipomanus; *koetsiers~*, verdikking van de pezen der buigspieren in de handpalm; *kreeften-kreeften~*.
1. hand waarbij de scheiding tussen de vingers doorgaat tot in de middenhand.
2. afwezigheid van één of meer van de middelste vingers; *~lijn*, zie lineament; *~lijnkunde*, dermatoglyphica; *obstetrische ~*, syn. *verloskundigen~*, geheel gestrekte vingers, geadduceerde duim en gebogen pols bij tetanie; *prediker~*, door verlamming gebogen ringvinger en pink bij ulnarisparalyse; *schrijf~*, hand in schrijfhouding bij paralysis agitans; *spade~*, hand bij acromegalie; *~wortel*, carpus.
Hand, A. Amerikaans kinderarts (1868-1949); *ziekte van ~-Schüller-Christian*, syn. lipoïdgranuloom, vorm van xanthomatosis gekenmerkt door skeletdefecten vnl. van de schedel en de wervelkolom, exoftalmie, diabetes insipidus, huidverschijn-

selen, lever- en miltvergroting, longfibrose.

hand-foot syndroom *E* voorbijgaande zwelling van de falangen (kootjes) van handen en voeten bij kinderen met *sikkelcelanemie.

handicap een tot beperkingen van de ADL, het beroepsmatig of sociaal functioneren leidend proces (dynamisch) of gebrek (statisch); te verdelen in *geestelijke*, *verstandelijke* (zwakzinnigheid en hersenbeschadiging), *zintuiglijke* (spraak, gehoor en gezichtsvermogen), *motorische* en *orgaanhandicap*; *meervoudige ~*, combinatie van geestelijke, zintuiglijke en motorische handicap.

HANE afk. van hereditair angioneurotisch oedeem.

hanetred bij verlamming van de nervus peronéus wordt bij het lopen de knie overmatig geheven en de voet op de punt neergezet; syn. klapvoet.

hängehüfte *D* lett. hangende heup, niet-corrigeerbare, met heupluxatie of pseudartrose vergelijkbare toestand na loslating van een '*total hip'-prothese in de mergholte van het dijbeen.

Hanger-Rose *proef van ~*, huidtest met (antigeen van) pus van een zieke lymfeklier ter diagnostisering van kattenkrabziekte, *lymphogranuloma benignum (bet. 1).

Hanot, V. Frans internist (1844-1896); *ziekte van ~*, 'hypertrofische levercirrose' (cirrhose hypertrophique avec ictère chronique *F*), zie *cirrose.

Hansen, G. Noors arts (1841-1912), ontdekte de naar hem genoemde leprabacil, Hansen-bacil, Mycobacterium leprae; *morbus ~*, lepra.

hantavirus, hantaanvirus een RNA-virus dat door ratten-uitwerpselen wordt overgebracht op de mens en in vele delen van de wereld hemorragische nefropathie met koorts veroorzaakt.

HAO afk. van hereditair angioneurotisch oedeem.

haploïdie het aanwezig zijn van de helft van het normale aantal chromosomen in de geslachtscellen na de reductiedeling (zie ook meiose); bijv.nw. *haploïd*; syn. monoploïdie.

haplotype een groep allelen van een aantal sterk gekoppelde genen op een chromosoom, zo'n groep wordt meestal in zijn geheel overgeërfd.

hapsis *G* het gevoel in de ruimste zin van het woord; in engere zin: het tastgevoel.

hapteen op zichzelf niet-antigene gedeelte van een samengesteld antigeen, in welke gecombineerde vorm het wèl antigene eigenschappen heeft; syn. haptine; *~conjugaat*, de verbinding van een hapteen met een zgn. dragermolecuul ('carrier protein' *E*), bijv. een albumine, een polysacharide e.d.

haptiek de wetenschap van de tast(zin); bijv.nw. haptisch.

haptine syn. *hapteen.

haptisch het gevoel of de tastzin betreffend.

haptofoor *G* in: *~ore groep*, het deel van een antigeen, dat de binding aangaat met de specifieke antistof.

haptoglobine een serumglobuline, dat vrije hemoglobine aan zich kan binden; de bloedspiegel ervan is verhoogd bij infecties.

haptokinesie toepassing van hapto- en kinesionomische fenomenen en evidenties binnen hulpverlenende beroepen.

haptologie syn. *haptiek.

haptomimiek het geheel van het ontmoetingsgedrag van mensen zoals dat zich in hun houding en uitdrukkingsbeweging openbaart.

haptonomie de leer van de tastzin, het gevoel en het gevoelsleven, die inzicht verleent in het affectieve gedrag binnen menselijke interacties en relaties.

haptotherapie therapeutische toepassing van de haptokinesie.

HAR afk. van hemagglutinatieremming.

hard drugs *E* 'sterk werkende' bedwelmingsmiddelen, zoals o.a. opium, heroïne, LSD, welke over het algemeen gekenmerkt worden door een verslavende werking in geestelijk of lichamelijk opzicht; tgst. soft drugs.

hard- *~horendheid*, *~horigheid*, zie doofheid; *~lijvigheid*, zie constipatie, obstipatie.

Hargraves, M. Amerikaans internist, ontdekker van de *LE-cellen (1949).

haringworm zie anisakiasis.

harlekijn *~syndroom*, cyanose aan één en bleekheid aan de andere zijde van het lichaam t.g.v. vasomotorische instabiliteit; *~foetus*, zeldzame aangeboren, letale hyperkeratose van het stratum corneum bij de foetus.

harmonikamilt milt waarvan de grootte varieert naar de hoogte van de bloeddruk in het stroomgebied van milt- en poortader.

Harrison, E. Engels arts (1766-1838); *groeve van ~*, oppervlakkige insnoering van de borstkas ter hoogte van de aanhechting van het middenrif, bij rachitis en osteomalacie.

hart syn. *cor; *~aanval*, aanval van *coronaire insufficiëntie; *~block*, het wegblijven of te laat optreden van een kamersamentrekking door een geleidingsstoornis van boezem naar kamer of door een aandoening van de kamermusculatuur; *~chirurgie*, zie *open-hartchirurgie; *~debiet*, syn. minuutvolume; *acute ~dood*, zie mors subita; *~falen*, insufficientia cordis, zie insufficiëntie; *~katheterisatie*, zie katheterisatie.

hartgebrekcellen donkerbruin gepigmenteerde (hemosiderine bevattende) leukocyten en longepitheelcellen in het sputum van hartlijders (vooral bij mitralisstenose) met longstuwing.

hartglycosiden syn. cardiosteroïden, plantaardige stoffen met krachtige werking op het hart; meestal is er sprake van digitalisglycosiden; zie ook glycosiden, digitalis.

hartinfarct acute ischemie van hartspierweefsel, leidend tot necrose (infarct), door afsluiting van een kransslagader of een tak hiervan; *silent (E) ~*, hartinfarct zonder subjectieve verschijnselen.

hartklep-prothesen vervanging van een niet goed functionerende hartklep door een kunstklep of een biologische hartklep.

hart- *~klopping*, zie palpitatie; *~kramp*, zie angina pectoris, stenocardie; *~krans*, de kransslagaders (aa. coronariae) van het hart en de afvoerende aders; *~kuil*, scrobiculus cordis; *~longmachine*, zie cirrestor.

Hartmanella zie Acanthamoeba.

Hartmann, H. Frans chirurg (1860-1952); *operatie* of *procedure van ~*, resectie van een ziek gedeelte van het colon, tijdelijke aanleg van een *anus praeternaturalis (afk. AP) van de proximale stomp en tijdelijke sluiting van de distale stomp; herstel van de continuïteit na genezing.

hartmassage een bij circulatiestilstand toegepaste techniek waarbij middels compressie van hart (en thorax) een circulatie in de hersenen op gang gehouden wordt die, in combinatie met kunstmatige beademing, hersendood kan voorkomen; zie ook reanimatie.

hartminuutvolume afk. HMV, de hoeveelheid bloed die het hart per kamer per minuut verwerkt ('uitpompt'), syn. cardiac output, afk. CO.

hartnupziekte recessief-erfelijke familiale stofwisselingsziekte met cerebellaire ataxie, pellagra-achtige huidverschijnselen incl. fotosensibiliteit en intelligentiedefecten t.g.v. een renale *amino-acidurie op grond van stoornis in het tryptofaanmetabolisme.
hart- *~oor*, zie auricula; *~pijn*, zie cardialgie, stenocardie; *~punt*, apex cordis.
harttransplantatie de chirurgische vervanging van een ongeneesbaar, onvoldoende functionerend hart door een gezond hart; *orthotope ~*, harttransplantatie na verwijdering van een ziek hart met achterlaten van het grootste gedeelte van de beide atria; *heterotope ~*, plaatsing van het *donor-hart naast het zieke hart in de rechter thoraxhelft.
hart- *~vang*, angina pectoris, stenocardie; *~vergroting*, cardiomegalie; *~verlamming* (pop.), cardioplegie, paralysis cordis; *~water*, zie salivatie; *~woelen*, zie fibrillatie (bet. 2); *~zakje*, pericard; *ischemische ~ziekte*, angina pectoris, hartinfarct, circulatiestilstand en decompensatio cordis e.a. door tekortschietende bloedvoorziening van het hart; *~zwakte*, decompensatio cordis.
Harvey, W. Engels arts (1578-1657), ontdekker van de bloedsomloop.
HAS afk. van hospital addiction syndrome *E*; zie Münchhausen.
haschisch zie hashish.
Hashimoto, H. Japans chirurg (1881-1934); *ziekte van ~*, chronische ontsteking van de schildklier vooral bij vrouwen, veroorzaakt door auto-immunisatie tegen thyroglobuline; syn. struma of strumitis lymphomatosa.
hashish *Ar*, **hasjiesj** kleverige hars, gewonnen uit *marihuana en hiervan het werkzame bestanddeel; roesverwekkend verdovingsmiddel; zie ook cannabis.
Hassall, A. Engels arts (1817-1894); *lichaampjes van ~*, zie Gierke (bet. 2).
haustra *L* de lobvormige uitpuilingen van de dikke darm; enkelvoud *haustrum*.
haustus *L* vloeibaar geneesmiddel dat achter elkaar moet worden opgedronken.
haut mal *F* volledige epileptische aanval, grand mal; zie epilepsie.
HAV afk. van *hepatitis-A-virus.
havercel zie oatcell.
Haverhill plaats in de staat Massachusetts, VS; *~-ziekte*, zie rattenbeetziekte.
Havers, C. Engels ontleedkundige (1650-1702); *kanalen van ~*, Haverse kanalen, vaatkanaaltjes in de beenderen; zie osteon.
Hayem, G. Frans internist (1841-1933); *syndroom van von Jaksch-~*, zie anemie: anaemia infantum pseudoleucaemica.
hazen- *~lintworm*, zie taenia; *~lip*, zie cheiloschisis; *~oog*, zie lagophthalmus.
Hb afk. van hemoglobine.
HbA afk. van hemoglobine van de volwassene (adult *E*).
HbA_{1c} afk. van geglycosileerd *hemoglobine.
HBAb afk. van hepatitis-B antibody *E*.
HBAg afk. van hepatitis-B antigeen.
HbAS afk. van de heterogene vorm van *sikkelcelhemoglobine; zie sikkelceltrait.
HbC aanduiding van de *hemoglobinopathie C (lysine als zesde aminozuur in de bèta-keten).
HBcAg afk. van hepatitis-B *core antigeen; zie ook *hepatitisvirus.
HbCO afk. van carboxihemoglobine; zie ook koolmonoxide.
HBDH afk. van hydroxybutyraatdehydrogenase, een enzym.
HBeAg afk. van hepatitis-B *e-antigeen; zie ook hepatitisvirus.
HbF afk. van foetaal hemoglobine.

HBIg afk. van hepatitis-B immunoglobuline.
HBLV afk. van human B-lymphotropic virus *E*, een *herpesvirus met waarschijnlijk kankerverwekkende eigenschappen.
HbO_2 afk. van oxihemoglobine.
HBO-V afk. van hogere beroepsopleiding voor verpleegkundigen.
HbS afk. van *sikkelcelhemoglobine.
HBsAb afk. van hepatitis-B surface antibody.
HBsAg afk. van hepatitis-B surface (= virusoppervlak) antigeen; syn. Australië-antigeen; zie ook *hepatitisvirus; de antistoffen tegen HBsAg geven immuniteit tegen hepatitis-B.
HbSS afk. van de homozygote vorm van sikkelcelhemoglobine; zie *sikkelcelanemie; zie ook HbAS.
HBV afk. van 1. *hepatitis-B-virus. 2. hepatitis-B vaccinatie.
HC afk. van 1. hepatitis C. 2. hartcatheterisatie, bijv. HC-kamer. 3. high care. 4. hereditaire coproporfyrie, afk. HCP.
HCA afk. van hepatocellulair adenoom.
HCC afk. van 1. hapteen-carrier complex *E*, antistofmoleculen, gekoppeld aan 'drager'-eiwitten. 2. hepatocellulair carcinoom. 3. hexachloorcyclohexaan.
HCD afk. van heavy chain disease; zie Franklin, E.
HCG, hCG afk. van humaan choriongonadotrofine, geïsoleerd uit urine van zwangere vrouwen; wordt gevormd in de placenta (in de chorionvlokken) en in een groot aantal neoplasma's; het vertoont hoofdzakelijk de werking van het luteïniserend hormoon; tumormarker van kiemcel- en andere gezwellen; zie ook triple-test.
HCL afk. van hairy cell leucaemia *E*, zie hairy cells.
HCMM afk. van hereditary cutaneous malignant melanoma *E*, zie melanoom.
HCMV afk. van human *CMV.
HCP afk. van hereditaire coproporfyrie, syn. HC (bet. 4).
Hct afk. van *hematocriet.
HCV afk. van 1. *hepatitis-C-virus. 2. high coefficient of variance.
HD afk. van hemodialyse.
HDL afk. van 1. high density lipoprotein *E* (afm. 5-15 nm); een verlaagde waarde van de cholesterolfractie in de HDL geldt als een risicofactor voor het ontstaan van atherosclerose; zie ook VLDL, LDL, IHZ. 2. hogere/huishoudelijke dagelijkse levensverrichtingen, syn. BADL, IADL.
HDV afk. van hepatitis-deltavirus (zie delta-agens), *hepatitis-D-virus.
Head, H. Engels neuroloog (1861-1940); *zones van ~*, huidgebieden die pijnlijk zijn bij ziekte van corresponderende inwendige organen of delen van het bewegingsapparaat *(referred pain)*.
heartblock *E* zie hartblock.
HEAT afk. van human erythrocyte agglutination test *E*.
heautoscopie (psych.) hallucinatie waarbij de lijder meent zijn eigen lichaam buiten zichzelf waar te nemen; vorm van autoscopie.
heavy chain disease *E* zie Franklin, E.
hebefrenie (psych.) zie schizofrenie, gedesorganiseerde type.
Heberden, W. Londens arts (1710-1801); *knobbels van ~*, artrotische osteofyten ter hoogte van de terminale interfalangeale gewrichten van de vingers.
hebetomie *G* verloskundige operatie waarbij de schaambeenderen doorgesneden

worden ten einde het bekken te verwijden; syn. hebosteo-, ischiopubeo-, lebe-, pelvio-, pubeo-, symfyseotomie.

hebetudo *L* 1. afgestomptheid; ~ *auris*, hardhorigheid, syn. dysacusis; ~ *sensuum*, stompzinnigheid, dementie, idiotie, enz.; ~ *visus*, syn. amblyopie. 2. de toestand van geestelijke versuffing bij acute hoge koorts en t.g.v. uitputting.

hebosteotomie syn. *hebetomie.

Hebra, F. von Weens huidarts (1816-1880); *loodzalf van ~, ~se zalf*, door Hebra het eerst samengestelde diachylonzalf.

hechting 1. (chir.) sutuur. 2. (psych.an.) voor het eerst in de orale fase optredend gedrag waarmee de basis wordt gelegd voor het kunnen aangaan van vertrouwensrelaties in latere levensfasen.

hechtingsstoornis (psych.) stoornis in of het ontbreken van de mogelijkheden om zich sociaal te binden; treedt op vóór het vijfde levensjaar en kan de volgende symptomen hebben: gebrek aan oogcontact, niet glimlachen, apathie, staren, onvoldoende krachtig wenen en geen gelijkmatige psychomotorische ontwikkeling.

hectisch hardnekkig, slopend; *~e koorts*, uitputtende hoge avondkoorts met nachtzweet, en bijna normale temperatuur 's morgens (*febris hectica).

hecto- (smst.) $10^2 = 100$.

hedonisme levensleer dat genot het hoogste goed is.

hedrocele *G* 1. uitzakking van de endeldarm; zie ook rectocele. 2. breuk in de bilnaad, syn. hernia perinealis.

heelkunde *chirurgie.

Heerfordt, Chr. Deens oogarts (1871-1953); *syndroom van ~*, uveitis, parotitis, lymfadenopathie en facialisparese bij *sarcoïdose; syn. febris uveoparotidea; vertoont gelijkenis met het syndroom van Von Mikulicz.

heesheid raucedo.

Hegar, A. Duits gynaecoloog (1830-1914); *stiften van ~*, stiften van metaal of hard gummi in opvolgende dikten, ter verwijding van de baarmoederhals.

heilgymnastiek syn. kinesiatriek, zie oefentherapie.

heiligbeen sacrum, os sacrum.

Heine, J. von Duits chirurg (1800-1879), zie poliomyelitis.

Heinz, R. Duits arts (1865-1924); *insluitsels van ~*, grotere of kleinere vormsels van gedenatureerd hemoglobine in de erytrocyt in het vitaal gekleurde preparaat bij hemoglobinopathieën.

heksenmelk zie lac.

HeLa-cellen cellen van de eerste (1951) geslaagde en nog steeds voortgekweekte cultuur van carcinoomcellen, nl. uit de cervix uteri van een patiënte wier initialen He. La. luidden (waarschijnlijk Henrietta Lacks).

helcodermatose huidaandoening gepaard gaande met zweren.

helcogeen door een zweer veroorzaakt, uit een zweer ontstaan, bijv. sommige vormen van carcinoom.

helcoma *G* zweer, in engere zin zweer van het hoornvlies.

helcoplastiek operatie waarbij een door een zweer beschadigd lichaamsdeel opnieuw gevormd of hersteld wordt.

helcopoëse het kunstmatig verwekken van een zweer.

helcose, helcosis *G* verzwering.

helcosoma tropicum *L* tropische huid*leishmaniasis met vorming van zweren en knobbels, syn. aleppobuil, ziekte van Alibert, oriental sore.

helderziendheid zie paragnosie.

Helicobacter pylori (afk. HP, Hp), voorheen Campylobacter pylori, een in de maagwand (vooral in het antrumgedeelte) voorkomende gramnegatieve spiraal- of s-vormige bacterie; in de westerse wereld bij 30-50% van de volwassen populatie aanwezig; in ontwikkelingslanden is voor het 10e levensjaar 90% van de bevolking geïnfecteerd; een Helicobacter pylori-infectie heeft een duidelijke relatie met een chronische actieve gastritis en peptisch ulcus; met uitsluiting van oorzaken zoals medicijngebruik is bij een maagulcus de correlatie met de bacterie 70-90%, bij een ulcus duodeni 95-100%; ook maagcarcinoom een maaglymfoom (*MALT-lymfoom) blijken sterk samen te hangen met een H. pylori-infectie.

helicotrema de verbinding tussen *scala tympani en *scala vestibuli in de top van het slakkenhuis.

helio- m.b.t. de zon of zonstraling.

heliodermatose huidaandoening veroorzaakt door zonbestraling.

heliosis *G* zonnesteek, plotselinge hersenaandoening door inwerking van zonnehitte op het blote hoofd t.g.v. meningeale prikkeling of intracapillaire bloedstolling; gaat gepaard met versnelde pols en ademhaling, sterk verhoogde temperatuur, bloed belopen ogen, hoofdpijn, opwinding, hallucinaties, krampen en bewusteloosheid; kan dodelijk zijn; syn. ictus solis, insolatie, siriasis.

heliotherapie *G* fysiotherapie d.m.v. licht, in engere zin zonlicht.

helix *L* 1. de buitenrand van de oorschelp. 2. het slakkenhuis, zie cochlea.

Heller, Th. Duits zenuwarts (1869-1938); *syndroom van ~*, vroegere benaming: dementia infantilis, een pervasieve *ontwikkelingsstoornis gekenmerkt door een ongestoorde ontwikkeling van het kind gedurende de eerste (twee) levensjaren, waarna 'desintegratie' optreedt met als gevolg stoornissen in de taal-, sociale- en motorische vaardigheden, incontinentie en toenemende hulpbehoevendheid; syn. desintegratiestoornis van de kinderleeftijd; zie ook desintegratie (bet. 3).

Heller, E. Duits chirurg (1877-1964); *operatie van ~*, klieving van de spierwand van oesophagus en cardia bij cardiospasmus.

HELLP-syndroom lett. afk. van *h*emolysis, *e*levated *l*iver enzymes, *l*ow *p*latelet count, een syndroom waarbij sprake is van een ernstige hemolyse, gestoorde leverfuncties en trombopenie.

helm *~cel*, zie fragmentocyt; *~geboorte*, geboorte waarbij een gedeelte van de vruchtvliezen over het hoofd van het kind ligt t.g.v. circulair scheuren van de vliezen; *~gevoel*, zie galeatus.

Helmholtz, H. von Duits fysioloog (1821-1894), uitvinder van de oogspiegel.

helmins *G* worm, ingewandsworm, meervoud helminthes, helminten; men onderscheidt de ingewandswormen vnl. in drie groepen, t.w. de **cestoden* of platwormen, de **nematoden* of rondwormen en de **trematoden* of zuigwormen.

helminth- (smst.), *~agogum*, wormdrijvend middel; meervoud -goga; *~es*, zie helmins; *~iasis*, infestatie met ingewandswormen; *~ologie*, wetenschap of leer der ingewandswormen; *~icide*, wormdodend middel.

heloma clavus, eeltknobbel.

helper cells *E* helpercellen; antigeen-specifieke *T-cellen die bepaalde antigenen 'herkennen' en zonder welker interactie met macrofagen en *B-cellen deze laatste niet in staat zijn tot productie van antistoffen; zij versterken aldus de immunorespons; bepaalde helpercellen, nl. de T4-helpercellen, worden door *HIV afgebroken, zodat dit leidt tot een sterke *immunodeficiëntie, bekend als de ziekte *AIDS; tgst. suppressorcellen.

hem- zie ook haem-.

HEMA afk. van hydroxyethylmetacrylaat, een hydrofiele polymeer, basismateriaal waaruit zachte contactlenzen worden vervaardigd.

hema- m.b.t. bloed; zie ook sanguis, haema-.

hemaferese verzamelnaam voor plasma-, cyta-, lymfa- en trombaferese; zie aferese.

hemagglutinatie agglutinatie (samenklontering) van erytrocyten.

hemagglutinine antigene stof die hemagglutinatie teweegbrengt; het is één van de twee antigenen van het *influenzavirus.

hemalopie, haemalopia *G* 1. oogaandoening waarbij de lijder alles door een rood waas ziet. 2. bloeding in het oog.

hemangioblastoom, haemangioblastoma meningeoom met als kenmerk een netwerk van haarvaten en grotere bloedvaten.

hemangioom, haemangioma bloedgezwel, goedaardig gezwel van bloedvaten.

hemangiosarcoom, haemangiosarcoma sarcoom dat zijn oorsprong heeft in het endotheel van bloedvaten.

hemaporrometer toestel voor het meten van het bloedverlies bij een operatie.

hematencefalie hersenbloeding, zie apoplexie.

hematine een ontledingsproduct van hemoglobine.

hematinometer doosje met glazen wanden om het gehalte aan bloedkleurstof colorimetrisch te bepalen.

hematinurie het vóórkomen van hematine in de urine; zie ook hemoglobinurie.

hemato- (smst.) zie ook haemato-, hemo-.

hematoblast 1. voorstadium van de hematocyt.

hematocriet *G*, afk. Ht, Hct; het volume van de bloedcellen in verhouding tot het totale bloedvolume; de hematocriet(waarde) bedraagt gemiddeld 0,45 l/l (45%) dus 0,45 liter bloedcellen per liter bloed.

hematocele bloedbreuk, bloeduitstorting in een reeds bestaande holte bijv. scrotum.

hematocyste, haematocystis *G* 1. blaasbloeding. 2. cyste waarvan de inhoud deels of geheel uit bloed bestaat.

hematocyt bloedcel; in engere zin rode bloedcel.

hematocytolyse het oplossen van erytrocyten; syn. hematolyse.

hematofaag bloedzuigend; zich voedend met bloed; *hematofagie*, eigenschap van sommige pathogene micro-organismen (bijv. Entamoeba histolytica) erytrocyten in zich op te nemen.

hematogeen in het bloed ontstaan; langs de bloedbaan; bloedvormend.

hematoglobuline syn. *hemoglobine.

hemato- *~logie*, de wetenschap die zich bezighoudt met de fysiologie en pathologie van het bloed en de bloedvormende organen; *~lyse*, zie hematocytolyse.

hematomyelie, haematomyelia *G* bloeduitstorting in het ruggenmerg, ruggenmergsberoerte, syn. apoplexia spinalis.

hematonefrose, haematonephrosis *G* nierbloeding.

hematonose ziekte van het bloed, syn. hemopathie.

hematoom, haematoma *G* bloeduitstorting in de huid, onder de huid of in de weefsels, bloedgezwel; *~ arteriale*, syn. aneurysma spurium; *~ auriculare*, syn. othematoom, bloedgezwel aan de oorschelp; *~ extradurale*, hematoom tussen schedel en harde hersenvlies; ~ *neonatorum*, syn. cefaalhematoom; ~ *subarachnoidale*, hematoom tussen pia mater en arachnoidea.

hemato-oncologisch m.b.t. bloed en neoplasmatische groei.

hematopathie bloedziekte; aandoening ontstaan door ziekelijke veranderingen in het bloed.

hematopedese, haematopedesis *G* uittreding van bloed door de vaatwand bij ontsteking.

hematopoëse zie hemopoëse.

hematoporfyrine rode kleurstof, die uit hematine ontstaat door onttrekking van ijzer.

hematorroe, haematorrhoea sterke bloeding, bloedloop.

hematosarcoom sarcoom met multipele bloedingen.

hematoscopie optisch bloedonderzoek, bijv. met een microscoop.

hematose, haematosis *G* bloedvorming, syn. hemopoëse.

hematospermie het lozen van bloedbevattend roodbruin gekleurd sperma, syn. hemospermatisme.

hematostaticum zie haemostaticum.

hematotachografie zie hemotachografie.

hematothorax, haematothorax syn. hemothorax.

hematoxyline kleurstof voor microscopische preparaten.

hematurie, haematuria *G* bloedwateren, het lozen van urine vermengd met bloed of uitsluitend van bloed.

hemelvaartbeleving zie levitatie (bet. 2).

hemeralopie nachtblindheid, verzwakt gezichtsvermogen of blindheid bij avond, nacht of zwakke verlichting; wordt o.a. veroorzaakt door een erfelijke, aangeboren verminderde gevoeligheid van het netvlies of door een tekort aan vitamine A; tgst. nyctalopie.

hemi- (smst.) half, eenzijdig; zie ook semi-.

hemiablepsie halfblindheid; zie ook hemianopsie.

hemiachromatopsie door beschadiging der achterhoofdskwabben van de hersenen veroorzaakte kleurenblindheid van de helft van het netvlies der beide ogen.

hemiageusie *G* gedeeltelijk smaakverlies.

hemialgie pijn in één lichaamshelft; zie ook hemicranie.

hemianacusis *G* doofheid aan één zijde.

hemianesthesie ongevoeligheid aan één zijde.

hemianopsie (ook: *hemianopie*) blindheid of verzwakt gezichtsvermogen van de helft van het netvlies der beide ogen naar dezelfde zijde (homoniem) door druk op het chiasma opticum en/of door circulatiebelemmering; syn. hemiopie.

hemianosmie verlies van de reuk aan één zijde.

hemiataxie *G* *ataxie aan één zijde van het lichaam.

hemiatrofie, hemiatrophia *G* atrofie aan één zijde van het lichaam; ~ *facialis progressiva*, in de jeugd aanvangend voortdurend slinken van één helft van het gelaat, syn. prosopodysmorfie.

hemiballisme, hemiballismus *G* zie ballisme.

hemiblock geleidingsstoornis in één van de beide takken van de linker bundel van His.

hemicefaal, hemicephalus misgeboorte met onvolledig ontwikkeld hoofd; hemicranius.

hemichorea *G* *chorea aan één zijde van het lichaam; syn. chorea dimidiata of chorea unilateralis.
hemicranie, hemicrania eenzijdige ('schele') hoofdpijn met een pulserend karakter; meestal in aanvallen die enige uren tot dagen duren met pijnvrije tussenpozen; de aanvallen beginnen meestal met een *aura, gevolgd door de eigenlijke hoofdpijn t.g.v. verwijding van bloedvaten; voorts ontregeling van het autonome zenuwstelsel en (voorbijgaande) haardvormige neurologische verschijnselen; pathognomonisch is het éénzijdige visuele scotoom; syn. hemialgie, *migraine; ~ *allergica*, zeldzame migraine-aanvallen door niet-specifieke hyperreactiviteit van de hersenbloedvaten t.g.v. overgevoeligheid voor bepaalde voedingsstoffen; ~ *ophthalmica*, scotoma scintillans (zie scotoom) gevolgd door hemicranie; ~ *ophthalmoplegica*, hemicranie t.g.v. oogspierverlamming, syn. ziekte van *Moebius; ~-*variant*, hemicranie-aanval gepaard met functionele stoornissen, waartoe o.a. wordt gerekend de oftalmoplegische hemicranie.
hemicraniose *G* gezwel of dikte aan één zijde van het gelaat of van de schedel.
hemicranius *G* syn. hemicefaal.
hemidesmosoom verbinding, beter: verbindingsstructuur, waarmee een epitheelcel aan de *lamina basalis is verankerd; zie ook desmosoom.
hemidrosis syn. hemihyperhidrose.
hemi-epilepsie epilepsie met krampen slechts aan één zijde.
hemiglobine afk. Hi, door opneming van sommige vergiffen in het bloed ontstaand oxidatieproduct van hemoglobine; houdt de zuurstof vaster gebonden dan Hb; oude benaming: methemoglobine.
hemiglobinemie aanwezigheid van *hemiglobine in het bloed.
hemiglobinurie het lozen van hemiglobine bevattende urine.
hemiglossitis *G* ontsteking aan één zijde van de tong.
hemihyperhidrose, hemihyperhidrosis overmatig zweten van één lichaamshelft; syn. hemidrosis.
hemihypogeusie verlies van de smaak op een gedeelte van de tong, bijv. het voorste of achterste deel.
hemimelie de aanwezigheid van één of meer misvormde of gebrekkig ontwikkelde ledematen; *hemimelus*, individu met hemimelie.
hemimyoclonie, hemimyoclonus *G* aan één zijde van het lichaam optredende heftige spiersamentrekking.
hemine verbinding van hematine met zoutzuur; in ingedroogd bloed, behandeld me ijsazijn en keukenzout, kristalleert hemíne tot Teichmann-kristallen; wordt toegepast om oude bloedvlekken aan te tonen.
hemiopie syn. hemianopsie.
hemiparalyse verlamming van een lichaamshelft.
hemiparaplegie verlamming van één der ledematen; zie ook hemiplegie.
hemiparese, hemiparesis *G* onvolkomen verlamming van één zijde van het lichaam; *centrale spastische* ~, *hemiplegie met verhoogde spiertonus en verhoogde peesreflexen, gevolg van een cerebrovasculair accident (CVA) in het gebied van de capsula interna; ~ *uteri*, baarmoederslapte, weeënzwakte; zie ook hemiplegie, parese.
hemiphalacrosis *G* kaalheid aan één zijde van het hoofd.
hemiplegie, hemiplegia *G* verlamming aan één zijde van het lichaam, t.g.v. een cerebrovasculair *accident; ~ *alternans*, afwisselende hemiplegie, bijv. ~ *alter-*

nans facialis, verlamming van de aangezichtszenuw aan de aangedane zijde en van de ledematen aan de andere zijde; ~ *alternans superior*, syn. syndroom van H. *Weber; ~ *cruciata*, gekruiste hemiplegie, bijv. van een arm aan de aangedane zijde en een been aan de andere zijde, of andersom; syn. stauroplegie; ~ *sine materia*, hemiplegie waarbij geen letsels in het centrale zenuwstelsel worden gevonden; ~ *spastica infantilis*, cerebrale kinderverlamming, syn. encephalitis infantum.

hemisfeer halfrond der hersenen; **dominante* ~, de hemisfeer die bij een hersenfunctie meer betrokken is dan de andere; voor bepaalde 'hogere' corticale functies is de linker hemisfeer bij bijna alle rechtshandigen dominant over de rechter.

hemisfygmie toestand waarbij het aantal polsslagen slechts de helft bedraagt van het aantal samentrekkingen van het hart; zie ook miosfygmie, pulsus.

hemispondylus *G* schakel- of wigwervel, wigvormige wervel ontstaan door aangeboren foutieve segmentatie van de wervelkolom; veroorzaakt scoliose en het syndroom van Klippel-Feil.

hemisyndroom (jrg.) het ziektebeeld van een hemiparalyse of -parese.

hemivertebra een embryologisch half aangelegde wervel.

hemizygotie het aanwezig zijn van een onparig *gen, zoals bij *haploïdie.

hemo- zie ook haemo-, hemato-, m.b.t. bloed.

hemoblastose, haemoblastosis door woekering van bloedvormend weefsel veroorzaakte ziekte, bijv. chloroom, leukemie, myeloom, enz.

hemobilie, haemobilia bloeding in de galwegen.

hemochromatose, haemochromatosis syn. pigmentcirrose, ziekte van Trousseau, vorm van *hemosiderose, waarbij beschadiging van lichaamsweefsels optreedt; doordat het lichaam slechts weinig ijzer kan uitscheiden, ontstaan in verschillende organen ijzerdepots, vnl. in de vorm van hemosiderine: lever, pancreas, hart, beenmerg, huid (vale gelaatskleur), waardoor dienovereenkomstige ziektebeelden kunnen ontstaan.

hemo- *~chromogeen*, syn. hemoglobine; *~concentratie*, relatieve toeneming van cellulaire elementen in het bloed en van concentratie der plasmaeiwitten t.g.v. verlies van water en elektrolyten; *~cyt*, bloedcel.

hemocytofagie vernietiging van erytrocyten door histiocyten.

hemocytolyse oplossing van bloedcellen.

hemocytometer toestel om het aantal bloedcellen te tellen.

hemocytotrypsie het uiteenvallen van bloedcellen.

hemodialyse zuivering van het circulerende bloed bij (terminale) *nierinsufficiëntie ter vervanging van de nierfunctie; osmotische uitwisseling van giftige stofwisselingsproducten tussen het bloed van de patiënt en een *dialysevloeistof; speciaal hiervoor geconstrueerd is de kunstmatige nier.

hemodilutie verlaagd gehalte van het bloed aan cellulaire elementen, in engere zin erytrocyten; wordt soms vóór een operatie toegepast in de vorm van bloedafneming en toediening van een plasmavervangend middel, postoperatief gevolgd door terugvoering van het bloed; tgst. hemoconcentratie.

hemodromometer toestel om de snelheid van de bloedstroom te meten.

hemodynamica *G* de leer of wetenschap van de bloedbeweging.

hemofagocytose *fagocytose van rode bloedcellen door (meestal) goedaardig geprolifereerde (zie proliferatie) histiocyten; syn. hemocytofagie.

hemofilie bloederziekte, hemorragische *diathese (verhoogde bloedingsneiging) door een geslachtsgebonden (X-chromosomaal) erfelijk stollingsdefect nl. de afwezigheid van of een tekort aan hetzij stollingsfactor VIII (antihemofiliefactor), hetzij stollingsfactor IX (tromboplastinogeen); de eerste vorm heet hemofilie A, de andere hemofilie B of christmasziekte; hemofilie komt vnl. bij mannen voor en wordt erfelijk overgebracht door de vrouw als een recessief kenmerk, hetgeen betekent dat de mannelijke kinderen van een hemofiele vader (in de regel) normaal zijn maar de dochters de ziekte kunnen overbrengen op hun zoons; in het bloed is de stollingstijd verlengd; na de puberteit worden de verschijnselen geringer door stijging van de activiteit van de antihemofiliefactor VIII resp. IX; *~-cyste*, *pseudotumor die zich bij hemofilie kan ontwikkelen, vnl. in bekken en lange pijpbeenderen met botdestructie en beschadiging van weke delen.
hemofiltratie de verwijdering van overtollige stoffen (ook bijv. water bij overhydratie) uit het bloed door extracorporale filters.
hemoflagellaat verzamelnaam voor in het bloed voorkomende *flagellaten.
hemoftalmie, haemophthalmus *G* oogbloeding; ~ *externus*, bloeding in de omgeving van het oog, bijv. in de oogleden, de oogkas, enz.; ~ *internus*, bloeding binnen in het oog, syn. hyfemie.
hemoglobine afk. Hb; bloedkleurstof, de ijzerhoudende kleurstof van de rode bloedcellen; verbindt zich met zuurstof en vormt aldus de verbinding oxihemoglobine (HbO_2), die via de bloedstroom de verschillende weefsels bereikt; *geglycosileerd* ~, afk. HbA_{1c}, hemoglobine waaraan glucose is gebonden; het is een maat voor de gemiddelde glucosewaarde in de voorafgaande 6 weken tot 2 maanden; bij gezonde personen is het percentage HbA_{1c} ongeveer 6% van het totale hemoglobine; bij diabetici kan dit sterk verhoogd zijn (meer dan 10-13%) hetgeen op een slechte regulatie duidt; *polymeer* ~, zie kunstbloed.
hemoglobinemie (beter: *hyper~*) het vóórkomen van een groter dan normale hoeveelheid in het plasma opgeloste bloedkleurstof.
hemoglobinocholie het vóórkomen van hemoglobine in de gal.
hemoglobinometer toestel om het hemoglobinegehalte van bloed te bepalen.
hemoglobinopathie groep van meestal erfelijke en familiale bloedziekten van het hemolytische type, berustend op een abnormale chemische structuur van het *hemoglobinemolecuul; de (vele) verschillende soorten van hemoglobinopathie worden aangeduid met een letter, bijv. HbS (sikkelcelziekte), HbC, HbF (foetaal), HbM (hemiglobine, syn. methemoglobine) of met een eigennaam bijv. Hb-Barts, Hb-Lepore (zie Lepore-hemoglobine) en Hb-Harlem.
hemoglobinurie het vóórkomen van hemoglobine in de urine (t.g.v. hemolyse), die hierdoor rood gekleurd is zonder dat er rode bloedcellen in aanwezig zijn; kan voorkomen bij bepaalde infectieziekten, vergiftigingen, verbrandingen, G6PD-deficiëntie; *paroxismale* ~, syn. *transitore* ~, hemoglobinurie in aanvallen optredend, zonder aanwijsbare oorzaak, na vermoeiende arbeid of na lange marsen en na sterke afkoeling van het lichaam; de aandoening gaat dan gepaard met geelzucht en koorts.
hemogram tabel met het resultaat van een bloedonderzoek; *bloedbeeld.
hemokinator middel ter bevordering van de doorbloeding van de weefsels.
hemolipase vetsplitsend enzym.
hemolyse, haemolysis *G* bloedontleding, scheiding van de kleurstof (hemoglobine en het weefsel (stroma) der rode bloedcellen, waardoor de kleurstof in het

bloedplasma komt; *mechanische* ~, hemolyse t.g.v. heftige beweging in de bloedstroom, bijv. t.g.v. open-hartoperatie, valvulotomie en dergelijke; *immuno-*~, hemolyse gepaard met koorts, anemie en/of nierinsufficiëntie t.g.v. bloedafbraak door circulerende (IgG-)antistoffen, gericht tegen bepaalde, in het bloed aanwezige stoffen (bijv. geneesmiddelen).

hemolysine stof, die *hemolyse veroorzaakt; bijv.nw. *hemolytisch*.

hemolytisch-uremisch syndroom afk. HUS, acute nefritis vnl. bij kinderen met ernstige acute nierinsufficiëntie (incl. oligurie of anurie), massale microangiopathische hemolyse (zie angiopathie), hemorragische colitis en *intravasale stollingen, een en ander kenbaar aan o.a. purpura, icterus, bloedingen (o.a. cerebraal), trombocytopenie, anemie, convulsies, voorts fragmentocyten in het bloed; de oorzaak is waarschijnlijk een Shigella-endotoxine; bij volwassenen is het ziektebeeld zeldzaam, vnl. bij zwangerschapstoxicose; syn. ziekte van *Gasser-Karrer.

hemopathie ziekte van het bloed, syn. hematonose.

hemopathologie leer of wetenschap der bloedziekten.

hemopericard, haemopericardium bloeduitstorting in het hartzakje (pericard), syn. hart*tamponade.

hemoperitoneum, haemoperitoneum bloeduitstorting in de buikholte.

hemopexine een *bindingseiwit in het bloed, dat *haem aan zich kan binden (en transporteren).

hemopneumothorax bloeduitstorting in de pleuraholte bij pneumothorax.

hemopoëse, haematopoiesis *G* bloedvorming, bloedaanmaak; vorming van bloedcellen.

hemopoëtine zie erytropoëtine.

hemoptoe, haemoptoe syn. hemoptyse, bloedspuwing; vnl. bij longziekten optredende bloeding uit de longen of luchtwegen, bijv. t.g.v. een carcinoom; ~ *parasitaria* syn. haemoptysis parasitaria, bloedspuwing bij *paragonimiasis; zie ook haematemesis.

hemoptyse, haemoptysis syn. hemoptoe.

hemoreologie de stroming van het bloed in het vaatstelsel onder fysiologische en pathologische omstandigheden.

hemorragie, haemorrhagia *G* bloeding; men onderscheidt aderlijke, slagaderlijke en capillaire bloedingen; ~ *cerebri*, bloeding in de hersenen, meestal veroorzaakt door aneurysma, trombose, hypertensie, vasculitis, angiomateuze malformatie, tumor cerebri, hemorragische *diathese, antistollingstherapie; ~ *per rhexin*, hemorragie door scheuring van een bloedvatwand, hetzij acuut hetzij geleidelijk; ~ *subarachnoidalis*, 'spontane' bloeding onder het spinnenwebvlies, meestal uit een aneurysma van één der arteriën van de hersenbasis.

hemorragine bestanddeel van slangengif dat de bloedvatwanden verwoest en plaatselijke necrose veroorzaakt.

hemorragisch bloeding betreffend, met bloeding in verband staand; *~e diathese*, zie diathese.

hemorroïdaal, haemorrhoidalis 1. aambeien betreffend, tot aambeien behorend. 2. m.b.t. de bloedvaten en zenuwen in de omgeving van de anus; *~dale bloeding*, bloeding uit aambeien, zie hemorroïde.

hemorroïde, haemorrhois *G* aambei, syn. *phlebectasia haemorrhoidalis* of *varix haemorrhoidalis*, uitzetting van aders van de endeldarm door stuwing in de anus of in de omgeving ervan en door oorzaken die stuwing teweegbrengen door belemmering van het terugvloeien van bloed naar de buikorganen; aambeien die zich binnen de anus bevinden, noemt men *inwendige*, die daarbuiten: *uitwendige* aambeien.

hemosiderine vorm van onoplosbaar opgeslagen ijzer in beenmerg, lever en milt.

hemosiderose *stapeling van niet-functioneel ijzer (zie ook depotijzer); *primaire ~*, recessief-erfelijke *idiopathische hemosiderose, vnl. in lever, milt, pancreas, hart en huid, hoofdzakelijk bij mannen; *lokale ~* noemt men paroxismale nachtelijke (renale) hemoglobinurie en de ziekte van *Goodpasture; *secundaire ~* komt voor bij toestanden als *dyserytropoëse, refractaire anemieën behandeld met bloedtransfusies, fouten in de voeding, hemolytische en *sidero-achrestische anemie, porphyria cutanea tarda, *transferrine-deficiëntie, portocavale shunt, levercirrose, pancreasfibrose e.a..

hemosiet bloedparasiet.

hemospermatisme, haemospermatismus *L* syn. hematospermie.

hemosporidiën orde van parasieten behorend tot de sporozoa; zie ook Heamosporidia.

hemostase 1. het spontaan ophouden van een bloeding, waarbij plasmabestanddelen, bloedplaatjes en vaatwand sleutelfuncties vervullen, *bloedstolling. 2. bloedstelping. 3. sterke verlangzaming of ophouden van de bloedstroom.

hemostaticum *G* zie haematostaticum.

hemotachografie registratie van de snelheid van de bloedstroom; afk. HTG; zie ook Doppler-onderzoek.

hemotachometrie het meten van de snelheid van de bloedstroom met behulp van een *hemotachometer*; zie ook Doppler-onderzoek.

hemotest 1. testserum voor bloedgroepbepaling. 2. onderzoek naar de aanwezigheid van bloed.

hemotherapie therapie waarbij injecties met bloed worden toegepast.

hemothorax, haemothorax bloeduitstoring in de borstholte; syn. hematothorax.

hemotoxine 1. vergif dat in het bloed voorkomt. 2. stof die bloedontleding veroorzaakt (syn. hemolysine) of op andere wijze vergiftig op het bloed inwerkt, bijv. hemagglutinatorisch.

hemozoïne grofkorrelig pigment, afkomstig van gefagocyteerd bloed.

HEMPAS afk. van hereditary erythroblastic multinuclearity (with a) positive acidified serumtest *E*.

Henle, F. Duits anatoom (1809-1885); *lis van ~*, deel van het *nefron, bestaande uit een parallel verlopend opstijgend en dalend deel van de tubulus.

Henoch, E. Duits kinderarts (1820-1910); *purpura van ~-Schönlein*, syn. peliosis rheumatica of essentiële atrombopenische purpura op grond van gesystematiseerde *vasculitis t.g.v. immuuncomplex-depositie, gekenmerkt door buikkolieken, glomerulonefritis, neurologische verschijnselen, urticaria, erytheem en bloedingen uit neus, darm, nieren; syn. anafylactoïde of allergische purpurea.

HEP afk. van hepato-erytropoëtische porfyrie.

HEPA afk. van 1. high efficiency particulate airtype *E*; *~-filter*, hoog gedifferentieerd luchtfilter voor uiterst fijne stofdeeltjes. 2. humane extrinsieke piasminogeen activator.

hepa-DNA-virussen virussen die leverziekten veroorzaken.

hepar *G* lever; groot, ±1500 g wegend orgaan rechts boven in de buikholte onder het middenrif, bestaande uit een rechter en linker kwab; onder de eerste ligt de galblaas die de door de lever gevormde gal ontvangt en deze naar behoefte naar het duodenum doet vloeien t.b.v. de vetvertering; belangrijke functies van de lever zijn de verwerking van voedingsstoffen die via de poortader worden aangevoerd uit de darm en het ontgiften en met de gal uitscheiden van vele voor het lichaam schadelijke stoffen; ~ *adiposum*, vetlever, vettige ontaarding van de levercellen bij chronisch alcoholisme en andere vergiftigingen, voorts in de zwangerschap (mogelijk door vitamine B-deficiëntie); ~ *crocatum*, saffraanlever, door galstof geelgekleurde vetlever bij acute leveratrofie; ~ *lobatum*, syn. foie ficellé (*F* ficelle = koord), gelobde lever bij syfilis; ~ *mobile*, zwerflever, bijzondere beweeglijkheid van de lever.

heparbiopsie biopsie van de lever.

heparine verzamelnaam voor een aantal in de natuur voorkomende *anticoagulantia; activeren *antitrombine III.

hepariniseren antistollingstherapie d.m.v. heparine.

hepatalgie pijn in de lever.

hepatargie onvoldoende werking van de lever.

hepatectomie operatie waarbij een deel van de lever wordt verwijderd.

hepatico-enterostomie het aanleggen van een kunstmatige verbinding tussen de uitlozingsbuis van de lever en de darm; zie ook enterostomie.

hepaticolithotripsie vermorzeling van galstenen in de leverbuis (ductus hepaticus).

hepaticostomie insnijding van de uitlozingsbuis van de lever.

hepaticus *L* 1. tot de lever behorend. 2. *ductus* ~, leverbuis, afvoerbuis voor gal.

hepatisatie, hepatisatio *L* verandering in weefsel, waardoor dit op leverweefsel gaat gelijken; kan in het 2de of 3de stadium van longontsteking voorkomen door opvulling van de longblaasjes met fibrine (~ *pulmonis*).

hepatisme stoornis in de leverwerking.

hepatitis *G* acute, subacute of chronische parenchymateuze leverontsteking, meestal veroorzaakt door een virus (hepatitis A, B, C, D, E en G, herpes simplex, cytomegalie, coxsackie, influenza, gele koorts, mononucleosis), voorts bacterieel (ziekte van *Weil, cholangiolitis), protozoair (*toxoplasmose, Schistosoma mansoni) en door toxische invloeden (alcohol, medicamenten, andere giftige stoffen); ook *hepatose* genaamd);

hepatitis A, syn. hepatitis infectiosa, hepatitis epidemica; wordt veroorzaakt door het hepatitis-A-virus (afk. HAV); veel voorkomende goedaardige hepatitis met geelzucht, vnl. bij kinderen; tegenwoordig steeds meer voorkomend bij jonge volwassenen die naar gebieden reizen waar het virus endemisch is zoals de landen in het Middellandse zeegebied en ontwikkelingslanden; de besmetting geschiedt oraal en wordt verspreid via de menselijke feces hetzij rechtstreeks of bijv. d.m.v. besmette levensmiddelen (door keukenpersoneel); het virus is in de feces aanwezig vanaf twee weken vóór tot ongeveer één week na het begin van de ziekte; de incubatietijd bedraagt 2 tot 6 weken;

hepatitis B, syn. serumhepatitis, wordt veroorzaakt door het hepatitis-B-virus (afk. HBV); de besmetting vindt plaats door bloed hetzij via de injectienaald (bloedtransfusie, intraveneus druggebruik) hetzij door seksueel contact; het is voornamelijk een ziekte van volwassenen; de incubatietijd bedraagt ongeveer 6 weken tot 6 maanden; het bloed is infectieus één tot twee weken vóór het optreden van klinische symptomen;

hepatitis C, veroorzaakt door het hepatitis-C-virus (afk. HCV); vóór de ontdek-

king van dit virus werd de ziekte aangeduid als hepatitis non-A, non-B (afk. NANB); besmetting vindt plaats d.m.v. bloed en bloedproducten (bloedtransfusie, hemodialyse, intraveneus druggebruik); vrijwel alle vormen van posttransfusie-hepatitis zijn te wijten aan besmetting met HCV; de incubatietijd bedraagt ongeveer 2 weken tot 6 maanden; de klinische verschijnselen vertonen veel overeenkomst met die bij hepatitis B;
hepatitis D, syn. hepatitis Delta-virusinfectie, wordt veroorzaakt door hepatitis-D-virus (afk. HDV), ook wel Delta-virus (Delta-agens) genoemd; het is een incompleet (defectief) virus dat voor vermeerdering afhankelijk is van de aanwezigheid van het hepatitis-B-virus (HBV); besmetting vindt plaats d.m.v. bloed en bloedproducten (bloedtransfusie, intraveneus druggebruik) terwijl besmetting door seksueel contact niet mag worden uitgesloten; infectie treedt alleen op wanneer HDV tegelijk wordt overgedragen met HBV (co-infectie), de incubatietijd bedraagt 2 weken; het is ook mogelijk dat iemand die reeds drager is van HBsAg (zie hepatitisvirussen) bijvoorbeeld intraveneuze druggebruikers, met HDV besmet wordt (superinfectie); in dit geval bedraagt de incubatietijd 2 weken tot ongeveer 3 maanden;
hepatitis E, veroorzaakt door een virus dat als hepatitis-E-virus (afk. HEV) wordt aangeduid; de wijze van besmetting en klinische verschijnselen lijken op die bij hepatitis A; de sterftekans is echter groot (ongeveer 20% bij geïnfecteerde zwangeren); deze vorm van hepatitis komt vooral voor in o.a. Noord-Afrika, Pakistan, India, China en Mexico;
hepatitis G, veroorzaakt door het hepatitis-G-virus, dat via bloedtransfusies overdraagbaar is, zie hepatitisvirussen;
hepatitis GB, zie hepatitisvirussen; *alcohol~*, leveraandoening, pathologisch-anatomisch gekenmerkt door *steatose (bet. 2), cholestase, lichaampjes van *Mallory, fibrose en later cirrose; *amoeben ~*, hepatitis door Entamoeba histolytica, soms leidend tot leverabces; *~ biliaris*, hepatitis met ontsteking van de galwegen; *chronische ~*, hepatitis die meer dan zes maanden zonder verbetering voortduurt, meestal ook kenbaar aan miltvergroting, verhoogd IgM en cirrose; behalve infectieuze, kunnen er ook toxische, metabole of auto-immune oorzaken zijn; *chronische actieve* of *agressieve ~*, hepatitis door een autoimmuunproces, o.a. gekenmerkt door lokale necrosen (als 'mottengaten'); kan door fibrosering tot cirrose leiden; soms worden LE-cellen aangetroffen (vandaar de naam *lupoïde ~*); de verschijnselen lijken veel op die van de chronische persisterende vorm; syn. juveniele cirrose; *chronische persisterende ~*, hepatitis met een slepend verloop van minstens een jaar en spontane genezing, niet eindigend in een levercirrose, meestal zich ontwikkelend uit een hepatitis B; *delta-~*, syn. hepatitis D; *~ epidemica*, syn. hepatitis A; *~ fulminans*, syn. acute gele *leveratrofie; *~ icterohaemorrhagiae*, syn. ziekte van *Weil; *~ infectiosa*, syn. hepatitis A; *non A-non B ~*, afk. NANB hepatitis, oude naam voor hepatitis C; *reuzencel-~*, hepatitis bij pasgeborenen, oorzaak onbekend; het leverweefsel bevat in toenemende mate grote meerkernige cellen en er ontstaat levercirrose met blijvende geelzucht en leververgroting; *serum~*, *-ent~*, *naald~* of *transfusie~*, synoniemen voor hepatitis B, aldus genoemd vanwege de overdraagbaarheid via puncties.

hepatitisvirussen virussen die leverontsteking veroorzaken; *hepatitis-A-virus* (HAV), oorzaak van hepatitis A; het is een kubusvormig RNA-virus (een enterovirus) met een diameter van 29 nm; besmetting via feces (fecaal-oraal) rechtstreeks of meestal indirect via besmet voedsel of voorwerpen; de incubatietijd bedraagt 2 tot 6 weken; zie ook hepatitis A; *hepatitis-B-virus* (HBV), vroeger Dane-partikel genoemd, is de oorzaak van hepatitis B; het is een kubusvormig DNA-virus met een diameter van ongeveer 42 nm; het virus bestaat uit een omhulsel (mantel) en een kern (core); in de mantel komt o.a. een manteleiwit voor dat bekend staat als het hepatitis B surface (oppervlakte) antigeen, afk. HBsAg, vroeger bekend onder de naam Australië-antigeen. In het bloed van geïnfecteerden is HBsAg aantoonbaar als een deeltje met een diameter van 22 nm; om de kern van het virus bevat het hepatitis B core (kern) antigeen, afk. HBcAg; in het bloed van geïnfecteerden kan geen vrij HBcAg worden aangetoond, maar wel het antigeen HBeAg, een antigeen dat afgeleid is van het antigeen HBcAg; bij HBV-geïnfecteerden zijn dus twee virale eiwitten (antigenen) aantoonbaar nl. HBsAg en HBeAg; er wordt aangenomen dat alleen een compleet HBV infectieus is, dus HBsAg afzonderlijk niet; de incubatietijd van HBV varieert van 4 weken tot 6 maanden; behalve hepatitis B kan HBV ook levercarcinoom en immuuncomplexziekten veroorzaken; besmetting met HBV kan plaatsvinden door naaldinfectie (transfusies, intraveneus druggebruik, tatoeages), hemodialyse, insectensteken, slijmvliescontact (seksueel contact); profylaxe tegen hepatitis B is mogelijk d.m.v. een vaccin dat verkregen is via recombinant-DNA-techniek; zie ook hepatitis B; *hepatitis-C-virus* (HCV), is in 1988 in de VS ontdekt, veroorzaakt hepatitis C, vóór 1988 aangeduid als hepatitis non-A, non-B (afk. NANB); HCV komt wereldwijd voor; in Nederland is 1 per 2500 bloeddonors besmet met HCV; recente gegevens tonen aan dat de belangrijkste oorzaak bloed-bloed contact is, zoals bloedtransfusies, intraveneus druggebruik en tatoeages; wanneer iemand door een bloedtransfusie met HCV is besmet is er een kans van 80% dat er een chronische HCV-infectie optreedt, die vele jaren kan blijven bestaan; de bloedbanken in Nederland hebben in 1991 de screeningtest voor hepatitis C ingevoerd; zie ook hepatitis C; *hepatitis-D-virus* (HDV), oorspronkelijk Delta-virus (Delta-agens) genoemd; het is een defect (incompleet) RNA-virus (diameter 40 nm); HDV bezit de mantel van HBV en dus ook het antigeen HBsAg; in de kern heeft het een eigen antigeen nl. het hepatitis-D-antigeen (afk. HDAg), ook wel Delta-antigeen genoemd. Voor de vermeerdering heeft het HDV de hulp nodig van HBV; er is sprake van co-infectie of van een superinfectie (zie hepatitis D); *hepatitis-E-virus* (HEV), komt voornamelijk voor in Afrika en Azië en veroorzaakt epidemieën, waarschijnlijk door waterverontreiniging; zie ook hepatitis E; *hepatitis-F-virus*; dit virus, waarvan sprake is geweest, blijkt niet te bestaan; *hepatitis-G-virus*, afk. HGV, een RNA-virus, dat via bloedtransfusies overdraagbaar is; *hepatitis-GB-virus*, afk. GBV, genoemd naar de Amerikaanse chirurg met de initialen 'GB' uit wiens serum dit virus voor het eerst werd geïsoleerd; GBV blijkt identiek te zijn aan voornoemd HGV; *andere virussen*, hepatitis kan ook worden veroorzaakt door de volgende virussen: *cytomegalovirus, *Epstein-Barr-virus, *Herpes-simplexvirus, *Coxsackievirus en andere *arbovirussen.

hepatoblastoom een maligne levergezwel, vnl. bij kinderen, dat hoofdzakelijk ontstaat uit embryonaal leverweefsel.

hepatocele breuk waarin zich (een deel van) de lever bevindt.

hepatocellulair m.b.t. de levercellen; ~ *carcinoom*, zie hepatoom.

hepatocyt leverparenchymcel.

hepatogeen in verband met de lever, van de lever afkomstig.
hepatolenticulaire degeneratie zie Wilson (bet. 2).
hepatoliet leversteen, galsteen.
hepatologie de wetenschap met betrekking tot de fysiologie en pathologie van de lever.
hepatomalacie leververweking.
hepatomegalie leververgroting.
hepaton syn. insula hepatis, de kleinste functionele eenheid van de lever.
hepatonefrose leveraandoening die gepaard gaat met een steeds slechter functionerende nier.
hepatoom gezwel uitgaande van het leverparenchym, bestaande uit adenomateuze en carcinomateuze elementen, meestal na chronische hepatitis en/of levercirrose t.g.v. HBV-infectie; kan ook ontstaan als complicatie van *hemochromatose; syn. hepato- (cellulair) carcinoom.
hepatopathie ziekte van de lever.
hepatopexie operatieve fixatie van een *hepar mobile.
hepatoporto-enterostomie zie Kasai.
hepatorenaal m.b.t. de lever en de nier; ~ *syndroom,* nierinsufficiëntie t.g.v. verminderde doorbloeding van de nierschors, die optreedt bij bepaalde gevallen van onvoldoende leverwerking (cirrose, neoplasma, hepatitis e.a.).
hepatose 1. verzamelnaam voor functionele leverstoornissen; syn. hepatisme. 2. toxisch-degeneratieve leverbeschadiging; zie hepatitis.
hepatosplenomegalie combinatie van lever- en miltvergroting.
hepatotomie leversnede, leveroperatie.
hepatotoxemie door stoornis in de leverwerking veroorzaakte te hoge concentratie van giftige stofwisselingsproducten in het bloed, syn. hepatische auto-intoxicatie.
herba *L* lett. gras; (farm.) geneeskrachtig kruid.
herbicide onkruidvernietigend middel.
herderstaf-fenomeen zie fenomeen.
hereditair erfelijk, aangeboren; *~e ataxie,* op jeugdige leeftijd beginnende *ataxie, soms bij verscheidene kinderen uit één gezin, gelijkend op tabes dorsalis; *~e sferocytose,* zie sferocytose.
herediteit, hereditas *L* erfelijkheid, bij de voortplanting op volgende geslachten overgaande eigenschappen of aanleg voor ziekten.
heredo- (smst.) erfelijk; *~-ataxie* zie ziekte van *Friedreich.
heredopathia atactica polyneuritiformis zie ziekte van *Refsum.
heredosyfilis aangeboren syfilis, syn. lues congenita.
herfstkoorts zie nanukayami.
Hering, K. Weens fysioloog (1834-1918); *reflex van ~-Breuer,* via de nervus vag verlopende reflex waardoor de uitademingsbeweging wordt teweeggebracht door de inademingsbeweging en omgekeerd.
herinnerings- *~injectie,* syn. *injection de rappel; *~vermogen,* zie geheugen, memory.
heritabiliteit het erfelijke deel van de gehele fenotypische variabiliteit; wanneer het milieu geen invloed heeft op het *fenotype (de verschijningsvorm) is de heritabiliteit 100%.
herkauwen zie ruminatie.
hermafrodiet kwee of kween; zie hermafroditisme.

hermafrodisie hetero- en homofiele kenmerken in één persoon.

hermafroditisme, hermaphroditismus *G* ook: *hermafrodisme* of **interseksualiteit*, dubbelslachtigheid, het aanwezig zijn van zowel mnl. als vrl. geslachtskenmerken bij hetzelfde individu *(hermafrodiet)*; ~ *verus*, echt of waar hermafroditisme, geslachtsklieren van beide geslachten aanwezig, komt zelden voor; volkomen ontwikkeling van zowel mannelijke als vrouwelijke geslachtskenmerken bij dezelfde persoon (zodat deze zichzelf zou kunnen bevruchten) komt nimmer voor; ~ *spurius*, syn. *pseudo~*, vals hermafroditisme, waarbij de uitwendige geslachtsorganen mannelijk en de geslachtsklieren vrouwelijk (of andersom) zijn *(pseudohermaphroditismus femininus*, resp. *masculinus)* is zeer zeldzaam; verschillende overgangsvormen, ook voor wat betreft de secundaire geslachtskenmerken, komen vaker voor.

Hermans, E. Nederlands dermatoloog (overl. 1981); *morbus ~-Grosfeld-Spaas*, de vijfde facomatose, zie basocellulair *naevussyndroom.

hermaphroditismus zie hermafroditisme.

hernia *L* ingewandsbreuk, syn. enterocele; uitstulping van het peritoneum, eventueel de ingewanden, vnl. darm, uit de buikholte door een natuurlijke of zich vormende opening (breukpoort); de uitstulping blijft door buikvlies en huid bedekt, zodat zich een zak (breukzak) vormt, òf de uitstulping heeft plaats in een natuurlijke zak, bijv. de balzak; in de breukzak kunnen behalve darm, ook andere delen geraken, bijv. de blaas; een breuk die teruggeduwd kan worden (taxis) noemt men een *reponibele breuk;* door vergroeiing en andere oorzaken kan het onmogelijk zijn de breukinhoud in de buikholte terug te duwen *(irreponibele breuk)*; ~ *abdominalis*, syn. ~ *ventralis*, buikbreuk, ontstaat meestal door uitstulping van littekens, bijv. na operatie (~ *cicatricialis*, littekenbreuk); ~ *accreta*, breuk waarvan de inhoud met de zak vergroeid is en daardoor irreponibel; ~ *adiposa*, vetbreuk, vetgezwel dat door een breukpoort uitstulpt, syn. adipocele, lipocele, liparocele; ~ *aquosa*, syn. *encefalocele; ~ *cruralis*, syn. ~ *femoralis*, femorocele, dijbreuk, door de ruimte tussen de liesband en de voorzijde van het bekken naar buiten tredende, het meest bij vrouwen voorkomende breuk die meestal klein blijft, doch spoedig ingeklemd kan raken; ~ *diaphragmatica*, syn. ~ *phrenica*, middenrifsbreuk, uitstulping van buikingewanden, meestal maag (maagbreuk) of darm, door spleten in het middenrif met name daar waar de slokdarm het middenrif doorboort; is meestal aangeboren, doch geeft in de regel pas op latere leeftijd klachten; ~ *foraminis ovalis*, syn. ~ *obturatoria*, breuk uitstulpend uit het ovale of verstopte gat in het heupbeen, is van buitenaf moeilijk aan te tonen en daardoor gevaarlijk; ~ *funiculi umbilicalis*, syn. omfalocele, navelstrengbreuk, uitpuiling van de ingewanden in de navelstreng via de navelring; zie ook hernia umbilicalis; ~ *incarcerata*, beklemde breuk, inklemming van de breukinhoud (incarceratio herniae) door omsnoering in de nauwe breukhals waardoor de bloedtoevoer naar de breukinhoud wordt gestremd en necrose hiervan optreedt, hetgeen tot dodelijke complicaties kan leiden; ~ *inguinalis*, liesbreuk, de meest voorkomende breuk, stulpt boven de liesband naar buiten uit; men onderscheidt indirecte of buitenste liesbreuk *(~ lateralis* of *indirecta)* en directe liesbreuk *(~ medialis* of *directa);* de laatste komt weinig voor, zij treedt door de *fossa inguinalis medialis rechtstreeks naar buiten; de buitenste liesbreuk doorloopt het lieskanaal en kan bij de man in de balzak komen *(~ scrotalis)* en bij de vrouw in de grote schaamlippen *(~ labialis)*; ~ *intercostalis*, breuk t.g.v.

een aangeboren of verkregen defect van één of meer ribben; ~ *interna*, inwendige breuk, die niet aan de oppervlakte van het lichaam naar buiten uitstulpt; ~ *labialis*, zie hernia inguinalis; ~ *nuclei pulposi*, afk. HNP, rugbreuk, uitpuiling van de nucleus pulposus van een tussenwervelschijf, waardoor druk kan ontstaan op de (sensibele) achterwortels van de spinale zenuwen; heeft meestal plaats tussen de 4de en 5de lendenwervel en veroorzaakt neuralgie in het gebied van de nervus ischiadicus (ischias of ischialgie); vertoont de uitstulping neiging spontaan terug te gaan, dan spreekt men van *prolapsus* of *protrusio nuclei pulposi;* zie ook discopathie, chemonucleolyse, radiculair syndroom, radiculitis; ~ *paraperitonealis*, glijbreuk, hernia waarbij een deel van de breukzak wordt gevormd door een extraperitoneaal buikorgaan; ~ *scrotalis*, syn. oscheocele, zie hernia inguinalis; ~ *spigeli,* buikwandbreuk door de aponeurose van de dwarse buikspier; ~ *umbilicalis,* navelbreuk, breuk die door de niet voldoende gesloten of weer geopende navelring naar buiten uitstulpt, n.t.v.m. hernia funiculi umbilicalis, omfalocele; ~ *uteri*, syn. hysterocele, is een hernia inguinalis waarbij de baarmoeder zich in de breukzak bevindt; ~ *vaginalis*, schedebreuk, syn. colpocele; ~ *varicosa*, spataderbreuk, zie ook varicocele; ~ *ventosa*, zie pneumatocele; ~ *ventriculi*, syn. *gastrocele.

herniatie het ontstaan van een *hernia.

herniorafie *herniotomie gevolgd door sluiting van de breukpoort en (meestal) versterking van de zwakke wand van het breukkanaal.

herniotomie breuksnede, operatieve verwijding van de breukpoort voor repositie van een breuk c.q. verwijdeing van de breukzak; ~ *externa*, uitwendige herniotomie, waarbij het buikvlies niet wordt geopend; ~ *interna*, inwendige herniotomie, herniotomie mèt opening van het buikvlies; zie ook herniorafie.

heroicum *G* krachtig werkend geneesmiddel, meervoud heroica.

heroïne diacetylmorfine bevattend wit poeder, krachtige, euforiserende, pijnstiller, sterk verslavende werking, wordt gerekend tot de *hard drugs, valt onder de opiumwet; verslaving aan heroïne kan gemakkelijk leiden tot het zgn. *~verslavingssyndroom*, hoofdzakelijk gekenmerkt door onzorgvuldige hygiënische en voedingsgewoonten, carieus gebit, bronchitis, vaak alcoholisme, venerische aandoeningen, spuitlittekens, voorts dysforie, angst en soms endocarditis of hepatitis B; onthoudingsverschijnselen zijn o.a. onrust, prikkelbaarheid, spierkrampen, botpijnen, slapeloosheid, wijde pupillen, hyperhidrosis, nausea, buikkrampen.

herpangina acute, goedaardige *coxsackieviruszïekte vnl. bij kinderen, gekenmerk door blaasjes (herpes) en zweertjes in mond en keel; syn. pharyngitis vesicularis of pharyngitis aphthosa.

herpes *G* huiduitslag bestaande uit kleine met een helder vocht gevulde blaasjes di zich in groepjes vormen en spoedig verdrogen; de meest voorkomende vorm is ~ *simplex* of ~ *catarrhalis*, veroorzaakt door het herpes hominis virus type I, dat b vele mensen aanwezig is en door verschillende oorzaken werkzaam wordt, zoals de inwerking van zonlicht (~ *solaris)*, koorts (~ *febrilis)*, menstruatie (~ *menstruationis);* naar de lokalisatie onderscheidt men voorts ~ *corneae* (zie keratitis dendritica), ~ *facialis* en ~ *labialis* (*orofaciale* vorm van herpes, 'koortsuitslag', vnl. aan de lippen); *genitalis* of *progenitalis* (aan de uitwendige geslachtsorgane incl. de urethra), teweeggebracht door het herpes hominisvirus type 2; zeldzaam is acute necrotiserende encefalitis door herpesvirus; een andere vorm, met speciale affiniteit tot het uitbreidingsgebied van gevoelszenuwen, is de ~ *zoster* (gordelroos, sint-Antoniusvuur, zona), waarvan het (neurotrope) virus verwant is met dat van varicellen (waterpokken) en ontsteking veroorzaakt van hoofdzakelijk spinale ganglia; vooral gekenmerkt door neuralgische pijn en vnl. voorkomend aan borstkas, schouder, heup en gelaat; treedt soms op bij mensen met een falende infectie-afweer; syn. cingulum, zona; ~ *zoster generalisatus*, herpes zoster met vesiculair exantheem over het gehele lichaam; zie ook herpesvirus(sen); vroeger was herpes een verzamelnaam voor verschillende huidziekten, vandaar o.a. ~ *gestationis*, zweetblaasjes bij zwangeren; ~ *iris*, concentrisch erytheem op hand- en voetrug; ~ *tonsurans*, ringworm, oppervlakkige trichofitie; ~ *vacciniformis*, vorming van blaasjes met een centrale inzinking (als bij een koepok) vnl. aan de billen bij zuigelingen; ~ *vegetans*, syn. pemphigus vegetans; ~ *zoster*, zie herpes zoster.

herpesvirus(sen) groep van DNA-*virussen ter grootte van 150-170 nm, o.a. gekenmerkt door het vermogen tot *persistentie in de gastheer en reactivatie o.a. bij *immunosuppressie; bij de mens komen vijf soorten voor: **varicella-zoster*-virus, **cytomegalo*virus, **Epstein-Barr*-virus, ~ *simplex* (~ *hominis* type 1) en ~ *genitalis* (idem type 2); het herpes hominis type 1 veroorzaakt stomatitis aphthosa, herpes labialis, keratitis dendritica, encefalitis, eczema herpetica, panaritium; het type 2 wordt uitsluitend door genitaal contact verspreid en is oorzaak van herpes genitalis en glutealis, neonatorum en congenitalis; het ~ *simiae* (zgn. herpesvirus-B) komt voor bij apen en is pathogeen voor de mens.

herpetica, herpeticus door een herpesvirus veroorzaakt.

herpetic whitlow *E* zie fijt.

herpetiformis op herpes gelijkend, met herpes in verband staand.

herpetisch m.b.t. herpes.

hersen- *~aanhangsel*, zie hypofyse; *~balk*, *corpus callosum; *~barrière*, zie barrière; *~bloeding*, zie apoplexie, hemorragie: haemorrhagia subarachnoidalis, hematencefalie.

hersendood toestand van volledig en onherstelbaar verlies van de functie van hersenen, hersenstam en verlengde *merg, waarvan de (*irreversibele) oorzaak bekend is; hersendood is kenbaar aan coma, afwezigheid van hersenstamreflexen (hoofdzakelijk pupil-, cornea-, oculocefale en vestibulaire reflexen) en van spontane ademhaling, blijvend iso-elektrisch EEG, ontbreken van motorische reactie op adequate prikkels, voorts hypotensie en hypothermie, een en ander zonder oorzaken als extreme metabole stoornissen, intoxicatie, shock; hartwerking en bloeddruk kunnen nog aanwezig zijn; zie ook dood.

hersendruk de fysiologische druk in het neurocranium; *verhoogde ~*, syn. intracraniële hypertensie, ziektebeeld gekenmerkt door heftige hoofdpijn, subacute daling van de gezichtsscherpte, verhoogde liquordruk, neurologische uitvalverschijnselen (diplopie, abducensparese, gezichtsveldbeperking, scotomen e.a.), veroorzaakt door 1. een intracranieel ruimte innemend proces, een ventrikelobstructie of een cerebraal vasculair, infectieus of demyeliniserend proces. 2. een zgn. *pseudotumor-cerebri syndroom.

hersenen encephalon; zie cerebrum, cranium, nervus, pallium.

hersenhormonen zie neuropeptiden, weefselhormonen.

hersen- *~kamer*, zie ventrikel; *~kneuzing*, zie contusie; *~kwab*, zie lobus cerebri; *~schedel*, neurocranium; *~schim*, chimaera, fantoom; *~schors*, cortex cerebri, bijv.nw. *corticaal*; *~schudding*, zie commotio; *~spoeling*, menticide; *~stam*, truncus cerebri, het niet tot de hersenschors behorende deel van de hersenen, bestaande uit het *mesencephalon, de pons Varolii en het verlengde merg; *~stamreflexen* zijn: pupil- en hoornvliesreacties, oculocefale en vestibulaire reflexen, farynxreflex; *lateraal ~stamsyndroom*, zie Wallenberg; *~ventrikel*, zie ventrikel; *~verweking* 1. atrofie van de hersenen in het senium. 2. dementia paralytica. 3. encefalomalacie; *~vliezen*, meninges; *~vocht*, zie liquor; *~winding*, gyrus; *~zand*, acervulus cerebri.

hersenzenuwen de perifere zenuwen die van de hersenen uitgaan, te weten: n. olfactorius, n. opticus, n. oculomotorius, n. trochlearis, n. trigeminus, n. abducens, n. facialis, n. vestibulocochlearis, n. glossopharyngeus, n. vagus, n. accessorius, n. hypoglossus, in deze volgorde genummerd I t/m XII.

Herter, Chr. Amerikaans patholoog (1865-1910), zie Gee.

hertz zie Hz.

Hertz, A. Engels chirurg (overl. 1932); *syndroom van ~*, zie dumping.

Herxheimer, K. Duits dermatoloog (1861-1944); *reactie van ~-Jarisch*, acute toeneming van syfilitische verschijnselen tezamen met koorts en gevoel van ziekzijn korte tijd na inspuiting van een antisyfilitisch middel; (uitbr.) soortgelijke reactie bij andere ziekten na toediening van een specifiek farmacon.

HES afk. van *hyperesthetisch-emotioneel syndroom.

hesitatie, haesitatio *L* stotteren, stoornis in de vloeiendheid van het spreken; het spreken vertoont blokkades, herhalingen van letters, lettergrepen, woorden en/of zinnen, verlengingen of andere niet-vloeiendheden zoals pauzes en stopwoorden; gaat vaak gepaard met motorische activiteiten van de spraakorganen en andere delen van het lichaam (grimassen, tic-achtige bewegingen enz.); oorzaak onbekend, soms familiair voorkomend.

Hess, C. von Duits oogarts (overl. 1923); *scherm van ~*, een schermvormig instrument voor het meten van afwijkingen van de gezichtslijn bij diplopie (dubbelzien).

heter- *G* (smst.) verschillend, ongelijksoortig; tgst. homo-.

heteradelphus *G* misgeboorte van een tweeling waarvan de minst ontwikkelde geen hoofd heeft en aan de buik van de ander is vastgegroeid. dipygus.

hetero- (smst.) zie ook heter-; *~-anamnese*, anamnese, opgenomen bij iemand anders dan de patiënt zelf, bijv. bij een familielid; *~chromatine*, genetisch inactieve chromatine; *~chromia iridis*, verschil in kleur tussen de iris van het ene oog en die van het andere, syn. heteroglaucus, anisochromasie; *~chromosoom*, syn. *heterosoom, *~chylie*, onbestendigheid van het zoutzuurgehalte van het maagsap, o.a. bij maagneurosen; *~dox*, afwijkend van de leer; tgst. orthodox; *~doxie*, dwaalleer; *~dystrofie*, voedingsstoornis door verkeerde voeding, bijv. bij kinderen door kunstmatige soortvreemde voeding; *~fagie*, het opnemen in de cel van stofwisselingsproducten uit de extracellulaire vloeistof.

heterofiel 1. affiniteit van een antigeen resp. antistof voor een niet-specifieke antistof resp. antigeen. 2. seksuele voorkeur voor het andere geslacht; syn. heteroseksueel; tgst. homofiel.

heteroforie afwezigheid van het normale evenwicht tussen de verschillende oogspieren, waardoor de latente neiging bestaat tot een ongelijke stand van de ogen (en daardoor verlies van het binoculaire zien); deze wordt evenwel voorkomen door extra spierinspanning; zodra deze faalt ontstaat strabismus; latente stand van één oogappel ten opzichte van de andere naar beneden heet *cataforie,* syn. *hypoforie*, naar boven *hyperforie*, naar binnen *esoforie* (insufficiëntie van de divergentie), naar buiten *exoforie* (insufficiëntie van de convergentie).

heterogeen *G* ongelijksoortig, van verschillende herkomst; tgst. homogeen; *~ene transplantatie*, syn. *xenotransplantatie.

heterogenie, heterogenesis *G*, **heterogenese** 1. abnormale wijze van voortbrenging, bijv. polygenie; syn. heterologie, xenogenesis. 2. *abiogenese. 3. voortplanting anders dan door versmelting van mnl. en vrl. gameten.

heteroglaucus syn. vairon *F*, zie heterochromia iridis.

heteroïd 1. uiteenlopend van vorm. 2. ongewoon gevormd.

heterokaryose het vóórkomen van cellen met twee of meer kernen van verschillende genetische oorsprong.

heterolateraal aan de tegengestelde (lichaams)zijde.

heterologie syn. *heterogenie.

heteroloog 1. ongelijksoortig, afkomstig van een andere diersoort; syn. xenogeen. 2. afwijkend van vorm of type, bijv. van gezwellen; syn. heteromorf, -plastisch, -typisch; *~oge transplantatie*, syn. *xenotransplantatie.

heterolyse de werking van heterolysine.

heterolysine eiwitoplossende stof ontstaan door antigene werking na contact met cellen van een andere diersoort; tgst. isolysine.

heteromorfie *G* vorming van weefsel, dat in bouw afwijkt van dat waaruit het ontstaat, syn. heteroplasie; zie ook homeoplasie.

heteromorfose vervanging van verloren gegane delen door vorming van nieuwe die anders van samenstelling zijn.

heteroniem ongelijkmatig; van een andere betekenis; aan een andere zijde; gekruist; tgst. homoniem.

heteronoom ongelijkmatig, verschillend, bijv. van bouw, aanleg, verrichting, enz.; *~nome ziekteverschijnselen*, verschijnselen die in feite niet tot de ziekte behoren, doch door de aanleg van de lijder zijn ontstaan.

heteropagus *G* misgeboorte van een tweeling waarvan de een slechts bestaat uit een hoofd en aan het voorhoofd van de ander is vastgegroeid; zie ook heteradelphus.

hetero- *~phoria*, zie heteroforie; *~plasie*, syn. heteromorfie.

heteroplastiek syn. *xenotransplantatie.

heteroplastisch syn. *heteroloog.

heteroploïd een incompleet stel chromosomen bevattend.

heteropsie ongelijk gezichtsvermogen van de beide ogen.

heteroseksueel seksuele voorkeur voor personen van het andere geslacht; ook als zelfst.nw.; tgst. homoseksueel; syn. heterofiel.

heterosis 1. het verschijnsel dat, voor wat betreft genen waarvoor heterozygotie bestaat, de homozygoot minder goede kwaliteiten vertoont dan de heterozygoot. 2. overdadige groei van bastaarden.

heterosoom *geslachtschromosoom; bijv.nw. *heterosomaal;* syn. allosoom; *autosoom.

heterosuggestie suggestie van buiten af, dus van één persoon op een ander, tgst. autosuggestie.

heterotaxie liggingsverandering van organen, waardoor een spiegelbeeld ontstaat van de normale toestand.

heterotoop vóórkomend op een ongewone plaats in het lichaam.
heterotopie *G* 1. vorming van weefsel op een abnormale plaats; zie ook ectopisch, heteromorfie. 2. het ontstaan van contractieprikkels voor de hartspier op een abnormale plaats.
heterotransplantatie syn. *xenotransplantatie.
heterotropie (oogheelk.) verzamelnaam voor cyclo-, eso-, exo-, hyper- en hypotropie.
heterotypisch syn. *heteroloog.
heterovaccin entstof uit bacterieculturen die niet gemaakt zijn uit bacteriën van de patiënt zelf.
heterozygoot wanneer een bepaalde erfelijke eigenschap wordt vertegenwoordigd door twee niet gelijke allelen (zie allel), dan noemt men het organisme heterozygoot voor het betreffende *gen; tgst. *homozygoot.
heup zie coxa, ischium; *~fractuur*, collum*fractuur.
heupgewricht articulatio coxae.
heuristiek de leer om methodisch nieuwe feiten te ontdekken.
HEV afk. van *hepatitis-E-virus.
hexis *G* uitterende koorts.
HFRS afk. van haemorrhagic fever with renal syndrome *E*; zie hantavirus.
HFV afk. van high frequency ventilation *E*, vorm van mechanische beademing waarbij met hoge frequenties, bijv. tot 200 maal per minuut, wordt beademd.
Hg symbool voor het element kwik, hydrargyrum.
HGM afk. van heilgymnastiek en massage.
HGPRT afk. van hypoxanthine-guanine-phosphoribosyl transferase.
HGT(T) afk. van heparine geïnduceerde trombocytopenie (met trombose).
HGV afk. van hepatitis-G-virus; zie hepatitisvirussen.
HHB afk. van *hypothalamus, *hypofyse-*bijnierschors, de 'as' waarlangs de secretie van het natuurlijke *corticosteroïd-*hydrocortison wordt gereguleerd.
HHHO afk. van (spier)hypotonie, hypomentie, hypogonadisme, obesitas; *~-syndroom*, zie Prader.
HHV afk. van humaan *herpesvirus.
HI afk. van 1. hemagglutine-inhibitie. 2. hepatitis infectiosa.
Hi afk. van *hemiglobine (methemoglobine).
hiaat, hiatus *L* gaping, spleet, opening, leemte, bijv. *~ palati duri*, spleet in het harde gehemelte; *~ aorticus*, spleet in het middenrif voor doorgang van de aorta en de borstbuis; *~hernia*, hernia diaphragmatica ter plaatse van de passage van de slokdarm ('maagbreuk'); *~ leucaemicus*, aanwezigheid van hoofdzakelijk onrijpe en atypische witte bloedcellen en slechts weinig rijpe vormen bij leukemie.
Hib afk. van *Haemophilus influenzae type B; bij kinderen onder de vijf jaar een zeer belangrijke verwekker van meningitis en andere invasieve infecties; *~-vaccin*, een vaccin tegen Hib-ziekten die worden veroorzaakt door Hib; de vaccinatie wordt toegediend tegelijk met de bestaande DKTP-vaccinaties.
hibernation artificielle *F* lett. kunstmatige winterslaap; methode van Laborit ter voorkoming en bestrijding van shock; door intraveneuze toediening van een mengsel van middelen, die remmend werken op het autonome zenuwstelsel alsmede op het endocriene systeem, wordt de patiënt in een toestand gebracht die lijkt op die bij winterslaap (vertraagde bloedsomloop, weinig behoefte aan zuurstof en verlaagd metabolisme); door de gelijktijdige uitschakeling van de

afweerreflexen tegen de shocktoestand, worden uitwendige schadelijke factoren (zie ook stress) verhinderd het organisme te beïnvloeden; de methode kan met of zonder kunstmatige afkoeling (refrigeration *E*) en in combinatie met andere antishockmaatregelen, bijv. bloedtransfusie, worden toegepast; evt. narcose kan verder bijdragen tot bescherming van de patiënt tegen schadelijke invloeden.

hibernoom, hibernoma lipoom van bruin vetweefsel (als bij dieren gedurende de winterslaap).

hibride, hibrida *L* zie hybride.

HIC afk. van head injury criterion *E*.

Hickman, R. Amerikaans chirurg; *catheter van ~*, siliconcatheter die is aangebracht in de vena subclavia; zie percutane *catheterisatie.

Hicks, E. Engels neuroloog (overl. 1962); *syndroom van ~*, syn. ziekte van Thévenard, acropathia ulceromutilans, autosomaal dominant-erfelijke *neuropathie (bet. 2) van het perifere sensibele neuron, leidend tot o.a. schietende pijn, trofische stoornissen vnl. aan de voeten (malum perforans), pes excavatus, hypesthesieën; progressieve doofheid.

HID afk. van humane immuno*deficiëntie.

hidr- zie ook hydr-; *~adenitis*, zweetklierontsteking; syn. hidrosadenitis; *~adenoom*, zweetkliergezwel, syn. hidrocystadenoom; *~oa*, zweetblaasjes, syn. sudamina; *~oa vacciniformis*, syn. eruptio aestivalis bullosa (zie eruptie); *~ocystadenoom*, syn. hidradenoom; *~ocystoom*, zweetblaasjes in het gelaat bij personen die dikwijls aan hitte blootgesteld zijn, vnl. bij vrouwen; *~oderma*, afwijking in de zweetafscheiding; zie sudor; *~osadenitis*, syn. hidradenitis; *~osis, ose*, het zweten; zie sudor; *~oticum*, zweetdrijvend middel, meervoud hidrotica, syn. sudoriferum, diaphoreticum.

hiel zie calcaneus, calx; *~prik*, syn. PKU-CHT-prik, een zes tot acht dagen na de geboorte uitgevoerd prikje in de hiel om het bloed te onderzoeken op PKU (*fenylketonurie) en CHT (congenitale *hypothyroïdie); *~spoor*, zie spina; *~voet*, zie pes.

hiëromanie *G* godsdienstwaan.

hiëropexie *G* hechting van de top van de vagina aan sacrum of promontorium; syn. colposacropexie.

HIES afk. van hyper-IgE-syndroom; syn. *Job-syndroom.

Higashi, O. Japans arts, zie Chediak.

high *E* (drugsjargon) plezierig psychisch effect van druggenbruik.

Highmore, N. Engels anatoom (1613-1685); *holte van ~*, bovenkaaksholte, syn. *antrum highmori.

hik zie singultus, zie ook spasmolygmus.

hilus *L* poort, steel of navel van een orgaan; zonder verdere aanduiding wordt meestal *~ pulmonis* bedoeld; *~ lienis*, miltpoort, miltnavel; *~ pulmonis*, longsteel, longpoort; *~ renis*, nierpoort.

hilusdans zie danse hilaire.

hingstnaald dubbele *vleugelnaald, bestaande uit een scherpe (voor de punctie) en een stompe canule die in de ader achterblijft (spaart de vaatwand).

hinken zie claudicatio.

HIOMT afk. van hydroxyindol-o-methyltransferase, enzym in de synthese van melatonine.

HIP afk. van hygiëne en infectiepreventie.

Hippel, E. von Duits oogarts (1867-1939); *syndroom van ~-Lindau*, angiomatose (vaatgezwellen) van de retina, hemangioblastoom van cerebellum en medulla oblongata, cystevorming in nieren en pancreas, huidangiomen en soms hypernefroom; wordt gerekend tot de facomatosen; syn. cerebelloretinale hemangioblastomatose; angiomatosis retinae.

hippocampus (anat.) *G* zeepaardje; sikkelvormige verhevenheid in de mediale wand van de laterale hersenkamers, uitloper van de fornix cerebri, maakt deel uit van het *limbisch systeem en is betrokken bij het gedragspatroon van het individu.

Hippocrates Grieks geneesheer (460-377 v. Chr.), wordt om zijn scherpe opmerkingsgave en meesterlijke beschrijving van ziekten, verschijnselen en behandeling 'de vader der wetenschappelijke geneeskunde' genoemd; o.a. werden door hem het eerst beschreven en zijn naar hem genoemd: *facies hippocratica*, zie facies; *hippocratische vingers*, zie trommelstok; *successio hippocratis*, zie succussie; *eed van ~*, de eed die wordt afgelegd na het behalen van het artsdiploma.

hippuropathia *G* ziekte van het onderste uiteinde van het ruggenmerg met de deze omgevende wortels (cauda equina).

hippus *G* clonische vernauwing en verwijding van de pupil.

hircipili *L* haren in de okselholte; ook de haartjes aan de oorschelp worden wel zo genoemd.

hircisme, hircismus *L* de onaangename zweetlucht uit de okselholte.

hirsauer kuur atropinekuur bij lijders aan paralysis agitans.

Hirschsprung, H. Deens arts (1830-1916); *ziekte van ~*, syn. *megacolon congenitum.

hirsuties *L* overmatige plaatselijke haargroei; *~ faciei*, aangeboren, soms tijdelijke, beharing van het gehele gelaat; zie ook hirsutisme.

hirsutisme overmatige *beharing van het seksuele type; *idiopathisch ~*, hirsutisme bij afwezigheid van androgenen-overproductie; zie ook hypertrichose.

hirudine extract uit bloedzuigers, een anticoagulans.

hirudiniseren onstolbaar maken van bloed d.m.v. hirudine; zie antistolling(stherapie).

hirudo *L* bloedzuiger.

HIS afk. van 1. huisartsinformatiesysteem. 2. hospital information system, syn. ZIS 3. hospital infection society.

His, W. Jr. Duits arts (1863-1934), zie atrioventriculair, Tawara.

histaminase enzym dat histamine inactiveert.

histamine een amine dat in vrijwel alle dierlijke en plantaardige weefsels voorkomt; heeft een capillairverwijdende werking, doet de musculatuur van bronchi en darmkanaal contraheren, verhoogt de doorlaatbaarheid van capillairen en stimuleert de vorming van maagsap; histamine wordt door basofiele granulocyte, mestcellen en trombocyten gevormd o.a. bij allergische reacties, bij *stress en onder invloed van toxinen, enzymen en sommige geneesmiddelen; *~-hoofdpijn*, zie horton; *~-liberators*, stoffen die in een allergisch proces *degranulatie teweegbrengen. mediator.

histidine aminozuur, verwant met histamine.

histidinemie zeldzame, recessief erfelijke stoornis in de afbraak van het aminozu histidine; leidt evenals bijv. fenylketonurie, tot beschadiging van het centrale zenuwstelsel, o.a. in de vorm van spraakstoornissen.

histiocyt bindweefsel*macrofaag die speciaal bij lipoïdosen faagwerking uitoefent.

histïocytoom, histiocytoma goedaardig neoplasma, uitgaande van histiocyten; ~ *haemosideroticum*, zie pseudomelanoom; *lipoïd-~*, syn. dermatofibroom, fibroxanthoom.

histiocytose vermeerdering van het aantal histiocyten in bloed, beenmerg, lymfeklieren en in de weefsels; tot histiocytose worden gerekend de ziekten van *Niemann-Pick, *Gaucher en *Hand-Schüller-Christian, het syndroom van *Letterer-Siwe, het eosinofiele *granuloom en het xanthoma disseminatum (zie xanthoom); *maligne* ~, kwaadaardige woekering van histiocyten, gekenmerkt door aanhoudende koorts, asthenie, vermagering, hepatcsplenomegalie, huidafwijkingen, icterus, purpura; wordt wel gerekend tot de non-Hodgkin lymfomen; syn. familiale hemofagocytaire of histiocytaire medullaire reticulose.

histio-, histo- (smst.) weefsel; *~geen*, van de weefsels uitgaande; *~genese*, het ontstaan en de vorming van de weefsels; *~logie*, weefselleer; *~metrie*, studie van de mathematische karakteristiek en doelmatigheid van de opbouw der weefsels; *~*pathologie*, de leer van de weefselziekten.

histo- (smst.) zie ook histio-.

histochemie de kennis van de biochemische vorming en structuur van de lichaamsweefsels en -vloeistoffen.

histocompatibiliteit de verenigbaarheid van vreemd weefsel met het lichaam waarin het werd getransplanteerd door het niet optreden van een afweerreactie; *~antigeen*, syn. *weefselantigeen; zie ook compatibiliteit.

histogram frequentiekolommendiagram; staafdiagram.

histologie weefselleer.

histolyse het oplossen, verlies van weefsel; bijv.nw. *histolytisch*.

histon basisch eiwit in de chromosomen van hogere organismen, grotendeels gekoppeld aan het *DNA.

histoplasmose infectieziekte door Histoplasma capsulatum (een schimmel), gekenmerkt door koorts, leukopenie, milt- en leververgroting, mediastinale lymfadenopathie, bloedarmoede, voorts door multipele longinfiltraten en uitzaaiingen in macrofagen in vele organen, en vorming van granulomen *(hist(i)oplasmomen)*, meestal gepaard met een maculopapillaire *rash (uitslag); *chronische* ~ van de longen vertoont veel gelijkenis met longtuberculose.

historia morbi *L* ziektegeschiedenis, overzicht van het verloop van een ziekte.

histosiet in lichaamsweefsel voorkomende parasiet.

histotoop een kenmerkend deel van een *antigeen, dat door T-lymfocyten kan worden herkend.

histotoxisch vergiftig voor de weefsels.

histotripsie *G* syn. écrasement.

histurie (beperkte) *proteïnurie door eiwitten, afkomstig uit de urogenitale weefsels.

HIT afk. van 1. hemagglutinate-inhibitie test. 2. heparine-geïnduceerde trombocytopenie.

hitte *~beroerte*, hyperthermie bij grote hitte wanneer de zweetafscheiding tekortschiet, gevolgd door coma en shock.

HIV afk. van humaan immunodeficiëntievirus, behorende tot de *retrovirussen (met RNA als *genoom) met een voorkeur voor T4-lymfocyten; verwekker van *AIDS.

HKADS afk. van hyperglykemisch keto-acidotisch dehydratiesyndroom.

HLA afk. van human leucocyte antigen *E* (ook wel afk. van histocompatibility locus antigen); het *MHC van de mens; systeem van erfelijk bepaalde antigenen op de celmembranen van de kernhoudende cellen en trombocyten; ze zijn vooral goed aantoonbaar bij leukocyten zoals lymfocyten; de *genen die voor HLA coderen, liggen op de vier gekoppelde loci (A, B, C en D) van de korte arm van het 6de chromosoom; syn. *weefselantigenen of histocompatibiliteitsantigenen; zie ook weefseltypering; de HLA-typering is onontbeerlijk bij orgaantransplantaties en is belangrijk bij het vaderschapsonderzoek; het HLA-systeem bevat de genen die de immuniteit van het organisme tegen infectieziekten bepalen ('immuunrespons-genen'); de producten van de genen omvatten vier groepen moleculen nl. HLA-A, HLA-B, HLA-C en HLA-D, waarvan drie soorten bestaan nl. HLA-DR, HLA-DQ en HLA-DP; de HLA-moleculen zorgen voor het presenteren van het vreemde antigeen aan de T-lymfocyten; bij sommige ziekten komen bepaalde HLA-antigenen frequent voor (genetische associatie), zoals bij spondylosis ankylopoietica, multipele *sclerose, psoriasis, M. *Reiter, lupus erythematodes disseminatus, M. Graves, *diabetes mellitus type I, reumatoïde artritis, M. Sjögren.

HLEV afk. van hoogwaardige, laag-energetische voeding.

HLP afk. van hyperlipoproteïnemie.

HLRT afk. van histamine leucocyte release test *E*.

h.m. (rec.) afk. van hora matutina, 's ochtends.

HM afk. van 1. historia morbi, ziektegeschiedenis. 2. humaan (bij geneesmiddelen).

HMC-CoA-reductase een belangrijk enzym in de synthese van cholesterol.

HMG afk. van humaan menopauzaal gonadotrofine, hormoon uit urine van vrouwen in de postmenopauze geëxtraheerd.

HMK afk. van hypofysemiddenkwab.

HMO afk. van health maintenance organization *A*.

HMV afk. van hart*minuutvolume, syn. CO (bet. 2).

HMZ afk. van hyaliene membranen ziekte.

HNP afk. van hernia nuclei pulposi.

HNPCC afk. van hereditair, non-polyposis, colorectaal carcinoom.

HNS afk. van hypothalamus-neurohypofyse systeem; zie ook neuro-endocrien.

HOCM afk. van hypertrofische obstructieve cardiomyopathie; syn. *ASH.

Hodgkin, T. Engels geneesheer (1798-1866); *ziekte van ~*, het eerst door Hodgkin beschreven ziekte, zie lymphogranuloma malignum; zie ook non-Hodgkin-lymfoom.

hodologie de leer van de zenuwbanen.

hoefijzernier zie ren.

hoekprofiel gelaatsprofiel, gekenmerkt door teruglopend voorhoofd, lange spitse neus en korte onderkaak; vaak bij asthenisch-schizothyme typen.

hoektand zie dens caninus, cuspidatus; in de bovenkaak ook: oogtand.

Hoeve, J. van der Nederlands oogarts (1878-1952); *syndroom van ~*, erfelijk beeld van breekbare beenderen, blauwe sclerae, afwijking van de stapes, kleurenblindheid, keratoconus, arachnodactylie en andere dysplasieën; zie ook facomatosen.

Hoffa, A. Duits orthopeed (1859-1907); *morbus ~*, woekering van synovia in de knie met oedeem en fibrose bij langdurige hydrops genu.

Hoffmann, J. Duits neuroloog (1857-1919); *syndroom van ~*, spierkrampen met vertraagde *relaxatie door endocriene myopathie (bij hypothyroïdie); *~-Trömner-reflex*, grijpbeweging van duim en wijsvinger van de onderzochte, bij een glijdende knijpbeweging over de nagel van de gestrekte middelvinger door de onderzoeker; positief bij piramidebaanlaesie.

Hohmann, G. Duits orthopeed (1880-1970); *operatie van ~* 1. subcutane doorsnijding van de peesbladaanhechting aan de epicondylus humeri lateralis bij *epicondylitis. 2. osteotomie en peesverplaatsing bij hallux valgus.

Hoigne, R. Zwitsers arts (geb. 1923); *syndroom van ~-Nicolau* (eerder beschreven door R. C. Batchelor), acute passagère bloeddrukverhoging, tachycardie, vertigo, hallucinaties, hyperventilatie en doodsangst als (zeldzame) bijwerkingen na parenterale toediening van bepaalde geneesmiddelen.

holandrie overdracht van erfelijke eigenschappen, gelokaliseerd in het Y-chromosoom, dus alléén van mannen op zoons; zeldzaam.

holiday-heart syndrome *E* acute ritme- en geleidingsstoornis van het hart bij overigens matige alcoholgebruikers na drinken van een aanmerkelijke hoeveelheid en/of lichamelijke inspanning.

holisme bijv.nw. *holistisch*. 1. de leer dat de werkzaamheid van een organisme groter is dan de som der werkzaamheden van de samenstellende eenheden. 2. de leer van de primaire waarde van een organisme als totaliteit.

Hollander, F. Amerikaans fysioloog (1899-1966); *test van ~*, insulineproef voor aantoning van eventueel nog intacte zenuwvezels na *vagotomíe.

Holmes, G. Engels neuroloog (1876-1965); *syndroom van ~-Adie*, opgeheven achillespeesreflex en kniepeesreflex in combinatie met de verschijnselen van het *Adie-syndroom.

holo- *G* (smst.) geheel; *~criene klieren*, exocriene klieren waarbij de kliercellen te gronde gaan en de celresten met het secreet worden afgescheiden; het zijn de enige exocriene klieren die uit meerlagig epitheel bestaan; bijvoorbeeld talgklieren; zie ook *apocriene klieren, *merocriene klieren; *~*rhachischisis*, aangeboren splijting van de gehele wervelkolom; *~schisis*, directe celdeling zonder *mitose (syn. amitose); *~systolisch*, gedurende de hele systole; *~topie*, de plaats van een deel ten opzichte van het geheel, bijv. van een orgaan ten opzichte van het lichaam.

Holt, M. Engels cardioloog (geb. 1924); *syndroom van ~-Oram*, gezamenlijk voorkomen van aangeboren hartafwijkingen en dysplasieën van de bovenste extremiteiten; syn. cardiomelic syndrome *E*.

Holter-registratie 'dynamische elektrocardiografie', het maken van een ECG gedurende langere tijd (bijv. 24 uur) met behulp van een draagbare cassetterecorder.

Holter-Spitz-drainage speciale methode voor afvoer van liquor cerebrospinalis bij hydrocefalie.

holvoet pes excavatus; pes cavus.

Holzknecht, G. Oostenrijks röntgenoloog (1872-1931); *fenomeen van ~*, bij bronchusstenose beweegt het mediastinum naar de zieke zijde bij diepe inspiratie.

Homans, J. Amerikaans chirurg (1877-1954); *symptoom van ~*, passieve dorsale buiging van de voet bij gebogen knie veroorzaakt pijn in de kuit en kniekuil bij trombose van de diepe onderbeenaders; *ziekte van ~*, adipositas dolorosa, beter bekend als M. *Dercum (zie adipositas).

homeo- (smst.) gelijksoortig; tgst. hetero-; zie ook homo-.
homeopaat arts, beoefenaar van de homeopathie.
homeopathie geneesmethode waarbij (in zeer kleine hoeveelheden) middelen worden toegediend die bij gezonde personen juist de ziekte of overeenkomende ziekteverschijnselen zouden doen ontstaan; de homeopathie gaat uit van de grondstelling *'similia similibus curantur'* (het gelijksoortige wordt door het gelijksoortige genezen), tgst. allopathie; *complex~*, homeopathie waarbij men het beginsel van de enkelvoudige geneesmiddelen heeft verlaten.
homeoplasie vorming van een gezwel dat uit weefsel bestaat van vrijwel normale structuur, tgst. heteroplasie.
homeoplastiek syn. *allotransplantatie.
homeostase 1. het vermogen van een organisme milieu-invloeden die de levensfuncties belemmeren, binnen bepaalde grenzen te compenseren. 2. het in evenwicht zijn van alle functies in het lichaam, zoals het constant houden van de bloeddruk, de pH van het bloed, de aanpassingsmechanismen van het hart, de regulering van ademhaling, lichaamstemperatuur (thermoregulatie), kliersecretie, calciumhuishouding.
homeo- *~therapie*, syn. homeopathie; *~therm*, warmbloedig, tgst. poikilotherm.
homicide *E* moord; doodslag.
homing *E* het verschijnsel dat bij een stamceltransplantaat dat intraveneus wordt toegediend, de stamcellen in staat zijn hun weg terug te vinden naar het beenmerg (home = huis).
homo *L* mens; *Homo sapiens*, wijze mens, wetenschappelijke naam van de mens; *~ silvestris*, haarmens, hondmens, beermens, lijder aan hypertrichosis universalis; *~ pulsans*, lijder aan aorta-insufficiëntie met zichtbare slagaderpulsaties (pulsus celer et altus); syn. pols van *Corrigan.
homo- (smst.) gelijk, gelijksoortig, tgst. heter-, hetero-; zie ook homeo-.
homocentrisch van één punt uitgaand; naar één punt toegaand.
homochroon van gelijke duur, syn. isochroon.
homocystinemie verhoging van het gehalte aan homocystine (een metaboliet van het essentiële aminozuur methionine) in het bloed t.g.v. een enzymdefect, gepaard met dislocatie van de ooglens, atherosclerose, osteoporose, oligofrenie en spasticiteit; de urine bevat homocystine *(homocystinurie)*.
homocytotroop uitsluitend overdraagbaar op cellen van dezelfde soort.
homoeo- zie homeo-.
homo-erotisch syn. *homofiel (bet. 2).
homofiel zelfst.nw. *homofilie*; tgst. heterofiel. 1. uitsluitend reagerend op een specifiek antigeen. 2. het zich (in seksueel opzicht) aangetrokken voelen tot leden van hetzelfde geslacht, syn. homo-erotisch, homoseksueel.
homofilie zie homofiel (bet. 2).
homogeen *G* gelijksoortig, van dezelfde herkomst; tgst. heterogeen; *~ene transplantatie*, syn. allotransplantatie.
homogenaat een kunstmatig verkregen massa of mengsel van (onderzoek)materiaal; wkw. *homogeniseren*.
homograft *E* syn. allograft *E*, zie allotransplantatie.
homoio- zie homeo-.
homolateraal aan dezelfde (lichaams)zijde; tgst. contralateraal.
homoloog *G* gelijksoortig, overeenstemmend, bijeenbehorend, bijv. van lichaamsd

len, van lijnen, enz.; ~ *serum*, serum verkregen uit dezelfde diersoort als die, waarvoor het wordt gebruikt; tgst. *heteroloog; ~*loge chromosomen*, chromosomen met overeenkomstige genen die tijdens de eerste meiotische deling gaan paren tot een *bivalent; ~*loge* (ook: homotypische, homoplastische of homomorfe) *gezwellen*, gezwellen waarvan de cellen bijna niet afwijken van de normale overeenkomstige cellen; ~*loge transplantatie*, syn. *allotransplantatie.

homomorf syn. *homoloog.

homoniem gelijknamig; van dezelfde zijde; tgst. heteroniem.

homonoom gelijkwaardig, gelijksoortig, bijv. van ziekteverschijnselen.

homoplastiek syn. *allotransplantatie.

homoplastisch syn. *homoloog.

homoseksualiteit zie homofiel (bet. 2); bijv.nw. homoseksueel; *ego-dystonische* ~, onvrede van een homoseksuele persoon met zijn of haar geaardheid.

homoseksueel 1. zie homofiel (bet. 2). 2. m.b.t. homoseksualiteit; tgst. heteroseksueel.

homotoop vóórkomend op dezelfde overeenkomstige plaats van het lichaam.

homotransplantatie syn. *allotransplantatie.

homotypisch 1. syn. homoloog. 2. analoge manifestatie van een erfelijk kenmerk (in engere zin ziekte) bij de leden van een gezin.

homozygoot een individu dat gelijke allelen heeft voor een bepaald gen; tgst. *heterozygoot.

homunculus 1. een langs kunstmatige weg ontstane miniatuurmens (magie). 2. een goed geproportioneerde dwerg.

hondsdolheid zie lyssa; syn. *rabiës.

honger fames *L*; ~*oedeem*, zie kwashiorkor, oedeem; ~*pijn*, zie nestialgie; ~*ziekte*, zie anorexie: anorexia nervosa.

Hongkong stad in Oost-Azië; ~*voet*, uitgebreide dermatofytose (huidschimmelziekte) van de voet; ~*ziekte*, chronische cholangitis die in geheel Oost-Azië voorkomt, veroorzaakt door parasitaire infestaties (Clonorchis, Fasciola e.a.), leidend tot stricturen, concrementvorming en secundaire verwijdingen van de galwegen, soms tevens levercirrose en portale hypertensie.

honingraatlong röntgenbeeld van de longen bij interstitiële *fibrose door verschillende oorzaken (o.a. histiocytose, sarcoïdose, sclerodermie, silicose).

hoofd zie caput; ~*cellen*, pepsineproducerende cellen in het maagslijmvlies; ~*haar*, capillitium; ~*luis*, zie pediculus.

hoofdpijn zie cefalalgie, cefalea, cerebralgie, tractiehoofdpijn; *donderslag* ~ (pop.), acute hevige hoofdpijn; kan wijzen op hersenbloeding, subarachnoïdale ruptuur van een hersen*aneurysma, acute meningitis, acuut glaucoom; *schele* ~, hemicrania, migraine.

hoofdroos *pityríasis capitis sicca; zie seborroe, tinea furfuracea.

hoofdzeer zie favus.

hoogtezon apparaat waarin ultraviolette stralen worden opgewekt.

hooikoorts zie rhinitis allergica, pollinose, rinopathie.

hooked *E* (drugsjargon) fantasienaam voor het afhankelijk zijn van drugs.

hook-worm *E* mijnworm.

hoorbril bril waarbij het gehoorapparaat aan of in de brillenpoot is bevestigd.

hoordrempel de sterkte waarmee een toon van de desbetreffende frequentie moet worden aangeboden om nog juist waarneembaar te zijn.

hoorindex maat om de ernst van het gehoorverlies aan te geven; syn. Fletcher-index.
hoorn zie cornu; *~stof*, keratine.
hoornlaag stratum corneum.
hoornvlies cornea.
hoorspan toonbereik van het gehoor.
Hoover, Ch. Amerikaans arts (1865-1927); *teken van ~*, paradoxale binnenwaartse beweging van de laterobasale borstkaswand door de samentrekkingen van het middenrif bij chronisch astma en/of emfyseem.
Hoppe, H. Amerikaans neuroloog (1867-1929); *ziekte van Goldflam-~*, syn. ziekte van Goldflam-Erb, zie myasthenie.
hora *L* uur; tijd.
horair *G* m.b.t. uur of tijd; in een richting gelijk aan die van de wijzers van de klok; tgst. antihorair.
hordeolum *L* gerst(e)korrel, 'strontje'; aan de ooglidrand optredende etterige ontsteking in en om een smeerklier van een ooghaar *(~ externum)* of van een kliertje van Meibom *(~ internum)*; als de afvoergang verstopt, kan een hard, niet pijnlijk knobbeltje of *chalazion ontstaan.
horloge- *~glasnagels*, dunne bolle nagels van de vingers bij het *vena cava superior-syndroom; *~proef*, eenvoudige, weinig exacte methode om de gehoorscherpte te bepalen door een normaal tikkend horloge tegen de oorschelp vóór de gehoorgang te houden.
hormoon een in het lichaam gevormde chemische stof (aminozuur, eiwit of steroïd) die via de bloedstroom bepaalde organen tot werkzaamheid aanzet (oorspronkelijk werd onder een hormoon uitsluitend een product van een endocriene klier verstaan); *corticaal~*, hormoon van de bijnierschors, corticosteroïd; *gastroïntestinale hormonen*, zie enterohormonen; *groei~*, somatotrofine uit de hypofysevoorkwab; *geslachts~*, hormonen die hoofdzakelijk de geslachtskenmerken beïnvloeden; *weefsel~*, zie weefselhormonen.
Horner, J. Zwitsers oogarts (1831-1886); *syndroom van ~*, miosis, blefaroptose, enoftalmie en anhidrose bij verlamming van de halssympathicus; syn. syndroom van Claude Bernard.
horopter *G* *gezichtsgrens; *~oscoop*, toestel om de horopter te bepalen.
horrelvoet talipes.
horripilatio *L* kippenvel (syn. cutis anserina), ook: koude rilling, d.i. het rillen bij een koortsaanval.
horror *L* lett. huivering, afkeer; *~ autotoxicus*, het principe dat het organisme geen antistoffen maakt tegen lichaamseigen antigenen; *~ carnis*, afkeer van vlees.
horse *E* (drugsjargon) heroïne.
Hortega, P. del Rio Spaans neurohistoloog (1882-1945); *~-cellen*, bijzondere vorm van *microgliacellen, waarschijnlijk van mesodermale oorsprong.
Horton, B. Amerikaans arts (1895-1979); *syndroom van ~*, periodiek-frequent optredende hoofdpijn die op *migraine gelijkt doch verloopt zonder aura en gepaard gaat met éénzijdige tranenvloed, pupilvernauwing, neusverstopping, conjunctivale *injectie (bet. 2) en roodworden van het gelaat; syn. cephalalgia histaminica, cluster headache *E*, erytroprosopalgie, syndroom van Bing, syndroom van Sluder.
hospes *gastheer; mens of dier die een symbiont herbergt; zie symbiose.

hospice *F*, **hospies** een verzorgingstehuis van ernstig zieke bejaarde mensen tijdens hun laatste levensperiode, waarbij ze zeer intensieve palliatieve zorg nodig hebben.
hospitaalversterf syn. gangraena nosocomialis (zie gangreen).
hospital addiction syndrome *E*, syn. Münchhausen-syndroom; afk. HAS.
hospitalisatie lett.: opneming in een ziekeninrichting; *~syndroom*, verschijnselen die niet door een ziekteproces of door medicatie, maar door het verblijf in een kliniek, instelling, instituut zijn ontstaan, o.a. initiatiefloosheid en apathie; syn. hospitalisme, inrichtingsneurose en institutionalisatiesyndroom.
hospitalisme 1. zie hospitalisatiesyndroom. 2. zie anaclytische *depressie.
hospitium *L* herstellingsoord; zie ook hospice.
hosselen (jrg.) aan geld komen om drugs te kopen; syn. scoren.
host *E* gastheer, ontvanger; syn. acceptor, recipiënt; tgst. donor; *~factors*, de gezamenlijke persoonlijke eigenschappen van het individu, die kunnen bijdragen tot het ontstaan van een bepaalde ziekte, nl. de (erfelijke) aanleg, de levenservaringen en de rijpingsprocessen tijdens groei en ontwikkeling; *~-versus-graft reactie*, zie rejectie (bet. 2).
HOT afk. van hyperbaric oxygen therapy *E*.
hotspot *E* plek in het *scintigram die verhoogde radioactiviteit aangeeft.
hottentottisme spraakstoornis waarbij een groot deel der medeklinkers en medeklinkersverbindingen wordt vervangen door één enkele medeklinker.
houding *lichaams~*, postura *L*, zie postuur ; *~sevenwicht*, zie stabilometrie.
Howel-Evans *syndroom van ~*, zie tylosis palmo-plantaris.
Howell, W. Amerikaans fysioloog (1860-1945); *~-Jolly-lichaampjes*, korreltjes, waarschijnlijk kernresten, in erytrocyten bij hemolytische en toxische anemieën en na splenectomie.
Howship, J. Engels chirurg (1781-1841); *lacunes van ~*, kleine holten in bot o.a. bij ostitis fibrosa t.g.v. beenweefselresorptie door *osteoclastenactiviteit.
HP, Hp afk. van 1. *Helicobacter pylori. 2. hoofd polikliniek.
HPA afk. van hypothalamische-pituïtaire as.
HPCM afk. van human placental-conditioned medium *E*.
HP-FSH afk. van human pituitary *FSH (bereid uit menselijke hypofysen).
HPG afk. van human pituitary gonadotrophin.
HPL afk. van humaan placentalactogeen, een hormoon, geproduceerd door de placenta; heeft de werking van een groeihormoon en heeft eveneens effect op de borsten en op de koolhydraatstofwisseling.
HPLA afk. van hydroxyphenyl-lactic acid *E*, een metaboliet bij sommige leverziekten, welke o.a. encefalopathie als complicatie kan teweegbrengen.
HPLC afk. van high performance liquid chromatography *E*.
HPOA afk. van hypertrofische pulmonale osteo-artropathie.
HPP afk. van humaan pancreaspolypeptide.
HPRT afk. van hypoxanthine-guanine-fosforibosyl-transferase.
HPV afk. van 1. humaan *papillomavirus; wratvirus; komt in een belangrijk aantal (ook maligne) vormen voor onder diverse aandoeningen van huid en slijmvliezen. 2. humaan parvovirus (B19-virus).
HRC afk. van huisartsenregistratiecommissie.
H_2-receptor zie H_2.
HRR zie pseudo-isochromatisch.

HRS afk. van hepatorenaal syndroom.
HRT afk. van 1. histamine-release test *E*. 2. hormone replacement therapy; syn. HST.
Hryntschak, T. Oostenrijks uroloog (1889-1952): *operatie vlg.* ~, suprapubische transvesicale prostatectomie; zie prostatectomie.
HS afk. van hormoonsuppletie.
h.s. (rec.) afk. van hora somni *L*, bedtijd.
HSC afk. van hematopoëtische stamcel.
HSCS afk. van hypersensitieve-sinus caroticus-syndroom.
HSF afk. van huid-spierfascie (biopsie).
HSG afk. van hysterosalpingografie.
HSP afk. van 1. Henoch-Schönlein purpura. 2. heat shock protein.
HST afk. van hormonale substitutietherapie; syn. HRT (bet. 2).
HSV afk. van 1. hoog selectieve (hyperselectieve) vagotomie (highly selective vagotomy *A*). 2. herpes simplex virus.
HT afk. van 1. hydroxytryptamine, syn. serotonine. 2. hypertensie. 3. hormonale therapie.
Ht afk. van *hematocriet.
HTG afk. van 1. *hemotachografie of hematogram. 2. high tension glaucoma *E*.
HTIG afk. van humaan tetanus-immunoglobuline, syn. MATIG.
HTLV afk. van 1. human T-cell lymphotropic virus *E*; de typen I en II zijn geïsoleerd bij maligne lymfomen; HTLV-I komt voor in Japan, het Caribisch gebied, in Afrika en door verspreiding ook in West-Europa; de besmetting vindt meestal bij de geboorte plaats (van moeder op kind) of door seksueel contact; het virus kan ook worden overgebracht door transfusie met ongetest bloed of door het spuiten van drugs (onsteriele naalden); na infectie veroorzaakt het een vorm van lymfatische leukemie (ATL) of een aandoening van het ruggenmerg, waardoor verlammingen kunnen ontstaan; bloeddonors moeten nu ook gescreend worden op de aanwezigheid van dit virus. 2. human T-cell leucaemia virus *E*.
HTM afk. van 1. *hemotachometrie. 2. high technology medicine *E*.
HTR afk. van 1. harttransplantatie. 2. hemolytische transfusiereactie.
Hubbard, L. Amerikaans orthopeed (overl. 1938), uitvinder van de hubbardtank, zie vlinderbad.
Huët, G. Nederlands kinderarts (1879-1970), zie Pelger.
Hueter, K. Duits chirurg (1838-1882); *lijn van* ~ (orthop.) bij gestrekte arm liggen de epicondyli van de humerus en het olecranon in één lijn.
hüffnerhand (orthop.) houten handprothese met beweegbare of onbeweegbare vingers en met verende duim.
Hühner, M. Amerikaans uroloog (1873-1947); *Sims-~-test*, onderzoek van geaspireerde inhoud van vagina en cervixkanaal na coïtus, op aantal zaadcellen, hun conditie en mate van penetratie in het slijmvlies, de zgn. *post coitum-test, (pop samenlevingstest.
huid cutis; *~arts*, dermatoloog; *~gezwel*, dermatoom; *~lijsten* (meervoud), dermatoglyfen, de ribbels in de huid der vingertoppen; *~verharding*, sclerema.
huig zie uvula.
hulpcellen zie helper cells.
humaan, humanus *L* menselijk, van de mens afkomstig, m.b.t. de mens.
humanistisch menslievend; betrekking hebbend op de humanistische psychologie

~e psychologie, psychologische theorie die primair de nadruk legt op de subjectieve ervaringen van de mens en op zijn vermogen tot groei, spontaniteit en vrijheid; *~e therapie* (psych.), meestal non-directieve behandelingsmethode waarbij de nadruk ligt op persoonlijke groei en zelfvervulling.

HT afk. van 1. hydroxytryptamine, syn. serotonine. 2. hypertensie. 3. hormonale therapie.

humeraal m.b.t. de humerus (opperarmbeen).

humerus *L* opperarmbeen.

humide, humidus *L* vochtig; tgst. siccus.

humiditeit, humiditas *L* vochtigheid.

humor *L* vochtigheid, vloeistof, lichaamsvocht, meervoud humóres; ~ *aquaeus*, waterachtig vocht, de vloeistof van de oogkamers.

humoraal m.b.t. de lichaamsvochten; *~ale afweer*, de verdediging van het organisme tegen schadelijke invloeden van buiten af door factoren aanwezig in het bloedserum, t.w. de immunoglobulinen (zie humorale *immunoreactie), het *complementsysteem, transferrine, lactoferrine en lysozym; *~ale pathologie*, de ziekteleer van Hippocrates, berustend op de grondstelling, dat alle ziekten worden veroorzaakt door verkeerde menging en afwijkingen van de lichaamsvochten (zie humor); de vier voornaamste lichaamsvochten of 'kardinale sappen' waren volgens deze leer: bloed, slijm, witte en zwarte gal.

Hunner, G. Amerikaans chirurg (1868-1957); *ulcus van ~*, zeer pijnlijke zweertjes in de blaas bij interstitiële *cystitis ('elusive' ulcer *E*).

Hunt, 1. **J. Ramsay** Amerikaans neuroloog (1874-1937); *atrofie van ~*, compressieneuralgie van de ramus profundus van de nervus ulnaris met atrofie van de kleine handspieren; *neuralgie van ~*, herpes zoster van het ganglion geniculi van de nervus facialis met facialisparese, otalgie, herpes in de orofarynx en het uitwendig oor, verminderde traan- en speekselvorming, hypesthesie van het gelaat, smaakverlies, oorsuizen, doofheid, vertigo; *syndroom van ~*, zie dyssynergie; *ziekte van ~*, juveniele paralysis agitans t.g.v. progressieve degeneratie van de globus pallidus. 2. **W.** Amerikaans neurochirurg (geb. 1921), zie Tolosa.

Hunter, 1. **G.** Canadees biochemicus (overl. 1968); *ziekte v. ~*, type II van de mucopolysacharidosen; X-chromosomaal recessief erfelijk; lijkt veel op de ziekte van *Hurler-Pfaundler; oligofrenie en/of corneatroebeling zijn in de regel geringer, retinadegeneratie komt voor. 2. **W.** Engels arts (1861-1937); *~-tong*, syn. lingua atrophica. 3. **J.** Schots anatoom (1728-1793); *kanaal van ~*, canalis adductorius, subsartorial canal *E*, ruimte tussen de grote spieren van het middenbovenbeen waardoorheen de grote femorale bloedvaten en een tak van de nervus femoralis passeren.

Huntington, G. Amerikaans arts (1851-1916); *~se chorea*, autosomaal dominant erfelijke, chronisch-progressieve, ongeneeslijke vorm van chorea; begint in de regel na het 35ste jaar.

Hurler, Gertrud Duits kinderarts (1889-1965); *ziekte van ~-Pfaundler*, type I van de *mucopolysacharidosen, autosomaal recessief erfelijk, gekenmerkt door grove gelaatstrekken, dikke huid en lippen, brede neuswortel en oculair hypertelorisme, grote schedel, open mond, dwerggroei, korte ledematen ('*gargoylism'), voorts door wervelmisvormingen, korte hals en romp, vaak contracturen van de grote gewrichten, grote lever, milt en hart (*stapeling), corneatroebeling, oligofrenie, hoorzwakte en evenwichtsstoornissen; syn. dysostosis multiplex, lipochondrodystrofie.

Hürthle, K. Duits fysioloog (1860-1945); *tumor van ~*, zie oncocytoom; *cellen van ~*, zie oncocyt.

HUS afk. van *hemolytisch-uremisch syndroom.

Hutchinson, J. Engels arts (1828-1913); *trias van ~*, een drietal verschijnselen, die wijzen op aangeboren syfilis, nl. Hutchinsonse tanden (halvemaanvormige insnijdingen aan de bovenrand van de blijvende snijtanden van de bovenkaak), oog- (keratitis) en ooraandoening (labyrintdoofheid); *masker van ~*, het gevoel alsof het gelaat zich in een spinnenweb bevindt bij tabes dorsalis; *ziekte van ~-Gilford*; zie progeria.

Hutchison, R. Engels internist (1871-1943); *gezwel van ~*, aardappelgezwel; zie glomus; *syndroom van ~*, *neuroblastoom van het bijniermerg; zie ook progeria.

h.v. (rec.) afk. van hora vespertina, 's avonds.

HVC afk. van 1. humane vasoconstrictie-test. 2. hoofd verplegingsdienst.

HVD afk. van *hantavirus disease *E*.

HVG afk. van 1. host versus graft *E*, de reactie van de gastheer op het ingebrachte transplantaat. 2. huisarts- en verpleeghuisgeneeskunde.

HVGD afk. van host versus graft disease. syn. HVGZ.

HVGZ afk. van host versus graft-ziekte, syn. HVGD.

HVK afk. van hypofysevoorkwab (zie hypofyse).

HVM afk. van hand, voet, mond; *~ziekte*, erythemateuze papels aan handpalmen en voetzolen, blaasjes en erosies op de lippen en in de mondholte; de verwekker is een coxsackievirus, het verloop is goedaardig.

HVPT afk. van hyperventilatieprovocatietest.

HVR afk. van hypervariabele regio.

HVRC afk. van huisartsen en verpleeghuisartsregistratiecommissie.

HVS afk. van *hyperventilatiesyndroom.

HVT afk. van 1. humane vasoconstrictie test. 2. halveringstijd, * halfwaardetijd (HWT).

HWK afk. van halswervelkolom.

HWT afk. van *halfwaardetijd, syn. HVT (bet. 2).

hyalien, hyaline *G* glazig, glasachtig, doorschijnend, bijv. bij eiwitachtige ontaardingen; *~ ontaarding*, zie degeneratie; *~ membranenziekte*, aanwezigheid van hoofdzakelijk fibrineuze membranen in de longalveolen bij sommige, meestal premature, soms langs operatieve weg geboren voldragen neonati; syn. respiratory distress syndrome *E* of 'idiopathische respiratoire benauwdheid van de pasgeborene'.

hyalinisatie verandering van weefsel in een vaste, doorschijnende massa.

hyalinose stoornis in de eiwit- en lipidenstofwisseling met afzetting van paraproteinen in huid en slijmvliezen.

hyalitis ontsteking van het glasachtig lichaam van het oog.

hyaloideus *L* tot het glasachtig lichaam van het oog behorend.

hyaluronidase mucolytisch enzym, dat hyaluronzuur hydrolyseert, ook wel *spreading factor E* genoemd; versnelt het doordringen van in het lichaam gebrachte stoffen, bijv. bij hypodermoclyse.

hybridatie kruising, rassenkruising.

hybride, hybridus *L* 1. bastaard, levend wezen afkomstig uit de versmelting van mnl. en vrl. gameten met ongelijke chromosomen-opbouw. 2. uit heterogene

elementen bestaand, syn. hibrida. 3. fusie tussen normale en maligne cellen.
hybridisatie 1. bastaardering, het verwekken van bastaards. 2. zie hybridoomtechniek.
hybridoomtechniek, hybridoma-techniek productie van monoklonale *antistoffen uit een fusie van antistoffen producerende B-lymfocyten uit de milt van een met een bepaald antigeen geïmmuniseerd dier (genetische informatie) met enzymdeficiënte muizen-myeloomcellen (vermogen tot langdurige groei in weefselkweek), aldus vormend een doorgaande combinatie van celdeling en antistofvorming; de hieruit geselecteerde hybridoma's worden verder gekweekt; de klinische toepassingen zijn vele.
hybridus zie hybride.
hydatide meervoud hydatiden. 1. met vocht gevuld blaasje. 2. blaasworm, dochterblaas van de Echinococcus; syn. Cysticercus.
hydr- (smst.) water; zie ook hidr-.
hydraat een chemische verbinding, gevormd door de vereniging van water met een andere verbinding.
hydraemia zie hydremie.
hydragogum *G* waterverdrijvend middel, middel dat het afvoeren van water uit het lichaam, bijv. met de urine, het zweet of de ontlasting, bevordert, meervoud hydragoga; zie ook diureticum.
hydramnion *G* bovenmatige hoeveelheid vruchtwater in het amnion.
hydrargyria *G* huiduitslag veroorzaakt door kwikzilverpreparaten.
hydrargyrose, hydrargyrisme syn. mercurialisme, vergiftiging door anorganische kwikverbindingen, bijv. sublimaat, mercurochroom, kwikdiuretica, enz.; de verschijnselen zijn speekselvloed, stomatitis, erethismus, darm-, nier- en blaasstoornissen, hartzwakte, enz.
hydrargyrum *L*, **hydrargyrus** syn. mercurius, kwik.
hydrartrose hydrarthron, hydrarthros leewater, gewrichtswaterzucht, ophoping van sereus vocht in een gewricht.
hydrase, hydratase enzym dat water toevoegt aan of afneemt van een scheikundige verbinding.
hydra(ta)tie chemisch proces waarbij water aan een scheikundige verbinding wordt toegevoegd.
hydremie, hydraemia *G* 'verdunning' van het bloed door relatieve vermeerdering van het plasma- ten opzichte van het erytrocytenvolume; komt fysiologisch voor in de zwangerschap.
hydr- *~encefalocele*, zie hydrocefalocele; *~encephaloid*, zie hydrocefaloïd; *~iatrie, ~iatiek,* syn. hydrotherapie.
hydro- *G* (smst.) water; zie ook hidro-.
hydroa *G* zie hidroa.
hydrocarbonisme koolwaterstofgasvergiftiging; bij herstel na hydrocarbonisme blijven vaak geestesafwijkingen, verlammingen en dergelijke bestaan.
hydrocardie ophoping van sereus vocht in het hartzakje (pericard), syn. hydropericard.
hydrocefalie, hydrocephalus *G* waterhoofd, abnormale hoeveelheid cerebrospinale vloeistof binnen de schedel, hetzij in de ventrikels (*~ internus*; syn. ventriculomegalie), hetzij in de subarachnoïdale ruimte (*~ externus*) of beide (*~ communicans*); gaat gepaard met vergroting van de hersenschedel, openblijven

van de fontanellen, dilatatie van de hersenkamers annex atrofie van het hersenweefsel, waardoor debiliteit kan optreden; ~ *acquisitus*, hydrocefalie na de geboorte ontstaan, bijv. door rachitis; *compensatore* ~, hydrocefalie zonder drukverhoging van de vloeistof, als compensatie van geatrofieerd hersenweefsel, bijv. in het senium ('hersenverweking'); ~ *congenitus*, de aangeboren ('gewone') vorm van hydrocefalie t.g.v. ontwikkelingsstoornissen, vaak tezamen met spina bifida; *normal pressure* ~ *E*, afk. NPH, hydrocefalie (meestal bij oudere mannen) met dementie (althans mentale deterioratie), loopstoornissen (wijdbeens, schuifelend en onstabiel), verwijde hersenventrikels met normale liquordruk; soms is er urine-incontinentie; ~ *obstructivus*, hydrocefalie door verdwijning van de normale verbinding tussen de hersenkamers en de subarachnoïdale ruimte; *primaire* ~, syn. hydrocephalus congenitus; *secundaire* ~, hydrocefalie door veneuze afsluiting, spina bifida of t.g.v. ontstekingen (meningitis, syfilis, toxoplasmose, otitis media).

hydrocefaloïd bij zuigelingen voorkomende, op meningitis gelijkende toestand van uitputting bij hevige maag- en darmstoornissen, bijv. bij cholera infantum t.g.v. stoornissen in de bloedsomloop der hersenen, gepaard met gedeeltelijke bewusteloosheid, ingezonken fontanellen en holle ogen.

hydrocefalocele *G*, **hydrencefalocele** liquor bevattende encefalocele.

hydrocele waterbreuk (~ *testis*), ophoping van sereus vocht in de omhullende vliezen (tunica vaginalis) van de zaadbal en de zaadstreng, waardoor de aangedane zijde van de balzak er strak en gespannen uitziet en grote afmetingen kan aannemen; ~ *deformans* of ~ *plastica*, hydrocele met vorming van bindweefsel en vergroeiingen, waardoor misvorming ontstaat; ~ *hernialis*, liesbreuk waarbij zich vloeistof in de breukzak bevindt; ~ *spinalis*, syn. spina bífida.

hydrocephalus zie hydrocefalie.

hydro- ~*collator*, thermostatisch waterbad; ~*conion*, waterverstuiver, inhalatietoestel; zie ook inhalatie; ~*cortison* (farm.) syn. cortisol; ~*cyaanzuur*, blauwzuur; syn. cyaanwaterstof; ~*cyanisme*, vergiftiging met cyaanwaterstof; ~*elektrotherapie*, behandeling met waterbaden waardoor een elektrische stroom wordt gevoerd.

hydro-encefalocele (ook: *hydrencefalocele* of *hydrocefalocele*), zie hydrocefalocele.

hydrofère *F* stuifbad; het water wordt als een nevel over de patiënt verstoven.

hydrofiel gemakkelijk vocht opnemend, bijv. van gaas of watten; (farm.) goed oplosbaar in water; zelfst.nw. *hydrofilie*.

hydrofobie (bijv.nw. *hydrofobisch* of *hydrofoob* = onverenigbaar met water) 1. watervrees, de angst om te drinken of te slikken, die vnl. voorkomt bij hondsdolheid (lyssa), doch ook bij andere aandoeningen zoals tetanus. 2. met geringe neiging om water op te nemen; waterafstotend (tgst. van hydrofilie, zie hydrofiel); (uitbr.) schade ondervindend van water; ook: *hydrofobiciteit*.

hydroftalmie, hydrophthalmus ziekelijke vergroting van het oog; is aangeboren of treedt in de eerste levensjaren op t.g.v. infantiel glaucoom; tast gewoonlijk beide ogen aan en heeft meestal blindheid tot gevolg; syn. buphthalmos, hydrops oculi.

hydrogel syn. *gel.

hydrogenase syn. *reductase.

hydrogenium *G*, **hydrogeen** waterstof.

hydrolase enzym dat onder binding van water splitsing van samengestelde verbindingen teweegbrengt, syn. hydrolytisch enzym.
hydrolyse splitsing van scheikundige verbindingen onder opneming van water; wkw. *hydrolyseren; hydrolytisch enzym*, zie hydrolase.
hydromassage massage door bewegend water.
hydromeningocele zie encefalocele.
hydromphalus *G* navelwatergezwel; bij buikwaterzucht voorkomende uitpuiling van de navel; zie hydrops.
hydromyelie syn. *hydrorrhachis interna.
hydromyelocele *G* syn. myelocystocele.
hydronefrose, hydronephrosis *G* waternier, zakvormige uitzetting van het nierbekken door belemmerde afvoer van de urine naar de blaas; gaat gepaard met schrompeling van het nierweefsel; *gesloten* ~, waternier waarbij de urineafvoer geheel onmogelijk is; *open* ~, idem waarbij de afvoer nog gedeeltelijk mogelijk is; ~ *intermittens*, telkens optredende hydronefrose, bijv. door zich herhalende afknikking van de urineleider bij wandel- of zwerfnier (ren mobilis) of bij herhaaldelijk verstopt geraken van de urineleider door niersteen; ~ *perirenalis*, zich tussen de nier en het nierkapsel ophopend vocht.
hydropathie lett. waterziekte; (foutief) syn. v. hydrotherapie.
hydropenie toestand van watertekort in het lichaam.
hydropericardium syn. *hydrocardie.
hydrophthalmus zie hydroftalmie.
hydropisch waterzuchtig; m.b.t. waterzucht; zie hydrops.
hydropneumothorax *G* syn. pneumoserothorax, sero*pneumothorax; de aanwezigheid van sereus vocht en lucht in de borstvliesholte (pleuraholte).
hydrops *G*, **hydropsia** *L* 1. abnormale vochtophoping in lichaamsholten; ~ *abdominis*, syn. ascites, waterzucht in de buikholte door stuwing of ontsteking; ~ *adiposus*, syn. ~ *chylosus*, hydrops met vetdelen in het vocht zoals bij kanker of chronische ontsteking van het buikvlies; ~ *anasarca*, hydrops in het onderhuidse bindweefsel (d.i. oedeem in engere zin); ~ *articuli*, syn. hydrarthros; ~ *capitis*, syn. hydrocefalie; ~ *cardiacus*, oedeemvorming door hartzwakte; ~ *endolymphaticus*, vochtophoping van langere duur in de ductus en *sacculus endolymphaticus leidt tot *haarcellenverlies en degeneratieve veranderingen in het orgaan van *Corti; ~ *ex vacuo*, ophoping van vocht in gesloten holten, bijv. in de schedelholte, zie hydrocefalie; ~ *foetalis*, het volledig oedemateus zijn van de vrucht bij resusincompatibiliteit, thalassemie, lues; ~ *genu*, hydrops in het kniegewricht; ~ *gravitationis*, hydrops in de benen, bijv. door langdurig staan; komt vnl. voor bij hartaandoeningen en varicosis; ~ *hypostrophus*, syn. angioneurotisch oedeem; ~ *oculi*, syn. hydroftalmie; ~ *paralyticus*, waterzucht t.g.v. verlamming doordat de spieren in het verlamde deel geen werking op de vochtverplaatsing kunnen uitoefenen; ~ *renalis*, door nierziekte ontstane waterzucht; ~ *renum cysticus*, syn. ren cysticus; ~ *sacci lacrimalis*, vochtophoping in de traanzak t.g.v. verwijding; ~ *spuria*, valse waterzucht, zakwaterzucht veroorzaakt door afknikking of verstopping van afvoergangen, bijv. bij hydronefrose; ~ *tubae*, syn. hydrosalpinx; ~ *vesicae felleae*, ophoping van sereuze en slijmerige vloeistof in de galblaas door afsluiting van de afvoerbuis. 2. (soms) syn. oedeem.
hydropsia zie hydrops.
hydrorrhachis *G* waterzucht in het wervelkanaal; ~ *dehiscens*, syn. spina bifida;

~ *externa*, ophoping van vocht onder het spinnenwebvlies; ~ *interna*, uitzetting van het centraal kanaal van het ruggenmerg door hydrops, syn. hydromyelie.

hydrorroe, hydrorrhoea *G* watervloed, uitscheiding van sereuze vloeistof; ~ *gravidarum*, afvloed van sereus vocht uit de baarmoeder van een zwangere; ~ *nasalis*, 'loopneus', syn. rhinorroe.

hydrosadenitis (foutief) syn. hidradenitis.

hydrosalpinx *G* vochtophoping in een eileider (salpinx).

hydrosarca syn. hydropsia anasarca, zie hydrops.

hydrosis foutief voor hidrosis.

hydrotherapie geneeswijze met water, waterbehandeling; genezing van ziekten met behulp van koud en warm water, zoals baden, overgietingen, enz.; de hydrotherapie is een onderdeel van de fysiotherapie; syn. hydriatrie.

hydrothionurie uitscheiding van zwavelwaterstof in de urine onder invloed van bepaalde bacteriën; komt o.a. voor bij blaasontsteking.

hydrothorax borstwaterzucht, ophoping van sereuze vloeistof in de pleuraholte (d.i. tussen de beide pleurabladen) bij algemene waterzucht (hydrops); kan voorkomen bij long-, hart- en nieraandoeningen en door stoornissen in de bloedsomloop, syn. serothorax; ~ *chylosus*, syn. chylothorax.

hydrotropie het in water oplosbaar maken.

hydrotympanum aanwezigheid van vocht in het middenoor.

hydroxyproline een metaboliet van het aminozuur proline, dat bij afbraak van *collageen wordt gevormd en voor een deel met de urine wordt uitgescheiden; de bepaling van de hoeveelheid uitgescheiden hydroxyproline is een betrouwbare methode in de diagnostiek van botgezwellen, hyperthyroïdie, M. Paget, polyartritis, acromegalie, hyperparathyroïdie.

hydroxytryptamine syn. serotonine.

hyf- zie ook hyph-; *~edonie*, syn. frigiditeit.

hyfe, hypha *G* meervoud *hyphae*, schimmeldraad, filament; bijv.nw. *hyfeus*.

hyfemie, hyphaemia *G* 1. onderhuidse bloeduitstorting, syn. *ecchymose.
2. bloeduitstorting in de voorste oogkamer, syn. hemoftalmie, hyphaema.

hygiëne gezondheidsleer: het ordenen van leefregels, voorschriften en verboden om ons gezond te houden en om ziekten te voorkomen; *geestelijke* ~, hygiëne gericht op het voorkomen van verstoring van de geestelijke gezondheid; *persoonlijke* ~, syn. individuele hygiëne, de zorg voor verstandige voeding, regelmatig baden, zindelijke kleding, goede nachtrust, voldoende lichaamsoefening enz.; *technische* ~, dat deel van de preventieve gezondheidszorg dat met gebruikmaking van technische hulpmiddelen de gezondheidszorg tracht te bevorderen en in stand te houden, bijv. door middel van drinkwatervoorziening, afvalwaterzuivering, woningbouw, sanitaire voorzieningen, luchtbehandeling, voedselbehandeling; enerzijds gericht op de beperking van de aanwezigheid en transmissie van micro-organismen en anderzijds op het beperken van de aanwezigheid van schadelijke stoffen.

hygiënisch m.b.t. de hygiëne; wat aan de eisen van de hygiëne voldoet.

hygroom, hygroma *G* watergezwel, cyste bij ontsteking van slijmbeurzen of peesscheden; de meest voorkomende vormen zijn het ~ *carpale*, vochtophoping in de peesscheden van de vingerbuigers ter hoogte van de pols, het ~ *colli*, idem in embryonale kieuwspleten in de hals en het ~ *praepatellare*, syn. bursitis praepatellaris.

hygroscopisch vocht uit de lucht aantrekkend.
hymen *G* maagdenvlies, slijmvliesplooi die de schede (vagina) bij maagden grotendeels afsluit van de uitwendige schaamdelen (vulva); in de regel wordt het hymen bij de eerste coïtus verscheurd en blijft slechts een krans van wratachtige overblijfselen bestaan: *carunculae hymenales*; in zeldzame gevallen kan het hymen geheel ontbreken; *~atresie,* zie gynatresie; ~ *cribriformis*, zeefvormig hymen; ~ *dentatus*, getand hymen; ~ *fimbriatus*, hymen voorzien van franje aan de rand; ~ *imperforatus*, syn. atresia vaginalis; zie ook gynatresie.
Hymenolepis nana syn. *Taenia nana; dwerglintworm.
hymenopterismus *L* vergiftiging door steken van hymenoptera (vliesvleugelige insecten, bijv. bijen, wespen, mieren, kevers, enz.).
hyo- (smst.) tot het tongbeen behorend, het tongbeen betreffend.
hyoïd os hyoideum, tongbeen.
hyoideus met betrekking tot het tongbeen (hyoïd).
hyp- (smst.) verminderd, niet geheel, onvolkomen; zie ook hypo-.
hypaciditeit vermindering van de aciditeit, vnl. van het maagsap, syn. subaciditeit; tgst. hyperaciditeit.
hypacusis *G* vermindering van de gehoorscherpte door verminderde prikkelbaarheid van de *nervus acusticus.
hypalgesie *G* verminderde gevoeligheid voor pijn, tgst. hyperalgesie.
hypemie verminderd bloedgehalte van een orgaan of lichaamsdeel; tgst. hyperemie.
hyper- *G* (smst.) vermeerderd, overmatig, enz.; tgst. hypo-.
hyperabductie abductie van de arm voorbij de horizontale positie.
hyperaciditeit verhoogd zuurgehalte, vnl. van het maagsap; syn. peraciditeit.
hyperactiviteit (psych.) zie aandachtstekortstoornis.
hyperacusis *G* sterk verhoogde gevoeligheid van het gehoororgaan voor scherpe geluiden.
hyperadrenocorticisme zie hypercorticisme.
hyperaemia zie hyperemie.
hyperaldosteronisme ziektebeeld t.g.v. verhoogde productie van *aldosteron; *primair ~*, zie syndroom van *Conn; *secundair ~*, komt o.a. voor bij levercirrose, nefrotisch syndroom e.a., als *ectopisch-hormonaal syndroom en bij *hyperreninisme.
hyperalgesie verhoogde gevoeligheid voor pijn, verlaging van de pijndrempel; tgst. hypalgesie.
hyperalimentatie 1. overvoeding. 2. gedwongen voeding. 3. geconcentreerde voeding. 4. syn. *parenterale voeding.
hyperammoniëmie te hoog ammoniakgehalte van het bloedserum t.g.v. onvoldoende (hepatitis, cirrose) of uitgeschakelde leverfunctie (bijv. bij portocavale shunt) waardoor de ureumsynthese vermindert, leidend tot o.a. een hepatogene encefalopathie.
hyperanabolisme versterkt *anabolisme.
hyperbar onder hogere druk dan de atmosferische.
hyperbilirubinemie verhoogd gehalte aan bilirubine in het bloed; *congenitale ~*, zie Crigler-Najjar, erythroblastosis foetalis, Lucey-Driscoll-syndroom; *idiopathische ~*, zie Rotor.
hyperbulie de bij sommige psychische stoornissen voorkomende dadendrang.
hypercalciëmie verhoogd calciumgehalte van het bloed.

hypercalciurie verhoogd calciumgehalte van de urine.
hypercapnie, hypercarbie te hoog CO_2-gehalte van het bloed; tgst. hypocapnie.
hyperchloorhydrie verhoogd zoutzuurgehalte van het maagsap, tgst. hypochloorhydrie.
hyperchloremie (bijv.nw. *-emisch*) verhoogd gehalte aan chloriden in het bloed.
hypercholesterolemie verhoogd cholesterolgehalte van het bloedplasma.
hyperchromatose, hyperchromie 1. abnormaal hoge pigmentvorming. 2. verhoogd hemoglobinegehalte van erytrocyten.
hyperchroom te hoog hemoglobinegehalte der erytrocyten; kleurindex groter dan 1.1.
hypercirculatie *~syndroom*, hoge cardiale *output en grote polsdruk (zie bloeddruk) bij perifere vasodilatatie en hoge centrale veneuze druk zoals bij het beriberi hart.
hypercorticisme 1. de gevolgen van verhoogde werking van de bijnierschors of van overdosering van *ACTH. 2. de gevolgen van te hoge medicatie van corticosteroïden, zoals glucosurie door koolhydraat-intolerantie, retentie van water en zout (oedemen, hypertensie en vollemaansgezicht), vetzucht, *virilisatieverschijnselen, osteoporose, fragiliteit van de bloedvaten, infectiemaskering, neiging tot trombose, ulcus pepticum, psychose, cataract, glaucoom.
hypercrinie syn. *hypersecretie.
hypercrisie, hypercrisis *G* syn. hypersecretie.
hypercurvatuur lett.: met (te) veel bochten; sterk gekronkeld; *testiculair ~syndroom*, te groot aantal kronkelingen van de tubuli seminiferi testis, vaak oorzaak van infertiliteit bij de man.
hyperdactylie misvorming waarbij zich aan de handen of voeten meer dan vijf vingers, resp. tenen bevinden, tgst. hypodactylie.
hyperdensiteit vermeerderde dichtheid bijv. van weefsel op een röntgenfoto; bijv.nw. *hyperdens*.
hyperdontie (tandheelk.) de aanwezigheid van één of meer overtollige gebitselementen, tgst. hypodontie.
hyperdynamie, hyperdynamia *G* 1. verhoogde of vermeerderde kracht; *~ uteri*, zeer sterke weeën. 2. sterke innerlijke bewogenheid.
hyperemesis *G* overmatig braken; *~ gravidarum*, zwangerschapsbraken, hoofdzakelijk t.g.v. hormonale en psychische invloeden; *~ lactantium*, overmatig braken van zuigelingen bij pylorospasmus.
hyperemie, hyperaemia *G* overmatig bloedgehalte van een orgaan of lichaamsdeel; bloedaandrang, syn. congestie, fluxio; ziekelijke vermeerdering van het bloed in het gehele lichaam (algemene hyperemie of volbloedigheid) noemt men plethora; *~ arterialis*, syn. hyperaemia activa, vermeerderde toevoer van slagaderlijk bloed; *~ collateralis*, vermeerderde bloedtoevoer naar een lichaamsdeel door stoornis van de bloedtoevoer naar een ander deel; *~ venosa*, syn. hyperaemia mechanica of passiva, *veneuze ~*, aderlijke bloedstuwing, treedt op door verminderde afvoer van bloed.
hypereosinofilie zie eosinofiel syndroom.
hyperergie verhoogd reactievermogen van het organisme, bijv. voor histamine bij astmalijders.
hyperesthesie 1. overgevoeligheid, hetzij van het gehele lichaam of slechts van een lichaamsdeel; wordt veroorzaakt door bijzondere prikkelbaarheid van de

gevoelszenuwen, tgst. anesthesie. 2. (psych.) overgevoeligheid voor zintuiglijke prikkels, 'prikkelbaar'.

hyperesthetisch-emotioneel syndroom (psych.) afk. HES, een tot de exogene reactietypen van *Bonhoeffer behorend syndroom, gekenmerkt door overgevoeligheid voor zintuiglijke en emotionele prikkels; syn. 'overspanning', zie ook neurasthenie, neurastheen syndroom.

hyperextensie overstrekking; ook: passieve overmatige strekking van ledematen, bijv. om verkromming of ontwrichting te genezen.

hyperfagie vraatzucht.

hyperflexibiliteit mogelijkheid tot overmatige buiging in een gewricht, resp. (uitbr.) tot passieve uitvoering van alle bewegingen.

hyperforie zie heteroforie.

hyperfosfatemie verhoogd gehalte aan anorganisch fosfaat in het bloed.

hyperfosfaturie verhoogde uitscheiding van fosfaten met de urine.

hyperfructosemie verhoogd fructosegehalte van het bloed.

hyperfunctie abnormaal verhoogde werking van een orgaan, tgst. hypofunctie.

hypergammaglobulinemie pathologische polyklonale toeneming van immunoglobuline; hypergammaglobulinemie wordt o.a. waargenomen bij verlaagde cellulaire immuniteit, waarschijnlijk als 'opvang' hiervan door het humorale systeem.

hypergeusie bijzonder sterk smaakgevoel; tgst. ageusie, hypogeusie.

hypergie verminderd reactievermogen van het organisme, bijv. op nicotine bij rokers.

hyperglobulie syn. *polycytemie.

hyperglycaemie zie hyperglykemie.

hyperglycinemie ernstige aangeboren stofwisselingsziekte in de koolhydraatstofwisseling, die reeds spoedig na de geboorte leidt tot acidose en ketonurie met braken, groeiachterstand, mentale retardatie, spasticiteit, periodieke purpura, neutropenie, trombocytopenie, hypogammaglobulinemie.

hyperglykemie, hyperglycaemie sterk verhoogd glucosegehalte van het bloed, tgst. hypoglykemie; zie ook diabetes.

hypergonadisme overmatig functioneren van de gonaden (geslachtsklieren).

hypergonadotroop overmatige productie van gonadotrofinen door de hypofyse.

hyperhemoglobinemie zie hemoglobinemie.

hyperhidrose, hyperhidrosis *G* verhoogde zweetafscheiding; syn. ephidrosis, tgst. hypohidrosis; ~ *parotidea masticatoria*, syn. syndroom van *Frey; zie auriculotemporaal syndroom.

hyper- *~hydratie*, teveel aan vocht in de weefsels; tgst. dehydratie; *~-IgE-syndroom*, zie Job-syndroom; *~immunoglobulinemie*, zie hyperimmunoglobulinemie; *~immuunserum*, serum met een opgevoerde hoeveelheid antistoffen; *~infectie*, syn. superinfectie; *~*inflatie*, bovenmatige luchtvulling (van de longen).

hyperimmunoglobulinemie abnormaal hoog gehalte aan (polyklonale) *immunoglobulinen in het bloed, gevormd in de acute fase van sommige periodiek optredende infectieziekten onder invloed van bepaalde mediatoren, zoals *interleukinen; men onderscheidt hoofdzakelijk het zgn. hyper-IgD-syndroom (klinisch enigszins gelijkend op *thalassemie) en de hyper-IgE-hyperimmunoglobulinemie, welke gepaard gaat met cutane anergie.

hyperinsulinisme 1. overmatige insulineproductie bij ziekte van de alvleesklier of insuline producerende gezwellen, waardoor hypoglykemie ontstaat met verhoogde behoefte aan suiker en daardoor meestal sterk overgewicht; zie ook coma hypoglycaemicum, insulinoom. 2. verhoogd insulinegehalte van het bloed t.g.v. *insulineresistentie bij normale productie.

hyperkaliëmie te hoge kaliumspiegel in het bloed; syn. potassemie.

hyperkeratose, hyperkeratosis *G* sterke verhoorning van de opperhuid; ~ *diffusa congenita*, syn. ichthyosis congenita; ~ *pilaris*, hyperkeratose rondom de folliculi pili (zie follikel); ~ *subungualis*, kalknagel, versterkte verhoorning onder de nagel met secundaire verdikking van de nagel.

hyperkinesie, hyperkinesia, hyperkinesis motorische onrust, pathologische toeneming van de spierwerkzaamheid; ~ *cordis*, syn. syndroom van Gorlin, hyperkinetisch hartsyndroom, felle reactie van het hart op lichamelijke inspanning en emotie in de vorm van sinustachycardie met een geringe inspanningstolerantie, meestal vergezeld van profuus zweten en hyperventilatie; ~ *laryngis*, krachtige samenpersing van de stembanden en geforceerde uitademing, waardoor een rauwe, schorre stem ontstaat.

hyperkinetisch bijv.nw. bij *hyperkinesie; ~ *syndroom*. 1. zie aandachtstekortstoornis met hyperactiviteit; zie ook minimal brain dysfunction. 2. onwillekeurige, abrupte en doelloze bewegingen t.g.v. afwijkingen in het extrapiramidale systeem.

hyperlaxiteit te grote beweeglijkheid van gewrichten t.g.v. slapheid van kapsels en ligamenten.

hyperlipemie toestand waarbij het triglyceridengehalte in het bloed zo hoog is, dat het serum of plasma er melkachtig uitziet; zie ook hyperlipidemie.

hyperlipidemie verhoogd cholesterol- en/of triglyceridengehalte van het bloed; zie ook hyperlipemie.

hyperlipoproteïnemie verzamelnaam voor vetstofwisselingsstoornissen, gekenmerkt door verhoogd gehalte aan *lipoproteïnen in het bloedplasma t.g.v. verminderd katabolisme van deze stoffen.

hyperlysinemie verhoging van het bloedgehalte aan *lysine t.g.v. een aangeboren stofwisselingsziekte gepaard met geestelijke retardatie.

hypermastie overmatige ontwikkeling van één of beide mammae (borsten).

hypermenorroe abnormaal overvloedige menstruatie.

hypermetrie 1. ongecoördineerde overdreven bewegingen. 2. kolossale lichaamsbouw.

hypermetropie verziendheid, oververziendheid; wordt òf veroorzaakt door een te korte lengteas van het oog òf door te geringe breking van bijv. de ooglens; in beide gevallen kunnen evenwijdig invallende lichtstralen zich (virtueel) in plaats van *op* het netvlies, pas *achter* het netvlies verenigen; syn. hyperopie, tgst. myopie.

hypermnesie abnormaal verhoogd herinneringsvermogen; het vermogen om zich bepaalde gebeurtenissen tot in alle bijzonderheden nauwkeurig te herinneren; tgst amnesie.

hypermobiliteit, hypermobilitas bovenmatige (passieve) bewegingsmogelijkheid; verhoogd bewegingstraject van gewrichten; afk. *IHM; ~-*syndroom*, verzamelnaam voor stoornissen berustend op afwijkingen in de structuur van collagene weefsels (o.a. sterke flexibiliteit van gewrichten, *cutis laxa, mitraalklepprolaps, verhoogde *compliantie van weefsels).

hypermotiliteit 1. bovenmatig actief bewegingsvermogen; bewegingsdrang;

lenigheid. 2. *hyperkinesie.

hypernefroom, hypernephroma *G* carcinoom van de nier, dat met het blote oog op bijnierschorsweefsel gelijkt, syn. Grawitz-tumor.

hyperonychie, hyperonychosis *G* abnormaal sterke groei en verdikking van nagels.

hyperopie syn. hypermetropie; in engere zin (foutief) *oververziendheid.

hyperorexie ziekelijk verhoogde eetlust, geeuwhonger, syn. boulimie, fames canina, polyfagie, sitomanie.

hyperornithinemie zeldzame autosomaal recessief erfelijke stofwisselingsziekte met ornithinetransaminase-deficiëntie; zie atrofie: atrophia gyrata retinochoroidea.

hyperosmie abnormaal sterke reukzin.

hyperosmolair gepaard gaande met een verhoogde osmolaire waarde van de (weefsel)vloeistoffen.

hyperostose, hyperostosis *G* op verschillende plaatsen optredende botverdikking, verspreid benig aangroeisel, beenuitwas; ~ *corticalis generalisata*, syn. ziekte van Van Buchem, autosomaal recessief-erfelijk syndroom van *osteosclerose van schedel, onderkaak, sleutelbeenderen, ribben en diafysale corticalis van pijpbeenderen, vaak tezamen met afwijkingen aan de vingers, binnenoordoofheid en facialisparalyse (zie faciaal).

hyperoxygenatie het doen inademen van zuurstof in overmaat.

hyperparathyr(e)oïdie verhoogde werking van de bijschildklieren, meestal door adenoomvorming, gekenmerkt o.a. door verhoogd calcium- en verlaagd fosfaatgehalte van het bloed; syn. parathyrotoxicose; *secundaire* ~, hyperparathyroïdie door hyperplasie van de bijschildklieren als reactie op hypocalciëmie, die het gevolg kan zijn van fosfaatretentie bij nierinsufficiëntie; zie renale *osteodystrofie; *tertiaire* ~, autonomie van de hyperplasie der bijschildklieren (zie hiervoor) bij voortduring van de toestand van secundaire hyperparathyroïdie.

hyperpathie overgevoeligheid voor pijnprikkels; na overschrijding van de pijndrempel treedt een overmatige, lang aanhoudende pijn op.

hyperpepsie sterke afscheiding van pepsine.

hyperpiese *G* essentiële hypertensie.

hyperpigmentatie bovenmatige hoeveelheid pigment in een weefsel, in engere zin in de huid.

hyperpinealisme stoornis door overmatige werking van de glandula pinealis.

hyperpituïtarisme verzamelnaam voor aandoeningen welke berusten op een verhoogde werking van de *hypofyse; zie acromegalie, gigantisme.

hyperplasie (bijv.nw. *hyperplastisch*) bovenmatige groei door vermeerdering van de weefselelementen (toename van cellen, i.t.t. hypertrofie), tgst. hypoplasie.

hyperpneu, hyperpnoe, hyperpnoea *G* syn. hyperventilatie; versnelde en verdiepte ademhaling; tgst. hypopneu.

hyperprolactinemie verhoogd gehalte aan *prolactine in het bloed bij *prolactinoom; veroorzaakt bij beide geslachten vruchtbaarheidsproblematiek, verminderde libido en galactorroe.

hyperprolinemie zie prolinemie.

hyperprosexie ziekelijk verhoogde aandacht, bijv. bij manie.

hyperptyalisme *speekselvloed.

hyperpyrexie zeer hoge koorts, lichaamstemperatuur boven 42 °C, tgst. apyrexie; *maligne* ~, syndroom door abnormaal spiermetabolisme bij een latente neuromusculaire aandoening, als complicatie van narcose, hitteziekten of acute letale *katatonie.

hyperreactiviteit sterkere reactie dan normaal; *bronchiale ~*, aspecifieke (niet-allergische) obstructie van de bronchi als reactie op histamine en acetylcholine bij CARA-patiënten; *nasale ~*, zie rinopathie.

hyperreflexie sterkere reactie op prikkels dan normaal.

hyperreninisme te hoog gehalte aan renine in het bloed bij een toename van het aantal cellen van het juxtaglomerulaire apparaat (*primair ~*); *secundair ~*, zie syndroom van *Bartter.

hypersalivatie *speekselvloed.

hypersarcosis *G* 1. zeer sterke granulatievorming. 2. elefantiasis.

hypersecretie verhoogde afscheiding van vochten uit klieren, vnl. verhoogde afscheiding van het maagsap; syn. hypercrinie, hypercrisis.

hypersegmentatie het (in het bloed) voorkomen van leukocyten met kernen die abnormaal sterk gesegmenteerd zijn.

hyperseksualiteit sterk verhoogde geslachtsdrift.

hypersensitiviteit versterkte reactie op een bepaalde stof met antigene werking t.g.v. een voorafgaand contact; *cytotoxische ~*, het afsterven van met antigeen beladen cellen t.g.v. binding aan een antistof; *stimulatore ~*, stimulatie van de activiteit van cellen waarvan oppervlak-receptoren een binding aangaan met bepaalde circulerende antistoffen.

hypersialie, hypersialosis *speekselvloed; syn. hyperptyalisme.

hypersomie reuzengroei, syn. macrosomie.

hypersomnie, hypersomnia slaapzucht; pathologische slaperigheid of neiging om te slapen; overmatige slaperigheid overdag; DSM-IV maakt onderscheid in een primaire vorm en vormen veroorzaakt door een psychische stoornis (o.a. depressie), lichamelijke aandoening (o.a. narcolepsie) of het gebruik van een middel.

hypersonoriteit zeer luide percussieklank bij longemfyseem.

hypersplenie lett. miltvergroting; in engere zin ziektebeeld gekenmerkt door splenomegalie met anemie, trombocyto- en leukopenie t.g.v. verhoogde hemolytische activiteit van de milt en ondanks verhoogde werking van het beenmerg.

hypersteatose abnormale verhoorning van de opperhuid met verhoogde afscheiding van huidsmeer.

hypersthenie bijzonder verhoogde lichaamskracht, tgst. asthenie.

hyperstimulatiesyndroom syn. *ovarieel ~*, afk. OHSS, pijnlijke vergroting van de ovaria door overmatige stimulering met gonadotrofinen (*HMG en *HCG) ter inductie van ovulatie of superovulatie voor *IVF; de ovaria kunnen hierbij soms een diameter hebben van meer dan 10 cm.

hypertelorisme abnormaal grote afstand tussen twee organen, bijv. *oculair ~*, waarbij de ogen ver uit elkaar staan.

hypertensie, hypertensio *L* syn. hypertonie; in engere zin verhoogde slagaderlijke *bloeddruk. 1. *symptomatische ~*, bloeddrukverhoging als verschijnsel bij een ziektetoestand waarbij *a*) de elasticiteit van de slagaders is verloren gegaan (*windketel-~*), *b*) de weerstand in het arteriolennet of in de grote slagaders is toegenomen, *c*) het minuutvolume van het hart is vermeerderd, *d*) endocriene of neurogene oorzaken in het spel zijn, *e*) metabole factoren een rol spelen.
2. *essentiële* of *idiopathische ~*, hypertensie t.g.v. een cardiovasculaire regulatiestoornis; *a*) *labiele* of *nerveuze ~*, heeft een normale minimale en een sterk

verhoogde maximale waarde; *b*) *gefixeerde* ~, is gekenmerkt door constant verhoogde min. en max. waarden; *c*) *maligne* ~, snel toenemende hypertensie leidend tot o.a. een progressieve nierfunctiestoornis met proteïnurie, uremie en afwijkingen in de retina (bloedingen, papiloedeem); de diastolische druk is hierbij dikwijls zeer hoog; *accelerated* (*E*) ~, hypertensie die in korte tijd een aanmerkelijke verhoging vertoont van de diastolische druk (hoger dan 130 mm Hg) en vaak leidt tot een hypertensie-*crisis en/of hersenbloeding; *ambulante veneuze* ~, verhoging van de bloeddruk in de aders van de onderbenen bij bestaand *postflebitisch syndroom t.g.v. aanmerkelijk gebruik van de onderbeenspieren; *intracraniële* ~, zie hersendruk, pseudotumor; *labiele* of *nerveuze* ~, hypertensie waarschijnlijk t.g.v. disregulatie in het autonome zenuwstelsel; *portale* ~, verhoging van de (aderlijke) bloeddruk in het poortadergebied door belemmering van de bloedstroom in de leververtakkingen van de vena portae (trombose, gezwellen), doch vooral door oorzaken in de lever zoals bij cirrose en stuwing in de vena cava inferior (onderste holle ader); *pulmonale* ~, verhoogde arteriële druk in de longen; *primaire pulmonale* ~, zeldzame ziekte, gekenmerkt door fibrose, dilatatie en plexiforme laesies hoofdzakelijk van de longarteriolen e.c.i.; *secundaire pulmonale* ~, komt voor bij ziekten zoals long*embolie en chronisch verhoogde druk in het linker atrium; *renovasculaire* ~, hypertensie t.g.v. vernauwing van de nierarteriën; *suprarenale* ~, hypertensie in aanvallen t.g.v. uitstortingen van adrenaline bij feochromocytoom.

hyperthecosis *G* hypertrofie van de theca interna der eierstokken.

hyperthermie *G* sterk verhoogde lichaamstemperatuur, hoge koorts.

hyperthymie de bij sommige psychische stoornissen voorkomende abnormaal vrolijke stemming of opwinding, tgst. hypothymie.

hyperthyr(e)oïdie, hyperthyr(e)oïdisme, hyperthyreose *G* verhoogde werkzaamheid van de *schildklier, tot uiting komend in het beeld van de ziekte van *Graves en dat van het toxisch *adenoom; tgst. hypothyroïdie; *spontaneous resolving* ~ *E*, hyperthyroïdie t.g.v. een goedaardige virale schildklierontsteking met goede prognose.

hypertonie verhoogde druk of spanning, tgst. hypotonie.

hypertonisch 1. verhoogde spanning vertonend. 2. verhoogde osmotische druk bij (zout)oplossingen).

hypertrichose, hypertrichosis *G* overmatige groei van niet-seksuele *beharing; syn. polytrichose, trichauxis; ~ *universalis*, algemene hypertrichose, bij hond-, beer- of haarmens, abnormaal sterke beharing over het gehele lichaam en ook over het gehele gelaat.

hypertriglyceridemie verhoogd triglyceridengehalte van het bloed.

hypertrofie, hypertrophia *G* sterke ontwikkeling van weefsels of organen (zonder toename van het aantal cellen, i.t.t. hyperplasie), tgst. atrofie; *asymmetrische septale* ~, aangeboren verdikking van het kamertussenschot van het hart, meestal in de linker ventrikel; afk. ASH; *compensatore* ~, toeneming van de functie van een (parig) orgaan bij uitvallen van de functie van het andere; *concentrische* ~, hypertrofie van holle organen, bijv. van het hart, de maag of de blaas, waardoor de holte kleiner wordt; *excentrische* ~, met uitzetting van het orgaan gepaard gaande hypertrofie waardoor de holte groter wordt.

hypertropie syn. *strabismus sursumvergens.

hyperurikemie verhoogde urinezuurspiegel in het bloed bij jicht; *primaire* ~, kan ontstaan door een enzymdefect in de purinestofwisseling, door verminderde uitscheiding via de nieren of door verminderde *uricolysis; *secundaire ~* wordt veroorzaakt door verhoogde afbraak van kernsubstantie (o.a. bij polycythaemia vera, verval van maligne tumoren, syndroom van Lesch-Nyhan, leukemie) of door vermeerderde urinezuursynthese in het lichaam bij overmatige voeding en vetzucht, voorts bij acromegalie, myxoedeem, hypo- en hyperparathyroïdie, essentiële hypercholesterolemie, ketose.

hypervalinemie een aangeboren stofwisselingsziekte als gevolg van een stoornis in de transaminering (zie transaminasen) van het aminozuur valine, waardoor dit in het bloed een abnormaal hoge concentratie bereikt; de gevolgen zijn o.a. geremde lichamelijke en geestelijke groei.

hyperventilatie syn. *hyperpneu; overbeademing; *primair ~syndroom*, toestand van respiratoire *alkalose t.g.v. langdurig te diep ademhalen, veroorzaakt door inspanning, vaker door psychische en/of sociale spanningen (hierbij: gevoel van luchthonger en niet kunnen doorademen), verlaagde alveolaire en arteriële pCO_2 (hypnocapnie), met velerlei onaangename bijverschijnselen (tintelingen, duizeligheid, hartkloppingen of ernstiger zoals pijn op de borst, insulten e.d.); *secundair ~syndroom*, hyperventilatie t.g.v. somatische afwijkingen, zoals metabole alkalose, longembolie, ischemische hartziekte (angina pectoris, hartinfarct), intoxicaties, bloedingen en tumoren in de hersenen, hyperglykemie, uremie.

hyperviscositeitsyndroom hoofdpijn, verwardheid, insulten, loopstoornissen (ataxie), duizeligheid, nystagmus, nierinsufficiëntie, visusstoornissen (door hemorragische retinopathie) t.g.v. te hoge concentratie van serumeiwitten, waardoor een 'trage' bloedstroom ontstaat; deze eiwitten zijn meestal macroglobulinen, soms *cryoglobulinen; de BSE is vaak relatief vertraagd.

hypervitaminose vergiftiging door gebruik van een te hoge dosis van een vitamine.

hypervolemie te groot bloedvolume; zie ook plethora.

hypesthesie verminderde gevoeligheid, vnl. van het tastgevoel.

hypha zie hyfe.

hyphaema zie hyfemie (bet. 2).

hyphaemia zie hyfemie.

hyphidrosis *G* (ook: *hypidrosis*) sterk verminderde zweetafscheiding.

hypnagogum *G* slaapmiddel, meervoud -goga, syn. hypnoticum, somniferum.

hypnagoog m.b.t. het inslapen; zie ook hypnopomp.

hypnocyt bijnaam voor de merozoïeten die zich langere tijd inactief in de lever kunnen ophouden (zie malaria).

hypnogeen door de slaap tevoorschijn geroepen.

hypnografie registratie van de slaapdiepte; zelfst.nw. *hypnogram*.

hypnolepsie plotseling invallende aanvallen van slaap; zie ook narcolepsie.

hypnopomp m.b.t. het ontwaken; zie ook hypnagoog.

hypnose *G* een tijdelijke *trance-achtige toestand (bewustzijnsverlaging, bewustzijnsvernauwing), bereikt d.m.v. suggestieve beïnvloeding; in deze toestand is de persoon ontvankelijk voor opdrachten en dergelijke van de hypnotiseur, hypnotherapeut.

hypno- *~therapie*, behandeling van een ziekte met een slaapkuur of d.m.v. herhaalde hypnose; *~ticum*, slaapmiddel, meervoud -tica; syn. hypnagogum; *~zoieten* (meervoud), 'rustende' sporozoieten van *malaria tertiana in de lever, die zich na

maanden alsnog tot merozoieten kunnen ontwikkelen.
hypo veel gebruikte afk. van *hypodermoclyse en voor hypoglykemie.
hypo-, hyp- (smst.) verminderd, niet geheel, onvolkomen; tgst. hyper-.
hypo(adreno)corticisme verminderde bijnierschorsfunctie; *primair* ~, zie Addison, Waterhouse; *secundair* ~ treedt op bij *hypopituïtarisme (verminderde functie van de hypofyse).
hypoaldosteronisme verlaagde productie van aldosteron door hypofunctie van de zona glomerulosa van de bijnier.
hypoazoturie verminderde stikstofuitscheiding door de nieren.
hypobar onder lagere druk dan de atmosferische druk.
hypoblast entoderm.
hypobulie (psych.) wilszwakte, wankelmoedigheid, gebrek aan daadkracht.
hypocalciëmie te laag calciumgehalte van het bloed.
hypocalciurie verminderde uitscheiding van calcium met de urine.
hypocalorisch met een (te) lage calorische (energetische) waarde, bijv. voedsel.
hypocapnie *G*, **hypocarbie** te weinig gebonden CO_2 in het bloed.
hypocardie te lage stand van het hart.
hypochloorhydrie verminderd zoutzuurgehalte van het maagsap.
hypochloremie te laag gehalte aan chloor in het bloed.
hypochondria *L* (meervoud) zie hypochondrium.
hypochondrie (vlg. DSM-IV) een somatoforme stoornis, gekenmerkt door een voortdurende en overmatige vrees of overtuiging een ernstige ziekte te hebben, gebaseerd op de onjuiste interpretatie van lichamelijke verschijnselen of gewaarwordingen, die voor betrokkene een bewijs van een lichamelijke ziekte zijn, terwijl gericht lichamelijk onderzoek geen steun geeft aan de diagnose, terwijl de vrees of overtuiging niet het gevolg is van een andere psychische stoornis (o.a. angststoornissen, depressie); syn. hypochondrische neurose.
hypochondrium *G* het onder het kraakbenig gedeelte der onderste ribben gelegen deel van de bovenbuik; *hypochondria*, de organen in de bovenbuik.
hypochondroplasie syn. *achondroplasie.
hypochromatose zie hypochromie.
hypochromie 1. te laag hemoglobinegehalte der erytrocyten. 2. verminderde kleuring van de huid, depigmentatie; ook: bleekheid. 3. tekort aan chromatine in een celkern, syn. hypochromatose.
hypocorticisme onvoldoende werking van de bijnierschors.
hypocupremie kopertekort in het bloed.
hypocyclosis *G* onvoldoende accommodatie van het oog.
hypodactylie misvorming waarbij zich aan de handen te weinig vingers of aan de voeten te weinig tenen bevinden, tgst. hyperdactylie.
hypodensiteit verminderde dichtheid, bijv. van weefsel op een röntgenfoto; bijv.nw. *hypodens*.
hypodermatisch onderhuids, bijv. van injecties, syn. subcutaan.
hypodermis *G* lederhuid, syn. cutis.
hypodermoclyse, hypodermoclysis *G* het inspuiten van fysiologische *zoutoplossingen onder de huid ter opheffing van vochttekort.
hypodiafragmatisch syn. hypofrenisch, *subfrenisch.
hypodontie (tandheelk.) het ontbreken van één of meer gebitselementen.
hypodynamie verminderde spierkracht (dynamia).

hypodysproteïnemie te laag eiwitgehalte van het bloed bij afwijkend *eiwitspectrum.

hypofarynx, hypopharynx syn. laryngofarynx, het onderste gedeelte van de farynx, gelegen tussen de bovenrand van het strotklepje en het begin van het strottenhoofd; zie ook farynx.

hypofibrinogenemie te laag fibrinogeengehalte van het bloed.

hypofonie geringe stemvorming (fonatie), meestal door de betrokkene 'gecorrigeerd' door fluisteren.

hypoforie syn. kataforie (zie heteroforie).

hypofosfatasemie een aangeboren stofwisselingsziekte, gekenmerkt door een gebrek aan alkalische *fosfatase, waardoor de verbening van de pijpbeenderen, ribben en tanden tekortschiet en een op rachitis gelijkend ziektebeeld ontstaat.

hypofosfatemie te laag fosfaatgehalte van het bloed; *familiale* ~, ziektebeeld dat in alle opzichten gelijkt op dat van rachitis, maar ongevoelig is voor behandeling met vitamine D, mogelijk berustend op een gestoorde terugresorptie van fosfaat in de niertubuli.

hypofrenisch syn. *subfrenisch, hypodiafragmatisch.

hypofunctie abnormaal verminderde werkzaamheid van een orgaan.

hypofysair m.b.t. de hypofyse; *~e vetzucht*, dystrophia adiposogenitalis.

hypofyse, hypophysis cerebri hersenaanhangsel, syn. glandula pituitaria; een zeer belangrijk, ongeveer 0,5 gram wegend orgaan dat anatomisch en functioneel nauw verbonden is met de *hypothalamus en een hormonale schakel vormt tussen het centrale zenuwstelsel en de endocriene klieren; het is steelvormig verbonden met de hersenbasis en is gelegen in de sella turcica (Turks zadel); de *adenohypofyse* of hypofyse-voorkwab (HVK) vormt de hormonen MSH, TSH, ACTH, PRL (prolactine), FSH, LH, β-LPH en het groeihormoon; de *neurohypofyse* of hypofyse-achterkwab (HAK) bestaat uit zenuwvezels die twee hormonen in het bloed afscheiden: oxytocine en antidiuretisch hormoon (vasopressine); beide hormonen worden geproduceerd in de hypothalamus; door de werkzaamheid van de genoemde hormonen speelt de hypofyse een veelzijdige rol bij de functies in het gehele organisme en bij vele ziekteprocessen.

hypogammaglobulinemie te laag gehalte aan *gammaglobulinen in het bloed door aangeboren tekort aan B-cellen; *transient E* ~, voorbijgaande hypogammaglobulinemie bij de pasgeborene voordat deze voldoende gammaglobuline heeft geproduceerd en toevoer van de moeder nog tekortschiet; *late-onset* ~ *E*, hypogammaglobulinemie na de kinderleeftijd, hetzij 'idiopathisch', hetzij na toediening van immunosuppressiva, cytostatica en dergelijke, leidend tot secundaire (vnl. cellulaire) immuno*deficiëntie.

hypogastricus *G* m.b.t. het hypogastrium.

hypogastrium *G* onderbuik, het gedeelte van de buik dat beneden de navel ligt, tgst. epigastrium.

hypogenitalismus *L* onvoldoende ontwikkeling van de geslachtsklieren.

hypogeusie, hypogeusis *G* vermindering van het smaakgevoel.

hypoglobulie verminderd aantal rode bloedcellen in het bloed.

hypoglossus *G nervus* ~, ondertongzenuw.

hypoglykemie, hypoglycaemie te laag glucosegehalte van het bloed, tgst. hyperglykemie; ~ *neonatorum*, hypoglykemie bij prematuur geboren kinderen met onvoldoende reserve aan leverglycogeen, voorts bij pasgeborenen van diabetisc moeders en bij asfyctisch geborenen.

hypognathie *G* 1. onvoldoende tot ontwikkeling gekomen (onder)kaak. 2. misgeboorte, volledig ontwikkelde vrucht met een aan de onderkaak vastgegroeid misvormd hoofdje van een niet tot ontwikkeling gekomen tweede vrucht.

hypogonadisme onvoldoende functie van de geslachtsklieren met hypogenitalisme (onvoldoende ontwikkeling van de geslachtsklieren) en gestoorde seksualiteit; in engere zin tekort aan androgenen; *primair* ~, hypogonadisme t.g.v. gestoorde of slechte ontwikkeling van de geslachtsklieren of door ziekte, bijv. parotitis epidemica; *secundair* ~, hypogonadisme door tekort aan *gonadotroop hormoon, zinkdeficiëntie.

hypohidrosis bijv.nw. *hypohidrotisch*, te geringe zweetproductie.

hypokaliëmie verlaagde kalium*spiegel van het bloed.

hypokinesie, hypokinesia, hypokinesis *G* verminderd vermogen tot beweging, bewegingsarmoede.

hypolactasie syn. *alactasie.

hypoleukocytose vermindering van het aantal leukocyten, syn. leucopenie.

hypolipidemie verlaagd gehalte der serumlipiden; komt aangeboren *familiaal* voor o.a. bij de *Tangier-ziekte; *verworven* ~, als uiting van of als onderdeel van bepaalde ziekten bijv. hyperthyroïdie.

hypomagnesiëmie zie *magnesiumdeficiëntie.

hypomane episode, periode zie hypomanie (bet. 2).

hypomanie 1. (psych.) lichte vorm van *manie. 2. (vlg. DSM-IV) stemmingsepisode (hypomane episode) evt. onderdeel van een *bipolaire stoornis met kenmerken van een lichte vorm van *manie (bet. 2).

hypomastie geringe ontwikkeling van één of beide mammae (borsten).

hypomaturatie onvoldoende rijping.

hypomelanose pigmentarmoede van de huid, zoals albinisme, erytrisme, vitiligo, fenylketonurie e.a.

hypomenorroe regelmatige maar geringe menstruele afscheiding, syn. spanomenorroe, tgst. hypermenorroe.

hypomentie (psych.) zwakbegaafdheid; mentale *retardatie.

hypomnesie geheugenzwakte, tgst. hypermnesie.

hypomochlion *G* draai- of steunpunt van een hefboom.

hyponatriëmie te laag keukenzoutgehalte van het bloed.

hypoparathyr(e)oïdie zeldzame calciumstofwisselingsstoornis (met hypocalciëmie en hypocalciurie, hyperfosfatemie en hyperfosfaturie) op grond van onvoldoende werking van de bijschildklieren; soms een complicatie bij schildklierchirurgie.

hypopepsie verminderde spijsvertering.

hypoperfusie onvoldoende doorstroming.

hypopharynx zie hypofarynx.

hypophonesis verminderde intensiteit van een percussie- of auscultatiegeluid.

hypophysis cerebri zie hypofyse.

hypopinealisme stoornis door verminderde (hormonale) werking van de epiphysis cerebri (pijnappelklier), zie epifyse.

hypopituïtarisme klinische toestand die het gevolg is van een verminderde productie van één of meer hormonen van de hypofysevoorkwab. panhypopituïtarisme.

hypoplasie *G* onvolkomen ontwikkeling van organen, tgst. hyperplasie; *hypoplasti-*

sche constitutie, hypoplasie van meerdere organen.
hypoplastisch onvolkomen ontwikkeld, zie hypoplasie.
hypopneu, hypopnoe, hypopnoea *L* syn. hypoventilatie; belemmering van de gaswisseling door versperring van de luchtwegen, door thoraxletsels en door centrale regulatiestoornissen van de ademhaling; tgst. hyperpneu; *alveolaire ~*, te geringe verversing van de longblaasjes.
hypopoëse verminderde aanmaak (van cellen).
hypoporosis gebrekkige *callus-vorming.
hypoprolactinemie te laag gehalte aan *prolactine in het bloed.
hypoproteïnemie te laag eiwitgehalte van het bloedplasma.
hypopyon *G* etterophoping in de voorste oogkamer, syn. lunella (maantje; halve maan).
hyporeflexie geringe uitslag van de spiercontractie bij een (pees)reflex.
hyporeninisme te geringe productie van renine.
hyposalivatie onvoldoende speekselvorming; syn. hyposialie.
hypo- *~saturatie*, onvoldoende verzadiging; *~sensibilisatie*, het minder gevoelig maken voor de werking van allergeen (vnl. dat van *pollinose) door het bij herhaling inspuiten van kleine, geleidelijk toenemende hoeveelheden van dat allergeen; *~sfagma*, zie hyposphagma; *~sialie*, te geringe speekselproductie; *~sideremie*, verlaagd ijzergehalte van het bloed; *~smie*, verminderd reukvermogen; *~somie*, dwerggroei; *~somnie*, 'slecht slapen', vaak wakker worden; *~spadaeus*, lijder aan hypospadie.
hypospadie, hypospadiasis *G* aangeboren abnormale uitmonding van de urinebuis aan de ondervlakte van het mannelijk lid, doordat deze zich tijdens de ontwikkeling niet heeft gesloten; *~ glandis*, lichte graad van hypospadie, waarbij de opening van het urinekanaal zich bij het toompje van de voorhuid bevindt; *~ perinealis*, zeer sterke graad van hypospadie, waarbij het urinekanaal over de gehele lengte open blijft en de balzak geheel is gespleten; de uitmonding van de urethra bevindt zich in het perineum; hypospadie kan ook bij vrouwen voorkomen, in welk geval de blaas rechtstreeks in de voorhof van de schede uitmondt.
hypospermie te geringe hoeveelheid geëjaculeerd mannelijk zaad, meestal tevens astheno-, oligo- en teratospermie.
hyposphagma *G* bloeduitstorting onder het bindvlies van het oog of onder de huid van een ooglid.
hyposplenie verminderde werking van de milt, in engere zin verlaagde fagocyterende capaciteit.
hypospray *A* apparaat waarmee onder zeer hoge druk injectievloeistoffen door de huid heen subcutaan of intramusculair worden ingespoten zonder gebruikmaking van een injectiecanule; straalinjectie.
hypostase, hypostasis *G*, bloedovervulling in laag gelegen lichaamsdelen door trage loop van het bloed bij veneuze insufficiëntie en bij onvermogen van het hart om het bloed tegen de zwaartekracht in, voort te bewegen.
hypostatisch m.b.t. hypostase; *~e pneumonie*, pneumonia hypostatica, door hypostase in de onderste longdelen veroorzaakte longontsteking, vaak bij oude e bedlegerige patiënten met zwakke hartwerking.
hypo *~stenie*, lichte graad van *asthenie; *~sthenurie*, syn. isosthenurie; *~sucrasie*, tekort aan suikersplitsend enzym; *~taxie*, hypnotische slaap.
hypotensie onvoldoende spanning, bijv. in de slagaders; lage *bloeddruk; *orthost*

tische ~, verlaging van de systolische bloeddruk bij verticale positie van het lichaam dadelijk na horizontale houding, gepaard met gevoel van duizeligheid, (hartkloppingen) en snelle pols; *idiopathische orthostatische* ~, langzaam progressief beeld van orthostatische hypotensie door afneming van het aantal neuronen in het autonome zenuwstelsel (de preganglionaire sympathicus- en parasympathicuscellen).

hypotensief met bloeddruk verlagende werking.

hypotensor geneesmiddel ter verlaging van de bloeddruk.

hypothalaam m.b.t. de hypothalamus.

hypothalamus *L* belangrijk centrum van kernen in de tussenhersenen (diencephalon) waar tal van *neuro-endocriene functies zijn gezeteld, o.a. de waterhuishouding, temperatuur, slaap, enz.; is van grote betekenis voor de bedrijfshuishouding van het organisme als geheel en bevat centra voor de integratie van de activiteiten van het autonome zenuwstelsel; ~ *quotiënt*, verhoudingsgetal tussen de afmetingen van hypothalamus en grote hersenen bij zoogdieren als maatstaf voor intelligentie en hersendifferentiatie.

hypothenar de bal of muis van de pink, syn. antithenar.

hypothermie 1. abnormale daling van de lichaamstemperatuur. 2. gecontroleerde kunstmatige afkoeling van het lichaam waarna de bloedsomloop korte tijd onderbroken kan worden t.b.v. (hart)operaties.

hypothese veronderstelling ter verklaring van een verschijnsel.

hypothymie *G* de bij sommige psychische stoornissen voorkomende neiging tot zwaarmoedigheid en moedeloosheid, tgst. hyperthymie.

hypothyr(e)oïdie, hypothyr(e)oïdisme, hypothyreose, ziekte van Gull, ziektebeeld t.g.v. niet-aangeboren onvoldoende productie van schildklierhormoon, hetzij *primair* (door ziekte van de schildklier zelf), hetzij *secundair* (onder invloed van gestoorde hypofysewerking), hetzij *tertiair* (oorzaak gelegen in de hypothalamus), gekenmerkt door vele verschijnselen van te laag *metabolisme, een vertraagde werking van organen, orgaansystemen, verminderde geestelijke prestaties en *myxoedeem; bij het groeiende individu (*juveniele* vorm van hypothyroïdie) bovendien groeistoornissen, gebrekkige gebitsontwikkeling, verbening en geestelijke ontwikkeling; *foetale* of *congenitale* ~ (afk. CHT) leidt tot vertraging van de myelinisatie, vermindering van het aantal neuronen in de hersenschors, vertraging in botrijping en groei, myxoedeem, spierhypotonie; wordt veroorzaakt door het niet tot ontwikkeling komen van de schildklier, synthese-defect (*IBM), geneesmiddelengebruik door de moeder, deficiëntie van thyroxinebindend globuline.

hypotonie, hypotonia 1. onvoldoende spanning van spieren; ~ *bulbi*, onvoldoende inwendige oogdruk. 2. verminderde turgor van de huid. 3. syn. hypotensie.

ypotonisch 1. verminderde spanning vertonend. 2. met lagere osmotische druk dan *isotonisch; zie ook hypertonisch.

ypotrichose, hypotrichie, hypotrichosis *G* geheel ontbrekende of geringe haargroei, tgst. hypertrichosis.

ypotrofie onvoldoende groei; ondervoeding.

ypotropie (oogheelk.) *strabismus (scheelzien) in verticale richting, waarbij het straberende oog beneden het fixatiepunt kijkt.

ypoventilatie zie hypopneu.

ypovitaminose ziekte door een tekort aan vitaminen; syn. vitaminedeficiëntie.

ypovolemie te laag volume van circulerend bloed.

hypoxemie, hypoxaemia *G* onvoldoende zuurstofgehalte van het bloed, in engere zin in een bepaald orgaan.

hypoxie te laag zuurstofgehalte van de weefsels of in de inademingslucht; *histotoxische ~*, gestoorde of afwezige functie van het zuurstofverwerkende enzymsysteem in de *mitochondriën, waardoor de weefsels een zuurstoftekort hebben; komt voor bij cyaan- en koolmonoxidevergiftiging; syn. *anemische hypoxie.*

hypoxifilie seksuele opwinding door zuurstofonthouding; syn. wurgsex, asfyxiofilie.

hypsaritmie de typische EEG-bevindingen bij kinderen met salaamkrampen (o.a. hoge, steile golven en multifocale pieken).

hypsicefalie zie torenschedel.

hystera *G* baarmoeder, syn. metra, uterus.

hysteralgie pijn in de baarmoeder, syn. metrodynie.

hysterectomie syn. metrectomie; verouderd begrip voor uterus-extirpatie; zie ook posthysterectomiesyndroom.

hysteresis *G* vertraagd effect na een bepaalde prikkel; gestoorde coördinatie tussen geassocieerde bewegingen; afneming van schokabsorberend vermogen van elastisch weefsel bij repeterende belasting.

hysterie 1. populair woord voor aanstellerigheid. 2. (psych.) verouderde term voor een aantal psychische stoornissen, zoals conversie, dissociatieve stoornissen, somatisatiestoornis en theatrale *persoonlijkheid.

hysterisch m.b.t. hysterie; *~e neurose*, zie voor de conversievorm: conversie en voor de dissociatieve vorm: dissociatieve stoornissen; *~e persoonlijkheid*, zie persoonlijkheid; *~e schemertoestand*, zie dissociatieve fugue.

hysterocele *G* syn. hernia uteri.

hystero-epilepsie hysterische aanvallen met epileptiforme krampen, op epilepsie gelijkende hysterische aanvallen; zie hysterie.

hysterofoor pessarium ('ring') om de baarmoeder (bij verzakking) tegen te houden.

hysterogeen van hysterische oorsprong; *hysterogene zones*, plaatsen van het lichaam, van waaruit men door uitoefening van druk bij hysterici een insult kan opwekken.

hysterogram röntgencontrast-opname van de baarmoederholte.

hystero- *~meter*, sonde om de baarmoederholte te meten; *~myomectomie*, operatieve verwijdering van een myoma uteri; *~pexie*, operatieve fixatie van de baarmoeder bij liggingsafwijkingen; *~ptose*, baarmoederverzakking; *~rroe*, sterke afscheiding uit de baarmoeder; *~salpingografie*, röntgenonderzoek van baarmoeder en eileiders met behulp van contrastvloeistof; *~scoop*, endoscoop voor de baarmoederholte, syn. metroscoop; *~ tokotomie*, keizersnede, syn. sectio caesarea; *~tomie* baarmoederoperatie.

hystrichismus *ichthyose (visschubbenziekte) met stekelachtige verhardingen.

Hz afk. van hertz, het aantal trillingen per seconde, genoemd naar de Duitse natuurkundige Hertz (1857-1894).

I

I symbool voor het element jood (jodium); afgeleid van het Griekse woord ioeides = vioolkleurig, violet.
i.a. afk. van intra-arterieel, in een slagader.
IA afk. van immuno-assay.
IAA afk. van insuline auto-antistoffen.
IAAD afk. van inflammatoire atlanto-axiale dislocatie, syn. *torticollis nasopharyngealis.
IABP afk. van intra-aortale *ballonpomp.
IADH afk. van inappropriate anti-diuretic hormone *E*.
IADL afk. van instrumentale activiteiten van het dagelijks leven; syn. BADL, HDL.
ICD-9-CM afk. van ICD (bet. 1), 9ᵉ editie, clinical modification.
IADM afk. van insuline-afhankelijke *diabetes mellitus (type I); syn. IDDM.
IAGT afk. van indirecte anti-globulinetest.
iamatologie kennis van geneesmiddelen; syn. acologie, acognosie.
IAP afk. van instabiele angina pectoris, toestand gesitueerd tussen stabiele *angina pectoris en het acute myocardinfarct.
iatraliptique *F* geneesmethode door middel van inwrijvingen.
iatrica zie iatriek.
-iatrie (smst.) geneeskunde, bijv. psychiatrie.
iatriek, iatrica *G* geneeskunst; ook in smst., bijv. fysiatrie.
iatrochemie geneeskunde berustende op de stelling dat alle pathologische veranderingen en de werking van geneesmiddelen uitsluitend moeten worden toegeschreven aan chemische veranderingen in de weefsels; syn. chemiatrie.
iatrogeen door medisch ingrijpen veroorzaakt, bijv. iatrogene ziekte.
iatrogenese ziek worden door medisch ingrijpen; *sociale ~*, de negatieve invloed van de gezondheidszorg op de gezondheid.
iatrophysica 1. geneeskunde berustende op de stelling, dat alle pathologische veranderingen uitsluitend moeten worden toegeschreven aan de invloed van natuurkundige processen op het lichaam. 2. fysiotherapie.
IBD afk. van inflammatory bowel disease *E*; hiertoe behoren de ziekte van Crohn en colitis ulcerosa.
IBF afk. van idiopathische boezemfibrillatie.
IBM afk. van inclusionbody *myositis.
IBS afk. van 1. *irritable bowel syndrome *E*. 2. inbewaringstelling.
IBT afk. van 1. immuno-blotting techniek. 2. informatiebank thuiszorg.
i.c. afk. van intracutaan, in de huid.
IC afk. van 1. immunocompetent; zie immunocompetentie. 2. inspiratoire capaciteit. 3. intensive care *E*. 4. immuuncomplex. 5. intercostaal. 6. incidentiecijfer.
ICA afk. van 1. intracraniaal aneurysma. 2. islet-cell-antibody. 3. intensive care-afdeling.
ICAA afk. van international council on alcohol and addictions.
ICAM afk. van intercellulair adhesiemolecuul.

ICB afk. van intracraniale bloeding.
ICD afk. van 1. international classification of diseases (injuries and causes of death), aangevuld door de *ICIDH. 2. immuuncomplex-depositie, het zich afzetten van een immuuncomplex. 3. intracraniale druk, syn. ICP (bet. 1). 4. implanteerbare cardiale defibrillator.
ICE-regel bij contusie (kneuzing) en distorsie (verstuiking); I = immobilisatie, het aangedane lichaamsdeel moet rust krijgen; C = cooling, toepassing van koude door middel van water of een koude pakking; E = elevatie, been of arm hoog leggen; later is immobilisatie uit den boze, dan geldt wel bewegen, maar niet belasten.
ichnogram vastleggen van voetsporen.
ichor *G* dunne stinkende etter, vocht ontstaan door gangreneuze verweking.
ichorremie bloedvergiftiging door het binnendringen van rottende stoffen.
ichorroe, ichorrhoea *G* dunne-ettervloed.
ichthyisme vergiftiging door vis.
ichthyose, ichthyosis *G* visschubbenziekte, hardnekkige aangeboren huidaandoening met schubvorming; ~ *buccalis,* syn. leucoplakia buccalis; ~ *congenita*, syn. ziekte van Siemens, reeds vóór de geboorte aanvangende vorm van ichthyose, syn. ~ *foetalis*.
ICI afk. van interuniversitair cardiologisch instituut.
ICIDH afk. van international classification of impairments, disabilities and handicaps (WHO), de internationale classificatie van stoornissen, beperkingen en handicaps, een aanvulling op de ICD (bet. 1).
ICK afk. van intensive care voor kinderen.
ICMD afk. van immuuncomplex mediated disease *E*.
ICN afk. van 1. international council of nurses, internationale raad voor verpleegkundigen. 2. international code for nurses.
ICP afk. van 1. intracranial pressure, syn. ICD (bet. 3). 2. instellingscontactpersoon. 3. infection control practitioner.
ICPM afk. van international classification of procedures in medicine, internationale classificatie voor medische verrichtingen.
ICR afk. van intercostale ruimte, zie intercostaal.
ICRP afk. van international commission on radiological protection *E*.
ICS afk. van inhalatiecorticosteroïden.
ICSH afk. van interstitiële cellen stimulerend hormoon; stimuleert de interstitiële cellen (cellen van Leydig) in de testis tot productie van het hormoon testosteron; identiek met *LH bij de man.
ICSI afk. van intracytoplasmatische sperma-injectie; de zaadcel wordt hierbij met behulp van een glazen pipetje (onder de microscoop) rechtstreeks in het cytoplasma van de eicel gebracht; deze vorm van IVF vindt toepassing wanneer de kwaliteit van het zaad zeer slecht is; zie ook fertilisatie.
ICT afk. van 1. immunoreactief calcitonine. 2. intercollegiale toetsing. 3. intensieve conventionele insulinetherapie.
ictaal optredend tijdens of t.g.v. een *ictus (epileptisch insult).
icterus *G* geelzucht, geling, morbus regius; geelkleuring van huid, slijmvliezen en lichaamsvloeistoffen door verhoogd bilirubinegehalte van het bloed bij 1. ziekte van de lever zoals *hepatitis: *hepatogene* ~; doordat het leverweefsel ziek is, geraakt het gevormde bilirubine in de bloedbaan. 2. *stuwings*~, door obstructie

hetzij in (cholangitis), hetzij buiten de lever (galstenen, gezwellen en dergelijke in het verloop van de ductus choledochus), waardoor de bilirubine 'terugvloeit' via gerupturreerde galcapillairen, syn. *afsluitings~*. 3. ~ *gravis*, acute gele *leveratrofie. 4. *hemolytische ~*, geelzucht t.g.v. verhoogde bloedafbraak. 5. ~ *neonatorum*, geelzucht bij de pasgeborene t.g.v. wanverhouding tussen aanbod van bilirubine en het vermogen van de lever deze te conjugeren; ~ *neonatorum gravis* is het gevolg van resus-antagonisme (zie resusfactor) en is te behandelen met wisseltransfusie of met *fototherapie; ~ *infectiosus*, syndroom van Weil; andere oorzaken van icterus kunnen zijn hepatose, enzymtekorten, M. Gilbert.

ictus *L* stoot; (epileptische) aanval; bijv.nw. *ictaal*; ~ *apoplecticus*, beroerte, syn. apoplexie; ~ *cordis*, hartstoot, zgn. 'puntstoot', de voelbare hartslag tegen de borstwand; ~ *epilepticus*, epileptisch insult; ~ *laryngis*, met hoesten gepaard gaande pijn in het strottenhoofd, gevolgd door duizeling, bewusteloosheid en stuipen, syn. vertigo laryngea; ~ *solis*, zonnesteek, zie heliosis.

ICU afk. van intensive care unit.

ICV afk. van intracellulair volume.

ICX afk. van *immuuncomplex; meervoud ICXN.

id (*L* = het) door *Freud geïntroduceerde term ter aanduiding van de onbewuste wensen, verlangens en strevingen; syn. Es.

ID afk. van 1. immunodiffusie. 2. incidentiedichtheid. 3. injecterende druggebruiker.

ID50 de infectiedosis die 50% van de leden van een normale populatie (mens of dier) ziek maakt.

IDAG afk. van informatie- en documentatiecentrum alternatieve geneeswijzen.

IDD afk. van insulin-dependent diabetes.

IDDM afk. van insulin-dependent diabetes mellitus *E*, d.i. diabetes type I; *IADM.

-ide (smst.) gelijkend op.

idéation *F* het geestelijk vermogen zich dingen voor te stellen; het hebben van ideeën, het leggen van associaties, het komen tot een concept.

ideatoir, ideastorisch met betrekking op het voorstellingsvermogen; zie ook idéation.

ideeën- *~associatie*, het vermogen, gedachten en voorstellingen met elkaar in verband te brengen; *~vlucht*, zie gedachtevlucht.

idee-fixe (psych.) bijblijvend waandenkbeeld, dwangvoorstelling.

identificatie 1. het vaststellen dat een persoon of voorwerp dezelfde is als de persoon of het voorwerp dat gezocht wordt; in de gerechtelijke geneeskunde het identificeren van personen bijv. door onderzoek van vingerafdrukken, DNA-onderzoek; iemands identiteit vaststellen, bewijzend dat hij de gezochte persoon is, of degeen voor wie hij zich uitgeeft. 2. (psych.) het zich vereenzelvigen met iemand die men zich bewust ten voorbeeld stelt. 3. (psych.an.) het verschijnsel dat het kind één van de ouders imiteert in een poging te worden als deze.

identiteitscrisis syn. *identiteitsprobleem.

identiteitsprobleem sterk gevoel van onmacht om verschillende aspecten van de eigen identiteit te kunnen integreren; betreft aspecten als: doelen op langere termijn, beroepskeuze, vriendschappen, seksuele gerichtheid, religieuze overtuiging, morele waardesystemen, groepsloyaliteiten; gaat vaak samen met depressieve klachten, verwarring of opstandigheid; zie ook dissociatieve- en genderidentiteitsstoornis.

identiteitsstoornissen zie dissociatieve- en genderidentiteitsstoornis, identiteitspro-

bleem.
ideodynamie (obsoleet) de omzetting van gedachten in een daad.
ideogeen syn. *psychogeen.
ideomotorisch syn. *psychomotorisch; *~e reflex,* aandachtsreflex, de reflex die ontstaat als de aandacht op iets gevestigd is.
ideoplasie de invloed van de ideeën en de wil van het individu op zijn fysiologische functies, in engere zin de wijziging die de uitwerking van een geneesmiddel ondergaat t.g.v. de verwachting die de patiënt hieromtrent heeft.
ideorree, ideorrhoea zie gedachtevlucht.
IDG afk. van injecterende druggebruiker.
idioglossie spraakstoornis zonder aantoonbare afwijking in de spraakorganen; onvermogen om de gehemelte- en keelklanken uit te spreken.
idiopathisch zelfstandig, wezenlijk, zonder aanwijsbare oorzaak; *~e ziekte,* zelfstandige ziekte, ontstaan onafhankelijk van andere ziekten of uitwendige invloeden; syn. primair, essentieel; tgst. secundair.
idiosyncrasie aangeboren overgevoeligheid voor bepaalde voedings- en geneesmiddelen reeds na het eerste contact op grond van een erfelijk enzymdefect; er is dus geen sprake van een antigeen-antilichaamreactie; een bekend voorbeeld is *favisme op grond van een deficiëntie van het enzym glucose-6-fosfaatdehydrogenase (zie G6PD).
idiotie, idiotisme, idiotismus *L* (verouderde) term voor zwaarste vorm van (aangeboren of vroeg verworven, ter onderscheiding van dementie) zwakzinnigheid, IQ lager dan 25, tegenwoordig genoemd: diep gestoord geestelijk of verstandelijk gehandicapt; *amaurotische ~*, ziekte van Batten, mentale deterioratie, epileptische en (later) piramidale verschijnselen, blindheid (amaurose) t.g.v. opticusatrofie en/of maculadegeneratie; de meeste vormen van amaurotische idiotie berusten op cerebrale degeneratieve afwijkingen van gedeeltelijk nog onbekende origine; de *infantiele vorm* is een *gangliosidose (Tay-Sachs); *~ endemicus*, idiotie t.g.v. cretinisme; *mongoloïde ~*, zie syndroom van *Down; *~ phenylpyruvica*, zie fenylketonurie.
idiot savant *F* zie savant-syndroom.
idiotype het gedeelte van (het variabele deel van) de antistof dat de karakteristieke structuur bepaalt omdat het de plaats is waar het antigeen aan de antistof wordt gebonden; de antigeenbindingsplaats wordt soms idiotoop genoemd.
idioventriculair m.b.t. alléén het kamergedeelte van het hart.
IDL afk. van intermediate density lipoproteins *E*.
idolisme syn. *fetisjisme.
IDSA afk. van intraveneuze digitale *subtractie *angiografie.
IDZ afk. van inflammatoire darmziekte.
IE afk. van 1. internationale eenheid. 2. immuno-*elektroforese. 3. insuline-eenheid 4. *immuniteitseenheid.
IEL afk. van iso-elektrische lijn (card.).
IEM afk. van *inborn error of metabolism *E*.
IEP afk. van iso-elektrisch punt.
IF afk. van 1. immunofluorescentie. 2. intrinsic factor *E*.
IFA(T) afk. van indirecte fluorescerende antistof(test).
IFG afk. van interfalangeaal gewricht.
IFM afk. van immunofluorescentiemicroscopie.

IFN afk. van *interferon.
IFRP afk. van international fertility research program *E.*
IFT afk. van immunofluorescentietechniek of -test.
IG afk. van individuele gezondheidszorg.
Ig afk. van immunoglobuline.
IgA immunoglobuline van de klasse A, antistoffen die virussen en toxinen neutraliseren, bacteriën en andere aan partikels (deeltjes) gebonden antigenen doen klonteren (agglutineren); het is een veel voorkomend Ig in secreten zoals speeksel, traanvocht en in secreten van de luchtwegen, darmen en in urogenitale secreten; het is vooral van belang voor de immunologische afweer op het oppervlak van slijmvliezen, doordat het de aanhechting van virussen en bacteriën aan de lichaamscellen verhindert; IgA kan de placenta niet passeren, komt wel voor in moedermelk; een gebrek aan IgA in het serum of lichaamssecreten is het meest voorkomende immunodefect. IgA vormt ongeveer 15-20% van de totale hoeveelheid Ig in het serum; *~-glomerulonefritis*, afzetting van IgA tussen de bloedvaten van de nierglomeruli, gaat gepaard met hematurie, soms met proteïnurie (ongunstig); *selectieve ~-deficiëntie*, aangeboren defect in de IgA-synthese, leidend o.a. tot malabsorptie-ziektebeelden, recidiverende infecties en auto-immuunziekten.
IgD immunoglobuline van de klasse D, komt slechts in geringe hoeveelheid in het serum voor (minder dan 1% van het totale Ig); komt voornamelijk voor als receptor op het membraanoppervlak van B-lymfocyten; is waarschijnlijk betrokken bij de differentiatie van deze lymfocyten, de differentiatie wordt geïnduceerd door antigenen; IgD wordt vooral veel aangetroffen bij multipele myeloom (ziekte van *Kahler).
IgE immunoglobuline van de klasse E; huidsensibliserende antistoffen (oude naam: reaginen), komen in slechts zeer geringe hoeveelheid in het serum voor; ze komen voor op het membraanoppervlak van basofiele granulocyten en *mestcellen, waaraan ze zich hechten met hun *Fc-fragment (zie immunoglobulinen); na binding van de desbetreffende antigenen (allergenen) komen er uit voornoemde cellen ontstekings*mediatoren vrij zoals *histamine, *serotonine, *kallikreïnen en *leukotriënen, die leiden tot overgevoeligheidsreacties van het snelle type (zie immediate-type reaction); IgE speelt ook een rol bij de immunologische afweer van parasieten zoals *helminten; IgE kan de placenta niet passeren.
IgG immunoglobuline van de klasse G, ook wel als *gammaglobuline* aangeduid; het zijn precipiterende (ook agglutinerende), complementbindende antistoffen met name gericht tegen bacteriën waarvan door IgG de fagocytose wordt bevorderd en de bacteriële toxinen worden geneutraliseerd; IgG zorgt voor levenslange immuniteit; het kan als enige klasse der Ig de placenta passeren, zodat de immuniteit van de moeder wordt overgedragen op de foetus met als gevolg postnatale infectiebescherming; IgG vormt ongeveer 75% van de totale hoeveelheid Ig in het serum; alle antitoxinen behoren tot de antistoffen van de klasse IgG.
IgM immunoglobuline van de klasse M (macroglobuline); dit immunoglobuline komt hoofdzakelijk intravasculair voor en vormt ongeveer 10% van de totale hoeveelheid Ig in het serum; IgM is waarschijnlijk vooral van belang bij het verhinderen van de verspreiding van micro-organismen via de bloedbaan; het zijn agglutinerende, complementbindende en toxinen neutraliserende antistoffen, die

vooral gevormd worden bij contact met antigenen waarvan de structuur erg complex is, bijv. bij bacteriën; wanneer IgM wordt aangetroffen in het serum van pasgeborenen duidt dit op een prenatale of perinatale infectie, omdat moederlijk IgM de placenta niet kan passeren.
ignis *L* vuur; ~ *sacer* (ook: ~ *sancti antonii*), sint-*antoniusvuur.
IGT afk. van impaired glucose tolerance *E*.
IGZ afk. van inspectie voor de gezondheidszorg.
IH afk. van infectieuze *hepatitis; hepatitis A.
IHA afk. van 1. indirecte haem-agglutinatie (test). 2. idiopathisch hyperaldosteronisme
IHDF afk. van international health development foundation *E*.
IHE afk. van instituut voor hygiëne en epidemiologie (België).
IHM afk. van idiopathisch *hypermotiliteits(syndroom).
IHO afk. van in-het-oor(-hoortoestel), gehoorapparaat dat in de uitwendige gehoorgang kan worden gedragen, MIHO afk. van mini-in-het-oortoestel.
IHSS afk. van idiopathische hypertrofische subaortale stenose.
IHZ afk. van ischemische hartziekte.
IIS afk. van intensieve immuuncompressie.
IJBC afk. van *ijzerbindingscapaciteit.
ijlen delireren, zie delirant.
ijzer ferrum.
ijzerbindingscapaciteit de hoeveelheid ijzer die door de serumeiwitten kan worden gebonden; de ijzerbindingscapaciteit daalt bij ijzerstapeling.
ijzerdeficiëntie syn. *sideropenie.
ijzeren long zie beademing.
ijzerstapeling zie hemosiderose.
ik zie ego.
IK afk. van integraal kankercentrum, syn. IKC.
IKA afk. van integraal kankercentrum Amsterdam.
IKC afk. van integraal kankercentrum, syn. IK.
ik-dystoon ervaring dat de (ook abnormale) dingen die men doet normaal zijn; tgst. ik-syntoon.
ik-functies totaal van functies die deels bewust (waarnemen, denken, voelen en streven) en deels onbewust plaatsvinden; syn. ego-functies.
IKG afk. van 1. informatie- en klachtenbureau gezondheidszorg; 2. integrale kwaliteit gezondheidszorg.
ik-gevoel (psych.) het (dikwijls overgewaardeerde) besef van het eigen bestaan met het onbewuste streven zich te doen gelden.
IKL afk. van integraal kankercentrum Limburg.
IKMN afk. van integraal kankercentrum Midden-Nederland.
IKN afk. van integraal kankercentrum Noord-Nederland.
IKO afk. van integraal kankercentrum Oost.
IKR afk. van integraal kankercentrum Rotterdam.
IKST afk. van integraal kankercentrum Stedendriehoek/Twente.
ik-syntoon ervaring dat de (ook normale) dingen die men doet vreemd zijn; tgst. ik-dystoon.
IKW afk. van integraal kankercentrum West.
IKZ afk. van 1. integrale kwaliteitszorg. 2. integraal kankercentrum Zuid.

IL afk. van 1. *interleukinen. 2. intelligentieleeftijd.
ileadelphus *G* misgeboorte met dubbel bekken en vier benen.
ileitis ontsteking van het ileum; ~ *terminalis*, zie enteritis regionalis.
ileo- (smst.) kronkeldarm (ileum) of met de kronkeldarm in verband staand.
ileocaecaal tot de kronkeldarm (ileum) en de blindedarm (caecum) behorend; *~e streek*, rechter onderbuikstreek (waar de dunne in de dikke darm overgaat en zich de blindedarm bevindt).
ileocolicus *G* m.b.t. de kronkeldarm (ileum) en de dikke darm (colon).
ileocolostomie chirurgische verbinding tussen ileum en colon.
ileostomie aanleg van een opening van de dunne darm door de buikwand *(ileostoma).*
ileotyphus *G* syn. typhus abdominalis.
ileum *G* kronkeldarm, het distale (laatste) deel van de dunne darm, ongeveer 3,5 m lang; gaat over in de dikke darm.
ileus *G* onvermogen van de darm de darminhoud (feces) in de richting van de anus voort te bewegen; belemmering van de darmpassage; oorzaken zijn: 1. mechanische belemmering (*mechanische ~*) t.g.v. af- of inklemming van de darm (*strang~* of *strangulatie~*), verstopping van de darm door gezwellen, galstenen, *meconium, enz. (*obstructie~* of *obturatie~*), *invaginatie (*invaginatie~*), verklevingen of littekens in de buikholte (*streng~*); afhankelijk van de plaats waar de belemmering zich voordoet spreekt men van een *hoge ~* (op enige afstand van de maaguitgang, voorbij de papil van *Vater) of een *lage ~* (meer anuswaarts); het tijdsbestek waarbinnen, de aard en de heftigheid van de verschijnselen worden hierdoor sterk bepaald; bij strangulatie komt tevens de bloedvoorziening van de darm in gevaar door afklemming van de aan- en afvoerende bloedvaten, waardoor necrose dreigt van het desbetreffende darmgedeelte; 2. stoornissen in de peristaltiek of tonus van de darmmusculatuur (*dynamische ~*); bij (volledige) uitval van de peristaltiek spreekt men van een *paralytische ~*; bij een langdurig verhoogde tonus en spasmus van een *spastische ~*; de verschijnselen van een mechanische ileus zijn o.a. sterk verhoogde peristaltiek, kolieken, misselijkheid en braken, ontbreken van flatus en defecatie, gevolgd door het ontwikkelen van het beeld van een paralytische ileus, waarbij het ontbreken van vooral de peristaltiek en kolieken op de voorgrond staan; bij alle vormen van ileus geldt dat er shockgevaar aanwezig is; zie ook peritonitis.
iliaca, iliacus tot het darmbeen behorend, het darmbeen betreffend.
ILL afk. van intermediate lymphocytic lymphoma *E.*
illusie waarneming die in strijd is met de werkelijkheid doordat de waarneming verkeerd wordt geïnterpreteerd; syn. zinsbegoocheling.
illutamentum *L* modderbad.
ILV afk. van independent lung ventilation, syn. DLV.
IM afk. van 1. intramusculair, syn. i.m. 2. infantiele myofibromatose. 3. infectieuze mononucleosis.
i.m., imu afk. van intramusculair.
IMA afk. van internal mammarial artery, syn. arteria mammaria interna.
imaginatie 1. verbeelding. 2. droombeeld.
imago onveranderlijk beeld van iets of van iemand zoals dat door de buitenwereld wordt gezien.
imbeciel lijder aan imbeciliteit; *laag ~*, IQ 20-40; *hoog ~*, IQ 40-55; thans ge-

noemd *ernstig geestelijk* of *verstandelijk gehandicapt.*
imbeciliteit, imbecillitas *L* verouderde aanduiding voor aangeboren of vroeg verworven zwakzinnigheid met een IQ van 25 tot 50.
imbibitie het indringen van een vloeistof in de weefsels.
imbricatie, imbricatio *L* overlapping. 1. (chir.) over elkaar heen hechten van weefsellagen. 2. (tandheelk.) over elkaar heen groeien van elementen; bijv.nw. *imbricatus.*
IMC afk. van intestinale mestcel.
IMF afk. van 1. inspiratory muscle fatigue. 2. idiopathische myelofibrose.
IMGZ afk. van intramurale gezondheidszorg.
IMI afk. van imminent myocardial infarction *E*, dreigend myocardinfarct.
IMIG afk. van intramusculair (toegediend) immunoglobuline.
immaturitas *L* onrijpheid; onvoldragenheid; tgst. *maturiteit; zie ook *partus immaturus.
immediaatprothese zie interimprothese.
immediate-type reaction *E* overgevoeligheidsreactie van het onmiddellijke type; het zijn *IgE-afhankelijke reacties die tot stand komen enkele seconden of minuten na een hernieuwd contact met het antigeen (allergeen); tgst. delayed-type.
immersie onderdompeling, geneeswijze waarbij onderdompeling van het gehele lichaam of van een lichaamsdeel wordt toegepast; *~lens*, microscooplens die met een druppel olie gebruikt wordt.
immigratie, immigratio *L* het in de weefsels trekken, bijv. van witte bloedcellen uit de bloedvaten.
imminens *L*, **imminent** dreigend, bijv. van een abortus.
immissie, immissio *L* het inbrengen, het naar binnen voeren; *~ penis*, inbrengen van de penis in de vagina.
immobiel onbeweeglijk, niet bewegend.
immobilisatie het onbeweeglijk maken van een lichaamsdeel d.m.v. bijv. een gipsverband bij beenbreuk, gewrichtsontsteking, enz.
immortalisatie het laten doorgroeien (niet laten doodgaan).
immotile cilia syndrome *E* chronische sinusitis, recidiverende infecties van de luchtwegen, bronchiëctasieën, situs viscerum inversus en (bij mannen) infertilitei t.g.v. aangeboren, reeds op de embryonale ontwikkeling van invloed zijnde stoornis van het trilhaarmechanisme (primaire ciliaire en spermium-dyskinesie); syn. syndroom van Kartagener.
immotiliteit onvermogen tot (actief) bewegen.
immunisatie onvatbaarmaking, het opwekken van *immuniteit; *aspecifieke ~*, behandeling met bacteriële producten of andere antigenen, dan wel met bepaalde geneesmiddelen, ter versterking van de immunologische afweer (o.a. door toeneming van de productie van *macrofagen en van fagocytenactiviteit en stimulering van lymfocyten), in engere zin ter bestrijding van de groei van neoplasmen; syn. immunopotentiëring of -stimulatie; *specifieke ~*, het activeren van immuniteit tegen één bepaald antigeen.
immuniseren onvatbaar maken; zie immuniteit, immunisatie.
immuniteit het in een bepaalde mate beschermd zijn van het organisme tegen invloeden van buiten en tegen het eigen lichaam; in engere zin onvatbaarheid voor bepaalde ziekten of vergiffen; *actieve ~*, onvatbaarheid door in het lichaam

gevormde antistoffen, hetzij door infectie (natuurlijke actieve immuniteit), hetzij door *vaccinatie (kunstmatige actieve immuniteit); *cellulaire* ~, immuniteit d.m.v. antistoffen die aan cellen (T-lymfocyten) gebonden zijn; *hist(i)ogene* ~, aangeboren, in de weefsels ontstane immuniteit, de bij de mens of bepaalde mensenrassen en sommige diersoorten aangeboren onvatbaarheid voor infecties, vergiffen of bacteriën, die bij andere rassen of diersoorten wèl ziekteverschijnselen verwekken; *humorale* ~, immuniteit d.m.v. antistoffen (geproduceerd door B-lymfocyten) in bloed en andere lichaamsvloeistoffen (humor = vocht); *passieve* ~, verkrijgt de pasgeborene door verkregen antistoffen van de moeder (natuurlijke en passieve immuniteit) en wordt overigens verworven door injectie van antistoffen d.m.v. een *immuunserum (kunstmatige passieve immuniteit).

immuniteitseenheid (afk. IE), maat waarmede de sterkte der gifvernietigende werking van een hoeveelheid serum wordt bepaald.

immuno- zie ook immuun-.

immuno-assay *E* verzamelnaam voor antigeen-antistof-reacties ter aantoning van antigene structuren (precipitatie, agglutinatie, immunofluorescentie en *blotting).

immunoblast gestimuleerde (geactiveerde) lymfocyt onder invloed van antigenen of door mitogene (celdeling stimulerende) stoffen; hierdoor ontwikkelen de lymfocyten zich tot plasmacellen (rijpe B-lymfocyten), geactiveerde T-lymfocyten of tot zgn. *memory cells (geheugencellen).

immunocompetentie het vermogen op antigenen te reageren door vorming van antistoffen (door B-lymfocyten) of door cellulaire *immuniteit (door T-lymfocyten); tgst. immuno*deficiëntie.

immunocyt verzamelnaam voor de immunocompetente cellen: B- en T-cellen.

immunocytoom een *non-Hodgkin-lymfoom, bestaande uit kleine lymfocyten, plasmacellen of immunoblasten; syn. plasmocytoom.

immunodeficiëntie syn. immunoparese of -incompetentie; aangeboren of verworven (bijv. door AIDS) tekortschieten van de *immunoreactie, t.g.v. een stoornis in de functie van immunocompetente T- of B-lymfocyten (dus resp. de cellulaire en/of de humorale immuniteit òf een combinatie hiervan, hetzij primair (zonder aanwijsbare oorzaak), hetzij secundair; soms is immunodeficiëntie te wijten aan afwijkingen in het *complementsysteem en dikwijls is een gestoorde fagocytenfunctie in het spel; een en ander wordt (afhankelijk van de oorzaak) gekenmerkt door recidiverende bacteriële infecties, diarree, groeivertraging, CARA, artritis en vele andere; *secundaire verworven immuno~* komt vnl. voor bij maligne ziekten van het lymfoïde systeem, bij sommige virusinfecties (bijv. CMV, HIV), bij het gebruik van cytostatica, immunosuppressie en corticosteroïden, na bestralingen, malnutritie, langdurige infectieziekten e.a.; een bijzondere vorm van immunodeficiëntie is AIDS.

immunodermatose huidziekte die ontstaat door binding van circulerende antistoffen aan antigenen van de basale membraan van het plaveiselepitheel van de huid.

immunodeviatie afwijkend verloop van een immunoreactie (bijv. vorming van niet-specifieke antistoffen).

immunodiffusie aantoning van immunoglobulinen in lichaamsvloeistoffen door deze volgens een bepaalde techniek in een medium van agargel samen te brengen met een specifiek antiserum.

immunofluorescentietest aantoning van antistoffen met behulp van antigammaglobulineserum waaraan een fluorescerende stof is toegevoegd.

immunogeen een antigeen dat zelfstandig in staat is een immunoreactie op te wekken (in tgst. tot een *hapteen).
immunogenetica het onderzoek van erfelijke factoren in bloedcellen, serumeiwitten en weefsels, die d.m.v. immunologische technieken (agglutinatie, complementbinding, fluorescentie e.a.) kunnen worden aangetoond.
immunoglobulinen afk. Ig, het zijn stoffen, die na contact van het organisme met een antigeen worden geproduceerd en als antistoffen (antilichamen) in het bloed, weefselvloeistoffen en lichaamssecreten (o.a. speeksel, traanvocht, neusslijm) aanwezig zijn; ze zorgen voor humorale *immuniteit; het immunoglobuline wordt ook vaak aangeduid met de benaming gammaglobuline; de basisstructuur van een Ig-molecuul bestaat uit twee onderling verbonden 'zware' (heavy: H-keten) en twee 'lichte' (light: L-keten) ketens van ±430 resp. ±215 aminozuren; ieder Ig heeft een Fab-fragment (antigeenbindend deel) en een Fc-fragment (fragment crystallizable *E*, *complementbindend deel) voor bepaalde biologische functies, bijv. binding aan bepaalde cellulaire receptoren; de immunoglobulinen worden ingedeeld in vijf klassen: *IgA, *IgD, *IgE, *IgG en *IgM; zie ook anti-D-gammaglobuline.
immunohistochemie 1. het aantonen van antigenen in cellen en weefsels d.m.v. specifieke, vnl. monoklonale antistoffen. 2. de kennis van weefselproducten die immuniteit teweegbrengen.
immuno-incompetentie zie immunodeficiëntie.
immunologie wetenschap betreffende de *immuniteit.
immunologische afweer *gestoorde* ~, behalve bij immunologische deficiëntie in engere zin (zie immunodeficiëntie), kan de gestoorde immunologische afweer onvoldoende zijn t.g.v. toenemend medisch gebruik van immunosuppressieve middelen (bij orgaantransplantaties), cytostatische therapie en bij auto-immuunziekten.
immunopathologie 1. de kennis van immuniteitsreacties bij ziekte. 2. de kennis van de verschijnselen van *immunorespons.
immunopotentiëring zie aspecifieke *immunisatie.
immunoprecipitatie methode waarbij antigene *determinanten worden geïdentificeerd d.m.v. antistoffen die met fluoresceïne zijn gemerkt.
immunoprofylaxe zie antigeniciteit.
immunoreactie *afweermechanisme van het organisme op het binnendringen van antigenen: lichaamsvreemde stoffen zoals bacteriën, virussen, allergenen, bloed en orgaanweefsel bij transplantatie.
immunorespons de afweerreactie van het organisme tegen binnengedrongen antigenen in de vorm van een immunoreactie.
immunostimulatie het stimuleren van de immuniteit d.m.v. stoffen zoals *lymfokinen, *interleukinen en *interferon.
immunosuppressie kunstmatige onderdrukking van de *immunoreactie van het organisme op het binnendringen van lichaamsvreemde weefselantigenen om bijv afstoting van getransplanteerde weefsels, organen te voorkomen; dit kan gebeure o.a. door bestraling of door geneesmiddelen zoals corticosteroïden, cytostatica e cyclosporine.
immunotargeting *E* het opsporen van het meest werkzame aangrijpingspunt van *monoklonale antistoffen t.b.v. de lokalisatie van een te behandelen gezwel.
immunotherapie geneeswijze volgens immuniteitsbeginselen, een behandeling m

immunostimulerende middelen bij kwaadaardige gezwellen; deze geneesmiddelen worden aangeduid als *biological response modifiers*, afk. *BRM, bijv. *LAK-cellen en IL (*interleukinen).

immunotolerantie geringe of afwezige reactie van het organisme op antigenen, d.i. het zich weinig of niet vormen van antistoffen.

immunotoxinen *monoklonale antistoffen waaraan een toxische stof gekoppeld is; o.a. toegepast voor zuivering van beenmergtransplantaten.

immuun onvatbaar (bijv. voor een ziekte); zie immuniteit.

immuun- (smst.) zie ook immuno-; *~bewaking*, zie immuunsurveillance.

immuuncomplex afk. ICX, meervoud ICXN, een complex ontstaan door de binding van een antigeen met een antistof (immunoglobuline); een immuuncomplex kan door aangroei zo groot worden dat het neerslaat (precipiteert) in de weefsels; wanneer zo'n complex in de bloedbaan circuleert, spreekt men van een *circulerend immuuncomplex*; wanneer zulke immuuncomplexen zich afzetten tegen de wand van bloedvaten van verschillende weefsels, is er sprake van *immuuncomplexziekten*; deze ziekten gaan gepaard met overgevoeligheidsreacties met lokale ontstekingsprocessen; tot deze ziekten behoren o.a. reumatoïde artritis, *SLE, bepaalde vormen van *glomerulonefritis, het *Arthus-fenomeen.

immuunrespons syn. *immunorespons.

immuunserum serum met antistoffen (antiserum).

immuunsurveillance *E* syn. immuunbewaking, een theorie die ervan uitgaat dat het normale immuunsysteem in staat is om kwaadaardig veranderde cellen op te ruimen; kwaadaardige cellen zouden continu ontstaan gedurende het leven van een individu; uitgroei van deze cellen tot een tumor is volgens deze theorie te wijten aan een defect in het immuunsysteem d.w.z. een defect in de bewaking tegen uitgroei van deze cellen, door een defect in het opruimmechanisme.

impactio vast in iets opgesloten; inhamering van het éne botstuk in het andere bij beenbreuk; ook: stagnatie van feces in het rectum; zie ook inclavatie.

impedantie belemmering, weerstand, bemoeilijking; *akoestische ~*, de weerstand waaraan geluidsgolven in het middenoor (incl. het trommelvlies) onderhevig zijn; *~-audiometrie*, het meten van de akoestische impedantie; *~meting*, KNO-onderzoekmethode o.a. ter beoordeling van de functie van de buis van Eustachius, de beweeglijkheid der gehoorbeentjes en hulpmiddel bij het onderzoek naar brughoekgezwellen.

impediment belemmering, hinderpaal, stoornis; bijv. een galsteen die de galafvoerweg afsluit.

impenetrabel ondoordringbaar, waterdicht.

imperatief gebiedend, dwingend; met onweerstaanbare dwang; *~ve hallucinatie*, syn. bevelshallucinatie.

imperforatio *L* ontoegankelijkheid; afwezigheid van een opening waar er wel een behoort te zijn; zie atresie; bijv.nw. *imperforatus*.

impermeabel ondoordringbaar, waterdicht.

impermeant een stof is impermeant wanneer zij ergens niet doorheen kan.

impetiginisatie optreden van impetigo op een andere huidziekte.

impetigo *L* een door ettervormende bacteriën (vnl. stafylo- en streptokokken) veroorzaakte ontsteking van de huid (pyodermie); meestal in het gelaat, de rugzijde der handen en de armen; nadat zich puisten en blaasjes hebben gevormd waarvan de inhoud spoedig etterig wordt en doorbreekt of indroogt, ontstaan korsten die na een aantal dagen afvallen; ~ *bullosa neonatorum*, met blaasvorming gepaard gaande vorm van impetigo bij pasgeborenen; ~ *contagiosa*, syn. ~ *vulgaris*, een door streptokokken veroorzaakte besmettelijke vorm van impetigo, die vnl. bij kinderen voorkomt met vorming van kleine blaasjes in het gelaat en aan de rugzijde der handen; ~ *herpetiformis*, een niet-bacteriële huidaandoening, begint als een bruinrode uitslag die overgaat in groepjes van steriele pustulae (puisten); ~ *simplex*, syn. ~ *Bockharti* of ~ *staphylogenes*, oppervlakkige vorming van pustulae (puisten) aan de uitvoergangen van haarfollikels en zweetklieren.

impetus *L* aandrift; ~ *coeundi*, aandrift tot de coïtus (geslachtsgemeenschap).

impilatio *L* het zich stapelen van rode bloedcellen als bij een rol munten ('geldrolvorming').

impingement *E* botsing, harde stoot; ~-*syndroom* (in engere zin: van de schouder), mechanische beschadiging van de schoudertop (acromion), de humeruskop (kop van het opperarmbeen) en de tussenliggende weke delen.

implantatie inplanting; 1. het aanbrengen van weefsel of lichaamsvreemd materiaal in het lichaam. 2. het inbrengen van vaste geneesmiddelen onder de huid; zelfst.nw. *implantaat*.

implementatie 1. vervulling van een overeenkomst. 2. invoering van een (nieuw) systeem in een dataverwerking.

implicatie verwikkeling.

impliciet inbegrepen.

implosieve therapie (psych.) zie flooding.

impos mentis *L* buiten bewustzijn; tgst. compos mentis.

impotentie, impotentia *L* 1. onvermogen; vnl. wordt seksueel onvermogen van de man bedoeld; ~ *coeundi* het onvermogen om de coïtus uit te oefenen, veroorzaakt door ouderdom, neurogene, endocriene, interne, urologische of psychische factoren na (onderbuik-, urologische) operaties of t.g.v. geneesmiddelen o.a. antihypertensiva; ~ *concupiscentiae*, afwezigheid van seksuele verlangens; ~ *erigendi*, onvermogen tot erectie van de penis; ~ *generandi*, geslachtelijk onvermogen waarbij de coïtus wel kan worden uitgeoefend, doch de voortplanting niet mogelijk is, bijv. door afwijkingen van de zaadcellen. 2. (vlg. DSM-IV) zie erectiestoornis.

impregnatie 1. doortrekking met vocht of kleurstof; drenking. 2. het binnendringen van de zaadcel in de eicel bij de bevruchting.

impressie, impressio *L* indruk, invloed, uitholling; 1. (verlosk.) het indrukken van het kinderhoofd in het bekken. 2. de mate waarin, casu quo, de onderzoekende hand van de arts een 'uitholling' van het lichaam van de patiënt veroorzaakt.

impressionabel vatbaar voor indrukken.

imprinting situatie waarin de expressie van allelen die afkomstig zijn van de vader en de moeder, verschillend is.

impuls 1. (psych.) zie drang. 2. signaal dat door zenuwcellen en hun uitlopers wordt voortgeleid.

impulsbeheersing, impulscontrole, stoornissen in de (vlg. DSM-IV) psychische stoornissen die gekenmerkt worden door een herhaaldelijk niet in staat zijn zich te verzetten tegen bepaalde schadelijke en/of verboden impulsen; voorbeelden zijn pathologisch gokken, trichotillomanie, periodiek explosieve stoornis, kleptomanie en pyromanie.

impulsief (psych.) door inwendige prikkel of drang veroorzaakt; benaming voor

gedrag waarover niet eerst wordt nagedacht.
imputabel toerekenbaar.
imu zie i.m.
IMV afk. van intermittent mandatory ventilation *E*, intermitterende positieve drukbeademing, een vorm van kunstmatige beademing waarbij de patiënt in staat is een deel van de ademteugen zelf te doen; het beademingsapparaat wordt ingesteld op een bepaald aantal ademteugen per minuut en het dient de patiënt de eventueel ontbrekende ademteugen toe; men spreekt daarom ook van SIMV: synchronized IMV.
In symbool voor het element indium, een isotoop waarmee IgG kan worden opgespoord.
inaciditeit syn. *achloorhydrie, *anaciditeit.
inactiveren onwerkzaam maken.
inactiviteit het buiten gebruik zijn, niet werkzaam zijn; *~satrofie*, het slinken van spieren, bijv. bij verlamming, bij immobilisatie, enz.
inaequaal zie inequaal.
inanitie uitputting, verhongering, verzwakking, bijv. bij uitputtende ziekten; *~ delier (delirium ex inanitione)* delirium t.g.v. uitputtende ziekte.
inbewaringstelling (IBS) maatregel van de burgemeester waarmee in spoedgevallen een onvrijwillige psychiatrische opname kan worden bewerkstelligd; criteria daarvoor zijn: de betrokkene levert een onmiddellijk dreigend gevaar op voor zichzelf, voor anderen of voor de openbare orde en het gevaar kan alleen door opname in een psychiatrisch ziekenhuis worden afgewend.
inborn errors of metabolism *E* afk. IEM, lett. aangeboren stoornissen van de stofwisseling, groep van aangeboren, recessief-erfelijke, meestal familiale ziekten, die zich in de regel op zeer jeugdige leeftijd openbaren, doch soms pas op rijpere leeftijd manifest worden; merendeels berusten zij op verminderde werking (*deficiëntie) of afwezigheid van een bepaald enzym, waardoor een bepaalde fase van de stofwisseling wordt geremd of geblokkeerd ('enzymdefecten'), maar soms - c.q. tevens - berusten zij op een resorptiestoornis, of op een metabool moleculair structuurdefect in bepaalde eiwitten; tot de IEM behoren ziekten welke de stofwisseling betreffen van aminozuren, koolhydraten en vetten, de hemoglobinen, de plasma-eiwitten e.a.; enkele honderden vormen zijn bekend o.a. agammaglobulinemie, albinisme, alkaptonurie, cretinisme, cystinurie, diabetes insipidus renalis, elliptocytosis, fenylketonurie, galactosemie, renale *glucosurie, hemofilie, hyperbilirubinemie, familiale *hypercholesterolemie, lipoïdosen, *cystische fibrose, mucopolysacharidosen, porfyrie, sferocytose.
incarceratie, incarceratio *L* inklemming; *~ elastica,* syn. strangileus; *~ herniae*, zie hernia incarcerata; *~ interna*, inwendige inklemming van darmlissen in spleten van buikvlies of omentum; *~ stercoralis*, inklemming doordat feces zich ophopen in een gedeelte van de dikke darm dat zich in een breuk bevindt.
incarnatio unguis *L* in de huid gegroeide nagel, waardoor ontsteking kan ontstaan met vorming van wild vlees; syn. unguis incarnatus.
incest seksuele omgang met bloedverwanten, in het bijzonder alle gedwongen seksuele contacten of opgedrongen handelingen van kinderen onder de 16 jaar met degenen die tot de huiselijke of vertrouwde kring behoren; vorm van kindermishandeling; bijv.nw. *incestueus*.
incidentie het aantal nieuwe gevallen van een bepaalde ziekte in een omschreven

populatie gedurende een omschreven periode; ~ *cijfer, incidence rate E*, het aantal nieuwe gevallen van een bepaalde ziekte, dat in een omschreven periode in verhouding tot de omschreven populatie optreedt.

inci- *~deren*, (chir.) insnijden; een incisie maken; *~neratie*, verbranding tot as; *~piëns*, beginnend; *~sief*, (bijv.nw.) de kern rakend; met diepgaande inwerking; *~sio*, *~sie*, insnijding; wkw. incidéren; *~sief*, diepaangrijpend, diepaantastend; *~sivus*, snijtand, syn. *incisor*, meervoud incisivi; *~sura*, *~suur*, (anat.) natuurlijke insnijding of inkerving in een orgaan of bot; *~tabiliteit*, prikkelbaarheid; *~tatie*, prikkeling, aansporing.

inclavatie, inclavatio *inklemming; inhamering (bijv. van twee beenstukken in elkaar).

inclinatie, inclinatio *L* neiging, helling; ~ *pelvis*, helling van het bekken.

inclusie insluiting.

incoërcibel onbedwingbaar, bijv. van gapen, braken, enz.

incoherentie verwardheid, onsamenhangendheid der gedachten.

incomitantie (oogheelk.) verzamelnaam voor soorten van scheelzien die niet *concomiterend zijn.

incompatibel niet samengaand, onverenigbaar, bijv. van geneesmiddelen, temperament, karakter.

incompatibiliteit onverenigbaarheid; *bio-~*, reactie van het organisme, gericht tegen een lichaamsvreemd kunstorgaan; zie ook resusfactor: resusincompatibiliteit; zie ook incompatibel.

incompleet onvoltallig, onvolkomen, onvolledig.

incompressibel niet samendrukbaar, niet samenpersbaar.

in confesso *L* erkend, toegegeven.

inconstant onbestendig, onstandvastig, ongelijkmatig; tgst. constant.

incontinentie, incontinentia *L* 1. het onvermogen om de ontlasting of de urine op te houden (~ *alvi* of *faecalis*, resp. ~ *urinae*); tgst. continentie; bijv.nw. *incontinent*; ~ *activa*, syn. ~ *intermittens*, waarbij alleen als de blaas een bepaalde hoeveelheid urine bevat, een gedeelte afloopt; ~ *paradoxa* (een vorm van retentio urinae), syn. ischuria paradoxa; ~ *passiva*, syn. ~ *permanens*, incontinentie waarbij de urine voortdurend druppelsgewijs afloopt; ~ *pigmenti*, zie Bloch; *stress~*, urineverlies bij plotselinge verhoging van de buikdruk (bijv. hoesten) zonder aandrang, t.g.v. anatomische afwijkingen van of nabij de urethra (bijv. prolaps uteri); *urge (E)* ~, sterke, niet te onderdrukken, aandrang tot urineren met urineverlies; ~ *vulvae*, syn. garrulitas vulvae. 2. (psych.) gebrek aan zelfbeheersing *(psychische ~)*.

incoördinatie ontbreken van samenwerking, bijv. van spieren.

incorporaal binnen in het lichaam; *~rale methode*, het gebruik van een stralingsbron, waarbij dit in het lichaam van de patiënt wordt gebracht.

incorporatie 1. inlijving, opneming in iets, vermenging. 2. menswording.

incrementum *L* groei, toeneming, bijv. van ziekteverschijnselen, koorts, pijn, enz., tgst. decrementum; *stadium incrementi*, het stadium bij een acute ziekte, waarbij de verschijnselen toenemen.

increet, incretum syn. hormoon.

incretie, incretio *L* inwendige klierafscheidingen, de uitscheidingen der endocriene klieren; tgst. excretie.

incretorisch m.b.t. de endocriene *secretie.

incretum zie increet.
incrustatie verkalking, verstening, omkorsting, hard worden van voorwerpen in de gal- of urineblaas door afzetting van calciumzouten uit de gal of de urine.
incubatie 1. het sluimeren van een ziektekiem; *~tijd*, het tijdperk dat ligt tussen het binnendringen van de ziekteverwekkers (de besmetting) en het uitbreken van de ziekte. 2. broeden; het doen groeien ('kweken') van bacterieculturen in een thermostaat.
incubator 1. couveuse. 2. broedstoof, zie thermostaat.
incubus *L* 1. syn. nachtmerrie, *E* nightmare disorder; (vlg. DSM-IV) een slaapstoornis, niet het gevolg van een andere psychische stoornis, het gebruik van een middel of lichamelijke aandoening, gekenmerkt door regelmatig ontwaken met nauwkeurige herinneringen aan onplezierige dromen, alertheid en goede oriëntatie (i.t.t. pavor nocturnus). 2. drukkende geestelijke last.
incurabel ongeneeslijk, tgst. curabel.
incurvatie kromming, buiging; zie ook curve.
incus *L* aambeeld; het middelste der drie gehoorbeentjes; is verbonden met de hamer (malleus) en stijgbeugel (stapes) in het middenoor.
IND afk. van international nomenclature of diseases *E*.
indagatio *L* onderzoek; syn. exploratie.
indentatie indeuking, inkeping, gleuf.
index *L* 1. wijsvinger. 2. vingerwijzing, inhoudsopgave, lijst. 3. indexcijfer, getal dat een verhouding aangeeft; zie ook ponderal-index; ~ *cephalicus*, de verhouding tussen lengte en breedte van de schedel.
Index Medicus *A* periodieke publicatie van gezaghebbende biomedische literatuur, gerubriceerd naar auteur en onderwerp.
indica(a)n indoxylzwavelzuur, ontstaat bij rotting in de darm uit tryptofaan; *~urie*, het vóórkomen van het kaliumzout van indican in de urine door onvolledige afbraak van het aminozuur tryptofaan, syn. glaucosurie.
indicatie, indicatio *L*, **indicator** aanwijzing (bijv. door ziekteverschijnselen) welke behandeling moet worden toegepast om een ziekte te bestrijden; ~ *causalis*, door de ziekteoorzaak gegeven aanwijzing, hoe de ziekte moet worden bestreden; ~ *morbi*, door de ziekte en het verloop ervan gegeven aanwijzing hoe zij moet worden bestreden; *~ziekten*, aandoeningen welke wijzen op mogelijke aanwezigheid van een bepaalde ziekte; *vitale* ~, aanwijzing tot een bepaalde therapie vanwege levensgevaar.
indifferent onverschillig, werkeloos, onschadelijk, neutraal, tgst. different; *~e geneesmiddelen*, onschadelijke doch tevens onwerkzame medicamenten.
indigeen inheems.
indigestie stoornis in de spijsvertering; niet te verwarren met ingestie.
indispositie ongesteldheid; ontstemming, slecht humeur.
individualisatie het proces waarbij ieders individuele eigenschappen zich steeds sterker ontwikkelen, zodat eenieder zich steeds meer onderscheidt van de ander.
individualiseren elk geval op zichzelf beschouwen, rekening houden met de bijzonderheden van elk geval en de persoonlijkheid van iedere cliënt, patiënt, bewoner afzonderlijk; tgst. generaliseren.
individuatie (psych.) de ontwikkeling tot de eigen persoonlijkheid gedurende de puberteit.
indol stof die tijdens de spijsvertering (digestie) in het menselijk lichaam door

rotting van eiwit ontstaat uit tryptofaan en in de darm kan voorkomen; wordt door oxidatie omgezet tot indoxyl, in het bloed opgenomen en verschijnt in de urine (indicanurie) na in de lever tot indican te zijn omgezet.

indolent 1. onverschillig, lusteloos, traag, suf. 2. ongevoelig voor pijn. 3. geen pijn veroorzakend; zelfst.nw. *indolentie*.

indoxyl zie indol.

indruppeling zie instillatie.

inductie 1. gevolgtrekking, het vaststellen van algemene regels door waarneming van bepaalde feiten. 2. toeneming van de activiteit, bijv. van een enzymsysteem door hoger metabolisch aanbod, evt. onder invloed van geneesmiddelen. 3. (embryologie) verandering in de ontwikkeling van een weefsel door interactie met een ander weefsel; *bot~*, zie botinductie.

inductiepsychose syn. gedeelde psychotische stoornis; zie psychose.

inductor stof die een biologisch proces op gang brengt.

indumentum *L* omhullend vlies, overtreksel; ~ *proprium,* syn. pia mater.

induratief verhardend, met verharding gepaard gaande; zie induratie.

induratie, induratio *L* plaatselijke verharding van weefsel door vorming van bindweefsel (fibreuze sclerose), syn. obduratie; ~ *congelativa,* blauwrode, deegharde zwelling van de huid aan de binnenzijde van de knieën, meestal bij vrouwen; ~ *penis plastica*, induratie van de tunica albuginea en het septum penis, die bij erectie verkromming van de penis teweegbrengt.

indux *L* aanvangend, beginnend.

inebrians *L* middel waardoor dronkenschap ontstaat; meervoud inebriantia.

inenting zie inoculatie, vaccinatie.

inequaal ongelijk, ongelijkmatig; *~quale polsslag*, polsslag waarvan de grootte niet constant is; tgst. equaal.

inert traag, niet werkzaam, inactief; zie inertie.

inertie, inertia *L* traagheid, slapte, bijv. van spieren, van de geest, enz.; ~ *uteri*, weeënzwakte.

in extremis *L*, **in extremo** stervend; *in extremis momentis,* in de laatste ogenblikken (vóór de dood).

inf. (rec.) afk. van infunde; infuus.

infans *L* kind; zie infantiel; ~ *mortuus*, dood kind in de baarmoeder.

infanticide kindermoord.

infantiel, infantilis *L* 1. kinderlijk, op de leeftijd van het kind voorkomend. 2. (pop.) achterlijk.

infantilisme, infantilismus *L* kinderlijkheid, stilstand in de ontwikkeling van lichaam en geest op een kinderlijk stadium.

infantum *L* van kinderen.

infarcering vorming van een *infarct.

infarct lett. opvulling (met een of andere materie), in engere zin toestand die ontstaat (necrose) door (plaatselijke) bloedeloosheid (ischemie) van weefsel; *roo* ~, syn. *hemorragisch ~*, treedt op indien tevens een zekere mate van stuwing (t.g.v. een gestoorde bloedafvoer) aanwezig is; door vaatwandbeschadiging word het weefsel met erytrocyten geïnfiltreerd; *wit ~*, syn. *anemisch ~*, syn. ischemische *necrose; *cerebraal* of *hersen~*, infarcering van hersenweefsel, meestal me blijvende neurologische uitvalverschijnselen, afhankelijk van het getroffen gebie

infarctio syn. *infarcering.

infaust ongunstig, bijv. van een voorspelling, tgst. faust; zie prognose.
infecteren het veroorzaken van een infectie.
infectie het zich na besmetting handhaven en vermenigvuldigen in weefsels van ziekteverwekkende parasieten, schimmels, bacteriën of virussen, waardoor plaatselijke ontsteking of ziekte van het gehele organisme wordt veroorzaakt; N.B. in de Engelstalige literatuur betekent *infection* naast 'infectie', ook de besmetting van een levend organisme met micro-organismen, eventueel gevolgd door *kolonisatie; *apicale* ~, (tandheelk.) tandwortel-infectie; *auto-~*, *zelf~*, versleping van infectiekiemen naar een andere plaats in het organisme met veroorzaking van ziekteverschijnselen aldaar; *banale* ~, een infectie door niet-specifieke bacteriën, in tegenstelling tot specifieke infectie (zie hierna); *co~*, een infectie die alleen optreedt wanneer bijv. een virus tegelijkertijd wordt overgedragen met een ander virus (zie hepatitis D); *contact~*, infectie t.g.v. een directe of indirecte besmetting; *druppel~*, infectie door micro-organismen aanwezig in fijne druppeltjes die zich na hoesten of niezen door een patiënt in zijn directe omgeving bevinden en door een ander worden ingeademd; *focale ~, haard~*, zie focal infection; ~ *keten*, een keten waarlangs een infectie zich kan verspreiden; bestaat uit besmettingsbron met verwekker, besmettingsweg, porte d'entrée en de gevoelige gastheer; *latente* ~, aanwezigheid van ziektekiemen in het lichaam zonder aanwezigheid van kenmerkende symptomen van een infectie bij een gestoorde immunologische afweer; *opportunistische* ~, infectie die bij de mens niet voorkomt als het immuunsysteem intact is; *~preventie*, het voorkómen van een infectie; zie ook preventie; *psychische* ~, suggestieve overdracht van geestelijk abnormale verschijnselen op anderen; *secundaire* ~, 1. infectie van een aanvankelijk steriele wond. 2. infectie door een micro-organisme volgend op infectie door een andere soort bacterie of virus; *slow virus* ~, zie virus; *specifieke* ~, een infectie door zgn. specifieke bacteriën zoals lues, tuberculose; *~steen*, zie nephrolithiasis; *subklinische* ~, een infectie zonder (waarneembare) verschijnselen; *terminale* ~, syn. *agonale* ~, infectie ontstaan vlak voor de dood en deze daardoor verhaastend; *~ziekte*, ziekte die ontstaat door infectie met een virus, bacteriën, schimmels, protozoën of wormen.
infectieus 1. besmettelijk. 2. in staat een infectie te veroorzaken; zie infectie.
inferioriteitscomplex zie minderwaardigheidscomplex.
infertiel onvruchtbaar.
infertiliteit onvruchtbaarheid, steriliteit; bijv.nw. *infertiel*; ongewenste kinderloosheid, voorkomend bij ongeveer 15% van de relaties; meestal is er sprake van *subfertiliteit, verminderde vruchtbaarheid; *immunologische* ~ komt voor bij de vrouw die in haar bloed en in de geslachtsorganen antistoffen heeft tegen de zaadcellen van de partner; deze stoffen komen niet voor in de follikelvloeistof, zodat in-vitrofertilisatie (IVF) tot zwangerschap kan voeren.
infestatie 1. aanwezigheid van dierlijke parasieten op of in het lichaam. 2. invasie in het lichaam door dierlijke parasieten.
infibulatie samenhechting van de schaamlippen bij de vrouw (nadat clitoris, labia minora, evt. labia majora zijn weggesneden) of de voorhuid bij de man om geslachtsgemeenschap te verhinderen.
infilator instrument ter vergemakkelijking van het brengen van een draad door het oog van een (hecht)naald.
infiltraat 1. het door *infiltratie aanwezig zijn van vocht, lymfe, rode of witte

bloedcellen, enz. in de weefsels en cellen. 2. lokale ontsteking met *infiltratie in de directe omgeving, bijv. appendiculair infiltraat.

infiltratie afzetting van vochten (lymfe, bloed, vet, urine, etter, enz.) in en tussen de weefsels en cellen, waardoor zwelling ontstaat; ~-*anesthesie*, infiltratie van weefsels met *anaesthetica om ongevoeligheid te veroorzaken (plaatselijke verdoving).

inflammatie, inflammatio *L* ontsteking, de (plaatselijke) reactie van een weefsel op een schadelijke prikkel; de prikkel kan zijn van fysische, chemische en immunologische aard of bestaan uit micro-organismen (bacteriën, virussen, schimmels, parasieten e.a.); het ontstekingsproces bestaat hoofdzakelijk uit celbeschadiging, vaatverwijding, oedeem- en exsudaatvorming, infiltratie van leukocyten, alsmede chemische veranderingen; als waarneembare verschijnselen van ontsteking gelden 'calor, dolor, rubor, tumor' en functio laesa, dat zijn warmte, pijn, roodheid, zwelling en gestoorde functie; ~ *catarrhalis*, zie catarre; ~ *chronica* of *fibrotica*, chronische ontsteking, getypeerd door bindweefselvorming en het ontbreken van de klinische kenmerken van de acute ontsteking; ~ *exsudativa*, ontsteking, met uitzweting van vocht (bloed, lymfe, etter, slijm, enz.) gepaard gaande, syn. flegmasie, flogose.

inflatie opblazing, uitzetting; ook: opgeblazenheid.

influenza, influentia *L* griep, acute, vaak epi- of endemisch verlopende, sterk besmettelijke infectieziekte, hoofdzakelijk gekenmerkt door buikpijn en braken (vooral bij kinderen), ontsteking (catarre) van het slijmvlies van de bovenste luchtwegen (hoesten!), hoofdpijn, slapeloosheid, koorts, spierpijn, lichtschuwheid en pijn achter de ogen; complicaties kunnen optreden in de vorm van sinusitis, otitis media en (broncho)pneumonie, soms encefalitis; de verwekker is het *influenzavirus A, B of C dat sterk cytotoxisch is, zodat secundaire bacteriële infecties door Haemophilus influenzae, pneumokokken, Neisseria, stafylo- en streptokokken vaak voorkomen; bescherming d.m.v. vaccinatie is mogelijk.

influenzavirus groep van *orthomyxovirussen; er zijn drie soorten influenzavirussen: A, B en C; ~ *A* is de meest frequente verwekker van *influenza, treedt epidemisch op (om de 1-3 jaar) en om de 12-24 jaar pandemisch; het virus veroorzaakt ook griep bij dieren (vooral bij paarden en vogels); ~ *B*, met andere antigene eigenschappen dan het A-virus, komt alleen bij de mens epidemisch voor om de 3 tot 4 jaar; ~ *C* veroorzaakt een onschuldig, op verkoudheid gelijkend ziektebeeld.

influx toevloed; instroming; tgst. efflux.

informed consent vrijwillige toestemming van de patiënt voor het ondergaan van een bepaald klinisch onderzoek en/of een bepaalde behandeling, nadat de patiënt vooraf hierover uitgebreid geïnformeerd is door een deskundige.

in foro *L* voor de rechtbank.

infra- *L* (smst.) onder, beneden; tgst. supra-.

infraclaviculair, infraclavicularis *L* onder het sleutelbeen.

infractie, infractio *L* onvolkomen beenbreuk, inknikking van een been; syn. fractura incompleta.

infranodaal zie extrasystole.

infra-orbitalis *L* onder de oogkas (orbita).

infrarode stralen de niet zichtbare rode stralen in het spectrum; worden vanwege het warmte-effect toegepast bij reumatische aandoeningen, neuralgieën, sinusitis,

enz.
infravergentie afwijkende stand van een oog naar beneden.
infunde *L* (farm.) giet op; afk. (rec.) inf.
infunderen 1. het toedienen van een infuus. 2. het bereiden van een infuus.
infundibulum *L* (anat.) trechtervormige doorgang of structuur; ~ *ethmoidale*, doorgang van de neus naar de voorhoofdsholte; ~ *renum*, het trechtervormige distale deel van een nierkelk; kelkhals.
in fundo zichtbaar of gelokaliseerd in de *fundus oculi.
infusie ingieting; het toedienen van vloeistoffen, bloed, in bloedvaten, in lichaamsholten of onder de huid.
infuus 1. (farm.) aftreksel, drank bereid uit geneesmiddelen, door deze met kokend water te begieten en te laten trekken, afk. (rec.) inf.; syn. infusum. 2. infusie.
infusum zie infuus (bet. 1).
ingesta het zich in het spijsverteringskanaal bevindende voedsel.
ingestie het tot zich nemen van voedsel, vocht, medicijnen, enz. via het spijsverteringskanaal; bijv.nw. *ingestief*; niet te verwarren met indigestie.
ingewand (ook: *ingewanden*) zie intestinum, viscera.
ingewandsslagader truncus coeliacus (oude naam arteria coeliaca).
ingrediënt bestanddeel (bijv. van een geneesmiddel).
inguinaal, inguinalis *L* tot de liesstreek behorend, de liesstreek betreffend; *canalis* ~, lieskanaal; *hernia* ~, liesbreuk.
INH afk. van isonicotinezuurhydrazide, een chemotherapeuticum.
inhaalgroei periode van grote groeisnelheid bij herstelde volwaardige voeding na langdurige ziekte of ondervoeding bij jonge kinderen.
inhalatie, inhalatio *L* inademing van dampen, gassen of *aërosol; ~ *anesthesie*, zie anesthesie; ~*trauma*, het ontstaan van letsels van de longen, luchtwegen t.g.v. het inademen van hete of prikkelende gassen of dampen; ~*ziekte*, ziekte veroorzaakt door inademing van schadelijke stoffen, dampen of gassen.
inhalator inhalatietoestel, toestel om geneeskrachtige dampen, gassen of verstoven vloeistoffen, al dan niet gemengd met geneesmiddelen, in te ademen.
inhaleren inademen.
inhamering zie impactio, inclavatie.
inheems endemisch, endogeen.
inhibine 1. een door de geslachtsklieren geproduceerd hormoon dat de hypofysevoorkwab remt in de productie van *FSH. 2. een bacterieremmende stof die vooral voorkomt in speeksel.
inhibitie remming, verhindering; onderdrukking van een *impuls, tgst. excitatie; *reflex*~, inhibitie van ontremde reflexen (bij spasticiteit).
inhibitor lett. remmer. 1. stof die de werking van een enzym, hormoon of geneesmiddel vermindert; tgst. activator. 2. zenuw met remmende werking op de activiteit van een orgaan.
iniëncefalie aangeboren, niet-levensvatbare afwijking van de schedel van het achterhoofd, waardoor de hersenen blootliggen, waarschijnlijk door defect van de neurale buis; syn. uranoscopus.
iniodymus *L* misgeboorte met twee occipitaal vergroeide hoofden.
initiaal, initieel beginnend; *initiële behandeling*, de allereerste, dikwijls levensreddende, behandeling van een acute ziekte of laesie; *initiale sclerose*, syn. induratio hunteri, het eerste uiterlijke verschijnsel van syfilis, nl. een puistje dat zich

weldra tot een harde *sjanker ontwikkelt op het lichaamsdeel waar de besmetting heeft plaatsgehad; ~ *stadium,* het eerste stadium, het begintijdperk van een ziekte; *initiële verschijnselen,* de *primaire verschijnselen die het begin van een ziekte aankondigen.

injecteren inspuiten.

injectie, injectio *L* 1. inspuiting; het inspuiten van een vloeistof door een canule (buisje, slangetje) via een natuurlijke lichaamsopening (rectum, blaas, enz.) of door een holle naald via huid of slijmvlies hetzij in een lichaamsholte (gewricht, buikholte, enz.) hetzij onder de huid *(subcutane ~),* in een spier *(intramusculaire ~)* of in een bloedvat *(intraveneuze* of *intra-arteriële ~)*; *depot-~,* intramusculaire injectie van een grote hoeveelheid van een geneesmiddel dat geleidelijk opgenomen wordt in het lichaam; *jet~,* zie hypospray. 2. overvulling van bloedcapillairen.

injection de rappel *F* éénmalige injectie met een vaccin, toxoïd of anatoxine om een vroeger hiermee teweeggebrachte grondimmuniteit die langzamerhand is afgenomen, snel weer te doen toenemen; syn. booster-injectie.

injury *E* letsel, beschadiging, verwonding; zie ook RSI.

inklemming zie enclavatie, entrapment, hernia incarcerata, gomphosis, ileus, incarceratie, inclavatie, invaginatie, paragomphosis, tunnelsyndroom.

inktvlekmethode zie rorschachtest.

inlay *E* (tandheelk.) tevoren gemaakte vulling, in een holte bevestigd met cement.

inloop- *~foto,* röntgenfoto van het colon na inbrenging van contrastvloeistof via de anus; *~pijn,* pijn in ledematen of rug gedurende korte tijd volgend op het in beweging komen na een rustperiode van zitten of liggen (bijv. de slaap), vóórkomend bij sommige gewrichts- en spieraandoeningen en bij discopathie of lumbago; syn. startpijn.

INN afk. van international nonproprietary names *E,* zie stofnaam.

innervatie zenuwwerking, de invloed van de zenuwen op de verrichtingen der organen, bijv. op de spier- en klierwerking.

innerveren voorzien van zenuwwerking.

innesteling zie nidatie.

innidiatie (in engere zin) de groei van gemetastaseerde maligne cellen.

innocent argeloos, onschuldig; onschadelijk.

inoculatie, inoculatio *L* inenting; ~ *vaccinae,* koepokinenting, syn. vaccinatie.

inoculum syn. *vaccin.

inodilator (farm.) alg. benaming voor geneesmiddelen welke *inotropie en vasodilatatie gecombineerd bewerkstelligen.

inogeen in het weefsel ontstaande.

inoperabel niet meer te opereren, ongeschikt voor een operatieve ingreep, tgst. operabel.

inopexie *G* abnormaal sterke neiging tot stolling van bloed.

inosiet, inositol een in dierlijke en plantaardige weefsels, doch vooral in de spiere voorkomende stof ('n cyclisch alcohol); het is een bouwsteen van fosfolipiden, behoort tot de vitaminen B.

inositurie, inosurie het vóórkomen van inosiet in de urine.

inotropicum geneesmiddel dat de kracht van de (hart)spier bevordert.

inotropie de beïnvloeding van de sterkte van spiercontracties via de motorische zenuwen, in engere zin de contractiele status van het hart; *positieve ~,* verster-

king van de kracht van een spiercontractie, *negatieve* ~, verzwakking van de kracht van een spiercontractie; bijv.nw. *inotroop*.
inovulatie *implantatie van een al of niet bevruchte eicel.
inplanting zie implantatie.
inprentingsvermogen de mate waarin het vermogen bestaat gegevens in het geheugen vast te leggen.
INR afk. van international normalized ratio *E*, de waarde waarin de *PTT wordt uitgedrukt ter controle op orale antistollingstherapie; deze ratio is onafhankelijk van methode, apparatuur en reagens; de INR = stoltijd patiëntplasma/stoltijd normaal plasma.
inrichtingsneurose zie hospitalisatiesyndroom.
insalivatio *L* de vermenging van het voedsel met het speeksel (saliva).
insanabel ongeneeslijk, syn. incurabel, tgst. sanabel.
insecticide vergif voor insecten.
inseminatie het brengen van sperma in de schede; bij de *kunstmatige* ~, (afk. KI), d.i. inseminatie zonder seksuele gemeenschap, onderscheidt men de *homologe* ~, d.i. met sperma van de echtgenoot, en de *heterologe* ~, d.i. met het sperma van een onbekende man (ook: *donor-*~).
insensibel ongevoelig; zie sensibiliteit.
insertie, insertio *L* 1. aanhechting, inplanting; de bevestigingsplaats van een spier aan het meer beweeglijke skeletdeel (punctum mobile); ~ *velamentosa* (verlosk.) randstandige aanhechting van de navelstreng aan de placenta. 2. het invoegen van een stukje DNA in het reeds aanwezige DNA.
insidieus *F* verraderlijk, sluipend, bijv. van een ziekte.
in situ *L* 1. ter plaatse; *carcinoma* ~, kwaadaardig gezwel dat (nog) niet infiltratief is gegroeid of gemetastaseerd. 2. op de normale plaats.
in situ hybridisatie afk. ISH een techniek om met behulp van een probe (een bekend DNA-fragment) overeenkomstige stukjes DNA aan te tonen in microscopische preparaten van delende en niet delende cellen; de probe is voorzien van een merkstof om de hybridisatie zichtbaar te maken; de merkstof kan een radioactieve stof zijn; tegenwoordig wordt de probe veelal gemerkt met een fluorescerende stof, zodat men spreekt van fluorescentie in situ hybridisatie, afk. FISH; zie ook RISH.
inslaapstoornis stoornis waarbij iemand moeilijk of in het geheel niet in slaap kan komen.
insluiting inclusie.
insnijding zie incisie; incisuur.
insnoering zie Ranvier.
insolatie, insolatio *L* zonnesteek, zie heliosis.
insomnie, insomnia *L* slaapstoornis die bestaat uit moeilijk slapen of doorslapen; DSM-IV maakt onderscheid tussen een primaire vorm en vormen optredend in het beloop van diverse psychische stoornissen, lichamelijke aandoeningen of het gebruik van middelen.
inspectie het onderzoeken van een zieke door te kijken.
inspiratie, inspiratio *L* (ook: *inspirium*) 1. inademing, het opzuigen van lucht in de longen door actieve verwijding van de borstkas d.m.v. de samentrekking van het diafragma en de uitwendige tussenribspieren (intercostale spieren); bijv.nw. *inspiratorisch, inspiratoir*. 2. (psych.) ingeving.

inspiratorisch, inspiratoir de inademing betreffende.
inspissatie verdichting, indikking.
instabiliteit, instabilitas *L* onstandvastigheid, wankelbaarheid; ~ *oculorum*, onvermogen de ogen stil te houden.
instillatie 1. indruppeling van vloeistof, bijv. in lichaamsholten, in de ogen of in de bloedbaan. 2. het inbrengen van een vloeistof in een lichaamsholte.
instinct aangeboren onbewuste, innerlijke drang; bijv.nw. *instinctief*.
institutionalisatiesyndroom zie hospitalisatiesyndroom.
institutionalisering (psych.) ontwikkelingsgang waarbij nieuwe gedragspatronen, houdingen en ideeën blijvende gewoonten worden.
instrument werktuig, toestel, gereedschap; *~arium*, verzameling van instrumenten voor bepaald doel; *~eel*, m.b.t. of d.m.v. instrumenten; ook gezegd van doelgericht handelen; *~eren*, instrumenten aangeven, bijv. bij een operatie.
instulping invaginatie, inversie.
insudatie neerslag, appositie; bijv.nw. *insudatief*; (jrg.) bezweet zijn.
insufficiëntie, insufficientia *L* ontoereikendheid, onvoldoende werking van een orgaan, bijv. van hart, maag, ogen, spieren, darmen, blaas, enz.; *arteriële ~*, onvoldoende bloedtoevoer naar het door een bepaalde slagader verzorgde gebied; *beenmerg~*, onvoldoende vorming van de stamcellen in het beenmerg van leukocyten, trombocyten en erytrocyten, met als gevolg o.a. granulocytopenie, bloedingen, anemie, infecties, enz.; *bijnierschors~*, zie ziekte van *Addison; ~ *cordis*, zie decompensatie; *coronaire ~*, onvoldoende bloeddoorstroming van het kransslagaderstelsel van de hartspier; *diep-veneuze ~*, onvoldoende of vertraagde bloedafvoer door de grotere aders, o.a. leidend tot spataders en soms tot trombose of ernstige bloedingen; *~gevoel*, onlustgevoel door besef van persoonlijke tekortkoming na frustratie; schaamtegevoelens om een geleden nederlaag; ~ *hepatis*, zie leverinsufficiëntie; *polyglandulaire ~*, zie pluriglandulair; ~ *renis*, zie nierinsufficiëntie; *respiratoire ~*, te lage arteriële en/of te hoge CO_2-spanning in het bloed t.g.v. een stoornis in de ademhaling.
insuffisant onvoldoende, ontoereikend.
insufflatie 1. inblazing, bijv. van poeder- of gasvormige geneesmiddelen in lichaamsdelen. 2. het blazen van lucht in de trachea bij schijndood, als kunstmatige *ademhaling; beademing.
insula *L* eiland; meervoud insulae; *~e hepatis*, levereilandjes, de door bloedvaatjes omgeven leverkwabjes; *~e Langerhans*, zie Langerhans; ~ *Reili*, de centrale hersenkwab (lobus centralis).
insuline hormoon van de B-cellen (β-cellen, bètacellen) van de eilandjes van *Langerhans, dat de vet- en suikerstofwisseling regelt en in de geneeskunde wordt toegepast bij diabetes mellitus als de naleving van een bepaald dieet het glucosegehalte van het bloed niet voldoende doet dalen; insuline werkt hypoglykemisch door remming van gluconeogenese, glycogenolyse, lipolyse en proteolyse; verder bevordert het o.a. de glyco- en lipogenese, het glucoseverbruik en de eiwitsynthese; *~-allergie*, voornamelijk tegen andere stoffen dan insuline gerichte allergie (bijv. oplosmiddel, conserveringsmiddel), die veelal beperkt blijft tot huidverschijnselen; *~-antagonisten*, stoffen (hormonen e.a.) die de werking van insuline tegengaan, zoals glucagon, groeihormoon en cortisol; *~-resistentie*, verminderde reactiviteit van de insuline-*doelwitcellen (vnl. in lever en spieren) t.g.v. onwerkzame of afwezige insulinereceptoren.

insulinoom, insulinoma neoplasma (adenoom) van de bèta-cellen van de eilandjes van Langerhans die het hormoon insuline produceren.
insulitis (virale) ontsteking van de eilandjes van *Langerhans.
insuloom, insuloma syn. *insulinoom.
insult, insultus *L* aanval, toeval, bijv. van epilepsie, hypoglykemie, tetanie e.a.
int. afk. van internus, inwendig.
in tabula *L* op de (operatie)tafel.
intact, intactus *L* ongeschonden, ongerept, onbevlekt, rein.
intake *E* het verzamelen van gegevens bij de aanmelding van een nieuwe patiënt/cliënt en het verstrekken van informatie over de behandeling en de geldende afspraken en regels.
inteelt voortplanting van personen die nauw aan elkaar verwant zijn.
integraal in zijn geheel.
integrale geneeskunde tak van de geneeskunde die de mens beschouwt als één samenhangend geheel, waarbij vooral wordt gekeken naar de wisselwerking tussen somatische (lichamelijke), psychische en sociale factoren.
integratie het samenbrengen van afzonderlijke delen tot één geheel.
integrerend tot het geheel behorend; onmisbaar.
integument bekleedsel, i.e.z. de huid.
intellect verstand gepaard aan belangstelling en kennis.
intelligentie verstandelijke begaafdheid; schranderheid; vermogen om kennis en ervaring toe te passen bij het oplossen van problemen.
intemperentie onmatigheid.
intensiteit sterkte, hevigheid.
intensive care unit *E* (afk. IC-unit, ICU), afdeling in een ziekenhuis voor een optimale en voortdurende bewaking, behandeling en verpleging van patiënten met bepaalde ernstige (acute) ziekten, letsels of van patiënten die een grote, levensbedreigende operatie hebben ondergaan.
intentie, intentio *L* 1. voornemen, oogmerk, bedoeling. 2. (chir.) de wijze waarop een wond geneest, nl. *per primam intentionem* (afk. per primam): door het directe aaneengroeien der wondranden; *per secundam intentionem* (afk. per secundam): een (door een ontstekingsproces) gestoord verlopend proces van wondgenezing, t.g.v. ongunstige plaatselijke (infectie, necrose) of algemene (diabetes, ondervoeding) factoren; *~kramp*, kramp die door willekeurige bewegingen wordt veroorzaakt; komt voor bij myotonia congenita en tetanie; *paradoxe ~*, (psych.) logotherapeutische behandeling van fobische (dwang)neurosen waarbij juist die toestanden worden opgeroepen waarvoor angst bestaat; *~tremor*, zie tremor.
inter- *L* (smst.) tussen.
interactie onderlinge beïnvloeding, wederzijdse reactie, wisselwerking.
intercalair ingelast, tussengevoegd, tussengeplaatst.
intercapsulair (oogheelk.) tussen het voorste en achterste blad van het lenskapsel.
intercellulair zich tussen de cellen bevindend.
interceptie (foutief) anticonceptie na de coïtus (geslachtsgemeenschap).
intercostaal, intercostalis *L* tussen de ribben, *~ale anesthesie*, zie anesthesie, syn. *~ block*; *~ale *neuralgie*, zenuwpijn tussen de ribben.
intercurrent bijkomend, bijv. van een ziekte die zich naast een reeds bestaande ziekte ontwikkelt.
interdigitaal tussen de vingers, tussen de tenen.

interepitheliaal tussen de epitheelcellen gelegen.
interfase fase tussen twee opeenvolgende mitosen waarin de chromosomen microscopisch niet zichtbaar zijn; de interfase wordt onderverdeeld in de G_1-fase, de S-fase (de synthesefase waarin de DNA-replicatie plaatsvindt) en de G_2-fase (G = gap, hiaat).
interferentie 1. resistentie van een cel tegen infectie met een virus wanneer de cel reeds is geïnfecteerd met een ander virus; berust op de beschermende werking van een eiwit (*interferon) dat bij de infectie door de cel wordt gevormd (verhindert de vermenigvuldiging van het virus). 2. (natuurk.) resulterende bewegingen van op elkaar inwerkende golfbewegingen, bijv. van licht; *~therapie,* vorm van fysiotherapie waarbij twee middelfrequente elektrische wisselstromen van ongelijke frequentie gelijktijdig op een lichaamsdeel inwerken, waardoor een prikkeling ontstaat van ritmisch-wisselende intensiteit, met versterkte doorbloeding (hyperemie) en verminderd pijngevoel (hypalgesie) als gevolg.
interferonen afk. IFN, eiwitten (glycoproteïnen) die door allerlei lichaamscellen worden afgescheiden na contact met een virus, bacterie of schimmel; de interferonen worden ingedeeld in α-, β- en γ-interferonen; IFNα en IFNβ worden geproduceerd door allerlei lichaamscellen tijdens virale infecties en zorgen met name voor de afweer tegen virale infecties; daarnaast hebben ze een antitumoractiviteit nl. remming van celgroei en stimulatie van natural killer cellen (NK-cellen); gamma-interferon (IFNγ), ook wel immuun-interferon genoemd, wordt door T-lymfocyten geproduceerd en werkt als een *lymfokine; het dient voor de regulatie van immuunprocessen, activerend of remmend, afhankelijk van de omstandigheden; het is een krachtige activator van *macrofagen.
interfibrillair tussen de vezels; *~e stof,* de kleefstof tussen de vezels, bijv. van het bindweefsel.
interhumaan tussen mensen onderling.
interictaal tussen twee aanvallen in; zie ook ictus.
interimprothese tussentijdse prothese, tijdelijk kunstlid, dat later door een blijvend wordt vervangen.
interiorisering (psych.) proces waarbij iemand de aan hem gestelde eisen en de geboden mogelijkheden aan zichzelf oplegt.
interleukinen afk. IL, een groep van laagmoleculaire eiwitten die dienst doen als boodschapperstoffen tussen leukocyten (witte bloedcellen); ze worden niet alleen gemaakt door leukocyten maar ook door vele andere lichaamscellen; het zijn daarom ook boodschapperstoffen in allerlei cel- en orgaansystemen; interleukinen stimuleren o.a. T-lymfocyten, activeren B-lymfocyten en regelen de celgroei; wanneer de productie van interleukinen door een antigeen wordt verhinderd komt de immuniteit in gevaar; de interleukinen vormen een onderdeel van de groep van *cytokinen.
intermediair tussenkomst; in het midden liggend; *~e overerving*, overerving van twee eigenschappen (de een is dominant, de ander is recessief) waarbij bij het kind beide eigenschappen tot uiting komen.
intermenstruum de periode tussen twee menstruaties.
intermissie tussenpoos, het tijdelijk uitblijven van ziekteverschijnselen.
intermitterend, intermittens *L* met tussenpozen verschijnend; *claudicatio ~*, intermitterend hinken, zie claudicatio; *febris ~*, intermitterende koorts, zie febris.
intern, internus *L* inwendig; afk. int.; *~e geneeskunde,* de geneeskunde die zich

met de inwendige ziekten bezighoudt.
internalisatie (psych.) het zich eigen maken van waarden, normen, instelling en gedragswijzen.
interneuron schakelzenuwcel, zenuwcel (neuron) in het ruggenmerg, die prikkels welke door afferente (sensibele) zenuwcellen worden aangevoerd, verwerkt en mededeelt aan efferente (motorische) zenuwcellen; aldus komt een reflexbeweging tot stand.
internist arts-specialist voor inwendige ziekten.
internus zie intern.
interosensoren receptoren (interoceptoren) gelegen in de inwendige organen, bijv. *osmosensoren.
interpositie, interpositio *L* tussenplaatsing; zelfst.nw. *interponaat*; ~ *uteri vesicovaginalis*, operatie van Wertheim-Schauta, waarbij de baarmoeder tussen de blaas en de schede wordt geplaatst ter versterking van de voorste schedewand bij uitzakking; zie cystocele vaginalis.
interruptie, interruptio *L* onderbreking, bijv. van de *coïtus; ~ *graviditatis*, abortus artificialis.
interseksualiteit het bezitten van geslachtskenmerken van de andere sekse; zie ook hermafroditisme.
interstitieel tussenruimte betreffend, tot een tussenruimte behorend, tussenliggend, bijv. tussen de weefsels liggend; *~tiële ontsteking*, ontsteking van het bindweefsel van een orgaan; ~ *weefsel*, het tussen het klierweefsel (parenchym) liggende bindweefsel; steunweefsel.
interstitium *L* tussenruimte; *interstitieel weefsel.
intertrigo *L* smetten, roodheid of wondpijn van de huid, vooral bij dikke mensen in huidplooien, bijv. tussen de dijen, in de oksels, enz.; wordt veroorzaakt door prikkeling van de huid t.g.v. wrijving en zweetafscheiding vooral bij adipositas, en opvolgende infectie met Candida albicans.
intertrochantair het gebied tussen de *trochanter major en minor van het dijbeen.
interval tussenruimte, rustige of pijnloze periode tussen twee aanvallen van een ziekte; *~-training*, oefenmethode in de sport, waarbij korte perioden van arbeid worden afgewisseld met rustpozen.
interventie tussenkomst; (medische) ingreep, behandeling; *verpleegkundige* ~, een gerichte activiteit die de verpleegkundige namens of voor een persoon of groep verricht op basis van de verpleegkundige *diagnose en die de persoon of groep niet zelf kan verrichten; ~ *chirurgie*, ingreep, na gebleken inoperabiliteit van een tumor en daarop volgend chemotherapeutische behandelingen, met het doel zoveel mogelijk tumorweefsel te verwijderen.
intervertebraal, intervertebralis *L* tussen twee wervels (vertebrae).
intervilleus lett. tussen de vlokken; *~ze ruimten*, met circulerend moederlijk bloed gevulde ruimten in de placenta waarin de chorionvlokken (waarin het foetale bloed stroomt) binnendringen.
intestinaal, intestinalis *L* het darmkanaal of de buikingewanden betreffend of daartoe behorend.
intestinum *L* darmkanaal, buikingewand; meervoud intestina; strekt zich uit van de maagportier tot aan de anus en heeft een lengte van ongeveer 7 m; de darm bestaat uit twee hoofdgedeelten, nl. de dunne en de dikke darm; de dunne darm vangt aan bij de maagportier (pylorus) en eindigt bij de klep van Bauhin; het

einde van de dunne darm bevindt zich boven het begin van de dikke darm; het daaronder gelegen zgn. blind eindigend gedeelte noemt men blindedarm; de dunne darm bestaat uit de twaalfvingerige darm (duodenum), de nuchtere darm (jejunum) en de kronkeldarm (ileum) waarmede de buikholte voor een groot gedeelte gevuld is; de lengte van de dunne darm bedraagt ±6 m; ~ *caecum* blindedarm; ~ *crassum*, dikke darm, syn. colon; ~ *rectum*, endeldarm; ~ *tenue*, dunne darm.

intima *L* de binnenste wand (tunica intima) van de bloedvaten; *~flap*, losliggend deel van de *tunica intima bij *dissectie van een grote slagader.

intimidatie overdondering, vreesaanjaging.

intimiteit vertrouwelijkheid.

intolerantie onvermogen om iets te verdragen, bijv. een bepaalde stof zoals alcohol, teleurstelling en vele andere.

intoxicans *L* vergif, in engere zin vergiftig gas, meervoud intoxicantia; *strijdgassen.

intoxicatie vergiftiging; ziekte t.g.v. de inwerking van stoffen die door hun chemische samenstelling reeds in zeer kleine hoeveelheden stoornissen in een gezond lichaam kunnen teweegbrengen, of in zwaardere gevallen de dood; *water~*, zie watervergiftiging.

intra- *L* (smst.) binnen, in; tgst. extra-; *~abdominaal*, in de buikholte; *~aortaal*, in de aorta; *~arterieel*, afk. i.a., in een slagader; *~articulair*, in een gewricht; *~capsulair* (oogheelk.) in het lenskapsel gelegen, zie cataractextractie; *~cardiaal*, in een hartholte gelegen; *~cavitair*, in een holte gesitueerd; *~cellulair*, binnen de cellen; zie ook intercellulair; *~cerebraal*, in de hersenen; *~coronair*, binnen een kransslagader; *~craniaal*, binnen de schedel; *~cutaan*, in de huid; *~dermaal*, syn. intracutaan; *~dermoreactie*, zie cutireactie; *~disciplinair*, tussen beroepsbeoefenaren van de eigen beroepsgroep; *~ductaal*, gelegen in of plaatshebbend in een *ductus; *~gastrisch*, in (het lumen van) de maag; *~hepatisch*, in de lever gelegen of plaatshebbend; *~laesionaal*, in de *laesie; *~laesionale injectie*, inspuiting in beschadigd weefsel; *~ligamentair*, in de ligamenten (banden); *~lobair*, in een (long)kwab; *~luminair*, in een holte (*lumen); *~medullair*, met het (been)merg; *~muraal*, 1. in een wand liggend. 2. lett. binnen de muren; binnen het ziekenhuis of een andere instelling; *~musculair*, in een spier, bijv. een injectie; afk. i.m.; *~oculair*, in het oog; *~peritoneaal*, binnen het buikvlies; *~pleuraal*, binnen de pleuraholte.

intrapsychisch algemeen begrip voor de interacties die zich binnen de *psyche afspelen; *~e ataxie*, onvoldoende samenwerking tussen gemoeds- en voorstellingsleven bij schizofrenie; ~ *conflict*, het tegenover elkaar staan van innerlijke eisen en behoeften.

intra- *~renaal*, in de nier; *~thecaal*, binnen de hersen- of ruggenmergsvliezen; *~thoracaal*, binnen de borstholte; *~tracheaal*, in de luchtpijp; *~-uterien*, in de baarmoeder; *~-uterine device*, zie IUD.

intravasaal in een (bloed)vat; *diffuse intravasale stolling*, zie stolling.

intravasatie het geraken van 'vreemd' materiaal (bijv. pus, beenmerg e.a.) in een bloed- of lymfevat.

intravasculair syn. *intravasaal

intraveneus in een ader, bijv. een injectie, afk. i.v.

intravesicaal in de blaas.

intra vitam tijdens het leven.
intrinsic factor *E* stof die onontbeerlijk is bij de resorptie van vitamine B_{12}; wordt afgescheiden in het antrum (het horizontale deel vóór de maagportier) van de maag.
introcisie rituele insnijding van het hymen (maagdenvlies) bij het begin van de *puberteit.
introitus *L* ingang; ~ *vaginae*, ingang van de schede, de grens tussen de uitwendige geslachtsdelen en de schede; syn. meatus, orificium.
introjectie (psych.) 1. vereenzelviging met een ander individu. 2. het zonder integratie overnemen van attituden, gedrag, gevoelens en waardeoordelen waardoor de betrokkene uit het psychisch evenwicht kan raken.
intron niet-coderend DNA-segment dat tijdens de vorming van het mRNA wordt verwijderd; dit proces wordt splicing genoemd; zie ook exon.
introrsus *L* naar binnen gewend; tgst. extrorsus.
introspectie 1. zelfbeschouwing ten einde de eigen geesteswereld en subjectieve ervaringen te bestuderen. 2. inwendig onderzoek.
introversie (psych.) in zichzelf keren; constitutionele eenzelvigheid; tgst. extroversie; bijv.nw. *introvert.*
intrusie binnenwaartse (traumatische) verplaatsing.
intubatie het inbrengen van een buis (tube), in engere zin via mond of neus in de trachea (luchtpijp), de zgn. *endotracheale* ~; tgst. extubatie, wkw. *intuberen.*
intuitie (psych.) vorm van begrijpen die niet op redenering, ervaring of weten berust.
intumescentie zwelling, verdikking.
inturgescentie opzwelling t.g.v. een toegenomen *turgor.
intussusceptie syn. *invaginatie.
in utero in de baarmoeder.
invaginatie (darm)instulping waarbij een hoger gelegen deel zich in een lager gelegen deel als in een schede instulpt; wordt veroorzaakt door sterke peristaltische bewegingen in het bovenste deel; de verschijnselen komen overeen met die van darmafsluiting (ileus) en vernauwing (stenose); syn. intussusceptie.
invaliditeit ongeschiktheid voor arbeid, gebrekkigheid.
invasie het binnendringen van ziektekiemen, van kwaadaardige tumorcellen en dergelijke; *~sieve groei*, syn. infiltrerende groei; *~sieve ontsteking*, ontsteking die zich voortzet in omgevend weefsel; *~sief onderzoek*, zie onderzoek.
inversie, inversio *L* 1. instulping, omkering van organen, bijv. baarmoeder, endeldarm, enz., zodat de slijmvliesbekleding naar buiten komt; ~ *sexualis*, geslachtelijke omkering; ~ *uteri*, naarbuitenkering van de bodem van de baarmoeder, zodat deze tot buiten de vulva kan komen. 2. verandering in de opeenvolging van de genen in een chromosoom; door twee breuken in een chromosoom is het segment er vervolgens omgekeerd ingebouwd. 3. binnenwaartse kanteling van de voet om zijn lengte-as; tgst. eversie (bet. 2).
inversus *L* omgekeerd, tegenovergesteld; *typus* ~, zie febris.
invertase enzym dat sacharose omzet in glucose en fructose; syn. sacharase.
invertoren de spieren die *inversie (bet. 3) van de voet bewerkstelligen.
invertsuiker een mengsel van gelijke hoeveelheden van de suikers glucose en fructose, bereid door enzymatische behandeling van rietsuiker d.m.v. sacharase (invertase); invertsuiker is zoeter dan rietsuiker (sacharose).

investigatie onderzoek; navorsing; opsporing.
inveteréren het verouderen van en hardnekkig worden van een kwaal; chronisch worden; bijv.nw. *inveteratum*, verouderd.
in vitro *L* in glas; in een reageerbuisje (bij onderzoek in een laboratorium); ~ *fertilisatie*, afk. IVF, zie fertilisatie.
in vivo *L* levend op of in het lichaam zelf.
involucrum *L* omhulsel; omhullende membraan.
involuntarius *L* onwillekeurig, bijv. het lozen van ontlasting of urine.
involutie, involutio *L* 1. teruggang in de ontwikkeling, tgst. evolutie. 2. het ouder worden; *~-depressie*, zie depressie; *~neurose*, neurose die onder invloed van het ouder worden verergert; ~ *senilis*, ouderdomsinvolutie, met schrompeling van organen gepaard gaande teruggang in de ontwikkelingstoestand van het lichaam bij oude mensen; *~tijdperk*, syn. climacterium; ~ *uteri*, het kleiner worden van de baarmoeder bij ouderdomsinvolutie of na de bevalling *(puerperale ~)*. 3. inzwachteling van een geheel lidmaat.
involvering betrokkenheid.
inwendig onderzoek zie toucher.
inzicht 1. (psych.) vorm van zelfbewustzijn. 2. psychotherapeutisch begrip voor het emotionele en/of verstandige begrijpen van de eigen psychische toestand; *~gevende therapie*, psychotherapie die er vooral op gericht is het inzicht in de eigen psychische toestand en het daarmee samenhangende gedrag te verhelderen, zodat men na verkregen zelfinzicht in staat is om ander gedrag te ontwikkelen.
IOD afk. van intra-oculaire druk.
IOH afk. van 1. idiopathische orthostatische hypotensie. 2. interfacultair overleg huisartsgeneeskunde.
ION afk. van ischemische optische neuropathie.
ionen de kleinste elektrisch geladen deeltjes; *anionen*, negatief geladen ionen; *kationen*, positief geladen ionen.
ionisatie toevoeging of onttrekking van negatief geladen elektronen aan elektrisch neutrale atomen of moleculen, die daardoor positief resp. negatief worden.
ioniserende stralen elektromagnetische stralen of deeltjesstralen die in staat zijn ionisatie van atomen of moleculen te veroorzaken.
iono- *~meter*, een instrument voor het meten van de intensiteit van röntgenstralen; *~modulator*, zie diadynamische stroom.
ion(t)oforese het voeren van ionen door een weefsel d.m.v. galvanische stroom; syn. elektroforese, ionotherapie.
IOP afk. van intra ocular pressure *E*, intra-oculaire druk, afk. IOD.
IOPS afk. van interuniversitaire onderzoeksschool.
IORT afk. van intra-operatieve radiotherapie.
IOT afk. van immediate operative treatment.
i.p. afk. van intraperitoneaal.
IP afk. van 1. interstitiële pneumonie. 2. intraperitoneaal. 3. interfalangeaal.
IPA afk. van 1. informatiesysteem pathologische anatomie. 2. international pediatric association. 3. international psycho-analytic association.
IPC afk. van invasief plaveiselcel-carcinoom.
IPG afk. van *impedantie*plethysmografie.
IPPB afk. van intermittent positive pressure breathing *E*, syn. IPPV.
IPPF afk. van international planned parenthood federation *E*.

IPPO afk. van 1. intramurale psychiatrische-patiëntenobservatieschaal. 2. instituut voor patiëntgebonden psychiatrisch onderzoek.
IPPV afk. van intermittent positive pressure ventilation *E*, syn. IPPB, intermitterende positieve drukbeademing, vorm van kunstmatige beademing waarbij het ademgas onder druk in de longen van de patiënt wordt gebracht en afhankelijk van de situatie de druk in de luchtwegen ook tijdens de uitademing positief wordt gehouden (*PEEP), dit in tegenstelling tot de continue positieve luchtwegdruk (*CPAP).
ippy-virus (Ippy, dorp in Centraal-Afrika) een met *lassa-virus verwant arenavirus.
ipsilateraal (foutief) homolateraal.
ipsisme, ipsatie, ipsismus *L* zelfbevrediging.
IPSP afk. van inhiberende postsynaptische potentiaal.
IPV afk. van inactivated poliomyelitis virus *E*.
IQ afk. van intelligentiequotiënt, een getal dat aangeeft in hoeverre de verstandelijke leeftijd van een persoon overeenkomt met de werkelijke leeftijd (kalenderleeftijd); het getal geeft bij benadering iemands intelligentie aan, niet zijn begaafdheid. IQ = verstandelijke leeftijd : kalenderleeftijd × 100; de verstandelijke leeftijd kan door bepaalde proeven (bijv. van Binet-Simon) worden bepaald; I.Q. = 100 geldt als normaal, daarboven wil zeggen: geniaal, talentvol, intelligent, daaronder: minderbegaafd, zwakzinnig.
Ir symbool voor het element iridium, een metaal.
IR afk. van infrarood.
iracundia morbosa *L* (psych.) onbezonnen opvliegendheid, bijv. bij neurose of psychose; toorn, drift.
irascibel (psych.) heetgebakerd, opvliegend.
IRBP afk. van interphoto *retinoid-binding protein *E*.
IRC afk. van infrarood-coagulatie (zie infrarode stralen), methode voor hemostase van bloedende parenchymateuze organen (vnl. lever en milt).
IRDS afk. van idiopathic respiratory distress syndrome *E*, zie hyaliene-membranenziekte.
IRG afk. van immune-response genes *E*; IRG bepalen genetische verschillen in immuun-reactiviteit tussen individuen.
iridauxesis *G* verdikking van de iris; tulband-iris.
iridectomie *G* operatie waarbij een gedeelte van het regenboogvlies (iris) wordt weggesneden, bijv. om een kunstmatige pupil te maken of om de spanning (oogdruk) te verminderen bij glaucoom.
iridencleisis *G* iridectomie bij glaucoom, waarbij een slip van de iris wordt geklemd in de corneawond, zodat een blijvende drainage wordt verkregen; zie ook operatie van *Elliot; syn. iridotase.
irideremia *G* ontbreken van het regenboogvlies, syn. aniridie; ~ *traumatica*, door verwonding ontstane totale verscheuring van de iris.
iridium-192 (^{192}Ir) een radioactieve isotoop van het metaal iridium, welke bèta- en gammastralen uitstraalt; wordt gebruikt bij de behandeling van bepaalde maligne gezwelvormingen.
iridochoroiditis ontsteking zowel van het regenboogvlies (iris), als van het vaatvlies (choroidea); ~ *consecutiva*, iridochoroiditis t.g.v. andere ziekten; ~ *spontanea*, iridochoroiditis niet t.g.v. andere ziekten, doch primair.
irido- (smst.) m.b.t. de *iris; ~*coloboma*, syn. coloboma iridis; ~*cyclitis*, zie cyclitis;

~dialyse, operatieve losmaking of traumatische loslating van de iris van het corpus ciliare; syn. coredialyse; *~donesis*, iristrilling, het heen en weer trillen van de iris t.g.v. luxatie of ontbreken van de ooglens, bij beweging van oog of hoofd; *~cele*, syn. iridoptosis; *~ncosis*, syn. staphyloma uveale (zie stafyloom); *~plegie*, verlamming der spieren van de iris; *~ptosis*, het uitpuilen van de iris door een zweer of verwonding, syn. iridocele, prolapsus iridis (zie prolaps); *~tase*, syn. iridencleisis; *~tomie*, insnijding van de iris.

iris *G* regenboogvlies; tot de middelste der drie het oog omsluitende vliezen (choroidea of vaatvlies) behorende laag; de iris is een gekleurde uit gladde spiervezels bestaande laag met een ronde opening (pupil) en vormt de scheiding tussen de voorste en achterste oogkamer; ~ *tremulans*, syn. iridodonesis.

irisatie het aannemen van de kleuren van de regenboog; wkw. *iriseren*.

iriscopie alternatieve diagnostische methode waarbij lichamelijke stoornissen worden herkend aan de hand van vlekken en kleuren in de iris.

iritis *G* ontsteking van het regenboogvlies (iris), dikwijls t.g.v. algemene ziekten.

IRM afk. van immune-response modifier *E*.

IRMA afk. van immunoradiometrisch assay.

IRP (farm.) afk. van international reference preparation *E*.

IRPA afk. van international radiation protection association *E*.

irradiatie 1. uitstraling, bijv. van pijn vanuit de geprikkelde plaats naar de omgeving, van een zenuw naar de zenuwvertakkingen, enz. 2. optisch verschijnsel dat lichte voorwerpen op donkere achtergrond groter schijnen dan donkere voorwerpen op lichte achtergrond.

irre- *~ducibel*, zie irreponibel; *~gulair*, onregelmatig; *~mediabel*, onherstelbaar, syn. irreparabel; *~parabel*, onherstelbaar; *~ponibel*, niet meer op de normale plaats te brengen, niet meer in te duwen (van een hernia), syn. irreducibel; *~spirabel*, niet geschikt om in te ademen; tgst. respirabel; *~versibel*, niet omkeerbaar; terugkeer tot vorige toestand onmogelijk; tgst. reversibel.

irrigatie besproeiing, uitspoeling.

irrigator *L* reservoir met slang en mondstuk (canule) dat in lichaamsholten kan worden gebracht voor irrigatie.

irrigeren uitspoelen, besproeien.

irritabel prikkelbaar; het vermogen om op prikkels te reageren; overgevoelig.

irritabiliteit prikkelbaarheid; syn. excitabiliteit.

irritable bowel syndrome *E* syn. spastisch *colon.

irritable heart *E*, zie neurocirculatoire *asthenie.

irritans *L* prikkelend middel, meervoud irritantia.

irritatie prikkeling, branderigheid; bijv.nw. *irritatief*.

irrumatio *L* syn. fellatie.

IRS afk. van 1. insulineresistentiesyndroom. 2. interuniversitair onderzoeksinstituut voor radiopathologie en stralenbescherming.

IRSA afk. van idiopathische refractaire sideroblastische anemie.

IRV afk. van 1. inspiratorisch reservevolume, inspiratorische reservelucht, de hoeveelheid lucht die nog extra kan worden ingeademd na een gewone inademing, syn. complementaire lucht; zie ook ERV. 2. instituut voor revalidatievraagstukken. 3. interregionaal verband, samenwerkingsverband tussen regionale RIAGG's.

Irving sterilisatie vlg. Irving, zie Madlener.

IS afk. van 1. immunosuppressivum. 2. immunoscintigrafie.
ISA afk. van 1. (farm.) intrinsieke sympathicomimetische activiteit, partieel *agonistische activiteit van sommige bèta-blokkeerders. 2. immunosorbent assay *E*.
ISBT afk. van international society of bloodtransfusion.
ISC afk. van inspiratoire seconde capaciteit.
ischemie, ischaemia plaatselijke bloedeloosheid door belemmering van de bloedtoevoer, bijv. door vaatkramp, embolie, trombose; gevolg is blokkade van de toevoer van zuurstof (anoxie), voedingsstoffen, mineralen, enz.; *juxta-neoplastische* ~, verminderde of opgeheven collaterale bloeddoorstroming door perifocaal oedeem of (zelden) door dichtdrukken van arteriolen bij drukverhoging t.g.v. de groei van een hersengezwel; *intestinale* ~, koliekachtige pijn, vnl. in de bovenbuik, na maaltijden (soms met shock, bloedige diarree, ileus) t.g.v. vernauwing van de grote bovenbuikslagaders (atherosclerose, compressie), soms gecompliceerd door pneumatosis cystoides intestinalis (zie pneumatose); syn. angina abdominalis, claudicatio intestinalis; *myocard~*, ischemie van de hartspier, kan eventueel leiden tot een hartinfarct.
ischemisch bloedeloos; *~e contractuur*, contractuur van een lichaamsdeel na langdurige afsluiting van de bloedtoevoer; *~e hartziekte* (afk. IHZ), aandoeningen van het hart t.g.v. (atherosclerotische) vernauwingen van de kransslagaders; *~e verlamming*, spierverlamming door onvoldoende bloedtoevoer, bijv. door te stijf zittend gipsverband.
ischiadicus *L* m.b.t. de heup; *nervus* ~, heupzenuw, grote beenzenuw.
ischiagra *G* heupjicht.
ischialgie *G* pijn in de heup; zie ischias.
ischias heuppijn, heupjicht (foutief); neuralgie (zenuwpijn) in het gebied van de nervus ischiadicus, veroorzaakt door velerlei afwijkingen op de plaats waar de zenuw uit het ruggenmerg ontspringt, waardoor druk wordt uitgeoefend op de achterwortels, vnl. hernia en prolapsus nuclei pulposi, gezwellen, varices, artrose.
ischidrosis *G* onderdrukking van het zweten (hidrosis).
ischiopubeotomie (verlosk.) operatie bij uitgangvernauwing van het bekken, waarbij het zitbeen (os ischii) en het schaambeen (os pubis) worden doorgezaagd om de bevalling mogelijk te maken (obsoleet).
ischium *G* heup, zitvlak.
ischnofonie 1. onduidelijk of zwak stemgeluid. 2. syn. ischofonie.
ischnogyrie *G* onvoldoende ontwikkeling van de hersenwindingen, zie gyrus.
ischochymie *G* het achterblijven van de spijsbrij (chymus) in de maag.
ischofonie (ook: ischnofonie) stotteren; syn. hesitatie.
ischurie, ischuria *G* terughouding (retentie) van de urine in de blaas; ~ *paradoxa*, paradoxe ischurie, het druppelsgewijze aflopen van de urine ondanks het feit, dat de blaas geheel gevuld is; wordt veroorzaakt door verlamming van de blaaswand t.g.v. de sterke rekking; ~ *spastica*, door kramp van de sluitspier van de blaas veroorzaakte ischurie; zie ook incontinentie.
ISCOM afk. van immunostimulating complex(es) *E*.
ISDN (farm.) afk. van isosorbinedinitraat.
iseikonie (oogheelk.) gelijke beeldgrootte op het netvlies van beide ogen.
ISG afk. van 1. immuunserumglobuline. 2. immunosuppressie-genen.
ISH afk. van *in situ hybridisatie.

Ishihara, S. Japans oogarts (1879-1963), zie pseudo-isochromatisch.

iso- *G* (smst.) gelijk, gelijksoortig; *~agglutinine*, van een ander dier van dezelfde soort afkomstig agglutinine; *~antigeen*, zie allo-antigeen; *~antistof*, antistof gevormd door aan gelijksoortige organismen ontleende antigenen; *~calorisch*, met dezelfde energetische waarde; zie ook Joule; *~capnie*, gelijkmatige uitademing van koolstofdioxide door de longen; *~chromosoom*, chromosoom met twee armen van dezelfde lengte, doordat het centromeer zich overdwars heeft gedeeld i.p.v. overlangs; *~chroom*, van gelijke kleur; *~chroon*, syn. homochroon; *~corie*, gelijkheid van pupillen; tgst. anisocorie; *~cytolysine*, zie isolysine; *~dens*, van gelijke dichtheid; *~dont*, gelijkheid der tanden, nl. van een gebit waarbij vorm en onderlinge afstand der tanden gelijk zijn; *~-elektrisch*, zonder potentiaalverschillen; *~-enzymen*, syn. isozymen, enzymen met verschillende moleculaire structuur maar met dezelfde katalytische activiteit; *~form*, van soortgelijke structuur; *~geen*, van dezelfde oorsprong; genetisch identiek.

iso-immunisatie het optreden van een immunoreactie in het moederlijk organisme op antigenen van de foetus.

isolatie syn. *isolering; 1. *~verpleging*, verpleging waarbij patiënten (bijv. patiënten met een besmettelijke ziekte) in een aparte ruimte liggen, omdat zij een gevaar voor anderen kunnen zijn of omdat anderen een gevaar voor de patiënt (bijv. patiënt met brandwonden, getransplanteerde patiënt) kunnen vormen; in het laatste geval is er sprake van omgekeerde isolatie, syn. *barrièreverpleging. 2. (psych.an.) een *afweermechanisme dat de relatie verbreekt tussen een ontoelaatbare handeling of gedachte en het affect dat er in de herinnering aan gekoppeld is; de herinnering blijft bestaan, het affect (emotie) vermindert of verdwijnt.

isolator niet-geleider, voorwerp dat elektriciteit niet of slecht geleidt.

isoleer zie separeer.

isolering afzondering, bijv. 1. van elektriciteit, door toepassing van isolatoren. 2. van personen met besmettelijke ziekten; *omgekeerde ~* of *contra-~*, isolering van de patiënt om deze tegen schadelijke invloeden van buitenaf te beschermen, bijv. bij brandwonden, syn. *barrièreverpleging. 3. (bact.) het kweken van een reincultuur. 4. zie isolatie (bet. 2).

isolette *F* speciale vorm van couveuse, zodanig ingericht dat de gehele verpleging kan geschieden zonder het kind uit het apparaat te nemen.

isoloog van gelijke afkomst; in engere zin: afkomstig van de (identieke) tweelingbroer of -zuster; syn. syngeen.

isolysine (ook: *isocytolysine* of *isotoxine*) stof in het bloedplasma die de rode bloedcellen ontleedt, tgst. heterolysine.

isomeren chem. stoffen met dezelfde soort en aantal, doch verschillend gerangschikte atomen, waardoor zij verschillen in chemische of fysische eigenschappen zelfst.nw. *isomerisatie*.

isomerie aanwezigheid van symmetrische organen of orgaansystemen.

isometrisch van gelijke maat; *~e contractie*, spiersamentrekkingen tegen een weerstand in, zodat de lengte van de spier niet verandert en geen beweging tot stand komt.

isometropie gelijke breking der ogen, tgst. anisometropie.

iso- *~morf*, gelijkvormig; *~motorisch*, met gelijkmatige snelheid; *~pathie*, geneeswijze waarbij de ziekten met de eigen ziekteproducten zoals slijm, etter, zweet worden behandeld; *~pteren*, zones van gelijke gezichtsscherpte rondom het centrum van het gezichtsveld; *~smotisch*, zie isotonisch; *~sporiasis*, infectie met isosporen; syn. coccidiosis.

isosterie remming van enzymwerking waarbij substraat en remstof (het eindproduct van de katalyse) een ruimtelijke gelijkenis vertonen.

isosthenurie productie van urine met een niet-veranderend soortelijk gewicht van ±1010 t.g.v. onvoldoende nierwerking met een beperkt concentratie- en verdunnend vermogen; syn. hyposthenurie.

isotherapie syn. *isopathie.

isotonisch, isotoon (ook: *isosmotisch*) van gelijke osmotische druk als de omgeving; zie ook hypertonisch, hypotonisch; *~e contractie*, (de normale) spiersamentrekking waarbij de spier korter wordt en een beweging tot stand komt; zie ook isometrisch.

isotopen van eenzelfde element bestaande vormen met dezelfde chemische structuur, doch met verschillend atoomgewicht, d.i. met verschillend aantal neutronen in de atoomkern; door gebruikmaking van een uraanzuil ('pile'), waarin een grote neutronendichtheid heerst, kunnen verscheidene elementen worden blootgesteld aan een 'neutronenbombardement', waardoor de aldus ontstane isotopen (kunstmatig) radioactief zijn geworden (*radio-isotopen) de eigenschap hebben energie uit te stralen in elektromagnetische vorm (gammastralen); deze *radioactieve ~* zijn in de geneeskunde van belang: 1. *diagnostisch* o.a. voor opsporing van gezwellen en bepaling van het bloedvolume (radioactief fosfor), bij de bepaling van het extracellulaire vochtvolume (radioactief natrium) en het onderzoek van de schildklierfunctie (radioactief jood). 2. *therapeutisch* o.a. voor bestraling van kwaadaardige gezwellen (radioactief kobalt), bij de behandeling van sommige schildklierziekten (radioactief jood), enz.

iso- *~toxine*, zie isolysine; *~transplantatie*, zie transplantatie; *~type*, (behorend tot) dezelfde soort.

isovalerianacidurie een aangeboren stofwisselingsziekte in het katabolisme van het aminozuur leucine waardoor de bloedspiegel van het isovaleriaanzuur bovenmatig stijgt en dit met de urine wordt uitgescheiden; de patiënt vertoont perioden van coma met acidose en ketonurie, vertraagde psychomotoriek, afkeer van eiwitrijke maaltijden, intentietremor en verspreidt de lucht van kaas of zweet.

isozymen syn. van *iso-enzymen.

ISS afk. van injury severity score *E*.

IST afk. van insuline-stimulatietest.

isthmus *G* engte, vernauwing, ingang; *~ faucium*, keelingang, keelgat; *~ glandulae thyroideae*, het smalle middengedeelte van de schildklier; *~stenose*, syn. coarctatie van de aorta; *~ tubae*, de vernauwing in de tuba Eustachii op de overgang van het benige in het kraakbenige gedeelte.

IT afk. van intercollegiale toetsing.

iter. (rec.) afk. van iteretur, men herhale.

iteratie herhaling, bijv. van een recept.

iteretur *L* men herhale; afk. (rec.) iter., syn. reiteretur.

ITh afk. van intrathoracaal.

itinerarium *L* smal scalpel in een sleuf*sonde welke dient ter bescherming van de te passeren route (bijv. de urethra) bij een kleine inwendige chirurgische ingreep (obsoleet); syn. gorgeret *F*.

-itis (smst.) ontsteking, bijv. laryngitis, strottenhoofdontsteking.
ITP afk. van 'idiopathische' of immunologische trombocytopenische purpura; zie Werlhof.
ITT afk. van insuline-tolerantietest.
ITU afk. van intensive therapy unit *E*.
ITV afk. van instrumenteeltechnische vaardigheid.
ITZ afk. van intensieve thuiszorg.
IUCD afk. van intra-uterine contraceptive device *E*.
IUD afk. van intra-uterine device *E*, in de baarmoeder geplaatst voorwerp ter voorkoming van zwangerschap; syn. (pop.) spiraaltje; krul-, boog-, spiraal- of ringvorming voorwerp, vervaardigd van plastiek of metaal, bestemd voor geboorteregeling d.m.v. anticonceptie en/of nidatieremming.
IUG afk. van intra-uteriene graviditeit, syn. IUZ.
IUI afk. van intra-uteriene inseminatie.
IUS afk. van intrinsic uterine stimulants *E*; ('uteriene angina'); een teveel aan prostaglandinen zou versterkte uteruscontracties veroorzaken.
IUT afk. van intra-uteriene transfusie.
IUVD afk. van intra-uteriene vruchtdood.
IUZ afk. van intra-uteriene zwangerschap, syn. IUG.
IV afk. van 1. integrerende verpleegkunde. 2. intraveneus, syn. i.v.
i.v. afk. van intraveneus.
IVA afk. van isofosfamide, vincristine, Actinomycine® (dactinomycine), een cytostatica-combinatie.
IVC afk. van 1. intraveneus cholangiogram. 2. inspiratory vital capacity *E*.
IVDA afk. van intravenous drugs abuser *A*, syn. IVD(G).
IVD(G) afk. van intraveneuze-druggebruiker.
Ivemark, B. Zweeds kinderarts; *syndroom van ~*, *aplasie van de milt, situs inversus en aangeboren hartgebreken.
IVF afk. van in-vitrofertilisatie; zie ook fertilisatie, ICSI.
IVFD afk. van IVF-donor.
IVIG afk. van intraveneus (toegediend) immunoglobuline, syn. IVIgG.
IVIgG afk. van intraveneus (toegediend) immunoglobuline G (gammaglobuline), syn. IVIG.
ivoorwervel donkere schaduw op het röntgenbeeld door sterke verdichting van het beenweefsel bij lokalisatie van lymphogranuloma malignum in de wervelkolom.
IVOX afk. van intravasculair oxygenator.
IVP afk. van intraveneus pyelogram (zie pyelografie).
IVS afk. van intravasale stolling.
IVZ afk. van instituut voor verslavingszorg.
Ixodes ricinus schapenteek; zie teek.
ixodiasis *G* door teken (zie Ixodes ricinus) veroorzaakte koortsige aandoening.
IZO afk. van instituut voor zorgonderzoek.

J

J symbool voor de eenheid *joule.
jacketkroon prothetische tandkroon.
Jackson 1. **Ch.** Amerikaans KNO-arts (1865-1958); *teken van* ~, zie wheezing. 2. **J.** Engels neuroloog (1834-1911); ~ *aanval*, partiële epileptische aanval uitgaande van de motorische of sensorische hersenschors die zich gedeeltelijk uitbreidt; zie ook epilepsie.
Jacquet, L. Frans dermatoloog (1860-1914); *syndroom van Vidal en* ~, syn. syndroom van *Reiter.
jactatie, jactatio *L* het onrustig heen en weer woelen van koortsige zieken; ~ *capitis nocturna*, het bij kinderen in de slaap voorkomende ritmische bewegen van het hoofd; 'schuddebollen', nachtelijk hoofdbonken.
Jakob, A. Duits zenuwarts (1884-1931), zie Creutzfeldt.
Jaksch, R. von Tsjechisch internist (1885-1947); *syndroom van ~-Hayem*, anaemia infantum pseudoleucaemica, ziektebeeld bij peuters, gekenmerkt door anemie met normo- en megaloblasten, lymfo- en granulocytose, lever- en miltvergroting, voorkomend bij chronische infectieziekten en ondervoeding.
jaloersheidswaan syn. ontrouwwaan, Othello-syndroom; zie waanstoornis.
Jamaica-syndroom zie centrale *neuritis.
jamais vu *F* (psych.) een vertrouwde situatie die plotseling als vreemd wordt ervaren; vorm van paramnesie.
James, bundel van zie Lown.
Janeway, E. Amerikaans arts (1868-1911); *vlekken van* ~, nodulaire hemorragische plekjes op handpalmen en voetzolen bij subacute bacteriële endocarditis t.g.v. micro-emboli van septisch materiaal.
janhagellever *cirrose van Laënnec.
Jansen, W. Murk Nederlands orthopeed (1868-1935); *proef van* ~, kruising van de benen met positie van het gebied vlak boven de buitenenkel op de tegenovergestelde knie, is onmogelijk bij *artrose van de heup van het gebogen been; *syndroom van* ~, dyschondroplasie van de *metafysen, syn. dysostosis enchondralis metaphysaria.
Jarisch, A. Oostenrijks huidarts (1850-1902), zie Bezold.
jaundice *E* geelzucht (icterus).
Javal, L. Frans oogarts (1839-1907); *toestel van* ~, zie oftalmometer.
JCA afk. van juveniele chronische *artritis.
Jeghers, H. Amerikaans arts (geb. 1904), zie Peutz.
jejunalis m.b.t. de nuchtere darm (*jejunum).
jejunitis ontsteking van de nuchtere darm (*jejunum).
jejunostomie het aanleggen van een opening van de nuchtere darm (jejunum) dwars door de buikwand naar buiten.
jejunum *L* nuchtere darm (lengte ongeveer 2,5 m), het middelste deel van de dunne darm, het gedeelte van de dunne darm dat volgt op de twaalfvingerige darm (duodenum) en overgaat in de kronkeldarm (ileum).

Jenner, E. Engels arts (1749-1823), uitvinder van de koepokinenting (1796), een methode die overigens reeds lang tevoren bestond in oosterse landen; zie ook vaccinatie (bet. 1).
jennerisatie het gebruiken van een verzwakt bacteriegif om mensen en dieren onvatbaar te maken voor het onverzwakte gif.
jerk *E* (neurologie) schok; in engere zin plotselinge spiertrekking; spierreflex.
Jervell, A. Noors cardioloog (geb. 1901); *syndroom van ~ en Lange-Nielsen*, autosomaal dominant-erfelijke perceptiedoofheid samen met functionele hartziekte, gekenmerkt door syncopen met hyperventilatie, verlenging van het QT-interval in het ECG en plotselinge dood door ventrikelfibrillatie; syn. auditocardiaal of surdo-cardiac syndroom.
jet de vapeur *F* lett. 'stoom aflaten', intensieve holosystolische souffle aan de hartpunt bij mitralis-insufficiëntie.
jetlag *A* (jrg.) 'transatlantische kater', ontregeling van het biologische dagritme t.g.v. lange vliegreizen in westelijke of oostelijke richting, gekenmerkt door o.a. slechte eetlust en slaap, desoriëntatie, vermoeidheid, concentratieverlies, wanprestaties, malaisegevoel; soortgelijke verschijnselen kunnen zich voordoen bij slecht georganiseerde nachtdiensten en dergelijke.
jeugdpuistjes zie acne.
jeuk cnesmus.
Jeune, M. Frans kinderarts (geb. 1910); *ziekte van ~*, recessief autosomaal-erfelijke polychondro*dystrofie met totale rigiditeit, eindigend in asfyxie.
JGA afk. van *juxtaglomerulair apparaat.
jicht arthritis urica; *primaire ~*, vorm van jicht welke berust op een aangeboren stofwisselingsziekte, hoofdzakelijk gekenmerkt door een versterkte purinesynthese; *secundaire ~*, jicht t.g.v. aandoeningen met een verhoogde urinezuurproductie (hemolytische anemieën, psoriasis, polycytemie, lymfo- en myeloproliferatieve ziekten, sommige hemoglobinopathieën, thalassemie, purinerijk dieet) of een verminderde uitscheiding (o.a. door nefropathie); in de leukocyten van het *synoviaalvocht zijn uraatkristallen aantoonbaar.
Job-syndroom kort na de geboorte, vnl. bij roodharige meisjes voorkomend ziektebeeld met eczemateuze huidafwijkingen en infecties (vnl. door Staphylococcus aureus) van huid en luchtwegen, sterk verhoogd IgE-gehalte van het bloedplasma, *anergie en gestoorde cellulaire immuniteit; syn. hyper-IgE-syndroom.
jockey's disease *E* (jrg.) coeliakie (vanwege het dikwijls kleine postuur bij lijders aan deze ziekte).
jodisme chronische vergiftiging door jood; zie ook joodacne.
jodium *L* zie jood.
jododerma huidafwijking veroorzaakt door jood; *~ vegetans*, huidafwijking vnl. in gelaat en nek als bij *bromoderma, doch meestal voorafgegaan door een stadium van papels, pustulae en bullae.
jodofoor (farm.) verzamelnaam voor complexe verbindingen van jood met in water oplosbare stoffen.
jodothyrine syn. *thyroïdine.
Johnson, F. Amerikaans kinderarts (1894-1934), zie Stevens.
joint (*E*, drugsjargon) sigaret die geheel of gedeeltelijk is gevuld met marihuana of hasjiesj.
jojo-syndroom **psychokinesie afgewisseld met *catalepsie optredend bij

personen die jarenlang minutieus werk verrichten.

Jolly, 1. **F.** Duits internist en neuroloog (1844-1904); *reactie van ~*, bij directe of indirecte prikkeling van de spier met faradische stroom bij *myasthenie neemt de contractiekracht na 1-2 min. geleidelijk af tot nul; na enige tijd herstelt zich de prikkelbaarheid. 2. **J.** Frans histoloog (1870-1953), zie Howell.

Jones' criteria bij acuut *reuma; dit zijn: *polyartritis, carditis, chorea, erythema marginatum, juxtarticulaire noduli; voorts koorts en verhoogde BSE.

jood, jodium donkerpaarse stof uit zeewieren en moederloog van chilisalpeter; *~acne,* zie acne; *~tinctuur* (ook: *joodtinctuur*), 4%-oplossing van jood met natriumjodide in verdunde alcohol; desinfectiemiddel; syn. solutio iodii spirituosa.

joodkalium joodverbinding; wordt gebruikt o.a. bij chronische ontstekingen, kliergezwellen, syfilis, arteriosclerose.

joodtinctuur zie jodiumtinctuur.

Joubert, *syndroom van ~*, autosomaal, recessief- erfelijk ziektebeeld bij jonge kinderen met versnelde en verdiepte ademhaling, abnormale oogbewegingen, ataxie en psychomotore retardatie; het tussenstuk van de kleine hersenen (vermix cerebelli) ontbreekt.

Joule, J. Engels fysicus (1818-1889) naar wie genoemd is de *joule* (symbool J), eenheid van energie; 1 joule = 0,239 *calorie.

JOZ afk. van jaaroverzicht zorg.

JUCO junior co-assistent, zie ook SECO.

jugulum *L* kuil boven het borstbeen.

jukbeen os zygomaticum, zygoma.

jukboog arcus zygomaticus.

jumpers knee *E* tendinitis van de knieschijfpees bij sportlieden, vnl. springers.

jump flap *E* (chir.) gesteelde-lap transplantatie; ook: *jump graft.*

junctie verbinding, samenvoeging; in de literatuur wordt meestal het Engelse woord *junction* gehanteerd, bijv. *gap-junction, tight-junction.

junctura *L* verbinding; ~ *tendinum*, verbinding van pezen.

Jung, C. Zwitsers psychiater (1875-1961); *complexe psychologie van ~*, dieptepsychologie, in beginsel berustend op de onderscheiding van vier grondfuncties in de psyche, nl. denken, voelen, gewaarworden en intuïtie; grondlegger van begrippen als het collectief onbewuste, archetypen, het complex (bet. 2), introversie, extraversie.

Jüngling, O. Duits chirurg (1884-1944); *ziekte van ~*, cysteuze afwijkingen in de botten t.g.v. sarcoïdose.

junk, junkie (jrg.) drugverslaafde.

juveniel, juvenilis *L* jeugdig, tot de jeugd behorend, op jeugdige leeftijd; *juveniele polyglandulaire insufficiëntie*, zie pluriglandulair.

juxta (smst.) nabij; in de buurt van; *~-articulair,* nabij een gewricht gelegen.

juxtaglomerulair apparaat afk. JGA, systeem van cellen, gelegen tussen de aan- en de afvoerende arteriolen van de nierglomeruli (zie glomerulus); het is de plaats waar het weefselhormoon *renine wordt geproduceerd dat een belangrijke rol speelt bij de regeling van de bloeddruk.

juxtapositie aaneenvoeging, aanzetting, samenvoeging van twee darmstukken.

K

K 1. symbool voor het element kalium. 2. kelvin, de eenheid van kelvintemperatuur (T).
k afk. van kilo = duizend (maal).
kaakgewricht articulatio temporomandibularis; *~skom*, fossa mandibularis.
kaakkramp zie trismus.
kaalhoofdigheid zie alopecia.
kaarsvet *~vlekken*, ronde vlekjes van necrotisch vetweefsel op buikorganen en buikvlies door lipase-werking bij acute pancreatitis; *~fenomeen*, zichtbaar worden van schilfertjes in de vorm van een kaarsvetachtige streep na krabben over een psoriasisplek in de huid.
kaasvergiftiging tyrotoxisme.
Kabat, H. *methode van ~*, oefenmethode ter revalidatie van paretische spiergroepen, gebaseerd op activering van motorische zenuwbanen, d.m.v. weerstandsoefeningen, versterking van de willekeurige innervatie, evenwichtsherstel tussen agonisten en antagonisten, een en ander volgens nauwkeurige oefenschema's.
kachelbenen marmerhuid, zie pigmentatie.
kadaver lijk; stoffelijk overschot.
kadaverine 'lijkengif', zie ptomaïne.
kadaverstand 1. van de stembanden; bij dubbelzijdige verlamming van de n. recurrens staan de stembanden in de positie tussen die bij fonatie (het maken van geluid) en diepe inademing, d.i. dezelfde stand als na de dood. 2. van de pupillen; het intreden van de dood kan worden vastgesteld aan de wijdte van de pupillen, nl. tussen maximale verwijding en vernauwing, en aan het niet reageren op licht; bovendien treedt bij zijdelingse druk op de oogbol een blijvende vervorming van de pupil op (teken van Tonelli).
kafferpokken variola minor, *alastrim.
KAGB afk. van koninklijke academie voor geneeskunde van België.
Kahler, O. Oostenrijks internist (1849-1893); *ziekte van ~*, *multipele myelomen*, een *paraproteïnemie van meestal het type IgG of IgA, gekenmerkt door woekering en monoklonale hyperactiviteit van jonge abnormale plasmacellen ('myeloomcellen'), welke multipele 'plasmocytomen' vormen, vnl. in de spongiosa van de beenderen; behalve een defecte humorale immuniteit bestaat er een gestoorde cellulaire immuniteit; de verschijnselen zijn verhoogde kans op infecties, anemie, amyloïdose, sterk verhoogde BSE, verhoogd eiwitgehalte (hyperproteïnemie) met typische wijzigingen in het eiwitspectrum, botaantasting (*osteolyse), botpijnen en spontane fracturen (o.a. van de wervels leidend tot dwarslaesie).
Kahn, R. Russisch bacterioloog in de VS (1887-1979); *reactie van ~*, precipitatietest voor de diagnose syfilis.
kairomonen stoffen die door roofinsecten worden afgescheiden ter opsporing van hun prooi.
kakidrosis onaangename lichaamsgeur door hyperhidrosis.
kakosmie het ruiken van vieze geuren, bijv. bij *ozaena (stinkneus).

kala-azar zwarte koorts; *viscerale *leishmaniasis*; chronische koorts met lever- en miltvergroting, anemie, lymfeklierzwellingen, bloedingen, vaak donkere verkleuring van huid en nagels; komt hoofdzakelijk in Azië en Afrika voor; wordt veroorzaakt door de Leishmania donovani, welke zich vnl. ophoudt in het *MPS en wordt overgebracht door 'zandvliegjes', een phlebotomussoort.

kalabargezwel zie Filaria.

kalium scheikundig element (symbool K) dat in het lichaam voorkomt als belangrijke, vnl. intracellulaire elektrolyt in de vorm van K^+-ionen; *~capaciteit*, het te verwachten totale lichaamskalium op grond van lengte, leeftijd, gewicht, spiermassa en geslacht; *~deficiëntie*, vorm van kaliumtekort die door uitwendige toediening van kalium kan worden gecorrigeerd; *~deficit*, zie deficit; *~depletie*, tekort aan kalium ten opzichte van het te verwachten totale lichaamskalium; tgst. kaliumexces of kaliumoverschot; *plasma-~*, het kaliumgehalte van het bloedplasma.

kalk calciumcarbonaat ($CaCO_3$), meestal bedoeld als het element calcium (Ca); *~jicht*, zie calcinose; *~melk* (foutief) opgeloste concrementen, sporadisch - vnl. in cysten van nierkelken - röntgenologisch zichtbaar; *~nagel*, zie hyperkeratose, onychogryp(h)osis.

kallikreïne een eiwitsplitsend enzym dat kininogeen omzet tot kinine; syn. kininogenase; zie ook KIE (bet. 2).

Kallmann, F.J. Duits psychiater te New York (1897-1965); *syndroom van ~*, erfelijk *hypogonadisme met ontbreken van zaadcellen in het sperma (azoöspermie) en anosmie (het ontbreken van de reukzin) door ontbreken van follikelstimulerend hormoon, mogelijk t.g.v. een stoornis in de aanleg van de hypothalamus.

kamerhoek angulus iridocornealis *L*, de begrenzing van de voorste oogkamer, waar hoornvlies (cornea), regenboogvlies (iris) en straalvormig lichaam (corpus ciliare) elkaar ontmoeten; is verkleind bij glaucoom; syn. filtratiehoek, kamerbocht.

kamerwater de inhoud van de voorste en achterste oogkamer, geproduceerd door het epitheel van het *corpus ciliare en afgevoerd via het trabekelsysteem, zie trabecula.

kamikazes benaming (naar de Japanse zelfmoordpiloten) voor neutrofiele granulocyten vanwege hun snelle, massale aanval op indringers en hun korte levensduur.

kampogen degeneratie van de oogzenuw (neuritis optica retrobulbaris) door gebrek aan vitaminen A en B; deficiëntie-amblyopie.

kampvoeten zie burning feet.

kanalisatie 1. het zich vormen van 'kanalen' in weefselmassa's, bloedstolsels en dergelijke door het zich gaandeweg samenvoegen van holten en capillaire ruimten die daarin ontstaan door autolyse en fibrinolyse; ook: fistelvorming. 2. (chir.) het maken van blijvende doorgangen zonder gebruikmaking van buizen.

kanalografie röntgenologisch onderzoek van de peridurale ruimte van het wervelkanaal met behulp van contrastvloeistof; syn. epidurografie.

kandelaber-arteriën *arteriolen die bloed voeren naar de venenplexus in de nagelplooi en wier vertakkingen microscopisch het beeld van een kandelaber (kroonluchter) vertonen.

kandidiatenziekte bij studenten optredende ingebeelde ziekte waarvan de symptomen overeenkomen met de leerstof die men op dat moment bestudeert.

kanker (alg.) kwaadaardige gezwelvorming, gekenmerkt door progressieve woekering van veranderde lichaamseigen (atypische) cellen, welke hierdoor geen nuttige functie meer vervullen, verder door anaplasie (verlies van celdifferentiatie), polymorfie en -chromasie (veelvormigheid c.q. affiniteit hebbende voor meerdere kleurstoffen), invasieve groei, metastasering e.a.; zie carcinoom, sarcoom.

Kanner, L. Oostenrijks psychiater in de VS (1894-1981); *syndroom van ~*, zie autistische stoornis.

kannibalisme het eten van de eigen soort, syn. antropofagie.

kantelfenomeen bij *schizofrenie optredende tijdelijke onderdrukking van een aantal verschijnselen.

kanteling zie retrocessio, retroversie, retroflexie

Kaposi, M. Oostenrijks dermatoloog (1837-1902); *eruptie van ~*, virale uitbraak van etterende blaasjes, gelijkend op varicellen (waterpokken), op een bestaand eczeem; *sarcoom van ~*, paarsrode, knobbelvormige (hemangiomateuze, reticulocytaire) huidwoekeringen, vnl. aan de benen, metastaserend naar lymfeklieren, slijmvliezen en ingewanden, veroorzaakt door specifieke virussen en een gestoorde cellulaire immuniteit; *ziekte van ~*, zie xerodermie.

kappa de Griekse letter k.

kappershand zie manus.

kapsel zie capsule; *~ van Bowman*, het kapselvormige begin van een *nefron dat de *glomerulus omhult; *~bacterie*, bacterie die zich met een uit de celwand ontstaand omhulsel omgeeft bijv. de pneumokok (Streptococcus pneumoniae); *~pil* of *-tablet*, zie coating, dragee.

karakter het bij een persoon voorkomend georganiseerd patroon van attitudes, waarden en verdedigingsmechanismen die de aanpassing aan de omgeving bepalen; *anaal ~*, karakterstructuur met als kenmerken: netheid, zuinigheid, preciesheid en vasthoudendheid; in de neurotische vorm zijn deze kenmerken zeer uitgesproken; *~neurose*, neurose waarbij het gehele karakter zich neurotisch abnormaal ontwikkelt; de symptomen worden in de kindertijd zichtbaar en worden daarna als het ware in het karakter ingebouwd; ze zijn op volwassen leeftijd niet meer duidelijk zichtbaar; er bestaat niet zoals bij de 'gewone' neurose een gevoel van ziek-zijn; kenmerkend zijn starre, dwangmatige gedrags-patronen (bijv. zuinigheid, perfectionisme); syn. kernneurose; *neurotisch ~*, algemene uitdrukking voor een persoonlijkheid die voortdurend bezig is minder-waardigheidsgevoelens te onderdrukken, met als mogelijk gevolg dat er zich een *neurose ontwikkelt; *oraal ~*, 1. (psych.an.) persoonlijkheidskarakteristiek vertoond door mensen met fixaties in de orale fase van ontwikkeling. 2. persoon-lijkheidstype gekarakteriseerd door het buitensporig verkrijgen van bevrediging door orale erotiek.

karbonkel syn. carbunculus.

kardinaal hoofdzakelijk, voornaamst.

kardinaalstong purperrode atrofische (gladde) tong bij pellagra.

Karnofsky D. Amerikaans oncoloog (1914-1969); *~ score*, *~ index*, *~ schaal*, beoordelingsschaal voor het functioneren van de patiënt; varieert van 0 (overleden of niet-functionerend) tot 100 (normale activiteit).

Karman *~canule* of *~katheter*, plastic canule met flexibele punt voor afzuiging v de baarmoederinhoud bij een vrouw die max. 16 dagen te laat is met haar menstruatie; 'overtijd-behandeling'; zie ook abortus provocatus.

Kartagener, M. Zwitsers arts (1897-1975); *syndroom van ~*, zie immotile cilia syndrome.

karteldarm *colon.

karyo- (smst.) m.b.t. de celkern; *~clasie*, uiteenvallen van celkern of kernmembraan; *~cyt*, syn. normoblast; *~gram*, systematische rangschikking der chromosomen volgens internationaal vastgestelde plaatsing en nummering; omdat de chromosomen hierbij worden afgebeeld tijdens het metafasestadium van de mitose spreekt men ook wel van *metafaseplaatje*; *~kinese*, indirecte kerndeling, syn. mitose; *~lyse*, het oplossen van de celkern; *~ot*, cel met kern; *~rrhexis*, in stukken uiteenvallen van de celkern; *~theca*, kernmembraan, zie nucleus; *~type*, de typerende groepering der chromosomen in de celkern, bijv. het karyotype 47,XX+21 betreft het vrouwelijk karyotype (XX) met een extra chromosoom 21 (trisomie 21); dit staat bekend als het syndroom van *Down.

karytas kernmembraan.

Kasabach, H. Amerikaans kinderarts (overl. 1943); *syndroom van ~-Merritt*, intravasale stolling in een hemangioom.

Kasai, M. Japans kinderchirurg; *operatie van ~*, aanleg van een verbinding tussen leverpoort (porta hepatis) en jejunum bij aangeboren galgang*atresie, syn. hepatoporto-enterostomie.

kasthoortoestel hoortoestel dat niet bij het oor maar op het lichaam gedragen wordt.

kataboliet katabole *metaboliet (bet. 2); tgst. anaboliet.

katabolisme afbraakstofwisseling; de fase in de stofwisseling waarin samengestelde verbindingen uiteenvallen, waarbij de voor het organisme benodigde energie vrijkomt, tgst. anabolisme, syn. dissimilatie.

kata- *G* (smst.) omlaag; *~flexie*, vooroverbuigen; diep bukken; neigen; *~geen*, de stilstand in de haargroei, volgend op het *anageen; *~lase* syn. peroxidase.

katal eenheid van enzymactiviteit (katalytische activiteit); 1. katal is de hoeveelheid enzym die per seconde 1 mol substraat omzet.

katalysator (chem.) stof die een chemisch proces versnelt of vertraagt zonder zelf te worden ontleed.

katalyse versnelling of vertraging van een scheikundige reactie door de aanwezigheid van een katalysator (bijv. een enzym); wkw. *katalyseren*.

kataplasie *metaplasie naar een weefselvorm van lagere orde; tgst. prosoplasie.

kataplexie *G* plotseling verlies van spierspanning, waardoor iemand letterlijk in elkaar zakt, komt voor bij (meestal) narcoleptische personen t.g.v. een opwindende plotselinge gebeurtenis; zie narcolepsie.

katathymie 1. door sterk emotionerende belevenissen (bijv. extreme angst) veroorzaakte vervalsing van waarnemingen, herinneringen en denken. 2. omslag van gevoelens die leidt tot een depressie.

katatone stoornis zie catatone stoornis.

katatonie zie catatonie.

Katayama-syndroom koorts, diarree, oedemen, *urticaria, spierpijn en hypereosinofilie als (toxemische) beginsymptomen van *schistosomiasis; genoemd naar de eerste vindplaats van Schistosoma-eieren.

katharometer instrument voor elektrometrische bepaling van het basaalmetabolisme (BM).

kathepsine een eiwitsplitsend enzym, een proteïnase.

katheter slangetje vnl. in gebruik om urine uit de blaas te laten weglopen door het in het urinekanaal te brengen; men gebruikt verschillende modellen voor mannen, vrouwen en kinderen; *ballon~*, katheter aan het uiteinde voorzien van een ballon, die door lucht of vloeistof gevuld wordt; *Couvelaire-~*, soepele rechte katheter; *~ à demeure, F (dauerkatheter, D), verblijfs-~*, katheter die na in het urinekanaal te zijn gebracht, daar blijft om regelmatig urine te laten afvloeien, in engere zin de *Foley-~*, d.i. een dubbelwandige katheter met vóór het uiteinde een ballon die met vloeistof kan worden gevuld; *~ à double courant, F* katheter met twee buizen; wordt gebruikt voor blaasspoelingen; de vloeistof wordt door de ene buis in de blaas gespoten en kan door de andere buis afvloeien; *Nélaton-~*, rechte slappe rubberkatheter; *oor~*, kleine katheter om lucht in de trommelholte van het oor te blazen; *PEG-~*, katheter waarlangs voedsel rechtstreeks van buitenaf in de maag gebracht kan worden, zie ook PEG (bet. 3); *subclavia-~*, zie katheterisatie; *Swann-Ganz ~*, flexibele katheter met ballonvormig uiteinde die via de veneuze bloedstroom in de arteria pulmonalis wordt gebracht voor drukmeting; *Tenckhoff-~*, *verblijfskatheter voor herhaalde peritoneale *dialyse; wordt aangebracht via een subcutane 'tunnel' in de buikwand; *Tiemann-~*, katheter met harde, spitse en iets gebogen punt, geschikt bij vernauwing van de urethra; *veneuze ~*, zie katheterisatie.

katheterisatie, katheteriseren het inbrengen van een *katheter; *hart~*, het via een vene of arterie opvoeren van een katheter tot in de verschillende delen van het hart ter bepaling van de daar heersende drukken, pO_2 en pCO_2 en ter röntgenologische afbeelding m.b.v. contraststoffen (*angiocardiografie); *percutane* of *centraal-veneuze ~*, katheterisatie van de (v. jugularis externa of de) v. subclavia (met speciale fixatie) voor langere duur, vnl. uitgevoerd vanwege de goede toegankelijkheid tot de rechter hartboezem (met de 'tip' van de katheter tot in de v. cava superior) en toegepast t.b.v. intensieve (chemo)therapie-kuren, langdurige parenterale voeding of infusen, herhaalde drukmetingen e.a.

kathexis *G* syn. retentie.

kathode *G* negatieve pool van een elektrische batterij.

kationen positief geladen *ionen.

kattenkrabziekte *E*: cat-scratch disease, cat-scratch fever; zie lymphogranuloma benignum (bet. 1).

kattenoogsyndroom coloboma iridis, pre-auriculaire huidlobjes, anus*atresie, nauwe oogspleten e.a. aangeboren afwijkingen t.g.v. partiële trisomie van het 22ste chromosoom.

katten- *~oor*, oorschelp met naar binnen gerolde buitenrand.

kausa- zie causa-.

kauwspier *musculus masseter.

Kawasaki, T. Japans kinderarts; *ziekte van ~*, infectieuze kinderziekte met koorts, conjunctivitis, droge lippen, aardbeitong, rood mondslijmvlies (stomatitis), hepatitis, zwelling en erytheem van handen en voeten, fissuren van de nagelriemen, halslymfomen, gewrichtspijnen en diarree, soms pancarditis met microaneurysma's van de aa. coronariae en occlusieve vasculitiden met opvolgende necrosen en harttamponade door bloedingen; waarschijnlijk identiek met infantile *polyarteriitis nodosa; in vele gevallen is waarschijnlijk een *retrovirus in het spel; syn. mucocutaan lymfekliersyndroom, *MCLS of *MLNS.

Kayser, B. Duits oogarts (1869-1954), zie *groene ring.

KB afk. van kortdurende behandeling.

KBM-prothese afk. van Kondylen Bettung Münster, een prothese waarbij de femurcondylen als het ware zijn ingebed in de min of meer veerkrachtige oren van de prothesekoker.

K-cellen killer cells *E*, killer-lymfocyten (en monocyten/macrofagen) die op het celmembraan receptoren bezitten voor het Fc-fragment van *IgG en die antistofdragende cellen herkennen zodat deze worden beschadigd en gedood; syn. antibody dependent cellular cytotoxicity (afk. ADCC); zie ook NK-cellen.

kD afk. van kilodalton = 1000 dalton; syn. kDa.

kDa afk. van kilodalton = 1000 dalton, syn. kD.

KDAM afk. van kinderen van drugsafhankelijke moeders.

KDV afk. van kinderdagverblijf.

KEA afk. van kosten-effectiviteitsanalyse.

Kearns, T. Amerikaans oogarts; *syndroom van ~*, zeldzaam beeld van progressieve oogspierparesen in de prepuberteit, gepigmenteerde retinadegeneraties, prikkelgeleidingsstoornissen in het hart, discantdoofheid, soms tevens vestibulaire stoornissen, gelaatsspierparesen, ataxie en polyneuropathie.

keel fauces; *~gat*, isthmus faucium; *~holte*, farynx; *~ontsteking*, zie angina; *~spiegel*, laryngoscoop.

keel-neus-oorheelkunde (afk. KNO) medisch specialisme m.b.t. de genoemde lichaamsdelen, alsmede de luchtpijp en de slokdarm.

kegeltand abnormaal gevormd en te klein gebitselement.

kegeltjes kegelvormige zintuigcellen hoofdzakelijk in het centrale deel van het netvlies; het centrum (fovea centralis) van de gele vlek (macula lutea) bevat uitsluitend kegeltjes; ze dienen voor de waarneming van kleuren.

Keith-Flack zie sinusknoop.

keizersnede zie sectie.

kelis *G* vlek, syn. macula, litteken.

kelkhals *infundibulum renum.

Kelly, A. Schots KNO-arts (1865-1941); *syndroom van Paterson-~*, zie dysfagie; syn. syndroom van Plummer-Vinson.

kelnersarm verlamming of zwakte van de strekspieren en supinatoren van de onderarm door te sterke belasting van deze spieren bij het bedienen.

keloïd woekering van littekenweefsel, littekengezwel.

KEMO afk. van kerncommissie ethiek medisch onderzoek.

Kemp, A. Nederlands neuroloog; *symptoom van ~*, bij hernia nuclei pulposi (HNP) wordt pijn veroorzaakt door dorsolaterale buiging van de romp naar de zijde van de aandoening.

kenfuncties syn. *cognitieve functies.

Kennedy, F. Engels neuroloog in Amerika (1884-1952); *syndroom van ~*, nervus opticus-atrofie met een centraal scotoom en heterolateraal papiloedeem t.g.v. druk op de zenuw, bijv. door een meningeoom.

kenose, kenosis syn. *inanitie.

kenotoxine *G* vermoeidheidsgif; een eiwitontledingsproduct dat zich door bovenmatige spierinspanning in het lichaam zou vormen en vermoeidheid veroorzaken.

Kent, A. Engels fysioloog (1863-1958); *bundel van ~*, (card.) accessoire geleidende atrioventriculaire verbinding welke o.a. een rol speelt in het Wolff-Parkinson-White-syndroom (afk. WPW-syndroom).

keratalgie, keratalgia *G* pijn in het hoornvlies van het oog.
keratectasie *G*, **kerectasie** uitpuiling van het hoornvlies op de plaats van een litteken dat te zwak is om weerstand te bieden aan de intra-oculaire druk; vorm van stafyloom.
kera- *~tectomie*, wigvormige excisie van het hoornvlies; *~tine*, hoornstof, hoofdbestanddeel der dierlijke hoornweefsels; komt o.a. voor in nagels, haren, opperhuid; *~tinisatie*, verhoorning; *~tinocyt*, celtype dat het overgrote deel uitmaakt van de opperhuidcellen; vormt keratine; *~tinofyl*, met affiniteit tot keratine in huid, haren en nagels.
keratitis *G* ontsteking van het hoornvlies (cornea); ~ *actinica*, keratitis t.g.v. de inwerking van ultraviolet licht; ~ *dendritica*, boomvormig vertakte ulceraties in het hoornvlies, veroorzaakt door *herpesvirus (herpes hominis type 1); ~ *diffusa*, syn. ~ *interstitialis, parenchymatosa* of *profunda*, zich over het gehele hoornvlies uitbreidende, in de diepere lagen zetelende, meestal de beide ogen aantastende troebeling; wordt veroorzaakt door tuberculose, scrofulose, syfilis of herpesvirus; ~ *eczematosa*, syn. conjunctivitis phlyctaenularis; ~ *neuroparalytica*, ernstige keratitis bij laesie van de nervus trigeminus; ~ *punctata*, oppervlakkige keratitis met vorming van grijze stipjes; ~ *ulcerosa*, etterende keratitis waarbij een zweer in het hoornvlies ontstaat, syn. ulcus corneae.
keratoacanthoom huidknobbeltje met centrale inzinking waarin meestal een hoornprop.
kerato- *~cele*, blaarachtige uitzetting of uitpuiling van het door zweren verdunde hoornvlies; *~cyste*, zie cyste; *~conjunctivitis*, conjunctivitis gepaard gaande met keratitis; *~conjunctivitis electrica*, niet-blijvende beschadiging van het hoornvlies (cornea) door onbeschermde blootstelling van het oog aan ultraviolet licht (lasogen, sneeuwblindheid, hoogtezon); *~conus*, syn. keratectasie; *~derma* of *~dermie*, plaatselijke of gegeneraliseerde verharding van de huid door afwijkingen in de hoornlaag; *~derma blennorrhagica*, keratodermie hoofdzakelijk op de voetzolen bij M. *Reiter; *~derma hereditaria mutilans*, erfelijke vorm van keratodermie met neiging tot afstoting van vinger- en teenkootjes; *~dermatose*, (alg.) aandoening van de hoornlaag der huid; *~dermite*, keratodermie met uitzondering van die van haren of nagels; *~fakie*, refractie*chirurgie waarbij een donor- of een synthetisch lensje in het hoornvlies wordt geplaatst.
keratoglobus *G* bolvormige uitzetting van de gehele voorste helft van het oog; kan zijn aangeboren, doch is meestal een gevolg van *buphthalmos of hydroftalmie, en wordt veroorzaakt door intra-oculaire druk, waartegen het aangedane hoornvlies niet meer bestand is; syn. cornea globosa, macrocornea, megalocornea, staphyloma pellucidum.
keratolyse loslating van de opperhuid gepaard gaande met blaarvorming, syn. epidermolyse.
keratoma zie keratoom.
keratomalacie *G* hoornvliesverweking; met verettering gepaard gaand versterf van het hoornvlies van het oog; begint met uitdroging (xerosis) van het oogbindvlies (conjunctiva), daarna wordt het gedeelte van het hoornvlies dat bij geopend oog bloot ligt, droog en dof.
keratometer instrument waarmee de kromming van het hoornvlies wordt gemeten.
keratomileusis keratoplastiek met gebruikmaking van een donor-cornea ter *refractieverbetering.

keratomycose keratitis veroorzaakt door schimmels.
keratonose abnormale verhoorning van de opperhuid.
keratonyxis *G* het doorsteken van het hoornvlies met een staarnaald, bij cataract.
keratoom, keratoma *G* hoorngezwel op de huid; zie cornu cutaneum.
keratoplastiek operatie waarbij een ondoorzichtig hoornvlies door een ander wordt vervangen.
keratoscoop schijfje om astigmatisme op te sporen; zie Placido.
keratose, keratosis *G* abnormale verhoorning van de huid; ~ *diffusa congenita*, syn. ichthyosis congenita; ~ *follicularis*, syn. hyperkeratosis follicularis, zie hyperkeratose; ~ *senilis*, syn. ~ *actinea*, precancereuze keratose vnl. na (jarenlange) zonbestraling.
keratotomie operatie waarbij het hoornvlies wordt doorgesneden of ingesneden; *radiaire* ~, keratotomie ter verbetering van de *refractie (breking) van het oog d.m.v. 8 tot 16 radiaire incisies in het hoornvlies bij een bestaande myopie (bijziendheid).
kerectasie, kerectasia *G* zie keratectasie.
kerion Celsi *G* schimmelziekte van de behaarde huid, gepaard gaande met afbreken van de haren en korstvorming; werd het eerst door Celsus beschreven en naar hem genoemd.
Kerley, P. Engels radioloog (geb. 1900); ~-*lijnen*, lineaire schaduwen in de longvelden op een thorax-röntgenfoto bij veneuze stuwing in de longen.
kern nucleus.
kerncomplex (psych.) conflict tijdens de eerste levensjaren dat de aanleiding vormt voor op latere leeftijd optredende neurotische stoornissen; syn. kernprobleem.
kern- ~*deling*, zie meiose, mitose; ~*eiwit*, nucleoproteïne; ~*icterus*, icterische verkleuring van de zenuwkernen in hersenstam en verlengde merg bij erythroblastosis foetalis.
Kernig, W. Russisch arts (1840-1917); *symptoom van* ~, wanneer bij buiging van het bovenbeen in de heup tot loodrecht op de romprichting de knie niet kan worden gestrekt, is het symptoom positief, ten teken van prikkeling van de hersen- of ruggenmergsvliezen (meninges), o.a. bij meningitis.
kernneurose syn. *karakterneurose.
kernprobleem zie kerncomplex.
kernspintomografie, kernspinresonantie zie NMR, MRI.
keto-acidose *acidose met aanwezigheid van ketolichamen (aceton, acetylazijnzuur, β-oxyboterzuur) in het bloed, dehydratie en hyper*osmolaliteit bij diabetes mellitus door tekort aan insuline.
ketogeen dieet een dieet vnl. bestaande uit vetten, door het (nagenoeg) ontbreken van koolhydraten ontstaat *ketose; tgst. *ketolytisch*.
ketonemie syn. *ketose.
ketose, ketosis *G* het vóórkomen van ketolichamen (aceton en andere ketonen) in het bloed; syn. ketonemie.
ketosteroïden *steroïden met ketogroepen aan functionele C-atomen; 17-ketosteroïden (afk. 17-KS) hebben aan het 17de C-atoom een ketogroep; het zijn androgene stoffen, bijv. oestron, progesteron en testosteron; bij tumoren van eierstok en bijnierschors worden ze in de urine aangetroffen.
KGC afk. van klinisch-genetisch centrum.
KGO afk. van klinisch geneesmiddelenonderzoek.

KGS afk. van ketogeen-steroïden.
KGTV afk. van kinder-gezinsvervangend tehuis; zie ook GVT.
kGy afk. van kilogray = 1000 *gray.
KH afk. van koolhydraat.
KHT afk. van kinderlijke harttonen.
kHz afk. van kilohertz = 1000 *hertz.
KI afk. van 1. kleurindex. 2. kunstmatige *inseminatie. 3. kaliumjodide.
KID kunstmatige *inseminatie met sperma van een donor.
KIE 1. afk. van kunstmatige inseminatie (afk. KI), met sperma van de echtgenoot, partner; syn. KIH. 2. kallikreïne-inactiverende eenheid.
Kiel-classificatie van K. Lennert afkomstige indeling van de non-Hodgkin lymfomen en enkele leukemische ziektebeelden (de grensgebieden CLL en ALL), vnl. berustend op de morfologische relatie van het immunofenotype met het histologische subtype.
Kielland, C. gynaecoloog te Oslo (1871-1941); *~-forceps, tang van ~*, verlostang zonder bekkenkromming, in tegenstelling tot de tang van Naegele.
kiem 1. micro-organisme; *~dichtheid*, het aantal micro-organismen per oppervlakte-eenheid of volume-eenheid; *~getal*, het aantal micro-organismen op een voorwerp. 2. embryo; *~blad*, een laag cellen waarin het embryo zich in een vroeg stadium verdeelt: buitenste kiemblad (ectoderm), middelste kiemblad (mesoderm) en het binnenste kiemblad (endoderm); *~cel*, 1. *zygote. 2. geslachtscel, gonocyt (eicel, zaadcel); *~celtumor*, neoplasma voortgekomen uit geslachtscellen of embryonale cellen; *~infectie*, zie infectie; *~klieren*, zie gonaden; *~schijf*, *blastoderm; *~vrij*, steriel.
Kienböck, R. Oostenrijks röntgenoloog (1871-1953), zie osteochondrose.
Kiernan, E. Iers chirurg te Londen (1800-1874); *driehoekjes van ~*, ruimten tussen de leverkwabjes (lobuli hepatis), bevattende de slagaders, aders en galgangetjes (ductuli interlobares).
kies zie dentes.
Kiesselbach, W. Duits KNO-arts (1839-1902); *plek van ~*, een door vaatverwijdingen (teleangiectasieën) gemakkelijk bloedend plekje in het slijmvlies van het kraakbenig tussenschot van de neus, frequent de oorzaak van neusbloedingen ('bloedneus'); zie ook epistaxis.
KIH afk. van kunstmatige inseminatie husband, kunstmatige inseminatie met homoloog sperma, syn. KIE (bet. 1).
kijkoperatie zie endoscopische *chirurgie.
KIKB afk. van kortdurende intensieve klinische behandeling.
kikkeren glossofaryngeale spraak na larynx-extirpatie.
kikkerfenomeen (card.) als bij kamerextrasystolie (zie extrasystole) de (te vroege) contractie van de hartkamers samenvalt met die van de hartboezems, wijkt - doordat de tricuspidalisklep gesloten is - het bloed uit naar de venae cavae, zichtbaar aan pulsatie van de halsaders.
kikvors- *~gezwel*, zie ranula; *~hals*, korte nek met beperkte beweeglijkheid door aangeboren ontwikkelingsstoornis in de halswervelkolom; zie Klippel-Feil.
killer cells *E*, zie K-cellen.
kilo- (smst.) 10^3; *~joule* (kJ), duizend *joule.
Kimmelstiel, P. Duits patholoog in de VS (1900-1970), zie glomerulo*sclerose.
kin (anat.) mentum *L*; geneios *G*.

kinase enzymactivator.
kinder *~haat*, misopedie; *~mishandeling*, zie battered child syndrome, incest; *~reuma*, zie ziekte van *Still-Chauffard; *~verlamming*, zie poliomyelitis.
kinematica (fysiol.) onderdeel van de *dynamica dat de aspecten van beweging bestudeert, apart van massa en kracht.
kineplastische stomp stomp na amputatie waarbij, door de overblijfselen der spieren, het kunstlid kan worden bewogen.
kinesia syn. *kinetose; ~ *paradoxa* 1. plotseling wegvallen van de bewegingsarmoede en spraakremming bij parkinsonisme, bijv. onder invloed van emotie. 2. kinetose die optreedt wanneer de illusie van beweging wordt gewekt, bijv. kinematografisch, of door overprikkeling van het evenwichtsorgaan na een (langdurige) beweging.
kinesiatrie(k) heilgymnastiek, zie oefentherapie.
kinesiologie de kennis van de functie van spieren en gewrichten; bewegingsleer.
kinesionomie de leer van de wetten en patronen die het bewegen van de mens beheersen vanuit haptonomisch perspectief.
kinesi(o)therapie in België benaming voor fysiotherapie; syn. kinetotherapie.
kinesis zie kinetiek.
kinesisme zelfvergiftiging door bovenmatige spierinspanning.
kinesthesie bewegingsgewaarwording; het gevoel hoe we onze spierbewegingen instellen en uitvoeren.
kinesthesiometer instrument waarmee de kinesthesie wordt gemeten.
kinetiek, kinetica, kinesis *G* bewegingsleer, leer der bewegingskracht.
kinetose *G*, syn. kinesia, ziekte t.g.v. abnormale beweging van het lichaam of van organen, bijv. hersenschudding, zeeziekte.
kinetotherapeutisch bad zie vlinderbad.
kinetotherapie syn. van *kinesiotherapie.
kinine (ook: chinine) uit de bast van de kinaboom getrokken alkaloïd; heeft een koortswerende werking en wordt vooral toegepast bij malaria.
kininen groep van weefselhormonen (peptiden) met o.a. de volgende functies: bloeddrukdaling, verhoging van de doorlaatbaarheid van bloedvaten, contractie van glad spierweefsel, opwekking van pijnprikkels; zij vormen het eindstadium van een activeringsketen (waarin de Hagemanfactor en kallikreïne voorkomen) als reactie op weefselletsels; een belangrijk kinine is bradykinine.
kininogeen een inactief voorstadium van *kinines.
kinkhoest zie tussis.
kinking *E* hoekvormig verloop van een gestenoseerd (bijv. door atherosclerose) gedeelte van een slagader; ook: afknikking.
kinky hair *E* borstelig en brokkelig (hoofd)haar.
kinocilium trilhaar.
kionitis huigontsteking; syn. uvulitis, staphylitis.
kiotomie operatie waarbij de huig wordt ingekort; syn. uvulotomie.
kippen- *~borst*, zie pectus; *~vel*, zie cutis.
Kirschner, M. chirurg te Heidelberg (1879-1942); *~-draad*, (half-stijve) metaaldraad, wordt o.a. gebruikt voor draadextensie (rekverband) en osteosynthese; zie ook Klapp.
kissing disease *E* zie mononucleosis infectiosa.
kissing spine *E* wervels waarvan de doornuitsteeksels (processi spinosi) elkaar

raken.

kissing ulcers *E* twee zweren van het duodenum die tegenover elkaar liggen.

kittelaar syn. van *clitoris.

KITTZ afk. van kwaliteitsinstituut voor toegepaste thuiszorgvernieuwing.

kJ afk. van kilojoule = 1000 joule.

KL afk. van kinderleeftijd.

klankleer fonetiek.

klaplong zie pneumothorax.

klapoor zie bubo.

Klapp, R. Duits orthopeed (1873-1949), uitvinder van de *draadextensie; *kruipoefeningen van ~*, bij scoliose vlg. een bepaald schema ter actieve oefening en rekking van spieren en ligamenten.

klapvoet zie hanentred.

klaring 1. zie clearance. 2. opruimen.

klassieke conditionering zie conditionering.

klauwhand zie hand.

klauwteen zeer sterk gefixeerd-gebogen teen, vaak vier op een rijtje.

Klebsiella geslacht van gramnegatieve bacillen die als commensaal in de darm en de luchtwegen voorkomen, doch pathogeen kunnen worden bij plaatselijk verminderde weerstand, verwekkers van o.a. infecties van lucht- en urinewegen, lever, binnenoor, hersenvliezen (meninges) en evt. sepsis.

kleerluis zie pediculus.

kleermakersspier musculus sartorius.

kleincellig gezegd van een cel die is gekenmerkt door een normale kern en zeer weinig cytoplasma.

Kleine, W. Zwitsers psychiater (overl. 1962); *syndroom van ~-Levin*, vnl. bij jonge mannen voorkomende aanvallen van slaapzucht, vreetbuien, motorische en psychische onrust, euforie.

klein- (smst.) micro-; *~hoofdigheid*, microcefalie.

klem zie tetanus; *~breuk*, hernia incarcerata; beklemde breuk.

klep zie valvula; *~gebrek*, *vitium cordis; zie ook hartklep-prothesen.

kleptomanie (vlg. DSM-IV) stoornis in de impulscontrole gekenmerkt door herhaaldelijk stelen van niet noodzakelijke voorwerpen met als doel spanningsreductie en lustbevrediging, terwijl het stelen niet plaatsvindt als uiting van woede, psychose, gedrags- of persoonlijkheidsstoornis.

kleuren- *~blindheid*, verminderd kleuronderscheidingsvermogen, afwijkend kleurenzien; zie achromasie, chromatodysopsie, dichromasie, monochromasie, daltonisme, kleurenzwakte, trichromasie; *~zwakte*, anomale *trichromasie.

kleur- *~gewaarwording*, zie auditio colorata; *~index*, verhoudingsgetal tussen het Hb-% en het erytrocyten-%, aldus aangevend het Hb-gehalte per erytrocyt (normaal = 1); *~onderscheidingsvermogen*, afk. KOV, zie euchromatopsie, trichromasie; *verminderd ~onderscheidingsvermogen*, zie kleurenblindheid.

klier 1. orgaan dat een *secreet afscheidt, dit kan d.m.v. een afvoerbuis worden afgevoerd (*exocriene klieren) of direct door het bloed worden opgenomen (*endocriene klieren of hormoonklieren). 2. lymfeknoop, dikwijls lymfeklier genoemd; *~koorts*, zie *Pfeiffer (bet. 2); *~verharding*, zie scleradenitis; *~verweking*, zie adenomalacie; *~ziekten*, zie adenitis, febris, lymf-, scrofulose, tabes.

klimatotherapie het bevorderen van de genezing door gebruikmaking van klimaatsomstandigheden.
Kline, B. Amerikaans patholoog (1886-1968); *~-test*, serologische uitvlokkingsreactie ter vaststelling van syfilis.
Klinefelter, H. Amerikaans arts (geb. 1912); *~syndroom*, een bij mannen voorkomende vorm van *hypogonadisme met als chromosomale afwijking de aanwezigheid van meestal twee (soms meer) X-chromosomen naast het Y-chromosoom; klinisch gekenmerkt door kleine testes, ontbreken van zaadproductie, dikwijls borstontwikkeling (gynaecomastie), lange gestalte met extreem lange onderste ledematen, komt voor bij ongeveer 1 op 600 mannen.
kliniek 1. voor praktisch onderwijs in de geneeskunde dienende afdeling van een ziekenhuis, waar de aanstaande arts de zieken behandelt onder toezicht van een hoogleraar. 2. inrichting waar zieken worden behandeld en verpleegd zonder dat onderwijs wordt gegeven.
klinisch m.b.t. de kliniek; wat betrekking heeft op ziekten of patiënten die in een kliniek zijn opgenomen en daar worden onderzocht en behandeld.
klino- zie clino-.
Klippel, M. Frans neuroloog (1858-1942); *syndroom van ~-Feil*, syn. synostosis brevicollis, korte hals met geringe beweeglijkheid van het hoofd t.g.v. aangeboren misvormingen van de halswervels ('kikvorshals'); *syndroom van ~-Trénaunay*, aangeboren lokale reuzengroei met hemangiomen en varices.
klisteer (verouderd) synoniem voor klysma.
klitbandrhonchi (jrg.) massale hardklinkende crepitaties bij auscultatie van de long, kenmerkend voor chronische alveolitis, zoals bij SLE, sclerodermie, RA en 'idiopathisch'.
klok *biologische ~*, de ritmen van de biologische processen in de ons omringende natuur en in vele van de fysiologische gebeurtenissen in levende organismen.
klokmaag (speaking stomach syndrome *E*) sterk klokkend geluid in de bovenbuik door abrupte pendelende verplaatsing van lucht tussen de maagkoepel (maagfundus) en het horizontale deel van de maag vóór de maagportier (antrum pyloricum) t.g.v. geforceerde buikademhaling.
klomp- *~hand*, zie talipomanus; *~voet*, zie pes varus.
klon- zie clon-.
klonen, kloneren 1. voortkweken van een ééncel-cultuur of van functionele DNA-fragmenten (genen). 2. het produceren van genetisch identieke organismen bijv. bij schapen door een cel van een volwassenschaap te fuseren met een ontkernde eicel van een ander schaap; het zo onstane embryo wordt vervolgens in de baarmoeder van een draagmoeder geplaatst; er ontstaat zo een identieke kopie van het volwassen schaap.
klonisch m.b.t. clonus; zie ook *tonisch-klonische aanval.
kloof fissuur.
kloon, clone *G* identieke cellen of organismen, die door ongeslachtelijke voortplanting uit één afzonderlijke cel of uit één organisme zijn ontstaan; hetzelfde geldt voor identieke stukken DNA (genen) die door *kloneren uit één DNA-fragment (gen) zijn ontstaan.
klownisme zie clownisme.
KLOZ afk. van kontaktorgaan landelijke organisaties van (particuliere) ziektekostenverzekeraars, gefuseerd met VNZ tot zorgverzekeraars Nederland (ZN).

Klumpke-Déjerine, A. Frans neurologe (1859-1927), echtgenote van J. *Déjerine; *paralyse van ~-Erb*, partiële verlamming van de plexus brachialis (door overrekking van de wervels C8 en Th1), meestal na tangverlossing (forcipale partus) en atrofie van arm- en handspieren .

klysma *G* klisteer, lavement, meervoud klysma's, het inbrengen in de endeldarm d.m.v. een irrigator of een spuit, van vloeistoffen die een afvoermiddel, een medicament of een voedingsmiddel bevatten; zie ook enteroklysma, microklysma.

klysmafilie een seksuele variant waarbij men opgewonden raakt van het zien of het ondergaan van het inbrengen van een klysma.

Knaus, H. Oostenrijks vrouwenarts (1892-1970), zie *Ogino-Knaus.

KNCV afk. van koninklijke Nederlandse centrale vereniging tot bestrijding der tuberculose.

Kneipp, S. Duits pastoor (1821-1897), bekend voorvechter van de 'natuurgeneeswijze', o.a. door hydrotherapie.

knesmus, knesmos *G* jeuk; zie prurigo.

kneuzing zie contusie.

knevelverband *dasverband, aangelegd proximaal van een slagaderlijke bloeding (tussen hart en plaats van de bloeding), dat gedurende korte tijd wordt 'aangedraaid' om de bloeding te stoppen, syn. tourniquet.

KNF afk. van klinische neurofysiologie.

knidosis *G* (ook: cnidosis) netelroos; zie urticaria.

knie genu *L*; *~gewricht*, articulatio genus; *~hakproef*, het met gesloten ogen plaatsen van hak op knie; neurologische proef die bij ataxie incorrect wordt uitgevoerd; *~kuil*, fossa poplitea; *~schijf*, patella; *~(holte)slagader*, arteria poplitea.

Kniest-dysplasie pseudo*metatrope *dwerggroei.

knik *~kramp*, syn. *salaamkramp; *~voet*, *pes valgus.

knik in de levenslijn karakteristiek symptoom bij schizofrenie, waarbij de cliënt zich plotseling wonderlijk gaat gedragen (opleiding afbreken, vereenzaming, verwaarlozing) en het gevoelscontact met de omgeving verliest.

knipmesvinger plaatselijke vernauwing van de buigpeesschede van een vinger door tendinitis hyperplastica of door tendovaginitis stenosans, waardoor strekking van de gebogen vinger geblokkeerd wordt; wordt de hindernis overwonnen, dan 'knipt' de vinger open; syn. *snapping* of *trigger finger E*.

KNMG afk. van koninklijke Nederlandse maatschappij tot bevordering der geneeskunst.

KNMP afk. van koninklijke Nederlandse maatschappij ter bevordering der pharmacie.

KNO afk. van keel-neus-oor (heelkunde).

knok (pop.) exostose.

knokkelkoorts zie dengue.

knolneus rhinophyma.

knoop zie nodus; *~sgat*, zie boutonnière.

KOAG afk. van 1. keuringsraad openlijke aanprijzing geneesmiddelen. 2. koepelorganisatie alternatieve geneeswijzen.

kobalt een metaal; een radioactief isotoop hiervan kan voor bestralingsdoeleinden radium vervangen; *~bom*, reservoir voor radioactief kobalt, beschermd door loodlaag.

Köbner, H. Duits huidarts (1838-1904); *fenomeen van* ~, syn. isomorf (gelijkvormig) prikkeleffect: het optreden van een huidaandoening (dermatose) op de plaats van een trauma als die aandoening reeds actief is op andere plekken van de huid, bijv. wratten op een krabeffect of een psoriatische plek t.g.v. een huidlaesie bij een psoriatische patiënt.

Koch, R. Duits bacterioloog (1843-1910), ontdekker van de tuberkelbacil; Koch was de eerste die tuberculine bereidde; *~fenomeen,* optreden van koorts en algemeen onwelzijn, soms ook opleving van haardreacties (bijv. rinitis, astma) na *cutireactie (bet. 2) bij *delayed-type allergie.

Kocher, Th. Zwitsers chirurg (1841-1917); *klem van* ~, klemtangetje met lange rechte bek om een geopende slagader dicht te knijpen; *kraagsnede van* ~, horizontale snede in de hals ter chirurgische exploratie van de schildklier.

Kock, N.G. Zweeds chirurg; *~pouch E,* zie continent stoma.

koepel zie fornix; *~holte,* zie atticus.

koepokinenting zie vaccinatie (bet.1).

koeroe *Ind.* zie kuru.

kogel- *~cel,* sferocyt (bolvormige rode bloedcel); *~gewricht,* (anat.) articulatio globoidea, gewricht met drie bewegingsassen, laat bewegingen toe in vele richtingen bijv. heupgewricht.

Köhler, 1. **A.** Duits röntgenoloog (1874-1947), zie osteochondrose. 2. **G.** Duits bioloog (geb. 1947), Nobelprijswinnaar tezamen met C. Milstein in 1984 voor hun onderzoekingen betreffende monoklonale antistoffen.

koilo- *G* hol; uitholling; *~cytose* (pathologisch-anatomisch), vergroting, rijpingsstoornis en komvormige deformatie van plaveiselepitheelcellen met holten in het cytoplasma rondom de kern t.g.v. beschadiging door *HPV in *condylomata acuminata; *~nychie,* lepelnagels (nagels zijn hol in plaats van bol); *~rachie,* wervelkolom waarbij het lumbale deel aan de ventrale zijde (buikzijde) hol is in plaats van bol; *~sternie,* *pectus excavatum.

koinesthesie algemene of totale gewaarwording; het geheel van zinnelijke gewaarwordingen over ons al dan niet welbevinden.

Kojevnikow, A. Russisch neuroloog (1836-1902), zie epilepsie: epilepsia partialis continua.

kok zie coccus.

kokardeverschijnsel ringvormige strictuur met helder centrum bij echografisch onderzoek van de buik, veroorzaakt door circulaire verdikking van de darmwand t.g.v. diverse ziekten.

kokervisus, kokerzien gezichtsveldbeperking.

kokkogeen door kokken veroorzaakt.

kolendamp zie koolmonoxide.

kolf pop. voor borstpomp; *~haar,* de haarvorm gedurende de uitdrijving bij de haarwisseling; het kolfhaar valt uit als het nieuwe haar zich voldoende heeft ontwikkeld.

koliek, colica *L* koliek (afgeleid van het Griekse woord colon), aanval van pijn in de buik door een kramptoestand van glad spierweefsel in holle organen (darm, galwegen, urinewegen, enz.), veroorzaakt door een passagestoornis (afsluiting, *ileus), gepaard gaande met misselijkheid, soms met braken en bewegingsdrang; ~ *flatulenta,* windkoliek, veroorzaakt door overmatige uitzetting van maag en darmen door ophoping van gassen; ~ *hepatica,* galsteenkoliek; ~ *menstrualis,*

buikkrampen bij de menstruatie, syn. dysmenorroe; ~ *mucosa,* slijmkoliek, vorm van colitis waarbij vliezige slijmmassa's onder tenesmi (zie tenesmus) worden ontlast; ~ *renalis,* niersteenkoliek; ~ *saturnina,* loodkoliek, zie saturnisme.
Kolmer, J. Amerikaans patholoog (1886-1962); *~-test,* een niet-specifieke serologische test op syfilis.
kolonisatie (bact.) 1. de 'bezetting' van een bepaald lichaamsgebied door (pathogene) micro-organismen, die zich daar voor langere duur handhaven en de daaruitvolgende interacties met commensale micro-organismen; *~-*resistentie,* de mate waarin de commensale micro-organismen de koloniserende micro-organismen kunnen weerstaan; zie ook *residente flora. 2. de vorming van een *reincultuur.
kolp- zie colp-.
komeetstaart typisch röntgenbeeld van bepaalde *pleuroma's.
kommabacil gekromde bacil, min of meer met de vorm van een komma; zie vibrio.
kompres zie splenium.
kongopapier zie congopapier.
König, F. Duits chirurg (1832-1910), zie morbus; *operatie van ~,* zie pandakplastiek.
koolbuil zie anthrax.
koolhydraat organisch-chemische verbinding opgebouwd uit de elementen koolstof, zuurstof en waterstof (C, O en H); tot de koolhydraten behoren zetmeel, suikers, cellulosen, pectinen e.a.
koolmonoxide (beter: *koolstofmonoxide*) CO, zeer giftig gas, ontstaat bij onvolledige verbranding (kolendamp); komt eveneens voor in uitlaatgassen van motoren; *~vergiftiging,* verstikking t.g.v. een stevige chemische verbinding (HbCO) die het koolmonoxide vormt met het hemoglobine, waardoor hiervan onvoldoende ter beschikking blijft voor zuurstoftransport.
koolwaterstofgasvergiftiging zie hydrocarbonisme.
koorddansersgang het plaatsen van de voeten vóór elkaar in teengang bij het lopen van een lijder aan spondylolisthese, ten einde zonder schokken de (pijnlijke) bewegingen van het bekken zo veel mogelijk uit te schakelen.
koorts zie febris; *~stuipen,* zie convulsie; *~uitslag,* zie herpes; *~verwekkend middel,* pyreticum; *zwarte ~,* *kala-azar.
kootje falanx.
KOPA(C) afk. van kwaliteit, ontstekingen, plaveiselcelepitheel, andere afwijkingen, endocervicale afwijkingen van het cilinderepitheel; classificatie voor cytologische (cervix)uitstrijkjes i.p.v. de indeling volgens *Papanicolaou; men onderscheidt negen klassen variërend van geen afwijkingen (1), afwijkende epitheelcellen (2), metaplasie (3), diverse graden van dysplasie (4, 5 en 6), carcinoma in situ (7), micro-invasief carcinoom (8), tot invasief carcinoom (9).
koper één van de *sporenelementen; *~draadaspect,* oftalmoscopisch beeld van de arteriën in het netvlies bij verdikking en hyaliene degeneratie van de vaatwanden; *~stapeling,* zie ziekte van *Wilson (bet. 2), ziekte van *Menkes.
Koplik, H. Amerikaans kinderarts (1858-1927); *vlekken van ~,* vlekjes op het wangslijmvlies (enantheem) bij *mazelen, voorafgaand aan het exantheem.
KOPP afk. van kinderen van ouders met psychiatrische problemen.
koppeling het op een afstand van minder dan 50 *cM (centimorgan) van elkaar gelegen zijn van genloci op een chromosoom waardoor de allelen op deze loci

niet onafhankelijk van elkaar overerven.
kopro- zie copro-.
koraalsteen niersteen die één, meer of alle nierkelken en het nierbekken geheel of gedeeltelijk opvult en er a.h.w. een afgietsel van vormt.
korenaarverband zie spica.
korentang zie tang.
koro *M* (psych.) angsttoestand bij oosterlingen waarbij de patiënt vreest dat de penis zal schrompelen of in de buik zal wegschieten en dat hij hierdoor zal sterven.
Korotkow, N.S. Russisch arts (1874-1920); *tonen van* ~, de vaattonen die met de stethoscoop worden gehoord bij de bloeddrukmeting.
Korsakov, S. (ook wel **Korsakow, Korsakoff**) Russisch psychiater (1854-1900); *~-syndroom*, *amnestisch syndroom; het omvat de psychiatrische verschijnselen behorende tot het syndroom van *Wernicke-Korsakov.
korst zie crusta.
korstig squarrosus; zie ook crusteus.
kortademigheid zie dyspneu.
kortcyclisch werk zie RSI.
korte-termijngeheugen zie geheugen, memory.
kosmetisch de schoonheid bevorderend.
Kostmann, R. Zweeds kinderarts (geb. 1909); *ziekte van* ~, zeldzame autosomaal recessief erfelijke infantiele agranulocytose bij pasgeborenen; ongunstige prognose.
koudbloedigheid poikilothermie.
koude *~-agglutinatie*, agglutinatie van erytrocyten door serumeiwitten bij lage temperatuur; in sommige gevallen zijn deze eiwitten cryoglobulinen; het gevolg is hemolytische anemie en soms hyperviscositeit (zie hyperviscositeitsyndroom); *~-allergie*, op allergie gelijkende reactie (*urticaria) door blootstelling aan koude.
koudvuur zie gangreen.
KOV afk. van *kleuronderscheidingsvermogen.
KOZ afk. van klinisch onderzoek.
kPa afk. van kilo*pascal, 1 cmHg = 1,33 kPa.
KPR afk. van kniepeesreflex, zie reflex.
KR afk. van Kuder-Richardson (schaal).
kraagsnede zie Kocher.
kraakbeen cartilago; zie ook chondr-; *~vlies*, perichondrium; *~territorium*, zie chondron.
kraam- *~bed*, puerperium; *~bedpsychose*, zie puerperale *psychose; *~been*, zie flegmasie; *~hoofd*, neurologische verschijnselen (hoofdpijn, verwardheid, duizelingen en dergelijke) in het kraambed t.g.v. trombose van bepaalde hersenvenen; *~vrouwenkoorts*, zie febris puerperalis; endometritis puerperalis.
Krabbe, K. Deens neuroloog (1885-1961); *ziekte van* ~, een lysosomale enzymopathie met stapeling van galactocerebroside vnl. in de witte hersensubstantie en vorming van *globoïdcellen bij het zeer jonge kind, o.a. gekenmerkt door overprikkelbaarheid, decerebratie.
krad kilorad, 1000 rad.
Kraepelin, E. Duits psychiater (1856-1926), grondlegger van een systematische ordening van psychische stoornissen, maakte onderscheid tussen endogene en

exogene oorzaken.

kralensnoer beeld van de aders in de achtergrond van het oog (fundus oculi) bij diabetische retinopathie.

kramp zie spasmus; *~pijn*, koliek, zie colica, spasmodynie; *~stillend*, spasmolytisch; *~verwekkend*, spasmogeen.

krankzinnige verouderde term voor een psychiatrische patiënt.

krankzinnigenwet thans wet *BOPZ.

krankzinnigheid verouderde term voor psychiatrische stoornis.

kransader vena coronaria.

kranssinus sinus coronarius.

kransslagader arteria coronaria.

kransvaten zie hartkrans.

kraurosis zie lichen.

Krebs, H. Duits biochemicus in Sheffield (1900-1981); *~-cyclus*, zie citroenzuurcyclus.

krentenbaard (pop.) folliculitis barbae.

Kretschmer, E. Duits psychiater (1888-1964), zie habitus.

kriebelziekte syn. van *ergotisme.

kringspier musculus sphincter, sphincter, sfincter.

kristal vaste-stofdeeltjes, begrensd door regelmatig gevormde platte vlakjes; *~*depositie*, het zich afzetten van kristallen in de weefsels; *~lisatiereactie*, zie varentest; *~loïd*, kristalliseerbare stof; *~lijn*, 1. kristalvormig; door regelmatige zijvlakken begrensd. 2. helder als kristal; tgst. amorf.

Kristeller, S. Duits gynaecoloog (1828-1900); *expressie vlg. ~*, bimanuele druk van de verloskundige op de buik van de barende vrouw ter hoogte van de fundus uteri in de richting van de bekkeningang tijdens een perswee ten einde het in de vulva staande hoofd van het kind gemakkelijker te doen geboren worden.

kroep laryngitis diphtherica, *kroepeuze ontsteking van strottenhoofd- en luchtpijpslijmvlies door de difteriebacil; als membranen de ademhaling bemoeilijken, kan tracheotomie nodig zijn; de typische blafhoest is zeer hardnekkig; *intestinale ~*, colitis catarrhalis.

kroepeuze *~ ontsteking*, elke ontsteking die gepaard gaat met uitzweting van fibrine en vorming van membranen; *~ pneumonie*, zie pneumonie.

krokodillentranensyndroom tranenvloed tijdens het eten bij mensen die een facialisparese (zie faciaal) hebben gehad, waarschijnlijk t.g.v. gestoord herstel van secretorische zenuwvezels.

kronkeldarm ileum.

kroon zie corona; *~glas*, zie achromatisch; *~naad*, sutura coronalis, de naad tussen het voorhoofdsbeen en de wandbeenderen; *~uitsteeksel*, processus coronoideus.

krop zie struma, goitre.

kruidengeneeskunde alternatieve geneeswijze waarbij gebruik wordt gemaakt van geneeskrachtige kruiden, meestal in de vorm van thee; syn. fytotherapie.

kruin vertex; *~kwab*, lobus parietalis.

kruinligging (verlosk.) schedelligging met de schedel in lichte deflexie, waarbij de grote fontanel in of bij de bekkenas ligt.

kruis *~allergie*, *allergie voor een stof op grond van een reeds verworven allergie voor een daarmee chemisch verwante stof, dus (schijnbaar) zonder voorafgaand contact; *~banden*, de twee ligamenta cruciata in het kniegewricht; *~beet*, (tandheelk.) afwijkingen in de occlusie waarbij de bovenste tandenrij de onderste kruist; *~besmetting*, besmetting met micro-organismen die - binnen het ziekenhuis - van een andere patiënt afkomstig zijn; kruisbesmetting hoeft geen *kolonisatie te geven en hoeft ook geen *kruisinfectie tot gevolg te hebben; *~infectie*, infectie door een besmetting van patiënt op patiënt binnen het ziekenhuis, direct dan wel indirect; zie ook kruisresistentie; N.B. de Engelse term *cross-infection* komt overeen met de Nederlandse term 'kruisbesmetting' en niet met 'kruisinfectie'.

kruising 1. *hybridatie. 2. *~sverschijnsel*, versmalling en knikking van de *retina-aders op de kruisingen met de slagaders bij arteriosclerose en hypertensie; syn. fenomeen van Gunn; *~ van de oogzenuwen*, chiasma opticum.

kruisproef *(cross matching, E)* proef om de compatibiliteit (verenigbaarheid) der bloedgroepen van gever en ontvanger te onderzoeken door vóór de bloedtransfusie zowel erytrocyten van de gever met serum van de ontvanger als erytrocyten van de ontvanger met serum van de gever samen te brengen; wanneer in beide gevallen geen agglutinatie (klontering) optreedt, is er compatibiliteit.

kruis- *~reactie*, de reactie van een antigeen met een antistof die gericht is tegen een ander (verwant) antigeen; *~*resistentie*, het resistent worden van een bacteriestam voor een antibioticum dat verwant is aan het antibioticum waarmee de bacteriestam wordt behandeld; *~schedel*, zie metopisch.

kruistolerantie het verschijnsel dat gewenning aan één stof (bijv. geneesmiddel) leidt tot verminderde effectiviteit van één of meer andere stoffen.

kruisvereniging vereniging die wijkverpleging organiseert; ze biedt hulp bij o.a. thuiszorg, voorlichting en uitleen van verpleegartikelen.

Krukenberg, F. Duits patholoog (1861-1946); *tumor van ~*, elk secundair neoplasma in de eierstok, ontstaan door metastasering van carcinomen van het maag-darmstelsel.

krypte zie crypte.

KS afk. van 1. ketosteroïden. 2. *Kaposi-sarcoom.

KSR(T) afk. van kernspinresonantie(-*tomografie).

KTS afk. van Klippel-Trenaunay-syndroom.

kubisagari *J* syn. ziekte van *Gerlier.

Kübler-Ross, Elisabeth Amerikaans psychiater van Zwitserse afkomst; *schema van ~*, elkaar geleidelijk opvolgende reactievormen bij (progressief-)psychogeriatrische patiënten: ontreddering en verwardheid (chaos), agressie, depressie, berusting; *stervensfasen van ~*, de fasen waarin het stervensproces achtereenvolgens kan worden ingedeeld: ontkenning, woede, *marchanderen (bet. 2), depressie en acceptatie.

kudde (overdrachtelijk) *~immuniteit*, zie cohort.

Kugelberg-Welander zie Werdnig.

Kuhne, L. Duits fabrikant, grondlegger van de 'natuurgeneeswijze'; zijn kuren bestonden uit wrijf- en zitbaden, stoom- en zonnebaden, vegetarisch dieet, enz.

kuit sura; *~been*, fibula, perone; *~beenader*, vena fibularis (peronea); *~beenslagader*, arteria fibularis (peronea).

kukelfenomeen voortgeleiding naar nek en hoofd van het geruis van een mitralisinsufficiëntie t.g.v. een ruptuur van de peeskoordjes (chordae tendineae) van het voorste of achterste klepblad; wordt ook waargenomen bij (o.a.) aortastenose.

Kulchitzky, N. Russisch anatoom (1856-1925); *cellen van ~*, *K-cellen, argentaffiene cellen in het darmslijmvlies tussen de crypten van Lieberkühn, onderdeel van het *APUD-systeem.

Kundrat, H. Oostenrijks patholoog (1845-1893); *ziekte van ~*, een non-Hodgkin *lymfoom.

Kung, P. Engels immunoloog, één van de grondleggers van het *OKT-systeem.

kunstbloed (jrg.) een oplossing die de zuurstofvervoerende capaciteit van erytrocyten kan vervangen; het betreft gepolymeriseerd hemoglobine (polymeer-hemoglobine) met een halfwaardetijd van ongeveer 30 uur en een oplossing van perfluorocarbon (afk. *PFC) zodat in samenwerking met de beademing van de patiënt gedurende enkele uren het zuurstoftransport gegarandeerd is.

kunstfout verzuim in een medische (be)handeling waardoor de patiënt nadeel wordt berokkend.

kunsthart apparaat, evt. voorzien van een oxygenator, evt. geïmplanteerd, ter ondersteuning van de hartfunctie; zie ook cirrestor.

kunst *~matig*, factitius; *~nier*, zie hemodialyse; *~oog*, zie prothese; *~penis*, dildo; *~vlees*, zie TVP.

Küntscher, G. Duits chirurg (1900-1972); *~-pen*, metalen pen voor interne fixatie (in de mergholte) van een (gereponeerde) fractuur van een pijpbeen (met name femur).

Kupffer, K. von Duits anatoom (1829-1902); *~-cellen*, mononucleaire fagocyten die de leversinussen bekleden en lichaamsvreemde deeltjes onschadelijk maken; maken deel uit van het weefselmacrofagensysteem (MPS), voorheen RES genoemd.

kuras een grote kunststof schelp die over de borst en buik geplaatst wordt; de schelp is met een slang verbonden aan het beademingstoestel, dat met de regelmaat van een gewone ademhaling de borstkas en de buik omhoog zuigt waardoor lucht wordt ingeademd.

kurkentrekkerfenomeen zie fenomeen.

kuru, koeroe een in 1957 ontdekte neurologische aandiening bij een stam in Oost-Nieuw-Guinea, gekenmerkt o.a. door ataxie, choreoathetose, tremoren en gestoorde evenwichtszin, onmatige lachbuien (euforie), incontinentie en tenslotte de dood binnen korte tijd; zie ook ziekte van *Creutzfeldt-Jakob.

Kussmaul, A. Duits arts (1822-1902); *~-ademhaling*, zeer diepe (snurkende), ononderbroken en regelmatige ademhaling ('luchthonger'), optredend bij sterke (metabole) acidose zoals bij het (hyperglykemisch keto-acidotisch) coma diabeticum; *ziekte van ~-Maier*, syn. periarteriitis nodosa.

Küstner, H. Duits gynaecoloog (geb. 1897), zie Prausnitz.

KVE afk. van kolonievormende eenheid.

Kveim, M. Noors arts (geb. 1892); *reactie van ~*, *cutireactie voor de aantoning van sarcoïdose.

KVHN afk. van koninklijke vereniging tot bevordering van de homeopathie in Nederland.

KVO afk. van kinderen van verslaafde ouders.

KVT afk. van kortverblijftehuis.

kwaadaardig maligne.

kwab lobus.

kwaddel licht verheven jeukend huidoedeem ter grootte van een papel; syn. urtica plotselinge uitbraak van vele kwaddels heet *urticaria.

kwade droes zie malleus.

kwadraat vierkant.
kwadrant *~anopsie*, homonieme blindheid of verzwakt gezichtsvermogen van een kwart van het netvlies; *~syndroom*, ontregeling van het vegetatieve zenuwstelsel, veelal bij irritatie van de halssympathicus, met als gevolg een zwaar gevoel en bewegingsbeperking in de schouder, homolateraal oedeem, acrocyanose, paresthesieën (o.a. jeuk), hyperhidrose, oedeem van de hand en gestoorde pijnzin van de arm; soortgelijke symptomatologie kan zich ook voordoen in andere gebieden van het lichaam, alsook door *radiculaire oorzaak.
kwakzalver iemand die nutteloze middelen toepast om andere mensen te suggereren hierdoor te zullen genezen van een al of niet bij hen bestaande ziekte; syn. medicaster, quack.
kwalitatief de hoedanigheid betreffend, bijv. een kwalitatief onderzoek van urine op een bepaalde stof is een onderzoek op het al of niet aanwezig zijn van die stof; zie ook kwantitatief.
kwantitatief de hoeveelheid betreffend; zie ook kwalitatief.
kwark zure melkspijs, wrongel.
kwartaaldrinker zie dipsomanie.
kwashiorkor een vnl. in de derde wereld bij jonge kinderen voorkomende deficientieziekte door gebrek aan eiwitten (methionine-deficiëntie) in de voeding, gekenmerkt door o.a. gebrek aan eetlust, diarree, oedemen, leververgroting, vertraagde groei en typische huidafwijkingen; kenmerkend is de sterk opgezette buik ('hongeroedeem').
kween 1. oude, meestal onvriendelijke vrouw. 2. syn. hermafrodiet; ook: *kwee*.
kwijlen sialorroe.
kwikvergiftiging hydrargyrose.
KWZ afk. van kwaliteitswet zorginstellingen, syn. KZI.
kyesis zie cyesis.
kyfoscoliose kyfose samengaand met *scoliose.
kyfose, kyphosis *G*; bijv.nw. *kyfotisch*; bochel, bult; achterwaartse verkromming van de wervelkolom, hetzij bij asthenie door slappe houding en gebrek aan spierspanning, hetzij t.g.v. de ziekte van Scheuermann (zie osteochondrose), syn. *adolescenten ~* of *~ juvenilis*; *~ senilis*, kyfose van de oude dag.
kymograaf toestel om golfbewegingen te registreren bijv. drukveranderingen in de slagaders.
kyno- *~rexie*, geeuwhonger; zie boulimie; *~spasme*, syn. risus sardonicus.
kyphoscoliosis zie kyfoscoliose.
kyphosis zie kyfose.
kypridologie de leer der geslachtsziekten (Kypris *G* = Venus); zie venereologie.
kyste zie cyste.
KZ afk. van 1. kraamzorg. 2. kinderziekenhuis; zie ook KZ-syndroom, KZ-wet.
KZI afk. van kwaliteitswet zorginstellingen, syn. KWZ.
KZ-syndroom afk. van Konzentrationslager(=concentratiekamp)-syndroom, zie posttraumatische *stress-stoornis.
KZ-wet krankzinnigenwet, wet uit 1884; deze wet is in 1994 vervangen door de wet *BOPZ.

L

L afk. 1. lumbale wervel, lendenwervel. 2. laevo, levo, links, linksdraaiend.
l symbool voor de eenheid liter.
l. afk. van loco.
l.a. afk. van (rec.) *lege artis; zie f.l.a.
LA afk. van 1. *lupus-anticoagulans. 2. latex-agglutinatie. 3. linker atrium.
LAAZ afk. van landelijke vereniging van academische ziekenhuizen.
labia zie labium.
labiaal, labialis *L* m.b.t. de lippen, lipvormig; zie labium.
labiel onstandvastig, wankelbaar; tgst. stabiel; *~e persoonlijkheid*, zie persoonlijkheid.
labiliteit, labilitas *L* onevenwichtigheid; *vasovegetatieve ~*, zie vegetatieve *dystonie.
labitoom *G* snijdende tang.
labium *L* lip; meervoud labia; *labia maiora*, grote schaamlippen; *labia minora*, kleine schaamlippen; *~ leporinum*, hazenlip, aangeboren misvorming, waarbij de bovenlip, meestal ter hoogte van de hoektand, gespleten is; 1e graad: spleet klein en het tandvlees niet zichtbaar; 2e graad: spleet groter, tot bij de neus, en het tandvlees zichtbaar; 3e graad: spleet naar boven tot in het neusgat en naar achteren tot in het verhemelte (palatum fissum, gespleten verhemelte); door operatie, liefst in het eerste levensjaar, kan het gebrek afdoende worden opgeheven; syn. diastemochilie, labium fissum, lagochilie, lagostoma.
laborant een geschoolde laboratoriummedewerker.
laboratorium *L* werkvertrek voor (wetenschappelijk) onderzoek.
labores *L* weeën.
labourers' spine *E* zie spondylose.
labrum *L* (anat.) lip; lipvormige kraakbenige rand om een gewrichtskom.
labyrint, labyrinthus *L* doolhof, het inwendig oor, binnenoor; ligt in het rotsbeen en bestaat uit het benige labyrint *(~ osseus)*, waarin gelegen het vliezige labyrint *(~ membranaceus);* in het benige labyrint onderscheidt men de voorhof (vestibulum), naar achteren verbonden met de drie loodrecht op elkaar staande halfcirkelvormige kanalen (booggangen), naar voren met het slakkenhuis (cochlea); het vliezige labyrint in de voorhof bestaat uit het ovale blaasje (*utriculus) en het ronde blaasje (*sacculus), in het slakkenhuis bestaat het uit de vliezige slakkenhuisgang (ductus cochlearis) en in de booggangen bestaat het vliezige labyrint uit de drie vliezige halfcirkelvormige kanalen (ducti semicirculares).
labyrintitis ontsteking van het labyrint.
labyrinthus zie labyrint.
LAC afk. van 1. lupus-anticoagulans, syn. LA (bet. 1). 2. laparoscopic assisted colectomy.
lac *L* melk, afscheidingsproduct van de vrouwelijke borstklieren, vormt in de eerste tijd na de geboorte van het kind het natuurlijke voedsel; de eerste dagen na de bevalling heeft de melk haar normale samenstelling nog niet verkregen en heet

dan colostrum; ~ *femininum,* vrouwenmelk, moedermelk; ~ *neonatorum,* de afscheiding uit de borstklieren van pasgeborenen, heksenmelk; ~ *vaccinum,* koemelk.

LACB afk. van lymphadenosis cutis benigna.

laceratie, laceratio *L* verscheuring; ook: dilaceratie; bijv.nw. *lacerus.*

lacertus fibrosus *L* peesblad uitgaand van de aanhechtingspees van de m. biceps brachii.

lacerus *L* verscheurd.

lach zie risus; *~gas,* inhalatienarcoticum; *~ziekte,* zie kuru.

Lachmann-test (orthop.) test voor het aantonen van een ruptuur van de kruisbanden; 1. bij gebogen knie tot 30° en gefixeerd onderbeen, wordt door de onderzoeker subluxatie van de tibia ten opzichte van het femur gevoeld bij achterwaartse druk op het onderbeen. 2. *gemodificeerde ~,* in bovengenoemde stand is een instabiliteit van het gewricht voelbaar bij endorotatie van het onderbeen.

lachspier *musculus risorius.

lacrima *L* traan; meervoud lacrimae; *glandula lacrimalis,* traanklier.

lacrimans tranend.

lactaat een zout van melkzuur.

lactacidemie (ook: *lactikemie*), de aanwezigheid van melkzuur in het bloed, bijv. bij sommige vergiftigingen en beenverweking.

lactagogum *L* zogdrijvend middel, syn. galactagogum, meervoud lactagoga.

lactans *L* zogend.

lactase enzym in het darmsap dat lactose (melksuiker) omzet in glucose en galactose; *~-deficiëntie,* syn. alactasie.

lactatie, lactatio *L* 1. het zogen, het voeden van het kind aan de moederborst. 2. de zogafscheiding, de moedermelk.

lactens *L* zuigeling.

lactiferus melkproducerend of melkvoerend; *ductus ~,* melkgang, syn. galactofoor.

lactigo *L* zuigelingeneczeem, dauwworm, 'melkkorst'; een vorm van ecthyma bij zuigelingen, syn. lactumen.

lactikemie zie lactacidemie.

Lactobacillus niet-pathogeen bacteriegeslacht; onder invloed van Lactobacillus treedt gisting op; ~ *acidophilus,* Döderleinbacil, komt van nature voor in de vagina.

lactodensimeter, lactometer instrument waarmee het s.g. van melk wordt bepaald.

lactoferrine een proteïne voorkomend in speeksel, traanvocht, bronchiaal slijm, moedermelk, gal en in granulocyten, dat via ijzerbinding bacteriële groei remt door interferentie met het ijzermetabolisme van bacteriën.

lactoflavine vitamine B_2; syn. riboflavine.

lactometer syn. *lactodensimeter.

lactoscoop toestel waarmee het vetgehalte van melk wordt bepaald naar de graad van doorschijnendheid.

lactose melksuiker, een disacharide, dat door lactase wordt gesplitst in de monosachariden glucose en galactose; minder zoet dan rietsuiker; syn. saccharum lactis.

lactosurie het voorkomen van lactose in de urine bij gezonde zwangere en zogende vrouwen; soms bij kinderen als aangeboren stofwisselingsstoornis.

lactotroop, lactotroof m.b.t. melk; syn. mammotroop; *~trope cellen,* acidofiele

cellen in de hypofysvoorkwab die prolactine afscheiden.
lactotropine syn. *prolactine.
lactovegetarisme zie vegetarisme.
lactulose disacharide bestaande uit galactose en fructose.
lactumen *L* zie lactigo.
lacunair, lacunaris *L* holten of verwijdingen betreffend of bevattend, bijv. *lacunaire angina*, syn. *angina lancunaris, ontsteking van de kleine holten in de amandelen.
lacune (anat.) holte, gaping, verwijding, bocht.
lacuneus geweten een geweten dat gericht is op eigen driftbevrediging zonder rekening te houden met de normen van anderen.
lacus *L* meer, vochtophoping; ~ *lacrimalis*, traanmeer, de traanvochtophoping in de binnenooghoek.
LAD afk. van 1. lymfocyten activerende determinanten. 2. landelijke vereniging van artsen in dienstverband. 3. left anterior descending branch.
LADIS afk. van landelijk alcohol- en drugsinformatiesysteem.
laederen verwonden, beschadigen, kwetsen; zie ook laesie.
laemostenosis zie lemostenose.
Laënnec, R. beroemd Frans arts (1781-1826), uitvinder van de stethoscoop; *catarrhe suffocant de ~ F*, *bronchitis capillaris, bronchiolitis; *cirrose van ~*, zie micronodulaire lever*cirrose.
laesie, laesio *L* verwonding, beschadiging, letsel, blessure, kwetsuur; wkw. laedéren.
LAF afk. van 1. lymfocyten activerende factor. 2. laminar air flow *E*. 3. leukocyten alkalische fosfatase.
LAFB afk. van left anterior fascicular *block *E*.
lag. (rec.) afk. van lagena, fles.
lag curve *E* hoge en snelle stijging van de bloedsuikercurve en terugkeer tot de beginwaarde na ongeveer 2 uur, niet typisch voor diabetes.
lagena *L* fles, medicijnfles, afk. lag.
lagochilie *G* hazenlip, zie labium leporinum, syn. lagostoma.
lagophthalmus *L* hazenoog, het onvermogen om de oogleden te sluiten, door verkorting of naar buiten gekeerd zijn van het ooglid (ectropie), verlamming van de oogkringspier, ooglidretractie, kramp van de ooglidopheffer of door ernstige exoftalmie.
lagostoma *G* hazenlip, zie labium leporinum, syn. lagochilie.
LAK afk. van lymphokine-activated killer(-cells) zie K-cellen *E*.
lakmoes kleurstof uit korstmossen bereid, kleurt zich in alkalisch milieu blauw en in zuur milieu rood.
lallatio *L* sterkste graad van stamelen, zodat de spraak onduidelijk of zelfs onverstaanbaar wordt, bijv. door tongverlamming (glossoplegie).
lalopathie *G* spraakstoornis bijv. dysartrie of dysfasie.
lambda de Griekse letter l; *(para)~cismus*, het onvermogen om de letter l uit te spreken zonder te stotteren, of de gewoonte de l telkens met een andere letter te verwisselen; *~naad*, de naad tussen achterhoofdsbeen en wandbeenderen.
lambeau en drapeau *F* (chir.) gesteelde huidlap van de strekzijde van één van de vingers.
Lambert, E. Amerikaans neuroloog (geb. 1915), zie syndroom van *Eaton-Lambert

lambitus *L* het likken aan de geslachtsdelen.
Lamblia syn. *Giardia.
lambliasis syn. *giardiasis.
lamel, lamella *L* vklw. van *lamina; bijv.nw. *lamellair*; (dermatologie) dunne grote *squama.
lamina *L* dunne plaat, weefsellaag, bijv. de verschillende lagen waaruit een bloedvatwand is opgebouwd; ~ *arcus vertebrae*, het dorsale, afgeplatte gedeelte van de wervelboog; ~ *basalis*, basale membraan, zie basaal; ~ *choroidocapillaris*, een dunne plexus van choroïdocapillairen tegen de buitenzijde van de membraan van *Bruch; ~ *cribrosa*, de zeefplaat, horizontale plaat van het zeefbeen (os ethmoidale); ~ *perpendicularis*, de verticale plaat van het zeefbeen, vormt een deel van het septum nasi (neustussenschot); ~ *spiralis ossea*, de spiraalvormige beenplaat in het slakkenhuis (cochlea), scheiding tussen de trommelholtetrap (dalende trap, scala tympani) en de voorhofstrap (stijgende trap, scala vestibuli); ~ *splendens*, dun vochtfilmpje op de oppervlakte van gewrichtskraakbeen.
laminectomie chirurgische blootlegging van het ruggenmerg door verwijdering of omklapping van wervelbogen.
laminografie zie planigrafie.
lamp *infrarood* ~, elektrische lamp die vnl. infrarode stralen (warmtestralen) uitzendt, gebruikt ter behandeling van o.a. reumatische pijn; *kromayer* ~, elektrische lamp waarin een lichtboog wordt opgewekt in een met kwikdamp gevulde ruimte, gebruikt bij bepaalde huidziekten; *spleet~*, zie spleetlamp; *ultraviolet* ~, zie hoogtezon; *xenon~*, een met xenongas gevulde lamp, gebruikt in de dermatologie.
lamprofonie een bijzonder heldere (schelle) stem.
lamsvlies amnion.
Lamy, M. Amerikaans kinderarts, zie Maroteaux.
lana *L* wol.
lancet *F* dun, lansvormig, tweesnijdend chirurgisch mesje.
lancinerend schietend; *~e pijn*, schietende pijn.
landbouwerslong ziekte van de longen door omgang met beschimmeld hooi, met koorts, anorexie, hoest en dyspneu, later longfibrose en emfyseem, veroorzaakt door antigene werking van bepaalde schimmels; syn. boerenlong.
landkaart *~tong* zie lingua; *~schedel*, röntgenbeeld van de schedel bij de ziekte van *Hand-Schüller-Christian.
Landolt, E. Zwitsers oogarts te Parijs (1876-1926); *optotypen van* ~ (1909), testfiguren van afnemende afmetingen voor bepaling van de gezichtsscherpte, in de vorm van zwarte cirkels met een uitsparing.
Landouzy, L. Frans internist (1845-1917); 1. *ziekte van* ~, syn. ziekte van Weil. 2. syn. tyfobacillose. 3. *ziekte van ~-Déjerine*, autosomale dominant-erfelijke spierdystrofie in de vroege adolescentie met spierzwakte in de gelaats- en schoudergordel-musculatuur (facio-scapulo-humerale dystrofie) met wisselend verloop en redelijke prognose.
Landry, J. Frans arts (1826-1865); *syndroom van ~-Guillain-Barré-Strohl*, zie polyradiculoneuropathie; eerder (1834) beschreven door de Engelse arts J. Wardrop.
Landsteiner, K. Oostenrijks patholoog te Wenen en in de VS (1868-1943), ontdekker van de bloedgroepen en de resusfactor bij de mens; Nobelprijs 1930.

landziekte vorm van kinesia paradoxa (zie kinetose, bet. 2) bij zeelieden, die - gewend aan de golfslag - de bodem voelen deinen bij het aan wal stappen.

Lane, W. Engels chirurg (1868-1943); *ziekte van~*, chronische remming van de darmpassage door de aanwezigheid van een aangeboren of verworven knik in het ileum.

Lange, Cornelia C. de Nederlands kinderarts (1871-1950); *syndroom van ~*, congenitale spierhypertrofie met extrapiramidale stijfheid en gestoorde motoriek, voorts *microcefalie, gebitsafwijkingen, hirsutisme en misvorming van de duimen; (pop.) worstelaarstype.

Langerhans, P. Duits anatoom (1847-1888); *~-cellen,* immunologisch-actieve, stervormige (dendritische) macrofagen in milt, thymus, huid, lymfeklieren, tonsillen, plaques van Peyer, neusslijmvlies en darmwand; *insulae ~*, eilandjes van Langerhans, de celgroepen in het pancreas die hormonen produceren, te weten: insuline (B-cellen), glucagon (A-cellen), gastrine en somatostatine (D-cellen); zie ook enterohormonen.

lange-termijngeheugen zie geheugen, memory.

Langhans, Th. Zwitsers patholoog (1839-1915); *cellen van ~*, zie reuzencel.

languido, languissant *F* smachtend, kwijnend; mat.

languor *L* loomheid, slapheid, uitputting; ook: luiheid.

lanoline *F* wolvet; door uitkoken van schapenwol verkregen vet; wordt gebruikt bij de bereiding van zeep, zalven, enz.

lanugo *L* de eerste haargeneratie bij het embryo, bestaande uit pigment- en mergloze haartjes, welke vóór de geboorte uitvallen.

LAO afk. van left anterior oblique (hartprojectie).

LAP afk. van 1. leucine-aminopeptidase, een enzym. 2. leukocyten alkalische fosfatase, een enzym. 3. left atrial pressure.

laparo- *G* (smst.) via de buikholte, de buikholte betreffend; *~cele*, buikbreuk; zie ook hernia; *~monodidymus*, met de buik aan elkaar gegroeide tweelingen; *~scopie*, endoscopie van de buikholte voor diagnostische doeleinden en voor kleine ingrepen; *~tomie,* buiksnede, buikoperatie.

lapis *L* steen; *~ infernalis*, helse steen, stift van zilvernitraat, wordt gebruikt als middel, bijv. om sterk granulerende wonden en wratten weg te etsen; *~ mitigatus*, minder sterk werkende stift, gegoten uit zilvernitraat en kaliumnitraat.

lapjesproef het aanbrengen op de huid van kleine lapjes, gedrenkt in oplossingen van bepaalde stoffen om te onderzoeken of deze de oorzaak zijn van de (allergische) ziekte waaraan de patiënt lijdt; syn. plakproef.

LAPOSA afk. van landelijke patiënten- en oudervereniging voor schedel- en aangezichtsafwijkingen.

laquear *L* zie fornix.

LAR afk. van 1. late allergische reactie. 2. landelijke abortusregistratie. 3. late astmatische reactie.

lardeus, lardaceus *L* spekachtig, op spek gelijkend, bijv. bij vettige ontaardingen; zie degeneratie.

LAREB afk. van landelijke registratie en evaluatie bijwerkingen (van geneesmiddelen).

larvatus gemaskeerd, verkapt, verborgen, bijv. *febris larvata*, gelarveerde, verkapte of verborgen koorts; zie malaria.

larve, larva *L* eerste ontwikkelingsstadium van hoofdzakelijk wormen en insecten

~ *currens*, zie currens.
LAVH afk. van laparoscopic assisted vaginal hysterectomy.
laryngaal, laryngeaal zie laryngeus.
laryngectomie *G* operatieve verwijdering van het strottenhoofd.
laryngeus *L* het strottenhoofd (larynx) betreffend of tot het strottenhoofd behorend; ook: *laryngaal* of *laryngeaal*.
laryngismus zie laryngospasmus.
laryngitis *G* slijmvliesontsteking (catarre) van het strottenhoofd; ~ *diphtherica*, zie kroep; ~ *subglottica*, zie pseudokroep; ~ *supraglottica*, syn. *epiglottitis.
laryngo- *crisis*, syn. crise laryngée; *~farynx*, laryngopharynx, zie farynx; *~logie*, de leer of kennis van het strottenhoofd en zijn ziekten; *~paralyse*, verlamming van de spieren van het strottenhoofd; *~pharynx*, zie laryngofarynx; *~phthisis*, tuberculose van het strottenhoofd; *~rragie*, bloeding uit het strottenhoofd; *~rrhoea*, *~rroe*, vermeerderde afscheiding van slijm uit het strottenhoofd.
laryngoscoop keelspiegel t.b.v. onderzoek van de larynx *(laryngoscopie)*.
laryngospasmopsellismus *G* stotteren (psellisme) door krampachtige stoornis in de verrichting der spieren van het strottenhoofd.
laryngospasmus *G* stembandkramp, *laryngismus stridulus*, kortdurende tonische kramp van de ware en valse stembanden bij *spasmofilie, waardoor de stemspleet (rima glottidis) gesloten blijft.
laryngo- *stomie*, operatie, waarbij een blijvende opening naar buiten in het strottenhoofd (larynx) wordt gemaakt; *~tomie*, operatieve opening van het strottenhoofd; *~tracheitis*, slijmvliesontsteking (catarre) van strottenhoofd en luchtpijp.
larynx *G* strottenhoofd, het bovenste deel van de luchtpijp waarin de stem wordt gevormd; de larynx grenst van boven aan het tongbeen en bestaat uit het schildkraakbeen, het ringkraakbeen, het strotklepje (epiglottis) en de bekervormige kraakbeenderen, alle onderling verbonden door banden (ligamenten) en spieren; tussen het schildkraakbeen en het ringkraakbeen zijn vóórachterwaarts de valse (boven) en de ware (onder) stembanden uitgespannen.
LAS afk. van lymfadenopathie-syndroom, hetzij als voorstadium van *AIDS, hetzij als latente infectie.
lascief, lascivus *L* wellustig.
Lasègue, E. Frans arts (1816-1883); *symptoom van* ~, bij prikkeling van de nervus ischiadicus ('ischias') veroorzaakt buiging in de heup van het gestrekte been bij rugligging tot 90° pijn aan de achterzijde van het been of is buiging tot 90° niet mogelijk.
laser *A* woord gevormd door de beginletters van light amplification by stimulated emission of radiation *E*; *~stralen* vinden toepassing o.a. bij behandeling van netvliesloslating, gezwellen, verwijdering van tatoeages.
las-ogen zie keratoconjunctivitis electrica.
lassa-virus zeer virulent *arenavirus dat door muizen wordt overgebracht en een ernstig toxisch ziektebeeld veroorzaakt met koorts, bloedingen, shock en neurologische verschijnselen, het eerst waargenomen in Lassa, dorp in Nigeria.
assitudo vermoeidheid.
assus *L* vermoeidheid.
ata zie latus.
atent, latens *L* verborgen, onzichtbaar, niet waarneembaar, bijv. een ziekte; ~ **stadium*, het tijdperk van een ziekte, waarin geen of slechts geringe verschijnse-

len kunnen worden waargenomen.

latentiefase (psych.) ontwikkelingsfase (vanaf het 6de jaar tot aan de puberteit) waarin het kind heeft geleerd om te gaan met tegenstrijdige gevoelens, wedijvert met andere kinderen en leert omgaan met regels die door anderen zijn gesteld.

lateraal, lateralis *L* zijdelings, wat terzijde ligt; tgst. mediaal.

lateralisatie ziekte of symptoom aan één lichaamszijde.

lateraliteit de ongelijkheid van de linker en de rechter helft van het lichaam, in engere zin de mate waarin psychische functies in overwegende mate door één van de beide hersenhelften worden vervuld.

latero- (smst.) zijdelings, zijwaarts, terzijde gelegen; *~flexio L*, zijwaartse buiging; *~flexio uteri*, zijwaartse inknikking van de baarmoeder; *~lateraal*, zie side-to-side; *~listhesis*, verschuiving naar links of rechts; *~pulsie*, onvrijwillige zijwaartse beweging van het lichaam of van een lichaamsdeel; *~terminaal*, zie end to side; *~versie*, zijwaarts buigen.

latex-(fixatie)-test agglutinatiereactie met patiëntenserum op gesensibiliseerde latexpartikels; wordt toegepast in de diagnostiek van reumatoïde artritis; syn. RA-screening test; afk. RA-test.

lathyrisme chronische vergiftiging door gebruik van zaden der verschillende soorten van de lathyrus, veroorzaakt verlammingen en verstijvingen in de benen (vnl. voorkomend in India).

LATS afk. van long acting thyroid stimulator, een Ig-gammaglobuline, antistof tegen schildklierweefsel; syn. TSAb.

latus breed.

Lauenstein-opname vóór-achterwaartse röntgenfoto van het bekken met de heupen in 90° flexie en bij maximale abductie.

Laurence, J. Engels oogarts (1830-1874); *syndroom van ~-Moon-Biedl-Bardet*, erfelijk ziektebeeld van hypogonadisme, vetzucht, retinitis pigmentosa, mentale retardatie, autisme, poly- en syndactylie, soms ook dwerggroei, opticusatrofie e.a.

LAV afk. van lymphadenopathy associated virus *E* (Montagnier, Parijs), een lymfotroop *retrovirus.

lavage *F* wassing, spoeling, irrigatie.

lavement *F (lavamentum, L)* syn. klysma.

Laveran, Ch. Frans militair arts (1845-1922), ontdekker van de malariaparasiet (1880); Nobelprijs 1907.

laxa, laxus *L* (bijv.nw.) ruim, wijd; slap, los.

laxans *L* afvoermiddel, laxeermiddel dat de ontlasting (defecatie) bevordert; meervoud laxantia, syn. purgans.

laxatie, laxatio *L laxeren*, het gebruiken van middelen die de defecatie bevorderen.

laxeermiddel zie laxans.

laxiteit, laxitas *L* losheid, gebrek aan samenhang; ~ *alvi*, diarree; ~ *articulorum*, *waggelgewricht.

laxus zie laxa.

lazaret *It* veldhospitaal; quarantaine-inrichting.

lazy leucocyte syndrome *E* *neutropenie t.g.v. chemotactisch vertraagd transport van granulocyten van beenmerg naar periferie, oorzaak van recidiverende (goedaardige) infecties bij kinderen; afk. LLS.

LBB afk. van landelijke belangenvereniging van basisartsen.

LBBB afk. van left bundle branch block, linker bundeltakblock, syn. LBTB.

LBC afk. van lymphadenosis benigna cutis.
LBM afk. van *lean body mass, vetvrije lichaamsmassa (afk. VVM); indentiek met *FFM.
LBS afk. van landelijk buro slachtofferhulp.
LBTB afk. van linker bundeltakblock, syn. LBBB.
LBW afk. van low birth weight.
LCA afk. van leucocyte common antigen *E*, komt voor op alle witte bloedcellen.
LCAT afk. van lecithine-cholesterol acyltransferase.
LCG afk. van landelijk centrum GVO, thans onderdeel van NIGZ.
LCI afk. van landelijke coördinatiestructuur infectieziektebestrijding.
LCM afk. van 1. lymfocytaire chorio*meningitis; *~-virus*, een door goudhamsters overgebracht virus dat prenatale infecties kan veroorzaken. 2. leucocyte-conditioned medium *E*.
LCP afk. van landelijke CARA-patiëntenvereniging.
LCR afk. van ligase chain reaction; zie ook *polymerase chain reaction.
LCS afk. van 1. *liquor cerebrospinalis. 2. (oogheelk.) liberal colour standards *A* (t.b.v. de correlatie tussen gezichtsscherpte en verkeersveiligheid).
LCT afk. van long chain triglycerides *E*.
LCVV afk. van landelijk centrum verpleging en verzorging.
LCWK afk. van laterale cervicale wervelkolom.
LD afk. van 1. letale dosis. 2. lymphocyte defined *E*. 3. lactaatdehydrogenase, voorheen afk. LDH.
LDC afk. van less developed country *E*.
LDH afk. van 1. lage-dosis*heparine. 2. lactaatdehydrogenase, een enzym dat waterstof aan lactaat onttrekt, thans afgekort tot LD.
LDL afk. van low density lipoproteins *E*, metaboliet van *VLDL; afm. 15-25 nm; vervoert vnl. *cholesterol.
LDS afk. van lymphocytactivity determinant system *E*.
LE afk. van *lupus erythematodes.
lean body mass *E*, de actieve-celmassa (vetvrije massa) van het lichaam; s.g. ± 1,1; afk. *LBM.
lebenzym syn. lebferment, *rennine.
Leber, Th. Duits oogarts (1840-1917); *ziekte van ~*, bij mannen erfelijk voorkomende, door de vrl. lijn overgebrachte, *atrofie van de oogzenuw en *aplasie van het netvlies.
lebetomie *G* zie hebetomie.
lebetostenose bekkenvernauwing.
lebferment syn. lebenzym, *rennine.
LE-celfenomeen het voorkomen van *LE-cellen in het bloed bij systemische lupus erythematodes (SLE).
LE-cellen granulocyten met een typisch aspect, zoals deze worden gezien bij *lupus erythematodes en andere collageenziekten in de weefsels, in het beenmerg en in het bloed; LE-cellen ontstaan door fagocytose van kernsubstantie die gesensibiliseerd is door de *LE-factor*, een antistof gericht tegen kerneiwitten.
lecithine vetachtige stof in vrijwel alle dierlijke en plantaardige cellen, het meest in hersenen en zenuwen; *~lichaampjes*, vnl. uit lecithine bestaande geelkleurige lichaampjes in de afscheiding van de prostaat.
lectulus vklw. van *lectus L* (bed); ~ *stramineus*, strobed, noodspalkverband voor

beenfracturen, gemaakt van stro; ~ *unguis,* nagelbed, het deel van de vinger of teen dat (zichtbaar) bedekt is door de nagel.

LED *lupus erythematodes disseminatus; zie LE.

ledematen extremiteiten: armen en benen.

lederhuid *corium, *hypodermis.

Leede, C. Duits arts (geb. 1882), zie Rumpel.

leepoog *lippitudo.

leerstoornissen (vlg. DSM-IV) hiertoe behoren de lees- en rekenstoornissen en de stoornis in de schriftelijke vaardigheid zich uit te drukken; de prestaties zijn minder dan bij de leeftijd, intelligentie, opleiding en opvoeding past, zonder dat er sprake is van een lichamelijke of ontwikkelingsstoornis.

leertheoretisch model theorie die psychische stoornissen opvat als het resultaat van foutief verlopen leerprocessen en deze stoornissen gedragstherapeutisch beoogt te behandelen.

lees- *~blindheid,* zie alexie; *~bril,* zie presbyopie; *~zwakte,* zie dyslexie.

Leeuwenhoek, A. van Nederlands microbioloog (1632-1723), ontdekker van vele micro-organismen; *ziekte van ~,* myoclonie van het middenrif.

leewater zie hydrartrose, hydrops.

Le Fort, L. Frans chirurg (1829-1893); *fractuur van ~,* verzamelnaam voor alle voorkomende dubbelzijdige horizontale fracturen van de bovenkaak.

legasthenie syn. *dyslexie, aangeboren lees- en schrijfzwakte; n.t.v.m. logasthenie.

lege artis *L* naar de regelen der kunst, vlg. voorschrift; afk. (rec.) l.a.

lege-nestsyndroom (pop.) depressief syndroom bij vrouwen van wie alle kinderen zelfstandig zijn gaan wonen.

legering (chem.) syn. alliage, mengsel van metalen.

Legg, A. Amerikaans chirurg (1874-1939); *ziekte van ~-Calvé-Perthes,* zie osteochondrose.

legionairsziekte ernstige (soms dubbelzijdige) longontsteking of multilobulaire longinfiltraten, soms met neurologische complicaties, veroorzaakt door *Legionella pneumophila; syn. Legionella-pneumonie, veteranenziekte, Pontiac fever; de naam is ontleend aan het feit dat de eerste waarneming werd gedaan bij Amerikaanse oudstrijders na een reünie.

Legionella pneumophila een gram-negatieve bacterie, veroorzaker van *legionairsziekte; komt vnl. voor in warmwaterleidingen, koelinstallaties, aërosolen.

legionellose *legionairsziekte.

Leigh, D. Engels zenuwarts; *ziekte van ~,* autosomaal recessief-erfelijke subacute encefalomyelopathie bij kinderen, die leidt tot sufheid, spasticiteit, ataxie, doofheid, convulsies, psychomotore retardatie en blindheid.

leiodystonie ziektebeeld berustend op *dystonie van het gladde spierweefsel (de onwillekeurige spieren), hoofdzakelijk gekenmerkt door algemene slapte, energieloosheid en dergelijke; zie van *Wulfften Palthe.

leiomyoom gezwel van glad spierweefsel.

leiomyosarcoom sarcoom uitgaande van glad spierweefsel.

leiomyose woekering van glad spierweefsel.

Leishman, W. Engels tropenarts (1865-1926), ontdekker van *Leishmania (1900); *lichaampjes van ~-Donovan,* het intracellulair voorkomen van Leishmania donovani bij de lijders aan kala-azar.

Leishmania een geslacht van *flagellaten, dat o.a. als parasiet bij knaagdieren voorkomt en door bepaalde zandvliegjes (*Phlebotomus pappataci) wordt overgebracht; voor de mens zijn drie soorten pathogeen: ~ *donovani*, verwekker van *kala-azar (viscerale leishmaniasis); ~ *tropica*, verwekker van *helcosoma tropicum (huidleishmaniasis); ~ *brasiliensis*, verwekker van *espundia (mucocutane leishmaniasis).

leishmaniasis ziekte veroorzaakt door *Leishmania.

Lejeune, J. Frans kinderarts; *syndroom van ~*, aangeboren zwakzinnigheid t.g.v. deletie van de korte arm (p-arm) van het 4de chromosoom, gekenmerkt door epicanthus, microcefalie, spastische quadriparese, glossoptosis, hypertelorisme.

lema *G* syn. *sebum palpebrale.

lemniscus *L*, **lemniscos** *G* 1. een soort opgerold wollen verband. 2. (anat.) lintvormige baan van zenuwvezels.

lemositas aaneenkleven van de oogleden bij *blennorroe.

lemostenose, laemostenosis *G* vernauwing van de keelholte.

Lempert, J. Amerikaans oorarts (1890-1968); *operatie van ~*, zie fenestratie.

lende het 'holle' onderste gedeelte van de rug met de aangrenzende delen van de rechter en linker zijde (de flanken); *~spier*, zie psoas; *~wervel*, vertebra lumbalis.

leniens *L* verzachtend, bijv. een drankje, zalf.

lenitivum *L* zachtwerkend laxeermiddel, meervoud lenitiva.

Lennert, K. Duits patholoog; *classificatie van ~*, zie Kiel-classificatie, follikelcentrumtumor.

lens geslepen glas dat de eigenschap heeft lichtstralen te doen samenvloeien (convergeren) of uit elkaar te doen gaan (divergeren); lenzen worden gebruikt voor optische instrumenten, bijv. brillen, vergrootglazen, microscopen; ~ *crystallina*, kristallens, de lens van het oog; *~extractie*, verwijdering van de (door cataract) troebele ooglens; verwijdering van de (troebele) ooglens inclusief (*intracapsulaire lensextractie*) of exclusief (*extracapsulaire lensextractie*) het voorste en achterste kapsel; zie ook cataract; *~implantatie*, optische correctie van het oog na lensextractie d.m.v. een ingebrachte kunstlens; ~ *tremula*, het heen en weer schudden van de geluxeerde ooglens bij bewegingen van oog of hoofd.

lentasepsis zie subacute bacteriële *endocarditis; syn. sepsis lenta.

lenticel wratje (verruca) aan het oog.

lenticonus het kegelvormig uitpuilen van de ooglens; ~ *anterior*, uitpuiling van de ooglens naar voren; ~ *posterior*, uitpuiling van de ooglens naar achteren.

lenticulair, lenticularis 1. m.b.t. een lens, lensvormig *(lentiformis)*. 2. ter grootte van een linze; ~ *brillenglas*, brillenglas waarvan alleen het middengedeelte lensvormig geslepen is. 3. m.b.t. de nucleus lentiformis, lensvormige kern.

lentiginosis ziektebeeld gekenmerkt door het bestaan van lentigo; ~ *profusa*, zie cardiocutaan syndroom.

lentigo *L* meervoud *lentigines*. 1. kleine, iets verheven pigmentvlek in de huid, tache de beauté *F*, beauty spot *E*. 2. levervlek, lichte vorm van chloasma, syn. naevus lenticularis, soms diffuus over het lichaam verspreid; ~ *maligna* (Hutchinson), lentigo die zich in korte tijd tot een kwaadaardig melanoom ontwikkelt; ziekte van Dubreuil; ~ *senilis*, lentigo vooral op borst, rug, schouders en hals bij oudere mensen.

lentivirussen verzamelnaam voor *retrovirussen die langzaam-degeneratieve ziekten veroorzaken, waarbij vaak het centrale zenuwstelsel is betrokken.

leontiasis *G* knobbelachtige verdikking van de weke delen van het aangezicht, zodat dit op een leeuwenkop lijkt, voorkomend bij lepromateuze *lepra en bij *mucinosis follicularis; ~ *ossium*, verdikking van de beenderen van het gelaat en de schedel, waardoor het uiterlijk gelijkt op dat bij lepromateuze lepra.

leopard acroniem (letterwoord: woord gevormd door afkortingen) van lentigines, ECG, oogafwijkingen, pulmonalisstenose, retardatie, doofheid; zie cardiocutaan syndroom.

lepel zie cochlear; *~nagel*, *koilonychie.

lepismaticum *L* middel dat afschilfering van de huid bevordert.

Lepore-hemoglobine een op HbS gelijkende hemoglobine, genoemd naar een Zuid-Europese immigrant in de VS met thalassemie.

lepothrix *G* besmettelijke haarziekte, voorkomend in de oksels en in de schaamstreek, waarbij zich in het haar kleine knobbeltjes vormen die stof en bacteriën bevatten (n.t.v.m. leptothrix); het haar voelt droog en hard aan en breekt gemakkelijk af.

lepra *G* melaatsheid, syn. leprose, ziekte van *Hansen, elephantiasis graecorum of arabum; chronische (non-toxische) infectieziekte (Mycobacterium leprae) die vnl. in huid, perifere zenuwen en neusslijmvlies granulomateuze veranderingen teweegbrengt; besmetting meestal door gezinscontacten; *borderline* of *dimorfe ~*, vorm van lepra met kenmerken der beide hoofdtypen, te weten de *lepromateuze* (L) en de *tuberculoïde* (T) ~; bij beide typen zijn perifere zenuwen aangedaan; L-lepra begint onopvallend maar kan heftig verlopen en vertoont talloze huidverdikkingen (lepromen, zie ook leontiasis), uitvallen van oogharen en wenkbrauwen, orgaanafwijkingen (bovenste luchtwegen, ogen, testes, botdestructie van schedel en extremiteiten) en granulomateuze zenuwverdikkingen waardoor neuralgieën of juist anesthesie, alsmede spieratrofie optreden met mutilaties, ulcera en deformiteiten als gevolg *(~ mutilans)*; de T-vorm (meer gelokaliseerd optredend op grond van het bestaan van een cellulaire immuniteit voor Mycobacterium leprae bij de patiënt) begint met gevoelloze gedepigmenteerde maculae, en kenmerkt zich verder door de reeds genoemde gevolgen van de zenuwbeschadigingen; ~ *indeterminata*, vroege vorm van lepra, hoofdzakelijk gekenmerkt door hypo- of hypergepigmenteerde, vaak hypesthetische vlekken; syn. ~ *maculosa; intermediate leprosy E*, syn. borderline lepra, zie hiervoor; *~nigricans*, lepra maculosa met overwegend hyperpigmentatie; ~ *nodosa* of *tuberosa*, syn. lepromateuze lepra.

leprechaunisme zeldzaam syndroom bij meisjes, gekenmerkt door gerimpelde huid, vergroting van de tepels, de grote en kleine schaamlippen en de clitoris alsmede hyperplasie van de eilandjes van Langerhans, t.g.v. premature rijping en cysteuze veranderingen van de *Graafse follikels met overproductie van oestrogeen; syn. ziekte van Donohue.

leproma *G* zich bij lepra vormend granulatiegezwel.

lepromine suspensie van gedode leprabacillen, bereid uit weefsel van een geïnfecteerd gordeldier; gebruikt voor cutireactie t.b.v. diagnose lepra.

leprose, leprosis, leprositas syn. lepra.

leprozerie, leprosorium *L* leprozenhuis, ziekenhuis voor lepralijders.

-lepticum (smst.) deprimerend, inactiverend; tgst. -analepticum.

leptocefalie langwerpige schedel door te vroege verbening der voorhoofds- en wiggebeenswandbeensnaden.

leptocyt dunne hypochrome erytrocyt met normale diameter.

leptomeningitis *G* ontsteking van het zachte hersenvlies (pia mater) en het spinnenwebvlies (arachnoidea).

leptomeninx zachte hersenvlies (pia mater) plus het spinnenwebvlies (arachnoidea); bijv.nw. *leptomeningeaal.*

leptoprosoop *G* met langwerpig smal gelaat.

leptosoom *G* met langwerpig smal gelaat, scherpe neus en smalle lichaamsbouw, syn. asthenisch; zie habitus.

leptospirose, leptospirosis *G* ziekte veroorzaakt door *Leptospirae*, een geslacht van spirocheten; ~ *canicola*, verwekker van de *canicolakoorts, overgebracht door urine van honden; ~ *grippotyphosa*, modderkoorts, infectieziekte veroorzaakt door Leptospira grippotyphosa, overgebracht door de urine van woelratten, vnl. gekenmerkt door interstitiële nefritis en exantheem; ~ *icterohaemorrhagica*, syn. syndroom van *Weil.

Leptotrichia, Leptothrix *G* tot de Trichomyces behorende schimmelsoort met lange dunne draden (niet te verwarren met lepothrix); ~ *buccalis*, in het mondslijm en de keel voorkomende Leptotrichia, bevordert cariës der tanden en kan ook geelwitte vlekken op de amandelen teweegbrengen (mycosis tonsillarum benigna).

Leptus autumnalis *L* herfstmijt; kan urticaria (netelroos) en eczeem met koorts veroorzaken, vooral bij landarbeiders (maaiers).

Leri, A. Frans neuroloog (1875-1930); *reflex van ~*, bij spastische hemiplegie heeft passieve buiging in de pols géén (normaliter optredende) buiging in de elleboog tot gevolg.

Leriche, R. Frans chirurg (1879-1955); *operatie van ~*, zie sympath(ic)ectomie; *ziekte van ~*, trombotische obliteratie (afsluiting) van de buikaorta boven de bifurcatie.

Lermoyez, M. Frans KNO-arts (1858-1929); *verschijnsel van ~*, tijdelijke verbetering van het gehoor tijdens duizeligheidsaanvallen; wellicht vorm van M. Ménière.

LES afk. van lower esophageal sphincter, onderste slokdarmsfincter.

lesbienne *F*, **lesbian** *E* vrouwelijke homofiel; zelfst.nw. *lesbianisme.*

lesbisch syn. potteus; zie lesbienne.

Lesch, M. Engels kinderarts (geb. 1939); *syndroom van ~-Nyhan*, X-chromosomaal recessief-erfelijk *enzymdefect (waardoor gestoorde purinenucleotidensynthese) met psychomotore retardatie, spastische parese, choreoathetose, automutilatie, hyperurikemie en megaloblastaire anemie; komt in principe alléén bij jongens voor.

lesie zie laesie.

lesion *E* laesie; *insudative ~*, eiwitachtig neerslag in de wanden van (vnl. de afferente) arteriolen der nierglomeruli, hoofdzakelijk bij diabetes, hypertensie, arteriosclerose en prednisonmedicatie; syn. segmental hyalinosis *E.*

LET-waarde afk. van linear energy transfer *E*, lineaire energie-overdracht, de mate waarin een stralingssoort ionisaties teweegbrengt; röntgenstraling, β-deeltjes en gammastraling hebben een lage LET-waarde (gering ioniserend vermogen); neutronen, protonen en α-deeltjes hebben hoge LET-waarden (sterk ioniserend vermogen); een geringe LET-waarde komt overeen met een gering *RBE.

letaal, letalis *L* dodelijk; *dosis ~*, dodelijke hoeveelheid, dodelijke gift; *exitus ~*, het overlijden, dodelijke afloop.

letaliteit het percentage sterfgevallen van lijders aan een bepaalde ziekte.
let-down *E* zie toeschietreflex.
lethargia zie lethargie.
lethargicus *L* iemand die aan slaapzucht lijdt.
lethargie, lethargia *G*, **lethargus** *L* slaapzucht, ziekelijke slaaptoestand, langdurige bewusteloosheid, syn. somnolentie; komt voor bij koortsige ziekten, hersenaandoeningen, bijv. encephalitis lethargica en (symptomatisch) bij hypercalciemie; kan ook kunstmatig worden opgewekt door hypnose; ~ *africana*, bij negers voorkomende slaapziekte, door de tseetseevlieg overgebracht; syn. trypanosomiasis.
letsel zie laesie.
Letterer, E. Duits arts (1895-1982); *syndroom van (Abt)~-Siwe*, bijzondere, snel letaal verlopende vorm van de ziekte van *Hand-Schüller-Christian bij zuigelingen, tevens gekenmerkt door lymfeklierzwellingen.
leuc- zie ook leuk-.
leucaemia zie leukemie.
leucapheresis zie leukaferese.
leucine een essentieel aminozuur.
leucinose, leucinosis syn. van *maple syrup urine disease.
leucitis ontsteking van de witte harde oogrok (sclera), syn. scleritis.
leuco- zie ook leuko- (smst.); wit; *~cytoclasie*, allergische vasculitis.
leucocytosis zie leukocytose.
leucoderma zie leukodermie.
leucoencephalitis ontsteking van de witte hersenstof; zie ook leukencefalopathie; ~ *sclerosans*, syn. subacute scleroserende *panencephalitis.
leucoma zie leukoom.
leucomatorrhoea *G*, **leukomatorroe** zie fluor.
leucomatosis vorming van witte vlekken, bijv. bij lepra, leukoom, vitiligo.
leucomyelitis *G* ontsteking van de witte stof van het ruggenmerg; ~ *posterior chronica*, grijze degeneratie van de achterstrengen bij ruggenmergstering.
leucopathia *G*, **leukopathie** zie leukodermie.
leucoplakia zie leukoplakie.
leucopoiesis zie leukopoëse.
leucorrhoea zie leukorroe.
leucosis zie leukose.
leucotaxis *cytotaxis van leukocyten; bijv.nw. *leucotactisch*.
leucuresis het lozen van melkachtig witte urine, bijv. door de aanwezigheid van etter en eiwit in de urine bij aandoening van blaas of nier of bij doorbreken van een abces in de urinewegen.
leuk- zie ook leuc-.
leukaferese *aferese van witte bloedcellen.
leukanemie het gelijktijdig optreden van leukemie en pernicieuze anemie.
leukemiden niet-specifieke huidafwijkingen bij leukemieën.
leukemie, leucaemia *G* ziekte gekenmerkt door woekering van de bloedvormende organen (monoklonale proliferatie van witte bloedcellen en hun embryonale vormen, waardoor de productie van andere bloedelementen wordt 'verdrongen' met als gevolg anemie en veelal trombocytopenie); bij bepaalde vormen van leukemie zijn er karakteristieke chromosoomafwijkingen; naar het verloop

onderscheidt men acute, subacute en chronische, naar het celtype de myeloïde, lymfatische en de plasmacelleukemie, met een toename in het bloed van resp. segmentkernige leukocyten, lymfocyten, plasmacellen of hun voorstadia *(myeloblasten~, lymfoblasten~)*; bij sommige vormen *(aleukemische, subleukemische ~)* ontbreekt deze toeneming; de diagnose berust in de eerste plaats op de bepaling van het celtype; bijv.nw. *leukemisch*; *adult T-cell-~* (E), vorm van leukemie die wordt veroorzaakt door HTLV-type I; *hairy cell ~*, leukemische ziekte, gekenmerkt door aanwezigheid van *hairy cells, syn. leukemische reticulo-endotheliose; (pop.) *pluisbol.

leukencefalopathie aandoening van vnl. witte hersenstof (demyelinisatie) die als complicatie optreedt bij ziekten als leukemie, lymfosarcoom, M. Hodgkin, sarcoïdose; kan ook worden veroorzaakt door schadelijke omstandigheden als hypoxie, hypotensie, verhoogde CVD, acidose, CO-vergiftiging e.a. intoxicaties; *progressieve multifocale ~*, zie PML.

leukethiopie syn. *albinisme.

leukine afscheidingsstof van de segmentkernige granulocyten, die de eigenschap bezit bacteriën te doden.

leukisme een bij dieren, maar ook bij de mens voorkomende vorm van pigmentarmoede die zich van albinisme vooral onderscheidt door hypo- of heterochromie van iris en choroïd en ontbreken van het tapetum lucidum.

leuko- zie ook leuco-; *~blast*, de cel waaruit de leukocyt zich ontwikkelt.

leukocoagulatie *multifocale gefractioneerde progressieve ~*, neurochirurgische ingreep waarbij langs elektrolytische weg plaatselijke, duidelijk omschreven laesies in de hersenen worden gemaakt met behulp van geïmplanteerde elektroden.

leukocyt witte, eigenlijk kleurloze, bloedcel, hoofdzakelijk onder te verdelen in *granulocyten, lymfocyten en monocyten (grote mononucleaire leukocyten); *~enformule*, zie differentieel; *~emie*, syn. leukemie.

leukocytoclasie destructie van witte bloedcellen; bijv.nw. *leukocytoclastisch*.

leukocytolyse oplossen van leukocyten.

leukocytose, leucocytosis tijdelijke toeneming van het aantal leukocyten in het perifere bloed door fysiologische of pathologische oorzaken; *relatieve ~*, procentuele toeneming van een bepaalde soort leukocyten bij normaal totaal aantal.

leukodermie, leucoderma *G* ontkleuring van de huid, witte huid door het ontbreken van pigment (depigmentatie), syn. leukopathie; *~ syphiliticus*, gedepigmenteerde roseolae syphiliticae rondom hals en nek, vnl. bij vrouwen; syn. collier de Vénus.

leukodystrofie dystrofie van de witte hersenstof; *globoïdcel ~*, zie ziekte van *Krabbe; *metachromatische ~*, zie sulfatidose.

leuko-erytroblastose het gelijktijdig voorkomen van leuko- en erytroblasten in het perifere bloed, hoofdzakelijk t.g.v. maligniteit.

leukoferese foutief voor leukaferese.

leukokinine een cytofiele gammaglobuline die fagocytose en pinocytose door segmentkernige granulocyten bevordert; deze activiteit berust op de aanwezigheid van het peptide *tuftsine.

leukokorie (oogheelk.) een witte reflex achter de ooglens door diverse oorzaken, in engere zin congenitaal cataract.

leukomalacie verweking van witte hersensubstantie; komt hoofdzakelijk voor rondom de hersenventrikels bij prematuur geborenen en veroorzaakt waarschijnlijk spastische diplegie of quadriplegie.

leukomatorroe, leucomatorrhoea *G* zie fluor.

leukomelalgie bloedarmoede der huid; pijnlijke, koude, wasbleke huid, veroorzaakt door bloedarmoede.

leukonychie, leukonychia witte verkleuring van de nagels; ~ *striata*, overdwarse witte-streepvorming in de nagels door arsenicumvergiftiging (strepen van Mees); zie ook Mees.

leukoom, leucoma *G* oogparel; wit litteken in het hoornvlies na verwonding, ontsteking en dergelijke.

leukopathie, leucopathia *G* syn. van *leukodermie.

leukopenie vermindering van het aantal witte bloedcellen; komt o.a. voor in de aanvang van sommige infectieziekten, bijv. tyfus, syn. hypoleukocytose.

leukoplakie, leucoplakia *G* plekvormige witte verkleuring van slijmvlies door chronische ontsteking aan lippen, wangen, tong (~ *labialis, buccalis, linguae*), penis, vulva, baarmoedermond (~ *portionis uteri*); vaak bij *HIV-infectie; *hairy E* ~, leukoplakie met een gerimpeld aspect; mogelijk veroorzaakt door het *HIV.

leukopoëse, leucopoiesis *G* vorming van witte bloedcellen.

leukoprotease een eiwitsplitsend enzym in leukocyten.

leukorroe, leucorrhoea *G* ook: *leukomatorroe*, witte vloed; zie fluor.

leukoscoop (obsoleet) toestel waarmee kleurenblindheid wordt onderzocht.

leukose, leucosis *G* 1. ~ *corneae*, verzamelnaam voor witte littekens op het hoornvlies. 2. (alg.) ziekte van leukocyten. 3. albinisme van de iris. 4. (alg.) woekering van weefsel dat leukocyten vormt, soms in de betekenis van leukemie. 5. bleekheid van de huid.

leuko- *~tomie*, zie defrontalisatie; *~toxine*, stof die cytotoxisch werkt ten opzichte van leukocyten; *~trichie*, het wit zijn der haren.

leukotriënen (afk. LT) groep van endogene, farmacologisch werkzame stoffen, die zich vormen bij een *anafylactische reactie; ze zorgen o.a. voor vernauwing van de bronchi en verhoging van de vaatpermeabiliteit; andere leukotriënen zijn betrokken bij ontstekingsprocessen.

levament, levamentum *L* verzachtend middel, bijv. een drankje, zalf; meervoud levamenta; zie ook leniens, palliativum.

levenslijn *dalende* ~, zie vitaliteitsdaling.

Leventhal, M. Amerikaans gynaecoloog (1901-1971), zie *Stein-Leventhal.

lever zie hepar; *~abces*, zie amoebiasis.

leveratrofie het kleiner worden van de lever; *acute gele* ~, zeldzame en ernstige complicatie van verschillende soorten van *hepatitis, bij zwangerschapstoxicose en bij vergiftigingen, gekenmerkt door massale necrose van levercellen, syn. hepatitis fulminans.

leverader *vena hepatica.

leverbot zie Fasciola hepatica.

levercirrose zie cirrose.

leverinsufficiëntie insufficientia hepatis, toestand van onvoldoende werking van de lever t.g.v. ernstige ontstekingen van de lever (zie hepatitis), toxische leverbeschadiging (o.a. alcohol, paracetamol), ernstige zwangerschapstoxicose, terminale levercirrose, portale *hypertensie, maligniteit.

leverintegraal de gezamenlijke uitkomst van een aantal verschillende, tegelijkertij uitgevoerde leverfunctieproeven.

lever- *~kwabje*, lobulus hepatis, syn. hepaton; *~slagader*, arteria hepatica, zie arterie; *~pols*, voelbare systolische drukgolf aan de onderrand van de vergrote lever bij insufficiëntie van de valvula tricuspidalis; *~vlek*, populaire benaming van verschillende soorten geelbruine niet verheven huidvlekken, zoals chloasma, café-au-lait vlekken, naevi materni, *lentigo (bet. 2), efeliden.

levi- *L* (smst.) glad.

levigatus *L* gelijkmatig rood (van de huid), tgst. variegatus.

Levin, M. Amerikaans psychiater (overl. 1943), zie Kleine.

Levine, S. Amerikaans cardioloog; *teken van ~*, typische balling van de vuist op de borst door de patiënt en angstige fysionomie bij acute myocardischemie.

levis *L* licht (van gewicht).

levitatie 1. verpleegmethode waarbij het lichaam of een lichaamsdeel zwevende wordt gehouden d.m.v. een luchtkussen. 2. (psych.) hallucinatie-achtige ervaring van te zweven, gepaard met vernauwd bewustzijn en verheven-extatische stemming, meestal na sterke trauma's of emoties; syn. hemelvaartbeleving, zinnenschok.

levocardie verplaatsing van het hart naar links in de borstholte.

levomanie linkshandigheid.

levulose linksdraaiend isomeer van fructose, vruchtensuiker; *~proef*, proef om insufficiëntie van de lever vast te stellen door toediening van levulose; bij onvoldoende werking van de lever wordt dit in de urine *(levulosurie)* aangetroffen.

lewisiet zie strijdgassen.

Lewis-tumor metastatisch longcarcinoom na onderhuidse transplantatie van bepaalde neoplasma's bij de muis.

Lewy-lichaampjes eosinofiele insluitsels in beschadigde neuronen van basale ganglia (zie ganglion, bet. 3) bij M. Parkinson.

Leydig, F. von Duits fysioloog (1821-1908); *tussencellen van ~*, celgroepen in het interstitiële testisweefsel, producenten van testosteron; *~cel-tumor*, zeldzaam gezwel dat uitgaat van de cellen van Leydig, o.a. gekenmerkt door virilisatie, gynaecomastie, impotentie, libidoverlies, verminderde spermatogenese.

LFAA afk. van lymphocyte-function-associated antigen *E*.

LFT afk. van 1. latexfixatietest. 2. liver function test *E*.

LG afk. van 1. lichamelijk gehandicapt. 2. lange golf.

LGBS afk. van Landry-Guillain-Barré-Strohl; zie polyradiculoneuropathie.

LGG afk. van Lactobacillus casei GG (Goldin en Gorbach).

LGL-syndroom syndroom van *Lown-Ganong-Levine.

LGV afk. van lymphogranuloma venereum.

LGR afk. van landelijke gynaecologie-registratie.

LH afk. van luteïniserend hormoon, geproduceerd door de hypofysevoorkwab; gonadotrofine dat bij de vrouw de ovulatie bevordert en de ontwikkeling van het gele lichaam (corpus luteum) stimuleert; bij de man stimuleert LH de interstitiële cellen (cellen van Leydig) in de testes tot productie van testosteron; daarom wordt LH bij de man ook aangeduid als ICSH (interstitiële cellen stimulerend hormoon).

Lhermitte, J. Frans neuroloog (1877-1959); *verschijnsel van ~*, vooroverbuigen van het hoofd veroorzaakt pijn als van een elektrische ontlading langs de wervelkolom, uitstralend in de extremiteiten: bij multipele sclerose, bij aandoeningen nabij het cervicale ruggenmerg, bij afwijkingen van de thoracale wervelkolom, intraspinale tumoren, arachnoiditis e.a.

LHR afk. van latex-histamine-reactie, agglutinatiereactie met polystyreenpartikels die met histamine beladen zijn; in het bloed van niet-allergische personen is hiermee de anti-histaminefactor aantoonbaar.

LHRH afk. van *LH releasing hormone *E*, syn. GnRF (gonadotrofine releasing factor), ook wel gonadoreline genoemd.

LHV afk. van landelijke huisartsenvereniging.

liberator *E* (farm.) *farmacon dat geen eigen werking heeft, doch in het organisme biologisch-actieve stoffen tot werking brengt.

libidineus wellustig.

libido *L* 1. aangeboren seksuele lustgevoelens (vlg. Freud). 2. de totale psychische energie van het individu (vlg. Jung); ~ *sexualis,* geslachtsdrift, seksuele begeerte.

Libman, E. Amerikaans arts (1872-1946); *ziekte van ~-Sachs*, abacterische verrukeuze endocarditis bij lupus erythematodes; *syndroom van ~-Sachs*, progressieve anemie met continue subfebriele temperatuur en erytheem of purpura.

lichaamsbeleving, stoornis in de (vlg. DSM-IV) een somatoforme stoornis, niet het gevolg van een andere psychische stoornis (zoals anorexia nervosa, transseksualiteit, waanstoornis enz.), gekenmerkt door overdreven bezorgdheid voor lichamelijke afwijkingen waarvan nauwelijks of geen sprake is; syn. dysmorfische stoornis, dysmorfobie.

lichen *G* huidaandoening gepaard gaande met de vorming van kleine of grotere verhevenheden op de huid met grof reliëf (lichenificatie); *~acuminatus*, syn. pityriasis rubra pilaris; ~ *agrius*, syn. eczema papulosum; ~ *planus*, syn. ~ *ruber planus*, kleine glanzende hevig jeukende roze tot blauwachtige knobbeltjes, vnl. optredende aan hals, onderarmen en in de mond; ~ *sclerosus et atrophicus*, lichen gepaard met ivoorkleurige erwtgrote veelhoekige efflorescenties (huiduitslag), die een atrofisch aspect vertonen, syn. white spot disease *E*; aan de vulva voorkomend heet de aandoening ook *craurosis vulvae*; ~ *scrofulosorum*, bij *scrofulose optredende vorm van lichen, met donkerrode knobbeltjes, syn. scrofuloderma papulosum; ~ *simplex chronicus*, syn. neurodermitis circumscripta; ~ *syphiliticus,* in het secundaire stadium van syfilis optredende vorm van lichen; ~ *tropicus,* door hitte in de tropen veroorzaakte hevig jeukende uitslag, syn. miliaria rubra; ~ *urticatus*, syn. ~ *strophulus*, syn. *strophulus infantum; ~ *verrucosus*, lichen ruber planus met vorming van wratachtige knobbeltjes.

lichenificatie vergroving van het huidreliëf bij langdurende huidziekten (bijv. eczeem), gekenmerkt door verminderde plooibaarheid en het optreden van polygonale (veelhoekige) huidveldjes, gescheiden door diepe smalle groeven.

lichenoides *G* met lichen in verband staande, daarop gelijkend.

lichtdermatose huidaandoening, ontstaan onder invloed van licht.

Lichtenstein, L. Amerikaans arts, zie syndroom van *Albright.

lichtschuwheid fotofobie, fotodysforie.

Liddle-test *E* zie DST.

Lieberkühn, J. Duits anatoom (1711-1756); *crypten van ~*, buisvormige, blind eindigende klieren in de wand van dunne en dikke darm.

lien *L* milt, syn. splen, lymfoïd buikorgaan ter grootte van een vuist, links achter de maag tegen het middenrif; bestaat uit een weke brijachtige massa (pulpa) en is met buikvlies (peritoneum) bekleed; in de zgn. follikels vormen zich lymfocyten (lymfopoëse); bij sommige ziekten, bijv. leukemie en malaria, kan zij door zwelling (splenomegalie) zeer sterk in omvang toenemen; de milt speelt een belangrijke rol bij de afbraak van oude erytrocyten, bij de vorming van antistoffen en lymfocyten, bij de cellulaire en humorale afweer van het organisme, bij de 'klaring' van bacteriën in gevallen van bacteriëmie en bij de fagocytose (macrofagen); ~ *mobilis*, beweeglijke milt, zwerfmilt, komt o.a. voor bij *enteroptose; ~ *accessorius*, syn. ~ *succenturiatus*, zie lienculus.

liënaal, lienalis *L* de milt betreffend; syn. splenicus.

lienculus *L* bijmilt, meervoud lienculi, syn. lien accessorius, uit miltweefsel bestaande kleine lichaampjes in de bovenbuik, syn. spleneolus.

lienitis ontsteking van de milt (lien); syn. splenitis.

liënomalacie verweking van de milt.

liënterie ontlasting van onverteerd voedsel, bijv. bij enteritis.

liesband ligamentum inguinale, syn. ligament van Poupart (ligamentum Pouparti), zie ligament.

liesblessure prikkeling van het beenvlies ter plaatse van de aanhechting van de bovenbeenadductoren aan het schaambeen, gaat gepaard met pijn en functiestoornissen t.g.v. overbelasting of trauma (veelal bij voetballers).

liesbreuk zie hernia.

lieskanaal *canalis inguinalis.

-liet (smst.) steen, bijv. *choleliet* (galsteen), *coproliet* (dreksteen).

Lieutaud, J. Frans arts en anatoom (1703-1780), zie trigonum vesicae.

LIF afk. van leukocyt-inhiberende factor.

life event *E* belangrijke gebeurtenis in het leven.

life-stress *E* direct op iemand inwerkende nadelige levensomstandigheden.

ligament, ligamentum *L* bindweefselband; versterkingsband voornamelijk bij gewrichten; bijv.nw. *ligamenteus;* ~ *acromioclaviculare*, ligament dat het acromion (schoudertop) verbindt met clavicula (sleutelbeen); ~ *cardinale*, een waaiervormig ligament tussen de baarmoeder (bij de overgang van baarmoederhals naar het baarmoederlichaam) en de zijwand van het kleine bekken; ~ *cruciata*, kruisband in het kniegewricht; de voorste kruisband verhindert het naar voren schuiven van het scheenbeen t.o.v. het dijbeen, de achterste kruisband verhindert het naar achteren verschuiven van het scheenbeen t.o.v. het dijbeen; ~ *falciforme*, sikkelvormig ligament tussen de beide leverkwabben aan de bovenzijde en aan de voor-onderzijde, het is bevestigd aan de buikwand; ~ *flavum*, geel ligament, verbinding tussen de wervelbogen; ~ *inguinale*, liesband, syn. ligamentum Pouparti, ligament van Poupart, ligament tussen de voorste kam van het heupbeen en het schaambeen, het vormt een belangrijk deel van de wand van het lieskanaal; ~ *latum*, brede baarmoederband, plooi van het buikvlies tussen de baarmoeder en de zijwand van het bekken, bevat bloedvaten en zenuwen; ~ *patellae*, de kniepees; ~ *Pouparti*, syn. ligamentum inguinale; ~ *rotundum*, syn. ligamentum teres (uteri), ronde band, een cilindrische potlooddikke gladde streng vanaf de zijwand van de baarmoeder (bij de eileider) horizontaal verlopend in het ligamentum latum en vervolgens door het lieskanaal naar de grote schaamlip; ~ *sacro-uterinum*, ligament verlopend van de achterzijde van de baarmoederhals naar het heiligbeen; ~ *teres hepatis*, ronde ligament dat het ligamentum falciforme aan de onderzijde van de lever met de navel verbindt; het is een bindweefselrestant van de navelader; ~ *teres uteri*, syn. ligamentum rotundum; ~ *venosum*, bindweefselrestant van de *ductus venosus; ~ *ventriculare* of *vestibulare*, de bindweefselstreng in de *plica vestibularis (valse stemband); ~ *vocale*, de ware stemband.

ligamentair, ligamenteus, ligamentosus *L* m.b.t. banden, van banden voorzien; zie ligament.

ligamentum zie ligament.

ligand een molecuul dat een centraal metaal-ion bezit met een sterke bindingsaffiniteit; het kan een binding aangaan met een eiwit of een ander molecuul; in de farmacologie is dit eiwit meestal een receptoreiwit.

ligase enzym dat twee stukken DNA met elkaar kan verbinden.

ligatie het aanbrengen van een *ligatuur; wkw. *ligeren*.

ligatuur afbinding, onderbinding, bijv. van bloedvaten.

ligging zie situs.

Lightwood, R. Engels kinderarts (overl. 1985); *syndroom van ~-Albright*, renale tubulaire *acidose met hyperchloremie, hypercalciurie en hypocalciëmie, waardoor secundaire *hyperparathyroïdie ontstaat met hypofosfatemie; het resultaat is het beeld van (renale) rachitis met verhoging van het alkalische-fosfatasegehalte in het serum, soms met nefrocalcinose; syn. vitamine-D-resistente rachitis.

Lignac, G. Nederlands patholoog (1891-1954); *ziekte van ~*, zie cystinose.

LIJBC afk. van latente ijzerbindingscapaciteit.

lijk *~engif*, zie ptomaïne; *~schending*, zie necromanie; *~schouwing*, zie autopsie.

lijmoor zie *glue ear.

likdoorn zie clavus.

likken zie lambitus, cunnilingus.

likproef (jrg.) chromatinetest (zie drumsticks), toegepast op afgekrabd wangslijmvlies; syn. buccal smear.

lilaziekte zonnebrandachtig gelaats*erytheem met lila periorbitaal oedeem.

Lilienfeld-opname röntgenfoto van de schedel, richting kin-kruin (submentovertex).

LIMA afk. van left internal mammary artery *E*, linker arteria mammaria interna; zie ook coronaire *bypass.

limb girdle syndrome *E* niet-dystrofische myopathie van schouder- en bekkengordel door heterogene oorzaken.

limbisch systeem het grensgebied tussen de hersenstam en de grote hersenen, omvat o.a. delen van de *thalamus, *hypothalamus en de *hippocampus; dit systeem speelt een rol bij de beheersing van emotioneel gedrag en motivatie.

limbus *L* gekronkelde rand, zoom; bijv.nw. *limbosus, limbaal*, randstandig; *~fenomeen*, lichte transparantie en glansvermindering van de ~ *corneae*: voorbode van *keratitis of van de limbale vorm van vernale *conjunctivitis.

limen *L* drempel, verhoging; ~ *nasi*, de overgang tussen het vestibulum nasi en de eigenlijke neusholte.

limes *L* drempel, waarnemingsgrens.

limpidus *L* zuiver, helder, doorzichtig.

limulus-test proef op evt. aanwezigheid van endotoxinen van gramnegatieve bacteriën; zie Gram.

linament, linamentum *L* Engels pluksel; niet te verwarren met linimentum.

lincomycinen groep van bacteriostatisch werkende antibiotica.

Lindau, A. Zweeds patholoog (1892-1958); *ziekte van von Hippel-~*, zie angiomatose.
linea *L* (anat.) lijn; ~ *alba*, 'witte lijn', gevormd door vereniging van de pezen der rechte buikspieren, verloopt in het midden van de *rectusschede tussen het zwaardvormig aanhangsel van het borstbeen (xifoïd) en de schaambeenvoeg (symfyse); ~ *dentata*, syn. linea pectinea; ~ *intertrochanterica* ventrale beenrug met ruw oppervlak tussen *trochanter major en trochanter minor van het dijbeen; ~ *pectinea*, caudale uitloper van de trochanter minor; syn. linea dentata; ~ *terminalis*, lijn vanaf het *promontorium tot aan de bovenzijde van de symfyse (schaambeenvoeg); vormt de scheiding tussen het grote bekken (*pelvis major) en kleine bekken (*pelvis minor).
lineament, lineamentum *L* gelaatstrek, gelaatslijn; handlijn.
lineair, linearis *L* lijnvormig, langs een lijn.
linencefalie incompleet ontwikkelde cerebrale cortex; syn. relatieve *agyrie.
lingua *L* tong, syn. glossa; ~ *atrophica*, gladde rode tong bij achloorhydrie; ~ *bifida*, gespleten tong; ~ *crenata*, gegroefde tong; tong waarin de indrukken van de tanden zichtbaar zijn; ~ *frenata*, het dóorlopen van het frenulum linguae tot aan de tongpunt, syn. ankyloglossie; ~ *geographica*, landkaarttong, rode, ronde vlekken op de tong; ~ *glabra*, gladde tong; ~ *hirsuta*, ruige beslagen tong; ~ *nigra*, zwarte haartong, hyperkeratose van de tongpapillen die bovendien langer worden en zwart verkleuren; ~ *plicata*, aangeboren afwijking waarbij zich groeven in de tong bevinden, syn. ~ *scrotalis*; ~ *villosa*, haartong; ~ *vituli*, syn. macroglossie.
linguaal, lingualis *L* 1. tot de tong (lingua) behorend, m.b.t. de tong. 2. (tandheelk.) vlak van tand of kies in de onderkaak, gericht naar de tong toe (in de bovenkaak heet dit palatinaal).
Linguatula rhinaria *L* tongworm, syn. Pentastomum taenioides.
linguette (farm.) geneesmiddel in tabletvorm voor applicatie onder de tong ter perlinguale resorptie.
lingula *L* 1. tongetje, vklw. van lingua (tong). 2. één der segmenten van de linkerlong, kenbaar aan een tongvormige gedaante.
liniment, linimentum *L* vloeibare zalf, smeersel; niet te verwarren met linamentum.
linitis plastica diffuus woekerend (kleincellig) maagcarcinoom, vergezeld van een (forse) toename van bindweefsel, leidend tot schrompeling, verdikking en verharding van de maagwand.
ink- (smst.), **linked** *E* gekoppeld.
inkage *E* lett. koppeling; aanwezigheid van twee genen op hetzelfde chromosoom die dicht genoeg bij elkaar liggen om (vaak) samen overgeërfd te worden.
inks sinister, sinistra, sinistrum *L; ~belasting*, zie decompensatio cordis; *~handigheid*, levomanie, mancinisme; *~verschuiving*, zie verschuiving.
inoe, linu *Ind.*, knagende pijn in beenderen en gewrichten.
inolzuur een essentieel *vetzuur, speciaal in de kinderleeftijd; ~**deficiëntie* veroorzaakt vertraagde groei en verdroging met schilfering van de huid, die gemakkelijk in ontsteking geraakt.
ntgaas zwachtel van hydrofiel gaas.
ntworm zie Diphyllobothrium.
odermie glanshuid, dunne wasbleke gladde huid na ontsteking of beschadiging

van zenuwen, bijv. t.g.v. neuritis; syn. glossy skin.
lip zie labium, labrum.
LIP afk. van 1. lymfocytaire interstitiële *pneumonitis. 2. landelijk informatiepunt voor patiënten.
lipacidemie verhoogde hoeveelheid vetzuren in het bloed.
lipacidurie verhoogde hoeveelheid vetzuren in de urine.
liparocele vetbreuk, syn. van *hernia adiposa.
lipase vetsplitsend (lipolytisch) enzym.
lipatrofie, lipoatrofie plaatselijke verdwijning van onderhuids vetweefsel, leidend tot cutis laxa; kan o.a. gevolg zijn van lokale antistofvorming tegen insuline op de plaats van de injecties.
lipectomie (chir.) wegneming van overtollig vet; *suction--* (*E*), lipectomie door afzuiging, meestal d.m.v. een buisvormig instrument met scherprandige openingen ('zuig'*curettage).
lipemie zie hyperlipidemie; *alimentaire ~*, te hoog vetgehalte van het bloed na een vetrijke maaltijd; *retinale ~*, melkachtig beeld van de netvliesbloedvaten bij hyperlipemie.
lipiden vetten of vetachtige stoffen van uiteenlopende chemische samenstelling; enkele belangrijke lipiden zijn de triglyceriden, de fosfolipiden en de steroïden.
lipidose zie lipoïdosen.
lipo- *G* (smst.) vet; *~atrofie*, zie lipatrofie; *~chondrodystrofie*, syn. ziekte van *Hurler-Pfaundler; *~chromen* (meervoud), gele kleurstoffen in het vetweefsel; syn. luteïne; *~derma*, zie lipoderm(at)osclerose.
lipocele vetbreuk, syn. van *hernia adiposa.
lipoderm(at)osclerose niet-idiopathische *sclerodermie t.g.v. chronische recidiverende ontsteking, stuwing, röntgenbestralingen, verbranding of chemische stoffen; syn. lipoderma.
lipodystrofie, lipodystrophia *G* stoornis in het vetmetabolisme, die zich in verschillende specifieke vormen kan voordoen; *~ intestinalis*, ziekte van *Whipple; *~ progressiva*, sterk vetverlies uit het onderhuidse weefsel van gelaat, hals, armen en romp met tegelijkertijd extreme subcutane ophoping van vet aan bekkengordel en benen (met uitzondering van enkels en voeten) door onbekende oorzaak.
lipoedeem, lipoedema op oedeem gelijkende plaatselijke verdikkingen van de huid t.g.v. abnormale afzetting van vet; syn. segmentaire lipohypertrofie; *~ rusticanus* (Moncorps), lipoedeem vooral gekenmerkt door verschijnselen van diep-veneuze insufficiëntie.
lipofaag cel die vet opneemt en verteert.
lipofilie, lipofili(ci)teit 1. affiniteit tot vet; bijv.nw. *lipofiel*. 2. vetafzetting; vetlijvigheid. 3. (met) affiniteit tot vetweefsel.
lipofuscine geel tot bruin pigment, dat zich op latere leeftijd in de weefsels vormt; komt ook voor bij encefalitis.
lipogeen met vet in verband staand, vetzucht betreffend.
lipogel (farm.) syn. zalf.
lipogenese synthese van vet uit koolhydraten.
lipogranulomatose een zeldzame lipoïdose, gekenmerkt door ophoping van lipiden vnl. in de omgeving van gewrichten en in de vorm van onderhuidse knobbels.
lipohyalinose hyaliene *degeneratie van het endotheel en de lamina media van

arteriolen bij chronische hypertensie met ophoping van fibrine en lipiden, leidend tot micro-aneurysmata en trombose; syn. angionecrose.

lipoïden (obsoleet) 1. vetachtige stoffen. 2. syn. *lipiden.

lipoïdgranuloom zie ziekte van *Hand-Schüller-Christian.

lipoïdnefrose vorm van glomerulonefritis met minimale laesies in de glomeruli, klinisch gekenmerkt door sterke proteïnurie en gegeneraliseerd oedeem.

lipoïdosen, lipidosen groep van meestal erfelijke stapelingsziekten, gekenmerkt door intracellulaire ophoping van lipiden in verschillende delen van het lichaam; tot de lipoïdosen behoren acanthocytose, idiopathische hyperlipidemie, primaire *hypercholesterolemie, de sfingolipidosen, leukodystrofie, lipogranulomatose, tangier-ziekte en xanthomatosis.

lipolyse splitsing of vertering van vet; bijv.nw. *lipolytisch.*

lipoma zie lipoom.

lipomatose, lipomatosis vetzucht, syn. obesitas, adipositas; ~ *atrophicans*, vetzucht van sommige plaatsen van het lichaam (billen, borsten) met gelijktijdige sterke vermagering van andere lichaamsgedeelten; ~ *cordis*, vethart; ~ *universalis*, algemene vervetting, vetzucht die zich over het gehele lichaam uitstrekt, corpulentie, zwaarlijvigheid.

lipomerie *G* het aangeboren ontbreken van één of meer ledematen.

lipo(myelo)meningocele aangeboren uitpuiling van vethoudende (soms in de vorm van een lipoom) ruggenmergvliezen.

lipo-oedeem zie lipoedeem.

lipoom, lipoma *G* goedaardig vetgezwel; ~ *pendulum*, gesteeld vetgezwel.

lipoproteïnelipase zie LPL; ~*-deficiëntie* leidt tot *hyperlipoproteïnemie.

lipoproteïnen verbindingen van lipiden met eiwitten; door de lipoproteïnen worden de vetten in oplossing gehouden, waardoor het lipidentransport in het bloed is gewaarborgd; lipoproteïnen worden naar hun dichtheid onderscheiden in *HDL, *LDL en *VLDL.

lipopsychie *G* syn. *lipothymie.

liposarcoom zie sarcoom.

liposomen 1. vetdeeltjes in het cytoplasma van een cel bij vervetting. 2. kunstmatig vervaardigde microscopisch kleine bolletjes met een vetlaagje (fosfolipiden) aan de buitenzijde en binnenin een opgelost geneesmiddel (bijv. enzymen, cytostatica); door de vertraagde afgifte en goede permeabiliteit in lichaamscellen worden deze liposomen de laatste tijd veelvuldig toegepast bij het toedienen van geneesmiddelen.

liposuctie (chir.) *percutane wegzuiging van overtollig vetweefsel.

lipo- ~*thymie*, onmacht, flauwte; syn. lipopsychie; ~*troop*, met affiniteit tot vet; ~*tropine*, zie β-lipotropine; ~*xysme*, vergiftiging door vetzuren.

lipping *E* het röntgenbeeld van overgroeiende osteofytvorming aan de gewrichtsranden bij artrose.

lippitudo leepoog, overmatige afscheiding van de ooglidklieren (glandulae tarsales) bij chronische blefaritis.

Lipschütz, B. Oostenrijks huidarts (1878-1931), zie erytheem.

liptrap *E* (tandheelk.) overwelving van de bovenlip door de onderlip; tgst. *omgekeerde ~*.

lipurie de aanwezigheid van vet in de urine, syn. adiposurie.

liq. (rec.) afk. van liquefactus (zie liquefactie) of liquor.

liquefactie vloeibaar maken, vloeibaar worden, vervloeien.
liquefactus *L* vloeibaar.
liquide vloeibaar.
liquor *L* vloeistof; ~ *amnii*, vruchtwater, het vocht in de amnionholte; ~ *burowii*, zie Burow; ~ *cerebrospinalis*, hersenruggenmergsvloeistof, de vloeistof die zich tussen het zachte hersenvlies en het spinnenwebvlies van hersenen en ruggenmerg bevindt en ook de hersenkamers (hersenventrikels) vult; afk. LCS; ~ *cotunnii*, syn. perilymfe; ~ *scarpae*, endolymfe.
liquorroe 1. afvloed van liquor cerebrospinalis door oren en neus bij schedelbasisbreuk wanneer er een open verbinding is ontstaan met de subarachnoïdale ruimte. 2. afvloed van vruchtwater (*amniale* ~).
LIS afk. van 1. laterale interne sfincterotomie. 2. landelijke ichthyosis-stichting.
lis-diureticum zie diureticum.
Lisfranc, J. Frans chirurg (1790-1847); *gewricht van* ~, het gewricht tussen tarsus en metatarsus; *operatie van* ~, voetamputatie ter hoogte van het gewricht van Lisfranc.
LISL afk. van laser-geïnduceerde schokgolf*lithotripsie.
lispelen zie sigmatisme.
lissencefalie onvolledig gevormde hersenwindingen; zie ook agyrie.
LIST afk. van Leidse impotentie-screeningstest.
listeriosis een zoönose (ziekte van dieren overgebracht op mensen) met als voornaamste ziekteverschijnsel meningitis, doch ook sepsis, pneumonie, endocarditis, encefalitis, otitis media, endometritis; de verwekker is een bacil, *Listeria monocytogenes*.
listerisme antiseptische wondbehandeling volgens de methode van Joseph Lister (1827-1912).
listhesis *G* afglijding.
LISZ afk. van landelijk informatiesysteem zorgverzekeraars.
lithagogum *L* steendrijvend middel, geneesmiddel dat de uitdrijving van zich in het lichaam vormende stenen bevordert; meervoud lithagoga.
lithectomie operatieve verwijdering van een concrement.
lithiasis steenvorming, steenziekte, ziekte veroorzaakt door het zich in het lichaam vormen van stenen, bijv. galsteenziekte (cholelithiasis), niersteenziekte (nephrolithiasis); syn. calculosis.
litho- (smst.) steen, met stenen in verband staande.
lithocenose het verwijderen van gruis uit het lichaam nadat een steen verbrijzeld is.
lithoclasie verbrijzelen van blaasstenen, zie lithotripsie.
lithoclast instrument om blaasstenen te verbrijzelen.
lithogeen steenvormend; zelfst.nw. lithogeniciteit.
lithokenose zie lithocenose.
litholapaxie methode van percutane verwijdering van nierstenen.
litholyticum *L* middel dat oplossing van een concrement (steentjes, gruis) bevordert.
lithonefrose niersteenziekte, syn. nephrolithiasis.
lithopaedion *G* steenvrucht, steenkind; afgestorven, in de baarmoeder door verkalking verharde vrucht, syn. osteopaedion.
lithophthisis *G* long*tering met verkalkingen in de long.
lithotomie steensnede, blaassnede (sectio alta), operatie ter verwijdering van

blaasstenen.

lithotripsie verbrijzeling of vergruizing van een *concrement (steen), in engere zin een blaas- of niersteen met een lithotriptor.

lithotriptor (alg.) instrument voor het verbrijzelen van een *concrement (steen).

lithotrypsie zie lithotripsie.

lithurese *G* het lozen van urine waarin zich kleine steentjes bevinden, bijv. bij blaassteenziekte (cystolithiasis).

litteken cicatrix; *~breuk,* zie hernia.

Little, W. Engels arts (1810-1894); *~se ziekte,* diplegia spastica infantilis, vnl. aan de beide benen optredende spastische verlamming t.g.v. een ontwikkelingsstoornis in de hersenen of door een geboortetrauma.

Littré, A. Frans anatoom (1658-1726); **hernia van ~*, lies- of dijbreuk met het Meckel's *divertikel als inhoud; *klieren van ~*, slijmkliertjes in de mannelijke urethra (glandulae urethrales).

LIV afk. van landelijke informatievoorziening verpleeghuissector.

livedo *L* vlek- of netvormige blauwverkleuring van de huid; *~ anularis,* syn. *~ reticularis,* netvormige blauwrode verkleuring van de huid door afkoeling, syn. cutis marmorata.

liver palms *E* blauw-rood erytheem van de handpalmen bij levercirrose.

livide, lividus *L* blauwachtig.

LIVO afk. van landelijk informatiecentrum voedselovergevoeligheid.

livor *L* syn. livedo, meervoud livores; *~es mortis,* lijkenvlekken.

LIVRE afk. van landelijk informatiesysteem voor revalidatie, voorheen REVIS.

LKR afk. van landelijke kankerregistratie.

LKT afk. van landelijke klachtencommissie thuiszorg.

LKV afk. van lange-keten-vetzuur.

ll. afk. van ligamenta, meervoud van ligamentum; zie ligament.

LLL afk. van borstvoedingsorganisatie La Leche League Nederland.

LL afk. van lymfoblastische leukemie.

LLS afk. van *lazy leucocyte syndrome *E*.

LMA afk. van liver membrane antigen *E*.

LMCA(O) left main coronary artery (obstruction) *E*.

LMI afk. van low molecular inhibitor *E*.

LMIF afk. van leucocytes-*MIF.

LMR afk. van 1. *locus minoris resistentiae, plaats van verminderde weerstand. 2. landelijke medische registratie.

LNA afk. van laboratorium der Nederlandse apothekers.

LND afk. van lymph node dissection *E*, lymfeklierdissectie.

LNHL afk. van lymfocytair *non-Hodgkinlymfoom.

LNR afk. landelijke neonatologie-registratie.

LO afk. van 1. longitudinaal. 2. lichaamsoppervlakte.

loading dose *E* zie dosis.

loa-loa syn. filaria loa of filaria oculi, zie Filaria.

lobair, lobaris *L* een kwab betreffend, bijv. *~e longontsteking, ~e pneumonie*, zie pneumonie.

lobectomie 1. chirurgische verwijdering van een (long)kwab. 2. zie defrontalisatie.

lobotomie lett. insnijding of doorsnijding van een kwab; zie defrontalisatie.

lobulair, lobularis *L* een kwabje betreffend, tot een kwabje beperkt; *~e pneumo-*

nie, zie bronchopneumonie.
lobulatie kwabvorming.
lobulus *L* kwabje, onderdeel van een kwabje, lobje; vklw. van lobus; ~ *auriculae*, oorlelletje; ~ *hepatis*, leverkwabje.
lobus *L* kwab, lob, bijv. hersenkwab, longkwab; ~ *(venae) azygos*, niet constant voorkomend longkwabje aan de mediale zijde van de rechter bovenkwab; ~ *caudatus*, kleine leverkwab in de leverpoort (porta hepatis); ~ *quadratus*, tussen linker leverkwab en galblaas, onder de lobus caudatus gelegen segment van de lever.
lobus cerebri de vier hersenkwabben van iedere hersenhelft: lobus frontalis, temporalis, parietalis en occipitalis; *lobus frontalis*, frontaal- of voorhoofdskwab, is betrokken bij de motorische functies; de voorste frontale gebieden hebben ook te maken met persoonlijkheidsaspecten als decorumgevoel en sociale aanpassing; *lobus temporalis*, temporaal- of slaapbeenkwab, is betrokken bij de gehoorfunctie; *lobus parietalis*, pariëtaal- of wandbeenkwab, waar de zintuigimpulsen worden verzameld; *lobus occipitalis*, achterhoofdskwab, is betrokken bij het bewuste zien.
locaal, localis *L* zie lokaal.
lochia *G* kraamvloed, kraamzuivering, de normale afscheiding van wondvocht uit de baarmoeder bij kraamvrouwen; zie puerperium.
lochio- *G* (smst.) m.b.t. het kraambed of tot kraamvloed, bijv. *lochiodochium*, kraamvrouwenkliniek.
lochiometra stagnatie van lochia in de baarmoeder.
lochiometritis ontsteking van de baarmoeder (zie ook metritis) in het kraambed.
lochiorrhoea *G* overmatige kraamvloed.
loci meervoud van *locus.
locked-in syndrome *E* (locked-in *E:* lett. ingesloten) *tetraplegie en beiderzijds uitval van verschillende hersenzenuwen, kaakkramp en spraakstoornissen met behoud van het bewustzijn t.g.v. trombose van de a. basilaris (zie basilair) en daaruit volgende dubbelzijdige onderbreking van de **tractus corticobulbaris* en **corticospinalis*; syn. ventrale pons- of pontiene dwarslaesie.
loco op de plaats, plaatsvervangend; (rec.) voorvoegsel vóór de naam van een spécialité ter aanduiding dat niet het merkartikel moet worden geleverd doch wel dezelfde stof, een generiek geneesmiddel; ~ *dolenti,* op de pijnlijke plaats.
locognosie het kunnen lokaliseren van aanraking van het lichaamsoppervlak.
locomotie, locomotio *L* beweging, voortbeweging.
locus *L* 1. plaats; ~ *minoris resistentiae*, plaats met minder weerstandsvermogen, lichaamsgedeelte dat het gemakkelijkst door ziekte of aandoening wordt aangetast. 2. (erf.) de plaats in het chromosoom die door een bepaald gen wordt ingenomen.
loensen scheelzien; in engere zin strabismus unilateralis.
Loewer-Sieger methode onderzoek ('screening') van een populatie naar de oogfunctie d.m.v. zes proeven.
Löffler, 1. **F.** Duits bacterioloog (1852-1915); *bacil van ~*, difteriebacil. 2. **W.** Zwitsers internist (1887-1972); *syndroom van ~*, ziektebeeld gekenmerkt door het optreden van longinfiltratie en eosinofilie in het bloed met geringe algemene verschijnselen, toegeschreven aan reactie op animale (worminfecties!) en andere allergenen; *ziekte van ~*, endocarditis parietalis fibroplastica (d.i. met sterke

fibroplasie), vaak beginnend met hevige acute bovenbuikpijn, gepaard met eosinofiele infiltraten; kan leiden tot decompensatio cordis door restrictieve *cardiomyopathie.

Löfgren, S. Zweeds internist; *syndroom van ~*, artritis, erythema nodosum en dubbelzijdige hiluskliervergroting bij sarcoïdose.

lofotrichaat een micro-organisme met een bosje zweepdraden aan één of beide polen.

logagnosie *woordblindheid, een vorm van afasie.

logasthenie partiële aangeboren *woordblindheid, waarbij het geschreven woord niet wordt herkend doch het gesproken woord wèl.

loge *F* (anat.) de ruimte waar een orgaan is gelegen, bijv. nierloge.

-logie *G* (smst.) leer, kennis, wetenschap, kunde, bijv. *antropologie*, menskunde; *psychologie*, leer der zielsverrichtingen.

log kill *A* reken-eenheid ter beoordeling van het effect van cytostatische therapie; één log kill geeft een reductie aan van het aantal tumorcellen met 90% door behandeling met een bepaalde dosis van een cytostaticum.

logoclonie *G* 1. ziekelijke *praatzucht, syn. logorroe, logomanie. 2. krampachtige herhaling van de eerste of de laatste lettergreep van de woorden bij het spreken.

logokofose woorddoofheid; het verkeerd of niet verstaan van woorden, zonder doof te zijn, een vorm van afasie.

logo- (smst.) m.b.t. de spraak; *~manie*, ziekelijke praatzucht, syn. logorroe, logoclonie (bet. 1); *~neurose*, neurotische spraakstoornis, syn. logopathie; *~pathie*, syn. logoneurose; *~pedie*, behandeling van adem-, stem-, spraak-, taal- en gehoorstoornissen; *~rroe*, ziekelijke praatzucht, syn logomanie.

LOI afk. van landelijk overleg infectieziekten.

loiasis filariasis door loa-loa.

LOK afk. van landelijk overlegorgaan kankercentra.

lokaal plaatselijk, tegenovergestelde van algemeen, gegeneraliseerd; *~ale verdoving*, zie locoregionale *anesthesie.

lokalisatie, lokaliseren 1. het tot een bepaalde plaats beperken, bijv. een ziekte of ziekteverschijnsel. 2. plaatsbepaling.

lokstof zie ecto*hormoon, feromonen.

Lolita-syndroom vorm van pedofilie waarbij sprake is van seksuele afhankelijkheid van jonge meisjes voordat zij in de puberteit zijn gekomen; naam verwijst naar de roman Lolita (1955) van Vladimir Nabokov.

LOM afk. van leer- en opvoedingsmoeilijkheden.

Lombroso, C. Italiaans psychiater (1836-1909), ontwikkelde de theorie van het criminele type en de geboren misdadiger; hij toonde aan dat vele misdadigers als zieken moeten worden beschouwd.

LOMZ afk. van landelijke organisatie moderne zwakzinnigenzorg.

long pulmo; *~ader*, *vena pulmonalis; *~arts*, pneumo(no)loog, pulmo(no)loog; *~embolie*, embolie in de (vertakkingen van de) longslagader; *~emfyseem*, zie emfyseem; *~fibrose*, zie fibrose: fibrosis pulmonum.

longi- *L* (smst.) lang.

longitudinaal, longitudinalis *L* 1. in de lengterichting; tgst. transversalis. 2. longitudinaal onderzoek, studie van zaken die zich in een lang tijdsverloop voordoen.

long *~kanker*, syn. carcinoma bronchiale, zie carcinoom; *~kwab*, lobus pulmonalis;

~oedeem, zie decompensatio cordis, oedeem: oedema pulmonum; *~ontsteking*, zie pneumonie.

longsegment anatomische onderverdeling van de longkwabben naar de vertakkingen van de hoofdbronchi.

longslagader arteria pulmonalis, zie arterie.

longuette *F* langwerpig kompres, syn. splenium oblongum.

loodvergiftiging zie saturnisme.

looizuur zie tannine.

LOOK afk. van landelijk overlegorgaan opleidingen kankerverpleging.

loopgravenkoorts een door Rickettsia quintana (overgebracht door luizen) veroorzaakte goedaardige ziekte met recidiverende koorts en algemene verschijnselen, die vooral is waargenomen in loopgraven; syn. vijfdaagse koorts, trench fever *E*, wolhynische koorts.

looping *E* lusvorming in een slagader.

loopoor zie otorroe.

Looser, E. Zwitsers chirurg (1877-1936), zie Milkman.

LOPAG afk. van landelijk overleg van patiëntenorganisaties voor alternatieve geneeswijzen.

loquacitas breedsprakigheid; zie loquax.

loquax woordenvloed, praatzucht, syn. logorroe.

Lorain, P. Frans internist (1827-1875); *type van ~*, het klassieke beeld van hypofysaire groei-achterstand: geringe lichaamslengte, zwakke habitus, hypogenitalisme, normale lichaamsproporties.

lordose voorwaartse (fysiologische) kromming van de wervelkolom, speciaal die van het lendengedeelte; bij te sterke lordose spreekt men van een 'holle rug'.

lordotisch met lordose in verband staand, lordose betreffend; *~e albuminurie*, syn. orthostatische *albuminurie.

Lorenz, A. Oostenrijks orthopeed (1854-1946); *methode van ~-Hoffa* (obsoleet), manuele repositie van aangeboren heupdysplasie en ingipsen met 90° buiging en abductie van de heupgewrichten ('kikkerstand').

lorgnetneus inzakking van de neusrug bij polychondritis.

LOS afk. van landelijke organisatie slachtofferhulp.

LOSB afk. van landelijke stichting onderwijs slechtzienden en blinden.

LOSGIO afk. van landelijk overlegorgaan van sociaal-geneeskundigen in opleiding.

loslaatpijn acute pijn bij prikkeling van het peritoneum, bijv. bij appendicitis op het ogenblik dat de druk van de onderzoekende hand op het punt van *McBurney plotseling wordt opgeheven; teken van Rovsing.

LOTD afk. van landelijke organisatie traumadienst.

lotio *L* waswater mét of zonder toevoeging van geneesmiddelen.

LOTT afk. van landelijke organisatie trauma-teams; men spreekt liever van crashteams omdat het in slechts 25% van de gevallen een trauma betreft.

LOTUS afk. van landelijke organisatie tot uitbeelding van slachtoffers.

lotusbed ziekenhuisbed dat met een aluminium deksel (voorzien van een doorzichtig raam) luchtdicht kan worden afgesloten ten einde de patiënt hyperbarisch zuurstof te kunnen toedienen.

Louis-Bar, Denise Frans arts (geb. 1914); *syndroom van ~*, syn. ataxia teleangiectasia, zie ataxie.

LOVAA afk. van landelijk overleg van arts-assistenten.

LOVAH afk. van landelijke organisatie van aspirant-huisartsen.
LOVEL afk. van landelijk overleg van eerstelijnswerkers.
LOVS afk. van landelijk orgaan verpleegkundig specialisten.
LOVT afk. van landelijke organisatie voor thuisverpleging.
LOVZ afk. van landelijk overleg verpleegkundigen bij zorgverzekeraars.
low back pain *E* lage rugpijn.
Lowe, Ch. Amerikaans kinderarts (geb. 1921); *syndroom van ~*, X-gebonden cataract, nystagmus, zeer grote cornea, glaucoom, hypotonie, mentale retardatie, renale acidose (amino-acidurie); syn. oculocerebrorenale dystrofie.
lower nephron syndrome *E* zie nefrose.
Lown, B. Amerikaans cardioloog (geb. 1921); *syndroom van* ~-Ganong-Levine, afk. LGL-syndroom, een voortijdige ontlading van rechter- of linkerkamer door middel van een accessoire geleidingsbundel (de bundel van James) tussen boezem en bundel van His.
low salt syndrome zie *dilutie-syndroom.
low-vision specialist deskundige op het gebied van optische en andere hulpmiddelen voor mensen met een zeer beperkte *visus (low-vision *E*).
loxartrose, loxarthrosis *G* gewrichtsverkromming.
loxophthalmos *G* het scheelzien; zie strabismus.
LOZ afk. van landelijk overleg zorg voor geestelijk gehandicapten.
LP afk. van 1. lipoproteïne. 2. lumbale punctie.
LPA afk. van lever-pancreas-antigeen.
Lpa afk. van lipoproteïne a.
LPCP afk. van landelijk patiënten- en consumentenplatform, thans NP/CF.
LPEG afk. van lumbaal pneumo-encefalogram.
LPFB afk. van linker posterior fasciculair block.
LPH zie β-lipotropine.
LPL afk. van 1. *lipoproteïnelipase, een vetstofwisselingsenzym. 2. lymphoplasmacytoid lymphoma *E*.
LPLND afk. van laparoscopic pelvine lymph node dissection.
LPS afk. van 1. lymfoproliferatief syndroom. 2. lipopolysacharide, syn. *endotoxine (bet. 2).
LPVK afk. van landelijk platform voor verenigingen van kankerpatiënten.
LPVZ afk. van landelijk platform vrouwenzelfhulporganisaties.
LRM afk. van lymforeticulaire maligniteit.
LRS afk. van lymforeticulair systeem.
LRZ afk. van landelijke registratie zorg- en dienstverlening aan verstandelijk gehandicapten.
LSBB afk. van landelijk servicebureau buddyzorg.
LSBS afk. van landelijke stichting voor blinden en slechtzienden.
LSBV afk. van landelijke stichting bureaus vertrouwensartsen.
LSBVK afk. van landelijke stichting bureaus vertrouwensarts inzake kindermishandeling.
LSD 1. (chem.) afk. van lysergeenzuurdiëthylamide, kunstmatig vervaardigde hallucinogene stof. 2. afk. van landelijke stichting dagverblijven.
LSD-kuur zie psycholytische therapie.
LSEA afk. van lichen sclerosus et atrophicus.
LSP afk. van lever-specifiek proteïne.

L/S-ratio afk. van lecithine-sfingomyeline ratio; in vruchtwater bepaald, is deze verhouding een maatstaf voor de surfactantproductie in de foetale long (een maat voor de zgn 'longrijpheid' en daarmee voor de kans op het ontstaan van *hyaliene-membranenziekten).
LSS afk. van life satisfaction scale.
LSV afk. van landelijke specialistenvereniging, thans opgegaan in de *Orde.
LT afk. van 1. leukotriënen. 2. lymfotoxine.
LT(D)OT afk. van long-term (domiciliary) oxygen therapy *E*.
LTF afk. van leucocyte transforming factor *E*.
LTG afk. van low tension glaucoma *E* (open kamerhoek, normale oogdruk, glaucomateuze gezichtsveld-afwijkingen).
LTH afk. van luteotroop hormoon, vroegere benaming van *prolactine.
LTM afk. van long term memory *E*, lange-termijngeheugen.
LTT afk. van lactase tolerantietest.
lubricans *L* (genees)middel dat glibberig maakt, glijmiddel.
lubricatie glibberig maken.
lucent doorschijnend; licht doorlatend; ook gezegd van echogolven (*echolucent*); radiolucent.
Lucey-Driscoll-syndroom aangeboren *hyperbilirubinemie met icterus op grond van gestoorde conjugatie van bilirubine, waarschijnlijk t.g.v. een moederlijk steroïd dat de placenta is gepasseerd.
lucht- zie aëro-; *~pijp*, trachea; *~pijpsnede*, tracheotomie; *~ziekte*, zie reisziekte; *~zucht*, zie emfyseem.
lucida intervalla *L* heldere ogenblikken bij psychosen of (sub)coma.
lucide, lucidus *L* helder, klaar, bijv. van de geest.
luciditeit helderheid van geest, ongestoord bewustzijn.
lucidus zie lucide.
Lucilia macellaria *L* Zuid-Amerikaanse vlieg, verwekt myiasis; syn. Musca anthropophaga.
Lucio 19de-eeuws Mexicaans leproloog; *~-fenomeen*, ulcererende purpuravlekken in de huid bij lepra die littekens achterlaten.
lues *L* afk. van *~ venerea*, (lett.: vloek van Venus), syn. *syfilis; *~ congenita* of *connata*, aangeboren syfilis, syn. heredosyfilis; *~ latens*, het ontbreken van klinische verschijnselen bij een lijder aan syfilis met een positieve serologie.
lueticus *L* lijder aan lues.
luetisch syfilitisch.
LUF afk. van luteinized unruptured follicle *E* (soms oorzaak van infertiliteit).
Lugol, J. Frans arts (1786-1851); *oplossing van ~*, syn. solutio Lugoli, oplossing van jodium (jood) in een oplossing van kaliumjodide, vnl. voor kleuring van bacteriën en weefsels t.b.v. microscopisch onderzoek.
luiereczeem papulo-pustuleuze dermatose (huidaandoening) aan de billen van pasgeborenen t.g.v. broeiing, resten van wasmiddelen, candida en omzettingsproducten van de urine.
luierpijn zie spine sign.
lui oog amblyopie.
luis zie Pediculus; *~ziekte*, *pediculosis.
lumbaal, lumbalis *L* tot de lende behorend; *~anesthesie*, zie anesthesie; *~zak*, zie lumbaalpunctie.

lumbaalpunctie beter: lumbale punctie, aftappen van lumbaalvocht (*liquor cerebrospinalis) met een holle naald uit de spinale subarachnoïdale ruimte beneden het niveau waar het ruggenmerg eindigt (de 'lumbaalzak').
lumbaalvocht syn. *liquor cerebrospinalis.
lumbago *L* spit, lendenpijn, lendenschot; meestal aan één kant optredende spierpijn in de lendenstreek; syn. myalgia lumbalis, lumbalgie.
lumbair syn. *lumbaal.
lumbalgie lendenpijn; syn. lumbago.
lumbalis zie lumbaal.
lumbalisatie het niet of niet geheel vergroeid zijn van de eerste heiligbeenwervel met de rest van het heiligbeen en het niet *articuleren (bet. 1) met het darmbeen (zgn. overgangswervel).
lumbo- *L* (smst.) m.b.t. de lende; *~staat* (jrg.), lendensteun, bijv. een daartoe aangemeten korset; *~tomie*, (chir.) lendensnede; schuin verlopende snede in de *flank t.b.v. operatie in de nierstreek.
lumen *L* 1. de holte van een buis of van een hol orgaan. 2. lichtbron. 3. eenheid van lichtenergie.
luminaal in of via een *lumen.
luminantie (oogheelk.) het quotiënt van de lichtsterkte van een oppervlakte-element en het schijnbare oppervlak.
lump *E* een weefselmassa; uitwas; *~ectomie* (chir.), verwijdering van een lump.
lunair, lunaris *L* m.b.t. de maan, syn. lunatus.
lunambulisme slaapwandelen, maanziekte; syn. lunatisme, noctambulisme, *somnambulisme, zelfst.nw. *lunambulist*.
lunaris zie lunair.
lunaticus *L* slaapwandelaar, maanzieke, syn. lunambulist, somnambulist.
lunatisme syn. *somnambulisme, lunambulisme.
lunatomalacie 1. *osteochondrose (Kienböck). 2. aseptische posttraumatische necrose van het os lunatum (maanvormig beentje) in de handwortel (*carpus).
lunatus *L* zie lunair.
lunella *L* syn. hypopyon.
lunula *L* maantje, benaming o.a. voor het achterste gedeelte van de nagel.
lupia *L* zakvormig gezwel; *~ juncturae*, gewrichtszwelling, syn. tumor albus.
lupoïd 1. gelijkend op lupus. 2. syn. lupus pernio.
lupoom, lupoma *L* lupusknobbeltje.
lupus *L* wolfszweer, vnl. in het gelaat optredende tuberculeuze huidziekte *(~ vulgaris*, syn. *~ willanii)*, gekenmerkt door het ontstaan van zweren, waardoor het gelaat afschuwelijk verminkt kan worden; syn. tuberculosis cutis luposa; *~ anatomicus*, lijktuberkel, zie tuberculum; *~-carcinoma*, kanker ontstaan uit lupus; *~ erythematodes*, zie lupus erythematodes; *~ exedens*, wegvretende lupus; *~ exulcerans*, zwerende lupus; *~ hypertrophicus*, syn. *~ tumidus*, lupus met woekeringen en rode zwellingen; *~ pernio*, blauwrode zwellingen van de huid van neus, wangen en lippen bij sarcoïdose, syn. sarcoïden; *~ syphiliticus*, met knobbels gepaard gaande syfilitische huidaandoening, zie syfilide.
upus erythematodes, lupus erythematosus afk. LE; auto-immuunziekte, gekenmerkt door de aanwezigheid van antistoffen tegen verschillende kernbestanddelen, klinisch behorend tot de groep der collageenziekten, geen verwantschap vertonend met lupus vulgaris; men onderscheidt de *interne vorm*, d.i.

~ *generalisatus*, syn. *systemische* of *viscerale lupus erythematosus E*, afk. SLE, en de *dermatologische vorm*, welke laatste in de eerste kan overgaan (zie erythematodes); het ziekteverloop van de ~ *generalisatus* [ook: ~ *disseminatus* (afk. LED) of ~ *visceralis*] is acuut, subacuut, chronisch, golvend of recidiverend, waarbij het beeld zeer wisselend kan zijn en zelden volledig is; de pathogenese is die van een *immuuncomplexziekte en Ig-precipitatie; de verschijnselen kunnen, al of niet met koorts, optreden in de vorm van *vasculitis, glomerulonefritis met nefrotisch syndroom, periarteriële fibrose van de milt, abacterische verrukeuze endocarditis (Libman-Sachs), pancarditis (microvasculitis van het myocard), interstitiële longfibrose, (poly)artritis, huidafwijkingen, (poly)serositis, vluchtige longinfiltraten, lymfadenopathieën, recidiverende hepatitis, soms ook neurologische afwijkingen en depressieve perioden (*cerebrale* ~); verder vindt men anemie, sterk verhoogde BSE, verlaagd aantal *suppressorcellen, neutropenie, LE-cellen, fenomeen van Raynaud, fotosensibiliteit, aneurysma dissecans, nasofaryngeale ulceraties, pericarditis, fout-positieve luesreacties in het serum en soms een positieve Coombstest; overgangsvormen naar *RA komen voor; *discoïde* ~, SLE met schijfvormige *plaques en efflorescenties in huid en slijmvliezen.

LUSA (jrg.) afk. van lumbale wervelkolom plus sacrum.

lustprincipe (Freud) het zoeken naar een onmiddellijke bevrediging zonder rekening te houden met andere mensen of factoren.

lusus naturae *L* kleine afwijking, speling der natuur; onbetekenend ongemak.

luteaal m.b.t. het *corpus luteum.

luteïnecellen cellen van het *corpus luteum waarin zich het gele, vettige pigment luteïne bevindt.

luteïnisatie de vorming van luteïne (*lipochromen) in weefsels; in engere zin het ontstaan van het corpus luteum.

luteïniserend hormoon zie LH.

luteolyse te gronde gaan van het *corpus luteum.

luteoom, luteoma gezwel van de *luteïnecellen in het *corpus luteum.

lux eenheid van hoeveelheid verlichting per vierkante meter; zie ook lumen.

luxatie, luxatio *L* 1. ontwrichting, uit het lid geraken (dislocatie), meestal gepaard gaande met inscheuring van gewrichtsbanden en -kapsel, syn. exarthrosis; komt het meest voor aan schouder en elleboog; wordt veroorzaakt door geweld (val of stoot), doch kan ook zijn aangeboren, bijv. ~ *coxae congenita*: aangeboren ontwrichting van het heupgewricht, een dikwijls voorkomende complicatie van de aangeboren dysplasie van dit gewricht; ~ *bulbi*, het te voorschijn komen van de gehele oogbol buiten de ooglidspleet; *habituele* ~, herhaaldelijke luxatie van hetzelfde gewricht na nauwelijks aanwijsbaar trauma. 2. (oogheelk.) het losmaken van de ooglens uit het kapsel.

luxeren 1. ontwrichten; uit de natuurlijke stand of ligging brengen; zie ook distorsie, luxatie. 2. (psych.) het waarneembaar worden van sluimerende afwijkingen, die het gevolg zijn van belastende levensomstandigheden.

luxurians *L* wild, woekerend, overdadig, bijv. *caro* ~, wild vlees.

LVAD afk. van 1. landelijke vereniging van artsen in dienstverband. 2. left ventricular assist device.

LVAG afk. van landelijke vereniging van assistent-geneeskundigen.

LVC afk. van left ventricular cavity.

LVDT afk. van landelijke vereniging dialyse en transplantatie.
LVEDP afk. van left ventricle end-diastolic pressure *E*.
LVEDV afk. van linkerventrikel-einddiastolisch volume.
LVEF afk. van left ventricular ejection fraction.
LVET (card.) afk. van linker ventrikel ejectietijd.
LVF afk. van left ventricular failure.
LVFD afk. van landelijke vereniging van fysiotherapeuten in dienstverband.
LVG afk. van licht verstandelijk gehandicapte.
LVGGD afk. van landelijke verniging van GGD'en.
LVH (card.) afk. van 1. linker *ventrikelhypertrofie. 2. landelijke vereniging van heelkunde.
LVO afk. van landelijke vereniging van operatie-assistenten.
LVP afk. van lysine, vasopressine.
LVR afk. van landelijke verloskunderegistratie.
LVSG afk. van landelijke vereniging van sociaal-geneeskundigen.
LVSWI (card.) afk. van left ventricular stroke work index *E*.
LVT afk. van landelijke vereniging voor thuiszorg.
LWAG afk. van living with asthma questionnaire *E*.
LWI afk. van luchtweginfectie.
LWK afk. van lendenwervelkolom, lumbale wervelkolom.
lycantropie het waandenkbeeld een wolf te zijn; zie ook zoantropie.
lycopine een *caroteen-achtige plantaardige kleurstof in tomaten e.d.
lycorexie *G* *geeuwhonger.
LYDMA afk. van lymphocyte-detected membrane antigen *E*.
Lyell, A. Schotse arts; *ziekte van ~*, toxische epidermale necrolyse, afk. TEN, met koorts en vaak orgaanafwijkingen, waarschijnlijk door paraneoplasie.
Lyme stadje in Connecticut, VS; *~-disease, -ziekte*, symmetrische artritis van grote gewrichten tezamen met erythema chronicum migrans op de plek van de tekenbeet of met acrodermatitis chronica atrophicans, verder o.a. gekenmerkt door koorts, meningisme, encefalopathie, myalgieën en demyelinisatie-verschijnselen, wellicht t.g.v. een cellulaire-immuunreactie; de oorzaak is een spirocheet (*Borrelia burgdorferi), overgebracht door de beet van een teek (Idoxes dammini); het huidbeeld van het primaire effect vertoont grote overeenkomst met het erythema chronicum migrans, zie erytheem.
lymf- zie ook lymph-.
lymfadenitis, lymphadenitis lymfeklierontsteking; *~ carcinomatosa*, lymfadenitis door carcinoom-metastasen.
lymfadenoom, lymphadenoma *G* lymfeklierzwelling; zie ook lymfoom.
lymfadenopathie, lymphadenopathie syn. lymfadenose, afwijkingen van de lymfeklieren, in engere zin chronische ontstekingen; *~ angio-immunoblastique F*, lymfeklierzwellingen en polyklonale hypergammaglobulinemie met relatieve toeneming van plasmocyten en immunoblasten, woekeringen van vaatweefsel in lymfeklieren, milt, longen en lever, voorts trombocytopenie, maculaire huiduitslag en anemie, ernstige algemene ziekteverschijnselen met kenmerken van lymphoma malignum (zie lymfoom, bet. 3); *gegeneraliseerde ~*, komt voor bij vele virusinfecties voorts (als zgn. *~-syndroom*; afk. LAS), bij leukemie, AIDS, maligne lymfomen en andere neoplastische aandoeningen; syn. lymfadenose; *~ wasting syndrome E*, prodroom van *AIDS (zgn. mini-AIDS) waarbij zich pathologisch-

anatomische veranderingen in de lymfeklieren manifesteren, nl. folliculaire hyperplasie overgaand in folliculaire involutie; syn. wasting lymphnode syndrome *E*.

lymfadenose syn. lymfadenopathie.

lymfaferese zie lymfocytaferese.

lymfangiëctasie, lymphangiëctasie verwijding van lymfevaten.

lymfangiomatose, lymphangiomatosis hamartomatische (zie hamartoom) perilymfatische proliferatie van glad spierweefsel in longen en pleura, leidend tot dyspneu.

lymfangiomyomatose nodulaire gladde-spiercellenhyperplasie in lymfevatwanden.

lymfangion het tussen twee kleppen gelegen deel van een lymfevat; doet dienst als kleine pompeenheid.

lymfangioom, lymphangioma *G* syn. lymfoom, gezwel van verwijde lymfevaten en spleten.

lymfangiosarcoom maligne gezwel uitgaande van het endotheel der lymfevaten.

lymfangitis, lymphangitis ontsteking van lymfevaten, meestal bij infectie en ontsteking van huidwonden, zichtbaar als rode streeptekening in de huid; de volksmond noemt dit 'bloedvergiftiging'; ~ *carcinomatosa*, steriele lymfangitis t.g.v. immunoreactie op metastaserende carcinoomcellen, waardoor de lymfeafvoer wordt belemmerd.

lymfatisch syn. *lymfoïd. 1. m.b.t. secretie of transport van *lymfe. 2. ~ *systeem*, afweersysteem, organen en weefsels welke hoofdzakelijk lymfe en (circulerende) lymfocyten bevatten, zoals lymfeklieren, milt, amandelen, thymus, plaques van Peyer, beenmerg, enz. 3. flegmatisch (obsoleet).

lymfe, lymphe weefselvloeistof, opgenomen door de lymfevaten; wordt 'gefiltreerd' in de lymfeklieren; de lymfevaten voeren de lymfe terug naar het bloed d.m.v. twee grote afvoerbuizen nl. de *ductus thoracicus (borstbuis) en de *ductus lymphaticus (rechter lymfebuis).

lymfedrainage syn. manuele lymfedrainage (afk. ML) wordt toegepast in de geneeskunde en bij cosmetische behandelingen en omvat een zachte massage op de droge huid d.m.v. draaiende 'pomp'bewegingen; het stimuleert de lymfecirculatie in de bindweefsels waardoor vochtoplossingen (oedemen) verdwijnen en schadelijke stoffen worden afgevoerd.

lymfefollikel ophopingen van lymfocyten; kiemcentra in de lymfeklieren.

lymfeklier (beter lymfeknoop), boonvormig lymfatisch orgaantje in een lymfevat, vormt lymfocyten, antistoffen en 'filtreert' de lymfe d.m.v. *fagocytose van schadelijke stoffen, bacteriën; *mucocutaan ~syndroom*, syn. van ziekte van *Kawasaki.

lymfeknoop syn. lymfeklier.

lymfespleten met endotheel beklede ruimten in het bindweefsel waar het weefselvocht doorheen stroomt.

lymfevarices verwijdingen van lymfevaten, bijv. bij lymfostase.

lymfevat met endotheel bekleed vat (buis) dat de lymfe vervoert naar het bloedvatstelsel.

lymfo- zie ook lympho-.

lymfoblast voorstadium van een lymfocyt.

lymfoblastose, lymphoblastoma gezwelvorming van de lymfeklieren; ~ *megafolliculare* (ziekte van Brill-Symmers), een *non-Hodgkin lymfoom met sterke vergroting van de lymfatische follikels vnl. in milt, tonsillen en lymfeklieren met wisselend verloop, soms gelijkend op chronische lymfatische leukemie.

lymfocyt witte bloedcel met ongelobde kern; lymfocyten worden 'immunologisch-competente cellen' genoemd en vormen, mede dank zij een speciale wijze van circuleren door het lichaam, de grondslag van het immunologisch afweerapparaat van het organisme; men onderscheidt *B-lymfocyten (B-cellen) en T-lymfocyten (*T-cellen).

lymfocytaferese *aferese van lymfocyten, syn. lymfaferese.

lymfocytoblastoom syn. lymfocytoom.

lymfocytoom, lymphocytoma syn. lymfocytoblastoom, gezwel van lymfocyten in bindweefsel.

lymfocytose vermeerderd aantal lymfocyten in het bloed; *chronische T-cel ~*, persisterende goedaardige lymfocytose van T-cellen (zeldzaam) met neutrofiele granulocytopenie, soms gepaard met recidiverende bacteriële infecties van huid en slijmvliezen.

lymfoedeem, lymphoedema lymfatisch oedeem door stuwing van lymfe t.g.v. onvoldoende afvloed op grond van aangeboren lymfevaten-*hypoplasie; *~ congenitum, idiopathica* of *praecox*, erfelijke chronische ziekte van het lymfevatenstelsel van de onderbenen (meestal bij vrouwen), waardoor de afvoer van lymfe is gestoord en toeneming optreedt van interstitieel weefselvocht als gevolg waarvan, mede door verharding van het weefsel, een blijvende oedeemachtige verdikking van het enkelgebied ontstaat; in vele gevallen gecombineerd met gele nagels en vocht in de pleuraholte, syn. ziekte van Meige-Milroy; *familiaal ~*, erfelijke oedemateuze dystrofie vnl. bij kinderen, soms overgaand in het lymphoedema congenitum; *primair ~*, bij jonge vrouwen aan de onderbenen; *secundair ~*, lymfoedeem t.g.v. ziekteprocessen als recidiverende lymfangitis, filariasis, lymphogranuloma inguinale, lues, trombose, voorts postoperatief (na bijv. een okseltoilet bij mamma-amputatie), toxisch of paraneoplastisch; *~ tarda*, lymphoedema idiopathica dat op latere leeftijd ontstaat; syn. trofoedeem, elephantiasis nostras.

lymfo-epithelioom anaplastisch carcinoom, ontstaan uit epitheel van het lymfoïde weefsel.

lymfogeen 1. (alg.) m.b.t. het *lymfatisch systeem. 2. langs de lymfebanen.

lymfografie röntgenonderzoek van lymfevaten en -klieren met behulp van contrastmiddel.

lymfogranulomatose, lymphogranulomatosis chronische progressieve gezwelachtige ontsteking van lymfatisch weefsel (lymfeklieren, milt); zie lymfoom: lymphoma malignum.

lymfohistiocytose het voorkomen van zowel teveel lymfo- als histiocyten in het bloed; *erytrofago~*, zeldzame en ernstige ziekte bij kinderen, waarbij in de reticulo-endotheliale organen erytrocyten door lymfohistiocytaire elementen worden gefagocyteerd.

lymfoïd syn. *lymfatisch; m.b.t. lymfe, lymfevaten en lymfeklieren; *centrale ~e organen* zijn beenmerg en thymus, *perifere ~e organen* zijn milt, lymfeklieren, plaques van Peyer, amandelen (tonsillen) en *adenoïd.

lymfokinen eiwitten, gevormd bij reactie tussen gesensibiliseerde T-cellen en antigeen; syn. *interleukinen, *cytokinen; ze spelen niet alleen een rol in het immuunsysteem maar ook bij vele andere processen in het lichaam.

lymfomatoïde papulose zie papulosis.
lymfolytisch met oplossende werking op lymfocytair weefsel.
lymfomatose vorming van lymfatische woekeringen bij sommige ziekten op diverse plaatsen in het lichaam.
lymfoom, lymphoma 1. vergrote lymfeklier, hoofdzakelijk t.g.v. immunologische reactie op infecties, directe infectie van de klier, neoplasma of metastase hiervan; *benigne reuzen-~*, syn. giant lymphnode hyperplasia *(E)*, ziekte van Castleman, zeldzame solitaire, goedaardige lymfeklier*hyperplasie welke soms vuistgrote afmetingen bereikt; men onderscheidt het plasmacel- en het hyaliene-vasculaire type. 2. gezwel van verwijde lymfevaten. 3. *~ malignum*, verzamelnaam voor *lymphogranuloma malignum en *non-Hodgkin-lymfoom; *histiocytair maligne ~*, een zeldzame vorm van non-Hodgkin-lymfoom, afkomstig van macrofagen. 4. *mediterraan ~*, plasmocytoomachtige neoplasieën in de dunne darm bij bewoners van het Middellandse-Zeegebied, waarschijnlijk op grond van immuno*deficiëntie t.g.v. inwerking van vibrio cholerae toxine.
lymfopathie lymfeklierziekte.
lymfopenie verminderd aantal lymfocyten in het bloed.
lymfopoëse, lymphopoiesis *G* de vorming van lymfe en lymfocyten (lymfocytopoëse).
lymforeticulair systeem afk. LRS, verzamelnaam voor de organen waarin het lymfoïde weefsel in hoofdzaak is vertegenwoordigd, t.w. de thymus, tonsillen, lymfeklieren, milt, appendix en de plaques van Peyer.
lymforeticulose ziekte van het *lymforeticulair systeem.
lymfosarcoom, lymphosarcoma kwaadaardig gezwel van lymfatisch weefsel; niet meer gebruikte benaming voor *non-Hodgkin lymfoom.
lymfostase stuwing van lymfe.
lymfotroop met affiniteit tot lymfoïde weefsels en -cellen.
lymph- zie ook lymf-.
lymphadenitis zie lymfadenitis.
lymphadenoma zie lymfadenoom.
lymphadenopathie zie lymfadenopathie.
lymphadenosis (alg.) lymfeklieraandoening, zie lymfadenitis, -adenopathie; *~ cutis benigna*, een rode tumoreuze huidaandoening, bestaande uit een goedaardige ple(i)morfe B-cel woekering in lymfeklieren, gepaard met vaat- en bindweefselproliferatie; afk. *LACB.
lymphaneurysma ook: *lympheurysma*, begrensde verwijding van lymfevaten.
lymphangiëctasie zie lymfangiëctasie.
lymphangioma zie lymfangioom.
lymphangiomatosis zie lymfangiomatose.
lymphangitis zie lymfangitis.
lymphe zie lymfe.
lympheurysma zie lymphaneurysma.
lympho- zie ook lymfo-.
lymphoblastoma zie lymfoblastose.
lymphoconiosis ophoping van door de huid binnengedrongen (silicaat)stofdeeltjes in regionale lymfeklieren.
lymphocytoblastoma syn. lymphocytoma, zie lymfocytoom.
lymphocytoma *G* syn. *lymphocytoblastoma*, zie lymfocytoom.

lymphoderma perniciosa *L* huidziekte gepaard gaande met schilferend eczeem, huidverdikking en vorming van zwerende knobbels; ook komen verschijnselen van pseudoleukemie voor; syn. leucaemia cutis.
lymphoedema zie lymfoedeem.
lymphogranuloma benignum *L* 1. kattenkrabziekte, cat-scratch disease, goedaardige regionale, chronische lymfeklierontsteking, veroorzaakt door een op de verwekker van het *oculoglandulair syndroom gelijkende bacterie, een gramnegatief staafje (*Afipia felis*), dat wordt overgebracht door de krab van een kat of door enig ander geïnfecteerd scherp voorwerp; ook: lymphoreticulosis benigna. 2. syn. sarcoïdose.
lymphogranuloma inguinale *L* ziekte van Nicolas, Durand en Favre, vierde geslachtsziekte, chronische ontsteking van de inguinale (lies) en bekkenlymfeklieren en omliggend weefsel, waardoor elephantiasis genito-anorectalis kan optreden; wordt veroorzaakt door Chlamydia trachomatis; syn. *lymphogranuloma venereum*, klimatische bubo, poradenitis inguinalis; ziekte van *Frei (foutief).
lymphogranuloma malignum *L* ziekte van Hodgkin, maligne granuloom, Hodgkin-*lymfoom; progressieve proliferatie van lymfatisch weefsel door het gehele lichaam, vaak ook met lokalisaties in diverse organen, met subchronisch verloop en o.a. een typisch golvend koortsverloop (type Pel-Ebstein), vaak *deficiëntie van de cellulaire immuniteit, voorts gewichtsverlies, moeheid, jeuk, nachtzweet, anorexie; er bestaat een (verworven) insufficiëntie van de cellulaire immuniteit; behandeling is niet meer zonder perspectief sedert de toepassing van chemo- en radiotherapie.
lymphogranulomatosis zie lymfogranulomatose.
lymphoma zie lymfoom.
lymphonodus syn. *lymfeklier.
lymphoplasmocytoma woekering van het *spongioplasma van lymfeklieren.
lymphopoiesis zie lymfopoëse.
lymphoreticulosis benigna zie lymfoom: lymphogranuloma benignum.
lymphoreticulum zie lymforeticulair systeem.
lymphosarcoma zie lymfosarcoom.
lyofiel neiging vertonend zich op te lossen; gemakkelijk oplosbaar.
Lyon, Mary Engels geneticus (geb. 1925), zie lyonisatie.
lyonisatie *Lyon-hypothese: in het begin van de ontwikkeling van een vrouwelijke zygote (dus een zygote met twee X-chromosomen) wordt één van de beide X-chromosomen (hetzij dat van de vader, hetzij dat van de moeder afkomstig) geïnactiveerd, hetgeen gedurende de gehele embryogenese wordt gehandhaafd; hierdoor kunnen bepaalde X-chromosomaal-gebonden erfelijke eigenschappen wèl of niet bij de vrouw aanwezig zijn.
lysatie; lyseren woorden afgeleid van *lysis.
lyse zie lysis (bet. 2).
lysine een essentieel aminozuur, o.a. van belang voor het 'verrijken' van granen.
lysinen (meervoud) toxinen of immuuncomplexen die ongewenste elementen in het bloed tot oplossing brengen bijv. hemolysinen.
lysinogeen een antigeen dat productie van *lysinen teweegbrengt (*lysinogenese*).
lysis *G* 1. bij sommige acute ziekten voorkomende langzame geleidelijke vermindering van koorts (febris). 2. de oplossing (lyse) van weefsels, stolsels, trombi, bacteriën, erytrocyten door chemische, fysische, enzymatische, bacteriolytische

e.a. invloeden.

lysogeen 1. syn. lysinogeen. 2. een bacterie die een *bacteriofaag herbergt.

lysogenie de aanwezigheid van *profaag in een bacterie.

lysosomaal m.b.t. het lysosoom; *~ale enzymdeficiëntie*, onvoldoende of afwezige werking van in de *lysosomen gelokaliseerde enzymen, waardoor stapeling van stofwisselingsproducten optreedt; hierdoor ontstaan ziektebeelden, bekend als *~ale stapelingsziekten* (mucopolysacharidosen, sfingolipidosen, gangliosidosen, ziekte van *Pompe, mucolipidosen, sulfatidosen).

lysosomen cel*organellen welke een groot aantal enzymen bevatten waarmee vetten, eiwitten, koolhydraten en andere macromoleculen worden afgebroken; vele *enzymdefecten zijn van lysosomale oorsprong, zie lysosomaal.

lysotypie vaststelling van het type van een bacterie door bepaling van de weerstand ten opzichte van gestandaardiseerde bacteriofagen.

lysozym syn. *muramidase.

lyssa *G* hondsdolheid, syn. rabiës; met dolheid en bijtzucht gepaard gaande infectieziekte bij dieren, vooral bij honden, wolven, vossen, katten, vleermuizen die (door beet) ook op de mens kan worden overgebracht; de oorzaak is het *rabiësvirus; *~ humana*, op de mens overgebrachte vorm van hondsdolheid, veroorzaakt encefalitis; de eerste verschijnselen worden meestal pas 1-7 maanden na de beet waargenomen; deze zijn: grote prikkelbaarheid, hoofdpijn, onrustige slaap, gevolgd door aanvallen van angst en doodsbesef met angst om te slikken of te drinken (hydrofobie) en ondraaglijke tonische krampen der slikspieren; de prognose is ongunstig.

-lyticum (smst.) verslappend, verlammend, remmend, oplossend.

lytisch zie ook lysis; *~e cocktail*, zie neuroplegicum; *~e daling*, temperatuurdaling waarbij de koorts iedere dag iets lager is dan de vorige dag.

LZK afk. van langdurig zieke kinderen.

M

m afk. van 1. milli = 10^{-3}. 2. meter.
m. afk. van 1. (rec.) misce, misceatur: meng, het worde gemengd.
M afk. van 1. mega = 10^{6}. 2. molaar, ware kies. 3. molair, mol per liter. 4. myopie.
M. afk. van morbus, ziekte van.
µ afk. van 1. micro- = 10^{-6}, bijv. 1 µl = 10^{-6} liter. 2. *micron (obsoleet).
mA afk. van milli-ampère.
MA afk. van 1. mono-aminen. 2. membraanantigeen.
MAA afk. van melanoma associated antigen.
maag ventriculus (*L*), gaster (*G*), stomachus (*G*); zie gastr-, stomach-; *~bloeding*, zie gastrorragie, gastrostaxis; *~breuk*, zie hiaat: hiatus hernia.
maagd virgo; *~envlies*, zie hymen.
maag- *~mond*, cardia; *~portier*, pylorus; *~steen*, zie darmsteen; *~straat*, zie Waldeyer; *~verdeling* (chir.), *bypass van de maag, d.i. (bij voorkeur verticale) verdeling van dit orgaan in een klein en een groot compartiment, zodat (via het eerste) alleen kleine hoeveelheid voedsel worden verdragen met als resultaat vermagering; syn. *maagverkleining*, gastroplastiek; *~zuur*, zoutzuur (HCl) dat zich in het maagsap bevindt; *~zweer*, zie ulcus.
maanblindheid zie hemeralopie.
maand- *~stonden*, zie menstruatie; *~zweet*, menidrosis.
maanziekte zie lunambulisme.
Mab syn. *MAb.
MAb afk. van monoclonal antibody *E*; zie monoklonaal.
MABP afk. van mean arterial blood pressure *E*.
mac. (rec.) afk. van macera of maceratie.
Mac zie ook de woorden die beginnen met Mc.
MAC afk. van 1. maximaal aanvaardbare concentratie. 2. (Ig)M antibody capture. 3. minimale alveolaire concentratie. 4. medisch adviescollege.
macera *L* (farm.) maak het week; afk. (rec.) mac.
maceratie verweking, bijv. door autodigestie (zelfvertering); weken (door vaste stoffen in vloeistof te leggen); *~decoct*, afkooksel (decoctum) van een vooraf gemacereerde stof; wkw. *macereren*.
macies *L* magerheid, magerte.
mackay-arm (orthop.) onderarmprothese van forse constructie, bestemd voor zwaarder werk.
MACOP afk. van methotrexaat, Adriblastina (doxorubicine), cyclofosfamide, Oncovin® (vincristine), prednison; een *cytostatica-combinatie.
MACOP-B afk. van MACOP-bleomycine, een cytostatica-combinatie; zie ook MACOP.
macrencefalie abnormaal sterke groei van de hersenen (encephalon), tgst. micrencefalie.
macro- *G* (smst.) groot, tgst. micro-; *~angiopathie*, ziekte van de grotere bloedvaten.

macrobiotiek *G* de kunst om het leven te verlengen; een voedingssysteem waarbij het streven naar evenwicht tussen de mens en zijn omgeving centraal staat; er treedt ziekte op wanneer het evenwicht tussen yin-krachten (middelpuntvliedend) en yang-krachten (middelpuntzoekend) verstoord is; het voedsel wordt ingedeeld naar yin- en yang-krachten, waarbij in volkorengranen de meest ideale verhouding tussen beide krachten aanwezig is.
macrobronchitis ontsteking van de grote bronchi (luchtpijpvertakkingen).
macrocefalie groothoofdigheid, abnormale grootte van de schedel (cranium); tgst. microcefalie.
macrocornea *L* zie keratoglobus.
macrocyt erytrocyt met te grote afmetingen (diameter groter dan 9 µm); zie megalocyt; *~emie*, het vóórkomen van macrocyten in het bloed; syn. *~ose*; ook: macroglobulie, megalocytose.
macrodactylie *G* aangeboren reuzengroei (hypertrofie) van de vingers of tenen, syn. megalodactylie, tgst. microdactylie.
macro-esthesie stoornis in het gevoel (esthesie), waarbij de voorwerpen groter aanvoelen dan zij in werkelijkheid zijn.
macrofaag 1. syn. mononucleaire *fagocyt, tgst. *microfaag, verzamelnaam voor het type cellen die tezamen het macrofagensysteem (*MPS) vormen en via de *monocyt voortkomen uit een gemeenschappelijke stamcel (promonocyt) in het beenmerg; ze komen in de weefsels voor en zijn verder ook bekend onder de benamingen histíocyt (bindweefsel), alveolaire macrofaag (long), Kupffercellen (lever), splenocyt (milt), osteoclast (bot), microgliacellen (centraal zenuwstelsel), Langerhans-cellen (epidermis). 2. (overdr.) veelvraat.
macroftalmie, macrophthalmia abnormaal vergrote oogbol.
macrogameet, macrogametocyt zie gametocyt.
macrogenese, macrogenesie (n.t.v.m. macrogenie) 1. abnormale ontwikkeling in de afmetingen van een orgaan of lichaamsdeel. 2. syn. gigantisme.
macrogenie abnormaal grote kin.
macrogenitosomia praecox ontwikkeling van secundaire geslachtskenmerken in de jeugd met abnormaal sterke groei van lichaamslengte en uitwendige geslachtsorganen, echter zonder geslachtsrijping; komt voor bij aandoeningen van de gonaden, doch vaker t.g.v. verhoogde activiteit van de bijnierschors; syn. pseudopubertas.
macroglia het gedeelte van de *neuroglia dat wordt gevormd door de *astrocyten; syn. astroglia.
macroglobulie syn. *macrocytemie.
macroglobulinemie het in het bloed voorkomen van globulinen (eiwitten) met een hoog molecuulgewicht; *primaire ~*, ziekte van Waldenström, een *paraproteïnemie (abnormale immunoglobulinen) door monoklonale proliferatie van polymorf B-cellen; vertoont hoge BSE en afwijkend eiwitspectrum, kan symptoomloos verlopen, doch gaat soms gepaard met anemie, sterke moeheid, bloedingen, purpura, cryoglobulinemie, miltvergroting, lymfocytose, retina-exsudaten, Raynaud-verschijnselen, *hyperviscositeitsyndroom, encefalopathie, cryoglobulinemie; in het beenmerg vermeerdering van kleine lymfoïde reticulumcellen.
macroglossie *G* reuzengroei (hypertrofie) van de tong; kan zijn aangeboren, bijv. bij het syndroom van Down, doch kan ook voorkomen bij glossitis, bij syfilis en bij sommige vormen van *glycogenose.

macrognathie abnormaal grote kaak, in engere zin onderkaak.
macroliden antibiotica van een kenmerkende chemische structuur (glycosiden) met bacteriostatische werking door remming van de eiwitsynthese van de bacterie.
macro- (smst.) groot; *~manie*, zie grootheidswaan; *~parasiet*, parasiet die met het blote oog zichtbaar is; *~phthalmia*, zie macroftalmie; *~planie*, groter dan normaal oppervlak; *~plasie*, ongelijk sterke groei van lichaamsdelen; te sterke ontwikkeling van een orgaan of lichaamsdeel; *~podie*, abnormaal grote voeten; *~prosopie*, groot aangezicht.
macropsie *G* het vergroot zien van voorwerpen t.g.v. oogafwijkingen; tgst. micropsie.
macro- *~rchie*, te grote testis of testes; *~scopisch*, met het blote oog zichtbaar; tgst. microscopisch; *~smaat*, wezen met een sterk ontwikkeld reukvermogen; *~somie*, reuzengroei, tgst. microsomie; *~stomie*, abnormaal grote mond.
macroniveau het niveau van de beleidsmakers, de overheid.
macrotie *G* abnormaal grote oorschelp, tgst. microtie; macrotie gecombineerd met onvoldoende accentuering van de *anthelix leidt tot flapoor.
macula *L* vlek; bijv.nw. *maculeus*; meervoud maculae, syn. kelis; *~ adhaerens*, syn. desmosoom, gespecialiseerde verbinding tussen cellen, meestal tussen twee epitheelcellen; ze hebben een kitfunctie en zijn in staat mechanische druk en trek over een weefsel te verdelen; daarom o.a. veel aanwezig in de huid; zie ook zonula adhaerens; *~e caeruleae*, blauwachtige vlekken veroorzaakt door lijfluizen; *~ corneae*, hoornvliesvlek, troebele vlek op het hoornvlies van het oog; *~-degeneratie*, ziekelijke ontaarding van de macula lutea (gele vlek, zie hierna), zoals die door verschillende oorzaken kan ontstaan; *~ densa*, deel van het *juxtaglomerulaire apparaat, gelegen dicht tegen de glomerulus, tussen de aan- en afvoerende arteriolen, en bestaande uit dicht op elkaar gedrongen cellen; *~ germinativa*, kiemvlek, kernlichaampje der eicel; *~ hepatica*, levervlek, zie chloasma; *~e leprosae*, huidvlekken bij lepra; *~ lutea* of *~ retinae*, gele vlek, geel gekleurd plekje in het netvlies, temporaalwaarts van de discus nervus optici, met in het midden een klein putje (fovea centralis); de macula lutea bevat uitsluitend kegeltjes (zie retina) en is de plek van het netvlies waar een voorwerp (fixatiepunt) met de grootst mogelijke scherpte wordt waargenomen; *~ sacculi*, zintuigveld (verticaal) in de *sacculus (ronde blaasje) voor het waarnemen van de stand van het hoofd in de ruimte; *~ utriculi*, zintuigveld (horizontaal) in de *utriculus (ovale blaasje) voor het waarnemen van de stand van het hoofd in de ruimte.
maculopathie aandoening van de macula lutea; *bull's eye ~*, vlek in de macula lutea, gelijkend op een runderoog, vnl. door gebruik van bepaalde geneesmiddelen, bij kegeltjes-dystrofie en erfelijk.
maculosus *L* vlekkig, gevlekt, gepaard gaand met vlekken.
madarosis *G* haarverlies, in engere zin *~ ciliaris*, het uitvallen der oogharen; dit komt o.a. voor bij blefaritis; syn. madesis.
Madelung, O. Duits chirurg (1846-1926); *teken van ~*, bij purulente peritonitis is het verschil tussen rectale en okseltemperatuur groter dan normaal; *~'s vethals*, diffuse symmetrische lipomatose van de hals; *ziekte van ~*, zie carpus valgus.
madescens *L* dragend, natwordend, vocht bevattend (van eczeem, wonden, enz.), syn. madidans.
madesis *G* zie madarosis.
madidans *L* zie madescens.

MADIDO afk. van maatschappelijke dienstverlening aan doven.

Madlener, M. Duits chirurg (overl. 1951); *sterilisatie volgens ~*, dubbele afbinding na kneuzing van de eileiders; modificaties: **a.** volgens Pomeroy (excisie van het stuk tussen de ligaturen). **b.** volgens Irving (imbricatie van de stompen in uteruswand of ligamentum latum). **c.** resectie van de proximale stomp (cornuresectie).

maduravoet (van: Madurai, stad in India) zie mycetoma.

MAE afk. van medisch adviseur van de entadministratie.

MAF afk. van 1. macrofaag-activerende factor, zie macrofaag. 2. (farm.) mitomycine C, Adriblastina, 5-fluorouracil (cytostatica-combinatie). 3. meerjarenafspraak farmaceutische hulp.

Maffucci, A. Italiaans arts (1845-1903); *ziekte van ~*, *dyschondroplasie gecombineerd met hemangiomen en vasculaire hamartomen.

magerzucht syn. anorexia nervosa, zie anorexie.

Magill-tang speciale tang voor het inbrengen van een naso-tracheale buis (tube) in de luchtpijp tussen de stembanden door.

magisch denken 1. ontwikkelingsfase waarbij het kind meent dat er een direct verband bestaat tussen zijn gedachten en wensen en de gebeurtenissen die hem overkomen. 2. de overtuiging dat denken gelijk staat aan doen. 3. als onderdeel van bepaalde stoornissen (o.a. schizofrenie); de patiënt meent dat zijn gedachten of woorden bepaalde gebeurtenissen kunnen veroorzaken of beïnvloeden.

magistraal, magistralis *L* meesterlijk, van de deskundige afkomstig.

magma *G* brij, kneedbare massa, deeg.

magn. (rec.) afk. van magnitudinis.

magneet- *~extractie*, het uithalen van ijzersplinters uit het oog met een magneet; *~fenomeen* (neurologie), het lopen met kleine passen en het 'blijven kleven' met de voeten aan de grond.

magnesium een vnl. intracellulair gelokaliseerd *sporenelement; *~deficiëntie* kan ontstaan bij alcoholisme, langdurig gebruik van diuretica en bij digitalisintoxicatie; kan leiden tot neuromusculaire afwijkingen en/of afwijkingen van het centrale zenuwstelsel en tot cardiomyopathie, leverbeschadiging, hyperparathyroïdie.

magnetisme, magnetismus *L* zie Mesmer.

magnetotherapie 1. zie Mesmer. 2. geneeswijze waarbij magneten worden gebruikt.

magnitudinis *L* ter grootte van; afk. (rec.) magn.

magot chinois *F* afzichtelijk maskergelaat door ernstig subcutaan oedeem bij vergevorderde erysipelas faciale.

MAHA afk. van micro-angiopathische hemolytische anemie.

MAI afk. van 1. mitose-activiteits-index. 2. Mycobacterium avium intracellulare.

maidisme *L* maïsvergiftiging (foutief), syn. pellagra.

Maisonneuve, M. Frans chirurg (1807-1897); *fractuur van ~*, proximale spiraalbreuk van het kuitbeen (fibula) met tibiofibulaire diastase en afscheuring van de malleolus tertius, meestal door supinatiedistorsie van de enkel.

Majocchi, D. Italiaans dermatoloog (1849-1929); *granuloom van ~*, allergisch ontstane huidgranuloompjes bij epidermofytie; *ziekte van ~*, purpura annularis teleangiectodes, erytheem met bloedinkjes, vnl. aan de benen, o.a. bij polycytemie.

makro- zie macro-.

mal *F* kwaal, ziekte; ~ *américain*, Amerikaanse ziekte = neurasthenie; ~ *anglais*, Engelse ziekte = rachitis; ~ *des asturies*, Asturische roos = pellagra; ~ *caduc*, vallende ziekte = epilepsie; ~ *de Cayenne* = elephantiasis arabum; ~ *des chrétiens*, ziekte der christenen = syfilis; ~ *au coeur*, misselijkheid = nausea; ~ *de Crimée* = elefantiasis; ~ *divin*, vallende ziekte = epilepsie; ~ *espagnol*, Spaanse ziekte = syfilis; ~ *de mer*, zeeziekte = nausea navigantium; ~ *perforant du pied*, *malum perforans pedis; ~ *de Pott*, pott'se bochel, zie gibbus, Pott; ~ *du Saint homme Job*, ziekte van de heilige Job = syfilis; ~ *de Saint Jean*, sintjansziekte, vallende ziekte = epilepsie.

mal- (smst.) verkeerd, abnormaal.

mala *L* wang.

malabsorptie 1. onvoldoende vertering en/of resorptie van spijsverteringsproducten in de darm door verschillende oorzaken, zoals sommige slijmvliesafwijkingen, cystische fibrose, syndroom van *Zollinger-Ellison, darmresectie, fistels, divertikels, veranderingen in de darmflora, antibiotica, algemene ziekten als hyperthyroïdie en diabetes, ziekte van *Crohn en *Whipple, stoornissen in de darmmotiliteit of in de buikcirculatie en vele andere; ~-*syndroom*, vetdiarree (steatorroe), opgeblazenheid en winderigheid, gepaard gaande met verschijnselen van vitaminen- en mineralen*deficiëntie, anemie, laag foliumzuurgehalte, paraproteïnemie, vermagering, oedeem, glossitis, stomatitis, osteoporose, huidbloedingen. 2. gestoord *anabolisme.

malacie, malacia *G* 1. (smst.) verweking bijv. *encefalomalacie, *osteomalacie. 2. een vorm van ziekelijke lust; syn. pica.

malacoplakie, malacoplakia granulomateuze plekjes en ondiepe ulcera in het slijmvlies van een hol orgaan (blaas, colon, maag, vagina); ~ *vesicae*, sponsachtige ulceratieve weefselwoekering van het slijmvlies van blaas en urethra, waarschijnlijk door coli-infectie.

maladie *F* ziekte; ~ *aphthongilaire*, mond- en klauwzeer; ~ *bronzée*, bronsziekte, zie Addison; ~ *des fiancés F*, 'kissing disease' *E*, benaming voor mononucleosis infectiosa, vanwege de vaak voorkomende overbrenging ervan bij innig contact via het speeksel dat het veroorzakende virus (Epstein-Barr) bevat; ~ *lunatique*, maanziekte, slaapwandelen of vallende ziekte (epilepsie); ~ *de terre*, aardeziekte, het eten van aarde, zie geofagie; ~ *des tics*, ticziekte, zie Gilles de la Tourette.

maladjustment *E* psychopathie t.g.v. gebrekkige milieu-aanpassing.

malagma *G* pap, papje.

malakoplakie zie malacoplakie.

malali(g)nement het niet in het normale vlak staan van skelet- (bijv. de knieschijf) of gebitselementen.

malaria *It* (mala aria, slechte lucht) moeraskoorts, wisselkoorts; syn. paludisme *F*; syn. febris intermittens; infectieziekte met intermitterende hoge koorts, koude rillingen, rugpijn en miltvergroting, veroorzaakt door de ongeslachtelijke voortplanting van malariaparasieten (plasmodia, enk. *Plasmodium) in de erytrocyten van de mens; de plasmodia komen in het menselijk lichaam in de vorm van *sporozoieten* ('sikkelkiemen') bij de steek door een malariamug (het geslacht *Anopheles); de sporozoieten komen via de bloedbaan terecht in de lever, waar zij zich ontwikkelen tot een zeer groot aantal zgn. *levermerozoieten*, die in het bloed geraken en de erytrocyten binnendringen; hier ontwikkelen zij zich tot *trofozoieten* met de typische ringvorm; deze groeien uit tot een vorm waarvan de kern in vele delen uiteenvalt, elk deeltje omringd door cytoplasma; dit is de *schizont* ('delingsvorm') welke na een rijping van 2-3 dagen uiteenvalt en waarbij de erytrocyt te gronde gaat; uit elk stuk vormt zich een *bloedmerozoiet*; deze bevinden zich dan in het plasma en dringen weer erytrocyten binnen, waarna zich de rijping om de 2-3 dagen herhaalt tenzij therapeutisch wordt ingegrepen; deze ongeslachtelijke voortplanting noemt men *schizogonie* of *segmentatie* en de koortstoppen vallen samen met het uiteenvallen; door de massale vernietiging van erytrocyten treedt al spoedig anemie op en stapelt het ijzerhoudende restant van het hemoglobine zich op in de vorm van pigment; de tijdsduur tussen de infecterende muggensteek en de malaria-aanval bedraagt, afhankelijk van de soort malaria, 1 tot 4 weken; behalve de bloedschizogonie heeft nog een tweede ongeslachtelijke voortplanting plaats, nl. in de levercellen, de zgn. *secundaire exoërytrocytaire schizogonie*, waarvan de merozoieten op ongeregelde tijden ook in het bloed kunnen geraken en aldus de malariarecidief-aanvallen veroorzaken; dit geldt niet voor *Plasmodium falciparum (~ tropica)* die slechts één levergeneratie heeft; uit sommige bloedmerozoieten ontstaan geslachtelijke vormen, mannelijke en vrouwelijke **gametocyten*, die geen ziekteverschijnselen veroorzaken, doch na de steek door een, evt. onbesmette Anopheles in de maagwand van de mug een geslachtelijke ontwikkelingsgang doormaken en ten slotte als sporozoieten (zie hiervoor) in de speekselklieren terechtkomen, waarna weer een menselijk individu kan worden besmet; er komen vier vormen van malaria voor. 1. ~ *tertiana*, met koorts om de 3 dagen, doch bij optredende recidieven vaak dagelijks; betrekkelijk goedaardig verloop. 2. ~ *tropica*, met dagelijkse koortsaanvallen *(~ quotidiana)* en niet zelden kwaadaardig verloop; geen recidivering. 3. ~ *quartana*, vrij zeldzaam; aanvallen om de 3 dagen en meestal goedaardig. 4. ~ *ovale*, zeer zeldzaam; verloopt meestal als een lichte vorm van malaria tertiana; ~ *algida*, vorm van pernicieuze malaria (zie malaria perniciosa) met shockverschijnselen (koude huid, sterke hypotonie, renale ischemie); ~**cachexie*, vermagering, anemie, milt- en leververgroting, droge gelige huid bij chronische malaria; ~ *larvata*, malaria zonder de typische koortsaanvallen; ~ *perniciosa*, verzamelnaam voor speciale vormen van malaria tropica waarbij de massale hoeveelheden parasieten verantwoordelijk zijn voor een kwaadaardig verloop, met functiestoornissen van hersenen, nieren, lever, maagdarmkanaal, longen en shock; syn. ~ *comatosa* of *apoplectica;* ~ *hyperpyretica* met temp. tot 43 °C; zwartwaterkoorts, *febris haemoglobinurica*, is een beruchte complicatie van malaria tropica, vnl. bij lijders met *G6PD-deficiëntie na toediening van antimalariamiddelen; kenmerkend is een sterke hemolyse, gevolgd door *hemoglobinurie; acute nierinsufficiëntie is hierbij niet zeldzaam. ~ *tyfoïd*, malaria met *tyfeus verloop. ~*eradicatie*, zie eradicatie.

malaris *L* m.b.t. de wang.

malascensus lett. gebrekkige stijging; gestoorde *ascendentie (bet. 1); ~ *medullae*, achterwege blijven van de (fysiologische) stijging van het ruggemerg bij het embryo t.g.v. een te strak *filum terminale of andere beperkende oorzaken.

malaxeren kneden (zelfst.nw. *malaxo*), bij massage; van bestanddelen van geneesmiddelen, enz.

maldescensus onvolkomen of afwezige indaling van het kind bij de *partus; ~ *testis*, testis die niet naar de normale plaats in het scrotum is afgedaald.

maldigestie onvoldoende vertering van voedingsstoffen in de darm, veroorzaakt door pancreasinsufficiëntie, galzoutentekort, enzymdefecten (disacharidasedeficiëntie), slechte voedselmenging (bijv. na maagresectie), darmresectie, enteritis regionalis.

malengeren, malingeren elke vorm van onware presentatie van ziekteverschijnselen of gebreken (simulatie, aggravatie, causaliteitsverdraaiing en dergelijke) t.b.v. persoonlijk voordeel; ook (overdrachtelijk): luieren.

malformatie misvorming.

Malgaigne, J. Frans chirurg (1806-1865), zie syndroom van *Grisel-Malgaigne.

MALI afk. van motoriek alle ledematen intact.

maliasmus *L* (ook: *malis*) kwade droes, syn. *malleus.

maligniteit kwaadaardigheid; kwaadaardige of prognostisch ongunstige chronische aandoening.

malignoom foutief voor kwaadaardig gezwel.

maligne kwaadaardig, gevaarlijk, bijv. van ziekten die dodelijk verlopen, van gezwellen die voortwoekeren; tgst. benigne; ~ **neuroleptica syndroom*.

malinger, malenger luiaard, 'lijntrekker'; simulant; ook wel: *malengerer*; zie malengeren.

malioidosis syn. *melioïdose.

malis syn. *malleus.

malleolair, malleolaris *L* m.b.t. de enkel.

malleolus *L* enkel; ~ *externus*, buitenenkel; ~ *internus*, binnenenkel; ~ *tertius*, uitsteeksel aan de achterzijde van het distale tibia-uiteinde, d.m.v. banden (ligamenten) verbonden met de fibula (kuitbeen).

mallet-finger *E* syn. digitus malleus, sterk gebogen stand (hamerstand) van de distale falanx (eindkootje) t.g.v. een ruptuur van de strekpees.

malleus *L* 1. kwade droes, infectieziekte bij éénhoevige dieren; kan op de mens overgaan bijv. door contact met etterig neusslijm van een ziek paard; de ziekte gaat gepaard met hoge koorts en abcesvorming in de neus en op verschillende plaatsen van de huid; syn. equinia, maliasmus, malis; ~ *farciminosus*, malleus met vorming van zweren op de huid; ~ *humidus*, vochtige malleus, malleus met zweren in de neus en etterige uitvloeiing. 2. hamer, het buitenste der drie *gehoorbeentjes; is verbonden met het aambeeld en ligt met de hamersteel in het trommelvlies.

Mallory, F. Amerikaans patholoog (1862-1941); *lichaampjes van ~*, hyaliene eiwitneerslagen rondom de kern van levercellen bij alcohol*hepatitis, levercirrose, ziekte van *Wilson (bet. 2), levercarcinoom, colitis ulcerosa.

Mallory, G. Amerikaans patholoog (geb. 1900); *syndroom van ~-Weiss*, het braken van bloed t.g.v. microscopische scheurtjes in het cardiaslijmvlies bij o.a. alcoholisten, waarschijnlijk mede veroorzaakt door het braaktrauma.

malnutritie voeding met kwalitatief onvoldoende voedsel; ook: ondervoeding.

malocclusie (tandheelk.) onvolkomen *occlusie (bet. 2).

Malpighi, M. Italiaans geneesheer en ontleedkundige (1628-1694); *lichaampje van ~*, syn. nierlichaampje, zie glomerulus renalis; *lichaampjes van ~*, lymfefollikels in de milt; *net van ~*, kiemlaag van de huid, de onderste laag van de opperhuid.

malpractice syn. *malpraxis.

malpraxis verkeerde (medische) behandeling.

malresorptie gebrekkige *resorptie van voedsel door het darmslijmvlies t.g.v. vermindering van het resorberend oppervlak door velerlei oorzaken.

malrotatie (anat.) aangeboren buikafwijking waarbij de blindedarm tijdens de embryonale ontwikkeling niet volledig is gedraaid; dikwijls is ook de insertie van het mesenterium onvolledig.
MALT afk. van mucosa-associated lymphoid tissue *E*; zie ook BALT, GALT.
maltakoorts syn. febris melitensis, zie febris.
maltase enzym in het darmsap dat maltose omzet in glucose.
Malthus, Th. Engels predikant en econoom (1766-1834), grondlegger van het malthusianisme.
malthusianisme leer van de Engelse econoom Th. *Malthus, dat de vermeerdering van de bevolking sneller gaat dan die der levensmiddelen en dat derhalve het getal der geboorten moet worden verminderd door op latere leeftijd te huwen, door seksuele onthouding.
maltose moutsuiker, een disacharide; ontstaat tegelijk met dextrine door de inwerking van amylase op zetmeel, enz.; is opgebouwd uit twee moleculen glucose.
malum *L* kwaal; ~ *cotunni*, 'heupjicht', syn. ischias; ~ *coxae senile*, artrose van het heupgewricht zie coxartrose; ~ *perforans pedis*, vretende zweren aan de voetzool, die kunnen voorkomen t.g.v. polyneuropathie bij *diabetes, tabes, enz.; ~ *pottii*, kwaal van Pott, zie gibbus.
MAMC afk. van maximale ademminuutcapaciteit; syn. *MAMV.
mamilla *L* vklw. van mamma; borsttepel, syn. papilla mammae.
mamillair, mamillaris *L* m.b.t. de tepel.
mamillaire lijn denkbeeldige lijn, door de borsttepel loodrecht naar beneden getrokken, ter plaatsbepaling.
mamillaris zie mamillair.
mamma *L* moeder; vrouwenborst; ~ *pendula*, hangborst; ~ *virilis*, mannelijke borstklier.
mammaria zie arterie.
mammografie *röntgenografie van de mamma; *sono*~, d.m.v. *echografie (bet. 3).
mammotroop syn. *lactotroop.
MAMV afk. van maximaal *ademminuutvolume; syn. van *ademgrenswaarde.
manager's disease *E*, **managerziekte** 'ziekte der verantwoordelijken', syndroom dat vnl. zou voorkomen bij mannen na het 45ste levensjaar die verantwoordelijke posities bekleden (uitzonderingen hierop zijn niet zeldzaam), een gejaagd en nerveus leven (moeten) leiden, blootstaan aan psychische spanningen, een te hoog lichaamsgewicht hebben, zich weinig lichaamsbeweging en ontspanning gunnen, te weinig nachtrust genieten, zich te buiten gaan aan roken, alcoholgebruik en overmatig eten; de voornaamste gevolgen zijn psychische stoornissen (neurasthenie, depressie), *psychosomatische en *cardiovasculaire aandoeningen.
manchet 1. onderdeel van een toestel om de bloeddruk te meten, dat om een lichaamsdeel, bijv. arm of been, wordt gelegd. 2. ronde huidlap om de overblijvende stomp na amputatie te bedekken. 3. zie cuff.
mancinisme linkshandigheid, ook in overdrachtelijke betekenis.
mandibula *L* onderkaak.
mandibulair, mandibularis *L* m.b.t. de onderkaak.
mandrijn leidsonde, metalen draad in een buigbare katheter of canule om deze in vorm te houden of schoon te maken.
mane (rec.) 's ochtends.

manegebeweging dwangbeweging in een kring, voorkomend bij sommige hersenziekten.
mangaan een sporenelement; ~**deficiëntie*, bij de mens uiterst zeldzaam ziektebeeld met gewichtsverlies, dermatitis, nausea, langzame haargroei, beschadiging van het evenwichtsorgaan e.a.
manie, mania *G* (psych.) 1. ziekelijke neiging, aandrift, onbedwingbare lust. 2. (vlg. DSM-IV) stemmingsstoornis, evt. onderdeel van een bipolaire stoornis, niet het gevolg van het gebruik van een middel of lichamelijke aandoening, gekenmerkt door een te opgewekte stemming, bewegingsdrang, spreekdrang, almachtgevoelens, verminderde slaapbehoefte, prikkelbaarheid, vermeerdering van sociale en soms seksuele contacten, gemakkelijk afleidbare aandacht, ideeënvlucht enz.; syn. manische episode, manisch syndroom.
maniak, maniacus lijder aan een manie.
maniakaal in een toestand van manie verkerend.
manicure *F* handverzorg(st)er.
maniërisme (psych.) gekunstelde manier van doen; gemaaktheid.
manifest duidelijk, met waarneembare verschijnselen; tgst. latent, occult.
manipulatie wkw. *manipuleren* 1. behandeling d.m.v. handgrepen; *genetische ~*, zie genchirurgie. 2. (psych.) (bedrieglijke) beïnvloeding.
manisch-depressieve psychose zie psychose.
manische episode, periode zie manie (bet. 2).
manisch syndroom zie manie (bet. 2).
manisme voorouderverering; zie ook thanatomanie.
manniet, mannitol een suiker, tevens een alcohol, voorkomend in vele planten.
mannose een monosacharide, ontstaat na oxidatie van mannitol.
mannosidose een stapelingsziekte op grond van een lysosomale enzymdeficiëntie.
mansonella ~ *ozzardi*, een nematode (ronde vorm) die een vorm van *filariasis veroorzaakt waar nog weinig van bekend is.
mantel- *~cellen*, de meest-perifeer gesitueerde cellen in kleine klieren of klierkwabjes; *~eiwit*, in engere zin de laag *lipoproteïnen die het oppervlak van sommige virussen vormen; *~tablet* of *~pil*, dragee; *~veldbestraling*, radiotherapie van hals (beiderzijds), oksels en mediastinum bij lokalisatie boven het middenrif van klierstations in stadium I of II van M. Hodgkin; *~zorg*, zorg voor lichamelijk en/of geestelijk hulpbehoevenden door familieleden, buren, vrienden, enz.; de zorg is vrijwillig en gratis en in principe wederzijds.
Mantoux, Ch. Frans arts (1877-1947), zie Pirquet.
manubrium (anat.) handvat; ~ *sterni*, het bovenste deel van het borstbeen.
manueel m.b.t. of d.m.v. het gebruik van de handen; zie ook manuele *lymfedrainage
manus *L* hand; het skelet van de hand bestaat uit 27 beentjes; hiervan behoren 8 tot de handwortel (carpus), 5 tot de middenhand (metacarpus) en 14 kootjes (falangen) tot de vingers; ~ *pilonidalis*, granulomateuze huidontsteking van de hand t.g.v. het binnendringen van haartjes, vnl. bij kappers; ~ *vara*, klomphand, syn. talipomanus.
MAO afk. van 1. monoamino-oxidase, een enzym dat *monoaminen inactiveert; *~-remmers*, psychofarmaca die de werking van MAO verminderen en daarmee de afbraak van monoaminen in de zenuwcel, aldus een antidepressieve werking uitoefenend. 2. maximal acid output *E*; geldt als maat voor het aantal *pariëtale

cellen van de maag.
MAO-I afk. van monoamino-oxidase-inhibitor.
MAP afk. van 1. mean arterial (blood)pressure *E*, gemiddelde slagaderlijke bloeddruk. 2. morning-afterpil.
maple syrup urine disease *E* recessief-erfelijke stofwisselingsziekte van de aminozuren leucine, isoleucine en valine met ernstige progressieve beschadiging van het centrale zenuwstelsel, neurologische stoornissen en geestelijke achterstand; syn. ahornstroopziekte, syndroom van Menkes, leucinose.
mapping *E* opsporing; lokaliseren; in kaart brengen.
MAR afk. van 1. mixed antiglobulin reaction *E*, een test op de aanwezigheid van antistoffen op zaadcellen. 2. medisch aansprakelijkheidsrisico. 3. medische adviesraad.
marantisch, marantica *L* 1 zwak. 2. als gevolg van marasmus.
marasmus *L* schrompeling en atrofie van weefsels en organen t.g.v. eiwitten-tekort en te weinig energie in de voeding, gepaard gaand met o.a. diarree, anorexie, braken, dof haar, droge, dorre en 'dunne' huid; ~ *senilis*, ouderdomszwakte.
Marburg stad in West-Duitsland; ~-*virus*, oorzaak van een acuut verlopende ziekte met slechte prognose, gekenmerkt door o.a. hoge koorts, hoofd- en spierpijn, diarree, exantheem en hemorragieën, waarschijnlijk identiek met het *Ebola-virus en overgebracht door insectensteken.
marchanderen 1. (alg.) loven, bieden, pingelen. 2. een (laatste) poging ondernemen om door een soort onderhandelen het noodlot te ontlopen of om tenminste nog even uitstel te krijgen; men onderhandelt met de arts, met de verpleegkundigen, met de familie of met God; het is één van de fasen van het stervensproces volgens *Kübler-Ross.
marche *F* het lopen; gang; ~ *à petits pas*, lopen met kleine pasjes, typisch bij arteriosclerosis cerebri; ~ *en étoile* (Babinski-Weill), bij beurtelings tien passen vóór- en achterwaarts lopen met gesloten ogen, wijkt de evenwicht-gestoorde na elk traject iets van de oorspronkelijke richting af, telkens naar dezelfde zijde, aldus een stervorm (étoile) lopend.
Marchetti, A. Amerikaans gynaecoloog (overl. 1970), zie Marshall.
Marchiafava, E. Italiaans patholoog (1847-1935); *ziekte van ~-Bignami*, atrofie en demyelinisatie in het corpus callosum (hersenbalk) en andere hersendelen bij wijndrinkers met snel toenemende dementie, frontaal syndroom, delirium; *anemie van ~-Micheli*, zeldzame paroxismale nachtelijke hemoglobinurie t.g.v. acute intravasale hemolyse als complicatie van een aplastische anemie met onbekende oorzaak.
Marfan, B. Frans kinderarts (1858-1942); *syndroom van ~*, autosomaal dominant-erfelijke skelet- en bindweefselziekte met cardiovasculaire afwijkingen (o.a. klepgebreken, multipele aneurysmata, aortadissectie), grote lichaamslengte, magerte, grote spanwijdte (de afstand tussen de toppen van de middelvingers bij zijwaarts gestrekte armen), skeletafwijkingen (arachnodactylie, dolichocefalie, kyfoscoliose, pectus carinatum), overstrekbare gewrichten, spierzwakte, oogafwijking (ectopia lentis) e.a.; syn. mesodermale dystrofie; Marfan's abiotrofie; *ziekte van ~*, progressieve paraplegie bij lues congenita.
marginaal 1. op de rand gelegen, zich op de rand bevindend. 2. op de grens van het normale; nauwelijks voldoende; bijna tekort.
marginatus *L* tot de rand behorend, gerand (bijv. van huiduitslag).

margo *L* rand; ~ *acutus*, scherpe rand; ~ *ciliaris*, buitenrand van de iris; ~ *obtusus*, stompe rand; ~ *occultus unguis*, verborgen nagelrand, de nagelwortel, syn. radix *unguis; ~ *palpebralis*, rand van het ooglid (palpebra).
Marie, Pierre Frans neuroloog (1853-1940); *ziekte van ~*. 1. spondylosis ankylopoietica. 2. hereditaire cerebellaire ataxie; *ziekte van ~-Bamberger*, syn. pachydermoperiostose; zie osteoartropathie.
marien m.b.t. de zee.
MARIG afk. van menselijk antirabiës-immunoglobuline.
marihuana gedroogde en verpoederde resten van *Cannabis sativa, die na het roken of eten ervan vervorming van de waarneming en een behaaglijk en ontspannen gevoel opleveren.
marisca *L*, lett. vijg. 1. syn. condyloma acuminata. 2. geschrompelde aambei.
marita, maritus *L* echtgenote resp. echtgenoot.
Marjolin, J. Frans chirurg (1780-1850); *ulcus van ~*, het ontstaan van carcinoom in lang bestaande littekens van brandwonden.
marker *E* 1. aanwijzing voor, c.q. bewijs van de aanwezigheid van een (geïdentificeerd) ziekteproces ergens in het lichaam; ken- of merkteken; merkstof, merker; zie ook tumormarker. 2. *immunologische markers*, eiwitten in celmembraan of cytoplasma, welke door een specifieke antistof kunnen worden herkend (en aantoonbaar zijn, o.a. met *monoklonale antistoffen).
marmerbeenziekte zie osteopetrosis.
marmerhuid syn. *kachelbenen; zie pigmentatie.
marmorisatie 1. blauwrode vaattekening van de huid, waardoor deze een gemarmerd aanzien heeft. 2. syn. osteopetrosis.
Maroteaux, P. Frans arts (geb. 1926); *ziekte van ~-Lamy*, type VI van de *mucopolysacharidosen, lijkt veel op type I (zie Hurler-Pfaundler) doch er is normale intelligentie.
Marshall, V. Amerikaans gynaecoloog (geb. 1913); *operatie van ~-Marchetti*, operatie bij stress-*incontinentie van de vrouw, waarbij de urethra aan de symfyse, en de voorste blaaswand tegen de buikwand worden gehecht.
marsupialisatie operatieve drainage van een abces of cyste, zodaning dat deze een buidel vormt waardoor afvloed van excreet is gewaarborgd.
marsvoet soldatenvoet, fissuur of fractuur van een middenvoetsbeentje door veel en lang lopen; vermoeidheidsfractuur.
martialium *L* ijzer bevattend geneesmiddel, meervoud martialia.
Martin-Bell-syndroom X-chromosomaal gebonden mentale retardatie, spraakstoornissen, rossig haar, grote vlakke oorschelpen.
MAS afk. van 1. *monoklonale antistoffen. 2. motor assessment scale. 3. minimal acces surgery, endoscopische *chirurgie. 4. meconiumaspiratiesyndroom.
masculien mannelijk.
masculinisatie syn. *virilisatie.
masculinovoblastoom syn. *arrenoblastoom.
masdasnan een boeddhistische geneeswijze waarbij een bepaald dieet, ademhalingsgymnastiek, enz. worden toegepast.
maser *A* afk. van microwave amplification by stimulated emission of radiation *E*.
maskergelaat zie amimie, Parkinson.
maskering zie larvatus.
Maslow, A. Amerikaans humanistisch psycholoog (1908-1970), stelde theorie op

over de hiërarchie van behoeftebevrediging; pas als de biologische behoeften zijn bevredigd, kunnen achtereenvolgens de behoeften aan veiligheid, saamhorigheid, liefde, zelfrespect en zelfverwerkelijking worden bevredigd.

masochisme 1. (seksuologie) wens om ten behoeve van seksuele bevrediging pijn of vernedering te ondergaan; genoemd naar de schrijver Sacher Masoch (1835-1895), die deze aanleg het eerst beschreef; tgst. sadisme. 2. (vlg. DSM-IV) een parafilie gekenmerkt door het seksueel opgewonden raken door te worden vernederd, vastgebonden of een andere vorm van pijniging te ondergaan; *moreel ~*, vrijwillige sociale onderwerping in bepaalde persoonlijke relaties; *sado-~*, zie sadomasochisme.

massage *F* vorm van manuele therapie, onderdeel van *fysiotherapie; toepassing van technische handgrepen (wrijven, kneden, bekloppen, trillingen e.a.) op het menselijk lichaam; *bindweefsel-~*, massage vlg. een bepaalde vingertechniek van het onderhuidse weefsel in zgn. *reflexzonen; *~ à friction*, syn. frictie, massage waarbij krachtig wordt gewreven; *vibro~*, *vibratie~*, waarbij trillende bewegingen met de hand of met een vibratietoestel (concussor) worden gemaakt; *segment ~*, massage van lichaamsdelen waar een bepaalde ziekte haar reflectorische uitwerking heeft.

masseter *musculus ~*, kauw- of kaakspier, loopt van de boog van het jukbeen naar de hoek van de onderkaak.

MAST afk. van military (medical) anti-shock trousers *A* (trousers = broek), toegepast ter compressie van de benen bij hypovolemische shock (auto-infusie effect).

mastalgie *G* pijn in de borstklier; syn. mastodynie.

mastectomie operatieve verwijdering van de borstklier.

Master, A. Amerikaans arts (1895-1973), zie trapjesproef.

Masters (William) en Johnson (Virginia) Amerikaans onderzoeksteam dat baanbrekend seksuologisch onderzoek verrichtte naar de fysiologie van seksualiteit en orgasme.

masticatie, masticatio *L* kauwen.

mastigoten zweepdragende *protozoën, zoals Leishmania, Giardia, trypanosomen, Trichomonas.

mastitis *G* ontsteking van de borstklier, syn. thelitis; komt het meest voor bij zogende vrouwen t.g.v. infectie via een kleine verwonding of kloof in de tepel; *~ carcinosa*, borstkanker met een dermate snelle groei dat het beeld van mastitis ontstaat.

mastocyten mestcellen; basofiel gekorrelde cellen die vnl. in het slijmvlies van bronchi, neus, darm en in de huid voorkomen en het equivalent vormen van de in het bloed circulerende basofiele *granulocyten; worden door IgE gesensibiliseerd en produceren (bij contact met een specifiek antigeen) stoffen zoals histamine, serotonine, heparine en eiwitsplitsende enzymen (*mediatoren).

mastocytoom zwelling, meestal in de huid, gevormd door mestcelleninfiltraten.

mastocytose systeemaandoening van het weefselmacrofagensysteem (*MPS) met hyperplasie en proliferatie van mestcellen, waardoor overproductie van histamine e.a. mediatoren (prostaglandinen, leukotriënen) kan ontstaan; de mastocyteninfiltraten vormen zich vnl. in huid, skelet en inwendige organen.

mastodynie *G* zie mastalgie.

mastoïd zie processus mastoideus; *~ectomie*, chirurgische verwijdering van

ontstoken mastoïdcellen.
mastoiditis *G* door ontsteking van het middenoor veroorzaakte ontsteking van het mastoïd (*processus mastoideus).
mastomegalie abnormaal grote borstklieren.
mastomenie *G* vicariërende menstruatiebloeding uit de borsten.
mastopathie, mastopathia ziekte van de borstklier; ~ *cystica*, pijnlijke borstklier door multipele melkgangcysten; syn. ziekte van Réclus.
mastoptose *G* hangende borst (mamma pendula).
mastorragie *G* bloeding uit de tepel.
masturbatie, masturbatio *L* zelfbevrediging, opwekken van seksuele lustgevoelens door zelf- of wederzijdse stimulatie (~ *mutualis*) van de geslachtsdelen; syn. ipsismus, onanie, autoplerose.
mat. (rec.) afk. van matutinus *L*, 's ochtends.
matching *E* vergelijkend selectief onderzoek naar twee of meer gelijksoortige objecten (bijv. bloedgroep) of weefsels (histocompatibiliteit).
mater *L* moeder.
materie, materia *L* stof, grondstof; ~ *medica*, de geneeskunde en de kennis van de geneesmiddelen, hun samenstelling en toepassing; ~ *metamedica*, de gesystematiseerde kennis van het individuele en collectieve gedrag van de mens in zijn relatie tot de toestand van gezondheid en ziekte; *sine* ~, zie sine.
maternaal moederlijk; m.b.t. het moederschap.
maternal deprivation syndrome *E* combinatie van geremde groei en achtergebleven emotionele ontwikkeling veroorzaakt door een tekort aan gevoelsprikkels en voeding gedurende de vroegste jeugd.
maternite *F* 1. moederschap. 2. kraamvrouwenkliniek.
matglascellen levercellen, vnl. bij chronische persisterende *hepatitis, met een fijn granulair cytoplasma door aanwezigheid van *HBsAg.
Mathijssen, A. Nederlands legerchirurg (1805-1878), uitvinder van het gipsverband.
MATIG afk. van menselijk antitetanusimmunoglobuline, syn. HTIG.
matrasfenomeen grove vertekening van het huidoppervlak bij *lipoedema.
matricide moedermoord.
matrimoniaal m.b.t. het huwelijk, echtelijk.
matrix *L* 1. moederweefsel, waaruit een orgaan, een gezwel of ander weefsel ontstaat. 2. plaats van oorsprong, bijv. de baarmoeder als de plaats waar de vrucht groeit. 3. voedingsbodem. *amalgaam-*~ (tandheelk.) tijdelijke metalen kunstwand om een element t.b.v. het aanbrengen van een vulling; ~ *dentis*, tandzakje; ~ *tablet*, tablet in de vorm van een kunststofskelet, waarin het geneesmiddel is ingebed. ~ *unguis*, nagelwortel; epitheel van het nagelbed bij de *radix unguis en de lunula; het voorste deel ervan in het gebied van de lunula vormt de nagelsubstantie.
mattoïde *It.* onnozele; zie ook zwakzinnigheid.
maturiteit, maturitas *L* 1. rijpheid, bijv. van een abces, cataract; tgst. immaturitas; ~ *praecox*, vroegtijdige rijpheid, vnl. van de geslachtskenmerken. 2. (psych.) geestelijke rijpheid, d.i. overeenkomend met het ontwikkelingsniveau dat bij de leeftijd behoort.
maturatie rijping, het rijpworden; ~*-arrest*, stilstand in het rijpingsproces van cellen, in engere zin van lymfocyten; kenmerkend in de ontwikkeling van

lymfatische maligniteiten.
maturitas zie maturiteit.
matutinus *L* m.b.t. de ochtend.
Mauriac, P. Frans arts (geb. 1882); *syndroom van* ~, juveniele diabetes met dwerggroei, vetzucht en leververgroting (zeldzaam).
Mauthner, L. Oostenrijks oogarts (1840-1894); *membraan van* ~, zie axolemma.
MAVEK afk. van milieuzorg in bedrijven, arbeidsomstandigheden (ARBO), veiligheid, energiebeheer/energiemanagement en kwaliteitszorg.
MAVT afk. van migraineuze acute verwardheidstoestand.
maxilla *L* bovenkaak; ~ *inferior*, syn. mandibula, onderkaak.
maxillair, maxillaris *L* m.b.t. de bovenkaak.
maximum *L* hoogste of grootste waarde van een veranderlijke hoeveelheid.
Mayer, K. Oostenrijks neuroloog (1862-1932); *reflex van* ~, adductie en strekking van de duim bij passieve maximale buiging van één der vingers (bijv. de middelvinger) in het metacarpofalangeaalgewricht, ontbrekend bij piramidebaanlaesie.
Mayer-Rokitansky-Küster *syndroom van* ~, zie MRK-syndroom.
May-Hegglin anomalie zeldzaam autosomaal dominant-erfelijk vóórkomen van basofiele insluitsels in granulo- en monocyten; aanwezigheid van abnormaal grote trombocyten en trombocytopenie.
mazelen zie morbilli; ~*virus*, zie pseudomyxovirussen.
mazoplasie *hyperplasie van het klierepitheel van de mamma.
Mb afk. van myoglobine.
MBC afk. van 1. maximal breathing capacity *E*. 2. minimale bactericide concentratie; bij zgn. bactericide antibiotica is de MBC gelijk aan of slechts iets hoger (2-4 maal) dan de *MRC.
MBCW afk. van multipel basale-cellen-naevus(syndroom).
MBD afk. van *minimal brain dysfunction *E* (ook damage).
MBL afk. van medische beslissing over levensbeëindiging, waarbij een onderscheid wordt gemaakt in euthanasie (waaronder levensbeëindiging zonder verzoek), het toedienen van een dodelijke pijnstiller en niet (meer) behandelen.
MBO afk. van 1. microbloedonderzoek. 2. middelbare beroepsopleiding.
MBP afk. van myelin basic protein *E*, een herseneiwit, bestanddeel van *myeline.
MBq afk. van megabecquerel = 10^6 becquerel.
MBRT afk. van medisch beeldvormende en radiotherapeutische technieken.
MBT afk. van 1. multifocale boezemtachycardie. 2. medisch beeldvormende technieken. 3. mobiel behandelteam.
MBvH afk. van meer bewegen voor hartpatiënten.
MC afk. van 1. *Minnesota code. 2. medium care. 3. medisch centrum. 4. mestcel. 5. MC-plaat, McConkey-plaat. 6. mammacarcinoom. 7. Moraxella (Branhamella) catarrhalis.
MCA afk. van 1. multipele congenitale afwijkingen. 2. medisch centrum Alkmaar.
MCAD afk. van medisch consultatiebureau voor alcohol en drugs.
Mcal afk. van megacalorie = 10^6 calorieën.
McArdle, B. Engels biochemicus (geb. 1911); *ziekte van* ~, één van de vormen van *glycogenose (glycogeenstapelingsziekte), hoofdzakelijk gekenmerkt door een spierzwakte (myopathie); symptomen zijn: stijfheid, spierkrampen, spierpijn en myoglobinurie t.g.v. het ontbreken van het enzym fosforylase; contracturen

zijn frequent.

MCB afk. van membranous cytoplasmatic bodies *E*, vormsels in het cytoplasma van hersencellen bij sommige stapelingsziekten.

McBride, E. Amerikaans orthopeed; *functieproeven van ~*, standaardsysteem van functie- en belastingsproeven voor het onderzoeken van de factoren die een rol spelen bij het uitvoeren van een handeling ten einde de mate van *invaliditeit in procenten uit te drukken.

McBurney, Ch. Amerikaans arts (1845-1914); *punt van ~*, in het midden van de verbindingslijn tussen de rechter bovenste uitstekende punt van het darmbeen en de navel gelegen punt; bij appendicitis wordt (naast andere verschijnselen) bij druk op dit punt pijn waargenomen.

MCC afk. van 1. federatie van medisch coördinerende centra. 2. mutated in colorectal cancer, een gen.

McCarthy-syndroom passagère artritis met oedeem.

McClintock, Barbara Amerikaans geneticus (1902-1992), Nobelprijs 1983; zie transpositie.

MCD afk. van mean corpuscular diameter *E*, gemiddelde diameter van de erytrocyten.

McDonald *operatie van ~*, cerclage (het d.m.v. een bandje afsluiten) van de baarmoederhals ter preventie van een te vroege bevalling; zie ook Shirodkar.

MCFG afk. van metacarpofalangeaalgewricht.

MCG afk. van meervoudig complex-gehandicapte kinderen.

mcg (obsoleet) microgram (µg = 10^{-6} g).

MCH afk. van mean corpuscular hemoglobin *E*, gemiddelde hoeveelheid hemoglobine per erytrocyt (Hb/aantal erytrocyten), normaal 1,8-2,2 fmol (femtomol).

MCHC afk. van mean corpuscular hemoglobin concentration *E*, gemiddelde hemoglobine-concentratie per erytrocyt (Hb/Ht), normaal 19-23 mmol/l.

MCHV afk. van mean corpuscular hemoglobin volume.

mCi afk. van millicurie = 10^{-3} curie.

MCL afk. van 1. medioclaviculaire lijn. 2. (myelo)monocytaire leukemie.

mcl (obsoleet) microliter = µl = 10^{-6} liter.

MCLS afk. van mucocutaneous lymphnode syndrome *E*, syn. van de ziekte van *Kawasaki.

McMurray, Th. Engels chirurg (overl. 1949); *operatie van ~*, subtrochantere abductie- of adductie-osteotomie waardoor bij heupartrose, na collumfractuur e.a. de krachtsverhoudingen ten opzichte van lichaamsgewicht en spierwerking worden begunstigd; *symptoom van ~*, bij meniscuslaesie veroorzaakt passieve rotatie van het onderbeen bij gebogen knie pijn ter hoogte van de gewrichtsspleet aan de zieke zijde, bij inklemming van de meniscus kan een hoor- en voelbaar 'knappen' worden waargenomen.

M-componenten syn. paraproteïnen.

MCP-gewricht afk. van metacarpofalangeaal gewricht, syn. MP-gewricht.

MCR afk. van metabolic clearance rate *E*.

MCS afk. van mechanical cardiac support *E*, partiële hart-long bypass.

M-CSF afk. van monocyt- kolonie(colony)stimulerende factor.

MCSH afk. van melanocytenstimulerend hormoon; syn. MSH.

MCT afk. van 1. medium chain triglyceride *E*. 2. multicenter clinical trial. 3. medullair carcinoom van het thyroïd.

MCTD afk. van mixed connective tissue disease *E*, syndroom dat kenmerken heeft van meerdere *collageenziekten tegelijk, waaronder M. Raynaud, artropathieën, myositis, sclerodactylie, SLE.
MCV afk. van 1. mean corpuscular (cell) volume *E*, gemiddeld volume per erytrocyt (Ht/aantal erytrocyten), normaal 85-103 fl (femtoliter). 2. (fysiol.) motor conduction velocity *E*.
MD afk. van 1. manisch-depressief. 2. medische dienst. 3. medicinae doctor, doctor in de geneeskunde.
MDC afk. van medisch diagnostisch centrum.
MDD afk. van major depressive disorders *E*.
MDEA afk. van methyleendioxyethylamfetamine
MDG afk. van main diagnostic categories *A*.
MDGF afk. van macrophage-derived growth factor.
MDGO afk. van middelbaar dienstverlenend- en gezondheidszorgonderwijs; *--Vp*, MDGO richting verpleging; *--Vz*, MDGO richting ziekenverzorging, thans MBO Vz-IG (individuele gezondheidszorg).
MDL afk. van medical data linkage *E*, bundeling van medische gegevens.
MDM afk. van membrane-derived *mediator *E*.
MDMA afk. van methyleendioxymetamfetamine, XTC.
MDO afk. van multidisciplinair overleg.
MD(P)S afk. van myelodysplastisch syndroom; zie myelodysplasie.
MDR afk. van main- of multi-drug (= *cytostaticum) resistance *E*.
MDS afk. van 1. (rec.) misce, da, signa (m.d.s.): vermeng, geef af en schrijf op; of: *misceatur, detur, signetur:* het worde vermengd, afgegeven en van een opschrift voorzien. 2. myelodysplastisch syndroom. 3. manisch-depressieve stoornis.
m.d.s. zie MDS (bet. 1).
MDX *expertsysteem betreffende de gastro-enterologie.
ME afk. van 1. myalgische encefalomyopathie (of *encefalomyelitis). 2. metabole *encefalopathie.
MEA afk. van multiglandulaire endocriene adenomatosis; beter: *MEN.
mean arterial pressure *E* gemiddelde arteriële druk, zie druk.
meander kronkel; bocht.
meatografie röntgenonderzoek van de *meatus acusticus internus met lucht- of vloeistofcontrast.
meatotomie (chir.) splijting van de *meatus urinarius.
meatus *L* (anat.) opening, kanaal, doorgang, uitmonding; ~ *acusticus externus*, uitwendige gehoorgang; ~ *acusticus internus,* inwendige gehoorgang; ~ *nasi*, neuskanaal; ~ *nasopharyngeus*, neuskeelgang; ~ *urinarius*, mond van de urinebuis.
MEC 1. afk. van medisch-ethische commissie. 2. (farm.) afk. van minimaal-effectieve concentratie.
mechanocardiografie registratie van uitwendige trillingen veroorzaakt door de werking van het hart.
mechanotherapie elke vorm van *fysiotherapie waarbij wordt gebruik gemaakt van mechanisch op het lichaam aangrijpende en inwerkende invloeden, hetzij d.m.v. apparatuur, hetzij met behulp van handgrepen.
Meckel Jr., J. Duits anatoom en chirurg (1781-1833); *divertikel van ~*, zie divertikel; *syndroom van ~*, autosomaal recessief-erfelijke *status dysraphicus, geken-

merkt door hersenafwijkingen, cystennieren en polydactylie, voorts door vele anatomische afwijkingen van gelaat, ledematen en genitaliën.

mecografie *G* grafisch onderzoek naar de wetten waaraan de groei, de grootte en het gewicht van de mens zijn onderworpen.

meconisme, meconismus *L* chronische opiumvergiftiging.

meconium *L* 1. darm- of kinderpek, de groen- of bruinzwarte kleverige ontlasting die zich in de darm van de ongeboren vrucht bevindt en na de geboorte wordt uitgescheiden. 2. syn. sap van de papaver; opium.

MED afk. van minimum erytheem-dosis, d.i. de dosis *UV-licht die de dag na het zonnen een juist waarneembare roodheid van de huid veroorzaakt; per jaar mag men maximaal 100 MED krijgen.

medaillonziekte *pityriasis rosea (genaamd naar de vorm van de efflorescenties).

medebeweging synkinesis.

media *L* 1. middelste, bijv. *tunica* ~, de middelste laag van de wand der bloedvaten. 2. meervoud van medium. 3. (oogheelk.) de weefsels en materie welke lichtstralen in het oog moeten passeren alvorens het netvlies te bereiken, t.w. bindvlies, hoornvlies, het kamerwater van de voorste oogkamer, lens, glasvocht.

mediaal in de middellijn (zie mediaan) gelegen; naar het midden toe; tgst. lateraal.

mediaan 1. in de middellijn gelegen; *~vlak*, het vlak dat het lichaam in een rechter- en linkerhelft verdeelt. 2. gemiddeld.

mediastinaal het *mediastinum betreffend, daartoe behorend, daarin gelegen.

mediastinitis ontsteking van het *mediastinum.

mediastinum *L* de ruimte in de borstkas tussen de beide longen, hierin ligt o.a. het hart.

mediatherapie (psych) gedragstherapeutische techniek toegepast bij probleemgedrag van kinderen, veroorzaakt door interacties tussen kind en opvoeders, waarbij het tonen en wijzigen van de interacties het beoogde gedrag moet bewerkstelligen.

mediator tussenfactor, hulpfactor. 1. 'overdrachtstof' (bijv. histamine, serotonine) die vrijkomt na contact tussen een allergeen (zie allergenen) en mestcellen en/of basofiele granulocyten die beladen zijn met *IgE; de mediatoren veroorzaken kramp van de bronchiale musculatuur, verhoging van de vaatdoorgankelijkheid en van de slijmproductie in de bronchi; de mediatoren veroorzaken de allergische verschijnselen. 2. de zenuwbaan tussen *receptor en *effector. 3. endogene stof die werkzaam is tussen ontstekingsoorzaak en -verschijnselen.

medical audit *A* 1. intercollegiale toetsing op de kwaliteit van medische arbeid. 2. systeem van voortdurende medische (bij)scholing, gebaseerd op de evaluatie van de kwaliteit van medische zorg; zie ook audit.

medicaliseren proces waarbij het (normale) menselijk bestaan in toenemende mate wordt gezien in het licht van 'gezond' en 'ziek' en daardoor steeds meer onder de invloedssfeer van de medici terechtkomt.

medicament, medicamentum *L* medicijn, geneesmiddel, syn. farmacon.

medicaster kwakzalver.

medicatie geneeswijze, het voorschrijven van geneesmiddelen.

medicina *L* geneeskunde; leer der geneesmiddelen; ~ *forensis*, gerechtelijke geneeskunde.

medicinaal, medicinalis *L* tot de geneeskunde of tot de geneesmiddelen behorend of deze betreffend; ~ *gewicht*, zie granum.

medicus *L* arts; (bijv.nw.) m.b.t. de geneeskunde.
Medin, K. Zweeds arts (1847-1928), zie poliomyelitis.
medinaworm zie Dracunculus medinensis.
medioclaviculaire lijn lijn evenwijdig aan de mediane lijn door het midden van het sleutelbeen, afk. MCL.
mediterranian *E* m.b.t. de Middellandse Zee; *familial ~ fever*, zie familial mediterranian fever; *~ spotted fever*, syn. *fièvre boutonneuse.
medium *L* meervoud media. 1. midden; hetgeen zich in het midden bevindt. 2. gemiddelde. 3. tussenpersoon bij hypnose; persoon met parapsychologische vermogens. 4. (bact.) voedingsbodem. 5. stof die een prikkel overbrengt.
MEDPED afk. van medical pedigrees (= to *m*ake *e*arly *d*iagnosis and *p*revent *e*arly *d*eaths).
medulla *L* merg, zachte vette zelfstandigheid o.a. voorkomende in de mergholte der beenderen van mensen en dieren; het merg is geel in pijpvormige en rood in platte beenderen; *~ oblongata*, het verlengde merg, voortzetting van de hersenstam naar het ruggenmerg; *~ ossium*, beenmerg; *~ spinalis*, ruggenmerg.
medullair, medullaris merg betreffend, tot merg behorend, mergachtig; *~ schildkliercarcinoom*, carcinoom dat uitgaat van niet-folliculaire (parafolliculaire) epitheliale cellen (C-cellen) van de schildklier, dat in verhoogde mate calcitonine produceert en een groot aantal andere peptiden.
medulloblastoom maligne gezwel in het cerebellum (kleine hersenen), vnl. bij kinderen, ontstaan uit embryonale hersencellen (medulloblasten); pathologisch-anatomisch vnl. basofiele cellen, vandaar de bijnaam 'blauwe tumor'.
meeëter zie comedo.
meervoudig zie multipel; *~e persoonlijkheidsstoornis*, zie *dissociatieve identiteitsstoornis.
meerwaardigheid 1. zie polyvalent. 2. (psych.) *~scomplex*, beleving dat men beter is dan anderen, waarbij de betrokkene zichzelf op een irreële manier positief waardeert; syn. meerderwaardigheidsgevoel.
Mees, R. Nederlands arts (1873-1936); *strepen van ~*, zie leukonychie.
Meesmann, A. Duits oogarts (overl. 1971); *ziekte van ~-Wilke*, juveniele epitheliale dystrofie van het hoornvlies.
mefitisme rioolgas-intoxicatie; bijv.nw. *mefitisch*; (uitbr.) stinkend, verpestend.
MEFV afk. van maximal expiratory flow volume *E*.
MEG afk. van magneto-encefalografie; hierbij wordt niet, zoals bij MRI, van buitenaf een sterk magnetisch veld aangelegd maar men meet de kleine magnetische veldjes die de hersenen zelf opwekken als een zenuwcel actief is; met die signalen wordt een beeld gevormd.
mega- *G* (smst.) 1. groot; syn. macro-, megalo-, 2. 10^6, voorvoegsel, bijv. megajoule (MJ); *~colon congenitum*, aangeboren vergroting van de karteldarm (colon) t.g.v. aganglionose; *~cystis*, (aangeboren) vergroting van de urineblaas; *~joule*, één miljoen *joule; *~karyocyt*, grote cel in het beenmerg met gelobde kern, moedercel van de trombocyten; syn. myeloplax; *toxisch ~colon-syndroom*, ernstig ziektebeeld t.g.v. acute ontsteking van de dikke-darmwand met dilatatie en zweervorming in het slijmvlies.
megalerythema infectiosum *L* zie vijfde ziekte.
megalo- *G* (smst.) groot; syn. macro-, mega-.
megaloblast *G* groot kernhoudend voorstadium van de erytrocyt in het perifere

bloed bij ziekten die berusten op gebrek aan vitamine B_{12} en/of folinezuur, zoals pernicieuze anemie, spruw, ondervoedingsanemie; soms na maagresectie en in de zwangerschap.

megalocalicosis vergrote nierkelken.

megalocefalie groothoofdigheid, abnormaal grote schedel met eveneens vergrote hersenmassa.

megalocornea syn. *keratoglobus.

megalocyt zeer grote erytrocyt; bij sommige ziekten, bijv. pernicieuze anemie, komen megalocyten in het bloed voor *(megalocytose)*; syn. *macrocyt, tgst. microcyt.

megalo- *~dactylie* zie macrodactylie; *~fagie,* syn. hyperfagie; *~gastrie*, vergroting van de maag zonder dat de verrichting verstoord is; *~manie*, zie grootheidswaan; *~splenie* syn. *splenomegalie; *~stoma entericum* zie Cercomonas hominis.

Meibom, H. Duits ontleedkundige (1638-1700); *klieren van ~*, syn. *glandulae tarsales.

Meige, H. Frans arts (1866-1940); *ziekte van ~-Milroy,* zie lymfoedeem; *syndroom van ~*, zie Gilles de la Tourette.

Meigs, J. Amerikaans gynaecoloog (1892-1963); *syndroom van ~*, ascites en hydrothorax bij gezwellen van de inwendige vrouwelijke geslachtsorganen.

Meinicke, E. Duits seroloog (1878-1945); *ophelderingsreactie van ~*, onderzoek van serum en cerebrospinaalvocht, ter aantoning van syfilis.

meiocardie de grootte van het hart aan het einde van de *systole; tgst. auxocardie.

meiose reductiedeling, de celdeling bij de vorming van ei- en zaadcellen waarbij het aantal chromosomen tot de helft wordt verminderd en welke leidt tot de vorming van de *gameten met elk (bij de mens) slechts 23 ongepaarde chromosomen; de zaadcel bevat als geslachtschromosoom òf een X- òf een Y-chromosoom, de eicel altijd één X-chromosoom.

Meissner, G. Duits anatoom (1829-1905); *lichaampjes van ~*, eindorgaantjes van de 'tastzenuwen' in de huidpapillen.

mel *L* honing.

melaats (bijv.nw.) verbastering van malade *F* (ziekte); *~heid*, oude naam voor *lepra.

melaena *G* bloed bevattende, pikzwarte ontlasting.

melagra *G* zie melalgie.

melalgie, melalgia *G*, **melagra** reumatische pijn in de ledematen; *~ parturientium*, melalgie voorkomend bij kraamvrouwen.

melancholie, melancholia *G* 1. zwartgalligheid, zwaarmoedigheid. 2. (psych.) verouderd begrip ter aanduiding van een zgn. endogene depressie gepaard gaand met depressieve stemming, remming van de gedachtegang, lusteloosheid, gevoelens van onmacht, zwaartillendheid, slapeloosheid, obstipatie, gebrek aan eetlust, gewichtsverlies, droge mond, langzame hartslag, zweetbuien; zie ook vitale *depressie. 3. (psych.) verouderd begrip ter aanduiding van een depressie met psychotische kenmerken; *~ activa,* syn. *~ agitans*, met grote onrust gepaard gaande melancholie; *~ attonita*, melancholie met angstaanjagende waangedachten, waardoor de lijder in een onbeweeglijke houding blijft, syn. stupor melancholicus, catalepsie; *~ errabunda*, met zwerfzucht gepaard gaande melancholie; *~ misanthropica*, melancholie gepaard gaande met mensenschuwheid; *~ persecutionis*, melancholie gepaard gaande met *achtervolgingswaan; *~ religiosa*, melan-

cholie gepaard gaande met godsdienstwaan; zie ook depressie.
melancholisch aan melancholie lijdend.
melanemie afzetting van melanine via het bloed in de organen, vooral in de milt, soms in het gehele lichaam; komt voor bij malaria en bij sommige vergiftigingen.
melanidrosis *G* het uitscheiden van donker gekleurd zweet.
melanine bruine tot zwarte korreltjes die het pigment vormen waaraan huid, haren en ogen hun kleur ontlenen; komen ook voor in sommige gezwellen (melanoom) en in moedervlekken (zie naevus).
melanisme zie melanose.
melanoblastoom, melanocarcinoom zie melanoom.
melanocortine in hypofyse en in zenuwweefsel voorkomende stof met ACTH-achtige werking.
melanocyt pigmentcel; *~en stimulerend hormoon*, afk. MSH, hormoon van de hypofysevoorkwab dat direct van invloed is op het ontstaan van pigmentaties.
melanodendrocyt dendritische melanine-vormende cel in de epidermis; syn. *melanogenocyt*.
melanoderm 1. behorend tot een ras met donkere huid. 2. abnormaal sterke pigmentatie; zie pigment.
melanofaag cel die melanine fagocyteert.
melano-, *~genese*, pigmentvorming; *~genocyt*, syn. melanodendrocyt.
melanoom *G* gezwel uit *melanocyten (pigmentcellen) in moedervlekken; *maligne ~*, melanoom met de kenmerken van kwaadaardigheid; syn. melanosarcoom. N.B. sommigen noemen een melanoom per definitie maligne.
melano-, *~pathie*, (alg.) syn. melanose; *~sarcoom*, zie melanoom.
melanose, melanosis *G* syn. melanisme, donkere verkleuring van huid en organen door pigment, zie melanine; tgst. albinisme; n.t.v.m. melanoom; *~ faciei*, zie chloasma.
melanurie de aanwezigheid van melanine in de urine.
MELAS afk. van (mitochondriale) myopathie, encefalopathie, lactaatacidose, stroke-like *(E)*.
melasma *G* syn. *chloasma.
melatonine hormoon uit de epifyse, dat via het hypothalamo-hypofysaire systeem een antigonadotrope werking heeft en invloed uitoefent op energie en stemming.
Meleney, F. Amerikaans chirurg (1889-1963); *ulcus van ~*, post-operatief, progressief-gangreneuze zweer (necrotiserende *fasciitis) door infectie met Streptococcus micro-aerophilicus.
melioïdose een op malleus gelijkende ziekte in Zuidoost-Azië met septikemisch verloop of in de vorm van chronische suppuratieve infectie; syn. maloidosis.
melit(o)- (meli *G*, honing) *~hemie*, syn. glykemie; *~ptyalisme*, aanwezigheid van suiker in het speeksel; *~urie*, zie melliturie.
melk zie lac; *~-alkali syndroom*, zie Burnett; *~gebit*, dentes decidui.
melkers- *~fijt*, zie panaritium; *~koorts*, vorm van *leptospirose, vnl. bij veehouders t.g.v. contacten met geïnfecteerde runderen.
Melkersson, E. Zweeds arts (1898-1932); *syndroom van ~-Rosenthal*, recidiverende zwelling van mondslijmvlies en lippen met granuloompjes met als randsymptomen hyperacusis, smaakstoornissen, tranenvloed, lingua plicata, facialisparese, migraine.
melkglas-nagels melkkleurige troebeling van de nagels bij levercirrose en *colitis

ulcerosa.

melk *~klier*, zie glandula; *~korst*, zie crusta; *~suiker*, lactose; *~tanden*, zie dentes; *~vloed*, galactorroe; *~wei*, zie serum; *~zuur*, acidum lacticum; *~zweten*, zie galacthidrosis.

melliturie het vóórkomen van een suiker in de urine.

melomanie ziekelijke liefde voor muziek.

meloplastiek plastische operatie van de wang of van de ledematen.

melorrheostosis syn. *osteosis eburnicans monomelica.

meloschisis *G* aangeboren gespleten wang van bovenlip naar ooghoek.

melotie wangoor, uitwendige *anotie waarbij de oorschelprest naar beneden of naar voren is verplaatst.

-melus *L*, **-melie** (smst.) m.b.t. ledematen.

membraan, membrana *L* vlies, dunne weefsellaag; *~ domein*, zie domein; *~ mucosa*, slijmvlies, slijmafscheidend vlies dat holten en kanalen van het lichaam (bijv. de luchtwegen, het spijsverteringskanaal) bekleedt; *~ tectoria*, zie tectorium; *~ tympani*, trommelvlies, scheidt het uitwendig oor (gehoorgang) van het middenoor en brengt de geluidsgolven uit de gehoorgang over op de gehoorbeentjes, die in het middenoor zijn gelegen; *hyaliene-~-ziekte*, zie hyaliene-membranenziekte.

membranaceus *L* vliezig; m.b.t. een membraan.

membrum *L* lid, lidmaat; *~ muliebre*, het vrouwelijk lid, de kittelaar, syn. clitoris; *~ virile*, het mannelijk lid, syn. penis.

memory *E* (psych.) geheugen, herinnering(svermogen); *long-term ~*, geheugen voor feiten die in het geheugen zijn vastgelegd en na lange tijd nog reproduceerbaar; *recent ~*, geheugen voor feiten die kortgeleden hebben plaatsgehad; *remote (E)~*, syn. long-term memory; *short-term ~*, geheugen voor de duur van enige minuten; zie ook geheugen.

memory cells *E* syn. geheugencellen, lymfocyten die door een bepaald antigeen zijn gesensibiliseerd; bij een tweede contact - hetzij natuurlijk, hetzij kunstmatig - met hetzelfde antigeen bewerken ze een snelle en sterke antistoffenproductie; hierop berust o.a. het mildere ziekteverloop bij recidieven van infectieziekten; memory cells kunnen jarenlang in leven blijven.

MEN afk. van multipele endocriene neoplasie; autosomaal dominant erfelijke ziekten gekenmerkt door het gelijktijdig bestaan van adenomen van meer dan één endocriene klier; oude benaming *apudoom.

menarche *G* het begin van de menstruatie en daarmee van de puberteit.

mendacia unguium *L* dikwijls op de nagels voorkomende witte vlekken, syn. leukonychie, selene unguium.

Mendel, G. Oostenrijks plantkundige, augustijner abt te Brünn (1822-1884); *wetten van ~*, de erfelijkheidsleer van Mendel, door Mendel beschreven eigenschappen van de ouders die in een bepaalde verhouding onder de nakomelingen verdeeld zijn.

Mendel, K. Duits neuroloog (1874-1946); *reflex van ~-Bechterew*, percussie van de voetrug veroorzaakt buiging en spreiding van de 2de-5de teen bij organische aandoeningen van de *piramidebaan.

mendelisme de wetenschap van overerving volgens de wetten van Mendel.

Mendelson, C. Amerikaans anesthesist (geb. 1913); *syndroom van ~*, longcomplicaties t.g.v. aspiratie van maaginhoud tijdens de narcose.

Ménétrier, P. Frans arts (1859-1935); *ziekte van* ~, enteropathia exsudativa (zie enteropathie).
menggezwel gezwelvorming (zie ook tumor, bet. 2) uit meer dan één parenchymcomponent. 1. *mesenchymale* vormen, bijv. fibromyomen, lipochondromyxomen en dergelijke 2. *epitheliomesenchymale* vormen, zoals fibro-adenomen, carcinosarcomen, enz. 3. *teratomen* (zie teratoom).
mengovirus sterk neurotroop virus, verwant met het poliomyelitisvirus.
menidrosis het optreden van maandelijkse zweetuitscheiding in plaats van menstruatie ('maandzweet').
Ménière, P. Frans arts (1799-1862); *syndroom van* ~, verschijnselen als bij de ziekte van Menière doch zonder gehoorverlies of oorsuizen; syn. angiopathia labyrínthica; *ziekte van* ~, aanvalsgewijze duizelingen met nystagmus (vestibulaire disfunctie), progressieve éénzijdige perceptiedoofheid, oorsuizen (cochleaire disfunctie) en nausea (soms met braken) (disfunctie van het autonome zenuwstelsel) bij hydrops van het endolymfatische systeem; meestal bestaat hypermetropie; syn. oticodynie, vestibularis-syndroom.
meningeaal m.b.t. de hersenvliezen; ook: *meningea, meningeus*.
mening- *~eoom*, langzaam groeiend, morfologisch goedaardig, vaatrijk gezwel, meestal uitgaand van het *arachnoïd (spinnenwebvlies); *~es*, meervoud van *meninx; *~eus*, syn. meningeaal; *~ioom*, syn. meningeoom; *~isme*, prikkeling van de hersenvliezen zonder ontstekingsverschijnselen of liquorafwijkingen.
meningitis *G* acute of subacute infectieziekte gekenmerkt door ontsteking van de hersenvliezen en/of de ruggenmergsvliezen *(spinale ~)*; de meest bekende *primaire* vormen zijn de ~ *cerebrospinalis epidemica* (nekkramp) verwekt door de meningokok (Neisseria meningitides), voorkomend in epidemieën vooral bij gemeenschappen (kazernes, internaten), de *influenza-~*, vooral bij kinderen (verwekker Haemophilus influenzae), de *pneumokokken-~*, de *lymfocytaire chorio~* (afk. LCM), syn. ~ *serosa* of *virus-~*, meningitis veroorzaakt door een *arenavirus, *shunt~*, zie shunt, en de ~ *tuberculosa* welke in tgst. tot de andere vormen hoofdzakelijk is gelokaliseerd aan de hersenbasis en een subacuut verloop heeft; de *secundaire* vormen ontstaan als embolische complicaties bij ontstekingen elders in het lichaam (hartkleppen, huid, osteomyelitis, longen e.a.) of rechtstreeks uit een naburig proces (otitis media, sinusitis e.a.).
meningocarcinomatose diffuse metastasering naar arachnoïdea en pia mater van een carcinoom elders in het lichaam, gekenmerkt door neurologische en psychische verschijnselen.
meningocele *G* het uitpuilen van de hersen- of ruggenmergsvliezen uit de schedelholte of het wervelkanaal.
meningo-encefalitis ontsteking van de hersenen en de hersenvliezen.
meningokok diplokok die meningitis cerebrospinalis epidemica verwekt, syn. Neisseria meningítidis.
meningomyelitis ontsteking van het ruggenmerg en de ruggenmergsvliezen.
meningomyelocele syn. myelomeningocele; uitpuiling van de ruggenmergsvliezen en het ruggenmerg.
meningoradiculitis *radiculitis gepaard met lokale meningitis.
meningosis 1. niet-infectieuze laesies van hersenvliezen, hersenweefsel en bloedvaten t.g.v. neoplastische groei (leukemie, M. Hodgkin e.a.) of door paraneoplasie. 2. membraneuze of vliezige verbinding van beenderen.

meningotyfus tyfus gepaard gaande met *meningisme.
meninx *G* vlies, in engere zin hersenvlies, ruggenmergsvlies, meervoud menínges.
meniscectomie (chir.) verwijdering van een meniscus uit een gewricht.
meniscus *L* 1. halvemaanvormig kraakbeenschijfje (bijv. in het kniegewricht); *discoïde* ~, bolvormige in plaats van concave (holle) meniscus. 2. bol of hol gebogen oppervlak van een vloeistof in een nauwe buis. 3. lens die aan de ene zijde hol en aan de andere bol is. 4. ~ *tactus*, zie Merkel.
Menkes, J. Amerikaans kinderarts (geb. 1928); *ziekte van* ~, X-chromosomaal erfelijke stofwisselingsziekte van de embryonale koperstofwisseling, gekenmerkt door stapeling vnl. in de darm, waardoor koper*deficiëntie in het organisme optreedt (vooral lever en hersenen) en een tekort aan koperhoudende enzymen (o.a. ceruloplasmine); syn. kinky hair disease *E*; *syndroom van* ~, syn. van *maple syrup urine disease.
menopauze *G* het ophouden van de menstruatie tijdens het *climacterium; *post-*~, de periode van het climacterium na de menopauze (ongeveer 7-8 jaar); *pre-*~, het deel van het climacterium dat vóór de menopauze valt (ongeveer 5-6 jaar); *premature* ~, menopauze vóór het 40ste levensjaar, syn. climacterium praecox.
menorragie, menorrhagia *G* sterk vermeerderde menstruatie, syn. *menorrhoea*, hypermenorroe; tgst. amenorroe.
menostase *G* ontijdig ophouden van de menstruatie (dus vóór het climacterium), bijv. bij zwangerschap ('over tijd zijn'). amenorroe.
menostaxis menstruatie van te lange duur.
menoxenie *G* syn. menstruatio vicaria, zie menstruatie.
MENS afk. van multipele-endocriene-neoplasiesyndroom.
mens *L* geest; zie ook mentaal, mentaliteit, psyche; bijv.nw. mentis.
Mensendieck, B. Amerikaans hervormster van bewegingstherapie (1864-1957), leerde o.a. beeldhouwen en studeerde anatomie in Parijs; *systeem vlg.* ~, spieroefeningen voor verbetering van houding en beweging en juiste ademtechniek; zij baseerde haar therapie op de analyse van de dagelijkse bewegingen die volgens haar zo sterk de vorm van het lichaam bepalen dat onjuist spiergebruik op den duur kan leiden tot afwijkingen in houding, gang en lichaamsvorm; ze introduceerde het ongekleed oefenen waarbij het gebruik van spiegels een belangrijk onderdeel vormt.
mensen *~haat*, misantropie; *~schuwheid*, antropofobie.
menses *L* zie menstruatie.
menskunde zie antropologie.
mens sana in corpore sano *L* een gezonde geest in een gezond lichaam.
menstrualis zie menstrueel.
menstruatie, menstruatio *L* ook: menstrua, menses, syn. catamenia of periode, maandstonden; periodieke afstoting van het baarmoederslijmvlies gepaard gaande met bloeding; de menstruatie volgt op de ongeveer 15 dagen tevoren plaats gehad hebbende *ovulatie en behelst de afstoting van het voor de innesteling van het jonge embryo ontwikkelde slijmvlies, dat overbodig is geworden wegens het uitblijven van een bevruchte eicel, als gevolg waarvan het *corpus luteum (geel lichaam) te gronde gaat en de hierdoor gevormde hormonen (oestrogeen en progesteron) niet meer worden geproduceerd (feitelijk is dus de menstruatie een onttrekkingsbloeding); de menstruele cyclus vindt zijn oorsprong in de werking van *hypothalamus, *hypofyse en *ovarium; bij zwangeren heeft geen menstrua-

tie plaats; *anovulaire* of *anovulatore* ~, syn. *pseudo*~, menstruatie zonder voorafgaande ovulatie; ~ *praecox*, vroegtijdige menstruatie, optredende voordat de normale leeftijd daarvoor bereikt is; ~ *retardata*, vertraagde 'over tijd' optredende menstruatie; *retrograde* ~, passage van endometriumpartikels en menstrueel bloed via de eileiders naar de buikholte; ~ *vicaria*, *vicariërende* ~, syn. menoxenie, wegblijvende of zeer geringe menstruatie gepaard gaande met bloedingen uit andere organen, bijv. uit neus, endeldarm, tepels.

menstrueel, menstrualis *L* tot de menstruatie behorend, deze betreffend.

menstruum de dagen gedurende welke de menstruatie plaatsheeft.

mensura zie mensuur.

mensurabel meetbaar.

mensuratie meting.

mensuur, mensura *L* maat.

mentaal, mentalis *L* 1. tot de geest (mens) behorend, de geest betreffend, geestelijk. 2. tot de kin (mentum) behorend; *musculus* ~, kinspier.

mentagra baardvin, syn. sycose.

mentalis zie mentaal.

mentalisme de verouderde en 'vage' opvatting, dat de gedachten van de mens zuiver van geestelijke aard zijn, d.w.z. niet gebonden aan enig aanwijsbaar anatomisch of fysiologisch substraat of biochemisch proces.

mentaliteit wijze van denken, geestesgesteldheid.

menticide hersenspoeling, tegen iemands wil en met indringende middelen (o.a. isolatie, vernedering) de ideeën, attitude en opvattingen van iemand omvormen.

mentis m.b.t. de geest (mens).

mentisme *F* dwangvoorstelling, syn. idee-fixe.

mentula *L* penis.

mentulagra 1. pijnlijke erectie van de penis (mentula). 2. *venerische ziekte.

mentum *L* kin.

MENU afk. van (nationale onderzoeksschool) metabolism and nutrition.

menurie lozing van menstrueel bloed met de urine t.g.v. het bestaan van een opening tussen blaas en vagina.

MEP afk. van 1. myo-elektrische prothese. 2. motorevoked potentials.

MEPP afk. van motorische eindplaatpotentialen.

MER afk. van milk ejection reflex *E*, zie toeschietreflex.

meralgie, meralgia *G* pijn; ~ *paraesthetica*, gedeeltelijke gevoelloosheid met pijnlijke steken en prikkelingen aan de buitenzijde van de dij; soms bij platvoet.

mercurialiën, mercurialia *L* kwikzilver bevattende geneesmiddelen.

mercurialismus *L* kwikzilververgiftiging, syn. hydrargyrose.

mercurius *L* kwikzilver, syn. hydrargyrum (Hg).

mercurochroom een kwikverbinding, antisepticum; in onbruik wegens toxiciteit.

merg zie medulla; ~*holte*, de ruimte in de schacht van de pijpbeenderen die is opgevuld met het beenmerg; ~*schede*, syn. myelineschede; *verlengde* ~, medulla oblongáta; ~*vlammen*, *retina leporina.

meridie 's middags.

meridrosis *G* het zweten (hidrosis) op sommige plaatsen van het lichaam (oksels, voeten, enz.).

merismopedia *G* bacteriën behorende tot de microkokken; ~ *ventriculi*, syn. Sarcina ventriculi.

merk- *~artikel* (farm.), syn. *spécialité; *~naam* (farm.), naam van een merkartikel aangeduid met ®; *~stof*, zie tumormarkers.
Merkel, F. Duits anatoom (1845-1919); *cellen van ~*, huidcellen met geïncorporeerde tactiele zenuweindorgaantjes; *Merkelcelcarcinoom*, zeer maligne, zeldzaam kleincellig neoplasma met sterke neiging tot algemene metastasering.
merkers syn. markers *E*, *merkstoffen*, *biomerkers*; *cel~*, celstructuren die typische zijn voor een bepaalde celsoort in enig stadium van ontwikkeling, en kunnen worden gebruikt voor determinering van een maligne celziekte, zoals leukemieën e.a.; zie ook marker, tumormarker.
mero- *~cele*, dijbreuk, syn. *hernia cruralis; *~criene klieren*, de meest voorkomende exocriene klieren met eiwitten als belangrijkste secreet; de cellen blijven intact; syn. eccriene klieren; voorbeelden zijn de spijsverteringsklieren en traanklieren; zie ook *apocriene klieren, *holocriene klieren; *~cyt*, in de eicel doorgedrongen kern van een zaadcel; *~melie*, eem aamgeboren afwijking waarbij een der ledematen gedeeltelijk ontbreekt; *~rhachischisis*, gedeeltelijke *rhachischisis; *~zoiet*, zie malaria.
Merritt du Nourisson, K., Amerikaans kinderarts (geb. 1886), zie Kasabach.
Merseburg woonplaats van K. von *Basedow; *~er trias*, tachycardie, exoftalmie en struma.
merycisme, merycismus *L* herkauwen, syn. ruminatie; *~ typicus*, het zich regelmatig herhalen van een verschijnsel, zoals malaria-aanvallen.
MES afk. van mamma-endoprothese van siliconen.
MESA afk. van microchirurgische epididymale sperma-aspiratie.
mesangium bijv.nw. *mesangiaal*, het mesenchym tussen bloedvaten, in engere zin tussen die van de nierglomeruli (zie glomerulus).
mesaortitis productiva *L* op syfilis berustende ontsteking van de tunica media der aorta, waaruit zich een aneurysma kan ontwikkelen.
mescaline roesnarcoticum dat vóórkomt in een bepaalde soort Mexicaanse cactus (peyote); het gebruik kan tot verslaving leiden.
mesencephalitis syn. *polio-encefalitis.
mesencephalon middenhersenen, onderdeel van de hersenstam waar het *aqueduct doorheenloopt; het bevat centra voor sensorisch-motorische integratie (o.a. reflexcentra voor de gezichtszin en de gehoorzin), het omvat ook een deel van de reticulaire formatie (*formatio reticularis).
mesenchym embryonaal bindweefsel, het deel van het *mesoderm waaruit het bindweefsel en het vaatweefsel ontstaan.
mesenchymose ziekte van *Ehlers-Danlos.
mesenteriaal ook: *mesentericus*, m.b.t. het mesenterium.
mesentericus *L* zie mesenteriaal.
mesenteriitis ontsteking van het mesenterium.
mesenteriolum het mesenterium van de appendix vermiformis (wormvormig aanhangsel van de blindedarm).
mesenterium *G* darmscheil, plooi van het buikvlies dat dient als ophangband van de darm en vele andere buikorganen; bevat de darmbloedvaten en lymfevaten (chylvaten), zenuwen en lymfeklieren; vormt de verbinding tussen de achterwand van de buikholte en de ingewanden.
mesiaal 1. syn. proximaal. 2. (tandheelk.) het vlak van tand of kies, gericht naar het mediane vlak (met inachtneming van de kaakkromming).

mesiodens overtollige tand die soms voorkomt tussen de beide middelste snijtanden in de bovenkaak.

Mesmer, F. Weens arts (1734-1815), grondvester van de leer van het dierlijk magnetisme, ook wel *mesmerisme* genoemd; volgens Mesmer zou een onzichtbare materie (fluïdum) die uitstraalt van mensen die daartoe een bijzondere aanleg hebben, op anderen kunnen worden overgebracht door handoplegging waardoor ziekten zouden kunnen worden genezen.

mesoblast mesoderm in een vroeg stadium.

mesocaecum *L* mesenterium van de blindedarm.

mesocaeliacaal in het midden van de buikholte liggend.

mesocardie abnormale ligging van het hart (cor).

mesocardium 1. syn. myocard. 2. ~ *arteriosa* en *venosa,* de beide omslagplooien van het pericardium parietale. 3. (foutief) het deel van het hart tussen apex en *basis cordis (aanduiding ter plaatsbepaling bij auscultatie).

mesocavaal (anat.) halverwege het abdominale traject van de vena cava inferior; *~ale interpositie*shunt,* (chir.) verbinding tussen de vena mesenterica superior en de vena cava inferior, caudaal van de niervenen bij portale hypertensie; opzet is varicesbloedingen in de slokdarm te voorkomen en de portale circulatie in de lever zo veel mogelijk te behouden om hepatogene encefalopathie tegen te gaan.

mesocefaal 1. in het midden van de schedel gelegen. 2. vorm van een schedel die het midden houdt tussen brachycefaal en dolichocefaal; zie craniometrie.

mesochromie 'tussenkleur' bij de rijping van erytrocyten.

mesocolon mesenterium van de karteldarm (colon).

mesoderm (embr.) het middelste *kiemblad; *~aal,* m.b.t. weefsel dat zich heeft ontwikkeld uit het mesoderm.

mesofarynx, mesopharynx syn. orofarynx; zie ook farynx.

mesoflebitis, mesophlebitis ontsteking van het middelste deel (tunica media) van de wand van de aders.

mesogastralgie pijn in het *mesogastrium.

mesogastrium *L* het gedeelte van de buik tussen *epigastrium en *hypogastrium.

mesogonimus *L* syn. Distomum pulmonale; zie Distoma.

meso-ileum het mesenterium van de kronkeldarm (ileum).

meso-jejunum het mesenterium van de nuchtere darm (jejunum).

mesologie een doelbewuste samenvoeging van reguliere en alternatieve geneeskunde waarbij de diagnose zowel regulier als alternatief gelijkluidend/transparant moet zijn.

mesomelisch het middelste gedeelte van een lidmaat betreffend.

mesometritis *G* ontsteking van het mesometrium.

mesometrium *L* buikvliesplooi die gedeeltelijk de inwendige vrouwelijke geslachtsorganen bekleedt.

mesomorfie vorm van lichaamsbouw, gekenmerkt door overheersing van organen afgeleid uit het mesoderm; zware botten, sterke spieren en overheersing van de dwarse maten ten opzichte van de dieptematen van het lichaam; syn. somatotonie.

mesonephron *G* (embr.) embryologisch uitscheidingsorgaan.

mesoniveau de situatie waarbinnen verpleegd wordt, de organisatie als geheel beschouwd.

mesopharynx zie mesofarynx.

mesophlebitis zie mesoflebitis.
mesophryon *G* tussen de wenkbrauwen en neuswortel gelegen ruimte.
mesopie het vermogen van het gezichtsorgaan zich aan te passen aan verschillende belichtingsgraden; bijv.nw. *mesopisch.
mesopisch ~ *zien*, het zien bij een lichtsterkte welke ligt tussen de grenswaarden van het *fotopisch en het *scotopisch zien; ook: *mesoptisch*.
mesorectum mesenterium van de endeldarm (rectum).
mesoskelon *G* syn. *perineum.
mesotheel, mesothelium *G* eenlagig plaveiselepitheel dat de bekleding vormt van de sereuze vliezen (weivliezen) zoals buikvlies, hartzakje, pleurabladen.
mesothelioom neoplasma uitgaande van mesotheliumcellen.
mesothelium zie mesotheel.
messenger *E* lett. boodschapper; ~ *RNA*, zie ribonucleïnezuur; *second* ~, met name cyclisch *AMP (cAMP), een enzymatisch werkzame stof die in daartoe ontvankelijke cellen door een hormoon of neurotransmitter wordt opgewekt en een biochemische reactie in gang zet.
mestcellen *mastocyten; *mestcelreticulose*, syn. *urticaria pigmentosa.
mestkuur zie gavage.
meta- *G* (smst.) midden, achter, tussen, overgang of verandering.
metaaldampkoorts snel opkomende hoge koorts met koude rillingen, droge prikkelhoest en spierpijn t.g.v. blootstelling aan dampen die ontstaan bij bewerking (lassen, snijbranden en dergelijke) van metalen als zink, koper, mangaan, nikkel, magnesium e.a.; syn. metal-fume fever *E*.
metabletica 'leer der veranderingen', o.a. in de visie op het menselijk lichaam als gevolg van de toenemende morfofysiologische kennis.
metabolie zie metabolisme.
metaboliet 1. *essentiële* ~, verzamelnaam voor stoffen die een onmisbare rol spelen in het stofwisselingsproces (metabolisme). 2. chemische stof die tijdens de stofwisseling wordt gevormd, te onderscheiden in anabolieten en katabolieten.
metabolisch tot het *metabolisme (bet. 2) behorend.
metabolisme, metabolie 1. verandering, syn. metamorfose. 2. stofwisseling; de gezamenlijke chemische veranderingen die in het organisme plaatsvinden om dit op te bouwen en te handhaven alsmede de omzetting (afbraak) van levende stof tot eenvoudige, uit te scheiden stoffen. 3. *basaal metabolisme*, grondstofwisseling bij volkomen rust, gemeten door meting van het zuurstofverbruik en de CO_2-productie in een bepaalde tijd.
metabool 1. zie metabolisch. 2. (foutief) syn. *metaboliet.
metacarpaal tot de middenhand (metacarpus) behorend.
metacarpale *L* middenhandsbeentje, meervoud -carpalia.
metacarpus *G* middenhand, het gedeelte van de hand (manus) dat zich tussen de handwortel (carpus) en de vingers bevindt; de handvlakte.
metacentrisch chromosoom chromosoom waarvan het centromeer zich (ongeveer) in het midden bevindt.
metachondromatose vorm van ongeorganiseerde ontwikkeling van kraakbeen en fibreuze elementen van het skelet.
metachromasie verschillende mate van kleuring van gedeelten van een weefsel door dezelfde kleurstof.
metachronie 1. gestoorde *euchronie. 2. te ruime tijd(be)rekening.

metafase stadium bij de *mitose waarbij de chromosomen zich in het midden van de cel bevinden; ieder chromosoom bestaat dan uit twee chromatiden (dochterchromosomen).
metafoor beeldspraak die op een vergelijking berust.
metafylaxe voorzorg ter voorkoming van ziekterecidieven.
metafyse het sponsachtig uiteinde van de diafyse van een pijpbeen gelegen tussen de diafyse en de epifyse.
metafysica leer die zich bezighoudt met de niet zintuiglijk waarneembare gronden van de geestelijke en stoffelijke wereld.
metakerastisch een andere menging teweegbrengend; *~e klieren*, klieren waarvan het secreet zich mengt met de andere lichaamsvochten.
metalloïd 1. gelijkend op metaal. 2. scheikundig element, niet scherp te onderscheiden van de metalen, bijv. arseen, selenium en vele andere 3. een non-metaal dat met een metaal een chemische verbinding kan vormen.
metallosis pulmonum *L* longaandoening veroorzaakt door inademing van metaalstof, bijv. in fabrieken.
metalues syn. *metasyfilis; bijv.nw. *metaluetisch*, zie metasyfilitisch.
metamedica 1. begrip dat de veranderingen omvat welke medische kennis en onderwijs, gezondheidszorg, humane biologie, artsenopleiding en aanverwante takken van wetenschap (inbegrepen o.a. epidemiologie, psychologie, sociologie e.a.) in de tijd ondergaan. 2. barmhartigheid in gezondheidszorg en medisch handelen.
metameer (embr.) *segment van het lichaam van mens en gewervelde dieren.
metamorfisme verandering van structuur door uitwendige oorzaken.
metamorfopsie *G* 1. het vervormd zien van voorwerpen t.g.v. afwijkingen in het oog; komt ook voor als gevolg van psychische stoornissen. 2. verkeerd schatten van afstanden en grootte van voorwerpen, syn. monoculaire *diplopie.
metamorfose *G* gedaanteverwisseling, verandering van vorm en eigenschappen van weefsels en cellen; *viskeuze ~*, het ontstaan van de 'fibrineklonten' (zie bloedstolling), voorafgaand aan de bloedstelping en het herstel van de normale structuren na een bloeding.
metamyxovirussen voor de mens van belang is het *respiratoir syncytieel* (afk. RS)-*virus*; heeft een diameter van 120-200 nm en een complementbindend antigeen dat epidemische luchtweginfecties veroorzaakt, soms met ernstige bronchitiden en bronchopneumonie.
metanefrine een *metaboliet van adrenaline; met de urine uitgescheiden.
metaneoplasie syn. *paraneoplasie.
metaplasie het overgaan van een weefselvorm in een andere.
metapneumonisch na of t.g.v. pneumonie optredend.
metastase, metastasis *G* 1. overbrenging van ziektekiemen of gezwelcellen door bloed- of lymfestroom van een ziektehaard uit naar een andere plaats in het lichaam waar dan een nieuwe haard ontstaat van dezelfde aard als de corspronkelijke. 2. zaailing, ziektehaard, in engere zin gezwel, dat door metastase is ontstaan; uitzaaiing, dochtergezwel.
metastaseren, metastasering metastasen vormen.
metastasis zie metastase.
metasyfilis (ook: metalues) verzamelnaam voor ziekten die zijn ontstaan t.g.v. syfilis, zoals dementia paralytica, tabes dorsalis; syn. parasyfilis.

metasyfilitisch optredend (van een ziekte) t.g.v. syfilis; syn. metaluetisch.
metasyncritisch *G* een crisis of beslissende verandering veroorzakend.
metatarsaal tot de middenvoet (metatarsus) behorend.
metatarsale *L* middenvoetsbeentje; meervoud metatarsalia.
metatarsalgie pijn in de middenvoet; ~ *van Morton*, metatarsalgie bij spreidvoet door beknelling van een gevoelszenuw.
metatarsofalangeaal m.b.t. middenvoetsbeenderen (metatarsalia) en teenkootjes (falangen).
metatarsus *G* middenvoet, het gedeelte van de voet dat zich tussen de voetwortel (tarsus) en de tenen bevindt.
metatroop, metatrofisch atrofie door *ondervoeding.
metazoön *G* meercellig dier, meervoud metazoa.
METC afk. van medisch-ethische toetsingscommissie.
Metchnikoff, E. Russisch bacterioloog (1855-1916); *theorie van* ~, de door Metchnikoff beschreven theorie der *fagocytose.
metencephalon *G* (anat.) achterhersenen, het achterste gedeelte der hersenen, vnl. bestaande uit de kleine hersenen (cerebellum) en pons (brug van Varol).
meteorisme, meteorismus *L* opgeblazenheid, windzucht; ophoping van gassen of lucht in maag of darmen, syn. pneumatosis intestinalis; zie ook tympanisme; ~ *paralyticus*, meteorisme veroorzaakt door verlamming van de darmspieren; ~ *peritonealis*, syn. pneumoperitonitis.
meteorotropisme het ontstaan van ziekte onder invloed van weersomstandigheden.
methacholine een parasympathicomimeticum; *~-test*, diffuse samentrekking van de slokdarm na subcutane toediening van methacholine bij cardiospasmus.
methadon synthetisch opiaat, wordt wel gebruikt als hulpmiddel bij *afkicken.
methanol methylalcohol (CH_3OH), *spiritus methylicus, houtspiritus; *~-intoxicatie*, vergiftiging door methanol t.g.v. metabole acidose door vorming van mierenzuur.
METHb afk. van methemoglobine; zie hemiglobine.
methemoglobine zie hemiglobine.
methionine één der essentiële *aminozuren; bevat zwavel.
methyleenblauw in water diepblauw oplossende kleurstof, die in de bacteriologie wordt gebruikt om bacteriën te kleuren; wordt ook in de geneeskunde inwendig toegepast als antisepticum en bij *chromocystoscopie.
methylmalonacidemie erfelijke aanvalsgewijze metabole acidose en ketose met mentale retardatie.
methysticum *L* bedwelmend geneesmiddel; meervoud methystica.
meticillineresistentie zie MRSA.
METOH afk. van medisch-ethische toetsing onderzoek in huisartsenpraktijken.
metopisch *~e schedel*, syn. kruisschedel, schedel waarbij de voorhoofdsnaad niet gesloten is (*metopisme*).
metra *G* baarmoeder, syn. uterus.
metralgie zenuwpijn in de baarmoeder (metra).
metranoicter *G* tangvormig instrument ter verwijding van de baarmoedermond.
Métras, H. Frans röntgenoloog (1918-1958); *sondage vlg.* ~, *bronchografie met behulp van een röntgencontrastgevende katheter.
metratonie *G* atonie van de baarmoeder (metra).
metrectomie syn. hysterectomie (obsoleet); uterusextirpatie.
metreurynter *G* dunne blaas die, met het doel de hals van de baarmoeder te

verwijden, daarin wordt aangebracht en opgeblazen; syn. hystereurynter.
metreuryse het aanbrengen van een metreurynter.
-metrie *G* (smst.) meting.
metritis *G* ontsteking van de baarmoeder (metra); zie ook endometritis.
metroblennorroe *G* etterige slijmachtige uitvloeiing uit de baarmoeder.
metrodynie *G* syn. hysteralgie.
metrogeen tot de metra (baarmoeder) behorend, die betreffend.
metrografie röntgenonderzoek van de baarmoederholte met behulp van contraststof.
metrolymphangitis lymfangitis van de baarmoeder, bijv. in het kraambed.
metromanie *G* syn. nymfomanie, furor uterinus.
metropathie, metropathia *G* baarmoederziekte; ~ *haemorrhagica*, glandulaire hyperplasie en hyperemie van het endometrium t.g.v. gestoorde eierstokfunctie (geen ovulatie, geen corpus luteum → te langdurige oestrogene werking).
metroperitonitis kraambed*metritis met buikvliesontsteking.
metrorragie bloeding uit de baarmoeder, niet behorend tot de menstruatie en onregelmatig optredend.
metrorrhexis *G* syn. ruptura uteri.
metrorroe, metrorrhoea fluor of bloeding uit de baarmoeder.
metroscoop *endoscoop voor de baarmoeder; syn. hysteroscoop.
metrotomie syn. *hysterotomie.
Metsovo Grieks dorp; *~-long*, pleura-'verkalking' t.g.v. inhalatie van tremoliet, een aan asbest verwante delfstof.
Meulengracht, E. Deens arts (geb. 1887); *~-dieet*, energierijke voeding met veel vitaminen; *ziekte van ~*, chronische intermitterende hyperbilirubinemie met icterus; syn. ziekte van *Gilbert.
MeV afk. van mega-elektronvolt = 10^6 elektronvolt.
Mexicaanse hoed röntgenbeeld van een gescleroseerd ulcus duodeni.
Meyer-Betz-syndroom zie myoglobinurie.
m.f. (rec.) afk. van misce fac, misce fiant of misce fiat.
MFB afk. van medial forebrain bundle *E*, de belangrijkste component van de vezelsystemen waarmee de hypothalamus het functioneel verband onderhoudt met de lager gelegen hersenstamstructuren.
MFE afk. van multifunctionele eenheid.
MFH afk. van maligne fibreus histiocytoom.
MFS afk. van *mononucleair fagocyten systeem.
mg afk. van milligram = 1 duizendste gram.
µg afk. van microgram = 1 miljoenste gram.
MGP afk. van myasthenia gravis pseudoparalytica.
MGPL afk. van multifocale gefractioneerde progressieve *leukocoagulatie.
MGUS afk. van monoclonal gammopathy of undetermined significance *E*.
MGZ afk. van maatschappelijke gezondheidszorg, onderverdeeld in AGZ (algemene gezondheidszorg) en GGZ (geestelijke gezondheidszorg).
MHA afk. van methoxyhydroxy-amandelzuur.
MHC afk. van major histocompatibility complex *E*; menselijk MHC is bij de mens bekend als *HLA-systeem.
MHI afk. van malignant histiocytosis of the intestine *E*.
MHN zie morbus.

MHz (natuurk.) afk. van megahertz, 10^6 Hz.
miasma *G* verontreiniging, ziektestof die uit de lucht, uit water of vochtige grond (bijv. moeras) afkomstig is (obsoleet).
Mibelli, V. Italiaans huidarts (1860-1910); *ziekte van* ~, syn. porokeratosis atrophicans, keratotische plekken vnl. aan hand- en voetrug met atrofisch centrum; familiale chronische aandoening; *angiokeratoma* ~, zie Fabry.
MIBG-scintigrafie *scintigrafie met behulp van meta-jodo-benzyl-guanidine.
MIC afk. van 1. minimum inhibiting concentration *E*, syn. *MRC. 2. maximale immissieconcentratie. 3. minimaal-invasieve chirurgie, syn. MIS; zie endoscopische *chirurgie.
micella een deeltje uit de dispersiefase van een colloïd.
Michaelis, G. Duits gynaecoloog (1798-1848), pionier betreffende bekkenvernauwingen; *ruit van* ~, ruitfiguur gevormd door putjes in de huid ter hoogte van de achterste darmbeenpunten, het bovenste punt van de bilnaad en het doornuitsteeksel van de 5de lendenwervel; goede oriëntatiefiguur voor de bouw van het bekken.
Micheli, F. Italiaans hematoloog (1872-1936), zie Marchiafava.
michelin-man het uiterlijk van een patiënt met uitgebreid huidemfyseem van hals, gelaat, armen en romp, meestal t.g.v. tracheaverwonding.
micrencefalie *G* gebrekkige ontwikkeling van de hersenen (encephalon), tgst. macrencefalie.
micro- *G* (smst.) klein, tgst. macro-; bij maten betekent micro het miljoenste deel (10^{-6}), bijv. micrometer, een miljoenste meter.
microaneurysma uitermate klein aneurysma, bijv. van arteriolen bij diabetische retinopathie of kleine zakvormige uitstulpingen van capillairwanden; ook aangeboren, vnl. in de hersenen en aan de hersenbasis.
microangiopathie, microangiopathia ziekte (*angiopathie) van kleine bloed- of lymfevaten; ~ *diabetica*, de microangiopathie die zich bij diabetes mellitus langzaam kan ontwikkelen t.g.v. *hyperglykemie (vnl. in netvlies en nierglomeruli); ~ *thrombotica*, zie Moschcowitz.
microbe *G* verouderde naam voor micro-organisme; kleinste levend wezen, in engere zin bacterie.
micro- *~bicide*, micro-organismen dodend; *~biohemie*, syn. bacteriëmie; *~biologie*, syn. bacteriologie; *~blefarie*, geringe ontwikkeling van de oogleden; *~bloedonderzoek*, afk. MBO, een tijdens de bevalling verricht bloedonderzoek (bij vermoedens van zuurstofgebrek en foetale nood) van bloed dat wordt opgezogen uit de schedelhuid van het kind; met name de zuurgraad (pH) wordt bepaald; *~brachius*, misgeboorte met te korte armen; *~bronchitis*, syn. bronchitis capillaris; *~caulie*, geringe ontwikkeling van de penis.
microcefalie kleinhoofdigheid, abnormale kleinheid van de hersenschedel (neurocranium); kan zowel door ziekten, tijdens de ontwikkeling zijn ontstaan, als zijn aangeboren; gaat meestal gepaard met geestelijke minderwaardigheid (oligofrenie), tgst. macrocefalie.
microcirculatie de bloedsomloop door arteriolen (kleinste slagaders), capillairen en venulen (kleinste aders), inclusief de cel*perfusie.
Micrococcus kleine kogelbacterie, bolvormige bacterie, meervoud micrococci of microkokken, verzamelnaam voor de kleinste coccussoorten; ~ *gonorrhoeae*, syn. gonokok; ~ *melitensis*, micrococcus die febris melitensis veroorzaakt; ~ *tetrage-*

nus, zie Sarcina tetragenus.
microcornea hoornvlies met een te kleine diameter.
microcurettage biopsie van het endometrium (baarmoederslijmvlies) via het cervixkanaal.
microcurie het miljoenste deel van een curie.
microcyt abnormaal kleine *erytrocyt; tgst. megalocyt; *~emie* of *~ose*, aanwezigheid van een aanmerkelijk aantal microcyten in het bloed.
microdactylie *G* aangeboren kleinheid van één of meer vingers of tenen.
microfaag neutrofiéle en eosinofiele *granulocyt; kleine fagocyt.
micro- (smst.), *~filaria*, larven van *Filaria; *~flora*, verzamelnaam voor de op of in voedsel aanwezige micro-organismen.
microftalmie, microphthalmus *G* aangeboren kleinheid van de oogbol.
micro- *~gameet*, de zaadcel; zie gameet; *~gametocyt*, zie gametocyt; *~genie*, abnormaal kleine kin.
microglia het gedeelte van de *neuroglia dat wordt gevormd door de kleine celvormen, nl. de hortegacellen en de oligodendroglia; microgliacellen hebben een fagocyterend vermogen.
microglobulie syn. *microcytemie.
micrognathie abnormaal kleine kaak, in engere zin de onderkaak.
micrografie 1. kleinheid van het schrift. 2. beschrijvende microscopie.
microgram een miljoenste gram of een duizendste milligram, syn. gamma.
microgyrie *G* abnormaal kleine en smalle hersenwindingen; komen o.a. voor bij idiotie.
microklysma *klysma d.m.v. een geringe hoeveelheid van een vloeistof, meestal glycerine of olie, welke rectaal wordt ingebracht met een spuit.
micromanie *G* kleinheidswaan, tgst. megalomanie.
micromelie *G* gebrekkige ontwikkeling van ledematen.
micromelus *G* misgeboorte met gebrekkig ontwikkelde ledematen.
micron *G* (obsoleet) het duizendste deel van een millimeter (1/1000 mm); symbool µ; thans µm (micrometer).
microniveau het niveau van het individu (of afdeling) in een organisatie, de relatie verpleegkundige-patiënt.
micro-organisme kleinste levend wezen; meestal synoniem met bacterie.
microparasiet parasiet die met het blote oog niet zichtbaar is.
micropedie, micropes *L* gebrekkig ontwikkelde, te kleine voet.
microphallus syn. *microcaulie.
microphthalmus zie microftalmie.
microplasie geringe ontwikkeling van een orgaan of lichaamsdeel.
micropsie 1. het verkleind zien van voorwerpen t.g.v. afwijkingen in het oog. 2. (psych.) gezichtshallucinatie, komt voor bij psychische stoornissen (o.a. delirium tremens, zie delirium), waarbij kleine dieren, bijv. ratten, muizen, mieren, vliegen, worden gezien, tgst. macropsie.
microrchie te kleine testis of testes.
microscoop instrument waarmee voor het blote oog onzichtbare of moeilijk te onderscheiden voorwerpen sterk vergroot kunnen worden waargenomen; *binoculair ~*, microscoop met een oculair voor de waarneming met beide ogen; *donkerveld-~*, microscoop voor vergroting van transparante levende objecten met behulp van een speciale condensor waardoor het licht van terzijde invalt; *elektronen-~*,

microscoop waarin een elektronenbundel in een elektromagnetisch veld wordt gebruikt, welke een veel sterker oplossend en vergrotend vermogen heeft dan een lichtbundel in een 'gewone' optische microscoop; *fasencontrast~*, microscoop waarmee faseverschillen tussen lichtstralen, die verschillende delen van een levende, dus ongekleurde, cel passeren, indirect worden waargenomen; *interferentie-~*, microscoop waarin wordt gebruik gemaakt van interfererend licht (zie interferentie); *polarisatie-~*, microscoop voor onderzoek van dubbelbrekende objecten d.m.v. polarisatiefilters; syn. *polarimicroscoop; *rastertunnelings~ (scanning tunneling microscope E)*, afk. STM, microscoop welke in staat is de ligging van atomen in oppervlakken te bepalen; *ultra ~*, vorm van donkerveld-microscoop; *ultraviolet ~*, microscoop voorzien van een kwartsoptiek of van optiek voor gebruik van gereflecteerd licht.

microscopie het onderzoeken met de microscoop.

microscopisch m.b.t. de *microscoop; voor het blote oog onzichtbaar.

microsomie *G* dwergvorming, *dwerggroei.

microsoom kleinste deeltje (organel) in een cel, meestal synoniem met ribosoom.

microsporidiose infectieziekte veroorzaakt door een *Microsporidium; het betreft met name neurologische afwijkingen en darminfecties (bij AIDS-patiënten).

Microsporidium obligaat intracellulaire parasieten, 1-5 µm groot; bij de mens zijn verschillende soorten beschreven; zie ook microsporidiose.

microsporie *G* met kale plekken gepaard gaande haarziekte, veroorzaakt door *Microsporon lanosum.

Microsporon *G* schimmel die bij de mens verschillende ziekten kan verwekken; *~ lanosum*, verwekker van microsporie; *~ furfur*, verwekker van een vorm van *pityriasis; *~ mentagraphytes*, syn. Trichophyton tonsurans.

microstomie abnormaal kleine mond.

microtie *G* abnormaal kleine oorschelp, tgst. macrotie.

microtoom *G* instrument waarmee voorwerpen die microscopisch (dus bij doorvallend licht) moeten worden onderzocht, in zeer dunne laagjes kunnen worden gesneden.

microtubulus (meervoud *-tubuli*) in bijna alle celsoorten voorkomende, uiterst dunne buisvormige structuren van het eiwit tubuline, welke een rol spelen bij de handhaving van de celvorm, bij de bewegingen van *organellen en deel uitmaken van de *spoelfiguur bij celdeling.

microvilli buitenwaartse elektronenmicroscopische uitstulpingen van de celmembraan, borstelzoom.

mictie, mictio *L*, het lozen van urine; *~ involuntaria*, onwillekeurige urinelozing, syn. incontinentia urinae, bijv. bij enuresis.

MIC-waarde afk. van maximale immissie concentratie.

MID afk. van 1. multi-infarct dementie. 2. minimaal-infectieuze dosis.

Middellandse-Zeeziekte zie thalassemie.

midden *~hand*, metacarpus; *~handsbeenderen*, ossa metacarpalia; *~hersenen*, zie mesencephalon.

middenkwabsyndroom niet-specifieke atelectase en chronische pneumonie van de rechter middelste longkwab, beide veroorzaakt door compressie van de betreffende bronchus door vergrote lymfeklieren; preferente lokalisatie i.v.m. de anatomische verhoudingen.

middenoor zie auris media; *~beluchtingsbuisje*, zie trommelvliesbuisje; *~ontste-*

king, zie otitis media.
middenpijn typische peritoneale pijn bij vrouwen bij het openbarsten van de Graafse follikel, d.i. halverwege twee menstruaties in, syn. ovulatiepijn.
middenrif zie diafragma; *~sbreuk*, zie hernia.
middenvoet metatarsus; *~sbeenderen*, ossa metatarsalia.
midline granuloma *E* (McBride, 1897) progressieve necrotiserende granulomatose van onbekende origine van de weefsels van neusholte, -bijholten, mond en gelaat met mutilerend effect.
midstream urine urinemonster dat wordt opgevangen nadat men (onder bepaalde voorzorgen) eerst een gedeelte van de blaasinhoud heeft laten weglopen.
mierenzuur acidum formicicum, acidum formicarum, o.a. voorkomend in mieren en brandnetels.
MIF afk. van 1. macrofaag inhibitie factor; remt de macrofagenmobiliteit. 2. migration inhibiting factor *E*.
MIFV afk. van maximal inspiratory flow volume *E*.
MIg afk. van membraanimmunoglobuline.
mignon-waan (*F*, mignon = lieveling) kinderfantasie waarbij het kind ten onrechte denkt dat zijn 'echte' ouders rijk of beroemd zijn en hem later zullen komen 'redden'.
migraine *G* syn. *hemicranie; ~ *accompagnee*, hemicrania ophthalmica gepaard met paresthesieën, convulsies, voorbijgaande afasie, vasomotorische en psychische verschijnselen; *cervicale ~*, hoofdpijn met het karakter van migraine t.g.v. afwijkingen in de halswervelkolom, welke de halssympathicus prikkelen en/of vasculaire disfunctie veroorzaken; *dysfrenische ~* aanvallen van lichte mentale, sensorische, emotionele en concentratiestoornissen; ~ *ophthalmique*, zie hemicranie; ~ *ophthalmoplegique*, migraine met passagère oogspierverlamming (Moebius).
migrans *L* (ook: *migrerend*) zich verplaatsend, bijv. van huiduitslag; erysipelas, neuritis, tromboflebitis zijn aandoeningen die zich kunnen verplaatsen (migreren).
migreren zie migrans.
MIHO afk. van mini-IHO (in-het-oortoestel).
mijnwerkerselleboog ontsteking van de *bursa olecrani.
mijnwerkersziekte ankylostomiasis.
mijnwormziekte ankylostomiasis.
mijt Sarcoptes.
mijtenkoorts tropische vorm van *rickettsiosen (Rickettsia orientalis, overgebracht door een Trombiculum) met een ziektebeeld als van typhus exanthematicus, verder gekenmerkt door een primair affect (zie affect, bet. 2); in verschillende landen bekend als tsutsugamushi, pseudotyfus (Schüffner), Sumatrakoorts, scrubtyphus, e.a.
mikro- zie micro-.
Mikulicz-Radecki, J. von Pools chirurg (1850-1905); *syndroom van ~*, symmetrische zwelling van de traan- en speekselklieren, hetzij idiopathisch, hetzij bij sarcoïdose, chronische lymfatische leukemie, non-Hodgkin lymfoom e.a.; *lijn van ~*, denkbeeldige rechte lijn die bij een normaal been loopt door het midden van liesband, dijbeenkop, knieschijf en enkelgewricht.
MIK-V afk. van model intern kwaliteitssysteem voor verpleeghuizen.
Milanese roos zie pellagra.

Miles, W. Engels chirurg (1869-1947); *operatie van ~*, abdomino-perineale resectie van rectumcarcinoom.
miliair *F* ter grootte van een milium (gierstkorrel); *~e *tuberculose*, hematogene uitzaaiing van tuberkelbacillen door het lichaam, oorzaak van het ontstaan van miliaire tuberkels.
miliaria *L* gierstuitslag, korrelvormige blaasjesuitslag door sterk zweten, syn. sudamina; *~ rubra*, syn. lichen tropicus.
milieu interne *F* door Claude Bernard, Frans fysioloog (1813-1878) ingevoerd begrip, dat het welzijn van het organisme afhankelijk is van de constante samenstelling van bloed en weefselvloeistof; tegenwoordig behelst dit de optimale biochemische samenstelling van de weefselvloeistof, onderhouden door de nieren, de gaswisseling en de interactie met de omspoelde lichaamscellen (homeostase).
milium *L* gierstkorrel, meervoud milia; vorm van huiduitslag, bestaande uit geelwitte speldenknopgrote knobbeltjes van opeengehoopte verhoornde cellen der smeerklieren t.g.v. verstopping van de uitvoerbuisjes; syn. grutum.
Milkman, L. Amerikaans röntgenoloog (1895-1951); *syndroom van ~-Looser*, osteomalacie met multipele spontane fracturen, demineralisatie van het bot en typische ophelderingen op de röntgenfoto.
Miller-Abbott *slang van ~*, rubber buis van ongeveer 1,5 m lengte met dubbel lumen voor drainage van duodenum of jejunum.
Miller Fisher, C. Engels arts; *fenomeen van ~*, geheugenverlies voor namen van vrienden, collega's en kennissen bij ouder wordende mannen, zonder verschijnselen van dementie ('name-forgetter').
milli- (smst.) één duizendste (10^{-3}); *~gram*, één duizendste gram, afk. mg.
Millin, T. Iers uroloog (overl. 1980); *operatie van ~*, *retropubische *prostatectomie.
Mills, C. 1. Amerikaans neuroloog (overl. 1931); *ziekte van ~*, progressieve ascenderende hemiplegie. 2. **N.** Amerikaans chirurg, zie Vineberg.
Milroy, W. Amerikaans arts (1855-1942); *ziekte van Meige-~*, lymphoedema praecox, zie lymfoedeem.
Milstein, C. Argentijns microbioloog (geb. 1927), zie Köhler (bet. 2).
milt syn. *lien, *splen; *~ader*, vena lienalis; *~slagader*, arteria lienalis.
miltvuur zie anthrax.
milwaukee-korset (orthop.) korset, bestaande uit een gordel om het bekken en een hoofdsteun, onderling verbonden door twee stangen aan de rugzijde en één aan de buikzijde, ter behandeling van scoliose.
mimesis (lett. simulatie; nabootsing) gelijkenis tussen de symptomen van twee verschillende organische ziekten.
-mimeticum (smst.) prikkelend, stimulerend geneesmiddel.
mimiek gezichtsuitdrukking, gebarenspel, het geheel der bewegingen die de gemoedstoestand weergeven; komt tot stand door samentrekking der aangezichtsspieren.
mimisch tot de mimiek behorend, de mimiek betreffend; *~e musculatuur*, de mimische spieren, de aangezichtsspieren.
minderwaardigheidscomplex (psych.) beleving van tekortschieten en machteloosheid, waarbij de persoon zichzelf negatief waardeert en daardoor contacten vermijdt met mensen die men meer waard acht; syn. minderwaardigheidsgevoel.

mineraal 1. verzamelnaam voor natuurlijke anorganische stoffen, in engere zin zouten; *~bron*, bron van mineralen-bevattend water waaraan een geneeskrachtige werking wordt toegeschreven. 2. delfstof.
mineralocorticoïden syn. mineralocorticosteroïden, hormonen van de bijnierschors die invloed hebben op de mineraalhuishouding; zie ook aldosteron.
minerve *F* instrument ter behandeling van scheve nek (torticollis).
minimaal-invasieve chirurgie zie endoscopische *chirurgie.
minimal brain damage, dysfunction *E* afk. MBD, geringe hersenfunctiestoornis, waardoor het jonge kind zich niet lang kan concentreren en overbeweeglijk is, op alle prikkels reageert en daardoor vaak moeilijkheden op school ervaart; in DSM-IV genoemd aandachtstekortstoornis met hyperactiviteit.
minimale lucht de hoeveelheid lucht die in de samengevallen longen achterblijft, als de borstkas geopend is.
Minimata stad op het Japanse eiland Kyushu; *~-ziekte*, vergiftiging door organische kwikverbindingen t.g.v. het nuttigen van vergiftigde vis, gekenmerkt door paresthesieën, tremoren, afwijkingen in de motoriek, skeletvergroeiingen, opticusatrofie e.a.
minimum kleinste; minste hoeveelheid; bijv.nw. *minimaal.*
minipil populaire benaming voor een uitsluitend *progestatieve 'pil'.
minisatellieten zie VNTR.
Minkowski, O. Duits internist (1858-1931); *ziekte van ~-Chauffard*, congenitale sferocytaire hemolytische anemie, syn. hereditaire *sferocytose.
Minnesota één van de staten der VS; *~-code*, gestandaardiseerde beoordeling van het ECG t.a.v. verschillende afwijkingen, voor de epidemiologie van belang.
minor *E* (van) gering (belang); *~ ailment*, een onbeduidende of vluchtige aandoening; *~ injuries*, herhaalde traumatische, relatief niet ernstige letsels, zoals overrekking van pezen, distorsies e.d.
Minor, L. Russisch zenuwarts (1855-1942) 1. *ziekte van ~*, parese en anesthesie t.g.v. bloeding in of rondom het ruggenmerg (centrale hematomyelie). 2. *tremor essentialis.
minutavorm bij amoebendysenterie: de kleine 'tussenvorm' van *Entamoeba histolytica die niet infectieus is, doch zich kan ontwikkelen tot de '*magnavorm*' die wèl het weefsel binnendringt.
minuutvolume zie hartminuutvolume, ademminuutvolume.
miopragie *G*, **meiopragie** verminderde werkzaamheid.
miosfygmie, meiosfygmie toestand waarbij het aantal polsslagen geringer is dan het aantal samentrekkingen van het hart; zie ook deficit.
miose, miosis *G* 1. vernauwing van de pupil, syn. corestenoma, tgst. mydriasis. 2. het stadium van een ziekte waarin de ernst van de verschijnselen afneemt.
mioticum *L* pupilvernauwend middel, meervoud miotica, tgst. mydriaticum; bijv.nw. *miotisch.*
MIP afk. van meldingscommissie incidenten patiëntenzorg, kortweg meldingscommissie genoemd (voorheen FONA).
miracidium het eerste larvenstadium van *trematoden; kan zich slechts verder ontwikkelen in een geschikte zoetwaterslak.
Mirizzi, P. Italiaans chirurg (1893-1964); *syndroom van ~*, goedaardige strictuur van de ductus choledochus (galbuis) in de porta hepatis (leverpoort), leidend tot compressie van de *ductus hepaticus.

mirror-writing *E* het schrijven van spiegelschrift in plaats van gewoon schrift.
MIS afk. van minimal invasive surgery, syn. MIC (bet. 3).
misandrie *G* mannenhaat, tegenzin voor mannen.
misantropie *G* het haten van mensen, mensenschuwheid.
MISCAN afk. van microsimulation screening analysis *E*.
miscarriage *E* miskraam.
misceatur (farm.) het worde gemengd, afk. (rec.) m.
misce fac meng en maak, afk. (rec.) m. f.
misce fiant (of *misce fiat*) meng en bereid, afk. (rec.) m. f.
miserere *L* syn. ileus.
misfits *E* maatschappelijk mislukte personen, personen die niet goed in staat zijn om mensen en situaties in te schatten.
misgeboorte zie mola, monstrum; n.t.v.m. miskraam.
miskraam zie abortus.
misogynie *G* vrouwenhaat, tegenzin voor vrouwen.
misoneisme ziekelijke tegenzin tegen nieuwe denkbeelden.
misopedie *G* ziekelijke kinderhaat, het mishandelen van kinderen; zie ook battered child syndrome.
misperceptie (psych.) verwardheid in het waarnemen.
missed abortion *E* gestorven onvoldragen vrucht die niet geboren wordt; door de huidige echoscopische diagnostiek kan de diagnose 'primaire vruchtdood' snel worden vastgesteld en zal er nog nauwelijks sprake zijn van 'missed abortion'.
missed labour *E* het niet geboren worden van een in de uterus achtergebleven dode foetus.
misselijkheid zie nausea.
mistlong röntgenbeeld van de longen bij *hyaliene membranenziekte (HMZ).
MIT afk. van 1. monojodotyrosine, zie tyrosine. 2. metabolic inhibition test *E*. 3. minimally invasive therapy. 4. meldingscommissie incidenten thuiszorg.
Mitchell, S. Amerikaans zenuwarts (1829-1914); *~-kuur,* mestkuur door rust, afzondering en krachtige voeding, soms ook met massage; *ziekte van ~*, erytromelalgie.
mitella *L* draagverband; ~ *parva*, kleine mitella, bestaande uit een enkel stuk zwachtel; ~ *quadrangularis*, vierkante draagdoek.
mitigatie, mitigatus, mitigatio *L* verzachting.
mitigeren verzachten, verzwakken, bijv. van de werking van vergiffen; *gemitigeerd verloop*, mild verloop.
mitis verzwakt; weinig kwaadaardig.
mitochondriën ovale of bolvormige cel*organellen die van grote betekenis zijn voor de celstofwisseling, omdat hierin de verbrandingsprocessen (oxidaties) plaatsvinden waarbij de energierijke verbinding *ATP (*adenosinetrifosfaat) wordt gevormd.
mitogeen (bijv.nw. en zelfst.nw.) *mitose bevorderend.
mitose de normale celdeling (kerndeling) waarbij het aantal chromosomen na de deling gelijk is gebleven; na het verdwijnen van de kernmembraan worden de chromosomen zichtbaar (*profase) die zich vervolgens rangschikken langs de 'equator' van de kern (*metafase); inmiddels hebben zich de beide polen gevormd, waartussen zich een spoel van 'trekdraden' uitstrekt, en hebben de chromosomen zich overlangs in tweeën gedeeld gevolgd door een uiteenwijking

van de beide helften, die zich daarna langs de spoeldraden naar de beide polen begeven (*anafase); vervolgens vervagen de grenzen der chromosomen en vormen zich de beide nieuwe kernen, terwijl intussen de cel zich in het midden insnoert zodat er twee cellen ontstaan (*telofase).

mitraal, mitralis *L* tot de *valvula mitralis behorende of deze betreffend; *~-gelaat*, blauwachtige verkleuring van wangen, neuspunt, kin en oren met cyanose van de lippen bij mitralis-insufficiëntie, soms (bij leverstuwing) tevens icterische tint; *~-*insufficiëntie*, het onvoldoende sluiten van de mitralisklep; *~prolaps*, uitpuiling van één of beide mitralisslippen in het linker atrium; *~-stenose*, vernauwing der opening van de valvula mitralis.

mitra hippocratis *G* muts van Hippocrates, mutsvormig hoofdverband.

mitralis zie mitraal.

MIU afk. van miljoen internationale units.

mixoscopie syn. van *voyeurisme.

mixt. (rec.) afk. van mixtura, mengsel.

mixtuur, mixtura *L* mengsel, afk. (rec.) mixt.

MJ afk. van megajoule = 10^6 joule.

MKAS afk. van monoklonale antistoffen.

MKD afk. van medisch kinderdagverblijf.

MKT afk. van medisch kindertehuis.

ML afk. van manuele *lymfedrainage.

ml afk. van milliliter = kubieke centimeter (cm^3) = cc.

MLC afk. van mixed leucocyte culture *E*.

MLDS afk. van maag-lever-darm-stichting, voorheen NLDS.

MLK afk. van moeilijk lerende kinderen; zie ook ZLMK.

MLNS 1. afk. van mucocutaneous lymphnode syndrome, syn. ziekte van *Kawasaki. 2. afk. van minimal lesion nephrotic syndrome *E*.

MLVP afk. van mean left ventricular pressure.

MLR afk. van mixed lymphocytes reaction *E*.

mm afk. van millimeter.

mm. afk. van musculi, spieren (zie musculus).

MM afk. van 1. multipel myeloom (morbus *Kahler). 2. myelomonocyt.

MMA afk. van methylmethacrylaat.

MMC afk. van 1. migrerend motorcomplex, syndroom van vertraagde maagontlediging, gepaard met *nausea, braken en slechte digestie met onbekende oorzaak. 2. mitomycine. 3. meningomyelocele.

mmHg afk. van (aantal) millimeters kwik, graadmeter voor de bloeddruk, officieel dient de bloeddruk te worden uitgedrukt in kPa (kilopascal); 1 cmHg = 1,33 kPa, dus 100 mmHg = 13,3 kPa.

MMI afk. van macrofaag-migratie inhibitie.

MMK afk. van 1. medisch milieukundige, milieu-arts. 2. medische milieukunde.

mmol afk. van *milli*mol = 1/1000 mol.

MMPI afk. van Minnesota multiphasic personality inventory *A* (psych.).

MMT afk. van mobiel medisch team.

MMV afk. van mandatory minute volume/ventilation.

MMZZ afk. van middelen en maatregelen zwakzinnigenzorg.

MN afk. van master of nursing, thans master of science in nursing, afk. MScN.

mnemasthenie *G* geheugenzwakte.

mneme *G* geheugen, herinneringsvermogen; het totaal der *engrammen.
mnemotechniek 1. geheugenleer. 2. de vaardigheid iets te onthouden.
mnestisch het geheugen betreffend.
MNI afk. van *mononucleosis infectiosa; *~-test*, snelle objectglas-agglutinatiereactie ter aantoning van antistoffen bij MNI.
MNS afk. van maligne *neurolepticasyndroom.
MNW afk. van medisch nucleair werker.
Moab afk. van monoclonal antibody *E*, monoklonaal antilichaam, syn. Mab.
MOAL afk. van monoclonale antilichamen (of antistoffen).
MOB afk. van medisch opvoedkundig bureau.
mobala-virus (Mobala, dorp in Centraal-Afrika) een met *lassa-virus verwant arena-virus.
mobilis *L* beweeglijk, bijv. *lien ~*, zwerfmilt, zie lien; *ren ~*, zwerfnier, zie ren.
mobiliseren beweeglijk maken.
mobiliteit beweeglijkheid.
MOD afk. van multi-orgaandonor.
modder- *~bad*, zie fango, illutamentum; *~koorts*, zie leptospirose.
modeling *E* gedragstherapeutische vaardigheid waarbij het gewenste gedrag vele keren wordt voorgedaan, zodat het gedragspatroon ingeslepen raakt bij de cliënt.
modificatie niet-erfelijke verandering van een eigenschap onder invloed van gewijzigde milieu-invloeden; *genetische ~*, syn. van genetische manipulatie, zie genchirurgie.
modiolus (anat.) de as van het slakkenhuis (cochlea).
MODS afk. van multipel-orgaandisfunctiesyndroom.
modulatie wkw. *moduleren*. 1. de verandering van antigene determinanten van de celmembraan t.g.v. de invloed van een antistof. 2. het (normale) vermogen van de cel tot aanpassing aan de omgeving. 3. stembuiging.
modulatoren lokale chemische stoffen in de weefsels, die de functies van diverse celsystemen op elkaar afstemmen; zelfst.nw. **modulatie*; wkw. *moduleren*.
module elke gestandaardiseerde meeteenheid in een reeks voor gemeenschappelijke toepassing.
modus *L* 1. grootte, hoeveelheid; de waarde die in een serie het frequentst voorkomt; bijv.nw. *modaal*. 2. methode, manier.
MODY afk. van maturity onset diabetes-of-the-young *E*.
Moebius, P. Duits neuroloog (1853-1907); *teken van ~*, convergentiezwakte bij Graves disease; *ziekte van ~*, syn. hemicrania ophthalmoplegica, zie hemicranie.
moeder mater *L*; *~cel*, cel waaruit door deling dochtercellen ontstaan; *~koek*, placenta; *~koorn*, syn. *ergot; *~melk*, lac femininum; *~moord*, matricide; *~vlek*, naevus.
moeheid *fatigatio; *~ssyndroom*, zie myalgische *encefalomyelitis, neurastheen syndroom.
moeraskoorts zie malaria.
Moermandieet een dieet ontwikkeld door de Vlaardingse arts C. Moerman (1893-1988); het dieet is gebaseerd op 8 basisstoffen die volgens hem nodig zijn voor een optimale stofwisseling: ijzer, jood, citroenzuur, zwavel en de vitaminen A, B, C en E; Moerman stelde dat wanneer een kankerpatiënt de 8 basisstoffen in overmaat gebruikt en een dieet volgt dat vrij is van schadelijke stoffen, de ontspoorde stofwisseling zich kan herstellen; het dieet moet vrij zijn van dierlijk

eiwit (zuivel uitgezonderd), zoetmiddelen, geraffineerde producten, smaak- en kleurstoffen, witmeelproducten en voedingsmiddelen die insecticiden bevatten; aanbevolen zijn o.a. zure spijzen (citroen, karnemelk), volle graanproducten, bietensap, peulvruchten, veel fruit en rauwkost.

MOF afk. van multiple organ failure *E*, multipel orgaanfalen, het optreden van ernstige stoornissen in het functioneren van vele organen en orgaansystemen (zoals longen, nieren, lever, hart en hersenen) aansluitend op ernstige traumata, grote chirurgische ingrepen of sepsis; de oorzaak is een combinatie van hypoxie, acidose en het vrijkomen van toxische stoffen uit de weefsels; de verschijnselen zijn o.a. shock, nierinsufficiëntie, *ARDS, oedemen en bewustzijnsstoornissen.

mogifonie plotseling verzwakt stemgeluid, vooral optredend bij personen die veel van hun stem vergen, bijv. redenaars, zangers, enz.

mogigrafie door stoornis in de handspieren veroorzaakte kramp in de hand, schrijfkramp; kan voorkomen bij piano- of vioolspelen, breien, enz., syn. cheiro- of grafospasme.

mogilalie *G* een vorm van *dyslalie waarbij alleen het uitspreken van enkele klanken met moeite gepaard gaat of onmogelijk is.

MOI afk. van monoamino-oxidase-inhibitor *E*, zie MAO-remmers.

mol een gewichtshoeveelheid nl. zoveel gram van een stof als het molecuulgewicht bedraagt.

MOL afk. van midden-ouderlengte.

mola *L* misvormd embryo, ontwikkeld uit een ei waarin het *genoom ontbreekt of niet functioneert; ~ *carnosa*, vleesachtige abortusmassa c.q. met verschrompeld foetus erin; ~ *destruens*, vernietigende mola, die zich in de wand van de baarmoeder invreet; ~ *hydatidosa*, druif- of blaasmola, misgeboorte bestaande uit blazen en vlokken van één der eivliezen (chorion) en moederkoek (placenta); hieruit kan een choriocarcinoom, syn. chorioepithelioom, ontstaan.

molaar, molaris *L* (tandheelk.) ware kies, meervoud molares, resp. molaren; syn. *dens ~*.

molair m.b.t. *mol; *~e oplossing*, oplossing die per liter één mol van een stof bevat.

molaris zie molaar.

moleculair m.b.t. moleculen; ook: uiterst klein; *~e necrose,* het afsterven van beenzelfstandigheid waarbij deze tot zeer kleine deeltjes vervalt (detritus), komt o.a. voor bij cariës.

molecuul, molecule (chem.) het kleinste deeltje van een stof, dat nog alle eigenschappen van die stof vertoont.

molimina *L* bezwaren, onaangename verschijnselen, vnl. wordt ~ *menstrualia* bedoeld, zie dysmenorroe.

Möller, J. Duits internist (overl. 1887); *ziekte van ~-Barlow*, zie osteotabes; *glossitis van ~*, syn. glossodynia exfoliatíva, zeer pijnlijke atrofie en necrose van tongpapillen; waarschijnlijk een deficiëntieverschijnsel.

mollities ossium *L* syn. osteomalacie.

molluscicide weekdierdodend middel.

molluscum *L* week huidgezwel; ~ *contagiosum*, besmettelijk week wratachtig gezwel ter grootte van een erwt met een inzinking in het midden, waarin een witte brijachtige massa; wordt veroorzaakt door een virusinfectie van de huidsmeerklieren (glandulae sebaceae); meestal treden verscheidene van deze

gezwellen gelijktijdig op.
molybdeen metaal behorend tot de *sporenelementen.
MOMA afk. van methoxy-oxy-mandelic acid, vanillylamandelzuur, syn. VMA.
MOMP (farm.) afk. van mitoxine, Oncovin® (vincristine), methotrexaat, prednison (cytostatica-combinatie).
mon- (ook: *mono-* of *monos-*) (smst.) enkelvoudig, alleenstaand; *~ade*, micro-organisme, infusiediertje; *~algie*, zenuwpijn in één der ledematen; *~arthritis*, artritis in één gewricht; *~auraal*, met één oor; met één gehoorbuis.
Mönckeberg, J. Duits patholoog (1878-1925); *sclerose van ~*, verkalking in de tunica media (middelste laag van de wand) van de grote slagaders, niet gepaard met vernauwing van het lumen (holte).
mond zie os, stoma.
monday sickness *E* zie byssinose.
mond- *~bodem*, diaphragma oris; *~en-klauwzeer*, zie aften, maladie, stomatitis; *~holte*, cavitas oris.
Mondor, H. Frans chirurg (1885-1962); *ziekte van ~*, oppervlakkige strengvormige scleroserende flebitis en periflebitis in de subcutis (onderhuids bindweefsel) van de voorste thoraxwand vanaf het epigastrium tot in de oksel.
mond- *~slijmvlies*, gingiva; *~spleet*, rima oris: *~spoeling*, collutio.
moneren *G* ééncellige organismen zonder kern, bacteriën en blauwwieren.
Monge, C. Peruaans arts (1884-1969); *ziekte van ~*, chronische *bergziekte.
mongolen- *~plooi*, epicanthus; *~vlek*, pigmentvlek, een grijsblauwe verkleuring, bij pasgeborenen ter hoogte van het heiligbeen, de billen (of soms armen en benen); komt vooral voor bij kinderen van gekleurde ouders; verdwijnt in de regel binnen het jaar.
mongolisme zie syndroom van *Down.
mongoloïd 1. m.b.t. mongolisme; zie syndroom van Down. 2. gelijkend op het Mongoolse ras. 3. *~e imbeciel*, lijder aan het syndroom van Down.
monilethrix *L G* parelmoerhaar, atrofisch haar met spoelvormige verdikkingen en dikwijls gepaard met hyperkeratosis pilaris (zie hyperkeratose).
moniliasis syn. *candidiasis.
monisme eenheidsleer; elk stelsel dat alle verschijnselen tot één oorsprong of beginsel herleidt; tgst. dualisme, pluralisme.
monitor bewakingsapparaat.
monnikskapspier musculus trapezius.
mono- *G*, **monos-** (smst.) enkelvoudig, alleenstaand.
monoaminen aminen met één aminogroep; belangrijke neurotransmitters in het centrale zenuwstelsel te weten serotonine, noradrenaline en dopamine; monoaminen worden geïnactiveerd door het enzym monoamino-oxidase (afk. *MAO).
monoblast voorstadium van de promonocyt (zie macrofaag).
monobrachius misgeboorte met één arm.
monocardiogram syn. *vectorcardiogram.
monocausaal door één enkele oorzaak.
monochorea *G* *chorea die aan één der ledematen optreedt.
monochromasie *G* syn. achromasie, totale kleurenblindheid door gemis van alle drie systemen voor kleurenwaarneming ('staafjes'-blindheid), soms gepaard gaande met amblyopie en nystagmus.
monocle *~-*hematoom*, eenzijdig orbitale bloeduitstorting; 'blauw oog'.

monocomponent (farm.) geneesmiddel zonder nevenbestanddelen.
monocrotie *G* polscurve zonder 'notch' (indeuking), noch in de stijgende noch in de dalende lijn.
monoculair m.b.t. één oog; ~ *zien*, zien met één oog; tgst. binoculair.
monoculus *L* 1. verband voor één oog, tgst. binoculus. 2. iemand met slechts één oog, zie binoculair.
monocyt vrij grote éénkernige fagocyt (*macrofaag) die in het bloed voorkomt als grote mononucleaire leukocyt en in de weefsels als *histiocyt; komt in het bloed normaliter voor in ongeveer 6 op de 100 witte bloedcellen.
monocytenangina syn. *mononucleosis infectiosa.
monocytose vermeerdering van het aantal *monocyten in het bloed.
Monod, J. Frans bioloog (1910-1976), Nobelprijswinnaar 1965 voor zijn onderzoek in de cellulaire moleculaire biologie.
monofactorieel door één factor of (in engere zin) door één enkel *gen bepaald.
monofasie *G* spraakstoornis waarbij steeds dezelfde woorden worden herhaald.
monofyletisch van éénstammige herkomst.
monogene erfelijkheid de overerving van eigenschappen die bepaald worden door de werking van de allelen die aanwezig zijn op één genlocus.
monogenese 1. rechtstreekse afstamming van één stamcel; zie ook kloon. 2. procreatie van slechts één geslacht (mnl. of vrl.). 3. (foutief) ongeslachtelijke voortplanting, zie monogonie.
monogenie de (normale) éénduidigheid van een *gen; tgst. polygenie.
monogonie *G* ongeslachtelijke voortplanting, dus niet via bevruchting van een eicel.
monoïdeisme (psych.) langdurige fixatie van de gedachten op één onderwerp.
monoklonaal afgeleid van of m.b.t. één *kloon; *~ale reactie*, *immunoreactie, waarbij slechts één kloon van plasmacellen tot productie van antilichamen (*~ale antilichamen*) wordt aangezet; tgst. polyklonaal.
monokrotie zie monocrotie.
monolateraal aan één zijde, eenzijdig.
monolayer *E* één-laag cellenkweek.
monomanie *G* (psych.) 1. persoonlijkheidsstoornis waarbij iemand uitsluitend belangstelling heeft voor één bepaald waandenkbeeld (zie idee-fixe) of een onbedwingbare neiging heeft om een bepaalde (soms misdadige) handeling te verrichten (bijv. kleptomanie), schijnbaar zonder verdere stoornis der geestvermogens. 2. éénzijdige belangstelling.
monomeer 1. m.b.t. één *metameer. 2. molecuul van een chemische verbinding dat de bouwsteen kan vormen van een *polymeer (bet. 2). 3. erfelijke eigenschap, bepaald door een gen of genen op één locus (plaats op het chromosoom).
monomorfie éénvormig; slechts in één vorm voorkomend; bijv.nw. *monomorf*.
mononeuritis *G* ontsteking van één zenuw of van de zenuwen van één der ledematen; ~ *multiplex*, geïsoleerde asymmetrische motorische en sensibele uitvalverschijnselen van perifere zenuwen t.g.v. *vasculitis (arteriitis) van de vasa nervorum.
mononucleair voorzien van één kern; *~e cellen*, cellen die slechts één kern (nucleus) hebben; tgst. polynucleair; ~ *fagocyten systeem*, afk. MFS, moderne benaming voor *reticulo-endotheliaal systeem (RES).
mononucleosis vermeerdering van mononucleaire cellen in het bloed; ~ *infectiosa*

(afk. MNI), syn. klierkoorts of ziekte van *Pfeiffer, *maladie des fiancés *F*, kissing disease *E*, wordt veroorzaakt door het *Epstein-Barr-virus (afk. EBV), dat zich ophoudt in de cellen van speekselklieren en in B-lymfocyten; de incubatietijd varieert van tien dagen tot 6 weken; kenmerken o.a. moeheid, lichte koorts, lymfeklierzwellingen, keelpijn, stijve nek, hoofdpijn, rode keel en oedeem van farynxbogen en gehemelte, splenomegalie (miltvergroting) in meer dan 50% van de gevallen, soms hepatomegalie (leververgroting), leverfunctiestoornissen, lymfocytose, de reactie van *Paul-Bunnell vertoont een hoge titer; op jonge leeftijd verloopt de infectie meestal zonder symptomen, bij adolescenten wel duidelijke symptomen; het wordt vrijwel uitgesloten dat er een relatie bestaat tussen EBV en het chronisch moeheidssyndroom (myalgische *encefalomyelitis).

monopes met één voet geboren; zie monopodie.

monoplegie verlamming van één der ledematen.

monoploïdie syn. *haploïdie.

monopodie *G* aangeboren ontbreken van één voet; zie monopes.

monorchidie *G* het ontbreken van één zaadbal, hetzij aangeboren, hetzij doordat deze niet is ingedaald; zie cryptorchisme, descensus, maldescensus.

monorchisme, monorchismus *G* zie monorchidie.

monos- zie mon-, mono-.

monosacharide enkelvoudige suiker (fructose, galactose, glucose).

monosomie 1. afwezigheid van één helft van een paar chromosomen (autosomen). 2. misgeboorte met één lichaam en twee hoofden.

monospasmus spasmus van één bepaalde spiergroep.

monothermie *G* het aanhouden van dezelfde lichaamstemperatuur, dus zonder de normale dagelijkse schommelingen.

monothetisch in de *taxonomie: met gebruikmaking van uitsluitend duidelijk-bepaalde, enkelvoudige of combinaties van kenmerken.

monoventrikel vereniging van de beide hartkamers tot één ruimte t.g.v. het ontbreken van het tussenschot.

monoxenie eigenschap van een parasiet slechts te kunnen leven ten koste van één gastheersoort.

monozygotie ontstaan uit één zygote; zie ook tweeling.

Monro, 1. **A.** Schots anatoom (overl. 1767); *~-microabces,* kleine abcesjes in de hoornlaag van de huid bij psoriasis, gevuld met neutrofiele granulocyten. 2. **A.jr.** Schots anatoom (1733-1817); *foramen van ~*, verbinding tussen de derde en de laterale ventrikels van de hersenen; *lijn van ~*, verbindingslijn tussen navel en spina iliaca anterior superior.

mons pubis *L* schaamheuvel, schaamstreek, het direct boven de uitwendige geslachtsorganen gelegen behaarde gedeelte van de onderbuik; bij vrouwen wordt de mons pubis ook wel *mons veneris* of venusheuvel genoemd.

monstrum *L* (ook: *monstruositas*), monster, misgeboorte, misvorming, meervoud monstra; men onderscheidt *enkele* en *dubbele* misgeboorten; de laatste kunnen uit twee uit dezelfde kiem ontsproten, aan elkaar gegroeide individuen van hetzelfde geslacht bestaan, die beide goed ontwikkeld zijn en één of meer lichaamsdelen gemeenschappelijk bezitten ('Siamese tweeling'), of uit een goed ontwikkeld individu met een daaraan vastgegroeide slecht ontwikkelde; tot de *dubbelmonsters* rekent men ook de individuen die geboren worden met dubbele lichaamsdelen; *~ duplex,* diplosoma, dubbelmonstrum; syn. *biaxiaal ~; ~ per abundantia,* misgeboorte met overmatige ontwikkeling van sommige lichaamsdelen (macrosomie) of overmatig aantal lichaamsdelen, bijv. vier armen, syn. ~ *per excessum;* ~ *per defectum,* misgeboorte met gebrekkige ontwikkeling of geheel ontbreken van sommige lichaamsdelen; ~ *triplica,* syn. ~ *trigemina,* misgeboorte gevormd uit drie lichamen of gedeelten van lichamen.

mons veneris zie mons pubis.

Montagnier, L. Frans viroloog (geb. 1934), ontdekker van het *HIV als verwekker van *AIDS.

Monteggia, G. Italiaans chirurg (1762-1815); *dislocatie van* ~, heupluxatie in boven-voorwaartse richting; *fractuur van* ~, breuk van de proximale helft van de ellepijp met dislocatie van het kopje van het spaakbeen (zgn. pareerfractuur, afweerfractuur).

moon face *E* vollemaansgelaat.

moord *homicide *E; ~zucht,* fonomanie.

Mooren, A. Duits oogarts (1828-1899); *ulcus corneae van* ~, snel om zich heen invretende zweer van het hoornvlies (cornea) door auto-immunologische antistoffen tegen corneaweefsel.

MOOZ afk. van medefinanciering voor oververtegenwoordiging oudere ziekenfondsverzekerden.

MOPP (farm.) afk. van mitomycine, Oncovin® (vincristine), procarbazine, prednison; combinatie-chemotherapeuticum bij neoplasie; syn. POMP.

moraliteit (psych.) de mate waarin iemand van goede zedelijkheid is; *verlies van* ~, zie depravatie.

Moraxella gramnegatieve diplobacil, verwekker van meningitis, dacryocystitis e.a.

morbi meervoud van morbus.

morbide ziek, ziekelijk; zie ook morbus; ~ *hongersyndroom,* zie geeuwhonger.

morbiditeit 1. frequentie van één bepaalde ziekte in een totale bevolking (populatie), bijv. het aantal personen met de ziekte per 100.000 inwoners per jaar. 2. ziekelijkheid; vatbaarheid voor ziekte. 3. de mate van invaliditeit die overblijft na het doorstaan van een ziekte.

morbidus *L* (bijv.nw.) ziekmakend; ongezond.

morbilli *L* mazelen, acute besmettelijke koortsige virus-infectieziekte, gepaard gaande met huiduitslag en *conjunctivitis en *bronchitis; ook komen in het beginstadium vaak blauwachtige vlekjes op het slijmvlies van de binnenzijde der wangen voor (zgn. vlekken van *Koplik); soms ziet men bacteriële complicaties optreden, vnl. pneumonie en middenoorontsteking, of (zelden) een niet-bacteriële encefalitis, myocarditis, keratitis, neuroretinitis, purpura of beschadiging van de nervus acusticus.

morbus *L* *ziekte; ~ *addisonii,* zie Addison; ~ *anglicus,* Engelse ziekte, syn. rachitis; ~ *animi,* ziekte van de geest; hartstocht; ~ *asthenicus,* syn. asthenia universalis congenita; ~ *attonitus,* syn. katalepsie; ~ *Basedowi,* zie Graves; ~ *brightii,* glomerulonefritis; ~ *britannicus,* spierkrampen bij stokers; ~ *caducus,* vallende ziekte, syn. epilepsie; ~ *caeruleus,* cyanose door (aangeboren) hartgebrek, syn. cyanopathie; ~ *cerealis,* kriebelziekte, syn. ergotisme; ~ *coeliacus,* syn coeliakie; ~ *contagiosus,* besmettelijke ziekte; ~ *coxae senilis,* syn. malum coxae senile; ~ *crimensis,* krimziekte, syn. elefantiasis; ~ *gallicus,* Franse ziekte, syn. syfilis; ~ *haematicus,* bloederziekte, syn. hemofilie; ~ *haemolyticus neonatorum* (afk. MHN), syn. erythroblastosis foetalis; ~ *hungaricus,* Hongaarse ziekte, een vorm van vlektyfus, zie tyfus; ~ *inguinarius*, bubonenpest, zie pest; ~ *König*, syn. osteochondritis dissecans; ~ *maculosus werlhofii*, bloedvlekziekte, zie Werlhof; ~ *nauticus*, zie naupathie; ~ *niger hippocratis*, syn. melaena; ~ *pedicularis*, luisziekte, syn. pediculosis; ~ *parkinsonii*, zie Parkinson; ~ *quartus, quintus, sextus*, *vierde ziekte, *vijfde ziekte, *zesde ziekte; ~ *regius*, geelzucht, syn. icterus; ~ *sacer*, vallende ziekte, syn. epilepsie; ~ *venerei*, geslachtsziekte; zie venerische ziekten; ~ *virginum*, zie chlorose.

morcellement *F* 1. operatie waarbij een groot gezwel wordt omsnoerd en daarna in gedeelten verwijderd; wordt vnl. bij baarmoedergezwellen toegepast. 2. syn. voor embryotomie.

morf- zie ook morph-; *~ea*, zie morphaea.

morfine zie opium; *morfinisme*, *verslaving aan morfine en -derivaten.

morfinomanie (psych.) morfinezucht; zucht om misbruik van morfine te maken.

morfinomimetica (farm.) stoffen met morfine-achtige werking.

morfo- *~genese*, (biol.) het ontstaan van anatomische vormen in de levende natuur; *~grafie*, vormbeschrijving; *~gram*, grafiek of formule die de lichaamsbouw tot uiting brengt; *~logie*, de wetenschap van vorm en bouw van levende organismen; vormleer; *~metrie*, het optekenen in maat en getal van de vorm en bouw van een organisme; *~type*, systemische morfografie.

Morgagni, G. Italiaans anatoom en patholoog (1682-1771); *cataract van ~*, gerijpt en deels opgelost cataract (grijze staar) waarbij de lenskern naar de onderpool is gezakt; *crypten van ~*, crypten in het rectumslijmvlies op ongeveer 20 cm van de anus; **hydatide van ~*, rudimentair blaasje tegen de testis aan gelegen; zonder functie; *syndroom van ~*, zie Adams-Stokes; *ziekte van ~*, hyperostosis calvariae (endocraniale hyperostose).

morgue *F* huis waar onbekende lijken ter herkenning (identificatie) worden getoond.

moria *G* stompzinnigheid, misplaatste humor.

moribund, moribundus *L* stervend.

morning-afterpil anticonceptiemiddel dat nà een onbeschermde coïtus (geslachtsgemeenschap) kan worden ingenomen.

morning sickness *E* ochtendbraken in de zwangerschap.

Moro, E. Duits kinderarts (1874-1951); *~-test*, huidreactie d.m.v. een in tuberculine gedrenkt gaasje op de onbeschadigde huid aangebracht; *reflex van ~*, syn. embrace reflex (omarmingsreflex) *E*, een schrikreflex, spreiding en buiging van de armen van een pasgeborene in rugligging bij een klap op de onderlaag, normaal aanwezig t/m de derde levensmaand.

moron syn. imbeciel, volwassene met geestelijke vermogens van een 10-jarige.

morph- zie ook morf-.

morphaea, morphoea *G* 1. gelokaliseerde vorm van scleroderma zonder viscerale verschijnselen; ~ *linearis*, streepvormige morphaea (*'en coup de sabre' F*) in de schedelhuid. 2. typische huidvlekken bij lepra.

morpio schaamluis, pediculus pubis, phthirius inguinalis; meervoud morpiones.

Morquio, L. Uruguaans kinderarts (1867-1935); *ziekte van ~-Brailsford*, één van de *mucopolysacharidosen, gekenmerkt door ernstige skeletafwijkingen, afplatting van wervels met misvormingen van de wervelkolom en dwerggroei, geen oligofrenie; syn. osteochondrodystrofie.

Morrison, A. Amerikaans patholoog (geb. 1922), zie Verner.

mors *L* dood, het einde van de levensverrichtingen, d.i. het niet meer bestaan van de psychosomatische eenheid van het individu; het volledig en onherstelbaar uitvallen van de gehele hersenfunctie; ~ *bonus*, zachte dood; ~ *putativa*, schijndood; ~ *subita*, plotselinge natuurlijke dood bij ogenschijnlijk gezonde mensen; zie ook dood.

morsicatie zelfmutilatie van het mondslijmvlies door voortdurend bijten.

mortaliteit 1. (epidemiologie) het aantal gestorvenen in een omschreven populatie in een omschreven periode. 2. sterfelijkheid; zie ook letaliteit, morbiditeit.

mortier porseleinen, stenen, houten of metalen kom in gebruik bij apothekers om geneesmiddelen met een stamper in fijn te wrijven en om zalven, crèmes enz. in te bereiden.

mortificatie het afsterven van lichaamsdelen, koudvuur; *gangreen, necrose.

mortinataliteit verhoudingsgetal tussen het aantal doodgeborenen en het totale aantal geborenen.

Morton, T. Amerikaans arts (1835-1903), zie metatarsalgie.

mortuarium 1. vertrek of gebouwtje waar lijken bewaard en/of opgebaard worden. 2. rouwcentrum.

morula de groep cellen na de eerste celdelingen van de *zygote.

Morvan, A. Frans arts (1819-1897), zie panaritium analgicum.

mosaïcisme het vóórkomen van genetisch verschillende cellen in aan elkaar grenzende weefsels t.g.v. onvolkomenheden in de kerndelingen.

Moschcowitz, E. Amerikaans arts (1879-1964); *ziekte van* ~, uitgebreide obstructie van arteriolen en capillairen door endotheelproliferatie met trombusvorming, trombocytopenie met of zonder purpura, hemolytische anemie, diffuse cerebrale en renale beschadigingen, polyneuropathie; syn. trombotische trombocytopenische purpura, afk. TTP.

mosmol afk. van milli-osmol = 1/1000 *osmol.

Mosse, M. Duits arts (geb. 1873), zie polycytemie.

mosselvergiftiging zie mytilotoxisme.

mosterdgas zie strijdgassen.

motgat *~necrose*, lokale necrosen van hepatocyten bij chronische agressieve *hepatitis; *~schedel*, onscherp begrensde botdefecten op het röntgenbeeld van de schedel bij M. *Kahler.

motiliteit het vermogen tot actieve beweging; bijv.nw. *motiel*; zie ook motoriek; n.t.v.m. mobiliteit; *~s-anomalie*, bewegingsstoornis, veroorzaakt door gehele of gedeeltelijke verlamming of door gewrichtsziekte.

motion sickness *E* bewegingsziekte, verzamelnaam voor zee-, wagen- en luchtziekte.

motivatie (psych.) complex van beweegredenen.

motoriek de functionele eenheid van spieren, *motorische zenuwen en gewrichten.

motorisch bewegend, in beweging brengend, bijv. van spieren; beweging betreffend; *~e zenuwen*, zenuwen die de impuls tot beweging vanuit het centrale zenuwstelsel naar de spieren voeren.

motor neuron disease *E* verzamelnaam voor ziekten (progressieve spinale spieratrofie en progressieve bulbaire paralyse), vooral bij mannen van middelbare leeftijd, gekenmerkt door degeneratie van voorhoorncellen en kernen van motorische hersenzenuwen, vaak gecombineerd met piramidebaanstoornissen (amyotrofische lateraalsclerose); de prognose is ongunstig wegens het optreden van ademhalingsinsufficiëntie, slikstoornissen en dergelijke.

Mott, F. Engels neuroloog (1853-1926); *cellen van ~*, *plasmacellen in cerebrospinale vloeistof.

mouches volantes *F* scotopsie, vliegjes zien in het gezichtsveld; het zien bewegen van vlekjes voor de ogen, veroorzaakt door lichtbrekende substanties of structuren in het corpus vitreum (glasvocht); syn. myiodesopsie.

moulage *F* wasafgietsel; in engere zin de vervorming van het hoofd van de pasgeborene, overeenkomstig de vorm van het baringskanaal.

Mounier Kuhn, P. *~-syndroom*, aangeboren tracheobronchomegalie: sterke verwijding van de kraakbeenringen van trachea en hoofdbronchi inclusief het tussenliggende steunweefsel.

mountain sickness *E* zie bergziekte.

moutsuiker maltose, een *disacharide.

MOV afk. van meervoudig onverzadigd vet (vetzuur).

moxa brandbare stof die, om een sterke prikkel te verwekken, op een lichaamsdeel wordt gelegd en aangestoken.

moyamoya *J* tabaksrook; op een rookwolk gelijkend röntgen-vaatbeeld in het intracraniale gebied van de a. carotis interna; zie syndroom van *Nishimoto.

mozaïek zie mosaïcisme.

MP (farm.) afk. van 1. massa pilularis; syn. m.p. 2. metacarpofalangeaal (gewricht), syn. MCP.

MPA (farm.) afk. van medroxyprogesteronacetaat, (uitsluitend-)progestatief anticonceptivum en middel tegen endometriose; remt de *ovulatie en de proliferatie van het endometrium, bemoeilijkt binnenkomst van spermatazoën door toeneming van de viscositeit van het cervixslijm.

MPAP, mPAP afk. van mean pressure arteria pulmonalis, gemiddelde arteria-pulmonalis-druk.

MPB afk. van mentaal perceptieve belasting.

MPBB afk. van maximal permissible *body burden *E*.

MPG afk. van myasthenia pseudoparalytica gravis.

MPGN afk. van membranoproliferatieve glomerulonefritis.

MPO afk. van myeloperoxidase, een lysosomaal, *bactericide enzym.

MPP afk. van massive periretinal proliferation *E*.

MPR afk. van mazelen, parotitis, rubella (vaccin).

MPS afk. van 1. mononucleaire-fagocytensysteem, weefselmacrofagensysteem, oude benaming: *reticulo-endotheliaal systeem (afk. RES). 2. mucopolysacharide, mucopolysacharidose. 3. meervoudige persoonlijkheidsstoornis.

MPV afk. van 1. mean platelet volume *E*. 2. methodisch procesmatig verplegen.

MPVH afk. van medisch-psychologische vragenlijst voor hartpatiënten.

MR syn. van *MRI.

MRA afk. van magnetische resonantie-angiografie.

Mrad afk. van megarad = 10^6 *rad.

MRC afk. van minimale remmende concentratie, de laagste concentratie van een antibacteriële stof (bijv. een antibioticum) die nog bacteriostatisch werkt; syn. *MIC (bet. 1).

MRCPs afk. van movement-related cortical potentials.

MRFIT afk. van multiple risk factor intervention trial *E*.

MRI afk. van magnetic resonance imaging *E*; kernspintomografie; syn. NMR.

MRK-syndroom afk. van Mayer-Rokitansky-Küster-syndroom, een complex van aangeboren afwijkingen, waarbij bij vrouwen de vagina (gedeeltelijk) afwezig is evenals de uterus en waarbij soms afwijkingen aan de urinewegen en wervelkolom voorkomen.
MRL afk. van maximum residu limit *E*.
MRM afk. van magnetic resonance mammography, kernspinresonantie-mammografie.
mRNA afk. van messenger- of boodschapper-RNA, zie ribonucleïnezuur.
MRS afk. van magnetic resonance spectroscopy (of: scanning) *E*.
MRSA afk. van meticillineresistente Staphylococcus aureus; deze resistente stafylokokken produceren een penicilline-bindend-proteïne, waardoor ze een geringe affiniteit hebben voor de penicillines zoals meticilline; deze stafylokokken zijn ook resistent tegen andere antibiotica zoals tetracycline en aminoglycosiden, zodat ook gesproken wordt van multiresistente Staphylococcus aureus.
MRSE afk. van meticillineresistente Staphylococcus epidermidis.
MRSI afk. van magnetic resonance spectroscopic imaging.
MS afk. van 1. multipele sclerose, zie sclerose. 2. mitralisstenose. 3. master of surgery.
MSA afk. van 1. multipele systeematrofie. 2. membraanstabiliserende activiteit. 3. mannitol-salt-agar (voedingsbodem).
MSC afk. van *medullair schildkliercarcinoom.
MScN afk. van master of science in nursing, voorheen MN, syn. MSN, MsN.
MSH afk. van melanocytenstimulerend hormoon; syn. MCSH.
MSN, MsN afk. van master of science in nursing, beter MScN, voorheen MN.
MSQ afk. van mental status questionnaire.
MST afk. van mean survival time *E*.
MSU afk. van midstream urine.
MSUD afk. van *maple syrup urine disease *E*.
MSVN afk. van multipele sclerose vereniging Nederland.
MTA afk. van medical technology assessment.
MTC afk. van medisch tuchtcollege.
MTCD afk. van mixed connective tissue disease.
MTD (farm.) afk. van maximaal toelaatbare dosis.
MT(F)G afk. van metatarsaal-, resp. metatarsofalangeaal-gewricht.
MTP afk. van metatarso-phalangeaal.
MTV afk. van 1. maximaal tolerabel volume. 2. mammatumorvirus.
MTW afk. van medische tuchtwet.
mU milli-unit, zie U.
mucilago, mucilaginosum *L* 1. slijmachtig geneesmiddel. 2. *vehiculum voor geneesmiddelen.
mucine slijmstof, bijv. in het speeksel, de gal enz.; bijv.nw. *mucineus*, slijmig.
mucinosis follicularis huidontsteking gekenmerkt door de degeneratie van haarfollikelepitheel en smeerklieren met ophoping van mucine-achtige stoffen, waarschijnlijk een *paraneoplastisch verschijnsel; facies leonina komt erbij voor.
mucinurie het lozen van mucine bevattende urine.
mucipaar slijm voortbrengend; slijmvormend.
mucocele *G* slijm*cyste; het uitzetten van een lichaamsholte door vorming van een slijmbevattende blaas; ~ *lacrimalis*, ophoping van slijmachtige vloeistof in de

traanzak, waardoor deze uitzet.
muco-colitis syn. *colitis membranacea.
mucocutaan m.b.t. huid- en slijmvliezen; ~ *lymfekliersyndroom*, zie Kawasaki.
muco-enteritis acute catarrale enteritis met slijmafscheiding.
mucoïd slijmachtig; syn. mucoos.
mucolipidosen groep van stapelingsziekten die de klinische verschijningsvorm en de röntgenologische skeletafwijkingen gemeen hebben met de *mucopolysacharidosen en de cytologische en chemische kenmerken met de *sfingolipidosen; syn. oligosacharidosen.
mucolyticum slijmoplossend middel.
mucoos slijmachtig; syn. mucoïd.
mucopolysachariden verbindingen bestaande uit eiwit, een uronzuur en een koolhydraat; vormen vnl. een bestanddeel van bindweefsel, kraakbeen, vaatwand en cornea (hoornvlies).
mucopolysacharidosen afk. MPS, groep van autosomaal recessief-erfelijke ziekten op grond van lysosomale (zie lysosomaal) enzymdeficiëntie, gekenmerkt door stapeling van zure *mucopolysachariden, o.a. in de cornea; zie Hurler, Hunter, Sanfilippo, Morquio, Scheie, Maroteaux.
mucoproteïnen uit eiwitten en koolhydraten samengestelde *proteïnen.
mucopus slijmerige etter (pus).
mucopyocele een mucocele die ontstoken is en pus bevat.
Mucoracea een schimmelfamilie die klinische verschijnselen veroorzaakt, gelijkend op die van *Aspergillus.
mucormycosis een schimmelziekte, berucht om de lokalisatie in, en infarcering van bloedvatwanden.
mucosa *L* afk. van *membrana ~*, slijmvlies.
mucositis slijmvliesontsteking.
mucosus *L* slijmerig.
mucoviscidose, mucoviscidosis zie *cystische fibrose.
mucus *L* slijm, kleverige vloeistof die door de slijmklieren wordt afgescheiden; bestaat vnl. uit epitheelcellen en slijmlichaampjes, verder uit vocht waarin mucine is opgelost; syn. pituita.
muffling *E* lett. dempen; het zachter worden van de Korotkow-tonen bij de bloeddrukmeting.
Muir, E. Engels chirurg; *syndroom van ~*, syn. cancer family syndrome *E*, autosomaal erfelijk ziektebeeld waarbij gedurende het levensverloop steeds nieuwe primaire neoplasma's (aanvankelijk benigne, later maligne) ontstaan, vnl. van huid, intestinum, prostaat en mamma.
muis zie mus articularis, thenar; zie ook murien; *muizenstaartje* (jrg.) röntgen-(contrast)beeld van het vesicale uiteinde van de ureter bij intramurale ureterstenose.
mukeus slijmig, slijmhoudend; ook: *mucineus*, zie mucine.
mulat(tin) kind, geboren uit een neger(in) en een blanke.
Müller, J. Duits fysioloog-anatoom; *gang van ~*, ductus paramesonephricus, een naast de oerniergang gevormde buis, waaruit bij de vrouw de eileider, baarmoeder en een deel van de vagina ontstaan.
multi- (smst.) veel.
multicausaal ontstaan door de onderlinge invloed van meer dan één oorzaak.

multicellulair veelcellig; zie ook cel.
multiconditioneel veroorzaakt door meer dan één omstandigheid tegelijk.
multicuspidati afk. van *dentes* ~, zie dentes.
multidisciplinaire behandeling behandeling waarbij meerdere behandeldisciplines zijn betrokken.
multifactorieel door meer dan één factor bepaald; in engere zin m.b.t. eigenschappen die worden bepaald door meerdere genen en omgevingsfactoren; zie ook polygeen.
multifocaal met veel haarden, centra of uitzaaiingen.
multiform, multiformis *L* veelvormig, syn. polymorf.
multilobulair veelkwabbig.
multiloculair, multilocularis *L* met veel holten.
multimerisch bestaande uit meerdere segmenten of delen; zelfst.nw. *multimerie*.
multinodaal meertoppig.
multinodulair uit meerdere knobbels bestaand.
multinucleair veelkernig.
multipara *L* barende vrouw die reeds eerder gebaard heeft, syn. pluripara.
multipel, multiple op verschillende plaatsen van het lichaam optredend, meervoudig, bijv. van gezwellen of ziektehaarden; *~e endocriene neoplasie*, zie MEN; *~ organ failure*, zie MOF; *~e persoonlijkheid* (psych.), zie *dissociatieve identiteitsstoornis; *~e sclerose*, zie sclerose.
multipolair met meer dan twee polen of uitsteeksels.
multiresistent resistentie tegen vele soorten antibiotica.
mummie *Perz* gebalsemd en gedroogd lijk.
mummificatie plaatselijk droog versterf, indrogen van afgestorven lichaamsdelen, syn. necrose; zie ook gangreen.
MUMPS afk. van Minnesota utility multi-programming system *A*.
Münchhausen, K. Baron von Pruisisch officier (1720-1797); *syndroom van ~*, psychische stoornis, behorend tot de nagebootste stoornissen (DSM-IV), waarbij de patiënt zichzelf letsel toebrengt of overdreven, dramatische ziektebeelden opwekt, met als doel een waarschijnlijk neurotische angst te onderdrukken; vorm van *pseudologia phantastica; syn. hospital addiction syndrome *E*.
muraal m.b.t. de wand van een vat of holte.
muramidase syn. lysozym; enzym met lyserende (oplossende) werking op bepaalde bacteriën; wordt gevormd door neutrofiele *granulocyten (en hun groeistadia), monocyten en *macrofagen; wordt verhoogd geproduceerd bij chronische ontstekingen (o.a. tuberculose, sarcoïdose, M. Crohn) en bij myeloïde celwoekeringen (o.a. acute myelomonocytaire leukemie en polycythaemia vera).
MURCS afk. van Müllerian duct (gang van Müller) afwijkingen, renale afwijkingen, cervicothoracale somietdysplasie, een *associatie.
murien van muis of rat afkomstig; *muroid*, gelijkend op murien.
murmelen zie mussitatie.
Murphy, J. Amerikaans chirurg (1857-1916); *teken van ~*, pijn bij contact van de palperende hand met de ontstoken galblaas tijdens diepe inademing; *wet van ~*, stuwings*icterus veroorzaakt door een galsteen, wordt voorafgegaan door koliek(en), bij andere oorzaken (cholangitis, neoplasma's e.a.) niet.
mus articularis *L* gewrichtsmuis, los stukje been of kraakbeen in een gewricht, syn. artroliet.

Musca anthropophaga *L* Zuid-Amerikaanse vlieg, verwekt *myiasis.
muscae zie mouches volantes.
muscarine paddestoelvergif, zeer giftig alkaloïd; ~-**receptoren*, vorm van acetylcholinereceptoren in het autonome zenuwstelsel, welke een rol spelen in de effectorganen daarvan; *~achtige symptomen*, tranen, speekselvloed e.d. i.v.m. vergiftiging.
muscarinisme vergiftiging door muscarine.
musculair, muscularis *L* m.b.t. de spieren; zie musculus.
musculatuur spierstelsel; bijv.nw. *musculeus*, gespierd; zie musculus.
musculine tot de globulinen behorend eiwit in de spieren.
musculus *L* spier, meervoud musculi, afk. mm.; de spieren zijn contractiele organen die zich, door de motorische zenuwen geprikkeld, samentrekken en zich daarna weer ontspannen, aldus de lichaamsbewegingen teweegbrengend; ~ *abdominis*, buikspier; ~ *auricularis*, oorschelpspier, meestal slechts in aanleg aanwezig, maar niet functionerend; ~ *biceps brachii*, tweehoofdige bovenarmspier, een buigspier; ~ *biceps femoris*, tweehoofdige bovenbeenspier, een buigspier; ~ *brachialis*, bovenarmspier; ~ *constrictor*, een spier die een holte kan afsluiten; ~ *cremaster*, spier die vanuit de buikwand met de zaadstreng meeloopt en de testes omhoog kan trekken; ~ *deltoideus*, deltaspier aan de zijkant van de schouder, zorgt voor het zijwaarts heffen van de arm; ~ *detrusor vesicae*, blaaswandspier; ~ *dilatator*, spier die een opening kan verwijden; ~ *erector spinae*, syn. ~ *erector trunci*, musculus sacrospinalis, gemeenschappelijke rugstrekspier; ~ *extensor*, strekspier; ~ *flexor*, buigspier; ~ *gastrocnemius*, de grote oppervlakkige kuitspier; ~ *gluteus*, bilspier; ~ *gracilis*, spier die het bovenbeen adduceert en de knie buigt; ~ *intercostalis*, tussenribspier; ~ *interosseus*, spier tussen kleine botjes, bijv. tussen de middenhandsbeentjes; ~ *latissimus dorsi*, brede rugspier; ~ *levator*, spier die iets omhoog kan tillen; ~ *levator ani*, platte spier die (hoofdzakelijk) de bodem van het bekken vormt; ~ *lumbricalis*, klein vinger- of teenspiertje; ~ *masseter*, kauwspier; ~ *obliquus*, schuin verlopende spier; ~ *orbicularis*, kringspier; ~ *palmaris*, handpalmspier; ~ *papillaris*, papilspier in de beide kamers van het hart; ~ *pectoralis*, borstspier; ~ *peroneus*, onderbeenspier, strekspier voor de voet in het enkelgewricht; ~ *plantaris*, voetzoolspier; ~ *pronator*, spier die een binnenwaarts draaiende beweging kan uitvoeren; ~ *psoas*, ‘haasspier’, buigspier voor de heup, verloopt van de voorzijde van de lendenwervels naar de voorzijde van het dijbeen; ~ *pubovesicalis*, spier tussen de symfyse en de blaashals; ~ *quadriceps femoris*, vierhoofdige dijbeenspier; ~ *rectus abdominis*, rechte buikspier in de rectusschede; ~ *rhomboideus*, ruitvormige spier; ~ *risorius*, lachspier; ~ *rotator*, spier die de wervelkolom strekt en naar de tegenovergestelde zijde draait; ~ *sacrospinalis*, syn. musculus erector spinae; ~ *sartorius*, kleermakersspier, beweegt het bovenbeen in de heup zijwaarts naar buiten, waarbij het bovenbeen tevens om de lengte-as naar buiten draait; ~ *scalenus*, scheve halsspier; ~ *semimembranosus*, halfvliezige spier die zorgt voor het strekken, adductie en endorotatie van het bovenbeen; ~ *semitendinosus*, halfpeesachtige spier, zorgt o.a. voor endorotatie en buiging van het onderbeen; ~ *serratus*, zaagspier, borstspier met zaagtandvormige aanhechting aan de ribben; ~ *soleus*, groep van kuitspieren die de voet in de enkel omlaag kunnen buigen; deze spiergroep eindigt in de achillespees; ~ *sphincter*, sluitspier; ~ *sternocleidomastoideus*, borstbeen-sleutelbeen-tepelspier, grote schuine hals-

spier vanaf het mastoïd naar het borstbeen (en sleutelbeen), draait het hoofd zodanig dat de kin daarbij (in de andere richting) omhoog gaat; ~ *supinator*, spier die een buitenwaarts draaiende beweging kan uitvoeren; ~ *tibialis*, scheenbeenspier; ~ *transversus*, dwarsverlopende spier; ~ *trapezius*, monnikskapspier, trapeziumvormige spier van de nek naar de schouder; ~ *triceps brachii*, driehoofdige bovenarmspier, een strekspier; ~ *triceps surae*, spiergroep bestaande uit musculus gastrocnemius en musculus soleus; ~ *vastus*, brede spier, deel van de musculus quadriceps femoris; ~ *vocalis*, stembandspier.

mushroom *E* (paddestoel) *~-aspect*, afplatting van de *femurkop na heup*dysplasie.

muskaatnootlever zie nootmuskaatlever.

mussitatie, mussitation *F* het murmelen van zwaar zieken; komt o.a. voor bij delirium.

mussiteren murmelen; *~d delirium*, het voor zich heen praten van de patiënt bij delirium.

mutacisme, mutacismus *L* zie mutisme.

mutageen 1. verandering veroorzakend; mutatie teweegbrengend (chemische stoffen, virussen, alfastralen bij inwendige bestraling, gammastralen bij uitwendige bestraling). 2. chemische verbinding die *DNA kan beschadigen, waardoor erfelijke informatie kan worden gewijzigd en mutaties ontstaan; syn. mutagentium.

mutagenese, mutageniciteit het ontstaan van mutaties.

mutagentium syn. *mutageen (bet. 2).

mutant een normaal gen dat door een mutatie is veranderd in een *allel; dochtercel of -organisme die in één of meer erfelijke eigenschappen van de ouder verschilt.

mutatie, mutatio *L* bijv.nw. *mutatief*; 1. plotselinge blijvende en overerfbare verandering in het genetisch materiaal en dus in de erfelijke informatie; *punt~*, substitutie van één aminozuur in de eiwitsynthese. 2. verandering, wijziging, overgang, in engere zin de stemverandering in de puberteit (baard-in-de-keel).

mutatietheorie (erf.) 1. de leer van de Nederlandse plantkundige Hugo de Vries (1848-1935), volgens welke nieuwe soorten in de biologie ontstaan door plotselinge spontane mutaties bij reeds bestaande soorten ('sprongvariaties').
2. *somatische kanker~*, t.g.v. chemische invloeden en stralingseffecten kunnen op bepaalde loci (plaatsen op het chromosoom) DNA-veranderingen ontstaan welke tumorgroei bevorderen.

mutilatie, mutilatio *L* verminking.

mutisme (ook: *mutacismus*) stomheid, het onvermogen of onwil om te spreken; *electief ~*, (psych.) stoornis waarbij een kind uitsluitend tegen ouders en directe naasten spreekt maar weigert te spreken tegen derden; openbaart zich veelal pas op schoolgaande leeftijd.

mutosurditas zie surdomutitas.

mutualisme *L* samenleving van tweeërlei organismen tot wederzijds voordeel, bijv. wieren en zwammen die als korstmossen samenleven; syn. symbiose.

mutualiteit wederkerigheid; (psych.) wederzijdse beïnvloeding naar aard en intensiviteit van fysiologische en psychische processen.

mutueel wederzijds, wederkerig.

MV afk. van megavolt = 10^6 volt.

MVH afk. van methodisch verpleegkundig handelen, syn. SVH.

MVN afk. van muriene virus-nefrosonefritis; zie hantavirus.
MVV afk. van maximal voluntary ventilation *E*, maximale vrijwillige ventilatie waarbij een bepaalde ademfrequentie wordt voorgeschreven, bijv. 30 maal per minuut.
MW afk. van maatschappelijk werk.
MWIA afk. van medical women's international association *E*.
myalgie, myalgia *G* spierpijn, syn. myodynie; ~ *cephalica*, syn. ~ *capitis*, reumatische hoofdpijn; ~ *cervicalis*, pijnlijke, stijve nek door aandoening van de nek- of halsspieren; ~ *lumbalis*, syn. lumbago; ~ *scapularis*, syn. omalgie (pijn in de schouder).
myalgische encefalomyelitis, myalgische encefalomyopathie afk. ME, zie encefalomyelitis.
myasthenie, myasthenia *G* spierzwakte; ~ *gravis pseudoparalytica*, ernstige vorm van spierzwakte met op verlamming gelijkende verschijnselen en snelle vermoeidheid (ziekte van Goldflam-Erb); gaat soms gepaard met een tumor van de thymus (thymoom); de oorzaak is een door een B-cel gemedieerde auto-immuunziekte met antilichamen tegen het acetylcholine-receptoreiwit aan de postsynaptische membraan van de motorische *eindplaat (overgang zenuwcel naar spier) hetgeen leidt tot destructie en blokkade van het receptoreiwit.
myatonie, myatonia spierslapte; afwezigheid van (of onvoldoende) spiertonus; syn. amyotonie. 1. ~ *congenita*, ziekte van Oppenheim, (alg.) aangeboren spierzwakte met *hypotonie hypo- of areflexie en hyperflexibiliteit. 2. verzamelnaam voor de aangeboren aandoeningen: central core disease, focal loss of cross-striations, mitochondriale, myotubulaire en nemaline *myopathie.
myatrofie atrofie van spieren; bijv.nw. *myatrofisch;* syn. amyotrofie.
mycelium *L* het netwerk van schimmeldraden, waaruit schimmels bestaan.
mycete *G* zwam, schimmel; *maduro~*, verwekker van *maduravoet.
mycetisme, mycetismus *L* vergiftiging door schimmels of paddestoelen.
mycetoma tropische mycose, meestal van de voet, waarbij de huidinfectie doorvreet naar de diepere weefsels en, mede door secundaire infectie, abcessen ontstaan en sterke misvorming optreedt; syn. eumycetoma, maduravoet, maduromycose.
mycide (bijv.nw.) ~ *reactie*, jeukende roodheid en vervelling; allergische reactie op (het toxine van) een epidermofytie van een ander huidgedeelte.
mycin *expertsysteem betreffende infectieziekten.
Mycobacterium familie van zuurvaste, grampositieve bacillen waartoe de verwekkers van tuberculose en lepra behoren en de zgn. *atypische* mycobacteria, zoals ~ *scrophulaceum* en ~ *avium complex*; ~ *tuberculosis*, de humane tuberkelbacterie; ~ *ulcerans*, Mycobacterium die *Buruli-ulcera teweegbrengt; ~ *xenopi*, een 'opportunistische' pathogene Mycobacterium die longontsteking kan veroorzaken bij immunodeficiëntie, o.a. bij AIDS.
mycofaag een *faag die schimmels vernietigt.
mycohemie het vóórkomen van schimmels in het bloed.
mycologie leer of kennis der schimmels, paddestoelen en zwammen.
Mycoplasma een geslacht van micro-organismen welke zich van bacteriën onderscheiden door het ontbreken van een celwand (slechts een dunne membraan); de soort ~ *pneumoniae* is pathogeen voor de mens en kan longontsteking veroorza-

ken ('primaire atypische pneumonie'); Mycoplasma-infecties kunnen ook oorzaak zijn van acute artritis, erythema exsudativum multiforme, meningo-encefalitis, pancreatitis, myocarditis, salpingitis, urethritis, faryngitis, pericarditis.

mycose, mycosis *G* ziekte veroorzaakt door schimmels of zwammen; ~ *fungoides* (Alibert-Bazin), maligne T-cel *lymfoom gekenmerkt door netvormige celwoekeringen in het maag-darmkanaal, IgA-nefropathie, de hartspier en de huid, soms met Kaposi-achtige structuur; ~ *intestinalis*, syn. anthrax intestinalis, miltvuur van het darmkanaal; ~ *maculosa*, syn. dermatomycosis.

myco- *~therapie*, geneeswijze met schimmels of zwammen; *~thrix, G*, schimmel in de mondholte, die lange draden vormt; *~ticum*, syn. mycotisch; *~tisch*, door schimmels of zwammen veroorzaakt; *~toxinen*, toxinen afkomstig van schimmels.

mydaleïne *G*, **mydatoxine, mydine** rottingsstof, lijkengif; zie ptomaïne.

mydesis *G* rotting.

mydriasis *G* pupilverwijding, tgst. miose; zie pupil.

mydriaticum *L* middel om de pupil te verwijden, meervoud mydriatica, tgst. mioticum; mydriatica zijn o.a. atropine, belladonna, cocaïne.

myelemie het vóórkomen van myelocyten in het bloed.

myelencephalitis syn. *encefalomyelitis.

myeline vetachtige stof die in de vorm van de zgn. ~- of *mergschede* de *neuriet isolerend omhult; deze schede wordt omkleed door het *neurilemma (schede van Schwann); de myelineschede speelt een belangrijke rol bij de impulsgeleiding in de axon.

myelinisatie de ontwikkeling van de *myelineschede rondom de neuriet.

myelinolyse syn. *demyelinisatie; *centrale pontiene* ~, myelinolyse in de basis van de *pons Varolii vnl. t.g.v. alcoholmisbruik, gekenmerkt door o.a. hemiparese, nystagmus, blikparese en soms een *locked-in syndrome.

myelitis *G* ontsteking van het ruggenmerg of het beenmerg; ~ *transversa, transversale* ~, (sub)acute ontstane dwarslaesie t.g.v. een ruggenmergontsteking, soms voorafgegaan door een virusinfectie.

myelo- (smst.) m.b.t. merg (beenmerg, ruggenmerg).

myeloblast de meest primitieve vorm van de granulocyt en de monocyt; wordt normaliter alléén aangetroffen in het beenmerg en bij bepaalde pathologische toestanden in het circulerende bloed.

myelocele *G* ruggenmergsbreuk; zie spina bifida.

myelocystocele *G* het uitpuilen van het zachte ruggenmergsvlies met gedeelten van het ruggenmerg door aangeboren spleten in de wervelkolom; syn. hydromyelocele, syringomyelocele.

myelocyt gekorrelde leukocyt uit het beenmerg; *~osis*, zie myelose.

myelodysplasie 1. (alg.) *pancytopenie (te laag aantal erytro-, leuko-, trombocyten) van het perifere bloed met veel onrijpe elementen bij een celrijk beenmerg, maar onvoldoende aanmaak van bloedcellen, o.a. kenbaar aan abnormale *stamcellen; soms ontwikkelt zich een acute leukemie. 2. ernstige stoornis in de embryologische groei van het (vnl. onderste deel) van het ruggenmerg, waaruit toestanden kunnen voortkomen als hydromyelie, meningocele, spina bifida en dergelijke.

myelofibrose proliferatieve bindweefselvorming in het beenmerg, waardoor dit wordt verdrongen en de hematopoëse (aanmaak van bloedcellen) langzamerhand verloren gaat; syn. osteomyelosclerose.

myelogeen tot het beenmerg behorend; van het beenmerg uitgaand.
myelo- *~genese*, syn. *myelinisatie; *~grafie*, contraströntgenogram van het ruggenmerg en de subarachnoïdale ruimte; *~gram*, 1. het resultaat van myelografie. 2. bloedbeeld van bloed uit het beenmerg.
myeloïde mergachtig; *~ systeem*, het erytro- resp. leukoblastische weefsel in het beenmerg, waaruit de erytro- resp. de leukocyten ontstaan.
myeloma zie myeloom.
myelomalacie, myelomalacia *G* ruggenmergsverweking.
myelomatose verzamelnaam voor de verschillende vormen van neoplasie van plasmacellen (plasmocytomen) die gepaard gaan met aantasting van het skelet; in engere zin syn. multipele myelomen, zie Kahler.
myelomeningocele zie meningocele.
myeloom, myeloma *G* gezwel dat van ruggenmerg of beenmerg uitgaat.
myelopathie *G* ruggenmergsziekte; aandoening van het ruggenmerg; *spondylogene ~*, disfunctie van het ruggenmerg (en/of van de spinale zenuwen), hetzij door directe compressie (afwijking van de begrenzing van het wervelkanaal, zoals osteofyten, discushernia, tumoren, stenose e.a.), hetzij door gestoorde bloedcirculatie of beide.
myeloperoxidase een lysosomaal enzym dat een rol speelt in de destructie van eiwitten van de bacteriële celwand; afk. MPO.
myeloplax megakaryocyt.
myelopoëse vorming en groei van beenmergcellen waaruit zich witte bloedcellen ontwikkelen.
myeloproliferatie woekering van stamcellen van het beenmerg, leidend tot het ontstaan van uiteenlopende ziektebeelden zoals myelofibrose, trombocytemie, polycytemie, leukemieën en vele andere.
myelosarcoom *G* sarcoom uitgaande van het beenmerg.
myelosclerose sclerose van het ruggenmerg; zie myelofibrose.
myelose syn. myelocytosis. 1. algemene benaming voor hyperplasie van beenmerg. 2. myeloïde leukemie. 3. neoplasma van het ruggenmerg. 4. *erytremische ~*, zie ziekte van *Guglielmo.
myelosuppressie onderdrukking van de beenmergfunctie.
myelum *L* merg; ruggenmerg; beenmerg.
myenteron de spierlaag van de buikingewanden; bijv.nw. *myenterisch*.
myiasis *G* het binnendringen van larven van vliegen of muggen (vnl. Lucilia macellaria, Sarcophaga magnifica) in het lichaam; *~ externa*, myiasis door larven die in de huid, neus, oren, ogen, urethra of mond voorkomen; *~ interna*, syn. *~ intestinalis*, myiasis door larven in het darmkanaal.
myiodesopsie *G*, **myiodopsie** syn. mouches volantes, scotopsie.
mylacephalus *G* misgeboorte zonder hoofd.
myloptose het afzakken van de onderkaak bij diepe bewusteloosheid.
myo- *G* (smst.) spier, met spieren in verband staand.
myoblast *G* cel waaruit zich een spiervezel ontwikkelt, syn. sarcoblast.
myoblastoma *~ granulocellularis*, syn. *Abrikossoff-tumor, vrij zeldzaam, meestal goedaardig circumscript gezwel in maagwand, tong, huid en spieren, bestaande uit grote cellen met gekorreld cytoplasma; de herkomst is onbekend.
myocard, myocardium *L* hartspier, de middelste laag van de wand van het hart (cor) tussen endocard en pericard gelegen; *~brug*, vezelbundels van myocard-

weefsel die over de kransslagaders verlopen.; *~iopathie*, zie cardiomyopathie.
myocarditis *G* ontsteking van de hartspier (myocard), meestal t.g.v. specifieke infectieziekten, vooral difterie, roodvonk, polyarthritis rheumatica, influenza, *coxsackievirusinfecties, tyfus; zie ook cardiomyopathie.
myocardium zie myocard.
myochorditis ontsteking van de spieren der stembanden.
myoclonie, myoclonus *G* ziekte gepaard gaande met clonische spiersamentrekkingen, bijv. chorea, paramyoclonus multiplex; oorzaken zijn o.a. meningo-encefalitis, paraneoplastische cerebellaire afwijking, intoxicaties, vertebro-basilaire insufficiëntie.
myocutaan spierweefsel tezamen met huid betreffend.
myocyt spiercel; *~olyse*, hydropische *degeneratie van spiercellen.
myodegeneratie, myodegeneratio *L* spierontaarding; *alcoholische ~ cordis*, degeneratieve veranderingen in de hartspiercellen door alcoholmisbruik (oedeem, lipidenvorming, deformatie van het sarcoplasmatisch reticulum en van de mitochondriën); *~ cordis*, hartspierontaarding; zie ook cardiomyopathie.
myodese (chir.) operatieve samenbundeling van spierstompen, bijv. na amputatie van een lidmaat, dikwijls in combinatie met *myoplastiek.
myodynie *G* spierpijn, syn. myalgie.
myo-endocriene atriumcel zie ANF (bet. 2).
myo-erethismus *G* overprikkeling der spieren.
myofeedback *E* vermindering of onderdrukking van ongewenste stoornissen in de *motoriek d.m.v. aanvullende *proprioceptieve informatie (o.a. omvorming van spieractiviteit van de patiënt in visuele en/of auditieve signalen) aan de hand van het elektromyogram.
myofibril spierfibril, zie fibril.
myofibroom, myofibroma syn. fibromyoom.
myofoon versterker van het geluid van een spiersamentrekking.
myogeen van spieren afkomstig, tot spieren behorend.
myogelose vorming van gelatineuze verhardingen in spierweefsel bij spierreuma.
myoglobine de kleurstof van dwarsgestreept en hartspierweefsel, nauw verwant met, en in staat tot sterkere zuurstofbinding dan hemoglobine.
myoglobinemie aanwezigheid van myoglobine in het bloed; het serum is niet rood gekleurd als bij hemoglobinemie (t.g.v. snelle klaring door de nieren).
myoglobinopathie ziekte van het myoglobine.
myoglobinurie het vóórkomen van myoglobine in de urine, o.a. voorkomend bij het *crush-syndroom, hartinfarct, spierischemie, overmatige spierinspanningen (o.a. *mars-~*), convulsies, CO- en andere vergiftigingen, hypokaliëmie, infecties, extreme hyperthermie; secundair kunnen ernstige ziektebeelden ontstaan.
myografie *G* het optekenen *(myogram)* van de spierbeweging met een myograaf.
myoïd m.b.t. spierweefsel.
myoïnositol in spierweefsel aanwezig inositol; zie inosiet.
myokymie *fasciculatie zonder klinische betekenis.
myologie *G* de leer of kennis der spieren.
myolysis *degeneratie van spierweefsel.
myoma zie myoom.
myomalacie, myomalacia *G* verweking van spierweefsel.
myomectomie operatieve verwijdering van een *myoom van de baarmoeder.

myo- *-meer,* (anat.) spiersegment; syn. *myotoom; *-metrium,* de spierlaag van de uterus; *-motomie,* syn. myomectomie; *-motorisch,* m.b.t. de spierbeweging.

myoneurale overgang de overgang van de motorische zenuwvertakkingen in het hierdoor geïnnerveerde spierweefsel.

myoom, myoma *G* goedaardig spierweefselgezwel, hetzij van gladvezelig (*leiomyoom*) of van dwarsgestreept (*rhabdomyoom*) spierweefsel; het bekendste is het leiomyoom van de baarmoeder: ~ *uteri* ('vleesboom'), ontstaan door groei vanuit één spiercel.

myoop syn. myopisch; zie myopie.

myoparalysis *G* verlamming van spieren.

myopathie, myopathia *G* (alg.) ziekte der spieren; spieraandoening als zelfstandige ziekte (genetisch, auto-immunologisch, metabool, deficiënties, endocrien e.a.); *nemaline ~*, niet-progressieve myopathie van vnl. proximale spieren, gekenmerkt door abnormale draadvormige structuren in de spierfibrillen; *megaconiale ~*, myopathie met hypotonie en proximale spierzwakte zonder duidelijke atrofie; *mitochondriale ~*, spierslapte t.g.v. glycogeenophoping in de spierfibrillen door verhoogde enzymactiviteit in de (vermeerderde) mitochondriën; *myotubulaire ~*, 'buisvorming' in het centrum van de spiervezels door ontbreken van fibrillen.

myopie, myopia *G* afk. M, bijziendheid, 'kippigheid', het onduidelijk zien van alles wat zich niet vlak bij het oog bevindt; wordt o.a. veroorzaakt door een te lange oogas of een te sterke welving van de lens van het oog, waardoor de stralen die van verre afstand in het oog vallen, zich in plaats van *op* het netvlies *voor* het netvlies verenigen; syn. hypometropie (obsoleet), tgst. hypermetropie; ~ *magna,* myopie van zeer hoge graad.

myopisch bijziend; zie myopie.

myoplastiek (chir.) gebruikmaking van spierweefsel bij reparatieve operaties, dan wel bij plastische chirurgie van spieren.

myoplegie, myoplegia *G* spierverlamming; ~ *periodica,* met tussenpozen optredende verlamming van spieren der ledematen die enkele uren tot dagen aanhoudt en zich telkens herhaalt.

myo- *-rrafie,* hechting van spieren; *-rrhexis,* scheuring van spieren; *-sarcoom,* maligne gezwel dat uitgaat van embryonale spiercellen; *-sclerose,* spierverharding.

myosine één van de contractiele eiwitten van het spierweefsel.

myosis foutief voor miose.

myositis *G* spierontsteking, door infectie veroorzaakte pijnlijke zwelling en hard worden van een spier; *inclusion body ~*, *E,* degeneratie van spiervezels met vacuolen- en vetweefselvorming e.c.i.; ~ *interstitialis,* bindweefselontsteking in en tussen de spieren; ~ *myoglobinurica,* vorm van myositis waarbij myoglobine vrijkomt die met de urine wordt uitgescheiden (ziekte van Günther); ~ *ossificans*, voortschrijdende spierverbening, gepaard gaande met ontstekingsverschijnselen, die (vnl. bij jonge mensen) tot ernstige misvorming kan leiden; spierverbening kan ook plaatselijk *(~ ossificans localisata)* optreden door aanhoudende druk of sterke inspanning van spieren, bijv. het 'rijbeen' in de dijspieren bij ruiters; ~ *rheumatica*, syn. myalgie; ~ *tropica*, primaire ontsteking van (meestal) spieren van de bovenbenen (incl. mm.psoas), billen en schoudergordel; gaat vaak gepaard met longabcessen, peri- en myocarditis; de etiologie is onbekend.

myospasia impulsiva *L* zenuwaandoening met plotselinge kortdurende spierkram-

pen.
myospasmus *G* spierkramp.
myotasis spierrekking; *myotatische reflex*, correcte benaming van *peesreflex (die berust op rekking van de spier door de klop van de reflexhamer).
myotendinitis syn. *tenomyositis.
myoticum *L* foutief voor mioticum.
myotomie, myotomia *G* operatie waarbij een spier wordt door- of ingesneden, bijv. een oogspier bij scheelzien.
myotonie, myotonia *L* te langzame en onvolledige ontspanning van een spier na contractie; ook: tonische spierkramp; ~ *acquisita*, tonische spierkramp t.g.v. een trauma; ~ *congenita*, syn. ziekte van Thomsen, gekenmerkt door myotonie van vele spiergroepen of zelfs van de totale skeletmusculatuur, gepaard gaande met verhoogde prikkelbaarheid van de spieren (reactie van Erb bij elektrische prikkeling); de ziekte is autosomaal dominant erfelijk, heeft een goedaardig verloop; ~ *dystrophicans* of *atrophicans*, zie dystrofie: dystrophia myotonica.
myotonisch m.b.t. myotonie; *~e dystrofie*, zie myotonie.
myotoom groep van spieren die worden geïnnerveerd door hetzelfde ruggenmergsegment.
myotropie affiniteit tot spierweefsel; bijv.nw. *myotroop*, inwerkend op spierweefsel (bijv. van hormonen of geneesmiddelen).
myringitis ontsteking van het trommelvlies (myrinx); ~ *bullosa*, virogene myringitis met vorming van vele met vocht gevulde blaasjes in het trommelvlies.
myringoplastiek plastische operatie aan het trommelvlies; zie ook tympanoplastiek.
myringotomie zie paracentese.
myrinx trommelvlies, syn. membrana tympani.
myrmecismus *L*, **myrmeciasis** *G* syn. formicatie.
mysofobie (psych.) ziekelijke vrees om iets aan te raken, veroorzaakt door de dwangvoorstelling dat alles besmet of vuil is.
mytacismus *L* een spraakgebrek waarbij de klank m (of een andere lipklank) in plaats van andere klanken wordt gebruikt.
mytilotoxine *G* vergif uit mosselen; heeft op de mens ongeveer dezelfde werking als curare; behoort tot de ptomaïnen.
mytilotoxisme mosselvergiftiging.
mytylschool basisschool voor lichamelijk gebrekkige kinderen, genaamd naar Mytyl, de hoofdpersoon uit het sprookje 'L'oiseau bleu' van Maeterlinck.
myxadenitis labialis *L* verzwering van de slijmklieren van de mond, vooral aan de lippen, zonder pijn of zwelling.
myxadenoom gezwel bestaande uit slijm- en klierweefsel.
myxidiotie idiotie bij *hypothyroïdie.
myxinfantilisme infantilisme bij *hypothyroïdie.
myxobacteriën klasse van bacteriën o.a. getypeerd door slijmvormende koloniën; kunnen door stoffen die zij uitscheiden andere bacteriën doden en daarna door eiwitsplitsende werking verteren.
myxoedeem syn. cachexie pachidermique *F*, lett. slijmzwelling (van de huid), mucoïde infiltratie van het onderhuidse bindweefsel bij *hypothyroïdie vooral zichtbaar aan oogleden en lippen; *lokaal ~*, syn. '**idiopathisch' ~*, plaatselijk myxoedeem, meestal aan de enkels, onafhankelijk van de schildklierwerking;

postoperatief ~, myxoedeem t.g.v. totale strumectomie.

myxoma zie myxoom.

myxoom, myxoma *G* slijmweefselgezwel; zie ook pseudomyxoom; ~ *cordis*, het meest voorkomende, nochtans zeldzame hartgezwel; ~*teus*, m.b.t. een myxoom; slijmig; ~*tosis*, virusziekte bij konijnen.

myxoploïdie syn. *mosaïcisme.

myxopoëse slijmontwikkeling.

myxosarcoom sarcomateus slijmweefselgezwel (myxoom).

Myxosporidium sporenvormend amoeboïd protozoön, niet pathogeen voor de mens.

myxovirussen RNA-virussen met een diameter van 80-300 nm; hiertoe behoren de *orthomyxovirussen, *paramyxovirussen, *metamyxovirussen en *pseudomyxovirussen, hoofdzakelijk van elkaar te onderscheiden door grootte en vorm.

MZA afk. van monozygote tweeling waarvan beide leden afzonderlijk zijn opgevoed, zie ook MZT, DZA.

MZT afk. van monozygote tweeling waarvan de beide leden samen (together) zijn opgevoed, zie ook MZA, DZT.

N

n afk. van nano = 10^{-9}.
n. afk. van nervus (zenuw).
N afk. van 1. neuraminidase. 2. newton. 3. nitrogenium, stikstof.
NA afk. van 1. nuclear antigen *E*. 2. Nomina Anatomica, officiële anatomische nomenclatuur.
naaldhouder acutenaculum.
Naboth, M. Duits anatoom (1675-1721), zie ovulum.
nacht- *~blindheid*, zie hemeralopie; *~merrie*, zie incubus, pavor nocturnus.
NAD afk. van 1. nicotinamide-adeninedinucleotide. 2. no abnormalities detected *E*, geen afwijkingen vastgesteld.
NADH de gereduceerde vorm van NAD; zie vitamine B_5.
Naegele, F. gynaecoloog te Heidelberg (1777-1851); *tang van ~*, veel gebruikte verlostang (forceps) met een, met de bekkenas overeenkomstige, kromming.
naevocarcinoma *melanoom, ontstaan uit een naevus pigmentosus.
naevus *L* meervoud naevi; goedaardig gezwel ontstaan uit pigmentcellen (melanocyten); de verschillende vormen van naevus onderscheidt men vnl. in twee soorten, nl. 1. plaatselijke afwijking in de pigmentvorming en 2. plaatselijke verwijding of vermeerdering der bloedvaten; ~ *araneus*, fijne teleangiëctasie die van een centraal punt uit stervormig uitstraalt en aldus gelijkenis met een spin vertoont (spider *E*, 'spinnetje'); *basocellulair ~syndroom*, erfelijk ziektebeeld met multipele carcinomateuze tumoren in de huid van hals, nek en schoudergordel, voorts fibromen elders in het lichaam, skeletafwijkingen, organische hersenletsels, kaakcysten, verkalking van de falx cerebri, palmoplantaire dyskeratosen, zwakzinnigheid, hypertelorisme en oogafwijkingen; *dysplastisch ~-syndroom*, aanwezigheid van multipele (familiale) naevi, waarbij een verhoogd risico tot melanoomontwikkeling bestaat; ~ *flammeus*, helrode moedervlek, syn. angioma simplex; ~ *lenticularis*, oppervlakkige pigmentnaevus, syn. *lentigo; ~ *maternus*, syn. ~ *congenitus*, bruine of roodbruine moedervlek; ~ *pigmentosus*, moedervlek, ontstaan door plaatselijke pigmentvorming; ~ *pilosus*, met haar begroeide moedervlek; ~ *sanguineus*, helrode moedervlek, syn. naevus flammeus; ~ *sebaceus*, grillige huidgezwelletjes bestaande uit gedegenereerde talgklieren; *spider ~*, syn. naevus araneus; ~ *spilus*, 'moedervlek', syn. lentigo juvenilis: ~ *Sutton*, naevus pigmentosus omringd door een rond plekje leukodermie; ~ *vinosus* of *vasculosus*, wijnvlek, blauwrode moedervlek t.g.v. *teleangiëctasieën.
NAF afk. van Nederlands astmafonds.
Naffziger, H. Amerikaans chirurg (1884-1956); *operatie van ~*, decompressie van de orbita-inhoud bij exoftalmie door verwijdering van het orbitadak; *proef van ~*, druk op de musculus scalenus anterior veroorzaakt tinteling in de hand bij het scalenussyndroom; *syndroom van ~*, zie scalenussyndroom; *verschijnsel van ~*, beiderzijdse druk op de v. jugularis doet bij *HNP de pijn in het been toenemen.
nageboorte zie placenta.
nagebootste stoornissen (vlg. DSM-IV) opzettelijk veroorzaken of voorwenden

van psychische of lichamelijke verschijnselen of klachten (Münchhausensyndroom) met als doel de rol van zieke te kunnen spelen en niet het behalen van enig voordeel (i.t.t. simulatie).

nagel onyx (*G*), unguis (*L*); *~bed*, lectulus unguis; *~bijten*, onychofagie; *~plooi*, sulcus matricis unguis, de huidplooi die de randen en de wortel van de nagel omgeeft; *~riem*, eponychium, het proximale deel van de nagelwal (perionychium); *~riemlaesies*, bloedinkjes aan de nagelriemen van vingers en tenen door vasculitis; *~-patella syndroom*, *artro-onychodysplasie; *~wal*, vallum unguis; *~wortel*, zie *matrix unguis.

NAH afk. van niet-aangeboren hersenaandoening.

nail *E* *nagel; *~fold*, zie nagelriem; *pitted ~*, nagel met talloze kleine putjes; bij alopecia areata en psoriasis.

Najjar, V. Amerikaans kinderarts (geb. 1914), zie Crigler.

NALD afk. van neonatale adrenoleukodystrofie; zie Schilder.

NANBV afk. van nonA-nonB-virus; zie hepatitis.

NANC afk. van non-adrenergic-non-cholinergic (neurotransmitters) *E*.

NANDA afk. van North American nursing diagnosis association.

nanisme, nanismus *L* *dwerggroei; belangrijk achterblijven van de lengtegroei van het lichaam, syn. nanosomie; *~ infantilis*, stilstand in de groei van sommige lichaamsdelen, zodat deze op de kinderlijke ontwikkelingstrap blijven staan; *~ primordialis*, stilstand in de groei van het gehele lichaam, zodat dit op de volwassen leeftijd wel in normale verhoudingen doch in kleinere afmetingen ontwikkeld is; *~ senilis*, kleiner worden van het lichaam bij het klimmen der jaren.

nano- (smst.) 10^{-9}; *~cefalie*, (ook: *nannocefalie*) abnormale kleinheid van het hoofd; *~cormia*, (ook: *nannocormia*) abnormaal kleine romp; *~gram*, afk. ng, 1 ng = 10^{-9} gram = 1 miljardste gram; *~meter*, afk. nm, 1 nm = 10^{-9} m; *~melie*, (ook: *nannomelia*) abnormaal kleine ledematen; *~somie*, (ook: *nannosomia*), syn. nanismus.

nanukayami *J* goedaardige *leptospirosis hebdomadis* (zie leptospirose), veroorzaakt door besmetting via de woelmuis, gekenmerkt door koorts en geelzucht; syn. herfstkoorts.

nanus *L* dwergachtig.

NAO afk. van niet anderszins omschreven, syn. NOS.

narcisme, narcissisme, narcismus *L* (psych.) verliefdheid op zichzelf; ook: zelfingenomenheid.

narcistische krenking een deuk in het gevoel van eigenwaarde.

narcistische persoonlijkheid zie persoonlijkheid.

narcoanalyse psychoanalytisch onderzoek na uitschakeling of vermindering van de psychische weerstanden door toediening van sedativa of met behulp van hypnose.

narcobiose syn. *neuroplegie.

narcofysiologie de wetenschap van de veranderingen in de fysiologische processen van het lichaam tijdens de narcose.

narcolepsie *G* (vlg. DSM-IV) slaapstoornis, niet het gevolg van het gebruik van een middel of lichamelijke aandoening, gekenmerkt door het dagelijks voorkomen van onbedwingbare slaapaanvallen, het daarbij optreden van kataplexie of slaapparalyse of hypnagoge, hypnopompe hallucinaties.

narcoma *G* algemene verlamming door verdovende middelen.

narcomanie *G* verslaafdheid aan verdovende middelen, syn. narcotisme.
narcose, narcosis *G* verdoving, door verdovende middelen (narcotica) verwekte kunstmatige slaap, zodat pijnloos een operatie of een onderzoek kan worden gedaan; ~ *à la Reine* (Koningin Victoria), narcose bij de partus; zie ook anesthesie.
narcoticum *G* verdovend middel, meervoud narcotica.
narcotiseur syn. *anesthesioloog.
narcotisme, narcotismus *G* syn. narcomanie.
na-reductie noemt men een *reductiereactie die een vertraagde zwakpositieve uitslag geeft; de oorzaak kan zijn een zeer geringe glucosurie, doch ook de aanwezigheid van een andere reducerende stof.
naris *L* neusgat, meervoud nares.
nasaal, nasalis *L* de neus betreffend; *nasale stem*, de eigenaardige stem die ontstaat als de neus verstopt is; zie ook nasus, stomatolalie.
NASBA afk. van nucleic acid sequence based amplification; zie ook *polymerase chain reaction.
nascent, nascens *L*. 1. laatste groei tot de voltooiing ervan. 2. pas geboren zijnde.
nasendoscopie endoscopie van de neusholte; syn. rinoscopie.
nasofarynx, nasopharynx *G* neuskeelholte, syn. epifarynx; zie ook farynx.
nastaar gestoord gezichtsvermogen van een oog, waarbij lensdeeltjes na een staaroperatie (extracapsulaire extractie) binnen het lenskapsel zijn achtergebleven; syn. secundaire *cataract.
nasus *L* neus, syn. rhis *G*; de neus vormt het begin van de ademhalingswegen; de neusholte wordt door de neusschelpen verdeeld in de bovenste, middelste en onderste neusgang; door deze gangen staat zij in verbinding met andere holten, de zgn. *bijholten (*sinus paranasales) van de neus.
nataal, natalis *L* m.b.t. de geboorte, de geboorte betreffend.
nataliteit geboortecijfer, in engere zin het aantal levend geborenen per 1000 inwoners per jaar.
nates *L* de billen, meervoud van natis, syn. clunes.
natief natuurlijk, oorspronkelijk, onveranderd, aangeboren.
nativisme 1. erfelijkheidsleer. 2. de leer dat menselijke begrippen en opvattingen aangeboren zijn en niet verworven door ervaring.
nativist aanhanger van de erfelijkheidsleer.
nativistisch op erfelijkheid berustend; ermee in verband staande.
natriumbicarbonaat $NaHCO_3$, dubbelkoolzure soda; zuiveringszout; heeft een neutraliserende werking t.a.v. zuren.
naturalisme de leer die alles door natuurlijke verschijnselen verklaart en het bestaan van bovennatuurlijke verschijnselen ontkent.
natuur- *~arts*, fysiater; *~geneeskunde*, alternatieve geneeswijze die uitsluitend gebruik maakt van fysische middelen (warmte, koude, elektriciteit enz.); syn. fysiatrie.
naupathie *G* zeeziekte.
nausea *G* misselijkheid; braakneiging; ~ *navigantium*, zeeziekte, syn. naupathie, vomitus marinus.
nauseosum *L* middel dat misselijkheid teweegbrengt.
NAV afk. van 1. Nederlandse ambulancevereniging. 2. Nederlandse anatomenvereniging. 3. Nederlandse antropogenetische vereniging. 4. Nederlands artsenver-

bond.

navel zie umbilicus; *~breuk*, zie *hernia umbilicalis; *~ontsteking*, omphalitis; *~streng*, zie funiculus; *~strengbreuk*, zie *hernia funiculi umbilicalis, syn. omfalocele.

naviculare *L os ~ manus*, syn. *os scaphoideum; *os ~ pedis*, schuitvormig voetwortelbeen tussen talus en de middenvoetbeenderen 1, 2 en 3; bijv.nw. *navicularis*, bootvormig.

NBD afk. van neurale-buisdefect.

NBT afk. van Nederlandse bond van tatoeëerders.

NBTE afk. van non-bacteriële trombotische *endocarditis.

NBVNV afk. van Nederlands-Belgische vereniging voor non-invasieve vaatdiagnostiek.

NCA afk. van 1. neurocirculatoire *asthenie. 2. nationale commissie tegen het alcoholisme en andere verslavingen. 3. Nederlandse chiropractoren-associatie.

NCAB afk. van nationale commissie AIDS-bestrijding, opgeheven in 1995 en opgegaan in het Aidsfonds.

NCC afk. van niercelcarcinoom.

NCCZ afk. van nationale commissie chronisch zieken.

NCF(A) afk. van neutrophylic chemotactic factor (of anaphylaxis) *E*, *mediator die neutrofiele leukocyten aantrekt.

NcGv afk. van Nederlands centrum voor de geestelijke volksgezondheid.

NCL afk. van Nederlands controlebureau levensmiddelen.

NCPAP afk. van nasal continuous positive airway pressure.

NDD afk. van neuro-developmental delay *E* (psych.).

NDF afk. van Nederlandse diabetesfederatie, voorheen DVN.

NDO afk. van non digestable oligosacharides, niet-verteerbare oligosachariden.

NDT afk. van neuro-developmental training (treatment) *E*, zie Bobath.

near *E* nabij; *~ reflex* of *~ respons* (oogheelk.), convergentie*spasmus bij optische fixatie van een voorwerp op korte afstand.

neartrose, nearthrosis *G* vorming van een (schijn)gewricht op een plaats waar er vroeger geen was; komt voor bij niet of slecht genezen beenbreuk of bij ontwrichting waarbij het betrokken lichaamsdeel niet meer in de normale stand kan worden teruggebracht; wordt veroorzaakt doordat de elkaar telkens rakende gedeelten van het beenvlies door de wrijving glad worden en zich op die plaats tenslotte kraakbeen gaat vormen.

nebula *L* vlek, nevel; *~ corneae*, troebele plek in het hoornvlies.

nebulisator, nebulizer *E* verstuivingsapparaat.

NEC afk. van necrotiserende enterocolitis.

Necator americanus Amerikaanse mijnworm.

necro- (smst.) m.b.t. *necrose; *~biosis*, *~biose*, geleidelijke degeneratie en necrose van lichaamsdelen; *~dermatitis*, *~dermitis*, huidontsteking met *necrose; *~filie*. 1. pathologische belangstelling voor lijken. 2. seksuele lijkschending; zie ook necromanie; *~lyse*, necrose van epitheel of epidermis met loslating van de onderlaag, zodat blaarvorming optreedt; *~manie*, 1. syn. *necrofilie (bet. 1). 2. ziekelijke houding ten opzichte van de eigen dood en het verlangen daarnaar; *~psie*, syn. autopsie; *~scopie*, syn. necropsie, autopsie.

necrose, necrosis *G* versterf, niet gepaard gaande met rotting soms ten onrechte droog gangreen genoemd (zie ook gangreen), het plaatselijk afsterven van weefsel; kan worden veroorzaakt door schadelijke invloeden van buiten af, belemmering in de toevoer van voeding of bloed naar de weefsels, enz.; *aseptische been~*, 1. *osteochondrose. 2. subchondrale haardvormige botdestructie afgewisseld met plekken van *eburneatie (verdichting van beensubstantie); *coagulatie~*, met stolling en fibrinevorming in de afstervende cellen gepaard gaande necrose, bijv. 'verkazing' bij tuberculose; *colliquatie~*, necrose met verweking of vervloeiing van het dode weefsel; ~ *humida*, vochtige necrose; *ischemische ~*, necrose door bloedeloosheid; *schrompelings~*, schrompeling van de cel door wateronttrekking, gepaard met pycnose (degeneratieve verdichting) van de kern; ~ *sicca*, droge necrose, syn. mummificatie.

necro- *~spermie*, sperma dat slechts dode spermatozoën bevat; *~ticans*, tot necrose leidend; *~tisch*, m.b.t. necrose; *~tiseren*, afsterven; *~tomie*, syn. sekwestrotomie, operatieve verwijdering van dode gedeelten.

NED afk. van no evidence disease, syn. NEI.

NEEP afk. van negative end-expiratory pressure.

Nefarma afk. van Nederlandse vereniging van de innoverende farmaceutische industrie

nefelometrie meting van de concentratie van het aantal gesuspendeerde deeltjes in een vloeistof d.m.v. terugkaatsend licht.

nefr- zie ook nephr-.

nefralgie nierpijn.

nefrectomie operatieve verwijdering van een nier.

nefritis, nephritis *G* (meervoud nefritiden resp. nephritides) nierontsteking; ~ *chronica interstitialis*, chronische nefritis met toename van het *interstitieel weefsel (met name bindweefsel) leidend tot een schrompelnier; *glomerulo~*, zie glomerulonefritis; *haard~*, acute haardvormige glomerulonefritis bij ernstige infectieziekten zoals endocarditis lenta, sepsis, tyfus; *immuuncomplex-~*, neerslag van een *immuuncomplex veroorzaakt vorming van vaso-actieve mediatoren, waardoor endotheelcellen van de basale glomerulusmembraan worden afgestoten; gevolg is aggregatie van trombocyten en vernietiging van basale membraan en glomerulaire capillairen; syn. *membrano-proliferatieve glomerulo~*; *shunt-~*, nefritis die optreedt t.g.v. *consumptie van *complement bij (geïnfecteerde) ventriculo-atriale *shunt; *transient ~ E*, *nefrotisch syndroom van beperkte duur door inkapseling (*entrapment) van immuuncomplexen in de niertubuli; *tubulo-interstitiële ~*, afwijkingen in de nier*tubuli en het interstitiële weefsel t.g.v. infecties (pyelonefritis), intoxicaties (geneesmiddelen!), metabole stoornissen e.a.; een en ander leidt tot tubulaire functiestoornissen.

nefritogeen nefritis veroorzakend; niet verwarren met nefrogeen.

nefro- (smst.) m.b.t. de nier(en); *~blastoom*, nephroblastoma, Wilms-tumor, embryonaal niergezwel met maligne eigenschappen bij kleuters, zelden op latere leeftijd.

nefrocalcinose, nephrocalcinosis vorming van calciumneerslag in het *interstitieel weefsel van de nier en in de niertubuli, vorming van stenen t.g.v. hypercalciëmie (bijv. bij hyperparathyroïdie) hetgeen kan leiden tot nierinsufficiëntie.

nefrocapsectomie gedeeltelijke verwijdering van het nierkapsel.

nefrocele, nephrocele *hernia waarin zich een nier bevindt.

nefrocirrose, nephrocirrhosis nierschrompeling, schrompelnier, syn. nephritis chronica interstitialis (zie nefritis).

nefroftisis, nephrophthisis *G* niertuberculose, syn. nephritis caseosa; *familiaire juveniele ~*, erfelijke atrofie van tubuli en interstitiële fibrose, leidend tot terminale nierinsufficiëntie.

nefrogeen afkomstig van, ontstaan uit de nier.

nefro- *~grafie*, röntgenonderzoek van de nier; *~gram*, het resultaat van nefrografie; *~liet*, niersteen; *~litholapaxie*, transcutane behandeling van nierstenen; *~lithotomie* (chir.), verwijdering van nierstenen; *~lithotripsie*, percutane nefrolithotomie; *~logie*, de wetenschap betreffende nieren en nierziekten; *~loog*, internist, gespecialiseerd in nierziekten.

nefrolyse, nephrolysis 1. het losmaken van een nier die met de omgeving is vergroeid. 2. het uiteenvallen (oplossen) van nierweefsel.

nefromalacie nierverweking.

nefron, nephron de functionele microscopische eenheid van de nier, bestaande uit het kapsel van *Bowman (waarin de *glomerulus renalis) en een tubulus, bestaande uit de proximale tubulus, de lis van Henle, de distale tubulus en het verzamelbuisje; totale lengte ongeveer 6 cm; een menselijke nier bevat ongeveer één miljoen nefronen.

nefroom, nephroma niergezwel.

nefropathie ziekte van de nieren; **muriene ~*, zie hantavirus; *primaire IgA-~*, ziekte van Berger, afzetting van IgA in het *mesangium van de glomeruli, gepaard met proteïn- en hematurie; *secundaire IgA-~* komt o.a. voor bij dermatitis herpetiformis, mycosis fungoides, M. Schönlein-Henoch, SLE, *sikkelcelziekte, spondylosis ankylopoietica.

nefropexie vasthechting van een nier aan de omgeving, bijv. zwerfnier (ren mobilis); syn. nefrorafie.

nefroptose, nephroptosis *G* nierverzakking, wandelnier; *ren mobilis.

nefrorafie syn. nefropexie.

nefrorragie nierbloeding.

nefrosclerose, nephrosclerosis nierziekte, primair door vasculaire aandoeningen veroorzaakt, meestal met (secundaire) veranderingen van het nier*parenchym, soms met schrompeling hiervan, en al of niet vergezeld van bloeddrukverhoging.

nefroscoop endoscoop voor nierbekken-kelksysteem door *percutane benadering.

nefrose, nephrosis obsolete term voor het ziektebeeld van het *nefrotisch syndroom; *lipoïd ~*, zie lipoïdnefrose; *lower nephron ~ E*, necrose van het onderste deel van het tubulaire systeem van de nier, leidend tot acute nierinsufficiëntie.

nefrospongiose *sponsnier.

nefrostolithotomie *percutane nefrolithotomie.

nefrostoma (chirurgische) fistel vanuit het nierbekken.

nefrostomie het aanleggen van een fistel naar de nier om de urine hierlangs te kunnen laten aflopen of om langs deze weg een niersteen te verwijderen ('percutane chirurgie').

nefrotisch m.b.t. nefrose.

nefrotisch syndroom syn. syndroom van Epstein, ziektebeeld gekenmerkt door uitgebreide oedemen t.g.v. *hypoproteïnemie welke het gevolg is van proteïnurie (vooral albumine) op grond van verhoogde doorlaatbaarheid van de nierglomeruli; bij een zeer ernstig nefrotisch syndroom kan een symptomatische *hypogammaglobulinemie ontstaan; verder is er *hypovolemie en hyperlipidemie, dikwijls ook niervenatrombose; het nefrotisch syndroom bestaat 'idiopathisch' (zie lipoïdnefrose) en komt voor bij tal van ziekten, intoxicaties, circulatiestoornissen, enz.

nefrotomie operatieve insnijding van een nier ter verwijdering van bijv. een steen of van etter.

nefrotoxisch vergiftig voor de nieren.

nefrotyfus, nephrotyphus buiktyfus gepaard gaande met acute nefritis.

negatiedelirium bewustzijnsstoornis waarbij de lijder het waandenkbeeld heeft, dat nòch hijzelf, nòch hetgeen hij waarneemt, in werkelijkheid bestaat.

negatief ontkennend, afwezig, tgst. positief; *negatieve reactie*, reactie waaruit blijkt dat het gezochte afwezig is.

negatieve symptomen (psych.) zie schizofrenie.

negativisme, negativismus *L* 1. (psych.) tegenwerking, hetzij actief of door lijdelijk verzet; komt het duidelijkst tot uiting bij catatonie. 2. (overdr.) ontkennende levenshouding.

negenoog zie carbunculus.

NEI afk. van no evidence illness, syn. NED.

Neisser, A. Duits dermatovenereoloog (1855-1916) naar wie zijn genoemd de *Neisseria*, een geslacht van koffieboonvormige, gramnegatieve diplokokken, verwekkers van o.a. gonorroe, meningitis, middenoorontsteking en luchtweginfecties.

ne iteretur (rec.) mag niet worden herhaald.

nek nucha; *~kramp*, zie meningitis; *~pijn*, cervicodynie; *~stijfheid*, wegens pijn geblokkeerde passieve voorwaartsbuiging van het hoofd bij meningitis (incl. koorts) of meningismus en bij subarachnoïdale bloeding (zonder koorts).

Nélaton, A. Frans chirurg (1807-1873); *katheter van ~*, een door Nélaton uitgevonden buigzame katheter.

Nelson, 1. **D.** Amerikaans endocrinoloog (geb. 1925); *syndroom van ~*, algehele hyperpigmentatie t.g.v. overvloedige productie van melanocytenstimulerend hormoon bij hyperplasie van de hypofyse die zich ontwikkelt na een adrenalectomie. 2. **R.** Amerikaans seroloog (geb. 1922); *~-test*, serum van een lues- of framboesiepatiënt maakt levende spirocheten bewegingloos; syn. *TPI.

nemalien draadvormig.

nematoden rondwormen.

neo- voorvoegsel in de betekenis van 'nieuw' of 'hernieuwd'.

neo-analytische therapie (psych.) behandelingsmodel dat ervan uitgaat dat de cliënt zich bewust moet worden van tot dan toe onbewuste sociale conflicten, zoals conflicten in de opvoeding, om na herbeleving van deze conflicten en verkregen zelfinzicht zelf in staat te zijn problemen op te lossen.

neocortex *L* syn. *neopallium.

neogenese 1. langzaam verlopende regeneratie van weefsel. 2. nieuwvorming, bijv. *gluconeogenese.

neoglottis phonatoria kunstmatige opening naar de pharynx na *laryngectomie, waardoor een soort fonatie kan worden aangeleerd als vervanging van de stem.

neoglucogenese de vorming van glucose uit vetten en eiwitten, syn. gluconeogenese.

neologisme 1. het vormen van niet bestaande woorden (bij schizofrenie en psychosen). 2. een nieuw gevormd woord.

neomalthusianisme modern uitvloeisel van het *malthusianisme, nl. geboorte-

beperking door kunstmatige middelen of methoden.
neonaat, neonatus *L* pasgeborene.
neonataal *~ale sterfte*, het overlijden van levend geborenen gedurende de eerste levensmaand.
neonatologie de kennis van de ziekten van de pasgeborene en de behandeling.
neonatus *L* zie neonaat.
neopallium *L* de hoogst gedifferentieerde lagen van het *pallium (hersenschors); syn. neocortex.
neoplasie zie neoplasma; bijv.nw. *neoplastisch.*
neoplasma *G*, **neoplasie** lett. nieuwvorming, gezwel(vorming), autonome groei van cellen of weefsels tot goed- of kwaadaardige gezwellen, meervoud neoplasmata; *multipele endocriene neoplasie* (afk. MEN), het gelijktijdig bestaan van meer dan één tumor van endocriene organen.
neoplastisch gepaard gaand met nieuwvorming (neoplasma).
neostomie (chir.) vervaardiging van een nieuw *stoma.
neovascularisatie nieuwgroei van (kleine) bloedvaten; bijv.nw. *neovasculair.*
nephelium *L* wolkachtig vlekje in het hoornvlies, syn. nubecula.
nephremphraxis *G* nierverstopping, bijv. door cilinders of bloedstolsels.
nephritis zie nefritis.
nephroblastoma zie nefroblastoom.
nephrocalcinosis zie nefrocalcinose.
nephrocele zie nefrocele.
nephrocirrhosis zie nefrocirrose.
nephrolithiasis *G* niersteenziekte, vorming van concrementen (gruis, steentjes) in het nierbekken rondom een ‘steenkern’ (in de regel neerslag van calciumverbindingen op de nierpapillen) door o.a. onregelmatigheid in de urine-afvoer (door divertikels, stricturen en dergelijke) en oververzadiging van de in de urine opgeloste stoffen door stofwisselingsstoornissen (vorming van cystine-, xanthine-, cholesterolstenen, vetstenen (urostealieten), uraatstenen bij jicht, calciumfosfaat- en carbonaatstenen bij hyperparathyroïdie en verhoogde botafbraak) of t.g.v. urineweginfecties waarbij de gevormde ammoniak de urine alkalisch maakt en fosfaatstenen (deswege ook wel ‘infectiestenen’ genoemd) kunnen ontstaan; zeer kleine concrementpartikeltjes noemt men niergruis of -zand.
nephrolysis zie nefrolyse.
nephroma zie nefroom.
nephron zie nefron.
nephrophthisis zie nefroftisis.
nephroptosis zie nefroptose.
nephro- *~pyelitis*, syn. pyelonefritis; *~pyosis*, nierverettering.
nephros *G* nier, syn. ren.
nephrosclerosis zie nefrosclerose.
nephrosis zie nefrose.
nephrotyphus zie nefrotyfus.
Neri, V. Italiaans neuroloog (1882-1961); *symptoom van ~*, 1. opheffen van het verlamde been bij liggende hemiplegiepatiënt veroorzaakt buiging van de knie aan de zieke zijde. 2. vooroverbuigen van de romp bij de staande lijder aan ischias veroorzaakt buiging van de knie aan de zieke zijde. 3. buiging van het hoofd op de borst bij de liggende lijder aan ischias veroorzaakt (toeneming van

de) pijn in de onderrug.

nervaal m.b.t. de werking van de zenuwen.

nerveus 1. zenuwachtig; zie ook neurasthenie. 2. syn. nervaal.

nervus *L* zenuw, meervoud nervi, afk. nn.; strengvormige verzameling van zenuwceluitlopers, bestemd voor de voortgeleiding van zenuwimpulsen; *sensibele* of gevoelszenuwen zijn zenuwen die de prikkel van het gevoel van buitenaf naar het centrale zenuwstelsel toe (centripetaal) geleiden; *motorische* of bewegingszenuwen geleiden de prikkel tot beweging vanuit het centrale zenuwstelsel naar de spieren (centrifugaal); zenuwbundels die zowel sensibele als motorische vezels bevatten, noemt men gemengde zenuwen; ~ *abducens*, buitenste oogspierzenuw; ~ *acusticus*, syn. nervus cochlearis, gehoorzenuw, deel van de nervus vestibulocochlearis; *nervi craniales*, de *hersenzenuwen; ~ *facialis*, aangezichtszenuw, zie faciaal; ~ *femoralis*, bovenbeenszenuw; ~ *frontalis*, sensibele voorhoofdszenuw; ~ *glossopharyngeus*, tongkeelzenuw; ~ *hypoglossus*, ondertongzenuw; ~ *ischiadicus*, heupzenuw of achterste beenzenuw, zie ischias; ~ *octavus*, syn. nervus vestibulocochlearis; ~ *oculomotorius*, gemeenschappelijke oogspierzenuw; ~ *olfactorius*, reukzenuw; zie *fila olfactoria; ~ *opticus*, gezichtszenuw; ~ *peroneus*, kuitzenuw; ~ *phrenicus*, middenrifzenuw; ~ *presacralis*, syn. plexus hypogastricus superior; ~ *radialis*, spaakbeenzenuw; ~ *recurrens*, teruglopende tak van de nervus vagus; ~ *splanchnicus*, ingewandzenuw; ~ *statoacusticus*, achtste hersenzenuw, nervus vestibulocochlearis; ~ *sympathicus*, zie autonoom; ~ *trigeminus*, drielingzenuw, de vijfde hersenzenuw, bevat motorische en sensibele vezels; zie ook trigeminus-*neuralgie; ~ *trochlearis*, rolzenuw (bovenste schuine oogspier); ~ *ulnaris*, elleboogzenuw; ~ *vagus*, zie vagus; ~ *vestibularis*, voorhofzenuw, de zenuw van het evenwichtsorgaan, deel van de nervus vestibulocochlearis; ~ *vestibulocochlearis*, de achtste hersenzenuw, bestaat uit de nervus cochlearis (acusticus) en de nervus vestibularis, syn. nervus octavus, nervus statoacusticus.

Nesbit, R. Amerikaans uroloog (geb. 1898); *operatie van* ~, subfasciale reving aan de convexe (bolle) zijde van de penis bij kromstand hiervan.

nesidioblast stamcel van het pancreasparenchym; ~*oma*, syn. *insulinoom.

NESS afk. van Nederlandse stress-stichting.

nesteling zie nidatie.

nesthaar zie lanugo.

nestialgie hongerpijn; pijn in de maagstreek die speciaal optreedt bij lege maag, kenmerkend voor ulcus duodeni.

net zie omentum, rete, reticulum; ~*breuk*, zie epiplocele.

netelkoorts, netelroos, netelzucht zie urticaria.

Nettleship, E. Engels huidarts (overl. 1913); *ziekte van* ~, zie urticaria pigmentosa.

net- (smst.) zie rete; ~*vlies*, zie retina; ~*vormig*, reticulair; ~*werk*, zie reticulum.

neuraal tot een zenuw behorend; zenuwweefsel betreffend; ~*buis*, buisvormige structuur aan de rugzijde van het embryo, waaruit zich het centrale zenuwstelsel ontwikkelt; zie ook foliumzuur.

neuralgie, neuralgia *G* zenuwpijn, meestal bij aanvallen optredende pijn in het gebied van een gevoelszenuw, niet gepaard gaande met uitvalverschijnselen; treedt op als begeleidend verschijnsel van vele aandoeningen zoals anemie, malaria, neuritis, syfilis, reumatische ziekten, maar vooral 'idiopathisch'; een bekende vorm is de *trigeminus*~, aangezichtspijn in het gebied van één of meerdere van de drie takken van de *nervus trigeminus.

neuraminidase één der twee antigenen van het *influenzavirus; het heeft een enzymatische werking op de receptoren van de erytrocyt.
neurapraxie tijdelijke uitval van de zenuwgeleiding door (langdurige) druk op een zenuwstam, dus met behouden continuïteit van de zenuw.
neurastheen syndroom (psych.) syndroom met name gekenmerkt door snelle geestelijke en lichamelijke vermoeibaarheid, voorts allerlei (subjectieve) klachten zoals een drukkend gevoel in het hoofd, duizeligheid, concentratie-, geheugen- en slaapstoornissen, prikkelbaarheid, emotionele labiliteit; komt voor bij o.a. 'overspanning', als voorteken van allerlei psychische stoornissen, dementie, lichamelijke aandoeningen en als restverschijnselen na o.a. commotio cerebri; het chronisch moeheidssyndroom (zie myalgische *encefalomyelitis, afk. ME) komt voor wat de klachten betreft overeen met het neurastheen syndroom.
neurasthenie, neurasthenia *G* 1. (psych.) lett. zenuwzwakte; een wat oudere term ter aanduiding van een snelle vermoeibaarheid van het (centrale)zenuwstelsel door allerlei oorzaken van psychische en lichamelijke aard; de dan optredende klachten zijn die van het neurastheen syndroom (zie aldaar). 2. syn. neurastheen syndroom.
neuraxon *G* syn. *neuriet.
neurectasie zie neurotonie.
neurectomie uitsnijding van een gedeelte van een gevoelszenuw bij *neuralgie, syn. *enervatie (bet. 2).
neurexerese, neurexaeresis *G* verwijdering door oprolling en afscheuring van een gedeelte van een gevoelszenuw bij zenuwpijn (zie neuralgie) of van een motorische zenuw ter uitschakeling van een spierfunctie, syn. evulsio nervorum.
neuriet de uitloper van de zenuwcel die de impulsen geleidt in de richting van het cellichaam af; een bundel neurieten vormt een zenuw; syn. ascilinder, axon, neuraxon.
neurilemma *G* dunne schede van steunweefsel om de zenuwvezels, syn. schede van Schwann.
neurilemmoom syn. *schwannoom.
neurinoom syn. *neuroom.
neuritiden meervoud van neuritis.
neuritis *G* 'zenuwontsteking', degeneratieve veranderingen in het verloop van een zenuw gepaard gaande met pijn en uitvalsverschijnselen t.g.v. o.a. naburige ontstekingen, verwondingen, koude of vocht (*reumatische* ~), misbruik van alcohol, vergiftiging (o.a. medicamenteus); *centrale* ~ (foutief), neurologisch beeld, door A. Meyer in 1901 en H. H. Scott in 1918 beschreven, dat grote overeenkomst vertoont met de neurologische afwijkingen bij *pellagra (*multipele* ~ van H. Strachan, 1897); syn. Jamaica-syndroom; ~ *migrans*, zich uitbreidende neuritis, neuritis die ook andere zenuwen aantast; *multipele* ~, syn. *polyneuropathie; ~ *optica*, syn. ~ *retrobulbaris*, degeneratie (demyelinisatie) van de gezichtszenuw en van de discus (papilla) nervus optici, gekenmerkt door visusdaling en centraal scotoom.
neuro-artropathie met verwoesting gepaard gaande gewrichtsafwijkingen bij verlies van sensibiliteit en behoud van motoriek, in engere zin de voet van *Charcot.
neurobiologie de wetenschap van de biologie van het zenuwstelsel.
neuroblastoom 1. vooral op jeugdige leeftijd voorkomend kwaadaardig neoplasma

uitgaande van het bijniermerg en ander perifeer-sympathisch weefsel, metastaserend in beenweefsel en naar de orbita, syn. syndroom van Hutchinson. 2. zie neuroom.

neurochirurg chirurg, gespecialiseerd in de chirurgie van het zenuwstelsel.

neurocirculatoir zie asthenie.

neurocranium *G* hersenschedel; bestaat uit de schedelbasis en de hersenpan.

neurocrinie 1. secernering aan zenuwuiteinden. 2. hormonale beïnvloeding van zenuwweefsel.

neurocrista (embryologie) neurale lijst, zenuwlijst bij het embryo waaruit zich de spinale ganglia ontwikkelen.

neurocyt zenuwcel, syn. ganglioncel; *~oom*, zie neuroom.

neurodermitis oorspronkelijke term voor, met jeuk gepaard gaande, huidaandoeningen, waarbij men de invloed van het zenuwstelsel groot achtte; tegenwoordig met name gebruikt in de betekenis van neurodermitis disseminata (zie hierna); *~ circumscripta*, omschreven, aanvalsgewijs optredende, jeukende, met *lichenificatie gepaard gaande plek (ter grootte van een gulden), vooral perianaal, aan vulva of scrotum, nek of onderbenen; syn. ziekte van Vidal; *~ disseminata*, verdikking van de huid door vaste papels en lichenificatie, hevige aanvalsgewijs optredende jeuk, hoofdzakelijk in gelaat, hals en grote gewrichtsplooien; vaak gepaard met astma of hooikoorts en (in de jeugd) dauwworm, syn. constitutioneel eczeem.

neuro-endocrien hiermee wordt aangeduid de relatie tussen het centrale zenuwstelsel en de endocriene klieren; *~ systeem*, het stelsel der hypothalamische en hypofysaire hormonen dat de functie van de organen welke het 'milieu interne' bepalen (schildklier, bijnieren, gonaden, nieren) reguleert.

neuro-epithelioom *G* verzamelnaam voor gezwellen die uitgaan van hersen- of zintuigweefsel.

neurofibril syn. neuro*filament.

neurofibromatose (ook: *fibroneuromatose*) autosomaal dominant-erfelijke gezwelvorming in zenuwweefsel door woekering van bindweefselbestanddelen; *centrale ~* wordt hoofdzakelijk gekenmerkt door bilaterale *acusticus-neuromen (zie neuroom) met doofheid, evenwichtsstoornissen en oorsuizen, vaak gecombineerd met meningeomen, opticusgliomen (zie glioom), astrocytomen, facomatosen en angiomen; *perifere ~*, zie Recklinghausen.

neurofibroom goedaardig bindweefselgezwel uitgaande van het *perineurium of van het *endoneurium.

neurofibrosarcoom syn. maligne *neurofibroom.

neurofonie *G* zenuwgeluid, een eigenaardig schreeuwend geluid dat wordt uitgestoten bij kramp der ademhalingsspieren vnl. bij chorea en hysterie.

neurofysinen eiwitmoleculen waaraan hormonen gedurende het transport zijn gebonden.

neurogeen van zenuwen uitgaand; onder invloed van het zenuwstelsel; m.b.t. innervatie.

neuroglia het steunweefsel van het zenuwstelsel, bestaande uit gliavezels welke de uitlopers zijn van drie soorten gliacellen: *hortegacellen, oligodendroglia (microglia) en astrocyten (macroglia).

neuroglioom *G* gezwel in het centrale zenuwstelsel bestaande uit glia- en zenuwvezels.

neuroglycopenie zie glycopenie.

neurohemaal 1. bijv.nw. dat de relatie tussen het neuro-endocriene stelsel en de bloedsomloop (in engere zin het endocriene apparaat) aangeeft. 2. m.b.t. het contact tussen circulerend bloed en synapsen of axonen.
neurohormonaal zie neuro-endocrien.
neurohormonen 1. *peptiderge boodschappers die uit *neurohemale axon-eindigingen aan het bloed worden afgegeven. 2. (in engere zin) stoffen afgescheiden in de hypothalamus die een regulerende invloed hebben op de secretie van de hypofysehormonen.
neurohumoraal betreffende de chemische tussenstof bij de zenuwprikkeloverdracht op de organen.
neurohypofyse syn. hypofyse-achterkwab, zie hypofyse.
neurolepsie (psych.) centrale remming van het zenuwstelsel, o.a. gekenmerkt door sedatie en onverschilligheid, vermindering van psychomotoriek en agressiviteit, voorts hypothermie, hypotensie en extrapiramidale symptomen.
neuroleptanalgesie zie analgesie.
neuroleptanesthesie zie anesthesie.
neurolepticasyndroom *maligne* ~, afk. MNS, een groep van bijwerkingen van het gebruik van neuroleptica buiten parkinsonisme en dyskinesieën, te weten: hyperhidrosis en -thermie, autonome disfunctie (tachycardie, labiele bloeddruk, speekselvloed), bewustzijnsverlaging, bleekheid, seborroe, mutisme, stupor.
neurolepticum *psychofarmacon, syn. major tranquillizer, antipsychoticum; geneesmiddel, behorende tot de psycholeptica, vnl. toegepast ter behandeling van sterke agitatie, pathologische angst en psychosen.
neurolinguïstiek wetenschap die zich richt op taalgedrag in relatie tot processen van het zenuwstelsel.
neurologie *G* de kennis van de somatische ziekten van het zenuwstelsel en hun behandeling.
neuroloog zenuwarts, specialist in de neurologie.
neurolues syn. *neurosyfilis.
neurolyse, neurolysis 1. (chir.) *decompressie van zenuwweefsel, bijv. door overlangse splijting van een zenuwschede. 2. idem door verandering van houding. 3. (chir.) verwijdering van perineurale adhesies. 4. degeneratie van zenuwweefsel. 5. (chir.) opheffing van een zenuwgeleiding door destructie.
neuroma zie neuroom.
neuromatosis de vorming of aanwezigheid van neuromen of neurofibromen in een orgaan; bijv.nw. *neuromatosus*.
neuromeer segment van het zenuwstelsel.
neuromimesis *G* gelijkenis van een zenuwziekte op een organische ziekte.
neuromodulatie beïnvloeding van de prikkelbaarheid van zenuwcellen door stoffen die buiten de *synapsen worden gevormd, een fysiologische regulatie
neuromotorisch m.b.t. stimulatie van bewegingszenuwen; ook: *neuromusculair*.
neuromusculaire ziekte spierziekte t.g.v. een primaire aandoening van perifere motorische neuronen.
neuromyelitis ruggenmergontsteking.
neuromyositis *G* ontsteking van spieren gelijktijdig met de bijbehorende zenuwen.
neuromyotherapie zie Bugnet.
neuromyotonie zeldzaam ziektebeeld, gekenmerkt door aanvallen van langdurige verkramping van alle skeletspieren door onbekende oorzaak; syn. stiff-man

syndrome *E*.
neuron *G* zenuwcel; een ganglioncel met uitlopers; bijv.nw. *neuronaal; ~membraan*, het membraan van een neuron waarin zich de specifieke functie van het neuron afspeelt; *peptiderg ~*, zenuwcel (ook: *neurosecretorische* cel) waarin *neuropeptiden worden gesynthetiseerd die de cel-impulsen verder leiden.
neuronitis ontstekingachtige degeneratieve verandering van een *neuron.
neuronopathie morfologische of biochemische veranderingen welke ontstaan in de cellichamen van *neuronen bij erfelijke, toxische en neoplastische ziekten.
neuro-oftalmologie kennis en studie van oogziekten welke het gevolg zijn van een neurologische ziekte.
neuroom, neuroma *G* zenuwgezwel, neoplasma door overmatige groei van ganglioncellen (*ganglio~*) of van embryonale moedercellen van de ganglioncellen (*neuroblastoom* of *neurocytoom*), syn. neurinoom; in de regel gelokaliseerd in het centrale zenuwstelsel en niet perifeer; ~ *verum*, echt neuroom, dat uitsluitend uit zenuwweefsel bestaat; ~ *spurium*, vals neuroom, dat niet alleen uit zenuwweefsel bestaat, bijv. neurofibroom.
neuropaat *G* zenuwlijder; zie ook neurose.
neuroparalyse zenuwverlamming.
neuropathie *G* 1. zenuwaandoening, algemene term voor niet-ontstekingsachtige aandoeningen van het zenuwstelsel veroorzaakt door mechanische, metabole, toxische, vasculaire of deficiëntieprocessen; de verschijnselen kunnen o.a. zijn krachtsverlies en atrofie van spieren, snelle vermoeibaarheid, prikkelings- of uitvalsverschijnselen, spontane pijnen en afwijkingen van het autonome zenuwstelsel (zie autonome *neuropathie). 2. minder gangbare doch meer correcte benaming voor het begrip *neuritis; *autonome ~*, neuropathie van het autonome zenuwstelsel; a. toestand waarbij de componenten van het autonoom zenuwstelsel niet met elkaar in evenwicht zijn en vagotone of sympathicotone verschijnselen de overhand hebben; syn. autonome storing. b. onvoldoende werking van de nervus sympathicus; *diabetische ~*, degeneratie van de zenuwen bij diabetici met name zich uitend als een *polyneuropathie en een autonome *neuropathie; *entrapment ~*, zie tunnelsyndroom; *inklemmings~*, zie tunnelsyndroom; *sensorische ~*, *paresthesieën en pijn door prikkeling van een dorsaal ganglion t.g.v. *paraneoplasie, carcinoom of diabetes; *tropical ~*, neurologisch beeld als bij *pellagra; *vit.* B_{12} ~, zie strengziekte. 3. *syndroom bij zuigelingen en kleuters, gekenmerkt door lastig gedrag, onrust, braken, ruminatie, diarree, anorexie of gulzigheid, magerte en bleekheid ('wegtrekken').
neuropathisch 1. op een neuropathie berustend of deze betreffend. 2. met aanleg voor neuropathie.
neuropathologie *G* de leer of kennis der zenuwziekten.
neuropeptiden 1. *polypeptiden die worden gevormd door zenuwcellen en functioneren als *neurohormonen, neurotransmitters en neuromodulators t.b.v. de functies van het zenuwstelsel. 2. zie *peptiderg neuron.
neuropilema netwerk van dendrieten en neurieten rondom de ganglioncellen van de grijze substantie van het centrale zenuwstelsel.
neuroplegicum 1. mengsel van psychofarmaca ('lytische cocktail') met remmende werking op het AZS, zowel perifeer als centraal, waardoor tegelijkertijd een sedatief, antispasmodisch, antipyretisch en analgetisch effect wordt teweeggebracht, alsmede verlaging van conditionele reflexen, als gevolg waarvan organi-

sche reacties op stress milder worden en een verlaagd metabolisme ontstaat. 2. (alg.) *psychofarmacon met antipsychotische werking.

neuroplegie 'vegetatieve afscherming' bij shocktoestanden, ernstige ziekten en toxicosen d.m.v. een neuroplegicum.

neuroradiologie röntgenonderzoek van het zenuwstelsel.

neuroregulatie zie endorfinen.

neuroretinitis degeneratie van de gezichtszenuw (neuritis optica) waarbij ook het netvlies is aangedaan.

neurorrafie aaneenhechting van een doorgesneden zenuw.

neurosarcoïdose *sarcoïdose van het centrale en/of perifere zenuwstelsel, vaak bij afwezigheid van sarcoïdoseverschijnselen elders in het lichaam.

neurose, neurosis (psych.) in de psychoanalyse term voor psychische stoornissen met als voornaamste symptomen angst of afweermechanismen tegen angst; allerlei, niet organische, niet-psychotische stoornissen behoren hiertoe waarbij de reality-testing en het ziektebesef intact zijn; sinds de invoering van *DSM-III is de term in onbruik geraakt als diagnostische categorie; diverse stoornissen die vroeger werden gediagnostiseerd als subcategorie van neurose, worden nu apart geclassificeerd; *angst~*, zie angststoornissen; *depersonalisatie~*, zie depersonalisatie; *depressieve ~*, zie dysthymie of aanpassingsstoornis met depressieve stemming; *dwang~*, zie obsessieve-compulsieve stoornis; *fobische ~*, zie fobische stoornissen; *hypochondrische ~*, zie hypochondrie; *hysterische ~*, zie conversie of dissociatieve stoornis; *neurasthene ~*, zie dysthymie; zie ook karakterneurose, orgaanneurose, renteneurose.

neurosecretie 1. de vorming van fysiologisch werkzame stoffen (*neurohormonen) door zenuwcellen en de *neurohemale overdracht naar het bloed. 2. (uitbr.) overdracht van neurosecretorische impulsen naar het endocriene systeem.

neurosis zie neurose.

neurosonologie ultrageluid-onderzoek in de neurologie.

neurosoom 1. zenuwcellichaam. 2. een insluitsel van een zenuwcel zoals mitochondriën.

neurospinaal beïnvloeding van het perifere zenuwstelsel door afwijkingen in de wervelkolom, bijv. het syndroom van *Verbiest.

neurostaticum *L* geneesmiddel dat het psychische evenwicht herstelt.

neurosyfilis verzamelnaam voor de neurologische ziektebeelden t.g.v. syfilis, nl. meningo-encephalitis syphilitica, tabes dorsalis en syfilitisch hersengranuloom.

neurotabes (peripherica) weinig gebruikt synoniem voor atactische *polyneuropathie.

neurotensine een ileum-*enterohormoon met een vertragende werking op secretie en motiliteit c.q. lediging van de maag.

neurotisch m.b.t. neurose; op neurose berustend; ~ *karakter*, zie karakter.

neurotmesis *G* letsel van een perifere zenuw met verbroken continuïteit.

neurotomie doorsnijding van een zenuw bij neuralgie.

neurotonie 1. zenuwrekking, neurectasie, bijv. bij ischias. 2. syn. dystonie.

neurotoom het zenuwgedeelte van een metameer.

neurotoxicose algemene benaming voor een aandoening van het zenuwstelsel t.g.v. een toxische invloed.

neurotoxine vergif met bijzondere affiniteit tot zenuwweefsel.

neurotransmitters *E* chemische stoffen die een rol spelen bij de impulsoverdracht

in de eind*synapsen van het autonome zenuwstelsel en in die tussen de verschillende neuronen in het centrale zenuwstelsel.
neurotripsie (chir.) kneuzing van een zenuw.
neurotrofie 1. de voeding van het zenuwweefsel. 2. weefselvoeding onder invloed van het zenuwstelsel; bijv.nw. *neurotrofisch*.
neurotroop zich speciaal op zenuwweefsel richtend, bijv. neurotroop virus.
neurovasculair 1. m.b.t. het zenuw- en bloedvatenstelsel. 2. vasomotorisch.
neurovegetatief het autonome zenuwstelsel betreffende; *~ieve klachten*, ziekteverschijnselen t.g.v. verstoord evenwicht in het AZS.
neurovisceraal het centrale èn het sympathische zenuwstelsel behelzend.
neus- *~amandel*, tonsilla pharyngea; *~arts*, rinoloog; *~been*, os nasale; *~bloeding*, epistaxis; *~gaten*, nares; *~holte*, cavitas nasi; *~keelfibroom*, zie angiofibroom; *~keelholte*, nasofarynx; *~schelp*, concha nasalis; *~spiegel*, rinoscoop; *~spoeling*, collunarium; *~spraak*, rinolagie; *~steen*, zie rinoliet; *~tussenschot*, septum nasi; *~vleugelademen*, het sperren van de neusvleugels bij de inademing; verschijnsel bij longontsteking, vooral bij kinderen.
neutrofiel *~e cellen*, cellen met speciale aantrekkingskracht voor scheikundig neutraal reagerende kleurstoffen.
neutrofilie *granulocytose bij toestanden als infecties, ontstekingen, weefselverval, vergiftigingen, neoplasmen, myeloproliferatie e.a.
neutronen ongeladen deeltjes van atoomkernen die o.a. bij kernsplijting daaruit kunnen worden vrijgemaakt.
neutropenie vermindering van, hoofdzakelijk neutrofiele, granulocyten door gestoorde aanmaak of verhoogde afbraak, vnl. bij sommige infectieziekten, reticulosen, beenmergaplasie, intoxicaties (geneesmiddelen!), SLE, leukemieën, cytostaticatherapie, bestralingen; *cyclische ~*, zeldzame, om de ±3 weken zich herhalende korte perioden van neutropenie, gedurende welke vaak stomatitis aphthosa en huidinfecties optreden; *maligne ~*, *agranulocytose.
Nevin, S. Amerikaans neuroloog (geb. 1905); *ziekte van ~-Jones*, syn. ziekte van *Creutzfeldt-Jakob.
Newcastle-disease-virus een *paramyxovirus, verwekker van een folliculaire conjunctivitis bij mensen die met pluimvee omgaan.
newton eenheid van kracht = de kracht die aan een massa van 1 kg een versnelling geeft van 1 m/sec; afk. N; genoemd naar de Engelse natuurkundige I. Newton (1642-1727).
nexus syn. gap junction, verbinding tussen twee aangrenzende cellen die (althans hun plasmamembranen) op de contactplaats een zeer nauwe spleet vormen; deze spleet wordt overbrugd door tunneleiwitten (kanaaltjes) die ionen en kleine moleculen kunnen laten passeren; gap junctions komen o.a. veel voor bij gladde spiercellen, hartspiercellen, beencellen en bij embryonale weefsels.
Nezelof, C. Frans kinderarts (geb. 1922); *syndroom van ~*, ziektebeeld als dat van *DiGeorge, berustend op hypoplasie van de thymus.
NFGV afk. van 1. nationaal fonds geestelijke volksgezondheid. 2. nationale federatie geestelijke volksgezondheidszorg.
ng afk. van nanogram = 10^{-9} gram.
NGF afk. van 1. nerval growth factor *E*. 2. Nederlands genootschap voor fysiotherapie.
NGU afk. van niet-gonorroïsche uretritis, non gonococcal urethritis.

NGvA afk. van Nederlands genootschap van abortusartsen.
NH zie NUH.
NHB afk. van 1. Nederlandse hersenbank. 2. non heart beating. 3. Nederlandse hospicebeweging. 4. national health board.
NHG afk. van Nederlands huisartsengenootschap.
NHI afk. van Nederlands huisartseninstituut.
NHL afk. van non-Hodgkin-lymfoom.
NHS afk. van 1. Nederlandse hartstichting. 2. Nederlandse hyperventilatiestichting. 3. national health service. 4. non-hemispheric symptoms.
NHV afk. van 1. Nederlandse hyperventilatie-vragenlijst. 2. Nederlandse hartfunctievereniging.
n.i. (rec.) afk. van ne iteretur.
NIA afk. van 1. Nederlands instituut voor arbeidsomstandigheden. 2. vereniging Nederlandse industrie-apothekers. 3. national institute on ageing.
niacinamide syn. *nicotinamide.
niacine syn. *nicotinamide, nicotinezuur; zie vitamine B.
NIAD afk. van Nederlands instituut voor alcohol en (andere) drugs.
NIADM afk. van niet-insuline-afhankelijke *diabetes mellitus.
Nicolau, S. Frans veneroloog, zie Hoigné.
nicotinianisme chronische vergiftiging door tabaksmisbruik; de verschijnselen zijn spierkrampen, visus-verzwakking, tremor.
nicotinamide, nicotinezuur zie vitamine B.
nicotine een tabaks-, c.q. synthetisch giftig alkaloïd, dat behalve als genotmiddel, wordt gebruikt als insecticide en (diergeneesk.) als paraciticide; *~-*receptoren*, vorm van cholinerge-receptoren, vnl. in ganglia en motorische eindplaten.
nictitatie herhaaldelijk krampachtig knippen met de ogen veroorzaakt door klonische krampen, syn. *spasmus nictitans; (overdr.) knipogen.
NICU afk. van neonatale intensive care unit.
nidatie *L* innesteling van het jonge embryo in het baarmoederslijmvlies, bij de mens ongeveer 5 dagen na de bevruchting.
NIDDM afk. van non insulin dependent diabetes mellitus *E*.
nidus *L* lett. nest; 1. (omsloten) holte, bijv. centraal in een osteoom, soms gevuld met vaatrijk bindweefsel. 2. de 'steenkern' van een concrement; *radiolucent gebied.
Niemann, A. Duits kinderarts (overl. 1921); *ziekte van ~-Pick*, een aangeboren familiale *lysosomale enzymopathie bij het zeer jonge kind met stapeling van sfingomyeline en cholesterol in de hersenen, lever en milt, o.a. gekenmerkt door oligofrenie, ontwikkelingsstilstand, hoest t.g.v. longfibrose, histiocytose en neurologische stoornissen.
nier ren; *~bekken*, zie pelvis, pyelum; zie ook pyelitis; *~carcinoma*, zie Grawitz; *~functie*, zie clearance, concentratie, creatinine, PSP-proef; *~gruis*, graveel.
nierinsufficiëntie onvoldoende nierwerking, toestand waarin de nieren tekortschieten om hun aandeel in de *homeostase (bet. 2) te vervullen, vnl. wat betreft de water- en mineraalhuishouding en de uitscheiding van (giftige) afbraakproducten van de stofwisseling; *extrarenale ~*, alle vormen van nierinsufficiëntie die niet hun oorzaak in de nieren zelf hebben; *terminale ~*, toestand waarin nierinsufficientie ondanks de behandeling niet meer kan worden gecompenseerd, treedt op wanneer ongeveer 95% van de nierfunctie verloren is gegaan.

nier- *~kelk*, calix renalis; *~lichaampje*, syn. lichaampje van Malpighi, zie glomerulus renalis; *~merg*, medulla renis: de verzamelde nierpiramiden (zie pyramis); *~schors*, cortex renis of substantia corticalis renis, het nierweefsel tussen het nieroppervlak (capsula renis, zie capsule) en de nierpiramiden; *~schrompeling*, zie nefrocirrose, nefrosclerose; *~steen*, calculus renalis; *~steenbad*, gedeeltelijk met water gevulde badkuip waarin schokgolf*lithotripsie wordt uitgevoerd; syn. niersteenvergruizing; *~steenverwijdering*, zie nefrolithotomie; *~steenziekte*, nephrolithiasis; *~verettering*, pyonefrose; *~vergiftiging* (foutief) zie uremie; *~vormig*, reniform.

nifablepsie *G* sneeuwblindheid, tijdelijk verlies van het gezichtsvermogen door beschadiging van de oppervlakkige hoornvliescellen t.g.v. overmaat van ultraviolette stralen uit het zonlicht, versterkt door de terugkaatsing op de sneeuw.

nigrisme, nigrismus *L* (ook: *nigredo, nigritia* of *nigrities*) zwarte of bruine kleuring; ~ *cutis*, syn. melasma; ~ *linguae*, bruinzwart beslagen tong.

NIGZ afk. van nationaal instituut voor gezondheidsbevordering en ziektepreventie.

nihilisme niet erkennen van (bepaalde) grondwaarheden; *therapeutisch ~*, scepticisme ten opzichte van het nut van geneesmiddelen.

nihilistische waan waan dat men zelf als persoon (deels) niet meer bestaat of dat de wereld is afgelopen.

NII afk. van non-infarctive infarction *E* (bijv. door cholesterolkristallen).

nijnagel zie dwangnagel.

Nikolski, P. Russisch dermatoloog (1858-1940); *teken van ~*, gemakkelijke scheiding van de opperste huidlaag (hoornlaag) ten opzichte van de onderlaag door drukkende beweging van de duim van de onderzoeker.

nil nocere *L* 'geen schade aandoen', grondbeginsel van iedere geneeskundige behandeling.

NIP afk. van 1. negative inspiratory pressure, negatieve inspiratiedruk. 2. Nederlands instituut van psychologen.

NIPG afk. van Nederlands instituut voor preventieve gezondheidszorg, thans TNO PG.

nipiologie verzamelnaam voor alle wetenschap m.b.t. het kind in het eerste levensjaar.

NIS afk. van 1. Nederlandse influenzastichting. 2. Nederlandse invalidensportbond. 3. nosocomial infections surveillance *E*.

Nishimoto, A. Japans neurochirurg; *syndroom van ~*, progressieve afsluiting van de beide aa. carotis internae in het gebied van de circulus willisii, gekenmerkt door neurologische uitvalverschijnselen; syn. moyamoyasyndroom.

nisska kam kam met dunne lange tanden voor verwijdering van hoofdluisneten.

Nissl, F. Duits patholoog (1860-1919); *lichaampjes van ~*, grove basofiele *granulae rondom de kern van zenuwcellen; syn. tigroïde lichaampjes.

NISSO afk. van Nederlands instituut voor sociaal-seksuologisch onderzoek.

nisus *L* 1. aandrang, drift. 2. krachtsinspanning. 3. bronst.

Nitabuch, R. Duits arts (overl. 1881); *stria van ~*, een laag van gekanaliseerde fibrine in de placenta op de grens tussen trofoblast en decidua.

NITP afk. van Nederlands instituut voor toegepaste parapsychologie.

nitraat zout van salpeterzuur, komt vooral voor in groenten; zie ook nitriet.

nitras argenticus (afk.: *nitras*) zilvernitraat, causticum.

nitriet een stof die kan ontstaan uit *nitraat, bijv. door het opwarmen van groenten;

nitriet kan zich binden aan hemoglobine waardoor met name bij jonge zuigelingen zuurstoftekort kan ontstaan (blauw zien); nitriet kan worden omgezet tot *nitrosamine.

nitrietproef het aantonen van nitrieten in vers geloosde urine, hierin ontstaan door bacteriewerking; bewijzend voor urineweginfectie.

nitrocellulose scheikundige verbinding tussen cellulose en HNO_3 (salpeterzuur); vindt toepassing in *collodium.

nitrosamine een carcinogene stof die in de maag kan ontstaan uit nitriet en eiwitten (vis!).

NIV afk. van 1. Nederlandse internistenvereniging. 2. nationaal informatiecentrum vergiftigingen.

NIVEL afk. van Nederlands instituut voor onderzoek van de eerstelijnsgezondheidszorg.

NIZW afk. van Nederlands instituut voor zorg en welzijn.

nkat afk. van nanokatal = 10^{-9} katal.

NKB afk. van Nederlandse kankerbestrijding.

NK-cell afk. van natural killer-cell *E*, syn. NKC; ze vormen een heterogene groep en zijn in staat membraanveranderingen van met virus geïnfecteerde cellen te herkennen en deze vervolgens te doden, zonder tussenkomst van antilichamen of zonder voorafgaand contact met de betreffende antigenen.

NKCLC afk. van niet-kleincellig longcarcinoom.

NKI afk. van Nederlands kankerinstituut.

nl afk. van nanoliter = 10^{-9} liter.

NLA afk. van neuroleptanalgesie.

NLDS afk. van Nederlandse lever-darm-stichting, thans maag-lever-darm-stichting.

nm afk. van nanometer = 10^{-9} m.

nmol afk. van nanomol = 10^{-9} mol.

NMR afk. van nucleaire magnetische resonantie, syn. kernspin-tomografie of -resonantie; *~-*tomografie*, beeldinformatie van doorsneden van het menselijk lichaam d.m.v. de registratie van verdeling en dynamische eigenschappen van in trilling gebrachte waterstofkernen (protonen) in de weefsels en lichaamsvloeistoffen; afbeeldingen zijn in elk willekeurig vlak mogelijk zonder houdingsverandering van de onderzochte; de methode is vooral geschikt voor onderzoek van het steun- en bewegingsapparaat; syn. *MRI (*A*), magnetic resonance imaging.

NMS afk. van neuroleptic malignant syndrome *E*, zie neuroleptica syndroom.

NMT afk. van Nederlandse maatschappij tot bevordering van de tandheelkunde.

nn. afk. van nervi (zie nervus).

NNN afk. van nurse net Nederland, computerprogramma's en informatie omtrent automatisering t.b.v. verpleegkunde.

NO stikstofmonoxide, een belangrijke gasvormige boodschapperstof (transmitter) waardoor o.a. de erectie wordt geregeld.

Nocardia zuurvaste grampositieve schimmelsoort, behorend tot de familie der actinomyces; ~ *asteroides*, verwekker van de long-actinomycose bij de mens; ook oorzaak van chronisch-etterende onderhuidse abcessen.

nocardiose, nocardiasis ziekte veroorzaakt door Nocardia.

nociceptie de waarneming van schadelijke uitwendige invloeden, meestal door pijngewaarwording; bijv.nw. *nociceptief* of *nocisensorisch*.

noctambulisme slaapwandelen; syn. somnambulisme.

nocte *L* 's nachts.
nocturnus *L* 's nachts plaatshebbend; tgst. diurnus.
nodaal m.b.t. een *nodus.
nodeus, nodulair, nodosa *L* (bijv.nw.) knobbelig.
nodulatie knobbelvorming.
nodule *E* *nodulus, knobbel; *cold* ~, niet of weinig functionerend gedeelte van een orgaan, dat op het *scintigram geen of weinig contrast registreert; *hot* ~, meer dan normaal functionerend gedeelte van een orgaan, dat op het *scintigram een sterker dan normaal contrast registreert, in engere zin het toxisch *adenoom van de schildklier; zie ook nodus.
nodulomatose ziekte of aandoening die gepaard gaat met vorming van noduli (knobbeltjes).
nodulosis een goedaardige variant van *RA, gekenmerkt door een hoge reumafactortiter en uitgebreide subcutane noduli zonder overige symptomen van RA. N.B. het bestaan van nodulosis wordt niet algemeen erkend.
nodulus *L* (vklw. van nodus) knobbeltje, meervoud nóduli; ~ *digitorum*, kalkknobbeltjes aan de vingergewrichten bij oude mensen; *juxtarticulaire* ~, harde subcutane knobbeltjes, meestal nabij ellebogen, knieën en enkels bij reuma; ~ *van Lisch*, *hamartoom van de iris; ~ *rheumaticus*, kleine onderhuidse knobbeltjes bij reuma, hoofdzakelijk bestaande uit lichaampjes van *Aschoff; ~ *vocalis*, zangersknobbeltje, kleine verhevenheden door zwelling van het epitheel en de submucosa van de stembanden; ook door misbruik van de stem (schreeuwen en dergelijke) en bij ongeschoolde zangers.
nodus *L* knobbel, omschreven weefselvermeerdering, weefselknoop; mrv. nodi; ~ *arthriticus*, jichtknobbel; zie tofus, tuber; ~ *atrioventricularis*, knoop van Aschoff-*Tawara; ~ *lymphaticus*, lymfeklier.
noëtisch geestelijk; m.b.t. het denken.
nœud vital *F* (lett. levensknoop) zenuwcentrum in het verlengde merg, dat de ademhaling regelt; ademcentrum.
noma *G* syn. cancer aquaticus, waterkanker, een bijzondere vorm van gangreen vnl. bij door ziekten of ondervoeding zeer verzwakte kinderen optredend, waarbij zich een zweer in de wang ontwikkelt, overgaand in versterf van de gehele wang, lippen, tandvlees en verdere delen van het gelaat.
nomenclatuur benaming in de vaktaal.
Nomina Anatomica de officiële lijst van anatomische namen, samengesteld door het international anatomical nomenclature committee.
nomogeen wetmatig.
nomogram diagram of grafiek waarvan twee of meer bij elkaar behorende waarden kunnen worden afgelezen.
non- (smst.) niet; afwezig zijn van.
nona slaapziekte, syn. encephalitis lethargica.
noncompliance *E* (psych.) apathie, lusteloosheid; stugheid, tegenwerking.
non-directieve counseling, non-directieve therapie zie Rogeriaanse therapie.
non-disjunctie verdelingsfout waarbij de chromosomen niet uiteenwijken; dit kan plaatsvinden bij de twee homologe chromosomen tijdens de eerste meiotische deling, bij de chromatiden tijdens de tweede meiotische deling en bij de mitose; hierdoor ontstaan dochtercellen die teveel of te weinig chromosomen hebben, bijv. het syndroom van *Down.

non-Hodgkin-lymfoom (afk. NHL), groep van maligne lymfomen (zie lymfoom, bet. 3) met uiteenlopende maligniteitsgraad, afwijkend van de kenmerken van M. *Hodgkin (o.a. afwezigheid van Sternbergcellen) met subtiele onderlinge histologische verschillen, te onderscheiden in *diffuse* en *nodulaire* of *folliculaire* lymfocytaire (hoofdzakelijk B-cellulaire, voorts vooral histiocytaire) woekeringen, over de aard waarvan het inzicht nog onvolledig is; overgangsvormen naar leukemie komen voor; *primair* ~, non-Hodgkin-lymfoom ontstaan en gelokaliseerd buiten het lymfatische systeem.

Nonne, M. Duits neuroloog (1861-1959); *reactie van* ~, troebelingsreactie in cerebrospinaal vocht ter aantoning van syfilis van het centrale zenuwstelsel.

non-protein nitrogen *E* syn. *reststikstof.

non-reactie het niet optreden van typische ziekteverschijnselen door wel of niet bekende oorzaken.

non-REM-slaap (afk. NREM), slaapstadium waarbij de ogen volkomen in rust zijn en de spieren zeer ontspannen zijn; zie ook REM-slaap

non specific urethritis *E* niet-specifieke *uretritis (afk. NSU).

non-touch *E* (niet beroeren, aanraken) ~ *isolatie*, het, voorafgaande aan de eigenlijke resectie, afsluiten van de vaatvoorzieningen van een te reseceren gezwel ter voorkoming van hemato- of lymfogene uitzaaiing tijdens de operatie; ~ *wondbehandeling*, het behandelen van wonden zonder mechanische irritatie en met uitsluiting van elke kans op (secundaire) infectie.

Noonan, J. Amerikaans kindercardiologe; *syndroom van* ~, gonadale *dysgenesie, gelijkend op het syndroom van *Turner, evenwel met een normaal karyotype; verdere kenmerken zijn o.a. cardiovasculaire afwijkingen, mentale retardatie, autisme, pterygium colli, aangezichtsdysmorfie, hypertelorisme, cubitus *valgus, korte gestalte.

noöpsyche de verstandelijke werkzaamheid van de psyche.

noösfeer de menselijke samenleving op aarde; het deel van de biosfeer dat door de (met verstand toegeruste) mens wordt ingenomen.

nootgewricht enartrose; de gewrichtskop wordt voor meer dan de helft door de gewrichtskom omvat.

nootmuskaatlever, notenmuskaatlever pathologisch-anatomisch beeld van de chronische atrofische stuwingslever waarbij de grijswitte kleur van de door druk geatrofieerde leverbalkjes afsteekt tegen de donkere kleur van de bloedcapillairen; syn. cyanotische leveratrofie of cardiale levercirrose..

NOR afk. van nucleolar organizer regions *E*.

noradrenaline syn. norepinefrine, hormoon, evenals *adrenaline afkomstig uit het bijniermerg, een sympathische neurotransmitter met hoofdzakelijk vasoconstrictorische werking.

no-restraint *E* behandeling van psychisch gestoorden zonder dwangmiddelen.

normergisch de 'normale', d.i. niet-allergische reactie van het individu op het eerste contact met een allergeen; dikwijls is dit generlei reactie, dus een anergie; zelfst.nw. *normergie*.

normoblast rode bloedcel met een kern, komt in het bloed voor bij ernstige vormen van anemie.

normochroom normaal hemoglobinegehalte der erytrocyten; kleurindex tussen 0.9 en 1.1.

normocyt normale rode bloedcel (erytrocyt).

normosoom normaal gebouwd; met normale (gemiddelde) gestalte.
normospermie normaal microscopisch beeld van het *sperma.
normotest soortgelijke proef als de *trombotest, gebruikt om een leverparenchymstoornis te differentiëren van een vitamine-K deficiëntie na vaststellen van een verlengde trombotest-tijd.
normotherm met normale temperatuur.
normotonie normale (bloed)druk; bijv.nw. *normotoon* (met normale *tonus).
normoxief met een normaal zuurstofgehalte.
NOS afk. van not otherwise specified *E*, niet anderszins omschreven (afk. NAO).
nosencephalus *G* misgeboorte met onontwikkelde hersenen en gebrekkig ontwikkelde voorhoofds- en wandbeenderen.
noso- *G* (smst.) m.b.t. ziekte (nosos).
nosocomiaal, nosocomialis *G* tot het ziekenhuis (nosocomium) behorend, het ziekenhuis betreffend; *gangraena ~*, ziekenhuisgangreen als gevolg van ziekenhuisinfectie; *nosocomiale infectie*, syn. *ziekenhuisinfectie.
nosode *G* ziekteproduct, waarmede volgens de *isopathie ziekten worden genezen, voorloper van de autovaccins.
noso- *~*fobie*, vrees voor alle mogelijke ziekten; *~genie,* het ontstaan en de ontwikkeling van een ziekte; *~gnosie*, het herkennen van ziekten; *~grafie*, het beschrijven van ziekten; *~logie,* ziekteleer, syn. pathologie; *~manie*, ziektewaan, de inbeelding alle mogelijke kwalen of ziekten te hebben; manie; *~phore F*, toestel waarmee zieken in bed kunnen worden opgetild; *~toxicose*, vergiftiging door een gif dat zich in het lichaam heeft gevormd.
nostalgie, nostalgia *G* 1. heimwee. 2. verlangen.
nostras *L* inheems, van het land zelf; eigen.
nostrum *L* geheim middel.
notalgie, notalgia *G* rugpijn.
notch *E* lett. insnijding; in engere zin indeuking in het ECG, in een polscurve en dergelijke.
notenkrakerfenomeen zie Alport.
notenmuskaatlever zie nootmuskaatlever.
nothus *G* onecht, vals, syn. spurius; ook: buitenechtelijk.
NOV afk. van 1. Nederlandse orthopaedische vereniging. 2. Nederlandse organisatie van verloskundigen.
NOVAG afk. van Nederlandse organisatie van verenigingen voor alternatieve genezers.
noxe, noxa *L* ziekteoorzaak, schadelijkheid.
NOZ afk. van nationaal orgaan voor de zwakzinnigenzorg.
NP/CF afk. van Nederlandse patiënten/consumentenfederatie, voorheen LP/CP.
NPFS afk. van neuropsychische functiestoornissen.
NPH afk. van normal pressure hydrocephalus *E*, zie hydrocefalie.
NPT afk. van nocturnal penile tumescence *E*, nachtelijke erectiemeting.
NPV afk. van nucleus paraventricularis.
NR afk. van niet reanimeren.
NREM afk. van non rapid eye movements, zie non-REM-slaap.
NRNP afk. van nucleoribonucleoproteïnen.
NRP afk. van no-reflow phenomenon *E*.
NRV afk. van 1. nationale raad voor de volksgezondheid. 2. niet reanimeren-verkla-

ring.

NS afk. van non-significant *E*.

NSAF afk. van niet-steroïdaal antiflogisticum.

NSAID afk. van niet-steroïde anti-inflammatoire drug, syn. NSAIP.

NSAIP afk. van niet-steroïde anti-inflammatoire farmaca (met prostaglandineremmende werking); syn. NSAID.

NSC afk. van *nucleus suprachiasmaticus.

NSERS afk. van nieuwe structuur voor de erkenning en registratie van specialismen.

NSF afk. van Nederlandse specialistenfederatie, thans opgegaan in de *Orde.

NSG afk. van Nederlands specialistengenootschap.

NSO afk. van nucleus supra-opticus, één der hypothalamus-kernen (n.t.v.m. nucleus suprachiasmaticus).

NSPH afk. van Netherlands school of public health.

NST afk. van non-*seminoom testistumor.

NSTF afk. van nationaal stress- en traumafonds.

NSU afk. van niet-specifieke *uretritis.

NSUE afk. van *non specific urethritis, niet specifieke uretritis.

NSV afk. van niet-specifieke vaginitis (colpitis), gekenmerkt door o.a. overmatige afscheiding, jeuk, foetor (vislucht), branderigheid, dysurie.

NSVG afk. van Nederlandse stichting voor gelaryngectomeerden.

NSWP afk. van Nederlandse stichting whiplash-patiënten.

NT afk. van no treatment, geen behandeling.

NTBR afk. van not to be reanimated *E*; syn. NR.

NTD afk. van 1. non treatment decision. 2. Nederlandse tolkendienst voor doven. 3. neural tube defect, syn. NBD.

NTI afk. van non-thyroid illness *E*.

NTN afk. van netwerk thuiszorg Nederland.

NTvG afk. van Nederlands tijdschrift voor geneeskunde.

nubecula *L* 1. het slijmwolkje dat zich in urine vormt als deze enige tijd staat. 2. syn. nephelium.

nubilis *L* huwbaar.

nucha *Ar* nek.

nucleair tot de kern (nucleus) behorend.

nucleaire geneeskunde toepassing van radioactieve stoffen voor diagnostiek en behandeling van ziekten.

nuclease enzym dat nucleïnezuren splitst.

nucleïne oude benaming voor DNA; ook syn. voor chromatine .

nucleïnezuren één van de belangrijkste bouwstoffen van alle levende materie; het zijn macromoleculen opgebouwd uit nucleotiden waarvan de gedetailleerde chemische rangschikking enorm gevarieerd is, zodat een zeer groot aantal verschillende soorten bestaat; er zijn twee typen nl. de *desoxyribonucleïnezuren (afk. DNA) en de *ribonucleïnezuren (afk. RNA); de nucleïnezuren houden zichzelf door vermenigvuldiging in stand (replicatie); ieder chromosoom bestaat uit één DNA-molecuul, ingebed in eiwitten.

nucleo-albumine fosforbevattend dierlijk eiwit.

nucleocapside het *virus-nucleïnezuur en *capside tezamen.

nucleolus kernlichaampje; een aparte structuur in de celkernen (zie nucleus), waar

de synthese van het ribosomaal-*RNA (rRNA) plaats heeft.
nucleolyse, nucleolysis zie chemonucleolyse.
nucleoproteïnen kerneiwitten, verbinding van nucleïnezuren met eiwitten.
nucleosoom de eenheid waaruit het chromatine is opgebouwd, bestaande uit een DNA-fragment (lengte 200 nucleotiden) en histoneiwitten.
nucleotide 1. stof opgebouwd uit een stikstofrijk molecuul (purine- of pyrimidinebase), een suikermolecuul en fosforzuur; zie ook nucleïnezuren. 2. de 'bouwstenen' van de *DNA-ketens.
nucleus *L* 1. celkern, met een diameter van 5 à 10 µm, omhuld door de kernmembraan, drager van de erfelijke informatie (de chromosomen); de stofwisseling van de cel wordt van de nucleus uit geleid; de eigenlijke kernsubstantie heet chromatine, bestaande uit DNA en eiwitten; een aparte structuur in de kern is het kernlichaampje of *nucleolus. 2. groep van zenuwcellen in het centrale zenuwstelsel; ~ *caudatus*, zie corpus striatum; ~ *interstitialis*, celgroep lateraal van de kern van de nervus oculomotorius; ~ *lentiformis*, lenskern, zie corpus striatum; ~ *pulposus*, de geleiachtige kern van de kraakbenige tussenwervelschijf; ~ *suprachiasmaticus*, afk. NSC, een hypothalamische, tegen het *chiasma opticum gelegen structuur, die regulerend werkt in het chronobiologische ritme, zie chronobiologie (de zgn. biologische *klok); ook: *circadiane pacemaker E*; twee andere centra bevinden zich waarschijnlijk in de hypothalamus en in het corpus pineale.
nuclide atoomsoort zoals die wordt gekenmerkt door het aantal protonen en neutronen in de kern, het atoomnummer en de energietoestand; syn. isotoop.
N(U)H afk. van natri(-uretisch) hormoon, een hormonale stof welke bij hypertensie in de hypothalamus wordt gevormd en diuretisch zou werken.
nul-cellen lymfocyten die géén kenmerken hebben van B- of T-cellen.
nulligravida een vrouw die nooit zwanger is geweest.
nullipara *L* vrouw die niet gebaard heeft.
numb chin syndrome *E* unilaterale *hypesthesie (verminderde gevoeligheid) van kin en onderlip als uiting van een maligne ziekte met metastasering naar de dura mater aan de schedelbasis.
nummulair (dermatologie) muntvormig.
nursing *E* verpleging.
nutriënten (enkelvoud *nutriens L, nutrient*) voedingsstoffen; stoffen die nodig zijn voor de groei en instandhouding van het lichaam en voor een goede functie van de weefsels; het zijn: eiwitten, koolhydraten, vetten, water, elektrolyten, mineralen en vitaminen.
NUTRIM afk. van nutrition, toxicology and environment research institute Maastricht.
nutriment, nutrimentum *L* voedsel, voedingsmiddel.
nutritie, nutritio *L* voeding.
nutritief voedzaam; tot de voeding behorend.
nutritio zie nutritie.
NVAG afk. van Nederlandse vereniging voor algemene gezondheidszorg.
NVAS afk. van Nederlandse voedselallergiestichting.
NVAZ afk. van Nederlandse vereniging van artsen in de zwakzinnigenzorg.
NVBe afk. van Nederlandse vereniging voor bio-ethiek.
NVBS afk. van Nederlandse vereniging van blinden en slechtzienden.

NVBW afk. van Nederlandse vereniging voor beschermd wonen.
NVC afk. van Nederlandse vereniging van consultatiebureaus voor alcohol en drugs.
NVCV afk. van Nederlandse vereniging voor CARA-verpleegkundigen.
NVD afk. van Nederlandse vereniging van diëtisten.
NVDA afk. van Nederlandse vereniging van doktersassistenten.
NVDV afk. van Nederlandse vereniging voor dermatologie en venereologie.
NVDVV afk. van Nederlandse vereniging van dermatologisch verpleegkundigen en verzorgenden.
NVE afk. van 1. Nederlandse vereniging voor endocrinologie. 2. Nederlandse vereniging voor ergotherapie. 3. Nederlandse vereniging van echografisten. 4. Nederlandse vragenlijst voor eetgedrag.
NVEO afk. van Nederlandse vereniging voor extramurale oogartsen.
NVF afk. van Nederlandse vereniging voor fytotherapie.
NVG afk. van 1. Nederlandse vereniging voor geriatrie. 2. Nederlandse vereniging voor gerontologie.
NVGGz afk. van Nederlandse vereniging voor geestelijke gezondheidszorg; zie ook NZf.
NVGV afk. van Nederlandse vereniging voor gezondheidskunde en verzorging.
NVGz afk. van Nederlandse vereniging voor gehandicaptenzorg; zie ook NZf.
NVH afk. van 1. Nederlandse vereniging voor huisartsen. 2. Nederlandse vereniging voor hematologie. 3. Nederlandse vereniging voor hypnotherapie. 4. Nederlandse vereniging voor hepatologie.
NVHP afk. van 1. Nederlandse vereniging hoofden polikliniek. 2. Nederlandse vereniging van hemofiliepatiënten.
NVIC afk. van 1. nationaal vergiftigingen-informatie-centrum. 2. Nederlandse vereniging voor intensive care.
NVIC-V afk. van Nederlandse vereniging voor intensive care-verpleegkundigen.
NVMM afk. van Nederlandse vereniging voor medische milieukunde.
NVO afk. van 1. Nederlandse vereniging van orthoptisten. 2. niet-vorderende ontsluiting.
NVOG afk. van 1. Nederlandse vereniging voor obstetrie en gynaecologie. 2. Nederlandse vereniging voor organisaties in de gezondheidszorg.
NVP afk. van 1. Nederlandse vereniging voor psychotherapie. 2. Nederlandse vereniging voor parapsychologie. 2. Nederlandse vereniging voor psychiatrie. 4. Nederlandse vereniging voor parasitologie.
NVPA afk. van 1. Nederlandse vereniging voor psychoanalyse. 2. Nederlands verbond voor psychologen, psychotherapeuten en agogen.
NVPG afk. van Nederlandse vereniging voor preventie en GVO.
NVPMT afk. van Nederlandse vereniging voor psychomotorische therapie.
NVPP afk. van Nederlandse vereniging voor psychoanalytische psychotherapie.
NVPRC afk. van Nederlandse vereniging voor plastische en reconstructieve chirurgie.
NVPV afk. van Nederlandse vereniging van psychiatrische verpleegkunde.
NVR afk. van Nederlandse verniging voor recoverymedewerkers.
NVSCA afk. van Nederlandse vereniging voor schisis en craniofaciale afwijkingen.
NVSHV afk. van Nederlandse vereniging van spoedeisende hulp verpleegkundigen.
NVSMC afk. van Nederlandse vereniging slachtoffers medische contrastmiddelen.

NVSP afk. van netwerk verpleegkundig specialisten in de psychiatrie.
NVT afk. van Nederlandse vereniging van thoraxchirurgie.
NVTAG afk. van Nederlandse vereniging voor technology assessment in de gezondheidszorg.
NVTD afk. van Nederlandse vereniging van tolken voor doven.
NVvA afk. van Nederlandse vereniging voor allergologie.
NVVA afk. van Nederlandse vereniging van verpleeghuisartsen.
NVVB afk. van Nederlandse vereniging voor bedrijfsverpleegkunde.
NVVC afk. van Nederlandse vereniging voor cardiologie.
NVVE afk. van Nederlandse vereniging voor vrijwillige euthanasie; zie ook SVL.
NVVG afk. van Nederlandse vereniging van verzekeringsgeneeskundigen.
NVvG afk. van Nederlandse vereniging voor geriatrie.
NVvN afk. van Nederlandse vereniging van neuro-verpleegkundigen.
NVvP afk. van 1. Nederlandse vereniging voor psychiatrie. 2. Nederlandse vereniging voor parodontologie. 3. Nederlandse vereniging van podotherapeuten.
NVVR afk. van 1. Nederlandse vereniging van verpleegkundigen en verzorgenden in de reumatologie. 2. Nederlandse vereniging van rugpatiënten.
NVVz afk. van Nederlandse vereniging voor verpleeghuiszorg; zie ook NZf.
NVZ afk. van Nederlandse vereniging van ziekenhuizen; zie ook NZf.
NW afk. van normaalwaarde.
nyctalopie, nyctalopia *G* (lett.: 's nachts ziend) dagblindheid, toestand waarbij bij verminderde lichtsterkte (dus ook 's avonds en 's nachts), een beter gezichtsvermogen bestaat dan overdag of bij felle verlichting; doet zich soms voor bij centrale troebelingen in het hoornvlies of de lens of door aandoeningen van het netvlies van het oog, soms ook zonder dat afwijkingen in het oog worden waargenomen; tgst. hemeralopie.
nyctanopie (lett.: 's nachts niet ziend) syn. *hemeralopie.
nyct(er)(o)(h)emeraal dag en nacht; (van een) etmaal.
nyctodyspneu nachtelijke kortademigheid.
nyctofobie *G* angst 's nachts.
nycturie *G* verhoogde urinelozing 's nachts.
NYD afk. van not yet diagnosed *E*, nog geen diagnose gesteld.
NYHA afk. van New York heart association *A*.
nymfomanie bij vrouwen voorkomende, sterke seksuele drang, die zelden tot bevrediging leidt ondanks contacten met talloze wisselende partners.
nymphae *G* de kleine schaamlippen.
nystagmografie registratie van oogbewegingen (normale, atactische pendelbewegingen, tremor, *nystagmus); zie elektronystagmografie.
nystagmus *G* oogbolstuipen, oogbeving, syn. instabilitas oculorum; elke niet-willekeurige ritmisch heen-en-weer gaande beweging van de oogbol; *pathologische ~* komt voor bij ziekten van het labyrint, meningitis, sommige oogziekten, multipele sclerose, aandoeningen van het cerebellum, middenhersenen (o.a. door vitamine-B-complex deficiëntie) e.a.; *niet-pathologische ~* ziet men o.a. bij kunstmatige vestibulaire prikkeling (optokinetische, calorische en draai(stoel)nystagmus); *~ horizontalis*, nystagmus om de loodrechte oogas; *pendel~*, nystagmus met gelijke snelheid van de heen- en de weergaande beweging (vaak bij de zgn. *permanente* of *aangeboren ~*), syn. *~ oscillatorius* of *schommel~*; *positie~*, nystagmus in andere dan de zittende houding; *~ rotatorius*, nystagmus om de

vóór-achterwaartse oogas; *ruk~*, nystagmus met een snelle en een langzame component; *spontane ~*, nystagmus in zittende houding (met niet bewegend hoofd); *~ verticalis*, nystagmus om de dwarse as van het oog; *vestibulaire ~*, nystagmus bij aandoeningen of overprikkeling van het labyrint.

nyxis *G* syn. paracentese.

NZf afk. van Nederlandse zorgfederatie, voorheen NZR; NZf behartigt de belangen van organisaties die verschillende vormen van zorg aanbieden; aan de federatie zijn vier verenigingen verbonden: Nederlandse vereniging voor verpleeghuiszorg (NVVz), Nederlandse vereniging voor geestelijke gezondheidszorg (NVGGz), Nederlandse vereniging voor gehandicaptenzorg (NVGz), Nederlandse vereniging van ziekenhuizen (NVZ).

NZi afk. van nationaal ziekenhuisinstituut, instituut voor onderzoek, informatie en opleidingen in de zorg.

NZR afk. van nationale ziekenhuisraad, sinds 1992 *NZf.

NZVN afk. van nachtzorgvereniging Nederland.

O

O_2 symbool voor het element zuurstof (oxygenium).
OAC afk. van orale anticonceptie, oraal anticonceptiemiddel.
OAF afk. van osteoclast activating factor *E*.
OAS afk. van orale antistolling.
oatcell *E* havercel; kleincellig ongedifferentieerd celtype gelijkend op een haverkorrel; *~-carcinoom*, snelgroeiend longcarcinoom met vroege hematogene en lymfogene metastasering.
obdormitie, obdormitio *L* het zgn. slapen van ledematen.
obductie lijkschouwing; syn. autopsie, necropsie, sectie; wkw. *obduceren*.
obduratie, obduratio *L* syn. induratie.
O-been zie genu.
obees (iemand) met te hoog lichaamsgewicht.
Oberst, M. Duits chirurg (1849-1925); *~ anesthesie*, zie anesthesie.
obesitas *L* vetzucht, corpulentie, syn. adipositas.
o.b.h. (rec.) afk. van omni bihorio, iedere twee uur.
object voorwerp; in engere zin hetgeen onderzocht wordt.
objectief 1. werkelijk bestaand, berustend op feiten, waarneembaar; tgst. subjectief. 2. de naar het object gerichte lens van een optisch toestel, bijv. van een microscoop, röntgenapparaat, fototoestel.
oblatum *L* *ouwel.
obligaat noodzakelijk, verplicht, tgst. facultatief; *~ate anaëroben*, bacteriën die alleen kunnen leven bij afwezigheid van zuurstof; *~ate parasieten*, organismen die uitsluitend als parasiet kunnen leven.
obliquus *L* scheef, schuin.
obliterans *L* 1. obliteratie veroorzakend. 2. obliterend (zie obliteratie).
obliteratie, obliteratio *L* het dichtgroeien, verstoppen of verschrompelen van bloedvaten, kanalen of holten; wkw. *obliteren*.
oblivio *L* vergeetachtigheid.
oblongata verlengd, zie medulla; *~syndroom*, zie Wallenberg.
obnubilatie, obnubilatio *L* beneveling, onmacht, flauwte, syn. syncope.
obscuratie, obscuratio *L* verduistering; zeer kort-durende aanvallen van blindheid bij glaucoom of bij papiloedeem (zie discus); *~ lentis*, ooglens(ver)troebeling; zie cataract.
observatorium (gedeelte van een) ziekenhuis waarin patiënten voor korte tijd worden opgenomen, uitsluitend ter observatie en niet ter verpleging.
obsessie, obsessio *L* dwanggedachte.
obsessieve-compulsieve persoonlijkheid zie persoonlijkheid.
obsessieve-compulsieve stoornis (vlg. DSM-IV) angststoornis met als symptomen dwanggedachten ofwel dwanghandelingen; syn. dwangneurose.
obsoleet verouderd, niet meer in gebruik, bijv. van begrippen of geneesmiddelen.
obstetrica (vrl.), **obstetricus** (mnl.) *L* verloskundige; arts voor verloskunde.
obstetrie verloskunde.

obstetrix *L* vroedvrouw.
obstipatie, obstipatio *L* verstopping, syn. constipatie; ~ *colli*, scheefhals, syn. caput obstipum, torticollis.
obstructie, obstructio *L* verstopping; belemmering; ~ *alvi*, hardlijvigheid, syn. obstipatie; *~-ileus* (ook: obturatie*ileus), darmafsluiting door verstopping.
obturatie, obturatio *L* afsluiting; ~ *ileus*, syn. obstructie-ileus.
obturator *L* afsluiter; sluitplaat om tegennatuurlijke openingen (bijv. in het verhemelte) af te sluiten; *musculus* ~, afsluitende spier in de bekkenwand.
obtusus *L* 1. (dermatologie) stomp. 2. (psych.) afgestompt, dom, gevoelloos.
OC afk. van opvangcentrum (asielzoekers).
occipitaal, occipitalis *L* m.b.t. het achterhoofd (*occiput*); *~kwab*, zie lobus cerebri.
occlusaal de naar het kauwvlak gerichte zijde van een tand of kies.
occlusie, occlusio *L* 1. afsluiting; ~ *intestini*, darmafsluiting, syn. ileus; ~ *effect*, verschijnsel dat men de eigen stem 'anders' hoort wanneer de gehoorgang is afgesloten. 2. (tandheelk.) het op elkaar sluiten van bovenste en onderste tanden en kiezen.
occlusief afsluitend (bijv. van een verband).
occlusio zie occlusie.
occult verborgen, tgst. manifest.
occultisme leer van het occulte, het verborgene, van de geheime wetenschappen; bedient zich van de kennis en ervaringen opgedaan met bovennatuurlijke feiten; de kennis is dikwijls voor ingewijden in een 'geheime leer' vastgelegd.
ochronose *G* donkerbruine tot zwarte verkleuring van kraakbeen van gewrichten, trachea, ribben, oorschelpen, enz., voorts van huid (wangen, oksels, liezen), ogen (sclera, cornea), het endocard en de tussenwervelschijven, een en ander door een pigment (alkapton) dat ontstaat door een stoornis in de stofwisseling van tyrosine, een aminozuur; de verkleuring treedt door de uitscheiding van het pigment ook op in de urine (alkaptonurie).
ochropyra *G* gele koorts; syn. *febris flava.
OCS afk. van *obsessieve compulsieve stoornis.
octavus *nervus* ~, de achtste hersenzenuw.
octreotide synthetisch analoog van *somatostatine met soortgelijke werking; wordt toegepast bij tumoren van maagdarmkanaal, pancreas en bij *acromegalie.
oculair 1. het oog (oculus) betreffend, tot het oog behorend, met het oog geschiedend. 2. de bovenste lens (het dichtst bij het oog) van een optisch toestel, bijv. van een microscoop, een endoscoop.
ocular bobbing *E* opeenvolgende benedenwaartse bewegingen van de ogen t.g.v. hersenstambloeding.
oculist oogarts, syn. oftalmoloog, oftalmiater.
oculocefaal m.b.t. de hoofdbewegingen i.v.m. het zien.
oculocutaan syndroom syn. syndroom van Vogt-Koyanagi, dubbelzijdige iritis en uveïtis, glaucoom, prematuur grijsworden, kaalhoofdigheid, vitiligo en doofheid.
oculoglandulair syndroom (Parinaud) hardnekkige folliculaire conjunctivitis met regionale lymfadenitis (zie regionaal), waarschijnlijk veroorzaakt door een bacterie van het genus Rothia (gelijkend op de verwekker van de kattenkrabziekte).
oculogyrisch oogbewegingen veroorzakend; *~e crisis*, krampachtige geconjugeerde deviatie van de ogen bij parkinsonisme, vaak tezamen met synergistische

bewegingen van hoofd en hals.
oculomotorius *L* oogbewegend, zie nervus.
oculoplethysmografie zie plethysmografie.
oculopupillair, oculopupillaris *L* het oog (oculus) en de pupil betreffend.
oculus *L* oog; het *oog bestaat uit de oogbol (bulbus oculi), waarvan de wand is opgebouwd uit het netvlies (retina) dat zich niet geheel tot de voorzijde uitstrekt, het vaatvlies (choroïd), dat naar voren overgaat in het regenboogvlies (iris), en het buitenste vlies, de harde oogrok (sclera) die naar voren in het hoornvlies (cornea) overgaat; sclera en choroïd hebben aan de achterzijde een opening waar de gezichtszenuw (nervus opticus) uittreedt; achter het hoornvlies ligt de voorste *oogkamer, die van de achterste oogkamer wordt gescheiden door de ooglens en de iris; op de plaats waar het vaatvlies overgaat in de iris, bevindt zich het straallichaam (corpus ciliare) dat de accommodatiespier bevat; het oog wordt beschermd door de oogleden (palpebrae) die voorzien zijn van oogharen (cilia); de binnenzijde van de oogleden en de voorste helft van het oog zijn bekleed met oogbindvlies (conjunctiva); aan de binnenzijde van de oogleden bevinden zich ook enige smeerkliertjes (klieren van Meibom, glandulae tarsales); de werking van het oog is in het kort samengevat als volgt: de lichtstralen die van een voorwerp in het oog vallen, worden door de cornea en de lens tot een scherp beeld op het netvlies verenigd en via de oogzenuw tot bewustzijn gebracht (= het zien)
ocytocicum zie oxytocicum.
od een alles doordringende onzichtbare kracht die door daarvoor gevoelige personen zou kunnen worden waargenomen.
OD afk. van oculus dexter, rechter oog.
odaxesmus *G* pijn bij moeilijk doorbreken van de tanden; zie ook dentitie.
ODB afk. van open *ductus Botalli.
Oddi, R. Italiaans chirurg (1864-1913), zie sfincter.
Odelca afk. van 'Oude Delft'-camera, röntgenschermbeeldfoto-apparaat, zie schermbeeldfotografie.
odont- *~agra, ~algie*, tandpijn, kiespijn; *~hèle,* tandgezwel; *~icum L,* middel tegen kiespijn, meervoud odontica; *~ine*, syn. *dentine; *~inoïd* 1. gelijkend op dentine. 2. dentinevormsel in de tandpulpa; *~itis*, tandontsteking.
odonto- *~geen*, van de tanden uitgaand; *~genie*, tandvorming; *~ïd*, gelijkend op een tand of kies; *~liet*, tandsteen; *~lithiasis,* het vóórkomen van '*tandsteen' op tanden en kiezen; *~logie*, tandheelkunde; *~ma*, zie odonthèle; *~prothese,* vervanging van de tanden door kunsttanden of -gebit.
odontose tandvorming.
odor *L* reuk, geur; ~ *ex ore*, reuk uit de mond; ~ *hircinus*, bokkenstank, de reuk van het zweet in de okselholte; ~ *ingratus,* onaangename reuk.
odoramentum *L* reukmiddel, meervoud odoramenta, syn. olfactorium.
odoratisme (diergeneesk.) botlaesies, herniae en aneurysma dissecans t.g.v. afwijkingen in het collageen; syn. osteolathyrisme.
odorimetrie syn. olfactometrie, zie olfactometer.
ODR afk. van optical density ratio *E*.
ODS afk. van oculus dexter et sinister, rechter en linker oog.
odyno- (smst.; m.b.t. pijn) *~gogum*, weeënbevorderend middel, syn. oxytocicum; *~fagie*, pijnlijk slikken.

OEC afk. van *ortho-ergisch contact.
oecologie zie ecologie.
oecomanie zie ecomanie.
oedeem, oedema *G* (water)zucht, overmatige ophoping van vocht in het *interstitieel weefsel, (intercellulaire ruimte); wordt veroorzaakt door verhoogde hydrostatische druk in de capillairen, verhoogde doorlaatbaarheid van de capillairwand of verlaagde colloïd-osmotische druk van het bloedplasma; algemeen oedeem van het onderhuids bindweefsel noemt men anasarca; *alimentair ~*, honger- of ondervoedingsoedeem; *angio(neurotisch) ~*, zie angio-oedeem; *deegachtig ~*, oedeem dat men niet kan indrukken (bijv. bij myxoedeem) in tegenstelling tot de andere vormen van oedeem; *~ fugax*, vluchtig oedeem, voorbijgaande waterzucht aan de onbedekte lichaamsdelen; *gas~*, gas*flegmone met uitgebreide oedeemvorming; *~ glottidis*, syn. *glottis~*, oedeem van het slijmvlies van de stembanden en omgeving (o.a. het strotklepje) door ontsteking, trauma, enz.; kan in ernstige graad dood door verstikking tot gevolg hebben; *honger~*, syn. alimentair oedeem; *long~*, zie oedema pulmonum; *maligne ~*, ontstekingsoedeem na infectie met Clostridium welchii en gepaard gaande met gangreen; *myx~*, zie *myxoedeem; *oncotisch ~*, oedeem ontstaan doordat het weefsel vocht tot zich trekt zoals bij hypoproteïnemie; *pitting ~ E*, oedeem waarin met de vingertop een putje kan worden gedrukt; *~ pulmonum*, longoedeem, uittreding van sereus vocht uit de capillairen in de longblaasjes, eindgevolg van tekortschieten van de linker harthelft, voorts bij long*embolie, sommige intoxicaties, bergziekte; *refeeding ~ E*, oedeem door KH-rijke voeding na een hongerperiode.
oedemateus oedeemachtig.
oedème *F* oedeem; *~ blanc douloureux*, phlegmasia alba dolens (zie flegmasie); *~ bleu* (Charcot), door zelfverminking (automutilatie) opgewekt livide lymfoedeem van hand en/of onderarm.
Oedipus-complex in de psychoanalyse een term voor een geheel van impulsen en conflicten die zich bij jongens voordoen tijdens de *fallisch-oedipale fase; het is een gefantaseerde vorm van seksuele liefde, gericht op de moeder, al snel gevolgd door haat en vrees voor de vader; door de toenemende angst worden de seksuele gevoelens verdrongen en identificeert het jongetje zich steeds meer met de vader; Oedipus was een Griekse mythologische koningszoon te Thebe, die zijn vader doodde en vervolgens met zijn moeder huwde.
oefentherapie *fysiotherapie, hetzij in de vorm van speciale lichaamsoefeningen, ontleend aan diverse stelsels en methoden van gymnastiek, hetzij met behulp van katrol-, hef-, hijs-, slinger-, pendel- en tractietoestellen, oefenrekken, weerstandsbanken; zie ook Bobath, Cesar, Mensendieck.
oenomanie *G* (*oinos G* = wijn) dronkemansgedrag; (uitbr.) hevig verlangen naar alcohol of verdovende middelen.
Oertel, M. Duits arts (1835-1897); *kuur van ~*, systematische lichaamsoefeningen, loopoefeningen op hellend terrein en fysiotherapie, dieet, vloeistofbeperking, enz. bij vetzucht, hartziekten.
oesofag- *~ectasie*, dilatatie van de slokdarm; *~ectomie*, *resectie van een vernauwde plaats in de oesophagus.
oesofagisme, oesophagismus *L* ook: *oesophagospasmus*, kramp van de slokdarm, bemoeilijkt slikken, syn. dysphagia spastica.
oesofagitis, oesophagitis ontsteking van de slokdarmwand; *reflux-~*, erosies,

ulcera en granulatievorming in het slokdarmslijmvlies, soms met stenose t.g.v. terugvloeiing van peptisch actieve maaginhoud (maag- en pancreassap, gal) via de cardia.

oesofag- *~odynie*, pijn in de slokdarm; *~omalacie*, kort voor of na de dood optredende *autodigestie van de oesophagus door spijsverteringsvochten; *~oscoop*, endoscoop voor de slokdarm; *~ostenose*, *strictuur van de slokdarm.

oesofagotomie, oesophagotomia operatie waarbij in de oesophagus een opening wordt gemaakt; ~ *externa* (ook: *oesophagostomia*), oesofagotomie van de hals uit; ~ *interna*, oesofagotomie waarbij van binnen uit een opening in de (vernauwde) slokdarm wordt gemaakt.

oesophagismus zie oesofagisme.

oesophagitis zie oesofagitis.

oesophagospasmus zie oesofagisme.

oesophagotomia zie oesofagotomie.

oesophagus *G*, **esophagus** slokdarm, deel van het spijsverteringskanaal (tractus digestivus), spierachtige afgeplatte buis 24 tot 28 cm lang, die de keelholte met de maag verbindt; het begin ervan ligt achter de luchtpijp.

oestradiol één der *oestrogenen.

oestrische cyclus bronstperiode bij dieren.

oestrogenen ook: *estrogenen*, hormonale stoffen die de vrouwelijke secundaire geslachtskenmerken ontwikkelen resp. instandhouden; de oestrogenen die door het ovarium (in de Graafse follikel) worden gevormd, noemt men follikelhormoon (oestron, oestradiol) dat zorgt voor de *proliferatiefase van het *endometrium (baarmoederslijmvlies); oestrogenen worden verder gevormd in placenta, testis en bijnier.

oestromanie sterk verhoogde geslachtsdrift.

oestron, estron 1. één der *oestrogenen. 2. syn. oestrus.

oestrum, oestrus *G* bronst; paardrift bij dieren; ook: oestron.

officina *L* werkplaats, apotheek.

officinalia *L* officinele geneesmiddelen, dat zijn geneesmiddelen die vlg. de farmacopee in de apotheek voorhanden moeten zijn; zie ook series medicamentorum.

ofi- zie ook ophi-.

ofidisme, ophidismus *L* vergiftiging door slangengif; zie ofiotoxine.

ofiotoxine *G* slangengif, toxalbuminen bevattende vloeistof uit de gifklier van gifslangen (colubriden en viperiden), die na de beet, behalve plaatselijke afwijkingen zoals pijn, verstijving, zwelling en huidverkleuring, algemene verschijnselen veroorzaakt, welke hoofdzakelijk berusten op de neurotoxische werking (zie neurotoxine) van het gif; deze verschijnselen (ofidisme) zijn benauwdheid, duizeligheid, beven, krampen, angst, bewustzijnsstoornissen, verlammingen, slaapzucht, hevige dorst, bloedingen, delirium en tenslotte ademstilstand; de therapie van gifslangenbeet bestaat uit spoedige plaatselijke behandeling van de wond en de i.m. toediening van antiserum.

oftalm- zie ook ophthalm-; *~algie*, pijn in het oog, syn. oftalmodynie; *~atrofie*, verschrompeling (atrofie) van het oog; *~iater*, oogarts, syn. oculist, oftalmoloog; *~iatrie*, oogheelkunde, syn. oftalmologie.

oftalmie, ophthalmia *G* oogontsteking; ~ *electrica*, door ultraviolet licht veroorzaakte oftalmie; ~ *gonorrhoica*, syn. conjunctivitis blennorrhoica; ~ *neonatorum*, syn. blennorrhoea neonatorum (zie blennorroe); ~ *scrofulosa*, syn. conjunctivitis phlyctaenulosa; *sympathische* ~, *uveitis door auto-antistoffen, afkomstig van een recente posttraumatische uveitis in het andere oog.

oftalmoblenorroe, ophthalmoblennorrhoea *G* syn. conjunctivitis gonorrhoica.

oftalmocele syn. exoftalmie.

oftalmodynamometrie oogheelkundige techniek om de bloeddruk in de a. centralis retinae te meten.

oftalmo- *~dynie*, pijn in het oog, syn. oftalmalgie; *~logie*, oogheelkunde; *~loog*, oogarts.

oftalmomalacie, ophthalmomalacia *G* verweking c.q. verschrompeling van de oogbol, zonder dat een ontsteking hiervan de oorzaak is; syn. phthísis bulbi essentialis, ophthalmophthisis; ~ *intermittens*, met tussenpozen optredende aanvallen van oogdrukdaling.

oftalmometer instrument voor meting van krommingen van de cornea, syn. astigmometer, toestel van Javal.

oftalmometrist technisch oogheelkundig assistent.

oftalmomicroscoop microscoop in gebruik in de oogheelkunde om de voorste delen van het oog te onderzoeken.

oftalmopathie ziekte van het oog.

oftalmoplegie, ophthalmoplegia *G* verlamming van de oogspieren; ~ *externa*, verlamming van de uitwendige oogspieren (die de oogbol bewegen); ~ *interna*, verlamming van de inwendige oogspieren (musculus sphincter pupillae en musculus ciliaris of accommodatiespier); ~ *dolorosa*, pijnlijke oftalmoplegie, zie Tolosa; ~ *totalis*, verlamming zowel van de uitwendige als van de inwendige oogspieren.

oftalmoptose, ophthalmoptosis *G* syn. exoftalmie.

oftalmo- *~rragie*, bloeding in het oog; *~scoop*, oogspiegel; *~scopie*, onderzoek van het oog met de oogspiegel; *~staat*, instrument waarmee bij een operatie het oog kan worden stilgehouden; *~statometer*, instrument om de stand der ogen en de uitpuiling van de oogbol te bepalen; *~tomie*, incisie van de oogbol.

OGD afk. van oesofagogastroduodenoscopie.

Ogilvie, Sir H. Engels chirurg; *syndroom van* ~, pseudo-obstructie-ileus, adynamische ileus van het colon transversum door een stoornis in de autonome innervatie van de darm.

Ogino, K. Japans arts (1882-1974); *methode van ~-Knaus*, zie onthouding.

Ogura, N. Japans arts; *operatie van* ~, decompressie van de orbita-inhoud bij exoftalmie d.m.v. een verbinding met de sinus maxillaris.

o.h. (rec.) afk. van omni hora, ieder uur.

OHL afk. van oral hairy leukoplakia *E*, een frequente tongaandoening bij AIDS-patiënten.

ohm maateenheid van de weerstand, die een elektrische stroom ondervindt.

OHO afk. van 1. occupational health officer *E*, bedrijfsarts. 2. open-hartoperatie.

OHS afk. van ovariële hyperstimulatie.

OHSS afk. van ovarieel *hyperstimulatiesyndroom.

OI afk. van osteogenesis imperfecta.

OIO afk. van onderzoeker in opleiding.

oinomanie (oinos *G* = wijn) drankzucht, alcoholisme.

OK afk. van operatiekamer.

oksel axilla; *~slagader*, arteria axillaris; *~toilet*, operatieve verwijdering van het

vetweefsel en lymfeklieren uit de oksel; onderdeel van de chirurgische behandeling van mammacarcinomen; zie ook Halsted; *~top*, craniale begrenzing van de oksel; top van de ruimte gevormd door bovenarm, borstkas en sleutelbeen.
OKT afk. van ortho, *Kung, T(-cells), benaming van bepaalde monoklonale antistoffen, welke worden gebruikt bij de typering van lymfocytaire elementen door analyse van karakteristieke plasmamembraancomponenten; OKT 3 = T-receptorcellen; OKT 4 = anti-T-*helper cells; OKT 6 = *thymocyten; OKT 8 = anti-T-suppressorcellen; OKT 10 = anti-plasmacellen. De afkorting OKT is inmiddels verouderd en vervangen door de afkorting CD (clusters of differentiation).
Okuda, K. Japans röntgenoloog; *naald van ~*, zeer dunne en sterk flexibele punctiecanule t.b.v. percutane transhepatische cholangiografie; syn. chibanaald.
olecranon *G* elleboog, syn. vertex cubiti.
olenitis *G* ontsteking van het ellebooggewricht.
oleosum *L* olieachtig geneesmiddel, meervoud oleosa.
oleum *L* olie.
olfactie reukprikkel.
olfaction coloree *F* het ruiken van kleuren; het zien van kleuren bij het ruiken van bepaalde geuren.
olfactometer *L* reukmeter, toestel om de reukzin (olfactus) te meten (*olfactometrie*), syn. odorimeter.
olfactorium *L* reukmiddel, syn. odoramentum.
olfactorius *L* de reuk betreffend; *nervus ~*, reukzenuw; de 1ste hersenzenuw.
olfactus *L* reuk; het orgaan van de reukzin (regio olfactoria) ligt in het slijmvlies boven in de neus; hierin bevinden zich de reukcellen en de uiteinden van de reukzenuw.
olifantsziekte zie elefantiasis.
oligemie, oligaemia *G* bloedarmoede t.g.v. sterke vermindering van de hoeveelheid bloed, door bloedverlies bij verwonding, operatie.
oligo- *G* (smst.) gering, weinig; *~arthritis*, artritis in een klein aantal gewrichten; *~cardie*, syn. bradycardie.
oligoclonaal zie oligoklonaal.
oligocytemie, oligocythaemia *G* verminderd aantal erytrocyten in het bloed, tgst. polycytemie.
oligodactylie gemis van één of meer vingers of tenen.
oligodendro- *~cyten*, cellen van de oligodendroglia met weinig uitlopers (zie glia); *~glia*, (meervoud) bepaalde kleine gliacellen in het centrale zenuwstelsel die myeline vormen; zie microglia, neuroglia.
oligodontie te weinig aangelegde tanden in het volwassen gebit of het melkgebit.
oligodynamisch in geringe hoeveelheden werkzaam.
oligo-elementen syn. *sporenelementen.
oligofrenie, oligophrenia *G* zie zwakzinnigheid; *~ phenylpyruvica*, zie fenylketonurie.
oligohydramnie *G* te weinig vruchtwater in het amnion; tgst. hydramnion; *~-tetrade*, deformiteiten en contracturen van de ledematen, longhypoplasie, intra-uteriene groeivertraging en gelaat van *Potter t.g.v. ruimtegebrek in utero door oligohydramnie.
oligoklonaal, oligoclonaal afgeleid of m.b.t. slechts één of enkele *klonen.

oligomenorroe menstruaties met grote, meestal onregelmatige, tussenpozen; tgst. polymenorroe.
oligophrenia *zwakzinnigheid.
oligosacharidosen syn. *mucolipidosen.
oligosialie verminderde afscheiding van speeksel.
oligo(zoö)spermie *sperma met te geringe hoeveelheid zaadcellen.
oligotrichie *G* gebrekkige haargroei, tgst. hypertrichose.
oligurie verminderde urine-afscheiding per etmaal; *renale* ~, oligurie veroorzaakt door beschadiging of verlies van het nierweefsel.
olisthesis *G* afglijding.
oliva *L* olijf, ovale structuur aan de voorzijde van het verlengde merg terzijde van de piramiden.
Oliver, W. Engels militair arts (overl. 1908); *symptoom van ~-Cardarelli*, polsgewijze neerwaartse tractie aan de larynx bij aneurysma van de aorta of naburige gezwellen.
Ollier, L. Frans chirurg (1836-1901); *ziekte van ~*, dyschondroplasie.
omacephalus *G* misgeboorte zonder hoofd en armen.
omagra *G* schouderjicht.
omalgie, omalgia *G* pijn in de schouder, syn. omodynie.
omartrose arthrosis deformans van het schoudergewricht.
OME afk. van otitis media met effusie; syn. *glue ear.
Omenn-syndroom familiale *reticulose met histiocytaire infiltraten van huid en lymfeklieren, eosinofilie, hepatosplenomegalie en immunodeficiëntie.
omentofixatie (ook: *omentopexie*), zie Talma.
omentum *L* syn. epiploon; ~ *majus*, het grote net, plooi van het buikvlies die zich uitstrekt van de onderrand van de maag tussen buikwand en darm; ~ *minus*, het kleine net, plooi van het buikvlies tussen de bovenrand van de maag en de lever.
omfal- (smst.) m.b.t. de navel; zie ook omphal-; *~ectomie*, operatie waarbij de navelring wordt uitgesneden (bij navelbreuk); *~ocele,* syn. *hernia funiculi umbilicalis; *~oproptose*, uitzakking van de navelstreng van het kind tijdens de bevalling; *~orragie*, navelbloeding bij kinderen vlak na de geboorte; *~otomie,* het doorsnijden of doorknippen van de navelstreng na de geboorte.
omineus slecht, ongunstig, op ongunstige afloop wijzend.
omkering (psych.) veelvoorkomend afweermechanisme waarbij men zich precies tegenovergesteld gedraagt aan hoe men zich voelt.
omloop 1. zie onychia. 2. medewerker op een operatiekamer die niet steriel gekleed is en aan de steriel geklede medewerkers ondersteuning biedt.
ommaya-reservoir een rond doosje van kunststof, geïmplanteerd in het voorhoofdsbeen, dat via een canule is verbonden met de hersenventrikel t.b.v. liquoronderzoek en toediening van therapeutica.
omni *L* ieder, elk, geheel; ~ *bihorio*, elke twee uur; afk. (rec.) o.b.h.; ~ *hora*, elk uur; afk. (rec.) o.h.; *~potentie,* almacht; ~ *trihorio*, elke drie uur; afk. (rec.) o.t.h.
omodynie, omodynia pijn in de schouder, syn. omalgie.
omoplata *G* schouderblad; syn. scapula.
omphal- (smst.) m.b.t. de navel; zie ook omfal-; *~itis*, navelontsteking; *~itis neonatorium*, omphalitis bij een pasgeborene; *~opagus*, dubbel*monstrum, met de navel aan elkaar gegroeid; *~otaxis*, het weer naar binnen brengen van de navelstreng bij uitzakking tijdens de partus (prolapsus funiculi).

omphalus *G* navel; syn. *umbilicus *L.*
ompoling (chir.) *veneuze ~*, diverse correctieve technieken bij *transpositie van de grote bloedvaten, o.a. vlg. Mustard, *Rashkind, Senning.
onanie, onanisme, onanismus *L* zelfbevrediging (afgeleid van Onan, Genesis 38:9), zie masturbatie; ~ *conjugalis*, coïtus, onderbroken vóór de zaaduitstorting, om zwangerschap te voorkomen, syn. coitus interruptus; wkw. *onaneren*.
onanisme *F* zie onanie; ~ *cutane F* (Darier) aanvallen van heftig krabben wegens jeuk, waarbij in het psychisch gedrag van de patiënt sterke gelijkenis optreedt met seksuele lustgevoelens die tot orgasme voeren.
onbewuste (psych.) geheel van processen die van invloed zijn op het gedrag, maar zich aan het bewustzijn onttrekken.
onc. afk. van *oncogen.
onchocerciasis infectie met Onchocerca, zie Filaria.
oncocyt 1. gezwelcel. 2. grote eosinofiel gekorrelde cel in sommige organen, vnl. speekselklieren, schildklier, bijnieren; syn. pycnocyt; *~oom*, adenoom voortkomend uit oncocyten; komt vnl. voor in de glandula *parotis en de nieren.
oncogeen gezwelvormend, gezwelveroorzakend; zie ook oncogen.
oncogen (kankerverwekkend *gen) een gen, dat betrokken is bij het ontstaan van tumoren; het oncogen komt voor in *oncogene virussen (v-onc-gen) en in normale cellen (c-onc-gen); meervoud *oncogenen*.
oncogenese, oncogenesis ontstaan(swijze) van gezwellen; gezwelvorming, neoplastische groei.
oncologie *G* gezwelleer, wetenschap betreffende de gezwellen (m.n. de maligne), zie ook neoplasma.
oncoloog beoefenaar der oncologie.
oncolyticum farmaceutisch middel dat de groei van gezwellen remt.
oncoma syn. *neoplasma; ook: zwelling; intumescentie.
oncornavirus *oncogeen *virus met *RNA als genetisch materiaal; deze virussen veroorzaken sarcomen en leukemieën en zijn bij de mens (nog) niet aangetoond.
oncosfeer, oncosphaera larvenstadium van de lintworm.
oncotaxis de neiging van maligne gezwellen te metastaseren naar een bepaald gebied van het lichaam.
oncotisch veroorzaakt of gekenmerkt door zwelling.
oncotomie operatie waarbij een gezwel wordt uitgesneden.
oncovirussen retrovirussen die kanker en T-cel-leukemie kunnen verwekken.
onderarm antebrachium.
onderbeen crus.
onderbeet (foutief) zeldzame vorm van *occlusie (bet. 2) waarbij de onderste voorste tandenrij over de bovenste heen glijdt, syn. omgekeerde frontbeet.
onderbewustzijn (psych.) 1. dat deel van wat men vergeten is, dat probeert in het bewustzijn terug te keren en dat op die manier invloed uitoefent op het gedrag. 2. in de psychoanalytische theorie: bewustzijnsniveau tussen het onbewuste en het bewuste.
onder- *~huids*, subcutaan; *~kaak*, mandibula; *~kaakspeekselklier*, glandula submandibularis; *~lip*, labium inferius; *~schrift* (rec.), subscriptie; *~sleutelbeenslagader*, arteria subclavia; *~tongzenuw*, n. hypoglossus, de 12de hersenzenuw.
onderste holle ader vena cava inferior.
ondersteunende therapie (psych.) behandeling waarbij op een rechtstreekse wijze

hulp wordt geboden.

ondertoezichtstelling afk. OTS, maatregel van de kinderrechter waarbij het gezag van de ouders/voogd wordt beperkt indien een kind met lichamelijke of zedelijke ondergang wordt bedreigd; er wordt een gezinsvoogd benoemd, die aan de ouders/voogd aanwijzingen geeft bij de verzorging en opvoeding van de kinderen.

ondertongspeekselklier glandula sublingualis.

ondervoeding voeding die zowel kwantitatief (onvoldoende energie) als kwalitatief (zie *deficiëntie) tekortschiet.

onderzoek *invasief* ~, onderzoek met behulp van instrumenten waarbij huid of slijmvlies wordt gepasseerd, bijv. angiografie, hartkatheterisatie, Dotter-methodiek, laparoscopie, proefpunctie.

Ondine naam van een Germaanse watergodin; *~-syndroom*, primaire alveolaire hypoventilatie op grond van een sterk verminderde gevoeligheid van het ademcentrum voor CO_2-retentie.

ondulatie zie undulatie.

oneirodynie, oneirodynia *G* (psych.) benauwde droom; ~ *activa*, slaapwandelen, syn. *somnambulisme; ~ *passiva*, nachtmerrie; zie ook incubus, pavor nocturnus.

oneirogmus *G* zaadlozing in de slaap, syn. pollutio nocturna.

oneirologie de leer of kennis der dromen.

oneiroscopie droomuitlegging door zielkundige ontleding zoals deze wordt toegepast in de psychoanalyse.

ongevalsneurose zie renteneurose.

oniomanie *G* koopzucht, ziekelijke zucht tot kopen.

ONK afk. van oor-neus-keel.

on- *~lust*, (psych.) gemoedservaring van onbehagen.

onomato- *~lalie*, dwang om bepaalde woorden telkens te herhalen; zie ook echolalie, otomanomanie; *~logie*, terminologie; *~manie*. 1. pathologische drang om bepaalde woorden uit te spreken. 2. het met een gevoel van angst zoeken naar of uitspreken van bepaalde woorden; *~pee*, geluid- of klanknabootsend woord; *~poiesis*, het uiten van niet-bestaande woorden door psychotici.

onset *E* begin; de eerste typische verschijnselen die het uitbreken van een bepaalde ziekte aankondigen; *late* ~, het uitbreken van een ziekte op een later tijdstip dan kon worden verwacht of als 'normaal' bekend is.

onsterfelijkheidswaan (psych.) ziekelijke, niet-corrigeerbare gedachte dat men onsterfelijk is.

ontaarding zie degeneratie; (psych.) zie depravatie.

ontaardingsreactie abnormale reactie van spieren of zenuwen op elektrische stroom, waaruit men de oorzaak van verlammingen kan vaststellen.

onthouding (vlg. DSM-IV)) een middel-specifiek syndroom dat optreedt bij degenen die gedurende langere tijd veelvuldig alcohol, drugs, bepaalde geneesmiddelen of tabak hebben gebruikt en die hiermee plotseling stoppen; zie ook abstinentiesyndroom, afhankelijkheid van een middel; syn. *abstinentie*; *periodieke* ~, het niet uitoefenen van de coïtus om bevruchting te voorkomen, gedurende de periode van 4 dagen vóór en 3 dagen na het vermoedelijke tijdstip van de ovulatie; syn. methode van Ogino-Knaus.

onthoudingssyndroom zie abstinentiesyndroom.

onthoudingsverschijnselen zie abstinentiesyndroom.

ontkenning (psych.) speciale vorm van verdringing, waarbij wordt vermeden de bedreigende aspecten van de interne en externe werkelijkheid op te merken.
ontkenningssyndroom geheel van verschijnselen bij een verslaafde die erop wijzen dat deze gedurende een fase van de verslaving zijn gewoonte tracht te ontkennen en te verbergen.
ontoerekenbaarheid niet verantwoordelijk gesteld kunnen worden voor strafbare feiten wegens gebrekkige ontwikkeling of ziekelijke storing van de geestesvermogens (vlg. art. 39 Wetb. v. Sr); syn. ontoerekeningsvatbaarheid.
ontogenese, ontogenie, ontogenesis ontwikkelingsleer, de leer van het ontstaan der levende wezens als individu.
ontologie leer van de grondslagen van de stoffelijke en geestelijke wereld.
ontsluitingsperiode zie partus.
ontsmetting desinfectie.
ontsteking zie inflammatie; *~smediatoren*, zie mediator (bet. 3).
onttrekkingsbloeding zie derving, syn. withdrawal bleeding *E*.
onttrekkingssyndroom zie *steal-syndrome.
ontvelling zie excoriatie.
ontwenningsverschijnselen zie abstinentiesyndroom.
ontwijkingsstoornis syn. sociale fobie.
ontwikkelingsleer zie ontogenese.
ontwikkelingsniveau indeling van de levensloop naar vastgestelde leeftijden: geboorte-1 jaar: zuigeling; 1-4 jaar: peuter; 4-6 jaar: kleuter; 6-12 jaar: schoolkind; 12-17 jaar: puber; 17-21 jaar: adolescent; 21-64 jaar: volwassene; 65 en ouder: bejaarde.
ontwikkelingspsychopathie vorm van psychopathie die niet het gevolg is van erfelijkheid of aanleg maar van een foutief verlopend socialisatieproces; met ingang van DSM-IV antisociale persoonlijkheidsstoornis genoemd.
ontwikkelingspsychose zie psychose.
ontwikkelingsstoornisen (vlg. DSM-IV) stoornissen die ontstaan in de periode van zuigeling tot adolescent (met veelal gevolgen voor latere levensfasen) waartoe behoren: *zwakzinnigheid, *leerstoornissen en pervasieve *ontwikkelingsstoornissen; *diffuse ~*, afk. DOS, (psych.) algemene term voor het optreden van psychotische toestandsbeelden bij zeer jonge kinderen (vóór het vierde levensjaar); *pervasieve ~*, afk. POS, (vlg. DSM-IV) een *autistische of daaraan verwante stoornis gekenmerkt door ernstige gebreken in de ontwikkeling van sociale of communicatieve vaardigheden of van stereotiep gedrag en interesse; behalve de *autistische stoornis behoren hiertoe de stoornis van *Rett, de desintegratiestoornis van de kinderleeftijd (zie syndroom van *Heller) en de stoornis van *Asperger; met het begrip pervasief wordt aangegeven dat de ontwikkelingsstoornis diep doordringt in het totale functioneren (voelen, waarnemen, denken, handelen) van personen.
ontwrichting zie dysartrose, luxatie, olisthesis, subluxatie.
on- *~vatbaar*, zie refractair, immuniteit, immunisatie; *~verenigbaarheid*, incompatibiliteit; *~voldragenheid*, immaturitas; *~vruchtbaar*, infertiel, steriel; *~vruchtbaarheid*, zie atokie, infertiliteit; *~waarneembaar*, latent, occult; *~werkelijkheidsgevoelens*, (psych.) zie derealisatie.
onych- (smst.) m.b.t. de *nagels; *~algie*, nagelpijn; *~auxis*, hypertrofie van een nagel; *~ia*, *G* ontsteking van de nagelwal; syn. onyxis, paronychia, (pop.)

omloop; *~itis*, nagelontsteking; *~odystrofie*, misvormde nagels; *~ocryptosis*, het groeien van huid over de nagels; *~odysplasie*, nagelmisvorming; *~ofagie*, nagelbijten.
onychogryp(h)osis *G* nagelverkromming; misvorming van de nagel, waarbij deze door abnormale hoornafzetting donker verkleurt, zich klauwvormig verdikt en zijdelings verkromt; wordt wel kalknagel genoemd, syn. unguis adunctus.
onycholysis het verlies van nagelsubstantie en loslating van de nagel, meestal t.g.v. een schimmelziekte.
onychomycose, onychomycosis *G* schimmelziekte (mycose) aan de nagels.
onychoschisis (distale) gespletenheid van (meestal hypoplastische) nagels.
onychosis *G* abnormale verhoorning van de opperhuid (keratonose) met afwijkingen in de vorming der nagels.
onychotillomanie nerveus plukken aan de nagels.
onyx *G* 1. nagel, syn. unguis; zie ook onycho-. 2. zie unguis corneae.
onyxis *G* syn. *onychia.
OOB afk. van oordeel over de ontvangen behandeling.
oöcyste de *oökineet van de malariaparasiet die zich encysteert in de maagwand van een Anopheles en na rijping sporozoieten produceert die de speekselklieren van de mug bereiken.
oöcyt de onbevruchte eicel.
oöf- zie ooph-.
oöforectomie, oophorectomia operatie waarbij één of beide eierstokken (oophoron) worden verwijderd.
oöforosalpingectomie operatieve verwijdering van eierstok (oophoron) met de bijbehorende eileider (salpinx).
oöforostomie syn. *ovariostomie.
oöforotomie syn. *ovariotomie.
oog zie bulbus, oculus; *~beschermer*, paropion.
oögenese, oogenesis *G* de ontwikkeling (genese) of vorming van de eicel.
oogharen cilia.
oogheelkunde oftalmiatrie, oftalmologie.
ooghoek canthus.
oogkamer camera bulbi (oculi); *voorste ~*, de ruimte tussen hoornvlies en lens; *achterste ~*, de ruimte tussen lens, zonula ciliaris, corpus ciliare en iris.
oog- *~kapsel*, bindweefsellaag tussen de oogbol en het vetweefsel van de oogkas; syn. vagina bulbi; *~kas*, orbita; *~klep*, paropion; *~knipperen*, blefarisme; *~lens*, lens crystallina; *~lid*, blepharon, palpebra; *~lidhouder*, ecarteur, tenaculum; *~merk*, zie intentie; *~pijn*, zie dysopsia algera; *~spiegel*, oftalmoscoop; *~spiegelen*, fundoscopie; *~spleet*, *rima palpebrarum; *~standafwijking*, zie heteroforie; *~tand* (pop.) hoektand in de bovenkaak; *~volgproef*, eenvoudige controle van de beweeglijkheid van de ogen (apart of tezamen) d.m.v. de bewegende vinger van de onderzoeker; *~water* (farm.), collyrium; *~worm* (pop.) zie filaria oculi (loa loa); *~zenuw*, nervus opticus.
ooievaars- *~prik* tijdelijk paarsrode vlekken op oogleden en voorhoofd bij pasgeborenen; *~benen*, sterke atrofie van de onderbeenmusculatuur bij sommige neuromusculaire ziekten; aangeboren geringe ontwikkeling van de onderbeenmusculatuur.
oökineet de (motiele) bevruchte macrogameet (*zygote) van de malariaparasiet die

zich in de maagwand van de Anopheles tot *oöcyste ontwikkelt.

oökinese, ookinesis *G* de veranderingen in de eicel gedurende de rijping, de bevruchting en de deling.

oophor- *G* (smst.) m.b.t. de eierstok; *~ectomia* , zie oöforectomie; *~itis*, ontsteking van de eierstok, syn. ovaritis; *~on*, eierstok, syn. ovarium; *~osalpingectomie*, zie oöforosalpingectomie; *~osalpingitis*, ontsteking van de eierstok (oophoron) en de daarbij behorende baarmoedertrompet (salpinx).

oöplasma het cytoplasma van de eicel.

oor (gehoororgaan) auris; *~arts,* otiater, otoloog; *~haartjes*, tragipili; *~heelkunde*, otiatrie, otologie; *~lel*, zie lobulus.

oor-neus-keelheelkunde otorinolaryngologie.

oor- *~schelp*, auricula, pinna; *~smeer*, cerumen.

oorspan het bereik van het gehoor voor geluidstrillingen van een bepaalde toonhoogte, uitgedrukt in decibel; in het audiogram: de afstand tussen drempellijn en pijngrens bij een bepaalde toonhoogte.

oorspeekselklier glandula parotidea, parotis.

oorspiegel otoscoop.

oorsprong origo.

oorsuizen tinnitus aurium.

oortrompet tuba auditiva, tuba eustachii, tuba acustica.

oorvaam het gebied tussen de laagste en de hoogste voor het oor waarneembare toonhoogten (de toongrenzen).

Oospora geslacht van woekerzwammen, schimmelsoort waartoe o.a. behoren Trichophyton schönleinii, Microsporon, enz.

oozing *E* lett. sijpelen; hardnekkige parenchymateuze (capillaire) bloeding, syn. haemostaxis.

OPA afk. van omni-partijen akkoord.

opaak, opacus *L*, ondoorschijnend, troebel, donker.

opacitas *L*, **opaciteit** troebelheid, ondoorschijnendheid.

opacus zie opaak.

opalescent melkwit-troebel; bijna doorschijnend, als een opaal.

OPCA afk. van olivo-ponto-cerebellaire atrofie.

opdrukpijn syn. *asdrukpijn.

open been *ulcus cruris; zie ook angioderm(at)itis.

open door system *E*, **open-deur-systeem** verpleging van psychiatrische patienten in een inrichting waar zij zich vrij kunnen bewegen en niet door muren, enz. van de buitenwereld zijn afgesloten.

open-hartchirurgie operatieve ingrepen aan hart en evt. de 'grote vaten', waarbij *extracorporale circulatie moet worden toegepast.

open rug (pop.) zie spina bifida.

operabel geschikt voor operatieve behandeling; tgst. inoperabel.

operante conditionering zie conditionering.

operatie heelkundige (chirurgische) bewerking op het levende lichaam, hetzij met het doel verenigde weefsels te scheiden, gescheiden weefsels te verenigen, weefseldelen te verwijderen of ontbrekende delen kunstmatig te vervangen; *overloop~*, zie overloopoperatie.

operatief heelkundig: door of met een operatie.

operculum *L* lett. deksel. 1. slijmprop in het cervicale kanaal tijdens de zwangerschap. 2. (anat.) de delen van de hersenhemisferen die de *insula reyli overdekken. 3. gebied van gezwollen slijmvlies, dat een ontstekingshaard overdekt; ook: *capuchon F*. 4. de basis van de stapes; *~syndroom*, centrale parese van spieren in het innervatiegebied van de 5de, 7de en 9de t/m 12de hersenzenuwen t.g.v. encefalomalacie.

OPFE afk. van oestrogeen-positief feedback-effect.

OPG afk. van oculo(pneumo)*plethysmografie.

opgeblazenheid zie meteorisme, tympanisme.

opgraving exhumatie.

Ophelia de dochter van Polonius in Shakespeares Hamlet; *~-syndroom*, recent-geheugenverlies t.g.v. *paraneoplasie.

ophi- zie ook ofi-.

ophiasis *G* dwars over de kruin, van oor tot oor lopende kale plek, vorm van alopecia areata.

ophidismus zie ofidisme.

ophryon *G* het midden van de glabella; bijv.nw. *ophryogenes*.

ophrys wenkbrauw.

ophth- zie ook oft-; (smst.) oog.

ophthalmia zie oftalmie.

ophthalmicum *L* geneesmiddel voor het oog.

ophthalmoblennorrhoea zie oftalmoblenorroe.

ophthalmogenetica de kennis van de erfelijke oogziekten en van de betrokkenheid van het oog bij erfelijk bepaalde, niet primair oogheelkundige ziektebeelden.

ophthalmomalacia zie oftalmomalacie.

ophthalmophthisis *G* syn. oftalmomalacie.

ophthalmoplegia zie oftalmoplegie.

ophthalmoptosis zie oftalmoptose.

ophthalmorrhexis *G* verscheuring van het oog.

ophthalmosteresis *G* operatieve verwijdering van een oog; gemis van een oog.

opiaat verzamelnaam voor uit opium bereide middelen of de (semi-)synthetische afgeleiden daarvan incl. de antagonisten; syn. opioïde.

opiofagie verslaafdheid aan het gebruik van *opium.

opioïden syn. opiaten, zie opiaat; zie ook endorfinen.

opisthotonus *G* krampachtige achteroverstrekking van het lichaam; komt voor bij epilepsie, hysterie en tetanus; syn. arc de cercle *F*; tgst. episthotonus.

Opistorchis een trematodengeslacht met geringe betekenis voor de mens.

Opitz, H. Duits kinderarts (overl. 1971); *ziekte van ~*, miltadertrombose, leidend tot miltvergroting, hemorragische *diathese, anemie, trombopenie, slokdarmvarices.

opium *L* ingedroogd melksap uit de onrijpe vruchten van de Papaver somniferum (slaapbol); in gedroogde toestand en fijngewreven is het een geelbruin bitter smakend poeder; het hoofdbestanddeel (±10%) is morfine, een pijnstillend en verdovend middel, dat ook kalmerend werkt en een gevoel van rust en gelukzaligheid verschaft; misbruik van opium en daarvan afgeleide middelen zoals heroïne kan tot morfinisme leiden, d.i. een onbedwingbaar verlangen naar steeds grotere hoeveelheden, hetgeen op den duur intoxicatie en verslaving (afhankelijkheid) veroorzaakt.

opocephalus *G* misgeboorte met een gelaat dat bijna alleen uit twee dicht bij elkaar staande ogen bestaat, zonder neus of mond.

opodidymus *G* misgeboorte bestaande uit een lichaam met twee van achteren aan elkaar gegroeide hoofden.
opotherapie syn. *organotherapie.
OPP afk. van oculopneumo*plethysmografie.
Oppenheim, 1. **H.** Duits neuroloog (1858-1919); *reflex van ~*, omhoog bewegen van de grote teen (soms ook de andere tenen) bij neerwaarts strijken langs de mediale rand van het scheenbeen; *ziekte van ~*, syn. myatonia congenita (zie myatonie), in engere zin bij jonge kinderen ('floppy infant'). 2. **M.** Oostenrijks huidarts (overl. 1949); *ziekte van ~*, atrofische huidvelden met teleangiëctasieën bij diabetici.
opperarmbeen humerus.
opperhuid epidermis.
oppervlakkig superficialis.
oppervlakte-antigeen zie HBsAg.
oppilatie verstopping, bijv. van huidporiën; ook: syn. obstipatie.
oppletie overlading van de maag.
opponens tegenoverliggend, tegenoverstellend.
opportunisme handelwijze naar de mogelijkheden van het ogenblik; *microbieel ~*, de veroorzaking van infecties door toevallige contacten met micro-organismen of door commensalen (zie commensaal), bij mensen wier weerstand door ziekte (AIDS) of de behandeling daarvan (steroïden, cytostatica) en c.q. bijkomende ongunstige invloeden, is verminderd; bijv.nw. *opportunistisch.*
oppositioneel opstandige gedragsstoornis zie gedragsstoornissen.
oppressie, oppressio *L* benauwdheid; beklemming op de borst (*~ pectoris*).
oprisping zie pyrosis, ructus.
OPS afk. van *organisch psychosyndroom.
OPSI afk. van overwhelming post-splenectomia infection *E*.
opsigoon *G* verstandskies.
opsine een proteïne in de staafjes en kegeltjes van het netvlies, dat voor de waarneming van licht en kleuren van belang is.
opsoclonus kortdurende aanval van oculaire dyskinesie in de vorm van snelle horizontale, verticale of rotatore oogbewegingen, soms als onderdeel van een *myoclonie bij aandoeningen van het centrale zenuwstelsel.
opsoninen antistoffen die een zodanige (specifieke) invloed (*opsonisatie) op de activiteit van bacteriën uitoefenen, dat zij gemakkelijk door de fagocyten worden opgenomen.
opsonisatie binding van bepaalde immunoglobulinen en complementfactoren aan het oppervlak van vijandelijke micro-organismen, waardoor een betere fixatie aan het celoppervlak van de fagocyterende cel mogelijk is; zie ook opsoninen.
opsonische index de verhouding van het aantal micro-organismen, gefagocyteerd door leukocyten in aanwezigheid van serum van een geïnfecteerde patiënt, tot het aantal dat gefagocyteerd is in serum van een niet-geïnfecteerd individu.
opsonogeen in staat opsoninen te vormen.
opsonotherapie *G* geneeswijze door inspuiting van kleine hoeveelheden gedode bacteriën bij een patiënt wiens ziekte door deze bacteriën is veroorzaakt, met het doel het aantal *opsoninen te verhogen.
opstuiking sterke plotselinge druk in de lengteas van de wervelkolom zoals bij een val op de voeten óf zodanig dat de wervelkolom in een hoekstand wordt gedrukt,

bijv. onder een vallende last.
optica zie optiek.
opticus *L* 1. natuurkundige die gespecialiseerd is in de optica. 2. het zien betreffend; i.v.m. het zien, *nervus ~*, gezichtszenuw; *~atrofie*, zie atrofie: atrophia nervus optici.
optiek, optica *L* de leer of kennis van het licht of van het zien.
optimum *L* de gunstigste toestand, het gunstigste geval.
optisch 1. m.b.t. de wijze waarop iets zich aan het gezichtsorgaan vertoont; *~e illusie*, gezichtsbedrog. 2. m.b.t. de werking van lichtstralen; *~ systeem*, stelsel van brekende en/of spiegelende vlakken waardoor de loop van de lichtstralen wordt bepaald, bijv. in *~e instrumenten* (o.a. in de oftalmologie en endoscopie).
optofoon toestel voor blinden, waarmee gedrukte tekst kan worden omgezet in geluid; de werking van het toestel berust op telefotografie: het licht dat door het bedrukte papier wordt teruggekaatst, verwekt verschillende geluiden in een microfoon; uit deze geluiden kan de blinde bepaalde letters herkennen en zo de gedrukte tekst leren verstaan.
optokinese oogbewegingen opgewekt door optische prikkels, bijv. nystagmus bij kijken uit rijdend voertuig.
optologie methodiek ter verbetering van stoornissen in de visuele waarneming d.m.v. uitgebreide oefenschema's.
optometer (ook: fotometer) instrument waarmee de refractie van het oog kan worden bepaald; zelfst.nw. *optometrie*.
optometrist een speciaal opgeleide voor het bepalen van de refractie van het oog en de correctie hiervan, onderzoek van het *KOV, perimetrie, oculo- en retinografie, tonografie.
optotypen stel letters of figuren voor leesproeven om de gezichtsscherpte te bepalen bij oogonderzoek.
OPV afk. van oraal poliomyelitis vaccin.
opvlieging zie congestie, vapeurs.
opwerken van zaad een laboratoriumbewerking van het zaad (sperma) waarbij de beste en de meest beweeglijke zaadcellen worden geselecteerd; wordt o.a. toegepast bij IVF.
oraal 1. de mond (os) betreffend of daartoe behorend; *orale auscultatie*, het luisteren naar de geluiden der ademhaling aan de geopende mond. 2. (anat.) in de richting van de mond.
oraal karakter zie karakter.
orale fase volgens Freud de ontwikkelingsfase van de *driften waarbij het kind zich op en rondom de mond richt; deze fase duurt tot het kind ongeveer anderhalf jaar is; volgens Erikson heeft het kind de 'taak' om in deze periode een fundamenteel vertrouwen te veroveren (zie basisveiligheid).
ora serrata het voor licht ongevoelige deel van het netvlies (op de achterkant van het corpus ciliare).
orbicularis cirkel- of kringvormig; *m. ~ oris*, kringspier om de mond.
orbita *L* oogkas; bijv.nw. *orbitaal*.
orbitopathie ziekte of afwijking van de oogkas; *endocriene ~*, een waarschijnlijk onder invloed van EPF en LATS ontstaande, meestal dubbelzijdige ziekelijke verandering van het oogkasweefsel (retrobulbaire stapeling van mucopolysachariden), waarvan o.a. exoftalmie en oogspierverlammingen het gevolg kunnen zijn.

orcheotomie *G* syn. orchidectomie.
orchicele *G* (ook: *orchiocele*) 1. testisgezwel. 2. syn. hernia scrotalis.
orchidectomie (ook: *orcheotomie*, *orchiëctomie* of *orchotomie*) chirurgische verwijdering van één of beide testes.
orchidofuniculolyse *orchidopexie.
orchidomeningitis ontsteking van het omhulsel van de teelbal.
orchidopexie chirurgische bevestiging van de testis in het scrotum.
orchi-epididymitis gelijktijdig optreden van orchitis en epididymitis.
orchis *G* teelbal, zaadbal, syn. testis.
orchitis *G* ontsteking van de teelbal (testis).
orchotomie zie orchidectomie.
Orde, de afk. van de orde van medisch specialisten, een specialistenorganisatie waarin door fusie zijn opgegaan LSV (landelijke specialistenvereniging), NSF (Nederlandse specialistenfederatie) en ASV (academische specialistenvereniging); ook het CWV (convent van wetenschappelijke verenigingen) is toegetreden tot de Orde; het NSG (Nederlands specialistengenootschap is niet toegetreden tot de Orde.
orecticum eetlustbevorderend middel.
orexie *G* eetlust, tgst. anorexie.
orf zie ecthyma.
orgaan (*G* organon) een uit diverse weefsels samengestelde eenheid van het lichaam, die een bepaalde functie heeft, bijv. het oog is het orgaan van het gezicht, de maag een orgaan van de spijsvertering.
orgaanneurose begrip uit de klassieke psychoanalyse waarmee worden aangeduid: neurotische aandoeningen die vooral tot uiting komen in bepaalde lichamelijke klachten (o.a. hartkloppingen) die zijn op te vatten als de lichamelijke begeleidingsverschijnselen of uitingsvormen van emoties als angst, spanning en somberheid; syn. psychosomatische stoornis.
orgaantransplantatie zie transplantatie.
organellen verzamelnaam voor de structuren ('orgaantjes') in de cel, met name de kern (nucleus), de mitochondriën, het Golgi-systeem, het centrosoom, het peroxisoom, de ribosomen en de lysosomen.
organic dust disease *E* syn. extrinsieke allergische *alveolitis.
organic mental state *E* zie organisch psychosyndroom.
organificatie de omzetting in het organisme van een anorganische in een organische verbinding, bijv. jodium tot thyroglobuline in de *schildklier.
organisatie 1. samenwerking van de organen in een levend wezen. 2. de omvorming tot bindweefsel met opvolgende retractie (littekenvorming) van niet-geresorbeerde bloeduitstortingen, necrotisch weefsel, ontstekingsresten.
organisch 1. de organen betreffend, tot de organen behorend. 2. in het klinisch taalgebruik syn. voor somatisch (i.t.t. psychisch); ~ *angstsyndroom*, zie angstsyndroom, organisch; ~*e hallucinose*, zie organisch psychosyndroom; ~ *hartgeruis*, hartgeruis veroorzaakt door organische hartziekte.
organische hersensyndromen een verouderde en overkoepelende term voor psychische syndromen en stoornissen waarvoor een lichamelijke factor of factoren verantwoordelijk geacht werden.
organische ~ *persoonlijkheidsverandering*, zie persoonlijkheidsverandering door een somatische ziekte; zie ook organisch psychosyndroom; ~ *psychose*, zie

organisch psychosyndroom; ~ *ziekten*, ziekten veroorzaakt door anatomische veranderingen in de organen, tgst. functionele ziekten.

organisch psychosyndroom afk. OPS, verzamelnaam voor een complex van psychische afwijkingen, al of niet onder een specifiek ziektebeeld (delirium, dementie, amnestisch syndroom, organisch waan- en angstsyndroom, organische hallucinose en organische persoonlijkheidsverandering enz.), die geheel of overwegend worden teweeggebracht door somatische afwijkingen in de hersenen dan wel door een stoornis elders in het lichaam, die secundair de werking van de hersenen beïnvloedt; oorzaken van een organisch psychosyndroom zijn o.a. praesclerosis cerebri, ziekte van Alzheimer, arteriosclerosis cerebri, de ziekte van Pick, dementia paralytica, de psychotische beelden op grond van encefalopathieën (t.g.v. vergiftiging door alcohol en/of drugs, hersentrauma en -tumor, sommige infectieziekten, endocrinopathieën), syndroom van Korsakov, parkinsonisme, hersenbeschadiging na ingrijpende operaties (bijv. defrontalisatie), langdurige blootstelling aan organische oplosmiddelen, metabole afwijkingen (coma hepaticum, uremie, hypoglykemie, porfyrie e.a.), hyperviscositeitssyndroom, decompensatio cordis, M. Cushing, vit. B-complex deficiëntie, neurolues; in DSM-IV treedt een herverdeling op van de diverse stoornissen in een aantal nieuwe rubrieken: delirium, dementie, amnestische stoornissen en niet nader omschreven cognitieve stoornissen; stoornissen t.g.v. het gebruik van middelen; stoornissen t.g.v. een lichamelijke aandoening.

organisme levend wezen als geheel van organen.

organografie beschrijving van organen.

organoleptisch invloed op een bepaald orgaan uitoefenend; het vermogen bezittend een zintuig, in engere zin het smaakorgaan en de reuk, te prikkelen.

organo- (smst.) *~logie*, de kennis van bouw en verrichtingen der organen; *~megalie,* (alg.) vergroting van een orgaan; *~nomie*, de leer der wetten van het organische leven; *~pathie*, ziekte van een orgaan; *~pathologie* de leer of kennis van de ziekten van organen.

organoscopie onderzoek van organen met röntgenstralen of d.m.v. endoscopie.

organotherapie *G* syn. opotherapie, behandeling van ziekten door toediening of inspuiting van preparaten uit dierlijke organen, met het doel om bij insufficiëntie van een orgaan dit tekort aan te vullen.

organotroop *G* bijzondere verwantschap tot een bepaald orgaan bezittend, bijv. van een geneesmiddel.

organozoön *G* parasiet die zich in een orgaan ophoudt; meervoud organozoa.

orgasme, orgasmus *L* ontspanning gevend hoogtepunt van seksuele lustgevoelens; ~ *stoornis* (vlg. DSM-IV), syn. geremd orgasme; een stoornis, niet het gevolg van een andere psychische stoornis, het gebruik van een middel of een lichamelijke aandoening, gekenmerkt door continue of recidiverende vertraging of niet optreden van een orgasme ondanks voldoende seksuele opwinding vooraf.

orgelpijpen (jrg.) röntgenbeeld bij acute occlusie van de dunne darm t.g.v. darmgasuitzetting en vloeistofniveau.

orgontherapie vorm van therapie waarbij de cliënt geleerd wordt zich van allerlei lichamelijke reactiepatronen, zoals ademhaling, spierspanning en beweging, bewust te worden om door lichamelijke oefeningen tot opheffing van energieblokkades te komen.

oriental sore *E* aleppobuil, zie helcosoma tropicum.

oriëntatie het vermogen tot plaatsbepaling; ook: het hebben van tijdsbegrip; tgst. *desoriëntatie.

orificium *L* uitmonding; opening; ~ *urethrae externum*, uitmonding van het urinekanaal; ~ *urethrae internum*, zie trigonum vesicae; ~ *uteri*, baarmoedermond.

origine zie origo; *ab* ~, van de oorsprong af.

origo *L* oorsprong; de bevestigingsplaats van een spier aan het minder beweeglijke skeletdeel (punctum fixum).

Ormond, J. Amerikaans uroloog (1886-1960); *ziekte van* ~, idiopathische retroperitoneale *fibroplasie, gekenmerkt o.a. door lage rugpijn, anemie en vermagering; in gevorderd stadium evt. ureter-obstructie.

ornithine een aminozuur.

ornithosis vogelziekte; ziekte die op de mens kan worden overgebracht door inhalatie van ingedroogde uitscheidingsproducten van vogels; zie psittacose.

orofacio(buccaal) m.b.t. het gelaat rondom de mond (en de wangen).

orofarynx, oropharynx het deel van de farynx gelegen achter mondholte en tong (tussen epi- en hypofarynx), syn. mesofarynx; zie ook farynx.

orolinguaal m.b.t. mond en tong.

oromandibulair m.b.t. mond en onderkaak.

oromucosaal via het mondslijmvlies.

oropharynx zie orofarynx.

ororesuscitator apparaat dat geplaatst wordt tussen de mond van een schijndode en die van de helper bij mond op mond beademing.

ORS afk. van 1. orale rehydratiesolutie. 2. omgaan met risico's van straling.

ORT afk. van orale rehydratietherapie.

orthanasie het (opzettelijk) nalaten van medisch ingrijpen bij een stervende om nodeloos lijden te voorkomen; zie ook euthanasie.

orthese hulpmiddel ter ondersteuning van een bepaalde motorische functie van een lichaamsdeel, meestal aangebracht en gedragen aan het lichaam; zie ook brace, prothese.

ortho- (smst.) recht, rechtop, normaal; volgens de regel.

orthochroom met normale kleur.

orthodontie *G* de wetenschap van de preventie en behandeling van afwijkingen in de stand en van de *regulatie van gebitselementen en kaken, kortweg: de correctie van malocclusie; syn. maxillomandibulaire orthopedie.

orthodroom *G* prikkelgeleidend in de normale richting (gezegd van zenuwvezels); tgst. antidroom.

ortho-ergisch niet-allergisch; ortho-ergisch wordt een reactie genoemd welke in feite allergisch verloopt, doch als pathologisch wordt ervaren, bijv. de afstoting van een getransplanteerd orgaan.

orthoforie normale stand van de ogen in rust; tgst. heteroforie.

orthogenese gerichte ontwikkeling der soorten door toenemende gecompliceerdheid van de structuur.

orthognathie gezichtsvorm waarbij kin en jukbeenderen weinig of niet vooruitsteken bij een *profielhoek van minstens 80°.

orthograad m.b.t. de rechtopgaande lichaamshouding; tgst. pronograad.

orthografie 1. spelling; correcte schrijfwijze. 2. spelkunst.

orthomyxovirussen familie van pleomorfe *myxovirussen, diameter 80-110 nm, bestaande uit de *influenzavirussen A, B en C.

orthopanto(mo)gram panoramische röntgenfoto; overzichtsfoto van een bepaald deel van het lichaam.

orthopedagogie opvoeding van het in zijn/haar ontwikkeling bedreigde kind.

orthopedie onderdeel van de heelkunde, dat zich speciaal bezighoudt met voorkoming en behandeling van ziekelijke vorm- en functieveranderingen van het actieve en passieve *bewegingsapparaat; de naam is niet afgeleid van het woord pes (= voet) maar van pais (= kind), omdat orthopeden zich aanvankelijk bezighielden met groeistoornissen bij kinderen.

orthopeed, orthopedist chirurg, gespecialiseerd in de orthopedie.

orthopneu, orthopnoe, orthopnoea *G* hoogste graad van ademnood, kortademigheid waarbij de lijder alle hulpspieren der ademhaling moet gebruiken en slechts kan staan of rechtop zitten.

orthopsie, orthoptica behandeling van afwijkingen in het binoculaire zien (zie binoculair) en de stand van de ogen.

orthoptist geschoolde hulpkracht die patiënten oefent in het juiste gebruik van de ogen, speciaal bij scheelzien.

orthoscoop 1. instrument waarmee voorwerpen in de voorste oogkamer en het regenboogvlies op de juiste plaats worden gezien door opheffing van de breking door de cornea. 2. laryngoscoop die rechtopstaande beelden geeft.

orthostasis (de handhaving van de) rechtopgaande houding; bijv.nw. *orthostatisch*.

orthosympathicus syn. van nervus sympathicus (zie *autonoom zenuwstelsel), soms zo genoemd als tgst. tot parasympathicus.

orthothanasis zie orthanasie.

orthotonus *G* bij tetanus (stijfkramp) voorkomende krampachtige strekking van het lichaam.

orthotoop vóórkomend op de normale plaats in het lichaam; zie ook transplantatie.

orto- zie ortho-.

Ortolani, M. Italiaans orthopeed; *fenomeen van ~*, bij aangeboren dysplasie van het heupgewricht voelt men bij passieve abductie van de beide tot 90° in heup en knie gebogen beentjes van het kind in rugligging, een schokje aan de zijde van het geluxeerde gewricht, ten teken van repositie.

os *L* 1. mond; bijv.nw. *oraal*; ~ *leporinum*, hazenlip, syn. labium leporínum; *per ~*, door de mond (inwendige toediening van geneesmiddelen). 2. been, gebeente, meervoud ossa; ~ *capitatum*, kopbeentje, een handwortelbeentje; ~ *coccygis*, coccyx, staartbeen; ~ *coxae*, heupbeen; ~ *cuboideum*, zie cuboïd; ~ *cuneiforme*, wigvormig been, een voetwortelbeentje; ~ *ethmoidale*, zeefbeen, kortweg etmoïd, opgebouwd uit de *lamina cribrosa met daarop de *crista galli, en de *lamina perpendicularis; ~ *frontale*, voorhoofdsbeen; ~ *hamatum*, haakvormig beentje, een handwortelbeentje; ~ *hyoideum*, tongbeen, kortweg hyoïd; ~ *ilium*, darmbeen. een deel van het heupbeen; ~ *ischii*, zitbeen, een deel van het heupbeen; ~ *lacrimale*, traanbeen; ~ *lunatum*, maanbeentje, een handwortelbeentje; ~ *nasale*, neusbeen; ~ *naviculare*, scafoïd, bootvormig been, een voetwortelbeentje; ~ *occipitale*, achterhoofdsbeen; ~ *palatinum*, gehemeltebeen; ~ *parietale*, wandbeen; ~ *petrosum* (obsoleet), *pars petrosa (van het slaapbeen), rotsbeen; ~ *pisiforme*, erwtvormig beentje, een handwortelbeentje; ~ *pubis*, schaambeen, een deel van het heupbeen; ~ *sacrum*, heiligbeen; ~ *scaphoideum*, scafoïd, bootvormig botje in de handwortel; syn. os naviculare manus; ~ *sphenoidale*, kortweg sfenoïd, wiggebeen; ~ *temporale*, slaapbeen; ~ *trapezium*, groot veelhoekig beentje, een handwortelbeentje; ~ *trapezoideum*, klein veelhoekig beentje, een handwortelbeentje; ~ *triquetrum*, driehoekig beentje, een handwortelbeentje; ~ *zygomaticum*, jukbeen.

OS afk. van 1. oculus sinister, linker oog. 2. osteosynthese.

OSAS afk. van obstructief slaapapneusyndroom; zie ook slaapapneusyndroom (afk. SAS).

oscedo *L* geeuw; syn. oscitatie.

oscheocele *G* zakbreuk, syn. hernia scrotalis.

oscillatie, oscillatio *L* schommeling, beving; bijv.nw. *oscillatorisch*.

oscillografie het optekenen (met een instrument) van de schommelingen in de bloeddruk.

oscitatie, oscitatio *L* geeuw, syn. oscedo.

osfresiologie syn. *osmologie.

Osgood, R. Amerikaans orthopeed (1873-1956); *ziekte van ~-Schlatter*, zie osteochondrose.

Osler, W. Canadees internist (1849-1919); *knobbeltjes van ~*, kleine rode pijnlijke verhevenheden op vingertoppen, handpalmen en tenen; nodale necrotiserende vasculitiden bij bacteriële endocarditis; *ziekte van Vaquez-~*, syn. polycythaemia vera (zie polycytemie); *ziekte van ~-Weber-Rendu*, zie angiomatose: angiomatosis haemorrhagica hereditaria.

osmidrosis *G* zweetuitscheiding met een kenmerkende geur.

osmiumzuur kleurt vet zwart; wordt gebruikt om vet in weefsels aan te tonen.

osmol afk. van 1. de eenheid *osmolaliteit. 2. de eenheid *osmolariteit; 1 osmol is de eenheid van osmotische activiteit en komt overeen met 6×10^{23} (osmotisch actieve) deeltjes; 1 mol glucose komt dus overeen met 1 osmol, 1 mol NaCl met 2 osmol.

osmolagnie seksueel verlangen opgeroepen door geuren.

osmolaliteit de concentratie van een oplossing weergegeven door het aantal osmols per kg oplosmiddel (water); de normale osmolaliteit van het bloedplasma bedraagt 275-295 mosmol/kg.

osmolariteit de concentratie van een oplossing weergegeven door het aantal osmols per liter oplossing.

osmologie *G* (n.t.v.m. osmosologie) de kennis van de reukzin.

osmose *G* diffusie van twee vloeistoffen door een *semipermeabel membraan.

osmosensoren osmoreceptoren in de hypothalamus, reageren op de osmotische waarde van het bloed door afgifte van het *antidiuretisch hormoon (ADH).

osmosologie *G* de leer of kennis van de osmose.

osmotische druk de druk door osmose veroorzaakt.

ossen- *~hart*, zie cor; *~oog*, buphthalmos *G*.

osseoïntegratie techniek waarbij een onverbrekelijke titaniumverbinding wordt gerealiseerd tussen kaakbot en tandprothese.

ossiculum *L* vklw. van os, beentje; *ossicula auditus*, gehoorbeentjes.

ossificatie, ossificatio *L* beenvorming.

ossificatiepunt punt van waaruit verbening van kraakbeen plaatsheeft.

ossificeren verbenen.

ostealgie *G* pijn in de beenderen, bijv. dolores osteocopi.

osteitis zie ostitis.

osteo- *G* (smst.) been, bot; *~acusis*, geleiding van het geluid door de schedelbeenderen naar het inwendig oor; beengeleiding; *~arthritis*, artritis die zich ook tot het bot uitstrekt; *~arthrosis*, zie artrose.
osteoartropathie gewrichtsziekte (artropathie) waarbij gelijktijdig de beenderen zijn aangedaan; (*secundaire*) *hypertrofische* of *pulmonaire ~*, intermitterende artritis van grote gewrichten, distale periostwoekeringen van pijpbeenderen en 'clubbing' (zie trommelstokvingers); komt voor bij intrathoracale maligniteiten, hartgebreken, stuwingstoestanden in de longen, endocarditis e.a.; *primaire* of *hereditaire hypertrofische ~*, syn. pachydermoperiostose, dezelfde verschijnselen als bij de secundaire vorm, doch gepaard gaande met uitgesproken verdikking van de huid (*cutis verticis gyrata) van gelaat en extremiteiten met seborroe en bot*apposities aan het periost der pijpbeenderen; syn. ziekte van Pierre *Marie-Bamberger.
osteoblasten beenweefsel-vormende cellen.
osteoblastoom, osteoblastoma *G* syn. osteoom.
osteocampsis *G* rechtbuigen van kromme beenderen.
osteocarcinoma beenkanker.
osteochondritis *G* 1. ontsteking van bot en (bijbehorend) kraakbeen; *~ dissecans*, aseptische necrose van bot, die leidt tot sekwestratie hiervan via het gewrichtskraakbeen in de gewrichtsholte; *~ syphilitica*, bij pasgeborenen optredende been- en kraakbeenontsteking t.g.v. aangeboren syfilis. 2. syn. voor osteochondrose.
osteochondrodystrofieën groeistoornissen van bot en/of kraakbeen.
osteochondrolysis syn. *osteochondritis dissecans.
osteochondroom menggezwel uitgaande van bot- en kraakbeenweefsel.
osteochondropathie ziekte van bot en kraakbeen; *~ deformans juvenilis*, zie osteochondrose.
osteochondrose 1. degeneratieve veranderingen van bot en/of kraakbeen; met name het optreden van groei- en verbeningsstoornissen en aseptische botnecrose in bepaalde groeicentra, syn. osteochondropathia deformans juvenilis; de bekendste lokalisaties zijn: femurkop (Legg-Calvé-Perthes), os lunatum (Kienböck), tuberositas tibiae (Osgood-Schlatter), wervelkolom (*Scheuermann), os naviculare pedis (Köhler I), scafoïd (Preiser), capitulum humeri (Panner) en capitulum ossis metatarsalis 2 of 3 (Köhler II); zie ook Haglund. 2. syn. voor osteochondritis.
osteoclasie *G* 1. het opnieuw breken van na beenbreuk slecht genezen of misvormd been, om het in de goede stand te doen genezen. 2. verhoogde skeletafbraak bij gestoorde calcium- en fosfaatstofwisseling, o.a. gekenmerkt door vergroot aantal osteoclasten.
osteoclast *G* 1. toestel voor osteoclasie. 2. reuzencel die beenweefsel absorbeert.
osteoclastoom door hemosiderine bruin gekleurd gezwel, uitgaande van osteoclasten bij ostitis fibrosa cystica, gelokaliseerd in de epifyse van pijpbeenderen en in sommige gevallen maligne.
osteocopi zie dolor, ostealgie.
osteocranium *L* de benige schedel.
osteocyt in het beenweefsel gelegen beencel.
osteodentine beenweefsel waarmee in het senium de tandholte is gevuld.
osteodystrofie groeistoornis van beenweefsel door metabole, toxische en andere oorzaken, gekenmerkt o.a. door spontane fracturen, *osteoporose, osteoïdvorming; **hemodialyse-~*, osteodystrofie t.g.v. intoxicatie door *aluminium dat in te

hoog gehalte in het dialysaat aanwezig is; *renale* ~, t.g.v. chronische nierinsufficiëntie via onvoldoende fosfaatuitscheiding, gestoord vitamine D_3-metabolisme en metabole acidose door uremie; zie *ostitis fibrosa cystica, osteomalacie.

osteofasciaal m.b.t. bot en fascia.

osteofyt, osteophyton *G* een meestal puntvormige *exostose die zich vormt door langdurige prikkeling van periost of ligament, bijv. bij ontstekingen, artritis, artrose.

osteogeen beenvormend, uit been gevormd.

osteogenese, osteogenesis *G* ontstaan van been, beenvorming; ~ *imperfecta*, zie osteopsathyrose.

osteografie beschrijving der beenderen.

osteoïd beenachtig, benig; (in engere zin) niet verbeende, vaatrijke vezelige bindweefselmassa met atypische botstructuur en veel osteoblasten en osteoclasten, gelokaliseerd in de substantia corticalis van pijpbeenderen.

osteolathyrisme zie odoratisme.

osteologie *G* leer of kennis der beenderen.

osteolyse, osteolysis *G* 1. verdwijning van beenweefsel; botdestructie door calciumverlies. 2. bot*resorptie door osteoclasten bij chronische ziekten, zoals osteomyelitis, neoplasma, histiocytose, tuberculose.

osteolytisch m.b.t. osteolyse.

osteoma zie osteoom.

osteomalacie, osteomalacia *G* beenverweking; treedt op door onvoldoende verkalking van het bot als gevolg van een stoornis in de fosfor- en calciumstofwisseling (gebrekkige opneming van calcium in de darm, te groot verlies via de darm of de nieren, calciumtekort in het voedsel of *vitamine D-deficiëntie); in het bloed is het gehalte aan calcium en fosfaten te laag; de hoofdklachten zijn pijn, vermoeidheid en spierzwakte; ernstige misvormingen kunnen door de verweking van het bot optreden; bijzondere vormen zijn de osteomalacie in het kraambed (~ *puerperalis*), in het climacterium en de hongerosteomalacie; *infantiele* ~, syn. rachitis.

osteomyelitis *G* ontsteking van het beenmerg, die zich meestal uitbreidt naar het bot en de verdere omgeving; ~ *serosa*, osteomyelitis waarbij zich sereus slijmachtig vocht in plaats van etter vormt.

osteomyelosclerose zie myelofibrose.

osteon kanaal van Havers met omgevende beenlaag.

osteonecrose haardvormig versterf van beenweefsel, meestal in een femurcondylus; pijnlijke aandoening vooral bij SLE en sikkelcelziekte.

osteoom, osteoma *G* (ook: *osteoblastoom*) beenweefselgezwel; ~ *dentale*, tandgezwel, syn. odonthèle; ~ *durum*, hard osteoom; ~ *eburneum*, ivoorhard osteoom; ~ *medullare*, osteoom met merg in de holten; *osteoïd*~, goedaardige pijnlijke osteoblastentumor met perifere botsclerose en een *nidus van *osteoïd; ~ *spongiosum*, sponsachtig osteoom.

osteopaat beoefenaar van de osteopathie 3.

osteopaedion zie lithopaedion.

osteopathie 1. ziekte van beenweefsel; *striaire* ~, zeldzame botafwijking, gekenmerkt door streepvormige verdichtingen op de röntgenfoto. 2. *honger*~, ontkalking van bot door ondervoeding. 3. Amerikaanse alternatieve geneeswijze, berustend op de opvatting dat genezing van vele ziekten kan worden bereikt doo manipulatie van het skelet in de gewrichten.

osteopenie lett.: te weinig bot; afname van de hoeveelheid botweefsel (atrofie), zonder dat dit tot klachten of symptomen leidt (i.t.t. osteoporose).

osteoperiostitis ontsteking van het been en het beenvlies.

osteopetrosis ziekte van Albers-Schönberg, marmerbeenziekte; dominant-erfelijk ziektebeeld gekenmerkt door sterke verdikking van de *corticalis (bet. 2) met vernauwing of zelfs obliteratie van de mergholte, anemie, lever- en miltvergroting, opticusatrofie, nystagmus, hydronefrose.

osteophyton zie osteofyt.

osteoplastiek *G* operatie waarbij beenderen opnieuw gevormd worden door ontbrekende gedeelten kunstmatig aan te vullen.

osteopoikilie, osteopoikilosis syn. osteopathia condensans disseminata, plekvormige verdichtingen in het beenweefsel.

osteoporose, osteoporosis *G* algemene of plaatselijke atrofie van het skelet t.g.v. een verminderde activiteit van de osteoblasten en daardoor van de botopbouw, waardoor de natuurlijke afbraak van beenweefsel sterker is dan de regeneratie (onvoldoende *matrixvorming) en het bot a.h.w. ijler wordt en op de röntgenfoto verhoogd doorlaatbaar; calcium- en fosforgehalte van het bloed zijn normaal; de aandoening leidt tot pijn, skeletvervorming en spontane fracturen; kan idiopathisch optreden of het gevolg zijn van hormonale factoren zoals: ziekte van Cushing, (post)menopauze (*postmenopauzale ~*), eunuchoïdisme, hyperparathyroidie, hyperthyroïdie, hypopituïtarisme en cortisongebruik, van stoornissen in de eiwitstofwisseling, diabetes, reumatoïde artritis, senium (*involutie~*, *seniele ~*), sommige bloedziekten, inactiviteit, röntgenbestraling, nefrose en van deficiënties in de voeding; bij osteoporose t.g.v. hyperparathyroïdie is de calciumspiegel van het bloed verhoogd; tot de osteoporose rekent men ook het beeld van de osteogenesis imperfecta; *posttraumatische ~*, zie Sudecksyndroom.

osteopsathyrose verzamelnaam voor aangeboren of later optredende broosheid en bijzondere breekbaarheid van de beenderen; kan ontstaan door rachitis, ouderdom (*osteoporose), beenverweking (osteomalacie) of t.g.v. een (autosomaal dominant-erfelijke) stoornis in de collageenvorming (osteogenesis imperfecta).

osteorabdotose een bijzondere vorm van osteopoikilie.

osteosarcoom 1. botsarcoom (drie typen: juxtacorticaal, intra-ossaal en periostaal). 2. sarcoom waarin botweefsel voorkomt.

osteosclerose verharding (sclerose) van been; kan door chronische botvormende beenmergontsteking worden veroorzaakt, syn. eburneatie.

osteosis eburnicans monomelica *L* *osteosclerose van de *corticalis (bet. 2) van één extremiteit, syn. melorrheostosis.

osteosynthese (chir.) operatieve repositie en fixatie van beenderen bij fracturen of pseudartrose met behulp van metalen plaatjes, draden, schroeven, stiften, botpennen of -repen, en dergelijke.

osteotabes *G* 'beentering'; *~ infantum*, *marasmus met rachitische botafwijkingen en scorbutische bloedingen bij jonge kinderen t.g.v. ernstig tekort aan (deficiënte) voeding (ziekte van Möller-Barlow); syn. scorbutus infantilis.

osteotomie *G* operatie waarbij een been wordt doorgebeiteld, bijv. om misvorming of verkromming op te heffen.

ostiofolliculitis (meestal etterige) ontsteking van de mond van een huid*follikel; syn. impetigo Bockhart.

ostitis (ook: *osteïtis*) beenontsteking, gaat meestal met *periostitis en *osteomyelitis gepaard; ~ *carnosa*, syn. ~ *granulosa interna*, beeneter; ~ *deformans*, syn. ziekte van Paget, vrij zeldzame lokale metabole botziekte van vnl. pijpbeenderen, schedel, wervelkolom en bekken, gekenmerkt door botresorptie, gevolgd door groei van atypisch sclerotisch beenweefsel dat leidt tot deformatie en dat sterk gevasculariseerd is (hetgeen soms via hoge cardiale output leidt tot decompensatio cordis); symptomen zijn o.a. aanhoudende botpijn, spontane fracturen, neurologische verschijnselen (vooral bij schedel-ostitis deformans), verhoogde alkalische fosfatase; de oorzaak is onbekend; ~ *fibrosa cystica*, ziekte van von Recklinghausen, gevolg van secundaire *hyperparathyroïdie c.q. adenoom van de bijschildklieren, gekenmerkt door botverweking door osteoclasten-activiteit met vorming van cysten in de beenderen, gevuld met zeer vaatrijk bindweefsel, hypotonie van de spieren, doofheid, oog- en nierafwijkingen, apathie; ~ *fibrosa disseminata*, syn. syndroom van *Albright; ~ *malacissans*, verwekende beenontsteking, waarbij kalk uit de beenderen verdwijnt en het beenmerg toeneemt; syn. ~ *rareficans*; ~ *ossificans*, ontsteking waarbij verharding en nieuwvorming van been optreden, syn. osteosclerose.

ostium *L* opening, monding; ~ *aortae*, het ostium tussen linker hartkamer en aorta ascendens; ~ *arteriosum*, slagaderlijke opening van de hartkamers; ~ *mitrale*, resp. *tricuspidale*, verbindingsopening tussen linker- resp. rechterboezem en kamer van het hart (zie ook valvula); ~ *uteri*, baarmoedermond; ~ *venosum*, aderlijke opening van het hart (rechter atrium).

ostreismus *L* oestervergiftiging.

Ota, M. Japans dermato-patholoog (overl. 1945); *naevus van* ~, zeldzame omschreven hyperpigmentatie van de huid in het gebied van de 1ste en 2de tak van de nervus trigeminus, meestal samenhangend met een *melanoom.

otagra *G* syn. otalgie.

otalgicum *L* geneesmiddel tegen oorpijn.

otalgie *G* oorpijn, syn. otagra.

OTC afk. van 'over the counter', zonder recept verkrijgbaar.

o.t.h. (rec.) afk. van omni trihorio, elke drie uur.

Othello-syndroom zie jaloersheidswaan.

othematoom bloedgezwel (hematoom) in de oorschelp.

otiater *G* oorarts.

otiatrie *G* oorheelkunde, syn. otologie.

oticodinie, otodinie (obsoleet) ziekte van *Ménière.

oticus m.b.t. het oor of het gehoororgaan.

otis-test (psych.) methode van zelf-onderzoek van de 'mental ability' d.m.v. 75 zgn. verstandsvragen.

otitis *G* oorontsteking; ~ *externa*, ontsteking van de (uitwendige) gehoorgang; ~ *media*, middenoorontsteking, kan zowel acuut als chronisch optreden; de acute vorm (~ *media acuta*) kan worden veroorzaakt door voortplanting via de tuba eustachii van een ontsteking of een verontreiniging van de neus- en keelholte (rinofaryngitis), infectieziekten (o.a. roodvonk, mazelen, difterie), enz.; de aandoening gaat met stekende pijn, doofheid en koorts gepaard, bij kleine kinderen zijn er vaak voedingsstoornissen; lopend oor (otorroe) is het gevolg van perforatie van het trommelvlies bij etterige otitis media; in de regel wordt deze gevolgd door een secundaire infectie met etterkokken; ~ *media muco-serosa*, syn.

otitis media met effusie, syn. *glue ear, hydrotympanum.
otoblennorroe lopend oor, oorettering; zie otorroe.
otocefaal, otocephalus misgeboorte zonder onderkaak met misvormde en abnormaal geplaatste ogen en oren en een snuitvormige kleine mond.
oto- *~conium*, zie otoliet; *~dinie*, zie oticodiníe; *~dynie*, oorpijn; *~foon*, hoorbuis of -apparaat; *~geen*, het oor betreffend, uit het oor afkomstig.
otoliet gehoorsteentje, oorzand; kristallen die tezamen de *~enmembraan* (statoconium) vormen, rustend op de zintuig-haarcellen van utriculus en sacculus en een functie hebbend in de perceptie van de bewegingen der endolymfe; syn. otoconium, statoliet.
otologie *G* oorheelkunde, syn. otiatrie.
otoloog oorarts, syn. otiater.
otomycosis epidermofytie (meestal door Pseudomonas aeruginosa) van de uitwendige gehoorgang; hot weather ear *E*.
otoplastiek *G* operatie waarbij de oorschelp opnieuw wordt gevormd.
otopyorroe etterige oorvloed, 'loopoor'; zie otorroe.
otorinolaryngologie oor-neus-keelheelkunde.
otorragie oorbloeding.
otorroe, otorrhoea *G* syn. otoblennorroe, otopyorroe; lopend oor, oorvloed, uitvloeiing van een etterige stinkende, soms bloederige vloeistof uit de gehoorgang; wordt meestal veroorzaakt door otitis media en kan blijvende gehoorstoornissen veroorzaken t.g.v. necrose van gehoorbeentjes; bij ongunstig verloop kan otorroe chronische oorvloed, cariës van het rotsbeen, hersenabcessen en cholesteatoom tot gevolg hebben.
otosclerose, otosclerosis *G* (ook: otospongiose) erfelijke progressieve doofheid door verharding (sclerose) van het rotsbeen (waarin het labyrint is gelegen) en benige fixatie van de stijgbeugel in het ovale venster (de verbinding tussen midden- en binnenoor).
otoscoop *G* oorspiegel.
otoscopie onderzoek met de oorspiegel.
otospongiose syn. *otosclerose.
ototoxiciteit (mate van) vergiftigheid (in engere zin van chemische stoffen) voor het binnenoor.
OTS afk. van *ondertoezichtstelling.
OTV afk. van orale tyfusvaccinatie (in 'enteric coated' capsules).
Ouchterlony, O. Hongaars immunoloog (geb. 1914); *techniek van ~*, immunoprecipitatie d.m.v. diffusie van antigeen en antiserum in gebufferde agargel.
ouderdom zie senium.
ouderdomsdelirium vorm van delirium die vooral optreedt bij personen met seniele en arteriosclerotische dementie; treedt vooral 's nachts op en gaat gepaard met grote motorische onrust.
oulalgie pijn in het tandvlees, syn. *ulalgie.
OUS afk. van onderste uterussegment, het bovenste gedeelte van de cervix (baarmoederhals) dat na de 20e zwangerschapsweek gedeeltelijk is opgenomen in het baarmoederlichaam.
outlet *E* uitgang; *pelvic ~*, de onderste bekken*apertuur.
output *E* de opbrengst van energie; de hoeveelheid arbeid welke een orgaan in een bepaald tijdsverloop kan verrichten; *cardiac ~*, minuutvolume van het hart.

ouwel oblatum, papierdun gebak van ongezuurd tarwemeel, dat in de maag gemakkelijk verteert.
ovaal gat foramen ovale.
ovaal venster fenestra vestibuli, fenestra ovalis.
ova *L* meervoud van ovum (eicel).
ovalocytose syn. *elliptocytosis.
ovariaal de eierstok (ovarium) betreffend, tot de eierstok behorend; *ovariale zwangerschap*, buitenbaarmoederlijke zwangerschap waarbij de vrucht zich in één van de eierstokken bevindt.
ovariaalcyste (ook: ovariumcyste of ovariaal cystoom) gezwel van de eierstok, bestaande uit één of meer blazen die soms zeer groot kunnen worden en vele liters vocht kunnen bevatten.
ovarialgie, ovarie *F* pijn in de eierstokken (ovarium).
ovariëctomie het verwijderen van één of beide ovaria; syn. oöforectomie..
ovarieel syn. *ovariaal.
ovariitis syn. ovaritis.
ovariocentese punctie van een ovariaalcyste; zie punctie.
ovariocele *G* breukzak waarin zich een ovarium bevindt.
ovariostomie syn. oöforostomie, het openen van een ovariumcyste voor het aanleggen van een drain.
ovariotomie incisie van een ovarium; syn. oöforotomie.
ovaritis, ovariitis ontsteking van het ovarium, syn. oophoritis.
ovarium *L* eierstok; de vrouwelijke geslachtsklier, syn. oophoron, meervoud ovaria; de eierstokken zijn twee ongeveer 4 tot 5 cm lange en 1 tot 2 cm brede klierachtige lichamen, die aan beide zijden van de uterus in het bekken liggen en door een bindweefselachtige band met het bovenste deel van de baarmoeder zijn verbonden; in de ovaria worden de eicellen gevormd en ze produceren de vrouwelijke geslachtshormonen *oestron (door de Graafse follikel) en *progesteron (door het corpus luteum, geel lichaam).
ovariumcyste zie ovariaalcyste.
over- *~beademing*, *hyperventilatie; *~beet*, zie psaliodontie; *~bevruchting*, zie superfecundatie; *~brenger*, zie vector; *~bruggingsoperatie*, zie bypass.
overcompensatie (psych.) overdreven vereffening van een psychofunctionele tekortkoming.
overdracht (psych.an.) neiging om onbewust gevoelens en eigenschappen die tijdens de vroegste jeugd geassocieerd waren met belangrijke personen uit de omgeving over te brengen op personen in het heden, bijv. de arts; het verhindert dikwijls dat men andere mensen adequaat bejegent en goed begrijpt.
overflow *E* een ononderbroken uitscheiding van lichaamsvloeistoffen, bijv. speeksel, gal, urine, traanvocht; ook: uitscheiding bij verlaagde of afwezige *drempelwaarde van een bloedbestanddeel.
overgangs- *~*epitheel*, meerlagig epitheel met basale cilindrische cellen, geleidelijk overgaand in platte; *~*epithelioom*, in engere zin urineblaasepitheel dat maligne is ontaard; blaaskanker; *~jaren*, zie climacterium; *~wervel*, zie lumbalisatie, sacralisatie.
overgevoeligheid zie allergie; *niet-specifieke ~*, niet-allergische overgevoeligheid; overmatige reactie van sommige weefsels (in de vorm van vochtproductie, bloedvatverwijding, gladde-spiercontracties e.a.) op prikkels als rook, plotselinge

afkoeling, mechanische irritatie e.d.
over- *~gieting*, superfusie; *~hydratie*, toestand van een teveel aan vloeistof in het lichaam; *~inspanning*, zie strain; *~kruising*, (erf.) zie crossing over; *~lapping*, imbricatie.
overlevingssyndroom zie posttraumatische *stress-stoornis.
overload *E*, overbelasting, in engere zin van een orgaan door te groot aanbod van metabole stoffen, bijv. bij *stapeling; *calcium-overload blocker (E)*, syn. *calciumantagonist.
overloopoperatie het tot stand brengen van een arteriële verbinding wanneer de bloedvoorziening naar een bepaald weefselgebied is verloren gegaan en een zgn. *bypass niet mogelijk is, bijv. de oppervlakkige slaapslagader met een tak van de middelste hersenslagader.
overmatige angststoornis in de kinderleeftijd het optreden van een gegeneraliseerde angststoornis op kinderleeftijd.
over- *~plaatsing (intra-uterien)* het overbrengen van een door *IVF bevruchte eicel naar de baarmoeder; *~planting*, zie greffe; *~prikkeling*, zie erethismus; *~reding*, zie persuasie.
overshooting *E* stijging tot boven het normale na een toestand van subnormaal, bijv. de bloedspiegel van een stof t.g.v. het *rebound-effect of door een fout in een terugkoppelingsmechanisme.
overspanning, overspannen, overspannenheid (psych.) syn. surmenage; verminderde geestelijke spankracht veroorzaakt door een langer durende wanverhouding tussen de psychische en lichamelijke draagkracht van het individu enerzijds en de sociale draaglast, door het leven opgelegd, anderzijds, leidend tot een hyperesthetisch-emotioneel syndroom of neurastheen syndroom.
oversterfte mortaliteitscijfer dat het gemiddelde sterk overtreft.
overtijdbehandeling zie Karman.
oververziendheid (foutief) het hebben van een gezichtsscherpte van meer dan 1; zie oxyopie.
over- *~vulling*, zie oppletie; *~waardigheidsgevoel*, zie egomanie, expansie.
oviduct, oviductus *L* eileider, syn. salpinx.
ovipaar eierleggend; zie ook vivipaar.
ovist aanhanger van de (verouderde) leer dat alle leven in de eicel (ovum) gezeteld is.
ovulair m.b.t. de eierstok of de ovulatie.
ovulatie eisprong, maandelijkse uitstoting van een eicel, ongeveer 15 dagen voor het begin van de *menstruatie, uit een openspringende *Graafse follikel in het ovarium; komt tot stand onder de gemeenschappelijke invloed van *FSH en *LH; *~-inductie*, farmacologische stimulatie van de hypothalamus, hypofyse of ovaria, waardoor bij anovulatoire infertiliteit de ovulatie wordt opgewekt; *~pijn*, zie middenpijn; *~remming*, kunstmatig tegengaan van de ovulatie door toediening van oestrogene of progestatieve stoffen, doch in de praktijk een combinatie van beide.
ovulostasis het niet optreden van de ovulatie.
ovulostaticum middel dat de *ovulatie remt ('de pil').
ovulum *L* eitje, eicel (vklw. van ovum), meervoud ovula; *ovula nabothi*, retentiecysten van slijmklieren van de baarmoederhals, door *Naboth destijds voor eieren (Naboth-eieren) aangezien.

ovum *L* ei, eicel; meervoud ova; *~donatie*, beschikbaarstelling door een vrouw van een eicel t.b.v. *IVF aan een vrouw waarbij zich geen eicellen kunnen ontwikkelen.
Owren, P. Noors hematoloog (geb. 1905), zie trombotest; *ziekte van ~*, zeldzame hemorragische *diathese door ontbreken van de *bloedstollingsfactor V; syn. parahemofilie.
oxaalzuur zuringzuur; is in geringe hoeveelheid in het bloedplasma aanwezig en kan als calciumzout in de urine voorkomen of bestanddeel zijn van nierstenen.
oxalaat *G* zuringzure (oxaalzure) kalk.
oxalaatsteen nier- of blaassteen uit oxalaat.
oxalemie te hoge concentratie oxaalzuur in het bloed.
oxalisme vergiftiging door oxaalzuur.
oxalose stoornis in de glycine-stofwisseling, waardoor oxalemie en -urie optreden, met neiging tot vorming van calciumoxalaatstenen in de urinewegen.
oxalurie uitscheiding van overmatige hoeveelheid *oxaalzuur en oxalaten (zie oxalaat) met de urine.
oxidase enzym dat zuurstof (oxygenium) overbrengt.
oxidatie het verbonden worden met zuurstof.
oxidatieve fosforylering de vorming van ATP (uit ADP) met behulp van de energie die vrijkomt in de *ademhalingsketen.
oxide verbinding met zuurstof; wkw. *oxideren*.
oxidoreductasen verzamelnaam voor enzymen die betrokken zijn bij oxidatie-reductiesystemen.
oxihemoglobine zie hemoglobine.
OXT afk. van *oxytocine.
oxy- zie ook oxi-.
oxycefalie torenschedel; *craniostenose van alle schedelnaden; syn. acro-, hypsi-, turricefalie.
oxy- *~fenylurie*, syn. tyrosinose; *~fiel*, syn. *acidofiel.
oxyfonie, oxyphonia *G* scherp stemgeluid, tgst. afonie.
oxygenatie voorziening met zuurstof.
oxygenator apparaat voor oxygenatie van veneus bloed.
oxygenium *L*, **oxygeen** zuurstof, kleur-, reuk- en smaakloos gas, onmisbaar voor het leven; vormt ongeveer 21% van de buitenlucht.
oxyhemoglobine, oxihemoglobine zie hemoglobine.
oxymetrie meting van zuurstofgehalte, in engere zin van het bloed.
oxyopie, oxyopia *G* buitengewoon sterk gezichtsvermogen, bijzondere gezichtsscherpte; tgst. amblyopie.
oxyphonia zie oxyfonie.
oxytocia zie oxytokie.
oxytocicum, ocytocicum, weeënopwekkend middel.
oxytocine één der hormonen van de hypofyse-achterkwab; stimuleert uteruscontracties en melkproductie door de mamma; werkt tevens op het geheugen en wel in amnestische zin; is als neurotransmitter in de periferie betrokken bij de waterhuishouding en melkafgifte.
oxytocisch weeën versterkend; bevalling bespoedigend.
oxytokie, oxytocia *partus praecipitatus.
oxyuriasis *G* het vóórkomen van aarsmaden in de darm van de mens; oude

benaming van enterobiose.

ozaena *G* stinkneus, rhinitis atrophica foetida, ontsteking van het neusslijmvlies met stinkende uitscheiding en korstvorming, zie atrofische *rinitis; ~ *simplex*, eenvoudige ozaena, veroorzaakt door neuscatarre; zie ook coryza, kakosmie.

ozon *G* kleurloos, uit zuurstof verdicht gas, met zeer doordringende niet onaangename geur, dat bij elektrische ontlading ontstaat; vooral na onweer is er ozon in de lucht; heeft een bacteriedodende werking; *~iseren*, met ozon behandelen, bijv. water om het vrij van bacteriën te maken.

OZT afk. van onderhouds-zuurstofbehandeling thuis; toepassing o.a. bij *CARA.

P

p afk. van 1. pico. 2. plasmide.
P afk. van 1. percentiel. 2. presbyopie. 3. pressure (druk). 4. peta = 10^{15}. 5. fosfor.
Pa afk. van *pascal, de internationale eenheid van druk.
PA afk. van 1. *postero-anterior*, van achteren naar voren. 2. *pathologisch-anatomisch*, ziektekundig-ontleedkundig. 3. pernicieuze anemie. 4. plasminogeen-activator. 5. pulmonaire arterie.
paardenstaart zie cauda equina.
paardenvoet zie pes.
PAAZ afk. van psychiatrische afdeling van een algemeen ziekenhuis.
PABA afk. van para-aminobenzoëzuur.
PAC afk. van 1. premature atriumcontractie, syn. boezem-extrasystolie. 2. perifere atherectomiecatheter.
PACE afk. van proefobject accreditatie
pacemaker *E* 1. gangmaker, hartprikkelaar; zie sinusknoop; *circadiane ~*, zie nucleus suprachiasmaticus; *ectopische ~*, een groepje hartspiercellen buiten de sinusknoop, dat spontaan diastolische depolarisatie vertoont. 2. een apparaat, dat kunstmatig ritmische prikkels toedient aan een hart (de hartkamer), dat door ziekte zijn eigen contractieregeling heeft verloren; *on demand ~ E*, pacemaker die slechts impulsen afgeeft bij een fysiologisch sinusritme van minder dan 60 hartslagen per minuut; *~syndroom*, dyspneu, lage inspanningstolerantie en dergelijke bij pacemakerdragers doordat de boezems geen bijdrage leveren aan het slagvolume van het hart.
pachy- *G* (smst.) verdikking; *~cefalie*, abnormaal dikke schedelwand; *~dermie*, ziekelijke verdikking van de huid, bijv. bij elefantiasis en acromegalie; *~dermoperiostose*, syn. *osteoartropathie; *~meningitis,* ontsteking van de dura mater; *~meninx,* syn. dura mater; *~onychie*, abnormale verdikking van de nagels met keratose op diverse plekken van de huid; *~pleuritis*, verdikking van de pleura t.g.v. chronische ontsteking; *~somie*, zwaarlijvigheid; abnormale dikte van de weke delen van het lichaam, bijv. bij acromegalie; *~teen*, stadium in de *meiose waarin de paring van de homologe chromosomen volledig is.
pacing stress test *E* zie APST.
Pacini, F. Italiaans anatoom (1812-1883); *lichaampjes van ~*, zie Vater.
packed cells *E* afk. PC; thans erytrocytenconcentraat, afk EC; *~ volume*, syn. hematocriet.
PaCO_2 afk. van arteriële koolstofdioxide-spanning.
PACO_2 afk. van alveolaire koolstofdioxide-spanning; zie ook PaCO_2.
PAD afk. van partiële antibiotische *decontaminatie; syn. *SAM (bet. 2).
PADAM afk. van partial androgene deficiency aging male *E*.
paddenhuid frynodermie.
paddestoel *~allergie*, zie alveolitis; *~vergiftiging*, zie mycetisme.
paed- *G* (smst.) kind, kinderen betreffend; zie ook ped-.
paedicatio zie pedicatie.

PAF afk. van 1. platelet activating factor *E*, *mediator bij aggregatie van trombocyten. 2. prostatic antibacterial factor *E*; komt voor in prostaatvocht.
PAG afk. van polyacrylamidegel.
Page, I. Amerikaans chirurg; *~-nier*, compressie van de nier door bindweefselvorming na trauma, met hypertensie door verhoogde renine-afscheiding als gevolg; *syndroom van ~*, aanvallen van zweten, cyanose van de vingers, tachycardie, salivatie, tranenvloed, blozen e.a. vegetatieve verschijnselen door diëncefale prikkeling bij essentiële hypertensie.
Paget, Sir J. Engels chirurg (1814-1899); *~-cellen*, grote epidermale cellen met hyperchromatische kern en weinig gekleurd cytoplasma; *syndroom van ~-von Schrötter*, acute trombosering van de okseladers; *ziekte van ~* 1. syn. *ostitis deformans. 2. erythemo-eczematoïde dermatose o.a. gekenmerkt door Paget-cellen, voorkomend aan de tepelhof bij aanwezigheid van carcinoom van de melkgangen; ook bij carcinoom op andere plaatsen (uitwendige geslachtsorganen, navel, okselholte) worden Paget-cellen in de huid aangetroffen.
PAGO afk. van periodiek arbeidsgezondheidskundig onderzoek, voorheen periodiek bedrijfsgeneeskundig onderzoek, onderzoek waarin aandoeningen worden opgespoord die het gevolg kunnen zijn van specifieke risico's van bepaalde werkzaamheden.
PAHS afk. van periartritis humeroscapularis.
PAI plasminogen activator inhibitor *E*, plasminogeenactivatorremmer.
PAIDS afk. van pediatric AIDS, AIDS verkregen op kinderleeftijd.
painful arc *E* pijn in de schouder en gestoord bewegingsritme bij maximale vóór-achterwaartse (sagittale) heffing van de gestrekte arm gevolgd door herstel van de ruststand in het frontale vlak, ten teken van compressie van beschadigde structuren in de schouder.
PAIS afk. van polyglandulair auto-immuuninsufficiëntie syndroom; beschadiging van meer dan één orgaansysteem tegelijk door een auto-immuunproces, te onderscheiden in drie typen, hoofdzakelijk gekenmerkt door: 1. hypothyroïdie, mucocutane candidiasis, M. Addison, hypogonadisme en (soms) aangeboren hartafwijkingen. 2. M. Addison, thyroiditis, atrofische gastritis, diabetes mellitus, hypogonadisme. 3. M. *Graves, pernicieuze anemie, myasthenie, M. Sjögren e.a.
PAK afk. van polycyclische aromatische koolwaterstoffen; zijn potentieel carcinogene stoffen.
palatinaal de naar het verhemelte (palatum) toe gerichte vlakken van tanden en kiezen in de bovenkaak.
palatoplastiek operatie waarbij een gespleten verhemelte (palatum) wordt gesloten.
palatoschisis *G* syn. *palatum fissum.
palatum *L* verhemelte of gehemelte, het gewelf van de mond dat het tussenschot vormt tussen de mondholte en de neuskeel- en neusholte; *~ durum*, het harde verhemelte, het voorste deel van het palatum; *~ molle*, het zachte verhemelte, het achterste deel van het palatum; *~ fissum*, gespleten verhemelte, aangeboren afwijking, gaat in de regel gepaard met hazenlip; syn. palatoschisis, uranoschisis, uranoschisma, urano*coloboma.
PALGA afk. van pathologisch-anatomisch landelijk geautomatiseerd archief.
palilalie, palilalia *G* het voortdurend herhalen van woorden of zinnen, vooral voorkomend bij sommige psychische stoornissen.
palindroma zie palindroom.

palindromisch recidiverend, zich herhalend; terugkerend.
palindroom, palindroma 1. het terugkeren van een ziekte of een verschijnsel, syn. recidief; in engere zin kortdurend recidief; *~-artritis* of *-reuma* (episodische artritis), acute aanvallen van synovitis met symptoomloze intervallen, gepaard met wisselend gelokaliseerde objectieve ontstekingsverschijnselen. 2. woord (of zin) dat van vóór naar achteren gelezen, gelijk is aan andersom, bijv. lepel, parterretrap; keerwoord.
palissade weefsel, opgebouwd uit langwerpige naast elkaar gelegen cellen.
pallanesthesie onvermogen trillingen waar te nemen.
pallesthesie het vermogen om trillingen waar te nemen, in engere zin de trillingen van een stemvork die tegen een bot wordt gedrukt.
palliag (tandheelk.) zilveralliage voor het vervaardigen van inlays.
palliatie verzachting (van klachten); behandeling van ongeneeslijke aandoeningen.
palliativum *L*, verzachtend middel dat verlichting brengt, maar de ziekte zelf niet bestrijdt, meervoud palliativa; bijv.nw. *palliatief*.
pallidus *L* bleek.
pallium hersenmantel, de cortex cerebri, hersenschors; ook: de hoofdmassa van de beide hersenhemisferen welke de hersenstam omhult
pallor *L* bleekheid; *~ eximius*, buitengewone bleekheid, zeer witte gelaatskleur; *~ virginum*, bleekheid van jonge vrouwen.
palmair, palmaris *L* de handpalm (palma) betreffend, syn. volaris.
palma manus *L* handpalm (manus = hand), syn. vola manus.
palmaris zie palmair.
palmoplantair de handpalm en voetzool betreffend; *~ verschijnsel*, de soms bij koortsige ziekten optredende gele verkleuring van de palmoplantaire huid.
palmoscopie het beluisteren of voelen van de pols.
palpabel voelbaar, tastbaar.
palpatie betasting, onderzoek van zieken door betasting; zie ook percussie.
palpebra *L* ooglid, meervoud palpebrae.
palpebraal de palpebrae betreffend of daartoe behorend.
palperen betasten.
palpitatie, palpitatio *L* klopping, beving, trekking; *~ cordis*, hartklopping; verhoogde hartwerking, meestal in aanvallen; kan op een hartaandoening berusten, doch is dikwijls het gevolg van emoties.
palsy *E* verlamming, syn. paralyse; *cerebral ~*, (in engere zin) een blijvende doch niet onveranderlijke aandoening van de motorische eigenschappen der ledematen (houdings- en bewegingsanomalieën) t.g.v. een niet-progressieve stoornis in de ontwikkeling van de zich in een vroeg stadium van groei (vóór het derde levensjaar) bevindende hersenen; oorzaken van deze stoornissen kunnen zijn bloedingen (geboortetrauma!), ontstekingen, zwangerschapsintoxicatie, enkele aangeboren stofwisselingsstoornissen, te vroege geboorte e.a.; bij ±30% van de gevallen leidt dit tot spastische hemiplegie, bij 30-50% tot spastische diplegie (ziekte van *Little) of spastische tetraplegie, bij 10-25% tot choreo-athetose; zie ook encefalopathie, spastisch syndroom; *progressive supranuclear ~* (*E*), zeldzaam beeld van *parkinsonisme met verschijnselen van dementie en een dubbelzijdig starende blik in horizontale of verticale richting; *shaking ~*, ziekte van *Parkinson.
paludisme, paludismus *L* moeraskoorts, syn. malaria.

PAM afk. van primary acquired melanosis.
PAMI afk. van primary angioplasty for myocardial infarction.
pan- *G* (smst.) alles, geheel, enz.
PAN afk. van pan-, peri-, poly-arteriitis nodosa.
panacee, panacea *G* middel dat alle kwalen geneest, wondergeneesmiddel.
panalgie, panalgia *G* pijn in het gehele lichaam.
panaortitis zie aortaboogsyndroom.
panaritium *L* fijt, ontsteking aan de buigzijde van de vingers (met name aan de uiteinden); doordat de subcutis verdeeld is door schotjes kan het ontstekingsoedeem (zwelling) de circulatie ter plaatse verminderen met als gevolg necrose en abcesvorming met uitbreiding naar dieper gelegen delen of andere delen van de vinger of hand; afhankelijk van de lokalisatie ontstaat de indeling: ~ *erythematosum*, oppervlakkig in de huid (geen abces); ~ *phlyctaenodes*, in de huid als blaar met pusvorming; ~ *subcutaneum*, zich onderhuids uitbreidend; ~ *periostale* (~ *necroticum*), tot etterige periostitis (beenvliesontsteking) leidend; ~ *ossale*, tot osteomyelitis leidend; ~ *tendinosum*, tot ontsteking van de peesschede leidend, peespanaritium; peesscheden van pink en duim eindigen niet bij het metacarpofalangeale gewricht, maar lopen door tot aan de pols en kunnen daar een verbinding hebben, zodat er een *flegmone ontstaat.
panarteriitis syn. *periarteriitis nodosa; ook: polyarteriitis.
panarthritis *G* ontsteking van alle of vele gewrichten.
panboring zie trepanatie.
pANCA afk. van perinucleaire ANCA.
pancarditis het gelijktijdig bestaan van endo-, myo- en pericarditis.
panchondritis zie polychondritis.
panchrestum *G* syn. panacee.
Pancoast, H. Amerikaans röntgenoloog (1875-1939); *tumor van* ~, kwaadaardig gezwel (bronchuscarcinoom of mesothelioom) in de longtop met neiging tot doorgroei in de omgeving en metastasering; *syndroom van* ~, brachialgie en syndroom van *Horner t.g.v. druk op de plexus brachialis resp. de halssympathicus door een Pancoast-tumor.
pancreas *G* alvleesklier; achter de maag gelegen langwerpig klierachtig orgaan dat een voor de spijsvertering belangrijk sap afscheidt, nl. het pancreassap en tevens een belangrijke endocriene functie heeft (zie insuline); *~-apoplexie, ~-necrose*, zie pancreatitis; ~ *divisum*, tweedelige pancreas, elk met een eigen afvoergang; *~fibrose*, zie *cystische fibrose; *~insufficiëntie*, t.g.v. een chronische pancreatitis optredende verteringsstoornis (zie malabsorptie, maldigestie); *~-polypeptide*, een enterohormoon (zie enterohormonen) dat de pancreas-enzymsecretie en de galblaastonus vermindert.
pancreatitis ontsteking van het *pancreas, o.a. door galstenen, hyperlipidemie, hyperparathyroïdie, virusinfecties, alcoholmisbruik; *acute* ~, peracuut ziektebeeld met heftige pijn in het epigastrium, koorts, shockverschijnselen; slechte prognose doordat t.g.v. de ontsteking de reeds geactiveerde pancreasenzymen het eigen klierweefsel verteren (zgn. autolyse); bij de zgn. *chronische* ~ ontstaat uiteindelijk het beeld van *pancreasinsufficiëntie; pijn en verteringsstoornissen staan hierbij op de voorgrond; *hemorragische* ~, met bloedingen in het orgaan gepaard gaande pancreatitis, syn. pancreasapoplexie.
pancytopenie te laag aantal cellen (erytrocyten, leukocyten, trombocyten) in het

bloed door tekortschieten van de beenmergfunctie, al of niet t.g.v. algemene oorzaken, zoals auto-immuunziekten, chronische infecties, maligniteiten, myelofibrose e.a.

pandakplastiek (orthop.) operatieve vervaardiging van de (ontbrekende) bovenrand van het acetabulum (heupkom) bij hypoplastisch heupgewricht, door omklapping van een stuk bot uit het bekken (operatie van König).

pandemie *G* zeer verbreide epidemie die bijv. in verschillende landen gelijktijdig woedt, o.a. bij influenza; zie ook endemisch.

pandiculatie het zich uitrekken en geeuwen.

panencefalitis encefalitis verspreid over het gehele cerebrum; *subacute scleroserende* ~, afk. SSPE, diffuse subacute, incidenteel met demyelinisatie gepaard gaande degeneratie van het hersenweefsel (zowel grijze als witte stof), veroorzaakt door een persisterend *virus, nauw verwant met het mazelenvirus, en met een verloop als een slow *virus infection, gekenmerkt door een psychische achteruitgang met neurologische prikkelings- en uitvalverschijnselen, gevolgd door dementering en decerebratierigiditeit; er zijn typische EEG-afwijkingen; syn. ziekte van Van *Bogaert, subacute inclusionbody encefalitis (Dawson), panencefalomyelitis (Pette en Döring), leucoencephalitis sclerosans.

Paneth, J. Oostenrijks fysioloog (1857-1890); *cellen van* ~, gekorrelde eosinofiele epitheelcellen in de crypten van *Lieberkühn; spelen waarschijnlijk een rol in het immuunsysteem van de darmwand.

panfagie ongebreidelde zucht om van alles te willen eten.

panfobie ziekelijke vrees voor zowel mensen, dieren als levenloze dingen.

pangenesis *G*, volgens de theorie van Darwin zouden alle delen van het organisme bijdragen (*pangenen*) leveren in de voortplantingscellen.

panhidrosis *G* sterk aanhoudend zweten over het gehele lichaam.

panhypopituïtarisme klinische toestand t.g.v. te weinig of in het geheel niet functioneren van de hypofysevoorkwab, meestal door necrose hiervan t.g.v. trombose of andere oorzaak van ischemie (acuut groot bloedverlies), tumor (*craniofaryngeoom, *prolactinoom, basofiel adenoom) of (meestal) door atrofie ('wegsmelten') t.g.v. een auto-immunologisch proces; soms blijkt de hypofyse totaal verdwenen ('empty sella', zie sella turcica); de verschijnselen zijn van uiteenlopende aard en kunnen bestaan uit secundaire hypothyroïdie, secundair hypogonadisme, bijnierschorsinsufficiëntie; treedt panhypopituïtarisme op vóór de puberteit dan ontstaat hypofysaire dwerggroei nl. achterstand in groei door ontbreken van groeihormoon en *TSH, alsmede het wegblijven van de puberteit.

panidiosyncrasie zie idiosyncrasie.

paniek (psych.) plotselinge en zeer hevige angst (zie aldaar) met hevige lichamelijke verschijnselen en een sterke verstoring van cognitieve functies; innerlijke ontreddering.

paniekstoornis (vlg. DSM-IV) terugkerende, onverwachte aanvallen van paniek met of zonder *agorafobie, niet het gevolg van een andere psychische stoornis, het gebruik of onthouding van een middel of een lichamelijke aandoening, die zich binnen een periode van vier weken manifesteert in omstandigheden waarbij geen opvallende lichamelijke inspanning plaatsvindt of levensgevaar bestaat; kan zich o.a. uiten door kortademigheid, hartkloppingen, pijn of onaangenaam gevoel in de borst, verstikkings- en/of benauwdheidssensaties, onwerkelijkheidsgevoelens, angst dood te gaan of krankzinnig te worden.

panmixie ongeselecteerde vermenging van erfelijke eigenschappen.
panmyelopathie, panmyelophthisis algemene aplasie van het beenmerg, waardoor de bloedcelvorming ophoudt, zie aplastische *anemie.
Panner, H. Deens patholoog (1871-1930); *ziekte van ~*, zie osteochondrose.
panniculitis ontsteking van het onderhuidse vetweefsel; ~ *febrilis*, ziekte van Christian-Weber, collageenziekte, gepaard gaand met koorts en vorming van knobbels in de huid die zonder zweervorming genezen met achterlating van putjes; veroorzaakt door *paraneoplasie.
panniculus *L* vklw. van pannus; ~ *adiposus*, de vetlaag onder de huid.
pannus *L* 1. lett. lap, doek; aandoening van de cornea waarbij deze bedekt wordt met een groot aantal bloedvaatjes, die zich uit het bindweefsel vormen; kan worden veroorzaakt door ontsteking van het hoornvlies of van het bindvlies (zie conjunctivitis, trachoom), door glaucoom, enz. 2. verdikte, fluwelig aanvoelende, oedemateuze membraan waartoe zich het ontstoken synoviaalvlies (zie synovia, bet. 1) vormt bij *synovitis.
panoftalmie ontsteking van het gehele oog waarbij dit meestal verloren gaat.
panostitis *G* ontsteking van alle beenvormende weefsels.
panotitis *G* ontsteking van het middenoor en het inwendig oor.
panplegie *G* verlamming van het gehele lichaam.
panseksualiteit neiging om elk menselijk gedrag te verseksualiseren.
pansfygmograaf sfygmograaf waarmede ademhaling, pols en hartslag kunnen worden opgetekend.
p24-antigeen een antigeen (eiwit) van het HIV.
panto- *~coom*, toestel om bedlegerigen te vervoeren; *~gamie*, syn. van *promiscuïteit; *~scoop*, 1. bifocale bril. 2. (overdr.) set van hulpmiddelen voor KNO-onderzoek; *~theenzuur*, *vitamine B_5.
pantserhart zie pericarditis.
PaO_2 afk. van arteriële zuurstofspanning.
PAO_2 afk. van alveolaire zuurstofspanning.
PAO(G)(H) afk. van 1. peak acid output *E*. 2. postacademisch onderwijs (geneeskunde) (huisarts).
PAP afk. van 1. *Papanicolaou. 2. peroxidase-antiperoxidase. 3. prostatic acid phosphatase. 4. percutane antegrade pyelografie. 5. pulmonal arterial pressure, pulmonale arteriële druk.
papaïne plantaardige stof die in sommige industrieën wordt gebruikt; (verkregen) overgevoeligheid voor papaïne kan leiden tot allergische longweefselbeschadiging.
Papanicolaou, G. Grieks-Amerikaans patholoog (1883-1962); *kleuring* vlg. Papanicolaou, kleurmethode van cytologische uitstrijkpreparaten (met name van de baarmoederhals, cervix) ter diagnostisering van carcinoom.
papatacikoorts zie pappatacikoorts.
papaverine *L* een alkaloïd, werkt spasmolytisch op glad spierweefsel van de grotere bloedvaten.
papaver somniferum *L* slaapbol, heulbol, zie opium.
papegaai een hulpmiddel waaraan iemand zich kan optrekken vanuit het bed om bijv. van houding te veranderen.
papegaaien- *~spraak*, *echolalie; het dwangmatig letterlijk herhalen van een door een ander uitgesproken woord of (deel van) een zin; komt voor bij autistische

kinderen; *~ziekte*, zie psittacose.

papel, papula *L* knobbeltje of verhevenheid van de huid, niet groter dan een kapucijner; primaire efflorescentie bij sommige huidaandoeningen.

Papez, E. Frans fysioloog; *circuit van ~*, stelsel van hersenbanen in het gebied van hypothalamus en hippocampus, waar emotionele belevenissen worden verwerkt.

papier-elektroforese zie elektroforese.

papil, papilla *L* wrat, tepeltje, knobbeltje, kleine verhevenheid, meervoud papillae; *papillae filiformes*, resp. *foliatae, fungiformes* en *(circum)vallatae*, draad-, resp. blad-, paddestoelvormige en omwalde papillen op de tong; ~ *lacrimalis*, traanpapil, kleine verhevenheid op de randen der oogleden waarin zich de traanpunten bevinden; ~ *mammae*, borsttepel, syn. mamilla; *~-necrose*, zie papillitis necroticans; ~ *nervi optici*, vroegere benaming van de discus nervi optici; ~ *pili*, papil waarop het haar is ingeplant; ~ *renalis*, nierpapil, de top van de nierpiramide (zie pyramis) waar de tubuli renales uitmonden in het nierbekken; ~ *salivalis superior*, de bovenste speekselpapil in het slijmvlies van de wang, uitmonding van de afvoergang van de glandula parotis, syn. ductus parotideus; ~ *vateri* of ~ *duodeni*, zie Vater.

papillair van papillen voorzien; m.b.t. een papil; knobbelachtig; *~lijn*, lijn door de papilla mammae (borsttepel) evenwijdig aan de mediane lijn.

papillitis *L* ontsteking van een papil, in engere zin ontsteking van de *discus nervi optici; ~ *necroticans*, syn. papilnecrose, ziekte v. Günther, necrotiserende ontsteking van een nier*papil (papilla renalis), dikwijls bij diabetes, voorts bij misbruik van analgetica, bij urinewegobstructie (hydronefrose), sikkelcelziekte, chronische leverziekten, niertransplantatie e.a.; syn. ~ *renalis*.

papilloma zie papilloom.

papillomatosis ontwikkeling van multipele papillomen; syn. cystische epitheliale *hyperplasie.

papillomavirussen groep virussen, behorend tot de *papovavirussen, waarvan voor de mens hoofdzakelijk van belang zijn het *humane* type (afk. HPV), dat vnl. genito-anale wratten veroorzaakt, en het 'gewone' huidwrattenvirus.

Papillon-Lefèvre-syndroom hyperkeratose van handpalmen en voetzolen met vroegtijdige destructie van het *periodontium.

papilloom, papilloma *G* gezwel van huid- of slijmvliespapillen van wrat- of bloemkoolachtige vorm; hiertoe behoren o.a. condyloom (vijgwrat), verruca (wrat); ~ *laryngis*, door een papillomavirus veroorzaakt neoplasma van het strottenhoofd.

papillotomie insnijding van de papil van *Vater.

papiloedeem oedeem van de *discus nervi optici.

PAPOVA afk. van papilloma polyoma-vacuolating; *~virussen*, groep van DNA-tumorverwekkende virussen bij dieren; diameter 45 nm; het wrattenvirus bij de mens behoort tot deze groep.

pappatacikoorts *dengue-achtige ziekte, veroorzaakt door een arbovirus, dat door een muskiet (Phlebotomus pappataci) wordt overgebracht.

PAP-smear uitstrijkje van de baarmoederhals (cervix) volgens *Papanicolaou.

papula zie papel.

papuleus zie papillair.

papulosis huidziekte gekenmerkt door de vorming van multipele papels; ~ *atrophicans maligna*, papels op romp en extremiteiten met centrale porseleinwitte atrofische inzakking, met onbekende oorzaak en ongunstige prognose (ziekte van Degos); *lymfomatoïde* ~, zeldzame huidafwijking met spontaan verdwijnende noduli die pathologisch-anatomisch op maligne lymfomen (zie lymfoom, bet. 3) gelijken, doch zich zelden hiertoe ontwikkelen, voorts histologisch o.a. gekenmerkt door grote mononucleaire cellen in de lederhuid.

Paquelin, C. Frans arts (1836-1905); *thermocautère van* ~, brandijzer, kortweg paquelin genoemd.

para- (smst.) erbij, ernaast, verkeerd, anders, tegenovergesteld, beiderzijds; *~-aminobenzoëzuur*, afk. PABA, kristallijne stof, noodzakelijk voor het leven van sommige micro-organismen; zie vitamine B; *~-aminosalicylzuur*, afk. PAS, chemotherapeuticum tegen bepaalde vormen van tuberculose.

PARA afk. van polyarthritis rheumatica acuta.

parabiose 1. aangeboren natuurlijke vereniging van twee levende organismen (als bij 'Siamese tweelingen'). 2. tijdelijk verminderd geleidingsvermogen van een zenuw na prikkeling.

parabulie *G* ziekelijk veranderde wil, syn. dysbulie.

Paracelsus, Th. Zwitsers genees- en scheikundige (1493-1541); hij kan worden beschouwd als de grondlegger van de farmaceutische chemie.

paracentese het doorsteken van de wand van een met vloeistof gevulde lichaamsholte teneinde deze te ledigen, bijv. het gespannen trommelvlies bij middenoorontsteking, de borstholte bij pleuritis.

parachromatosis zie chromatose.

paracolitis colitis met ontsteking van het bindweefsel dat het colon omgeeft.

paracolpium *L* het bindweefsel rondom de vagina.

paracortex het weefsel vlak onder de schors van een orgaan en ermee verweven.

paracrinie de afgifte door endocriene cellen van hormonen in de omgevende extracellulaire vloeistof met diffusie naar naburige 'target'-cellen (en dus niet in de circulatie); bijv.nw. *paracrien*.

paracusis *G* stoornis in het gehoor, onjuist horen, bijv. het horen van tonen op een onjuiste hoogte, uit een verkeerde richting of in versterkte mate; ook: het horen van gonzende of suizende geluiden; ~ *willisi*, beter horen in lawaai, bij geleidingsdoofheid.

paracyesis *G* buitenbaarmoederlijke zwangerschap, zie graviditeit.

paracystitis *G* ontsteking van het weefsel rondom de blaas.

paradentium syn. *parodontium.

paradentose chronische ontsteking van het weefsel om tanden en kiezen met als gevolg o.a. terugtrekking van het tandvlees; treedt ettering op, dan spreekt men van pyorrhoea alveolaris.

paradigma voorbeeld, model; complex van regels voor het beoefenen van wetenschap.

paradox in tegenstelling met wat men als normaal aanneemt; ogenschijnlijk ongerijmd, bijv. diarrhoea paradoxa, buikloop t.g.v. verstopping; *calcium-~*, na doorstroming van de hartkrans met een calciumvrije oplossing, ontstaat in de regel door reperfusie met een calciumhoudende oplossing een afsterving van hartspiercellen.

para-endocrinie productie van een atypische endocriene stof.

paraesthesia zie paresthesie.

parafaryngeaal (in het weefsel) rondom de *farynx.

parafasie, paraphasia *G* verhaspeling, verwisseling van woorden (~ *verbalis*) of klanken (~ *literalis*) bij het spreken, onvolledige vorm van afasie.
parafemie neiging om in gesproken taal niet-passende woorden of klanken te gebruiken.
parafernalia rompslomp; bijkomstigheden.
paraffine *F* witte doorschijnende wasachtige stof; toegepast o.a. bij de bereiding van smeersels, als laxeermiddel.
parafilie (vlg. DSM-IV) verzamelbegrip voor diverse seksuele stoornissen gekenmerkt door terugkerende, sociaal minder aanvaarde fantasieën, drang of gedrag ter opwekking van seksuele opwinding; er is pas sprake van een stoornis indien de persoon er zelf hinder van ondervindt of indien het gevolgen heeft voor het beroepsmatig of sociaal functioneren; tot deze stoornis behoren exhibitionisme, fetisjisme, frotteurisme, pedofilie, seksueel masochisme en sadisme, transvestitisme, voyeurisme enz.
parafonie, paraphonia *G* afwisselend hoger of lager stemgeluid; ~ *puberum*, overgangsstem, de afwisselende stem bij jongens in de puberteit; ~ *sibilans*, sissend, fluitend stemgeluid.
parafrasie, paraphrasia *G* verkeerd spreken; ~ *paranoica*, syn. ~ *vesana*, verkeerd spreken door psychisch gestoorden, doordat zij aan de woorden een verkeerde betekenis geven of er niet-bestaande woorden zelf bijmaken; ~ *thematica*, verkeerd spreken van gehele zinnen; ~ *verbalis*, verkeerd gebruiken of verkeerd uitspreken van sommige woorden.
parafrenie (psych.) 1. verouderde term voor paranoïde stoornissen die niet een verschijnsel zijn van een andere psychose. 2. syn. parafrenitis.
parafrenitis, paraphrenitis *G* ontsteking van de vliezen boven en onder het middenrif (phren) nl. borstvlies en buikvlies; zie ook frenitis.
paraganglioma zie paraganglioom.
paraganglion groepjes cellen behorend tot het chromaffiene systeem; *glomus.
paraganglioom, paraganglioma woekering van een *paraganglion, *chromaffinoom; ~ *medullare*, syn. feochromocytoom.
parageusie *G* onjuiste smaakgewaarwording, verkeerd proeven, waarbij de lijder meent andere dingen te proeven dan hij in werkelijkheid nuttigt of in de mond heeft.
paraglobuline abnormaal globuline in het bloedplasma, bijv. cryoglobuline.
paragnosie helderziendheid, telepathie.
paragnosis *G* 1. ziektebeschrijving na de dood van historische personen. 2. buitenzintuiglijke waarneming.
paragnost helderziende.
paragomphosis *G* inklemming van het kinderhoofd tijdens de baring in het bekken van de moeder.
paragonimiasis longziekte door Paragonimus westermani, een trematode, zuigworm (vroegere benaming: Distoma pulmonale).
paragrafie *agrafie waarbij iets anders wordt geschreven dan bedoeld; afatische woordvervorming in het handschrift.
paragrammatisme onvermogen om uit woorden zinnen te vormen; het maken van fouten in de zinsbouw.
parahemofilie zie Owren.
parahidrosis *G* (ook: *paridrosis*) abnormale zweetuitscheiding.

para-influenzavirussen groep van *paramyxovirussen, veroorzakers van luchtwegcatarren (rinitis, faryngitis, kroep).

parakeratose zie keratonose.

parakinesie *G* stoornis in de coördinatie; bewegingsstoornis veroorzaakt door abnormale spierinnervatie.

paralalie *G* spraakstoornis waarbij onbedoelde geluiden ontstaan, hetzij door verkeerde gewoonte of door stoornis in de coördinatie.

paralambdacismus *G* het onvermogen om de letter l uit te spreken, in de plaats waarvan een andere klank (meestal n of r, soms d of t) wordt gebezigd.

paralexie zwak woordbeeld, lichte vorm van dyslexie, waarbij woorden worden gelezen die er niet staan, maar die lijken op de wèl aanwezige woorden.

paralgie, paralgesie *G* onjuiste gevoelsgewaarwording waarbij pijn een aangenaam gevoel verwekt.

paralipofobie de vrees bij sommige psychiatrische patiënten dat het nalaten van bepaalde, meestal onbelangrijke handelingen, rampzalige gevolgen kunnen hebben voor anderen.

paralogie *G*, **paralogisme** 'ernaast praten' van sommige psychiatrische patiënten: het geven van een antwoord dat geen verband houdt met de gestelde vraag.

paralues syn. *metasyfilis.

paralysie du matin *F* lett. ochtendverlamming; duidt op het vrij acute ontstaan van verlammingen bij poliomyelitis.

paralyse, paralysis *G* verlamming, krachteloos zijn; verlies van de mogelijkheid een lichaamsdeel te bewegen door verlies van het vermogen van één of meer spieren of spiergroepen zich samen te trekken; dit kan worden veroorzaakt 1. bij de zgn. *perifere ~:* door een stoornis in de spier zelf, door gebrekkige overdracht van de motorische zenuwimpuls op de spier of door een aandoening van de motorische zenuw zelf. 2. bij de zgn. *centrale ~:* door enigerlei laesie in het verloop van de motorische zenuwbaan in het centrale zenuwstelsel, zoals bloeding, trombose, embolie, gezwel, degeneratie, intoxicatie, trauma, vaatkramp; naargelang de plaats vanwaar de verlamming uitgaat, onderscheidt men **a.** hersenverlamming (*~ cerebralis* of *cerebrale ~*). **b.** ruggenmergsverlamming (*~ spinalis* of *spinale ~*). **c.** zenuwverlamming (*neuro~* of *neurogene ~*). **d.** spierverlamming (*myo~* of *myopathische ~*); *~ acuta ascendens*, syn. verlamming van *Landry; *~ agitans*, syn. ziekte van *Parkinson; *~ agitans sine agitatione*, paralysis agitans zonder tremoren; *~ van Bell*, syn. idiopathische facialisparalyse (zie faciaal); *brachiale ~*, verlamming van arm- en handspieren door laesies van de plexus brachialis: 1. *~ van Erb-Duchenne* betreffende de bovenste takken van de plexus (5de en 6de halssegment); 2. *van *Klumpke-Déjerine* betreffende de onderste takken van de plexus (7de hals- en 1ste borstsegment); *~ glossopharyngo-laryngo-labialis*, verlamming van de tong, keelholte, strottenhoofd en lippen, uitgaande van het verlengde merg, syn. **bulbaire ~; ~ infantum*, kinderverlamming, zie poliomyelitis; *~ progressiva*, lett. voortschrijdende verlamming, zie dementie: dementia paralytica; *~ saturnina*, verlamming t.g.v. saturnisme; *~ spastica*, spastische verlamming, paralyse gepaard met *spasticiteit van de spier(en); zie ook Todd.

paralyticus *L* lijder aan paralyse, in engere zin paralysis progressiva.

paralytisch met paralyse in verband staand, door paralyse ontstaan; *~e borstkas*, smalle platte borstkas met wijde tussenruimten van de ribben; *~e habitus*,

paralytische lichaamsgesteldheid, syn. asthenia universalis congenita; *~e ileus*, zie ileus.
paramediaan naast het mediane vlak gesitueerd.
paramedisch verwant aan vakken en beroepen die rechtstreeks of zijdelings met de geneeskunde samenhangen zonder er bepaald toe te behoren, bijv. fysiotherapeut, ergotherapeut, logopedist, diëtist, mondhygiënist.
parameter maatstaf; kenmerk.
parametritis *G* ontsteking van het *parametrium; *~ puerperalis*, parametritis in het kraambed (puerperium).
parametrium *L* het bindweefsel naast de baarmoeder en tussen de bladen van het ligamentum latum ('brede band' tussen baarmoeder en bekkenwand).
paramimie stoornis in de vorming van gebaren, bijv. ontkennend knikken bij een bevestigend antwoord.
paramnesie *G* geheugenbedrog, geheugenvervorming.
paramonen paracriene stoffen (zie paracrinie).
paramyloïdose afzetting van paramyloïd, een eiwitachtige stof bij paraproteïnemie, in gewrichtskapsels, hartspier, huid, tong en andere organen.
paramyoclonus multiplex *G* vorm van myoclonus in spiergroepen van romp en ledematen, syn. polyclonus.
paramyotonia congenita *L* aangeboren en erfelijke ziekte, gekenmerkt door aanvallen van *myotonie van bepaalde spiergebieden, vnl. van het gelaat (lippen, tong), geprovoceerd door koude; syn. ziekte van Eulenburg.
paramyxovirussen familie van pleomorfe *myxovirussen, omvattend de *para-influenzavirussen, het *bofvirus en het *Newcastle-disease-virus.
paranefritis (obsoleet) zie perinefritis.
paranefros oude benaming voor bijnier.
paraneoplasie (ook: metaneoplasie) het ontstaan van ziekteverschijnselen niet veroorzaakt door de tumor zelf of zijn metastasen, maar door endocriene, metabole of tumor-antigene activiteit van kwaadaardige gezwellen; symptomen die door paraneoplasie kunnen worden veroorzaakt zijn o.a. polycytemie, gynaecomastie, sommige dermatosen, tromboflebitis, trombose, eosinofilie, glomerulonefritis, myasthenie, paraproteïnemie en neurologische verschijnselen.
paraneoplastisch met *paraneoplasie in verband staand.
paranoia *G* (psych.) verouderde term voor het optreden van een stabiel en samenhangend, invoelbaar (niet-bizar), waansysteem terwijl de overige psychische functies en het gedrag niet duidelijk gestoord zijn; *acute hallucinatoire ~*, plotseling optredende paranoia die gepaard gaat met hallucinaties; *alcoholische ~*, grootheids- en vervolgingswaan die kan voorkomen bij alcoholisten.
paranoïd(e) 1. (psych.) met betrekking tot paranoia. 2. (alg.) uitermate achterdochtig, wantrouwend, rancuneus en het niet kunnen verdragen van kritiek.
paranoïde persoonlijkheid zie persoonlijkheid.
paranoïde stoornis verouderde term, thans genoemd waanstoornis; *geïnduceerde ~*, thans genoemd *gedeelde psychotische stoornis.
paranormaal gezegd van verschijnselen die met de gangbare wetenschappelijke opvattingen niet te verklaren of normaal genoemd kunnen worden.
paraparese, paraparesis *G* dubbelzijdige onvolkomen verlamming.
parapemphigus blaarvorming onder een erythemateus of urticarieel veranderde

opperhuid of slijmvlies, vnl. bij ouderen; een *immunodermatose; syn. pemfigoïd, pemphigus benignus.

parapertussis infectieziekte veroorzaakt door Bordetella parapertussis, met een ziektebeeld als dat van kinkhoest doch veel milder verlopend.

paraphasia zie parafasie.

paraphimosis *G* Spaanse kraag, insnoering van de penis door de achter de eikelrand teruggeschoven en daarna opgezwollen voorhuid (preputium); door deze insnoering kan de bloedsomloop in de eikel belemmerd worden, waardoor deze zwelt en blauw tot zwart verkleurt, met kans op gangreen.

paraphonia zie parafonie.

paraphrasia zie parafrasie.

paraphrenia *G* zie parafrenie.

paraphrenitis *G* zie parafrenitis.

paraplasie *G* abnormale weefselgroei of -vorm.

paraplegie, paraplegia *G* verlamming (zie paralyse, parese) aan beide zijden van het lichaam; ~ *brachialis*, syn. ~ *cervicalis* of ~ *superior*, verlamming van beide armen; ~ *brachiocruralis*, verlamming van beide armen en beide benen; ~ *cruralis*, syn. ~ *inferior*, verlamming van beide benen; ~ *spastica congenitalis*, aangeboren spastische verlamming van beide benen (soms als gevolg van een geboortetrauma).

parapleuritis ontsteking van het bindweefsel tussen het borstvlies en de borstwand, syn. peripleuritis.

parapodium orthopedisch hulpapparaat t.b.v. de voortbeweging, vnl. bij spina bifida.

parapraxie 1. onvermogen om een voorwerp op de juiste manier te gebruiken. 2. irrationeel gedrag.

paraproctitis *G* ontsteking van het weefsel rondom de endeldarm; gaat soms met vorming van abces of fistel gepaard.

paraproteïnemie groep van ziekten, gekenmerkt door het vóórkomen van *paraproteïnen, sterk verhoogde BSE, hemorragische diathese, anemie, hyperviscositeit en vermagering; *benigne* ~, 'idiopathische' vorming van paraproteïnen zonder pathologische betekenis; *light chain* ~ *E*, een in de urine aantoonbaar (dus de nier passerend) eiwit bij M. *Kahler, bestaande uit twee lichte ketens (zie immunoglobuline) van hetzelfde type als die van het paraproteïne; zie amyloïdose, Bence Jones, cryoglobulinen, macroglobulinemie, plasmocytoom.

paraproteïnen abnormale *immunoglobulinen, slechts één type lichte ketens bevattend, die ontstaan door een excessieve monoklonale werkzaamheid (zie monoklonaal) van plasmacellen, waardoor een pathologische en meestal maligne *hypergammaglobulinemie wordt teweeggebracht (*paraproteïnemie); sommige paraproteïnen vormen bij lage temperatuur (4-6 °C) een precipitaat (*cryoglobulinen); het M-paraproteïnen is een zeer groot molecuul (zie macroglobulinemie).

paraproteïnurie het vóórkomen van *paraproteïnen in de urine.

parapsoriasis *G* verzamelnaam voor huidziekten die op psoriasis gelijken.

parapsychologie buiten de gewone of normale psychologie vallende leer van de paranormale of bovennatuurlijke verschijnselen, zoals helderziendheid en telepathie.

parapulpair naast de pulpaholte.
pararotacisme spraakgebrek waarbij de r-klank wordt vervangen door een j, l of w.
pararthria syn. *anartrie.
parasiet *G* een dierlijk of plantaardig organisme dat zich voedt ten koste van een ander organisme (de zgn. gastheer), waarop het een schadelijke werking uitoefent; de bij de mens voorkomende parasieten zijn o.a. de ingewandswormen (zie helmins), de luis (zie Pediculus), de schurftmijt (Acarus scabiei) en de vlo (zie Pulex); *temporaire* ~, parasiet die z'n gastheer slechts benadert als honger hem drijft (mug, teek en dergelijke); zie ook commensaal, saprofyt, symbiose.
parasigmatisme spraakgebrek waarbij andere klanken in plaats van de letter s worden gebruikt, bijv. als er tanden ontbreken.
parasitair door parasieten veroorzaakt; m.b.t. parasieten.
parasitemie aanwezigheid van parasieten in het bloed, in engere zin bij malaria.
parasiticide *L* parasietendodend middel.
parasitisme het leven als *parasiet.
parasitologie de kennis van de organismen die zich als parasiet (kunnen) gedragen, de gevolgen van hun levenswijze voor de gastheer, en hun bestrijding.
parasitolyse *G* vernietiging van parasieten; ontleding of oplossing van parasieten door parasitolysinen (zie lysinen).
parasitose ziekte die door een parasiet wordt veroorzaakt.
parasitotroop met affiniteit voor parasieten, bijv. een geneesmiddel.
parasomnie, parasomnia 1. lichte vorm van slapeloosheid. 2. (vlg. DSM-IV) slaapstoornis die tijdens de slaap optreedt, zoals nachtmerrie, pavor nocturnus en slaapwandelen.
paraspasme, paraspasmus toegenomen spierspanning of spierkramp in de benen.
parasteatose afscheiding van huidsmeer op een abnormale plaats.
parasuïcide op zelfmoord gelijkende daad, bedoeld om de aandacht te trekken en rust te vinden en niet de intentie bestond om daadwerkelijk het leven te willen beëindigen; syn. suïcidegeste.
parasyfilis syn. *metasyfilis.
parasympathicolyticum farmacodynamische stof die verlammend werkt op parasympathische zenuwen, o.a. de nervus vagus; tgst. parasympathicomimeticum.
parasympathicotomie syn. *vagotomie.
parasympathicus zie autonoom.
parasynovitis *G* ontsteking van het bindweefsel rondom een gewricht.
parasystolie het gelijktijdig bestaan van een *sinusritme en een ritme onder invloed van een *ectopische prikkeling.
parataxis stoornis in de emotie waarbij de verschillende emotiecomponenten los van elkaar staan en niet zijn geïntegreerd.
paratenon syn. peritenonium, *peritendineum.
paratestis *L* bijbal, syn. epididymis.
parathormoon afk. PTH, parathyroïd hormoon, hormoon van de *bijschildklieren; bevordert in de nieren de fosfaatuitscheiding en de terugresorptie van calcium; door directe invloed op het beenweefsel wordt calcium gemobiliseerd waardoor het calciumgehalte in het bloed wordt verhoogd.
parathyroidea zie bijschildklieren.

parathyrotoxicose zie hyperparathyroïdie.
paratonie (psych.) onvermogen tot willekeurige ontspanning van spieren.
paratopie verplaatsing van een orgaan met behoud van bloed- en zenuwvoorziening.
paratrichose, paratrichosis *G* haargroei op abnormale plaatsen.
paratrofie syn. *dystrofie.
paratyfus op tyfus gelijkende, doch minder kwaadaardige ziekte, waarvan drie soorten (A, B en C) bekend zijn, veroorzaakt door *Salmonella.
paratyphlitis *G* ontsteking van het bindweefsel in de omgeving van de blindedarm, syn. typhlocellulitis.
paravariola syn. *alastrim.
paravertebraal, paravertebralis *L* naast de vertebrae (wervels) gelegen.
paraxiaal in de richting van of langs een as.
parboiling *E* (= gedeeltelijk koken) een Indiase bewerking van ongepelde rijst, waarbij de vitaminen van het omringende zilvervlies in de rijstkorrel diffunderen, zodat de rijst (na droging) kan worden gepeld, geslepen en genuttigd met (grotendeels) behoud van het vitaminegehalte; bovendien is parboiled rijst langer houdbaar.
pareccrisie *G* veranderde uit- of afscheiding (eccrisis).
pareerfractuur zie Monteggia.
paregoricum *L* kalmerend en pijnstillend middel.
pareidolie *G* waanvoorstelling, *illusie, waarbij visuele beelden op fantastische wijze worden geïnterpreteerd.
parel- *~gezwel*, cholesteatoom; *~kanker*, carcinoma planocellulare; *~snoer*, als een snoer aan elkaar gegroeide koloniën van *Candida albicans.
parencefalitis *G* ontsteking van de kleine hersenen.
parenchym *G* het werkzame weefsel, vooral het klierweefsel, in tgst. tot het steunweefsel; zie interstitium, stroma.
parenchymateus m.b.t. het parenchym; *~ze bloeding*, weefselbloeding.
parentaal m.b.t. de ouders.
parenteraal buiten de darm, bijv. de toediening van geneesmiddelen langs een andere weg dan het darmkanaal, bijv. intramusculair, intraveneus.
parerosie *G* sociaal minder aanvaarde seksuele geaardheid of voorkeur, zoals exhibitionisme, voyeurisme; syn. parhedonie.
parese, paresis *G* onvolledige verlamming, zwakte van de beweging; *~ spastica*, syn. paralysis spastica (zie paralyse); *vestibulaire ~*, dubbelzijdige stoornis van de prikkelbaarheid van het *labyrint.
paresthesie, paraesthesia stoornis in de gevoelsgewaarneming waarbij, zonder dat er sprake is van prikkelingen, kriebelingen, jeuk of tintelingen worden waargenomen.
paretisch op parese berustend; *~e gang*, door spierzwakte of zenuwstoornis veroorzaakte langzame gang met kleine pasjes.
parhedonie *G* syn. parerosie.
paridrosis syn. *parahidrosis.
paries *L* wand.
pariëtaal tot de wand (paries) behorend, bijv. os parietale, wandbeen; *~kwab*, zie lobus cerebri; *~ale cellen*, syn. wandcellen, zoutzuur producerende cellen in het maagslijmvlies.

Parinaud, H. Frans oogarts (1844-1905), zie oculoglandulair syndroom.
paring zie coïtus.
paristhmia *G* het gebied naast de keelengte (isthmus faucium).
pariteit 1. het gelijkwaardig zijn. 2. het aantal malen dat een vrouw is bevallen.
Parkes Weber, F. Engels internist (1863-1962); *syndroom van* ~, zeldzame aangeboren reuzengroei van een lidmaat met lymfoedeem van huid en subcutis, huidangiomen (zie angioom), varicosis, hyperhidrose en hyperthermie van de huid, een en ander veroorzaakt door functionerende arterioveneuze fistels.
Parkinson, 1. James Engels arts (1775-1824); *ziekte van* ~ (ook: *morbus parkinsoni*), syn. paralysis agitans, idiopathisch parkinsonisme; dikwijls familiaal, na het 35ste levensjaar optredend ziektebeeld dat gekenmerkt is door spierstijfheid (rigiditas), langzame tremor in de handen, toenemend bij emotie met typische bewegingen van de vingers, hypokinesie, speekselvloed (ptyalisme), blikkrampen, loop- en spraakstoornissen, maskergelaat (amimie), verhoogde talgafscheiding ('zalfgezicht'), zeldzame ooglidslag, propulsie en retropulsie, kinesia paradoxa (bet. 1), tandradfenomeen, fenomeen van *Wartenberg; in vele gevallen ontwikkelt zich een dementie; de oorzaak is gelegen in stoornissen van het extrapiramidale systeem (degeneratie van de gepigmenteerde neuronen in de substantia nigra, met als gevolg een dopaminetekort); als *parkinsonisme wordt hetzelfde ziektebeeld aangeduid dat niet 'idiopathisch' is; zie ook glabella. 2. **Sir John** Engels cardioloog (1885-1976), zie syndroom van *Wolff-Parkinson-White.
parkinsonisme syndroom met de kenmerken van de ziekte van *Parkinson t.g.v. afwijkingen in het extrapiramidale systeem, ook wel genoemd *symptomatisch* ~ in tgst. tot de 'idiopathische' ziekte van Parkinson; *cerebrovasculair* ~, parkinsonisme t.g.v. cerebrale arteriosclerose; *postencefalitisch* ~, parkinsonisme na doorgemaakte encephalitis lethargica; *pseudo* ~, syn. 'parkinsonoïd', wordt waargenomen als bijwerking van psychofarmaca en voorts (zelden) bij frontaalkwabtumoren, lues cerebri, hersenletsel; *toxisch* ~, parkinsonisme door vergiftiging met stoffen als koolstofmonoxide, mangaan, kwik, barbituraten.
parodontitis ontsteking van het parodontium.
parodontium de omgeving van tand of kies, nl. tandvlees, processus alveolaris, wortelvlies en cement; syn. paradentium.
parodontologie kennis der ziekten van het parodontium.
parodontosis, parodontopathie degeneratie van het *parodontium; verzamelnaam voor aandoeningen van het weefsel rondom het gebit; syn. periodontopathie.
parodynie pijnlijke baring.
paronychia *G* syn. onychia, (pop.) omloop; ontsteking van de nagelwal.
paronychosis *G* vorming van een nagel op een abnormale plaats.
paropia *L* de buitenooghoek, meervoud paropiae.
paropion *G* oogbeschermer, oogklep bijv. bij lichtschuwheid.
paropsis, paropoia *G* benaming van de verschillende vormen van verminderd gezichtsvermogen, zoals amblyopie, hemeralopia, nyctalopie.
parorasis *G* gezichtshallucinatie.
parorchidie *G* abnormale ligging van de teelbal (orchis).
parorexie *G* abnormale eetlust, bijv. de lust om zeer bijzondere, walgelijke of oneetbare dingen te eten.

parosmie *G* verkeerde reukgewaarwording.
parostose, parostosis *G* abnormale beenvorming, beenvorming buiten het beenvlies, bijv. in spieren.
parotis oorspeekselklier, glandula parotidea.
parotitis *G* ontsteking van de *glandula parotidea (parotis), bof; ~ *epidemica*, epidemisch optredende besmettelijke ontsteking van de oorspeekselklier, meestal bij jeugdige personen, veroorzaakt door het *bofvirus; ~ *metastatica*, bij volwassenen optredende vorm van parotitis, die soms gepaard gaat met andere ontstekingen, bij mannen bijv. met orchitis, bij vrouwen met oophoritis; ~ *postoperativa*, na operatie soms optredende vorm van parotitis t.g.v. speekselstuwing tijdens de narcose en infectie van de parotis met kiemen uit de mondholte.
parotose, parotosis *L* symmetrische vergroting van de oorspeekselklieren ('beverkop').
paroxismaal, paroxistisch in aanvallen optredend.
paroxisme, paroxysmus *G* in aanvallen optredende hevige verergering van een ziekte of verschijnsel.
PA(R)P afk. van percutane antegrade (c.q. retrograde) pyelografie.
parricide moord op bloedverwanten.
Parrot, M. Frans arts (1839-1883); *ziekte van ~*, schijnbare verlamming (pseudoparalyse) bij pasgeborenen met aangeboren syfilis, veroorzaakt door loslating van de uiteinden der pijpbeenderen.
pars *L* (onder)deel, gedeelte; meervoud partes; ~ *flaccida*, syn. membraan van *Shrapnell; ~ *petrosa* (van het os temporale, slaapbeen), rotsbeen; oude benaming *os petrosum; ~ *pylorica*, het pylorus-gedeelte van de maag.
partes *L* gedeelten, delen, meervoud van pars; ~ *aequales* (rec.) gelijke delen.
parthenogenese, parthenogenesis *G* voortplanting zonder voorafgaande bevruchting, bijv. bij lagere planten (o.a. algen) en dieren (o.a. bladluizen) of kunstmatige voortplanting door scheikundige middelen of natuurkundige krachten op de eieren te laten inwerken.
partiaal zie partieel.
partialisme syn. *fetisjisme.
partieel gedeeltelijk.
partikel klein deeltje, vklw. van pars.
parturiens barend; *parturiënte*, barende vrouw.
parturitio *L* syn. partus.
partus *L* syn. parturitio, bevalling, baring, het einde van een zwangerschap die tenminste 16 weken heeft geduurd (sedert de 1ste dag van de laatste menstruatie), gevolgd door de uitdrijving van het kind uit het moederlichaam; indien de uitdrijving van de vrucht vóór de 16de week plaatsvindt spreekt men van abortus; men kan de bevalling in drie perioden verdelen: 1. de *ontsluitingsperiode;* door de regelmatige samentrekkingen van de baarmoeder (weeën) verwijdt zich het geboortekanaal (de baarmoederhals), gedeeltelijk mede door de druk die op de vochtblaas (de eivliezen waarachter het vruchtwater) als gevolg van de weeën wordt uitgeoefend; is de ontsluiting totaal en zijn de vliezen inmiddels gebroken, kenbaar aan het aflopen van het vruchtwater, dan begint 2. de *uitdrijvingsperiode*, waarbij de 'persweeën' optreden en het kind wordt uitgedreven door de nog steeds doorgaande baarmoedersamentrekkingen plus de verhoging van de

buikdruk (het bewuste persen); enige tijd na de geboorte van het kind begint. 3. de *nageboorteperiode*, de weeën beginnen opnieuw (doch meestal minder hevig) en de nageboorte wordt dan naar buiten gedreven, nl. de moederkoek (placenta), de eivliezen en de navelstreng (funiculus umbilicalis); na deze 3de periode is de bevalling teneinde en vangt het kraambed (puerperium) aan; ~ *agrippinus*, voetgeboorte, geboorte met de voeten vooruit; ~ *conduplicato corpore*, geboorte met dubbelgevouwen lichaam als gevolg van dwarsligging; ~ *immaturus*, vroegtijdige bevalling van een onvoldragen praktisch niet levensvatbaar kind (zwangerschapsduur tussen 16 en 28 weken); ~ *praecipitatus*, bijzonder snel verlopende bevalling ('stortgeboorte'), syn. oxytokie; ~ *praematurus*, vroegtijdige bevalling van een onvoldragen doch wel levensvatbaar kind; vroeggeboorte (zwangerschapsduur tussen 28 en 37 weken); omdat de grens van levensvatbaarheid (tot voor kort 28 weken) steeds lager en dus vager wordt, worden partus immaturus en partus praematurus samengevat onder de 'bredere' term: *preterme geboorte (vroeggeboorte); ~ *serotinus*, partus lang na de gemiddelde tijd waarin deze normaal moet plaatshebben (zwangerschapsduur meer dan 42 weken); ~ *siccus*, bevalling waarbij zeer weinig vruchtwater afloopt; zie ook abortus.

parulis *G* kaakabces, uitgaande van een tandwortelbeenvliesontsteking; zie ook epulis.

parvi *L* (smst.) klein; *~cellulair*, kleincellig; *~spermie*, 1. sperma met een te groot aantal kleincellige spermatozoïden. 2. te kleine hoeveelheid ejaculaat.

parvo- (smst.) zeer klein; *~virus*, syn. *picodnavirussen; *humaan ~virus* kan bij mensen met hemolytische anemie de aanmaak van erytroblasten verstoren.

parvus *L* klein (ook in smst.).

PAS afk. van para-aminosalicylzuur.

Pascal, B. Frans natuurkundige (1623-1662), zie pascal.

pascal eenheid van druk = 1 newton/m^2; afk. Pa.

PASI afk. van psoriasis activity and severity index *E*.

passager, passagère *F* van voorbijgaande aard; syn. transient *E*; ~ *tic-stoornis*, syn. voorbijgaande *tic-stoornis.

passief lijdelijk, ondergaand, tgst. actief; *~-agressieve persoonlijkheid*, zie persoonlijkheid; *~ve ligging*, de rugligging van een verzwakte zieke, die geen kracht of wil meer heeft om van ligging te veranderen; *~ve bewegingen*, bewegingen zonder eigen toedoen.

passivisme 1. het (ten opzichte van invloeden van buiten af) aannemen van een lijdelijke houding. 2. syn. masochisme.

pasta (farm.) enigszins taaie deegachtige zalf, die tenminste 10% poeder bevat.

Pasteur, L. Frans scheikundige (1822-1895), hoogleraar te Parijs; toonde aan dat infectieziekten worden veroorzaakt door bacteriën, ontdekte een *vaccin tegen hondsdolheid (lyssa), voorts de naar hem genoemde methode, de *pasteurisatie, en bewees dat *abiogenese onmogelijk is.

Pasteurella naar Pasteur genoemde groep bacteriën; zie ook Yersinia.

pasteurellose infectieziekte veroorzaakt door Pasteurella.

pasteurisatie het *pasteuriseren*, herhaaldelijke verwarming van stoffen (bijv. melk) tot 65 à 70° gedurende tenminste 1/2 uur, telkens gevolgd door plotselinge afkoeling, waardoor de meeste (dus *niet* alle) micro-organismen worden gedood en de sporen niet tot ontwikkeling kunnen komen; gepasteuriseerde stoffen zijn

dus niet geheel kiemvrij (zie ook sterilisatie).
pasteus deegachtig gezwollen, opgeblazen, bijv. het aangezicht van aan waterzucht (hydrops) lijdende personen.
Patau, K. Amerikaans kinderarts; *syndroom van ~*, multipele variabele misvormingen door trisomie van het 13de chromosoom.
patch *E* een stukje weefsel of kunststof voor het verrichten van een plastische operatie; *~test* lapjesproef, plakproef.
PATCLAS afk. van patiëntenclassificatiesysteem.
patella *L* knieschijf, syn. rotula; *chondromalacie-syndroom van de ~*, degeneratieve veranderingen in het gewrichtskraakbeen van het middelste vlak van de patella t.g.v. telkens terugkerende *subluxatie van de patella door 'idiopathische' zwakte van de musculus quadriceps femoris, vnl. gekenmerkt door pijn achter de patella en *crepitatie bij strekking in het kniegewricht; niet zelden treedt aanzienlijke degeneratie van de patella op; *~dans*, *ballottement van de knieschijf.
patellair m.b.t. de knieschijf; *~reflex*, het opspringen van het onderbeen bij het bekloppen van de pees onder de knieschijf t.g.v. de reflectorische samentrekking van de strekspieren van het bovenbeen.
patency *E* wijdte, bijv. van een bloedvat.
pater *L* vader; *~naal*, van de vader afkomstig.
Paterson, D. Engels KNO-arts (1863-1939), zie dysfagie.
Patey, D. Engels chirurg; *operatie van ~*, gemodificeerde mastectomie vlg. *Halsted, dit is met sparing van de grote borstspier (musculus pectoralis major).
pathergie afwijkende reactie op de invloed van een allergeen (zie allergenen); *~-test*, intra- of subcutane inspuiting van een bepaalde allergeen-oplossing, veroorzaakt bij positieve uitslag een papulo-pustuleuze eruptie door vasculitis van de huidvaatjes.
-pathia *G*, **-pathie** (smst.) ziekte, aandoening, bijv. artropathie.
pathisch (foutief) door een ziekteproces veroorzaakt; (smst.) ziekelijk, tot een aandoening behorend.
patho- (smst.) een ziekte of aandoening betreffend; *~-aminen*, tot de ptomaïnen behorende stoffen die bij sommige ziekten in de urine voorkomen; *~fobie*, overdreven vrees voor ziekten, o.a. bij hypochondrie.
pathofysiologie kennis en studie van de fysiologie van het zieke orgaan of organisme.
pathogeen ziekteverwekkend.
pathogenese, pathogenie, pathogenesis *G* ziekteoorzaak, de wijze waarop een ziekte ontstaat, de leer van de ziekteoorzaken.
pathognomonisch (ook: pathognostisch), typisch, kenmerkend; *~e verschijnselen*, kenmerkende verschijnselen van een ziekte, de verschijnselen die alleen bij een bepaalde ziekte worden waargenomen.
pathognostisch zie pathognomonisch.
pathografie de studie van de invloed van de ziekte van een (meestal historische) persoon op zijn leven en scheppende arbeid; meestal blijkt deze nihil.
pathologie *G* ziekteleer, kennis der ziekten; *geografische ~*, kennis der ziekten i.v.m. de aardrijkskundige omstandigheden van het land waar zij voorkomen.
pathologisch 1. ziekelijk; afwijkend; *~e verschijnselen,* ziekteverschijnselen. 2. ziektekundig; *~e anatomie*, ziektekundige ontleedkunde, kennis van de ziekelijke veranderingen in weefsels en organen; *~ gokken*, zie gokken; *~ liegen*,

syn. pseudologia phantastica; zie ook syndroom van *Münchhausen.

pathology of crowding *E* (biol.) degeneratieve verschijnselen die zich kunnen voordoen in een biologische gemeenschap in een beperkt leefgebied (overbevolking), zoals toenemende mortaliteit en abortus, verminderde vruchtbaarheid, verwaarlozing van nakomelingschap, kannibalisme, psychische aberraties, onmaatschappelijk gedrag, zelfmoord.

patholoog-anatoom beoefenaar van de *pathologische anatomie.

pathomimie, pathomimesis *G* 1. ziekteverschijnsel bij hysterie dat gelijkt op een verschijnsel van een organische ziekte. 2. simulatie, malengeren. 3. zelfmutilatie bij psychopathie. 4. ziekelijke neiging ziekteverschijnselen na te bootsen of op te wekken; nagebootste ziekte (factitious illness *E*).

pathomorfose weefselveranderingen t.g.v. een ziekte.

pathoneurose neurose die lichamelijke functies (negatief) beïnvloedt.

pathopsychologie syn. *psychopathologie.

pathothermie *G* aangeboren ziekelijke *temperatuurverhoging.

pathway *E* lett. baan, pad, spoor. 1. (fysiol.) de baan welke een zenuwimpuls langs verschillende neuronen volgt. 2. (bioch.) de opeenvolging van chemische reacties welke leidt tot het ontstaan van een chemische verbinding.

patient compliance *E* therapietrouw m.b.t. geneesmiddelen; zie ook compliantie.

patiëntenrecht overkoepelende benaming voor de algemeen erkende rechten van de patiënt, o.a. het recht om niet zonder toestemming te worden behandeld, het recht op informatie, het recht op inzage in het dossier, het recht op geheimhouding, het recht op klachtenbehandeling.

patricide vadermoord.

pauci- (smst.) weinig, zelden, sporadisch.

Paul, J. Amerikaans arts (1893-1971); *reactie van ~-Bunnell*, *agglutinatie van schapen-erytrocyten door het serum van een lijder aan *mononucleosis infectiosa.

Pautrier, L. Frans huidarts (1876-1959) 1. *micro-abcessen van ~*, epidermale verzamelingen van hyperchromatische histiocyten en atypische lymfocyten bij mycosis fungoides (zie mycose). 2. *syndroom van ~-Woringer*, gevarieerd beeld van *reticulose met lymfekliervergrotingen.

pauze (kort) interval van inactiviteit; *compensatoire ~* (card.), de pauze na een *extrasystole; deze is van zodanige duur, dat de voortijdigheid van de extrasystole wordt gecompenseerd; **menopauze*.

pavimentum *L* (anat.) de bodem van een holte.

Pavlic-bandage speciaal verband om heup en knie in gebogen stand te houden (bij diverse - aangeboren - dysplasieën).

Pavlov zie Pawlow.

pavor *L* lett. siddering, angst, schrik; *~ nocturnus*, syn. *sleep terror disorder E*; (vlg. DSM-IV) een slaapstoornis, niet het gevolg van het gebruik van een middel of lichamelijke aandoening, gekenmerkt door terugkerende perioden van ontwaken ingeleid door een paniekerige schreeuw, intense angst en de daarbij behorende verschijnselen, het niet direct tot bedaren gebracht kunnen worden, het ontbreken van nauwkeurige herinneringen aan dromen en aan de voorafgaande periode (i.t.t. incubus, nachtmerrie); *~ sceleris*, syn. scelefobie.

Pavy, F. Engels arts (1829-1911); *ziekte van ~*, proteïnurie, die bij tussenpozen voorkomt, bijv. dagelijks van 's ochtends ±8 tot 's avonds ±5 uur: het meest bij jonge mannen; syn. cyclische proteïnurie.

Pawlow, I. Russisch fysioloog (1849-1936), zie voorwaardelijke *reflex.
paxil, paxillus *L* geneesmiddel bevattend stiftje dat onder de huid geschoven wordt, meervoud paxilli.
Payne, J. Amerikaans chirurg; *operatie van ~*, uitschakeling ('kortsluiting') van een groot deel van de dunne darm bij extreme vetzucht.
PBC afk. van primaire biliaire (lever)cirrose.
PBE afk. van penicilline-bindend eiwit; zie ook bèta-lactam-antibiotica.
PBI afk. van proteïn bound iodine *E*, aan eiwit gebonden jood in het bloedserum, maat voor de hoeveelheid circulerend schildklierhormoon.
PBL afk. van perifere-bloed lymfocyten.
PBR afk. van phleboreografie; zie flebografie.
PBS afk. van physiologically buffered saltsolution *E* (verdunningsvloeistof).
PBSCT afk. van perifere-bloedstamcellentransplantatie.
p.c. (rec.) afk. van post cenam, na de maaltijd.
PC afk. van 1. Pneumocystis carinii. 2. proteïne C. 3. psychiatrisch centrum. 4. provocatieve concentratie. 5. pericarditis constrictiva. 6. polycarbonaat. 7. prostaatcarcinoom, syn. PCA. 8. packed cells, thans erytrocytenconcentraat (EC).
PCA 1. patientcontrolled analgesia *E*. 2. passieve cutane anafylaxie. 3. prostaat-carcinoom, syn. PC.
PCB afk. van polychloorbifenyl, een *dioxine.
PCC afk. van protrombine-complex-concentraat.
PCD afk. van psychiatrische consultatieve dienst.
PCL afk. van 1. plasmacellenleukemie. 2. percutane *lithotripsie. 3. pijncognitie-lijst.
PCM afk. van protein-caloric malnutrition *E*.
PCO afk. van *polycystoma ovarii (syndroom); syn. PCOS, POS.
pCO_2 afk. van koolstofdioxide-spanning (in het bloed).
PCOS afk. van *PCO-syndroom.
PCP afk. van 1. Pneumocystis carinii-pneumonie. 2. phencyclidinepiperidine, zie angel's dust. 3. patient care profile *E*. 4. patiënten/consumentenplatform.
PCR afk. van 1. primair chronisch reuma. 2. *polymerase chain reaction *E*.
PCT afk. van 1. postcoitumtest; syn. *Sims-Hühner-test. 2. porphyria cutanea tarda. 3. primary conservative treatment.
PCWP afk. van pre-capillary wedge pressure *E*; *wiggedruk in een kleine longslagader.
PD afk. van 1. pupil distance *E*, pupilafstand. 2. posttraumatische dystrofie; syn. Sudecksyndroom. 3. psychiatrisch dagcentrum. 4. Parkinson's disease.
PDA afk. van persisterende *ductus arteriosus (ductus Botalli).
PDD afk. van pervasive developmental disorders *E*; syn. POS.
PDGF afk. van platelet derived growth factor *E*.
PDL afk. van pulsed dye laser, lasertherapie met name voor de behandeling van vasculaire afwijkingen van de huid, in het bijzonder van wijnvlekken.
PDPH afk. van post dural puncture headache, syn. PLPH.
PDW afk. van platelet distribution width *E*.
PDZ afk. van 1. *pyrodruivenzuur. 2. project doelmatigheid zorginstellingen.
PEA afk. van provinciale ent-administratie.
peak flow *E* de maximale uitademingssnelheid, gemeten met de *~meter;* een

longfunctiewaarde.
Pearl-index aantal zwangerschappen per 100 expositiejaren.
peau *F* huid; ~ *de chagrin*, chagrijnhuid, leerachtig aspect van de huid op sommige lichaamsgedeelten bij tubereuze *sclerose (Pringle-Bourneville); ~ *d'orange*, zie sinaasappelhuid.
pectangina syn. *angina pectoris.
pectine tot de koolhydraten behorende stof in fruit en sommige wortel- en koolsoorten die, met water vermengd, gelei vormt.
pectoraal, pectoralis *L* de borst (pectus) betreffend; *pectorale fremitus*, het meetrillen van de borstwand bij het spreken; is bij sommige borstziekten versterkt, bij andere verzwakt.
pectus *L* borst; ~ *carinatum*, syn. ~ *gallinaceum*, kippenborst, vogelborst, misvorming van de *thorax waarbij het borstbeen naar voren uitsteekt en de zijvlakten van borst en ribben ingezonken zijn; ~ *excavatum*, trechterborst, schoenmakersborst, sterke intrekking van het onderste deel van het borstbeen, waardoor een diepe kuil is gevormd.
ped- (smst.) kind, kinderen betreffend.
peda- zie ook paed-.
pedaal, pedalis *L* m.b.t. de voet, bijv. *pedale *lymfografie*: inbrenging van contrastvloeistof in een lymfevat in de voet t.b.v. röntgenonderzoek.
pedagogie opvoedkunde.
pedatrofie lichamelijk verval (atrofie) van zuigelingen en kleine kinderen bij chronische enteritis, cholera, tabes scrofulosa, decompositie, enz.
pederastie erotische voorkeur van mannelijke homoseksuelen voor jongens.
pediater *G* kinderarts.
pediatrie kindergeneeskunde, behandeling van kinderziekten.
pedicatie, paedicatio *L* syn. pederastie; ~ *mulierum*, anale coïtus, zowel hetero- als homoseksueel.
pediculatus zie pediculus (bet. 2).
pediculosis *L* syn. phthiriasis, luisziekte, verluizing, de ontwikkeling van een groot aantal luizen.
Pediculus *L* luis, meervoud pediculi; ~ *capitis*, hoofdluis; ~ *corporis*, kleerluis, lijfluis, syn. ~ *vestimenti;* ~ *pubis*, platluis, schaamluis, luis die zich vnl. in de huid ter plaatse van de schaamharen nestelt, syn. Phthirius inguinalis, morpio.
pediculus steel, bijv.nw. *pediculatus*, gesteeld; ~ *vertebrae*, het gedeelte van de wervelboog tussen de bovenste en onderste onderlinge gewrichtsvlakjes.
pedicure voetverzorg(st)er, deskundige die kleine voetkwalen (eelt, eksterogen, nagelafwijkingen) en -misvormingen behandelt; meestal is een pedicure tevens manicure.
pediluvium *L* voetwassing, voetbad.
pedis *L* bijv.nw. bij pes = voet.
pedo- (smst.) m.b.t. het kind ; zie ook paed-.
pedodontie kindertandheelkunde.
pedofilie 1. erotische aantrekkingskracht (zowel homofiel als heterofiel) die een volwassene voelt voor jonge kinderen. 2. (vlg. DSM-IV) een vorm van *parafilie waarbij de volwassene eenzijdig gericht is op seksuele activiteiten met kinderen jonger dan 13 jaar; syn. pedoseksualiteit.
pedologie *G* de kennis van de lichamelijke en psychische ontwikkeling van het

kind.

pedoseksualiteit syn. *pedofilie.

pedunculus *L* voetje, steel; vklw. van pes (voet), bijv.nw. *pedunculatus; ~ cerebri*, hersensteel.

peeling *E* lett. schillen, ontvellen; behandelingsmethode bij sommige huidziekten waarbij een afschilferend effect wordt beoogd.

PEEP afk. van positive end-expiratory pressure *E*, positieve eind-expiratoire drukbeademing, een bij ademhalingsstoornissen toegepaste behandelingsmethode waarbij op het einde van de expiratiefase een positieve druk wordt gehandhaafd.

pees zie tendo; *~blad*, zie aponeurose, fascie; *~knoop*, zie ganglion; *~ontsteking*, tendinitis; *~schede*, vagina tendíneum; *~schede-ontsteking*, tendovaginitis.

peesreflex samentrekking van een spier of spiergroep(en) als reactie op het bekloppen van een pees.

PEF afk. van peak expiratory flow *E*.

PEG afk. van 1. pneumo-encefalogram; zie ventriculografie. 2. polyethyleenglycol. 3. percutane endoscopische gastrostomie; zie ook PEG-*katheter.

PEI afk. van physical efficiency index *E*, maatstaf voor de stabiliteit van het autonome zenuwstelsel.

Pel, P. Nederlands internist (1852-1919), zie Ebstein.

pelade *G* haaruitval; zie alopecia, Brocq.

Pelger, K. Nederlands arts (1885-1931); *kernanomalie van ~-Huët*, dominant-erfelijke twee- en enkellobbige segmentatie van granulocyten.

pelioma typhosum *G* blauwrode vlekken die op lichaam, armen en benen bij sommige ziekten (vnl. tyfus) kunnen optreden.

peliosis *G* ziekte die met (huid)bloedingen gepaard gaat; syn. purpura; *~ hepatis*, kleine met bloed gevulde holten (zonder histologische begrenzing) in de lever bij sommige degeneratieve aandoeningen, soms gevolgd door leverfibrose met eventueel portale hypertensie; *~ rheumatica*, zie Henoch; *~ senilis*, het optreden van huidbloedingen bij zwakke bejaarden.

pelipathie, pelipathia bekkenpijn, syn. *pelvipathie*; *~ vegetativa*, syndroom bij vrouwen door vegetatief-nerveuze dysregulatie, bestaande uit pijn of zwaartegevoel in de onderbuik, lendenpijn, buikwandneuralgie, dyspareunie.

pellagra Asturische roos, Milanese roos, Lombardische melaatsheid; een polysymptomatisch syndroom berustend op *ondervoeding gepaard met deficiëntie van vitaminen van het B-complex, dierlijke eiwitten en vetten, gekenmerkt door een zeer wisselend optreden van verschijnselen van het maag-darmkanaal [perlèche, cheilosis, stomatitis ('broodschurft'), anorexie, diarree met bloedingen e.a.], neurologische afwijkingen [acrodynie, ataxie, vertigo, doofheid en slechte visus door degeneratie van de nervus acusticus ('kamporen') resp. nervus opticus ('kampogen'), hoofdpijn, diplopie e.a.], fotosensibele hyperkeratotische huidveranderingen, erytromelalgie en algemene verschijnselen zoals insomnie, geheugenverlies, depressie, psychische *incontinentie, angst, enz.; syn. maidismus rhaphania, maisidica; *~ preventing factor (E)* zie PPF.

pellagroïd syndroom ziektebeeld als van *pellagra, niet teweeggebracht door voedings*deficiëntie doch door andere oorzaken welke tot dezelfde avitaminose leiden (vnl. chronisch alcoholisme, malabsorptie, hartnupziekte, carcinoïdsyndroom, gebruik van bepaalde chemotherapeutica).

Pellegrini, A. Italiaans chirurg; *ziekte van ~-Stieda*, traumatische verkalking in de

mediale collaterale knieband.
pellens *L* uitstotend, afdrijvend middel, syn. abortivum, meervoud pellentia.
pellucidus doorschijnend.
pelote *F* 1. kussentje, kluwen, bal. 2. de bal van een breukband (obsoleet), het balvormige gedeelte dat op de breukopening wordt geplaatst.
pelotte staafvormig voorwerp dat wordt gebruikt om te nauwe lichaamsopeningen te verwijden.
pelveoperitonitis (ook: *pelviperitonitis*) ontsteking van het buikvlies dat alle organen van het bekken bekleedt (baarmoeder, eierstokken, blaas, endeldarm).
pelveospondylitis ossificans syn. spondylosis ankylopoietica, zie spondylose.
pelvic inflammatory disease *E* afk. PID, een bij vrouwen voorkomend (veelal sluipend) ontstekingsproces in het kleine bekken (endometrium, tubae, parametrium en pelveoperitoneum) t.g.v. een banale infectie of een *SOA; kan optreden in het kraambed, na een abortus, na een intra-uteriene ingreep, door een opstijgende venerische ziekte of geslachtsverkeer.
pelvicus *L* tot het bekken (pelvis) behorend.
pelvimeter instrument voor het opnemen van de bekkenmaten.
pelvimetrie het nemen van de bekkenmaten; zie conjugata (bet. 2).
pelvio- zie ook pelveo-; *~tomie*, syn. hebetomie; pyelotomie; *~zona*, bekkengordel.
pelvi- *~pathie*, zie pelipathie; *~peritonitis*, zie pelveoperitonitis.
pelvis *L* bekken, gevormd door de beide heupbeenderen (ossa coxae) en het heiligbeen (sacrum); men onderscheidt: het grote bekken, ~ *major*, het gedeelte van het bekken bóven de *linea terminalis tussen de twee darmbeenderen; het kleine bekken, ~ *minor*, het gedeelte van het bekken ónder de linea terminalis; ~ *renalis* (syn. pyelum), nierbekken.
PEM afk. van protein energy malnutrition *E*.
Pemberton's fenomeen (toeneming van) veneuze obstructie in de hals met stuwing in de halsaders (in de linker meer dan in de rechter) bij zijwaartse beweging van de armen, wanneer de bovenste thorax*apertuur door pathologische oorzaken vernauwd is (retrosternaal struma en dergelijke).
PEMF afk. van pulsed electromagnetic fields *E*.
pemfigoïd zie parapemphigus.
pemphigus *G* auto-immune huidziekte gekenmerkt door de vorming van met heldere tot geelachtige vloeistof gevulde blaren over het gehele lichaam, die na 3 à 4 dagen opengaan en verdrogen; de aandoening, die zowel chronisch als acuut kan optreden, gaat dikwijls gepaard met koorts en wordt daarom ook wel *blarenkoorts* genoemd; ~ *benignus*, syn. parapemphigus; ~ *circinatus*, syn. ~ *gyratus*, pemphigus waarbij de blaren zich in kringen op de huid vormen; ~ *diutinus*, langdurige, langzaam verlopende vorm van pemphigus; ~ *erythematodes*, op eczema seborrhoicum of lupus erythematodes gelijkende vorm, vnl. op gelaat en borst, syn. ziekte van Usher-Senear; ~ *gestationis*, vorm van pemphigus optredend bij zwangerschap, syn. herpes gestationis; ~ *neonatorum*, bij kinderen vlak na de geboorte optredende vorm van pemphigus, is dikwijls een gevolg van aangeboren syfilis en wordt dan ook ~ *syphiliticus* genoemd; ~ *ocularis*, pemfigoïde keratitis t.g.v. een immunopathologische verandering van het traanvocht; ~ *vegetans*, pemphigus met vorming van granulatieweefsel; ~ *vulgaris*, 'gewone vorm' van pemphigus; zie ook pompholyx.
PEN afk. van perinatale epidemiologie Nederland.

Pena-Shokeir syndroom erfelijk ziektebeeld bij pasgeborenen met campylodactylie, multipele *ankylosen, *visus-afwijkingen en *hypoplasie van de longen met dodelijke afloop.
penalisatie (oogheelk.) 'vrijheidsbeperking', tijdelijke optische uitschakeling van het goede oog ten gunste van het behandelde oog.
pendellucht lucht die onder bepaalde pathologische omstandigheden bij de ademhaling tussen de linker- en rechterlong heen en weer beweegt.
Pendred, V. Engels arts (1869-1911); *syndroom van ~*, recessief-erfelijk aangeboren struma, perceptiedoofheid en matige hypothyroïdie t.g.v. een synthesestoornis van joodverbindingen in de schildklier.
pendulans *L* los hangend; ook: gesteeld.
pendulus *L* hangend; *cor ~*, *druppelhart.
penetrabiliteit doordringbaarheid; bijv.nw. *penetrabel.*
penetrantie de mate van manifest worden van een erfelijke eigenschap.
penetratie, penetratio *L* 1. binnendringing; het dóorbreken van een abces in een orgaan, een lichaamsholte of een gewricht. 2. het binnendringen van de penis in de vagina; (uitbr.) verkrachting.
penetreren doordringen, doorboren; *~de verwonding*, verwonding die tot in een lichaamsholte doordringt.
penicillamine een metaboliet van penicilline (dimethylcysteïne), middel ter uitdrijving van metalen en antirheumaticum.
penicillinase enzym dat penicilline onwerkzaam maakt.
penicilline antibioticum, in 1929 door Sir Alexander Fleming (1881-1955) ontwikkeld; de penicillines werken bactericide op zich delende bacteriën door remming van de synthese van stoffen die bij de bacterie in de celwand voorkomen; zie ook *bèta-lactam-antibiotica.
Penicillium *L* (lett. penseel) een schimmelsoort.
-penie (smst.) te weinig, tekort.
penis *L* mannelijk lid of roede, syn. membrum virile, mentula, phallus, tentum; uit drie sponsachtige lichamen samengesteld paringsorgaan van de man; bij seksuele prikkeling kan de penis sterk opzwellen (zie erectie) waardoor hij de voor de coïtus benodigde stijfheid verkrijgt; het onderste der drie sponsachtige lichamen wordt in de lengte doorboord door de urethra; aan het voorste uiteinde van de penis bevindt zich een verdikking, de eikel of *glans ~* genaamd, waaromheen zich de huid plooit; dit gedeelte van de huid heet voorhuid of preputium; *~ captivus*, vastklemming van de penis in de vagina tijdens de coïtus t.g.v. psychisch *vaginisme; kan voortduren na de actieve copulatie; *~ palmatus*, platte samengedrukte vorm van de penis bij hypospadiasis.
penisnijd (psych.an.) veronderstelde afgunst van de vrouw op het bezit van de penis.
penitis ontsteking van het mannelijk lid (penis).
penoplicatie (chir.) correctie van kromstand van de penis d.m.v. reving van de tunica albuginea.
penseelvloeistof toedieningsvorm voor geneesmiddelen; zie ook applicatievloeistof.
pent- (smst.) vijf, vijfvoudig.
pentagastrine een op gastrine gelijkend polypeptide; wordt gebruikt voor onderzoek van het secreterend vermogen van de maag.
Pentastomum *G* een ingewandsworm die ook, doch zelden, bij de mens wordt

gevonden, syn. Linguatula.

pentose een suiker met vijf koolstofatomen.

pentosurie een *enzymdefect in de koolhydraatstofwisseling, waarbij een abnormaal grote hoeveelheid *pentose met de urine wordt uitgescheiden.

penumbra *L* lett. halfschaduw; bij een arterieel herseninfarct wordt de geïnfarceerde zone vaak omgeven door een ring van potentieel nog levensvatbare cellen.

PEP 1. (card.) afk. van pre-*ejectie periode. 2. positive expiratory pressure *E*.

pepsine eiwitsplitsend enzym, bestanddeel van het maagsap.

peptidasen verzamelnaam voor de enzymen in de dunne darm die kleinere polypeptiden afbreken tot aminozuren; *endo~*, peptidase dat de splitsing van de centrale peptidenbindingen stimuleert; *exo~*, peptidase dat eindstandige aminozuren afsplitst.

peptide verbinding van aminozuren, tussenvorm in de opbouw en afbraak van proteïnen; zie ook dipeptide, tripeptide, polypeptide; *~-hormonen*, hormonen met een polypeptidenstructuur; *neuro~*, zie neuropeptiden.

peptiderg peptiden-producerend.

peptidoglycaan de stof die zorgt voor de stevigheid van de celwand van bacteriën; zie ook *bèta-lactam-antibiotica.

peptisch de spijsvertering (digestie) betreffend of bevorderend; *~e zweer*, zie ulcus pepticum.

Peptococcus een klasse van anaërobe, gram-positieve kokken.

pepton stof (polypeptide) die ontstaat wanneer eiwit door pepsine wordt verteerd.

peptonurie de aanwezigheid van pepton in de urine; kan voorkomen bij maag-darmaandoeningen, pneumonie, vergiftigingen.

Peptostreptococcus een soort *Peptococcus die zich in kettingvorm presenteert.

PER afk. van protective efficacy rate *E*.

per- (smst.) doorheen; *pertrochantair*, door de trochanter heen.

peraciditeit syn. *hyperaciditeit.

peracuut zeer snel verlopend; plotseling, onverwacht (ziekteverloop).

per anum *L* (ook: per rectum) door de endeldarm; zie anus.

percentiel het Nde percentiel is de scheiding in een frequentie-verdeling beneden welke N% van de waarnemingen ligt en waarboven (100-N)% ervan.

perceptie waarneming; de bewustwording en associatieve verwerking van een door één der zintuigen ontvangen en tot activatie van bepaalde hersengebieden leidende prikkel; zie ook gewaarwording, doofheid; *~ doofheid*, zie doofheid.

percussie het bekloppen van de oppervlakte van het lichaam, teneinde uit het klopgeluid de toestand van de eronder liggende ingewanden vast te stellen; *directe ~*, het bekloppen met de vingers; *indirecte ~*, het bekloppen met een percussiehamer en plessimeter, resp. met de gebogen rechter middelvinger op de gestrekte linker wijsvinger die op het lichaam wordt gelegd; *~-*auscultatie*, het bekloppen waarbij het veroorzaakte geluid met een *pneumatoscoop wordt beluisterd.

percutaan via de huid, door de huid heen.

percuteren het verrichten van een percussie.

percutorisch percussie betreffend of hiertoe behorend.

perennial *E* het hele jaar door.

perforans *L* doorborend.

perforant doorborend, zie venae communicantes.
perforatie doorboring, doorbraak. 1. doorbraak van de wanden van organen of gezwellen; kan voorkomen bij ulcus ventriculi, tyfus, enz.; *gedekte* ~, perforatie-opening die door *reactieve ontsteking is afgedekt, waardoor de inhoud niet kan afvloeien. 2. doorboring bij operaties, bijv. van de schedel van het ongeboren kind in het moederlichaam, zie cranioclast.
perforatorium *L* (verlosk.) instrument ter uitvoering van een perforatie.
perforeren doorboren, doorsteken, doorbreken.
performaal, performatief de mate waarin men zich in zijn taal kan uitdrukken.
performance-test *E* (psych.) handvaardigheidsproef.
performatief (psych.) m.b.t. het intellectuele vermogen bepaalde verrichtingen te realiseren.
perfringens verbrekend, verbrijzelend, kapotmakend.
perfusie 1. het (doen) doorstromen met een vloeistof, in engere zin de doorstroming van het bloed naar en door de weefsels; *~druk*, de kracht waarmee een vloeistof (in engere zin het bloed in het vaatstelsel) wordt voortgestuwd; *inadequate capillaire* ~, zie shock. 2. bloedtransfusie; zs.nw. *perfusaat*.
PERG, pERG afk. van patroon-ERG (elektroretinogram).
peri- *G* (smst.) om, rondom.
periadenitis *G* ontsteking van het weefsel rondom een klier.
periaeresis *G* syn. amputatie.
perialgie *G* (ook: periodynie), pijn door het gehele lichaam.
peri-apicaal gesitueerd rondom een *apex.
periarteriitis nodosa sterk gevarieerd ziektebeeld, hoofdzakelijk gekenmerkt door vermagering, moeheid, maag-darmverschijnselen, hoge BSE; typisch zijn degeneratieve en ontstekingsverschijnselen van kleine arteriën en het ontstaan van ischemieën (zie ook Wegener) en multipele microaneurysmata (zie vasculitis), vnl. leidend tot glomerulonefritis, longinfiltraten, darminfarcten, myalgieën, bovenbuikpijn, artralgieën, mononeuritis multiplex, huidlaesies en periostitis hoofdzakelijk aan de onderbenen; syn. panarteriitis, polyarteriitis.
periarthritis *G* ontsteking rondom een gewricht; ~ *humeroscapularis*, ontsteking van de weke delen rondom het schoudergewricht, met pijnlijke bewegingsbeperking, al dan niet na een trauma, afk. PAHS.
periblepsis *G* (psych.) angstig en wantrouwend om zich heen zien.
peribronchitis ontsteking der weefsels in de omgeving van de bronchi.
pericard, pericardium *L* hartzakje, uit een dubbel vlies bestaand, nl. het *epicard (binnenste vlies) en het pericard in engere zin (het buitenste vlies); ~ *fibrosum*, het bindweefselig buitenblad van het pericard dat aan de buitenzijde is bekleed door de sereuze lamina parietalis.
pericarditis ontsteking van het pericard (hartzakje), vaak als virusinfectie, soms als onderdeel van een algemene ziekte, zoals collagenosen, hypothyroïdie, polyserositis, hartinfarct, tuberculose, uremie, pyogene infecties; ~ *adhaesiva*, pericarditis met vergroeiing van binnen- en buitenblad, syn. concretio pericardii; ~ *calculosa*, pantserhart, chronische pericarditis met afzetting van calciumzouten; ~ *constrictiva*, schrompeling in een pericarditis adhaesiva; ~ *epistenocardiaca*, syn. syndroom van *Sternberg; ~ *exsudativa* of ~ *serosa*, pericarditis met vorming van een exsudaat, soms pus; ~ *fibrinosa*, pericarditis met vorming van een fibrinebeslag, syn. ~ *sicca*.

pericardium zie pericard.
pericentese, pericentesis *G* (chir.) omsteking.
pericholecystitis zie cholelithiasis.
perichondritis *G* ontsteking van het perichondrium.
perichondrium *L* kraakbeenvlies, vlies dat het kraakbeen bekleedt.
pericolitis *G* ontsteking van het sereuze omhulsel van de karteldarm (colon).
pericorneaal in de omgeving van het hoornvlies (cornea); *~ale injectie*, overvulling van kleine bloedvaten in de omgeving van het hoornvlies.
pericoronitis *gingivitis rondom een doorbrekende tand of kies.
pericranitis *G* ontsteking van het pericranium.
pericranium *L* het beenvlies dat de beenderen van de schedel bekleedt.
periculum in mora *L* gevaar bij uitstel; afk. (rec.) PIM.
pericyten (meervoud) langgerekte contractiele cellen tegen de buitenwand van bloedcapillairen.
peridentitis zie periodontitis.
periduct het (steun)weefsel dat een *ductus omgeeft.
periduraal buiten de dura mater; *~ale anesthesie*, ruggenmergsanesthesie waarbij het anaestheticum buiten de dura mater wordt ingespoten d.m.v. een lumbale punctie; syn. epidurale anesthesie.
peri-encefalitis ontsteking van de hersenschors; *~ chronica diffusa*, chronische en verspreide vorm van peri-encefalitis, o.a. bij dementia paralytica.
perifeer aan de omtrek, aan de buitenzijde; tgst. centraal; zelfst.nw. *periferie*; *~ zenuwstelsel*, het zenuwstelsel buiten het centrale zenuwstelsel; *~ zien*, het gezichtsvermogen buiten de macula lutea (gele vlek).
periflebitis, periphlebitis ontsteking van de buitenste laag of van het direct omgevende weefsel van een ader; *~ nodularis*, periflebitis met vorming van knobbeltjes.
perifocaal rondom een haard.
perigastritis *G* ontsteking van het buikvlies dat de maag bekleedt.
perihepatitis ontsteking van het leverkapsel (peritoneum viscerale hepatis); *~ chronica hyperplastica*, vorming van een dikke witte bindweefsellaag bij een chronische perihepatitis, syn. Zuckergussleber, foie glacé.
perikaryon het deel van de cel buiten de kern (karyon), in het bijzonder bij een zenuwcel.
perilymfe de vloeistof tussen het vliezig en benig *labyrint, syn. liquor cotunnii.
perilymphadenitis ontsteking van het weefsel rondom een lymfeklier.
perimeter cirkel- of bolvormig instrument waarmee de omtrek van het *gezichtsveld wordt opgetekend (*perimetrie*); ook een *scotoom wordt ermee gelokaliseerd.
perimetritis *G* ontsteking van het perimetrium.
perimetrium *L* het buikvlies (peritoneum) dat de baarmoeder bekleedt.
perimetrosalpingitis *G* ontsteking van de weefsels in de omgeving van de baarmoeder (metra) en de eileiders (salpinx).
perimysium *G* spieromhulsel; *~ externum*, bindweefselachtig omhulsel van een spier; *~ internum*, het omhulsel van de spierbundels, syn. endomysium.
perinatale periode het tijdsverloop tussen de 28ste zwangerschapsweek en de 8ste dag na de geboorte.
perineaal het perineum betreffend of hiertoe behorend.

perinefritis, perinephritis ontsteking van het bind- en vetweefsel rondom de nieren; (obsoleet) paranefritis.
perineoplastiek syn. *perineosynthese.
perineorafie syn. *perineosynthese; episiorafie.
perineosynthese hechting van een inscheuring van het perineum, bijv. na een partus; syn. episiorafie, perineorafie, perineoplastiek.
perineum bilnaad, de streek tussen de uitwendige geslachtsorganen en de anus.
perineuritis *G* ontsteking van de zenuwschede (neurilemma).
perineurium *L* bindweefselomhulling van axonenbundels in de zenuwen.
periodiek, periodisch regelmatig terugkerend; *~e onthouding,* zie onthouding.
periodieke explosieve stoornis (vlg. DSM-IV) een (zeldzame) stoornis in de impulsbeheersing niet het gevolg van een andere psychische stoornis, het gebruik van een middel of een lichamelijke aandoening, gekenmerkt door perioden van controleverlies over agressieve impulsen leidend tot ernstige delicten zonder dat er sprake is van daarmee in verhouding staande stressveroorzakende factoren.
periodontitis *G* (ook: peridentitis) ontsteking van het periodontium.
periodontium *L* het beenvlies (zie ook periost) van de tandkas.
periodynie zie perialgie.
perionychium nagelwal, de epidermisrand rondom de nagel; syn. vallum unguis.
perionyx zie nagelriem.
perioptometrie zie perimeter.
periorbita *L* het beenvlies van de oogkas (orbita).
periorchitis *G* ontsteking van het omhullend vlies van de zaadbal (orchis).
periost, periosteum *L* beenvlies, het bindweefselvlies dat de beenderen aan de buitenzijde bekleedt en daaraan de bloedvaten toevoert, het speelt dus een belangrijke rol bij de plaatselijke voeding.
periostitis *G* beenvliesontsteking; gaat meestal gepaard met ontsteking van het onderliggende bot en heet dan *osteoperiostitis*; *~ dissecans*, periostitis waarbij door ettering het beenvlies van het bot wordt gescheiden; *~ serosa* of *~ albuminosa*, periostitis waarbij zich een sereuze vloeistof vormt.
periostose 1. osteofyt-vorming. 2. syn. tendoperiostitis.
periphlebitis zie periflebitis.
peripleuritis syn. *parapleuritis.
peripneumonie syn. *pleuropneumonie.
peripolesis samenklontering van lymfocyten rondom macrofagen.
periporitis oppervlakkige ontsteking van de uitvoergangen der zweetklieren.
periproctitis *G* ontsteking van het bindweefsel rondom endeldarm en anus; gaat soms met abces of fistel gepaard.
periprostatitis *G* ontsteking van de omgeving van de *prostaat.
periptose beslissende wending in het verloop van een ziekte.
peripyeem ophoping van pus rondom een lichaamsdeel.
perirenaal rondom of in de directe omgeving van de nier.
perirrhexis *G* afscheuring van een der ledematen.
perirrigatie doorspoeling van de borstkas nadat een empyeem geledigd is.
periscopisch *G* hol-bol geslepen.
peristaltiek voortschrijdende wormvormige samentrekkingen van maag- en darmwand, waardoor de inhoud wordt voortbewogen; de samentrekkingen kunnen ook in omgekeerde richting (antiperistaltiek) plaatshebben; ook in andere organen

bestaat peristaltiek, bijv. in de wand van de urineleiders, galwegen.
peristatisch m.b.t. de omgeving.
peritendineum de bindweefselbekleding van pezen; syn. paratenon, peritenonium.
peritendinitis 1. syn. tendovaginitis. 2. ontsteking van het *peritendineum.
peritenonium *L* syn. *peritendineum.
peritheel, perithelium *G* uitwendig, uit cellen bestaand bekleedsel van de lymfevaten en kleine bloedvaten.
perithelioom, perithelioma *G* gezwel ontstaan uit peritheelcellen.
perithelium zie peritheel.
peritoneaal betrekking hebbend op het buikvlies (peritoneum).
peritoneum buikvlies, het vlies dat zowel de buikwand als de in de buikholte gelegen organen bekleedt; het houdt de in de buik gelegen organen op hun plaats; ~ *parietale*, de buikvliesbekleding van de buikholtewand; ~ *viscerale*, de buikvliesbekleding van de buikorganen.
peritonitis *G* buikvliesontsteking; oorzaak kan zijn een perforatie van de wand van organen (maag, galblaas, urineblaas, enz.) of ontstoken organen (cholecystitis, diverticulitis, appendicitis of salpingitis) of een operatietrauma; de verschijnselen van acute peritonitis zijn afhankelijk van de uitgebreidheid van het ontstekingsproces en bestaan uit: hevige buikpijn, koorts, druk- en loslaatpijn, eventueel défense musculaire, verminderde ademexcursies en opgeheven peristaltiek; ~ *adhaesiva*, peritonitis met verklevingen tussen de darmen onderling en met andere organen; ~ *deformans*, peritonitis met schrompeling en verdikking van het mesenterium; ~ *diffusa*, over het gehele buikvlies verspreide ontsteking; ~ *exsudativa*, peritonitis die met afscheiding van vocht gepaard gaat; zie ook ileus, pelveoperitonitis.
peritonsillair rondom de keelamandelen (tonsillen) gelegen; ~ *abces*, etterige *peritonsillitis.
peritonsillitis ontsteking van het *peritonsillaire bindweefsel.
perityphlitis ontsteking van het buikvlies dat blindedarm en appendix bekleedt; zie appendicitis.
perivasculair zich rondom de vaten bevindend.
periventriculair (in engere zin) rondom de hersenkamers; zie ventrikel: ventriculus cerebri.
perivisceritis ontsteking van het *peritoneum viscerale.
perivitellien (bijv.nw.) rondom de dooier.
perkamenthuid zie xerodermie.
perlèche *F* (ook: *pourlèche*) 1. hardnekkige kloofvorming aan de mondhoeken; soms door plaatselijke oorzaak (o.a. gebitsprothese; atrofie van de processus alveolaris), ook bij niet optimale voedingstoestand en avitaminose; syn. angulus infectiosus. 2. syn. moniliasis.
perlinguaal via de tong, bijv. de toediening van geneesmiddelen die via het tongslijmvlies in het bloed moeten geraken, omdat ze langs andere weg onwerkzaam worden.
permeabel doordringbaar, doorgankelijk, tgst. impermeabel.
permeabiliteit doordringbaarheid, doorgankelijkheid; in engere zin het vermogen van stoffen de celmembraan te passeren.
permeant het vermogen bezittend ergens in of doorheen te dringen (*permeatie*), bijv. in weefsels of cellen; tgst. impermeant.

permissiviteit tegemoetkomende houding.
pernicieus, perniciosus *L* verderfelijk, schadelijk; bijv. pernicieuze *anemie.
pernicieuze psychose zie psychose.
pernio *L* winterhand of wintervoet (meervoud *perniones*), bestaat uit erythemateuze, pijnlijke, hevig jeukende zwellingen, veroorzaakt door de inwerking van koude op de gebrekkig gevasculariseerde huid; de jeuk wordt vooral bevorderd in de warmte; zie ook perniosis.
perniosis verzamelnaam voor huidafwijkingen t.g.v. gebrekkige aanpassing van de huidvaten aan de temperatuur van de omgeving vooral in najaar en winter, zoals pernio, erytrocyanose, acrocyanose, e.a.
pero- (peros *G* = verminkt), *~brachius*, misgeboorte met verschrompeling of verminking van de armen; *~chirus*, idem van de handen of voeten; *~dactylus*, idem van de vingers; *~melus*, idem van de ledematen.
perone *G* kuitbeen, syn. fibula.
peroneaal m.b.t. het kuitbeen (perone) en de kuitspieren.
peroperatief tijdens de operatie.
peropus *G* misgeboorte met verminking of verschrompeling van de benen.
peroraal door de mond, bijv. van een intubatie.
per os *L* door de mond (os), bijv. de inwendige toediening van geneesmiddelen.
peroxidasen groep van enzymen die zuurstofoverdracht bevorderen (oxidatie), syn. katalasen.
peroxisomale ziekten recessief erfelijke ziekten veroorzaakt door een stoornis in één of meerdere peroxisomale functies, bijv. Zellweger-syndroom, adrenoleukodystrofie; zie ook peroxisomen.
peroxisomen zeer kleine celorganellen die vele enzymen bevatten die betrokken zijn bij stofwisselingsfuncties zoals de β-oxidatie van vetzuren met zeer lange koolstofketens (C_{24} en hoger); zie ook peroxisomale ziekten.
perpetuus *L* aanhoudend, voortdurend.
per primam *L* zie intentie.
per rectum via de endeldarm.
per rhexin *G* door verscheuring.
PERRLA afk. van pupils equal round and react to light and accommodation; zie ook PORRLA.
per secundam *L* zie intentie.
persecutie, persecutio *L* vervolging(swaan).
perseveratie, perseveratio *L* bij diverse psychische stoornissen voorkomend zinloos herhalen van verrichte handelingen, van uitgesproken woorden of zinnen of het blijven zien van gedane waarnemingen.
persistens zie persisterend.
persistentie volharding; *virus-~*, het levenslange verblijf van een *virus in de gastheer na deze te hebben geïnfecteerd, door binding van het virale DNA met het cellulaire; verstoring van deze toestand kan leiden tot uiteenlopende ziekten (infectieus, oncologisch, immunologisch, neurologisch).
persistent vegetative state *E* afk. PVS, chronisch coma t.g.v. een diffuse laesie van de cortex (bijv. door hypoxie) of van de witte stof (bijv. door een trauma) waarbij de functie van de hersenstam nog intact is; de hogere hersenfuncties zijn uitgevallen, geïsoleerde hersenstamactiviteiten blijven aanwezig, zoals het slaap-waak-ritme (met het openen van de ogen), knarsetanden en smakken; de persoon

is 'awake but not aware'; ook *coma vigil* genoemd; syn. apallisch syndroom, decerebratiesyndroom.

persisterend, persistens *L* blijvend, aanhoudend, hardnekkig.

persloop syn. *dysenterie.

persona door Jung gebruikte term om de rol aan te duiden die iemand door maatschappelijke dwang op zich neemt.

personality disorder *E* zie persoonlijkheidsstoornis.

persoonlijkheid stabiel element van iemands gedrag, zoals iemand gewoonlijk is, wat iemand onderscheidt van de anderen; de persoonlijkheid is niet alleen biologisch bepaald, maar ook sociaal; ze is een geheel van aanleg (erfelijkheid, constitutie) en verworvenheden (milieu, opvoeding), dat zich ontwikkelt en voortdurend verandert onder invloed van het biologische rijpingsproces (puberteit, volwassenheid, menopauze enz.) en van de persoonlijke ervaringen (socioculturele en affectieve omstandigheden); *afhankelijke* ~, (vlg. DSM-IV) persoonlijkheid die gekenmerkt wordt door een afhankelijk en onderworpen gedrag ten gevolge van een gebrek aan zelfvertrouwen en het aan anderen overlaten van belangrijke beslissingen; *anankastische* ~, syn. van obsessieve-compulsieve persoonlijkheid; *antisociale* ~, (vlg. DSM-IV) persoonlijkheid met als voornaamste kenmerken: gebrek aan verantwoordelijkheidsgevoel in het gezin, slechte relatievorming, crimineel gedrag, agressiviteit, niet nakomen van sociale verplichtingen en roekeloos gedrag; syn. psychopaat, sociopaat; *borderline* ~, (vlg. DSM-IV) persoonlijkheid die wordt gekenmerkt door een voortdurende instabiliteit van stemmingen, relaties en zelfbeeld, tot uiting komend in affectlabiliteit, dreiging met zelfdoding, impulsief gedrag, gebrek aan beheersing van woede, wisselvallige relaties, onzekere identiteit en chronisch gevoel van leegte; *dwangmatige* ~, syn. van obsessieve-compulsieve persoonlijkheid; *geremde* ~, iemand die door innerlijke conflicten en angstgevoelens in zijn/haar spontane uitingen sterk wordt belemmerd; *meervoudige* ~; syn. multipele persoonlijkheid, zie *dissociatieve identiteitsstoornis; *narcistische* ~, (vlg. DSM-IV) persoonlijkheid gekenmerkt door een voortdurend patroon van grootheidsgevoelens, fantasieën over succes en macht, gebrekkig vermogen zich in anderen in te leven, het misbruik maken van anderen, overdreven aandacht vragen en overgevoeligheid voor het oordeel van anderen; *obsessieve-compulsieve* ~, (vlg. DSM-IV) persoonlijkheid met als hoofdkenmerken starheid, een permanent streven naar perfectionisme en een overdreven nauwgezetheid en intolerantie betreffende moraal en ethiek; ook komen voor: besluiteloosheid, zuinigheid, overmatige toewijding aan het werk en moeilijk kunnen uiten van gevoelens; syn. anankastische persoonlijkheid, dwangmatige persoonlijkheid; *ontwijkende* ~, (vlg. DSM-IV) persoonlijkheid gekenmerkt door verlegenheid, algemene terughoudendheid, vermijding van situaties waaruit een negatief oordeel of afkeuring kan volgen en minderwaardigheidsgevoelens; *paranoïde* ~, (vlg. DSM-IV) persoonlijkheid met een over het algemeen ongegronde achterdocht en wantrouwen jegens personen; *passief-agressieve* ~, persoonlijkheid gekenmerkt door een gedrag van voortdurend verzet tegen eisen die vanuit de sociale omgeving worden gesteld; dit verzet heeft een passief karakter en uit zich bijv. in koppigheid, het uitstellen van beslissingen en het opzettelijk verrichten van nutteloos werk; *schizoïde* ~, (vlg. DSM-IV) persoonlijkheid gekenmerkt door afstandelijkheid, ontbreken van intieme relaties en diepe emoties, het kiezen voor solitaire activiteiten en onverschilligheid; *schizotypische* ~, (vlg. DSM-IV) persoonlijkheid met als kenmerken: ongebruikelijke uitingen van gedrag, spraak, overtuiging (magisch denken), betrekkingsideeën, achterdocht, zeer sterke sociale angst, ongewone zintuiglijke waarnemingen (illusies), onverzorgd uiterlijk; *theatrale* ~, (vlg. DSM-IV) persoonlijkheid gekenmerkt door egocentriciteit, overdreven dramatiek, vragen van aandacht, onredelijke woede-uitbarstingen, hoge maar wisselende intensiteit van interpersoonlijke relaties, seksueel uitdagend en manipulatief gedrag, syn. hysterische neurose; *type-A* ~, temperament dat gekenmerkt wordt door: grote werklust, sterke competitieve instelling, onrealistisch gevoel van dringendheid, ongerechtvaardigde ambitie, weigering tot zelfevaluatie, neiging om hoeveelheid boven kwaliteit te stellen, behoefte aan beheersing en onvermogen tot delegeren; *type-B* ~, temperament dat gekenmerkt wordt door: ontspannen, gemakkelijke houding ten opzichte van het leven, lage competitiedrang, stellen van kwaliteit boven kwantiteit, neiging tot zelfbespiegeling; *zelfkwellende* ~, persoonlijkheid die zich uit in een voortdurend zelfkwellend gedrag, zoals: de verkeerde relaties kiezen, op positieve gebeurtenissen depressief of schuldig reageren, boosheid of afkeer oproepen bij anderen.

persoonlijkheidsstoornis syn. personality disorder *E*, (vlg. DSM-IV) stoornis, niet het gevolg van een andere psychische stoornis, het gebruik van een middel of een lichamelijke aandoening, gekenmerkt door het duurzaam aanwezig zijn van innerlijke belevingen en gedragingen afwijkend van de geldende normen en verwachtingen, zich uitend in de afwijkende wijze waarop zaken worden geïnterpreteerd, emoties of impulsen worden beheerst of met anderen wordt omgegaan; de stoornis heeft persoonlijk leed en beperkingen of gevolgen op het sociaal en beroepsmatig terrein tot gevolg; het ontstaan van de stoornis is terug te leiden naar de vroege volwassenheid; de verschillende typen van stoornissen van de persoonlijkheid zijn de paranoïde, schizoïde, schizotypische, antisociale, borderline, theatrale, narcistische, ontwijkende, afhankelijke en obsessieve-compulsieve persoonlijkheid; zie ook *dissociatieve identiteitsstoornis.

persoonlijkheidsstructuur (psych.) het tot een harmonisch geheel geïntegreerde samenstel van potentiële gedragspatronen in verschillende situaties, dat kenmerkend is voor het individu in een bepaalde fase van zijn leven.

persoonlijkheidstest psychologische techniek om de persoonlijkheid te onderzoeken; men onderscheidt psychometrische of analytische persoonlijkheidstests, die de karaktertrekken aan het licht brengen, en de projectieve technieken, die proberen de persoonlijkheid in zijn geheel te begrijpen.

persoonlijkheidsverandering door een somatische ziekte (vlg. DSM-IV) syn. *organische persoonlijkheidsverandering*; een stoornis, niet het gevolg van een andere psychische stoornis en niet uitsluitend optredend in het beloop van een delirium en niet aan het criterium van dementie beantwoordend, gekenmerkt door een duurzame verandering van de persoonlijkheid als gevolg van een lichamelijke aandoening zoals een hersentumor, -letsel, -bloeding, -infarct, endocriene en metabole stoornissen.

perspiratie, perspiratio *L* (ook: transpiratie) huiduitwaseming, huiduitademing; ~ *insensibilis*, de steeds voortgaande onzichtbare perspiratie waarbij de verdamping plaatsheeft voordat zich zweet kan vormen; ~ *sensibilis*, zichtbare uitwaseming in de vorm van zweet.

perstans *L* voortbestaand.
persuaderen overreden, overtuigen; zie persuasie.
persuasie overtuiging, overreding; in de psychiatrie toegepaste behandelingsvorm.
persweeën zie partus.
perte *F* verlies; onwillekeurige uitvloed; ~ *blanche*, witte vloed, syn. fluor albus; ~ *de substance*, weefselverlies; ~ *urethrale*, bloedverlies uit de urethra; ~ *uterine*, baarmoederbloeding, syn. metrorragie.
Perthes, G. Duits chirurg (1869-1927); *ziekte van Legg-Calvé-~*, zie osteochondrose; *symptoom van ~*, bij stroombeletsel in de diepe bovenbeenaders blijft een kunstmatig teweeggebrachte stuwing in de oppervlakkige aders bestaan tijdens het lopen.
pertrochantair gezegd van extracapsulaire fractuur binnen het *trochantercomplex van het dijbeen.
pertubatie doorgankelijk maken van de eileiders of van de oortrompet d.m.v. luchtdoorblazing.
pertussis *L* syn. *tussis convulsiva.
pervasief (bijv.nw.) doordringend, diepgravend; algemeen verbreid.
pervasieve ontwikkelingsstoornissen zie ontwikkelingsstoornissen.
pervasive developmental disorders *E* (afk. PDD) pervasieve *ontwikkelingsstoornissen, afk. POS.
perversie, perversiteit (oorspronkelijk) tegennatuurlijkheid, verdorvenheid; vanwege de zeer negatieve, veroordelende gevoelswaarde is het een steeds minder gebruikte term in de seksuologie; thans wordt veelal de term *parafilie gebruikt.
per vias naturales *L* langs de natuurlijke wegen.
pervigilium *L* slapeloosheid, syn. *insomnie.
pes *L* *voet, meervoud pedes; de voet bestaat uit de tenen (*digitus*, teen), de middenvoet (*metatarsus*) en de voetwortel (*tarsus pedis*); de voetwortel bestaat uit 7 korte, dikke beenderen, nl. het sprong- of kootbeen (talus) dat met het onderbeen verbonden is, het hielbeen (calcaneus) met het uitsteeksel de hiel (calx) waaraan zich de achillespees vasthecht, vervolgens uit vijf daarvóór liggende beentjes; ~ *anserinus* lett. ganzenvoet; de anatomische structuur die wordt gevormd door de aanhechting van de pezen der mm. semitendinosus, sartorius en gracilis aan het scheenbeen; ~ *calcaneovalgus*, misvorming bestaande uit pes calcaneus samengaande met pes valgus; ~ *calcaneus*, hielvoet, hakvoet, misvorming waarbij de voet zo sterk omhoog gebogen is, dat alleen de hiel de grond raakt; ~ *cavus*, holvoet, voet met een meer dan normaal gekromde voetzool; ~ *equinovalgus*, resp. ~ *equinovarus*, pes equinus, samengaand met pes valgus, resp. pes varus; ~ *equinus*, paardenvoet, misvorming waarbij alleen de tenen de grond raken (ook: spitsvoet); ~ *excavatus*, korte, misvormde holvoet, misvorming met sterke kromming van de voetzool en hoge wreef; ~ *gigas*, reuzenvoet, aangeboren abnormaal grote voet, syn. macropodie; ~ *hippocampi*, pootvormig voorste uiteinde van de *hippocampus; ~ *planus*, platvoet, verzakking van de holte in het midden aan de zoolzijde van de voet, zodat de gehele voetzool op de grond rust; ~ *planotransversus*, spreidvoet, afplatting en verbreding van de voorvoet; ~ *valgus*, knikvoet, waarbij de binnenrand van de voet de grond raakt en de buitenrand is opgelicht; ~ *varus*, klompvoet, horrelvoet, misvorming waarbij de buitenrand van de voet de grond raakt en de

binnenrand is opgelicht; deze is meestal aangeboren, doch kan ook door verlammingen worden veroorzaakt, syn. talipes.
pessarium *L* een, in de vagina of uterusholte, in te brengen voorwerp van o.a. metaal, gummi of kunststof (vnl. ring- of schaalvormig); meestal wordt bedoeld de baarmoederring, een ringvormig instrument om bij liggingsafwijkingen of verzakkingen van de uterus of vagina deze op haar plaats te houden en te ondersteunen, syn. hysterofoor; ~ *intra-uterinum*, een soort stift die in de baarmoeder wordt gebracht om conceptie te voorkomen ('spiraaltje'); ~ *occlusivum*, contraceptief afsluitend pessarium om de baarmoedermond; syn. diafragma.
pest, pestis *L* besmettelijke epidemische ziekte veroorzaakt door de pestbacil (Yersinia pestis, oude naam Pasteurella pestis), overgebracht door de rattenvlo, welke na de dood van de rat (door pest) op de mens overspringt, of *interhumaan door de mensenvlo; ~ *ambulans*, syn. ~ *minor*, lichte vorm van pest, waarbij de ziekte niet tot volle ontwikkeling komt; ~ *bubonica*, bubonenpest of builenpest, de meest voorkomende vorm van pest, die met zeer pijnlijke klierzwellingen ('pestkool'), vnl. in de liezen, gepaard gaat; deze zwellingen kunnen in verettering overgaan; ook kunnen bloedingen onder de huid (~ *haemorrhagica*, zwarte pest) optreden; algemeen wordt de ziekte gekenmerkt door koorts, hoofdpijn, delirium e.a. toxische verschijnselen en een hoge mortaliteit; ~ *fulminans*, syn. ~ *siderans*, zeer snel dodelijk verlopende septikemische pest, zie pestikemie; ~ *pulmonum*, longpest, pneumonie door rechtstreekse besmetting met de pestbacil (dus niet via de vlo); slechte prognose.
pesticide verdelgingsmiddel; vergiftige stof ter uitroeiing van een plaag.
pestikemie bloedpest, bacteriëmie door pestbacillen, snel dodelijk verlopende vorm van pest door perifere vasculaire collaps.
pestilentie 1. gezegd van elke epidemische ziekte met hoge sterfte, gelijk pest. 2. plaag, bijv. van insecten, onkruid, enz.
pestis zie pest.
pestkool zie pest.
pestvlo zie pest.
PET afk. van positron-emissie tomografie, een vorm van emissietomografie waarbij gebruik wordt gemaakt van positronen die worden uitgezonden door kunstmatige radioactieve isotopen van de elementen koolstof, stikstof en zuurstof (^{11}C, ^{13}N, ^{15}O); deze isotopen kunnen worden ingebouwd in lichaamseigen stoffen zoals glucose of vetzuren, maar ook in geneesmiddelen; na toediening nemen ze deel aan het metabolisme zonder de processen te verstoren; ~*scan*, het computertomografische beeld als resultaat van *PET.
-petaal (smst.) in de richting naar een bepaald punt toe.
petechiaal, petechialis *lt* vlekkig, met petechiën gepaard gaand; *typhus* ~, petechiale tyfus, vlektyfus; ~*ale index*, zie göthlintest.
petechialis zie petechiaal.
petechiën, petechiae kleine puntvormige (capillaire) huidbloedingen.
Petit, F. du Frans anatoom (1664-1741); *syndroom van* ~, verwijding van de oogspleet, *exoftalmie, *glaucoom en *mydriasis door sympathicusprikkeling.
Petit, J. Frans chirurg (1674-1750); *driehoek van* ~, deel van de achterwand van de buikholte, begrensd door bekkenkam, buitenste schuine buikspier en brede rugspier, dat een zwakke plek vormt en tot *herniatie kan leiden.

petit mal *F* verouderde term voor het begrip absence.
Petri, R. Duits bacterioloog (1852-1921); *~-schaaltje*, rond glazen schaaltje met opstaande rand en overgrijpend glazen deksel, bestemd voor het kweken van bacteriën op bepaalde voedingsbodems.
petrificatie (ook: *petrifactie*) verkalking, verstening, bijv. van weefsels, van afscheidingsstoffen of van vreemde lichamen.
pétrissage *F* massage met kneedbewegingen.
petrositis ontsteking van het rotsbeen door uitbreiding van middenoorontsteking in de rotsbeencellen.
Peutz, J. Nederlands internist (1886-1957); *syndroom van ~-Jeghers*, dominant-erfelijke pigmentodermie ('lentiginosis') van de huid der extremiteiten en het gelaat en van de slijmvliezen van mond, lippen en ogen, tezamen met polyposis intestinalis.
PEV afk. van polymere enterale voeding.
-pexie, -pexis *G* (smst.) vasthechting, fixatie, vereniging (bijv. bij operatie).
Peyer, J. Zwitsers anatoom (1653-1712); *plaques van ~*, zie plaque.
peyote zie mescaline.
Peyronie, F. de la Frans arts (1678-1747); *ziekte van ~*, fibreuze sclerose van de penis met pijn en ombuiging van de penis bij erectie; syn. induratio penis plastica.
PF afk. van peak flow.
pF afk. van picofarad = 10^{-12} farad.
Pfannenstiel, J. Duits gynaecoloog (1862-1909); *snede v. ~*, laparotomie met dwarse huid- en peesbladincisie boven de symfyse en mediane klieving van de overige weefsels; *ziekte v. ~*, erythroblastosis foetalis.
Pfaundler, M. von Oostenrijks kinderarts (1872-1947), zie Hurler.
PFC afk. van perfluorocarbon, een kleine, uit 6-carbonringen bestaande, structuur met een fluoratoom; wordt toegepast in klinisch onderzoek als *kunstbloed.
PFD afk. van premature folliculaire disfunctie.
Pfeifer, V. Duits arts (1846-1921), zie Christian.
Pfeiffer, 1. **E.** Duits arts (1846-1921); *klierkoorts* of *ziekte van ~*, zie mononucleosis infectiosa. 2. **R.** Duits hygiënist (1858-1945); *bacil van ~*, zie Haemophilus influenzae.
PFNV afk. van passagère fokale neurologische verschijnselen.
PFR afk. van peak flow rate *E*.
PFS afk. van postviral fatigue syndrome *E* (postviraal vermoeidheidssyndroom), zie encefalomyelitis.
pg afk. van picogram, 10^{-12} gram.
PG afk. van 1. prostaglandinen. 2. plasminogeen. 3. psychogeriatrisch. 4. pour geriatrie, dosis is bestemd voor geriatrische toepassing.
PGA afk. van 1. pteroyl glutamic acid *E*, foliumzuur. 2. polyacrylaat-*gelvormend agens. 3. polyglandulair auto-immuunsyndroom.
PGAS afk. van polyglandulair auto-immuun syndroom; zie PAIS.
PGB afk. van persoonsgebonden budget.
PGD afk. van 1. prostaglandine(n). 2. pure gonadal dysgenesis *E*.
PGGM afk. van pensioenfonds voor de gezondheid, geestelijke en maatschappelijk belangen.
PGL afk. van persisterende gegeneraliseerde lymfadenopathie, o.a. kenmerkend als

eerste stadium van *AIDS.
PGO afk. van periodiek geneeskundig onderzoek.
PGR afk. van progesteronreceptor.
PH afk. van polygenetische hypercholesterolemie.
ph- zie ook f-.
pH de zuurgraad, de negatieve logaritme van de waterstofionenconcentratie, notitie om de zuurgraad van een oplossing aan te geven; pH = 7 is neutraal; boven 7 alkalisch (basisch), beneden 7 zuur.
PHA afk. 1. van phytohemagglutinine. 2. primair hyperaldosteronisme.
phaag 1. een virus dat micro- en andere ééncellige organismen vernietigt. 2. zie bacteriofaag.
phaco- *G* (smst.) m.b.t. de ooglens (lens crystallina); zie ook faco-.
phacocele zie facocele.
phacomatosis zie facomatosen; ~ *pigmentovascularis*, facomatose, gekenmerkt door éénzijdige multipele naevi en gepigmenteerde huidvlekken, *angiëctasieën, neurologische afwijkingen en geestelijke achterstand.
phacoscotasma, phacoscotoma *G* syn. cataract.
Phadiatop-test in vitro-allergieproef op specifieke IgE-antistoffen tegen de zeven meest voorkomende inhalatie-allergenen.
phaeno- zie ook feno-.
phaeo- zie ook feo-.
phaeochromocytoma zie feochromocytoom.
phaeoderma zie feodermie.
phaeohyphomycosis zeldzame, sterk gepigmenteerde, niet-maligne huidschimmelziekte bij kinderen.
phag- zie ook fag-.
phagedaena *G* fagedenische zweer.
phagedaenismus zie fagedenisme.
phagocytosis zie fagocytose.
phalacrosis *G* kaalhoofdigheid, syn. *alopecia.
phalan- zie ook falan-.
phalangette *F* eindfalanx, het nagellid.
phalangine *G* het tweede (middelste) vingerkootje.
phalangitis ontsteking van het gebeente van vingers en tenen bij aangeboren syfilis.
phalangosis *G* syn. trichiasis.
Phalen-verschijnsel het ontstaan van paresthesieën in de hand bij maximale passieve volaire buiging in de pols gedurende één minuut bij carpale *tunnelsyndroom.
phalanx zie falanx.
phallo- zie ook fallo-; ~*campsis*, penis die in erectie een hoek vertoont.
phallus *G* syn. penis.
phantasia zie fantasie.
phantasma zie fantasma.
phantasticum (farm.) syn. psycholyticum.
pharm- zie ook farm-.
pharmacon zie farmacon.
pharmacopoea zie farmacopee.

pharmacosiderosis *G* afzetting van ijzer in het lichaam t.g.v. het gebruik van ijzerbevattende geneesmiddelen; zie ook siderosis.
pharyn- zie ook faryn-.
pharyngemphraxis *G* *emphraxis van de farynx; ook syn. *pharyngospasmus.
pharyngismus zie faryngisme.
pharyngitis zie faryngitis.
pharyngorhinoscopia zie faryngorinoscopie.
pharyngospasmus *G* keelkramp, krampachtige samentrekking van de keelholte; ook: (pop.) brok-in-de-keel.
pharyngotomia zie faryngotomie.
pharynx zie farynx.
phasis *G* de spraak; bijv.nw. *fatisch.*
PHC afk. van 1. primair *hepatocellulair carcinoom. 2. primary health care.
phencyclidine zie angel's dust.
pheno- zie feno-.
phenomène des orteils *F* oorspronkelijke benaming van de reflex van *Babinski.
phenylketonurie zie fenylketonurie.
PHF afk. van persistent high fetal (gene) *E.*
-phiel, -philie zie -fiel, -filie.
Philadelphia stad in de VS, *~-chromosoom*, een bij chronische myeloïde leukemie voorkomend verkort 22ste *autosoom (*translokatie van chromosoom 22 naar chromosoom 9).
phimosis *G* vernauwing van de opening der voorhuid van de penis, syn. capistratio.
PHL afk. van prolifererende humane lymfocyten.
PHLA afk. van post-heparine lipolytische activiteit.
phleb- zie ook fleb-.
phlebectasia zie flebectasie.
phlebectomia zie flebectomie.
phlebeurysma *G* syn. varix.
phlebitis zie flebitis.
phleboclysis *G* inspuiting van vocht, bijv. een zoutoplossing in een ader, soms met behulp van een druppelapparatuur; bij inspuiting van een geneesmiddel spreekt men van intraveneuze injectie.
phlebosclerosis *G* (ook: *phlebofibrosis*) verharding en verdikking van de aderwand door woekering van het bindweefsel.
phlebothrombosis zie flebotrombose.
Phlebotomus pappataci zandvlieg waarvan zeer veel soorten bekend zijn; overbrengers van pappatacikoorts, kala-azar e.a. leishmaniosen.
phlegm- zie ook flegm-.
phlegmagogum *L* geneesmiddel dat de vorming van slijm bevordert.
phlegmasia zie flegmasie.
phlegmatorrhoea zie flegmatorroe.
phlegmone zie flegmone.
phlegmorrhoea zie flegmorroe.
phlog- zie ook flog-.
phlogisticus *L* m.b.t. ontsteking (flogose); op ontsteking berustend.
phlogosis zie flogose.
phlyctaena zie flycteen.

phlyctaenodes, phlyctaenularis, phlyctaenulosa zie flyctenulair.
phlyctaenosis zie flyctenose.
phobia fobie.
phocomelus *G* misgeboorte met handen en voeten die direct met de romp zijn verbonden, dus zonder armen en benen.
phonasthenia zie fonasthenie.
phonema *G* gehoorhallucinatie; n.t.v.m. foneem.
phonetica zie fonetiek.
-phoresis (smst.) overbrenging; transmissie; transport; ook: *-forese*.
phosph- zie fosf-.
phot-, photo- (smst.) m.b.t. licht of zonbestraling; zie ook fot-, foto-; *~nosus*, lichtziekte, aandoening van de ogen door scherp licht, bijv. sneeuwblindheid (nifablepsie); *~pheresis*, behandeling van oppervlakkige neoplasmatische groei met een geneesmiddel dat d.m.v. ultraviolette bestraling van een bepaalde golflengte is geactiveerd; *~rrhexis*, *G* lichtbreking; *~taxis*, syn. *fototropisme.
PHPT afk. van primaire hyperparathyroïdie.
phren *G* 1. middenrif, syn. diafragma. 2. psyche; zie ook fren-.
phrenesia zie frenesie.
phrenico-exaeresis zie frenico-exerese.
phrenicus zie frenisch.
phrenitis *G* zie frenitis.
phrynoderma *G* zie frynodermie.
PHS afk. van *periarthritis humeroscapularis, syn. van PAHS.
phthiriasis *G* syn. *pediculosis.
phthisicus *G* 1. teringlijder. 2. (smst.) teringachtig, ook: ftisisch, zie habitus.
phthisis zie ftisis.
phycomycosis acute schimmelinfectie, hoofdzakelijk van longen, centraal zenuwstelsel en huid, gekenmerkt door ontsteking en trombosering van kleine vaten, vnl. bij mensen met een chronische ziekte, bijv. diabetes mellitus.
phylogenesis *G* zie fylogenese.
phyma *G* onregelmatige uitwas, verdikking; gezwel.
phymatosis zie fymatose.
phys- zie ook fys-.
physconia zie fysconie.
physiatrica fysiatrie, *natuurgeneeskunde.
physiognomie zie fysionomie.
physiognomiek zie fysionomiek.
physiognomonie zie fysionomonie.
physometra *G* uitzetting van de baarmoeder door ophoping van gassen (door rotting) of binnengedrongen lucht.
physostigminismus *G* vergiftiging met fysostigmine, syn. eserismus.
phyto- *G* (smst.) plant, bijv. phytogeen; zie fyto-.
p.i. afk. van (rec.) *pro injectione.
PI afk. van 1. pycnotische index (bij cytodiagnostiek). 2. psychiatrische inrichting. 3. *Pearl-index. 4. *ponderal-index *E*. 5. petechiale index (zie göthlintest).
pia fraus *L* vroom bedrog, in engere zin het niet onthullen aan een zieke van de ongeneeslijkheid van zijn ziekte door de arts.
Piaget, J. Zwitsers psycholoog (1896-1980), constateerde door observatie van zijn

eigen kinderen dat de ontwikkeling van het denken en de taal niet geleidelijk geschiedt, maar duidelijk afgebakende stadia doorloopt.

pia mater *L* het zachte, binnenste hersenvlies; zie dura mater.

pian *F* syn. framboesia.

pianotoetsfenomeen verschijnsel van het indrukken en opveren als van een pianotoets, bij luxatie van het acromioclaviculaire gewricht.

piaremie syn. *hyperlipidemie, *galactemie.

PIB afk. van partial intestinal bypass *E.*

PIC afk. van punctate inner choroidopathy *E.*

pica (*L* ekster) (psych.) eetstoornis, gekenmerkt door het herhaaldelijk eten van oneetbare stoffen zoals verf, aarde enz.; o.a. bij verstandelijk gehandicapten, schizofrenen, autistische kinderen en bij het syndroom van *Kleine-Levin.

Pick, 1. **A.** Tsjechisch zenuwarts (1851-1924); *ziekte van ~*, dodelijk verlopende encefalopathie gekenmerkt door prikkelbaarheid, sufheid, progressieve dementie en veroorzaakt door atrofie van de hersenschors voornamelijk in de frontale en temporale kwabben, dikwijls t.g.v. ernstige ondervoeding. 2. **L.** Duits kinderarts (1868-1935), zie Niemann. 3. **P.** Tsjechisch huidarts (1834-1910); *ziekte van ~-Herxheimer*, bruinrood verkleurde sterk atrofische en droge huid met fibreuze noduli, vnl. op de strekzijden van armen en benen en de handruggen; syn. acrodermatitis chronica atrophicans; erytromelie.

pickwicksyndroom (genoemd naar the Fat Boy in Charles Dickens' Pickwick Papers) syndroom met als symptomen cyanose, dyspneu, polyglobulie, slaapzucht en inactiviteit t.g.v. gestoorde alveolaire ventilatie en slechte oxygenatie door bemoeilijkte ademhaling; waarschijnlijk worden alle symptomen veroorzaakt door extreme vetzucht.

pico (smst.) zeer klein; 10^{-12}, voorvoegsel, bijv. picofarad (*pF).

picodnavirussen syn. *parvovirussen, groep van zeer kleine (20 nm) DNA-virussen die zich slechts kunnen vermenigvuldigen in aanwezigheid van adenovirussen.

picornavirus verzamelnaam voor zeer kleine (= pico-), *RNA bevattende arbovirussen, waartoe de entero- en rhinovirussen behoren.

picropega *G* bitterwater.

pictofilie een *parafilie waarbij het bekijken van seksueel gerichte afbeeldingen of films een noodzakelijke voorwaarde vormt voor het handhaven van seksuele opwinding en het bereiken van een orgasme.

PID afk. van 1. pelvic inflammatory disease *E.* 2. pre-implantatiediagnostiek.

piebald skin *E* syn. vitiligo.

piecemeal *E* (jrg.), ~ *extirpation* (chir.) verwijdering 'beetje-bij-beetje'; ~ *necrosis*, syn. *motgatnecrose.

piedra *S* door schimmels veroorzaakte haarziekte, gepaard gaande met de vorming van harde knobbeltjes aan de haren, syn. trichomycosis nodosa; ~ *nostras*, vorm van piedra, veroorzaakt door Trichosporon.

piekdebiet de hoeveelheid zuurstof die bij maximale inademing de longblaasjes bereikt, uitgedrukt in procenten van de normale waarde.

piercing het aanbrengen van ringen, staafjes e.d. door bijv. wenkbrauwen, navel, penis (voorhuid), schaamlippen uit cosmetisch oogpunt (Duits: Intimschmuck); zie ook scarificatie.

Pierre Marie-Bamberger zie osteoartropathie.

Pierre Robin zie Robin.
PIE-syndroom afk. van pulmonaire infiltraties en *eosinofiliesyndroom, een aantal ziektebeelden gekenmerkt door het ontstaan van longinfiltraten en eosinofilie in het perifere bloed.
PIF afk. van 1. prolactin inhibiting factor *E*, product van de hypothalamus, oude benaming van dopamine. 2. peak inspiratory flow *E*.
PIGGz afk. van patiëntenregistratie intramurale geestelijke gezondheidszorg.
PIGMenT afk. van project intramurale gezondheidszorg Marokkanen en Turken.
pigment korrelige kleurstof, die in de weefsels van mensen, dieren en planten voorkomt; geeft de kleur aan het haar, de iris, de huid, enz. en bestaat uit melanine.
pigmentatie, pigmentatio *L* vorming van pigment; ~ *reticulare e calore*, pigmentvorming in de huid door langdurige en herhaalde blootstelling aan stralende hitte, waardoor de huid een 'gemarmerd' aanzien krijgt (kachelbenen of marmerhuid).
pigmentcel bindweefselcel die pigment bevat.
pigmentmetamorfose abnormale vorming van pigment, bijv. in een naevus; syn. parachromatosis, zie chromatose.
pigmentodermie ziekelijke vermeerdering of vermindering van het pigmentgehalte waardoor de huidkleur verandert; zie bijv. M. *Addison.
pigmentofaag fagocyt die het pigment der haren in zich opneemt, waardoor deze grijs worden.
pigmentosis syn. *pigmentodermie.
pigmentosus *L* met pigmentatie gepaard gaand.
pigmenturie het lozen van urine die gekleurd is door enige vorm van *bloedpigment.
Pignet, M. Frans militair arts (geb. 1871); *index van* ~, lichaamslengte in cm verminderd met het gewicht in kg en de borstomvang bij diepe uitademing in cm; een index van lager dan 10 geldt voor een zeer sterke constitutie, van hoger dan 30 voor een middelmatig tot zwak gestel.
PIH afk. van 1. pregnancy-induced hypertension. 2. prolactin-inhibiting hormone.
PII afk. van plasma inorganic iodine *E*.
pijlnaad sutura sagittalis; de naad tussen de beide wandbeenderen van de schedel.
pijn dolor *L*, gewaarwording door (sterke) prikkeling van de uiteinden van gevoelszenuwen; elementaire waarschuwing voor dreigend gevaar (zie nociceptie); de, veelal reflectorische, reactie van het lichaam op de pijnprikkel, biedt het lichaam bescherming tegen het ontstaan van schade of voorkoming van meer schade, waardoor pijn als een positief signaal geduid kan worden; pijn die geen waarschuwing op dreigend gevaar vertegenwoordigt of waarop geen adequate reactie mogelijk is, verliest haar positieve betekenis; voor de pijnbeleving (de betekenis van de pijn voor de patiënt) is eerdergenoemde van groot belang, evenals de psychische, sociale en culturele context waarin het plaatsvindt; *lancinerende* ~, pijn alsof toegebracht met een mes; *operante* ~, pijn zonder somatische oorzaak; *precordiale* ~, pijn in de hartstreek; *radiculaire* ~, syn. wortelpijn (foutief radiculitis), pijn in het innervatiegebied van een gevoelszenuw door druk op de achterwortel ter plaatse van de uittreding uit het wervelkanaal; zie ook referred pain, pijngrens, pijnmodulatie.
pijnappelklier glandula pinealis; epiphysis cerebri; zie epifyse.

pijndrempel zie pijngrens.
pijngrens de laagste intensiteit van een prikkel die pijn opwekt, bijv. van een geluid dat in het gehoororgaan een (pijn)prikkel doet ontstaan; is sterk individueel bepaald; ook: *pijndrempel*.
pijnloosheid anodynie.
pijnmodulatie wisselende intensiteit van pijnperceptie bij een stabiele chronische aandoening.
pijnstoornis (psych.) een somatoforme stoornis, gekenmerkt door overmatige aandacht en bezorgdheid voor pijn die niet te verklaren is vanuit een lichamelijke aandoening of niet het gevolg is van een andere psychische stoornis (andere somatoforme stoornissen, angststoornissen enz.).
pijp *~been*, cilindervormig bot met een mergholte; *~esteelfibrose*, zie fibrose; *~zweer*, zie fistel.
pijpen (pop.) zie fellatie.
pil pilula; *~-adenoom*, zie adenoom.
pilaris *L* op haar gelijkend.
pili *L* (meervoud van pilus) de haren, syn. capilli; het haar van mensen en dieren bestaat uit een fijn buisje of schacht, scapus pili genaamd, dat met zijn dikker uiteinde (de wortel of radix pili) vastzit in een diep in de lederhuid (cutis) dringende plooi der opperhuid (epidermis); deze plooi vormt het haarzakje (folliculus pili); het haar wordt gevoed door de in het haarzakje dringende vaatrijke haarpapil (papilla pili) en soepel gehouden door het huidsmeer (sebum cutaneum) dat de smeerklieren (glandulae sebaceae) afscheiden; op een normaal behaard hoofd groeien 75.000 tot 125.000 haren; de haren zijn niet loodrecht, doch in schuine richting in de huid ingeplant; ~ *moniliformes*, syn. monilethrix; ~ *torti*, getordeerde, afgeplatte haren, een aangeboren afwijking.
pilimictio *L* het lozen van haren bevattende urine; komt soms voor bij eierstokgezwellen (dermoïdcysten).
pilobezoar syn. *trichobezoar.
pilomotorisch hetgeen de haren in beweging brengt, bijv. *~e reflex*, de reflex die de haren doet bewegen, bijv. bij kippenvel.
pilonidalis zie sinus.
pilosia *L* 'spruw',zie aften.
pilosis overmatige beharing; bijv.nw. *pilosus*.
pilula *L* pil, meervoud pilulae; *massa ~ris,* pillenmassa, afk. (rec.) m.p.
pilus *L* haar, meervoud pili.
PIM afk. van periculum in mora, gevaar bij uitstel (van een behandeling).
pimelitis ontsteking van vetweefsel.
pimelosis *G* vetlijvigheid.
PIN afk. van peniele intra-epitheliale neoplasie.
pincet, pincette *F* tangetje, in de chirurgie in gebruik om iets beet te pakken, vast te houden of dicht te drukken, bijv. bloedvaten.
Pincus, G. Amerikaans bioloog (overl. 1967), vnl. bekend geworden door zijn onderzoek betreffende de hormonale *ovulostasis, nl. d.m.v. gecombineerde toediening van progestageen en oestrogeen (de anticonceptiepil), waardoor de *gonadotrofine-productie wordt geremd, het endometrium ongeschikt wordt voor de *nidatie en de penetratie van de zaadcellen wordt bemoeilijkt.
pineablastoom gezwel van de pijnappelklier.

pinealis pijnappelvormig; *glandula* ~, pijnappelklier.
pinealocyt parenchymcel van de epiphysis cerebri, zie epifyse.
pinealoom, pinealoma gezwel van de epiphysis cerebri (corpus pineale).
Pinel, Ph. Frans zenuwarts (1745-1826), zie psychiatrie.
pinguecula *L* syn. pterygium pingue, uit ontaard bindweefsel bestaand plat gezwelletje in het bindvlies van het oog.
pinkmuis hypothenar.
pink puffer *E* (pop.) lijder aan longemfyseem met geringe onderverzadiging van het arteriële bloed met zuurstof, bij wie de kortademigheid berust op vergrote ademweerstand t.g.v. het structuurverlies van het long*parenchym ('slappe long'); hetzelfde verschijnsel doet zich voor bij longfibrose.
pinna *L* oorschelp; syn. auricula.
pinocytose het opnemen van microscopisch kleine vloeistofdruppels door levende cellen d.m.v. instulpingen (pinocytoseblaasjes) van de celmembraan.
pinta *S* zeldzame endemische treponematose in Centraal-Amerika.
PiO_2 afk. van inspiratoire zuurstofspanning.
PIOPED afk. van prospective investigation of pulmonary embolism diagnosis *A*.
PIP afk. van 1. pulsus irregularis perpetuus. 2. proximaal interfalangeaal (gewricht).
piperisme, piperismus *L* vergiftiging door peper.
pipet glazen zuigbuisje waarmee vloeistoffen kunnen worden gemeten of overgebracht.
piqueur *F* steker; persoon wiens seksuele bevrediging zich uit in het toebrengen van bloedende verwondingen aan vrouwen.
piqûre *F* kleine prikwond, steek met een naald bij injectie of punctie.
PIR afk. van primaire immunologische respons.
piramidebanen motorische zenuwbanen die vanaf de grote hersenen via de hersenstam tot in het ruggenmerg lopen; in de voorhoorns van het ruggenmerg gaan ze over op de motorische zenuwcellen die de impulsen naar spieren (en klieren) leiden; het *piramidebaansyndroom* wordt algemeen gekenmerkt door paresen, Babinskireflex, hypertonie en *hyperreflexie.
piramidekruising kruising van een deel van de vezels van de linker en rechter piramidebaan; de vezels van de ene helft van de grote hersenen kruisen in het verlengde merg en vervolgen hun weg als piramide-zijstrengbaan; de vezels die niet kruisen lopen verder als piramide-voorstrengbaan.
piramiden verdikkingen aan weerszijden van de middellijn aan de voorzijde van de *medulla oblongata, gevormd door de tot een compacte bundel verenigde motorische vezels van de piramidebaan; *nier~*, zie pyramis.
piramide-voorstrengbaan deel van de piramidebaan dat de schors van één helft van de grote hersenen met dezelfde zijde van het ruggenmerg verbindt; de voorstrengbaan bevat vezels die naar de andere zijde oversteken (kruisen).
piramide-zijstrengbaan deel van de piramidebaan dat de schors van één helft van de grote hersenen met de andere zijde van het ruggenmerg verbindt via in het verlengde merg overstekende (kruisende) vezels.
piriformis *L* peervormig; *musculus* ~, peervormige spier tussen heiligbeen en de top van de grote *trochanter van het dijbeen; *~syndroom*, sacro- en coccygodynie door kramptoestand van de musculus piriformis.
pirileptozoöspermie syn. *teratospermie.
Pirogow, N. (ook: Pirogoff) Russisch chirurg (1810-1881); *operatie van* ~,

onderbeenamputatie vlak boven de enkels met plaatsing van het achterdeel van het hielbeen op de stomp.

piroplasmose, piroplasmosis syn. babesiosis.

Pirquet, C. von Oostenrijks kinderarts (1874-1929); zie allergie; *meetlat van ~*, meetlat die gemiddelde grootte en gewicht van kinderen aangeeft; *reactie van ~*, huidreactie door het brengen van tuberculine in een krasje in de huid; allergologische reactie om een tuberculeuze (mogelijk reeds genezen) infectie op te sporen; dezelfde reactie d.m.v. een intracutane injectie is genoemd naar Mantoux.

pisbuis urethra.

pisiformis *L* erwtvormig; *os pisiforme*, één der beenderen van de handwortel (*carpus).

PIT afk. van 1. passieve immunotherapie. 2. psychiatrisch intensieve thuiszorg.

pitch fork *E* beeld van een darminvaginatie op de röntgenfoto.

pithecanthropus erectus *L* de hoogst ontwikkelde fossiele mensaap.

pithecoïd *G* aapachtig, tot de apen behorend.

pithecoïdentheorie de theorie der afstamming van de mens van apen.

pithiatisme 1. psychische stoornis die door overreding of suggestie kan worden genezen. 2. de behandelingsmethode zelf. 3. benaming (van Babinski) van een psychogene ziekte die als somatisch wordt gediagnostiseerd.

pitting *E* het ontstaan van een kuiltje in de oedemateuze huid door druk van de onderzoekende vinger, dat korte tijd zichtbaar blijft.

Pittsburgh pneumonia agent *A* gramnegatieve zuurvaste bacil, verwekker van acute pneumonie, waarschijnlijk onder invloed van activering van een door immunosuppressie latente infectie.

pituïcyt *gliacellen in de *hypofyse-achterkwab waarin katabole metabolieten van hormonen verder worden afgebroken.

pituita *L* slijm, syn. mucus; bijv.nw. *pituïtair, pituïteus.*

pituitarius *L* slijm (pituita) voortbrengend; *glandula ~ria*, syn. hypofyse; *membrana ~ria*, neusholteslijmvlies.

pityriasis *G* zemelenuitslag, een met sterke afschilfering van de opperhuid gepaard gaande huidziekte; *~ cachecticorum*, syn. *~ tabescentium*, bij uitterende ziekten en verval van krachten (cachexie) voorkomende vorm van pityriasis, syn. seborrhoea universalis; *~ capitis sicca*, hoofdroos; *~ rosea*, zich in kringetjes op de huid vormende pityriasis, syn. ziekte van Gibert, *medaillonziekte; *~ rubra pilaris*, syn. lichen acuminatus, pityriasis met vorming van rode vlekjes of knobbeltjes aan de uittredingsplaatsen der haren; *~ rubra universalis*, ernstige huidziekte, waarbij de huid zeer rood en met schilfers bedekt is; *~ simplex* of *~ vulgaris*, syn. seborrhoea sicca; *~ versicolor*, door Microsporon furfur veroorzaakte vorm van pityriasis, gepaard gaande met vorming van lichte tot donkerbruine plekken, syn. tinea versicolor.

Pityrosporum een lipofiele gistsoort die zich o.a. ontwikkelt op een vettige huid en een beeld veroorzaakt als van een seborroïsche dermatitis.

PIVKA afk. van proteins in vitamine-K absence (*E*), voorstadia van de voor coumarine gevoelige bloedstollingsfactoren.

pivot *E* spil; (orthop.) *~shift*, draaipunt- of asverplaatsing in een gewricht; symptoom van Macintosh.

pixel klein beeldelement waarvan een *scanner er talloze oplevert en die tezamen een 'scan' (zie scanning) vormen.

PKD afk. van polycystic kidney disease *E.*

PKU afk. van phenylketonurie, zie fenylketonurie.

PL afk. van percutane *lithotripsie.

placebo *L* een stof zonder farmacologische werking die uiterlijk (eventueel van smaak) lijkt op een geneesmiddel; wordt voorgeschreven om het verlangen van de patiënt naar een geneesmiddel te bevredigen of bij klinisch onderzoek naar de werkzaamheid van een nog te beoordelen medicijn in het kader van een dubbelblind onderzoek; *~-effect*, effect van een geneesmiddel of therapie dat niet toe te schrijven is aan de farmacologische eigenschappen van het geneesmiddel of de inhoudelijkheid van de therapie; ontstaat door suggestie.

placenta *L* 1. moederkoek, nageboorte, schijfvormig vormsel van decidua en chorionvlokken in de uterus tijdens de zwangerschap; zij is zeer vaatrijk en zorgt voor de bloedverbinding tussen moeder en vrucht; de buitenvlakte is aan de binnenzijde van de baarmoeder vastgehecht; de binnenvlakte is bekleed met het amnion en is door de navelstreng (funiculus umbilicalis) met de vrucht verbonden; ~ *accreta*, vastzittende placenta; de chorionvlokken zijn oppervlakkig in het uterusspierweefsel ingegroeid; *~-*biopsie*, zie vlokkentest; ~ *increta*, diep ingegroeide placenta accreta; ~ *praevia*, vóórliggende placenta door te lage vasthechting; ~ *praevia centralis* resp. *marginalis*, placenta praevia waarbij de placenta de inwendige baarmoedermond geheel resp. gedeeltelijk bedekt; ~ *succenturiata*, bijplacenta, met de hoofdplacenta verbonden door foetale bloedvaten, zie succenturiatus. 2. korst of koek, bijv. ~ *sanguinis*, bloedkoek, de laag vezelstof, die zich in stollend bloed vormt, syn. cruor sanguinis.

placentair de placenta betreffend of daartoe behorend.

placentatie de wijze waarop de placenta zich vormt en aanhecht.

placentitis ontsteking van de placenta.

Placido, A. Portugees oogarts (1848-1916); *schijf van ~*, centraal doorboord schijfje met concentrische zwarte en witte ringen, die bij astigmatisme een ongelijkmatig cornea-spiegelbeeld geven, syn. keratoscoop.

placode zichtbare plekjes in het ectoderm in een vroeg stadium van de embryonale ontwikkeling waar een der zintuigen (oog, oor, neus) zich zal vormen.

plaga *L* lett. net; (farm.) papieren zakje.

plage *F* syn. plaque.

plagiocefalie *G* asymmetrische *craniostenose van kroonnaad of lambdanaad aan één zijde; scheefhoofd.

plak- *~factor* (jrg.) bloedstollingsfactor VIII (von Willebrand-factor), essentieel voor de aggregatie van trombocyten in het bloedstollingsproces en voor de hechting van trombocyten aan de beschadigde vaatwand bij bloeding; *~pil*, zie TTS; *~proef*, zie lapjesproef.

plan, planus *L* plat; *~concaaf*, aan de ene zijde plat en aan de andere zijde hol, tgst. planconvex; *~convex,* aan de ene zijde plat en aan de andere zijde bol, tgst. planconcaaf; lens; *pes ~*, platvoet, zie pes.

planigrafie een speciale techniek in de röntgenografie, waardoor alleen van de in een bepaald vlak gelegen structuren een scherp beeld wordt verkregen; door achtereenvolgens verschillende vlakken scherp te stellen, krijgt men door onderlinge vergelijking van de foto's een inzicht in de aard en afmetingen van het onderzochte object; syn. laminografie, stratigrafie.

plankton *G* geheel der in het water in de vrije natuur (zee, rivieren, enz.) drijvende microscopisch kleine plantaardige en dierlijke organismen; het plankton bestaat o.a. uit ééncellige zeewieren, schaaldiertjes, viseieren; *~proef*, het onderzoek naar de aanwezigheid van plankton in de longen van lijken, ten dienste van de eventuele vaststelling van dood door verdrinking.

planocyt *G* 1. zwerfcel, een zich d.m.v. pseudopodiën (zie pseudopodium) voortbewegende cel, bijv. een leukocyt. 2. 'platte' erytrocyt met te weinig hemoglobine.

planta *L* zool; ~ *pedis*, voetzool.

plantair, plantaris *L* zoolwaarts; aan de zoolkant; m.b.t. de voetzool.

planteneter herbivoor.

planum *L* vlakte, bijv. ~ *sternale*, borstbeenvlakte, ~ *inclinatum*, een schuinoplopende plank om het been te laten rusten met de voet omhoog; ~ *temporale*, gebied in de bovenste temporale (zie temporaal) hersenwinding, dat een rol speelt in de links- dan wel rechtshandigheid en in de tijdverwerking van het individu.

planus zie plan.

PLAP afk. van placentair alkalische fosfatase.

plaque *F* 1. plek, plaat; syn. plage, meervoud plaques; *~s dentales*, voedselresten op en tussen tanden en kiezen en in caviteiten bij slechte gebitsverzorging en mondhygiëne, o.m. oorzaak van fetor ex ore; *~s des fumeurs*, rokersbeslag, syn. leukoplakie oris; *~s muqueuses*, slijmerige plekken of wratten, syn. condylomata; *~s occipitales*, pijnlijke plekken aan het achterhoofd bij neurasthenie; ~ *neuropathologique*, amyloïde degeneratie van zenuwcellen bij M. Alzheimer, syndroom van Down en M. Parkinson; *~s van Peyer, peyerse ~s*, in groepjes in het darmslijmvlies voorkomende follikels van lymforeticulair weefsel; *seniele ~*, zie amyloïdose. 2. ~ *de sclerose disseminee F*, demyelinisatiehaard bij multipele *sclerose. 3. *atheroom-~*, verdikte plek van fibrotisch gedegenereerd weefsel in de *intima van slagaders met *atheroom-neerslag; het endotheel kan ulceratie, bloeding en trombosering vertonen; deeltjes van een atheroom-plaque kunnen afbreken en embolie veroorzaken.

-plasie (smst.) vorming, groei, bijv. chondroplasie.

plasma *G* ~ *sanguinis*, bloedplasma, bloed zonder bloedcellen.

plasmablast syn. *plasmoblast.

plasmacel zich uit de B-cellen ontwikkelende lymfoïde cellen die zorgen voor de productie van *antistoffen, *immunoglobulinen; syn. plasmocyt.

plasma-exchange *E* lett. plasmaverwisseling, term die in de praktijk niet is te onderscheiden van *plasmaferese.

plasma-expander *E* plasmavervangende, colloïdale, oplossing met een hogere colloïd-osmotische waarde (druk) dan het plasma zelf, waardoor het volume-effect groter is dan de toegediende oplossing zelf teweegbrengt (door vochtverplaatsing vanuit de weefsels naar de bloedvaten); syn. plasma-extender, plasmavolume-expander.

plasma-extender *E* syn. *plasma-expander.

plasmaferese techniek waarbij plasma uit het lichaam wordt verwijderd en wordt vervangen door een al of niet eiwithoudende oplossing; plasmaferese vindt o.a. toepassing bij ziektebeelden met een overmaat aan serumcomponenten (zoals paraproteïnemie, hyperviscositeitssyndroom, hyperlipoproteïnemie), intoxicaties

(bijv. digitalis, thyrotoxicose) en bij velerlei immunologische aandoeningen (door circulerende immuuncomplexen en antistoffen).
plasmavolume-expander *E* syn. *plasma-expander.
plasmalemma de celmembraan.
plasmide zeer klein extra-chromosomaal, circulair DNA-molecuul met genetische eigenschappen, dat in sommige bacteriën en schimmels voorkomt; ze bevatten resistentiegenen tegen antibiotica; worden veelvuldig toegepast in de *recombinant-DNA-techniek (biotechnologie).
plasmine serumproteïne dat door enzymwerking uit *plasminogeen ontstaat; heeft fibrino- en trombolytische werking; syn. fibrinolysine.
plasminogeen serumproteïne dat door enzym-activering overgaat in *plasmine; syn. profibrinolysine.
plasmo- zie ook plasma-.
plasmoblast een tussenstadium in de ontwikkeling van de plasmacel uit de B-lymfocyt onder invloed van een antigeen; syn. plasmablast.
plasmocellulair gepaard gaand met infiltratie van opvallend veel plasmacellen.
plasmocyt syn. van *plasmacel; *~ose*, verhoogd aantal plasmocyten in het bloed.
plasmocytoom, plasmocytoma gezwel ontstaan door neoplasie (zie neoplasma) van plasmacellen; vormt homogeen (monoklonaal) myeloom-proteïne met de chemische structuur van een immunoglobuline; syn. plasmoma, immunocytoom.
plasmodermatose huidziekte gepaard gaande met abnormale weefselvorming.
plasmodesmen, plasmodesmata fijne protoplasmabruggetjes bij plantencellen die door de celwand heen naburige cellen met elkaar verbinden; door die bruggetjes lopen fijne kanaaltjes waardoor ionen en kleine moleculen van de ene cel naar de andere kunnen bewegen; het is het botanisch equivalent van *nexus of *gap junction.
plasmodiën, plasmodia zie plasmodium.
plasmodiosis ziekte door plasmodia verwekt.
plasmodium syn. van *syncytium.
Plasmodium *G* malaria-*protozo, micro-organisme dat *malaria veroorzaakt, meervoud Plasmodia; ~ *falciparum* of *immaculatum,* tropicaparasiet, verwekker van tropische malaria; ~ *malariae,* quartanaparasiet, verwekker van de vierdendaagse koorts; ~ *ovale*, verwekker van een vorm van derdendaagse koorts in Centraal-Afrika; ~ *vivax*, tertianaparasiet, verwekker van de derdendaagse koorts.
plasmolyse het losraken van de cel van de celwand; treedt op wanneer een plantencel in een hypertone oplossing wordt gebracht.
plasmoma *G* syn. van *plasmocytoom.
plastibase (farm.) polyethyleen opgelost in paraffine; zalfbasis.
plastic-koorts ziektebeeld als bij *metaaldampkoorts (vaak tevens pijn in de ogen), veroorzaakt door gebruik van smeermiddelen welke polytetrafluor-ethyleen bevatten; syn. polymer fume fever *E*.
plasticum *L* voedings- of geneesmiddel dat grondstoffen voor de weefsels bevat.
plastide korrel in het cytoplasma van autotrofe planten; men onderscheidt: leukoplasten (kleurloos), chloroplasten (bladgroenkorrels, chlorofylkorrels) en chromoplasten (bevatten oranje of gele kleurstoffen).
plastiek vormkunst; (chir.) plastische operatie waarbij een verloren gegaan of misvormd lichaamsdeel nieuw wordt gevormd, hersteld of versterkt; *substitutie~*,

vervanging van een ziek orgaandeel door een transplantaat; *parallel~* (bypass-operatie), herstel van de bloedstroom door het maken van een nieuw vat (transplantaat of prothese van kunststof) parallel aan een geoblitereerd bloedvat dat stroomop- en stroomafwaarts zijdelings hiermee wordt verbonden, of het herstel van een gestoorde darmpassage door operatieve aanleg van een parallelverbinding; *reductie~*, plastische operatie ter verkleining van een hypertrofisch orgaan bijv. bij mastomegalie; *verwijdings~*, operatie waarbij een vernauwing van een buisvormig orgaan (bijv. de darm) wordt opgeheven zonder resectie.

plastisch vormbaar; op een lichaamsvorm gelijkend.

platelet *E* trombocyt, bloedplaatje.

Plathelmins *G* platte ingewandsworm, syn. cestode.

plathoofdigheid zie platycefalie.

platvoet zie pes.

platybasie *F* deformatie van de schedelbasis door verdikking en afplatting van bot, zoals bij ostitis deformans (M. Paget).

platycefalie *F* plathoofdigheid; wordt veroorzaakt door te vroege vergroeiing van de kroonnaad aan beide zijden.

platycorie, platycoriasis *G* syn. mydriasis.

platypnoe kortademigheid bij staan die verdwijnt bij liggen.

platypodie *G* platvoeten.

platysma huidspier van de hals.

platyspondylie *G* aangeboren afplatting van wervellichamen.

Plaut, H. Duits arts (1858-1928); *angina van ~-Vincent*, angina (en stomatitis) met zweer- en membraanvorming, veroorzaakt door tezamen voorkomende spirocheten en fusiforme bacillen.

plaveiselcelepitheel epithelium tabulare *L*, epitheel, opgebouwd uit meerdere lagen platte cellen (*plaveiselcellen*).

PLC afk. van 1. primair levercelcarcinoom. 2. fosfolipase C.

PLD afk. van polycystic liver disease *E*, ontwikkelingsstoornis van de intralobulaire galgangen, vaak tezamen met een polycysteuze nieraandoening met nierinsufficiëntie en portale hypertensie.

PLE afk. van protein losing enteropathy *E*, zie enteropathie.

plegafonie auscultatie van de borstwand waarbij op het strottenhoofd wordt geklopt, toegepast in plaats van bronchofonie als de patiënt zonder stem is.

-plegie, -plegia *G* (smst.) verlamming, bijv. hemiplegie.

pleiade ganglionaire *F* (overdr.) benaming van een groep gezwollen lymfeklieren.

pleinvrees zie agorafobie.

pleiochromie lett.: versterkte kleuring; in engere zin kleuring door galkleurstoffen, syn. geelzucht (icterus).

ple(i)ocytose *G* vermeerdering van het aantal cellen.

ple(i)otropie syn. *polyfenie.

pleister 1. geneesmiddel-bevattende kleverige stof ter directe inwerking in of via de huid; zie ook transdermaal, transcutaan. 2. stof met kleefmiddel bestreken, ter bevestiging van iets anders (bijv. een gaasje) op de huid; zie ook trekpleister, transdermaal, transcutaan.

pleomorfisme, ple(i)omorfie, pleomorphismus *L* veelvormigheid bijv. van een ziektebeeld; de eigenschap verschillende vormen te kunnen aannemen.

pleonexie hebzucht.
pleopsie speciale vorm van orthopsie.
plesiopie door aanhoudend dichtbij-zien veroorzaakte myopie.
plessimeter (obsoleet) ivoren plaatje dat op de lichaamswand wordt gelegd en waarop geklopt wordt bij indirecte percussie; meestal gebruikt de arts een wijsvinger.
plethora *G* (obsoleet) volbloedigheid, bloedovervulling, hypervolemie; bijv.nw. *plethorisch*; vroegere benaming voor verondersteld ziektebeeld gekenmerkt door verhoogd bloedvolume; vlg. huidige inzichten geldt dit slechts voor *polycytemie; syn. polyhemie.
plethysmograaf zie plethysmografie.
plethysmografie registratie van de veranderingen in de omvang van een lichaamsdeel, veroorzaakt door veranderingen in de hoeveelheid bloed, d.m.v. een *plethysmograaf*; *impedantie-~*, bepaling van een veneuze obstructie door meting van de stroomsnelheid van het bloed na snelle opheffing van een aangebrachte uitwendige stuwband; *oculo~*, afk. OPG, het registreren van de pulsaties van de oogbol, maat voor de bloeddruk in de oogslagader, in engere zin ter vaststelling van evt. obstructie in de arteria carotis interna; *oculopneumo~*, plethysmografie met behulp van zuignapjes op de oogbollen.
pleura *G* borstvlies, het weivlies dat de binnenzijde van de borstkas en de buitenkant van de longen bekleedt; ~ *costalis*, ribbenborstvlies, het gedeelte van het borstvlies, dat tegen de ribben aanligt, syn. ~ *parietalis*; ~ *diaphragmatica*, syn. ~ *phrenica*, middenrifsborstvlies, het gedeelte van de pleura dat het middenrif bekleedt; ~ *mediastinalis*, bekleedt het mediastinum; ~ *pulmonalis*, longvlies, bekleedt de longen; syn. ~ *visceralis*.
pleuraholte syn. cavum pleurae, de ruimte tussen pleura pulmonalis en pleura parietalis.
pleuralgie syn. *pleurodynie.
pleurapunctie zie thoracocentese.
pleurasinus syn. van *recessus pleurales.
pleurectomie *resectie (van een deel) van de *pleura costalis, meestal bij longtumor-ingroei.
pleuris, pleuresia *G* zie pleuritis.
pleuritis *G*, **pleuresia** borstvliesontsteking, ontsteking van de pleura; in de regel als complicatie van of in aansluiting aan ontstekingsprocessen van de longen (*parapneumonische ~*), verder bij polyserositis, reuma en sommige acute infectieziekten; ~ *adhaesiva*, met verkleving van pleura visceralis en pleura parietalis; ~ *deformans*, met sterke schrompeling; ~ *exsudativa*, 'natte pleuris', pleuritis met ophoping van exsudaat in de pleuraholte; ~ *haemorrhagica*, syn. ~ *sanguinolenta*, pleuritis met bloedig exsudaat; ~ *mendosa*, op reumatisme van de tussenribsspieren berustende pijn, die aan de pijn bij pleuritis doet denken; ~ *parietalis*, ontsteking van de pleura costalis; ~ *purulenta*, pleuritis met etterig exsudaat; etterige pleuritis; syn. empyema pleurae of pyothorax; ~ *sanguinolenta*, zie hiervoor; ~ *sicca*, 'droge pleuris', pleuritis met weinig of geen exsudaat, syn. ~ *fibrinosa;* ~ *tuberculosa*, pleuritis veroorzaakt door tuberculeuze ontsteking; ~ *visceralis*, ontsteking van de pleura pulmonalis.
pleurodynie, pleurodynia *G* syn. pleuralgie. 1. syn. pleuritis mendosa. 2. pijn in de borst door pleuritis. 3. ~ *epidemica*, syn. *bornholmse ziekte.

pleuroma *pseudotumor van de long, soms o.a. gekenmerkt door een bolronde röntgenschaduw (zgn. 'ronde atelectase').

pleuropneumonie longontsteking gepaard met borstvliesontsteking.

pleuroscopie het bekijken van de pleura d.m.v. een optisch instrument (scoop) via een incisie in de thoraxwand.

pleurotomie operatie waarbij de pleura wordt geopend om *exsudaat te verwijderen.

plexiform in de vorm van een vlecht (plexus); vlechtachtig; kluwenvormig.

plexogeen *plexus vormend, in engere zin hypertrofie van weefsel dat onder permanente druk staat.

plexor percussiehamer, zie percussie.

plexus *L* vlecht, net- of vlechtwerk van zenuwen of bloedvaten, bijv. ~ *brachialis*, armvlecht van takken der onderste hals- en bovenste borstkaszenuwen; ~ *choroideus*, bloedvatrijke, sterk geplooide gedeelten van de pia mater in de vier hersenventrikels (hersenkamers), bekleed met ependym; ~ *coeliacus*, syn. plexus solaris; ~ *hypogastricus superior*, zenuwbundel ter hoogte van het promontorium, voortzetting van de sympathische grensstreng; ~ *intestinalis*, ingewandsvlecht, alle zenuwvlechten der ingewanden te zamen; ~ *solaris*, syn. van *cerebrum abdominale.

plexusverlamming verlamming van een zenuwvlecht, waardoor alle spieren die hun vezels uit de zieke zenuwvlecht ontvangen, verlamd zijn.

plica *L* plooi, meervoud plicae; ~ *douglasi*, syn. ~ *recto-uterina*, plooi van het peritoneum tussen de uterus en het rectum; ~ *polonica*, Poolse vlecht, door verregaande onzindelijkheid, met hoofdluizen gepaard gaande huiduitslag op het hoofd met korstvorming, waarin de haren blijven vastzitten; ~*syndroom*, *dérangement interne van de knie t.g.v. een plica synovialis, frequente oorzaak van knieklachten bij jonge volwassenen; ~ *synovialis*, synoviale plooi in het kniegewricht, overblijfsel van embryonale scheidingswanden; syn. ~ *mediopatellaris*; ~ *vestibularis* (ventricularis), valse stemband, syn. *ligamentum vestibulare; ~ *vocalis*, (ware) stemband.

plicateur *F* instrument voor verwijdering van vreemde lichamen uit de urineblaas.

plicotomie operatie waarbij de voorste of achterste plooi van het trommelvlies wordt doorgesneden.

PLL afk. van prolymfatische leukemie.

PLM afk. van prolapsed leaflet mitralis *E*; -- *syndroom*, syncope of mors subita (door ventrikelfibrillatie) bij prolaps van (meestal het achterste blad van) de mitralisklep; er zijn typische ECG-afwijkingen; soms asymptomatisch.

ploegschaarbeen zie vomer.

ploïdie 1. het aanwezig zijn van een chromosomenaantal dat een meervoud is van het haploïde (zie haploïdie) aantal (ook in smst.). 2. (smst.) kwantitatieve karakterisering van het aantal chromosomen in een bepaalde celsoort.

plomberen opvullen van een holte, bijv. in een tand bij cariës, met goud, cement, amalgaam, enz. of van een extrapleurale holte met paraffine; zelfst.nw. *plombe* (*F*).

plooi (anat.) plica, ruga, unda.

PLPH afk. van post-lumbale-punctiehoofdpijn, syn. PDPH.

PLR afk. van persistent light reaction *E*, gevolg van fotosensibilisatie.

PLT afk. van phytohaemagglutinin lymphocyte transformation *E*.

pluisbol pop. voor hairy-cell leucaemia; zie leukemie.
pluksel *Engels* ~, linament, plumacíolum.
plumacium *L* veren kussen; vklw. *plumaciolum*, propje pluksel.
Plummer, H. Amerikaans internist (1847-1937); *ziekte van* ~, autonoom functioneren (veelal hyperthyrotisch) van één of meer gedeelten van de schildklier bij normale functie van de rest van het orgaan; *syndroom van* ~-*Vinson*, zie dysfagie.
plummeren genoemd naar H. S. Plummer, voorbereiding met jood-joodkalioplossing van lijders aan de ziekte van *Basedow, die een thyroïdectomie zullen ondergaan.
pluri- *L* (smst.) veel of meer.
pluriglandulair m.b.t. meer dan één klier, syn. polyglandulair; *insuffisance ~e, F*, meestal genetisch bepaalde ontoereikendheid van de werking van meer dan één endocriene en/of niet-endocriene klier, en hetgeen daarvan het gevolg is; de meest aangedane endocriene organen zijn de bijschildklieren en de bijnieren; de niet-endocriene verschijnselen beperken zich hoofdzakelijk tot candidiasis, malabsorptie met diarree, alopecia en pernicieuze anemie.
pluri- *~para*, syn. multipara; *~potent*, op meerdere wijze werkzaam; tot meer dan één functie in staat; zelfst.nw. *-potentie*.
PLVED (card.) afk. van einddiastolische druk in de linker ventrikel.
p.m. afk. van 1. (rec.) post meridiem, na de middag. 2. post mortem, na de dood.
PM afk. van 1. post mortem, na de dood. 2. punctum maximum. 3. PM-therapeut, psychomotorisch therapeut, syn. PMT (bet. 3).
PMC afk. van pseudo-membraneuze *colitis.
PML afk. van progressieve multifocale *leukencefalopathie; *~-virus*, een met *papovavirussen verwant virus, dat na *persistentie manifest kan worden en PML veroorzaakt.
PMMA afk. van polymethylmethacrylaat (acrylhars; botcement).
PMN afk. van 1. perifeer motorisch neuron. 2. polymorfkernige neutrofiele *granulocyt.
PMNF afk. van polymorfonucleaire leykocyt.
PMO afk. van 1. pathogeen micro-organisme. 2. periodiek medisch onderzoek. 3. postmenopauzale osteoporose. 4. praktisch medisch onderwijs.
pmol afk. van picomol = 10^{-12} mol.
PMR afk. van perinatal (of proportional) mortality rate *E*.
PMS afk. van 1. pregnant mare serum, in engere zin: *gonadotrofine geïsoleerd uit serum van zwangere merries. 2. polymorfen migratie stimulator. 3. premenstrueel syndroom. 4. post marketing surveillance.
PMT afk. van 1. *Porteus-Maze test. 2. prestatie-motiveringstest. 3. psychomotorische therapie, therapeut.
PMTK afk. van prestatie-motivatietest voor kinderen.
PN afk. van polyneuropathie.
PNA afk. van Paris Nomina Anatomica.
PND afk. van 1. postnatale depressie, syn. PPD. 2. *prenatale diagnostiek.
pneumartrose, pneumarthrosis *G* ophoping van lucht in een gewricht.
pneumat(h)emie het binnendringen van lucht in het bloed, bijv. lucht*embolie, syn. pneumatosis sanguinis, pneumohemie.
pneumaticum *L* geneesmiddel dat de ademhaling bevordert.

pneumatisatie het bestaan of het zich vormen van met slijmvlies beklede, luchtbevattende holten in sommige beenderen, in engere zin het slaapbeen.
pneumatisch de ademhaling of lucht betreffend of hiertoe behorend; ook: lucht bevattend; ~ *kabinet, ~e kamer* of *~e klok*, hermetisch afgesloten ruimte waarin zieken verdichte of verdunde lucht kunnen inademen.
pneum(at)ocele *G* 1. longbreuk, uitpuiling van een deel van de long òf in het mediastinum òf via een abnormale opening in de borstwand, waarbij een met de ademhaling groter en kleiner wordend gezwelletje onder de huid wordt gevormd, syn. hernia ventosa. 2. onderhuids luchtgezwel, syn. emphysema subcutaneum. 3. uitzetting van een neusbijholte door lucht (waarbij zich ook lucht in het weefsel buiten de sinus bevindt); ~ *scrotalis*, luchtophoping in het scrotum.
pneum(at)ocephalus, pneum(at)ocranium *G* syn. emphysema capitis.
pneum(at)ometer manometer waarmee de kracht van de ademhaling (uit- en inademing) kan worden gemeten.
pneum(at)oscoop *G* instrument om *percussie van de thorax te beluisteren door de half geopende mond.
pneumatose, pneumatosis *G* ophoping van gassen of lucht op een abnormale plaats in het lichaam; zie ook pneumatocele; ~ *cystoides intestinalis*, obstipatie met diarree-aanvallen, slijm bij de feces en buikpijn t.g.v. subsereuze en submuceuze gasophopingen in de darmwand; zeldzaam ziektebeeld; ~ *intestinalis*, syn. meteorisme; ~ *peritonei*, uitstroming van lucht of gassen uit maag of darmkanaal in de buikholte; ~ *pulmonum*, syn. longemfyseem; ~ *sanguinis*, syn. pneumathemie.
pneumatotherapie (ook: *pneumatische therapie* of *pneumotherapie*) luchtbehandeling, behandelingswijze in een ruimte met een verhoogde of een verlaagde luchtdruk.
pneumaturie het lozen van lucht of gas met de urine.
pneumectomie *G* operatie waarbij een (gedeelte van de) long wordt weggenomen, syn. pneumonectomie.
pneumencefalografie syn. *ventriculografie.
pneumo- (smst.) m.b.t. adem, long, lucht; zie ook pneumato-.
pneumobilie lucht in de galwegen.
pneumocardiaal m.b.t. hart en longen; ~ *geruis*, geruis aan het hart waarneembaar, dat ontstaat door beweging van de longen.
pneumocefalie syn. pneumatocephalus, zie emfyseem: emphysema capitis.
pneumocele zie pneumatocele.
pneumocholangie aanwezigheid van lucht in de galwegen.
Pneumococcus syn. pneumobacil, Streptococcus pneumoniae, bacil die verschillende ontstekingen verwekt, o.a. pneumonie.
pneumoconiose *G* stoflong; chronische fibrose en pigmentatie van het longweefsel t.g.v. het binnendringen van fijne stofdeeltjes.
pneumocyste met lucht gevulde cyste.
Pneumocystis carinii-pneumonie afk. PCP, syn. *pneumocystose.
pneumocystose, pneumocystosis syn. Pneumocystis carinii-pneumonie, afk. PCP, afebriel (zonder koorts) verlopende, levensbedreigende dubbelzijdige pneumonie, meestal bij jonge kinderen voorkomende interstitiële plasmacellulaire pneumonie (zuigelingen-pneumonie), veroorzaakt door het bij knaagdieren parasitair levende protozoön *Pneumocystis carinii*; kan optreden t.g.v. immunologische *deficiëntie

en komt daarom ook voor bij AIDS-patiënten.

pneumo- *~cyt*, epitheelcel van de longalveolen; *~encefalografie*, syn. ventriculografie; *~grafie*, syn. stethografie; *~gram*, curve der bewegingen van de ademhaling; *~hemie*, zie pneumathemíe; *~liet*, longsteen, in het longweefsel of de luchtpijpvertakkingen soms voorkomend steentje, bestaande uit een kalkachtige massa; *~logie*, de kennis en studie van de ziekten van de ademhalingsorganen; *~loog*, specialist in de pneumologie, longarts; *~lyse*, operatie waarbij vergroeiingen tussen de long en het borstvlies worden losgemaakt.

pneumomassage therapie d.m.v. een pneumatische apparatuur, waarbij wordt gebruik gemaakt van over- en onderdruk.

pneumomediastinum het vóórkomen van lucht in het mediastinum t.g.v. het binnendringen via gescheurde longalveolen bij interstitieel emfyseem; syn. (foutief) mediastinaal emfyseem.

pneumometer zie pneumatometer.

pneumomycose mycose in de long; komt vnl. voor in het verloop van reeds bestaande longziekten; kan bronchitis foetida en longversterf tot gevolg hebben.

pneumonectomie syn. *pneumectomie.

pneumonie, pneumonia *G* longontsteking, acute of chronische, diffuse of haardvormige ontsteking van de alveoli of het interstitiële longweefsel met typische ('klassieke') of atypische verschijnselen; men maakt onderscheid in een primaire (t.g.v. o.a. bacteriën, virussen, *Mycoplasma*, *Pneumocystis carinii*, *Chlamydia*, schimmels en allergie) en een secundaire vorm waarbij er primair sprake is van een verminderde afweer van de longen (t.g.v. bronchusveranderingen, circulatiestoornissen, aspiratie of toxische invloeden); de typische verschijnselen, zoals bij een lobaire pneumonie, zijn: een acuut begin met hoge koorts, pijn in de borst, flank of rug, benauwdheid, cyanose, neusvleugelademen (bij kinderen) en het opgeven van purulent evt. bloederig sputum; *aspiratie~*, na aspiratie van pus, bloed of braaksel tijdens bewusteloosheid of bij slikstoornissen; *atypische~*, pneumonie veroorzaakt door *Mycoplasma pneumoniae*, *Chlamydia*, *Coxiella burnetti* en diverse virussen; de verschijnselen zijn minder acuut en niet specifiek; *broncho~*, zie bronchopneumonie; *chronische eosinofiele ~*, hardnekkige longinfiltraten die veel eosinofiele granulocyten bevatten; *hypostatische ~*, zie hypostatisch; *interstitiële ~*, verzamelnaam voor longaandoeningen, veroorzaakt door ontstekingsachtige hyperplasie van het interstitiële weefsel, soms leidend tot longfibrose en voorkomend o.a. bij RA, sclerodermie en SLE; *hypostatische ~*, zie hypostatisch; *kroepeuze ~*, zie lobaire pneumonie; *lipoïd ~*, pneumonie t.g.v. aspiratie van minerale of dierlijke oliën; *lobaire ~*, syn. kroepeuze pneumonie, een gehele longkwab omvattend ontstekingsproces; *lobulaire ~*, syn. bronchopneumonie; *metastatische* of *embolische ~*, een obstructie-pneumonie in aansluiting aan een geïnfecteerde embolus in de longen; *obstructie~*, bij vernauwing van bronchi door carcinoom of gezwollen lymfeklieren, de pneumonieën bij onvolwaardige toestand van de longen, zoals bij bejaarden, bij emfyseem, bronchiëctasie en slechte circulatie (o.a. bij kyfoscoliose en hartinsufficiëntie); *Pneumocystis carinii- ~*, zie pneumocystose.

pneumonitis goedaardige acute ontsteking van een deel van een longkwab zonder algemene toxische verschijnselen als bij pneumonie; de benaming wordt speciaal in Engelse en Amerikaanse landen gebruikt; wij spreken van longinfiltraat; *hypersensitivity ~ E*, pneumonitis als allergische reactie op geïnhaleerde stoffen

van organisch-chemische oorsprong; *lymfocytaire interstitiële* ~ (afk. LIP), een longziekte, gekenmerkt door lymfocytaire infiltraties, veroorzaakt door het *HIV, onafhankelijk van AIDS.
pneumonolipoïdose zie lipoïd*pneumonie.
pneumo(no)logie de kennis van anatomie, fysiologie en pathologie van de longen.
pneumonose, pneumonosis longziekte.
pneumoperitoneum lucht (ook kunstmatig) in de buikholte.
pneumoperitonitis peritonitis waarbij zich gassen in de buikholte ontwikkelen.
pneumopexie (chir.) vasthechting van de long aan het borstvlies.
pneumoradiografie contrastradiografie met behulp van lucht, stikstof of zuurstof.
pneumorragie, pneumorrhagia *G* longbloeding.
pneumoserothorax syn. *hydropneumothorax.
pneumosinus dilatans te grote neusbijholte.
pneumotachografie bepaling van de in- en uitademsnelheid van de long.
pneumotherapie syn. *pneumatotherapie.
pneumothorax *G* ophoping van lucht of gas in de pleuraholte, d.i. tussen de beide pleurabladen, (pop.) klaplong; *artificiële* ~, kunstmatige inbrenging van een niet resorbeerbaar gas (in de regel stikstof) in de pleuraholte d.m.v. een holle naald ter lokale compressie van (ziek) longweefsel; *extrapleurale* ~, artificiële pneumothorax waarbij het gas wordt ingebracht tussen pleura parietalis en borstwand; *hydro*~, pneumothorax waarbij ook vocht in de borstholte aanwezig is; *'idiopathische'* ~, pneumothorax t.g.v. een defect in het longweefsel door ziekte (caverne, emfyseem, cyste); *open* ~, pneumothorax met open verbinding naar buiten via een opening in de borstwand; *pyo*~, pneumothorax gepaard met etterige ontsteking; *spontane* ~, pneumothorax ontstaan door een opening op een 'zwakke plek' in de pleura pulmonalis; *ventiel*-~, pneumothorax waarbij tijdens de inademing lucht wordt aangezogen via een defect dat zich bij de uitademing sluit zodat de hoeveelheid lucht steeds toeneemt, syn. *spannings*~.
pneumotomie *G* (alg.) longsnede, longoperatie.
pneumotropie met speciale affiniteit voor longweefsel, bijv. van een virus.
pneumotyphus *G* lobaire pneumonie veroorzaakt door tyfusbacteriën.
PNF afk. van 1. proprioceptieve neuromusculaire facilitatie, *E*, zie Kabat. 2. perifere *neurofibromatose; zie Recklinghausen. 3. perinucleaire factor.
PNH afk. van paroxismale nachtelijke hemoglobinurie (G6PD-deficiëntie).
PNL afk. van percutane nefrolithotomie, percutane nefrogene lithotripsie..
PNM afk. van perinatale morbiditeit.
PNP afk. van 1. prolapsus nuclei pulposi. 2. purinenucleoside fosforylase, een enzym in de purinestofwisseling; *~-deficiëntie*, een T-cel *IEM, leidt tot megaloblastaire anemie en neurologische afwijkingen.
p.o. afk. van 1. per os, oraal, via de mond; syn. PO (bet. 3). 2. 'per order' (van bijv. arts).
PO afk. van 1. periodieke onthouding. 2. postoperatief. 3. per os, via de mond, oraal, syn. p.o. 4. peroxidase.
pO_2 afk. van zuurstofspanning in het bloed.
POAG afk. van primair open-kamerhoek (*angulus) glaucoom, syn. POKG.
POB afk. van praktijkopleidingsboek.
pocket *E* abnormale opening tussen tand en tandvlees.
podagra *G* *jicht van voet- en teengewrichten, 'het pootje'.

podagrist iemand die lijdt aan podagra.
podalgie *G* pijn in de voet.
podiatrist iemand die zich bezighoudt met het onderzoek en de behandeling van voetafwijkingen.
podiatrie *G* de geneeskunde der voetgebreken.
podocyten endotheelcellen van het glomerulaire haarvatennetwerk in de nier.
podogram (orthop.) afdruk van de voetzool.
podo- (smst.) m.b.t. de voet; *~logie*, de kennis van voetgebreken en hun behandeling, syn. podiatrie; *~pompholyx*, zie pompholyx; *~therapie*, optimale verzorging van mensen met voetklachten; zie ook podiatrist.
POEMS afk. van polyneuropathie, organomegalie, endocrinopathie, monoklonale gammopathie (M-proteïne) en huidafwijkingen (skin) syndroom van Takatsuki.
poëse, poiesis *G* (ook in smst.) ontwikkeling, opbouw, vorming.
POF afk. van premature ovariële (of oestrogene) functiestoornis.
pogonotrofie *G* baardgroei.
poikilo- *G* (smst.) gevarieerd, afwisselend van kleur of vorm; *~cyt*, erytrocyt van abnormale vorm; *~cytose*, het vóórkomen van poikilocyten in het bloed bij bepaalde vormen van bloedarmoede; *~derma*, atrofische huid met kleine teleangiëctasieën en pigmentvlekjes naast depigmentaties; *~piese*, 'schommelende' bloeddruk; *~thermie*, 1. koudbloedigheid; zonder constante lichaamstemperatuur; toestand waarbij deze varieert met de temperatuur van de omgeving; tgst. homeothermie. 2. bestand zijn tegen sterke temperatuurwisselingen.
points *F* punten, bijv. *~ apophysaires*, pijnpunten aan de doornuitsteeksels der wervels; *~ douloureux*, pijnpunten in het verloop van zenuwen, plaatsen die pijn doen als men er op drukt, bijv. bij neuralgie; syn. punctae dolorosae; drukpunten van Valleix; *~ d'élection*, punten waarop men bij voorkeur de elektroden plaatst bij het elektriseren van zenuwen of spieren.
Poiseuille, J. Frans fysioloog (1799-1869), zie doorbloeding.
POK afk. van 1. psychiatrische observatiekliniek. 2. polyklinische operatiekamer.
POKG afk. van primair open-kamerhoek glaucoom, syn. POAG.
pokken zie variola; *Spaanse ~*, syfilis.
pokvirus DNA-virusgroep met als belangrijkste vertegenwoordiger de verwekker van pokken; verder o.a. de veroorzaker van molluscum contagiosum.
Poland, A. Engels chirurg (1820-1872); *syndroom van ~*, syndactylie aan één hand en afwezigheid van de sternocostale aanhechting van de musculus pectoralis major of van de gehele spier aan dezelfde zijde.
polarimeter toestel waarmee het suikergehalte van vloeistoffen, bijv. urine, kan worden bepaald door meting van de draaiing van het polarisatievlak.
polarimicroscoop microscoop waaronder de voorwerpen in gepolariseerd licht worden beschouwd.
polarisatie 1. (chem.) draaiing, het polariseren; *~ van het licht*, eigenschap van lichtstralen om bij breking of terugkaatsing door bepaalde kristallen, nog slechts in één bepaalde richting te trillen; *~vlak*, vlak gaande door de invallende en de gepolariseerde stralen. 2. (fysiol.) de elektrische toestand van de cel in rust: de *potentiaal van de celinhoud is negatief ten opzichte van die aan het celoppervlak; zie ook depolarisatie, polariteit, repolarisatie. 3. (psych.) toename van tegenstellingen door tegengestelde belangen.

polarisator, polariscoop polarisatietoestel.
polariteit 1. (card.) de gepolariseerde toestand van de hartspiercel in rust, zie membraan*potentiaal. 2. het bezitten van polen; het naar tegenovergestelde zijden gericht zijn.
poliep, polypus *G* gesteeld goedaardig gezwel, woekering, die zich kan vormen na plaatselijke ontsteking of catarre en met een steel aan het slijmvlies van een lichaamsholte vastzit; komen voornamelijk voor in neus, darm, blaas.
polikliniek tweedelijnsvoorziening waar een heel gerichte, kortdurende behandeling wordt aangeboden.
polio populair voor poliomyelitis anterior acuta.
polio-encefalitis *G* ontsteking van de grijze hersenstof, cerebrale kinderverlamming, syn. *encephalitis infantum, hemiplegia spastica infantilis, mesencephalitis, ziekte van Struempell.
poliomyelitis *G* ontsteking van de grijze stof van het ruggenmerg; ~ *anterior acuta*, spinale kinderverlamming, ziekte van Heine-Medin; acute virusziekte van het centrale zenuwstelsel met epidemisch karakter, meestal bij kinderen maar ook voorkomend bij ouderen; het virus tast vnl. de motorische voorhoorncellen van het ruggenmerg aan en de motorische kernen van het verlengde merg (bulbaire vorm); de eerste verschijnselen (initiale fase) zijn meestal 'verkoudheid', nausea, diarree, koorts, hoofdpijn, enz., na enige dagen gevolgd door meningisme, paresen, ademstoornissen, slikbezwaren, strabismus; gaan de verschijnselen niet verder dan die van de initiale fase, dan spreekt men van de *abortieve* vorm van de ziekte, komt het niet tot verlammingen dan noemt men dit de *niet-paralytische* vorm; in het verdere verloop van de *paralytische* vorm treden degeneratie en atrofie van de blijvend verlamde spieren op, gevolgd door contracturen; de behandeling van de ziekte is symptomatisch, de profylaxe bestaat uit hygiënische voorzorgen en vaccinatie; *~virus*, tot de *picornavirussen behorend virus, verwekker van de poliomyelitis anterior acuta.
poliosis witte pigmentloze haarlok, meestal midden op het voorhoofd; ~ *circumscripta*, partieel *albinisme.
polipectomie zie polypectomie.
Politzer, A. Weens oorarts (1835-1920); *luchtdouche van ~*, het d.m.v. een ballonspuit via de neus doorblazen met lucht van de tuba eustachii na een genezen catarre hiervan die een verkleving van de wanden heeft achtergelaten; aldus wordt de luchttoevoer naar het middenoor hersteld.
politzeren een luchtdouche vlg. *Politzer toepassen.
Polkissen *D*, poolkussen, de gezamenlijke extraglomulaire *mesangiumcellen, syn. de cellen van *Goormaghtigh, als een kussen gelegen tegen de vaatpool van het kapsel van Bowman; het begrip Polkissen wordt ook omschreven als de myo-epitheliale cellen in de wand van het *vas afferens bij de vaatpool van het kapse van Bowman.
pollakiurie, pollakisurie *G* vermeerdering van het aantal urinelozingen, echter zonder dat de hoeveelheid urine per etmaal vermeerderd is.
pollen stuifmeel; het pollen omvat de pollenkorrels (de mannelijke voortplantingscellen van een plant); ze ontstaan in de meeldraden; het is de belangrijkste veroorzaker van hooikoorts (zie rhinitis allergica); ~ *astma*, zie astma.
pollenziekte zie pollinose.

pollex *L* duim.
pollicisatie plastisch-chirurgische reconstructie van een verloren gegane duim, in de regel door verplaatsing van de wijsvinger of door falangisatie.
pollinose, pollinosis pollenziekte, hooikoorts, zie rhinitis allergica.
pollutie, pollutio *L* verontreiniging; onwillekeurige zaaduitstorting; ~ *nocturna*, pollutie tijdens de slaap ('natte droom'); ~ *diurna*, pollutie in wakende toestand, reeds bij geringe prikkeling, soms zelfs zonder erectie; zie spermatorroe; ~ *feminae*, pollutie bij de vrouw t.g.v. zinnelijke prikkeling, waarbij vochtafscheiding uit de glandulae Bartholini plaatsheeft.
pols zie pulsus; zie ook acrotisme, sphygmus; ~*band*, retinaculum extensorum mani; ligamentum carpi dorsale; ~*deficit*, zie deficit, frustraan; ~*druk*, zie bloeddruk; ~*gewricht*, articulatio radiocarpea.
polsloze ziekte zie aortaboogsyndroom; ziekte van Takayashu.
polus pool, uiteinde van een orgaan; ~ *occipitalis*, de achterste begrenzing van de grote-hersenhemisferen.
poly- *G* (smst.) veel, dikwijls.
Polya, E. Hongaars chirurg (1876-1944); *operatie van* ~, resectie van de pylorus, gevolgd door end-to-side gastro-enterostomie.
polyadenitis *G* ontsteking van meer dan één klier.
polyaemia zie polyemie.
polyandrie seksueel samenleven van een vrouw met meer dan één man; zie polygynie.
polyarteriitis syn. *periarteriitis nodosa; ook: *panarteriitis*; *infantiele ~ nodosa*, ziektebeeld waarschijnlijk identiek met de ziekte van *Kawasaki.
polyartritis, polyarthritis *G* ontsteking van meer dan één gewricht; *enteropathische* ~, acute kortdurende aanvallen van seronegatieve polyartritis, vnl. bij M. Crohn en bij colitis ulcerosa; ~ *rheumatica acuta*, syn. febris rheumatica, acuut reuma, een collageenziekte die optreedt als een (waarschijnlijk) allergische ontsteking na een infectie met hemolytische streptokokken (bijv. tonsillitis) en gekenmerkt wordt door kort na elkaar ontstaande artritis van meerdere grote gewrichten en endocarditis (soms pancarditis); deze is vaak oorzaak van latere klepgebreken van het hart; ~ *rheumatica chronica*, syn. ~ *chronica progressiva*, zie *reumatoïde artritis.
polyartrose, polyarthrosis arthrosis deformans van vele gewrichten tegelijk.
polychesie zie polycoprie.
polycholie zeer sterke galafscheiding.
polychondritis recidivans, panchondritis ontstekingsverschijnselen in en om het kraakbeen van oorschelpen, neus, larynx, trachea, ribben en sommige gewrichten, stoornissen van binnenoor en/of labyrint, symptomatische oedemen, *episcleritis, vasculitiden aan de voeten, hartklepbeschadiging, focale glomerulonefritis, hypergammaglobulinemie en zeer hoge BSE; zeldzaam ziektebeeld met onbekende oorzaak; syn. *polychondropathie*.
polychromasie affiniteit voor meer dan één soort kleurstoffen.
polychromatopsie *G* veelkleurig zien, de (normale) eigenschap de verschillende kleuren te kunnen onderscheiden, zie trichromasie.
polyclonaal zie polyklonaal.
polyclonie, polyclonus *G* syn. paramyoclonus multiplex.
polycoprie frequente stoelgang, syn. polychesie.

polycroot *polycrote polsslag*, polsslag met meer dan twee verheffingen *(polycrotie)*.
polycyclisch 1. bestaande uit verschillende ringen. 2. in meerdere cycli verlopend.
polycysteus, polycystisch zie polycystoom.
polycystose, polycystosis het voorkomen van veel cysten in een bepaald orgaan; ~ *renis*, cystennier(en); *ren cysticus.
polycystoom, polycystoma *G* gezwel met veel holten (cysten); bijv.nw. *polycysteus, polycystisch*; ~ *hepatitis*, lever met (meestal) een aanmerkelijk groot aantal cysten; soms (50%) bestaan tevens cystennieren, hetgeen kan leiden tot nierinsufficiëntie; ~ *mammae*, gezwel van de vrouwenborst, waarin veel klierblaasjes tot cysten zijn uitgezet.
polycystosis zie polycystose.
polycytemie, polycythaemia *G* vermeerdering van de erytrocyten in het bloed met (meestal) gestegen Hb en Ht en verschijnselen van hyperviscositeit; syn. erytrocytemie, erytrocytose, hyperglobulie, polyglobulie; ~ *megalohepatica*, polycytemie met leververgroting, soms overgaand in levercirrose; ~ *rubra megalosplenica*, polycytemie gepaard gaande met verhoging van het gehalte aan hemoglobine in het bloed, zwelling van de milt, e.a.; syn. erythrocytosis megalosplenica of erytremie; een voorbijgaande vorm van polycytemie noemt men ook erytrocytose; ~ *rubra hypertonica*, polycytemie met verhoogde bloeddruk, zonder zwelling van de milt (syndroom van Gaisböck); *secundaire* of *symptomatische* ~, polycytemie als verschijnsel bij andere ziekten t.g.v. stimulering van het beenmerg door *erytropoëtine, zoals sommige hart-, long- en vaatafwijkingen, hemoglobinopathie, bergziekte, nierafwijkingen, M. *Grawitz, uterus myomatosus, primair levercarcinoom, M. Cushing; ~ *vera*, ziekte van Vaquez-Osler, chronische ziekte met hypertensie en absolute vermeerdering van alle vormelementen van het bloed met uitzondering van de lymfocyten.
polydactylie *G* misvorming waarbij zich aan hand of voet te veel vingers of tenen bevinden; *postaxiale* ~, aan de zijde van de pink of kleine teen; *preaxiale* ~, aan de zijde van de duim of grote teen.
polydipsie *G* verhoogd gevoel van dorst, bijv. bij diabetes.
polyemie, polyaemia *G*, **polyhaemia** *G* (ook: *polyhemie*) syn. plethora.
polyendocrinopathie ziekte van meer dan één endocriene klier tegelijk.
polyesthesie dubbel voelen, een vorm van paresthesie, waarbij een enkelvoudige aanraking als meer gelijktijdige contacten wordt gevoeld.
polyfagie ziekelijk verhoogde eetlust, vraatzucht.
polyfenie de (abnormale) eigenschap dat een *gen meer dan één erfelijk kenmerk herbergt, syn. pleiotropie.
poly- *~frasie*, ziekelijke praatzucht; *~fyletisch*, van meerstammige herkomst; *~galactie*, verhoogde zogafscheiding; *~gamie*, zie polyandrie; *~geen*, de overerving van eigenschappen die bepaald worden door de additieve werking van meerdere genen op verschillende loci; *~geline*, plasmavervangingsmiddel; *~genie*, een biologische eigenschap, opgeroepen door meer dan één gen, veelal gelegen op onafhankelijke loci (zie locus, bet. 2); *~glandulair*, zie pluriglandulair; *~globulie*, syn. polycytemie; *~gonaal*, veelhoekig.
polygraaf apparaat waarmee gelijktijdig verschillende bewegingen kunnen worden opgetekend, bijv. ader- en slagaderpols.
polygynie seksueel samenleven van een man met meer dan één vrouw; zie ook

polyandrie.
polyhaemia zie polyemie.
poly-idiosyncrasie zie idiosyncrasie.
polyinfectie besmetting met verschillende smetstoffen, gemengde infectie.
polykeratosis dominant-erfelijke *leukoplakie en verhoorning van de huid (nagels, stug haar, papelvorming, alopecia), vaak gepaard met hyperhidrose, erytheem, hyperpigmentatie, peridontitis, cataract, perceptiedoofheid en 'stramheid'; syn. ziekte van Touraine en Lefèvre.
polyklonaal *~ale reactie*, de normale immunoreactie, waarbij een meervoudige antigene werking leidt tot vorming van vele soorten *immunoglobulinen, tgst. monoklonaal.
polylalie, polylogie woordenvloed, praatzucht.
polyleptisch zich in meerdere aanvallen herhalend, bijv. malaria, epilepsie, enz.
polylogie zie polylalie.
polymastie, polymazie vermeerderd aantal borsttepels of borstklieren, syn. polythelie.
polymeer 1. (anat.) afkomstig van meer dan één metameer; zie ook monomeer (bet. 1). 2. (chem.) een door *polymerisatie ontstane stof. 3. erfelijke eigenschap die wordt bepaald door meer dan één *gen.
polymelie, polymelia *G* abnormale vorming van (overtollige) ledematen of gedeelten daarvan, bijv. polydactylie.
polymenorroe zich te dikwijls herhalende menstruatie.
polymerase enzym dat polymerisatie bewerkstelligt, bijv. de vorming van DNA (door DNA-polymerase) en RNA (door RNA-polymerase); *~ chain reaction*, syn. polymerase-kettingreactie, een methodiek om in vitro een stuk DNA te vermenigvuldigen (in vitro amplificatie); varianten zijn *LCR en *NASBA; *RNA-~*, syn. reverse *transcriptase.
polymerie 1. het bestaan van meer dan het normale aantal van bepaalde lichaamsdelen of gedeelten ervan. 2. (erf.) overerving van een eigenschap die afkomstig is van meer dan één gen. 3. syn. *polymerisatie.
polymerisatie (chem.) de verbinding van moleculen van dezelfde soort tot één hoogmoleculaire structuur zonder verandering van de elementaire bouw.
polymorf veelvormig, syn. multiform.
polymorfisme (ook: *polymorfie*) 1. veelvormigheid, syn. pleomorfisme; (dermatologie) het naast en na elkaar vóórkomen van verschillende efflorescenties. 2. het vóórkomen van twee of meer allelen op één *locus. 3. het bestaan van een grote variatiebreedte in de werkingssfeer van een biologisch systeem. 4. *DNA-~* wordt forensisch toegepast in ouderschapsonderzoek.
polymorfonucleair 1. (bijv.nw.) in het bezit van een celkern die zich in verschillende gedaanten kan voordoen. 2. (zelfst.nw.) een leukocyt met gelobde en gesegmenteerde kern, in engere zin de neutrofiele *granulocyt.
polymyalgie, polymyalgia *~ rheumatica* of *~ arteriitica*, syn. syndroom van Forestier, een auto-immuunziekte, meestal op hogere leeftijd, met pijn en bewegingsbeperking in schouder- of bekkengordel, gewichtsverlies, temperatuurverhoging, verhoogde BSE, veranderd eiwitspectrum en hypochrome anemie, veroorzaakt door arteriitis gigantocellulare.
polymyoclonie zie myoclonie.
polymyopathie krachtvermindering door atrofie van vele spieren en spiergroepen

tegelijk.

polymyositis *G* collageenziekte gekenmerkt door diffuse, pijnlijke ontstekingsachtige spierveranderingen en -zwakte, oedemen, erythemen, ochtendstijfheid, gewichtsverlies, fenomeen van *Raynaud (bet. 1), soms myoglobinurie, later vaak contracturen en/of calcinose; primair is waarschijnlijk een *vasculitis van de capillairen in de spieren, mogelijk is er paraneoplasie in het spel; de aandoening wordt gerekend tot de gesystematiseerde *auto-immuunziekten; complicaties: aspiratiepneumonie, retinopathie, longfibrose.

polyneuritis zie polyneuropathie; ~ *gallinarum* (gallina *L* = kip), polyneuritis bij hoenderen, thans bekend als beriberi.

polyneuropathie syn. polyneuritis (foutief) min of meer symmetrische, meestal geleidelijk verergerende degeneratieve aandoening van een aantal perifere zenuwen tegelijk, gekenmerkt door paresthesieën en pijn (toenemend bij bedwarmte), slappe paresen, opgeheven reflexen, spierhypotonie, (later) spieratrofieën, elektrische *ontaardingsreactie (EOR), gestoord elektromyogram (EMG) (o.a. fibrillaties, polyfasische actiepotentialen en dergelijke), verminderde prikkelgeleiding; polyneuropathie komt bij vele ziekten voor: diabetes mellitus, nierziekten, levercirrose, deficiëntieziekten, dysproteïnemieën, infectieziekten, collagenosen, malabsorptie, exogene toxinen, maligne neoplasmen (zowel bij metastasering als paraneoplastisch), hypothyroïdie, microangiopathie, en vele andere òf is genetisch bepaald (*hereditaire* ~, zoals de polyneuropathie van *Charcot-Marie-Tooth); ~ *acuta amyotrophica,* polyneuropathie met verlamming en atrofie van spieren; *atactische* ~, polyneuropathie waarbij ook het dieptegevoel is gestoord, waardoor atactische verschijnselen mede het beeld bepalen; syn. pseudotabes polyneuropathica; ~ *endemica perniciosa*, syn. beriberi; ~ *hypertrophica progressiva*, met gevoelsstoornissen, misvorming der voeten en atrofie van spieren gepaard gaande, erfelijke hypertrofie van de *neurilemmae.

polynucleair meerkernig; *~e cellen*, cellen die meer kernen hebben; vnl. worden granulocyten bedoeld; tgst. mononucleair.

polynucleose vermeerdering van polynucleaire cellen in het bloed (syn. leukocytose); het vóórkomen van veel polynucleaire cellen in een exsudaat.

polynucleotide chemische verbinding van meerdere nucleotiden.

polyomavirussen muizenvirus dat op vele plaatsen in het muizenlichaam neoplasmen kan teweegbrengen.

polypapilloma tropicum syn. *framboesia.

polypathie het lijden aan meer dan één ziekte tegelijk.

polypectomie chirurgische of endoscopische verwijdering van een *poliep.

polypeptide keten van een groot aantal met elkaar verbonden aminozuren.

polypeus poliepachtig, zie poliep.

polypionie, polypionia *G* vetzucht, syn. adipositas; ~ *infantum*, bijzondere vetzucht bij kinderen.

polyploïdie de aanwezigheid in de celkern van drie of meer malen het haploïde aantal chromosomen.

polypnoe versnelde ademhaling.

polypoïd op een poliep gelijkend.

polypose, polyposis *G* de aanwezigheid van poliepen; aandoening gepaard gaande met poliepen; *familiale* ~ *coli*, zeldzaam autosomaal dominant erfelijk vóórkomen van talrijke poliepen in de dikke darm, vrijwel altijd gevolgd door maligne

degeneratie; syn. *familiale adenomateuze* ~ (afk. FAP).
polypotoom *G* poliepmes, mes ter verwijdering van poliepen.
polypragmasie *G* de zucht om veel te doen, bijv. van een arts voor zijn patiënten, zoals het voorschrijven van velerlei geneesmiddelen tegelijk.
polypus zie poliep.
polyradiculitis ontsteking van (in de regel een aantal opeenvolgende) spinale zenuwwortels.
polyradiculoneuropathie syn. syndroom van Landry-Guillain-Barré-Strohl, in 1859 reeds door Landry beschreven subacuut ziektebeeld, gekenmerkt door symmetrische opstijgende inflammatoire aandoening van de motorische ruggenmergswortels met demyelinisatie en axondegeneratie, gekenmerkt door spierverlammingen, paresthesieën, respiratoire insufficiëntie, ataxie, gestoorde tast- en vibratiezin, autonome disfuncties (cardiovasculair, blaas, hyperhidrose), papiloedeem, meningisme, EEG-afwijking; de ziekte berust op auto-immunisatie (zie auto-immuniteit); soms gaat een operatie of maligne aandoening vooraf; de genezing treedt in met remyelinisatie; chronisch verloop komt voor; afk. *AIP (bet. 3).
polysachariden meervoudige suikers, opgebouwd uit glucose-eenheden in velerlei variaties; de meest bekende zijn glycogeen, zetmeel en cellulose.
polyserositis gelijktijdige, meestal sereuze, ontsteking van weivliezen (zie serosa).
polysomie 1. (erf.) het aanwezig zijn van meer dan twee chromosomen van dezelfde soort in de celkern. 2. misgeboorte van twee of meer individuen.
polysomnografie meting van ademhalingsstoornissen.
polysoom syn. polyribosoom, systeem van ribosomen, gebonden aan één boodschapper-*RNA-molecuul.
polyspermie *G* 1. zeer sterke afscheiding van zaad (sperma), tgst. aspermie. 2. syn. spermatorroe. 3. vereniging van meer dan één zaadcel met één eicel bij de bevruchting, zie conceptie.
polythelie *G* zie polymastie.
polytraumatisé *F* patiënt met meerdere verwondingen waarbij één of meerdere letsels levensbedreigend zijn.
polytrichie, polytrichia, polytrichosis, polytrichose syn. hypertrichose.
polytroop met meer dan één aangrijpingspunt; met veelzijdige werking.
polyurie, polyuria *G* vermeerderde urinelozing.
polyvalent meerwaardig; ~ *serum*, serum dat meer dan één antistof bevat.
polyvasculitis *vasculitis op vele plaatsen van het lichaam tegelijk.
polyxenie eigenschap van sommige parasieten te kunnen leven ten koste van meer dan één gastheer.
POM afk. van prescription only medicine, syn. UR.
POMC afk. van pro-opiomelanocortine, een *precursor van diverse *neuropeptiden en peptidehormonen met verschillende biologische activiteiten, bijv. ACTH, MSH e.a.; bij stress wordt POMC afgebroken en komen endorfinen vrij; dit gebeurt ook bij duursporten waardoor men bijv. verslaafd kan raken aan joggen.
Pomeroy, R. Amerikaans gynaecoloog (overl. 1925); *operatie van* ~, zie Madlener.
POMP afk. van procarbazine, Oncovin (vincristine), Mustine (chloormethine), prednison, een cytostatica-combinatie, syn. MOPP.
Pompe, J. Nederlands arts (1901-1945); *ziekte van* ~, de enige lysosomale *glycogenose, recessief-autosomaal erfelijke α-glucosidasedeficiëntie, gekenmerkt

door spierhypotonie, sterke hartvergroting en matige hepatomegalie.

pompfalen tekortschieten van het myocard in zijn functie van uitdrijving van het bloed uit de hartkamer(s).

pompholyx *G* (waterblaas), dyshidrotisch eczeem, optredend met name aan de handen (*cheiro* ~) en de voeten (*podo* ~); zie ook dyshidrose, eczeem.

pomphus *G* bult, galbult, meervoud pomphi.

POMR afk. van problem oriented medical record, 'probleemgeoriënteerde' medische verslaglegging.

pomum adami *L* zie adamsappel.

ponderabel weegbaar; tgst. imponderabel.

ponderal-index *E* afk. PI, 100 maal de wortel uit het lichaamsgewicht, gedeeld door de lengte; hoe lager de ponderal-index, hoe groter de whole body mass (*WBM).

ponopathie *G* nerveuze uitputting.

pons *L* brug; ~ *Varolii*, de brug van Varol (genoemd naar C. Varolio, Italiaans anatoom, 1543-1575), een vooruitspringend gedeelte van de hersenbasis, gelegen tussen het verlengde merg en de hersenstelen; de officiële medische term is thans pons (dus zonder toevoeging Varolii); *ventraal ~syndroom*, zie locked-in syndrome.

pontage *F* syn. *bypass.

Pontiac fever *A* mild verlopende *legionairsziekte, gekenmerkt door koorts, spier- en hoofdpijn gedurende enkele dagen.

pontien m.b.t. de *pons; *~e dwarslaesie syndroom,* zie locked-in syndrome.

poollichaampje uitgestoten kern tijdens de meiotische delingen bij de vorming van de eicel.

poort, porta *L* syn. hilus, de 'toegang' tot een orgaan, waar de meeste toebehorende bloedvaten en zenuwen ingaan, bijv. ~ *hepatis*, leverpoort; ~ *pulmonis*, *hilus pulmonalis.

poortader vena portae, vena portalis; *~systeem*, syn. *portale circulatie.

POP afk. van 1. praktijkobservatieperiode. 2. proefobservatieplaatsing.

popliteus *L* tot de kniekuil (fossa poplitea) behorend.

poppers (jrg.) benaming van bepaalde vluchtige stoffen die bij inhalatie een 'kick' teweegbrengen, in engere zin amyl- en butylnitriet; worden ook ter verhoging van de geslachtsdrift gebruikt.

poradenitis klierontsteking met holtevorming, doorbrekend naar buiten; komt vaak voor bij lymfogranulomatose.

porencefalie *G* meestal aangeboren gebrek in de vorming van de hersenen, waarbij de witte stof der grote hersenen en de wanden der hersenkamers gedeeltelijk ontbreken; kan ook door ontsteking worden veroorzaakt.

poreus *G* sponsachtig; van openingen voorzien.

porfiermilt (pathologisch-anatomisch) het beeld van de milt bij lymphogranuloma malignum.

porfyrie, porphyria ziekte die berust op een autosomaal dominant-erfelijke stoornis in de enzymatische synthese van het hemoglobine en o.a. wordt gekenmerkt door *porfyrinurie (de urine wordt donker bij staan in het licht); *acute idiopathische* ~, hevige intermitterende buikkolieken, verlammingen door progressieve polyneuropathie van het type Landry, gezichtsstoornissen, fotosensibiliteit, psychotische verschijnselen (vnl. verwardheid), tachycardie, labiele bloeddruk, hyperhidrose, convulsies, coma; een enzymatisch van de acute idiopathische porfyrie afwijkende vorm zonder fotosensibiliteit, heet Chester-porfyrie; *chronisch-congenitale* ~, syn. porphyria erythropoietica, ziekte van Günther, sterke fotosensibiliteit, soms leidend tot lepra-achtige mutilaties, anemie en *stapeling van porfyrine in milt, lever, nieren, hartspier en beenderen; *cutaneohepatische* ~, sterke zonlichtovergevoeligheid, bruine huid, vaak als complicatie bij systemische lupus erythematodes (*SLE); *hereditaire copro~*, vorm van acute porfyrie t.g.v. een partieel enzymdefect; zie ook coproporfyrine; ~ *cutanea tarda*, fotosensibiliteit en huidafwijking, meestal op middelbare leeftijd; ~ *variegata*, mengvorm tussen de acute idiopathische *porfyrie en de porphyria cutanea tarda t.g.v. het (enzym)-defect protoporfyrinogeenoxidase.

porfyrine zie haem.

porfyrinurie verhoogde uitscheiding van porfyrine door de nieren bij leverziekten, sommige bloedziekten, bloedingen, vergiftigingen (slaapmiddelen, sulfonamiden, lood e.a.) en bij *porfyrie.

porie, poriën zie porus.

poriomanie *G* syn. dromomanie.

pornografie (het schrijven of produceren van) expliciet seksuele lectuur, films, afbeeldingen met als enig doel obsceniteit of seksuele prikkeling.

porocarcinoma carcinoom uitgaande van een zweetklieruitvoergang.

porocranie *G* uitpuiling van een gedeelte van de schedel.

porokeratosis zie Mibelli.

poroscopie *G* methode om vingerafdrukken te herkennen aan de rangschikking van de zweetporiën.

porose, porosis *G* 1. eelt(plek), plaatselijke verdikking der hoornlaag van de opperhuid, syn. callositas. 2. syn. *callus. 3. holte(vorming); ~ *cerebri*, vorming van holten in de hersenen; ~ *palpebrae*, syn. chalazion.

PORP afk. van partial ossicular replacement prosthesis *E*.

porphyria zie porfyrie.

PORRLA afk. van pupillen ongelijk, rond, reageren op licht, accommodatie; zie ook PERRLA.

PORS afk. van privé-ongevallen registratiesysteem.

porselein *~koorts*, zie urticaria; *~galblaas*, verkalkte broze galblaaswand.

porta zie poort.

portaal m.b.t. de porta, zei poort; *~ale circulatie* 1. de bloedsomloop in de porta van een orgaan, zoals lever, hypofyse, milt, longen, nieren. 2. de bloedstroom met veneuze capillairen, poortadersysteem, het gebied van de vena portae.

PORTEC afk. van postoperatieve radiotherapie endometriumcarcinoom.

porte d'entrée *F* plaats waar micro-organismen het lichaam binnen kunnen komen.

Porteus-Maze test *E* (psych.) een doolhof-proef, bedoeld als aanvulling op de test van *Binet-Simon.

portier (maaguitgang) pylorus.

portio *L* deel, gedeelte; ~ *vaginalis uteri*, syn. ~ *cervicalis uteri*, het gedeelte van de baarmoeder dat in de vagina uitsteekt; afk. kortweg *portio*.

porus *G* opening, meervoud pori; *pori sudoriferi*, openingen der zweetkanaaltjes in de huid, de zgn. poriën.

POS afk. van 1. polycysteus ovariumsyndroom, syn. PCO, PCOS. 2. pervasieve *ontwikkelingsstoornissen, syn. PDD.

positie, positio *L* 1. (alg.) plaatsing, ligging, toestand. 2. de ligging van het kind in de baarmoeder. 3. toestand van zwangerschap.

positief bevestigend, aanwezig, tgst. negatief; *~ve reactie*, reactie waaruit blijkt dat het gezochte aanwezig is; *~ve symptomen* (psych.) zie schizofrenie..

positio zie positie.

positron (afgeleid van de woorden positief en elektron); een positief elektron, waarvan de lading gelijk, maar tegengesteld is aan die van een *elektron.

Posner, A. Amerikaans oogarts (geb. 1906); *syndroom van ~-Schlossmann*, goedaardige aanvalsgewijs optredende, éénzijdige oogdrukverhoging met *cyclitis, gepaard gaande met heterochromie, ongelijkheid van de pupillen en wazig zien.

posodynie het vermogen om leed, teleurstellingen en spanningen te verdragen.

posologie syn. *dosiologie.

post *L* (ook in smst.) na, achter, tgst. prae-; ~ *mortem*, na de dood, afk. PM.

POST afk. van peritoneal oocyte- and sperm-transfer *E*.

post cenam *L* na de maaltijd; afk. (rec.) p.c.

postcholecystectomiesyndroom pijn in de galblaasstreek na operatieve verwijdering van de galblaas, mogelijk veroorzaakt door achtergebleven of nieuwgevormde galstenen in de ductus choledochus, òf door ontsteking hiervan, òf door postoperatieve prikkeling van gevoelszenuwen in het operatieterrein.

post coitum *L* na de *coïtus; *~-test*, (afk. PCT), onderzoek van het vaginale slijmvlies op zaadcellen; zie ook Sims.

postconcentratiekampsyndroom syn. *KZ-syndroom; zie posttraumatische *stress-stoornis.

postcontusioneel syndroom restverschijnselen na een doorgemaakte contusio cerebri, afhankelijk van de aard van de oorspronkelijke letsels; (in engere zin) organisch psychosyndroom gekenmerkt door geheugen-, concentratie- en initiatiefzwakte en een zekere verandering van de persoonlijkheid; zie ook neurastheen syndroom.

postepileptisch t.g.v. een epileptisch toeval plaatshebbend.

posterior *L* hetgeen achter ligt, achterdeel, achterste.

posterolateraal achterwaarts en zijdelings gesitueerd.

postflebitisch syndroom pijnlijke atrofische en gepigmenteerde huid, soms met varicosis, ulcera en littekens, t.g.v. recidiverende flebitiden van (meestal) het onderbeen en zgn. ambulante veneuze *hypertensie.

postgastrectomiesyndroom syn. *dumpingsyndroom.

posthemorragisch na een bloeding plaatshebbend.

posthetomie besnijdenis, syn. circumcisie.

posthitis ontsteking van de voorhuid; gaat meestal gepaard met ontsteking van de eikel; zie balanitis.

post hoc, ergo propter hoc *L* na dit, dus dóor dit: uitdrukking in de geneeskunde om de vaak onjuiste gevolgtrekking aan te duiden dat iets, dat ná een bepaalde gebeurtenis of behandeling plaatsheeft, er ook het gevolg van is; de uitdrukking wordt meestal afgekort: *post of propter*: ná of door.

posthypnotisch hetgeen na de hypnose plaatsheeft, bijv. *~e opdracht*, opdracht gedurende de hypnotische slaap door de hypnotiseur aan de gehypnotiseerde verstrekt, welke na het ontwaken moet worden uitgevoerd.

posthysterectomiesyndroom depressiviteit, hoofdpijn, buikpijn, vermoeidheid, slapeloosheid, dyspareunie en anorgasmie; kan optreden na operatieve verwijdering van de baarmoeder, vooral bij jonge leeftijd, lage *pariteit, ongehuwd zijn en bij het ontbreken van histologische afwijkingen in de verwijderde baarmoeder.
postictaal optredend na of t.g.v. een *ictus; tgst. preïctaal.
posticus *L* achterste, syn. posterior; *~verlamming,* verlamming van de achterste m. cricoarytaenoideus, het eerste stadium van de *recurrensverlamming met stoornissen in de inademing en de stemvorming.
post meridiem *L* na de middag, afk. PM.
postmortaal na de dood plaatshebbend, tgst. premortaal.
post mortem na de dood, afk. p.m.
postmyocardinfarctsyndroom zie Dressler.
postnataal na en i.v.m. de geboorte plaatshebbend, tgst. prenataal; *~ale depressie*, zie postpartum*depressie.
postoperatief *L* hetgeen na en i.v.m. een operatie plaatsheeft.
postpartaal na de bevalling (partus); in aansluiting aan de bevalling.
postpartum *L* hetgeen na en i.v.m. de partus plaatsheeft, afk. PP; *~ depressie*, zie depressie.
postperfusiesyndroom syn. cytomegalomononucleose, ziektebeeld gekenmerkt door koorts en atypische mononucleaire cellen in het bloed t.g.v. infectie met *cytomegalovirus via leukocyten in vers transfusiebloed.
postprandiaal na het eten; *~ syndroom*, syn. *gastrocardiaal syndroom.
postrenaal lett. na de nier, van de nier af; *~ale nierinsufficiëntie*, uitgevallen nierfunctie door obstructie van de afvoerende urinewegen.
postsyfilitisch t.g.v. syfilis optredend.
postsynaptisch *distaal van een *synaps gesitueerd.
posttransfusiesyndroom zie postperfusiesyndroom.
posttraumatisch na een trauma; in engere zin: t.g.v. een trauma; *~e dystrofie*, syn. *Sudecksyndroom; *~e stress-stoornis*, zie stress-stoornis.
postuur, postura *L* (lichaams)houding; bijv.nw. *posturaal.*
postvaccinaal na en i.v.m. een vaccinatie.
postviraal syndroom zie myalgische *encefalomyelitis.
postzegeltanding röntgenbeeld van *usuur van beenweefsel bij degeneratieve gewrichtsaandoeningen.
Potain, P. Frans geneesheer (1825-1901); *toestel van ~* (ook kortweg *potain* genoemd), zie aspirator.
potamofobie *G* ziekelijke angst voor stromend water.
potassemie, potassaemia syn. hyperkaliëmie, verhoogd kaliumgehalte van het bloed.
potator *L* drinker, dronkaard.
potatorium *L* toestand van dronkenschap.
potentie, potentia *L* kracht, macht, (geslachtelijk) vermogen. 1. (farm.) de kracht van de werking van een geneesmiddel. 2. (in de homeopathie) verhoging van de kracht van een geneesmiddel; volgens de homeopathie zou de genezende kracht van een geneesmiddel toenemen naarmate het meer verdund is; dit verdunnen noemt men daarom potentiëren. 3. geslachtelijk vermogen; *~ coeundi*, syn. *~ virilis*, het mannelijk vermogen om de coïtus uit te oefenen; *~ concipiendi*, het

vermogen om bevrucht te worden; ~ *generandi*, het vermogen om te bevruchten.

potentiaal 1. zie potentieel. 2. (natuurk.) de sterkte van een elektrische lading, (fysiol.) in de cel afhankelijk van de concentratie van natrium- en kaliumionen; *membraan~*, syn. *cel~*, het potentiaalverschil tussen het inwendige en het oppervlak van de cel; *~verschil*, het verschil in de intensiteit van de elektrische lading van het inwendige van de cel en die aan het celoppervlak.

potentieel (ook: *potentiaal*) 1. wat tot het mogelijke behoort; als vermogen aanwezig, maar nog niet werkzaam. 2. (therapie) onwaarneembaar werkend.

potentiëring 1. versterking van de werking van een geneesmiddel door een ander, zodat bijv. het effect van twee gelijktijdig toegediende medicijnen groter is dan de optelsom van de effecten van ieder middel afzonderlijk. 2. zie potentie (bet. 2).

potio *L* drank, vloeibaar geneesmiddel, syn. *potus*.

potomanie *G* drankzucht; zie potatorium.

Pott, P. Engels chirurg (1713-1788); *~se ziekte*, syn. malum Pottii, tuberculeuze *spondylitis, leidend tot cariës en koude abcessen en tot verkromming van de wervelkolom; zie gibbus.

Potter, Edith Amerikaans gynaecoloog (geb. 1901); *gelaat van ~*, afgeplatte neusrug en oorschelpen, epicanthus en micrognathie van de onderkaak; *ziekte van ~*, een *status dysraphicus van onbekende etiologie, o.a. gekenmerkt door vrijwel ontbreken van functionerend nierweefsel, grote laagstaande oren en hypoplasie van longen en milt.

Potts, W. Canadees chirurg (1895-1968); *operatie van ~-Smith-Gibson*, het maken van een anastomose tussen aorta en a. pulmonalis bij aangeboren pulmonalisstenose.

pouch *E* buidel; *Kock-~*, zie continent stoma.

pourlèche zie perlèche.

POV afk. van 1. provinciaal overleg verslaafdenzorg. 2. planningsoverleg verpleeghuizen.

POVASI zie POVIAS.

POVIAS afk. van portio, ontsluiting, vliezen, indaling, aard voorliggend deel, stand voorliggend deel; dit acroniem (letterwoord) dient als geheugensteuntje bij het vaginaal toucher tijdens de bevalling; ook wordt het letterwoord POVASI gehanteerd.

POWI afk. van postoperatieve wondinfectie.

POZ afk. van provinciaal overlegorgaan zwakzinnigenzorg.

PP 1. post partum, na de geboorte. 2. punctum proximum. 3. pancreaspolypeptide. 4. pellagra preventing (zie vit. B).

p.p.a. afk. van (rec.) phiala prius agitata, fles schudden vóór gebruik.

PPA afk. van 1. platelet prothrombin activity *E*. 2. palpatio per anum.

ppb afk. van parts pro billion, aantal deeltjes per miljard.

PPBS afk. van protrombine, proconvertine, (hemofilie-)B, Stuart-Prower; protrombinecomplex of *vier(stollings)factorenconcentraat; syn. PPSB, VSFC.

PPD afk. van 1. purified protein derivative *E*, gestandaardiseerde tuberculine. 2. puerperale of postpartum *depressie, syn. PND. 3. pervasive developmental disorder, pervasieve *ontwikkelingsstoornis, syn. POS.

PPF afk. van pellagra-preventing factor *E*, de combinatie van *vitaminen van het B-complex welker afwezigheid in het voedsel *pellagra veroorzaakt.

PPG afk. van 1. flebo-plethysmografie. 2. praktische pedagogische gezinsbegeleiding.
PPH afk. van primaire (of plexogene) pulmonale hypertensie.
PPI afk. van 1. present pain intensity. 2. psychologisch-pedagogisch instituut.
PPLO afk. van pleuropneumonia-like organism.
PPM afk. van potentieel pathogeen micro-organisme, syn. PPMO.
ppm afk. van parts per million *E*.
PPMA afk. van (progressieve) post-poliomyelitis musculaire atrofie.
PPMO afk. van potentieel pathogeen micro-organisme, syn. PPM.
PPQ afk. van pediatric pain questionnaire.
PPNG afk. van penicillinase-producerende Neisseria gonorrhoeae.
PPP afk. van 1. druk (pressure), pijn, pols. 2. 'praten', pijn, pols. 3. purpura pigmentosa progressiva.
PPSB afk. van protrombine, proconvertine, Stuart-Prower-factor, antihemofiliefactor B, syn. PPBS, VSFC.
PPT afk. van 1. pain perception threshold. 2. progesteron-provocatie-test. 3. praktische pedagogische thuiszorg.
PPV afk. van 1. positive pressure ventilation. 2. Parkinson-patiëntenvereniging.
PPZ afk. van polikliniek psychiatrisch ziekenhuis.
PPS afk. van postpoliosyndroom.
pr. afk. van presbyopie.
PR afk. van 1. punctum remotum. 2. per rectum, rectaal.
PRA afk. van plasma*renine-activiteit.
praatzucht logorroe.
Prader, Andrea Zwitsers kinderarts (geb. 1919); *syndroom van ~-Willi*, genetisch bepaald syndroom met als belangrijkste symptomen zwaarlijvigheid t.g.v. grenzeloze lust om te eten, spierslapte, hypogonadisme, woede-uitbarstingen en mentale retardatie bij jonge kinderen, oculair hypertelorisme, epicanthus, micrognathie, kleine acra en dergelijke; syn. HHHO-syndroom.
prae- *L* (ook: pre-) (smst.) vóór, voorafgaand; tgst. post-.
praecoma toestand die aan coma voorafgaat.
praecordium, praecordia *L* de hartstreek; *precordiaal; zie ook mesocardium.
praecox *L* vroegtijdig, vroegrijp, ook: afk. van *dementia praecox.*
praegnans *L* zwanger.
praematurus zie prematuur.
praemolaris zie premolaar.
pr(a)emonitorius zie premonitorisch.
praepatellaris zie prepatellair.
praesagiens *L* voorzeggend.
praesclerosis zie presclerose.
praescriptio zie prescriptie.
praesenium *L* het tijdperk dat aan de ouderdom voorafgaat.
PRAFAB een score voor de ernst van het urineverlies: 1 = protection, 2 = amount, 3 = frequency, 4 = adjustment, 5 = body image.
pragmatisme praktische bruikbaarheid in het handelend omgaan van de mens met de werkelijkheid en de invloed van de realiteit op de mens.
praktiseren de (geneeskundige) praktijk uitoefenen.
prandiaal m.b.t. een maaltijd.

pratensis *L* betreffende de weide; *dermatitis ~*, dermatitis door aanraking met gras of ander gewas.

Prausnitz, O. Duits bacterioloog (1876-1963); *reactie van ~-Küstner*, plaatselijke passieve sensibilisatie d.m.v. een intracutane injectie van het (*reaginen bevattende) serum van een atopisch individu.

praxis *G* 1. handeling. 2. medische praktijk. 3. hetgeen proefondervindelijk aan de praktijk is getoetst, in tgst. tot theorie.

PRC afk. van plasma-renine-concentratie.

PRCA afk. van pure red cell aplasia *E*, een auto-immuunziekte die o.a. gekenmerkt wordt door ernstige anemie t.g.v. totaal ontbrekende erytropoëse.

PRE afk. van progressive resistance exercise *E*.

pre- (smst.) vóór, voorafgaand; zie ook prae-.

pre-auriculair vóór de oorschelp; *~ aanhangsel*, huidaanhangsel van de wang meestal vlak voor de oorschelp; *~e fistel*, fistelopening ter hoogte van de bovenaanhechting van de oorschelp, of elders voor de oorschelp tot ongeveer halverwege de wang.

precancereus aan kanker voorafgaand; met 'aanleg' voor kanker.

precardialgie pijn in de hartstreek, syn. precordiale pijn.

prechronaal voortijdig.

precipitaat neerslag, bijv. in een oplossing.

precipiteren 1. neerslaan. 2. (psych.) in: *precipiterende situatie*, psychotrauma dat aan het ontstaan van een psychosomatose voorafgaat.

precipitine antistof die zijn antigeen neerslaat, syn. coaguline.

preconceptionele screening screening, bijv. op CF (*cystische fibrose), door middel van DNA-onderzoek in een bloedmonster, wangschraapsel of mondspoelsel; zie ook prenatale diagnostiek, pre-implantatiediagnostiek.

precordiaal tot de hartstreek behorend; *~ale angst,* angsttoestand met gevoel van beklemdheid in hart- of maagstreek; *~ale pijn*, pijn in de hartstreek, syn. precardialgie; zie ook angina pectoris.

precursor (chem.) lett. vóórloper; een tussenstof die wordt gevormd bij de synthese van een andere chemische stof.

predatie het leven als predator.

predator *L* (lett. plunderaar) een dierlijk of plantaardig organisme, dat leeft ten koste van een ander organisme, dat daardoor sterft.

prediceren 1. voorspellen. 2. toekennen; zs.nw. *predictie, predictor*; bijv.nw. *predictief*.

predilectie voorkeur; *~-plaats*, plaats waar een ziekte(verschijnsel) bij voorkeur tot uiting komt.

predisponeren ontvankelijk maken; *gepredisponeerd,* voorbeschikt.

predispositie voorbeschiktheid, voorbestemming, diathese; de neiging tot bepaalde aandoeningen op basis van constitutie; ook: *dispositie; genetische ~*, frequent samengaan van een bepaalde ziekte met een bepaald weefselantigeen; zie HLA.

prednisolon synthetisch glucocorticoïd afgeleid van cortisol, werkt ontstekingsremmend en vermindert overgevoeligheidsreacties.

prednison (farm.) stofnaam voor synthetisch glucocorticoïd van bepaalde chemische structuur, afgeleid van cortison, heeft antiflogistische, anti-allergische, immunosuppressieve en antireumatische werking met weinig water- en zoutretentie en met slechts geringe kaliumdepletie.

pre-eclampsie periode voorafgaand aan de eclamptische aanval (zie ook eclampsie), gekenmerkt door klachten over hoofdpijn, gezichtsstoornissen en maagverschijnselen.
pre-embryo zeer jong embryo, twee tot drie dagen na de bevruchting, vanaf vier tot acht cellen en dat kan uitgroeien tot een embryo; zie ook pre-implantatiediagnostiek.
preformatieleer de leer dat in het ei het latere levende wezen reeds in zijn geheel gevormd (gepreformeerd) aanwezig is.
pregestageen een progestatieve (zie progestatief) stof onder invloed waarvan het proliferatiestadium (groeifase) van het endometrium overgaat in het secretiestadium.
pregnaandiol één van de in de urine voorkomende metabolieten van progesteron in de zwangerschap.
pregnant zie praegnans.
preïctaal optredend vóór een *ictus (epileptisch insult); zie ook aura, ictaal; tgst. postictaal.
pre-implantatiediagnostiek afk. PID, erfelijkheidsonderzoek bij een cel van een *pre-embryo; wanneer geen ernstige afwijkingen zijn vastgesteld wordt de vrucht in de baarmoeder geplaatst, met PID is embryoselectie mogelijk .
Preiser, G. Duits orthopedisch chirurg (1879-1913); *ziekte van* ~, aseptische necrose van het scafoïd (os scaphoideum); zie ook osteochondrose.
prekallikreïne een *precursor van *kallikreïne.
preliminair voorafgaand; voorbereidend; inleidend.
preload *E* (card.) ‘voorbelasting’; de gemiddelde wandspanning van de linker hartkamer aan het einde van de diastole; het eind-diastolisch volume van de linker kamer; is afhankelijk van de veneuze terugstroom vanuit de longen naar het hart; zie ook afterload.
prelum abdominale *L* buikpers.
premaligne in een voorstadium van *maligniteit.
prematuur, praematurus *L* ontijdig, vóór de rijpheid, bijv. *partus* ~, voortijdige geboorte (zie partus).
premedicatie medicamenteuze voorbereiding van de patiënt op de narcose en/of ter inleiding van de operatie.
premenstrueel syndroom verschijnselen die kunnen optreden voorafgaand aan de menstruatie, met als kenmerken: nerveuze gespannenheid, prikkelbaarheid, angstige stemming, depressie, hartkloppingen, duizeligheid, hoofdpijn, strakke huid aan vingers en benen, gevoel van gezwollen buik en borsten, soms buikpijn en krampen; afk. PMS.
premolaar, praemolaris *L* valse kies.
premonitorisch, premonitoor, pr(a)emonitorius *L* voorspellend, tevoren waarschuwend; ~ *verschijnsel*, een verschijnsel dat wijst op de nadering van een (bepaalde) ziekte.
premorbide op het punt van ziekworden; aan ziekte voorafgaand.
premortaal vóór de dood plaatshebbend; tgst. postmortaal.
premuniteit, premunitie *E* 1. het stam-specifieke immunologisch verweer tegen *malaria-reïnfectie op basis van een bestaande, klinisch latente parasitemie; premuniteit berust, althans ten dele, op een specifiek versterkte fagocytose. 2. tijdelijke immuniteit voor reïnfectie na genezing van een infectieziekte.

prenataal voorafgaande aan de geboorte.
prenatale diagnostiek het vaststellen van een erfelijke of aangeboren afwijking in de vroege zwangerschap, meestal vóór de 20e week; zie ook amniocentese, vlokkentest, preconceptionele screening, pre-implantatiediagnostiek.
preoccupatie het van iets vervuld zijn in gedachten; zorgelijke gedachte.
preparaat iets dat toebereid is; klaargemaakt (genees)middel; ook: (anat.) voor onderzoek geschikt gemaakt lichaamsdeel.
prepareren klaarmaken, toebereiden; (anat.) ontleden.
prepatellair, praepatellaris *L* zich vóór de knieschijf bevindend.
prenataal vóór de maaltijd.
preprandiaal vóór de maaltijd.
preputium *L* voorhuid van de penis; ~ *clitoridis*, de commissuur (verbinding) van de beide labiae minora (kleine schaamlippen) boven de clitoris; *~steen*, zie balanoliet.
prerenaal lett.: vóór de nier; in engere zin: betreffende de bloedtoevoer naar de nier, de doorbloeding van de nier; *~ale nierinsufficiëntie*, insufficiëntie t.g.v. het tekortschieten van de nierdoorbloeding bij intacte functie van de tubuli (zie tubulus).
presbyacusis *G* ouderdomshardhorendheid, verlies van gevoeligheid voor geluidsprikkels met het stijgen van de leeftijd.
presbyatrie syn. *geriatrie.
presbycardie het ouder wordende hart.
presbyofrenie *G* psychische stoornis bij oude mensen, bestaande uit vermindering van het vermogen iets in zich op te nemen.
presbyopie *G* (ook: presbytia) vèrziendheid bij mensen na het 45ste levensjaar door vermindering van het accommodatievermogen van het oog; kan worden verholpen met een 'leesbril'.
presbytia zie presbyopie.
presclerose, praesclerosis tijdperk dat aan arteriosclerose voorafgaat, met verhoogde kwetsbaarheid van de kleinere slagadervertakkingen; ~ *cerebri*, niet duidelijk omlijnd ziektebeeld (met weinig of geen objectieve afwijkingen) t.g.v. voorbijgaande functionele stoornissen van de bloedsomloop in de hersenen meestal na het 60ste levensjaar, hoofdzakelijk gekenmerkt door subjectieve klachten, zoals inprentingsstoornissen, gevoel van *duizeligheid, vage desoriëntatie, ontregeling van vegetatieve functies, asomnie, emotionele labiliteit, snelle geestelijke vermoeibaarheid, concentratieverlies, prikkelbaarheid, paranoïdie, lage stress-tolerantie.
prescriptie, praescriptio *L* voorschrift, recept.
preseniel aan de ouderdom (senium) voorafgaand.
preservatief beveiligend; voorbehoedmiddel tegen besmetting met seksueel overdraagbare aandoeningen (SOA), zoals AIDS, of tegen zwangerschap, bijv. condoom.
press-coating *E* zie coating.
pressoreceptor syn. baroreceptor.
presuïcidaal syndroom geheel van drie duidelijke kenmerken die wijzen op verhoogde kans op suïcidaliteit: 1. versterking van eenzaamheidsgevoelens doordat de betrokkene geen mogelijkheid ziet om zijn problemen op te lossen. 2. ontregeling van de agressieve drift waarbij de agressie steeds meer tegen

zichzelf wordt gekeerd. 3. vlucht in de fantasie die sterk is verbonden met dood en zelfdoding; zie ook suïcide.

presynaptisch *proximaal van een *synaps gesitueerd.

preterme geboorte vroeggeboorte, geboorte tenminste 16 weken (112 dagen) na het begin van de laatste menstruatie en vóór een zwangerschapsduur van 37 weken (259 dagen); wanneer de vrucht reeds was afgestorven vóór 16 weken en pas later wordt uitgedreven spreken we niet meer van een vroeggeboorte, maar is er sprake van een *missed abortion; omdat de ondergrens van levensvatbaarheid (was 28 weken) steeds lager en dus vager wordt zijn de termen partus praematurus en partus immaturus thans min of meer obsoleet.

preterminaal 1. aan het einde voorafgaand, bijv. van een ziekte. 2. aan het uiteinde.

prevalentie het aantal gevallen van een ziekte dat in een omschreven populatie in een omschreven periode voorkomt (*periode~*) of dat op één bepaalde tijd voorkomt (*punt~*); *~cijfer*, de prevalentie (zie hiervoor) in verhouding tot de omschreven populatie.

preventie voorbehoeding.

preventief voorbehoedend; *~tieve behandeling*, voorbehoedende behandeling bijv. vaccinatie; ~ *geslachtsverkeer*, geslachtsverkeer waarbij wordt getracht zwangerschap te voorkomen.

PRF afk. van prolactine releasing factor *E*.

priapismus *G* aanhoudende, vaak pijnlijke erectie van de penis zonder geslachtelijk verlangen; kan worden veroorzaakt door ontsteking, trombose, prikkeling van het centrale zenuwstelsel, cantharidismus, leukemie, sikkelcelziekte (sikkelceltrombi, in de corpora cavernosa), neoplasie.

prickly heat *E* zie lichen tropicus.

-prief, -prieve tekort, gebrek, bijv. *ferriprief*, met ijzertekort.

Priessnitz, V. Silezische herenboer en 'natuurgenezer' (1790-1851), bekend om zijn toepassing van hydrotherapie; *~verband*, nat verband, geïsoleerd met impermeabele stof; ook: hydropathisch verband.

prikpatroon (dermatologie) beeld van folliculaire hyperkeratose en atrofie van de huid bij *erythematodes discoides.

prikpil hormonale anticonceptie d.m.v. depotinjectie; hierbij wordt een voorraad voor langere tijd (ongeveer drie maanden) toegediend.

priksterilisatie zie sterilisatie.

PRIL afk. van pediatrisch reanimatie- en interventielint.

primair het eerst, oorspronkelijk, tgst. secundair; ~ *affect*, de eerste aandoening, het eerste verschijnsel, bijv. van syfilis; *~e angst*, (psych.an.) de emotionele ervaring die optreedt bij ontbinding van het *ego; ~ *chronisch reuma*, zie reumatoïde artritis; ~ *object*, (psych.an.) eerste voorwerp/persoon waaraan of aan wie een kind zich hecht; *~e structuur*, zie eiwitstructuur.

primal therapy *E* vorm van psychotherapie die berust op de idee dat psychische problemen in de meeste gevallen hoofdzakelijk berusten op het ontbreken van bevrediging van de primaire behoeften aan warmte, voeding en liefde in de vroege babytijd; de therapie bestaat uit een drie weken durende, zeer intensieve individuele therapie in een halfdonkere, stille kamer, waarin de cliënt in een hulpeloze houding liggend, krachtig wordt aangemoedigd zich over te geven aan opkomende gevoelens.

primigravida *L* vrouw die voor de eerste maal zwanger is.
priming effect *E* (Connell) de seizoenmatige gevoeligheid van een allergisch individu neemt toe met de expositieduur.
primipara *L* vrouw die voor de eerste maal baart of gebaard heeft, tgst. multipara.
primordiaal oorspronkelijk, het eerst, syn. primair; *~ale dwerggroei*, verzamelnaam voor vormen van dwerggroei waarvan de oorzaak onbekend is; *~ale follikel*, een ovariumfollikel bestaande uit een eicel, omgeven door een laag cellen.
primum nihil nocere *L* zie nil nocere.
Pringle, J. Engels huidarts (1855-1922); *ziekte van ~-Bourneville*, zie tubereuze *sclerose; *naevus ~*, angiofibromatosis.
Prinzmetal, M. Amerikaans arts (geb. 1908); *~-variant*, recidiverende angina pectoris, niet t.g.v. inspanning of emotie, met aritmieën en ECG-afwijkingen t.g.v. lokale vernauwingen of spasmen van coronaire arteriën.
prion afk. van proteinaceous infection particle *E*; zie Creutzfeldt-Jakob.
prismatest (oogheelk.) onderzoek naar de fusiemogelijkheid bij strabismus d.m.v. een prismatische lens.
PRIST afk. van paperdisc radio-immuno sorbent test *E*.
-privie tekort.
PRL afk. van *prolactine.
PRO afk. van peer review organizations *E*.
pro- *L* (smst.) voor, van te voren; voorstadium; tgst. anti, contra.
proaccelerine stollingsfactor V, benodigd bij de omzetting van protrombine in trombine; zie ziekte van *Owren.
probandus 1. (erf.) het individu van wie bij een erfelijkheidsonderzoek wordt uitgegaan; syn. index case *E*, propositus. 2. proefpersoon.
probe 1. kritisch onderzoek. 2. instrument voor diagnostische aftasting van een lichaamsholte of hol orgaan. 3. een bekend DNA-fragment om overeenkomstig DNA op te sporen.
proces het verloop, beloop, de voortgang of de werking van een ziekte, aandoening, ontsteking, enz.
procesevaluatie handelingen zelf intentioneel en systematisch onderzoeken, zowel in de voorbereidende fase als in de fase van praktische uitvoering.
procesmatig verplegen verplegen volgens van tevoren bepaalde stappen of fasen die logisch in elkaar overlopen naar een bepaald doel.
procespsychose zie psychose.
processus *L* (anat.) uitsteeksel, syn. apofyse of aanhangsel, syn. appendix; *~ acromialis*, syn. acromion; *~ alveolaris*, syn. *~ dentalis*, uitsteeksel van de kaken, gevormd door de omwandingen van de tandkassen; *~ anconaeus*, elleboog, syn. olecranon; *~ condylaris*, zie collum mandibulae; *~ coracoideus*, ravenbekvormig uitsteeksel van de scapula; *~ mastoideus*, kortweg mastoïd genoemd, tepelvormig uitsteeksel van het slaapbeen, vlak achter de oorschelp; *~ spinosus*, doornuitsteeksel van een wervel; *~ vermiformis*, wormvormig aanhangsel van de blindedarm, syn. appendix vermiformis; *~ xiphoideus*, kortweg xifoïd genoemd, zwaardvormig aanhangsel, het onderste uiteinde van het borstbeen.
procesverslag schriftelijk verslag van de verpleegkundige over de eigen verbale en nonverbale contacten met de zorgvrager.
prochronaal vóór de bestemde tijd; vroegtijdig; geantidateerd.

procidentie uitstulping, uitzakking; in engere zin totale uterus*prolaps.
proconvertine stollingsfactor VII; vormt tezamen met de *stollingsfactoren III en IV het zgn. convertine, dat nodig is voor de omzetting van *protrombine in trombine.
procreatie voortplanting.
proct- m.b.t. de endeldarm; *~algie*, pijn in de endeldarm; *proctalgia fugax*, passagère, meestal nachtelijke, rectumtenesmi (zie tenesmus) *sine materia; *~euryse*, verwijding van de endeldarm met een *procteurynter; ~itis*, endeldarmontsteking, syn. rectitis; *~ocolon*, (anat.) het onderste gedeelte van het colon descendens plus het rectum; *~ocele*, syn. rectocele; *~ogeen*, van de endeldarm uitgaande; *~ologie*, de kennis van de ziekten van de endeldarm; *~ometogram*, de druk-volume-curve van het rectum; *~oplastiek*, syn. rectoplastiek; *~orragie*, bloeding uit de endeldarm.
proctorroe, proctorrhoea *G* uitvloeiing van vocht uit de endeldarm; ~ *mucosa*, slijmerige proctorroe; ~ *purulenta*, etterige proctorroe; ~ *haemorrhoidalis*, door aambeien veroorzaakte bloedige proctorroe.
proctos *G* endeldarm, syn. rectum; *~coop*, syn. rectoscoop.
proctospasmus *G* kramp van de sluitspieren van de endeldarm.
proctostase, proctostasis *G* ophoping van feces in de endeldarm door belemmering van de voortbeweging.
proctotomie syn. *rectotomie.
procubitus (verlosk.) het voorliggende (kinds)deel; ~ *funiculi*, in engere zin dichtklemming van de uitzakkende navelstreng bij de baring; zie ook omphalo-.
prodromaal wat (aan een ziekte) voorafgaat; *~ale stadium*, tijdperk waarin de voorboden van een ziekte verschijnen; *~male verschijnselen*, de verschijnselen die de voorboden zijn van een naderende ziekte.
prodromen, prodromi *G* voorboden van een ziekte.
prodrug voorstadium van een geneesmiddel; een middel dat na toediening in het lichaam wordt omgezet in een werkzame stof.
productief voortbrengend, syn. proliferatief; *~tieve ontsteking*, ontsteking die met weefselwoekering of met excretie gepaard gaat.
proefpunctie punctie die wordt verricht met het doel evt. aanwezig vocht of orgaanweefsel aan te tonen en c.q. te onderzoeken; zie ook biopsie.
pro-encephalon *G* (ook: *prosencephalon*) de voorhersenen; het voorste gedeelte der hersenen.
pro-enzym inactief voorstadium van een *enzym; syn. zymogeen.
prof- zie ook proph-.
profaag inactief *bacteriofaag-*genoom in een bacterie, dat onder bepaalde omstandigheden ge(re)activeerd kan worden.
profase het eerste stadium bij de *mitose: het verdwijnen van de kernmembraan en het zichtbaar worden van de chromosomen doordat ze zich sterk spiraliseren; zie ook anafase, metafase, telofase.
proferment zie pro-enzym.
profibrinolysine syn. *plasminogeen.
profielhoek hoek gevormd door de lijnen vanaf de middelste bovensnijtanden getrokken naar de neuswortel en de opening van het oor; syn. gelaatshoek.
profluvium *L* uitvloeiing.
profuus rijkelijk, sterk, overvloedig (van bloeding e.a. uitvloeiing).

profylactisch voorbehoedend; zelfst.nw. *profylaxe*.
profylaxe, prophylaxis *G* voorbehoeding, de leer van het voorkómen van ziekten, bijv. vaccinatie; *causale* ~, preventieve maatregelen tegen de oorzaak van ziekte; *collectieve* ~, preventieve maatregelen om een gemeenschap tegen een dreigende ziekte te beschermen; *orale* ~, 1. mondhygiëne ter voorkoming van ziekte. 2. innemen van geneesmiddelen ter voorkoming van een dreigende ziekte.
progenese de *gametogenese.
progeneus *G* met vooruitstekende kin; *facies progenea* (ook: *cranium progeneum*) bij lijders aan idiotie voorkomende misvorming van het gelaat en de schedel, waarbij de kin sterk naar voren uitsteekt en de schedel slechts weinig tot ontwikkeling is gekomen; n.t.v.m. progenie.
progenie het uitsteken van de onderkaak vóór de bovenkaak, tgst. retrogenie.
progenitaal, progenitalis gelokaliseerd aan de oppervlakte van de uitwendige geslachtsorganen.
progenitorcellen moedercellen; cellen die voorstadia zijn van 'voltooide' cellen, bijv. erytroïde progenitorcellen zijn erytrocyten 'in opbouw'.
progenituur nakomelingschap; kinderen.
progeria abnormale lichaamsontwikkeling met de kenmerken van een prematuur *senium van de geboorte af (kleine gestalte, gerimpelde huid, grijs haar, enz.) en vroegtijdige dood omstreeks het 20ste levensjaar t.g.v. senilitas en arteriosclerose; de geestesvermogens zijn vaak ongestoord; syn. ziekte van Hutchison-Gilford.
progeronanie progeria gepaard met (primordiale) dwerggroei (zie primordiaal).
progestatief de werking van een hormoon dat één of meer werkingen met *progesteron gemeen heeft.
progesteron hormoon gevormd door het corpus luteum (geel lichaam), onder invloed waarvan het baarmoederslijmvlies geschikt wordt gemaakt voor de innesteling (nidatie) van het jonge embryo; in de zwangerschap wordt veel progesteron door de placenta gevormd.
progestine zie progesteron.
proglottiden (meervoud van *proglottis*) de leden van de lintworm.
prognathie gelaatsvorm waarbij de kaken vóór het frontvlak van het voorhoofd liggen, te lange onderkaak met dikwijls vooruitstekende kin; soms wordt slechts óf boven- óf onderkaak bedoeld; tgst. retrognathie.
prognose, prognosis *G* voorspelling omtrent het verdere verloop van een ziekte; ~ *anceps*, syn. ~ *dubia*, twijfelachtige prognose; ~ *bona*, syn. ~ *fausta*, gunstige prognose; ~ *infausta*, syn. ~ *mala*, ongunstige prognose; ~ *infaustissima*, syn. ~ *pessima*, zeer ongunstige prognose; ~ *letalis*, prognose van dodelijke afloop; ~ *quoad vitam*, prognose m.b.t. de levenskans.
prognostiek de kunst om een prognose te stellen.
progonoma syn. *adamantinoom, ameloblastoom.
progredient toenemend, voortgaand, erger wordend (van een ziekte of aandoening); zelfst.nw. *progressie*.
progressief voortschrijdend, toenemend, erger wordend, bijv. ~*sieve* **paralyse* (zie dementie: dementia paralytica).
prohormoon een hormonale stof waaruit een werkzaam hormoon ontstaat.
pro inhalatione (rec.) ter opsnuiving, ter inademing (afk. p. inh.).
pro injectione (rec.) ter inspuiting (afk. p.i.).
pro instillatione (rec.) ter indruppeling (afk. p. inst.).

projectie 1. het lokaliseren van door de zintuigen waargenomen voorwerpen. 2. verschijnsel dat prikkeling van een gevoelszenuw, ergens in het verloop van de zenuw, de gewaarwording geeft alsof de zenuw aan het uiteinde werd geprikkeld. 3. (psych.) afweermechanisme waarbij iemand de eigen ongewenste gevoelens, impulsen of gedachten aan anderen toeschrijft; daardoor hoopt men zich te bevrijden van zijn ondraaglijke emoties.

projectiebaan baan die een hoger centrum in het centrale zenuwstelsel met een lager centrum in het centrale zenuwstelsel verbindt.

projectiecentra centra in de hersenschors waar zintuigprikkels in bewuste waarnemingen worden omgezet.

projectielbraken plotseling, heftig braken zonder voorafgaande misselijkheid; o.a. bij verhoogde *hersendruk en pylorushypertrofie; syn. explosief braken; zie ook vomitus.

projectietest (psych.) proef om geestelijke eigenschappen te onderzoeken, waarbij geen objectieve beoordeling mogelijk is en deze geheel afhangt van de persoonlijke interpretatie van de onderzoeker.

prokaryoot cel waarvan de kern geen kernmembraan bezit zodat het chromosoom vrij in het cytoplasma ligt; het zijn de bacteriën en blauwwieren.

prolaberen (wkw.) 1. uitzakken. 2. boven het normale niveau naar buiten welven; zelfst.nw.: *prolaps.

prolactine (afk. PRL) syn. lactotropine, lactogeen; hormoon van de *hypofysevoorkwab waarvan de secretie onder controle staat van *dopamine; activeert het corpus luteum, bevordert de ontwikkeling van borstklierweefsel en stimuleert de melkproductie; zie prolactinoom.

prolactinoom ('chromofoob') adenoom van de lactotrope (zie lactotroop) cellen der *hypofysevoorkwab, al of niet met hyperplasie van de hypofyse.

prolaps, prolapsus *L* verzakking, uitzakking, uitpuiling van een inwendig orgaan; ~ *ani*, prolaps van rectumslijmvlies door de anus; ~ *cerebri*, uitpuiling van hersenmassa door een wond in de schedel; ~ *funiculi*, prolaps van de navelstreng tijdens de baring; ~ *iridis*, syn. iridocele of iridoptosis; ~ *linguae*, syn. glossocele; ~ *nuclei pulposi*, zie hernia nuclei pulposi; ~ *recti*, uitzakking van de gehele wand van de endeldarm; ~ *uteri*, uitzakking van de baarmoeder; ~ *vaginae* of *vaginalis*, uitzakking van de schede; *vaginal-vault* ~ *E*, binnenstebuiten gekeerde vagina na een voorafgaande hysterectomie.

prolegomena (meervoud) voorstudie.

prolepsis *G* in aanvallen optredende verschijnselen of aandoeningen, die elkaar opvolgen met steeds kortere tussenpozen.

proliferatie voortplanting; woekering, uitbreiding; bijv.nw. *proliferatief*.

prolinemie verhoogd bloedgehalte aan proline (een niet-essentieel aminozuur) t.g.v. een aangeboren stofwisselingsstoornis, gepaard met vertraging van de lichamelijke en geestelijke groei.

prolinurie uitscheiding van proline bij prolinemie.

prolymfocyt grote 'onrijpe' leukemische lymfocyt met weinig cytoplasma en grote kern met duidelijke nucleolus; *~enleukemie* bevat zowel B- (±80%) als T-prolymfocyten (±20%).

PROM afk. van premature rupture of membranes, voortijdig breken van de vliezen.

PRO-MACE afk. van prednison, methotrexaat, Adriblastina (doxorubicine), cyclofosfamide, etoposide; een cytostatica-combinatie.

prominent, prominens *L* naar buiten uitstekend.

prominentie, prominentia *L* uitsteeksel, uitstekend deel, syn. eminentie; ~ *laryngea*, adamsappel.

promiscuïteit geslachtsverkeer met wisselende partners; vrij seksueel verkeer tussen partners (zonder emotionele binding); bijv.nw. *promiscu* of *promiscuïtief*; syn. pantogamíe.

promonocyt het tussenstadium in de ontwikkeling van de *monocyt uit de monoblast.

promontorium *L* lett. voorgebergte; vooruitspringend gedeelte, bijv. ~ *ossis sacri*, het vooruitspringend deel van de wervelkolom op de overgang tussen de onderste lendenwervel en het heiligbeen; ~ *cavi tympani*, welving in de mediale wand van de trommelholte, teweeggebracht door het slakkenhuis.

proneren het in *pronatie brengen; tgst. supineren.

pronatie 1. toestand waarbij bij de hand in horizontale toestand de handpalm naar beneden wijst; spaakbeen en ellepijp zijn dan gekruist; tgst. supinatie. 2. toestand waarbij de mediale voetrand naar omlaag is gekeerd.

pronograad *L* de houding van dieren die staan of bewegen met hun lichaam in een horizontale positie; tgst. orthograad.

pronucleus *L* 'voorkern', de haploïde (zie haploïdie) kern van zowel de eicel als de zaadcel vóór hun versmelting; ~ *femelle, F* kern van de eicel; ~ *mâle, F* kern van de zaadcel.

propaedeuse zie propedeuse.

propagatie, propagatio *L* uitbreiding, voortplanting.

propedeuse, propaedeuse onderwijs of examen in algemene en inleidende vakken aan een hogeschool of universiteit als voorbereiding op de latere meer specialistische vakken.

propedeutisch ~ *examen*, examen, voorbereidend op het kandidaatsexamen.

properdine een plasma-eiwit, dat een rol speelt in de natuurlijke resistentie van het organisme tegen schadelijke uitwendige invloeden, nl. activering van een deel van het complementsysteem ('factor P').

propetologie kennis van de individuele aanleg voor het krijgen van bepaalde ziekten.

propf-schizofrenie zie schizofrenie.

proph- zie ook prof-.

prophylacticum voorbehoedmiddel, bijv. tegen ziekten of zwangerschap, meervoud prophylactica.

prophylaxis zie profylaxe.

propositus syn. *probandus.

proprioceptief lett. prikkels ontvangend komend uit receptoren (sensoren) die liggen in de weefsels van het motorisch apparaat zelf (proprius = eigen), tgst. exteroceptief, zelfst.nw. proprioceptor; syn. propriosensor; ~ *systeem*, het diepe spiergevoel dat wordt teweeggebracht door proprioceptoren: reflex-*receptoren in spieren, pezen en gewrichten; aldus reguleert het bewegingsapparaat mede de lichaamshouding.

proptose, proptosis naar voren vallen; verplaatsing in voorwaartse richting; ~ *bulbi* of *ocularis*, syn. exoftalmie.

propulsie plotselinge versnelling van een voorwaartse beweging (met neiging tot vallen) of van de spraak, en niet kunnen stoppen; zie Parkinson.

propulsief voortstuwend.
prorenine een inactief voorstadium van *renine.
prosector *L* assistent van een hoogleraar in de ontleedkunde.
prosencephalon zie pro-encephalon.
prosodie het affectieve element in de omgangstaal.
proso- *~diplegie*, zie prosopodiplegie; *~pagnosie*, stoornis in het herkennen van gezichten; *~palgie*, syn. tic douloureux; *~plasie*, *metaplasie naar een weefselvorm van hogere orde, tgst. kataplasie; *~plegie*, zie prosopoplegie; *~podiplegie* (ook: prosodiplegie), syn. diplegia facialis, zie diplegie; *~podysmorfie*, zie hemiatrofie; *~pografie*, beschrijving van het gelaat of het uiterlijk; *~pologie*, gelaatkunde, syn. fysionomiek; *~poplegie*, (ook: prosoplegie), éénzijdige verlamming van de aangezichtszenuw (n. facialis).
prospectief op de toekomst gericht; wat kan worden verwacht; tgst. retrospectief.
prospermie syn. ejaculatio praecox (zie ejaculatie); tgst. bradyspermie.
prostaat, prostata *G* voorstanderklier, een klier bij de man, die het bovenste deel van het urinekanaal omvat en aan de endeldarm grenst; scheidt een vocht af, het prostaatvocht, waarmee het zaad bij de ejaculatie is gemengd; zie prostaticus; *~carcinoom*, een kwaadaardig gezwel van de prostaat; *~hypertrofie*, zie prostaticus; *~lichaampje*, zie corpus amylaceum; *~steen*, syn. prostatoliet; zie calculus prostatae; zie ook PSA.
prostacycline een prostaglandine (zie prostaglandinen), geproduceerd door bloedvatwanden, dat vasodilatatorisch werkt en trombocyten-aggregatie remt.
prostaglandinen afk. PG, groep derivaten van essentiële vetzuren die vrijwel overal in het lichaam voorkomen, hoofdzakelijk in vier hoofdgroepen in te delen en afhankelijk hiervan met uiteenlopende werking, zoals modulatie van cellulaire regelsystemen (vnl. bij bedreiging van de homeostase door *stress-situaties) en van processen als *vaso*permeabiliteit, ontstekingen e.a., stimulering van de motorische uterusactiviteit (weeën-inductie), remming van motoriek en secretie van maag en darm, broncho- en vaso*dilatatie, bloeddrukverlaging en bevordering van de diurese door *antagonisme ten opzichte van het antidiuretisch hormoon, stimulering van hormonenproductie, beïnvloeding van sensorische en metabole functies, remming van trombocyten*aggregatie en regulering van prikkeloverdracht in het centrale zenuwstelsel.
prostata zie prostaat.
prostatectomie *G* operatieve verwijdering van de prostaat of een deel ervan middels diverse benaderingstechnieken; *perineale ~*, via het perineum; *retropubische ~*, achter het os pubis (schaambeen) om via een lage buiksnede en zonder opening van de blaas; *suprapubische transvesicale ~*, via een opening in de blaas; *transuretrale ~*, via de urethra, afk. TURP; zie ook Millin, Hryntschak.
prostaticus *G* 1. tot de prostaat behorend. 2. lijder aan prostaatvergroting (prostaathypertrofie); komt voor bij oude mannen ('oude-herenkwaal') en gaat gepaard met herhaalde aandrang tot urinelozing, vooral 's nachts in liggende houding; de urinelozing gaat echter zeer langzaam en moeilijk; in het verdere verloop van de aandoening ontstaat retentio urinae, later treedt het tegenovergestelde op, nl. de onmogelijkheid de urine op te houden, zodat incontinentia urinae ontstaat; op den duur treedt meestal cystitis op.
prostatisme het voorkomen van uiteenlopende verschijnselen en klachten welke hun oorzaak hebben in afwijkingen van de prostaat, zoals trage blaaslediging

('luie' straal), urineresidu of urineretentie in de blaas, frequente mictie, nadruppelen (na de mictie) en hematurie.
prostatitis *G* ontsteking van de prostaat.
prostatoliet calculus prostatae, prostaatsteen.
prostatolithiasis het vóórkomen van prostatolieten.
prostatorroe abnormale afvloed van prostaatvocht.
prostatose mictiedrang, pijn in perineum en urethra zonder urine-afw., impotentie, gezwollen prostaat en zaadblaasjes; causa ignota.
prosthetische groep zie enzym.
prostituant man die een prostituee bezoekt; *~e*, vrouw die een prostitué bezoekt.
prostitué man die *prostitutie bedrijft.
prostituee *G* vrouw die *prostitutie bedrijft; syn. puella publica, publieke vrouw.
prostitutie het aanbieden van seksuele gunsten tegen betaling.
prostratie, prostratio *L* hoge graad van uitputting, vooral na zware ziekten, bijv. tyfus.
protagon in zenuwweefsel voorkomend fosforbevattend proteïne.
protagonist syn. *agonist; tgst. *antagonist.
protanomalie vorm van anomale *trichromasie; kleurenzwakte voor rood.
protanopie vorm van dichromasie, nl. totaal gemis van het systeem voor waarneming van de kleur rood.
protease zie proteïnase; *~ remmer*, een geneesmiddel dat het enzym protease remt om de vermeerdering van HIV te blokkeren; HIV heeft protease nodig om de geproduceerde eiwitten in handzame stukken te kunnen knippen.
proteïde (chem.) verbinding van een eiwit met een andere organische stof.
proteïnase eiwitsplitsend enzym; syn. protease.
proteïne-C een vitamine K-afhankelijk glycoproteïne, gesynthetiseerd in de lever; krachtig anticoagulans dat de geactiveerde *bloedstollingsfactoren V en VIII remt en de fibrinolyse stimuleert; fungeert als onderdeel van het *fibrinolytisch enzymsysteem; *primaire ~-deficiëntie* (een erfelijke ziekte) veroorzaakt verhoogde kans op het ontstaan van trombose en onevenredige groei van een trombus; *verworven ~-deficiëntie* komt voor bij vitamine-K-gebrek, leverinsufficiëntie, *DIS en postoperatief.
proteïnen eiwitten; zijn opgebouwd uit aan elkaar gekoppelde aminozuren; zie ook aminozuren, (poly)peptiden; *C-reactieve ~*, afk. CRP, abnormaal eiwit in het bloedplasma bij verschillende ontstekingsachtige ziekten, o.a. bij actieve reumatoïde artritis.
proteïne-S een vitamine-K-afhankelijk plasma-eiwit, evenals proteïne-C een krachtig anticoagulans.
protein losing enteropathy *E* zie enteropathie.
proteïnose ziektetoestand t.g.v. (lipiden- en) eiwitophoping in de weefsels; **alveolaire ~*, *stapeling van eiwithoudende materie, rijk aan fosfolipiden in het lumen van de distale luchtwegen, waarschijnlijk t.g.v. verstoring in het *surfactant-systeem; kan leiden tot kortademigheid, hoesten, respiratoire insufficiëntie en gedecompenseerd *cor pulmonale, soms infecties; *lipoïd-~*, zie hyalinose.
proteïnurie het vóórkomen van eiwitafscheiding met de urine, meestal bij nierziekten t.g.v. verhoogde permeabiliteit van de glomeruli (acute en chronische glomerulonefritis, lipoïdnefrose, glomerulosclerose, nefrosclerose, amyloïdose,

SLE, trombose van de v. renalis, intoxicaties), verder bij ernstige pericarditis, dysproteïnemie (bijv. proteïnurie van *Bence Jones), chylurie, soms door oorzaken in de lagere urinewegen en verder posturaal ('orthostatisch'); *drempel~*, verzamelnaam voor aanwezigheid van *paraproteïnen in de urine; tot de drempelproteïnurie worden gerekend: Bence Jones proteïnurie, myo- en hemoglobinurie en lysozymurie; *functionele ~*, passagère proteïnurie bij toestanden als koorts, inspanning, hitte of koude; *persisterende ~*, proteïnurie die symptomatisch is voor interstitiële nierziekten zoals chronische pyelonefritis, nefrosclerose en nefrocalcinose, obstructieve en fenacetine-nefropathie, hereditaire cystennieren e.a.

proteolyse ontleding van proteïnen.

proteolytisch proteïnen ontledend.

proteosen gedeeltelijke omzettingsproducten van de eiwitten tijdens het spijsverteringsproces, syn. albumosen.

Proteus groep van gramnegatieve rottingsbacillen, die saprofytisch in de darm voorkomen en onder bepaalde omstandigheden pathogeen kunnen worden bijv. bij cystitis, pyelitis, abcessen, otitis media e.a.; *~-syndroom*, plaatselijk *gigantisme van handen en/of voeten, naevi, onderhuidse gezwelletjes, macrocefalie en *viscerale aandoeningen.

prothese, prothesis 1. vervanging van ontbrekende lichaamsdelen door kunstmatige; kunstmatig lichaamsdeel; bijv. kunstbeen, -arm, -gebit, -oog, -slagader; *angelchick-~*, hoefijzervormig siliconenimplantaat, dat via de buikholte rondom het distale deel van de slokdarm wordt aangebracht ter behandeling van (obsoleet) *reflux-oesofagitis (gevolg van hiatus-hernia, zie hiaat); *~ auditivis*, hoorapparaat; *bio~*, prothese afkomstig van een mens of dier, in engere zin een hartklepprothese; *~ capillitii*, 'haarstukje' of pruik; *endo~*, zie endoprothese; *~ ocularis*, kunstoog; *hammersmith-~*, hartklep-prothese (zie hartklep-prothesen) van kunststof, toegepast bij de chirurgische behandeling van mitralis-insufficiëntie, aangebracht in de linker hartboezem en zó geconstrueerd dat zich geen bloedstolsels kunnen vormen; *heidelberg-~*, syn. *pneumatische ~*, prothese waarbij de verschillende kunstmatige gewrichten d.m.v. gasdruk (koolzuurgas) via druk- of trekventielen door de drager in beweging kunnen worden gebracht; *immediaat~*, syn. *interimprothese; *interim~*, zie interimprothese; *implantaat~*, geheel of gedeeltelijk kunstgebit met titanium-basisplaat, die *in* het kaakbot wordt bevestigd; *tilting table ~ E*, bovenbeenprothese met steunvlak voor de zitknobbel; zie ook bifurcatieprothese, brace, endoprothese, exoprothese, orthese. 2. het begrip prothese wordt tegenwoordig ook gebruikt voor hulpmiddelen zoals afbeeldingen van voorwerpen om de patiënt te helpen bij zijn of haar oriëntatievermogen.

prothetisch m.b.t. een prothese.

protist de groep van alle eencellige eukaryote organismen.

proto- (smst.) vroegste, eerste; voorafgaand aan; *~colon*, het eerste (proximale) deel van de dikke darm.

proton positief geladen kerndeeltje dat voorkomt in alle atoomkernen.

protoplasma het vloeibare bestanddeel van de cel, omvat zowel het kernplasma (nucleoplasma, karyoplasma) als het cytoplasma; meestal gebruikt als synoniem voor cytoplasma (celplasma).

proto- *~plast*, plantencel zonder celwand; *~zoa*, zie protozo.

protoporfyrie verhoogde productie en uitscheiding van *protoporfyrine; *erytrohepatische* of *erytropoëtische* ~, autosomaal-erfelijke stoornis in het metabolisme van porfyrine (zie haem), hoofdzakelijk in beenmerg en lever, gekenmerkt door o.a. fotodermatose (jeukend erytheem), levercirrose, galsteenvorming en anemie.
protoporfyrine het rechtstreekse voorstadium van *haem.
protoprofessionalisering een proces van veranderingen in de wijze waarop leken zich oriënteren en gedragen als gevolg van een toenemende invloed van een professie (artsen, psychotherapeuten, verpleegkundigen enz.).
protozo, protozoön *G* oerdiertje, laagst eencellig levend wezen van het dierenrijk; meervoud protozoa of protozoën; parasitaire protozoën van de mens zijn o.a. Cryptosporidium, Entamoeba, Giardia, Trichomonas, Trypanosoma, Leishmania, Balantidium, Plasmodium, Toxoplasma, Coccidia, Pneumocystis.
protraheren vertragen, bijv. *geprotraheerd* verloop van een ziekte.
protrombine syn. *protrombase*, trombinogeen, stollingsfactor II, stof in het bloedplasma die in circulerend bloed inactief is, doch bij een bloeding geactiveerd wordt tot trombine, dat het vermogen heeft fibrinogeen om te zetten in fibrine; zie ook bloedstolling; *~tijd*, afk. PT, zie Quick.
protrusie, protrusio *L* uitpuiling; ~ *bulbi*, uitpuiling van het oog, syn. exoftalmie.
protuberantie, protuberantia *L* welving, uitsteeksel, knobbel; ~ *anularis*, syn. pons Varolii; ~ *laryngea*, syn. adamsappel.
provirus het virus dat zit opgesloten in het DNA (chromosoom) van de gastheercel.
provisor *L* apotheker die in plaats van de eigenaar een apotheek beheert.
provitamine stof in het organisme die chemisch een voorstadium is van een vitamine, bijv. carotine is provitamine-A, ergosterol is provitamine-D.
provocatie uitlokking, opwekking, bijv. van abortus; *~test*, proef om na te gaan of iemand gevoelig is voor een bepaalde stof.
proximaal het meest nabij het anatomisch centrum, de oorsprong, het midden gelegen; tgst. *distaal.
proximodistaal van proximaal naar distaal voortschrijdend.
PRP afk. van 1. percutane retrograde pyelografie. 2. plaatjesrijk plasma.
PrP afk. van prionproteïne; zie Creutzfeldt-Jakob.
PRS afk. van plasma *renine substraat.
prudent *E* voorzichtig, beleidvol; ~ *diet E*, een 'verstandig' dieet; beperking van rood vlees, orgaanvlees, eieren, verzadigd vet, suiker; ~ *lifestyle E*, een gematigde levensstijl met een prudent diet, beperking van lichaamsgewicht, voldoende beweging, weinig of niet roken.
prune belly syndrome *E* ernstige misvorming van de onderbuik (dysplasie van buikwandspieren), bilateraal *cryptorchisme, dystrofische urogenitale organen (o.a. afwijkende ureters, vergrote blaas e.a.) en rimpelige huid (als van een pruim).
prurigo *L* jeukziekte, chronische huidaandoening met vorming van kleine pukkels die hevig jeuken, vooral op armen en benen; is vooral bij volwassenen moeilijk, vaak zelfs in het geheel niet te genezen; syn. cnesmus, scabies sicca papulosa; ~ *agria*, syn. ~ *ferox*, ongeneeslijke hevige vorm van prurigo; ~ *besnieri*, syn. constitutioneel eczeem; ~ *mitis*, syn. ~ *simplex* of ~ *vulgaris*, lichte, goedaardige vorm van prurigo; ~ *senilis*, bij oude mensen optredende vorm van prurigo.

pruritus *L* jeuk, syn. cnesmus; de jeukgewaarwording kan het gevolg zijn van zeer verschillende oorzaken, bijv. warmte, koude, temperatuurwisselingen, zenuwaandoeningen, huidziekten, reuma, jicht, suikerziekte, lymphogranuloma malignum, uremie, geelzucht, leukemie, arteriosclerose, senilitas, toxicosen, blaas- en nierziekten, maag- of darmaandoeningen, aarsmaden, insectensteken; pruritus kan zowel aanhoudend als in korte aanvallen optreden; ~ *aestivalis*, zomerjeuk, jeuk die bijv. 's zomers t.g.v. zonlichtbestraling optreedt; ~ *ani*, jeuk aan de anus, bijv. door aarsmaden of door eczeem; ~ *cutaneus*, huidjeuk; ~ *hibernalis*, winterjeuk, jeuk die 's winters t.g.v. koude optreedt; ~ *gestationis*, zwangerschapsjeuk; ~ *senilis*, ouderdomsjeuk, jeuk bij bejaarden t.g.v. huidatrofie, droge huid, nierziekte, suikerziekte; ~ *sine materia*, pruritus zonder aanwijsbare oorzaak; kan een paraneoplastisch verschijnsel zijn; ~ *vulvae*, jeuk aan de vulva.

PS afk. van 1. pulsatile secretion *E*. 2. proteïne S. 3 paniekstoornis. 4. persoonlijkheidsstoornis, syn. ps. 5. pulmonalisstenose; zie ook P/S-ratio.

PSA afk. van prostaatspecifiek antigeen, een enzym dat exclusief wordt geproduceerd door de epitheelcellen van de prostaat; het wordt aangetroffen in het sperma en ook in het serum; het dient om de in het sperma aanwezige grote eiwitmoleculen te splitsen zodat het sperma vervloeit; een zeer hoge serumconcentratie (PSA>10) kan duiden op benigne prostaalhypertrofie, prostatitis of prostaatcarcinoom (tumormarker); zie ook WHOPS.

PSAD afk. van prostaatspecifiek antigeen-density.

psaliodontie (tandheelk.) schaarbeet, overbeet, *occlusie van de snij- en hoektanden in de bovenkaak over die in de onderkaak heen.

psammoom *G* gezwel waarin op zand gelijkende kalkkorreltjes in de hersenen, aan de zenuwen of de eierstokken worden aangetroffen.

psammotherapie geneeswijze met gebruikmaking van zandbaden.

PSAP afk. van prostate specific acid phosphatase *E*.

PSDAT afk. van preseniele *dementie van het *Alzheimer-type.

psellisme, psellismus *G* stotteren.

pseud- *G*, **pseudo-** (smst.) vals, onecht, schijnbaar.

pseudarrenie *G* een vorm van pseudohermafroditisme bij vrouwen (kleine vagina, grote clitoris, aanwezigheid van prostaat).

pseudartrose, pseudarthrosis *G* vals gewricht; vorming van een onecht gewricht aan het uiteinde van twee beenstukken bij slecht genezen beenbreuk, waarbij de beide breukstukken niet door botweefsel weer met elkaar vergroeien, doch door een zachte kraakbeenachtige tussenmassa (matig) beweeglijk met elkaar verbonden blijven; het gevolg is een sterk verminderde bruikbaarheid van het betrokken lichaamsdeel.

pseudesthesie *G* onechte gevoelsgewaarwording, bijv. het voelen van iets dat slechts in de verbeelding bestaat of een gevoelsgewaarwording (pijn of jeuk) op een andere plaats dan waar die werkelijk bestaat.

pseudo- (smst.) schijnbaar; gelijkend op; zie ook pseud-; *~-aldosteronisme*, syndroom gelijkend op dat van *Conn t.g.v. langdurige consumptie van drop; *~blepsie*, (ook: pseudopsie) *gezichtsbedrog; *~bulleus*, op blaren gelijkend; *~coma*, zie locked-in syndrome; *~conjunctivitis*, overvulde capillairen van het oogbindvlies bij polycytemie; *~crisis*, zie crisis; *~croup*, zie pseudokroep; *~cyesis*, zie pseudokyesis; *~dementie*, een obsoleet begrip ter aanduiding van psychische stoornissen met ernstige gestoorde cognitieve functies (o.a. depressie); *~fakie*, de toestand van *afakie, gecorrigeerd door een geïmplanteerde kunstlens; *~gen*, een door duplicatie ontstane kopie van een structureel gen die niet wordt afgelezen; *~geusie*, smaak*hallucinatie.

pseudocyste een door verweking van weefsel ontstane holte.

pseudoglaucoom aanvallen van op glaucoom gelijkende oogaandoening die echter berust op een aandoening van de oogzenuw door jicht of arteriosclerose.

pseudohaemoptoe *G*, **pseudohaemoptysis** bloedspuwing waarbij het bloed niet uit de ademhalingsorganen komt.

pseudohallucinatie syn. *fantasma.

pseudohermafroditisme zie hermafroditisme.

pseudohypertrofie, pseudohypertrophia *G* schijnbare hypertrofie van een orgaan, bijv. ~ *musculorum*, pseudohypertrofie van een spier door toeneming van vetweefsel; zie ziekte van *Duchenne, tapirgezicht.

pseudohypoparathyroïdie ziekte van Albright, zeldzaam erfelijk syndroom met het beeld van *hypoparathyroïdie en gedisproportioneerde dwerggroei t.g.v. ongevoeligheid van de niertubuli voor *parathormoon.

pseudo-isochromatisch schijnbaar gelijk van kleur; *~e platen*, testfiguren, uitgevoerd in pseudo-isochromatische kleuren om de kleurenzin (zie trichromasie) te onderzoeken; de bekendste zijn die van Hardy, Rand en Rittler (afk. HRR), van Ishihara en van Stilling.

pseudojicht op acute *jichtaanval gelijkende pijn bij *chondrocalcinosis articularis, waarschijnlijk t.g.v. acute uitzaaiing van pyrofosfaatkristallen in de gewrichtsvloeistof (door onbekende oorzaak); soortgelijke aanvallen komen voor bij renale osteo*dystrofie t.g.v. metastatische kalkneerslagen in weke gewrichtsdelen.

pseudokroep valse kroep; aanvallen van benauwdheid, stridor en holle blafhoest, die enige uren kunnen duren en die berust op een laryngitis subglottica, waarbij een ernstige zwelling kan optreden van het slijmvlies van het strottenhoofd (larynx) onder het niveau van de stembanden (glottis).

pseudokyesis schijnzwangerschap.

pseudolalie betekenisloos gebrabbel.

pseudologie, pseudologia (psych.) psychische stoornis, hoofdzakelijk gekenmerkt door leugenachtigheid, ter voldoening aan egoïstische verlangens; ~ *phantastica*, onbeheersbaar verlangen om leugens te vertellen, anonieme brieven te schrijven, verhalen te vertellen waar de verteller zelf in gelooft en dergelijke; syn. pathologisch liegen; zie ook syndroom van *Münchhausen; ~ *defensiva*, 'leugentje-om-bestwil'.

pseudolupus erythematodes ziektebeeld als van SLE, doch zonder antinucleaire antistoffen, wèl antimitochondriale.

pseudolymfoom goedaardig, mogelijk premaligne neoplasma, bestaande uit lokale polyklonale hyperplasieën van lymfoïde cellen, hoofdzakelijk in maag, darm, huid, oogkassen, speekselklieren, longen, mediastinum, wellicht berustend op ontsteking; syn. lymforeticulaire hyperplasie.

pseudomalleus een op *malleus gelijkende infectieziekte bij knaagdieren, pathogeen voor de mens; syn. melioidosis.

pseudomamma *L* ophoping van vet onder de huid van de borstkas bij mannen, gelijkend op een vrouwenborst; zie ook gynaecomastie.

pseudomelanoom histiocytoom dat door inwendige bloeding zwart is geworden; syn. histiocytoma haemosideroticum.
pseudomelanose donkere verkleuring van lijkgedeelten door rotting.
pseudomelia paraesthetica *L* onjuiste gevoelsgewaarwording, waarbij de lijder de stand en de bewegingen van zijn ledematen anders waarneemt dan ze in werkelijkheid zijn.
pseudomembraan uitzweting van de slijmvliezen die op een membraan gelijkt, zoals de kroepmembranen van fibrine en epitheelcellen.
pseudomenstruatie zie anovulaire *menstruatie.
pseudomnesie *G* geheugenbedrog, stoornis waarbij de lijder personen of zaken die hij gezien heeft, in zijn verbeelding geheel anders ziet.
Pseudomonas bacteriegeslacht waarvan sommige soorten catarrale ontstekingen (o.a. otitis media) of dermatitis kunnen veroorzaken; ~ *pyocyanea*, syn. ~ *aeruginosa*, zie Bacillus *pyocyaneus.
pseudomyxoom, pseudomyxoma schijnbaar slijmweefselgezwel; slijmbevattende tumor; ~ *peritonei*, zich vastzetten van slijmvormend cilinderepitheel op het buikvlies, afkomstig van een gebarsten *mucocele in appendix of ovarium; kan grote afmetingen krijgen en vertoont meestal kenmerken van maligniteit.
pseudomyxovirussen voor de mens is van belang het tot de pseudomyxovirussen behorende *mazelenvirus* (diameter ±140 nm); na de besmetting vermenigvuldigt het zich eerst in het weefselmacrofagensysteem en na 10 dagen in de leukocyten.
pseudoneuralgie *G* schijnbare neuralgie.
pseudoneurotische schizofrenie zie schizofrenie.
pseudo-osteomalacie zie pseudosteomalacie.
pseudoparalyse, pseudoparalysis *G* schijnbare verlamming, krachteloosheid van spieren, voorkomend in sommige gevallen van chronische vergiftiging, bijv. alcohol- en loodintoxicatie; ~ *myasthenica*, syn. myasthenia gravis pseudoparalytica, zie myasthenie.
pseudoparese *G* schijnbare parese, bij catalepsie, hysterie.
pseudoplasie, pseudoplasma *G*, zie pseudotumor.
pseudopodium *G* schijnvoetje, protoplasmauitsteeksel van een eencellig organisme dat dient voor voortbeweging of voedselopname, bijv. bij fagocyten en amoeben.
pseudopsie *G* (ook: pseudoblepsie), gezichtsbedrog.
pseudopsychopathie psychopathische kenmerken, niet door aanleg doch t.g.v. verworven invloeden bijv. encefalitis of door onvermogen tot aanpassing e.d.
pseudopsychose zie nagebootste stoornissen met psychische verschijnselen.
pseudopubertas praecox syn. *macrogenitosomia praecox.
pseudorasis *G* gezichtsbedrog.
pseudoreactie positieve uitslag van een reactie, welke niettemin niet representatief is voor de geïndiceerde afwijking; in engere zin gezegd van peesreflexen.
pseudoreumatisme reumatische aandoening t.g.v. andere ziekten, bijv. bij gonorroe, scarlatina.
pseudorexie *G* onechte eetlust. 1. ziekelijk verhoogde eetlust, geeuwhonger, syn. boulimie. 2. de lust om oneetbare dingen te eten, zie pica.
pseudosclerose *cerebrale* ~, syn. ziekte van *Wilson; *spastische* ~, syn. ziekte van *Creutzfeldt-Jakob.
pseudosmie *G* onjuiste reukgewaarwording, het ruiken van niet aanwezige dingen, bijv. reukhallucinatie.

pseudosteoarthrosis (foutief) destructieve *artropathie door EPPD-kristallen.
pseudosteomalacie *G* (ook: *pseudo-osteomalacie*) verschijnselen van beenverweking zonder wezenlijke verandering in het beenweefsel.
pseudotabes ziektebeeld dat gelijkt op dat van tabes dorsalis doch zonder lichtstijve pupillen; ~ *neuropathica*, zie atactische *polyneuropathie; *pupillotonische* ~, syndroom van *Adie.
pseudothelie *G* een vorm van pseudohermafroditisme bij mannen (hypospadiasis, kleine penis, schedeopening, soms een dysmature baarmoeder).
pseudotuberculose schijnbare tuberculose; verschijnselen van tuberculose (vorming van tuberkels) zonder dat de tuberkelbacil hiervan de oorzaak is; kan worden veroorzaakt door stof (zie pneumoconiose), dierlijke parasieten, schimmels.
pseudotumor 1. schijngezwel; op een tumor gelijkende uitzetting van ontstekingsachtige aard (meestal met lymfoïde proliferatie en vaak gelokaliseerd in de oogkas), die vanzelf geleidelijk verdwijnt; syn. pseudoplasie. 2. ~ *cerebri*, verschijnselen van verhoogde *hersendruk, niet veroorzaakt door een ruimte-innemend proces, ventrikelobstructie, cerebraal vasculair accident, ontstekings- of demyeliniserend proces, maar door andere oorzaken zoals otitis media, sinusitis, cerebrale veneuze stuwingen, trauma capitis, endocrinopathieën, sommige bloedziekten (o.a. hemofilie), sarcoïdose, galactosemie, chorea Sydenham, roseola infantum e.a.
pseudotyfus zie mijtenkoorts.
pseudovariola *L* onechte pokken, waterpokken, syn. varicella.
pseudovogelpest zie Newcastle-disease virus.
pseudoxanthoma elasticum syn. elastorrhexis generalisata, autosomaal-erfelijke systeemziekte gekenmerkt door *elastose vnl. in huid (zie elastoma; cutis laxa), retina en slagaderwanden met verschijnselen van vnl. vasculaire aard.
PSHS afk. van psychiatric and social history schedule.
psilosis *G* 1. haaruitval. 2. Indische spruw, syn. aphthae tropicae.
psittacose, psittacosis *L* papegaaienziekte, een *ornithosis meestal overgebracht door papegaaiachtige vogels (parkieten) maar ook door duiven, kippen, eenden e.a., veroorzaakt door *Chlamydia psittaci; de ziekte heeft een acuut en ernstig verloop en is vnl. gekenmerkt door longprocessen.
PSMO afk. van preventief sportmedisch onderzoek.
psoas *G* afk. van *musculus* ~, lendenspier; *~abces*, verzakkingsabces ontstaan door tuberculeuze ontsteking van de lendenwervels; *m. ~ major*, grote lendenspier, loopt van de lendenwervels naar een uitsteeksel van het dijbeen; *m. ~ minor*, kleine lendenspier, loopt van de onderste borstwervel naar de fascia iliaca; ~ *fenomeen*, *symptoom*, pijn, evt. spasme van de musculus psoas bij het buigen van het gestrekt been in de heup (tegen een weerstand in), door prikkeling van een aangrenzend ontstekingsproces (met name appendicitis); ~ *syndroom*, onderbuikpijn, scoliose en contractuur van de m. psoas major t.g.v. aangeboren hypoplasie van deze spier.
psodymus *G* misgeboorte bestaande uit tweelingen die ter hoogte van de liezen aaneen zijn gegroeid en dus samen slechts twee benen hebben.
psoitis *G* ontsteking van de grote lendenspier, zie psoas.
psomofagie *G* langdurig en zeer fijn kauwen van het voedsel.
psora *G* 1. jeukende huidziekte. 2. syn. *psoriasis. 3. lichaamsconstitutie,

voorbeschikt voor chronische ziekten.
psoralenen plantaardige stoffen die in combinatie met *UV-licht (o.a. de zon) huidontsteking kunnen doen ontstaan.
psoriasis *G* schubvlecht, zilverschub, schubbenziekte; grotendeels erfelijk bepaalde chronische huidaandoening (*multifactoriële overerving, wisselende *penetrantie), voorkomend bij ongeveer 2% van de bevolking; wordt gekenmerkt door een schilferende, droge, niet besmettelijke huiduitslag, die over het gehele lichaam kan voorkomen, maar het meest aan armen en benen; ~ *arthropathica*, zie artritis: arthritis psoriatica; ~ *pustulosa*, het optreden van recidiverende amicrobiële *pustulose bij hoofdzakelijk oudere lijders aan psoriasis; ~ *syphilitica*, op psoriasis gelijkende schilfering aan handpalmen en voetzolen, soms optredend bij syfilis.
psorosperm(i)osis zie dyskeratose.
PSP-proef nierfunctieproef door inspuiting van fenolsulfoftaleïne.
P/S-ratio afk. van polysaturated/saturated (fatty acids)-ratio.
PSRA afk. van post-streptokokken-reactieve artritis.
PSRO afk. van professional standards review organization *E*.
PSS afk. van progressive systemic sclerosis *E*; zie sclerodermie.
PSSS afk. van postsplenectomie-sepsis syndroom.
PST afk. van 1. protaminesulfaat-test. 2. psychosociaal team. 3. porcien somatostatine.
PSV afk. van 1. pressure support ventilation. 2. peak systolic velocity.
PSW afk. van psychiatrisch-sociaal werker.
psychagogicum zie psychagogum.
psychagogie, psychagogiek opvoeding van de geest, zielkundige opvoeding.
psychagogum (ook: *psychagogicum*) middel tegen onmacht (zie lipothymie), meervoud psychagoga; syn. analepticum.
psychalgie *G* pijn die op geestesaandoeningen berust, niet overeenkomstig het innervatiegebied van een bepaalde zenuw.
psychasthenie (psych.) 1. persoonlijkheidsstructuur met als kenmerken: neiging tot overmatige precisie en perfectionisme, grote behoefte aan orde en netheid, onzekerheid en angst voor controleverlies, waardoor vaak twijfelzucht en besluiteloosheid en een wisselende neiging tot controledwang bestaan. 2. oude term ter aanduiding van alle neurosen (behalve hysterie), waarin angst, insufficiëntiegevoelens, wilszwakte, fobieën, verminderde emotionele belastbaarheid, gevoelens van vreemdheid, onwerkelijkheid en depersonalisatiegevoelens centraal staan.
psyche 1. totaal van veronderstelde innerlijke processen en verrichtingen dat een verklaring kan bieden voor gedrag. 2. totaal van bewuste en onbewuste 'innerlijke' ervaringen van een individueel organisme. 3. verzameling van specifieke processen. 4. adem, leven, ziel, geest.
psychedelicum (psych.) lett. de ziel blootleggend, zie psycholyticum; bijv.nw. *psychedelisch*.
psychentonie geestelijke overspanning en vermoeidheid.
psychiater medicus gespecialiseerd in preventie, diagnose en behandeling van psychiatrische stoornissen, die zich onderscheidt van andere psychotherapeuten door de deskundigheid omtrent medicijnen en het mogelijk voorschrijven hiervan.
psychiatrie onderdeel van de geneeskunde dat zich toelegt op de studie en

behandeling van psychische stoornissen, mentale aspecten van lichamelijke ziekten en problemen van het psychisch onaangepast zijn; *contextuele* ~, denkrichting in de psychiatrie die stoornissen van gedrag verklaart vanuit de sociale omgeving van de patiënt; *sociale* ~, onderdeel van de ambulante geestelijke gezondheidszorg met als belangrijkste werkgebieden: RIAGG, psychiatrische poliklinieken, crisiscentra en CAD's.

psychiatrisch m.b.t. de behandeling van psychische stoornissen.

psychicisme de rol die milieu-invloeden in de eerste levensjaren via de psyche spelen in de ontwikkeling van de persoonlijkheidsstructuur op latere leeftijd.

psychicus psycholoog of psychiater.

psychisch geestelijk, de geest (psyche) betreffend; *~e epidemie* (of *~e infectie*), vele mensen gelijktijdig aantastende ziekelijke opvattingen; snel om zich heen grijpende waandenkbeelden bijv. godsdienstwaan, oorlogszucht, rassenhaat.

psychisme het verloop van een geestelijk proces in het centrale zenuwstelsel.

psychoanalepticum syn. van *psychotonicum.

psychoanalyse 1. op grond van de theorieën van Freud ontwikkelde behandelmethode die ervan uitgaat dat neurotische klachten berusten op een onbewust conflict in de vroege kindheid en die zich bedient van de vrije associaties van de cliënt; de analyticus (therapeut) interpreteert deze gedachten en legt daarbij verband tussen vroegere ervaringen en huidig gedrag; bij *overdrachtsgevoelens tussen cliënt en therapeut wordt dat in verband gebracht met de oorspronkelijke situatie. 2. psychologische persoonlijkheidstheorie, die door Freud is ontwikkeld vanuit zijn klinische ervaring met cliënten; zie ook Freud.

psychochemicum chemische stof die de geest beïnvloedt, bijv. LSD 25; zie ook psycholyticum, psychofarmaca.

psychochemie de wetenschap die de invloed van chemische factoren op de psyche en de biochemische gebeurtenissen in het centrale zenuwstelsel bestudeert.

psychochromesthesie *G* het horen van kleuren, syn. auditio colorata.

psychocuriëntie psychologische zielzorg.

psychodelicum syn. *psychedelicum.

psychodrama vorm van groepstherapie waarin een psychiatrische patiënt in samenwerking met therapeut en andere patiënten een rol speelt die zijn eigen conflict(en) a.h.w. actueel maakt met het doel zijn spontaneïteit te stimuleren.

psychodyslepticum (farm.) 'bewustzijnsverruimer', hallucinogeen.

psychofarmaca (enkelvoud psychofarmacon) geneesmiddelen voor de behandeling van psychische afwijkingen en stoornissen; er zijn drie hoofdgroepen te onderscheiden: 1. psycholeptica; 2. psychoanaleptica; 3. psychodysleptica.

psychofarmacologie de kennis van de werking van geneesmiddelen en hormonale stoffen op de geest.

psychofysica *G* de werkzaamheid van de geest, natuurkundig beschouwd.

psychofysisch de samenhang van lichaam en geest betreffend; ~ *parallellisme*, de leer dat de geestelijke werkzaamheid niet door lichamelijke veranderingen wordt teweeggebracht, doch daarmee gepaard gaat.

psychogeen, psychogene door psychische oorzaken en invloeden ontstaan; ~ *amnesie*, zie *dissociatieve amnesie; ~ *confusie*, psychose die optreedt bij jonge mensen, meestal tussen 18 en 30 jaar oud, door een acute, ernstige gebeurtenis die zo schokkend is dat de persoonlijkheid ineenstort; ~ *fugue*, zie *dissociatieve fugue.

psychogenese, psychogenie, psychogenesis *G* 1. ontwikkelingsleer van de geest. 2. de wijze waarop een *psychosomatose zich ontwikkelt. 3. de opvatting dat een psychische stoornis langs psychogene weg ontstaat. 4. zelfst.nw. bij *psychogeen.
psychogeriatrie omvat de hulpverlening aan alle ouderen die door een samenspel van geestelijke, lichamelijke en sociale factoren in hun functioneren zodanig belemmerd worden, dat zij zich niet zonder hulp staande kunnen houden.
psychoglossie *G* stotteren, syn. hesitatie.
psychognomie karakterdiagnose.
psychokinesie, psychokinese *G* uitbarsting van ongeremde cerebrale activiteit, resulterend in explosieve daadkracht.
psycholepticum *psychofarmacon, dat bepaalde psychische functies onderdrukt (ataractica, sedativa, hypnotica, neuroleptica).
psychologie *G* wetenschap betreffende de ervaringen (zoals gedachten en gevoelens) en het gedrag van de mens als inividu. 1. *empirische* ~, die op waarneming en ervaring berust. 2. *experimentele* ~, die op proefnemingen berust. 3. *fysiologische* ~, die berust op bestudering van de wijze waarop lichaam en geest samenwerken. 4. *rationele* ~, die op redenering berust. 5. *arbeids-* of *bedrijfs*~, zie psychotechniek; *humanistieke* ~, de psychologie die zich richt op de directe belevingen, motivaties, vermogens en relaties van de mens; *sociale* ~, wetenschap die de wisselwerking die bestaat tussen het gedrag van de mens en zijn omgeving, tracht te begrijpen en te verklaren; *unitieve* ~, systeem van diepte-psychotherapeutische principes, methoden en technieken.
psycholoog beoefenaar van de psychologie; *klinisch* ~, psycholoog die zijn werk speciaal richt op onderzoek en behandeling van geestelijk en lichamelijk zieken.
psycholysis ontspanning van de geest.
psycholyticum chemische stof waarmee veranderingen in de psychische structuur (verdwijning van angst; geestelijke 'bevrijding' en relaxatie; aangename sensorische sensaties; 'creatieve' gedachtegang), zelfs psychotische toestanden kunnen worden teweeggebracht, zoals hallucinaties, waanvoorstellingen, bewustzijns- en stemmingsveranderingen; de meest bekende psycholytica zijn hashish of marihuana, mescaline, LSD en LAE, psilocybine, dimethyltryptamine; verder: opiaten, cocaïne en wekaminen.
psycholytische therapie vooral bij postconcentratiekampsyndroom-patiënten toegepaste vorm van psychotherapie, waarbij men door kleine en nauwkeurig gedoseerde hoeveelheden LSD toe te dienen iemands gevoelsafweer doorbreekt, zodat de patiënt onverwerkte gevoelens kan uiten en verwerken; syn. LSD-kuur.
psychomechanica *L* de lichamelijke verrichtingen die door de werking van de geest (psyche) worden geleid; psychogene handelingen.
psychometrie *G* 1. meting van geestelijk vermogen en verschijnselen door wiskundige proefnemingen, statistieken; zie ook psychonomie. 2. syn. *paragnosie (bet. 2). 3. meten van de tijd die voor psychische processen nodig is.
psychomimeticum *hallucinogeen* ~, syn. psychodyslepticum; zie ook psycholyticum.
psychomotoriek verzamelnaam voor alle bewegingen die een uitdrukking zijn van de psychische gesteldheid, zoals aard van de mimiek, gebaren en bewegingen, manier van spreken, karakter van het schrift en dergelijke.
psychomotorisch de bewegingen die door de werking van de geest worden veroorzaakt, syn. ideomotorisch; ~*e banen*, syn. piramidebanen.

psychomotorische therapie (psych.) afk. PMT, therapievorm die planmatig en methodisch het gedrag van een cliënt beïnvloedt, uitgaande van psychotherapeutische inzichten en met gebruik van bewegingsopdrachten en spelen.
psychon elk deel van het centrale zenuwstelsel waar zich een mentale functie afspeelt.
psychoneurose syn. *neurose.
psychonomie de studie van psychologische verschijnselen d.m.v. objectieve en toetsbare methodieken.
psychonose psychische stoornis, syn. psychose.
psychoom het psychisch beeld dat bij een bepaalde somatische ziekte dikwijls wordt waargenomen.
psycho-organisch syndroom zie organisch psychosyndroom.
psychopaat *G* syn. antisociale persoonlijkheid, zie persoonlijkheid.
psychopathie syn. sociopathie; thans genoemd antisociale persoonlijkheidsstoornis; zie antisociale *persoonlijkheid.
psychopathologie *G* (ook: pathopsychologie) de leer van de psychische stoornissen; zie ook psychiatrie, psychologie, psychose.
psychopharmaca zie psychofarmaca.
psychoplegicum *G* kalmerend middel; in engere zin neuroplegicum.
psychoplegie *G* plotseling optredende geestesstoornis.
psychoprofylaxe de voorkoming van nadelige processen in het menselijk lichaam uitsluitend d.m.v. psychologische methoden.
psychorelaxantium syn. *ataracticum.
psychose 1. algemene term om een psychische stoornis aan te duiden. 2. term die tegenwoordig in descriptieve zin wordt gebruikt; onder psychose of psychotisch-zijn wordt dan verstaan: een zodanig ernstige stoornis van de psychische functies en/of het gedrag, dat een persoon daardoor niet in staat is de uiterlijke en innerlijke werkelijkheid van elkaar te onderscheiden; het contact met de werkelijkheid is gestoord; de *realiteitstoetsing (reality testing) faalt; kenmerkend voor psychotisch gedrag zijn: wanen, hallucinaties en denkstoornissen; DSM-IV spreekt van een **psychotische stoornis* waartoe een aantal vormen behoren (zie aldaar); enkele van de onderstaande psychosen worden in DSM-IV anders benoemd of verwezen naar de onderliggende lichamelijke aandoening of het middel dat de psychose heeft veroorzaakt; *acute pernicieuze* ~, delirante toestand met vaak dodelijke afloop; syn. acuut delirium, acute dodelijke catatonie; *affectieve* ~, psychose die veroorzaakt wordt door een stoornis in de stemming, zoals manie en melancholie; *allo*~, psychische stoornis waarbij de voorstellingen omtrent de buitenwereld gestoord zijn; tgst. autopsychose; *auto*~, psychische stoornis waarbij de voorstellingen omtrent het eigen ik gestoord zijn; tgst. allopsychose; *climacteriële* ~, psychose die optreedt in het climacterium waarbij het hoofdaccent ligt op de endocriene veranderingen die samengaan met de biologische uitval van de geslachtelijke functies; *cycloïde* ~, terugkerende psychose waarbij de cliënt in de tussenfasen geheel herstelt; *debiliteits*~, psychose die bij zwakbegaafde of zwakzinnige personen kan voorkomen onder druk van de vele verwarrende en tegenstrijdige eisen van de maatschappij; *degeneratie*~, psychose op basis van een psychopathie; *endocrinogene* ~, psychose als gevolg van stoornissen in de klieren met inwendige afscheiding; *fasische* ~, psychose die in fasen verloopt, bijv. manisch-depressieve psychose;

tgst. proces*psychose; *functionele* ~, algemene term voor elke psychose waarvoor geen organische oorzaak valt aan te wijzen; *generatie*~, psychose die ontstaat tijdens de zwangerschap of na de bevalling (kraambed, lactatieperiode); zie ook puerperale *psychose; *inductie*~, syn. *folie à deux* (verouderd), *geïnduceerde paranoïde psychose* thans genoemd *gedeelde psychotische stoornis; *kraambed*~, syn. puerperale *psychose; *manisch-depressieve* ~, oude benaming voor bipolaire stoornis: stemmingsstoornis waarin zowel manische als depressieve perioden voorkomen; *ontwikkelings*~, psychose van langere duur die in het begin van de ontwikkeling van een kind kan optreden en een normale ontwikkeling in de weg kan staan; m.i.v. DSM-IV onderdeel van de pervasieve ontwikkelingsstoornissen; *organische* ~, zie organisch psychosyndroom; *pernicieuze* ~, ernstige psychose die wordt gekenmerkt door sterke angstbeleving en schrikreacties op geluiden, lichtprikkels en aanrakingen, en die een dodelijke afloop kan hebben; *postpartum* ~, syn. puerperale psychose; *puberteits* ~, verouderde term; in DSM-IV wordt deze psychose als schizofrene psychose of als bipolaire stoornis beschreven; *puerperale* ~, syn. postpartumpsychose, kraambedpsychose, psychose die optreedt in de eerste dertien weken na de bevalling; sterk wisselend beeld waarbij schuldwanen, wanhoop en sterke neiging tot suïcide of doden van het kind aanwezig zijn; *proces*~, psychose met een geleidelijk progressief verloop en een slechte prognose; tgst. fasische psychose; *rand*~, conglomeraat van psychotische toestanden die moeilijk bij de gebruikelijke ziektebeelden kunnen worden ondergebracht; *reactieve* ~, psychose die onmiddellijk ontstaat na het optreden van een herkenbare psychosociale stressfactor, waarbij emotionele onrust en ten minste één van de volgende psychotische symptomen optreden: incoherentie of associatiezwakte, wanen, hallucinaties, sterk chaotisch gedrag of catatone verschijnselen; *reactieve depressieve* ~, psychose met sterke schuldgevoelens van onrealistische aard en een hoge mate van suïcidedreiging; *reactieve paranoïde* ~, psychische stoornis die niet langer dan twee weken duurt en gepaard gaat met waandenkbeelden en auditieve hallucinaties; komt voor bij rigide of dwangmatige persoonlijkheden van middelbare leeftijd of ouder, waarbij vaak problemen met de seksuele beleving een rol spelen; bij zowel mannen als vrouwen gaan soms latente homoseksuele impulsen of fantasieën achter de paranoïde reactie schuil; *schijn*~, 'alsof-psychose', gekenmerkt door quasi-ernstige, al te gedramatiseerde symptomen, terwijl men tegelijkertijd een zeker bewustzijn vermoedt alsof de betrokkene zelf controle heeft over het risico dat hij te ver gaat; *schizoïde* ~, psychose die vaak op jeugdige leeftijd optreedt en zich onderscheidt van schizofrenie doordat ze door een duidelijk trauma veroorzaakt wordt en niet zo'n lange ontwikkelingstijd heeft; de symptomen kunnen alarmerend en ernstig zijn, maar het geheel heeft een kortdurend en meer goedaardig verloop; *somato*~, psychose waarbij de voorstellingen omtrent het eigen lichaam gestoord zijn; *symptomatische* ~, zie organisch psychosyndroom; in DSM-IV wordt verwezen naar de onderliggende lichamelijke aandoening; *traumatische* ~, algemene term voor elke stoornis die op een psychose lijkt en wordt veroorzaakt door een ernstig lichamelijk letsel, meestal een hersenlaesie; *unipolaire* ~, aanduiding van psychose die in tegenstelling tot de manisch-depressieve psychose alleen een vitale depressie of een manisch toestandbeeld vertoont; syn. unipolaire vitale depressie.

psychosensorisch geestelijk waarnemend, de waarnemende verrichting van de geest betreffend of hiertoe behorend; *~e stoornis*, afwijking in de geestelijke waarneming.

psychosex zie gender identity.

psychosociaal term duidend op situaties en relaties waarin psychische en sociale aspecten een rol spelen.

psychosomatiek de studie en de behandeling van lichamelijke ziekten waarvan de diepere oorzaak van psychische aard is; tot deze groep van ziekten worden o.m. gerekend maagzweer, colitis ulcerosa, galblaaslijden, sommige huidziekten, psychasthenie, hyperventilatie, neurasthenie, sommige vormen van astma en hypertensie, migraine; in vele gevallen is de grens tussen de somatische en psychische factoren in het ontstaan van de ziekte moeilijk te trekken; syn. psychosomatologie.

psychosomatisch m.b.t. *psychosomatiek.

psychosomatose psychosomatische ziekte, zie psychosomatiek.

psychosyndroom zie organisch psychosyndroom.

psychotechniek psychologische onderzoekmethodiek m.b.t. de geschiktheid voor studie en beroep en voor selectie bij personeelskeuze.

psychotherapie *G* bijv.nw. *psychotherapeutisch*, overkoepelende term voor diverse vormen van (niet-somatische en medicamenteuze) behandeling van patiënten met psychische moeilijkheden; uitgangspunten zijn de diverse psychologische theorieën en de therapie berust op een methodische vorming en hantering van een relatie tussen patiënt en therapeut, waarbij positieve persoonlijkheidskenmerken worden bevorderd en negatieve worden overwonnen; *experiëntiële ~*, groep van psychotherapieën waarin de actuele ervaring van de cliënt centraal staat; hiertoe worden de Rogeriaanse psychotherapie en de *gestalttherapie gerekend; *psychodynamische ~*, overkoepelende term voor diverse methoden van behandeling van psychische stoornissen, waarbij gebruik wordt gemaakt van psychoanalytische principes; er is echter sprake van een lagere intensiteit en duur in vergelijking met de klassieke psychoanalyse (bet. 1).

psychoticus lijder aan een psychose; bijv.nw. *psychotisch*.

psychotische stoornissen (vlg. DSM-IV) algemene term voor een aantal ernstige psychische stoornissen waarbij de betrokkene het contact met de realiteit verloren heeft; de reality testing is ernstig verstoord; een psychotische stoornis (psychose) is te herkennen aan hallucinaties, wanen en denkstoornissen; tot de psychotische stoornissen behoren vlg. DSM-IV schizofrenie, schizofreniforme stoornis, waanstoornis, kortdurende psychotische stoornis, gedeelde psychotische stoornis, psychotische stoornis het gevolg van het gebruik van een middel of lichamelijke aandoening; *~ door een lichamelijke aandoening of een middel* (vlg. DSM-IV), het optreden van wanen of hallucinaties t.g.v. het gebruik van middelen (alcohol, drugs, medicijnen) of een lichamelijke aandoening (hersenafwijkingen, endocriene en metabole afwijkingen); voorheen organische hallucinose en organisch waansyndroom genoemd als een vorm van het organisch psychosyndroom; *gedeelde psychotische ~*, syn. inductiepsychose, zie *gedeelde psychotische stoornis; zie ook psychose.

psychotogeen psychose verwekkend; zie ook psycholyticum.

psychotonicum geneesmiddel met stimulerende invloed op psychische functies waardoor vermoeidheid wordt verminderd, de bewegingsdrift wordt aangezet, de waakzaamheid wordt opgewekt en slaapneiging wordt bedwongen, syn.

psychoanalepticum, psychostimulans
psychotrauma zielsverwonding, heftige gemoedsaandoening, pijnlijke psychische gebeurtenis, frustratie, grote smart of hevige schrik die in het onderbewustzijn een lang aanblijvende indruk teweegbrengt en aldus na jaren nog tot onlust kan leiden; zie ook intrapsychisch.
psychotroop geestveranderend; het psychisch gedrag van de mens kunnende beïnvloeden (farm.); zelfst.nw. *psychotropie*.
psychotropicum geneesmiddel of andere chemische stof met een specifieke werking op de geest, in engere zin bij neurosen; zie ook psychofarmaca.
psychro- *G* (smst.) koude.
psychrofiel koudeminnend, bijv. *~e bacteriën*, bacteriën die zich vooral bij lage temp. ontwikkelen, tgst. thermofiel.
psychrofoor verkoelende katheter, katheter voorzien van een dubbele buis, waardoor men koude vloeistof laat lopen.
psychrotherapie *G* therapie waarbij gebruik wordt gemaakt van koude; syn. cryotherapie; zie ook thermotherapie.
psydracia thermalia *L* (meervoud) flyctenulaire huidaandoening die na het nemen van hete baden kan optreden.
PT afk. van protrombinetijd, voorheen PTT, zie Quick.
PTA afk. van 1. plasma-tromboplastine-antecedent, stollingsfactor XI. 2. percutane transluminale angioplastiek; zie Dotter. 3. posttraumatische amnesie.
ptarmicum *G* niesmiddel, syn. errhinum, sternutatorium, meervoud ptarmica.
ptarmus *G* nieskramp, krampachtig niezen; zie ook sternutátie.
PTBV afk. van percutane transluminale ballon-valvuloplastiek.
PTC afk. van 1. percutane transhepatische cholangiografie. 2. plasma-tromboplastine component = tromboplastinogeen; zie bloedstolling, factor IX.
PTCA afk. van percutane *transluminale coronaire *angioplastiek, (pop.) dotteren.
PTD afk. van 1. percutane transhepatische drainage. 2. posttraumatische dystrofie, syn. *Sudecksyndroom.
PTE afk. van 1. parathyroïd extract. 2. posttransplantatie-erytrocytose.
pteroyl glutamic acid *E* zie PGA.
pterygium *L* vleugelvel, driehoekig fibrotisch velletje dat zich aan de binnenzijde van de oogleden vormt met de basis naar de binnenooghoek en met de punt over het hoornvlies groeiend, waardoor soms het gezichtsvermogen wordt gestoord; kan operatief worden verwijderd; ~ *colli*, huidplooi in de nek van mastoïd naar acromion waarlangs de inplanting van het hoofdhaar zich gedeeltelijk voortzet, syn. webbed neck *E*.
PTH afk. van 1. parathyroïd hormoon, syn. *parathormoon. 2. posttransfusie-hepatitis. 3. praktische thuishulp.
PTHD afk. van percutane transhepatische drainage.
ptilose *G* het uitvallen van de oogharen; zie ook madarosis.
ptisane *G* zie tisane.
ptoma *G* lijk, syn. kadaver.
ptomaïne 'lijkengif', verzamelnaam van de Italiaanse toxicoloog Selmi (1870) voor niet-aangetoonde giftige stoffen die zouden ontstaan bij rotting van organische substantie; syn. kadaverine, mydaleïne, mydatoxine, mydine.
ptomatopsie *G* lijkschouwing, syn. autopsie, necropsie.
ptose, ptosis *G* afzakking, verzakking, meestal wordt bedoeld *blepharo~*; andere

vormen zijn *entero~*, *gastro~*, *nephro~*; bijv.nw. *ptotisch*.
PTP afk. van posttransfusie-*purpura.
PTPA afk. van percutane transluminale pulmonale angioplastiek.
PTRA afk. van percutane transluminale renale angioplastiek.
PTSD afk. van post-traumatic stress-disorder *E*; langdurige uitputtingstoestand met depressies en emotionele isolatie.
PTSS afk. van post-traumatische stress-stoornis.
PTT afk. van *protrombinetijd, thans PT.
PTU afk. van propylthiouracyl, middel tegen hyperthyroïdie.
PTVP afk. van percutane transluminale *valvuloplastiek, syn. PTV.
PTX (jrg.) operatieve verwijdering van één of meer bijschildklieren.
ptyalagogum *G* middel dat een sterke speekselafscheiding veroorzaakt, bijv. pilocarpine; syn. salivans, sialagogum; meervoud ptyalagoga.
ptyaline *G* enzym van het speeksel dat zetmeel (amylum) omzet tot maltose (moutsuiker), syn. salivine.
ptyalisme, ptyalismus *speekselvloed.
ptyaloliet *G* speekselsteen; zie sialoliet.
ptyalolithese de aanwezigheid van speekselstenen; zie sialolithiasis.
PTZ afk. van psychiatrische thuiszorg.
pubeotomie (ook: pubiotomie of pubotomie) syn. *hebetomie.
puberteit, pubertas *L* lett. rijpheid, in engere zin geslachtsrijpheid, d.i. de levensperiode waarin het lichaam volwassen is en in staat tot voortplanting; dikwijls wordt het woord puberteit gebruikt in de betekenis van *pubescentie; bijv.nw. *puberaal*.
pubes *L* (meervoud van pubis) de streek der pudenda.
pubescentie, pubescentia (geslachtelijke) rijpwording; de levensperiode waarin het lichaam volwassen wordt en de geslachtsorganen tot volle ontwikkeling komen, bij meisjes in de regel tussen het 12de en 15de jaar en bij jongens tussen het 14de en 16de jaar; de uiterlijke kenmerken van het tot stand komen der pubescentie (de zgn. secundaire geslachtskenmerken) zijn bij beide geslachten de beharing van de oksels en de schaamstreek, bovendien bij het meisje de ontwikkeling van de borsten en het begin van de menstruatie en bij de jongens de stemverandering (zgn. 'baard in de keel') en het begin van snor- en baardvorming; de innerlijke kenmerken zijn de ontwaking van de geslachtsdrift en de karakterverandering; ~ *praecox*, vervroegde geslachtsrijping, hetzij constitutioneel, hetzij door afwijkingen in de hypothalamus of van de pijnappelklier (glandula pinealis).
pubicus *L* tot de schaamstreek behorend.
pub(i)otomie zie hebetomie, pubeotomie.
pudenda *L* (meervoud van *pudendum*) de schaamdelen, de uitwendige geslachtsorganen; ~ *femininae*, zie vulva; ~ *masculinae* of ~ *virilis*, de penis en het scrotum.
pudendagra *G* pijn in de uitwendige geslachtsorganen.
pudendum zie pudenda; bijv.nw. *pudendus*.
puella publica *L* publieke vrouw, prostituee.
puericultuur het streven om een gezonde en krachtige nakomelingschap te doen geboren worden en op te voeden.
pueriel, puerilis *L* kinderachtig, kinderlijk.

puerilisme *L* euforie en kinderlijk gedrag bij psychische stoornissen; ook: euforische opgewektheid bij multipele *sclerose.

puerpera *L* kraamvrouw; zie puerperium.

puerperaal, puerperalis *L* het kraambed (puerperium) betreffend, bijv. *febris ~*, puerperale koorts, kraamvrouwenkoorts; *~e psychose*, zie puerperale *psychose.

puerperium *L* kraambed, het tijdperk dat aanvangt zodra de bevalling is afgelopen en duurt tot de bij de zwangerschap en de bevalling betrokken organen tot hun vroegere normale toestand zijn teruggekeerd; gedurende het puerperium heeft een gestadig uitvloeien van vocht uit de schede plaats; dit vocht, lochia, kraamvloed, kraamzuivering of lendenwater geheten, is het afscheidingsproduct van de wond in het baarmoederslijmvlies waar de placenta was vastgehecht; tot de ziekten die in het kraambed kunnen optreden behoren endometritis, parametritis, metroperitonitis, baarmoederbloedingen, amentie.

PUFA afk. van polyunsaturated fatty acid, meervoudig onverzadigd vetzuur.

puist pustula.

PUK afk. van psychiatrische universiteitskliniek.

Pulex *L* vlo, meervoud pulices; insect (parasiet) dat zich voedt met het bloed van mensen en dieren; ~ *canis*, hondenvlo; ~ *cheopis*, rattenvlo, pestvlo; ~ *irritans*, mensenvlo; ~ *penetrans*, zandvlo, in warme landen.

pulicosis huidirritatie door vlooienbeten; zie pulex.

pulley *E* apparaat ter versterking van de schouderspieren.

pulmo *L* long, meervoud pulmones; de longen zijn twee zakvormige zeer luchtrijke sponsachtige organen in de borstholte waardoor de ademhaling plaatsheeft; tussen de beide longen ligt het mediastinum met daarin het hart, de grote aan- en afvoerende vaten, de luchtpijp en de slokdarm; de rechterlong bestaat uit drie kwabben, de linkerlong uit twee; deze zijn weer in kwabjes verdeeld, ieder kwabje (lobulus) vormt a.h.w. een kleine long op zich zelf; het longweefsel bestaat uit microscopisch kleine, door zeer fijne haarvaatjes (capillairen) omsponnen, ronde dunwandige longblaasjes of longalveolen, die het uiteinde vormen van de zich takvormig steeds fijner verdelende luchtpijptakken (bronchi); door deze blaasjes en de haarvaatjes heeft de gaswisseling (zie respiratie) plaats; aan de naar elkaar toegekeerde binnenzijden bevindt zich bij elke long een uitholling, de longpoort (hilus of porta pulmonis) genaamd, waar de luchtpijptakken en de vaten en zenuwen in- en uittreden.

pulmonaal, pulmonalis tot de long (pulmo) behorend; m.b.t. de long; *acuut ~ syndroom*, *hypocapnie door verhoogde ventilatie van de longen bij *hypoxie t.g.v. een alveolocapillair block, waarbij de diffusie van zuurstof gestoord is en die van koolstofdioxide niet.

pulmo- *~nitis*, longontsteking, syn. pneumonie; *~nologie*, de kennis van functie en ziekten van de longen; *~noloog*, longarts; *~pexie*, zie pneumopexie.

pulmotor apparaat voor automatische *expired-air inflation.

pulpa *L* weke massa, moes, merg; ~ *dentis*, de 'tandzenuw', het merg van de tandholte; bestaat uit bindweefsel met bloedvaten en zenuwdraden; *~holte*, tandholte; ~ *lienis*, het miltmerg, de weke brijachtige massa waaruit de milt (lien) bestaat.

pulpitis ontsteking van het tandmerg (pulpa).

pulsatie klopping, bijv. het kloppen van het hart, een slagader, een aneurysma.

pulsatiel kloppend, pulserend.

pulsator 1. toestel vlg. Bragg voor beademing. 2. apparaat voor ritmische onderwaterstraalmassage.
pulseren kloppen; *~d*, kloppend, bijv. pulserende pijn.
pulsimeter toestel om de kracht van de polsslag te meten.
pulsus *L* pols, polsslag, klopping van de slagaders veroorzaakt door de voortgeleiding van de hartspiercontracties in de slagaderwand, die vnl. aan de polsslagader ter hoogte van de handwortel wordt opgenomen ter beoordeling van de frequentie, regelmaat, vulling en spanning; de polsfrequentie (het aantal polsslagen per minuut) verschilt bij gezonde personen naar gelang van de lichamelijke arbeid, temperament, zenuwachtigheid, opwinding, voedselopneming, enz.; bij vrouwen is de pols meestal sneller dan bij mannen; ook bij groot bloedverlies, warmte en hartzwakte neemt de polssnelheid toe; de verhouding van het aantal polsslagen tot het aantal ademhalingen is in de regel 4:1. Het gemiddelde aantal polsslagen per minuut bij gezonde mensen bedraagt bij het nog ongeboren kind (foetus) 130-150, bij de pasgeborene 125-140, bij kinderen beneden één jaar 115-130, van 1 tot 2 jaar 100-115, van 2 tot 3 jaar 90-100, van 7 tot 14 jaar 80-90, van 14 tot 21 jaar 75-85, van 21 tot 65 jaar 65-75, boven de 65 jaar 75-85. Bij gezonde mensen is de pols regelmatig en zijn alle slagen even sterk; bij koorts stijgt de polsfrequentie met ongeveer 10 slagen per minuut per graad; ~ *aequalis*, equale pols, normale polsslag, waarbij alle slagen gelijk zijn; ~ *alternans*, beurtelings grote en kleinere polsslag; ~ *altus*, polsuitslag bij een bloeddruk met een grote *amplitude (bet. 2); ~ *bigeminus*, tweelingpols, polsslag waarbij na elke twee slagen een compensatoire *pauze optreedt als gevolg van een bigeminie; ~ *celer*, snelle pols bij verhoogde polsdruk (zie bloeddruk); ~ *debilis*, zwakke pols, waarbij het bloed met weinig kracht wordt voortgestuwd; ~ *dicrotus*, dicrote (zie dicroot) polsslag; ~ *durus*, harde polsslag; ~ *filiformis*, draadvormige, nauwelijks voelbare pols; ~ *frequens*, frequente pols, snelle polsslag, met een groot aantal slagen per minuut; ~ *inaequalis*, ongelijkmatige pols; ~ *intermittens*, intermitterende pols, niet altijd voelbare pols, waarbij nu en dan een slag wegblijft; ~ *irregularis*, onregelmatige pols; ~ *irregularis perpetuus*, zie fibrillatie; ~ *magnus*, grote ('volle') pols, waarbij veel bloed tegelijk passeert; ~ *mollis*, weke pols (bij lage bloeddruk); ~ *paradoxus*, het 'kleiner' worden van de polsslag (met kortdurende bloeddrukdaling) tijdens de inademing bij belemmering van de diastolische uitzetting van het hart (bijv. bij pericarditis serosa); ~ *parvus*, kleine pols waarbij weinig bloed tegelijk passeert; ~ *rarus*, langzame pols; ~ *regularis*, regelmatige pols; ~ *tardus*, trage pols, langzaam opkomende en verdwijnende pols.
pulv. (rec.) afk. van pulvis, poeder.
pulverisator *L* toestel ter verstuiving van vloeistoffen of poeder.
pulvinar *L* kussen, het middelste deel van de achterzijde van de thalamus.
pulvis *L* poeder, afk. (rec.) pulv. of p.
punch drunk *A* slapte in de onderbeenspieren, evenwichtsstoornissen, beneveldheid, vertraagde spraak en spierwerking, tremor, propulsie en dergelijke bij boksers, waarschijnlijk t.g.v. traumatische bloedinkjes in de hersenen.
puncta *L* punten, meervoud van punctum; ~ *dolorosa*, syn. point douloureux.
punctaat het vocht of het weefsel dat bij punctie wordt verwijderd.
punctatus gestippeld, gespikkeld.
puncteren een punctie verrichten.

punctie, punctio *L* het insteken van een troicart, holle naald of scherpe canule om bloed, vocht of weefsel (zie biopsie) uit het lichaam te verwijderen, injecties te geven, enz.; *lumbale ~*, zie lumbaalpunctie.
punctum *L* punt; *~ lacrimale*, traanpunt, punt op de rand van het ooglid, waar het traanbuisje begint; *~ maximum*, hoogtepunt, punt waar bij auscultatie het geluid het duidelijkst waarneembaar is; *~ proximum*, het dichtst bij het oog gelegen punt waarop men een zich daar bevindend voorwerp nog juist scherp kan waarnemen; *~ quintum*, zie Erb (bet. 2); *~ remotum*, het verst van het oog gelegen punt waarop men een zich daar bevindend voorwerp nog juist scherp kan zien.
punctuur het verrichten van een punctie, het steken met een scherp instrument, bijv. *acupunctuur, elektropunctuur, ignipunctuur.
punica granatum zie cortex.
punt zie punctum; *~mutatie*, mutagene vervanging van een aminozuur in een molecuul door een afwijkend ander aminozuur; *~stoot*, zie ictus.
pupil de ronde opening in het regenboogvlies (iris), waardoor de lichtstralen het oog binnenkomen; door invallend licht vernauwt de pupil zich (miose, stenocorie), in het donker verwijdt zij zich (mydriasis); bij sommige ziekten of aandoeningen kan een langer durende of blijvende pupilvernauwing of -verwijding plaatshebben; zie ook anisocorie, pupillotonie.
pupillair, pupillaris *L* m.b.t. de pupil.
pupillometer instrument om de pupilwijdte te meten.
pupillostatometer instrument om de pupillenafstand te meten.
pupillotonie het ontbreken of sterk vertraagd zijn van de *pupilreactie; komt voor bij dementia paralytica en tabes dorsalis, bij aandoeningen van de gezichtszenuw en de gemeenschappelijke oogspierzenuw; zie ook Adie, Argyll Robertson.
pupilreactie, -reflex de eigenschap van de pupil zich te vernauwen bij invallend licht en bij het zien in de nabijheid (accommodatie en convergentie) en zich te verwijden bij pijnlijke huidprikkels; zie ook consensuele pupilreflex.
pupil *~stijfheid*, zie pupillotonie; *~vernauwing*, corestenoma, miose, stenocorie; *~verwijding*, mydriasis.
PUR afk. van polyurethaan.
pure red cell *aplasia *E* geïsoleerde aplasie van de *erytropoëse, hetzij aangeboren (syndroom van Blackfan-Diamond), hetzij verworven, acuut of chronisch; oorzaken kunnen zijn auto-immuniteit, 'idiopathie', maligniteit e.a.
purgans *L* purgeermiddel, laxeermiddel, afvoermiddel, ontlasting-bevorderend middel, meervoud purgantia, syn. laxans, purgatief.
purgatief syn. *purgans, meervoud purgatieven (purgativa).
purgatie, purgatio *L* purgeren.
purgeren het aanwenden van purgantia, laxeermiddelen; zie purgans.
purging *E* elimineren.
puriform, puriformis etterachtig.
purine een stof die de basisstructuur is voor de purinederivaten adenine en guanine, twee belangrijke bouwstenen van nucleïnezuren.
purinemie abnormaal grote hoeveelheid purine in het bloed.
Purkinje, J. Tsjechisch fysioloog (1787-1869); *cellen van ~*, grote multipolaire zenuwcellen in de schors van het cerebellum; *vezels van ~*, hartspiervezels van een bijzondere anatomische structuur die tezamen het *netwerk van ~* vormen in de kamerwanden van het hart in voortzetting van de *atrioventriculaire bundels.

purpura *G* bloeduitstortingen (*petechiën, *sugillaties, *ecchymosen), hemorragische *diathese. 1. ~ *met trombopenie;* hiertoe behoren de *essentiële* of *idiopathische* ~ (zie Werlhof); purpura bij infectieziekten zoals mazelen, roodvonk, ziekte van *Pfeiffer, sepsis, endocarditis lenta, miliaire tuberculose e.a.; purpura als allergisch verschijnsel na gebruik van medicamenten (arsenicum-, bismut- en goudverbindingen, barbituraten, kinine, sulfanilamiden e.a.); purpura t.g.v. fysische oorzaken (verbranding, bevriezing, röntgen- en radiumbestraling); purpura bij bloedziekten zoals leukemie, aplastische en pernicieuze anemie e.a.; oorzaken van de trombopenie zijn in vele gevallen beschadiging van het beenmerg of gestoorde miltwerking; stollingstijd en PTT zijn normaal, de bloedingstijd en de rétractilité du caillot zijn verlengd, het verschijnsel van Rumpel-Leede is positief; ~ *pigmentosa progressiva*, bloeduitstortingen met hardnekkige en kenmerkende pigmentaties; *posttransfusie* ~, purpura na een bloedtransfusie t.g.v. incompatibiliteit ten opzichte van bepaalde trombocyten-antigenen. 2. ~ *zonder trombopenie* t.g.v. abnormale functie der trombocyten of vaatafwijkingen of beide; hiertoe behoren de ~ *fulminans* (zie Waterhouse-Friderichsen) en de purpura van **Schönlein-Henoch* (*anafylactoïde* ~); van het uitsluitend vasculaire type zijn de purpura bij scorbuut, de ~ *senilis* bij bejaarden door degeneratie van de vaatwanden ('kerkhofbloempjes'), de ~ *cachectica* bij uitputtende ziekten en de ~ *mechanica* of ~ *traumatica*, bijv. het 'gesprongen adertje' in de conjunctiva bij heftig hoesten en dergelijke; ~ *annularis teleangiectodes*, zie Majocchi; ~ *pulicosa*, ~ door vlooienbeten; ~ *rheumatica*, syn. purpura v. *Schönlein-Henoch; ~ *variolosa*, bloedige zwarte pokken, *variola haemorrhagica.

purpurine syn. van porfyrine, zie haem.

purpurinurie syn. van *porfyrinurie.

purulent, purulentus *L* etterig.

purus *L* zuiver.

pus *L* etter, geelgroen vocht dat zich in abcessen en bij ontstekingsprocessen vormt door vervloeiing van genecrotiseerd weefsel en gedegenereerde leukocyten onder invloed van *etterbacteriën; bij tuberculeuze processen is de zich vormende etter meestal dun; ~ *bonum et laudabile,* letterlijk goede en lofwaardige etter, dikke en roomachtige etter, werd vroeger als een gunstig teken beschouwd, in tgst. met dunne stinkende, rottende etter (ichor), zie putrefactie.

pustula *L* puist; ~ *maligna*, zie anthrax.

pustuleus gepaard gaand met de vorming van puisten.

pustulose, pustulosis aanwezigheid van meerdere pustulae op de huid; *amicrobiële* ~, verschillende vormen van pustulosis welke vnl. bij lijders aan psoriasis voorkomen (impetigo herpetiformis, dermatitis repens, acrodermatitis, psoriasis pustulosa, syndroom van Reiter); ~ *corneale* (Sneddon-Wilkinson), pustulosis in het hoornvlies, waarschijnlijk een paraneoplastische (zie paraneoplasie) aandoening.

putamen *L* (anat.) lett. schil; de buitenbegrenzing van de lenskern (nucleus lentiformis) in de hersenen.

putrefactie stinkende rotting, syn. putrescentie; door rotting worden dode georganiseerde dierlijke en plantaardige organismen ontbonden en ontwikkelen zich onder invloed van rottingsbacteriën gassen (o.a. koolzuurgas, zwavelwaterstof), vetzuren, indol, leucine, fenol, scatol, tyrosine e.a.; de rotting van een lijk duurt ongeveer 4 à 5 weken.

putrescentie, putrescentia *L*, zie putrefactie.
putride *F* rottend, zie putrefactie.
Putti, V. Italiaans orthopeed (overl. 1940); *operatie vlg. --Platt*, inkorting van het schoudergewrichtskapsel en de m. subscapularis bij habituele schouderluxatie.
PUVA afk. van psoraleen-ultraviolet-A; *--behandeling*, fotochemotherapie van psoriasis met oraal toegediend psoraleen gevolgd door bestraling met langgolvig ultraviolet licht.
PV afk. van 1. per vaginam, vaginaal. 2. polycythaemia vera. 3. plasmavolume. 4. porphyria variegata.
PVB afk. van Platistine® (cisplatine), vinblastine, bleomycine; een cytostatica-combinatie.
PVC afk. van 1. premature ventrikelcontractie, syn. kamer-extrasystole. 2. perifeer veneuze catheter. 3. patiëntenvertrouwenscommissie.
PVE afk. van prosthetic valve endocarditis, hartklepprothese-endocarditis
PVEP afk. van patroon-visual evoked potentials.
PVG afk. van 1. perifeer verzekeringsgeneeskundige. 2. penicillinase-vormende gonokokken.
PVL afk. van periventriculaire *leukomalacie of leukencefalopathie.
PVN afk. van 1. paraventriculaire nucleus (anat.). 2. postvaccinal neuropathies.
PVP 1. patiëntenvertrouwenspersoon (in psychiatrische ziekenhuizen). 2. polyvinyl-pyrrolidon.
PVR afk. van polsvolumeregistratie.
PVS afk. van persistent vegetative state *E*, zie apallisch syndroom, coma vigil.
PVW afk. van pulmonale vaatweerstand.
PVZ afk. van perifere vasculaire ziekte.
PWH afk. van paritaire werkgroep huisartsenzorg.
PWM afk. van pokeweed mitogen *E*.
pyartrose, pyarthrosis *G* gewrichtsontsteking waarbij zich etter (pus) in het gewricht vormt; syn. empyema articuli.
pycnicus *G* kort en dik mensentype, gedrongen gestalte; zie ook habitus.
pycnisch van gedrongen lichaamsbouw; zie pycnicus.
pycno- *~cardie*, syn. tachycardie; *~cyt*, zie oncocyt; *~dysostosis*, autosomaal-recessief syndroom van dwerggroei, osteopetrosis, agenesie van vingers en tenen, knobbelvorming aan de schedel, onderontwikkeling van de onderkaakhoek; *~lepsie*, vorm van epilepsie bij kinderen, met een opeenhoping van kleine *absences; *~pnoe*, versnelde ademhaling, syn. polypnoe; zie ook dyspneu; *~se*, degeneratieve verdichting van de celkern.
pyelectasie *G* verwijding van het pyelum.
pyelitis *G* ontsteking van het pyelum, nierbekkenontsteking; kan worden veroorzaakt door niersteen, pyemie, enz., maar komt ook dikwijls voort uit een cystitis; gaat meestal gepaard met ontsteking van het nierparenchym en heet dan pyelonefritis; ~ *calculosa,* nierbekkenontsteking t.g.v. nierstenen.
pyelocystitis *G* ontsteking van het nierbekken (zie pyelitis) en van de blaas.
pyelografie *G* het maken van een röntgenfoto (*pyelogram*) van het nierbekken met behulp van een contrastmiddel.
pyelolithotomie operatie waarbij het nierbekken wordt geopend om nierstenen te verwijderen.
pyelonefritis *G* (ook: *nephropyelitis*) gelijktijdige ontsteking van de nier en het

nierbekken; zie pyelitis.

pyelotomie *G* operatie waarbij het pyelum wordt geopend.

pyelum *G* nierbekken, syn. pelvis renalis; wordt gevormd door de vereniging van 8-10 nierkelken; zie calix.

pyemesis *G* het braken (emesis) van etter (pus).

pyemie lett.: pus in het bloed; het optreden van multipele ziektehaarden of abcessen door uitzaaiing via het bloed van ziektekiemen, zoals deze bij *septikemie plaatsheeft; de combinatie noemt men wel *septiko~*.

pygmalionisme erotische geaardheid, waarbij de lijder bevrediging vindt in het schenden van beelden (genoemd naar het beeld van Pygmalion waarop de beeldhouwer verliefd werd).

pygmee dwerg, vorm van nanismus (zie nanisme) primordialis.

pygopagus *G* dubbelmonstrum; twee vruchten met de stuit aan elkaar.

pyk- zie pyc-.

pyleflebectasie *G* verwijding van de poortader (pyle = poort).

pylephlebitis *G* ontsteking van de poortader.

pylethrombosis *G* trombose in de poortader.

pylorectomie operatie waarbij de pylorus wordt verwijderd.

pyloroplastiek verzamelnaam voor diverse chirurgische technieken ter verwijding van de maaguitgang o.a. bij pylorusstenose of pylorospasmus; zie ook Ramstedt.

pyloroptose, pyloroptosis *G* verzakking van de pylorus.

pylorospasmus ondoorgankelijkheid van de maaguitgang door aanhoudende kramp van de pylorus, optredend bij o.a. ulcera of gezwellen, of (aangeboren bij zuigelingen) door plaatselijke hypertrofie van de spierlaag; *congenitale ~*, syn. congenitale pylorushypertrofie.

pylorus maagportier, uitgang van de maag naar de twaalfvingerige darm (duodenum); *~ hypertrofie*, verdikking van de pylorus (musculus sphincter pylori); *congenitale pylorushypertrofie*, afwijking optredend bij vnl. jonge mannelijke zuigelingen (2-6 weken) door verdikking en kramp van de pylorus, gekenmerkt door *projectielbraken na de voeding met als gevolg uitdroging en vermagering; therapie zie Ramstedt; *~resectie*, operatie waarbij de pylorus wordt verwijderd en het ondereinde van de maag met de twaalfvingerige darm wordt verbonden: bij maagkanker of maagzweer; *~ stenose*, vernauwing van de maaguitgang door ulcera, littekens, gezwellen; zie ook pylorospasmus.

pyo- *G* (smst.) pus (etter), etterig; *~cele*, 1. een veretterde *mucopyocele. 2. etterige ontsteking van de tunica vaginalis; *~cele retro-uterina*, etterophoping achter de uterus; *~chezia*, het voorkomen van pus in de ontlasting; *~coccus*, etterverwekkende bacterie, etterkok, vnl. stafylokok en streptokok; *~colpocele*, colpocele veroorzaakt door ophoping van pus achter de baarmoeder (pyocele retro-uterina); *~cyaneus*, blauwe pus producerend; *Bacillus pyocyaneus*, verouderde naam voor Pseudomonas aeruginosa, een staafvormige bacterie die de blauwe verkleuring die soms in etter voorkomt, veroorzaakt; *~cyt*, ettercel; (nog) niet vervloeide leukocyt in pus; *~derma*, *~dermia*, *~dermie*, *~dermitis*, etterige huidontsteking; *~dermitis gangraenosa*, huidinfiltraten die door necrotisering tot abacteriële ulcera worden en vooral voorkomen bij colitis ulcerosa; *~geen*, etterverwekkend, bijv. van bacteriën; zie pyemie, pyococcus; *~hemie*, syn. pyemie.

pyolabyrintitis *G* etterige ontsteking van het inwendig oor (labyrint).

pyometra *G* etterophoping in de baarmoeder (metra).
pyomyositis purulente ontsteking van de grote skeletspieren; ~ *tropica*, intramusculaire abcessen via een bacteriëmie van (meestal) hemolytische stafylokokken bij verzwakte mensen in tropische gebieden.
pyo- *G* (smst.) *~nefrose*, nierverettering; vorming van multipele abcessen in een nier bij voortschrijdende pyelonefritis; *~nephritis*, etterige nefritis, nierabces; *~*nephrolithiasis*, ettervorming in de nier of het nierbekken bij aanwezigheid van nierstenen; *~peritonitis*, etterige buikvliesontsteking; *~*pneumothorax*, etterige pneumothorax; *~ptysis*, ophoesten van etter (pus); *~rrhoea, pyorroe*, ettervloed; *~rrhoea alveolaris*, chronische etterige ontsteking van tandvlees en tandkassen; *~salpynx*, ophoping van etter in een eileider; *~sis*, *~se*, verettering; *~splenitis*, etterige miltontsteking, miltabces; *~thorax* syn. empyema pleurae, zie empyeem.
pyramide- (onjuiste spelling) zie piramide-; zie ook pyramis.
pyramis *G* (meervoud pyramides), kegelvormig uitsteeksel; ~ *medullae oblongatae*, zie piramiden; ~ *renalis*, nierpiramide; structuur in het niermerg, gevormd door de verzamelde tubuli (zie tubulus).
pyreticum *L* middel om koorts te verwekken, tgst. antipyreticum.
pyretogeen *G* (ook: *pyrogeen*) koortsverwekkend; door koorts ontstaan.
pyretologie *G* de leer of kennis van koorts (pyrexie).
pyrexie, pyrexia *G* koorts, koortstoestand, tgst. apyrexie.
pyrgocefalie *G* oxycefalie gecombineerd met macrocefalie.
pyridoxine *vitamine B_6; belangrijk coënzym bij transaminerings- en decarboxyleringsreacties; *~-deficiëntie*, zie vitamine B.
pyrodruivenzuur stofwisselingsproduct bij de afbraak van glucose.
pyrofosfaatartropathie zie artropathie.
pyrogallol (*pyrogallolzuur*) vergiftige kristallijne stof, toegepast bij chronische huidziekten, o.a. psoriasis; *~isme,* vergiftiging door pyrogallol.
pyrogeen 1. syn. pyretogeen. 2. (zelfst.nw.) koortsverwekkende stof (een eiwit) afkomstig van bacteriën.
pyromanie (vlg. DSM-IV) stoornis in de *impulscontrole, niet het gevolg van een gedrags- of antisociale persoonlijkheidsstoornis of manische toestand, met als kenmerken: herhaaldelijk en met vooropgezet doel brandstichten, fascinatie voor vuur en sterke lustgevoelens of bevrediging tijdens de brandstichting of tijdens het kijken naar de brand; wraak, geldelijk gewin en dergelijke spelen geen rol.
pyrosis *G* maagzuur, zure oprispingen, een brandend gevoel dat uit de maag in de slokdarm opstijgt naar de keel; komt voor bij dyspepsie en gastritis en na het nuttigen van moeilijk verteerbaar voedsel.
pyrotoxine koortsverwekkend bacteriegif.
pyruvaatkinase een erytrocyten-enzym waarvan een tekort (*~-deficiëntie*) leidt tot structuurverlies van de erytrocyt met als gevolg hemolyse, anemie, icterus, miltvergroting.
pyurie *G* het lozen van pus in de urine, komt o.a. voor bij blaas- en nieraandoeningen, bijv. cystitis, pyelitis, pyelonefritis.
PYY afk. van peptide-yy, een enterohormoon (zie enterohormonen) dat de motiliteit van de dikke darm bevordert.
PZ afk. van 1. psychiatrisch ziekenhuis. 2. pancreozymine.
PZD afk. van partiële zona-dissectie, het maken van een sneetje in de *zona pellucida van de eicel zodat de zaadcel de eicel gemakkelijker kan bevruchten.

Q

QALE afk. van quality adjusted life expectancy *E*, syn QALY.
QALY afk. van quality adjusted life year *E*, syn. QALE.
QC afk. van quality control, kwaliteitsbeheersing.
QCA afk. van quantitative coronary angiography.
QCT afk. van kwantitatieve computertomografie, computertomografie waarbij het kalkgehalte van het skelet wordt bepaald door de dichtheid van botten te meten.
q.d. afk. van quater in die, viermaal daags, syn. q.i.d.
q.h. afk. van quaque hora, ieder uur.
QI afk. van *Quetelet-index.
q.i.d. (rec.) afk. van quater in die, vier maal per dag, syn. q.d.
Q-koorts (q van 'query' = vraagteken) een in vele landen epidemisch voorkomende atypische pneumonie met o.a. hoge koorts, hevige hoofdpijn en neuscatarre, veroorzaakt door een rickettsia-achtig micro-organisme (Coxiella burnetii), overgebracht door een *teek.
q.l. (rec.) afk. van quantum libet, zoveel ge wilt.
QLI afk. van quality of life-index.
q.p. (rec.) afk. van quantum placet, zoveel ge wilt.
QRS-complex het gedeelte uit het ECG dat de actiestroom van de kamercontracties weergeeft en waarvan de uiterste uitslagen worden aangeduid met deze drie letters.
q.s. (rec.) afk. van quantum satis (of sufficit), zoveel als voldoende is.
QSAR (farm.) afk. van kwantitatieve structuuractiviteit-relaties.
quack *E* kwakzalver.
quadrangularis *L* vierhoekig.
quadratus, quadratum *L* vierkant.
quadriceps *L* vierhoofdig; *m.~ femoris,* vierhoofdige dijbeenspier, strekker van het onderbeen.
quadrilaterium *L* de vier door *Celsus het eerst beschreven hoofdverschijnselen van ontsteking, nl. warmte, pijn, roodheid, zwelling (calor, dolor, rubor, tumor).
quadriparese *parese van beide armen en benen.
quadriplegie, quadriplegia *G* verlamming van de vier ledematen.
QUALY foutief voor QALY.
quantum *L* hoeveelheid; *~ libet, ~ placet, ~ vis* (rec.), zoveel ge wilt; afk. q.l., q.p., q.v.; *~ sufficit* (rec.) zoveel als voldoende is; afk. q.s.
quarantaine *F* lett. 40 dagen, gedwongen ligtijd (oorspr. 40 dagen) buiten de haven, voor schepen die besmettelijke zieken of van besmetting verdachte personen aan boord hebben of van besmette plaatsen komen (pest, cholera, enz.); tegenwoordig is men door een nauwkeuriger onderzoek en evt. ontsmetting in staat, na afzondering van de zieken, de overige opvarenden (ook van vliegtuigen!) dadelijk of zeer spoedig toe te laten.
quartana *L* vierdendaagse koorts *(febris quartana)*, met een tussenpoos van twee dagen optredende aanvallen van koorts bij malaria.

quater in die *L* afk. q.i.d. (rec.) vier maal per dag.
quaternaire structuur zie eiwitstructuur.
Queckenstedt, H. Duits arts (1876-1918); *verschijnsel van ~*, bij uitoefening van uitwendige druk op de beide buitenste halsaders stijgt onder normale omstandigheden de druk van de liquor cerebrospinalis (meetbaar bij lumbale punctie).
querulantisme bij *paranoia voorkomende vorm van waan (querulantenwaan), waarbij de lijder zich steeds in zijn rechten voelt tekortgedaan en onophoudelijk en overal herstel van dit vermeende onrecht zoekt.
Quervain, F. de Zwitsers chirurg (1868-1940); *ziekte van ~*, 1. syn. tendovaginitis stenosans. 2. subacute virale granulomateuze thyroiditis.
querykoorts zie Q-koorts.
Quetelet, L. Belgisch antropoloog (1796-1874); *Quetelet-index*, het lichaamsgewicht in kg, gedeeld door het kwadraat van de lengte in meters ($G:L^2$); 27 of meer duidt op adipositas; syn. *BMI.
Queyrat, A. Frans huidarts (1856-1933), zie erytroplakie.
Quick, A. Amerikaans biochemicus (geb. 1894); *~ -test*, syn. *~-waarde* of *~tijd*, syn. protrombinetijd (afk. PT): de tijd (normaliter ongeveer 12 sec.) die nodig is om het onderzochte bloedplasma te doen stollen na toevoeging van een *tromboplastine-oplossing en calciumchloride, is omgekeerd evenredig aan de in het plasma aanwezige hoeveelheid protrombine; proef ter bepaling van het stollend vermogen van het bloed.
quigila *P* een op lepra gelijkende aandoening, vnl. in Brazilië.
Quincke, H. Duits klinicus (1842-1922); *~-oedeem*, vroegere naam voor angio-oedeem, angioneurotisch oedeem; vorm van anafylactische allergie; *houding vlg. ~*, hellende houding van de borstkas (in buikligging) met het hoofd naar beneden ter bevordering van het ophoesten van slijm.
quinolonen groep van sterk actieve, synthetische antibiotische geneesmiddelen.
quintana *L* vijfdendaagse koorts *(febris quintana),* met een tussenpoos van drie dagen optredende aanvallen van koorts bij malaria.
quo ante *L* als tevoren.
quotidiana *L* dagelijks terugkerende koortsaanvallen bij malaria *(febris ~)*.
q.v. (rec.) afk. van quantum vis, zoveel ge wilt.

R

r afk. van ratio.
r. afk. van ramus, tak (bijv. van een bloedvat of zenuw), meervoud rami (rr).
R (rec.) afk. van 1. recipe, men neme. 2. röntgen = oude eenheid voor de intensiteit van röntgen- en γ-stralen, thans C/kg (coulomb per kg).
® aanduiding bij de naam van een spécialité; handelsmerk; (afk. van registered *E*).
RA afk. van 1. reumatoïde artritis. 2. refractaire anemie. 3. rechter atrium, rechterboezem.
RAAS afk. van *renine-angiotensine-*aldosteron-systeem; dit interactiesysteem heeft een regulerende invloed op de elektrolyten- en waterhuishouding van het lichaam en daarmee op het bloedvolume en bloeddruk; kan een belangrijke rol spelen in de pathogenese van hypertensie.
rabdo- zie ook rhabdo-.
rabdomyoom, rhabdomyoma *G* zie myoom.
rabide lijdend aan rabiës; (uitbr.) furieus, uitzinnig.
rabiës, rabies *L* hondsdolheid, syn. *lyssa; ~ *canina*, hondsdolheid optredend bij honden; ~ *felina*, kattendolheid; *~virus*, een *rhabdovirus dat rabiës veroorzaakt en wordt overgebracht door de beet van een dier (hond, kat, vos, wolf, vleermuis).
racemosus *L* druifvormig, bijv. aneurysma racemosum.
rachi- zie ook rhachi-; *~algie*, pijn in de wervelkolom, syn. rachiodynie, spinalgie; *~anesthesie*, syn. lumbale anesthesie; *~odynie*, syn. rachialgie.
rachischisis aangeboren spleet in de wervelkolom.
rachitis *G* Engelse ziekte, gekenmerkt door vertraagde ossificatie (verbening), vnl. optredende bij kinderen in het tweede levensjaar t.g.v. een gebrek aan vitamine D waarbij het fosforgehalte van het bloed verlaagd is; de fontanellen sluiten zich later dan normaal en het krijgen van tanden geschiedt onregelmatig en laat; de schedel kan typische veranderingen vertonen (zie caput quadratum en craniotabes); kenmerkend zijn epifysaire zwellingen van hand- en voetgewrichten en de knobbelvorming aan het kraakbeen der ribben ('rachitische rozenkrans'); vaak zijn de benen te zwak om het lichaamsgewicht te dragen, waardoor zij doorbuigen, met het gevolg dat X-, O- of sabelbenen ontstaan; ook treden wervelkolomverkrommingen op met misvormingen van de borstkas (zie gibbus, pectus); door goede profylaxe komt rachitis in de meeste landen niet meer voor; ~ *adolescentium*, een vorm van rachitis die meestal tussen het 8ste en 11de jaar optreedt; ~ *renalis*, zie syndroom van *Lightwood-Albright; ~ *tarda*, 1. syn. *osteomalacie. 2. syn. rachitis adolescentium; *vitamine-D-resistente* ~, syn. renale rachitis.
racketnagel zeer brede en korte nagel bij overeenkomstige eindfalanx.
raclage *F* afkrabbing, afschaving; syn. abrasie, curettage.
RAD afk. van 1. reflexmatige anusdilatatie. 2. right anterior descending branch.
rad afk. van radiation absorbed dose (*E*), oude intensiteitseenheid in de radiologie; eenheid van de door weefsel geabsorbeerde energie van ioniserende straling; 1

rad = energieabsorptie van 100 erg per gram (10^{-4} joule/kg); de eenheid rad is vervangen door de eenheid gray (Gy); 100 rad = 1 Gy.

radiaal, radiair zie radialis.

radialis *L.* 1. straalvormig. 2. tot het spaakbeen behorend; *arteria* ~ (ook kortweg radialis genoemd), spaakbeenslagader, de grote polsslagader die gewoonlijk betast wordt bij het voelen van de polsslag.

radiatie straling, uitstraling; *~*necrose*, versterf t.g.v. (be)straling.

radicaal geheel en al; grondig; *~ale operatie*, operatie waarbij de aandoening grondig wordt verwijderd; deze term wordt veelal gebruikt in het kader van chirurgie van kwaadaardige gezwellen waarbij men naar genezing (curatie) in plaats van naar *palliatie streeft; het orgaan(deel) en aangrenzende delen, inclusief de bij het orgaan(deel) behorende lymfeklieren, worden volledig weggenomen. (zelfst.nw.) 1. atoomgroep in een verbinding die soms de functie van een metaal kan hebben, bijv. het ammoniumradicaal. 2. meestal zgn. vrij radicaal: bijzonder reactieve atoomgroep, bijv. losse OH-groep of elektrisch geladen zuurstofmolecuul; vrije radicalen kunnen bijv. in fagocyterende cellen ontstaan door enzymatische processen (toxiciteit voor bacteriën) en ook door werking van ioniserende straling.

radicotomie syn. *rizotomie.

radiculair een wortel (radix) betreffend, tot een wortel behorend; *~e pijn*, wortel- of uitstralingspijn, pijn ontstaan door prikkeling van een sensibele ruggenmergswortel; *~e prikkeling*, zie radiculopathie; *~ syndroom*, verzamelnaam voor elke symptomatologie die berust op een laesie of laesies van de vóór- en/of achterwortels van de ruggenmergszenuwen, zowel prikkelings- als uitvalverschijnselen omvattend; *~e verlamming*, verlamming door vernietiging van een motorische ruggenmergswortel.

radiculitis radiculopathie t.g.v. een ontsteking.

radiculopathie (verschijnselen die optreden bij) prikkeling van een *achterwortel (meestal pijn, met name in het cervicale of lumbale gebied).

radiculosaccografie zie saccografie ('radiculo-' betreft de wortels van de ruggenmergszenuwen).

radioactiviteit de eigenschap van sommige stoffen ioniserende stralen uit te zenden door uiteenvallen van atoomkernen; deze stralen kunnen ondoorzichtige stoffen passeren; te onderscheiden in *alfastralen, *bètastralen en *gammastralen; bijv.nw. *radioactief.*

radioderm(at)itis *dermatitis veroorzaakt door ioniserende straling.

radio- *diagnostiek*, zie radiologie; *~farmacie*, de farmacie van radioactieve farmaca; zie isotopen; *~geen*, radium bevattend; door radioactiviteit veroorzaakt; *~grafie*, het fotograferen d.m.v. *röntgenstralen.

radiogram fotografisch beeld verkregen door röntgenstralen; röntgenfoto.

radio-immuunassay immunologische bepaling met behulp van een radioactief ('gemerkt') antigeen en een bindende antistof.

radio-isotopen syn. radioactieve isotopen, isotopen die ioniserende straling afgeven en wier loop in het lichaam dientengevolge door röntgenopnamen kan worden vastgelegd; zie ook isotopen.

radiologie de leer of kennis van de radioactiviteit; in de geneeskunde de kennis en toepassing van stralingsenergie voor diagnostiek en therapie; *interventie-~*, radiologie met behulp van katheter- en punctietechnieken zowel voor

diagnostische als therapeutische doeleinden.
radio- *~loog*, beoefenaar van de radiologie; röntgenoloog; *~lucent*, röntgenstralen doorlatend; *~meter*, instrument waarmee de sterkte van radioactieve stralen kan worden gemeten; *~nuclide*, radioactieve isotoop (zie isotopen); *~paak*, ondoorgankelijk voor röntgenstralen of andere bestralingsenergie.
radioscopie onderzoek van lichaamsdelen d.m.v. 'doorlichting' met röntgenstralen.
radiosensitief gevoelig voor bestraling.
radiotherapie behandeling van ziekten (met name kwaadaardige gezwellen) met behulp van straling.
radium een metaal dat van nature radioactief is, ontdekt door het echtpaar Curie in 1898; radiumzouten leveren α-, β- en γ-stralen; α- en β-stralen hebben een tegengestelde elektrische lading en een gering doordringend vermogen; de γ-stralen zijn ongeladen en zijn analoog aan *röntgenstralen, echter met een kleinere golflengte.
radiumemanatie vrijkomen van radioactief gas bij ontleding van radium.
radiumtherapie behandeling d.m.v. radium, syn. *curietherapie (n.t.v.m. radiotherapie).
radius *L* spaakbeen.
radix *L* wortel; ~ *arcus vertebrae*, het deel van de wervelboog, dat onmiddellijk aan het wervellichaam grenst; ~ *dentis*, tandwortel; ~ *dorsalis* resp. *ventralis nervorum spinalis*, achterste (sensibele) resp. voorste (motorische) wortel van de ruggenmergszenuwen; ~ *linguae*, tongwortel; ~ *mesenterii*, wortel (aanhechting) van het buikvlies aan de achterwand van de buikholte; ~ *nasi*, neuswortel; ~ *pili*, haarwortel; ~ *unguis*, nagelwortel.
RAEB afk. van refractaire anemie met overmaat (excess, *E*) aan blasten (zie blast, bet. 2).
-rafie (smst.) heelkundige hechting.
ragade, rhagas *G* kloofspleet of scheurtje in de huid of het slijmvlies; komt vnl. voor aan lippen, tong, borsttepel, anus, vingers, gewrichten.
rage *F* 1. razernij, woede; heftige drang. 2. algemene bevlieging.
ragocyten neutrofiele leukocyten in de synovia bij reumatoïde artritis, die hun korreling hebben verloren bij de fagocytose van *immuuncomplexen.
RAIT afk. van radio-immunotherapie.
RAIU afk. van radioactive iodine uptake, syn. RAJO.
Raji-cellen menselijke B-lymfoblasten met vooral affiniteit tot immuuncomplex C3b; *~-assay*, aantoning van *ICX bij *SLE.
RAJO afk. van radioactief-jood-opname, syn. RAIU.
RAKZ afk. van regionaal administratiekantoor voor zorgverleners.
RAM afk. van 1. required ability memory *E*. 2. retrovirus-associated myeloneuropathy *E*.
ramex *L* 1. syn. hernia. 2. syn. varicocele.
ramificatie vertakking.
Ramirez, C. Mexicaans dermatoloog; *dermatose van ~*, syn. erythema dyschronicum perstans, zie erytheem.
Ramon, G. Frans bacterioloog (1886-1963); **anatoxine van ~*, door Ramon uit difteriebacilculturen bereide oplossing, welke immuniseert tegen difterie.
Ramsay zie Hunt.
Ramstedt, W. Duits chirurg (1867-1963); *operatie van ~*, doorsnijding van de

hypertrofische spierlaag bij pylorospasmus(-hypertrofie) bij zuigelingen.

ramulus *L* vklw. van ramus.

ramus *L* tak van een zenuw, bloedvat of luchtpijp.

random *E* toeval; willekeur; lukraak; tgst. *non-~*, geselecteerd; *~ isatie*, gerandomiseerd onderzoek, onderzoek waarbij gegevens worden verzameld zonder voorafgaande selectie of indeling.

randpsychose zie psychose.

ranselverband 8-vormig verband door de beide okselholten, dat beide schouders achterwaarts fixeert; bij sleutelbeenfractuur.

ranula *L* kikvorsgezwel, slijmcyste onder de tong t.g.v. verwijding van een verstopt speekselkanaal (*sialoliet); komt ook aangeboren voor.

Ranvier, L. Frans patholoog (1835-1922); *insnoeringen van ~*, de insnoeringen in de mergschede van zenuwceluitlopers.

RAO afk. van right anterior oblique (hartprojectie).

RAP afk. van 1. right atrium pressure. 2. revalidatie-activiteiten-profiel.

raphe, rhaphe *G* naad, groeve, middellijn, bijv. *~ medullae oblongatae*, de middellijn van het verlengde merg; *~ linguae*, de lengtegroeve in het midden van de tongrug; *~ perinei*, de middellijn van de bilnaad; *~ scroti*, de naad in het midden van de balzak.

rapid cycling *E* *bipolaire stoornis waarvan de manische en de depressieve episodes snel wisselen.

rappel *F* lett. terugroeping; zie injection de rappel.

rapport *F* verbinding, gemeenschap, betrekking; *hypnotisch ~*, geestelijke binding tussen de patiënt (medium) en de hypnotiseur bij de hypnose, waarbij de eerste alleen reageert op de wil van de laatste.

raptus *L* plotseling optredende psychische stoornis; *~ melancholicus*, acute aanval van hevige angst bij lijders aan melancholie; kan soms tot moord of zelfmoord leiden.

rarefacteur *F* instrument om door beurtelings lucht in de gehoorgang te verdichten en te verdunnen, het trommelvlies beweeglijker te maken.

rareficatie verdunning, schrompeling van een lichaamsdeel door verdwijning van weefsel, vnl. van beenweefsel.

RAS afk. van renale arteriële stenose.

rash *E* vluchtige uitslag bij sommige infectieziekten.

Rashkind, W. Amerikaans cardioloog (overl. 1986); *~-procedure*, operatieve vergroting van een bestaand atriumseptumdefect (of opening van een gesloten septum) bij *transpositie van aorta en arteria pulmonalis, indien de menging van het bloed van de beide circulaties een te geringe oxygenatie in de grote circulatie oplevert.

rasorisme de leer van de Italiaanse arts Rasori (1766-1837), dat ziekte ontstaat, doordat het evenwicht tussen twee tegengestelde krachten (stimulus en contrastimulus) wordt verbroken; door toediening van stimulerende en contrastimulerende middelen kan het evenwicht worden hersteld.

raspatorium *L* chirurgisch instrument voor het losmaken en afschaven van het beenvlies (periost), syn. xyster.

RAST afk. van radio-allergo-sorbent test *E*, ter bepaling van specifiek IgE t.b.v. identificatie van antigeen (zie allergenen) in het serum van patiënten met allergieën.

Rastelli, G. Amerikaans thoraxchirurg (geb. 1933); *operatie van* ~, aanleg van een verbinding tussen rechter hartkamer en de arteria pulmonalis bij *atresie of *hypoplasie van het *ostium arteriosum.
ratbite fever *E* zie rattenbeetziekte.
Rathke, M. anatoom te Königsberg (1793-1860); *zakje van* ~, embryonale uitstulping van het monddak, hieruit vormt zich de hypofysevoorkwab.
ratio 1. de verhouding van de werkzaamheid van stoffen die met elkaar worden vergeleken, uitgedrukt in een quotiënt. 2. de zedelijke grond tot concluderen of handelen. 3. (alg.) evenredige verhouding.
rationalisatie 1. rechtvaardiging van gedrag waarmee de ware motieven van iemands handelen, denken en voelen worden verhuld. 2. proces waardoor dingen die verwarrend, duister en niet nauwkeurig waren, duidelijk, kernachtig en verdedigbaar worden.
rationalisme de toepassing van de rede (*ratio, bet. 2) op alles wat de mens door zijn ervaring eigen is geworden.
rationeel 1. redelijk, verstandelijk. 2. weloverwogen, gebaseerd op wetenschappelijke redenering. 3. meetbaar.
rationeel-emotieve therapie afk. RET, vorm van psychotherapie, ontwikkeld door A. Ellis, die gericht is op een directe confrontatie van een neurotisch conflict met de irrationele denkwijze of overtuiging die daaraan gekoppeld is; zeer rechtstreekse en dus zeer directieve interventies van de therapeut berusten op de theorie dat sociale angsten, onzekerheid, fobische reacties, huwelijks- en seksuele problemen ontstaan vanuit irrationele en foute veronderstellingen van de cliënt.
Ratschow, M. Duits internist (1904-1964); *proef van* ~, beoordeling van de snelheid van bleek- en weer roodworden van voetzolen en tenen en van de vulling der huidaders bij omhoogheffen resp. laten hangen van de benen, ter vaststelling van arteriële doorbloedingsstoornissen.
rattenbeetziekte infectieziekte door de beet van een rat; de verwekker is tweeërlei 1. een spirocheet die lymfadenitis veroorzaakt. 2. *Streptobacillus moniliformis*, die hoofdzakelijk artritis en hoge koorts teweegbrengt (Haverhill-ziekte).
raucedo *L* syn. *raucitas*, heesheid, veroorzaakt door catarre van het strottenhoofd (laryngitis) waardoor verminderde elasticiteit van de stembanden optreedt.
Rautek-greep een van achter het slachtoffer uitgevoerde greep van de gekruiste onderarmen om deze te tillen en te vervoeren.
ravenbekuitsteeksel processus coracoideus scapulae, stom uitsteeksel aan de ventrale zijde van het schouderblad (scapula).
Raynaud, M. Frans arts (1834-1881); *fenomeen* of *syndroom van* ~: 1. *primair* of *idiopathisch*, door koude of emotie opgewekte, symmetrische *ischemie en/of bloedstroomvertraging van lichaamsdelen vnl. aan de ledematen in de vorm van 'dode' vingers of tenen t.g.v. plaatselijke vaatkrampen, meestal gevolgd door reactieve hyperemie (wit → blauw → rood, het zgn tricolor-fenomeen). 2. *secundair* of *symptomatisch* kan het ziektebeeld optreden door o.a. arteriosclerose, vasculitiden, vaatkrampen door *ergotisme, bèta-blokkers of feochromocytoom, *sclerodermie, LED, polymyositis, reologische omstandigheden (polycytemie, cryoglobulinemie) of door druk op een armslagader (scalenus-syndroom, halsrib). 3. *gangreen van* ~, plaatselijk afsterven van ischemische lichaamsdelen, vnl. op symmetrische plaatsen; syn.

symmetrisch *gangreen. 4. *parese van* ~, keelspierverlamming optredend na bof (parotitis).
RB afk. van retinoblastoom, syn. Rb.
Rb afk. van 1. rubidium, een element. 2. retinoblastoom, syn. RB.
RBB afk. van rijksbedrijfsgezondheids- en bedrijfsveiligheidsdienst.
RBBB afk. van right bundle branch block, rechter bundeltakblock, syn. RBTB.
RBC afk. van 1. rode bloedcel. 2. red bloodcell count *E*.
RBE afk. van relatief biologisch effect, het biologische effect van een straling gerelateerd aan het biologische effect van de meest gebruikte stralingssoort nl. de röntgenstraling; de RBE van een bepaald type straling is afhankelijk van o.a. de hoogte van de geabsorbeerde dosis, de hoeveelheid straling per tijdseenheid en de tijdsintervallen tussen de bestraling; zie ook LET-waarde.
RBP afk. van retinolbindend proteïne.
RBTB afk. van rechter bundeltakblock, syn. RBBB.
RC afk. van revalidatiecentrum.
RCA afk. van 1. rechter coronaire arterie. 2. reuzencelarteriitis.
RCL afk. van rijkscontrolelaboratorium.
RCM afk. van 1. red cell mass *E*. 2. röntgencontrastmiddel.
RCMV afk. van rattencytomegalovirus.
RCN afk. van royal college of nursing.
RCT afk. van randomized controlled trial *E*.
RCX afk. van *ramus *circumflexus (van de arteria coronaria sinistra).
RD afk. van 1. reizigersdiarree. 2. respiratory disease.
RDA afk. van recommended dietary allowances (of essential nutrients) *A*.
RDB afk. van revalidatiedagbehandeling.
rDNA afk. van 1. *recombinant-DNA. 2. ribosomaal DNA, bevat de informatie voor rRNA (ribosomaal RNA); zie ribonucleïnezuur.
RDS afk. van respiratory distress syndrome *E*, zie hyaliene-membranen.
RDW afk. van red-cell distribution width *E*, een maat voor de spreiding van de grootte der erytrocyten.
RE afk. van retinoleenheid = 1 µg retinol = 6 µg bèta-caroteen.
re- (smst.) opnieuw, weer, terug.
reactie terugwerking; hetgeen door een bepaalde actie (werking) wordt teweeggebracht.
reactief reactieve als reactie geschiedend; ~ *depressie*, zie depressie; ~ *depressieve psychose*, zie psychose; ~ *ontsteking*, productieve (zie productief) ontsteking als reactie op een (weefsel)beschadiging, bijv. door een infarct, een perforatie en dergelijke; ~ *paranoïde psychose*, zie psychose; ~ *psychose*, zie psychose.
reactietijd de tijd die verloopt tussen de inwerking van een prikkel en de reactie.
reactietypen van Bonhoeffer zie Bonhoeffer.
reactiveren 1. opnieuw actief maken. 2. het herstellen en bevorderen van eigen activiteit van personen die zich herstellen van een ziekte of aandoening.
reageerbuisbevruchting in-vitrofertilisatie (IVF); zie fertilisatie.
reageerbuisbaby baby verwerkt d.m.v. reageerbuisbevruchting; zie fertilisatie.
reagens *L* reageermiddel, middel om een bepaalde scheikundige reactie teweeg te brengen, meervoud reagentia.
reageren terugwerken, een *reactie veroorzaken.

reaginen oude benaming voor immunoglobuline E, (*IgE).
realiteitsoriëntatie-training afk. ROT, therapievorm waarbij de cliënt voortdurend prikkels krijgt aangeboden die hem helpen bij de oriëntatie in tijd, plaats en persoon; voornaamste doelstelling is om de bij de cliënt aanwezige mogelijkheden te activeren en verdere achteruitgang tegen te gaan.
realiteitstoetsing, reality testing onderzoek naar een adequaat werkelijkheidsbesef; dit besef stelt iemand in staat de eigen gedachten en opvattingen aan de buitenwereld te toetsen en zonodig te corrigeren; dit betekent ook dat men weet welke prikkels en impulsen van buitenaf en welke van binnenuit komen; in het geval van een psychose is er sprake van een gestoorde toetsing, zodanig dat er een eigen werkelijkheid ontstaat.
reality-therapie vorm van psychotherapie vooral gericht op delinquente jongeren; kenmerken zijn het benadrukken van de noodzaak eigen behoeften te leren bevredigen zonder benadeling van anderen, het bijbrengen van realiteitsbesef en discipline en het kunnen geven en accepteren van liefde.
reanimatie syn. resuscitatie, alle handelingen en maatregelen die in het kader van 'eerste hulp' of daarna (ambulance, ziekenhuis) worden verricht of getroffen in een situatie van een hart- en/of ademhalingsstilstand; primair is het voorkomen van onherstelbaar verlies van hersenweefsel; de basishandelingen zijn uitwendige hartmassage en mond-op-mond *beademing, daaraan toegevoegd technieken en maatregelen die er voor zorgdragen dat de onderliggende oorzaak wordt verholpen en de verstoringen t.g.v. de hart- en/of ademhalingsstilstand worden tenietgedaan.
Réaumur, R. Frans natuurkundige (1683-1757), zie thermometer.
REB afk. van registratie evaluatie bijwerkingen (van geneesmiddelen).
rebasing *E* (tandheelk.) het herstellen of veranderen van de basis van een kunstgebit.
rebirthing *A* lett. weer geboren worden; een ademtechniek die samen met psychologische begeleiding tot zelfontplooiing moet voeren.
rebound-effect *E* (lett. terugslag) 1. terugkeer (dikwijls in versterkte mate) van een tevoren door de werking van een geneesmiddel onderdrukt verschijnsel bij vermindering van de dosis of onthouding van het middel; ook: echo-effect. 2. pijn bij plotseling loslaten van de palperende hand.
rebreathing *E* het doen inademen van de uitgeademde gassen; *partiële* ~, gedeeltelijke rebreathing, het doen inademen van een gedeelte van de uitgeademde gassen, bijvoorbeeld met uitzondering van koolstofdioxide bij algehele anesthesie (narcose).
rec. (rec.) afk. van 1. recenter, vers. 2. (farm.) recept.
recalcificatie herstel van het calciumgehalte van het skelet.
recall-antigen *E* (alg.) een antigeen waartegen een individu antistoffen bezit en dat intracutaan wordt toegediend om een overgevoeligheidsreactie op te wekken; negatieve reactie duidt op *anergie.
recDNA afk. van *recombinant-DNA.
recenter *L* vers, nieuw, kort geleden, onlangs.
recept, receptum *L* geneeskundig voorschrift van de arts, vermeldende de samenstelling, de hoeveelheid en het gebruik van een door de apotheker af te geven geneesmiddel; het recept begint met de letter *R* of *Rp*, hetgeen een afkorting is van recipe.

receptaculum *L* vat, zak, vergaarbak; fles.
receptenboek dispensatorium.
receptief ontvankelijk, vatbaar, tgst. refractair; zelfst.nw. *receptiviteit*.
receptoren ontvangers. 1. in de pathologie zijn de receptoren bepaalde groepen van moleculen van het protoplasma en van de celmembraan die de oorzaak zijn van de receptiviteit van het organisme voor een bepaald vergif. 2. eindorganen van sensorische (zintuigen) en sensibele zenuwen; van deze laatste onderscheidt men o.a. *baro-* of *presso-*, *chemo-*, *foto-*, *frigo-*, *osmo-~*, reagerend op druk of rek, resp. chemische stoffen, licht, koude, osmotische spanning, en vele andere. 3. (farm.) *proteïnen in de buitenste laag van de celmembraan, het cytoplasma en geëigende intracellulaire organellen, vanwaar uit verder transport van bio-actieve stoffen (hormonen, geneesmiddelen e.a.) naar de weefsels begint; *alfa-~*, *adrenergische receptoren met hoofdzakelijk stimulerend effect op glad *spierweefsel; *bèta-~*, *adrenergische receptoren met remmend effect op glad *spierweefsel en stimulerend effect op hartspiercellen.
receptum zie recept.
receptuur de kennis van het schrijven en het gereedmaken van recepten.
recessie terugtrekking. 1. (chir.) het verplaatsen van de aanhechting van een spier, zódanig dat *origo en *insertie dichter bij elkaar komen. 2. (tandheelk.) terugtrekking van het tandvlees waardoor tandhals en evt. een deel van de wortel bloot komen.
recessief lett.: op de achtergrond gerakend; recessief noemt men het *allel dat bij heterozygotie door het *dominante allel wordt overheerst; een recessief allel komt slechts tot uiting bij homozygotie.
recessus *L* inzinking, verborgen plaats, groeve, nis; ~ *cochlearis*, slakkenhuisbocht, een groeve gelegen onder en vóór de *recessus sphericus, bevat het onderste uiteinde van de ductus cochlearis, zie labyrint; ~ *pinealis*, nis van de derde hersenventrikel, die tot in de epifyse reikt; ~ *piriformis*, syn. sinus piriformis (obsoleet), peervormige gleuf in de wand van de laryngofarynx (zie farynx) naast het schildkraakbeen; ~ *pleurales*, nissen gevormd door de *pleura parietalis, die door de longen worden opgevuld bij inademing; syn. pleurasinus; ~ *sphericus*, ronde nis in de mediale wand van het vestibulum van het *labyrint, bevat de *sacculus.
rechterlijke machtiging tot opneming afk. RM, krachtens de Krankzinnigenwet, thans wet BOPZ, gedwongen opneming in een psychiatrisch ziekenhuis; een aanvraag bij de rechter kan worden ingediend door: meerderjarige bloedverwanten en aangehuwden in de rechte lijn (onbepaald) en in de zijlinie t/m de derde graad, de echtgenoot/echtgenote, de voogd of curator, een meerderjarige cliënt voor zichzelf; een RM wordt verleend door de rechter op vordering van de officier van justitie, mede op grond van een *geneeskundige verklaring.
rechts dexter, dextra, dextrum *L*; *~belasting*, zie decompensatio cordis.
rechute *F* verergering van een ziekte tijdens het herstel.
recidief wederinstorting, het opnieuw optreden van de verschijnselen van een ziekte, nadat deze reeds leek genezen; ook: het optreden van hetzelfde ziekteverschijnsel op een andere plaats; wkw. *recidiveren*.
recipe *L* neem, men neme, afk. (rec.) *R* of *Rp*.
recipiënt ontvanger; tgst. donor; syn. acceptor, host *E*.

reciprociteit wederkerigheid.
recirculatie terugkeer van de bloedstroom in weefsel na stremming.
Recklinghausen, F. von Duits geneesheer (1833-1910); *ziekte van* ~ 1. het optreden van een groot aantal kleine gezwellen in het verloop der zenuwen (zie ook neurofibromatose) met vorming van pigmentvlekken (café-au-lait vlekken), soms vergezeld van botafwijkingen en niet zelden gecombineerd met gezwellen van het centrale zenuwstelsel, feochromocytoom, neoplasma's, hypertensie, cerebrovasculaire insufficiëntie e.a. 2. *ostitis fibrosa cystica generalisata.
reclinatie, reclinatio *L* achteroverbuiging, terugduwing; *~gipsbed*, gipsbed ter reductie van kyfose.
Reclus, P. Frans chirurg (1847-1914); *ziekte van* ~, zie mastopathie.
recombinant-DNA afk. rDNA, recDNA, *DNA waarin een stukje vreemd DNA is ingelast (bijv. een menselijk gen) zodat een nieuwe combinatie (recombinatie) van het oorspronkelijke DNA is ontstaan; *~techniek*, techniek (biotechnologie) waarbij gebruik wordt gemaakt van recombinant-DNA; met behulp van restrictie-enzymen (zie enzymen) wordt het circulaire DNA in een *plasmide opengeknipt, waarna een vreemd gen (bijv. het gen voor humaan insuline) wordt ingelast met behulp van ligasen ('plakenzymen'); plasmiden met het recombinant-DNA worden teruggeplaatst in de bacterie (bijv. E. coli) waarna het DNA tot expressie wordt gebracht zodat uiteindelijk het menselijk insuline ('Humuline') door de bacterie wordt geproduceerd; de op deze wijze geproduceerde stoffen worden aangeduid met het voorvoegsel r of rec, bijv. rHumuline, rIL (interleukine).
recombinatie 1. *interactie tussen twee virussen na hun achtereenvolgende besmetting van de cel, waardoor een nieuw virustype ontstaat met genetische kenmerken van beide. 2. (erf.) de vorming van nieuwe combinaties van gekoppelde genen door *crossing-over.
reconvalescent herstellende; ook: convalescent.
reconvalescentie het tijdperk van herstel na een ziekte.
recordspuit injectiespuit met glazen cilinder, doch verder van metaal.
recovery *E* herstel; verkoeveren; ~ *room*, *verkoeverkamer.
recrementeel, recrementieel zie secretie.
recrudescentie syn. *recidief.
recruitment *E* 1. versterking (recrutering), bijv. versterkte aanspanning van spieren als meer kracht nodig is. 2. bij perceptiedoofheden in het slakkenhuis: te grote relatieve toeneming van de luidheidsperceptie door het slechthorende oor bij toenemende intensiteit van een geluidsprikkel; verlaagde pijndrempel van het gehoor; het als onaangenaam hard ervaren van een geluid, dat voor een goedhorende niet hinderlijk is; syn. regressie.
rectaal m.b.t. de endeldarm (rectum); *~ale instillatie*, voortdurende indruppeling van een vloeistof in de endeldarm, bijv. bij groot vochtverlies, als voldoende drinken niet mogelijk is; druppel-*lavement.
rectiole rectumcanule annex flexibel ballonnetje waaruit door knijpen een dikvloeibaar geneesmiddel in de endeldarm wordt gedeponeerd.
rectitis *G* ontsteking van de endeldarm, syn. proctitis.
rectocele *G* uitpuiling van de endeldarm in de vagina, syn. proctocele.
rectografie contrast-röntgenonderzoek van het rectum, de daarvan afgeleide afbeelding heet *rectogram*.
rectopexie het vasthechten van een rectocele aan het omgevende weefsel.

rectoplastiek 1. plastische operatie aan anus of rectum. 2. het aanleggen van een anus praeternaturalis, syn. proctoplastiek.
rectoscoop kijker, waarmee men het rectum van binnen kan bekijken; zelfst.nw. *rectoscopie;* syn. proctoscoop.
rectotomie (chir.) opening van de endeldarm, syn. proctotomie.
rectum *L* endeldarm, syn. proctos, het laatste gedeelte van de dikke darm, beginnend bij de karteldarm (colon) en eindigend bij de anus; *per ~* (ook: per anum), via de endeldarm, bijv. opnemen van temperatuur, toedienen van geneesmiddelen, onderzoeken, enz., syn. rectaal; cloaca, sigma romanum.
rectus *L* recht; *musculus ~*, rechte buikspier; *~schede*, de bindweefselschede rondom de musculus rectus abdominis (rechte buikspier); aan de voorzijde bevindt zich in het midden de *linea alba.
recuperatie herwinning (van lichaamskrachten).
recurrens *L*, **recurrerend** terugkomend, bijv. *febris ~*, zie febris; *nervus laryngeus ~*, teruglopende tak van de nervus vagus; innerveert de stembanden.
recurvatie achteroverbuiging, terugbuiging.
red eyes *E* 'rode ogen', beeld bij calcificatie van *cornea en *conjunctiva.
redressement *F*, **redressie** 'zetten', het weer op zijn plaats brengen van gebroken of ontwrichte ledematen; *~ force*, het met geweld in de goede stand brengen van een misvormd lichaamsdeel.
redresseur *F* instrument ter verwijdering van vreemde lichamen uit de urineblaas.
redressie zie redressement; wkw. redresseren.
reduceren het tot stand brengen van een *reductie.
reducibel syn. *reponibel.
reductase enzym dat zuurstof onttrekt of waterstof toevoert aan een chemische verbinding; syn. hydrogenase.
reductie 1. vermindering, verlaging, terugbrenging. 2. scheikundige herleiding, verwijdering van zuurstof uit een verbinding, tgst. oxidatie, zie oxidase; *~-reacties* scheikundige reacties, om glucose in urine aan te tonen, berustend op het reducerend vermogen van glucose.
reductiedeling syn. *meiose.
reductionisme manier van denken waarbij wordt aangenomen dat complexe verschijnselen het best worden begrepen in een analyse van de onderdelen.
redundant overtollig; overvloedig; niet van nut; zelfst.nw. *redundantie*.
reduplicatie verdubbeling; (psych.) pathologische beleving van een patiënt dat hij zich op twee plaatsen tegelijk bevindt (syndroom van Zangwill).
redux *L* terugleidend; zie crepitatie.
Reed, Dorothy Amerikaans patholoog (1874-1964), zie Sternberg.
reëducatie heropvoeding.
re-entry *E* (card.) retrograde terugkeer van een geblokkeerde contractieprikkel in het hart.
referentiekader geheel van waarden, normen, overtuigingen en gedragingen dat men zich eigen heeft gemaakt.
referred pain *E* 'overgedragen pijn', 'uitstralende pijn ', weerpijn, zie Head.
refertilisatie herstel van de *fertiliteit na steriliteit.
reflectie (ook: *reflexie*) 1. terugkaatsing, terugstraling, bijv. van geluid of licht. 2. overdenking.
reflector de zetel van een reflex, bijv. een zenuwcentrum.

reflectorisch m.b.t. of verlopend als een reflex.
reflex *L* onwillekeurige reactie op bepaalde prikkels, bijv. het terugtrekken van de hand wanneer ze te dicht bij een brandend voorwerp komt, het zich vernauwen der pupillen bij invallen van sterk licht, het sneller kloppen van het hart bij plotselinge schrik, enz.; de reflex wordt veroorzaakt, doordat de prikkel langs een gevoelszenuw naar een bepaald reflexcentrum (reflector) wordt geleid en van hier langs een bewegingszenuw naar een spier of spiergroep, die zich dan samentrekt (*~boog* of *~kring*); de reflexcentra of reflectoren bevinden zich vnl. in het ruggenmerg, het verlengde merg of de hersenen; ter herkenning van sommige aandoeningen (vooral zenuw- en ruggenmergsziekten) wordt in de diagnostiek dikwijls het opwekken van reflexbewegingen toegepast; *achillespees~* (afk. APR), contractie van de kuitspieren bij slag op de achillespees; *braak~*, syn. *farynxreflex; *buikhuid~*, contractie van de buikspieren bij strijken over de buikhuid; *conditional E* of *conditionele ~*, voorwaardelijke reflex; *cornea~*, het sluiten van de oogleden bij aanraking of benadering van de cornea; *cremaster~*, omhoogtrekken van het scrotum bij strijken over de huid aan de binnenzijde van het bovenbeen; *~dystrofie*, *Sudecksyndroom; *kniepees~* (afk. KPR), syn. *patellaire ~*, contractie van de strekspieren in het bovenbeen bij slag op de pees onder de knieschijf; *oculocefale ~*, plotselinge passieve standverandering van het hoofd veroorzaakt bij de comateuze patiënt een snelle geconjugeerde beweging (zie conjugatie, bet. 3) van de ogen (als die van poppen-ogen) in tegengestelde richting; *mandibula-* of *masseter~*, samentrekking van de musculus masseter bij bekloppen van de kin; *palmomentale ~*, stevig strijken over de duimmuis geeft een contractie van de musculus mentalis (kinspier) aan dezelfde zijde; *pees~*, zie peesreflex; *pupil~*, vernauwing van de pupil t.g.v. prikkeling van het netvlies door een lichtstraal en bij accommodatie; *sinus caroticus ~*, zie glomus caroticus reflex; *snuit~*, vooruitstulping van de lippen bij bekloppen van mondhoek of lippen; *~tijd*, de tijd die verloopt tussen de slag met de reflexhamer en het eind van de reflexbeweging bij peesreflexen; *vasovagale ~*, reflectorische prikkeling van de nervus vagus t.g.v. een impuls uitgaande van een vaatwand; *voetzool~*, afk. VZR, plantaire buiging van de tenen bij het strijken (met enige druk) d.m.v. een stomp voorwerp (gebruikelijk is de steel van een reflexhamer) langs de onderzijde van de laterale rand van de voetzool; *voorwaardelijke* of *verkregen ~*, syn. conditional *E* of conditionele, tijdens het leven verworven reflex in de vorm van een fysiologisch verschijnsel als reactie op een prikkel die hiermee geen oorzakelijk verband houdt (Pawlow), bijv. speekselvloed bij de aanblik van voedsel; de voorwaardelijke reflexen zijn van fundamenteel belang voor de fysiologische en psychologische activiteiten van mens en dier. Zie ook Babinski, Bragard, Chaddock, glabella, Gordon, Gowers, Kemp, Kernig, Lasègue, Mendel-Bechterew, Naffziger, Oppenheim, Rossolimo, Strümpell.
reflexograaf instrument ter optekening van peesreflexen.
reflexzone het bij een bepaald lichaams*segment behorend huidgedeelte.
reflux, refluxus *L* terugvloeiing; syn. rejectie; *biliaire ~-gastritis*, *gastritis t.g.v. reflux van duodenuminhoud bij (meestal postoperatieve) insufficiëntie van de pylorus; *hepatojugulaire ~*, druk met de hand op de vergrote lever bij rechts*decompensatie van het hart veroorzaakt toeneming van de veneuze druk aan de hals (symptoom van Pasteur); *~ oesofagitis*, zie oesofagitis; *vesico-ureterale ~*, terugvloeiing van urine uit de blaas in de ureters, meestal op grond

van een aangeboren afwijking van de uretermonden.

refoetalisatie terugkeer van de foetale circulatie doordat de *ductus Botalli bij de pasgeborene weer opengaat nadat hij aanvankelijk gesloten was.

refracta *L* gebroken, klein.

refractair ongevoelig, onontvankelijk, tgst. receptief.

refractie breking, herbreking; bijv.nw. *refractief*. 1. (oogheelk.) de richtingverandering die de lichtstralen in het oog ondergaan wanneer dit in rust is; de normale refractie van het oog heet emmetropie; *~-anomalie*, afwijking in de breking der lichtstralen in het oog, bijv. bij astigmatisme, hypermetropie, myopie, presbyopie; syn. ametropie; *~-chirurgie*, operatieve methode van refractieverbetering; zie ook epikeratoplastiek, keratomileusis, keratofakie, keratotomie, keratectomie. 2. (oogheelk.) de verhouding tussen de sterkte van het optische stelsel en de lengte van het oog, gemeten in de optische as. 3. (chir.) het opnieuw breken van verkeerd genezen been na beenbreuk.

refractometer 1. toestel waarmee het lichtbrekend vermogen van vloeistof kan worden gemeten. 2. idem van het oog.

refractureren opnieuw breken; zie refractie (bet. 2).

refrigerans *L* afkoelend middel, dorstmiddel, meervoud refrigerantia.

refrigeratie, refrigeratio *L* kouvatten.

Refsum, S. Noors arts (geb. 1907); *ziekte van ~*, syn. heredopathia atactica polyneuritiformis, autosomaal erfelijke lipoïdstapelingsziekte t.g.v. enzymdefect in het fytaanzuurmetabolisme, o.a. gekenmerkt door doofheid, polyneuropathie, ataxie, botafwijkingen, ichthyose, retinopathia pigmentosa.

refugium *L* toevlucht.

regenboogvlies zie iris.

regeneratie herstel, genezing, het opnieuw aangroeien.

regime *F*, **regiem, regimen** *L* voorschrift betreffende de levenswijze en het dieet van een zieke; leefregel.

regio *L* streek, bijv. ~ *hypogastrica* of *hypogastrium*, de onderbuikstreek; ~ *inguinalis*, liesstreek; ~ *olfactoria*, de streek of het orgaan van de reukzin; ~ *temporalis*, slaapstreek; meervoud regiones.

regionaal, regionair tot een bepaalde streek behorend; *~e anesthesie*, ongevoeligheid van een gehele streek van het lichaam, tgst. lokale anesthesie; *~e lymfadenitis*, lymfeklierontsteking t.g.v. een ontsteking in het gebied waarvan de afvoerende lymfestroom gericht is naar de betreffende lymfeklieren.

regrediëntie *L* teruggang; zich terugtrekken.

regressie 1. terugkeer tot een vroeger stadium. 2. (psych.an.) *afweermechanisme waarbij men terugkeert naar het functioneringsniveau van een vroeger ontwikkelingsstadium. 3. (psych.) geestelijke aftakeling. 4. syn. *recruitment.

regressief achteruitgaand; tgst. progressief; *~ve metamorfose*, metamorfose die berust op achteruitgang van weefsel of cellen, bijv. atrofie, degeneratie.

regulair, regularis *L* regelmatig, geregeld, bijv. van de polsslag.

regulans *L* geneesmiddel dat een organisch of psychisch proces in normale banen leidt, meervoud regulantia.

regularis zie regulair.

regulatie 1. aanpassing aan de normale toestand. 2. (tandheelk.) het in de normale stand brengen van onregelmatigheden in het gebit, syn. orthodontie. 3. *vegetatieve ~*, de wisselwerking in het hypothalamus-hypofyse circuit tussen het zenuwstelsel en het humorale regelsysteem van de endocriene functies. 4. *down (E)-~* (farm.), paradoxaal effect van een stimulerend farmacon door receptorenblokkade.

regulatorgen een gen dat een specifieke activiteit reguleert.

regurgitatie terugstroming, bijv. van bloed door de mondingen van het hart bij insufficiëntie van de hartkleppen; het terugstromen van ingeslikte vloeistoffen door de neus bij verlamming van het verhemelte.

rehabilitatie 1. weer arbeidsgeschikt maken of worden van een herstelde zieke of gewonde. 2. herintegratie in de eigen of in een nieuwe sociale omgeving en de daarbij behorende subcultuur, syn. resocialisatie.

rehalatie syn. *rebreathing.

rehydratie opheffing van *dehydratie door vochttoevoer.

Reichmann, N. Pools internist (1851-1918); *syndroom van ~*, hyperaciditeit en hypersecretie van de maag, niet t.g.v. gastritis of ulcus pepticum.

Reifenstein, E. Amerikaans arts (overl. 1975); *syndroom van ~*, X-gebonden vorm van mannelijk pseudohermafroditisme t.g.v. ongevoeligheid voor (wèl aanwezig) androsteron, gekenmerkt door hypospadie, infertiliteit, gynaecomastie, kleine testes, schaarse baard- en schaambeharing.

reïmplantatie, reimplantatio *L* opnieuw inplanten (implantatie); *~ dentium*, het opnieuw in de tandkas zetten van een uitgetrokken of uitgestoten tand of kies.

reincultuur zuivere kweek, een kweek van slechts één soort micro-organisme, meestal bacterie.

reïnduratie opnieuw optredende verharding (induratie), bijv. bij *chancre, wanneer zich na genezing in het litteken een nieuwe zweer vormt.

reïnfarct (foutief) uitdrukking voor een (hart)infarct bij iemand die al eerder een infarct heeft gehad.

reïnfectie nieuwe infectie na hernieuwde besmetting met dezelfde ziekteverwekker.

reinforcement *E* versterking, bekrachtiging waardoor een bepaald gewenst gedrag doorzet of toeneemt.

Reinke, J. Duits anatoom (1862-1919); *oedeem van ~*, oedeem van het subepitheliale bindweefsel van de stembanden, meestal door verkeerde spreek- of zangtechniek.

reïntegratie 1. functioneel herstel, vernieuwing. 2. (psych.) herstel van een harmonische persoonlijkheid.

Reissner, E. Duits anatoom (1824-1878); *membraan van ~*, de bovenste begrenzing van de ductus cochlearis (zie labyrint).

reisziekte verzamelnaam voor wagen-, lucht- en zeeziekte, gekenmerkt door misselijkheid, braken en duizeligheid t.g.v. de bewegingen die het lichaam ondergaat en de hierdoor optredende prikkeling van het evenwichtsorgaan (zie labyrint).

reit. (rec.) afk. van reiteretur, men herhale.

Reiter, H. Duits bacterioloog (1881-1969); *~-proteïne test*, een complementbindingsreactie op lues; *syndroom van ~*, niet specifieke urethrobalanitis, keratodermie, nagelafwijkingen, amicrobiële *pustulose, mondulceraties, artritis en oogafwijkingen (conjunctivitis, iridocyclitis, keratitis); mogelijk is *Chlamydia (mede?) in het spel; syn. syndroom van Vidal en Jacquet.

reiteretur *L* men herhale; afk. (rec.) reït.

rejectie 1. terugvloeiing, syn. reflux. 2. afstoting van getransplanteerd weefsel of orgaan, tgst. *chimerisme; *cellulaire* ~, ontstekingsachtige reactie in interstitieel weefsel; *vasculaire* ~, intimaproliferatie in de arteriolen welke leidt tot ischemie.
rekanalisatie het weer toegankelijk maken c.q. worden van een verstopt vat of kanaal; zie desobstructie.
rekenzucht aritmomanie.
REKO afk. van regeling kinderopvang.
rekverband zie draadextensie.
RELAC afk. van referentie-instituut laboratoriumonderzoek antistollingscontrole.
relaps syn. *recidief.
relatief betrekkelijk; tgst. absoluut, volstrekt.
relatietherapie therapie die zich hoofdzakelijk richt op de problemen in de onderlinge relatie tussen mensen die nauw met elkaar verbonden zijn.
relaxans, relaxivum *L* 1. middel dat spieren of weefsel doet verslappen, meervoud relaxantia, relaxiva. 2. middel dat geestelijke ontspanning teweegbrengt.
relaxatie, relaxatio *L* 1. verslapping, bijv. van weefsels of spieren; ~ *diaphragmatica*, plaatselijke verslapping van het middenrif waardoor dit uitpuilt in de thorax. 2. ontspanning van de geest.
relaxatietherapie therapievorm waarbij door o.a. consequente geleidelijke oefening van het ontspannen van delen van het lichaam (te beginnen bij de ledematen) een psychische ontspanning wordt bereikt.
relaxine een polypeptidenhormoon in het *corpus luteum, dat een rol speelt in de rijping van de cervix uteri (baarmoederhals) en een verwekende werking heeft op het kraakbeen van de *symfyse.
relaxivum *L* zie relaxans.
releasing factor *E* in het bloed circulerende stoffen die bepaalde organen tot activiteit stimuleren, in engere zin stoffen uit de hypothalamus die de *hypofysevoorkwab activeren; afk. RF, syn. releasing hormoon.
rem afk. van röntgen equivalent man *E*, de hoeveelheid ioniserende straling met hetzelfde biologische effect als dat van een *rad, dus afhankelijk van de weefselsoort; de eenheid rem is vervangen door de eenheid *sievert (Sv); 1 Sv = 100 rem.
REM rapid eye movements (*E*); ~ *slaap*, het slaapstadium gekenmerkt door snelle oogbewegingen, een snellere en onregelmatige ademhaling en hartslag; zie ook non-REM-slaap (afk. NREM).
remanent achterblijvend; overblijvend.
remasking *E* (in de röntgenologie) een *algoritme waarbij een nieuw masker wordt gekozen ter vervanging van een ongewenst artefact.
remediabel te genezen, te verhelpen, geneesbaar.
remedial teaching *E* individu-specifiek onderwijs in situaties waarin groepsonderwijs niet mogelijk of haalbaar is.
remedie, remedium *L* geneesmiddel, geneeswijze, meervoud remedia; ~ *adjuvans*, toegevoegd geneesmiddel dat de werking van het hoofdbestanddeel van het recept ondersteunt; ~ *cardinale*, het voornaamste geneesmiddel, het hoofdbestanddeel van een recept; ~ *galenicum*, natuurlijk (plantaardig) of galenisch geneesmiddel, tgst. ~ *spagiricum* , scheikundig of spagirisch geneesmiddel.

remissie vermindering van ziekteverschijnselen, zonder dat zij geheel verdwijnen, meestal tijdelijk; tgst. exacerbatie; zie ook intermissie, remitterend.

remitterend, remittens *L* bij tussenpozen verminderend, onderbrekend; *febris* ~, remitterende koorts, zie febris.

remmer zie inhibitie, inhibitor.

remming 1. (psych.) associatiebelemmering door te sterk overwegen van een momenteel bewuste voorstelling of door te sterke binding van de bewust-gewenste met een andere onbewuste voorstelling. 2. syn. inhibitie.

remnant *E* (farm.) restant; spoor, kleine hoeveelheid.

remyelinisatie zie demyelinisatie.

ren *L* *nier, meervoud *renes, syn. nephros; de nieren zijn twee *retroperitoneale organen ter weerszijden van de wervelkolom onder het middenrif, die dienen tot regulering van de samenstelling en het volume van de lichaamsvloeistoffen; het afscheidingsproduct is de urine; zij bestaan van binnen uit merg dat door de schors is omgeven; in het merg bevinden zich 7 tot 20 kegelvormige afdelingen of piramiden met vele urinebuisjes, waaruit de urine in het nierbekken sijpelt; hieruit wordt de urine door de urineleider via de urineblaas uit het lichaam verwijderd; in de schors bevinden zich de lichaampjes van Malpighi, zie glomerulus; ~ *cysticus*, cystennier, autosomaal dominant-erfelijke ziekte waarbij in beide nieren, zowel in schors als merg (*ren cysticus corticalis* resp. *medullaris*) multipele kysten tussen ongeveer het 20ste en 35ste levensjaar tot nierdegeneratie en terminale *nierinsufficiëntie kunnen leiden; de oorzaak ligt in een afwijking in het 16de chromosoom (zie crossing-over); gevreesde complicaties zijn infectie, hematurie en hypertensie; syn. hydrops renum cysticus; afk. *PKD; ~ *mobilis*, zwerfnier, wandelnier, beweeglijke nier die lager ligt dan normaal; zwerfnier kan hydronefrose tot gevolg hebben door knikking van de urineleider; ~ *unguliformis*, syn. ~ *arcuatus* of ~ *concretus*, hoefijzernier, samengegroeid zijn van de linker en rechter onderste nierpolen.

renaal, renalis *L* de nier betreffend, daartoe behorend.

renal plasma flow *E* de hoeveelheid (bloed)plasma die per minuut door de nieren stroomt; nierfunctieproef door *clearance van diodrast of para-aminohippuurzuur; afk. RPF.

Rendu, H. Frans internist (1844-1902), zie angiomatose.

renes *L* meervoud van ren.

renifleur reuk-fetisjist, *fetisjisme door een bepaalde reuk.

reniform niervormig.

RENINE afk. van registratie nierfunctievervanging Nederland.

renine een hormoon dat vnl. wordt gevormd in het *juxta-glomerulair apparaat; door inwerking van renine op *angiotensinogeen wordt hieruit indirect het angiotensine II gevormd; ~*substraat*, *angiotensinogeen.

reninoma haemangiopericytoma van het *juxta-glomerulair apparaat; veroorzaakt primair *hyperreninisme.

renipunctuur punctuur of incisie van een gespannen nierkapsel.

renitentie weerstand; weerspannigheid; bijv.nw. *renitent,* tegenstribbelend.

rennine syn. lebenzym, een in het maagsap van zuigelingen voorkomend, eiwitsplitsend enzym dat zorgt voor het stremmen van de melk, d.w.z. het onoplosbaar maken (neerslaan) van de (kaas)eiwitten (caseïne); het enzym *pepsine kan er dan op gaan inwerken.

renografie functieonderzoek van de nieren met behulp van radioactieve isotopen; het resultaat heet *renogram*.
renotyphus syn. *nefrotyfus.
renovasculair m.b.t. de nieren en bloedvaten, bijv. *~e hypertensie*, (secundair) verhoogde bloeddruk t.g.v. afwijkingen van de niervaten.
renteneurose (psych.) begrip ter aanduiding van een toestandsbeeld dat soms optreedt na een ongeval, waarbij somatische klachten ondanks alle mogelijke onderzoeken blijven aanhouden en voor de cliënt een steeds duidelijker betekenis krijgen van zijn miskenning; dieperliggende oorzaken zijn vaak angsten die reeds lange tijd bestaan (soms heeft de pijn een symbolische betekenis i.v.m. vroegere angsten) en het tegemoetkomen aan de reeds lang aanwezige wens ziek te worden en daardoor de confrontatie met moeilijkheden te vermijden; syn. ongevalsneurose.
renucleatie genetische techniek in de zoölogie waarbij de kern van een eicel wordt vervangen door die van een andere cel.
renversé *F* omslag bij een zwachtelverband op plaatsen waar een lichaamsdeel dunner of dikker wordt, teneinde het verband aan het oppervlak van het lichaamsdeel te laten aansluiten; een door renversé's gevormd zwachtelverband heet dolabra of fascie.
REO afk. van respiratory, enteric, orphan; *reovirus*, een groep van *diplornavirussen waarvoor de mens wél antistoffen maakt doch waarvan geen humane pathogeniteit bekend is; reo-virussen zijn *arbovirussen.
reobase de minimale galvanische stroomsterkte die bij prikkeling van de zenuw nodig is om een spiercontractie te verwekken.
reo- *~grafie*, registratie van stroomsterkte of -verloop; *~logie*, stromingsleer; doorstroming; *~pathie*, afwijkende doorstroming (versnelling; vertraging).
reorganisatie genezing door vernieuwing van weefsel dat door ziekteprocessen was verloren gegaan.
reotaxis *L* het zich richten van een organisme in de stroomrichting van een vloeistof of daaraan tegengesteld.
reovirussen tot de *enterovirussen behorende groep van virussen.
rep. (rec.) afk. van repetatur, men herhale, syn. iteretur.
repellens *L* 1. terugdrijvend middel, onderdrukkend middel, bijv. van oppervlakkige ontstekingen. 2. chemisch middel dat door zijn geur insecten afstoot c.q. doodt, meervoud repellentia.
repens *L* syn. serpens.
repercussie terugslag; (schadelijk) gevolg van een maatregel of gebeuren.
reperfusie herstel van *perfusie (doorstroming); (kunstmatige) perfusie van weefsel dat (kort tevoren) van bloed verstoken is geraakt, bijv. door arteriële trombose.
repetatur (rec.) men herhale.
repetitive strain injuries zie *RSI.
replacement-transfusion *E* wisseltransfusie, zie exsanguinatie.
replantatie 1. het inplanten op zijn oorspronkelijke plaats, bijv. van een orgaan. 2. het aanhechten van een afgerukt lichaamsdeel, bijv. arm, vinger, been; zie ook reïmplantatie, transplantatie.
repletie, repletio *L* vulling, volheid, dikte.
replicatie 1. verdubbeling van DNA tijdens de celdeling. 2. herhaling van een experiment.

repolarisatie (card.) de spontane terugkeer naar de toestand van *polarisatie van de cel na *depolarisatie.
reponeren induwen, terug op zijn plaats brengen.
reponibel induwbaar, terug op zijn plaats te brengen, bijv. van breuken of ontwrichtingen, syn. reducibel, tgst. irreponibel.
repositie terugbrenging, het weer inbrengen van een hernia of van een fractuur of luxatie, syn. reductie.
repressie 1. (psych.) terugdringen van een verlangen dat niet strookt met de morele normen; repressie wordt soms als synoniem gebruikt voor *verdringing. 2. onderdrukking van informatie.
repressor stof die de synthese van een enzym remt; ~ *gen*, een gen dat de werking van een ander gen onderdrukt.
reproductie voortplanting, groei; (psych.) het zich opnieuw herinneren van een vergeten of zeer vaag geworden voorstelling; *~stoornis*, syn. amnestisch syndroom.
repulsie terugstoting.
RER afk. van ruw (rough *E*) *endoplasmatisch reticulum, bezet met talrijke ribosomen.
rerouting *E* (chir.) het 'verleggen' van de baan van een bloedvat of zenuw, wanneer bijv. een chirurgische ingreep dit nodig maakt.
RES afk. van reticulo-endotheliaal systeem (obsoleet), thans weefselmacrofagensysteem (afk. MPS); zie macrofaag.
resasthenie, rhesasthenia *G* asthenie (zwakte) van de stem bij sprekers.
reseceren (chir.) het verrichten van een *resectie.
resectie uitsnijding, gedeeltelijke verwijdering van een orgaan, gewricht of zenuw; zie ook exarticulatie, extirpatie; *transuretrale* ~, syn. *endoresectie.
resectoscoop instrument voor resectie van de prostaat via de urethra.
reservelucht zie capaciteit.
reservoircellen cellen in het centrale zenuwstelsel, geïnfecteerd met een virus dat de bloed-liquor-*barrière niet kan passeren, en die aldus een potentiële infectiebron vormen.
resident, residentieel verbonden aan; verblijvend; *~e flora*, de omvangrijke bacteriële flora die voorkomt op huid en slijmvliezen; deze residente bacteriën verhinderen dat andere, mogelijk schadelijke, micro-organismen zich op die plaats kunnen vestigen; deze vorm van weerstand wordt kolonisatie-resistentie genoemd; door wassen wordt de residente flora nooit volledig verwijderd; zie ook *transiënte flora.
residu, residuum *L* overblijfsel; hetgeen na lediging over- of achterblijft, zie ook retentie, residuaal.
residuaal, residueel overblijvend; syn. remanent; *~ale lucht*, de lucht die na diepe uitademing nog in de longen overblijft; *~ale urine*, de urine die na de lozing nog in de blaas achterblijft; *~ale verlamming*, de verlamming die na apoplexie blijft bestaan.
resistance globulaire *F* de weerstand van erytrocyten tegen hemolyse door een hypotonische zoutoplossing.
resistentie weerstand, weerstandsvermogen. 1. het gevoel van weerstand bij het betasten van holle lichamen, bijv. de buikwand, gezwellen. 2. weerstand van een organisme tegen infectie, ziekte, immuniteit of vergiffen. 3. (psych.) weerstand

tegen de bewustwording van verdrongen complexen. 4. ongevoeligheid van micro-organismen en virussen voor werking van chemotherapeutica en antibiotica, syn. *'bacteriële' ~; capillaire ~*, de mate van breekbaarheid van de haarvaten, te bepalen door uitoefening van onderdruk op de huid d.m.v. vacuümzuigklok; *~-factor*, een overdraagbaar element in een bacteriesoort waardoor deze onvatbaar is voor de inwerking van een antibioticum of chemotherapeuticum; *kruis~*, zie kruisresistentie; *osmotische ~*, syn. *résistance globulaire.

resocialisatie syn. *rehabilitatie (bet. 2).

resolutie, resolutio *L* 1. oplossing van vloeistoffen. 2. het verdwijnen van gezwellen, ontstekingen, exsudaten zonder ettering.

resolvens *L* oplossend middel dat *resolutie (bet. 2) bevordert, meervoud resolvéntia.

resonantie weerklank, terugkaatsing van geluid, het voorttrillen van het geluid in een klankbodem.

resorbens *L* (ook: absorbens) opslorpend of zuurbindend middel, meervoud resorbentia; wkw. *resorberen* (ook: absorberen).

resorcine kleurloze kristallen uit harssoorten; de oplossing heeft een antiseptische en keratolytische werking.

resorptie opslorping. 1. de opneming van vloeistoffen (bijv. exsudaten) of opgeloste bestanddelen (bijv. voedingsstoffen) in de lichaamsvloeistof. 2. het proces waarbij vaste stoffen in het lichaam worden opgelost en in de lichaamsvloeistof opgenomen.

respirabel geschikt om in te ademen (lucht, gassen), tgst. irrespirabel.

respiratie, respiratio *L* ademhaling; bij de respiratie stroomt de ingeademde lucht via de neus of mond, door het strottenhoofd en de luchtpijp en haar vertakkingen (bronchi) naar de longblaasjes; hier wordt de zuurstof door het bloed opgenomen en door het lichaam gevoerd; tegelijkertijd worden door het bloed CO_2 en water afgegeven, die met de uitademingslucht worden verwijderd (gaswisseling); bij volwassenen heeft de respiratie onder normale omstandigheden 16-20 maal per minuut plaats; bij opwinding, inspanning, koorts, aandoeningen van hart en ademhalingsorganen enz. is dit getal hoger; de verhouding van het aantal ademhalingen tot het aantal polsslagen is in de regel 1:4; bij kinderen is de respiratie sneller dan bij volwassenen; *abdominale ~*, buikademhaling, het type van respiratie bij mannen, d.i. overwegend door samentrekking van het middenrif; *costale ~*, borstademhaling, het type van respiratie bij vrouwen, d.i. overwegend door samentrekking van de tussenribsspieren.

respiratoir, respiratorisch m.b.t. de ademhaling; *~ syncytieel virus*, zie metamyxovirussen.

respirator *L* beschermende kap voor neus en mond, voorzien van een filter, tegen het inademen van vergiftige gassen, onzuivere lucht enz., ook in gebruik bij lijders aan aandoeningen der ademhalingsorganen.

respiratorisch zie respiratoir.

respiratory *E* m.b.t. de ademhaling; *~ distress*, zie RDS.

respirograaf, -meter zie spirograaf, spirometer.

respons, response *E* 1. de reactie van een orgaan of systeem op een prikkel; *evoked response E* (alg.) tevoorschijn geroepen reactie, in engere zin verandering in de elektrische activiteit van een bepaald deel van het zenuwstelsel als reactie

op een frequent herhaalde sensorische prikkel. 2. *effector.
restitutie, restitutio *L* herstel, genezing; ~ *ad integrum,* volkomen herstel, het weer ontstaan van de normale toestand, genezing zonder litteken of blijvende gevolgen.
restless legs *E* (onrustige benen), door onaangename gevoelssensaties in de onderbenen (kriebelen, tintelen, 'pijn') onbedwingbare behoefte de benen te bewegen; treedt vooral op in rust ('s nachts); tot de (vermoedelijke) oorzaken rekent men: circulatiestoornissen, anemie, avitaminose, zwangerschap, uremie, diabetes, polyneuropathie, familiaire aanleg; syn. anxietas tibiarum, inquiétude des jambes *F.*
restlichaampjes resten van gefagocyteerde deeltjes in fagocyten.
restraint *E* dwang; *no* ~, verpleging van psychiatrische patiënten zonder dwangmiddelen.
restrictie beperking, belemmering; bijv.nw. *restrictief*; zie ook restrictie-*enzym.
reststikstof de in het bloedplasma aanwezige hoeveelheid stikstof na verwijdering van de eiwitten; wordt gevormd door ureum (55%), urinezuur, creatinine, ammoniak, aminozuren e.a.; syn. non-protein nitrogen *E.*
resuscitatie syn. *reanimatie.
resusfactor (afk. Rh) een antigeen, het resusantigeen, antigeen D op de rode bloedcellen van 85% der blanke mensen (resuspositief) - bij andere rassen is dit percentage hoger - die bij bloedtransfusie ten gunste van iemand die deze stof mist (resusnegatief) antistoffen in zijn bloedplasma kan doen ontstaan, die zich bij een volgende dergelijke transfusie met de ingebrachte resuspositieve erytrocyten binden en deze doen samenklonteren (hemagglutinatie) en oplossen (hemolyse), waardoor ernstige ziekteverschijnselen kunnen ontstaan (*resusantagonisme* of *-incompatibiliteit*); bij elke volgende transfusie van Rh+ bloed bij een Rh- ontvanger vormen zich meer *antistoffen en wordt de kans op ziekteverschijnselen groter; bij een bloedtransfusie moeten dus zowel de A- en B-factoren als de Rh-factor van gever en ontvanger overeenstemmen; hetzelfde antigenenmechanisme heeft plaats wanneer een resusnegatieve vrouw zwanger is van een resuspositief kind (van een resuspositieve man) òf wanneer, in dezelfde omstandigheid, de zwangere vroeger een transfusie met resuspositief bloed heeft gehad; deze situatie kan ernstige gevolgen hebben voor de vrucht; zie ook anti-D-gammaglobuline.
RET afk. van 1. *rationeel-emotieve therapie. 2. rationele effectiviteitstraining. 3. registratie enterale voeding thuis.
retardatie vertraging, bijv. van groei; *mentale* ~, zie zwakzinnigheid.
retard-werking (farm.) vertraagde opneming in het lichaam van een hiertoe bewerkt geneesmiddel.
rete *L* netwerk van kleine bloedvaten, meervoud retia; zie ook reticu-; ~ *mirabile,* 'wondernetwerk', arterieel capillair netwerk, bijv. glomerulus renalis.
retentie, retentio *L* 1. ophouding, terughouding, bijv. van lichaamsvochten of stoffen die verwijderd moesten worden, zie ook residu; *~braken,* braken bij afsluiting van de pylorus, vaak in de vorm van *projectielbraken; ~ *dentis,* het niet doorbreken van een gebitselement; *~cyste,* cyste ontstaan door verstopping van de uitvoergang van een klier; ~ *mensium,* het niet afvloeien van het menstruele bloed bij gynatresie; ~ *testis,* in de afdalingsroute palpabele testikel, die niet in het (onderontwikkelde) scrotum is te brengen; *~toxicose,*

zelfvergiftiging door verstopping; ~ *urinae*, zie urineretentie. 2. (psych.) herinneringsvermogen. 3. het onderhouden van de goede stand van de breukstukken tijdens de genezing van een fractuur.

retetheel korte benaming van reticulo-endotheel (ook: *retotheel*).

reticulair netvormig; ~ *(bind)weefsel*, weefsel met een netvormige vezelstructuur.

reticuline het eiwit van de reticulaire (netvormige) vezels in bindweefsel.

reticulocyt door vitale kleuring (zie vitaal) aan te tonen jonge erytrocyt die bij sterke bloedaanmaak in vermeerderde mate in het bloed voorkomt.

reticulocytose vermeerdering van *reticulocyten; komt voor bij acuut en chronisch bloedverlies en hemolyse, thalassemie, sikkelcelanemie, aanvalsgewijs optredende hemoglobinurie e.a.; tgst. reticulopenie.

reticulo-endotheliaal systeem afk. RES, een verouderde term die in gebruik was om het geheel van de fagocyterende cellen (weefselmacrofagen) in de milt, de lymfeklieren en andere lymfoïde organen aan te duiden; de term ging uit van het idee dat fagocyterende cellen in relatie stonden tot endotheelcellen; tegenwoordig beseft men dat de fagocyterende cellen behoren tot de promonocyt-monocyt-macrofaag-lijn (het mononucleaire fagocytensysteem).

reticulo-endotheliose syn. *histiocytose.

reticuloïd een structuur lijkend op een netwerk (reticulum); *actinisch* ~, chronische gelichenificeerde *dermatitis vooral op aan het licht blootgestelde huidgebieden; vertoont histologisch gelijkenis met maligne lymfoom.

reticuloom, reticuloma tumor, bestaande uit weefselmacrofagen.

reticulopenie vermindering van reticulocyten; komt voor bij deficiëntie van ijzer, pyridoxine, vitamine B_{12} en folinezuur, chronische ontstekingen, panmyelophthisis; tgst. reticulocytose.

reticulosarcoom, reticulosarcoma kwaadaardig gezwel bestaande uit grote monocytaire cellen afkomstig uit het weefselmacrofagensysteem van de lymfeklieren en milt; heet thans non-Hodgkin-lymfoom.

reticulose verouderde term voor ziekten van het lymfoïde apparaat en het weefselmacrofagensysteem (*reticulo-endotheliaal systeem).

reticulum *L* netwerk; *endoplasmatisch* ~, zie endoplasmatisch reticulum.

retina *L* het *netvlies van het oog, de binnenste oogrok, het receptief orgaan van de gezichtszenuw, dus het eigenlijke gezichtszintuig; het zintuigepitheel wordt gevormd door de zgn. staafjes en kegeltjes; ~ *leporina*, veervormige witte plekken rondom de discus nervus optici, veroorzaakt door myelinehoudende zenuwvezels; syn. mergvlammen.

retinaal, retinalis *L* tot de retina behorend, deze betreffend.

retinaculum bandvormige structuur van steunweefsel met een bevestigende functie voor ander weefsel of een orgaan, waardoor dit op zijn plaats blijft.

retinal vitamine A in aldehydevorm.

retinalis zie retinaal.

retineen een geel carotenoïd, gevormd onder invloed van licht, gaat vervolgens over in vitamine A.

retinitis *L* ontsteking van de retina; de meeste als retinitis aangeduide aandoeningen van het netvlies berusten echter niet op een echte ontsteking en beter is de benaming *retinopathie;* kan worden veroorzaakt door inwerking van sterk licht, doch ook door nieraandoeningen, suikerziekte, syfilis, enz.; de aandoening heeft verzwakking van het gezichtsvermogen tot gevolg, soms ook hemeralopie (nachtblindheid) of nyctalopie (dagblindheid); ~ *angiospastica*, retinitis door krampen van de netvliesvaten; ~ *heliocliptica*, blijvende beschadiging van de fovea centralis der *macula lutea met vermindering van het centrale zien, t.g.v. het kijken in een lichtbron van hoge intensiteit (dus géén echte retinitis); ~ *nephritica*, retinitis t.g.v. nefritis; ~ *pigmentosa*, zie abiotrofie; ~ *proliferans*, groei van nieuwe bloedvaatjes in het netvlies, bijv. bij diabetes.

retinoblastoom kwaadaardig, dominant-erfelijk neuro-epithelioom van het netvlies bij jonge kinderen, waarschijnlijk t.g.v. een deletie in het 13de chromosoom; syn. (foutief) glioma retinae; vaak gecombineerd met andere afwijkingen, zoals microcefalie, microftalmie, mentale retardatie, enz.

retinoïden verzamelnaam voor bepaalde aromatische vitamine-A derivaten; vinden o.a. toepassing bij behandeling van hyperkeratosen.

retinol vitamine A.

retinopathie ziekte van het netvlies; zie retinitis.

retinopexie oogheelkundig herstel van een netvliesloslating.

retinoschisis *G* 1. X-chromosomaal erfelijke kloof in het netvlies. 2. onderlinge splijting van de netvlieslagen met vorming van kleine holten t.g.v. degeneratieve ouderdomsverschijnselen.

retinoscopie syn. *skiascopie; (uitbr.) fundoscopie.

retotheel korte benaming voor reticulo-endotheel (ook: *retetheel*).

retractie 1. samentrekking, verkorting, schrompeling, vnl. van bindweefsel bij littekens, ook van spieren; contractuur; *~ring*, ook: *contractiering*, de grens tussen het contractiele en niet-contractiele deel van de baarmoeder, onder bepaalde omstandigheden tijdens de baring als een ringvormige verdikking voelbaar, de zgn. ring van *Bandl; *~syndroom*, syn. syndroom van *Duane. 2. (psych.) zich terugtrekken of zich opsluiten in zichzelf ter vermijding van onaangename situaties.

retractiel samen- of terugtrekbaar.

retractilité du caillot *F* (caillot = stolsel) de snelheid waarmee een bloedstolsel zich samentrekt, een diagnostische methode in de hematologie.

retrad achterwaarts liggend.

retraheren samentrekken enz.; zie retractie.

rétrécissement *F* vernauwing, syn. strictuur; ~ *thoracique*, intrekking van de borstkas door verschrompeling van de long en verbuiging van de wervelkolom; ~ *urétral*, syn. strictura urethrae.

retrieval *E* (psych.) het oproepen van informatie uit het geheugen.

retro- *L* (smst.) achter, achterwaarts; *~bulbair*, achter de oogbol; *~cardiaal* (anat.), achter het hart gelegen.

retrocessio *L* achterwaartse kanteling; *~uteri*, retrocessio van de baarmoeder met een voorwaartse knik tussen cervix en corpus.

retrocollis krampachtige achterwaartse beweging of houding van het hoofd.

retroflexie, retroflexio *L* achteroverknikking; *hyper-~*, maximale plotselinge retroflexie, meestal door een acute oorzaak (zie zweepslagtrauma); ~ *uteri*, achteroverknikking (kanteling) van de baarmoeder met een achterwaartse knik tussen cervix en corpus.

retrogenie achterwaartse stand van de kin bijv. bij korte onderkaak; tgst. progenie.

retrognathie gelaatsvorm waarbij de kaken achter het frontvlak van het voorhoofd liggen; soms wordt slechts òf boven- òf onderkaak bedoeld; tgst. prognathie.

retrograad *L* teruggaand; tgst. anterograad; *~ade amnesie,* zie amnesie.
retrogressie weer opduiken van gedrag dat kenmerkend is voor een voorafgaande periode in iemands leven.
retrolentaal achter de lens van het oog gelegen.
retrolisthesis achterwaartse afglijding of verplaatsing.
retrolysis loslating met achterwaartse verschuiving (bijv. van wervels).
retromaxillie het te ver naar achteren staan van de bovenkaak, syn. pseudoprogenie.
retro- *~nasaal*, de *epipharynx betreffend; *~-oculair*, achter de oogbol; *~peritoneaal,* de ruimte achter het buikvlies; *~peritonitis*, zie retroperitoneale *fibroplasie; *~positie*, achterwaartse verplaatsing van een orgaan, tgst. antepositie; *~pubisch*, achter het schaambeen; *~pulsie*, neiging tot achterovervallen; *~pupillair* (bijv.nw.) achter de oogpupil gesitueerd.
retrospectie zich achteraf rekenschap geven van de toestand waarin men tijdens een voorafgaande periode heeft verkeerd, resp. van de processen die zich tijdens deze periode voltrokken hebben; bijv.nw. *retrospectief.*
retro- *~spermie*, ejaculatie in de blaas in plaats van buitenwaarts; *~sternaal*, achter het borstbeen.
retroversie, retroversio *L* achteroverbuiging; ~ *uteri*, achterwaartse ligging (kanteling) van de baarmoeder met cervix en corpus in elkaars verlengde.
retroviraal (bijv.nw.) werkzaam tegen *retrovirussen door remming van het enzym reverse-transcriptase; zie transcriptase.
retrovirussen RNA-virussen die vermoedelijk een rol spelen bij het veroorzaken van sommige soorten kanker bij de mens; ze worden daarom ook wel *oncornavirussen* (oncogene RNA-virussen) genoemd; ze bezitten het enzym reverse*transcriptase dat in staat is om RNA om te zetten in DNA (reverse transcription) zodat het virus zich als provirus kan inbouwen in het DNA van de gastheercel; een bekend retrovirus is het *HIV.
Rett, A. Oostenrijks neuroloog; *syndroom, stoornis van ~*, zeldzame (alleen) bij meisjes voorkomende pervasieve ontwikkelingsstoornis (zie ontwikkelingsstoornis) verder o.a. gekenmerkt door een normale ontwikkeling gedurende de eerste zes maanden, daarna vertraging van de groei van de schedel en hersenatrofie, loop- en rompataxieën en een ernstige geestelijke handicap.
reuk- *~kolf*, *bulbus olfactorius; *~middel*, odoramentum, olfactorium; *~zenuw*, nervus olfactorius.
reuma *G* 1. zie reumatisme, reumatoïde artritis (primair chronisch reuma), polyarthritis rheumatica acuta. 2. vloeiing, bijv. van bloed of andere vloeistof.
reumafactoren afk. RF, *antistoffen, anti-immunoglobulinen, hoofdzakelijk behorend tot de *IgM-klasse en gericht tegen *IgG; reumafactoren zijn niet specifiek voor RA (kunnen hierbij ook ontbreken) en kunnen ook voorkomen bij SLE, sclerodermie, subacute bacteriële endocarditis, sarcoïdose, lepra, tuberculose, lues, M. Sjögren, hepatitis, levercirrose.
reumatisme, rheumatismus *G*, ook: *reuma* of *reumatiek,* verzamelnaam voor acute en chronische ontstekingsachtige aandoeningen van het *bewegingsapparaat en omliggende steunweefsels, hoofdzakelijk gekenmerkt door zwelling, pijn en functiestoornissen; ~ *articularis* (ook: ~ *articulorum*), reumatische gewrichtsontsteking, syn. rheumarthritis of *reumatoïde artritis; ~ *gonorrhoicus*, druiperreumatisme, syn. arthritis gonorrhoica; ~ *muscularis* (ook: *musculorum*)

spierreumatisme; ~ *nodosus*, 1. knobbelreumatiek, knobbeljicht, syn. *artrose. 2. een reumatische aandoening, die gepaard gaat met knobbeltjes onder de huid in de nabijheid van de gewrichten.

reumatisch tot reumatisme behorend; op reumatisme gelijkend, bijv. *~e pijn*, pijn vooral in spieren of gewrichten, veroorzaakt door atmosferische invloeden.

reumatoïd zie reumatoïde artritis; *lepromateus ~*, vorm van reumatoïde artritis met overwegend perifere motorische neuropathie en huidulceraties t.g.v. vasculitis.

reumatoïde artritis arthritis rheumatica chronica, primair chronisch gewrichtsreuma, gewrichtsreumatiek; *collageenziekte die wordt gerekend tot de auto-immuunziekten, gekenmerkt door niet-etterige ontsteking (synovitis, chondritis; pijn, stijfheid, zwelling) van verscheidene gewrichten (later gevolgd door destructieve veranderingen), atrofie van spieren en huid in de omgeving van de aangedane gewrichten; kenmerkend zijn verder: *vasculitis met 'nail-fold lesions' *(E)*, subcutane noduli, serositis en in het bloed: circulerend immuuncomplex, *reumafactoren, hoge BSE en soms cryoglobulinen; het verloop is meestal chronisch-progressief, maar remissies komen voor; *extra-articulaire verschijnselen bij reumatoïde artritis zijn voorts o.m.: gewichtsverlies, anemie, lymfadenopathie, noduli, tunnelsyndroom, M. *Sjögren, neuropathie; *juveniele ~*, zie Still-Chauffard.

reumatologie wetenschap van de reumatische ziekten, zie reumatisme.

reünie, reunio *L* hereniging, aaneengroeiing, bijv. bij de genezing van een wond.

reusables *E* medische hulpmiddelen die opnieuw gebruikt kunnen worden; zie ook disposable.

reutelen, reutelgeruisen zie crepitatie, rhonchi.

reuzencel veelkleurige grote cellen, ontstaan door storing in de celdeling, bij verschillende chronische en subchronische pathologische processen.

reuzengroei zie acromegalie, gigantisme, hypersomie, macrosomie, Klippel.

revaccinatie herinenting, syn. 'booster'.

revalidatie *L* optimaal biologisch, functioneel en sociaal herstel na een ziekte; weer valide maken of worden.

revascularisatie herstel van verloren gegane *vascularisatie.

reven (chir.) 1. het plooien van te ruim weefsel en aaneenhechting van de plooien. 2. het plooien van weefsel om in de nabijheid ruimte te maken.

Reverdin, J. Zwitsers chirurg (1842-1908); *transplantatie vlg. ~*, *autotransplantatie van kleine huidlapjes (epidermis + cutis) op granulerende huiddefecten.

reverse *E* omgekeerd, tegengesteld; *~ barrier*, zie barrier nursing; *~ transcriptase*, zie transcriptase.

reversibel omkeerbaar, tgst. irreversibel.

revolutio cordis *L* één volledige hartbeweging, nl. systole, diastole, pauze.

revulsie, revulsio *L* afleiding, het aanwenden van een sterke prikkel, bijv. op de huid, om een ziekteproces of pijn op een andere (bijv. dieper gelegen) plaats te doen verdwijnen.

revulsivum *L* afleidend middel; zie ook revulsie.

Reye, R. Australisch kinderarts (1912-1978); *syndroom van ~*, encefalopathie, vettige degeneratie van de *viscera (waaronder de lever, nieren, pancreas en myocard), hypoglykemie en hersenoedeem, vnl. bij kinderen na virusinfecties o.a. influenza-B; zeldzame complicatie door een (genetisch bepaalde) metabole stoornis van salicylzuur (toegediend als geneesmiddel).

RF afk. van 1. rheumatic fever *E*, syn. polyarthritis rheumatica acuta. 2. reumafactor (zie reumafactoren). 3. *releasing factor. 4. *resistentiefactor (ook: *R-factor).

RFLP afk. van (DNA) restrictiefragmentlengte-polymorfisme, populair spraakgebruik: riflip; in de nucleotidenvolgorde van de homologe chromosomen is per 250-300 basen een variatie aanwezig; wanneer men met behulp van een *restrictie-enzym DNA knipt ontstaan er vele DNA-fragmenten met een verschil in lengte; door middel van *Southern-blotting worden de verschillen zichtbaar gemaakt; door de talrijke lengteverschillen is er sprake van een sterk polymorfisme; omdat deze verschillen co-dominant overerven kunnen ze gebruikt worden voor familie-onderzoek.

R-factor afk. van resistentiefactor (ook: RF).

rh- zie ook r-.

Rh zie resusfactor; *resusantagonisme*, zie resusfactor.

RH afk. van releasing hormone *E*, syn. releasing factor (RF).

rhabdi(ti)form staafvormig.

rhabdomyolysis desintegratie van dwarsgestreept *spierweefsel, hetgeen gepaard gaat met aanvalsgewijs optredende myoglobinurie; komt o.a. voor bij kaliumdepletie e.a. stoornissen in elektrolyten-spiegels en bij alcoholisme.

rhabdomyoma zie rabdomyoom.

rhabdomyosarcoom kwaadaardig gezwel uitgaande van de embryonale voorlopers van dwarsgestreepte spiercellen.

rhabdovirussen *RNA-virussen met een diameter van 70-180 nm; meest bekend is het *rabiësvirus.

rhachi- *G* *~opagus*, dubbelmonstrum, misgeboorte van met de wervelkolom aan elkaar gegroeide tweelingen; *~sagra*, *jicht van de wervelkolom; *~schisis*, syn. *spina bifida; *~tis*, zie rachitis.

rhagade, rhagas *G* zie ragade.

rhagocyt zie ragocyten.

rhaphe zie raphe.

RHD afk. van rheumatoid heart disease *E*.

rhegma *G* scheur; *~togeen*, ontstaan t.g.v. een scheur.

rhenchus *G* zie rhonchi.

rheo- zie ook reo-.

rhesasthenia zie resasthenie.

rheumarthritis arthritis rheumatica, *reumatoïde artritis.

rheumatismus zie reumatisme.

rheumatoid disease *E* vorm van primair chronisch reuma met alle specifieke verschijnselen daarvan met uitzondering van artritis.

rhexis *G* verscheuring, breuk, syn. ruptuur.

rhinencephalon *G* de reukhersenen.

rhineurynter *G* instrument om d.m.v. druk neusbloedingen te stelpen.

rhinitis zie rinitis.

rhino- *G* (smst.) neus-, syn. naso-; zie ook rino-.

rhinoblennorrhoea *G* etterige neus*catarre.

rhinocephalus *G* misgeboorte met een snuitachtig uitsteeksel in plaats van een neus.

rhinodystasis *G* scheve stand van de neusrug.
rhinolalia zie rinolalie.
rhinopharynx zie rinofarynx.
rhinopharyngitis zie rinofaryngitis.
rhinophonia zie rinofonie.
rhinophthalmos *G*, **rhinophthalmus** *L* syn. rhinocephalus.
rhinophyma *G* knolneus, knolachtige verdikking van de neushuid door chronische ontsteking, acne rosacea, enz.
rhinorraphe zie rinorafie.
rhinorrhagia zie rinorragie.
rhinorrhoea zie rinorroe.
rhinorthosis *G* operatie om de vorm en stand van de neus te verbeteren.
rhinoscleroma zie rinoscleroom.
rhinoscopie zie rinoscopie.
rhinosporidiosis vorm van *sporidiosis, gekenmerkt door granulomateuze slijmvliesontstekingen met poliepvorming in neus, ogen, vagina e.a.
rhinovirus groep van *picornavirussen die in de bovenste luchtwegen verkoudheidsziekten veroorzaken.
rhizo- *G* wortel; *~melisch*, het schouder- en/of het heupgewricht betreffend; het zijn de 'wortels' van de ledematen.
rhizotomia zie rizotomie.
rhombencephalon *G* het hersengedeelte bestaande uit cerebellum, pons en medulla oblongata.
rhomboideus *G* ruitvormig.
rhonchi *G* meervoud van *rhonchus* (ook: rhenchus), reutelgeruisen die bij auscultatie worden gehoord bij zwelling van het slijmvlies van de luchtpijp (droog reutelgeruis) of door aanwezigheid van slijm of ander vocht in de luchtpijpvertakkingen (vochtig reutelgeruis); worden waargenomen bij bronchitis en bij verschillende longaandoeningen; ~ *consonantes*, klinkende reutels, voortgeleid door verdicht longweefsel; ~ *crepitantes*, zie crepitatie; ~ *sibilantes*, piepend reutelgeruis, als de lucht door nauwe plaatsen heen moet; ~ *sonori*, brommend reutelgeruis.
rhopheticum *G* opzuigend middel, bijv. strooipoeder.
rHuEPO afk. van recombinant-humaan *erytropoëtine; zie ook recombinatie.
RHV afk. van regionale huisartsenvereniging.
rhyas *G* druipoog t.g.v. etterige ontsteking van de traanheuvel of van blefaroptose.
rhythmus zie ritme.
RIA afk. van 1. radioimmune *assay *E*; onderzoek naar de hoeveelheid van een antigeen of antistof d.m.v. een radioactief reagens. 2. ramus interventricularis anterior (van de arteria coronaria sinistra).
RIAGG regionale instelling voor de (ambulante) geestelijke gezondheidszorg.
rib zie costa.
ribbenboog arcus costalis.
ribkraakbeenderen cartilagines costalis.
riboflavine zie vitamine B_2.
ribonuclease syn. RNAse, enzym dat RNA afbreekt.
ribonucleïnezuur afk. RNA (*a* = acid *E*, zuur) ribonucleïnezuren zijn 'kopieën' van stukjes *DNA; RNA verschilt in twee opzichten van DNA: de pentose

desoxyribose is vervangen door ribose, de base uracil (U) vervangt de base thymine (T); het proces waarbij DNA wordt overgeschreven tot RNA wordt transcriptie genoemd; dit proces wordt gekatalyseerd door het enzym RNA-polymerase; het gevormde RNA wordt transcript genoemd; men onderscheidt de volgende typen RNA: *messenger-RNA (mRNA)*; boodschapper-RNA bevat de informatie voor de volgorde van de aminozuren in het te vormen eiwit; *ribosomaal-RNA (rRNA)*; rRNA vormt, samen met eiwitten, de *ribosomen; de ribosomen zijn betrokken bij de eiwitsynthese; *transfer-RNA (tRNA)*; dit transport-RNA zorgt voor de overdracht van de aminozuren naar de plaats waar de eiwitsynthese plaatsvindt; *small nuclear RNA (snRNA)*; dit zijn korte RNA-ketens in de celkernen van eukaryoten; het snRNA vormt samen met eiwitten de ribonucleoproteïnen (RNP); deze worden ook wel aangeduid als ‘snurps’: small nuclear ribonucleoproteins (snRNP); *small cytosolic RNA (scRNA)*; dit ongeveer 300 nucleotiden lange molecuul zorgt er voor samen met enkele eiwitmoleculen, dat de eiwitsynthese op het ER (*endoplasmatisch reticulum) in het cytosol kan plaatsvinden; deze ribonucleoproteïnen worden ook wel ‘scurps’ genoemd: small cytosolic ribonucleoproteins (scRNP); bepaalde RNA-moleculen, bijv. die van retrovirussen, kunnen als matrijs dienen om DNA te synthetiseren; dit proces wordt omgekeerde *transcriptie (reverse transcription) genoemd; het kan uitsluitend plaatsvinden met behulp van het enzym reverse*transcriptase.

ribosomen bolvormige structuren (organellen) in het cytoplasma die betrokken zijn bij de synthese van eiwitten.

RIBW afk. van regionale instelling voor begeleid (beschermd) wonen.

RICBW afk. van regionale indicatiecommissie beschermd wonen.

Rich, A. Amerikaans patholoog (1893-1968), zie ziekte van *Hamman-Rich.

Richter, Ina Amerikaans pathologe; *syndroom van ~*, blastaire transformatie van een chronische lymfatische leukemie in een M. Hodgkin of een histiocytair non-Hodgkin-lymfoom met hoge maligniteitsgraad.

ricine vergiftige eiwitachtige stof uit de zaden van de ricinusboom; zie ook ricinusolie; *~methode*, het bepalen van het pepsinegehalte in het maagsap door de hoeveelheid maagsap te meten die nodig is om een oplossing van ricine, door zoutzuur troebel gemaakt, weer helder te maken.

ricinismus *L* vergiftiging door de zaden van de ricinusboom.

ricinusolie oleum ricini *L*, wonderolie; uit de zaden van de ricinusboom verkregen dikke, bijna kleurloze onaangenaam smakende olie, uitsluitend toegepast als laxans ter ontlediging van de darm voor röntgenonderzoek; de zaden van de ricinusboom bevatten *ricine en zijn zelf zeer giftig.

Rickettsia een groep micro-organismen die parasitair voorkomen bij sommige lagere dieren en via deze pathogeen kunnen zijn voor de mens (zie rickettsiosen); ze hebben voor hun vermenigvuldiging levende cellen nodig; vele typen zijn bekend als veroorzaker van de diverse vormen van vlektyfus, mijten- en tekenbeetkoorts, e.a.; *~ akamushi*, syn. *~ tsutsugamushi*, verwekker van tsutsugamushi-koorts; *~ prowazekii*, verwekker van typhus exanthematicus; *~ quintana*, verwekker van de vijdedaagse koorts.

rickettsiosen ziekten veroorzaakt door Rickettsiae, welke kunnen worden overgebracht door teken, vlooien, luizen, mijten en door inhalatie.

RID afk. van remission inducing drugs *E*.

ridge *E* (anat.) rand; ribbel; kam; heuvel.

Riedel, B. Duits chirurg (1846-1916); *struma (krop) van ~*, zie thyroiditis.
Rieger, H. Oostenrijks oogarts (geb. 1898); *syndroom van ~*, autosomaal dominante misvorming van cornea, iris, ooglens en gebit; dysgnathie.
rietsuiker sacharose.
riflip spreektaal (pop.) voor de afkorting *RFLP.
r-IFN-α afk. van recombinant-alfa-interferon.
RIFOH afk. van risicofactorenonderzoek hart- en vaatziekten.
RIGG afk. van regionale instelling voor geestelijke gezondheidszorg; zie ook RIAGG.
rigiditeit, rigiditas *L* 1. stijfheid, bijv.nw. *rigidus, rigide; ~ musculorum*, spierstijfheid, bijv. bij extrapiramidale aandoeningen. 2. (psych.) geestelijke starheid, met name bij paranoïde *persoonlijkheid.
RIGO afk. van rijksinstituut voor geneesmiddelenonderzoek.
rigor *L* stijfheid; *~ mortis*, lijkstijfheid, het stijf worden van de spieren enige uren na de dood, door het stollen der eiwitten.
RIHSA afk. van radioactive iodinated human serum albumin *E*, met radioactief jood gelabeld menselijk serum.
rijbeen zie myositis ossificans.
rijbroekanesthesie zie anesthesie.
rijstlichaampjes corpora oryzoidea *L*, rijstkorrelvormige collageenpartikels in synoviaalvocht bij reumatische, tuberculeuze en SLE-artritis.
Riley, C. (geb. 1913); *syndroom van ~-Day*, familiale *dysautonomie.
RIMA afk. van right internal mammary artery *E*, rechter arteria mammaria interna; zie ook coronaire *bypass.
rima *L* spleet; *~ glottidis*, stemspleet; zie ook glottis; *~ palpebrarum*, oogspleet; *~ pudendi*, schaamspleet, tussen de grote schaamlippen.
rimula *L* spleetje, vklw. van rima.
rinalgie pijn in de neus.
RIND afk. van reversible ischemic neurological deficit *E*, een *TIA die langer dan een à twee dagen neurologische verschijnselen veroorzaakt, die na 1 tot 3 weken verdwenen zijn.
ringeroplossing fysiologische zoutoplossing.
ringkraakbeen *cartilago cricoidea.
ringscotoom zie scotoom.
ringworm zie herpes.
rini- zie ook rhini-.
rinitis, rhinitis *G* 1. ontsteking van het neusslijmvlies, neus*catarre. 2. onjuiste benaming voor niet-ontstekingsachtige aandoeningen, beter te noemen rinopathie; *~ acuta*, acute neuscatarre, veroorzaakt door een virus, 'verkoudheid', besmetting van het neusslijmvlies vindt plaats direct of indirect via de traanbuis (ogen wrijven); meer dan 100 typen virus zijn als verwekker aangetoond; na de virale vindt veelal een bacteriële infectie plaats; complicaties zijn o.a. sinusitis, otitis media; *~ allergica*, acute atopische rinitis, waarvoor het verantwoordelijke allergeen afkomstig kan zijn uit het stuifmeel (pollen) van grassen, bomen, maar ook huisstof enz.; bij allergie voor *pollen heet de aandoening *pollinose* (hooikoorts); de verschijnselen zijn profuse waterige uitvloed uit de neus, frequent niezen, tranenvloed en jeuk in de ogen; *atopische ~*, syn. *allergische ~*, zie rhinitis allergica; *atrofische ~*, *~ atrophicans*, atrofie van mucosa en submosa

en andere weefsels in de neusholte, afname slijmproductie en transport, vele korstjes, lokale infecties en irritaties; uiteindelijk verwijding van de neusholte; bij zeer sterke korstvorming en stank spreekt men van *ozaena*; *chronische* ~, een meestal bacteriële ontsteking als gevolg van een chronische sinusitis, poliepen, tumor of corpus alienum; ~ *mutilans*, ontsteking in neus en keelholte waarbij ernstige verzweringen ontstaan, berust vnl. op framboesia; ~ *nervosa,* zie rhinitis vasomotorica; ~ *vasomotorica*, niet seizoengebonden, constitutioneel bepaalde verhoogde gevoeligheid van het neusslijmvlies voor in- en uitwendige prikkels, die leiden tot overmatige vasomotorische reacties; verschijnselen gelijken op die van rhinitis allergica.

Rinne, H. Duits psychiater (1819-1868); *proef van* ~, stemvorkproef bij het onderzoek van het gehoor ter vergelijking van been- en luchtgeleiding van het geluid; bij *presbyacusis en bij normaal gehoor wordt het stemvorkgeluid 't best gehoord via de luchtgeleiding (*~-positief*), bij geleidings*doofheid via de botgeleiding (*~-negatief*).

RINO afk. van regionaal instituut voor nascholing en opleiding.

rino- zie ook rhino-; *~diafanoscopie*, doorlichting van de kaakholte van de mond uit.

rinofaryngitis, rhinopharyngitis *G* ontsteking van de neuskeelholte; ~ *mutilans*, syn. gangosa, ulceratieve ontsteking van het beenweefsel van neus en verhemelte bij tertiaire framboesia, leidend tot totale destructie.

rinofarynx, rhinopharynx syn. nasofarynx.

rinofonie, rhinophonia stemgeluid gepaard gaand met neusklank.

rinogeen van de neus uitgaande.

rinolalie, rhinolalia *G* neusspraak, het door de neus spreken; ~ *aperta*, open neusspraak als de neuskeelholte niet voldoende gesloten is t.g.v. een defect of verlamming van het zachte verhemelte; ~ *clausa*, gesloten neusspraak, bij neusverstopping; ~ *mixta,* combinatie van rhinolalia aperta en rhinolalia clausa.

rino- *~liet*, neussteen; *~logie*, de leer of kennis der neusziekten; *~loog*, neusarts; *~pathie*, aandoening van het neusslijmvlies, niet veroorzaakt door een specifieke infectie, neoplasma of anatomische afwijkingen, te onderscheiden in al of niet *atopische rinopathie (rhinitis allergica), atrofische rinitis en rhinitis vasomotorica; *~*plastiek*, operatie waarbij een nieuwe neus wordt gevormd (o.a. na lupus) bijv. door een huidlap van de bovenarm op de neuswond te laten vastgroeien.

rinorafie, rhinorraphe neusnaad, een operatie waarbij een elliptisch stuk uit de neus wordt gesneden, waarna de wond wordt gehecht.

rinorragie, rhinorrhagia *G* hevige neusbloeding.

rinorroe, rhinorrhoea *G* hevige rinitis, syn. hydrorrhoea nasalis.

rinoscleroom, rhinoscleroma chronische granulomateuze ontsteking, met vorming van harde omschreven infiltraten van de uitwendige neus en de neuskeelholte (Hebraneus).

rino- *~scoop,* neusspiegel; *~scopie*, onderzoek van de neus met een rinoscoop; syn. nasendoscopie.

Riolan, J. Frans anatoom (1580-1657); *arterie van* ~, anastomosis intermesenterica (zie anastomose), arteriële verbinding tussen arteria mesenterica superior en inferior.

rioolgasintoxicatie zie mefitisme.

RIP afk. van 1. ruimte innemend proces. 2. radio-immunoprecipitatie.
RIS afk. van 1. radio-immunoscintigrafie. 2. regionale intraveneuze sympathicusblokkade.
RISA afk. van radium-iodinated serum-albumin *E*.
risicofactoren omstandigheden die een ongunstige invloed uitoefenen op het ontstaan van een chronische ziekte.
RISH afk. van *RNA-*in situ hybridisatie.
RIST afk. van radio-immuno-sorbent test.
Ristella zie Bacteroides.
RIS afk. van 1. radio-immunoscintigrafie. 2. regionale intraveneuze sympathicusblokkade.
RISH afk. van RNA-in situ hybridisatie.
risus *L* lach; ~ *sardonicus*, grimlach t.g.v. kramp der aangezichtsspieren, vaak bij tetanus.
rite (psych.) zie ritualisme.
ritme, rhythmus *L* bijv.nw. *ritmisch*; regelmatige beweging, bijv. het ritme van het hart; tgst. aritmie.
Ritter von Rittershain, G. Duits kinderarts (1820-1883); *ziekte van* ~, stafylogene vorm van het syndroom van *Lyell; syn. dermatitis exfoliativum infantum.
ritualisme (psych.) het vasthouden aan eenzelfde, vaste opeenvolging van handelingen.
Riva-Rocci, S. Italiaans kinderarts (1863-1937); afk. RR; *toestel van* ~, bloeddrukmeter, door Riva-Rocci uitgevonden, syn. sfygmomanometer.
river blindness *E* blindheid door scleroserende *keratitis t.g.v. het binnendringen van microfilariae van Onchocerca volvulus (overgebracht door de zgn. blackfly) in cornea en voorste oogkamer; komt voor in West-Afrika.
rivierblindheid zie river blindness *E*.
RIVM afk. van rijksinstituut voor de volksgezondheid en milieuhygiëne.
rizotomie, rhizotomia doorsnijding van de wortels van ruggenmergszenuwen, syn. radicotomie.
RLS afk. van *restless legs syndrome.
RLT afk. van reflexlatentietijd.
RMS afk. van rhabdomyosarcoom.
RMSF afk. van rocky mountains spotted fever.
RNA afk. van ribonucleic acid *E*, *ribonucleïnezuur; ook: RNZ; *~-polymerase*, zie *polymerase; *~se*, *ribonuclease.
RNF afk. van renal non-function (syndrome) *E*.
RNP afk. van ribonucleoproteïne.
RNZ afk. van *ribonucleïnezuur; ook: RNA.
Rö afk. van röntgen (R).
Robin, Pierre Frans stomatoloog, tandarts (1867-1950); *syndroom van* ~, combinatie van aangeboren afwijkingen aan mond, kaak en tong, zoals *brachygnathie, *palatum fissum, soms met *glossoptosis en larynxluxatie, een en ander met grote kans op ernstige verslikkingen, ademhalingsstoornissen e.a.
roborans *L* versterkend geneesmiddel, meervoud roborantia.
ROC afk. van 1. receptor operated channel *E*. 2. Rotterdam oncologisch centrum. 3. regionaal onderwijscentrum.

rochelen stertor; bijv.nw. *stertoreus.*
rocky mountains spotted fever *A* afk. RMSF, door teken overgebrachte *rickettsiose in Noord- en Zuid-Amerika, met een op typhus exanthematicus gelijkend ziekteverloop.
rode *~hond*, zie rubella; *~ loop*, *dysenterie.
rodenticide knaagdierdodend middel.
rodopsine het staafjes- en kegeltjespigment in de retina.
Roemheld, L. Duits internist (1871-1938); *syndroom van ~*, zie gastrocardiaal syndroom.
ROEP afk. van regionaal orgaan eerstelijnspsychologen.
roes beneveling of (lichte) bedwelming van het bewustzijn die gepaard kan gaan met euforie, psychische en soms motorische ontremming, hilariteit en opwinding; *pathologische ~*, verschijnselen die kunnen optreden bij een alcoholverslaafde na het gebruik van een geringe hoeveelheid alcohol: acute bleekheid, angst, plotselinge agressieve uitbarsting bij een verlaagd bewustzijn; naderhand bestaat er veelal amnesie.
Roger, H. Frans kinderarts (1809-1891); *ziekte van ~*, aangeboren opening in het tussenschot tussen de hartkamers met frémissement en luide systolische souffle, zonder cyanose of andere afwijkingen.
Rogeriaanse therapie door Carl *Rogers ontwikkelde vorm van *psychotherapie, waarbij het accent meer ligt op de mogelijkheden van de cliënt in het heden dan op de onmogelijkheden in zijn verleden; er is een grote aandacht voor ontplooiingsmogelijkheden die in het verleden niet of onvoldoende werden gebruikt; andere kenmerken: een empathische, accepterende en de cliënt respecterende houding van de hulpverlener; syn. client-centered therapie, non-directieve therapie, non-directieve counseling.
Rogers, C. Amerikaans psycholoog (1902-1987), die in zijn therapeutische benadering uitging van een blijvende ontwikkelingsbehoefte bij de mens.
ROGG afk. van regionaal overleg voor geestelijke gezondheidszorg.
rollator looprek voorzien van wielen.
rollenpatroon (psych.) het geheel van traditionele verschillen in gedrag, die worden bepaald door factoren als sekse, leeftijd, maatschappelijke status.
rolsteencysten kleine oppervlakkige cysten in het door artrose van gewrichtskraakbeen beroofde bot.
rolzenuw *nervus trochlearis.
Romano-Ward *syndroom van ~*, ziektebeeld als dat van het *Jervell-Lange-Nielsen-syndroom, zonder aangeboren doofheid.
Romberg, M. Duits neuroloog (1795-1873); *ziekte van ~*, syn. prosopodysmorfie, hemiatrophia facialis progressiva, zie hemiatrofie; *verschijnsel van ~*, omvallen bij gesloten ogen en aangesloten voeten ten teken dat òf het *proprioceptief systeem òf het evenwichtsorgaan niet goed functioneert.
romp torso.
ronchus zie rhonchus.
ronde venster fenestra rotunda.
rondworm zie Ascaris lumbricoides; zie ook Trichotrachelida.
Röntgen, W. Duits natuurkundige (1845-1923), zie röntgenstralen.
röntgen- *~dermatitis*, dermatitis veroorzaakt door bestraling met röntgenstralen; *~(eenheid)*, zie r, rad.; *~huid*, zie röntgendermatitis, ook: radioderm(at)itis;

~kater, het optreden van misselijkheid, braken, moeheid, slapeloosheid, onrust, anorexie en dergelijke na röntgenbestralingen; *~ografie*, het maken van foto's met röntgenstralen; syn. radiografie; *~ogram,* foto verkregen met röntgenstralen, syn. radiogram, röntgenfoto, skiagram; *~ologie*, de wetenschap van de gebruikmaking van röntgenstralen t.b.v. diagnostiek en therapie; *~oscopie,* 'doorlichting' met röntgenstralen.

röntgenstralen syn. *X-stralen*, door Röntgen in 1895 ontdekte elektromagnetische straling met een zeer korte golflengte en groot doordringingsvermogen o.a. door weke lichaamsdelen; röntgenstralen worden diagnostisch (röntgenografie, röntgenoscopie) toegepast; door het inbrengen van contrastvloeistoffen in inwendige holle organen, bijv. maag en ingewanden, nieren enz. kan men deze ook op de foto brengen; zie ook planigrafie, radioactiviteit, tomografie.

rood ruber; *~blindheid*, protanopie; *~harigheid*, erytrisme; *~heid*, zie erytheem, rubeosis, rubella, rubicundus, rubor; *~vonk*, scarlatina.

rooming in *E* voorziening waarbij op een pediatrische afdeling de ouders van een opgenomen kind kunnen logeren.

roos zie tinea furfuracea, seborroe; *~been*, zie elefantiasis.

root-sleeve *E* uitloper van de dura mater rondom de uittredende spinale zenuwen, overgaand in het *perineurium; wortelschede, of -mouw.

ROR afk. van reumatologie-orthopedie-revalidatie.

Rorschach, H. Zwitsers psychiater (1884-1922); *~test* (psych.), een proef met behulp van gestandaardiseerde inktvlekfiguren, waarop de onderzochte zijn commentaar moet geven, ter beoordeling van de persoonlijkheidsstructuur; de proef, waarvan de interpretatie grote geoefendheid vereist, onthult tevens vele andere eigenschappen, zoals intelligentie, bevattelijkheid, affectiviteit, karaktereigenschappen, gedrag.

ROS afk. van resistant ovary syndrome *E*.

rosacea *L* erytheem van het gelaat door blijvende vasodilatatie, soms met secundaire papels en puistjes.

rosaceus *L* rooskleurig, bijv. *acne rosacea.

Rose, H. Amerikaans bacterioloog (geb. 1922), *~-test,* agglutinatiereactie met patiëntenserum op voorbewerkte schapenerytrocyten; wordt o.a. toegepast in de diagnostiek van reuma.

Rosen, S. Engels otoloog (overl. 1981); *operatie vlg. ~*, *stapesmobilisatie.

Rosenthal 1. **C.** Duits neuroloog (geb. 1923), zie Melkersson. 2. **R.** Amerikaans arts; *factor van ~*, syn. stollingsfactor XI; is evenals factor X een onmisbaar element in de vorming van factor III; *syndroom van ~*, een hemorragische *diathese die gelijkenis vertoont met *hemofilie (daarom hemofilie-C genoemd).

roseola *L* roosje, kleine rode vlekjes op de huid die niet op bloeding, doch op hyperemie berusten, zodat ze bij vingerdruk verdwijnen; zij komen o.a. voor bij tyfus, syfilis, na vaccinatie, na sommige vergiftigingen (o.a. door joodkalium); *~ infantum*, syn. *zesde ziekte; *~ syphilitica*, de vlekjes (pop.: 'de bloemetjes') die op de huid verschijnen in het tweede stadium van syfilis; *~ typhosa,* idem bij tyfeuze koorts, zie tyfus.

Rossolimo, G. Russisch neuroloog (1860-1928); *reflex van ~*, bij aandoeningen va de *piramidebaan veroorzaakt kloppen op de voetzool nabij de teenbasis, buigin en spreiding van de tenen.

rostraal in de richting van het gelaat of de neus.

rostrum spits uitsteeksel; ~ *corporis callosi*, de snavel van de hersenbalk.
ROT 1. afk. van rod (= staaf) orientation test *E*, diagnostisch hulpmiddel voor onderzoek op ruimtelijke oriëntatiestoornissen. 2. afk. van realiteitsoriëntatie-training.
rota *L* wagenwiel; *~virus*, een nog niet geklassificeerd *diplornavirus met een dubbele capside en capsomeren gerangschikt als spaken.
rotacisme spraakgebrek waarbij de klank r met een keelgeluid wordt uitgesproken.
rotatie, rotatio *L* draaiing; *~gewricht*, draaigewricht.
rotator *L* draaier, draaispier; wkw. *roteren*, draaien; *~en-manchet*, zie cuff.
Roth, M. von Duits patholoog (1839-1934); *vlekken van ~*, kleine witte vlekken in de retina van de fundus oculi t.g.v. septische micro-emboli, verder bij pernicieuze anemie en leukemieën.
Rotor, A. Filippijns arts; *syndroom van ~*, chronisch-recidiverende familiale, niet-hemolytische icterus met *hyperbilirubinemie, pijn in het epigastrium en koortsperioden.
rotsbeen pars petrosa ossis temporalis, oude naam: os petrosum.
rotting zie gangreen.
rotula *L* 1. knieschijf, syn. patella. 2. rond lichaampje, bijv. in de farmacie, klein suikerbolletje of -plaatje, meervoud rotulae.
rouleau *F* syn. impilatio.
roulement *F* rommelend geluid tijdens de *diastole, overgaand in de presystolische souffle bij mitralisstenose.
Rous, F. Amerikaans patholoog (1879-1970), ontdekker van de oncogene werking van virussen (1910); Nobelprijswinnaar in 1966.
Roussy, G. Frans patholoog (1874-1948), zie thalamussyndroom.
rouw, rouwproces, rouwreactie (psych.) een intense reactie op en het verwerken van het verlies van een dierbaar persoon; het verwerkingsproces doorloopt een aantal fasen: shock, verdoving, terugverlangen naar de overledene met intens verdriet, depressie en geleidelijke aanpassing aan de nieuwe situatie; het proces duurt in de westerse cultuur gemiddeld een jaar (6-18 maanden); in algemenere zin kan deze reactie eveneens optreden na o.a. scheiding, verlies van werk, het ontstaan van een ernstige handicap enz.; *pathologische ~*, hiervan is sprake indien het proces stagneert, inadequate schuld- en insufficiëntiegevoelens of andere niet direct door het verlies van de dierbare te verklaren psychische stoornissen optreden.
Roux, C. Zwitsers chirurg (1857-1934); *~-Y-principe*, gastro-enterostomie met een *side-to-side anastomose van de efferente (= distale) jejunumlis met de maag en een *end-to-side verbinding van de afferente (= proximale) met de efferente lis op ongeveer 40 cm afstand van de maag.
Rovsing, N. Deens chirurg (1862-1927); *teken van ~*, zie loslaatpijn.
rozetvorming 1. erytrocyten bekleed met IgG hechten zich d.m.v. het *Fc-fragment daarvan aan de Fc-receptoren van lymfocyten en vormen aldus een krans of rozet om de lymfocyt heen. 2. rozetvorming van erytrocyten, waaraan monoklonale antilichamen zijn gekoppeld, rondom leukocyten waartegen de monoklonale antistoffen zijn gericht; methode om maligne T-lymfocyten te verwijderen uit beenmergsuspensies.
rozijnentumor gepigmenteerde granulomateuze kleine pseudotumoren in de huid.
Rp (rec.) afk. van recipe, neem, men neme.

RPCB afk. van Reiter proteïne complementbindings-(of fixatie)reactie.
RPE afk. van recalcitrant pustular eruption *E*, zie acrodermatitis perstans.
RPF afk. van renal plasma flow *E*.
RPR afk. van rapid plasma reagin (test).
RQ afk. van respiratoir quotiënt.
rr. afk. van rami, meervoud van *ramus.
RR afk. van Riva-Rocci, symbool voor de gemeten bloeddruk.
-rrhagia *G* (smst.) uitstroming.
-rrhaphia *G* (smst.) (wond)hechting.
-rrhoea *G* (smst.) uitvloed.
RS(V) afk. van respiratory syncytial (virus) *E;* zie metamyxovirussen.
RSA afk. van 1. resistente Staphylococcus aureus. 2. röntgen-stereofotometrische analyse.
RSD afkorting van reflectoir-sympathische dystrofie; zie Sudeck.
RSI afk. van repetitive strain injury *E*; door het verrichten van kortcyclisch werk d.w.z. werk met voortdurend dezelfde kortdurende handelingen (lassers, caissières, kappers, computerwerk) worden dezelfde spieren, banden en pezen voortdurend eenzijdig belast; dit kan op den duur leiden tot klachten aan nek, schouders, arm en hand.
RSV afk. van *Rous' sarcoma virus.
RT afk. van 1. reverse *transcriptase. 2. remedial teacher. 3. radiotherapie.
rT_3 afk. van reverse-*T_3, een perifeer (waarschijnlijk in de lever) schildklier-secretieproduct.
RTA afk. van renale tubulaire acidose.
RTF afk. van resistance transferfactor *E*.
r-tPA afk. van recombinant tissue plasminogen activator.
RTS afk. van 1. Rubinstein-Taybi-syndroom. 2. revised trauma-score. 3. radialis-tunnelsyndroom.
rubefaciens *L* middel dat een brandend gevoel veroorzaakt en de huid rood maakt; wordt vnl. gebruikt als *derivans; meervoud rubefacientia.
rubella *L* rodehond, een vnl. bij kinderen optredende besmettelijke ziekte, gepaard gaande met huiduitslag van rode vlekjes (rubeolae), koorts en lymfeklierzwellingen, vooral in de nek; besmetting met het virus in de eerste 4 maanden van de zwangerschap kan bij een a.s. moeder die vroeger geen rubella heeft gehad, afwijkingen van de vrucht veroorzaken, indien zij niet tijdig wordt behandeld; een zeldzame complicatie bij deze overigens goedaardige infectieziekte is de progressieve rubella-panencefalitis; vaccinatie tegen rubella behoedt voor het krijgen van de ziekte; *neonatale* ~, rubella bij de pasgeborene, hoofdzakelijk gekenmerkt door purpura, hepatitis, hartafwijkingen, cataract en microcefalie; *late *onset (E)*-~ (2-6 mnd.), vertoont pneumonie, slechte groei, psychomotorische retardatie, chorioretinitis, doofheid en immunologische afwijkingen, het **delayed-type* (na 3-15 jaar) wordt gekenmerkt door endocrinopathieën, doofheid, glaucoom, vaatafwijkingen, encefalitis e.a.
rubeola 1. rubella. 2. mazelen, zie morbilli; ~ *scarlatinosa*, zie vierde ziekte.
rubeosis roodheid, in engere zin rode verkleuring van de huid; blozen; ~ *iridis*, nieuwvorming van bloedvaatjes in de *iris t.g.v. drukverhoging in het oog door circulatiestoornis in het netvlies, soms leidend tot 'neovasculair' glaucoom; soortgelijke afwijkingen kunnen zich ontwikkelen in het laatste stadium van

diabetische oftalmopathie.

ruber, rubra, rubrum *L* rood.

rubicundus *L* rood gelaat; met rood gelaat.

rubigineus roestkleurig, bijv. ~ *sputum*, bij longontsteking.

Rubinstein, J. Amerikaans kinderarts (geb. 1925); *syndroom van ~-Taybi*, *brachydactylie (vnl. duimen en grote tenen), psychomotorische retardatie, velerlei gelaatsafwijkingen, abnormaal EEG, hoog verhemelte, oogafwijkingen, cryptorchisme e.a.

rubor *L* roodheid van huid of slijmvliezen, één der kenmerken van ontsteking.

rubra, rubrum zie ruber.

rubrofobie syn. *erytrofobie.

ructus *L* (ook: *eructatio, ructatio, ructitatio*) oprisping, boer, spontaan of willekeurig oprispen van doorgeslikte lucht.

rudiment, rudimentum *L* overblijfsel, onontwikkeld orgaan of lichaamsdeel, bijv. het staartbeen bij de mens.

rudimentair als rudiment aanwezig, onontwikkeld.

rudimentum zie rudiment.

rug dorsum.

ruga *L* plooi, vouw; meervoud rugae; *rugae palatinae*, de plooien in het verhemelteslijmvlies; *rugae vaginalis*, de plooien in de vagina.

ruggengraat wervelkolom, syn. *spina dorsa.

ruggenmerg medulla spinalis; *~skanaal*, canalis centralis medullae spinalis; *~stering*, *tabes dorsalis; *~svliezen*, zie dura mater; *~szenuwen*, nervi spinales; *~szenuwknoop*, ganglion spinale.

ruilorgaan zie homeoplastiek; transplantatie.

ruimte- *~vrees*, zie agorafobie; *~vaartdieet*, zie BSD; *virtuele ~*, het lumen van een hol orgaan.

Ruiter, M. Nederlands dermatoloog (1900-1974); *syndroom van Gougerot-~*, *vasculitis allergica.

ruiterbeen zie myositis ossificans localisata.

ruiterembolus embolus, die blijft steken op een bloedvatvertakking en de beide takken kan afsluiten, bijv. de beide hoofdtakken van de arteria pulmonalis; syn. zadelembolus.

ruminatie, ruminatio *L* het herkauwen; ~ *humana*, syn. merycisme, het herhaald en willekeurig oprispen, veelal uitspugen en herkauwen van voedsel, zonder dat er sprake is van misselijkheid of een lichamelijke afwijking; kan uiteindelijk leiden tot o.a. uitdroging, ondergewicht of vertraagde groei; ~ *stoornis*, (vlg. DSM-IV) een op (jonge) kinderleeftijd optredende stoornis, niet te verklaren vanuit een lichamelijke afwijking of niet optredend in het beloop van anorexia nervosa of boulimia nervosa, gekenmerkt door een langere periode van oprispen en herkauwen van voedsel volgend op een periode van normaal functioneren.

rumor *L* geraas; hetgeen de arts hoort bij de auscultatie.

Rumpel, Th. Duits chirurg (1862-1923); *verschijnsel van ~-Leede*, het ontstaan van huidbloedinkjes door omsnoering van de bovenarm bij hemorragische *diathese en roodvonk.

rupia *G* uitslag gepaard gaand met korsten, syn. rhypia; ~ *syphilitica*, op syfilis berustende vorm van rupia.

ruptuur, ruptura *L* verscheuring, breuk, syn. rhexis; ~ *uteri*, scheuring van de

baarmoeder, bijv. door complicatie bij de partus, syn. metrorrhexis; ~ *vulvoperinealis*, inscheuring van de bilnaad (perineum) bij de baring.
ruraal met betrekking tot het platteland; tgst. urbaan.
Russel, A. Engels kinderarts; *syndroom van ~*, emaciatie, bleke huid, acromegale groei, euforie bij kinderen t.g.v. diëncefaal neoplasma.
RV afk. van 1. restvolume. 2. rechter ventrikel, rechter hartkamer.
RVAD afk. van 1. rib-vertebra angle difference *E*, maat bij de diagnose van scoliose. 2. right ventricular assist device.
RVD afk. van rechterventrikeldysplasie.
RVEDP afk. van right ventricular end-diastolic pressure.
RVEF afk. van right ventricular ejection fraction.
RVF afk. right ventricular failure.
RVVC afk. van recidiverende vulvovaginale Candida-infectie.
RVG (farm.) afk. van 1. register verpakte geneesmiddelen. 2. rayonverzekeringsgeneeskundige.
RVZ afk. van raad voor de volksgezondheid en zorggerelateerde dienstverlening.
RVH afk. van reno-vasculaire hypertensie.
Rx. (jrg.) aantekening op de *status (bet. 2): ‘toegepaste therapie’.
ry- zie rhy-.
Rye stad in Engeland; *classificatie van ~*, indeling in vier klassen (I t/m IV) van de ziekte van Hodgkin naar de uitbreiding van de lokalisatie.

S

S afk. van 1. saturatie. 2. Svedberg-eenheid. 3. sulfur (zwavel). 4. sacrale wervel (heiligbeenwervel).
S. (rec.) afk. van signa of signetur, men schrijve op (de gebruiksaanwijzing op het recept).
S3 aanduiding van 'derde harttoon' in het begin van de *diastole, vlak na de sluiting van de aortakleppen (bij septumdefect, open ductus Botalli, hoog minuutvolume e.a.).
SAA afk. van serum associated amyloïd (component).
SAARD afk. van slow acting antirheumatic drugs *E*.
SAB afk. van subarachnoïdale bloeding.
sabel- (smst.), *~been*, naar voren gekromde tibia bij tertiaire framboesia en lues congenita; *~schede-luchtpijp*, afplatting van de luchtpijp door jarenlange druk van een groot struma.
Sabin, A. Amerikaans viroloog (geb. 1906); *vaccin van ~*, levend poliomyelitisvaccin (verzwakt virus) voor orale en parenterale toediening; *reactie van ~-Feldman*, kleurstofreactie met oplopende serumverdunningen ter aantoning van toxoplasmose.
sabina *L* (*Juniperus sabina*) zevenboom, bevat een gif dat door leken wel als abortivum wordt gebruikt, hetgeen gevaar oplevert; zie sabinisme.
sabinisme vergiftiging met sabina; de verschijnselen zijn benauwdheid, bewusteloosheid, verstikkingskrampen, nierbloeding, maag-darmcatarre.
SABO afk. van 1. seksuologische anamnese, biografie en onderzoek. 2. stichting algemene bejaardenoorden.
saburra *L* ballast; ~ *gastrica*, bedorven maag, onverteerde stoffen in maag of darm, syn. sordes gastricae.
saburraal van saburra getuigend; *~rale* tong, beslagen tong.
saccade *F* ruk; stoot; de snelle fase van *nystagmus; *saccade*, hortend; zie gesaccadeerd.
sacha- (smst.) *~rase*, syn. *invertase, enzym uit het darmsap; splitst sacharose tot glucose en fructose; *~rificatie*, vorming van suiker; *~rimeter*, toestel om het suikergehalte van een vloeistof te meten; *~rine*, zoete stof, gebruikt als vervangmiddel van suiker; *~rometer*, syn. sacharimeter.
Saccharomyces verzamelnaam voor de verschillende gistschimmelsoorten; ~ *albicans*, syn. Candida albicans; ~ *cerevisiae*, biergist.
saccharomycose ziekte door gistschimmels (Saccharomyces) veroorzaakt, waarbij met slijm en schimmelkolonies gevulde schijngezwellen (pseudotumoren) ontstaan, die vanzelf verdwijnen.
sacha- *~rose*, riet- of bietsuiker, syn. sucrose; een disacharide dat door sacharase (invertase) gesplitst wordt in glucose en fructose; *~rum*, (riet)suiker, zie sacharose.
sacciformis *L* zakvormig.
saccografie röntgenografisch onderzoek van de arachnoïdale ruimte beneden de

onderste grens van het ruggenmerg; syn. caudografie.
sacculair zak- of buidelvormig.
sacculus vklw. van saccus; het ronde blaasje in de voorhof van het vliezige labyrint; het bevat de *macula sacculi waarin de evenwichtszintuigen voor het waarnemen van de stand van het hoofd in de ruimte.
saccus *L* zak; vklw. sacculus; ~ *endolymphaticus*, het blinde, zakvormige uiteinde van de aqueductus vestibuli (zie aqueduct); ~ *lacrimalis*, traanzak, de verbinding tussen het traankanaaltje (canaliculus lacrimalis) en de traanafvoergang (ductus nasolacrimalis)naar de neusholte.
Sachs, B. Amerikaans neuroloog (1858-1944), zie Tay.
sach-voet (orthop.) rubber voetprothese die in het vóórvoetgedeelte kan worden gebogen, met sponsrubber wig in het hielgedeelte.
Sacks, B. Amerikaans internist (1896-1939), zie Libman.
sacraal tot het heiligbeen (sacrum) behorend; ~*ale wervels*, de vijf wervels die het *sacrum vormen; ~*streek*, heiligbeenstreek.
sacralisatie gedeeltelijke vergroeiing van de 5de lendenwervel met het sacrum.
sacrodynie pijn in het sacrum.
sacro-iliacaal m.b.t. sacrum (heiligbeen) en os ilium (darmbeen); ~ *gewricht*, afk. SI-gewricht, zie SI (bet. 2).
sacro-iliitis ontsteking van de *syndesmose tussen heiligbeen (sacrum) en het darmbeen (os ileum).
sacrum *L* (volledig: *os sacrum*), heiligbeen, beenstuk bestaande uit 5 vergroeide wervels, gelegen aan het ondereinde van de wervelkolom, vormt met de heupbeenderen de ring van het bekken; ~ *acutum*, sacrum dat onder een scherpe hoek staat ten opzichte van de lendenwervelkolom.
sactosalpinx *G* uitzetting van een eileider (salpinx).
SAD afk. van 1. seasonal affective disorder, zie depressie. 2. stichting aanvullende dienstverlening, een landelijke organisatie die gezondheidsvoorlichting geeft, met name over de AIDS-problematiek. 3. *small airway disease
SADD afk. van short alcohol dependence data questionnaire.
sadisme 1. naar de Franse markies De Sade (1740-1814) genoemde erotische geaardheid waarbij seksueel genot of opwinding wordt ervaren door het toebrengen van pijn aan een ander. 2. (vlg. DSM-IV) een *parafilie gekenmerkt door het verkrijgen van seksuele opwinding door het veroorzaken van psychisch of lichamelijk lijden van een slachtoffer.
sadistisch-anale stadium tweede fase in de ontwikkeling van het kind; voor psychoanalytici tussen het tweede en derde levensjaar; het kind krijgt belangstelling voor zijn ontlasting en wordt daarin gestimuleerd door de ouders die het kind graag zindelijk willen hebben; beheersing van de sluitspieren geeft hem nieuwe macht en het zindelijk worden is het eerste geschenk dat een kind aan zijn ouders geeft, maar dat hij ook weer kan terugnemen wanneer hij zich gefrustreerd voelt (bijv. bij de geboorte van een broertje of zusje).
sadomasochisme (afk. SM) seksuele voorkeur van sadistische (dominante) en masochistische partners, waarin het toebrengen resp. het ondergaan van kwelling, onderwerping en vernedering bevrediging schenkt in de vorm van extase en/of orgasme.
saffisme foutief voor *sapfisme.
saffraanlever zie hepar.

sagittaal, sagittalis *L* pijlvormig, in de richting van een pijl, d.w.z. vóór-achterwaarts; *sutura* ~, de pijlnaad van de schedel tussen de beide wandbeenderen.
SAGM afk. van (oplossing van) saline (zout), adenine, glucose en mannitol, vloeistof voor het bewaren van erytrocyten.
sagomilt amyloïdose van de lichaampjes van *Malpighi in de milt.
sal *L* zout.
salaamkramp *Ar* knikkramp, *spasmus nutans; vorm van primair gegeneraliseerde epilepsie op kinderleeftijd t.g.v. hersenbeschadiging, gekenmerkt door secondendurende aanvallen van knikkende bewegingen van hoofd, romp, benen en het gelijktijdig strekken van de armen en ernstige psychomotore retardatie; zie ook hypsaritmie.
salabrasio verwijdering van tatoeage door afschuren van de huid met zout.
salacitas *L* abnormaal verhoogde geslachtsdrift.
salicylisme vergiftiging door het gebruik van salicylpreparaten.
salicylzuur acidum salicylicum *L* en zijn derivaten; zie acetylsalicylzuur.
salidiureticum *L* zie salureticum.
salinisch veel zout (saline) bevattend, bijv. bronwaters of laxeermiddelen die veel glauberzout of bitterzouten bevatten.
saliva *L* speeksel, mondvocht dat (bij de mens) door drie paar speekselklieren (glandulae salivales) wordt afgescheiden; het speeksel bevat speekselamylase (ptyaline), dat zetmeel omzet in maltose.
salivans *L* middel dat een sterke afscheiding van speeksel (saliva) veroorzaakt, bijv. pilocarpine; syn. ptyalagogum, sialagogum.
salivatie speekselafscheiding, in engere zin *speekselvloed.
salivine syn. ptyaline.
salivomanie abnormale gewoonte om voortdurend speeksel uit te spuwen.
Salk, J. Amerikaans viroloog (geb. 1914); *~-vaccin,* geïnactiveerd poliomyelitisvirus ter actieve parenterale *immunisatie tegen poliomyelitis.
salmiak ammoniumchloride.
Salmon, U. Amerikaans gynaecoloog (geb. 1904); *teken van ~*, éénzijdige pupilverwijding, soms waargenomen bij ruptuur van een extra-uteriene graviditeit.
Salmonella (genoemd naar D. E. Salmon, Amerikaans patholoog, 1850-1914) *gramnegatieve bacillen, bij de mens verwekkers van verscheidene ingewandsziekten, zoals gastro-enteritis, voedselvergiftiging, paratyfus A, B en C en typhus abdominalis.
salmonellose ziekte door *Salmonella.
salpingectomie *G* operatieve verwijdering van een eileider (salpinx).
salpingemphraxis obstructie van een eileider; *kunstmatige ~*, geschiedt via laparoscopie door elektrocoagulatie of door afklemming d.m.v. een ring of clip.
salpingitis *G* ontsteking van een salpinx; wordt veroorzaakt door infectie met etterbacteriën, gonokokken of Chlamydia; kan tot onvruchtbaarheid leiden; *~ profluens*, afscheiding van grote hoeveelheden ontstekingsproduct naar de baarmoeder.
salpingo-oöforectomie *G* syn. oöforosalpingectomie.
salpingo-oöforitis *G* syn. oöforosalpingitis.
salpingotomie *G* operatie waarbij een salpinx wordt ingesneden.
salpinx *G* eileider; baarmoedertrompet, verbindingsbuis tussen baarmoederholte en

(de omgeving van) een ovarium, syn. oviduct, tuba fallopii, tuba uterina.
saltatorisch met springende of huppelende bewegingen gepaard gaand; *~e reflexkramp*, springende of huppelende bewegingen, veroorzaakt door klonische kramp (spasmus) van de kuitspieren.
salt losing *E* natriumverlies met de urine.
salubriteit gezondheid, gezonde algemene toestand.
salureticum *L sali-diureticum*, zoutuitwasser, diuretisch middel dat selectieve uitscheiding van natrium, chloor en water in fysiologische verhoudingen bewerkstelligt, meervoud saluretica.
SAM afk. van 1. systolic anterior motion *E*. 2. selectieve antimicrobiële modulatie; syn. partiële antibiotische *decontaminatie (PAD).
samenlevingstest syn. postcoitumtest, *Sims-Hühner-test.
samenzweringswaan waan dat toevallige gebeurtenissen te verklaren zijn als acties die tegen de eigen persoon zijn gericht.
SAMIVOZ afk. van samenwerkende instituten voor zorgverlening (zwakzinnigenzorg).
SAMPC afk. van somatisch, ADL, maatschappelijk. psychisch communicatiemodel.
SAMSTEL afk. van samenhangend stelsel voor gezondheidszorgonderwijs, syn. SSG.
SAN afk. van 1. stichting afasie Nederland. 2. samenwerkende artsenlaboratoria in Nederland. 3. stichting anorexia nervosa. 4. samenwerkende apothekers in Nederland.
sana *L* gezond; *sanabel*, geneeslijk, syn. curabel; tgst. insanabel, incurabel; *~tio*, *~tie*, genezing, herstel, zie intentie (bet. 2); *sanatio completa*, volkomen genezing; *~torium*, meervoud sanatoria; herstellingsoord ter verpleging van chronische zieken.
Sandhoff, K. Zwitsers biochemicus; *ziekte van ~*, zeldzame autosomaal-recessief erfelijke lysosomale enzym-*deficiëntie met ernstige neurologische verschijnselen en dementie; syn. GM_2-*gangliosidose.
sanering gezond maken; in engere zin (tandheelk.) het volledig 'in orde' maken van het gebit.
Sanfilippo, S. Amerikaans kinderarts; *ziekte van ~*, type III van de *mucopolysacharidosen; vertoont veel gelijkenis met de ziekte van *Hurler-Pfaundler, de dementie is ernstig progressief, de botafwijkingen zijn minder sterk en er is geen corneatroebeling.
sanguinicus *L* iemand met een sanguinisch temperament, d.i. actief, vrolijk, levenslustig.
sanguinisch zie temperament.
sanguinolent bloederig, met bloed vermengd, bijv. ~ *sputum*, bloederige fluimen.
sanguinolentie diffuse bloeding.
sanguis *L* bloed, syn. haema *G*; het bloed bestaat voor gemiddeld 55% uit een geelachtige vloeistof, bloedplasma, waarin de bloedcellen (±45%) nl.: de erytrocyten (rode bloedcellen), de leukocyten (witte bloedcellen) en de trombocyten (bloedplaatjes).
sanies *L* dunne etter.
sanitair m.b.t. de gezondheid (sanitas); *~e inrichting*, sanatorium.
sanitas *L* gezondheid.
SANS afk. van scale for the assessment of negative symptoms; zie ook

SAPS (bet. 1).
SAO afk. van slaapapneu-onderzoek.
SaO_2 afk. van zuurstof-*saturatie van het bloed.
SAOC afk. van subaortale obstructieve *cardiomyopathie.
SAP afk. van systolic arterial pressure, systolische bloeddruk.
sapfisme, sapphisme (naar de dichteres Sapfo op het Griekse eiland Lesbos, ±600 v. Chr.), syn. amor lesbicus.
saphena aanduiding voor de *vena saphena magna*, de langste ader in ons lichaam die aan de binnenzijde van het been verloopt van de voet tot in de lies en uitmondt in de vena femoralis (dijbeenader); wordt frequent gebruikt voor transplantatiedoeleinden.
sapo *L* zeep.
saponificatie verzeping.
saponiment zalf of smeersel dat zeep bevat.
saporimetrie het vaststellen van de kleinste hoeveelheid van een stof die nog een smaakgewaarwording teweegbrengt.
sapphisme zie sapfisme.
sapremie aanwezigheid van *saprofyten in het bloed.
saprofyt *G* organisme, leeft van overblijfselen van mensen, dieren of planten.
saprogeen *G* door rotting ontstaan; rotting verwekkend.
sapropyra *G* kwaadaardige tyfus.
SAPS afk. van 1. scale for the assessment of positive symptoms; zie ook SANS. 2. simplified acute physiologic score.
SAR afk. van stichting alternatieve relatiebemiddeling.
SARA afk. van sexually acquired reactive arthritis *E*, zie artritis.
Sarcina *L*, meervoud Sarcinae of Sarcinen, bacterie die de vorm heeft van een pak of baal; ~ *tetragena*, syn. Micrococcus *tetragenus, bij gezonde personen in de mondholte voorkomende Sarcina; ~ *ventriculi*, syn. Merismopedium ventriculi, bij sommige maagaandoeningen in het braaksel.
sarcinurie het voorkomen van Sarcinen in de urine.
sarcoblast *G* cel waaruit zich een spiervezel ontwikkelt, syn. myoblast.
sarcocarcinoma *G* menggezwel van een sarcoom en carcinoom.
sarcoïd op sarcoom gelijkend; *~e reactie* (pathologisch-anatomisch), vorming van *granulomateus weefsel met een typisch histologisch beeld, gelijkend op dat van een sarcoom, doch niet kwaadaardig, veroorzaakt door sommige schimmels, door silicaten of beryllium, tuberculose, lepra, syfilis.
sarcoïdose, sarcoidosis ziekte van Besnier-Boeck-Schaumann, syn. lymphogranuloma benignum; chronische systeemziekte met onbekende oorzaak, gekenmerkt door granulomateuze (zie granulomateus) vormsels in verschillende organen (longen, huid [erythema nodosum], gewrichten [polyartritis], nieren, botten, lymfeklieren, iridocyclitis, uveitis, cerebrale en spinale verschijnselen, nieraandoeningen, secundair aan hypercalciëmie) en verschuiving tussen de diverse soorten lymfocyten.
sarcolemma *G* het celmembraan van een spiercel (spiervezel).
sarcoma zie sarcoom.
sarco- (smst.) spier-, vlees-; *~mateus*, *~matodes*, *sarcoomachtig; *~matosis*, *~matose*, gegeneraliseerde sarcoomvorming; *~meer*, de elementaire eenheid in de spiervezel; de contractiele eenheid van de spierfibril; *~mphalos G*, soms

achterblijvende harde stomp van de navelstreng.

sarcoom, sarcoma *G* kwaadaardig gezwel van mesenchymaal weefsel dat evenals een carcinoom de aangetaste organen verwoest en de neiging vertoont zich snel uit te breiden, terwijl vaak ook dochtergezwellen (metastasen) in andere delen van het lichaam kunnen optreden; *alveolair weke-delen* ~, vaatrijk sarcoom vnl. bij jonge vrouwen, bestaande uit complexen van polygonale cellen ('alveoli') die kenmerkende kristallen bevatten; *angio~*, sarcoom uitgaande van bloed- of lymfevaten (*hemangiosarcoom* resp. *lymfangiosarcoom*); n.t.v.m. hemaiosarcoom; *chondro~*, maligne kraakbeengezwel; ~ *deciduocellulare,* syn. deciduoma malignum; *endothelio~*, reticulair botsarcoom vnl. bij jongere mensen, uitgaande van het beenmergendotheel; *hem(at)o* ~, (multipele) bloedinkjes of bloedingen in een sarcoom; ~ *idiopathicum multiplex haemorrhagicum*, zie Kaposi; *lipo~*, menggezwel van primitieve embryonale sarcoomcellen en lipoomweefsel; ~ *medullare,* sarcoom dat uit mergachtig weefsel bestaat; ~ *melanoticum*, zie melanoom; ~ *mucosum*, syn. myxosarcoom; ~ *osteoides*, syn. *osteosarcoom; *synovio* ~, sarcoom uitgaande van synoviaal weefsel.

Sarcophaga vleesvlieg; ~ *carnaria*, grauwe vlieg met zwart en grijs geblokt achterlijf, die eieren legt in dood vlees, op lijken en in zweren en wonden; ~ *magnifica*, zie myiasis.

sarcoplasma het cytoplasma van een spiercel.

Sarcoptes mijt; ~ *scabiei* of ~ *hominis*, schurftmijt, de mijt die bij de mens scabiës veroorzaakt, syn. Acarus scabiei.

sarcotripsie onbloedige afklemming van een gezwel.

Sarmiento, A. Amerikaans orthopeed; *~-brace E*, kunststofkoker voor fixatie van een opperarmbeenschachtfractuur met vrijlating van schouder- en ellebooggewricht.

Sarnoff-diagram (card.) grafische voorstelling van de arbeid van beide hartkamers ten opzichte van de vullingsdruk.

sartorius *musculus* ~, kleermakersspier, een dijspier, zo genoemd naar de foutieve opvatting, dat met deze spier het ene bovenbeen over het andere kan worden gelegd (kleermakershouding).

SAS afk. van slaapapneusyndroom.

satelliet *L* trawant, metgezel; *~cel*, zie satellitose; *~tumor*, *metastase van een gezwel in een primair neoplasma of de naaste (regionale) omgeving ervan; *~virussen*, zie picodnavirussen; *~wagen*, een behandelwagen met (steriele) medische hulpmiddelen ten behoeve van één behandeling van één patiënt; zie ook verbandwagen.

satellitose 1. ophoping van neurogliacellen (satellietcellen) rondom beschadigde neuronen in het centrale zenuwstelsel. 2. kleine huidmetastasen in de omgeving van een melanoom.

saturatie verzadiging, symbool S; wkw. *satureren.*

saturninus, saturnina *L* m.b.t. lood.

saturnisme loodvergiftiging, vooral bij arbeiders die veel met loodwit en menie omgaan; in *acute* gevallen hevige buikkrampen (loodkoliek) meestal met verstopping, verlammingen (paralysis saturnina), beven, enz.; *chronisch* ~ kan gepaard gaan met blindheid, hallucinaties, lethargie, psychische depressie, vervolgingswaan (encephalopathia saturnina), gewrichtspijn (arthralgia saturnina), anemie, lood in epifysairschijven en pulpaholten van het gebit; vaak is er een

blauwachtige rand aan het tandvlees (loodzoom).
satyriasis *G* sterk verhoogde geslachtsdrift bij de man; sterk verhoogd vermogen tot de coïtus met veelvuldige zaadlozingen, soms met neiging tot psychische stoornissen als het herhaald uitoefenen van de geslachtsgemeenschap wordt tegengegaan; de term is afkomstig van de Griekse halfgoden, de Satyrs, die sterk erotisch waren ingesteld; syn. gynaecomanie.
satyromanie zie satyriasis.
saucerization *E* *wondexcisie met een schaalvormig defect als resultaat.
saucijzen-effect afwisselende verwijdingen en vernauwingen van de retinabloedvaten bij macroglobulinemie.
savant-syndroom bij mensen met een laag IQ (60) optredende partiële begaafdheid, gekenmerkt door een verbazingwekkend geheugen voor de meest merkwaardige feiten, zich uitend in bijv. het uit het hoofd kunnen opzeggen van telefoonnummers, autonummers, kalenderdata; vaak wordt tevens autisme, doofheid of blindheid waargenomen.
SB afk. van 1. spina bifida. 2. systolische bloeddruk.
SBA afk. van steun- en bewegingsapparaat.
SBDO afk. van stichting bevordering deskundigheid oncologie.
SBE afk. van subacute bacteriële endocarditis.
SBF afk. van schermbeeldfoto.
SBM (oogheelk.) afk. van sterkst brekende meridiaan.
SBOH afk. van stichting beroepsopleiding huisartsen.
SBS afk. van 1. sick building syndroom. 2. short bowel syndrome. 3. seksualiteitbelevingsschaal.
SBTN afk. van stichting branchebelangen thuiszorg Nederland.
SC afk. van sectio caesarea, zie sectie.
s.c. afk. van subcutaan, onderhuids.
scabiës, scabies *L* schurft, syn. dermatitis scabiosa, door een mijt (Acarus scabiei of Sarcoptes hominis) veroorzaakte besmettelijke, hevig jeukende huidziekte bij de mens en sommige huisdieren; overbrenging door direct contact, ook met dieren (~ *animalis*); het wijfje boort in de opperste huidlagen gangen, op de huid als witte of donkere streepjes zichtbaar, tot een lengte van ±15 mm, waarin het zich nestelt en eieren legt; ~ *crustosa*, syn. scabies norvegica; ~ *norvegica*, syn. scabies crustosa, deze vorm van scabiës is extreem besmettelijk, overdracht mogelijk bij kortdurende contacten, er is relatief weinig, soms zefs geen jeuk; ~ *sicca papulosa*, syn. prurigo.
scabritia ruwheid; ~ *cutis*, ruwheid van de huid; ~ *unguium,* degeneratie van de nagels waarbij deze dunner, slapper en vezelig worden en spoedig scheuren.
SCAC afk. van small-cell anaplastic carcinoma *E.*
scafocefalie *G* smalle langwerpige schedel waarbij de wandbeenderen tot elkaar hellen t.g.v. *craniostenose van de pijlnaad.
scafoïd os scaphoideum, bootvormig handwortelbeentje.
scala *L* (toon)ladder; ~ *tympani*, trommelholtetrap, neerdalende trap onder de ductus cochlearis (vliezige slakkenhuisgang); begint bij de top van het slakkenhuis en eindigt bij het ronde venster; ~ *vestibuli,* voorhofstrap, opstijgende trap boven de ductus cochlearis; begint bij het ovale venster en eindigt in de top van het slakkenhuis; beide trappen zijn met perilymfe gevulde gangen die bij het *helicotrema met elkaar in verbinding staan.

scalded skin syndrome *E* *dermatitis exfoliativa; zie ook SSSS.
scalenus *musculi scaleni*, groep van vier schuine halsspieren tussen de halswervels en 1ste en 2de rib; *~syndroom,* syn. syndroom van Naffziger, thoracic outlet syndrome *E*, pijn en circulatiestoornissen in de arm door compressie van de zenuwplexus en de armvaten tussen de musculus scalenus anterior en een halsrib.
scalp de afgerukte behaarde hoofdhuid.
scalpel *L* 1. ontleedmes, in gebruik in de anatomie. 2. operatiemes met aan één zijde convex lemmet.
scalperen het afrukken van de behaarde hoofdhuid, bijv. doordat een arbeider met zijn haar tussen de raderen van een in beweging zijnde machine geraakt.
scan zie scanning.
scanderen eentonige vorm van spreken waarbij elke lettergreep zeer nadrukkelijk wordt uitgesproken.
scanner *E* instrument dat straling aftast en registreert.
scanning *E* lett. aftasten; zelfst.nw. *scan;* zie CT, tomografie, echografie, scintigrafie, encefalografie.
scapha de groeve van de oorschelp tussen helix (buitenrand) en anthelix (de gebogen richel voor de helix).
scapula *L* syn. omoplata *G*, schouderblad, meervoud scapulae; de schouderbladkam (spina scapulae), die uitloopt in het naar buiten gerichte uitsteeksel, de schoudertop (acromion), vormt door vereniging met het sleutelbeen (clavicula) een naar achter geopende benige cirkel, de schoudergordel; aan de voorzijde van het schouderblad bevindt zich het ravenbekvormig uitsteeksel (processus coracoideus); ~ *alata*, vleugelvormig, van de romp afstaand schouderblad bij magere, weinig gespierde personen; ~ *scaphoidea,* schuitvormig schouderblad, voorkomend bij aangeboren syfilis.
scapulair, scapularis *L* m.b.t. de schouderbladen of hiertoe behorend.
scapulalgie pijn in de schouder; syn. scapulodynie.
scapularis zie scapulair.
scapulodynie syn. *scapulalgie.
scapulozona *L* schoudergordel, zie scapula.
scapus *L* schacht; ~ *pili*, haarschacht.
scarificatie het maken van kleine oppervlakkige insnijdingen in de huid; (pop.) het opzettelijk veroorzaken van littekens uit cosmetisch oogpunt; zie ook piercing.
scarificator *L* mes voor het maken van kleine insnijdingen in huid of slijmvlies.
scarificeren scarificaties maken.
scarlatina *L* roodvonk, scharlakenkoorts, syn. febris scarlatinosa, acute zeer besmettelijke exanthematische ziekte, meestal bij kinderen van 2-10 jaar, veroorzaakt door hemolytische streptokokken en met een incubatieduur van gem. 3 dagen; gekenmerkt door koorts, angina, fijn exantheem, rode tong met gezwollen papillen (aardbei- of frambozentong); na 3 à 4 dagen begint de huiduitslag te verbleken, terwijl de koorts gaat afnemen; scarlatina kan worden gecompliceerd door otitis media, pneumonie, artritis, sepsis, pancarditis; latere (immunologische) complicaties kunnen zijn glomerulonefritis en acute polyartritis (zie polyarthritis rheumatica acuta); ~ *laevigata*, de gewone vorm van scarlatina met in elkaar vloeiende rode vlekken voorzien van ontelbare puntjes; ~ *haemorrhagica*, syn. ~ *petechialis*, scarlatina met bloedingen in huid en ingewanden; ~ *miliaris*, scarlatina waarbij blaasjes op de huid verschijnen met

een troebele inhoud; ~ *papulosa*, scarlatina waarbij de puntjes zwellen tot pukkeltjes; ~ *puerperalis*, kraamvrouwenroodvonk, een vorm van scarlatina die in het kraambed optreedt; ~ *sine exanthemate*, scarlatina zonder of bijna zonder uitslag; ~ *variegata*, scarlatina met verspreid staande vlekken.

scarlatinosus, scarlatinosa *L* m.b.t. roodvonk (scarlatina).

scatofagie syn. *coprofagie.

scatol *G* uit rotting van eiwit (tryptofaan) afkomstig bestanddeel van de feces.

SCD afk. van sudden cardiac death.

SCE afk. van sister chromatid exchange, *zusterchromatide-uitwisseling.

scelofobie angst om te worden ontvoerd, syn. pavor sceleris.

schaam- *~been*, os pubis; *~beensnede*, zie hebetomie; *~beenvoeg*, syn. schaamvoeg; *~delen*, zie pudenda; *~heuvel*, mons pubis, mons véneris; *~lippen*, zie labium; *~luis*, zie pediculus; *~spleet*, rima pudendi; *~voeg*, symphysis ossium pubis, symfyse.

schaar- *~beet*, zie psaliodontie; syn. frontbeet; *~gang*, het lopen met een typische gekruiste stand van de benen bij het *spastisch syndroom.

schacht zie scapus.

schaduwproef zie skiascopie.

schakel *~cel*, zie interneuron, *~wervel*, zie hemispondylus.

Schamberg, J. Amerikaans huidarts (1870-1934); *dermatose van ~*, pigmentvorming door *hemosiderine, vnl. bij mannen, aan de onderbenen t.g.v. ontsteking van capillairen in de epidermis.

schapen- *~pokken*, zie ecthyma; *~teek*, Ixodes ricinus, zie teek.

scharlakenkoorts zie scarlatina.

Schatzki, R Amerikaans radioloog (1901-1992); *~-ring*, ring- of diafragmavormige vernauwing ter hoogte van het onderste gedeelte van de slokdarm; bij te sterke vernauwing (diameter minder dan 13 mm) kunnen grotere voedselbrokken blijven steken.

Schaudinn, F. Duits zoöloog (1871-1906), ontdekker van de *Treponema pallidum.

Schaumann, J. Zweeds dermatoloog (1879-1953), zie sarcoïdose.

Schauta, F. Oostenrijks gynaecoloog (1849-1919), zie Wertheim.

schede vagina; *~spiegel*, vaginaal *speculum.

schedel zie cranium; *~basis*, onderste deel van de schedel, waarop de hersenen steunen; *~dak*, tegmen cranii, *calvaria, fornix cranii; *~holte*, cavum cranii; *kruis~*, zie metopisch; *~verweking*, zie craniotabes.

scheelhoek de hoek die het oog afwijkt van de normale stand bij strabismus.

scheelzien zie heteroforie, strabismus.

scheenbeen tibia; *~ader*, vena tibialis.

scheepvormig been os scaphoideum (hand); os naviculare (voet).

scheidingsangst zie separatie-angststoornis.

Scheie, H. Amerikaans oogarts (geb. 1909); *ziekte van ~-Ullrich*, type V van de *mucopolysacharidosen met relatief milde verschijnselen, corneatroebeling, geen mentale retardatie; het defecte enzym is hetzelfde als dat bij de ziekte van Hurler; soms aorta-insufficiëntie door stapeling in de aortaklep.

schelp zie concha.

schemertoestand (psych.) toestand van bewustzijnsdaling bij afwezigheid van hallucinaties en/of wanen, waarbij gecompliceerde handelingen mogelijk blijven, waarvan de persoon zich achteraf niets herinneren kan; komt o.a. voor bij bepaalde vormen van epilepsie, cocaïnegebruik; zie ook droomtoestand.

schermbeeldfotografie techniek van röntgendoorlichting van de borstkas voor massaonderzoek, waarbij het beeld op het fluorescerend scherm verkleind wordt gefotografeerd en naderhand beoordeeld.

Scheuermann, H. Deens orthopeed (1877-1960); *ziekte van* ~, laagthoracale kyfoscoliose door osteochondrose van meerdere wervels; syn. kyphoscoliosis juvenilis of osteochondrosis juvenilis dorsi.

scheurbuik syn. *scorbuut.

Schick, B. Hongaars-Amerikaans kinderarts (1877-1967); *reactie van* ~, sensibiliteitsreactie t.b.v. de diagnose difterie.

schietschijfcel *targetcell *E*, erytrocyt die bij de gebruikelijke kleurmethoden het uiterlijk toont van een schietschijf.

schifting zie triage.

schijn- *~dood*, mors putativa *L*, bewusteloosheid met onvoldoende en onwaarneembare ademhaling en bloedsomloop, waardoor schijnbaar levenloosheid bestaat; *~voet*, pseudopodium; *~zwangerschap*, pseudokyesis.

Schilder, P. Oostenrijks neuroloog (1886-1940); *ziekte van* ~, oude naam: encephalitis periaxialis diffusa, een vorm van leukodystrofie bij kinderen en adolescenten, gekenmerkt door diffuse *demyelinisatie in de hersenhemisferen, dubbelzijdige spasticiteit, corticale blind- en doofheid; opticusatrofie en dementie.

schildklier glandula thyroídea, endocriene klier, gelegen vóór de luchtpijp onder tegen het strottehoofd, bestaande uit twee zijkwabben verbonden door een middengedeelte, de isthmus; het in de schildklier voorkomende hormoon is aan eiwit gebonden en heet thyroglobuline, hetwelk ontstaat uit jodiumverbindingen die in de schildklier worden gesynthetiseerd; in het bloed komt het hormoon hoofdzakelijk voor in de vorm van *thyroxine (tetrajodothyronine, T_4), in mindere mate als T_3 (trijodothyronine); de schildklierfunctie wordt gereguleerd door het *TSH via een terugkoppelingsmechanisme; de schildklierhormonen T_3 en T_4 hebben vnl. invloed op groei en stofwisseling.

schildkraakbeen *cartilago thyroidea.

schildpadverband zie testudo.

schildwachtklier syn. *sentinel node *E*.

Schiller, W. Oostenrijks patholoog (1887-1960); *~-test*, kleuring van het epitheel van vagina en portio uteri met lugoloplossing ter opsporing van abnormale epitheelgedeelten, in engere zin carcinoom.

Schilling, 1. **R.** Amerikaans hematoloog (geb.1919); *~-test*, belastingproef met radioactief vitamine B_{12} ter bepaling van de bloedspiegel van dit vitamine. 2. **V.** Duits hematoloog (1883-1960); *leukocytenformule vlg.* ~, differentiële telling (zie differentieel).

schimmel planten zonder bladgroen, bestaande uit zwamvlok (mycelium), een netwerk van draadvormige cellen (hyfen); *~draad*, hyfe; *~vergiftiging*, zie mycetisme.

Schirmer, O. Duits oogarts (1864-1917); *proef van* ~, schatting van de traanproductie met behulp van filtreerpapier.

-schisis (smst.) splijting, gespleten zijn; zie ook cheiloschisis (hazenlip), palatoschisis, cheilognathopalatoschisis.

schisma *G* splijting, deling, ontleding.

schistocyten erytrocytenfragmenten in het bloeduitstrijkpreparaat bij sommige vormen van hemolytische anemie.
schistoglossie *G* aangeboren splijting van de tong (glossa).
schistoprosopie *G* aangeboren splijting van het gelaat; diepe kloof links of rechts van de neus (of aan beide zijden) tot in het gehemelte.
Schistosoma een trematodengeslacht waarvan de *cercaria via de intacte huid in het bloed van de mens geraken en de volwassen wormen zich nestelen in darm of blaas; de eieren worden met feces resp. urine uitgescheiden en komen deels in diverse organen terecht, waarvan o.a. longfibrose met cor pulmonale of portale hypertensie het gevolg kan zijn; ~ *haematobium*, eindorgaan: de blaas en urogenitale organen; ~ *intercalatum* en ~ *mansoni:* rectum en sigmoïd (zgn. 'bilharzia-dysenterie'); ~ *japonicum:* bovenste dunne-darmgebied, soms vergezeld van neurologische verschijnselen, berustend op embolisatie van de eieren; ~ *mansoni*: lever (chronische hepatitis).
schistosomiasis infectie door *Schistosoma met langdurig-acuut begin (koorts, hoest, urticaria, diarree, hematurie, eosinofilie e.a.), gevolgd door chronische granulomateuze orgaanveranderingen; syn. bilharziasis.
schizoaffectieve stoornis (vlg. DSM-IV) stoornis waarbij gelijktijdig kenmerken aanwezig zijn van een schizofrenie en van een stemmingsstoornis (manie of depressie, respectievelijk ook wel genoemd schizomanie en schizodepressie).
schizocefaal, schizocephalus *G* misgeboorte met in de lengte gespleten hoofd.
schizodepressie (psych.) zie schizoaffectieve stoornis.
schizofrenia simplex (psych.) vorm van schizofrenie waarbij vnl. de volgende verschijnselen opvallen: het ontbreken van duidelijke psychotische verschijnselen, apathie, autisme en splijting van de persoonlijkheidsstructuur waarin in toenemende mate defecten optreden; in DSM-IV niet als stoornis opgenomen.
schizofrenie (vlg. DSM-IV) een ernstige stoornis, niet het gevolg van het gebruik van een middel of een lichamelijke aandoening, met een veelal sluipend begin, gekenmerkt door symptomen zoals, wanen, hallucinaties, onsamenhangende spraak (positieve symptomen genoemd), ernstig chaotisch of catatoon gedrag. voorts affectieve vervlakking, gebrek aan initiatief en activiteit, gedachte- en spraakarmoede (negatieve symptomen genoemd), tekorten in de zelfverzorging, beroep of sociaal verkeer en het niet of hoogstens kortdurend optreden van stemmingsstoornissen tijdens de psychotische fase; DSM-IV maakt onderscheid in 5 typen: *gedesorganiseerde type* (syn. *hebefrenie*), gekenmerkt door onsamenhangende spraak, chaotisch gedrag en vlak of inadequaat affect; *catatone type*, gekenmerkt door *catatonie; *ongedifferentieerde type*, gekenmerkt door het niet voldoen aan de criteria van het paranoïde, catatone of gedesorganiseerde type; *paranoïde type*, gekenmerkt door preoccupatie met wanen of gehoorhallucinaties en het ontbreken van onsamenhangende spraak, chaotisch of catatoon gedrag of vlak inadequaat affect (meest voorkomende type); *resttype* (syn. *defect* ~), gekenmerkt door het in hoofdzaak optreden van negatieve symptomen; dit type is op te vatten als een resttoestand van een voorafgaande psychotische periode; *propf-*~, schizoforme psychose die kan voorkomen bij zwakzinnigen; *pseudoneurotische* ~, syn. schizotypische *persoonlijkheid.
schizofreniforme stoornis (vlg. DSM-IV) psychotische stoornis die qua symptomen verwant is aan schizofrenie, maar een gunstiger verloop heeft, gekenmerkt door een minder vervlakt of afgestompt affect en een ongestoord

beroepsmatig en sociaal functioneren voorafgaande aan de stoornis.
schizogenie ongeslachtelijke voortplanting door deling van cellen.
schizogonie ongeslachtelijke voortplanting waarbij de moedercel uiteenvalt in vele dochtercellen; komt voor bij sporendiertjes (sporozoa), bijv. de malariaparasiet (*Plasmodium); zie ook schizogenie, malaria.
schizoïd tot schizofrenie behorend of hierop gelijkend.
schizoïde psychopaat antisociale persoonlijkheid bij wie het gevoelsmatig reageren overeenkomt met schizofreen gedrag, maar bij wie dit gedrag geen voorstadium is van schizofrenie.
schizoïde psychose zie psychose.
schizomanie (psych.) zie schizoaffectieve stoornis.
schizomycete *G* splijtzwam; oude benaming voor bacterie.
schizont vegetatief delingsstadium bij sporozoa; valt meestal uiteen in vele merozoieten; *~icide*, schizonten dodend.
schizothymie (psych.) karaktervorm met als kenmerken o.a. geslotenheid, onafhankelijk gedrag, koppigheid, moeilijke aanpassing in de maatschappelijke omgang; zie ook schizotypische *persoonlijkheid.
Schizotrypanum cruzi trypanosoom die zich door deling voortplant (schizogonie), verwekker van de ziekte van Chagas; komt vnl. in Brazilië voor.
schizotypische persoonlijkheid zie persoonlijkheid.
Schlatter, C. Zwitsers chirurg (1864-1934), zie osteochondrose.
schlauch *D* slappe buis, gummislang die men om een lidmaat snoert met het doel de aderlijke bloedstroom te stuwen; zie Esmarch.
Schleich, K. Duits chirurg (1859-1922); *~se anesthesie,* plaatselijke gevoelloosheid door onderhuidse inspuiting van isotonische oplossingen van anaesthetica, syn. infiltratie- of lokale anesthesie, toponarcose.
Schlemm, F. Duits anatoom (1795-1858); *kanaal van ~*, cirkelvormig kanaal in de sclera dat het *kamerwater uit het *trabekelsysteem verder afvoert.
Schlossmann, A. Amerikaans oogarts (geb. 1918), zie Posner.
schlottergelenk *D* gewricht met abnormaal ruime bewegingsmogelijkheid t.g.v. verslapping van spieren en/of banden.
schlotterkamm *D* overtollig tandvlees na extractie van gebitselementen.
Schmidt, M. Duits endocrinoloog (1863-1949); *ziekte* of *syndroom van ~*, gelijktijdige schildklier- en bijnierinsufficiëntie, soms tezamen met diabetes.
Schmincke, A. Duits patholoog (1877-1953); *tumor van ~*, *lymfo-epithelioom in de nasopharynx.
Schmorl, C. Duits patholoog (1861-1932); *lichaampjes van ~*, ophelderingen in het röntgenbeeld bij M. Scheuermann t.g.v. secundaire deformaties in de wervelsluitplaten door osteochondrotische necrosen.
Schober, P. Duits orthopeed (1865-1943); *meting vlg. ~*, meetmethode ter vaststelling van de graad van bewegingsbeperking van de wervelkolom, berustend op het uit elkaar bewegen van de doornuitsteeksels bij maximale vooroverbuiging.
Schoemaker, J. Nederlands chirurg (1871-1940); *lijn van ~*, bij gestrekt been liggen *trochanter major, *spina iliaca anterior superior en navel in één lijn.
schoen- *~hart*, gelijkenis van de röntgenologische hartfiguur met de vorm van een schoen bij aorta-insufficiëntie; *~makersborst,* *pectus excavatum.
schokgolflithotripsie niet-invasieve (d.i. *extracorporale) nier- en

galsteenvergruizing d.m.v. schokgolven, opgewekt door elektrohydraulische ontladingen welke een zeer hoge, sterk geconcentreerde druk teweegbrengen, waardoor het concrement (de 'steen') in gruis uiteenvalt en spontaan kan worden geloosd; afk. ESL, ESWL; technieken zonder gebruik van een waterbad zijn inmiddels ontwikkeld.

scholspier musculus soleus.

Scholz, W. Duits neuroloog (1889-1971); *ziekte van ~*, zie sulfatidose.

schommelstoelvoetjes bolle ronde, dikwijls verdikt aanvoelende voetzolen met uitstekende hiel.

Schönlein, J. Duits arts (1793-1864), zie Henoch.

schoolfobie (psych.) bij kinderen voorkomende hardnekkige tegenzin of weigering om naar school te gaan; zie ook separatie-angststoornis.

schoorsteentje rubber canule, hoog in het rectum gebracht, om darmgassen te doen ontsnappen.

Schöpf-syndroom zeldzaam beeld van cysten aan de oogleden, palmoplantaire *hyperkeratose, hypodontie, hypotrichose en onycho-dystrofie.

schors zie cortex.

schouder osmos (*G*); *~-bekkengordeldystrofie*, zie limb girdle syndrome; *~blad*, *scapula; *~-handsyndroom*, syn. *Sudeck-syndroom; *~gordel*, scapulozona, ring gevormd door de beide schouderbladen en de beide sleutelbeenderen; *~top*, acromion.

schriftkunde grafologie.

schrompelnier nefrocirrose, schrompeling van het nierbindweefsel t.g.v. chronische *nefritis of arteriosclerose.

Schroth, J. Duits natuurgenezer (1800-1856); *kuur vlg. ~*, dorst- en zweetkuur, aanbevolen bij vetzucht, reumatisme, jicht, enz.

Schrötter, L. Kristelii von Oostenrijks KNO-arts (1837-1908), zie Paget.

Schub *D* lett. duw, stoot; kortdurende wederopleving van een chronisch ziekteproces of psychose.

schubbenziekte zie psoriasis.

schudfenomeen bij aanwezigheid van antispermatozoa-antistoffen in sperma of cervixslijm vertonen de zaadcellen in de *SCMC-test schuddende bewegingen in plaats van hun normale voortbeweging.

Schüffner, W. Duits tropenarts te Medan en Amsterdam (1867-1949); *~se korreling*, roze stipjes in met Plasmodium vivax besmette erytrocyten bij giemsakleuring; *miltgrootte vlg. ~*, aanduiding van I t/m VIII van de grootte van de milt in het epidemiologisch malaria-onderzoek (afstand linker ribbenboog-navel-bekkenkam in 2×4 gedeeld); *pseudotyfus van ~*, zie mijtenkoorts, tropical typhus.

schuifladefenomeen (orthop.) passieve vóór-achterwaartse beweegbaarheid van het onderbeen in het kniegewricht bij verscheuring van de kruisbanden.

schuimcel *histiocyt met talrijke vacuolen die gefagocyteerde lipiden en stofwisselingsproducten bevatten, syn. xanthoomcel, foamcell.

schuldwaan waan gekenmerkt door een schuldgevoel m.b.t. allerlei levensomstandigheden of de dagelijkse plichten jegens anderen.

Schüller, A. Oostenrijks neuroloog (1874-1958), zie Hand.

schurft zie scabiës.

Schwabach, D. Duits arts (1846-1920); *proef van ~*, stemvorkproef om na te gaan

of een bestaande doofheid op geleidings- of perceptiestoornis berust door vergelijking van het resultaat bij de patiënt met dat bij de onderzoeker.
Schwann, F. Duits anatoom (1810-1882); *cellen van ~*, grote langwerpige cellen aan de binnenzijde van het neurilemma; *schede van ~*, dunne schede van bindweefsel rondom de zenuwcel, syn. neurilemma.
schwannoom neoplasma van de schede van *Schwann.
schwarte *D* zie zwoerd.
Schwartz-Bartter-syndroom syn. *SIADH.
SCI afk. van science citation index *E*.
sciascopie zie skiascopie.
sciatica *L*, **sciatique** *F* syn. ischias.
SCID afk. van severe combined immune deficiency *E*, gestoorde functie van T- en B-cellen door een enzymdeficiëntie in het purinemetabolisme, gekenmerkt door multipele infecties, persisterende diarree, slechte groei kort na de geboorte en letale afloop binnen het jaar.
scientology alternatieve psychotechniek die beoogt een 'totale persoonlijke vrijheid' te bereiken.
scillisme vergiftiging door gebruik van zeeajuin (Scilla maritima) of van preparaten hiervan.
scimitar Turks kromzwaard; *~syndroom*, abnormale veneuze afvloed vanuit de rechter longhilus naar de vena cava inferior (onderste holle ader), met op het röntgenbeeld de vorm van een scimitar.
scintigrafie het meten en optekenen van radioactiviteit, bijv. van weefsel of lichaamsvloeistoffen, na toediening van een speurdosis van een radioactieve isotoop of een gemerkte (monoklonale) antistof; syn. *scanning *E*.
scintigram het geregistreerde resultaat van scintigrafie.
scintillatie 1. uitzending van radioactieve stralen; *~detector*, instrument voor het bepalen van de hoeveelheid van een *gammastralen uitzendend isotoop in een lichaamsgebied. 2. syn. *fotopsie.
scirrhus *G* vorm van kanker die gepaard gaat met vorming van schrompelend bindweefsel, syn. carcinoma fibrosum.
scissuur, scissura *L* gleuf, spleet; *~ pilorum*, syn. *trichoptilosis.
sclera *G* de harde oogrok, het buitenste omhulsel van de oogbol; *blauwe ~*, opvallende blauwe tint van de sclera; kan voorkomen bij aandoeningen als osteogenesis imperfecta, collageenziekten, ijzertekort (ferriprivie), myasthenia gravis en tijdens corticosteroïdentherapie.
scleradenitis *G* klierverharding, adenitis gepaard gaande met verharding door bindweefselvorming.
sclerectasie uitpuiling van een deel van de sclera.
sclerectomie *G* operatie waarbij een kunstmatige pupil wordt gevormd door uitsnijding van een deel van de sclera.
sclerema *G* ziekelijke verharding en verdikking van de huid; *~ adiposum*, sclerema van het onderhuidse vetweefsel na uitputtende ziekten; *~ neonatorum*, dodelijke stofwisselingsziekte bij onvoldragen en ondervoede pasgeborenen, gekenmerkt door degeneratie van het onderhuidse weefsel, polsverlangzaming en lage temperatuur.
scleritis *G* ontsteking van de sclera.
sclerochoroiditis *G* scleritis met choroiditis.

sclerodactylie necrotiserende veranderingen van de eindkootjes van de vingers bij sclerodermie.

sclerodermie, scleroderma *G* syn. systeemsclerose, *collageenziekte gekenmerkt door hard en strak worden van de huid met depigmentaties en teleangiëctasieën, gewrichtsafwijkingen (synovitis) en sclerotische veranderingen in slokdarm, maag-darmkanaal (malabsorptie) en nieren, soms interstitiële longfibrose of longcysten, *sicca- en Raynaud-symptomen, polymyositis, tendinitis crepitans, slikklachten en onderhuidse calcinose; het verloop is chronisch, vaak ontwikkelen zich hypertensie en renale of cardiale insufficiëntie; sclerodermie wordt gerekend tot de gesystematiseerde *auto-immuunziekten; tgst. anetodermie; ~ *circumscripta,* syn. *morphaea; *symptomatisch* ~, zie lipoderm(at)osclerose.

scleroedema adultorum ziekte van *Buschke, collageenziekte gekenmerkt door harde oedemateuze zwelling van de huid in nek, gelaat, romp, armen en benen (met uitzondering van handen en voeten) met een vrij gunstige prognose; opvallend zijn soms bij de vrouw de grote en harde borstklieren.

sclero-iridectomie (oogheelk.) operatie van *Terson bij glaucoom.

scleroma zie scleroom.

scleromalacie plaatselijke verweking van de sclera.

scleronychie *G* verharding, gele verkleuring, ontbreken van de *lunula en verdikking van nagels (onyx).

scleronyxis *G* het doorsteken van de sclera met een staarnaald bij *cataract om de troebel lens omlaag te drukken (obsoleet).

scleroom, scleroma *G* 1. syn. sclerodermie. 2. in engere zin verharding van slijmvlies van de bovenste luchtwegen.

sclerose, sclerosis *G* iedere ziekelijke verharding van weefsel, meestal berustend op vorming van bindweefsel; ook in smst., bijv. *arterio~, myo~, osteo~, phlebo~; coronaire ~*, sclerotische verandering van de kransslagaders van het hart; *glomerulo~*, hyaliene degeneratie van de capillairwanden van de nierglomeruli; *initiale ~*, harde *sjanker; *lipo(dermato)~*, huid*dystrofie bij langdurige *hypostase t.g.v. fibrineneerslag om de huidcapillairen door lekkage van fibrinogeen; *~ multiplex*, syn. *~ disseminata* of *sclerose en plaques F, multipele ~*, afk. MS, chronische aandoening van het centrale zenuwstelsel, vnl. voorkomend bij het blanke ras (man : vrouw = 1 : 1,5 à 2), zich openbarend tussen het 20ᵉ en 40ᵉ levensjaar, gekenmerkt door het optreden op verschillende momenten en plaatsen van ontstekingshaarden, demyelinisatie en vorming van verspreide harde plekken (plaques), vnl. in de witte stof van hersenen en ruggenmerg, voorts door zowel motorische en sensibele als autonome verschijnselen (nystagmus, hypertonie van spieren, spastische verlammingen, intentie*tremor, gevoelsstoornissen, algemene slapte, ataxie, dysartrie, opgeheven buikreflexen, visusverlies, blaasstoornissen); mogelijke oorzaken: auto-, dan wel cellulaire immuunreactie, persisterende *virusinfectie, genetische factoren, immunodeficiëntie, auto-immuniteit, omgevingsfactoren (breedtegraad); *progressive systemic ~ E*, zie sclerodermie; *tubereuze ~*, syndroom gekenmerkt door idiotie en epileptische aanvallen; in huid, hersenen, nieren en longen worden knolvormige gezwelletjes aangetroffen; syn. ziekte van Pringle-Bourneville.

scleroseren verharden.

sclerosis zie sclerose.

sclero- *~steosis*, hyperostose; *~stenosis*, verharding van weefsel gepaard gaande met vernauwing; *~stomum duodenale*, syn. ankylostomum duodenale; *~therapie*, zie therapie; *~thrix*, hard, droog haar; *~tica*, 1. syn. sclera. 2. hard; induratief; sclerotisch; *~ticectomie*, operatie waarbij een stukje van de harde oogrok wordt uitgesneden; *~tisch*, verhard; *~tomie*, operatie bij glaucoom, waarbij de sclera wordt ingesneden; *~toom*, 1. mesje voor incisie van de sclera. 2. skeletgedeelte van een *metameer.

SCMC afk. van sperma-cervixmucus contact (test) *E*, zie schudfenomeen.

SCN zie NSC.

scolex *G* meervoud *scolices* 1. kop van de lintworm (Taenia). 2. weinig gebruikelijke naam voor de appendix vermiformis.

scoliolordose *G* lordose gepaard gaande met scoliose.

scoliose, scoliosis *G* zijdelingse verkromming van de wervelkolom, hetzij C-, hetzij S-vormig. 1. *structurele* of *congenitale* ~, aangeboren groeistoornis die zich uit op de kinderleeftijd en eindigt met de voltooiing van de skeletgroei; is vaak gecombineerd met kyfose (*kypho~*). 2. *rachitische* ~, komt vrijwel niet meer voor. 3. *compensatoire* ~, syn. ~ *statica*, zie paralytische scoliose. 4. *paralytische* ~, scoliose door paralyse van bepaalde spieren of spiergroepen vooral t.g.v. poliomyelitis. 5. *idiopathische* ~, scoliose door onbekende oorzaak; ~ *capitis*, syn. torticollis, caput obstipum; ~ *congenita*, zie hemispondylus; ~ *habitualis*, habituele scoliose, door de gewoonte om in een verkeerde houding te zitten of te staan veroorzaakte scoliose; *~hoek*, de hoek tussen de loodlijnen op de bovenste en onderste sluitplaat van de scoliotische bocht; ~ *ischiadica*, lichte scoliose t.g.v. ischias, doordat de lijder een scheve houding aanneemt om pijn te vermijden; ~ *statica*, statische scoliose, veroorzaakt door scheve stand van het bekken of door ongelijke belasting van de beide lichaamshelften; *torsie~*, scoliose in een deel van de wervelkolom, welks wervels ten opzichte van elkaar zijn getordeerd.

scombrotoxine *toxine in bedorven makreel of tonijn.

scoop het instrument waarmee een *-scopie wordt verricht.

-scopie *G* (smst.) bezichtiging, bijv. microscopie, tracheoscopie, endoscopie.

scopofilie lustgevoel door het zien van uitwendige geslachtsorganen; voyeurisme.

scopolamine alkaloïd, syn. hyoscine; mydriaticum.

scorbuut, scorbutus *L* scheurbuik, syn. purpura scorbutica, een avitaminose door gebrek aan *vitamine C, gekenmerkt door slapte, bloedarmoede, gezwollen tandvlees en neiging tot slijmvlies-, spier-, huid- en andere bloedingen, voorts door hyperkeratose en kurketrekkervormige haren; komt voor bij mensen die onder armelijke omstandigheden leven en werd vroeger gezien bij zeelieden op lange reizen door gebrek aan vers voedsel; (pop.) blauwschuit; ~ *alpinus*, syn. pellagra; ~ *infantilis*, syn. osteotabes.

scoren (jrg.) het bemachtigen van heroïne door een verslaafde; syn. *hosselen.

scotodinie *G* duizeligheid, hoofdpijn, gezichtsstoornissen en zwarte vlekjes in het gezichtsveld, soms gepaard gaande met flauwte; syn. apoplectische vertigo.

scotoom, scotoma *G* donkere vlek in het gezichtsveld, hetzij door de patiënt waargenomen (*subjectief ~*), hetzij bij het onderzoek door de arts vastgesteld (*objectief ~*); ~ *centrale, centraal scotoom*, scotoom midden in het gezichtsveld; *ring~*, ringvormig scotoom rondom het midden van het gezichtsveld; ~ *scintillans*, flikkerscotoom, door de patiënt waargenomen snel heen en weer bewegend scotoom, dikwijls bij migraine; syn. teichopsie.

scotopisch ~ *zien*, het zien bij adaptatie aan schemerlicht, een functie van de

staafjes in de *retina.
scotopsie *G* syn. myiodesopsie, mouches volantes.
scotoptisch zie scotopisch.
scototherapie *G* ziektebehandeling bij afsluiting van zowel dag- als kunstlicht.
scrapie *E* letaal verlopende aandoening van het centrale zenuwstelsel bij schapen en geiten; zie ook Creutzfeldt-Jakob.
scratch disease kattenkrabziekte; zie lymphogranuloma benignum (bet. 1).
Scribner, B. Amerikaans arts (geb. 1921), zie shunt.
scrobiculus cordis *L* hart- of maagkuil, groeve tussen de twee ribbenbogen; syn. fossa epigastrica.
scrofuleus m.b.t. *scrofulose; syn. strumeus.
scrofulide huidaandoening berustend op scrofulose.
scrofuloderma *G* huidtuberculose met vorming van harde knobbeltjes (gumma); ~ *papulosum*, syn. lichen scrofulosorum, bij scrofulose optredende vorm van lichen waarbij zich donkerrode knobbeltjes vormen; ~ *ulcerosum*, huidtuberculose met vorming van harde knobbeltjes die verzweren; ~ *willanii*, syn. lupus vulgaris.
scrofulose 'klierziekte', tuberculeuze lymfadenitis bij kinderen, meestal aan de hals, met neiging tot voortzetting naar de huid en verettering met doorbraak naar buiten en ten slotte vorming van onregelmatige littekens, voorts catarrale verschijnselen aan de bovenste luchtwegen en vermagering, een en ander veroorzaakt door de tuberkelbacil (zelden) of door een zgn. atypische *Mycobacterium.
scrotaal, scrotalis *L* m.b.t. het scrotum, bijv. *hernia* ~ of scrotaalbreuk, breuk die tot in het scrotum afzakt.
scrotum *L* balzak, de uit spier-, bindweefsel en huid bestaande zak waarin zich dubbelzijdig de testis en epididymis bevinden; zie ook shawl scrotum.
scrubtyfus *E* tropische, door mijten overgebrachte *rickettsiose, vooral in Zuid-Oost-Azië.
SCT afk. van surface connecting tubules *E*.
SCU afk. van special care unit *E*.
scutulatus *L* syn. *scutiformis*, schotel- of schildvormig, de vorm van scutula vertonend, aanduiding bij sommige vormen van huiduitslag.
scutulum *L*, meervoud *scutula*, schildje, korstje of schoteltje; de gele korstjes of schoteltjes die zich op de rode plekken bij favus vormen.
SCV afk. van sensory conduction velocity *E*.
scybala *G* gevormde uitwerpselen, syn. feces; meestal worden met scybala harde ingedikte massa's ontlasting aangeduid.
SD afk. van 1. serologically defined *E*. 2. standaarddeviatie. 3. spreading depression *E*, kortdurende daling van de corticale activiteit in het EEG. 4. selectieve decontaminatie
SDAT afk. van seniele *dementie van het *Alzheimer-type.
s.d.d. (rec.) afk. van *semel de díe, éénmaal per dag.
SDD afk. van selectieve darmdecontaminatie.
SDH afk. van stichting deskundigheidsbevordering huisartsen.
SDMT afk. van symbol digit modalities test *(E)*, een verbale geheugenproef.
SDQ afk. van shoulder disability questionnaire.
SDS afk. van standard deviation score *E*.
seasonal affective disorder (SAD) zie seizoengebonden *depressie.

sebaceus *L* *sebum bevattend of afscheidend, op sebum gelijkend.
seboliet talgsteen, talgafzetting in smeerklieren en dermoïdcysten.
seborroe, seborrhoea *G* ziekelijk verhoogde afscheiding van het huidsmeer (sebum) vermengd met schilfers of schubjes van de opperhuid, syn. stearodermie, hoofdroos; tgst. sebostasis; ~ *capillitii*, seborroe van het behaarde hoofd; ~ *circinata*, syn. eczema seborrhoicum; ~ *corporis*, seborroe van de huid van de romp; ~ *neonatorum*, seborroe met vorming van korsten tussen het hoofdhaar (zgn. 'berg' op het hoofd) bij zeer jonge kinderen, zie berg; ~ *sicca*, syn. ~ *squamosa*, droge vorm van seborroe, syn. *pityriasis simplex; ~ *universalis*, zich over het gehele lichaam verspreidende vorm van seborroe, voorkomend bij uitterende ziekten en bij pasgeboren kinderen, syn. pityriasis cachecticorum.
sebostasis verminderde talgafscheiding; droge huid, tgst. seborroe.
sebum *L* smeer, talg; ~ *cutaneum*, huidsmeer; ~ *palpebrale*, secreet van de glandulae tarsales dat de ooglidranden vettig houdt, syn. lema; ~ *preputii*, syn. *smegma.
Secale cornutum *L* moederkoren of poeder van moederkoren, syn. ergot; *extractum secalis cornuti*, extract of aftreksel van moederkoren; zie ergot.
sécateur *F* 1. beenschaar. 2. instrument waarmee in de urineblaas vastzittende vreemde lichamen kunnen worden verkleind.
seceren snijden, het verrichten van een lijkopening.
secerneren afscheiden; zelfst.nw. *secernering*.
secessio loslating; ~ *epiphysium*, syn. *epifysiolyse.
secessus *L* loslating; ~ *involuntarius* (ook: ~ *inscius*) onwillekeurige (onbewuste) lozing van ontlasting of urine; zie ook incontinentie; ~ *retinae*, loslating van de retina; syn. *ablatie.
seclusio pupillae *L* ringvormige verkleving van de irisrand met het voorste lenskapsel, waardoor de voorste oogkamer van de achterste wordt afgesloten.
SECO afk. van senior co-assistent; zie ook JUCO.
second état *F* (psych.) toestand van lichte trance.
second messenger zie messenger.
second wind *E* de bij sportlieden welbekende vergemakkelijking van de ademhaling na een aanvankelijk zware lichamelijke inspanning zodra de gaswisseling zich heeft aangepast aan de eisen van de verhoogde spierarbeid, nl. verwijdering van de ontstane overmaat aan koolstofdioxide.
secreet afscheidingsproduct van klieren; meervoud secreta.
secretagogum (farm.) middel dat de secretie bevordert.
secretie afscheiding van vochten (secreten) door klierachtige organen in het lichaam.
secretine *enterohormoon dat in het duodenum wordt gevormd als de inhoud daarvan zuur wordt en dat de afscheiding van het pancreassap opwekt.
secretio zie secretie.
secretolyticum geneesmiddel dat de secretie vermindert.
secretor een persoon waarbij de bloedgroepantigenen A en B ook aantoonbaar zijn in andere lichaamsvloeistoffen dan bloed, bijv. in speeksel.
secretorisch de secretie bevorderend; *~e zenuwen*, de zenuwen die de *innervatie der klieren verzorgen.
sectie, sectio *L* het snijden, het openen; ~ *alta*, hoge snede, blaasopening, operatie o.a. ter verwijdering van stenen, door een snede boven de symphysis pubis, syn.

epicystotomie; zie ook cystotomie; ~ *anatomica*, syn. ~ *cadaveris*, lijkopening; wordt meestal kortweg sectie genoemd; sectie op lijken wordt verricht voor geneeskundige studie of ter vaststelling van de doodsoorzaak bij mogelijk misdrijf; syn. autopsie, necropsie, obductie; ~ *caesarea*, syn. hysterotocotomie, verloskundige operatie waarbij het kind uit het moederlichaam wordt verwijderd via een snede door de buikwand en baarmoederwand, wanneer het levende kind niet langs de natuurlijke weg kan worden geboren (bijv. bij bekkenafwijkingen van de moeder; placenta praevia e.a.) of als de moeder tijdens de baring sterft; de benaming sectio caesarea of *keizersnede* is ontleend aan keizer Julius Caesar, van wie wordt beweerd dat hij na de dood van zijn moeder door de keizersnede werd geboren; ~ *legalis*, gerechtelijke lijkopening; *negatieve* ~, lijkopening die geen aanwijsbare doodsoorzaak oplevert; ~ *vaginalis*, schedesnede, operatieve opening van de vagina; syn. colpotomie, coleotomie, elytrotomie.

secundair vervolgens, ten tweede, als gevolg van iets anders, bijkomstig; *~e infectie*, zie infectie, superinfectie; *~e structuur*, zie eiwitstructuur; het *~e tijdperk*, het tweede tijdperk (bijv. van syfilis); *~e ziekten*, naziekten; ziekten, veroorzaakt door voorafgaande (primaire) ziekten.

secundinae (meervoud) *L* nageboorte, zie partus (bet. 3).

secundipara *L* vrouw die voor de tweede maal baart of gebaard heeft.

secundum artem *L* volgens de regelen der kunst.

sedatief kalmerend; geruststellend.

sedativum *L* kalmerend middel, meervoud sedativa.

sederen kalmeren, geruststellen.

sedes *L* 1. zetel, bijv. ~ *morbi*, zetel van de ziekte, de plaats waar zich de ziekte heeft ontwikkeld. 2. ontlasting, syn. feces.

sediment, sedimentum *L* bezinksel, neerslag in vloeistoffen, vnl. het bezinksel van urine; bij verschillende ziektetoestanden worden bij onderzoek in het sediment van de urine, bloedcellen, bacteriën, cilinders, enz. aangetroffen; ~ *lateritium*, een rood bezinksel, dat in de urine kan voorkomen bij lijders aan beginnende infectieziekten, en dat bestaat uit urinezuur en zouten van urinezuur.

sedimentatie 1. het *sedimenteren*, het vormen van een *sediment d.m.v. een centrifuge. 2. bloedbezinking (zie BSE).

sedimentum zie sediment.

sedimetrie sedimentmeting, het meten van de hoogte van het sediment dat zich in een vloeistof vormt na een bepaalde scheikundige reactie.

segment, segmentum *L* deel, part, afdeling; lichaamsgedeelte zoals er verscheidene op elkaar volgen; de segmenten van het ruggenmerg zijn de 31 afdelingen waaruit de 31 ruggenmergszenuwparen ontspringen; *~air*, segmenten betreffend; *~atie*, 1. verdeling in afdelingen, vorming van segmenten, syn. fragmentatie. 2. voortplanting door directe celdeling; *segmentatie der celkernen*, directe kerndeling. 3. (embr.) het zich vormen van de lichaamssegmenten; *~therapie*, zie therapie.

segregatie 1. afzondering van het individu uit de menselijke samenleving zodat voortplanting niet mogelijk is. 2. het uiteengaan van de chromosomen bij de eerste deling van de *meiose.

segregator *L* instrument om de urine uit elke nier afzonderlijk op te vangen; syn. separator.

SEH afk. van spoedeisende hulp, syn. SH.

seisesthesie *G* gevoel van beving of trilling (*seisis*).
seismotherapie 1. elektroshock. 2. fysische therapie door vibratie.
seiza-houding (orthop.) knie-hielzit.
seizoengebonden depressie zie depressie.
seksisme discriminatie van personen op grond van hun geslacht.
seksologie zie seksuologie.
seksualiteit het totaal van verschijnselen dat betrekking heeft op het seksuele leven.
seksueel, seksuele m.b.t. het geslachtsleven; ~ *disfuncties*, (vlg. DSM-IV) tot de seksuele stoornissen behorende verstoringen van het seksuele contact betreffende: 1. het seksueel verlangen. 2. de seksuele opwinding. 3. het orgasme. 4. pijn tijdens of na de coïtus (dyspareunie, vaginisme). 5. de gevolgen van een lichamelijke aandoening of het gebruik van een middel. ~ *stoornissen*, een categorie in DSM-IV waaronder de *parafilieën en de seksuele disfuncties vallen.
seksuologie syn. seksologie; geslachtskunde; de leer of wetenschap van het geslachts- en liefdeleven van de mens.
sektariër lett. aanhanger van een sekte; in engere zin dogmatisch medicus die zich niet kan aanpassen aan nieuwe inzichten in de geneeskunde.
sekwester afgestorven beenstuk, afgestorven deel van een orgaan dat zich van het gezonde weefsel heeft afgescheiden; *kroon~*, eindstandige, ringvormige sekwester na amputatie waarbij (te veel) beenmerg is verwijderd; *~lade*, beenholte waarin een sekwester ligt; *long~*, in of buiten de long gelegen stuk hypoplastisch longweefsel zonder verbinding met een bronchus, met een onvolwaardige bloedcirculatie.
sekwestratie 1. het zich afscheiden van een *sekwester van het levende weefsel. 2. de ongewenste ophoping op stapeling van een medicijn of andere lichaamsvreemde stof in een weefsel of orgaan; hierbij vindt geen of nauwelijks biotransformatie resp. eliminatie plaats; zie ook cumulatieve werking.
sekwestrotomie syn. *necrotomie.
Seldinger, S. Amerikaans röntgenoloog; *techniek van* ~, methode van *percutane inbrenging van de katheter bij arteriële katheterisatie.
selectief de voorkeur hebbend.
selectietheorie syn. *darwinisme.
selene unguium het halve maantje van een nagel, syn. *mendacia unguium.
selenium een *sporenelement, symbool Se; *~deficiëntie* kan optreden bij ernstige *malnutritie (bijv. kwashiorkor) en veroorzaakt o.a. metabolische stoornissen.
sella turcica *L* Turks zadel, de uitholling in het wiggebeen, waarin de hypofyse ligt; *empty sella E*, ledige sella turcica, bevinding bij de obductie van een geval van *panhypopituïtarisme (atrofie van de hypofyse); secundair kan een empty sella ook voorkomen t.g.v. langdurige verhoogde intracraniale druk of als resultaat van bestralingen.
Sellick, B Brits anesthesist; *handgreep, methode van* ~, syn. *cricoid pressure *E*, het uitoefenen van druk op het *cricoid waardoor de slokdarm wordt afgesloten; het verhindert aspiratie tijdens endotracheale intubatie.
Selye, H. Hongaars-Canadees biochemicus (1907-1982); wanneer een organisme de invloed van een 'trauma' (*stressor) ondergaat, treedt een aantal fysiologische reacties op, door Selye omschreven als *adaptatiesyndroom (general adaptation syndrome E)*; hij onderscheidt drie stadia: 1. alarmreactie, 2. fase van weerstand,

3. fase van uitputting; in fase 1 daalt bij ernstige stress de bloeddruk, ontstaat hypothermie en verandert de samenstelling van het bloed en de bloedchemie; dit stadium kan tot de dood voeren; meestal duurt dit stadium kort en treedt fase 2 in, die de ontstane veranderingen doet verdwijnen; bij langdurige stress treedt fase 3 in, met uitputting als kenmerkend teken.

SEM afk. van 1. standard error of the mean (*E*). 2. sferocytair erytrocytenmembraandefect. 3. scanning elektronenmicroscoop.

semantiek de leer van betekenissen, in engere zin van tekens en woorden; bijv.nw. *semantisch*.

semantisch ~ *geheugen*, onderdeel van het lange-termijngeheugen waarin feitenkennis van de wereld om ons heen wordt opgeslagen; *~e therapie*, therapeutische techniek die erop gericht is de cliënt aan te zetten tot herinterpretatie van vertekende kennis en van emotioneel gekleurde woorden.

semeiologie zie semiologie.

semeion *G* teken.

semel de die *L* (rec.) éénmaal per dag, afk. (rec.) s.d.d.

semen *L* zaad, syn. sperma.

semi- *L* (smst.) half; *~-arts*, iemand die bevoegd is om het laatste deel van het artsexamen af te leggen; *~canalis*, halfkanaal, gleuf; *~castratie*, orchidectomie of oöforectomie aan één zijde; *~lunaris* of *~lunair*, halvemaanvormig.

-semie (smst.) syn. -spermie.

semimurale gezondheidszorg gezondheidszorg waarbij de patiënt een gedeelte van de dag in een instelling verblijft en de rest van de dag elders.

seminaal, seminalis *L* zaad betreffend, tot zaad behorend.

seminifer *L* zaad geleidend, zaad bevattend.

seminium *L* uitzaaiing van gezwelcellen; zie ook metastase.

seminoom, seminoma maligne kiemcelgezwel van de testis; syn. spermatocytoma, germinale testistumor; *non-~ testistumor* (afk. NST), gezwel van de testis, niet uitgaand van het kiemepitheel; ~ *ovarii*, syn. dysgerminoma.

seminurie syn. *spermaturie.

semiologie *G*, **semeiologie, semiotiek** 1. (alg.) wetenschappelijke bestudering van tekens; onderzoek naar betekenistoekenning op grond waarvan mensen handelen (taal, gebaren, kleding, afbeeldingen enz.). 2. de leer of kennis der ziektetekenen, syn. semeiologie; syn. fenomenologie, symptomatologie.

semipermeabel membraan de gedeeltelijk doorgankelijke scheidingswand tussen twee vloeistoffen waardoorheen osmose plaatsheeft; het oplosmiddel (water) passeert wel het membraan, maar de opgeloste stof niet of moeilijk; het water verplaatst zich dus naar de oplossing met de hoogste concentratie opgeloste stoffen.

Semmelweis, I. gynaecoloog te Wenen (1818-1865); ontdekker van de infectieuze oorzaak van kraamvrouwenkoorts (zie puerperium) en succesvol bestrijder daarvan.

senectus *L* syn. senium.

senescentie, senescentia *L* het oud worden.

senex *L* grijsaard.

Sengstaken-buis ballonvormig instrument ter tamponnering (van bloedingen) van slokdarmvarices door het met vloeistof te vullen, genoemd naar R. Sengstaken, een Amerikaans neurochrirurg (geb. 1923).

SENIC afk. van study on the efficacy of nosocomial infection control.
seniel, senilis *L* de ouderdom betreffend of hiertoe behorend; *~e dementie*, zie Alzheimer; zie ook senium.
senilisme, senilismus *L* voortijdige ouderdomsverschijnselen, syn. progeria.
seniliteit, senilitas *L* gelijktijdig zwakker worden van zowel lichamelijke als geestelijke vermogens t.g.v. ouderdom; zie ook senium.
senium *L* ouderdom, syn. senectus; het tijdperk in het leven dat aanvangt met de teruggang in de lichamelijke ontwikkeling (involutio senilis); behalve de uiterlijke veranderingen (grijsworden; vermindering van de elasticiteit van huid, bloedvaten, longen, ooglens) zijn de verschijnselen van de ouderdom: afneming van lichamelijke en geestelijke energie, reactievermogen, initiatief en belangstelling, immuno*deficiëntie, vermindering van het associatievermogen, soms toenemende egocentriciteit, emotionaliteit en prikkelbaarheid, vergeetachtigheid, een en ander met ongunstige invloed op de algemene gezondheidstoestand.
Senning (card.) *operatie van ~*, verplaatsing van boezemwanden en -tussenschot bij *transpositie van de grote vaten.
sensatie gewaarwording.
sensibel gevoelig; tot het gevoel behorend, bijv. *~e zenuwen,* gevoelszenuwen.
sensibilisatie 1. de invloed die de al of niet kunstmatige inwerking van antigenen op het organisme heeft, nl. de vorming van antistoffen of het ontstaan van *allergie. 2. in engere zin de invloed die *T-cellen ondergaan bij eerste contact met antigeen.
sensibiliseren (over)gevoelig maken of worden, tgst. desensibiliseren.
sensibiliteit gevoeligheid, de gevoelsgewaarwording; men onderscheidt de oppervlakkige of huidsensibiliteit en de diepe onderhuidse sensibiliteit; tot de sensibiliteit behoren o.a. tastzin, drukzin, spierzin, warmte- en koudegevoel, pijngevoel; tot de stoornissen in de sensibiliteit behoren anesthesie, analgesie, hypesthesie, hyperesthesie, paresthesie.
sensitief zeer gevoelig, vatbaar; *~ve zenuwen,* gevoelszenuwen.
sensitisatie 1. toestand waarin het effect van een tweede of latere prikkel groter is dan dat van de originele stimulus. 2. het proces waarbij cellen gevoelig worden voor een reactie op een (hernieuwd) contact met een antigeen of andere schadelijke invloed. 3. het immuunproces waardoor een individu overgevoelig wordt voor allergenen. 4. (psych.) het ontstaan van neurotische stoornissen, vnl. angst en 'overgevoeligheid' t.g.v. een conditionering in het verleden door bepaalde situaties en/of voorwerpen.
sensitiviteit ontvankelijkheid voor prikkels; bijv.nw. sensitief; *~straining* (psych.), sensitivity training, groepsgewijze stimulatie van de persoonlijkheid ter verbetering van psychische tekortkomingen.
sensomotoriek, sensomobiliteit de coördinatie van zintuigwaarnemingen en lichaamsbewegingen; de motorische reactie op een zintuiglijke informatie.
sensor waarnemingsorgaan; *~ieel*, zie sensorisch; *~iek*, het zintuiglijk (waarnemings)vermogen in zijn totaliteit; *~isch*, (ook: sensorieel) gewaarwordend, zintuiglijk, m.b.t. het bewustzijn; *~e zenuwen*, zintuigzenuwen; *~ium*, *L* het bewustzijn.
sensorische deprivatie (welbewuste) onthouding van zintuiglijke prikkels; kortdurende onthouding kan ontspannend werken, langdurige onthouding leidt tot een verstoord tijdsgevoel en uiteindelijk tot psychische stoornissen

(denkstoornissen, hallucinaties, wanen e.a.).

sensu- (smst.) *~alisme*, de leer dat alle kennis berust op zintuiglijke waarnemingen; *~aliteit*, zinnelijkheid; *~eel*, zinnelijk; ~ *latiori*, in ruimere zin; afk. SL.

sensus *L* zin, gewaarwording, verstand.

sensu strictiori *L* in engere zin, afk. SS.

sensuum fallacia ebriosa *L* bij chronische drinkers plotseling optredende hallucinaties, dikwijls gevolgd door geheugenverlies.

sentinel node *E* syn. schildwachtklier; de eerste drainerende lymfeklier behorende tot een groep regionale lymfeklieren; klier die als eerste positief is bij lymfogene metastase in het geval van een in de regio gelegen maligniteit.

SEP afk. van somato-sensory *evoked potentials *E*, soms afgekort tot SSEP, methode om de sensibele impulsgeleiding in het ruggenmerg en de hersenen te onderzoeken door elektrische prikkeling van sensibele zenuwen van bijv. onderbeen (nervus tibialis); de afleiding van de toegediende prikkels vindt plaats van de wervels (spinale SEP) c.q. de schedel (corticale SEP).

separandum *L* hetgeen wordt afgezonderd; *medicamenta separanda*, geneesmiddelen die in de apotheek afzonderlijk moeten worden bewaard.

separatie afzondering, scheiding.

separatie-angststoornis (vlg. DSM-IV) angststoornis van de kindertijd, niet het gevolg van een andere psychische stoornis, met een niet bij het niveau van de ontwikkeling passende of extreme angst om gescheiden te worden van de personen aan wie het kind gehecht is; voortdurende angst dat die personen iets ernstigs zal overkomen; herhaaldelijk nachtmerries; hardnekkige weigering om naar school te gaan, om te gaan logeren of zelfs om te gaan slapen en het optreden van lichamelijke klachten bij een (dreigende) scheiding; syn. scheidingsangst.

separatie-individuatie (psych.) besef van het kind dat hij een van de moeder losstaand individu is; besef van een eigen identiteit.

separator *L* 1. zie segregator. 2. (tandheelk.) instrument om aangrenzende elementen uit elkaar te bewegen.

separeer (psych.) prikkelarme ruimte om een psychiatrische patiënt in af te zonderen; deze lokatie is zo ingericht dat de patiënt zichzelf niet kan beschadigen of verwonden en is voorzien van niet-brandbaar materiaal; syn. isoleer, separeerruimte, separeerverblijf.

separeren (psych.) afzonderen van een patiënt voor verzorging, verpleging en/of behandeling in een separeerruimte; *gesloten* ~, afzonderen van een patiënt in een separeerruimte met gesloten deuren; *open* ~, afzonderen van een patiënt in een separeerruimte met open deuren, zodat hij deze indien gewenst kan verlaten.

sepsis *G* rotting, bederf, ontleding; het ziektebeeld dat bij *septikemie optreedt: hoge koorts, koude rillingen, sterke moeheid, anorexie, bloedingen, degeneratieve orgaanverschijnselen, shock; ~ *lenta*, zie subacute bacteriële *endocarditis; *chronische meningokokken~*, zeldzaam ziektebeeld van koorts, huidafwijkingen en gewrichtspijn, soms gecompliceerd door meningitis of carditis.

septaal m.b.t. een septum.

septicine een ptomaïne (lijkengif) uit rottend vlees.

septikemie *G* bloedvergiftiging, ziektetoestand waarbij pathogene micro-organismen die van een primaire ontstekingshaard uit de bloed- of lymfestroom zijn binnengedrongen, zich hierin handhaven en vermenigvuldigen.

septikopyemie bloedvergiftiging (septikemie) en ettervergiftiging (pyemie), algemene besmetting met etterbacteriën.
septikotuberculose besmetting van het bloed met tuberkelbacillen.
septisch ziektekiemen bevattend, besmet, rottend; tgst. aseptisch.
septulum *L* klein septum, meervoud septula.
septum *L*, meervoud septa, tussenschot, bijv. ~ *cordis*, tussenschot van het hart; ~ *cordis defect*, (aangeboren) onderbreking van de continuïteit van het septum tussen linker en rechter hartholte; ~ *nasi*, neustussenschot; ~*poliep*, poliep aan het neustussenschot.
septus *L* door een septum in tweeën gedeeld.
sequelen (meervoud van *sequeel*) de gevolgen van een doorgemaakte ziekte, de verschijnselen die zich voordoen na afloop van een ziekte; nasleep.
sequentie volgorde, reeks; *DNA*-~, volgorde van de basenparen in het DNA.
seques- zie sekwes-.
sequosis allergische *alveolitis t.g.v. inhalatie van stof van beschimmeld brazielhout.
SER afk. van 1. smooth (gladwandig) *endoplasmatisch-reticulum, niet bezet met ribosomen. 2. subendotheliale ruimte.
serendipiteit de gave iets belangrijks te ontdekken waar men niet naar zoekt.
sereus weiachtig, m.b.t. het serum; ~*ze vliezen*, zie serosa; ~*ze vloeistof*, vnl. uit bloedserum bestaande, door ontsteking gevormde of op andere wijze uitgezwete waterige vloeistof, bijv. bij pleuritis serosa.
seriescopie syn. *planigrafie.
series medicamentorum, series medicalium *L* de lijst van de geneesmiddelen die in de apotheek voorhanden moeten zijn.
seroconversie het verschijnen of in concentratie toenemen van antistoffen in het serum na een besmetting of inenting; omslag van seronegatief naar seropositief.
serodiagnostiek het vaststellen van de aard van een ziekte door onderzoek van het serum op de aanwezigheid van antigenen en/of antistoffen.
serologie de leer of kennis van de eigenschappen en reacties van het bloedserum en de bereiding van en behandeling met geneeskrachtige sera.
seronegatief de afwezigheid van antistoffen of antigenen in het serum; tgst. *seropositief.
seroom holte in een operatielitteken, gevuld met sereus vocht.
seropneumothorax syn. *hydropneumothorax.
seropositief 1. aantoonbare aanwezigheid van antistoffen in het serum. 2. aanwezigheid van ziektekiemen in het bloedserum. 3. de term seropositief wordt dikwijls gebruikt in de zin van HIV-positief.
seropurulent vocht en etter bevattend of afscheidend.
serosa *L membrana* ~, meestal kortweg serosa genaamd, weivlies, het met endotheel bedekte vlies dat de ingewanden uitwendig, en gesloten lichaamsholten aan de binnenzijde bekleedt; de weivliezen scheiden in geringe mate een weiachtige vloeistof af, die o.a. ook voorkomt in de weefsels, in brandblaren, bij ontstekingen; weivliezen zijn pericard, peritoneum, pleura, synovia.
serositis ontsteking van weivliezen.
serotherapie (ook: *serumtherapie*), behandeling ter genezing of voorkoming van infectieziekten (bijv. difterie, tetanus, vergiftiging door slangenbeet) d.m.v. inspuitingen met het bloedserum (immuunserum) van voor dezelfde ziekte

onvatbaar gemaakte dieren.
serothorax syn. hydrothorax.
serotina *L decidua ~*, vaak kortweg serotina genaamd, zie decidua.
serotiniteit te lang durende zwangerschap.
serotinus *L* laat; 'overtijd'; *dens ~*, late doorbraak van een gebitselement.
serotonerg reagerend op *serotonine.
serotonine (farm.), syn. hydroxytryptamine (afk. HT), neurohumorale stof met *adrenergische functie bij fysiologische en pathologische processen in het organisme; veroorzaakt vaatvernauwing (werkt bloeddrukverhogend), is van belang bij adhesie en aggregatie van de bloedplaatjes; bij een tekort veronderstelt men dat er bepaalde depressies kunnen ontstaan; *~syndroom*, zie carcinoïd, flush.
serotype een type micro-organisme dat slechts door serologische reacties van soortgenoten kan worden onderscheiden.
serovaccinatie inspuiting van een geneeskrachtig serum gelijktijdig met een daarmee overeenkomend bacteriën*vaccin.
serpens *L* kruipend, syn. repens.
serpigineus voortkruipend, voortvretend (van zweren die aan één zijde genezen doch aan de andere zijde voortwoekeren; ulcus serpens).
Serratia subgroep van enteritis verwekkende gramnegatieve bacillen, die soms ook urineweg- en longinfecties teweegbrengen.
serratus zaagvormig, getand, gekarteld.
Sertoli, E. Italiaans fysioloog (1842-1910); *cellen van ~*, steuncellen van de zaadbuisjes in de testis die spermatiden (zie spermatogonium) bevatten; *~-gezwel*, neoplasma uitgaande van de Sertoli-cellen; veroorzaakt *feminisatie.
serum *L* wei, het vloeibare van gestold bloed, dus bloedplasma zonder stollingseiwitten zoals fibrinogeen, meervoud sera; *immuun~*, syn. *anti~*, serum met antistoffen; *~ lactis*, melkwei, de vloeistof die overblijft nadat het vet en de kaasstof van de melk zijn afgescheiden.
serum- *~albumine*, één der bloedserumeiwitten; *~diagnostiek*, zie serodiagnostiek; *~globuline*, één der bloedserumeiwitten, syn. paraglobuline; *~hepatitis*, syn. *hepatitis B; *~lipiden*, de in serum aanwezige *lipiden; *~reactie*, allergische reactie op een injectie met lichaamsvreemd serum; *~spiegel*, de concentratie (de *spiegel) van een stof in het serum; *~therapie*, zie serotherapie; *~ijzer*, *siderofiline.
serumziekte met koorts, gewrichtszwellingen, spierpijnen en exantheem gepaard gaande ziekte; kan optreden tussen de 7de en 12de dag na een seruminjectie t.g.v. sensibilisatie tegenover het soortvreemde eiwit.
servetring (jrg.) röntgenbeeld bij lymfomen van de dunne darm.
servilisme, serviliteit slaafsheid, onderdanigheid, kruiperige gedienstigheid, nederigheid.
servomechanisme negatief *terugkoppelingsmechanisme dat het effect van een bepaalde verandering vermindert.
SES afk. van sociaal-economische status.
sesambeen de sesambeentjes *(ossa sesamoidea)* zijn kleine beentjes in de vorm van sesamzaadjes, die in de omgeving van sommige gewrichten (aan vingers en tenen) worden aangetroffen, nl. in het verloop van pezen en in gewrichtskapsels; ook de knieschijf is een sesambeen.
sessiel vastzittend, vastgegroeid, onbeweeglijk.

SEVM afk. van sociaal-economische verschillen in medische consumptie.
sex- zie ook seks-; *~age E*, (register waarin) een *cohort vlg. geslacht en leeftijd (is vermeld); *~arche*, het begin van de seksualiteit; zie ook pubescentie.
sex-linkage *E* (erf.) geslachtsgebondenheid, binding en overdracht van een erfelijke eigenschap aan, resp. door het *X-chromosoom.
sex-ratio *E* de getalsverhouding van mannen en vrouwen in een populatie; *primaire ~*, idem bij de conceptie; *secundaire ~*, idem bij de geboorte; *tertiaire ~*, idem bij de volwassenheid.
Sezary, A. Frans huidarts (1880-1956); *syndroom van ~*, leukemische T-celwoekering met geringe maligniteit, zich uitend als een exfoliatieve jeukende huidziekte van handpalmen en voetzolen met erytrodermie en infiltraten waarin zeer grote mononucleaire cellen voorkomen *(~-cellen)*.
sfa- zie spha-.
S-fase het gedeelte van de *interfase waarin de DNA-replicatie, dus synthese van DNA, plaatsvindt.
SFCZ afk. van stichting fonds chronisch zieken.
sfeer gebied, kring, centrum, bijv. in de hersenschors: de reuksfeer, enz.
sfen- zie ook sphen-.
sfenocefalie, sphenencephalia *G* door vergroeiing van de pijlnaad veroorzaakte misvorming van het hoofd.
sfenoïd os sphenoidale, wiggebeen.
sfenoïdaal, sphenoidalis *G* wigvormig; m.b.t. os sphenoidale, wiggebeen.
sferisch bolvormig, bijv. van brillenglazen; *~e aberratie*, zie aberratie.
sferobacterie bolvormige of kogelbacterie, syn. coccus, kok.
sferocytose autosomaal dominant-erfelijke hemolytische *anemie, hereditaire sferocytose, berustend op een enzymdefect en gekenmerkt door hemolytische *icterus, *splenomegalie; in het bloed kleine bolvormige erytrocyten (*sferocyten* of kogelcellen), reticulocytose en verminderde résistance globulaire; er is een verhoogde *kleurindex, foliumzuur-deficiëntie (door sterke beenmergactiviteit) en verhoogde *MCHC; zie Minkowski-Chauffard.
sferofakie zeldzaam beeld bij kinderen: geringe gezichtsscherpte, kleine en bolle ooglenzen en perifeer-diafane irissen.
sfi- zie ook sphi-.
sfincter, sphincter *musculus ~*, meestal kortweg sfincter genoemd, sluitspier, ringvormige spier rondom een lichaamsopening die door samentrekking deze opening kan vernauwen of afsluiten, bijv. *~ ani,* sluitspier van de anus, *~ urethrae*, sluitspier van de blaas; verlamming of verslapping van de sphincter urethrae veroorzaakt incontinentie; kramp van de sphincter urethrae kan retentie tot gevolg hebben; *~ Oddii*, sfincter van de papil van *Vater.
sfincteralgie zenuwpijn in de omgeving van de sphincter ani of sphincter vesicae.
sfincterectomie totale of gedeeltelijke excisie van een sluitspier.
sfincterotomie *G* operatie waarbij de sphincter ani (gedeeltelijk of volledig) wordt doorgesneden.
sfingolipiden groep van lipiden die sfingosine bevatten o.a. sfingomyelinen, cerebrosiden, sulfatiden en gangliosiden; de bekendste ziektebeelden door *stapeling van sfingolipiden *(sfingolipidosen)* zijn de ziekten van *Niemann-Pick *Gaucher, *Fabry, *Tay-Sachs, *Scholz, *Krabbe.
sfingolipidose ziektebeeld door stapeling van *sfingolipiden.

sfingosine een onverzadigd amino-alcohol, bestanddeel van sfingolipiden.
sfygmisch de polsslag betreffend.
sfygmofonie *G* geluidsverschijnselen aan de slagaders.
sfygmograaf polsschrijver, toestel waarmee de polsslag wordt opgetekend.
sfygmogram curve van de polsbeweging, verkregen met een sfygmograaf.
sfygmologie de leer of kennis van de polsslag.
sfygmomanometer bloeddrukmeter, syn. tonometer.
sfygmoscopie *G* polsonderzoek.
sfygmotonograaf *G* toestel om de bloeddruk (tensie) op te tekenen.
SG afk. van 1. soortelijk gewicht, syn. s.g. 2. *sui generis.
s.g. afk. van soortelijk gewicht, syn. SG.
SGAB afk. van sociaal-geneeskundig adviesbureau.
SGA-patiënt afk. van sterk gedragsgestoorde en agressieve psychiatrische patiënt.
SGD afk. van single gene disorders *E*.
SGF afk. van specified germ free *E*.
SGGT afk. van serumgammaglutamyl*transpeptidase, een enzym.
SGIO afk. van sociaal-geneeskundigen in opleiding.
SGL afk. van seksueel-gedragsvragenlijst.
SGLVG afk. van sterk gedragsgestoorde licht verstandelijk gehandicapte.
SGO afk. van stimuleringsprogramma gezondheidszorgonderzoek.
SGOT afk. van serumglutamaatoxaalacetaat*transaminase, een enzym; syn. GOT.
SGP afk. van strain gauge plethysmography *(E)* voor het meten van diverse flebologische functies.
SGPT afk. van serumglutamaatpyruvaat*transaminase, een enzym.
SGRC afk. van sociaal-geneeskundigen registratie-commissie.
SH afk. van 1. serum*hepatitis. 2. slechthorend. 3. SH-test, zie *Sims-Hühner-test. 4. spoedeisende hulp, syn. SEH.
Sharp, G. Amerikaans reumatoloog; *syndroom van ~*, een *collageenziekte met kenmerken van verschillende reumatische aandoeningen, zoals chronische polyarthritis, SLE, sclerodermie, polymyositis, voorts o.a. longfibrose, lymfadenopathie, exanthemen, fenomeen van *Raynaud, polyserositis; syn. mixed *connective tissue disease *E*.
Sharpey, W. Engels anatoom (1802-1880); *~-vezels*, overgangsvezels tussen periost en bot.
shawl scrotum huidplooi rondom de bovenzijde van de plaats waar de penis begint, en overgaand in het scrotum.
SHb afk. van sulf(o)hemoglobine.
SHBG afk. van sex hormone binding globulin *E*.
sheath *E* (anat.) omhulsel; schede.
Sheehan, H. Engels patholoog (geb. 1900); *syndroom van ~*, ernstig ziektebeeld van acute leveratrofie in de 2de helft van de zwangerschap, gekenmerkt door vettige degeneratie van de levercellen met geelzucht, gestoorde hemostase (hoofdzakelijk *DIC) en hepatisch coma, gepaard met nierinsufficiëntie, hemorragische diathese; *syndroom van *Simmonds-~*, hypofysaire insufficiëntie (*panhypopituïtarisme) t.g.v. intravasale bloedstollingen in de hypofyse na een partus.
Sheldon, J. Engels geriater (1893-1972), zie ectomorfie, endomorfie, mesomorfie; vlg. deze *typologie behoort bij elk type een specifieke persoonlijkheids-

karakteristiek.

shell-shock *E* psychische stoornis bij soldaten als gevolg van de verschrikkingen op het slagveld; verschijnselen van conversie (bet. 2) en neurasthenie; zie ook stress-stoornis.

Sherrington, Ch. Engels fysioloog (1857-1952); grondlegger van de neurofysiologie; *wet van* ~, 1. de achterwortels van de spinale zenuwen innerveren elk een eigen huidgebied met gevoelszenuwen, welke gebieden elkaar kunnen overlappen. 2. bij elke beweging van het oog treedt in de antagonisten van de samentrekkende uitwendige oogspieren een verslapping op.

shift *E* verandering, verlegging; *antigene* ~, wezenlijke wijziging in de antigene samenstelling van een bekend virus, waardoor ook de pathogeniciteit verandert; *~cell*, reticulocyt.

Shigella (genoemd naar K. Shiga, Japans bacterioloog (1870-1957) bacteriegeslacht waarvan sommige soorten pathogeen zijn voor de mens en bacillaire dysenterie veroorzaken.

shigellose *Shigella-infectie, soms met een ernstig ziektebeeld en complicaties zoals dehydratie, bacteriëmie, *HUS, keratoconjunctivitis e.a.

shingling *E* dakpansgewijze overlapping van anatomische structuren.

Shirodkar, V. Indiaas gynaecoloog; *cerclage van* ~, *cerclage van de cervix uteri d.m.v. een bandje; wordt preventief, soms therapeutisch, toegepast bij *cervixinsufficiëntie ter voorkoming van voortijdige dilatatie en partus praematurus; zie ook McDonald.

shock *E* toestand die ontstaat door acute te geringe bloedtoevoer naar de weefsels door ondervulling van het slagaderlijk systeem, sterke daling van het *minuutvolume of sterke dilatatie van belangrijke vaatgebieden; het gemeenschappelijk kenmerk van alle shock-oorzaken is een cellulaire anoxie gevolgd door gebrekkig celmetabolisme; oorzaken zijn o.a.: groot bloedverlies; plasmaverlies, waardoor het bloed indikt en de capillaire circulatie verlangzaamt; acute *anafylactische reacties (sterke vasodilatatie); uitdroging o.a. door langdurig braken, diarree; primaire of secundaire hartafwijkingen (myocardinfarct, geleidingsstoornissen, pericard-tamponade e.d.); neurogene reacties of mechanismen, door bijv. heftige pijn, peritoneale prikkeling e.d., hierdoor ontstaat reflectorische verwijding van het capillaire netwerk; sepsis, sterke vasodilatatie en een gestoord zuurstofverbruik door de weefsels; longembolie, obstructie van de circulatie in de kleine bloedsomloop met een ontoereikend aanbod aan de linker harthelft; de vele oorzaken van shock zijn onder te verdelen in vier categorieën; 1. *hypovolemische* ~, kenmerk: *hypovolemie (daling *minuutvolume); 2. *cardiogene* ~, kenmerk: pompfalen (daling *minuutvolume, *forward failure); 3. *distributieve* ~, kenmerk: gestoorde verdeling van bloed over het lichaam, vasodilatatie (toegenomen *minuutvolume); 4. *obstructieve* ~, kenmerk: stagnatie van de circulatie in de kleine of grote bloedsomloop (daling *minuutvolume); *~long*, zie ARDS; *~nier*, acute nierinsufficiëntie door tubulusnecrose t.g.v. ischemie door de plotselinge bloeddrukdaling; *toxisch ~-syndroom*, syn. *endotoxisch, septische* of *toxikemische* ~, (afk. TSS), ernstige shock, soms bij bacteriëmische en toxisch-infectieuze c.q. septische toestanden, gepaard gaande met hoge koorts. hypotensie, massale vasodilatatie en diffuse intravasale stolling, hyperemie van de slijmvliezen, diffuse of palmaire erytrodermie gevolgd door vervelling, meningisme, passagère nierinsufficiëntie, hypocalciëmie, trombocytopenie, ARDS en hartfalen; het ziektebeeld treedt ook op als complicatie van influenza; ~ *ten gevolge van het dragen van tampons*, zie tamponziekte.

Shone, J. Amerikaans cardioloog; *syndroom van* ~, coarctatie van de aorta, subaortale stenose en een 'parachute'-mitralisklep.

shopping *A* (jrg.) veelvuldig bezoek aan diverse artsen en frequente opnames in ziekenhuizen door mensen met vermeende of verzonnen klachten en gesimuleerde of nagebootste ziektebeelden.

shoptyfus *E* tropische vorm van endemische *vlektyfus, overgebracht door vlooien.

short bowel syndrome *E* water- en elektrolytenverlies en *malabsorptie (o.a. van vitamine B_{12}) na uitgebreide darmresectie.

short foot syndrome *E* te korte voet, *pes excavatus met adductie en *inversie (bet. 3), hallux flexus en klauwteenstand t.g.v. verlittekening van de onderbeen*flexoren (gevolgd door verhoogde stand van de wreef) bij het *compartimentsyndroom.

shoshin *Jap* pernicieuze vorm van *beriberi met acute hartinsufficiëntie; cardiogene shock met hartvergroting, hypotensie met hoge polsdruk en spontane vaattonen, cyanose, (melkzuur)acidose, anurie, dyspneu, angst en onrust; een frequente oorzaak van shoshin is tekort aan vitmaine B_1 bij alcoholmisbruik, soms tevens alcoholische cardiomyopathie of thyrotoxicose.

shot *E* (drugsjargon) intraveneuze injectie.

Shrapnell, H. Engels anatoom (1761-1841); *membraan van* ~, het slappe bovendeel van het trommelvlies in het verlengde van de hamersteel.

SHS afk. van supiene hypotensie syndroom, hypotensie syndroom bij rugligging.

Shulman, L. Amerikaans reumatoloog; *syndroom van* ~, sclerodermie zonder viscerale verschijnselen, peracute diffuse *fasciitis, voorbijgaande hypergammaglobulinemie en eosinofilie, veroorzaakt door Borrelia burgdorferi.

shunt *E* 1. kunstmatige *anastomose (verbinding) om een deel van de bloedsomloop uit te schakelen. 2. *porto-cavale* ~, een shunt tussen v. portae en v. cava bij portale *hypertensie. 3. (alg.) *pulmonale* ~, pathologische toestand door diverse oorzaken, waarbij de bloedstroom in de long(en) een gedeelte van het ademend oppervlak (de alveolen) niet bereikt of luchtloze longgedeelten passeert; *rechts-links* ~, situatie waarbij aderlijk bloed de slagaderlijke circulatie bereikt buiten het longcapillairbed om; dit leidt tot *hypoxemie; 4. *~-nefritis*, complicatie van ventriculo-atriale shunt (zie onder punt 9) door bacteriële *kolonisatie van de drain en opvolgende infecties van de nieren; 5. *scribner-~*, een van stollingwerend materiaal vervaardigd apparaat, door de patiënt steeds gedragen, bestaande uit twee canulen die zijn ingebracht in een arterie, resp. een begeleidende vena van arm of been, en - buiten gebruik - door een u-vormig buisje zijn verbonden, bestemd voor periodieke aansluiting op een kunstnier voor hemodialyse bij chronische nierinsufficiëntie. 6. de bloedstroom door een open ductus Botalli. 7. *end-to-side operatie. 8. *bypass *E*. 9. *ventriculo-atriale* ~, rechtstreekse kunstmatige shunt van hersenventrikel naar v. jugularis ter behandeling van hydrocefalie. 10. *~meningitis*, hersenvliesontsteking als complicatie na aanleg van een shunt tussen een laterale hersenventrikel en de buikholte ('ventriculo-peritoneaal') of het rechter hartatrium ('ventriculo-cardiaal') om *hydrocefalie te voorkomen of te ontlasten.

Shwachman, H. Amerikaans kinderarts; *syndroom van* ~, chronische pancreasinsufficiëntie, neutropenie, metafysaire dysplasie en dwerggroei, waarschijnlijk door immuno*deficiëntie.

Shwartzman, G. Amerikaans bacterioloog (1896-1965); *~-fenomeen*, ernstige necrotiserende hemorragische endotoxinen-reactie op een intraveneuze injectie van een bacteriefiltraat ter plaatse van een enkele uren tevoren toegediende intracutane inspuiting van hetzelfde filtraat.

Shy, G. Amerikaans neuroloog (overl. 1967); *syndroom van ~-Dräger*, orthostatische hypotensie, blaas- en rectumincontinentie, impotentie, anhidrose, irisatrofie, oogspierparesen, rigiditeit, tremoren en spierzwakte t.g.v. degeneratieve afwijkingen van het centrale zenuwstelsel ('multipele systeem atrofie').

SI afk. van 1. saturatie-index. 2. sacro-iliacaal (gewricht), gewricht tussen sacrum (heiligbeen) en os ilium (darmbeen). 3. système international (d'unités), syn. van *SIU.

SIADH afk. van syndrome of inappropiate ADH(-secretion) *E*: waterretentie en hyponatriëmie t.g.v. continue ADH-afgifte; meestal bij longcarcinoom, laesies van het centrale zenuwstelsel en bij ernstige hypothyroïdie; syn. Schwartz-Bartter-syndroom.

sialadenose speekselklierziekte.

sialagogum *G* middel dat een sterke afscheiding van speeksel (sialon) veroorzaakt; syn. ptyalagogum, salivans.

sialoadenitis *G* speekselklierontsteking.

sialocele *G* speekselbreuk, speekselgezwel.

sialodochitis *G* ontsteking van de uitlozingsbuis van een speekselklier.

sialofaan hetgeen in het speeksel (sialon) wordt teruggevonden; *~ane medicijnen*, medicijnen die na toediening, later met het speeksel, althans gedeeltelijk, weer worden uitgescheiden.

sialogram röntgenfoto van een speekselklier met behulp van een contrastmiddel.

sialoliet *G* speekselconcrement, syn. ptyaloliet; zie ranula, sialolithiasis.

sialolithiasis *G* vorming van speekselstenen, *sialolieten in de afvoerbuizen der speekselklieren; dit kan verstopping en verwijding van de afvoerbuizen veroorzaken, hetgeen speekselgezwellen (sialocele), verettering en fistelvorming tot gevolg kan hebben; syn. ptyalolithesis.

sialon *G* minder gebruikelijke naam voor saliva (speeksel).

sialorroe, sialorrhoea *G* *speekselvloed.

sialosis 1. speekselvloed; syn. sialorroe. 2. verzamelnaam voor degeneratieve aandoeningen van de speekselklieren.

Siamese tweeling dubbelmonstrum, zie monstrum.

SIB afk. van self-injurious behaviour *E*, automutilatie, zelfverminking.

sib(be) 1. gezamenlijke bloedverwanten. 2. broers en zusters (*si*ster*b*rother).

sibilatie 1. sissende rhonchus. 2. uitspraak met sisklank.

siblings *E* alle broers en zusters met dezelfde ouders.

sibship het totaal van alle kinderen van een ouderpaar.

SICA afk. van schizont infected cell agglutination (test) *E*..

sicca *L* droog; *~symptomen*, droogheid van ogen, mond, luchtwegen, vagina; *~syndroom*, iedere combinatie van keratoconjunctivitis sicca en *xerostomie (droge mond) (onafhankelijk van de oorzaak); zie Sjögren.

siccator *L* droogblazer, poederblazer.

siccus *L* droog.
sickling *E* onderlinge precipitatie van abnormale hemoglobinemoleculen in zuurstofarme staat bij *sikkelcelziekte.
sick-sinus syndrome *E* *sinus(knoop)-bradycardie met aanvallen van tachycardie, soms ook sino-auriculair block, door ischemie of cardiomyopathische beschadiging, waardoor de prikkelvorming te lijden heeft; soms familiaal.
SIDA afk. van syndrome immune-déficience acquirée *F* (de Franse afkorting voor AIDS).
side-effect *E* bijwerking (van een geneesmiddel).
siderans *L* syn. van *fulminans, foudroyant.
sideratio *L* 1. het getroffen worden door de bliksem, syn. fulguratie. 2. bliksemsnelle, plotselinge dood (mors subita).
sideroachrestisch m.b.t. gebrekkige ijzer*utilisatie.
sideroblast erytroblast in het beenmerg met ijzer-granula; bijv.nw. *sideroblastair*.
siderocyt rode bloedcel die ijzer-granula bevat, niet gebonden aan hemoglobine; komt voor bij vergiftigingen (lood en dergelijke), hemolytische, pernicieuze en sikkelcel-anemie en na miltextirpatie.
siderofaag een met gefagocyteerd ijzerpigment gevulde histiocyt.
siderofiline 'transportijzer' in het bloedplasma; syn. *transferrine.
sideropenie onvoldoende totale hoeveelheid ijzer in het lichaam.
sideroscoop instrument voorzien van een magneetnaald, waarmee ijzersplinters in het oog kunnen worden opgespoord.
siderosis *G* afzetting van ijzer in de lichaamsweefsels; ~ *bulbi*, ijzerroest in het gehele oog door langdurige aanwezigheid van ijzersplinters; ~ *hepatica*, afzetting van ijzer in de lever bij bloedziekten; ~ *pulmonum*, afzetting van ijzerstof in de longen.
siderostaat toestel voorzien van een sterke magneet, waarmee ijzersplinters uit het oog kunnen worden verwijderd.
side-to-end *E* zie end-to-side.
side-to-side *E* zijdelingse chirurgische verbinding tussen twee aan hun uiteinden afgesloten buisvormige organen; syn. latero-lateraal.
SIDS afk. van sudden infant death syndrome *E*; wiegendood; plotselinge en onverwachte dood van een ogenschijnlijk gezonde zuigeling.
Siegle, E. Duits KNO-arts (1833-1900); *trompet van ~*, zie raréfacteur.
Siemens, H. Duits dermatoloog te Leiden (1891-1969); *ziekte van ~*, ichthyosis congenita, ichthyosis foetalis; *syndroom van ~-Bloch*, melanosis corii degenerativa; zie Bloch-Sulzberger.
Sieracki, J. Amerikaans patholoog; *lichaampjes van ~*, lysosomale ophopingen van door macrofagen gefagocyteerde bacterieresten bij de ziekte van *Whipple; door massale stapeling ontstaat lymfestuwing in de darm, gevolgd door diffuse vetstapeling ('intestinale *lipodystrofie').
sievert (natuurk.) = 100 *rem (bet. 1), genoemd naar R. Sievert, Zweeds fysicus (1896-1966); afk. Sv.
SIF afk. van serum inhibitory (immunosuppressive) factors *E*, zoals α-globuline, lipoproteïnen en interferon.
sifon (jrg.) angiografisch beeld van de a. carotis interna (inwendige halsslagader) direct na de passage door de schedelbasis, op de zijdelingse foto; heeft de gedaante van een op een sifon lijkende lus.

SIG afk. van 1. standaardisatie informatie geneesmiddelen. 2. stichting informatiecentrum van de gezondheidszorg, thans SIG informatiecentrum.
sigma romanum *L* S-vormige bocht tussen het colon descendens en de endeldarm, syn. colon sigmoideum; sigmoïd.
sigmatisme, sigmatismus *L* lispelen of slissen; spraakgebrek, waarbij de klank s met een sissend geluid wordt uitgesproken (met de tong tegen het harde verhemelte).
sigmoïd colon sigmoideum, *sigma romanum; *~eus L*, S-vormig; *~itis*, ontsteking van het sigmoïd.
signa *L* schrijf op (de gebruiksaanwijzing op het recept); afk. (rec.) S.
signaal-transductie zie transductie.
signe *F* teken, verschijnsel, bijv. ~ *de l'éventail*, de waaiervormige spreiding van de tenen bij de reflex van *Babinski; ~ *de la nuque*, teken van de nek, het verschijnsel dat wanneer men het hoofd van een lijder aan meningitis naar voren buigt, de tenen zich buigen; ~ *de l'ongle*, teken van de nagel, het verschijnsel dat de nagels grauw verkleuren bij het begin van een malaria-aanval; ~ *de miroir*, pathologisch verhoogde belangstelling voor het eigen spiegelbeeld; bij diverse psychische stoornissen o.a. depersonalisatie; ~ *du soulier* 1. bij coxartrose het achterwaarts omhoog brengen van de voet om de schoen aan te trekken. 2. pijn in de rechter onderbuik bij bijv. een appendicitis tijdens vooroverbuigen t.g.v. druk tegen de samengetrokken musculus psoas, syn. psoasfenomeen.
signetur *L* men schrijve op (de gebruiksaanwijzing op het recept); afk. S.
significa *L* de leer van de geestelijke communicatiemiddelen, in engere zin van de taal; kritiek van het woordgebruik.
significant in de statistiek noemt men een uitkomst significant, indien voldaan is aan bepaalde wiskundige eisen, verband houdend met de waarschijnlijke afwijking van een aantal waarnemingen; als de kans op toeval kleiner is dan 1:20, wordt het bestaan van een verband tussen oorzaak en gevolg erkend.
signum *L* (*F: signe*) teken, verschijnsel; ~ *mali ominis*, slecht voorteken; ~ *melitense*, kompres in de vorm van een Maltezer kruis, dus vierkant en met gespleten hoeken; ~ *venenum* (rec.) vergifteken.
sikkelcel sikkelvorm van de erytrocyt t.g.v. uitkristalliseren van het abnormale hemoglobine-S in zuurstofarme staat, op grond van de (erfelijke) *hemoglobinopathie S; de belangrijkste vormen zijn: HbSS, HbS-*thalassemie, HbSC en HbAS; *~-anemie* (in engere zin de *HbSS-vorm), chronische hemolytische *anemie t.g.v. de zeer korte levensduur van de sikkelcel; *~-crisis*, acute verergering van de verschijnselen van sikkelcelziekte door een aplastische crisis (remming van de bloedaanmaak, zie crise) of acuut optreden van infarctverschijnselen; *~-HbSC-ziekte*, hemoglobinopathie met 50% HbS en 50% HbC, meer gekenmerkt door het optreden van infarcten dan door anemie; *~infarct*, afsluiting van bloedvaten door gegroepeerde sikkelcellen, waardoor crises kunnen ontstaan, zoals hevige pijn in beenderen, gewrichten en spieren, gevoel van uitputting, shock, acute buikpijn, koorts; *~-thalassemieziekte*, zie thalassemie; ~ *trait E*, de heterozygote sikkelcelziekte (*HbAS waarvan 20% HbS), die onder normale omstandigheden weinig symptomen geeft; *~ziekte*, zie sikkelcelziekte.
sikkelcelziekte ziektebeeld gekenmerkt door het vóórkomen van *sikkelcellen in het bloed op grond van de (erfelijke) *hemoglobinopathie S; de verschijnselen

zijn anemie (met name de HbSS-vorm) en het optreden van *sikkelcelinfarcten of -trombi in vele organen, zoals nieren, beenderen (aseptische bot*necrose), corpora cavernosa (priapismus), hersenen, placenta e.a. alsmede verhoogde risico's bij zwangerschap (toeneming anemie, meer kans op crises, abortus, dysmaturitas, perinatale sterfte, enz.), voorts ooglaesies, hematurie, groeivertraging, polyartritis, verhoogde vatbaarheid voor infecties (met uitzondering van malaria), longinfarcten met opvolgende infecties ('trombopneumonie'), nefropathie (verlies van de tubuli recti in de nierpapillen); *G6PD-deficiëntie geeft bij sikkelcelziekte grote kans op het krijgen van een hemolytische *crisis; sikkelcelziekte komt vnl. voor bij negroïden.

Silbermann, R. Nederlands psychiater (1932-1976), zie CHAM.

silicon een plastic stof die goed bestand is tegen temperatuurverschillen en o.a. wordt gebruikt voor de vervaardiging van prothesen.

silicose, silicosis *L*, **silicatose** stoflong door silicaten (kwarts).

silk *E* zijde; *protective ~*, verband van geolied zijden taf.

silkwormgut *E* draad geprepareerd uit het spinorgaan der zijderups, gebruikt voor wondhechting.

siloziekte bronchiolitis, soms gevolgd door longoedeem, door inademing van stikstofdioxide, een giftig gas dat zich vormt in graansilo's.

silvatische ziekten ziekten die in bossen ontstaan.

Silvester, H. Engels arts (1829-1908); *methode van ~*, (obsoleet) kunstmatige ademhaling door beurtelings omhoog bewegen en samenvouwen op de borstkas van de armen.

silvestris *L* tot het bos behorend.

Simavi acroniem van 'succurrens in mundo afflictis viribus iunctis' *L*, steun in medische aangelegenheden voor inheemsen.

simean crease apenplooi, zie viervingerlijn.

SIMG afk. van societas internationalis medicinae generalis; zie ook WONCA/SIMG.

similia similibus curantur *L* zie homeopathie.

Simmonds, M. Duits patholoog (1855-1925); *ziekte van ~*, zie Sheehan.

Simon, Th. Frans psychiater (1873-1961), zie Binet.

Simond, P. Frans bacterioloog (overl. 1947), ontdekker van de overbrenging van de pestbacil door de rattenvlo (1898).

simplex *L* eenvoudig, enkelvoudig.

simplicia *L* (farm.) eenvoudige middelen, geneeskruiden.

Sims, J. Amerikaans gynaecoloog (1813-1883); *ligging van ~* (verlosk.), linker zijligging van de barende vrouw met opgetrokken rechter knie; *~-Hühner-test*, afk. SH-test, onderzoek van het cervix-slijmvlies van de vrouw op spermatozoa na de coïtus, syn. postcoitumtest (afk. PCT), (pop.) samenlevingstest.

simulant iemand die simuleert; zie simulatie.

simulatie, simulatio *L* 1. nabootsing; weergave van de werkelijkheid d.m.v. een model. 2. het opzettelijk voorwenden van psychische of lichamelijke klachten met als doel er enig voordeel mee te behalen (i.t.t. nagebootste stoornissen).

simuleren zie simulatie bet. 2.

SIMV afk. van synchronized intermittent mandatory ventilation *E*.

SIN afk. van stichting incontinentie Nederland.

sinaasappel- *~huid*, syn. peau d'orange *F*, aspect van de opperhuid als van een sinaasappelschil bij versterkte follikeltekening; uiting van vergroeiing van (mamma)carcinoom met de huid; soms ook zichtbaar bij cellulitis.

sinciput *L* voorhoofd.

Sinding, L. Noors chirurg (1866-1930); *ziekte van ~*, ossificatiestoornis van de knieschijf in de jeugd.

sine *L* zonder; ~ *agitatione*, zie paralyse: paralysis agitans; ~ *materia*, zonder objectieve afwijkingen; ~ *nomine*, zonder naam; ~ *vitris*, zonder (oog)glas, afk. SV.

singulair, singularis *L* enkelvoudig.

singultus *L* 1. hik; door plotselinge, krampachtige samentrekkingen van het middenrif veroorzaakte snelle, klinkende inademingen die plotseling worden afgebroken door sluiting van de stemspleet; hardnekkige vormen van singultus komen voor bij meningitis, zwangerschap, gastritis, maagdilatatie, uremie, leverfunctiestoornis, hersenabces, -bloeding of -tumor, hersenstam-CVA, encefalitis, hartziekten, hiatushernia, buikvliesprikkeling en na borstkasoperaties; het verschijnsel kan ook epidemisch *(~ epidemicus)* optreden. 2. stuiptrekking; snik.

sinister 1. links, linker. 2. onheilspellend, ongunstig.

sinistra links, linker.

sinistroversie *L* draaiing naar links.

sino-atriaal syn. *sino-auriculair.

sino-auriculair de *sinus venosus en het *atrium cordis betreffend; syn. sino-atriaal.

sint- *~-Antoniusvuur*, zie Antoniusvuur; *~-Jansziekte*, zie mal; *~-Vitusdans*, zie chorea.

sinuosus *L* bochtig, met verborgen plaatsen (van zweren).

sinus *L* holte, bocht, boezem, o.a. de boezem of voorkamer van het hart (syn. atrium); ~ *caroticus*, syn. bulbus caroticus, verwijding in de a. carotis interna; lokalisatie van het *glomus caroticum; ~ *cavernosus*, veneuze bloedboezem ter weerszijden van de sella turcica waarin o.a. oogaders uitmonden; ~ *coronarius*, de wijde eindvena van de kransvatencirculatie, uitmondend in het rechter atrium; ~ *ethmoidalis*, syn. *etmoïdcellen, neusbijholte in het zeefbeen; ~ *frontalis*, holte in het voorhoofdsbeen; ~ *maxillaris*, syn. ~ *Highmori*, bovenkaakholte; ~ *paranasales*, *bijholten van de neus; ~ *pilonidalis*, embryonale (haarnest)cyste aan het einde van de wervelkolom, meestal haren bevattend, die vaak tot abcesvorming leidt; ~ *sphenoidalis*, wiggebeensholte; ~ *venosus*, de (embryonale) gemeenschappelijke hartboezem.

sinusaritmie onregelmatige hartwerking door stoornis in de impulsen van de *sinusknoop.

sinusitis *L* ontsteking van een *bijholte van de neusholte, bijv. ~ *maxillaris*, ontsteking van de bovenkaaksholte.

sinusknoop boezemknoop, knoop van Keith-Flack, pacemaker *E*; oorsprong van de autonome hartinnervatie, bestaande uit speciale autonome cellen (gangmakercellen) waarin elektrische impulsen worden opgewekt welke worden overgebracht op de contractiele hartspiervezels van het rechter atrium, die zich ritmisch door de atriumwand voortplanten naar de knoop van Aschoff-*Tawara (AV-knoop).

sinusritme het regelmatige ritme van de hartcontracties onder invloed van de

*sinusknoop; tgst. sinusaritmie.
sinustachycardie versnelde hartactie t.g.v. meer dan 100 sinusimpulsen per minuut.
sinustrombose trombose in een veneuze sinus van de dura mater.
SIOP afk. van 1. société international d'oncologie pédiatrique. 2. stichting informatie en ondersteuning patiëntengroepen.
si opus sit *L* zo nodig, afk. (rec.) si op. sit.
SIP afk. van sickness impact profile *E*, een gestandaardiseerde vragenlijst voor het meten van gedragsveranderingen in het dagelijks leven als gevolg van ziekte.
siphonoma zie cilindroom.
siplion *G* hevel, in engere zin maaghevel; trechter met slang, eindigend in een catheter welke in de maag wordt gebracht; na vulling met water wordt de trechter op-en-neer bewogen en het water telkens ververst: maagspoeling *(siplionage)*.
Sipple, J. Amerikaans patholoog; *syndroom van ~*, een autosomaal dominant erfelijk syndroom: gelijktijdig voorkomen van medullair schildklier*carcinoom, feochromocytoom en bijschildklieradenoom met hyperparathyroïdie, syn. *MEN type 2a.
Sippy, B. Amerikaans arts (1866-1924), zie dieet.
sirenomelie syn. *sympodie.
siriasis syn. *heliosis.
SISI afk. van short increment sensitivity index *E*, audiografische registratie van zeer kleine geluidsintensiteitsverschillen (ongeveer 1 dB) ter onderscheiding van cochleaire en retrocochleaire doofheid.
site *E* loka(lisa)tie, plek met bepaalde bestemming.
sitieirgie *G* tegenzin om te eten.
sito- (smst.) m.b.t. voedsel; *~logie*, de wetenschap van de voeding; *~manie*, ziekelijk verhoogde eetlust; zie ook boulimie; *~sterolemie*, te hoog gehalte aan plantaardige *sterolen in het bloed; *~therapie*, dieet-therapie; *~toxine*, vergif dat zich door bacteriën in plantaardig voedsel heeft gevormd.
situatie *~hechting*, voorlopige hechting (na operatie) ten einde de weefsels in hun juiste stand te houden.
situ zie in situ.
situs *L* 1. ligging van organen; *~ viscerum inversus*, ook kortweg *~ inversus* of *~ transversus* genoemd, spiegelbeeldconfiguratie van de ingewanden, de lever links, het hart rechts, enz. 2. de ligging van het kind in de baarmoeder.
SIU afk. van système international d'unités, decimaal stelsel van maten en eenheden.
SIVIS afk. van SIG-verpleeghuisinformatiesysteem.
Siwe, S. Zweeds kinderarts (1897-1966), zie syndroom van *Letterer-Siwe.
sjaal-scrotum ventrale omvatting van de penis door een huidplooi van de balzak.
sjanker zweer voorkomend bij geslachtsziekte; *harde ~* (ulcus durum), syn. initiale sclerose, *primair affect van syfilis, niet-pijnlijke zweer met harde omgeving; *weke* of *zachte ~* (ulcus molle), primair affect van *chancroïd; gaat gepaard met pijnlijke lymfomen (zie bubo) die meestal veretteren.
Sjögren, H. Zweeds oogarts (1859-1939); *syndroom van ~*, ziekte, vnl. bij vrouwen in de menopauze, gekenmerkt door *siccasyndroom en recidiverende lymfocytaire infiltraten van traan- en speekselklieren (*primair syndroom van ~*); wordt gerekend tot de auto-immuunziekten; *secundair syndroom van ~*, idem,

doch gepaard met (andere) *collageenziekten of auto-immuunziekten, zoals polymyositis, reumatoïde artritis, dysproteïnemie, sarcoïdose, amyloïdose, hemochromatose, voorts sterk verhoogde BSE, spieratrofie en grote moeheid; syn. ziekte van Gougerot, xerodermosteose.

sjosjin zie shoshin.

skatol een eiwitafbraakproduct in de feces.

SKB afk. van stichting kwaliteitsbevordering bedrijfsgezondheidszorg.

skelet *G* geraamte, het samenstel van beenderen in het lichaam van mens en dier.

skeletotopie *G* de ligging van een orgaan ten opzichte van het skelet.

skew deviation *E* verticale divergentie van de ogen t.g.v. een hersenlaesie.

SKG afk. van statokinesigram.

skiascopie *G* 1. de methode om door middel van de schaduwproef (beschouwing van de schaduwbeelden in het pupilvlak van het oog bij bewegingen van de oogspiegel) refractie-anomalieën te meten, ter vaststelling van evt. benodigde brilleglazen. 2. syn. röntgenoscopie.

skintag *E* huidflarde, huidplooi rondom de anus, litteken van een geschrompelde aambei.

SKMM afk. van stichting kwaliteitsbewaking medische microbiologie.

SL afk. van sensu latiori *L*, in ruimere zin.

SLA afk. van soluble liver antigen *E*.

slaap fysiologische toestand van verlaagde bewustzijnsgraad en verminderde aanspreekbaarheid waarop men op ieder moment gewekt kan worden; *~been*, *os temporale; *~bol*, papaver somniferum; *~kwab*, lobus temporalis; *~stoornissen*, zie hypersomnie, insomnie, parasomnie; *~streek*, zie tempora; *~wandelen*, levendige droomtoestand waarbij meestal eenvoudige, soms gecompliceerde handelingen worden verricht en waarvoor na het ontwaken een amnesie bestaat; komt vrij veel voor bij kinderen (van ongeveer 8-16 jaar); syn. lunambulisme, somnambulisme; *~ziekte*, zie nona; *~zucht*, zie lethargie, narcolepsie; zie ook non-REM-slaap, REM-slaap.

slag- *~ader*, *arterie; *~aderbreuk*, zie aneurysma; *~volume van het hart*, de hoeveelheid bloed die bij de *systole uit iedere hartkamer wordt gedreven.

slakkenhuis cochlea.

slakkenarm dieet zie dieet.

slakkenspoor met slijm bedekte mucosa-zweertjes bij lues II, die zich snel vermeerderen en een patroon vormen als het spoor van een slak.

SLDH afk. van serum*LDH.

SLE afk. van systemische lupus erythematosus, zie lupus erythematodes.

slechthorendheid verminderde waarneming van geluid; in het algemeen wordt een gehoorverlies van 30 tot 90 dB bedoeld; zie ook doofheid.

sleep terror disorder *E* zie *pavor nocturnus.

sleeve zie root-sleeve.

sleutelbeen clavicula.

sleutelgatchirurgie (pop.) zie endoscopische *chirurgie.

SLI afk. van sex-linked ichthyose.

slijm zie mucine, mucus; *~beurs*, zie bursa, bursitis; *~lopertje* (jrg.), laagje van cervixslijm op de achterlip van de portio uteri, vooral ten tijde van de ovulatie; *~vlies*, mucosa.

slik- *~pneumonie* (beter: verslik-pneumonie), zie aspiratie-*pneumonie; *~pijn*,

odynofagie.
slim disease *E* magerte, pop. voor AIDS.
slinger- *~pijn* (jrg.), pijn in de onderbuik (rechts of links) bij *extra-uteriene zwangerschap wanneer de baarmoederhals door de arts vaginaal wordt heen-en-weer bewogen; *~verband*, zie funda.
slipping *E ~ disk*, syn. hernia nuclei pulposi; *~ rib syndrome*, hevige pijn in flank en/of bovenbuik doordat de 10de rib over de 9de schuift.
SLN afk. van salt losing nephritis *E*.
slokdarm oesophagus, esophagus; *~ varices*, varices 1. ontstaan t.g.v. portale *hypertensie. 2. ontstaan t.g.v. stuwing in de vena cava superior; zie downhill*varices.
slot *'op ~ zitten van een gewricht'*, blokkering van een gewrichtsbeweging door een *mus articularis of een gescheurde meniscus.
slow *E* langzaam; *~ cerebration*, uiting van vertraagde hersenwerking op het *EEG, bijv. bij depressies, medicamenteus, e.a.; *~ virus infection*, zie virus; *~ wave*, de EEG-golven met lage frequentie, hoofdzakelijk de deltagolven.
SLR afk. van straight leg raising *E*, buiging in de heup van het gestrekte been.
Sluder, G. Amerikaans KNO-arts (1865-1928); *methode van ~*, sluderen, methode om met het naar Sluder genoemde instrument de tonsil zo diep mogelijk af te knippen; *syndroom van ~*, zie Horton.
sludge fenomeen 1. hypoxemie van weefsel t.g.v. tijdelijk verhoogde viscositeit van het bloed na vetrijke maaltijden, in engere zin bij atherosclerose van de kransslagaders. 2. samenklontering van erytrocyten in de verlangzaamde bloedstroom, zoals bij shock en bij aanwezigheid van cryoglobulinen.
sluiercellen cellen in het darmweefsel die in nauw contact treden met immunocompetente (zie immunocompetentie) T-lymfocyten aan het begin van een immunorespons op ontstekingen van de darm; waarschijnlijk hebben sluiercellen tevens macrofaag-eigenschappen.
sluisinternaat tijdelijk tehuis voor patiënten die uit een psychiatrische inrichting zijn ontslagen, als tussenschakel (half-way house, *E*) waar verdere aanpassing aan het normale woonmilieu plaatsheeft.
sluit- (smst.) *~laken*, zie cingulum, gurita; *~plaat*, de substantia compacta van de onder- en bovenzijde van de wervellichamen; *~spier*, syn. *sfincter.
slush *E* lett. modder, slik; *~ behandeling*, lokale behandeling van huidaandoeningen d.m.v. koolzuursneeuw vermengd met aceton.
SLWK afk. van stichting landelijke werkgroep kinderverpleegkundigen.
SM afk. van 1. sadomasochisme. 2. smooth muscle *E*, zie gladvezelig *spierweefsel. 3. streptomycine. 4. somatomedine. 5. seminoproteïne. 6. soortelijke massa, syn. s.m.
s.m. afk. van soortelijke massa, syn. SM (bet. 6).
SMA afk. van 1. sequential multiple analysis *E*. 2. smooth muscle antibody *E*.
SMA sportmedisch adviescentrum.
SMA(C) afk. van simultaneous multiple analyser (computerized) *E*.
smack *E* (drugsjargon) heroïne.
small airways disease *E* afk. SAD, pathologische toestand (catarre, overproductie van slijm, metaplasie van bekercellen e.a.) van bronchioli (diameter <2 mm), asymptomatisch voorstadium van *COPD.
small-vessel disease *E* verzamelnaam voor die vormen van *vasculitis (van

arteriolen, venulen en capillairen), welke hun oorsprong hebben in *hypersensitiviteit en waarvan de pathogenese aan *immuuncomplexen is te wijten.

Smart, J. Amerikaans neuroloog, zie reductionisme.

SMAS afk. van subcutaan musculo-aponeurotisch systeem.

SMB afk. van sociaal-medische begeleiding.

SMD afk. van 1. seniele maculadegeneratie. 2. sociaal-medische dienst.

smear *E* uitstrijkpreparaat.

smeersel liniment; zie ook theriaca.

smegma *G* smeer, epitheliaal afschilferingsproduct van de eikel en voorhuid van de penis en van de clitoris, syn. sebum preputii; *~bacil*, een *Mycobacterium die in het smegma voorkomt.

smegmoliet syn. *balanoliet.

smetvrees *fobie waarbij iemand voortdurend vreest een ziektekiem op zichzelf of op anderen over te brengen; daarbij ontwikkelt men een systeem dat bestaat uit allerlei voorzorgsmaatregelen (bijv. wasdwang, reinigingsdwang), waarin men zozeer verstrikt kan raken dat er een totaal isolement optreedt.

SMF afk. van streptozocine, mitomycine, fluorouracil, een cytostatica-combinatie.

SMH afk. van steriele medische hulpmiddelen.

SMI afk. van silent myocardial ischemia.

Smith Petersen, M. Amerikaans orthopeed (1886-1953); *pen van ~*, driekantige pen voor fixatie van de dijbeenhals bij collumfractuur.

Smithwick, R. Amerikaans chirurg (geb. 1899); *operatie van ~*, thoracolumbale sympathectomie bij hypertensie.

smog *E* combinatie van smoke en fog (rook en mist), vorm van luchtverontreiniging.

SMON afk. van subacute myelo-optico-neuropathie, ziektebeeld met initiële diarree, gevolgd door spierzwakte, paresthesieën, pijn, onzekere gang en soms gezichtsstoornissen.

SMR afk. van 1. standardized mortality ratio *E*. 2. stichting medische registratie.

SMS afk. van somatostatine.

s.n. (rec.) afk. van 1. *suo nomine. 2. *sine nomine.

snail-track ulcer *E* zie slakkespoor.

snap *E* klappend geluid bij hartauscultatie; *~-diagnosis, E* diagnose, gesteld zonder een grondig onderzoek; *~ping finger, E* zie knipmesvinger.

SNE afk. van 1. standard neurologic examination *E*. 2. (rec.) si necesse est *L*, zo nodig.

Sneddon, I. Engels huidarts (geb. 1915); *ziekte van ~-Wilkinson*, zie pustulose: corneale pustulosis.

sneeuw *~blindheid*, zie nifablepsie; *~stormlong*, röntgenbeeld bij silicose gepaard met emfyseem en bij longtuberculose en ARDS; *~valfenomeen*, röntgenbeeld bij silicose van de long: homogene vlekjestekening van speldenknop tot grofmiliaire grootte; syn. hagelkorrellong.

Snellen, H. Nederlands oogarts (1834-1908), zie optotypen.

snepper mesje (voor het afnemen van een kleine hoeveelheid bloed), dat door ontspanning van een veer uit zijn houder schiet.

snijtand zie incisivus, dentes.

snoezelen (samentrekking van snuffelen en doezelen) primaire activering van diep zwakzinnigen door middel van zintuiglijke waarnemingen en motorische ervaringen; de patiënt bevindt zich daartoe in een ruimte met voorwerpen, beelden, kleuren, geuren en geluiden die de zintuigen aangenaam prikkelen.

SNOP afk. van systematized nomenclature of pathology *E*.

snowflakes *E* lett. sneeuwvlokken, vlokjes rondom dode microfilariae van onchocerca volvulus in de cornea, waardoor het beeld van een keratitis punctata wordt gevormd.

SNRI afk. van serotonine en noradrenaline heropnameremming (reuptake-inhibitie).

snuffelmolekulen bijnaam voor monoklonale antistoffen vanwege hun eigenschap van bepaalde ziekten de ware aard te kunnen determineren.

snurken zie stertor.

SNV afk. van systemic necrotizing vasculitis *E*.

SOA afk. van seksueel overdraagbare aandoening; zie venerische ziekten.

sociaal interactioneel model stroming binnen het *sociaal model, die zich voornamelijk richt op de manier waarop mensen met elkaar omgaan, op hun interacties en op hun onderlinge relaties.

sociaal model denkmodel vanwaaruit over psychiatrische problematiek wordt gedacht; er worden twee stromingen onderscheiden: sociaal structureel model en sociaal interactioneel model.

sociaal structureel model stroming binnen het *sociaal model, waarbij wordt uitgegaan van een maatschappij-kritische visie en het veld van onderzoek zich voornamelijk richt op de invloed van structuren op het gedrag.

sociale fobie zie fobie.

sociale geneeskunde zie geneeskunde.

sociale psychiatrie zie psychiatrie.

sociale psychologie zie psychologie.

socialisatie leerproces waarbij de mens de normen, gewoonten en dergelijke van een bepaalde groep overneemt.

sociodrama vorm van psychodrama met nadruk op de rollen die men heeft in verscheidene groepen.

sociogeen ontstaan door maatschappelijke invloeden.

sociogram voorstelling in de vorm van een diagram van de interactiepatronen in een groep.

sociologie leer en studie van de menselijke samenleving en haar verschijnselen.

sociopaat zie antisociale *persoonlijkheid.

sociopathie verzamelbegrip voor onmaatschappelijke gedragsafwijkingen bij naar aanleg en/of ontwikkeling abnormale persoonlijkheden; zie antisociale *persoonlijkheid; syn. psychopathie.

sociotherapie methodisch hanteren van het leefklimaat van een groep patiënten gericht op behandeldoelen van deze groep met inachtneming van de behandeldoelen van de individuele patiënt.

sociose neurotische reactie op sociogene factoren.

sociosomatiek het optreden van ziekte t.g.v. de inwerking van ongunstige sociale omstandigheden op de lichamelijke gesteldheid.

sodoku *J* zie rattenbeetziekte.

sodomie ontucht met dieren, syn. bestialiteit, zoöerastie, zoöstuprum, zoöfilie.

SOFOB afk. van stichting opleiding flebologie, orthopedie en bandages.

soft drugs *E* 'zacht werkende' bedwelmingsmiddelen zoals marihuana; tgst. hard drugs.

SOGG afk. van stichting overlegorgaan geestelijke gezondheidszorg.

SOH afk. van stichting ondersteuning huisartsen.

soiling *E* incontinentie voor feces of rectumvocht; 'zich bevuilen'.

sol (chem.) colloïde suspensie van een fijn verdeelde stof.

sol. afk. van solutie, oplossing.

solair, solaris *L* m.b.t. de zon; *plexus solaris,* zonnevlecht, syn. cerebrum abdominale; *~e asfyxie*, zonnesteek, syn. heliosis.

solanine zeer giftig alkaloïd uit de kiemen van planten behorende tot de nachtschade-achtigen (solanum-soorten).

solaris *L* zie solair.

solarium *L* plaats of inrichting om zonnebaden te nemen.

soldaten *~hart*, zie asthenie; *~voet*, zie marsvoet.

soleus *L* scholvormig; *musculus ~*, scholspier, die loopt van het kuit- en scheenbeen naar het hielbeen, strekker van de voet.

solidair *~e pathologie*, ziekteleer berustend op de stelling, dat alle ziekten worden veroorzaakt door afwijkingen in de toestand der vaste lichaamsbestanddelen, syn. solidisme.

solide, solidus *L* vast, stevig.

solidificatie weefselverdichting, syn. *consolidatie.

solidisme, solidismus *L* hechtheid, vastheid; zie solidair.

solidus zie solide.

solipsisme (psych.) extreem ik-bewustzijn.

solitair, solitarius *L* afzonderlijk, eenzaam, alleenstaand, alleenlevend, bijv. *solitaire follikels*, kleine afzonderlijk staande lymfeknobbeltjes in het darmslijmvlies.

solitus *L* gewoon; normaal; gebruikelijk.

sollennis *L* (ook: *solemnis*) 1. jaarlijks voorkomend. 2. slechts éénmaal per jaar voorkomend. 3. gewoon, normaal; *sollenne crisis*, duidelijke crisis.

solo-apparatuur realiseert radio-contact tussen slechthorende leerling en de leraar.

solubiliteit oplosbaarheid.

solutie, solutio *L* 1. oplossing; afk. sol.; *~ fowleri*, syn. liquor arsenicalis fowleri, waterige oplossing van arsenigzure kalium, die 1% arsenicum bevat; *~ iodii spirituosa*, syn. jodiumtinctuur; *~ lugoli*, zie Lugol. 2. loslating; *~ placentae*, zie abruptio; Couvelaire, *~ retinae*, zie ablatie.

solutus *L* opgelost.

solv. (rec.) afk. van *solvatur* of *solve* (los op).

solvens *L* (farm.) slijmoplossend middel.

solventium (farm.) snuifmiddel.

SOM afk. van sereuze ontsteking in het middenoor.

soma *G* lichaam, het geheel der organen, syn. corpus.

somaticisme de rol van lichamelijke invloeden in de jeugd (ziekten, sportbeoefening en dergelijke) bij de ontwikkeling van de persoonlijkheidsstructuur.

som(at)esthesie zie somesthesie.

somatisatiestoornis (vlg. DSM-IV) een *somatoforme stoornis, beginnend voor het 30^e^ jaar waarbij de patiënt veelvuldig lichamelijke klachten meldt (diverse pijnklachten, maag- en darmklachten, seksuele en neurologische klachten) zonder dat er een overtuigende lichamelijke oorzaak aanwezig is; de patiënt neigt erdoor tot medicijngebruik en tot afhankelijk gedrag tegenover artsen; syn. syndroom van Briquet.

somatisch lichamelijk, tgst. psychisch; *~e waan*, zie waanstoornis.

somatiseren ervaren van psycho-sociale onvrede die d.m.v. lichamelijke klachten tot uitdrukking wordt gebracht.

somatoforme pijnstoornis (vlg. DSM-IV) een somatoforme stoornis waarbij de patiënt zeer sterk in beslag wordt genomen door pijngevoelens waarvoor geen lichamelijke oorzaak te vinden is of die, indien deze oorzaak er wel is, sterk worden overdreven.

somatoforme stoornissen (vlg. DSM-IV) lichamelijke verschijnselen waarvoor geen organische oorzaken of fysiologische mechanismen aantoonbaar zijn, en waarbij psychologische of sociale conflicten naar redelijkheid kunnen worden vermoed; syn. 'onbegrepen lichamelijke klachten'; hiertoe behoren *conversie, *hypochondrie, *somatisatiestoornis, *somatoforme pijnstoornis en *verstoorde lichaamsbeleving.

somatologie *G* leer of kennis van het lichaam en de lichamelijke verrichtingen.

somatomedine verzamelnaam voor onder invloed van groeihormoon in de lever gevormde stoffen welke groeibevorderende werking hebben.

somatomegalie syn. *gigantisme.

somatometrie het meten van de lichaamsmaten.

somatopsyche *G* het op het lichaam gerichte bewustzijn.

somatopsychiek psychische ziekteverschijnselen t.g.v. lichamelijke aandoeningen; zie ook psychosomatiek, organisch psychosyndroom.

somatopsychose zie psychose.

somatoreline groeihormoon-releasing hormoon, syn. GRH.

somatoscopie *G* bezichtiging van het lichaam; lichamelijk onderzoek.

somatostatine een neuro-endocrien hormoon, gevormd in pancreas (D-cellen), schildklier, maag-darmwand en hypothalamus, dat de secretie van *somatotropine remt, evenals die van insuline, glucagon, enterohormonen en van T_3 en T_4.

somatostatinoom neoplasma van de eilandjes van *Langerhans met uitgesproken verhoogde werking van de D-cellen.

somatotherapie lett. lichamelijke behandelingswijze; term, gebruikt om de tegenstelling met psychotherapie aan te duiden.

somatotonie syn. *mesomorfie.

somatotoop overeenkomend met, in verbinding staande met bepaalde gebieden van het lichaam.

somatotrofine syn. somatotropine.

somatotroop de groei beïnvloedend, bijv. ~ *hormoon*, afk. STH, groeihormoon, syn. somatotropine.

somatotropine syn. somatotrofine, groeihormoon van de hypofysevoorkwab, syn. somatotroop hormoon (afk. STH).

somatotype iemands lichamelijke type; zie habitus, Sheldon.

somesthesie (psych.) het zich ervan bewust zijn een lichaam te hebben.

somiet (embr.) oersegment, waaruit *dermatoom, *myotoom en *sclerotoom ontstaan.

somnambulisme slaapwandelen; syn. lunambulisme; zie ook oneirodynie, trance.

somnarium *L* inrichting voor behandeling met slaapkuren.

somniferum *L* slaapmiddel, meervoud somnifera; syn. hypnagogum.
somniloquie *F* het spreken in de slaap.
somnografie registratie van de slaap.
somnolentie, somnolentia *L* 1. slaperigheid, dofheid. 2. lichte vorm van sopor. 3. slaapzucht, slaapziekte, syn. lethargie; tgst. insomnie.
Somogyi, M. Amerikaans biochemicus (1883-1971); *~-effect,* reactieve hyperglykemie (als gevolg van gluconeogenese) na hypoglykemie welke is ontstaan door een te hoge insulinedosering bij diabetes mellitus; ook: rebound hyperglykemie.
SON afk. van nucleus supra-opticus.
sondage syn. *sonderen; zie ook Métras.
sonde 1. peiler, metalen, plastic of gummi staafje om kanalen, holten en wonden inwendig te onderzoeken of om vernauwingen, bijv. van het urinekanaal, te verwijden; syn. specillum; *~ bicoudée,* sonde met twee bochten; *~ coudée,* elleboogvormige sonde met een sterke bocht; *~ à demeure,* syn. catheter à demeure; *sleuf~,* syn. *geleide~,* gootvormige sonde waarlangs een smal *scalpel of een canule in het lichaam kan worden gevoerd via een natuurlijke opening. 2. slangvormig hol instrument voor onderzoek van lichaamskanalen en -holten, bijv. van slokdarm, maag, darm.
sonderen met een sonde peilen.
sonicatie fragmentatie d.m.v. ultrageluidstrillingen.
sonitus aurium *L* syn. tinnitus aurium.
sonografie, sonogram 1. grafische registratie van geluidsgolven. 2. onderzoek d.m.v. geluid.
sonologie onderzoek d.m.v. ultrageluid; zie ook echografie, duplex-onderzoek.
sonoor, sonorus *L* welluidend, bijv. rhonchi sonori, brommende reutelgeluiden.
sonotherapie therapie waarbij de patiënt met behulp van een computergestuurd apparaat door middel van trillingen via de voetzolen wordt behandeld; vaatvernauwingen (plaques) zouden hierdoor opgelost worden.
sonus *L* geluid; *~ postmortalis,* door ontsnappende rottingsgassen (luchtstoot tegen de stembanden) veroorzaakte zucht van een lijk.
soort zie species; *~vreemd,* heteroloog.
SOOZ afk. van samenwerkingsorgaan oncologie ziekenhuizen.
sopor *L* bijv.nw. *soporeus,* diepe slaap, bewusteloosheid waaruit de zieke slechts door sterke prikkels kan worden gewekt; zware vorm van somnolentie; zie coma; bijv.nw. *soporeus.*
soporificum *L* slaapmiddel, middel dat een diepe slaap verwekt.
sorbitol een 6-waardige alcohol, komt voor in veel vruchten, het is een omzettingsproduct van glucose, verder gemetaboliseerd tot fructose bij diabetische hyperglykemie; kan zich ophopen in *Schwann-cellen met als gevolg *demyelinisatie en de daaruit voortvloeiende polyneuropathie.
sordes *L* vuil; stinkende afscheiding van een zweer of wond; *~ gastricae,* onverteerde stoffen in maag of darm, bedorven maag, syn. saburra gastrica.
soroche (Peruaans) bergziekte; ziekte van *Monge.
SOSA afk. van stichting opleiding scholing ambulancehulpverlening.
souffle *F* zacht blazend geluid dat bij auscultatie wordt gehoord; in engere zin vaat- of hartklepgeruis.
Southern, E. Amerikaans biochemicus; *~-*blot(ting) A,* scheiding van stukjes

*DNA van verschillend moleculairgewicht d.m.v. elektroforese via agaroseplakjes en fixatie aan een membraan, bijv. nitrocellulose.

SOVOV afk. van stichting samenwerkende organisaties in de volksgezondheid t.b.v. het onderwijs voor de verplegende en verzorgende beroepen.

SOZ afk. van seksueel overdraagbare ziekten; zie SOA, venerische ziekten.

SP (farm.) afk. van sine parabenis, zonder conserveermiddel.

SPA afk. van 1. stimulus produced analgesia *E*. 2. single photonabsorptiometry *E*, *absorptiometrie met behulp van gammastralen met één energiepiek in tegenstelling tot *DPA.

spaakbeen radius, het aan de duimzijde gelegen onderarmbeen; *~slagader*, arteria radialis.

Spaanse ~ *kraag*, zie paraphimosis; ~ *vlieg*, zie Cantharis.

spacer *E* (chir.) staaf van kunststof of metaal ter overbrugging van een door botresectie ontstaan defect.

spado *L* eunuch, ontmande, gecastreerde.

spagiricum *L* meervoud spagirica, scheikundig geneesmiddel; tgst. galenische geneesmiddelen, zie remedie.

spalk ferula, steun voor gebroken of anderszins beschadigde ledematen, kan bestaan uit kunststof, gips, metaal, enz.

spanemie, spanaemia *G* 1. syn. ischemie. 2. dunbloedigheid, tekort aan vaste bestanddelen in het bloed. 3. syn. anemie.

spanio- zie spano-.

spanningshoofdpijn *tension headache.

spanocardie, spanocardia *G* syn. bradycardie.

spanomenorroe geringe menstruatie, syn. hypomenorroe.

spanopnoe verminderd aantal ademhalingen.

sparganosis onderhuidse infestatie met een migrerende lintwormlarve, gevolgd door ontsteking en fibrose, evt. elefantiasis.

spasme, spasmus kramp, pijnlijke, krachtige, onwillekeurige samentrekking van spieren, berustend op prikkeling van motorische zenuwen of op een stoornis van in het centrale zenuwstelsel gelegen remmende mechanismen. 1. ~ *clonicus* (klonische kramp), snel op elkaar volgende, met verslapping afgewisselde spiersamentrekkingen. 2. ~ *tonicus* (tonische kramp), soms enkele minuten, doch vaak ook uren, dagen of zelfs weken aanhoudende gelijkmatige sterke spiersamentrekkingen waarbij de aangedane lichaamsdelen in een abnormale houding gefixeerd blijven; ~ *agitans*, syn. paralysis agitans, zie Parkinson; ~ *coordinatus*, coördinatiekramp, dwangbewegingen: een lichte vorm hiervan is bijv. stotteren, zie hesitatie; ~ *facialis*, syn. tic convulsif; ~ *inspiratorius*, inademingskramp, veroorzaakt door ritmische samentrekkingen van de inademingsspieren; ~ *laryngis*, syn. *laryngospasmus; ~ *glottidis*, stemspleetkramp; ~ *nictitans*, syn. nictitatie, herhaaldelijk krampachtig knipperen met de oogleden; ~ *nutans*, syn. ~ *rotatorius*, salaamkramp, knikkramp; zie salaamkramp; *vaso~*, zie vasospasme.

spasmisch krampachtig, kramp betreffend; zie spastisch.

spasmo- (smst.) *~dermie*, huidspierkramp, bijv. cutis anserina; *~disch* (bijv.nw.), krampachtig, spasmus betreffend, syn. spastisch; *~dynie*, kramppijn, pijn die kramp vergezelt; *~fiel*, bijv.nw. bij *spasmofilie; *~fiele diathese*, syn. spasmofilie; *~filie*, aanleg of neiging van het organisme voor krampachtige aandoeningen, zoals stuipen, tetanie enz.; *~geen*, kramp (spasme) veroorzakend, krampachtig; *~lygmus*, hikkramp, hikken met kramp (spasme) gepaard; *~lyticum*, krampstillend middel, meervoud spasmolytica; *~lytisch*, krampstillend, krampopheffend.

spasmus zie spasme.

spasticiteit toestand van verhoogde spier*tonus.

spasticus *G* 1. krampachtig, kramp betreffend; zie spastisch. 2. lijder aan een spastische ziekte, zie spastisch syndroom.

spastisch syn. *spasmisch, spasmodisch, spasticus,* krampachtig, kramp (spasmus) betreffend; *~ syndroom*, syn. *~e verlamming*, verhoging van de spierspanning (spiertonus) in de aangedane ledematen bij kinderen met cerebral *palsy ('spastische kinderen') meestal met abnormale houdingsreflexen, waardoor de normale motorische ontwikkeling wordt belemmerd; zie encefalopathie; *~e gang*, de schuifelende gang met stijve benen bij lijders aan spastische verlamming (*paralyse of paresis spastica); *~ colon*, zie colon.

spastisch kind syn. *spastisch syndroom.

spatader *varix; *~breuk,* *varicocele; *~ziekte*, *varicose.

spatel plat onscherp strijkmes om zalf te smeren; *~hand*, vorm van de hand bij *syndactylie.

spatium *L* spatie, ruimte, tussenruimte, meervoud spatia; *spatia intercostalia*, ruimte tussen de ribben; tussenribsruimten.

SPC afk. van streptococcal pyrogenic exotoxin *E*.

SPD afk. van 1. sociaal-psychiatrische dienst. 2. sociaal-pedagogische dienst.

SPDC afk. van sociaal-psychiatrisch dienstencentrum.

SPE afk. van sucrose polyester.

speaking stomach *E* zie klokmaag.

special care unit *E* gespecialiseerde afdeling in een groot ziekenhuis voor bijzondere, meestal acute ernstige ziektegevallen, die in de eerste plaats technische zorg en intensieve verpleging behoeven; hiertoe wordt niet alleen de *intensive care unit gerekend, doch ook een speciale operatiekamer, een verkoeverkamer, het beademingscentrum en dergelijke; afk. SCU.

spécialité *F* gepatenteerd verpakt geneesmiddel dat door een bepaalde farmaceutische fabriek wordt bereid en verkocht en voorzien is van een eigen naam (merknaam) die het eigendom is van die fabriek en in de regel wordt aangeduid met het teken ®, syn. *merkartikel; zie ook generiek geneesmiddel.

species *L* 1. soort (in de biologische systematiek). 2. kruidenthee.

specificum *L* kenmerkend geneesmiddel; middel dat voor een bepaalde ziekte het werkzaamste geneesmiddel is.

specifiek kenmerkend, werkzaam tegen een bepaalde ziekteoorzaak; *~e infectie*, infectie met een bepaalde ziektekiem die onveranderlijk steeds dezelfde ziekte veroorzaakt; zo is de tuberkelbacil de specifieke ziektekiem van tuberculose, *Treponema pallidum* die van syfilis en het herpes-zoster-virus die van gordelroos; *~e therapie*, therapie met *specificum.

specillum *L* syn. sonde.

SPECT afk. van single photon emission computerized tomography *E*, een vorm van emissietomografie waarbij gammastraling uitzendende isotopen worden gebruikt die per desintegratie één foton uitzenden; de meest gebruikte isotopen zijn technetium (^{99m}Tc), thallium (^{201}Tl), indium (^{111}In) en jood (^{123}I); met SPECT is het mogelijk de aan- of afwezigheid van bloedcirculatie in hersengebieden aan te

tonen.
spectraal het *spectrum (bet. 1) betreffend.
spectro- *~gram*, fotografische opname van een *spectrum (bet. 1); *~meter*, fijne spectroscoop om de afwijkingen van de strepen van het spectrum te meten; *~scoop*, toestel om het spectrum van verschillende stoffen te onderzoeken.
spectrum *L* 1. kleurenband die ontstaat bij het ontleden van het licht door een prisma. 2. in de oorheelkunde: de reeks hoorbare tonen van laag tot hoog.
speculum *L* spiegel, meervoud specula; verzamelnaam voor buisvormige instrumenten die in lichaamsholten worden gebracht om deze met invallend licht te bezichtigen c.q. te behandelen, bijv. anaal-, keel-, oor-, vaginaal-speculum.
speed *E* (drugsjargon) algemene term voor wekaminen (amfetaminen).
speeksel saliva, sialon; *~klier*, *glandula salivalis; *~steen*, sialoliet; *~vloed*, verhoogde speekselafscheiding.
Speicherkrankheit *D* zie stapelingsziekte.
spekmilt diffuse amyloïdose van de milt.
spell *E* kortdurende (ziekte)aanval; zie ook breath holding spells.
speltherapie gebruik van een spelsituatie, met name bij kinderen, om d.m.v. het gedrag tijdens het spel indicaties te krijgen over mogelijke emotionele of gedragsmatige stoornissen of om opgekropte emoties vrijelijk te kunnen uiten.
sperma *G* syn. semen, het mannelijk zaad, de zaadvloeistof, bestaande uit afscheidingsproducten van prostaat, zaadblaasjes en urethrale klieren, waarin zich de spermatozoën bevinden; *~cide* (ook: spermati-, spermato-, spermicide), zaadcellen dodend; sperma onwerkzaam makend; *~crasie*, te weinig zaadcellen in het sperma; *~temphraxis*, belemmerde zaadstorting; *~ticide*, syn. spermacide; *~tide*, zie spermatogonium.
spermaticus *G* de zaadorganen betreffend of hiertoe behorend, bijv. *funiculus ~*, zaadstreng, het lieskanaal doorlopende streng, bestaande uit bloedvaten, zenuwen en de zaadleider (vas deferens).
spermatitis *G* ontsteking van het vas deferens van de testis, syn. deferentitis, funiculitis.
spermato- *~cele*, zaad bevattend gezwel in de zaadbal, zaadcyste; *~cyt*, zie spermatogonium; *~cytoma*, syn. *seminoom; *~genese*, syn. spermiogenesis of spermiogenese, vorming van zaadcellen; *~gonium*, de mannelijke kiemcel in het testisepitheel, moedercel van de zaadcel via de tussenstadia spermatocyt en spermatide.
spermatorroe zaadloop; onwillekeurige zaaduitstorting zonder geslachtelijke prikkeling.
spermatosoma *G* zaadcel; syn. spermatozoïd, spermatozoön.
spermatozoïd syn. spermatosoma, spermatozoön.
spermatozoön *G* syn. spermatosoma, spermatozoïd, meervoud spermatozoa.
spermaturie vóórkomen van spermatosomen in de urine, syn. seminurie.
spermicide syn. *spermacide.
spermine bestanddeel van het *prostaatvocht, werkt stabiliserend op de DNA-structuur van de chromosomen.
spermiogenese, spermiogenesis *G* syn. spermatogenese.
Sperrung (*D*, lett. blokkade) stoornis in het formele denken waarbij bij helder bewustzijn de gedachtegang plotseling korte tijd wordt onderbroken.
spersoïd *A* in fijne poedervorm (farm.).

speurdosis de hoeveelheid radioisotoop (zie isotopen) die voor diagnostische doeleinden wordt toegediend; syn. tracer *E*.
SPF afk. van specified pathogen free *E*.
SPGD afk. van sociaal-psychogeriatrische dienst.
sph- zie ook sf-.
sphacelus *G* koudvuur, syn. gangreen.
sphaerocytosis zie sferocytose.
sphaerula klein bolvormig vormsel, verkalkt vetkwabje.
sphenencephalia zie sfenocefalie.
sphenoidalis zie sfenoïdaal.
sphincter zie sfincter.
sphygm- zie ook sfygm-.
sphygmus *L*, **sphygmos** *G* pols, syn. pulsus.
SPIA afk. van *sol particle immuno-assay *E*.
spica *L* korenaarverband, verband voor de overgang van een smaller op een breder lichaamsdeel of omgekeerd, waarbij iedere omslag de vorige gedeeltelijk bedekt; *~ pedis*, syn. stapes, korenaarverband voor onderbeen en voet.
spiculum *L* stekel, harde (bot)punt; meervoud *spicula*, het stervormige röntgenbeeld van een maligne botgezwel.
spider *E* spin; *~cell*, *spincel; *~ naevus*, syn. *naevus araneus.
spiegel 1. het gehalte (de concentratie) van een stof in een vloeistof, bijv. *bloedsuikerspiegel*: het glucosegehalte van het bloed. 2. zie speculum.
spiegelen van gevoelens (psych.) techniek gebruikt bij non-directieve therapie waarbij de therapeut herformuleert wat de cliënt heeft gezegd, met nadruk op de emotionele aspecten.
Spielmeyer, W. Duits neuroloog (1879-1935); *ziekte van ~-Vogt*, ziekte van *Batten.
spier *musculus; *~atrofie*, zie spieratrofie; *~dystrofie*, zie dystrofie: dystrophia musculorum; *~gevoel*, zie kinesthesie; *~kracht*, dynamie; *~logesyndroom*, zie tibialis anterior syndroom; *~omhulsel*, zie perimysium; *~pijn*, zie myalgie, myodynie, myose; *~tonus*, spanningstoestand van een spier; *~verzet*, défense musculaire *F*; *~weefsel*, zie spierweefsel; *~zin*, zie kinesthesie; zie ook proprioceptief.
spieratrofie atrophia musculorum, atrofie van skeletspieren 1. door oorzaken die in het algemeen tot *atrofie leiden 2. t.g.v. een *myopathie, een *neuromusculaire ziekte, een *polyneuropathie, *myasthenie, een ziekte van de motorische voorhoorncellen van het ruggenmerg of motorische ruggenmergswortels, de zgn. *spinale ~*, òf genetisch bepaald (zie Werdnig) òf ontstaan door laesie van voorhoorncellen t.g.v. infectie (poliomyelitis acuta anterior) of metabole oorzaken (bijv. tetanie, hypoglykemie), dan wel 'idiopathisch'.
spierweefsel contractiel weefsel, opgebouwd uit spiercellen (spiervezels); *dwarsgestreept* of *willekeurig ~* is opgebouwd uit cilindervormige spiercellen met een dwarsgestreepte structuur; de skeletspieren bestaan uit dit type spierweefsel; *gladvezelig* of *onwillekeurig ~* bestaat uit spoelvormige spiercellen die contractiele fibrillen bevatten; komt voor in de inwendige organen en contraheert zich buiten de wil om; *hart~* heeft een speciale, eveneens dwarsgestreepte structuur, maar is onwillekeurig geïnnerveerd.
spijkergewricht gomphosis.

spijsvertering digestie; *~skanaal*, tractus digestivus.
spildraai (verlosk.) rotatie van de kinderschedel bij geboorte in hoofdligging na de indaling, waarbij de kleine fontanel naar voren draait.
Spillane, J. Engels neuroloog (overl. 1985); *syndroom van ~*, acute neuralgie en paresthesieën, gevolgd door slappe parese van de schouderspieren.
spina *L* doorn, uitsteeksel, uitstekende punt van been of kraakbeen; *~ bifida*, (pop.) 'open rug', syn. spinale *dysrafie, aangeboren dorsale spleet in één of meer, meestal lumbale, wervels, syn. hydrorrhachis dehiscens, hydrocèle spinalis, rachischisis posterior; *~ bifida cystica*, spina bifida met meningocele; *~ bifida occulta*, spina bifida zonder meningocele en met gesloten huid; *~ calcanei*, hielspoor; *~ iliaca anterior superior*, de voorste punt van de *crista iliaca, de oorsprong van de musculus sartorius (kleermakersspier); *~ scleralis* ('sclerale spoor'), dunne laag *scleraweefsel ter hoogte van de kamerhoek van het oog tussen de trabecula corneosclerale en het corpus ciliare; *~ ventosa*, vnl. bij kinderen optredende tuberculeuze vorm van osteomyelitis in de kootjes van vingers of tenen, waardoor deze plaatselijk spoelvormig opzwellen.
spinaal, spinalis *L* m.b.t. de wervelkolom (spina), syn. spinatus; *~anesthesie*, spinale anesthesie, zie anesthesie; *~apoplexie*, spinale apoplexie, zie apoplexie; *~ ganglion*, zie ganglion spinale; *~ale kinderverlamming*, zie poliomyelitis; *~meningitis*, (cerebro)spinale meningitis, zie meningitis; *~paralyse*, spinale paralyse, ruggenmergsverlamming, syn. poliomyelitis; *spastische spinaalparalyse*, verzamelnaam voor ziektebeelden t.g.v. piramidebaanaandoeningen; de *familiale spinaalparalyse* berust op een primaire zijstrengsclerose (Struempell); *~punctie*, zie lumbaalpunctie; *~ale *spieratrofie*, zie spieratrofie.
spinalgie pijn in de spina (wervelkolom), syn. rachialgie.
spinalioom, spinalioma plaveiselcelcarcinoom, syn. carcinoma spinocellulare (zie carcinoom).
spinalis zie spinaal.
spinatus *L* 1. van doorns voorzien. 2. de wervelkolom (spina) betreffend of hiertoe behorend, syn. spinaal, spinosus.
spincel vacuolenhoudende cellen in rabdomyomen van het hart, mede gekenmerkt door protoplasma-uitlopers tussen kern en celmembraan, waardoor het beeld van een spin ontstaat; syn. spidercell *E*.
spine *E* doorn; korte uitsteeksels van *dendrieten welke de informatiemogelijkheden van deze vergroten via synaptische 'boutons', waarschijnlijk ten behoeve van het geheugen; o.a. bij de ziekte van *Alzheimer is het aantal spines sterk gereduceerd.
spine-echo de afbeelding die door *NMR wordt verkregen.
spine sign *E* pijn bij kromming van de rug bij meningitis; soms als eerste symptoom van poliomyelítis bij het aandoen van een luier ('luierpijn').
spinhaler *E* (farm.) inhalator, voorzien van een kleine propeller.
spin-naevus syn. spider naevus, *naevus araneus.
spinnenwebvlies *arachnoïd, arachnoidea.
spinocellulair m.b.t. de cellen van het *stratum spinosum van de huid; *~ *ulcus*, hardnekkig carcinomateus huiddefect.
spinosus zie spinatus.
spiraaltje (pop.) zie IUD; zie ook GDC.
spiradenoma syn. *cystadenoma papilliferum van zweetklieren.

spiril *~lose*, ziekte veroorzaakt door spirillen.
spiril, spirillum *L* spiraalvormige bacterie; zie bacterie.
spirit- (smst.) m.b.t. de geest; *~ualisme*, syn. spiritisme de leer die alles wat lichamelijk is als een verschijningsvorm van de geest beschouwt; *~ualiteit*, innerlijk geestesleven, zielenleven; *~ueel*, het geestesleven betreffend; *~uosa*, geestrijke dranken.
spiritus *L* 1. geest. 2. geestrijke drank, wijngeest, ethylalcohol (C_2H_5OH), ethanol; *~ absolutus*, zuivere alcohol (98-99%); *~ acetonatus*, met 1/2% aceton gedenatureerde spiritus, geschikt voor uitwendige doeleinden; *~ dilutus*, verdunde alcohol (±70%); *~ fortior*, bijna zuivere alcohol (±90%); *~ ketonatus*, met methylethylketon ondrinkbaar gemaakte spiritus; *~ methylatus*, gemethyleerde spiritus, brandspiritus; *~ methylicus*, methylalcohol (CH_3OH), methanol; *~ saponatus*, zeepspiritus.
spirochaeta zie spirocheet.
spirocheet, spirochaeta *G* dunne, kurkentrekkervormige bacterie; men onderscheidt o.m. de geslachten Treponema, Borrelia en Leptospira.
spirograaf (ook: *respirograaf*) gesloten ademcircuit ter bepaling van de longfunctie; van de verkregen curve (spirogram) kunnen worden afgelezen: vitale capaciteit, reservelucht, ademvolume, complementaire lucht, ademfrequentie en ademminuutvolume.
spiro- *~gram*, zie spirograaf; *~meter*, (ook: *respirometer*) syn. spirograaf; *~metrie*, bepaling van de longfunctie; zie spirograaf; *~nolactonen*, groep van synthetische corticosteroïden met antagonistische werking ten opzichte van aldosteron; *~pulsator*, ademautomaat bij narcose, waarbij de natuurlijke ademhaling is uitgeschakeld.
spit zie lumbago.
SPITS afk. van substituerende psychiatrische intensieve thuisservice.
spitsvoet zie pes equinus.
Spitz-Holter drainage zie Holter-Spitz-drainage.
splanchnicus *L*, **splanchnisch** tot de ingewanden behorend; *nervus ~*, het gedeelte van het zenuwstelsel dat de buikorganen verzorgt.
splanchnologie *G* de leer of kennis der ingewanden.
splanchnomegalie hypertrofie van ingewanden bij acromegalie.
splanchnoptose syn. enteroptose, visceroptosis; (overdr.) hangbuik.
spleet zie rima; *~lamp*, lamp waarmee een smalle straal intensief licht op het oog kan worden gericht, terwijl door een zgn. cornea-microscoop de voorste oogdelen worden bezichtigd; *lymfe~*, zie stoma; *stem~*, rima glottidis.
splen *G* milt, syn. *lien; *~algie*, pijn in de milt, syn. splenodynie; *~ectomie*, operatieve verwijdering van de milt; *~emphraxis*, miltzwelling; *~eolus*, bijmilt, syn. lienculus; *~icterus*, miltontsteking gepaard met icterus.
splenicus *G* de milt betreffend, tot de milt behorend, syn. lienalis.
splenisatio *L*, *~ pulmonis*, verandering en verdichting van het longweefsel, waardoor dit op miltweefsel gelijkt; kan worden veroorzaakt door bloeding, hyperemie, hypostase, ontsteking.
splenitis *G* ontsteking van de milt (splen), syn. lienitis.
splenium *L* 1. dubbel of meervoudig gevouwen soort verband, kompres; *~ fissum*, gespleten kompres (een aan vier hoeken gespleten verband heet signum melitense); *~ gradatum*, naar boven toe in breedte toenemend kompres;

~ *oblongum*, langwerpig kompres, syn. longuette. 2. (anat.) het verdikte achtereinde van het *corpus callosum.

spleno- *G* (smst.) milt-, de milt betreffend; ~*cele*, miltbreuk; ~*cyt*, miltmacrofaag; ~*dynie*, pijn in de milt, syn. splenalgie; ~*ma*, miltgezwel; ~*malacie*, miltverweking, syn. lienomalacie.

splenomegalie, splenomegalia miltzwelling, vergroting van de milt, syn. megalosplenie; zie ook splenoparectasis, splenemphraxis, hypersplenie; ~ *cum anaemia et cirrhosi hepatis*, miltzwelling met bloedarmoede en leverschrompeling (portale hypertensie), syn. ziekte van Banti; ~ *familiaris*, zie ziekte van *Gaucher; ~ *infantum*, bij kinderen voorkomende vorm van kala-azar; ~ *tropica*, syn. kala-azar; *tropische-~ syndroom*, splenomegalie in sterk endemische malariagebieden bij mensen met een goede weerstand tegen (en zonder aanvallen van) malaria.

spleno- ~*parectasis*, sterke miltvergroting; ~*pathie*, ziekte van de milt (splen); ~*pexie*, (chir.) vasthechting van een splenoptose.

splenopneumonie *G* longontsteking, niet van tuberculeuze aard, waarbij sterke verdichting van het longweefsel (*splenisatio pulmonis) plaatsheeft.

splenoportografie röntgenografisch onderzoek van het milt- en poortaderstelsel met behulp van een contrastmiddel, via een miltpunctie ingespoten.

splenoptose verzakking van de milt (splen), zwerf- of wandelmilt.

splenorafie (chir.) hechting van een scheur in de milt.

splenorragie miltbloeding.

splenose, splenosis *G* *autotransplantatie van multipele miltweefselnoduli (zie nodulus) in het buikvlies na miltbeschadiging.

splenotomie *G* (chir.) insnijding in de milt (splen).

splicing het verwijderen van de *introns uit pre-mRNA (een voorstadium van mRNA) en het vervolgens aan elkaar 'plakken' van de *exons zodat er een molecuul mRNA intstaat; zie ook ribonucleïnezuur.

splint *E* spalk; *living* ~, hulpapparaat bij ernstige verlammingen, dat gewrichten steunt en d.m.v. verende trekkers bewegingen mogelijk maakt.

splitlaken doek ter afdekking van het lichaam bij operaties, voorzien van een omzoomd gat in het midden voor de toegang tot het operatieterrein.

splitting *E* (psych.) verschijnsel waarbij ambivalente gevoelens niet jegens één en dezelfde persoon beleefd kunnen worden; de beleving van goed en kwaad wordt zodanig opgesplitst dat sommige mensen geïdealiseerd en anderen zwart gemaakt worden.

SPM afk. van spermatozoa-penetratiemeter.

spoedverlossing accouchement forcé *F*.

spoelfiguur het systeem van 'trekdraden' bij de kerndeling, zie mitose.

spoel- ~*vormig*, zie fusiformis; ~*worm*, zie Ascaris lumbricoides.

spondyl- *G* (smst.) wervel-, de wervels betreffend.

spondylarthritis *G* ontsteking van wervelgewrichten.

spondylarthrocacè *G* carieuze *spondylitis tuberculosa.

spondylarthrosis zie spondylartrose.

spondylartropathie aandoening van wervelkolom-gewrichten; verzamelnaam voor de (seronegatieve) reumatische ziektebeelden reactieve *artritis, syndroom van *Reiter, spondylosis ankylopoietica (M. Bechterew), arthritis psoriatica en enteropathische *artritis.

spondylartrose, spondylarthrosis *G* artrose van de gewrichtjes tussen de wervels, meestal voorkomend tezamen met spondylose.
spondylexartrose exarthrosis van wervels, wervelverstuiking; zie luxatie.
spondylitis wervelontsteking; periostitis, osteomyelitis en cariës van wervels; het meest bekend is de *tuberculeuze* ~ (ziekte van Pott), voorts kent men de tyfeuze, de luetische spondylitis en de spondylitis bij stafylokokkenbacteriëmie of -sepsis; dikwijls wordt het woord spondylitis gebruikt voor wervelaandoeningen die niet op ontstekingen berusten en vallen onder het begrip *spondylose; ~ *gummosa,* gibbus ontstaan door verweking van een gumma; ~ *rhizomelica*, syn. spondylosis ankylopoietica.
spondylodesis *osteosynthese van twee of meer opeenvolgende wervels, meestal d.m.v. een stuk autoloog bot.
spondylodidymus *G* met de wervels aan elkaar gegroeid dubbelmonstrum.
spondylodiscitis wervel-osteomyelitis met (per continuitatem) *discitis en vaak een epiduraal of paravertebraal abces; een zeldzame complicatie is bacteriële *endocarditis; primaire discitis is mogelijk bij jeugdigen.
spondylodynie pijn in een wervel of in de wervelkolom.
spondylogeen m.b.t. of uitgaand van wervels.
spondylolisthese, spondylolisthesis *G* verschuiving of afglijding van wervels in ventrale richting, syn. spondyloptosis.
spondylolyse 1. scheiding of verslapping van de verbinding tussen twee wervels. 2. opgeheven zijn van de normale samenhang van het beenweefsel van de pediculus vertebrae, mèt dislocatie.
spondylomyelitis ontsteking van wervels en ruggenmerg.
spondylo- *~pathie*, wervelaandoening; *~ptosis,* syn. spondylolisthese; *~pyose*, pyose (verettering) van wervels.
spondylos *G* wervel, syn. vertebra.
spondylose, spondylosis degeneratieve verandering van de wervelkolom, bestaande uit degeneratie van de tussenwervelschijven (discus), gevolgd door exostosevorming; spondylose gaat dikwijls gepaard met spondylarthrosis (deformans) en heeft dezelfde oorzaken als gewrichts*artrose; ~ *ankylopoietica* (syn. ziekte van Pierre Marie-Struempell-von Bechterew, 'spondylitis' rhizomelica, pelveospondylitis ossificans), verstijving van de wervelkolom door verbening van ligamenten (zie syndesmofyt), ankylosering van de wervelgewrichtjes en ringvormige verbening in de tussenwervelschijven; de wervelkolom kan ventraalwaarts sterk verkrommen; de verbeende tussenwervelschijven vertonen röntgenologisch tezamen met de wervels het beeld van de geledingen van bamboe (bamboo-spine, *E*); de beide sacro-iliacale gewrichten zijn altijd tevens degeneratief veranderd; de ziekte gaat dikwijls gepaard met ademhalingsproblemen, ochtendstijfheid, iridocyclitis en soms met aorta-insufficiëntie; verloopt in het algemeen progressief, doch abortieve en lichte gevallen zijn niet zeldzaam; *pseudo~*, verminderde buigbaarheid van de wervelkolom bij oude mensen t.g.v. ankylosering van wervels en hyperostose; syn. ~ *hyperostotica*, ziekte van Forestier; ~ *cervicalis*, spondylose van de halswervelkolom, geeft de verschijnselen bekend als het cervicale syndroom; ~ *lumbalis*, spondylose van de lendenwervels, komt dikwijls voor na jarenlange zware lichamelijke arbeid (labourers' spine, *E*) en secundair na hernia nuclei pulposi.

spondylotomie *G* kunstverlossing waarbij de wervelkolom van het ongeboren kind in het moederlichaam (bij dwarsligging) gebroken of doorgesneden wordt, teneinde de geboorte mogelijk te maken.

spongi- *~eus*, sponsachtig; *~form*, gelijkend op een spons; *~oblastoom*, syn. glioblastoom; *~ocyt*, cel van het zenuwsteunweefsel (neuroglia); *~oïd*, sponsvormig, in bouw op een spons gelijkend; *~oplasma*, fibrillennetwerk dat steun verleent aan *parenchym; *~osa*, 1. sponsachtig been, zie substantie. 2. sponsachtig, spongieus; *~osis*, de sponsachtige zwelling van de huid bij eczeem; *nefro~ose*, *sponsnier; *~ositis*, ontsteking van het sponsachtig lichaam van de penis of clitoris.

sponsnier zeldzame multipele aangeboren cystevormige verwijdingen van de distale niertubuli, waardoor de nierpiramiden een sponsachtig aspect krijgen; syn. syndroom van Cacchi-Ricci, nefrospongiose.

spontaan uit zichzelf ontstaan of zonder bekende aanleidende oorzaak, bijv. *~ane fractuur*, beenbreuk zonder duidelijk veroorzakend trauma, bij botziekten die algemene (o.a. osteoporose) of plaatselijke (o.a. cysten, metastasen) verzwakking van de beenstructuur veroorzaken, syn. pathologische fractuur.

spontaneus *L* zie spontaan.

spookcel syn. ghost cell *E*, gedegenereerde rode bloedcellen in het glasvocht van het oog (na een bloeding daarin), die bij beschadiging van de glasvochtmembraan kunnen terechtkomen in het trabekelsysteem nabij de *kamerhoek en *glaucoom veroorzaken door verstopping van het drainage-apparaat van het oog.

sporadisch nu en dan optredend, verspreid; *~e ziekte*, ziekte die slechts enkele personen aantast, tgst. epidemische ziekte.

sporangium elke structuur die ongeslachtelijke (schimmel)sporen bevat.

spore 1. voortplantingscel bij lagere planten, bijv. schimmels, mossen, varens, ook bij protozoën. 2. ruststadium bij eencellige organismen, zoals bacteriën, om ongustige omstandigheden te doorstaan; ze zijn zeer resistent tegen warmte, koude of droogte.

sporenelementen elementen die in minimale hoeveelheden (sporen) in levende organismen voorkomen en een onmisbare rol spelen in de stofwisseling; enkele sporenelementen zijn: kobalt, koper, molybdeen, zink, magnesium, mangaan, jood, chroom, selenium, fluor, ijzer en vanadium.

sporenvorming sporogonie, sporulatie.

sporidiosis protozoaire tropische infectieziekte.

sporidium het sporenstadium (zie spore) van een protozoön; infectie met sporidium noemt men *sporidiosis*.

sporogonie 1. de geslachtelijke voortplanting van sporozoën. 2. voortplanting door sporenvorming.

sporothrix syn. *sporotrichose.

sporotrichose, sporotrichosis besmettelijke huidziekte door een schimmel (Sporotrichon beurmanni) veroorzaakt; gaat gepaard met vorming van granulatiegezwellen en etteringen, soms ook met aandoening van beenderen, slijmvliezen en spieren; syn. sporothrix.

sporozoiet zie malaria.

sporozoön (meervoud *sporozoa*) sporendieren, een klasse der *protozoa; hiertoe behoren o.a. *Plasmodium en *Toxoplasma.

sporthart dilatatie en c.q. hypertrofie van het hart bij intensieve-sportbeoefenaars,

met bradycardie en lage bloeddruk (in rust), syn. atletenhart.
sporulatie spoorvorming; zie spore.
spotting *E* (pop.) syn. *doorbraakbloeding; minimale vaginale bloeding.
SPPF afk. van stable plasma protein fraction *E* (een plasmavervangingsmiddel).
spraakzone het deel van het audiogram dat het gebied aangeeft waarbinnen de conversatiespraak ligt.
sprain *E* verzwikking.
spray *E* verstuiver van vloeistoffen tot zeer fijne druppels.
spreading factor *E* zie hyaluronidase.
spreid- *~broekje*, (orthop.) broekje met 'spreidkussen', dat de bovenbenen in de gebogen heupgewrichten gefixeerd houdt in abductie- en exorotatiestand ter behandeling van aangeboren heup*dysplasie; *~voet*, zie pes.
Sprengel, O. Duits chirurg (1852-1915); *anomalie van ~*, aangeboren enkel- of dubbelzijdige hoogstand van het (hypoplastische) schouderblad, waarbij o.m. de armen niet geheel omhooggebracht kunnen worden.
sproeten zie efeliden, lentigo.
sprong- (smst.) *~been*, talus; *bovenste ~gewricht*, articulatio talocruralis (tussen talus, tibia en fibula), *onderste ~gewricht*, articulatio subtalaris (gedeeltelijk tussen talus en calcaneus); het andere deel van het onderste spronggewricht heet articulatio talocalcaneonavicularis.
spruw 1. syndroom, veroorzaakt door resorptiestoornissen in de dunne darm; *inheemse ~*, syn. *coeliakie; *tropische ~*, syn. psilosis, aphthae tropicae; *malabsorptiesyndroom hoofdzakelijk t.g.v. beschadigd of geatrofieerd dunnedarmepitheel door velerlei oorzaken, zoals infestaties (Giardia, Strongyloides, Ankylostomum), chronische ontstekingen, reticulosen, deficiënties (o.a. vitamine B-complex), abnormale darmflora en 'idiopathisch'; het ziektebeeld is veelal van chronische aard (met o.a. glossitis, stomatitis, megaloblastaire anemie en oedemen), maar komt ook voor in acute vorm. 2. syn. *candidiasis van het mondslijmvlies. 3. syn. *stomatitis herpetica.
spur-cell *E* *acanthocyt.
spuitampul wegwerpspuit; steriel verpakte, voor éénmalig gebruik bestemde injectiespuit (met naald), die de injectievloeistof reeds bevat.
spuit-hepatitis zie naald-*hepatitis.
spurius *L* onecht, vals.
sputa, sputamentum *L* zie sputum.
sputum *L* fluim, het opgehoeste; meervoud sputa, syn. sputamentum; fluimen bestaan uit afscheidingsproducten van het ontstoken slijmvlies der ademhalingsorganen (zie catarre); zij bestaan uit een slijmerige of etterige substantie en kunnen ook bloed bevatten; het opgeven van fluimen heet expectoratie; ~ *aeruginosum*, groen sputum; ~ *coctum*, dun etterig-slijmerig sputum; ~ *croceum*, saffraangeel sputum in het derde stadium van longontsteking; ~ *crudum*, het taaie slijm in het begin van acute bronchitis; ~ *cruentum*, sputum dat met bloed is vermengd; ~ *fibrinosum*, sputum dat fibrinestolsels bevat, bij kroep en longontsteking; ~ *foetidum*, stinkend sputum; ~ *haemoptoicum*, uit bloed bestaand of met bloed vermengd sputum; ~ *pneumonicum*, roestkleurig sputum bij longontsteking; ~ *puriforme*, etterig sputum; ~ *putridum*, syn. sputum foetidum; ~ *rubiginosum*, syn. sputum pneumonicum; ~ *rufum*, syn. sputum cruentum.

SPV afk. van sociaal-psychiatrisch verpleegkundige.
SQA afk. van status quo ante, toestand als tevoren.
squaleen een *precursor van cholesterol, bestanddeel van o.a. *sebum.
squama *L* schub. 1. huidschub, door afschilfering of vervelling gevormde schubjes der opperste huidlagen. 2. schubvormig been, bijv. *~ frontalis*, schub van het voorhoofdsbeen; bijv.nw. *squamosus*.
squarrosus *L* korstig.
squeeze *E* *barotrauma door onderdruk.
SQuID afk. van superconducting quantum interference device *E*, een magnetometer voor de registratie van zeer geringe trillingen.
SRC afk. van specialistenregistratiecommissie.
SR-cel afk. van *Sternberg-Reed-cel.
SRD afk. van sympathische reflexdystrofie.
SREL afk. van stress related emotional lability (syndrome) *E*.
SRF afk. van 1. somatotropin releasing factor *E*, hormonale stof uit de hypothalamus die de *hypofyse(voorkwab) aanzet tot de vorming van groeihormoon. 2. standard risk factor.
SRH afk. van somatotropin releasing hormone *E*; syn. SRF.
SRID afk. van single radial immuno-diffusion.
SRIH afk. van somatotropin-release inhibiting hormone *E*.
SRSA afk. van slow reacting substance of anaphylaxis *E*, een mestcel-mediator, contraheert glad spierweefsel en verhoogt de vaatwandpermeabiliteit; bestaat uit een drietal *leukotriënen.
SRZ afk. van sociale redzaamheidsschaal voor zwakzinnigen; *~-s*, voor sociale gerichtheid; *~-T*, voor taalgebruik; *~-Tk*, voor taakgerichtheid; *~-Z*, voor zelfredzaamheid.
SS afk. van 1. sensu strictiori *L*, in engere zin. 2. Sjögren-syndroom.
SSEP zie SEP.
SSG afk. van samenhangend stelsel voor gezondheidszorgonderwijs, syn. SAMSTEL.
SSLTG afk. van seniel sclerotisch *LTG.
SSPE afk. van subacute scleroserende *panencefalitis, een 'slow *virus' encefalopathie.
SSS afk. van 1. *sick-sinus syndrome *E*. 2. speaking stomach syndrome *(E)*, zie klokmaag.
SSSS afk. van staphylococcal scalded-skin syndrome *E*.
SSV (farm.) afk. van sub signo veneni *L*, voorzien van de waarschuwing 'vergif'; syn. s.s.v.
SSVE afk. van subacute spongiforme virusencefalopathieën.
(S)SVV afk. van (systemic) small vessel *vasculitis *E*.
SSWO afk. van schaal subjectief welzijn ouderen.
ST afk. van 1. stabiel toxine. 2. sensitivity-training.
staafjes 1. (bact.) bacillen; zie bacterie. 2. de lichtgevoelige elementen in hoofdzakelijk het perifere deel van het netvlies.
staar zie cataract; *groene ~*, zie glaucoom; *zwarte ~*, zie amaurose.
staartbeen os coccygis, stuitbeen; bestaat uit 3 tot 5 (meestal 4) rudimentaire wervels, is verbonden met het *sacrum en vormt het uiteinde van de wervelkolom.

stabiel, stabilis *L* bestendig, standvastig, duurzaam, stevig; tgst. labiel.
stabilograaf toestel voor het registreren van de drukverschillen onder de voeten bij het staan.
stabilografie het registreren van de stabiliteit bij het staan met behulp van een *stabilograaf.
stabilogram het resultaat van *stabilografie in de vorm van twee curven, nl. van de zijdelingse en voor-achterwaartse bewegingen tezamen opgenomen.
stabilometrie meting van de posturale (zie postuur) stabiliteit (houdingsevenwicht), bijv. t.b.v. de diagnostiek van vestibulaire stoornissen.
stactometer druppelmeter.
stadium *L* syn. fase, tijdperk van voortgaande ontwikkeling, bijv. bij ziekten, koorts of pijn; ~ *acmes*, zie acme; ~ *algidum*, tijdperk van sterke daling van de temperatuur bij cholera; ~ *augmenti*, tijdperk van toeneming of vermeerdering van de verschijnselen; ~ *caloris*, tijdperk van hittegevoel bij koorts; ~ *decrementi*, zie decrementum; ~ *defervescentiae*, tijdperk van vermindering der koorts; ~ *frigoris*, tijdperk van koudegevoel bij koorts; ~ *incrementi*, zie incrementum; ~ *invasionis*, het tijdperk waarin de ziektekiemen binnendringen; incubatietijd(vak); ~ *prodromorum*, prodromaal stadium, zie prodromen; ~ *reconvalescentiae*, hersteltijdperk na een ziekte; ~ *sudoris*, tijdperk bij koorts waarin het zweet uitbreekt.
stafylo- zie ook staphylo-; *~dermie*, huidontsteking door stafylokokken; *~geen*, door stafylokokken veroorzaakt of gecompliceerd; *~hemie*, aanwezigheid van stafylokokken in het bloed, syn. stafylokokkemie.
stafylokok, Staphylococcus *G* druifcoccus, kogelronde etterverwekkende bacterie; zij liggen als bij een druiventros in hoopjes bij elkaar; ~ *aureus*, stafylokok die men dikwijls aantreft op de huid en slijmvliezen zoals het perineum of de neus, zonder dat ze schade berokkenen; onder ziekenhuispersoneel komen veel dragers voor (aan de handen, op de huid en kleding), waardoor iemand anders (bijv. patiënten, pasgeborenen) gemakkelijk besmet kan worden; allerlei infecties kunnen hiervan het gevolg zijn o.a. operatiewondinfecties; de bacterie is een veel voorkomende verwekker van ziekenhuisinfecties; zie ook MRSA; ~ *epidermidis*, stafylokok die dikwijls ziekenhuisinfecties (o.a. endocarditis) veroorzaakt; is vaak op de huid aantoonbaar zonder daar virulent te zijn.
stafylokokkemie, staphylococcaemia *G* zie stafylohemie.
stafylomykose alg. besmetting met stafylokokken.
stafyloom, staphyloma *G* druifgezwel, ronde blauwachtige uitpuiling van het hoornvlies, soms t.g.v. verhoogde intra-oculaire druk waardoor het gaat uitpuilen (zie keratectasie), doch meestal t.g.v. ontsteking en vorming van littekenweefsel (~ *corneae cicatriceum*); ~ *uveale*, stafyloom waarbij het regenboogvlies dat aan de lens is vastgegroeid, sterk opzwelt, syn. iridoncosis.
stafylotomie 1. operatie waarbij de huig (staphylion) wordt weggesneden, syn. uvulotomie. 2. operatie van een stafyloom.
stagering (van 'stage' *E* = *stadium) 1. bepaling van de fase waarin een biologisch of pathologisch proces zich bevindt. 2. classificatie van (maligne) tumoren; zie ook TNM, Rye.
staghorn zie calculus.
staircase *E* trap; *~-fenomeen* (fysiol.) toeneming van de kracht van musculaire contracties in reactie op opeenvolgende constante prikkels, totdat een stationaire

toestand is bereikt (Bowditch).
stalagmometer druppelmeter.
stalaxis syn. staxis, zie stillicidium.
stam zie truncus; *~boom*, zie arbor (bet. 1); *~cel*, ongedifferentieerde cel waaruit zich specifieke cellen ontwikkelen; ~ *cellymfoom*, syn. follikelcentrumtumor; *~laesie*, *laesie van de *hersenstam.
stamelen zie anartrie; zie ook traulisme.
standaardisatie wkw. *standaardiseren*, ijken, het op constante sterkte brengen van geneesmiddelen, enz.
standtijd (orthop.) de tijd gedurende welke het lichaamsgewicht bij het lopen op één been rust.
stanniose afzetting van tin in de weefsels, in engere zin in de longen door inademing.
stans (jrg.) uitgeponst huid-*biopt.
stapedectomie operatie waarbij de stapes wordt verwijderd en de 'bovenbouw' ervan wordt vervangen door een kunststof-prothese.
stapedius *L* de stapes betreffend of hiertoe behorend.
stapedolysis syn. *stapesmobilisatie.
stapeling ophoping; opneming van vreemde materie en stofwisselingsproducten in de lichaamscellen.
stapelingsziekte, stapelziekte syn. thesaurismose, Speicherkrankheit *D*, storage disease *E*, enzymdeficiëntie waardoor een ophoping ontstaat van bepaalde stofwisselingsproducten.
stapes *L* 1. stijgbeugel, het binnenste der drie gehoorbeentjes; is verbonden met het aambeeld en rust met het andere uiteinde op het ovale venster; *~mobilisatie*, operatietechniek bij otosclerose, waarbij de in het ovale venster vastgegroeide stapes wordt losgewrikt. 2. stijgbeugelverband (zo genoemd wegens de vorm), syn. spica pedis.
staphylagra *G* tang om de huig (staphylion) te grijpen.
staphylion, staphylè *G* 1. de huig, zie uvula. 2. tepel. 3. een punt aan de achterste rand van het harde verhemelte.
staphylitis *G* ontsteking van de huig (staphylion), syn. kionitis, uvulitis.
staphylococcaemia zie stafylokokkemie.
Staphylococcus zie stafylokok.
staphyloma zie stafyloom.
staphylomycosis zie stafylomykose.
staphyloncus *G* zwelling van de huig (staphylion).
staphyloptosis *G* verzakte (lange) huig, syn. uvuloptose.
STAPP afk. van short term anxiety provoking psychotherapy *A*.
Starling, E. Engels fysioloog (1866-1927); *wet van ~*, het hart reageert op vergroting van de diastolische vulling (gevolg van verhoogde veneuze druk) met uitpompen van een groter *minuutvolume, waardoor de *forward failure vermindert.
startpijn syn. *inlooppijn.
starzucht zie katalepsie.
stase, stasis *G* 1. stuwing van lichaamsvochten, bijv. van het bloed; belemmering in de voortbeweging van de inhoud van vaten of kanalen; vermeerdering van de hoeveelheid bloed in een lichaamsdeel, niet veroorzaakt door verhoogde toevoer,

doch door belemmering in de afvoer; *bierse* ~, kunstmatig opgewekte stase ter behandeling van ontstekingen. 2. toestand van evenwicht (ook in smst.).

statica *L* 1. leer of kennis van het evenwicht; de wijze waarop iemand in staat is zijn posturale evenwicht (zie postuur) te handhaven. 2. kennis van de invloed van het lichaamsgewicht in rusttoestand op het skelet.

statiek zie statica (bet. 1).

statim *L* (rec.) dadelijk, op staande voet afleveren.

stationair, stationarius *L* stilstaand, op dezelfde plaats blijvend, in dezelfde toestand blijvend, bijv. van ziekten.

statisch evenwichtig, het evenwicht betreffend of tot de statica behorend; *~e ataxie*, ataxie die bij het staan tot uiting komt; *~e elektriciteit*, wrijvingselektriciteit; *~e functie*, het evenwichtsgevoel en het oriënteringsvermogen in de ruimte; *~e scoliose*, zie scoliose.

stato- *~conium*, syn. *otolietenmembraan; *~kinesigrafie*, syn. stabilografie; *~kinesigram*, afk. SKG, het resultaat van *stabilografie in de vorm van een tweedimensionale registratie; *~kinesimeter*, syn. *stabilograaf; *~kinesimetrie*, syn. *stabilometrie; *~liet*, syn. *otoliet; *~pathie*, afwijking in de stand van het oog.

status *L* 1. stand, toestand. 2. dossier over patiënt in ziekenhuis. ~ *anginosus*, voortdurend optreden van aanvallen van angina pectoris; ~ *arthriticus*, de algemene toestand die aan aanvallen van arthritis urica voorafgaat; ~ *asthmaticus*, een abnormaal lang durende aanval van bronchiaal astma; ~ *dysraphicus*, misvormd lichaam met tal van degeneratieve kenmerken door embryonale groeistoornissen; ~ *epilepticus*, syn. état de mal *F*, zie epilepsie; ~ *gastricus*, bedorven maag, acute lichte maagcatarre; ~ *hemicranicus*, doorlopende aanvallen van migraine; ~ *migrainosus*, minstens 3 etmalen aanhoudende hoofdpijn met meerdere kenmerken van *migraine en depressiviteit (zie ook hemicranie; ~ *nascendi* (foutief: ~ *nascens*), de toestand van een chemische verbinding op het ogenblik van haar ontstaan; ~ *paralyticus*, de toestand van verlamming bij paralysis progressiva; ~ *praesens* (vaak kortweg *status*), de tegenwoordige toestand, de toestand van de zieke op het ogenblik van het onderzoek; ~ *pycnolepticus*, aaneenschakeling van absences; ~ *quo ante*, (ziekte)toestand als tevoren; ~ *thymicolymphaticus* (obsoleet), overvloedige vorming van lymfatisch weefsel, vergroting van de thymus en de milt; ~ *typhosus*, verdovingstoestand bij tyfuslijders.

stauroplegie, stauroplegia *G* syn. hemiplegia cruciata.

staxis, stalaxis *G* druppeling, syn. stillicidium; *gastro~*, syn. gastrorragie.

STD afk. van sexually transmitted disease.

steal *E* lett. stelen; *~-syndrome*, verschijnselen die het gevolg zijn van het wegzuigen van bloed uit een lichaamsdeel t.g.v. een actieve beweging van een ander lichaamsdeel of doordat via collaterale circulatie een nabij vaatgebied van bloed moet worden voorzien, dan wel door onvermogen tot dilatatie van de slagader, bijv. bij atherosclerose; syn. onttrekkingssyndroom.

stearodermie *G* verhoogde afscheiding van huidsmeer, seborroe.

stearroe, stearrhoea *G* zie steatorroe.

steatocele *G* vetbreuk, syn. adipocele, hernia adiposa.

steatoom, steatoma *G* 1. vetgezwel, syn. lipoom. 2. syn. atheroomcyste.

steatopygie sterke diffuse ophoping van vet onder de huid op één plaats van het lichaam, bijv. de billen.

steatorroe, steatorrhoea *G* vetontlasting in grote hoeveelheid door onvoldoende vertering en/of resorptie van vetten in de darm. 1. door onvoldoende pancreaslipase. 2. door onvoldoende galzuren in de darm. 3. idiopathisch (zie spruw); verder kan de ontlasting vethoudend zijn bij versnelde darmpassage.

steatose, steatosis *G* 1. abnormale verhoorning van de opperhuid (keratonose) te zamen met abnormale afscheiding van huidsmeer, bijv. *a~*, waarbij de afscheiding geheel heeft opgehouden, *hyper~*, met verhoogde afscheiding, *para~*, met afscheiding op een abnormale plaats. 2. vervetting; vettige ontaarding van weefselcellen of vet*stapeling; zie degeneratie; ~ *hepatis*, leververvetting.

steekflacon met rubber afgesloten flesje, gevuld met injectievloeistof.

Steele, J. Canadees psychiater; *syndroom van ~-Richardson-Olszewski*, zie progressive supranuclear *palsy.

steelzucht zie kleptomanie.

steen zie concrement; (smst.) lith-; *~houwerslong*, zie silicose; *~kind*, lithopaedion; *~koolmilt*, milt die diffuus zwart is door malariapigment; *~puist*, furunculus; *~snede*, syn. sectio alta; *~ziekte* (in engere zin), zie lithiasis.

STEG afk. van stichting therapeutische evaluatie geneesmiddelen.

Stegomyia calopus *G* (ook: *Stegomyia fasciata*) mug waarvan de wijfjes gele koorts (*febris flava) overbrengen.

Stein, I. Amerikaans gynaecoloog (geb. 1887); *syndroom van ~-Leventhal*, secundaire amenorroe, steriliteit (afwezige ovulatie), hirsutisme, adipositas en dubbelzijdige polycysteuze ovaria met hyperthecosis, t.g.v. gebrekkige oestronvorming door enzymdefect.

Steiner, R. antroposoof (1861-1925); grondlegger van de antroposofische geneesmethode.

Steinert, H. Duits arts (geb. 1875), zie dystrofie.

stekel- *~cel*, acanthocyt; *~cellaag*, zie stratum spinosum.

stella *L* sterverband, zwachtelverband voor de borstkas, met windingen om de beide schouders, zodat vóór en achter een stervorm ontstaat.

stell(at)ectomie (chir.) verwijdering van het *ganglion cervicothoracicum.

stellatus stervormig.

stellulae palmares (plantares) rode vlekken op de handpalmen (voetzolen), een vasomotorisch verschijnsel bij roodvonk en meningitis.

Stellwag, C. von Oostenrijks oogarts (1823-1904); *teken van ~*, het zelden knipperen van de oogleden bij *Graves disease.

stem *~band*, chorda vocalis; plica vocalis; zie ook plica vestibularis (valse stembanden); *~fremitus*, zie fremitus; *~kramp*, laryngospasmus; *~omvang*, zie tessituur; *~spleet*, rima glottidis; *~vorkproeven*, zie Rinne, Schwabach, Weber.

stemcell *E* groot celtype van het lymforeticulaire systeem; syn. 'benigne *centroblast'.

stemming (psych.) subjectieve, allesomvattende en langdurige emotionele toestand (i.t.t. affect), zie ook stemmingsgrond; *depressieve ~*, stemming die gekenmerkt wordt door een vaak peilloos diepe somberheid; *dysfore ~*, onprettige stemming zoals depressie, ongerustheid of prikkelbaarheid; *eufore ~*, overdreven gevoel van zich prettig voelen; *euthyme ~*, stemming binnen de normale grenzen, hetgeen afwezigheid van een depressieve of verhoogde stemming betekent; *expansieve ~*, tekortschieten van het in bedwang kunnen houden van gevoelens, vaak met een overwaardering van de eigen betekenis of belangrijkheid; *geladen ~*, stemmingsgrond waarbij een explosieve activiteit van de mens te verwachten lijkt; *geprikkelde* ~, verinnerlijkt gevoel van spanning dat samengaat met snel geërgerd raken of tot woede gebracht worden; *labiele* ~, een sterk wisselende stemming vaak zonder aanwijsbare invloed; *manische* ~, stemming die zich uit in een overvloed aan opgewektheid; *vlakke* ~, stemming die eigenlijk gelijk blijft en geen drijvende kracht bezit om iemands activiteiten te leiden.

stemmingsgrond wijze waarop de mens in zijn stemming tot uitdrukking brengt hoe hij de dingen om zich heen passief beleeft en hoe hij de werkelijkheid actief tegemoet treedt; syn. grondstemming.

stemmingsstoornissen (vlg. DSM-IV) stoornissen waarbij de *stemming pathologisch verhoogd of gedrukt is; onderscheiden worden: depressieve en bipolaire stoornissen, cyclothymie, dysthymie, stemmingsstoornis het gevolg van het gebruik van een middel of een lichamelijke aandoening.

Stendhal-syndroom acute psychose bij het waarnemen van overweldigende schoonheid; genoemd naar de Franse schrijver Stendhal (1783-1842), die in Florence psychotische verschijnselen ervaarde.

steniciteit zie sthenie.

stenocardie, stenocardia *G* pijn in de hartstreek, hartkramp, hartvang; syn. angina pectoris.

stenochorie *G* vernauwing, bijv. van lichaamsopeningen; zie ook stenose.

stenocorie *G* pupilvernauwing, syn. corestenoma, miose.

stenocrotafie *G* schedelvorm met diepe slaapgroeven, in de regel t.g.v. vroegtijdige vergroeiing van de naden van de grote wiggebeensvleugel.

stenonefrie *G* nierkramp; aanvallen van pijn in de nierstreek, soms gevolgd door proteïnurie, bij arteriosclerose.

stenopeïsch van een nauw gat voorzien (van optische instrumenten); *~e bril*, bril die het licht door een nauwe opening in het oog laat vallen.

stenoplastiek operatie van een buisvormig orgaan (meestal de darm) waarbij een vernauwing wordt opgeheven.

stenose, stenosis *G* (ook: strictuur) vernauwing van een opening of kanaal, bijv. van de slokdarm, de maag, openingen in het hart, bloedvaten, urethra; *ventiel~*, stenose in de luchtpijp die een normale inademing toelaat doch de uitademing bemoeilijkt.

stenothorax *G* nauwheid van de borstkas (thorax).

Stensen, N., alias *Steno*, Deens arts te Leiden (1638-1686), tijdgenoot van Reinier de Graaf, ontdekker van o.a. de *ductus stenonianus (ductus parotideus).

stent *E* een zelfexpanderende, metalen prothese, ter mechanische ondersteuning van de wand van een buisvormig lichaamsdeel (bloedvat, darm) in het geval van een vernauwing of obstructie, bijv. in een coronaire arterie.

stenten, stenting *E* het inbrengen van een stent.

Stenvers, H. Nederlands neuroloog (1889-1973); *röntgenogram vlg.* ~, speciale opnametechniek van het rotsbeen o.a. ter diagnostisering van brughoektumoren.

STEP afk. van 1. steunpunt deskundigheidsbevordering praktijkassistenten.
2. stichting ergonomie en preventieve fysiotherapie.

stercobiline syn. *urobiline.

stercora *L* ontlasting, drek; syn. alvus, excrementa, dejecta, feces, scybala, sedes.

stercoraal, stercoralis *L* de stercora betreffend of hiertoe behorend; *fistula* ~, darmfistel, syn. anus praeternaturalis; zie ook fistel; *stercorale diarree*, door ophoping van ontlasting veroorzaakte darmprikkeling die diarrhoea paradoxa (zie diarree) tot gevolg heeft.

stercor- *~emie*, syn. copremie; *~oma*, syn. fecoloma.

stereoagnosie, stereoagnosis *G* verlies van het vermogen om door betasting voorwerpen te herkennen; tastblindheid; syn. astereognosie, tactiele agnosie; tgst. stereognosie.

stereo- *~akoesie*, ruimtelijk horen; *~anesthesie*, syn. stereagnose; *~cilia*, onbeweeglijke trilharen (cilia).

stereo-esthetisch syn. stereognostisch, zie stereognosie.

stereognosie (bijv.nw. *stereognostisch*), het vermogen door betasting voorwerpen te herkennen, tgst. stereoagnosie.

stereopsis het vermogen tot stereoscopisch zien; tgst. astereopsis.

stereoradiografie stereoscopische radiografie, syn. stereoskiagrafie.

stereoscoop toestel waarmee twee foto's van hetzelfde object, gelijktijdig onder verschillende hoeken genomen, binoculair worden bekeken, waardoor een stereoscopisch (ruimtelijk) beeld wordt verkregen.

stereoscopie het zien door een stereoscoop, bijv.nw. *stereoscopisch*.

stereosensorisch syn. stereognostisch, zie stereognosie.

stereoskiagrafie syn. stereo*röntgenografie.

stereotaxis lokalisatie van een bepaalde plek in het lichaam (speciaal in de schedel) met behulp van een richtapparaat op geleide van vaste coördinaten; o.m. toegepast voor rechtstreekse chirurgische benadering.

stereotypie *G* het voortdurend herhalen van dezelfde beweging of van dezelfde uiting of houding; bijv.nw. stereotiep.

sterftecijfer de mortaliteit in verhouding tot de omschreven populatie; zie ook mortaliteit.

stergang *marche en étoile *F*.

steriel 1. onvruchtbaar, zie steriliteit. 2. (microbiologie) kiemvrij; beter: vrij van levensvatbare organismen, waarbij inbegrepen virussen; steriel is dus niet beperkt tot micro-organismen; wanneer bijv. een voorwerp in de verpakking is gesteriliseerd en als dan blijkt dat er nog mieren, torren of vliegen in de verpakking zitten is het voorwerp niet steriel; in het handboek voor de bereiding van geneesmiddelen wordt de volgende statistisch verantwoorde definitie gegeven: 'een geneesmiddel of medisch hulpmiddel mag steriel beschouwd worden als de kans dat er één enkel levensvatbaar organisme of virus op aanwezig is kleiner of ten hoogste gelijk is aan één op een miljoen'.

sterilisatie 1. zodanige behandeling van materiaal c.q. levend weefsel, dat na afloop geen levende (micro)organismen op, c.q. in het materiaal kunnen worden aangetoond. 2. het ongeschikt maken voor de voortplanting; *prik~*, (pop.) d.m.v. een injectie aanbrengen van een siliconenplug in het vas deferens (zaadleider); zie ook castratie, vasectomie.

steriliseren *sterilisatie toepassen.

steriliteit, sterilitas *L* 1. vrij van micro-organismen. 2. onvruchtbaarheid, onvermogen tot voortplanting; kan zowel bij de man als bij de vrouw voorkomen door velerlei aangeboren oorzaken of door ziekte verworven gebrekkige ontwikkeling dan wel beschadiging van de geslachtsorganen.

sternaal, sternalis *G* m.b.t. het borstbeen (sternum); zie ook retrosternaal.

sternalgie *G* pijn in het borstbeen (sternum).

sternalis zie sternaal.

Sternberg, C. von Duits patholoog (1872-1935); *~-Reed-reuzencellen*, grote lymfoblastische cel-elementen met grote nucleolen, afkomstig uit geactiveerde *helper cells, pathognomonisch voor M. Hodgkin; *~-sarcoom*, syn. *convoluted T-cell-lymphoma (E)* of *lymfoblastair lymfoom*, vorm van non-Hodgkin-lymfoom, ontstaan uit thymocyten en getypeerd door o.a. 'gekronkelde' kernvormen, meestal gelokaliseerd in het mediastinum; *syndroom van ~*, febriele pericarditis tezamen met angina pectoris en cardiomyopathie met insufficientia cordis; syn. pericarditis epistenocardiaca.

sterno- *G* (smst.) borstbeen (sternum); m.b.t. het borstbeen.

sternopagus *G* dubbelmonstrum, met het sternum aan elkaar gegroeid.

sternum *G* borstbeen.

sternutatie, sternutatio *L* niezen; *~ convulsiva,* syn. *ptarmus.

sternutatorium *L* niesmiddel, syn. ptarmicum.

steroïden verzamelnaam voor alle verbindingen, die de kernstructuur, maar niet de overige kenmerken van de sterolen bezitten; hiertoe behoren de geslachtshormonen en de hormonen van de bijnierschors (corticosteroïden); *anabole ~*, steroïden die de stofwisseling en daardoor de opbouw van diverse weefselbestanddelen bevorderen, in de sportwereld dikwijls (illegaal) toegepast om de prestaties te verhogen (zie doping).

sterolen een groep van stoffen, die in elke plantaardige of dierlijke cel voorkomen; ze zijn oplosbaar in oplosmiddelen voor vetten.

sterrenhemel (jrg.) zeer grote parasietendichtheid in het dikke-druppelpreparaat bij (ernstige) malaria tropica.

sterretjes zien fotopsie, scintillatie.

stertor *L* het snurken, rochelende ademhaling, reutelen; wordt veroorzaakt door het heftig heen-en-weer bewegen van het zachte verhemelte en de huig bij de ademhaling tijdens de slaap; bijv.nw. *stertoreus.*

stervend in extremis; moribundus; sub finem vitae.

sterverband zie stella.

stethografie *G* het optekenen van de ademhalingsbewegingen van verschillende punten van de borstkas, syn. pneumografie.

stethometer meettoestel voor de omtrek van de borstkas, syn. cyrtometer.

stethoscoop *G* instrument voor auscultatie van geluiden in het lichaam (longgeruisen, hartslag, peristaltiek, enz.); *binaurale ~*, stethoscoop met twee gehoorbuizen; *monaurale ~*, stethoscoop met één gehoorbuis.

steun- *~apparaat*, zie bewegingsapparaat; *~verband*, zie contensief verband.

Stevens, A. Amerikaans kinderarts (1884-1945); *syndroom van ~-Johnson*, erythema exsudativum multiforme, ernstig ziektebeeld met koorts, purulente conjunctivitis (soms met ulcus corneae), *target-efflorescenties in mond, neus, penis, vulva, anus; myalgieën, melaena; oorzaak waarschijnlijk een immuunreactie op bepaalde geneesmiddelen; syn. ectodermosis erosiva pluriorificialis; dermatostomatitis.

Stewart, D. Amerikaans chirurg (1860-1933); *syndroom van ~-Treves*, lymfangiosarcoom dat zich ontwikkelt in gebieden waar chronische lymfestuwing heerst.

STG afk. van stuurgroep toekomstscenario's gezondheidszorg.

STH afk. van somatotroop hormoon, syn. *somatotropine, groeihormoon.

sthenia zie sthenie.
stheniciteit de graad van de constitutionele psychische vitaliteit van het individu.
sthenie, sthenia *G* bijv.nw. *sthenisch.* 1. krachtige en energieke lichaamsgesteldheid. 2. de abnormale activiteit van sommige zieken met koorts. 3. (psych.) syn. vitaliteit.
sthenisch met verhoogde of toenemende kracht; *~e ziekte* of *koorts*, ziekte of koorts verlopend met krachtige werking van het hart, tgst. asthenisch.
Stieda, A. Duits chirurg (1869-1945), zie Pellegrini.
stiff-man syndrome *E* zie neuromyotonie.
stigma *G* meervoud stigmata. 1. kenmerk, brandmerk, merkteken, kenteken. 2. stipje, punt, steekwond van een insect, syn. umbo; *~ degenerationis*, syn. *~ hereditatis*, kenteken van degeneratie bij erfelijk belaste personen.
stigmatiseren 1. (alg.) brandmerken. 2. de manier waarop de samenleving personen met een ziekte of handicap bestempelt, waardoor deze personen daar ook duidelijk aanwijsbare hinder van ondervinden.
stijgbeugel stapes, het derde gehoorbeentje.
stikstofmonoxide zie NO.
stilbeen (farm.) kern van synthetisch bereide oestrogene stoffen.
stilet dolkvormig instrument voor punctie, meestal omgeven door een buis of canule.
Still, Sir G. Engels kinderarts (1868-1941); *ziekte van ~-Chauffard*, juveniele reumatoïde artritis bij kinderen tussen eerste en tweede *dentitie, gepaard met miltvergroting en adenopathie, soms met exantheem, polyserositis, hypercalciëmie, iridocyclitis en '*vogelgezicht' t.g.v. micrognathie.
Stiller, B. Hongaars arts (1837-1922); *syndroom van ~*, habitus asthenicus.
stillicidium *L* druppeling, syn. stalaxis of staxis; *~ lacrimarum*, tranenvloed, syn. epíphora; *~ sanguinis,* druppelsgewijze bloeding, bijv. neusbloeding (epistaxis); *~ urinae,* syn. strangurie.
Stilling, J. Duits oogarts (1842-1915); *platen van ~*, pseudo-isochromatische tabellen voor onderzoek van de kleurenzin.
STIMEZO afk. van stichting voor medisch verantwoorde zwangerschapsonderbreking.
stimulans *L* opwekkend middel, bijv. alcohol, koffie, amfetaminen; meervoud stimulantia, syn. excitans.
stimulatie prikkeling; *lymfocyten~test*, onderzoek van de cellulaire immuunrespons in vitro.
stimuleren het toedienen van 1. een *stimulans. 2. een *stimulus (bet. 1).
stimulus *L* 1. elke invloed die een adequaat-fysiologische reactie teweegbrengt in een orgaan, weefsel of receptor; prikkel, aansporing. 2. syn. stimulans.
STING afk. van stichting netwerk gezinsverzorging.
stinkneus zie ozaena.
stippelstaar cataractum punctata.
STIVORO afk. van stichting volksgezondheid en roken; syn. StiVoRo.
STM afk. van 1. short term memory *E*. 2. scanning tunneling microscope *E*; zie microscoop.
STNR afk. van symmetrische tonische nekreflex; het buigen van het hoofd leidt tot het strekken van armen en het buigen van de benen en andersom; zie ook ATNR.
stochastisch waarschijnlijk; van vermoedelijke aard; zelfst.nw. *stochastiek*,

waarschijnlijkheidsleer op statistische basis.
STOEL afk. van stichting ondersteuningsorgaan ELGZ.
stoelgang zie defecatie.
STOET afk. van stichting opsporing erfelijke tumoren.
stoflong zie pneumoconiose.
stofnaam (farm.) de veelal internationaal officieel erkende algemene benaming van een geneesmiddel, niet het eigendom van een fabrikant (zie ook spécialité), in de regel een verkorte weergave van de chemische naam, bijv. *acetosal* voor acetylsalicylzuur; syn. generieke naam *E.*
stofwisseling zie metabolisme.
stofwisselingsziekte zie inborn errors of metabolism.
STOIG afk. van stichting ongewenste intimiteiten in de gezondheidszorg.
Stojano, C. Spaans arts, zie Fitz Hugh.
stokerskrampen pijnlijke spierkrampen van ledematen en gelaat bij mensen die door de warmte (en hoge vochtigheidsgraad van de lucht) zijn bevangen als gevolg van verlies van de 'uitwasemings'-functie van de huid en zoutverlies, syn. hittekrampen.
Stokes, 1. **W.** Iers arts (1804-1878), zie Adams, Cheyne. 2. **W.** Iers chirurg (1839-1900); *amputatie vlg. ~*, zie operatie van *Gritti; *kraag van ~*, zuilvormige verbreding van de hals bij het *vena cava superior syndroom.
stolling zie coagulatie, hemostase; *bloed~*, zie bloedstolling; *bloedstollingsfactoren*, zie bloedstolling; *diffuse intravasale ~*, (afk. *DIS), aggregatie (samenklontering) van trombocyten en vorming van fibrine in de bloedbaan door de werking van enzymen en stollingsfactoren die onder ernstige pathologische omstandigheden (o.a. sepsis, zwaar trauma) in de circulatie komen; *~stijd,* de tijd die verloopt na het begin van een bloeding tot aan de stolling, bepaald d.m.v. een capillair glazen buisje waarin het bloed is opgezogen; de normale stollingstijd bedraagt 5-10 min.
stoma *G* meervoud stomata. 1. mond, syn. os. 2. opening, syn. porus. 3. onnatuurlijke, al of niet kunstmatige opening die een lichaamsholte met de buitenwereld verbindt, bijv. anus praeternaturalis, opening na laryngectomie, enz.; *~ urinae*, zie Bricker.
stomacace *G* syn. stomatitis ulcerosa; ook: *stomatocace.*
stomachaal de maag (stomachus) betreffend.
stomachalgie, stomachodynie maagpijn, syn. gastralgie.
stomachicum *L* middel dat de maag prikkelt, de eetlust opwekt en de spijsvertering bevordert, bijv. een amarum.
stomachoscopie bezichtiging van de maag, onderzoek met de maagspiegel, syn. gastroscopie.
stomachus *G* maag, syn. ventriculus, gaster; zakvormige verwijding van het spijsverteringskanaal tussen de slokdarm en de dunne darm; de overgang van de slokdarm in de maag heet maagmond (*cardia*), de concaaf gebogen bovenste rand van de maag heet *curvatura minor*, de convex gebogen onderste rand *curvatura major*; waar de maag uitmondt in de twaalfvingerige darm, bevindt zich een kringvormige spier die deze uitmonding kan afsluiten, de maagportier (*pylorus*); het maagslijmvlies bevat een zeer groot aantal kliertjes, deze scheiden het werkzame maagsap af; de werkzaamste bestanddelen zijn pepsine, zoutzuur, intrinsic factor en het lebenzym of rennine (bij zuigelingen).
stomalgie zie stomachalgie.

stomata *G* meervoud van stoma.
stomatitis *G* ontsteking van het mondslijmvlies; ~ *angularis*, syn. perlèche; ~ *aphthosa*, zie aften; ~ *crouposa*, kroep van het mondslijmvlies, syn. stomatitis membranacea; ~ *epidemica*, stomatitis door het mond- en klauwzeer-virus bij de mens; ~ *epizootica*, mond- en klauwzeer bij dieren; zie ook aften; ~ *gangraenosa*, stomatitis gepaard met gangreen; ~ *herpetica*, diffuse stomatitis met speekselvloed en blaasjesvorming (overgaand in erosies), veroorzaakt door het *herpesvirus hominis type 1; ~ *membranacea*, syn. stomatitis crouposa; ~ *mercurialis*, stomatitis door kwikvergiftiging, zie hydrargyrose; ~ *mycotica*, syn. stomatomycosis; ~ *scorbutica*, scorbuut van de mondholte; ~ *ulcerosa*, stomatitis met vorming van zweren aan de randen van het tandvlees, syn. stomacace.
stomato- (smst.) mond, m.b.t. de mond, tot de mond behorend.
stomatocace zie stomacace.
stomatocyt abnormale erytrocyt, o.a. bij alcoholintoxicatie, met een centrum dat in het microscopische beeld de vorm heeft van een menselijke mond; syn. triangulocyt.
stomato- (smst.) m.b.t. de mond; *~dynie*, pijn in de mond; *~dysodia*, stank uit de mond, stinkende adem; zie ook fetor; *~lalie*, mondspraak (bij verstopte neus); *~logie*, leer of kennis van de ziekten der mondholte; *~loog*, mondarts; *~menie*, *vicariërende menstruatie uit de mond, tijdens de menstruatie optredende mondslijmvliesbloedingen; *~mycosis*, aften veroorzaakt door schimmels, o.a. Candida albicans; syn. aftofyta, stomatitis mycotica; *~noma*, 'mondkanker', vorm van stomatitis gangraenosa; *~pathie*, (alg.) mondziekte; *~rragie*, bloeding uit de mond; *~scopie*, bezichtiging van de mondholte met een spiegel.
-stomie *G* (smst.) operatie waarbij een opening of fistel wordt aangelegd.
stomocephalus *G* misgeboorte zonder hoofd.
stoned *E* (jrg.) intoxicatietoestand t.g.v. bepaalde drugs; syn. high *(E)*.
stoottherapie (kortdurende) behandeling met een hoge dosis van een geneesmiddel.
stopcontactneus opgewipte neus waardoor men van voren horizontaal in de neusgaten kan kijken.
stopverfontlasting zie acholisch.
storage disease *E* zie stapelingsziekte.
storm *E thyroid~*, syn. thyrotoxische crise, zie thyrotoxicose.
stortgeboorte zie partus: partus praecipitatus.
stotteren hesitatie.
STP afk. van serenity, tranquility, peace; een chemisch tripmiddel (hallucinogeen) zoals LSD en XTC.
straal anatomische structuur in de vorm van een van één punt uitgaande groei-ontwikkeling of vertakking; zo bestaan hand en voet uit vijf stralen; *~defect* resp. *~uitval*, aangeboren gebrekkige ontwikkeling resp. ontbreken van een straal, bijv. een vinger; *merg~*, bundel tubuli in de nierschors.
straal- (smst.) *~injectie*, zie hypospray; *~schimmelziekte*, zie actinomycose; *~vormig*, radialis.
straatvrees zie agorafobie.
strabismus *L* scheelzien; ontstaat doordat de gezichtslijn van één der beide ogen bij alle blikrichtingen afwijkt van het normale, en wordt veroorzaakt door vermindering van de gezichtsscherpte van het éne oog (brekingsafwijkingen,

hoornvliestroebeling, enz.) bij een bestaande stoornis in het spierevenwicht van het oog, bij cyclotropie e.a.; ~ *accommodativis*, scheelzien bij hoge graad van bijziendheid, dat alleen merkbaar is bij inspanning van de accommodatie; ~ *alternans*, afwisselend scheelzien van het linker- en rechteroog, als de ogen om beurten op een voorwerp gericht zijn; ~ *bilateralis*, strabismus van beide ogen; scheelzien naar beide zijden; ~ *concomitans*, het echte scheelzien, scheelzien zonder stoornis in de beweeglijkheid der ogen; ~ *convergens*, syn. esotropie, binnenwaarts scheelzien, ontwikkelt zich in de regel op jeugdige leeftijd bij hypermetropie; ~ *divergens*, buitenwaarts scheelzien, meestal bij myopie op latere leeftijd, syn. exotropie; ~ *paralyticus*, scheelzien veroorzaakt door verlamming der oogspieren; ~ *periodicus*, tijdelijk scheelzien; ~ *permanens*, blijvend scheelzien; ~ *spasticus*, scheelzien veroorzaakt door kramp van een oogspier; ~ *sursumvergens*, strabismus in verticale richting, d.i. het straberende oog kijkt hoger dan het andere, syn. hypertropie; ~ *unilateralis*, strabismus van één oog.

strabo- *~meter*, instrument voor strabometrie; *~metrie*, meting van de *scheelhoek; *~tomie*, operatie ter genezing van strabismus.

strain *E* overbelasting; de toestand die bestaat wanneer er een discrepantie is tussen een door het individu gesteld doel en de realiteit daarvan; de spanningstoestand die door *stress wordt veroorzaakt, gekenmerkt door verhoogde prikkelbaarheid, gevoeligheid voor harde geluiden, angst, hoofdpijn, huilbuien, slaap- en concentratiestoornissen.

stralingsziekte algemene verschijnselen door korte of langere blootstelling aan radioactieve stralen, zie radioactiviteit; indien de stralingsintensiteit een bepaalde grens heeft overschreden (± 400 R) volgt de dood in 2 tot 5 weken na een periode van nausea, keelontsteking (agranulocytose) en darmulceraties, koorts, bloedingen, haaruitval en uitputtingsverschijnselen; dezelfde symptomen doen zich in mindere heftigheid voor wanneer de intensiteit matig of gering is geweest; herstel is dan mogelijk; men onderscheidt drie soorten gevolgen van straling, nl. (in volgorde van intensiteit) die van het centrale zenuwstelsel, van het darmstelsel en van het beenmerg (dit laatste soms gevolgd door *trombopenie en letale bloedingen); het acute beeld van de stralingsziekte is vnl. waargenomen bij Japanners na atoombombardementen en na het ongeluk in de kerncentrale te Tsjernobyl (1986).

strangileus (ook: strangulatie-ileus) afklemming van de darm door druk, rekking of littekenvorming, syn. incarceratio elastica, zie incarceratie, ileus.

strangulatie, strangulatio *L* worging, bijv. door ophanging; ook: inklemming of afklemming; *~-ileus*, zie ileus.

strangurie, stranguria *G* moeilijke urinelozing, pijnlijke aandrang tot urinelozing, terwijl maar enkele druppels tegelijk afvloeien onder hevige pijn, syn. stillicidium urinae.

stratificatie degeneratie van epitheelcellen (afplatting en trilhaarverlies).

stratigrafie syn. *planigrafie.

stratum *L* laag weefsel die (ongeveer) horizontaal over, onder of tussen iets ligt; ~ *basale*, de onderste cellenlaag van de epidermis, syn. ~ *cylindricum;* basilioom; ~ *corneum epidermidis*, hoornlaag van de epidermis; ~ *granulosum*, korrellaag van de huid; ~ *spinosum*, stekelcellenlaag van de huid.

Strauss, J. Amerikaans patholoog, zie Churg.

strawberry tongue *E* frambozentong (bij roodvonk).

strefendopodie horrelvoet, klompvoet, syn. pes varus.
strefexopodie *G* voetmisvorming waarbij de binnenrand van de voet de grond raakt en de buitenrand is opgelicht, syn. pes valgus.
strefopodie *G* voetmisvorming.
strekspier extensor.
stremma *G* verstuiking, verrekking, syn. distorsie.
stremming zie coagulatie.
streng zie funiculus.
streng-ileus zie ileus.
strengziekte *gecombineerde* ~, neuropsychiatrisch syndroom t.g.v. vitamine B_{12}-*deficiëntie, gekenmerkt door achterstrengstoornissen in de vorm van symmetrische perifere sensibele neuropathie (paresthesieën, verlaagd vibratiegevoel aan de benen, gestoorde diepe sensibiliteit met evenwichtsverlies), gevolgd door verschijnselen van het piramidebaansyndroom (zijstrengen), zie piramidebanen; psychische stoornissen zijn vnl. depressies.
strenuus *L* sterk, hevig; *potator* ~, zware dronkaard.
streph- zie stref-.
strepitus *L* geruis, geknars; ~ *coriaceus*, ledergeknars, het geluid dat gehoord wordt bij droge borstvliesontsteking (pleuritis sicca); ~ *uterinus*, baarmoedergeruis, auscultatorisch hoorbaar bij zwangerschap na ongeveer 12 weken.
Streptobacillus *L* kettingbacil, syn. bacil van Ducrey, de verwekker van de weke *sjanker; ~ *moniliformis*, zie rattenbeetziekte.
Streptococcus zie streptokok.
streptodermie zie streptokokkodermie.
streptodormase een enzymatisch product om purulente exsudaten meer liquide te maken.
streptogeen door streptokokken veroorzaakt of gecompliceerd.
streptokinase enzym geproduceerd door streptokokken, dat plasminogeen activeert tot plasmine; werkt trombolytisch.
streptokok, Streptococcus *G* kettingcoccus, kogelronde in rijen liggende bacterie, die verschillende ziekten en ettering verwekt; ~ *acidi lactici*, voornaamste melkzuurvormende bacterie in de melk; ~ *erysipelatis*, zie erysipelas; ~ *fecalis*, komt normaal in de darm voor; kan verschillende ontstekingen (o.a. endocarditis) veroorzaken; ~ *haemolyticus*, syn. ~ *pyogenes*, ettering verwekkende streptokok.
streptokokkemie aanwezigheid van streptokokken in het bloed.
strepto(kokko)dermie door streptokokken veroorzaakte huidziekte.
streptolysine zie antistreptolysine-titer.
streptomycose besmetting met een schimmel van het geslacht Streptomyces.
Streptothrix *G* tot de haarschimmels (Trichomyces) behorende schimmelsoort met draden die kettingen vormen; ~ *leproides*, bij lepra voorkomende Streptothrix die zich als saprofiet ontwikkelt.
stress *E* lett. spanning; altijd aanwezige toestand bij de mens die van zeer groot belang is voor het verrichten van taken en die in sterke mate toeneemt als er een verandering of bedreiging optreedt waarop iemand zich in moet stellen; zie ook stress-stoornis, Selye.
stress-beleving beleving die iemand van zichzelf heeft als hij gevoelens van stress ervaart.

stressful life events *E* gebeurtenissen in iemands leven die verhoogde spanning oproepen omdat er sprake is van verandering of bedreiging in iemands leven.
stress-incontinentie zie incontinentie.
stressor *E* verandering of dreiging die een verhoogde mate van stress veroorzaakt; zie ook Selye, stress-reactie.
stress-reactie door *stress en *stress-beleving gestimuleerd reactiepatroon, resulterend in teweerstelling tegen, vermijden van, blijven hangen in een toestand van angst en vrees, of aanvaarding van dan wel gelaten aanpassing aan de *stressor; zie ook adaptatie, Selye, stress-stoornis.
stress-stoornis *acute* ~, (vlg. DSM-IV) afk. ASS, angststoornis waarvan de oorzaken en verschijnselen overeenkomen met die van de posttraumatische stress-stoornis (zie aldaar) met uitzondering van de duur van de stoornis (korter dan een maand) en het bij deze stoornis optreden van verdoving, onthechting, derealisatie en depersonalisatie; *posttraumatische* ~, (vlg. DSM-IV) afk. PTSS, angststoornis, tenminste een maand durend, als gevolg van het blootgesteld zijn aan een sterk traumatiserende ervaring (mishandeling, gijzeling, verkrachting, marteling, vliegramp, oorlog, concentratiekamp enz.), waarbij ernstige verwonding of de dood van zichzelf of anderen dreigde en intense angst, afschuw of hulpeloosheid hiervan het gevolg was; de klachten bestaan uit een herbeleving van de ervaring in de vorm van niet te onderdrukken herinneringen, nachtmerries, illusies, hallucinaties en dergelijke; de herbeleving wordt sterker in situaties die herinneringen oproepen aan de ervaring en worden daardoor vermeden; voorts o.a. voortdurende verhoogde prikkelbaarheid, slaapstoornissen, concentratieproblemen, amnesie voor delen van de ervaring, interesse- en initiatiefverlies, affectvervlakking en negatieve toekomstverwachtingen.
striae meervoud van *stria L* huidstriem, groeve, streepvormig litteken; ~ *albicantes*, syn. ~ *atrophicae*, ~ *cutis distensae*, witte littekens in de huid, bijv. na ascites of zeer sterke vetafzetting; ~ *graviditatis*, syn. ~ *gravidarum*, zwangerschapslittekens, de littekens die door rekking van de buikhuid bij zwangerschap kunnen ontstaan en als witte strepen waarneembaar blijven; ~ *medullares* (anat.) mergstralen in de bodem van de 4de hersenkamer, uitmondend in de onderste cerebellaire pedunculus.
striair streepvormig.
striatus *L* gestreept, van streepvormige littekens (striae) voorzien.
strictuur, strictura *L* vernauwing van kanalen, syn. stenose; ~ *anularis*, ringvormige strictuur; ~ *inflammatoria*, door zwelling t.g.v. ontsteking veroorzaakte strictuur; ~ *permanens*, blijvende strictuur, tgst. ~ *temporaria*, tijdelijke, voorbijgaande strictuur; ~ *spastica*, strictuur ontstaan door spierkramp; ~ *urethrae*, strictuur van de urethra.
stridor *L* iedere, door vernauwingen in de hogere of lagere luchtwegen teweeggebrachte, hoorbare ademhaling, meestal een piepend of gierend geluid veroorzakend; ~ *dentium*, tandenknarsen; *expiratoire* ~, door belemmeringen in de kleinste vertakkingen van de, lagere, luchtwegen (bijv. CARA) ontstane stridor bij uitademing; *inspiratoire* ~, door belemmering in de grote, hogere, luchtwegen (bijv. larynxstenose) ontstane stridor bij inademing.
striduleus, stridulus *L* sissend.
strijdgassen syn. gifgassen, oorlogsgassen; vergiftige stoffen die in gasvorm of als damp, nevel, vloeistof of rook reeds in kleine hoeveelheid op het menselijk of

dierlijk lichaam inwerken en dit aldus buiten gevecht stellen. A. niet-blaartrekkend zijn 1. verstikkende gassen *(suffocantia)*, zoals chloor, chloorpicrine, palite, fosgeen en difosgeen (perstof); zij veroorzaken prikkeling van de slijmvliezen der bovenste luchtwegen en vooral beschadiging van het longweefsel, die kan leiden tot de verstikkingsdood. 2. prikkelende gassen *(irritantia)*, zoals broomaceton (martoniet), chlooraceton, verschillende arsinen, adamsite, ook genoemd traan- en niesgassen; zij prikkelen de slijmvliezen van ogen, neus, keel en luchtpijp, waardoor tranenvloed, lichtschuwheid, hoesten, niezen, speekselvloed enz. optreden; ze zijn niet dodelijk. 3. vergiftige gassen *(intoxicantia)*, zoals blauwzuur en koolstofmonoxide, zijn weinig geschikt als strijdgas. B. de groep van de blaartrekkende gassen *(vesicantia)*, zoals mosterdgas (yperiet) en lewisiet, zijn verdampende vloeistoffen die op de huid blaren veroorzaken, overgaand in diepe, langzaam genezende wonden, en voorts in dampvorm beschadiging van ogen en ademhalingsorganen teweegbrengen; wanneer etenswaar, besmet met blaargas, wordt genuttigd, ontstaan levensgevaarlijke maag- en darmziekten. C. de zgn. *zenuwgassen*, zoals tabun of gelan, sarin en een aantal fluorverbindingen; dringen zonder enige uitwendige prikkeling door de huid en de slijmvliezen en veroorzaken astmatische benauwdheid, spierkrampen en primaire ademstilstand.

strippen 1. (verlosk.) digitale manipulatie van de vruchtvliezen, waarbij d.m.v. het vrijkomen van prostaglandinen de baring in gang wordt gezet. 2. syn. stripping.

stripping *E* (pop.) 'strippen'; techniek ter verwijdering van varices waarbij gebruik wordt gemaakt van een door de ader opgevoerde sonde (van proximaal naar distaal), die aan het distale einde aan de aderwand wordt bevestigd waarna aan de proximale zijde wordt getrokken zodanig dat de ader ter plekke te voorschijn komt.

stroboscopie sterk vertraagde waarneming van snelle bewegingen d.m.v. een *stroboscoop* door ritmische onderbrekingen van de belichting, die in frequentie weinig verschillen van die der bewegingen van het voorwerp.

strof- zie ook stroph-.

strofantine een extract van Strophantus, een krachtig cardiotonicum.

strofantisme, strophantismus vergiftiging door preparaten van de klimplant Strophantus hispidus.

Stroganow, W. (ook **Stroganoff**) Russisch gynaecoloog (1857-1938); *methode van ~*, behandeling van eclampsie in een donkere stille kamer met venasectie en toediening van narcotica.

Strohl, A. Frans arts (1887-1968), zie polyradiculoneuropathie.

stroke *E* beroerte, apoplexie, CVA; zie cerebrovasculair *accident.

stroma *G* 1. het steunweefsel (vnl. bindweefsel), in tgst. tot het parenchym; zie ook interstitium. 2. het weefsel van de rode bloedcellen zonder de bloedkleurstof (hemoglobine); zie ook hemolyse; *~tolyse*, oplossing van het stroma van een cel.

Strongyloides stercoralis een *nematode die voorkomt in het duodenum en jejunum en vage buikklachten kan veroorzaken; bij massale infectie kunnen catarrale darmontstekingen ontstaan met dyspepsie, gevolgd door malabsorptie.

strongyloidiasis ziekte door Strongyloides stercoralis, vaak commensaal, doch niet zelden na jaren *parasitair, waardoor de weerstand van de gastheer vermindert en ernstige ziekten kunnen ontstaan.

strongylospermie *G micro-~*, in het sperma vóórkomen van zaadcellen met een kleine ronde kop.

strontje zie hordeolum.

strooiers personen die ziekteverwekkende bacteriën (meestal **Staphylococcus aureus*) in sterke mate om zich heen verspreiden, in het bijzonder door huidschilfers; strooierschap wordt vastgesteld met een standaardexperiment (strooiproef).

strooireactie (dermatologie) het ontstaan van huidafwijkingen als allergische reactie op een bestaande huidafwijking, gelokaliseerd op plaatsen, die (soms ver) verwijderd zijn van deze laatste.

strophantismus zie strofantisme.

Strophantus hispidus klimplant behorende tot de apocynaceae; het extract is een krachtig cardiotonicum, het zgn. strofantine.

strophulus allergische huiduitslag bestaande uit lichtrode, jeukende knobbeltjes; ~ *albidus*, gierstuitslag, syn. milium; ~ *infantum*, bij jonge kinderen voorkomende vorm van strophulus, veroorzaakt door contact met insecten *(~ arthropodicus);* syn. lichen urticatus; ~ *vesiculosus*, strophulus met glasparelgrote blaasjes (kleiner dan bij varicellen) op de knobbeltjes.

strotklepje epiglottis.

strottenhoofd larynx.

structuur, structura *L* bouw en samenstelling van een orgaan; *moleculaire ~* (chem.) de wijze waarop de atomen of grotere samenstellende eenheden van een molecuul zijn gerangschikt, aangegeven in de *structuurformule*; zie ook eiwitstructuur.

struma *L* kropgezwel, vergroting (hyperplasie) van de schildklier (glandula thyroidea); struma kan voorkomen bij *cretinisme, bij relatief (pubescentie, zwangerschap, lactatie) of absoluut joodtekort, bij gezwelvorming of metastasen hiervan, bij thyroiditis, amyloïd of lymphogranuloma malignum, verder bij adenoom van de schildklier, enzymdefecten, intoxicaties of bloeding in een cyste; belangrijke vergroting van de schildklier kan door druk op de bloedvaten, zenuwen, luchtpijp en slokdarm oorzaak zijn van hoofdpijn, benauwdheid, spraakstoornissen en slikbezwaren, zodat strumectomie soms nodig is; ~ *aberrata*, schildklierweefsel op een abnormale plaats; ~ *benigna*, goedaardige vorm van struma; *endemisch ~*, struma door tekort aan jood in voedsel en water; veroorzaakt geen ziekteverschijnselen, behalve soms druk op de omgevende organen (zie ook cretinisme); ~ *endothoracica*, syn. ~ *retrosternalis*, kropgezwel dat zich tot binnen de borstkas uitstrekt; ~ *hyperplastica*, eenvoudige schildkliervergroting door hyperplasie van het schildklierweefsel; ~ *inflammatoria*, ontsteking van een kropgezwel; syn. strumitis; ~ *lymphomatosa*, syn. ziekte van *Hashimoto; *multinodulair ~*, struma met palpabele multipele knobbels (noduli); ~ *maligna*, kwaadaardig schildkliergezwel; ~ *nodosa*, struma door adenoomvorming (knobbelig of *nodulair ~*); ~ *toxica*, syn. toxisch *adenoom van de schildklier; ~ *ovarii*, teratoïde tumor van de eierstok, die schildklierweefsel bevat en thyroxine produceert; *Riedel-~*, zie thyroiditis, zie ook Graves.

strumectomie operatie waarbij een kropgezwel wordt verwijderd; ook syn. voor thyroïdectomie; bij strumectomie moet altijd een deel van het schildklierweefsel behouden worden *(subtotale ~)*, daar bij totale operatieve verwijdering myxoedeem optreedt.

strumeus, strumosus *L* 1. tot struma behorend. 2. syn. scrofuleus.
strumiprivus *L* beroofd van de schildklier; ontstaan door het ontbreken van de schildklier.
strumitis ontsteking van een kropgezwel, syn. struma inflammatoria.
strumosus zie strumeus.
Strümpell, A. von Duits internist en neuroloog (1853-1925); *reflex van ~*, zie tibialis*fenomeen; *voetzoolreflex van ~*, prikkeling van de voetzool veroorzaakt buiging en spreiding van de tenen; zie ook Babinski; *ziekte van ~*, zie familiaire *spinaalparalyse; zie ook spondylosis ankylopoietica, ziekte van *Wilson (bet. 2).
struvietsteen niersteen bestaande uit magnesiumammoniumfosfaat, syn. tripelfosfaatsteen; ook: 'infectiesteen' (zie nephrolithiasis).
strychnine zeer vergiftig krampwekkend alkaloïd uit de zaden van Strychnos vomica (braaknoot).
strychninismus vergiftiging door het gebruik van strychnine.
stryker frame *E* ziekenhuisbed dat kan worden geroteerd en in verschillende standen gesteld; wordt gebruikt bij de verpleging van patiënten die zich niet normaal kunnen bewegen.
STT afk. van stichting terminale thuiszorg.
Stuart, K. Engels arts (geb. 1912), zie Bras.
Stuart-Prower factor stollingsfactor X; is een onmisbare katalysator bij de vorming van *tromboplastine.
stuff *E* (jrg.) verzamelnaam voor 'drugs'.
stuipen zie eclampsie, epilepsie.
stuitligging (verlosk.) ligging van het kind waarbij de stuit in plaats van de schedel het voorliggende deel is; *volkomen ~*, beide beentjes zijn gebogen in heup- en kniegewricht en beide voetjes bevinden zich naast de stuit; *onvolkomen ~*, beide beentjes zijn gestrekt in heup- en kniegewricht en beide voetjes bevinden zich in de hals; *half onvolkomen ~*, één beentje als bij onvolkomen stuitligging, één voetje naast de stuit.
stupemanie, stupemania syn. extase, manische *stupor.
stupide, stupidus *L* stompzinnig, dom.
stupiditeit, stupiditas *L* 1. stompzinnigheid, domheid. 2. acuut optredende stupor.
stupidus zie stupide.
stupor *L* verdoving, sterke vermindering of totale opheffing van de geestelijke functies gepaard gaande met onbeweeglijkheid van het lichaam; kan optreden na hevige emoties (grote schrik, zelfmoordpogingen, enz.) of in het verloop van sommige ziekten, bijv. diepe melancholie; *katatonische ~*, zie katatonie; *manische ~*, syn. extase, stupemanie, zie extase; bijv.nw *stuporeus*.
stuporeuze melancholie toestand waarbij de gemoedstoestand totaal in beslag is genomen door een pijnlijk gevoel van uitzichtloosheid; de gedachten aan zelfdoding zijn aanwezig, maar het initiatief om dit ten uitvoer te brengen ontbreekt.
stuprum violentum *L* (meestal kortweg *stuprum* of *stupratie*) *verkrachting.
Sturge, W. Engels arts (1850-1919); *ziekte van ~-Weber*, angiomatosis encephalotrigeminalis (zie angiomatose).
stuwing zie stase; *long~*, zie decompensatio cordis.
stuwingspapil oedemateuze zwelling van de discus nervi optici, veroorzaakt door verhoogde intracraniale druk, zichtbaar met de oogspiegel; komt voor bij tumor

cerebri, meningitis, hersenabces, hydrocefalie; soms bij acute infectieziekten, nefritis en aandoeningen in de oogkas.

styloideus, styloides stiftvormig.

stylus *G* stift (farm.) bijv. ~ *causticus*, stift van bijtende of brandende stof om als causticum te gebruiken; ~ *unguens*, zalfstift, stift bestaande uit vet waarin geneesmiddelen zijn verwerkt.

stypticum *G* bloedstelpend middel (volledig: *haemostypticum*), meervoud styptica; zie ook haematostaticum; bijv.nw. *styptisch*.

sub- *L* (smst.) onder; onvolledig, bijna; *~aciditeit,* verlaagd zuurgehalte van het maagsap, syn. hypaciditeit; *~acuut*, zie acuut; *~arachnoïdaal*, onder de arachnoïdea gelegen; *~arachnoïdale bloeding,* zie hemorragie; *~capitaal*, onmiddellijk distaal van een gewrichtskop; *~ceptie* (psych.), waarneming die niet bewust wordt; *~clavia-katheter*, zie centraal-veneuze *katheterisatie; *~claviculair (-laris L)*, onder het sleutelbeen; *~coma*, toestand die aan coma voorafgaat, waarbij (i.t.t. coma) zéér geringe reacties op pijnprikkels mogelijk zijn; *~conjunctivaal*, onder de conjunctiva; *~corticaal*, onder de (hersen)schors gelegen; *~costaal (-talis L)*, onder een rib (costa) liggend; *~cutaan (-aneus L)*, onder de huid (cutis); *~cutis*, onderhuidse bindweefsellaag, syn. fascia superficialis; *~dermaal*, zie subcutaan; *~diafragmatisch*, syn. subfrenisch; *~duraal*, gelegen onder de *dura mater.

subendotheel een laagje weefsel (een 'soort' basale membraan (zie basaal) bestaande uit elastische micro*fibrillen) vlak onder het endotheel van capillairen en venulen.

suber *L* kurk; *~osis*, een allergische *alveolitis bij arbeiders in de kurkindustrie t.g.v. blootstelling aan een schimmelsoort die groeit op de kurkeik.

subfasciaal (bijv.nw.) onder de *fascie.

subfebriel matig koortsig; *~e temperatuur,* lichaamstemperatuur 0,5° tot 1° boven normaal.

subfertiliteit het uitblijven van een zwangerschap na één jaar regelmatige en onbeschermde coïtus, verminderde vruchtbaarheid.

sub finem vitae *L* tegen het einde van het leven, stervend; syn. moribundus; in extremis.

subfrenisch onder het middenrif (phren of diafragma) gelegen; syn. hypodiafragmatisch, hypofrenisch, subdiafragmatisch.

subicterus zeer geringe geelzucht.

subintrans *L* onmiddellijk volgend, bijv. van een nieuwe koortsaanval, nog voor de vorige is afgelopen.

subinvolutie, subinvolutio *L* gedeeltelijke teruggang in de ontwikkeling; ~ *uteri*, onvolledige verkleining van de baarmoeder na de bevalling.

subjectief 1. persoonlijk; m.b.t. de individuele opvatting, waarneming en beoordeling; tgst. objectief; *~tieve symptomen,* verschijnselen die alleen de patiënt zelf waarneemt. 2. bevooroordeeld.

subklinische verschijnselen ziektesymptomen die (nog) niet direct waarneembaar zijn.

sublatie, sublatio *L* verwijdering, opheffing; ~ *retinae,* zie ablatie.

sublimaat kwikzilverchloride, hydrargyri chloridum, verbinding van chloor en kwikzilver, ontsmettingsmiddel.

sublimering (psych.) *afweermechanisme, vermogen om driftimpulsen in een constructieve richting te veranderen in acceptabele activiteiten.

subliminale prikkel 1. prikkel die geen reactie veroorzaakt. 2. (psych.) niet bewust waargenomen prikkel, die wèl in het geheugen wordt vastgelegd.

sublinguaal, sublingualis *L* onder de tong (lingua).

subluxatie, subluxatio *L* onvolkomen ontwrichting waarbij de gewrichtskop de kom slechts gedeeltelijk heeft verlaten, syn. olisthesis.

submandibulair, submandibularis (anat.) onder de onderkaak.

submaxillair, submaxillaris *L* (anat.) onder de bovenkaak.

submentaal, submentalis *L* (anat.) onder de kin.

submersie *L* onderdompeling, verdrinking; zie ook immersie, suffocatie.

sub- *~miliair*, kleiner dan een gierstkorrel (milium); *~missio L, ~missie*, onderwerping, vermindering; *~mucosa*, bindweefsellaag binnen de (buitenste) spierlaag van de tractus digestivus, respiratorius en urogenitalis; *~muceus, ~mucoos*, onder het slijmvlies (mucosa); *~normaal*, minder dan normaal.

suboccipitaal onder het achterhoofd (occiput); *~ale punctie*, aftappen van liquor cerebrospinalis uit de cisterna magna; syn. cisternapunctie ('nekschot').

subpelvien tussen het pyelum (nierbekken) en het proximale deel van de ureter.

subscriptie, subscriptio *L* (farm.) onderschrift, gebruiksaanwijzing (op fles, doos of recept) van een geneesmiddel, syn. signatuur.

subsepsis allergica zie Wissler.

subserosa *L* het bindweefsel onder een weivlies (serosa); bijv.nw. *subsereus*.

subset *E* zelfstandig onderdeel van een afgebakende reeks.

sub signo veneni *L* voorzien van de aanduiding vergif; afk. SSV, s.v.v.

subspecialisme zie deelspecialisme.

substance P *E* een 'enterohormoon' dat de motiliteit van het maag-darmstelsel versterkt.

substantie, substantia *L* stof waaruit iets bestaat, zelfstandigheid; grondstof, materie; ~ *adamantina*, tandglazuur, syn. *email; ~ *alba*, witte stof van het centrale zenuwstelsel; ~ *compacta*, het vaste beenweefsel; ~ *corticalis*, schorszelfstandigheid, bijv. van de nieren; ~ *eburnea*, tandbeen, syn. dentine; ~ *glomerulosa*, de schorszelfstandigheid der nieren, syn. substantia corticalis; ~ *medullaris*, mergzelfstandigheid; ~ *nigra* (anat.), een pigmenthoudende kern in de middenhersenen; ~ *ossea dentis*, tandcement; ~ *propria*, hoofdbestanddeel van een orgaan; ~ *spongiosa*, het sponsachtige beenweefsel.

substantieel zelfstandig, wezenlijk, voedzaam, krachtig.

substitutie 1. iets stellen in de plaats van iets anders. 2. (psych.) richten van gevoelens van het oorspronkelijke object op een vervangend object; *~therapie*. 1. syn. organotherapie. 2. vervanging van een verloren gegane stof of weefsel door dezelfde of vervangende stof of weefsel (bijv. bloed, hormonen); *~transfusie*, zie exsanguinatie.

substraat 1. grondslag, hoofdbestanddeel; datgene waarop iets berust of ervan is afgeleid. 2. (bioch.) het deel van een molecuul waar een enzym op inwerkt. 3. voedingsbodem. 4. een door groei van micro-organismen aan bederf onderhevig voedingsmiddel.

subsultus *L* het opspringen; ~ *tendinum*, krampachtige samentrekkingen van pezen, vnl. aan de onderarm bij verzwakte personen.

subtalair onder, beneden de *talus.

subterminaal kortere of langere periode vóór het sterven.

subtiel, subtilis *L* broos, fijn.
subtotaal 1. bijna totaal. 2. totaal van een onderdeel of van een afdeling.
subtractie lett. aftrek; methode in de röntgenografie om het verschil tussen twee foto's van hetzelfde object zichtbaar te maken door de ene foto te bedekken met het diapositief van de andere.
subumbilicaal, subumbilicalis *L* beneden de navel.
subunguaal, subungualis *L* onder de nagel (unguis).
succenturiatus *L* lett. vervangend; *lien* ~, bijmilt.
successief opvolgend, achtereenvolgend, allengs; langzaamaan.
succulent, succulentus *L* 1. sappig. 2. enigszins zuchtig.
succumberen bezwijken; overlijden.
succus *L* 1. sap van planten. 2. kliersecreet; ~ *gastricus,* maagsap; ~ *pancreaticus,* sap van de alvleesklier, buikspeeksel; ~ *prostaticus,* prostaatvocht.
succussie, succussio *L* schudding; ~ *hippocratis,* onderzoek, door de zieke heen en weer te schudden ten einde bepaalde kenmerkende inwendige geluiden te horen; reeds door Hippocrates toegepast.
sucrose syn. *sacharose.
suctie, suctio *L* 1. opzuiging van vloeistof uit een orgaan of een holte na punctie; afzuiging. 2. vastzuiging.
sudabad 1. syn. sudatorium. 2. darmbad, klysma terwijl de patiënt in een heet bad ligt (enterocleaner *E*).
sudamina *L* (meervoud van *sudamen*) zweetuitslag, syn. miliaria.
sudarium zweetbad.
sudatorium *L* 1. heteluchtbad. 2. zweetbad.
sudden death in sport plotselinge dood tijdens de sportbeoefening zonder aanwijsbare oorzaak.
sudden deafness plotseling optredende slechthorendheid zonder aanwijsbare oorzaak.
Sudeck, P. Duits chirurg (1866-1945); *~se atrofie*, *~se dystrofie*, *~-syndroom,* posttraumatische sympathische ontregeling in een extremiteit na een (soms zeer gering) trauma zoals, distorsie, fractuur, luxatie, contusie, operatie enz.; het syndroom kent drie stadia; het eerste, acute, stadium gaat gepaard met ontstekingsverschijnselen (zgn. warme stadium), bewegingsbeperking, toename van haar- en nagelgroei en een droge huid; het tweede stadium (zgn. koude stadium) gaat gepaard met een overmatige sympathicusactiviteit (koude, vasoconstrictie, cyanose en een glanzende, klamme huid), afname van haar- en nagelgroei en toenemende plaatselijke osteoporose; het derde (irreversibele) stadium gaat gepaard met atrofie van spier- en botweefsel en gewrichtsverstijving; kenmerk voor alle stadia is de, altijd aanwezige, pijn die verergert door activiteit van de aangedane extremiteit, allodynie, hyperalgesie en hyperpathie; syn. algodystrofie, posttraumatische dystrofie (afk. PD), sympathische reflexdystrofie, reflectoir-sympathische dystrofie (afk. RSD), schouder-handsyndroom.
sudomotorisch de afscheiding van sudor bevorderend.
sudor *L* zweet; het vocht dat wordt afgescheiden door de zweetklieren van de huid met het doel, de lichaamstemperatuur door verdamping constant te houden; ~ *pedum,* zweetvoeten; ~ *sanguineus,* syn. ~ *cruentus,* 'bloedzweten', het afscheiden van zweet dat door bacteriën rood gekleurd is, syn. haemathidrosis;

~ *urinosus*, het uitzweten van ureum bij uremie, syn. uridrosis.
sudor- *~aal*, sudor betreffend of hiertoe behorend; *~esis*, sterk zweten; *~iferum*, zweetdrijvend middel, meervoud sudorifera; syn. diaphoreticum, hidroticum.
sufficiëntie, sufficientia *L* toereikendheid, voldoende werking van een orgaan.
sufficit *L* voldoende; *quantum ~*, voldoende hoeveelheid; afk. (rec.) q.s.
suffocans *L* verstikkend gas, meervoud suffocantia; zie strijdgassen.
suffocatie 1. verstikking; kan worden veroorzaakt doordat de inademing onmogelijk is of doordat de hoeveelheid ingeademde lucht ontoereikend is (worging, verdrinking, ophanging, ziekte der ademhalingsorganen). 2. syn. asfyxie.
suffumigatie het inhaleren van de rook van een brandend geneesmiddel; syn. suffitus, fumigatie.
suffusie, suffusio *L* uitgebreide bloeding onder de huid.
suggereren aanpraten, opdringen van een denkbeeld of een mening (zie suggestie).
suggestibel vatbaar voor suggestie; zelfst.nw. *suggestibiliteit*.
suggestie het aan iemand ingeven of opdringen van een mening of denkbeeld zonder zijn medewerking, zelfs tegen zijn wil; vrijwel ieder mens is in zekere mate vatbaar voor suggestie; suggestie vindt toepassing bij de behandeling van sommige psychische stoornissen, hetzij in wakende toestand, hetzij in hypnose.
sugillatie bloedbuil, scherp begrensde bloeduitstorting onder de huid of in organen.
suïcidaliteit kans op zelfdoding.
suïcide zelfdoding, zelfmoord; zelftoegebrachte en zelfbedoelde levensbeëindiging, veelal t.g.v. een psychische stoornis (m.n. depressie) of verslaving (m.n. alcohol); *balans~*, zelfdoding door een toerekenbaar persoon die op grond van een voor hem blijvend ondraagbare situatie, uitvoering geeft aan zijn weloverwogen conclusie te willen sterven; *~ poging*, *tentamen suicidii L*, poging tot zelfdoding, waarbij de intentie bestaat daadwerkelijk het leven te willen beëindigen; indien de intentie was een signaal, noodkreet uit te zenden en niet daadwerkelijk het leven te willen beëindigen spreekt men van **parasuïcide*; zie ook presuïcidaal syndroom.
sui generis *L* met eigen aard, op zichzelf staand.
suikerziekte zie diabetes.
suïthanasie zelfdoding.
sulcus *L* gleuf, groeve, meervoud *sulci*; *~ matricis unguis L*, nagelplooi.
sulfa, sulf(anil)amide, sulfapreparaat zie sulfonamiden.
sulfatiden (meervoud) (bioch.) sfingolipiden die bijdragen tot de opbouw van de myelineschede rondom de axonen van de zenuwcellen.
sulfatidose ziekte t.g.v. een lysosomale enzymopathie waardoor sulfatide wordt gestapeld en klinisch het beeld van metachromatische *leukodystrofie ontstaat; syn. ziekte van Scholz.
sulfocarbonismus *L* vergiftiging met zwavelkoolstof.
sulfohemoglobine verbinding van zwavel met hemoglobine; afk. SHb.
sulfonamiden *sulfamiden, sulfanilamiden, sulfapreparaten,* zwavelbevattende chemotherapeutica met bacteriostatische eigenschappen, doordat ze in bacteriën de folinezuursynthese remmen.
sulfur *L* zwavel; geel, broos, licht ontvlambaar niet-metallisch element; wordt gebruikt inwendig als laxans, uitwendig bij vele huidziekten en als parasietendodend middel, bijv. bij scabiës; *~ sublimatum*, zwavelbloem,

zwavelpoeder, gesublimeerde ruwe zwavel; ~ *depuratum*, gezuiverde zwavel voor inwendig gebruik; ~ *praecipitatum*, zwavelmelk, melkkleurige zeer fijn verdeelde zwavel.
Sulzberger, M.B. Amerikaans huidarts (geb. 1895), zie Bloch.
Sumatrakoorts syn. pseudotyfus; zie mijtenkoorts.
summatie 1. syn. *additie; zie ook potentiëring. 2. een prikkel leidt pas tot een effect (bijv. spiercontractie) nadat de prikkel een aantal malen is herhaald.
sunna (Afr.) rituele excisie van het *preputium clitoridis.
sunset-fenomeen zichtbaar zijn van het oogwit boven de iris.
suo nomine van de benaming voorzien; (rec.) aanwijzing dat de bestanddelen op het etiket moeten worden vermeld; tgst. sine nomine.
SUO-WTZ afk. van stichting uitvoering omslagregeling-*WTZ.
super- *L* (smst.) boven, verhoogd, over, overmatig.
superaciditeit verhoogd zuurgehalte, vnl. van het maagsap; hyperaciditeit.
superalimentatie overvoeding; therapeutisch gedwongen voeding; gavage *(F)*; obsolete behandeling bij neurasthemie, tuberculose en andere slopende ziekten.
supercilium *L* wenkbrauw, meervoud supercilia.
superego (*L*, lett. 'boven-ik') volgens de theorie van Freud het onbewuste geweten dat het id (Es) aanpast aan de normen van wat juist en onjuist, goed en slecht, beloning en straf is; dit zijn normen die het individu zijn hele leven door ontwikkeld heeft; men gaat meestal uit van twee deelfuncties van het superego: deels het geweten, dat een straffende functie heeft bij overschrijding van de normgrenzen, deels het Ik-ideaal, dat een ideaalbeeld is dat het individu van zichzelf heeft en waaraan het probeert te beantwoorden; syn. Über-Ich.
superfecundatie overbevruchting; bevruchting van meer dan één eicel uit dezelfde ovulatieperiode; de mogelijkheid van superfecundatie is gebleken door de vaststelling, dat een vrouw een tweeling ter wereld bracht, elk van een andere vader.
superficieel, superficialis *L* oppervlakkig.
superficie, superficies *L* oppervlak.
superfoetatie overbezwangering; bevruchting van eicellen uit verschillende ovulatieperioden als gevolg van paring nadat reeds zwangerschap was ingetreden; de mogelijkheid hiervan is niet bewezen.
superfusie, superfusio *L* overgieting.
superieur, superior *L* 1. hoger, zich boven bevindend. 2. beter, niet te overtreffen; tgst. inferior.
superinfectie 1. herbesmetting, overbesmetting, besmetting van een persoon met een ziekteverwekker waarmee hij reeds besmet is. 2. infectie door een kiem (in engere zin bacterie) in weefsel dat reeds door een andere kiem (in engere zin een virus) is geïnfecteerd; zie ook secundaire *infectie.
superior zie superieur.
supermediaal, supermedialis *L* boven het midden gelegen; aan de bovenzijde van de middellijn (medialis) gelegen.
supernagens syn. *supernatant.
supernatant 1. heldere vloeistof boven een sediment of precipitaat. 2. substantie drijvend op een vloeistof (ook bijv. een dunne laag van een lichte vloeistof op een zwaardere).
superovulatie het gelijktijdig vrijkomen van meer dan één eicel uit de eierstok.

superpositie op of boven elkaar geplaatst; wkw. *superponeren*.
supersonisch zie ultrasoon.
superspecialisme zie deelspecialisme.
supertwisting *E* (bioch.) spiraalvorming van de DNA-helix in zijn geheel.
supinatie 1. tgst. *pronatie; bijv.nw. *supien*; ~ *van de hand*, exorotatie van de onderarm zodat de handpalm 'naar boven' wijst; ~ *van de voet*, combinatie van plantaire flexie, adductie en inversie. 2. rugligging.
supinator *L musculus* ~, spier die voor de *supinatie (bet. 1) dient.
suppletietherapie syn. *substitutietherapie.
supportive care *E* maatschappelijke steunverlening ten huize van hulpbehoevenden.
suppositie, suppositio *L* onderstelling; wkw. *supponeren*.
suppositorium *L* meervoud suppositoria, zetpil; kegel- of torpedovormige pil, bereid uit een gemakkelijk smeltende stof bij lichaamstemperatuur (vooral cacaoboter) waarin geneesmiddelen zijn verwerkt; zetpillen worden door de anus in het rectum gebracht, waar zij spoedig smelten; worden òf gebruikt wanneer toediening van een geneesmiddel via de maag onmogelijk is dan wel tot onwerkzaamheid leidt, òf plaatselijk, bijv. om stoelgang op te wekken, en ter behandeling van aambeien, proctitis e.a.; ~ *vaginalis*, vaginale zetpil.
suppressie, suppressio *L* 1. onderdrukking, bijv. van een biologische functie; *beenmerg~*, achteruitgang van de beenmergfunctie bij gebruik van sommige medicijnen, bijv. cytostatica; ~ *mensium*, onderdrukking van de menses; *syndroom~*, zie syndroomsuppressie. 2. (psych.) het onderdrukken van verborgen, onbewuste verlangens.
suppressorcellen antigeen-specifieke *T-cellen die de immunoreactie (de antistoffenproductie) remmen; tgst. *helper cells; aanduiding: T8-cellen.
suppurans *L* middel dat suppuratie veroorzaakt, meervoud suppurantia.
suppuratie ettering; het zich vormen van etter door het binnendringen van etterverwekkende bacteriën; zie pus.
suppuratief etterend, met ettering gepaard gaand.
supra- *L* (smst.) boven, over; tgst. infra-; *~chiasmatisch*, zie nucleus; *~choroïdaal*, tussen choroidea en sclera; *~claviculair, -laris L*, boven het sleutelbeen; *~nodaal*, zie extrasystole; *~orbitaal, -alis L*, boven de orbita gelegen; *~pubisch*, boven het schaambeen; *~renaal, -alis L*, boven de nier (ren) gelegen; *~renine*, syn. van adrenaline, epinefrine.
supra- *~sellair*, boven de *sella turcica (Turks zadel) gelegen of gesitueerd; *~symfysair*, boven de symfyse; *~vaginaal, -alis L*, boven de vagina; *~valvulair* (anat.), onmiddellijk boven de aorta- of pulmonalisklep; *~ventriculair*, gesitueerd boven de hartkamers; *~vergentie*, deviatie van een oog naar boven.
sura *L* kuit.
suraal, suralis *L* de kuit (sura) betreffend of hiertoe behorend.
suralimentation *F* overvoeding, mestkuur; wordt o.a. toegepast bij zwaktetoestanden, bloedarmoede en dergelijke.
suralis zie suraal.
surditas *L* doofheid, zie doofheid.
surdocardiac syndrome *E* zie Jervell.
surdomutitas *L* doofstomheid, geheel of gedeeltelijk onvermogen om te horen en te spreken; kan zijn aangeboren of later ontstaan; indien doofgeboren kinderen

door speciaal onderwijs leren spreken wordt doofstomheid voorkomen.
surexcitation *F* overmatige prikkeling.
surfactant een oppervlaktespanning-verlagende fysiologische stof (lipoproteïne) o.a. afgescheiden door de wand van de longblaasjes, welke bijdraagt tot de elasticiteit van het longweefsel.
surmenage *F* overmatige vermoeienis, inspanning of overbelasting van geest of (delen van het) lichaam; *overspanning (psych.); psychische *decompensatie.
surnumerair boven het normale aantal.
surra trypanosomiasis bij paarden en andere dieren in Azië en Afrika.
surrogaat 1. vervangingsmiddel. 2. (psych.an.) vervangende persoon.
surveillance *F* en *E* 1. bewaking, toezicht; *immuun~*, 'eerste-lijns'verdediging van het lichaam tegen schadelijke invloeden van buitenaf; voornaamste effectors zijn T- en K-cellen, macrofagen en 'natuurlijke' antistoffen zoals lacto- en transferrine. 2. de maatregelen welke hygiëne en geneeskunde t.b.v. ziektepreventie hebben te bieden.
susceptibiliteit vatbaarheid; prikkelbaarheid; lichtgeraaktheid.
suspect, suspectus *L* verdacht.
suspenderen ophangen, in een hangende houding brengen; zie suspensie.
suspensie, suspensio *L* ophanging. 1. het in een hangende houding brengen (ophangen) van het lichaam, van ledematen of organen; *~-apparaat*, toestel om lijders aan aandoeningen van de wervelkolom of aan ruggenmergsziekten op te hangen, ten einde de wervelkolom te rekken of te ontlasten. 2. poeder dat in een vloeistof of gas zwevende blijft.
suspensorium *L*, *suspensoir F* draagverband, steunverband; meestal wordt met suspensorium een draagverband voor de balzak (~ *scroti*) bedoeld, dienend om de balzak te steunen, vooral bij ontsteking (orchitis, epididymitis); ~ *brachii*, draagdoek voor de arm, syn. mitella; ~ *mammae*, draagverband voor de vrouwenborst; bustehouder.
sustained action *E* (farm.) aanhoudende en geleidelijke werking.
susurrus aurium *L* oorsuizing, syn. tinnitus aurium.
Sutton, R. Amerikaans huidarts (1878-1952), zie naevus.
sutuur, sutura *L* 1. naad, bijv. de plaats waar twee beenstukken onbeweeglijk of in elkaar passend, met elkaar zijn verbonden; ~ *coronalis*, kroonnaad, tussen voorhoofdsbeen en wandbeenderen, syn. ~ *frontalis*; ~ *lambdoidea*, lambdanaad, tussen achterhoofdsbeen en wandbeenderen; ~ *sagittalis*, pijlnaad, tussen de beide wandbeenderen; ~ *squamosa*, schubnaad, tussen wandbeen en slaapbeen. 2. (chir.) hechting; de plaats waar gewonde of gescheiden delen kunstmatig met elkaar zijn verbonden.
SUVA afk. van syndicale unie van Vlaamse artsen.
SUVH afk. van samenwerkingsverband van de universitaire huisartsopleidingen.
Sv afk. van *sievert.
SV afk. van sine vitris.
SVC afk. van subclavion vein catheterisation *E* (zie katheterisatie).
SVD afk. van slow virus disease *E*; zie ook panencefalitis, SSPE.
Svedberg-eenheid de maat (symbool S) waarmee de snelheid van bezinking in de ultracentrifuge wordt aangeduid; genoemd naar de Zweedse chemicus T. Svedberg (1884-1971).
SVES afk. van supraventriculaire extrasystole.

SVG afk. van 1. stichting voorzieningen gehandicapten. 2. sociaal-verpleegkundige in de GGD.
SVH afk. van systematisch verpleegkundig handelen, syn. MVH.
SVI afk. van slow virus infection *E*.
SVL afk. van stichting vrijwillig leven, streeft naar een wettelijke erkenning van een recht op zelfdoding, en op het verkrijgen van de daartoe strekkende middelen; zie ook NVVE.
SVN afk. van stichting verpleeghuiszorg Nederland.
SVP afk. van standaardverpleegplan.
SVR afk. van 1. stichting volksgezondheid en roken. 2. systemic vascular resistance, perifere vaatweerstand.
SVT afk. van supraventriculaire tachycardie.
SVW afk. van systemische vaatweerstand.
swab *E* wattenstokje, wattendrager.
Swan-Ganz katheter zie katheter.
Swanson, A. Amerikaans orthopeed; *prothese van ~*, siliconrubber *prothese voor artroplastiek van een gedestrueerd polsgewricht (meestal na *RA).
Sweet, R. Engels huidarts; *syndroom van ~*, acute koortsende ziekte vooral bij vrouwen, met pijnlijke pseudobulleuze plaques van de huid en gewrichtsklachten.
SWEN afk. van stichting werkgroep ESWL Nederland.
Swift, W. Australisch kinderarts, zie acrodynie (bet. 2).
swine-virus *A* het voor de mens pathogene *influenzavirus-A, dat ook voorkomt bij varkens, paarden en sommige vogelsoorten.
Swiss-type *E* zie immuno-*deficiëntie.
SWOG afk. van stichting warenonderzoek gehandicapten.
Sx (jrg.) aanduiding op de *status (bet. 2): 'operatie geschied'.
sychnosfyxie *G* versnelling van de polsslag.
sycose, sycosis *G* schimmelziekte, baardvin, baardschurft; huidziekte die beperkt blijft tot de met baard begroeide huid; men onderscheidt een lichte oppervlakkige vorm waarvan de oorzaak onbekend is (*~ simplex* of *~ non parasitaria*, syn. mentagra) en de echte parasitaire vorm die veroorzaakt wordt door Trichophyton tonsurans; deze vorm komt veel overeen met herpes tonsurans.
Sydenham, Th. Engels arts (1624-1689); *chorea van ~*, *chorea minor.
syfilide *F* (ook: *syphiloderma*) zie syfilis.
syfilidologie (ook: *syfilologie*) de leer of kennis van de syfilis.
syfilis syn. lues venerea, morbus gallicus; besmettelijke chronische venerische ziekte met een zeer slepend verloop, veroorzaakt door een bacterie genaamd Treponema pallidum; de besmetting heeft bijna altijd plaats door (de diverse vormen van) geslachtsverkeer. Men onderscheidt twee vormen, nl. verkregen en aangeboren syfilis; bij *verkregen ~* zijn er 3 tot 4 stadia. 1. twee tot vier weken na de besmetting ontstaat op de besmette plaats een *'primair affect'*, een zweer met harde omgeving (ulcus durum of harde sjanker) en in de liezen niet-pijnlijke regionaire lymfeklierzwellingen (indolente bubonen). 2. twee tot drie maanden na de besmetting begint het *secundaire stadium;* de ziekte heeft zich dan verder in het lichaam ontwikkeld en een rood tot roodbruin uitslag (syfilide of syphiloderma) treedt op, vaak over het gehele lichaam; deze uitslag kan bestaan uit knobbeltjes (papulae), rode vlekjes (roseolae syphiliticae), grotere schilferende plekken, vooral aan de binnenzijde der handen en aan de voetzolen (psoriasis

syphilitica), etterende puistjes en blaasjes (ecthyma syphilitica) of grotere zweren en blazen (rupia syphilitica); op het voorhoofd verschijnen de knobbeltjes of vlekjes soms als een krans (corona veneris of venuskrans); in de omgeving van de bilnaad, de schaamspleet enz. verschijnen vaak brede vijgwratten (condylomata lata); platte vochtige plekken (plaques muqueuses) ontstaan soms op het slijmvlies van lichaamsopeningen; de meeste verschijnselen zijn na ongeveer één à anderhalve maand geweken, waarna een periode van rust (latent stadium) intreedt. 3. in vele gevallen komt de ziekte in het derde of *tertiaire stadium*, waarin zij meer beperkt is tot bepaalde organen, zoals hart, ruggenmerg, hersenen, lever, ogen, bloedvaten (*viscerale* of *ingewands~* genoemd); dikwijls ontstaan gomachtig aanvoelende granulatiegezwellen (zie gumma) die door verweking grote verwoestingen kunnen aanrichten. 4. wanneer de zieke zich niet of onvoldoende laat behandelen, kan bij syfilis ook nog een vierde stadium intreden, nl. het *meta-* of *parasyfilitische stadium*, waarbij bijna onmerkbaar het centrale zenuwstelsel wordt aangetast; syfilis van de hersenen heeft psychische stoornissen tot gevolg (paralysis progressiva, syn. dementia paralytica); is het ruggenmerg aangetast, dan is *tabes dorsalis daarvan het gevolg. Bij de *aangeboren* vorm (*~ hereditaria, hereditaire* of *heredosyfilis*, syn. lues congenita) is het kind besmet in het moederlichaam; de verschijnselen van hereditaire syfilis zijn o.a. het trias van *Hutchinson, oor- en oogaandoeningen, huiduitslag (pemphigus), enz.; in 70% der gevallen wordt het kind dood geboren.

syfilogeen door syfilis ontstaan; van syfilitische oorsprong.

syfiloïde 1. op syfilis gelijkende huidaandoening. 2. in bepaalde streken endemisch voorkomende huidziekte die zich in verschillende vormen kan voordoen en beschouwd wordt van syfilitische aard te zijn.

syfilologie (ook: *syfilidologie*) de leer of kennis van syfilis.

syllabus samenvattend overzicht van de hoogtepunten van een gehouden lezing (college).

syllectometrie meting van de mate van *impilatio van erytrocyten.

syllogomanie ziekelijke lust om rommel en waardeloze dingen te vergaren.

symbiont zie symbiose.

symbiose, symbiosis *G* 1. het samenleven van tweeërlei ongelijksoortige organismen, te onderscheiden in *commensalisme, *parasitisme en *mutualisme. 2. (psych.) psychologische afhankelijkheid; zelfst.nw. *symbiont*.

symbiotische fase fase in de ontwikkeling van een baby waarin er voor hem nog geen grens bestaat tussen Ik en niet-Ik; het kind verbindt lust met dat aspect van de moeder dat voedsel, zachtheid en warmte geeft, en onlust met de afwezigheid hiervan.

symblepharon *G* vergroeiing van het bindvlies van de oogleden met de oogbol; hierdoor wordt de oogbeweging belemmerd en kan zelfs het zien onmogelijk worden.

symbolie het vermogen om begrippen aan te geven of te duiden d.m.v. tekens, bijv. muzieknoten, geldstukken, cijfers, letters, verkeerstekens en dergelijke.

symbolisatie het weergeven van begrippen door symbolen.

symbolisme syn. *fetisjisme.

symbolofobie vrees voor zinnebeeldige handelingen; de vrees om bepaalde handelingen te verrichten welke men zich voorstelt als het zinnebeeld van ongeluk of misdaad, bijv. onder een ladder doorlopen, schoenen op tafel zetten, messen gekruist neerleggen, enz.

symbolon zie symbool.

symbolyse (psych.) het tot uitdrukking brengen van symbolische gedachte-inhouden bij neurosen, in engere zin door middel van *psycholytica, syn. hallucinosetherapie.

symbool, symbolon *G* zinnebeeld; teken. 1. (psych.an.) een woord, voorstelling of teken dat voor iets anders staat; *individueel* ~, in de psychoanalyse gebruikt begrip dat naar een onbewuste, verborgen betekenis verwijst, die specifiek is voor het desbetreffende individu; *universeel* ~, een symbool waarvan verondersteld wordt dat het verwijst naar een door alle mensen begrepen betekenis. 2. teken, afkorting of voorwerp dat een bepaald begrip voorstelt.

Syme, J. Schots chirurg (1799-1870); *operatie van* ~, modificatie van de operatie van *Pirogow, waarbij de onderzijde van de stomp wordt gevormd door de onderzijde van het hielbeen.

symf- zie ook symph-.

symfalangisme autosomaal dominant-erfelijk ontbreken van een gewricht tussen twee falangen (*falanx), vaak tezamen met functiebeperkingen in andere gewrichten en combinaties met syndactylie, strabismus en ankylose van de stapes (leidend tot gehoorverlies); syn. *symfalangie*; syn. van Talbot-vingers.

symfyse, symphysis *G* samengroeiing of verbinding van twee beenderen door kraakbeenweefsel; in engere zin de schaambeenverbinding of schaambeenvoeg (~ *ossium pubis*).

symfyseotomie syn. *hebetomie.

symfysiolyse, symphysiolysis loslating van de *symfyse, waardoor de beide schaambeenderen uiteenwijken; zie ook bekkeninstabiliteit.

symfysodactylie *G* syn. *syndactylie.

symmelus *G* misgeboorte met samengegroeide benen; zie sympodie.

Symmers, D. Amerikaans patholoog (1879-1952); *ziekte van Brill-~*, lymphoblastoma megafolliculare, zie lymfoblastose.

symmetrie 1. gelijkheid van vorm van de beide lichaamshelften. 2. *symptoom-~*, ziekteverschijnselen aan beide zijden van het lichaam op dezelfde plaats.

symmetrisch bijv.nw. bij symmetrie; tgst. asymmetrisch.

sympath(ic)ectomie operatie van Leriche, operatieve verwijdering van een gedeelte of de gehele sympathische grensstreng of de verwijdering van een deel van de buitenste bindweefsellaag (adventitia) van een slagader waarin zich de sympathische zenuwvezels bevinden; hierdoor ontstaat distaal een vaatverwijding en wordt een verbeterde voeding van het weefsel verkregen (bij trofische stoornissen, vaatkrampen, onvoldoende vascularisatie).

sympathico- *G* (smst.) de sympathicus betreffend; ~**lyticum*, geneesmiddel met een remmende invloed op de werking van de nervus sympathicus; antagonist van *catecholaminen; ~**mimeticum*, geneesmiddel met een stimulerende invloed; *~tomie*, syn. sympathectomie; *~tonie,* toestand waarbij de functie van de *sympathicus overweegt over die van de parasympathicus; tgst. vagotonie.

sympathicus *G* (volledig: *nervus sympathicus*) zie autonoom zenuwstelsel.

sympathisch 1. (psych.) medegevoelig, positieve gezindheid. 2. aandoeningen het gevolg van een (gelijke) aandoening op een andere plaats in het lichaam. 3. m.b.t. de sympathicus. *~e oftalmie*, zie oftalmie; *~e reflexdystrofie*, zie Sudeck-syndroom; ~ *zenuwstelsel*, onderdeel van het autonoom zenuwstelsel.

sympes *G* syn. sympodie.
symph- zie ook symf-.
symphonallaxis spraakgebrek waarbij medeklinkers verwisseld worden.
symphysiolysis, zie symfysiolyse.
symphysis zie symfyse.
sympodie misgeboorte met samengegroeide benen, syn. sirenomelie, symmelus, sympes, sympus.
symptomaticum middel dat hinderlijke verschijnselen van een ziekte, doch niet de kwaal zelf, bestrijdt.
symptomatisch 1. m.b.t. de verschijnselen van ziekten. 2. gezegd van een verschijnsel dat voor een bepaalde ziekte kenmerkend is. 3. gezegd van een ziektebeeld dat zich als een symptoom van een andere ziekte openbaart, bijv. symptomatische anemie; *~e psychose*, zie *organisch psychosyndroom; *~e therapie*, behandeling die niet gericht is tegen de oorsprong van de ziekte, maar alleen tegen de verschijnselen; tgst. specifieke of causale therapie (zie causaal).
symptomatologie 1. de leer of kennis van de symptomen, syn. fenomenologie. 2. het totaal der verschijnselen van een bepaald ziektebeeld.
symptomencomplex 1. alle symptomen, die samen een ziektebeeld vormen. 2. het samengaan van verschillende afwijkingen zonder dat de samenhang hiertussen altijd duidelijk is; syn. *syndroom.
symptoom kenteken, ziekteverschijnsel; *symptomencomplex*, zie syndroom.
sympus *G* syn. sympodie.
syn- (smst.) samen, tezamen, verbonden.
synalgie, synalgia *G* pijn met een lokalisatie die afwijkt van de plaats van de oorzaak.
synantheem *G* huiduitslag (exantheem) waarbij verschillende vormen van uitslag gelijktijdig en afwisselend optreden.
synaps contactplaats tussen twee neuronen of tussen een neuron en een spier (neuromusculaire synaps), tussen neuron en bijv. een klier als effectororgaan; in een synaps vindt de *transmissie van zenuwimpulsen plaats; *~blaasjes*, de vacuole-achtige blaasjes in het eindknopje (eindplaatje) van een axon (zie neuriet), ook wel transmitterblaasjes genoemd omdat ze de transmitters bevatten; *neuromusculaire ~*, zie eindplaat; *~spleet*, de spleet tussen axon en dendriet, waarin neurotransmittermoleculen uit het axon vrijkomen.
synarthrosis *G*, de verbinding van twee beenderen door bindweefsel (*syndesmose*), kraakbeen (*synchondrose*) of beenweefsel (*synostose*).
syncanthus *G* een vorm van symblepharon waarbij de oogbol met de ooghoeken door littekens is verbonden.
syncephalus *G* dubbelmonstrum met samengroeiing van hoofd en borstkas.
synchondrose, synchondrosis *G* verbinding van twee beenderen of kraakbeenderen door kraakbeen, bijv. de symfyse tussen de schaambeenderen.
synchroon, synchronisch gelijktijdig; zelfst.nw. *synchronisatie*.
synchysis *G* vervloeiing; *~ corpori vitrei*, vervloeiing van het glasachtig lichaam van het oog; *~ scintillans*, synchysis gepaard met flikkeringen voor de ogen.
synclitismus (verlosk.) zodanige ligging van de schedel van het kind tijdens de baring, dat de dwarsdoorsnede ervan evenwijdig loopt met het vlak van de moederlijke bekkeningang.
syncope *G* plotseling intredende bewusteloosheid die enkele seconden tot meerdere

uren kan duren, soms voorafgegaan door duizeligheid, transpiratie en misselijkheid, veroorzaakt door 1. *hypoxie van de hersenen t.g.v. onvoldoende circulatie, hetzij door te laag slagvolume van de linker hartkamer (Adams-Stokes, sterke tachycardie, aortastenose, mitrale afsluiting, pulmonalis-embolie, harttamponade, glomus-reflex, langdurig persen, hartinfarct) òf vermindering van de weerstand in de perifere circulatie (reflectorisch bij emoties, pijn en vermoeidheid, hypotensie, hyperventilatie, het zgn. 'flauwvallen') dan wel door te hoge weerstand van de hersenvaten (hypertensie, arteriosclerose, hersentrombose en -embolie). 2. plotselinge verandering van de bloedsamenstelling (onvoldoende zuurstofverzadiging bij ernstige anemie of op grote hoogten, aangeboren hartgebreken, hypoglykemie). 3. disfunctie van de hersenen, vnl. bij epilepsie.

syncyanine pigment dat de blauwe verkleuring die soms in wondafscheidingen (etter) voorkomt, veroorzaakt; verwekt door *Bacillus pyocyaneus*.

syncytioma malignum *L* syn. van *choriocarcinoom.

syncytium *G* (alg.) 1. niet nauwkeurig begrensde ophoping van cellen. 2. meerdere celkernen omgeven door één bijbehorend cytoplasma, meestal in groepjes bij elkaar.

syndactylie *G* aangeboren vergroeiing van vingers of tenen; spatelhand; syn. symfysodactylie.

syndesmitis *G* 1. ontsteking van ligamenten. 2. syn. conjunctivitis.

syndesmofyt een exostose, uitgegaan van een ligament; de voor spondylosis ankylopoietica kenmerkende tussenwervelbrug.

syndesmologie *G* de leer of kennis der banden (ligamenten).

syndesmos 1. syn. ligament. 2. syn. conjunctiva.

syndesmose, syndesmosis *G* de verbinding van beenderen d.m.v. banden (ligamenten).

syndroom *G* syn. symptomencomplex, de bij een ziektebeeld behorende combinatie van ziekteverschijnselen, die als een eenheid kan worden opgevat, bijv. hyperesthetisch-emotioneel syndroom, premenstrueel syndroom e.a.; *~-suppressie*, het (meestal tijdelijk) verdwijnen van een ziektebeeld t.g.v. het optreden van een intercurrente ziekte, bijv. het verminderen van astma tijdens koorts en dergelijke; *totaliteits~*, uiteenlopende ziektebeelden die tenminste één belangrijke factor gemeen hebben, bijv. de wijze van ontstaan; *~-verschuiving*, het optreden van een syndroom (of een ziekte) onmiddellijk na het verdwijnen van een ander syndroom (of ziekte) bijv. astma na dauwworm.

syndromatologie de gezamenlijke verschijnselen, behorend bij een bepaald syndroom.

synechie, synechia *G* ziekelijke vergroeiing of aaneenkleving, o.a. in hartzakje of trommelholte, doch vooral van delen in het oog, nl. *~ iridis anterior*, vergroeiing van het regenboogvlies met het hoornvlies en *~ iridis posterior*, vergroeiing van het regenboogvlies met het lenskapsel; *~ vulvae*, syn. agglutinatio labiorum, verkleining van de randen van het vestibulum vulvae bij het jonge kind, soms tezamen met de kleine schaamlippen.

synergisme, synergie (ook: synkinesis) wederzijdse versterking, samenwerking bijv. van zenuwen of spieren, versterking van de werking van een geneesmiddel of vergif door aanwezigheid of toevoeging van een tweede; verergering van een ziekte door aanwezigheid of uitbreken van een andere; tgst. antagonisme, dyssynergie.

synergistisch samenwerkend, wederzijds versterkend; zie synergisme.
synesthesie bijgewaarwording, waarneming ontstaan zonder dat het betreffende zintuig geprikkeld werd, doch door een andere sensorische prikkeling, bijv. het zien van kleuren bij het horen van bepaalde geluiden, het horen van geluiden bij het zien van bepaalde kleuren, het ruiken van spijzen bij het zien van een afbeelding hiervan; *fonisme, *fotisme.
syngamie 1. geslachtelijke voortplanting. 2. de vereniging van de mannelijke en vrouwelijke gameten tot een zygote.
syn- *~geen*, syn. isoloog; met dezelfde erfelijke aanleg, bijv. een monovulaire (eeneiige) *tweeling; *~karyon*, door samensmelting van de mannelijke en vrouwelijke *pronucleus ontstane kern van de zygote; *~kinesis G* 1. medebeweging. 2. synergie; *~oniem*, gelijk aan betekenis, zinverwant; *~ofris*, *~ophrys*, samengegroeide ('dóorlopende') wenkbrauwen; *~opsie*, syn. *fotisme; *~opsis*, beknopt overzicht, korte samenvatting; *~optofoor*, optisch instrument voor de oefening van het binoculaire zien bij scheelzien.
synorchidie *G* samengroeiing van de beide testikels in de buikholte.
synostose, synostosis *G* 1. beenverbinding d.m.v. beenweefsel, bijv. de vergroeiing van de wervels van het heiligbeen. 2. abnormale samengroeiing van beenderen.
synovectomie zie synoviëctomie.
synovia *G* 1. slijmvliesbekleding van gewrichtsholten, peesscheden en bursae, syn. synoviaalvlies, membrana synovialis. 2. gewrichtssmeer, afgescheiden door de synovia 1.
synoviaal, synovialis *G* betrekking hebbend op de synovia; *~vlies*, zie synovia (bet. 1); *~vocht*, zie synovia (bet. 2).
synoviëctomie, synovectomie (chir.) verwijdering van de (zieke) *synovia van gewrichten of pezen, meestal bij reumatoïde artritis.
synovioom, synovioma *G* gezwel uitgaande van de synovia 1.
synoviorthese intra-articulaire toediening van radio*nucliden ter behandeling (met hoofdzakelijk bètastralen) van chronische niet-infectieuze artritis; syn. bestralings*synoviëctomie.
synoviotheel onjuist neologisme voor *synovia (bet. 1).
synovitis *G* ontsteking van het synoviale vlies (zie synovia); ~ *genus*, kniegewrichtsontsteking; *kristal~*, benaming voor *jicht en *pseudojicht; ~ *suppurativa acuta*, acute etterige gewrichtsontsteking, syn. pyartrose; ~ *vertebralis*, ontsteking der wervelgewrichten, syn. spondylarthritis; ~ *villonodosa pigmentosa*, chronische synovitis gekenmerkt door gepigmenteerde granuloomvorming.
synovium syn. synoviaalvlies, zie synovia (bet. 1).
syntaxis de groepering van woorden tot zinsdelen en zinnen.
synthese 1. samenstelling, samengestelde stof; verbinding van afzonderlijke elementen tot een nieuw geheel; verbinding van begrippen of stellingen tot een algemene stelling. 2. het opbouwen van een scheikundige verbinding, tgst. analyse.
synthorax syn. *thoracopagus.
synthymie (psych.) invloed van gemoedsstemmingen op het gevoelsleven.
syntonie syn. *cyclothymie.
syntopie *G* de plaats of ligging en de onderlinge verhouding van twee aan elkaar

grenzende organen.

syntropie de soms bestaande neiging van twee ziektebeelden zich tot één te verenigen; *omgekeerde ~*, toestand waarbij de aanwezigheid van een ziekte de mogelijkheid tot het ontstaan van een andere vermindert.

syphilis zie syfilis.

syphilo- (smst.) *~derma*, syn. syfilide; *~ma*, *~om*, 1. syn. gumma. 2. *~ chancriforme*, zich op de plaats van een *sjanker ontwikkelend gumma dat tevens het vóórkomen van een sjanker heeft; *~phyma*, syfilitisch gezwel; *~sis*, *syfilose*, syfilitische ziekte.

syphon zie sifon.

syringitis catarre van de buis van Eustachius, zie tuba eustachii.

syringobulbie *syringomyelie in het verlengde merg, o.a. gekenmerkt door rotatore nystagmus.

syringoma zie syringoom.

syringomyelie *G* multipele-holtevorming in de grijze stof van het ruggenmerg, meestal door verweking van *gliosis; afhankelijk van de lokalisatie van de holten is de ziekte gekenmerkt door initiële pijnaanvallen, spastische paresen, fasciculaties, sensibiliteitsstoornissen, spieratrofieën, vegetatieve storingen, secundaire artropathieën, spontane fracturen, cervicale spondylartrose, kyfoscoliose.

syringo- *G* (smst.) *~myelocele*, syn. myelocystocele, hydromyelocele.

syringoom, syringoma *G* verzamelnaam voor verschillende soorten solitaire of multipele zweetkliergezwelletjes.

syringo- *G* (smst.) *~plastiek*, operatie waarbij een fistel wordt gesloten; *~scopie*, het van binnen bezichtigen van buisvormige organen; *~tomie*, operatie waarbij een fistel wordt geopend; *~toom*, mes om een fistel te openen, fistelmes.

syrinx *G* 1. fistel, syn. fistula. 2. (alg.) buisvormige structuur, in engere zin de tuba eustachii.

syssoom *G* misgeboorte met twee hoofden op één romp.

systeem, systema *G* elk stelsel van bij elkaar behorende en onderling samenhangende eenheden (cellen, weefsels, organen, enz.) welke een gezamenlijke oorsprong, morfologie en functie hebben, bijv. *~ vasorum*, het vaatstelsel.

systeemsclerose, systemis sclerosis syn. *sclerodermie.

systeemziekten 1. in de neurologie: ziekten van het centrale zenuwstelsel waarbij de aangetaste delen tot bepaalde geleidingsbanen behoren. 2. in de interne geneeskunde: ziekteprocessen waarbij vnl. bepaalde celsystemen zijn betrokken en die door klinische analogie en histologische (pathologisch-anatomische) overeenkomsten zijn gekenmerkt, bijv. allergische *vasculitis; de meeste systeemziekten behoren tot de zgn. *collageenziekten; *maligne systeemziekten* zijn o.a. de leukemieën, de maligne lymfomen en de paraproteïnemieën.

systema zie systeem.

systematisch stelselmatig; n.t.v.m. systemisch.

systematiseren tot een systeem samenschikken.

systemis sclerosis systeemsclerose; syn. *sclerodermie.

systemisch 1. m.b.t. een bepaald orgaansysteem. 2. gesystematiseerd; over het gehele lichaam verspreid; syn. gegeneraliseerd.

systole *G* samentrekking van de hartkamers.

SZ afk. van 1. somatisch zieken. 2. slechtziende.
SZA afk. van specifiek ziekenhuisafval.
SZI afk. van steunpunt zelfzorginitiatieven.
Szondi-test (psych.) proef d.m.v. foto's om een inzicht te krijgen in de persoonlijkheidsstructuur van de onderzochte; genoemd naar L. Szondi (geb. 1893), psychotherapeut te Zürich.

T

t afk. van tijd.
T afk. van 1. tesla, eenheid van magnetisme. 2. temperatuur (in kelvin). 3. tensie. 4. tera = 10^{12}.
T1/2 afk. van halfwaardetijd.
T_3 afk. van trijodothyronine, een schildklierhormoon dat invloed heeft op het basaalmetabolisme.
T_4 afk. van tetrajodothyronine (thyroxine), een schildklierhormoon dat invloed heeft op het basaalmetabolisme.
TA afk. van 1. toxine-antitoxinemengsel, entstof (vaccin) tegen difterie. 2. tandartsassistent(e).
taaislijmziekte zie *cystische fibrose.
TAB (afk.) entstof (vaccin) tegen tyfus en paratyfus A en B.
tabacosis pulmonum *L* *pneumoconiose door inademing van tabakstof, bijv. bij arbeiders in fabrieken waar tabak wordt verwerkt.
tabagisme tabaksvergiftiging, zie nicotinianisme.
tabakzaksnaad (chir.) doorlopende circulaire *sutuur (bet. 2) rondom een al of niet kunstmatige wond, die het defect sluit na door de arts te zijn dichtgetrokken en geknoopt.
tabardillo *S* vorm van endemische *vlektyfus in Mexico.
tabatière *F* lett. snuifdoos; (anat.) ~ *anatomique*, holte proximaal van het 1ste middenhandsbeentje, gevormd door de pezen van de lange en de korte duimstrekker, zichtbaar bij abductie van de gestrekte duim.
tabella *L* vklw. van *tabula; (overdr.) tablet.
tabes *L* tering, uittering; in engere zin syn. tabes dorsalis; ~ *cerebralis*, dementia paralytica; ~ *cervicalis*, tabes dorsalis vnl. in het halsmerg; ~ *coxaria*, beenatrofie in het verloop van coxitis; ~ *diabetica*, verschijnselen van ruggenmergstering bij suikerziekte; ~ *dorsalis*, syn. ~ *spinalis*, ruggenmergstering, ontaardingsproces van de achterstrengen van het ruggenmerg, veroorzaakt door syfilis in het 4de stadium, dus een metasyfilitische ziekte; wordt gekenmerkt door schietende pijnen in de benen, *zonesthesie in de romp; in het verdere verloop kunnen optreden areflexie, ataxie, verlammingen, degeneratie van gewrichten, ingewandskrampen, gezichtsstoornissen; het verschijnsel van *Argyll Robertson is positief; ~ *lactea*, algemene verzwakking en vermagering door overmatige zogproductie; ~ *marantica*, ruggenmergstering met sterke vermagering; ~ *pulmonalis*, longtering, syn. phthisis pulmonum; ~ *scrofulosa* (ook: *mesaraica* of *mesenterica*), tuberculeuze ingewandstering (ook: 'kliertering'), zwelling of verkazing der buikklieren bij kleine kinderen met sterke vermagering.
tabescentie uittering, kwijning.
tabetiker *D* lijder aan tabes dorsalis.
tabidus *L* uitterend.
tablet (farm.) tabella, tabula.
taboparalyse dementia paralytica samen optredend met tabes dorsalis.

tabula *L* plank, bord; vklw. *tabella.
tache *F* vlek; ~ *de beauté*, 'schoonheidsvlek', zie lentigo; ~ *bleue sacrée*, mongolenvlek; ~ *noire*, onpijnlijk zweertje met zwarte korst, primaire laesie van *tickbite fever.
tachi-, tacho- *G* (smst.) snel; zie ook tachy-.
tacho- *~gram*, *dromogram; *~meter*, (ook: tachymeter) snelheidsmeter.
tachycardie, tachycardia *G* versnelde hartwerking (>100 contracties per minuut); ~ *essentialis*, tachycardie bij hartneurose; *orthostatische* ~, tachycardie bij meestal asthenische jonge mensen met hypotensie; ~ *paroxysmalis*, in aanvallen optredende tachycardie met een acuut begin en einde; *supraventriculaire* ~, regulair hartritme van ±180-200 per minuut onder invloed van een *focus in de hartboezems of in de AV-knoop met retrograde geleiding; syn. voor tachycardie zijn pycnocardie, synchopexie, tachyritmie; tgst. bradycardie.
tachy- *~fagie*, snel eten; *~frasie*, snel of haastig spreken, syn. tachylalie.
tachyfylaxie 1. zich snel ontwikkelende immuniteit, bijv. na een injection de rappel. 2. verminderend reactievermogen in het verloop van een reeks snel opeenvolgende impulsen. 3. (farm.) de effectiviteit van een bepaald geneesmiddel neemt af bij herhaald gebruik t.g.v. vermindering van de gevoeligheid van postsynaptische receptoren.
tachy- *~lalie*, syn. tachyfrasie; *~meter*, zie tachometer; *~pnoe*, versnelde ademhaling; *~ritmie*, syn. tachycardie; *~scoop*, toestel voor kortdurende expositie van beelden voor het oog ter opsporing van leesstoornissen of bewustzijnsbeperkingen; *~trofisme*, verhoogd metabolisme; snelle urineproductie door de nieren, nadat men gedronken heeft; *~zoïet*, een ontwikkelingsstadium bij sommige protozoaire parasieten, gekenmerkt door een zeer snelle vermenigvuldiging.
TACT afk. van transverse axial computerized tomography *E*.
tactiel tot de tastzin of de gevoelszin (tactus) behorend.
tactus *L* tastzin, gevoelszin; ~ *expertus*, syn. ~ *eruditus*, de wijze van betasten die de ervaren arts kenmerkt; zie palpatie.
taedium vitae *L* afkeer van het leven, bijv. bij sommige psychische stoornissen.
TAEMC afk. van thiotepa, adriamycine, etoglucide, mitomycine, cisplatine; een cytostatica-combinatie.
taenia smalle aanhechtingsband.
Taenia lintworm; ~ *echinococcus granulosus*, hondenlintworm, uit 4 leden bestaande, slechts ±4 mm grote lintworm, waarvan de eitjes door de hond op de mens kunnen worden overgebracht; deze ontwikkelen zich bij de mens tot blaaswormen, zie Echinococcus; ~ *imaginata*, lintworm die slechts in de verbeelding bestaat; ~ *marginata*, hondenlintworm, syn. Echinococcus granulosus; ~ *mediocanellata*, syn. ~ *inermis* of ~ *saginata*, lintworm zonder hakenkrans; wordt 4 tot 6 m lang en heeft 1000 tot 1200 leden (proglottiden); komt voor in de dunne darm; ontwikkelt zich in het rund en wordt door het eten van rauw of ongaar rundvlees op de mens overgebracht; ~ *nana*, dwerglintworm, slechts 1½-2½ cm lang; komt voor in de dunne darm van de mens, vnl. in Zuid-Italië en Sicilië, syn. Hymenolepis nana; ~ *saginata*, zie hiervoor; ~ *serrata*, konijnen- of hazenlintworm; ~ *solium*, kettinglintworm, gewapende lintworm, met dubbele hakenkrans, wordt 2 tot 3 m lang en heeft 8 à 900 leden; ontwikkelt zich in het varken en wordt door het eten van rauw of ongaar varkensvlees op de mens

overgebracht.

taeniasis *G* lintwormziekte; zie Taenia.

taenicidum *G* geneesmiddel tegen lintworm, syn. *taenifugum,* meervoud taenicida.

TAF afk. van tumour angiogenesis factor *E*, een proteïne dat neo-*vascularisatie bevordert, zowel bij ischemische toestanden als bij neoplasma's (als *tumormarker) bruikbaar.

tafefobie ziekelijke vrees om levend te worden begraven.

taichi een eeuwenoude Chinese manier van bewegen: langzaam, soepel, gratieus en meditatief; bestemd voor de algehele gezondheid, voor innerlijke rust en ontspanning.

tak zie ramus.

Takata, M. Japans patholoog (geb. 1892); *reactie van ~-Ara,* in bloedserum of cerebrospinaal vocht ter aantoning van abnormale proteïnen bij leverziekten, lues cerebri, meningitis.

Takayashu, M. Japans oogarts (1872-1969); *syndroom van ~*, syn. pulseless disease, arteriële *insufficiëntie van de aortaboog, aa. carotis communes en subclaviae t.g.v. *vasculitis (intimaproliferatie en obliteratie) o.m. gekenmerkt door niet voelbaar zijn van de polsslag aan hals, hoofd en armen met vascularisatiestoornissen in het betreffende vaatgebied, o.a. retinopathie, aorta-insufficiëntie, decompensatio cordis en hypertensie t.g.v. nierarteriestenose; afsluitingen van andere arteriën zijn niet zeldzaam, uitgebreide collaterale circulatie kenmerkt het ziektebeeld; komt vnl. voor bij jonge vrouwen.

takt- zie tact-.

talalgie, talalgia zenuwpijn in de hiel, syn. calcaneodynie.

Talbot-vingers syn. *symfalangisme (naar een hiermee behepte familie).

talcosis zie talkose.

talg zie sebum; *~gezwel*, *atheroomcyste; *~steen*, *seboliet.

talipes *L* klompvoet, horrelvoet, syn. *pes varus.

talipomanus *L* klomphand; aangeboren misvorming van de hand met sterke buiging en adductie in het polsgewricht.

talk magnesiumsilicaat.

talkose, talcosis (long)ziekte t.g.v. overvloedig gebruik van talk.

TALL afk. van T-cell acute lymphoblastic leucaemia *E*.

Talma, S. Nederlands clinicus (1847-1918); *operatie van ~*, wordt zelden meer uitgevoerd, syn. omentofixatie of omentopexie; vasthechting van het omentum aan de buikwand om collaterale circulatie mogelijk te maken ter behandeling van ascites bij cirrhosis hepatis; *ziekte van ~*, myotonia acquisita (zie myotonie).

talo- (smst.) de talus betreffend of hiertoe behorend.

talpa *L* syn. atheroomcyste.

talus *L* sprongbeen; zie ook pes..

TAMI afk. van trombolyse en angioplastiek bij myocardinfarct.

tampon *F* strook of rol hydrofiel gaas waarmee een holte wordt opgevuld ter stelping van een bloeding of opslorping van vocht; *~ziekte*, het optreden van een toxisch-*shocksyndroom door tampongebruik tijdens de menstruatie; verstoring van het milieu in de vagina (m.n. daling magnesiumconcentratie) leidt tot toenemende productie van een door *Staphylococcus aureus* geproduceerde enterotoxine waartegen meestal antistoffen aantoonbaar zijn; het ontbreken hiervan bij sommigen is hoogstwaarschijnlijk de oorzaak van deze ziekte.

tamponade *F* 1. het tamponneren, het inbrengen van een tampon. 2. *hart~*, acute compressie van het hart doordat het hartzakje zich vult met bloed (verwonding, ruptuur, na hartchirurgie); syn. hemopericard.
tamponnement *F* zie tamponade (bet. 1).
TAN afk. van tropische atactische neuropathie.
tandbeen dentine; substantia eburnea.
tandeloosheid anodontie.
tandem repeats zie VNTR.
tanden zie dentes; *~rij*, dentura.
tandformule de formule die het tandstelsel bij mens en dier uitdrukt; deze is voor de mens 2+1+5, nl. zowel in de boven- als onderkaak, rechts en links: 2 snijtanden, 1 hoektand en 5 maaltanden of kiezen (2 premolaren en 3 molaren), in totaal dus 32 elementen.
tand *~hals*, collum of cervix dentis; *~holte*, syn. pulpaholte, cavum dentis; *~kas*, alveolus dentis; *~kit*, zie cement; *~klok*, embryonale tandaanleg.
tandradfenomeen, tandradverschijnsel gevoel van gesaccadeerde (met 'horten en stoten') weerstand tijdens passieve beweging van een gewricht t.g.v. verhoogde spierweerstand bij extrapiramidale aandoeningen, zoals bij het *parkinsonsyndroom.
tandsteen odontolithiasis, syn. tofus, afzetting van calciumzouten (uit het speeksel) en verontreinigingen op de gebitselementen (*salivair ~*), soms tevens bevattend bestanddelen uit het bloedserum (*serumaal ~*).
tand- *~vlees*, zie gingiva; *~vorming*, odontogenie; *~wisseling*, dentitio secunda; *~wortel*, radix dentis.
tang zie forceps; *knabbel~*, tang met komvormige, scherprandige bek voor het afknabbelen van stukjes bot of kraakbeen; *kogel~*, ±26 cm-lange tang met één of meer scherpe punten aan de bek voor het vastpakken van weefsel bij operaties; *koren~*, ±26 cm-lange tang voor het steriel oppakken van canules, pincetten e.d.
tangier-ziekte een lipoïdose (stofwisselingsziekte, zie thesaurismose), het eerst waargenomen op het Amerikaanse eilandje Tangier, in de vorm van een cholesterol-*stapeling vnl. in lever, milt, lymfeklieren en tonsillen, welke organen hierdoor een vergroting en oranje verkleuring ondergaan; de serumcholesterolspiegel is laag.
tangle *E* (pathologisch-anatomisch) klit; onregelmatig vormsel van fibrillaire, neuropathologische neerslagen van een zenuwcel, bijv. bij M. Alzheimer.
tannine looizuur, looistof die uit planten wordt verkregen, bijv. uit galnoten, thee; wordt toegepast als adstringens bij aambeien en balanitis; als *tannalbumine*: *adstringens bij diarree.
TAO afk. van thromboangiitis obliterans.
TAP afk. van 1. topicale antimicrobiële profylaxe. 2. transabdominale punctie.
tap *E* *punctie; *dry ~* (jrg.), tap zonder resultaat.
tapetoretinaal m.b.t. het gebied in de oogfundus, het tapetum nigrum en het netvlies.
tapetum *L* lett. tapijt; *~ nigrum*, de pigmentlaag in het netvlies van het oog; *~ lucidum*, bij vele zoogdieren voorkomende bindweefsellaag in het vaatvlies dat het licht terugkaatst ('lichten van de ogen').
tapirgezicht snuitvorm van de mond door *pseudohypertrofie van de lipmusculatuur bij dystrophia musculorum progressiva.

tapis roulant *F* bijnaam voor het trilhaarepitheel van de luchtwegen, dat de slijmlaag van dit epitheel keelwaarts beweegt.
tapotage, tapotement *F* een vorm van massage, bestaat o.a. uit bekloppen met stomp-, hak-, klap- en tikbewegingen.
Taq. (biol.) afk. van thermus aquaticus.
tarantel, tarantula *L* wolfsspin, een 3 à 4 cm lange spin.
tarantisme zie chorea magna.
tarantula zie tarantel.
taraxie (psych.) 'verstandsverbijstering'; verwardheid.
tarda, tardief, tardus vertraagd, zich laat vertonen (van symptomen).
tardieve dyskinesie zie dyskinesie.
target *E* doel; (schiet)schijf; *--cell*, 1. doelwitcel. 2. schietschijfcel; *~efflorescentie* (alg.), een ronde *efflorescentie met een centrale bulla of del; *~symptoom,* ziekteverschijnsel waarop de behandeling wordt gericht bij de onmogelijkheid de oorzaak van de ziekte te bestrijden.
tarsaal, tarsalis m.b.t. de *tarsus (bet. 2); zie ook tunnelsyndroom.
tarsalgie *G* pijn in de tarsus bijv. na langdurig lopen en bij platvoeten.
tarsalis, zie tarsaal.
tarsitis ontsteking van de *tarsus (bet. 1).
tarso- (smst.) *~clasie*, behandeling met een tarsoclast; ~ *clast*, (orthop.) instrument waarmee bij de behandeling van klompvoet (pes varus) het voetgewelf wordt vervormd, *~rafie*, (chir.) 1. totale of gedeeltelijke aaneenhechting van de ooglidranden bij keratitis neuroparalytica en bij ectropium. 2. bovenwaartse fixatie van de *tarsus (bet. 1) bij blefarospasme.
tarsus *G* 1. ~ *palpebrarum*, het kraakbeen der oogleden (palpebrae). 2. ~ *pedis*, de voetwortel; zie ook pes.
tart-cell *E* een gefagocyteerde lymfocyt.
TAS afk. van therapeutische-activiteiten-scorelijst.
tasikinesie syn. *acathisie.
tastblindheid astereognosis, stereagnose.
tastzin zie sensibiliteit, tactus.
TAT afk. van 1. *thematic apperception test *E*. 2. transversale axiale tomografie. 3. trombine-antitrombinecomplex. 4. toxine-antitoxine.
TATA afk. van tumor associated transplantation antigenicity *E*; syn. TSTA.
taurumaan vaccin tegen rundertuberculose, bereid uit humane (zie humaan) tuberkelbacillen.
Taussig, Helen Amerikaans kindercardioloog (1898-1986); *operatie van Blalock-~* (chir.), vorming van een *anastomose tussen de arteria subclavia en de gelijkzijdige arteria pulmonalis bij insufficiëntie van de a. pulmonalis; *syndroom van ~-Bing*, aangeboren transpositie van aorta en a.pulmonalis met hoog kamerseptumdefect en hypertrofie van de rechter hartkamer.
tautologisme overdreven woordgebruik bij gestoord denkvermogen.
tautomerie het fenomeen van het ontstaan van een chemische verbinding in twee vormen van verschillende opbouw en eigenschappen, in de regel t.a.v. de positie van een waterstofatoom in het DNA, op grond waarvan *mutaties kunnen plaatshebben; syn. desmotrofie.
Tawara, S. Japans patholoog (1873-1952); *knoop van Aschoff-~*, syn. AV-knoop, concentratie van speciale hartspiercellen op de grens van rechterboezem en

rechterkamer (= atrioventriculair), waar de sinusprikkels samenkomen en de prikkels voor de kamercontracties van uitgaan, voortgeleid in de bundel van His-Tawara.

taxis *G* 1. het weer op zijn plaats brengen, het weer in de juiste stand brengen; vnl. wordt bedoeld de manipulatie om de al of niet beklemde inhoud van een breuk in de buikholte terug te brengen. 2. het vermogen zich te kunnen bewegen in de richting van een bepaalde prikkel of omgekeerd (*positieve*, resp. *negatieve* ~).

taxonomie (bijv.nw. *taxonomisch*) 'indeelkunde', het ordenen, rangschikken en classificeren van de beschikbare kennis in een bepaalde wetenschap.

Tay, W. Engels oogarts (1843-1927); *ziekte van ~-Sachs*, de infantiele vorm van amaurotische *idiotie, een *gangliosidose (stapelingsziekte, zie thesaurismose); kenmerkend zijn verder in het verloop van de ziekte apathie, versterkte schrikreactie op geluiden, spastische tetraplegie en focale insulten.

Taylor, T. Engels chirurg; *operatie vlg.* ~, hoog-selectieve *vagotomie ter behandeling van het chronische ulcus duodeni.

TBA afk. van thyroxinebindend albumine.

TBC afk. van tuberculose.

TBG afk. van thyroxinebindend globuline.

TBI afk. van total body irradiation *E*, totale lichaamsbestraling.

TBM afk. van tubulaire basaalmembraan (van de nier).

TBPA afk. van thyroxinebindend pre-albumine.

TBS afk. van terbeschikkingstelling; een door de rechter opgelegde maatregel voor de duur van twee jaar met mogelijke verlenging van telkens één of twee jaar; een TBS kan voor een onbepaald aantal keren worden verlengd en wordt ten uitvoer gelegd onder verantwoordelijkheid van de minister van Justitie.

TBSA afk. van total burned surface area *E*, syn. TVLO.

TBW afk. van total body-water *E*.

TC afk. van 1. totale (long)capaciteit. 2. tubacoagulatie. 3. telefonisch consult. 4. teamcoördinator. 5. transplantatiecoördinator. 6. totaal cholesterol. 7. totale communicatie.

Tc 1. symbool voor het element technetium. 2. afk. van cytotoxische T-cel.

TCA afk. van tricyclisch antidepressivum.

TCC afk. van tumor-cytotoxische cellen.

TCDD afk. van tetrachloordibenzodioxinen; zie dioxinen.

T-cellen syn. *T-lymfocyten* (T van thymus), evenals de *B-cellen afkomstig uit de lymfoïde stamcellen in het beenmerg; ze hebben door invloed van de *thymus een rijpingsproces ondergaan waardoor ze 'thymus-afhankelijk' worden genoemd; de T-cellen verzorgen vnl. de cellulaire *immunoreactie; *T4-cellen*, syn. $CD4^+$-lymfocyten, T-*helper cells die zorgen voor de uitrijping van *B-lymfocyten tot *plasmacellen; *T6-cellen*, specifieke *markers voor *Langerhans-cellen van de huid, T6-cellen komen gedurende het graspollenseizoen ook voor in het neusslijmvlies en zijn dan waarschijnlijk mede verantwoordelijk voor het allergische mechanisme; *T8-cellen*, syn. $CD8^+$-lymfocyten, T-*suppressorcellen; ze onderdrukken de rijping van *B-lymfocyten tot *plasmacellen.

T-cel-lymfoom uitheemse, ernstige leukemische ziekte, teweeggebracht door een *retrovirus (*HTLV I).

TCGF afk. van T-cell growth factor *E*.

TCI afk. van transient cerebral ischemia; zie TIA.

TCLL afk. van T-cel chronische lymfoïde (of lymfoblastische) leukemie; syn. *ATL.
TD afk. van 1. tardieve dyskinesie. 2. toxische dosis. 3. thermische desinfectie. 4. thermodilutie.
t.d.d. (rec.) afk. van ter de die, driemaal daags.
TDF afk. van testis determining factor *(E)* op het Y-chromosoom.
TDI afk. van 1. total dosis iron *E.* 2. toelaatbare dagelijkse inname.
TDM afk. van 1. therapeutic drug monitoring. 2. tomodensitometrie.
TDT afk. van terminaal desoxy(nucleotide)transferase.
Te afk. van T-effectorcel.
TE afk. van 1. tonsillectomie. 2. totaal-eiwit (van het bloed).
tear-drop cells *E* traanvormige rode bloedcellen bij thalassaemia major.
technetium een in de natuur niet voorkomend metaal, symbool Tc; wordt toegepast bij *scintigrafie in de vorm van metastabiel technetium-99m (^{99m}Tc), dat ontstaat door radioactief verval van molybdeen-99; wordt o.a. gebruikt voor scintigrafie.
tectorium dak; bedekking; *tectoriale membraan*, vezelige structuur bovenop het orgaan van *Corti en vrij eindigend in de ductus cochlearis; syn. membraan van Corti.
tectum *L* dakvormige structuur.
TEE afk. van 1. total energy expenditure *E.* 2. transesofageale echocardiografie.
teek een *arachnida, o.a. gekenmerkt door een 'steeksnuit' waarmee bloed (o.a. bij de mens) kan worden opgezogen, als gevolg waarvan ziekten kunnen worden overgebracht; dikwijls veroorzaker van het erytheme chronicum migrans (zie erytheem).
teelbal testis; orchis.
teen zie digitus, hallux.
teerlingbeen zie cuboïd.
tefrose, tephrosis *G* verassing.
tegenbijters (tandheelk.) zie antagonisten.
tegen- *~gif*, antidotum, zie antitoxinen; *~koppeling*, zie terugkoppeling.
tegenoverdracht 1. (psych.an.) verplaatsen van gevoel van de therapeut op de cliënt. 2. (alg.) emotionele betrokkenheid van de therapeut bij de therapeutische interactie.
tegen- *~werker*, zie antagonisten; *~zin*, zie aversie, fastidium, horror, sitieirgie.
tegmentum *L*, **tegmen** *L* dak, bedekking, bijv. ~ *cranii,* schedeldak.
tegument, tegumentum *L* 1. syn. tegmentum. 2. de huid; syn. integumentum.
TEI afk. van terminaal extrapiramidaal insufficiëntiesyndroom (psych.), o.a. gekenmerkt door op chorea gelijkende hyperkinesieën.
Teichmann, L. Pools anatoom (1823-1895); *~-kristallen*, romboëdrische kristallen van hemine uit ingedroogd bloed.
teichopsie *G* scotoma scintillans.
teigne *F* verzamelnaam voor schimmelziekten die zowel de huid zelf als de haren en de nagels aantasten.
teilhardisme de leer, ontstaan door het werk van o.m. de Franse biopaleontoloog Pierre Teilhard de Chardin (1881-1955), dat de ontwikkeling van de kosmos moet worden gezien als een integrale evolutie die zich steeds voortzet; nadat het leven op de afgekoelde aardkorst zich eenmaal had gemanifesteerd, heeft het zich door voortdurende evolutie en selectie gedurende vele miljoenen jaren tot steeds

hoger gedifferentieerde eenheden ontwikkeld, met de mens voorlopig als eindpunt.

tekenbeetkoorts zie tickbite fever; zie ook teek.

tela *L* weefsel, het geheel van cellen waaruit de organen zijn samengesteld; men onderscheidt huid-, zenuw-, klier- en spierweefsel, verder bind-, vet-, pees-, been- en kraakbeenweefsel; ~ *adiposa*, vetweefsel; ~ *cellulosa*, celweefsel; ~ *conjunctiva*, bindweefsel.

tele- (smst.) op afstand.

tel(e)angiëctasie *G* blauwe of rode vlek ontstaan door verwijding van bloedvaten; vaatvlek; zie ook angioom, ataxie.

telecanthus te grote afstand tussen beide binnenste ooghoeken.

telecurietherapie bestraling van dieper gelegen weefsels met radio-isotopen, röntgenstralen of radium op meer dan een meter afstand van de huid.

telegraafpols onregelmatige pols waarbij kleine en grote verheffingen elkaar afwisselen, zoals bij de tekens van het morsetoestel.

telemetrie meten en registreren langs radiografische weg.

telencephalon *G* eindhersenen, bestaande uit *cerebrum, corpus striatum en rhinencephalon.

teleologie *G* de leer van de doelmatigheid in de werking van alle dingen.

teleonomie doelgerichtheid in de anatomische en functionele evolutie van een organisme.

telepathie *G* het (*paranormale) vermogen tot gedachte-overbrenging van de ene op de andere persoon zonder zintuiglijke waarneming.

teleradiologie een vorm van telecommunicatie waarbij gedigitaliseerde medische beelden (afbeeldingen) en een begeleidend patiëntendossier elektronisch worden verzonden; met name bruikbaar op het gebied van de 'second opinion'.

teleröntgenogram röntgenogram dat is opgenomen op grote afstand van de röntgenbuis (1.80 m of meer).

televisieloep optisch apparaat voor slechtzienden dat het object vergroot op het scherm zichtbaar maakt.

telkamer chromocytometer, coulter counter, cytohemometer.

telofase het laatste stadium van de kerndeling.

telogeen de 'rust'-fase in de haargroei na het *katageen; het telogeen eindigt bij de uitstoting van het haar t.g.v. de groei van een nieuwe haar in dezelfde follikel (*anageen).

telogenesis *G* de eindfase van (weefsel)groei.

temperament (psych.) de gemiddelde gemoedstoestand; het complex van fysieke, verstandelijke, emotionele en zedelijke hoedanigheden van de mens, die samen de mate van levendigheid van het karakter, het gedrag en het levenspatroon van het individu uitmaken; men onderscheidt het *cholerische*, het *melancholische*, het *flegmatische* en het *sanguïnische* ~; al aanvaardt men tegenwoordig niet meer de hippocratische opvatting dat het temperament zou berusten op de mengverhouding van de vier 'lichaamssappen': bloed (sanguis), slijm (phlegma), gele gal (cholos) en zwarte gal (melas cholos), toch heeft men tot nu toe aan deze indeling vastgehouden.

temperans *L* kalmerend middel, meervoud temperantia, syn. sedativum.

temperatuur warmtegraad; *lichaams~*, de inwendige temperatuur van het lichaam; deze heeft een vrijwel constante waarde (37 °C) en wordt bepaald door het

evenwicht tussen de ontwikkeling en de afgifte van warmte.
temper tantrums (psych.) drift-, woede-aanvallen bij jonge kinderen, soms gepaard gaande met *breath holding spells.
template *E*, **templet** *E*, **templaat** model, matrijs, patroon, mal; een macromolecuul dat een code draagt voor een ander molecuul.
tempolabiel onstandvastig (labiel) van samenstelling.
tempora *L* de slapen; enkelvoud *tempus*.
temporaal, temporalis *L* m.b.t. de slapen (tempora) of de slaapstreek.
temporair tijdelijk, voorbijgaand.
temporalis zie temporaal.
temporalisatiestoornis (psych.) onvermogen om gebeurtenissen uit het verleden in een logische volgorde te herinneren of op een 'tijdlijn' te plaatsen.
temporiseren afwachten, bijv. alvorens tot een bepaalde geneeskundige behandeling over te gaan.
temporo- (smst.) de *tempora (slapen) betreffend of hiertoe behorend; *~mandibulair syndroom*, zie Costen.
tempostabiel standvastig (stabiel) van samenstelling, na enige tijd nog onveranderd van samenstelling; tgst. tempolabiel.
tempus *L* zie tempora.
TEN afk. van toxische epidermale necrolyse, zie Lyell.
tenaciteit hardnekkigheid.
tenaculum *L* ooglidhouder, brede wondhaak.
tenalgie, tenalgia *G* pijn in een pees (tendo), syn. tenodynie; ~ *crepitans*, syn. tendovaginitis crepitans.
tenax *L* hardnekkig, vasthoudend.
Tenckhoff zie katheter.
tendineus, tendinosus *L* rijk aan pezen, pezig; zie tendo.
tendinitis *L* peesontsteking; ~ *calcarea*, peesontsteking waarin kalkafzettingen hebben plaatsgevonden; ~ *hyperplastica*, idem met bindweefselvorming.
tendinosus zie tendineus.
tendo *L* (ook: tenon) pees; taai, niet samentrekbaar uiteinde van een spier; meervoud tendines; ~ *calcaneus* (ook: ~ *achillis*), syn. achillespees.
tendofonie het knarsen bij tendovaginitis crepitans.
tendomyose pijnlijke pees door sterke belasting van de betreffende spier.
tendoperiostose chronische prikkelingstoestand van het beenvlies ter plaatse van een spieraanhechting.
tendoplastiek operatie waarbij een pees (tendo) hersteld of opnieuw gevormd wordt (ook: tenoplastiek).
tendovaginitis *L* peesscheden-ontsteking, syn. tenovaginitis; ~ *crepitans*, knarsende peesschedeontsteking, vnl. van de grote peesscheden aan de rugzijde van de onderarm dicht boven het handgewricht; ~ *serosa chronica*, syn. hygroom; ~ *stenosans*, vernauwing van een peesschede door chronische ontsteking (de Quervain), waardoor de beweeglijkheid van de pees gestoord wordt, syn. ~ *obliterans*.
tenesmus *L* meervoud tenesmi, pijnlijke, krampachtige aandrang tot en lozing van ontlasting (~ *alvi* of ~ *ani*) of urine (~ *vesicae*); wordt meestal veroorzaakt door ontsteking van het slijmvlies van de endeldarm of van de urineblaas.
tennisarm zie epicondylitis.

teno- (smst.) pees; *~cyt*, peesweefselcel; *~dese*, (orthop.) opheffing van de beweeglijkheid van een gewricht door peesplastiek; *~dynie*, zie tenalgie; *~gram*, contrast-*röntgenogram van een pees via de peesschede; *tenolysis* (chir.) verwijdering van vergroeiingen tussen pezen en omgeving; *~myositis*, ontsteking van een spier en haar pezen.
Tenon, J. Frans chirurg (1724-1816); *kapsel van ~*, *oogkapsel.
tenon *G* pees, syn. tendo; *~itis*, 1. ontsteking van het oogkapsel. 2. peesontsteking (tendinitis); *~tagra*, hardnekkige en pijnlijke tendinitis.
teno- *~periostose*, osteofytvorming ter plaatse van een peesaanhechting; *~plastiek*, zie tendoplastiek; *~rrafie*, peeshechting; *~synovitis*, syn. tendovaginitis; *~tomie*, operatie waarbij een pees wordt doorgesneden; *~vaginitis*, syn. tendovaginitis.
TENS afk. van transcutane elektrische neurostimulatie.
tensiden (meervoud) verzamelnaam voor wasachtige stoffen, die de conditie van de hoornlaag van de huid op peil kunnen houden; syn. surfactanten.
tensie, tensio *L* 1. spanning, druk; bloeddruk. 2. hardheid van de oogbol.
tensio zie tensie.
tension *E* spanning, spankracht; *axial ~*, de spankracht in de lengterichting van het ruggenmerg, afhankelijk van de bewegingen van de wervelkolom; *~ headache*, hoofdpijn door spierspasmen in nek en achterhoofd t.g.v. psychische spanningen of cervicale artrose.
tentamen *L* poging; *~ suicidii*, poging tot zelfdoding, zie suïcide; syn. conamen suicidii.
tentatief verkennend, tastend; *~ve diagnose*, een mogelijke diagnose die tijdens het onderzoek sterk in overweging moet worden genomen.
tentorium tentvormige structuur.
tentum syn. *penis.
TEP afk. van 1. transduodenale endoscopische papillotomie. 2. teratologie, endocrinologie en perinatale screening.
tepel zie mamilla, thel-; *~hof*, areola mammae; *~kloof*, fissura mammae, zie fissuur; *~vormig*, mastoideus.
tephromyelitis *G* syn. poliomyelitis.
tephrosis zie tefrose.
tepidarium *L* lauwwaterbad.
tepor *L* geringe warmte, lauwheid.
tera- (smst.) 10^{12}.
teratoblastoom ongedifferentieerd *teratoom met hoge maligniteit.
teratocarcinoom een carcinoom dat zich uit één van de epitheliale elementen van een *teratoom heeft ontwikkeld.
teratocardie *G* syn. ectopia cordis.
teratofobie *G* ziekelijke vrees van een zwangere een misgeboorte ter wereld te zullen brengen.
teratogeen 1. misvormingen veroorzakend in de prenatale ontwikkeling. 2. een teratogeen werkende stof.
teratogenese de ontwikkeling van een misgeboorte.
teratoïd m.b.t. een *teratoom.
teratologie *G* de kennis van de aangeboren misvormingen.
teratoom, teratoma *G* wonder- of monstergezwel, aangeboren gezwel dat rudimentaire vormsels bevat, zoals haren, nagels, kiezen, beenderen, darmen,

klieren en rijpe weefselcomponenten als neuroglia, slijmvlies enz.; wordt vnl. aan hoofd, hals of in de omgeving van het stuitbeen aangetroffen; meestal goedaardig; een lichte vorm is de dermoïdcyste.

teratospermie zaad met te veel afwijkende kopvormen van de spermatozoën, syn. pirileptozoöspermie.

terbeschikkingstelling zie TBS.

ter de die *L* driemaal daags; afk. (rec.) t.d.d. (ook: t.i.d.).

terebrans *L* borend (bijv. borende pijn); zich uitbreidend in de diepte.

teriaca, teriak, teriakel zie theriaca.

ter in die *L* driemaal daags; afk. (rec.) t.i.d. (ook: t.d.d.).

tering tuberculose, in engere zin elke vorm van snel fataal verlopende longtuberculose; zie ook ftise.

terminaal, terminalis *L* uiteindelijk; zich aan het einde bevindend, bijv. van een orgaan, een ziekte, een tijdperk enz.; *~nale lichaampjes*, eindlichaampjes van de gevoelszenuwen; *~nale ontsmetting*, ontsmetting na afloop van een ziekte; *~ stadium*, de laatste levensfase van een niet meer te genezen zieke.

terminologie 1. het geheel der termen in een vak, wetenschap of kunst gebruikt. 2. de leer en verklaring daarvan.

terminoterminaal syn. *end-to-end.

terracide milieubederf.

terreinkuur zie Oertel.

terror zie pavor.

Terson, A. Frans oogarts (1838-1925); *operatie van ~*, sclero-iridectomie bij glaucoom; *syndroom van ~*, combinatie van een subarachnoïdale en een glasvochtbloeding, soms met netvliesloslating.

tertiair het derde (tijdperk, verschijnsel enz.) betreffende of hiertoe behorend; *het ~e stadium*, het derde tijdperk (van syfilis); *~e structuur*, zie eiwitstructuur.

tertiana derdendaagse koorts (*febris ~*), om de andere dag optredende aanvallen van koorts bij malaria.

terugkomende zenuw *nervus recurrens.

terugkoppeling de eigenschap van een organisme het verloop van een biologisch proces te kunnen regelen en corrigeren d.m.v. prikkels (signalen), bijv. de productie van het thyrotrope hormoon van de hypofysevoorkwab (dat de schildklierfunctie reguleert) wordt bepaald door de thyroxine-spiegel; syn. tegenkoppeling, feedback *E*.

terugmutatie mutatie van een gemuteerd gen waardoor de oorspronkelijke vorm ontstaat.

TES afk. van transrectale endoscopische sonografie.

tessituur het gedeelte van de stemomvang dat de zanger zonder moeite kan bereiken.

test *E* toetsing, proeve, onderzoek; in engere zin om de ontwikkeling der geestvermogens, de aanleg of de bekwaamheid te onderzoeken.

testes meervoud van testis; *~ mulierum*, de eierstokken.

testikel, testiculus *L* vklw. van testis.

testis *L* (ook: testikel, orchis) zaadbal, teelbal; meervoud testes; eivormig, klierachtig orgaan, dat zich dubbelzijdig in het scrotum bevindt en de spermatozoïden produceert; aan de achterzijde ervan bevindt zich de bijbal (epididymis), bestaande uit de afvoerbuizen van de testis; zowel de zaadbal als de bijbal ontwikkelen zich oorspronkelijk in de buikholte en dalen eerst later in de balzak af.

testobject 1. voorwerp dat dienst doet bij het testen. 2. persoon die aan een test wordt onderworpen.

testology *A* de theoretische en experimentele studie van psychologische onderzoekmethoden.

testosteron mannelijk hormoon, de voornaamste androgene stof, geproduceerd door de cellen van *Leydig.

testudo *L* schildpadverband, zwachtelverband voor gewrichten in gebogen stand.

tetania zie tetanie.

tetanicum *L* middel dat tetanus of spasmen veroorzaakt; meervoud tetanica.

tetanie, tetania een syndroom gekenmerkt door hyperreflexie en krampachtige buiging van polsen en enkels (carpopedale spasmen), meestal gevolgd door spierkrampen over het gehele lichaam t.g.v. *hypocalciëmie door *hypoparathyroïdie, gebrek aan vitamine D of alkalose; treedt gemakkelijker op bij overgevoeligheid van het zenuwstelsel, bijv. bij hoge koorts (n.t.v.m. tetanus); *hyperventilatie* ~, tetanie door geforceerde in- en expiratie gedurende langere tijd; ~ *larvata*, 'gemaskerde' tetanie, waarbij spierkrampen optreden zonder dat werkelijke tekenen van tetanie worden waargenomen; ~ *uteri*, kramptoestand van de baarmoeder bij de baring.

tetaniform, tetanoïd op tetanus gelijkend, tot tetanus behorend.

tetanus *G* 1. (alg.) tonische kramp van een spier, zie spasmus. 2. stijfkramp, een infectieziekte met tonische spierkrampen, voorafgegaan door pijn en spierstijfheid, veroorzaakt door infectie met de tetanusbacil, die het ziektebeeld veroorzakende *(neuro)toxine produceert; begint meestal in de kauwspieren (vandaar de benaming 'klem') en breidt zich spoedig over de rompspieren uit; zie laryngospasmus, episthotonus, risus sardonicus, trismus (n.t.v.m. tetanie); ~ *hydrophobicus*, tetanus waarbij de krampen vnl. tot het hoofd en de slikspieren beperkt blijven, zodat de ziekte veel op hondsdolheid gelijkt; ~ *intermittens*, bij tussenpozen optredende tetanus bij pasgeboren kinderen; ~ *toxicus*, tetanus veroorzaakt door sommige vergiffen, bijv. strychnine; ~ *traumaticus*, ~ veroorzaakt door infectie van wonden met tetanusbacillen.

tethered spinal cord syndrome *E*, 'gekluisterd' *conussyndroom, *malascensus medullae waardoor neurologische klachten kunnen ontstaan.

tetracosact(h)iden synthetische medicamenten met *ACTH-werking.

tetracyclinen groep van *breedspectrum-antibiotica, bacteriostatisch werkzaam tegen protozoa, actinomyceten, spirocheten, grampositieve en gramnegatieve kokken en staafjes, rickettsiae en sommige virussen.

tetragenus *Micrococcus* ~, micrococcus die meningitis cerebrospinalis epidemica veroorzaakt en in groepen van 4 bijeen ligt; syn. Sarcina tetragena.

tetrajodothyronine zie T_4.

tetralogie van Fallot zie Fallot.

tetramerus *G* in vier delen.

tetraploïdie vorm van polyploïdie met 4× het haploïde aantal chromosomen.

tetraplegie verlamming van alle vier ledematen.

tetrasomie extra aanwezigheid van twee chromosomen van hetzelfde paar.

tetravaccin syn. vierfactorenvaccin. 1. vaccin tegen tyfus, paratyfus A en B en cholera. 2. vaccin tegen difterie, kinkhoest, tetanus en poliomyelitis (afk. DKTP).

textuur, textura *L* bouw, weefselstructuur.
TFI afk. van tubulaire fertiliteitsindex, d.i. het percentage testistubuli dat spermatogoniën bevat.
TG afk. van 1. thyroglobuline. 2. triglyceriden. 3. therapeutische gemeenschap.
TGA afk. van transpositie van de grote arteriën.
TGF-B afk. van transforming growthfactor-bèta, *E*, agens in trombocyten dat wondheling bevordert.
TGI afk. van thyroid growth immunoglobulins *E*.
TGPS afk. van tumor growth promoting substance *E*.
TGT afk. van te gebruiken tot; syn. UCD, THT.
Th afk. van 1. thoracale wervel; 2. T-helpercel, zie helper cells. 3. thorium, een radioactief metaal dat in de natuur voorkomt als isotoop thorium-232.
thalamus *G* deel van de tussenhersenen met vele belangrijke centra en kernen; *~-syndroom*, hevige spontane pijnen, hyperpathie (verlaagde drempelwaarde) en abnormale waarneming van pijnprikkels aan één zijde van het lichaam bij heterolaterale aandoening van de thalamus, soms tevens hemiplegie, hemianesthesie, hemi-ataxie, choreoathetose, astereognosie, heteroforie; syn. syndroom van Déjerine-Roussy.
thalassemie, thalassaemia Middellandse-Zeeziekte (evenwel over de hele wereld voorkomend); zeldzame vorm van hemolytische *anemie met afwijkende vormen van de erytrocyten (aniso-, anulo- en poikilocytose, 'schietschijfcellen', polychromasie), verminderde résistance globulaire, botstructuurveranderingen, lever- en miltvergroting, beenmerghyperplasie, mongoloïd uiterlijk van de lijder; de ziekte is erfelijk-familiaal (wordt ~ *major* genoemd bij homozygote (ook: ziekte van Cooley) en ~ *minor* bij heterozygote overbrenging) en berust op een gestoorde synthesesnelheid van de polypeptiden van het *hemoglobinemolecuul.
thalassotherapie *G* geneeswijze waarbij wordt gebruik gemaakt van de zeelucht, het zeeklimaat, zeebaden, enz.
thallium een element; zie *Tl.
thanasie het sterven; de dood; *medische ~*, het bevorderen van de dood van een ongeneeslijke patiënt, niet nadrukkelijk op diens verzoek (bijv. bij niet te beïnvloeden langdurig coma).
thanaticum middel dat na inneming de dood tot gevolg heeft.
thanato- (smst.) m.b.t. de dood; *~fobie*, ziekelijke vrees voor de dood; *~foor* (bijv.nw.), dodelijk, syn. letaal; *~logie*, de kennis van de verschijnselen van het sterven; *~manie*, 1. ziekelijke verering van dierbare overledene(n). 2. ziekelijke drang om te moorden. 3. drang tot suïcide. 4. (antrop.) dood t.g.v. 'zwarte kunst'; *~phidia*, verzamelnaam voor gifslangen; syn. toxicophidia.
THC afk. van tetrahydrocompound *E* (tetrahydrocortison).
theaterknie chondropathie van de knieschijf, die vooral bij stilzitten met gebogen knie (auto, theater) pijn veroorzaakt.
theatrale persoonlijkheid zie persoonlijkheid.
theca *G* doos; omhulsel; *~cellen*, epitheloïde cellen in de theca folliculi interna; *~ cerebri*, de schedel; *~ cordis*, het hartzakje (pericard); *~ (folliculi) externa*, de buitenste weefsellaag van de Graafse follikel; *~ (folliculi) interna*, de binnenste weefsellaag, waarin de eierstokhormonen worden geproduceerd.
thecoma *thecaceltumor van de eierstok.
theïne een aan coffeïne gelijkwaardig alkaloïd dat in theebladeren voorkomt (1-3%)

met roborerende en diuretische werking.

thel- (smst.: tepel), *~arche*, het begin van de mammavorming bij de pubescentie; *~asis*, *~asmus*, het zuigen; *~erethisme*, *~otisme*, erectie van de tepel; *~iolymfocyt*, tussen epitheelcellen gesitueerde lymfocyt; *~itis*, ontsteking van de tepel; *~orragie*, bloeding uit de tepel.

thely- (smst.) vrouwelijk.

thematic apperception test *E* psychologisch onderzoek waarbij de cliënt een verhaal moet schrijven n.a.v. een getoonde afbeelding; geeft inzicht in dieper gelegen behoeften, angsten en motivaties.

thenar *G* de bal van de duim, duimmuis.

theobromine (farm.) dimethylxanthine, alkaloïd verwant aan coffeïne en theïne.

theomanie godsdienstwaan, toestand waarin iemand de ziekelijke gedachte heeft een godheid te zijn of goddelijke inspiratie voor daden en gedachten te ontvangen.

theorema *G* leerstelling, grondstelling.

theorie *G* op feiten en wetten berustende wetenschappelijke kennis die niet proefondervindelijk aan de praktijk is getoetst.

therapeut *G* behandelend geneeskundige; (uitbr.) uitvoerder van een paramedische, psychotherapeutische of alternatieve behandeling.

therapeutisch op de therapie betrekking hebbende.

therapeutische gemeenschap zie therapeutisch milieu.

therapeutisch milieu (psych.) georganiseerde behandelingseenheid waarbinnen een situatie wordt gecreëerd waarin aan een cliënt relaties met een groep cliënten en behandelaars worden aangeboden (de zgn. therapeutische gemeenschap); deze relaties bieden de cliënt de ruimte om zelf binnen zijn mogelijkheden en beperkingen zijn problemen op te lossen.

therapie *G* geneeswijze, behandeling; *adjuvante ~*, zie adjuvant; *causale ~*, therapie die de oorzaak van de ziekte bestrijdt; *cheno~*, behandeling van galstenen met chenodesoxycholzuur; *chryso~*, behandeling met goudpreparaten; *contact~*, bestraling op zeer korte afstand; *logo~*, psychotherapie op grond van existentiële analyse (logos *G* = verstand); *manuele ~*, manipulatieve *fysiotherapie; *neurale ~*, neuraaltherapie, directe en indirecte beïnvloeding van het *autonoom systeem en uitschakeling van nabije en op afstand gelegen ziektehaarden; *occupational ~ E*, syn. *arbeidstherapie; *palliatieve ~*, therapie die het lijden van de zieke verzacht; *preventieve ~* (foutief), profylactische medicatie of andere maatregelen ter voorkoming van ziekte; *sclero~*, therapie welke leidt tot sclerosering, in engere zin die van varices en hemorroïden (inspuiting met een scleroserende vloeistof); *segment ~*, therapeutische beïnvloeding van inwendige organen d.m.v. fysiotherapeutische behandeling van de desbetreffende reflexzones; *shock~*, zie elektroconvulsietherapie; *stoot~*, toediening van een hoge dosis ineens; *substitutie~*, behandeling van *deficiëntieziekten met hormonen, sporenelementen of vitaminen; *symptomatische ~*, therapie die slechts de ziekteverschijnselen bestrijdt.

theriaca, theriak, theriakel universeel geneesmiddel uit de oudheid, samengesteld uit zeer vele en uiteenlopende bestanddelen, gemengd met honing tot een electuarium; oorspronkelijk bereid als middel tegen steken en beten van vergiftige dieren; syn. triakel.

therm- *G* (smst.) warm, heet.

therma zie therme.
thermaal m.b.t. een warme bron; ~ *bad*, warm bad.
thermalgie *G* hittepijn, een met pijn gepaard gaand gevoel van hitte.
thermanesthesie *G* het onvermogen om temperaturen te onderscheiden.
therme, therma *G F* warme (geneeskrachtige) bron; meervoud thermae of thermen.
thermocaustiek toepassing van gloeihitte d.m.v. een thermocautère.
thermocautère *F* langwerpig instrument waarvan het uiteinde door elektriciteit gloeiend kan worden gemaakt, bestemd voor het wegbranden of verschroeien van weefsel.
thermofeugoscoop instrument voor meting van het warmteverlies van de huid.
thermo- *~fiel*, warmteminnend, bijv. *~e bacteriën*, bacteriën die zich het best bij warmte ontwikkelen; tgst. psychrofiel; *~foor*, warmtekussen; *~functie* (fysiol.), syn. *terugkoppeling; *~geen*, warmte opwekkend, ook: warmte-isolerend; *~genese*, in engere zin: metabole warmteproductie.
thermografie 1. fotografische meting en registratie (*thermogram*) van de infrarode warmteuitstraling van lichaamsgebieden; zeer gevoelige methode om pathologische situaties in het lichaam op te sporen. 2. (alg.) het optekenen van het temperatuurverloop met behulp van een kymograaf.
thermolabiel niet bestand tegen hitte; tgst. thermostabiel.
thermometer *G* warmtemeter, instrument om de temperatuur te bepalen. Van *Celsius* (Zweeds sterrenkundige, overl. 1744), die van *Fahrenheit* (Duits natuurkundige, overl. 1736) en die van *Réaumur* (Frans natuurkundige, overl. 1757). In ons land wordt voor het opnemen van de lichaamstemperatuur uitsluitend gebruik gemaakt van thermometers met de schaalverdeling van Celsius, in Engeland en Amerika wordt die van Fahrenheit gebruikt (37 °C = 98.6 °F; 38 °C= 102.2 °F; 40 °C= 104 °F).
thermo- *~penetratie*, syn. diathermie; *~plegie*, zonnesteek, zie heliosis; *~regulatie*, het handhaven van een regelbare temperatuur; *~regulator*, syn. *thermostaat*: 1. instrument voor thermoregulatie in een ruimte. 2. broedstoof voor bacteriologische doeleinden.
thermostabiel bestand tegen hitte, tgst. thermolabiel.
thermotherapie *G* vorm van *fysiotherapie d.m.v. droge of vochtige warmte van verschillende graad en intensiteit in de vorm van convectie (heteluchtbaden), conductie (kataplasma en modderbaden), radiatie (infrarode stralen e.a.), diathermie, UKG, thermofoor e.a.; tgst. cryo- of psychrotherapie.
thesaurismose (ook: *thesaurose*) *stapelingsziekte, Speicherkrankheit *D*, storage disease *E*.
Thévenard, A. Frans neuroloog; *ziekte* of *acropathie* van Thévenard, zie Hicks.
thiamine syn. *vitamine B_1.
Thibierge-Weissenbach, *syndroom van ~*, zie CRST.
Thiersch, K. Duits chirurg (1822-1895); *transplantatie vlg. ~*, autotransplantatie van epidermisstroken op granulerende huiddefecten; vergelijk Reverdin.
third sex *E* 'derde' of neutraal geslacht; zo wordt wel genoemd de mens na de vruchtbare periode (de vrouw na 50ste, de man na 60ste jaar), gekenmerkt door functionele regressie van de gonaden.
thixotropie 1. vloeibaar worden van een vaste gel door schudden. 2. (psych.) waakzaamheid tijdens bezigheid, sufheid bij passiviteit.

thlipsencephalus *G* misgeboorte waarbij de hersenen uit een spleet tussen de nekwervels tevoorschijn komen.

Thomsen, A. Deens arts (1815-1896); *ziekte van ~*, zie myotonie (myotonia congenita).

thoracic outlet compression syndrome *E* verzamelnaam voor alle (anatomische) omstandigheden welke compressie teweegbrengen van de vaatzenuwstreng in het gebied van de bovenste thoraxapertuur tot aan de oksel, zoals costoclaviculair syndroom, scalenussyndroom, halsribsyndroom en pectoralis minor-hyperabductiesyndroom.

thoracicus *G* tot de thorax behorend, de thorax betreffend.

thoracobronchotomie (chir.) opening van een bronchus via de thoraxwand.

thoracocentese het doorsteken van de thoraxwand met een troicart of mes om gas of vloeistof uit te laten, bijv. exsudaat bij pleuritis; syn. thorax- of pleurapunctie.

thoracodynie *G* pijn in de borstkas (thorax).

thoracopagus *G* dubbelmonstrum met vergroeide borstkassen; syn. synthorax, xiphopagus; *~ parasiticus*, thoracopagus waarvan één der vruchten is verschrompeld.

thoracoplastiek 1. operatie waarbij stukken rib worden uitgesneden (resectie) om het permanent samenvallen van een gedeelte van de long mogelijk te maken; syn. costectomie; *extrapleurale ~*, thoracoplastiek waarbij het borstvlies wordt intact gelaten. 2. plastische operatie voor het opheffen van borstkasmisvormingen.

thoracoscopie bezichtiging van de thoraxholte met een endoscoop.

thoracoteratus *G* persoon met een misvormde borstkas.

thoracotomie *G* 1. operatie waarbij de thorax wordt geopend. 2. het maken van een intercostale opening voor de doorgang van een endoscoop t.b.v. optisch onderzoek tussen de beide pleurabladen.

thorax *G* borst, borstkas; meervoud *thoraces;* ventraal gevormd door het borstbeen, dorsaal door de thoracale wervels en verder door de ribben; in de borstholte bevinden zich het hart, de grote vaten en de longen, de luchtpijp alsmede een deel van de slokdarm; de thorax is door het middenrif van de buikholte gescheiden; de inademing geschiedt door verwijding van de borstkas; zie respiratie; *fladder~*, naar binnen bewegen van een deel van de thoraxwand bij inademing en naar buiten bij uitademing bij multipele ribfracturen, hetgeen tegengesteld is aan de normale bewegingen.

thorium zie Th (bet. 3).

Thorn, G. Amerikaans arts (geb. 1906); *~-test*, functieproef voor de bijnierschors, berustend op daling van het aantal eosinofiele leukocyten na toediening van ACTH of derivaat hiervan.

thrill *E* (card.) syn. *frémissement.

thromb- zie ook tromb-.

thromb(o)angiitis ontsteking van de intima van een bloedvat, in engere zin een slagader, met trombusvorming; *~ obliterans*, syn. ziekte van *Buerger.

thrombolyticum (farm.) (genees)middel dat *trombus-vorming kan verhinderen of tenietdoen.

thrombophlebitis zie tromboflebitis.

thrombopo(i)esis zie trombopoëse.

thrombosis zie trombose.

thrombostasis zie trombostase.

thrombus zie trombus.
thrust *E* in de manipulatieve therapie: snelle, in de eindstand van een gewricht toegepaste passieve manuele mobilisatie; *non-~-behandeling*, specifieke mobilisatie van niet in de eindstand verkerende gewrichten.
thrypsis zie tripsie.
THT afk. van tenminste houdbaar tot.
thumbprinting *E* multipele indeukingen, gelijkend op duimafdrukken, op het röntgencontrastbeeld bij ischemische *colitis.
thym- *~ectomie*, operatieve verwijdering van de thymus; *~ion*, wrat, syn. condyloma; *~itis*, ontsteking van de thymus.
thymocyten lymfoïde cellen, gevormd in de *thymus, stamcellen van het immuunweefsel, zich ontwikkelend tot zgn. immunologisch-competente cellen, dat zijn de kleine lymfocyten.
thymol kristallijne stof met bactericide en fungicide werking; *~ troebelingstest*, afk. TTT, eiwitneerslag in het serum bij leverinsufficiëntie d.m.v. een thymol-oplossing.
thymolepticum, thymo-analepticum *psychofarmacon met stimulerende werking en gunstige invloed op depressieve toestanden, ook die bij psychosen, zonder evenwel euforie te veroorzaken.
thymoom gezwel van de thymus.
thymopaat *G* iemand met een abnormaal gevoelsleven.
thymopathie *G* 1. aandoening van de thymus. 2. psychische stoornis.
thymopoëtine uit thymusklieren bereid thymushormoon.
thymopsyche *G* het gemoedsleven.
thymosine een in de thymus voorkomend hormoon dat waarschijnlijk zorgt voor de rijping van perifere lymfoïde stamcellen tot *T-cellen en aldus de cellulaire immuniteit bestuurt.
thymus *G* zwezerik, klier die bij kinderen vóór de luchtpijp achter het borstbeen ligt, later kleiner wordt en op de leeftijd van geslachtsrijpheid vrijwel geheel is verdwenen; in de thymus ontwikkelen zich diverse subpopulaties van lymfocyten, die van belang zijn in de immuunrespons; *~dood*, (obsoleet) plotseling sterven van kinderen en van jonge lieden in de pubescentiejaren bij wie vergroting van de thymus (status thymicolymphaticus) zou zijn waargenomen; *~ persistens*, thymus die op volwassen leeftijd nog niet is verschrompeld.
thyreo- zie thyro-.
thyr(e)oidea, thyroïd glandula thyroidea, schildklier.
thyro- *G* (smst.) m.b.t. de *schildklier; *~calcitonine*, zie calcitonine; *~geen*, door de schildklier veroorzaakt; van de schildklier afkomstig; *~globuline*, zie schildklier; *~ïd*, thyroidea, schildklier; *~ïdectomie*, syn. strumectomie.
thyroideus *L* schildvormig; *glandula thyroidea*, schildklier.
thyroïdine uit dierlijke schildklier bereid poeder, dat wordt gebruikt bij adipositas en myxoedeem.
thyroïdisme, thyroidismus *L* 1. vergiftiging door schildklierpreparaten. 2. syn. hyperthyroïdie.
thyroiditis ontsteking van de schildklier; *~ van Riedel*, chronische fibreuze thyroiditis van onbekende origine, waarbij het schildklierweefsel zeer hard kan worden, soms gepaard met retroperitoneale fibrose; *lymfocytaire thyrotoxische ~*, syn. silent thyroiditis; *silent (E) ~*, voorbijgaande *thyrotoxicose met milde

klinische verschijnselen (syn. pijnloze of subacute, dan wel stille of gemaskeerde thyroiditis); ~ *subacute*, syn. M. *Quervain (bet. 2).

thyro- *G* (smst.) *~iodine*, jodium bevattende, uit dierlijke schildklier bereide stof met dezelfde toepassing als thyroïdine; *~penie*, syn. hypothyroïdie; *~privie*, ziektetoestand veroorzaakt door het ontbreken van de schildklier, syn. strumiprivie; *~staticum*, middel dat de werking van de schildklier remt; *~tropine*, syn. *TSH.

thyrotoxicose ziektetoestand veroorzaakt door dys- en hyperthyroïdie t.g.v. verhoogde circulatie van de vrije schildklierhormonen T_4 en T_3 bij M. *Graves, nodulaire schildklierafwijking, toxisch *adenoom, *thyroiditis, M. Quervain (bet. 2), jodiumcontaminatie en bij ~ *factitia* (gebruik of misbruik van schildklierhormoonpreparaten); *thyrotoxische *crise*, comateuze toestand gekenmerkt door sterke hyperthermie en tachycardie, hyperhidrosis, motorische onrust, encefalopathische verschijnselen met langzame EEG-activiteit, tremoren, convulsies, hyperreflexie, maag-darmverschijnselen e.v.a.

thyrotropine thyroïd stimulerend hormoon, afk. *TSH.

thyroxine hormoon van de *schildklier zoals het in het bloed voorkomt, syn. tetrajodo*thyronine, T_4; in de schildklier zelf is het a.h.w. 'opgesloten' in de vorm van thyroglobuline, gebonden aan het aminozuur tyrosine.

THZ afk. van technische hygiënezorg; zie ook technische *hygiëne.

TIA afk. van transient ischemic attack *E*, niet-invaliderende, voorbijgaande ischemie (van een gedeelte) van de hersenen; 'kleine beroerte'; het plotseling ontstaan van neurologische uitvalverschijnselen t.g.v. intra- en extracraniële circulatiestoornissen die kunnen duren van enkele minuten tot een etmaal en weinig of geen restsymptomen nalaten.

tibia *L* scheenbeen.

tibiaal, tibialis *L* het scheenbeen (tibia) betreffend; *~-fenomeen*, zie fenomeen; *~-loge* (anat.) de straf door been (tibia) en aponeurosen begrensde ruimte waarin gelegen zijn de voorste scheenbeenspier en de lange strekspieren van de tenen.

tibialis anterior syndroom pijn, zwelling en roodheid in de tibialis-loge (zie tibiaal) t.g.v. oedeem en opvolgende ischemie in de spieren door trombose, embolie, vaatafsluiting, hematoom (trauma), overmatige spierinspanning; leidt tot sensibiliteitsstoornissen en parese van de voetheffende spieren; syn. syndroom van Vogt, anticussyndroom.

tibio- (smst.) m.b.t. het scheenbeen (tibia).

TIBL afk. van T-cell immunoblastic lymphoma *E*.

tic *F* 1. (pop.) hebbelijkheid, aanwensel. 2. (psych.) zie ticstoornissen; ~ *convulsif*, syn. spasmus facialis, aangezichtskramp, snelle onwillekeurige, zich telkens herhalende trekkingen der gelaatsspieren (knippen met de oogleden, trekken met de mond enz.); kan worden veroorzaakt door nervositeit, stresstoestanden of reflectorisch door oor-, oog- of neusziekten, kiespijn enz.; ~ *d'attitude*, syn. ~ *tonique*, tic waarbij het aangedane lichaamsdeel in een bepaalde houding blijft staan; ~ *douloureux*, syn. prosopalgie, aangezichtspijn, in aanvallen optredende heftige schietende zenuwpijn in het gebied van de drielingzenuw (nervus trigeminus); ~ *impulsif*, zich telkens herhalende ondoelmatige bewegingen bij neurotici; ~ *rotatoire*, draaiende tic, door klonische kramp van de onderste schuine nekspier veroorzaakte tic, waardoor het hoofd voortdurend een ontkennende beweging maakt.

tickbite fever *E* tekenbeetkoorts, bosluiskoorts; *rickettsiose t.g.v. de beet van een teek; syn. fièvre boutonneuse.

ticstoornis (vlg. DSM-IV) een op niet-volwassen leeftijd ontstane stoornis, niet het gevolg van het gebruik van een middel of lichamelijke aandoening, gekenmerkt door periodieke, zich herhalende, snelle, doelloze, motorische bewegingen of vocale uitingen, die als onbedwingbaar worden ervaren; de tics zijn enkelvoudig (motorisch: oogknipperen, schokken met schouders; vocaal: kuchen, grommen) of complex (motorisch: trekkingen in het gezicht, zichzelf slaan of bijten; vocaal: obscene taal, echolalie); *chronische motorische of vocale ~*, ticstoornis voor de duur van tenminste een jaar, met tic-vrije perioden van ten hoogste drie maanden; *voorbijgaande ~*, ticstoornis van voorbijgaande aard (tenminste vier weken, maximaal een jaar), syn. *passagère ~*; zie ook Gilles de la Tourette.

ticziekte syn. *maladie des tics*, zie Gilles de la Tourette.

t.i.d. (rec.) afk. van ter in die, driemaal daags.

TID afk. van time interval difference *E*.

tidal *E* lett: m.b.t. het getij; m.b.t. de in- en uitademing; *~ air*, de hoeveelheid lucht die bij een normale ademhalingsbeweging wordt in- en uitgeademd.

tiède *F* lauw; zie à tiède.

Tietze, A. Duits arts (1864-1927); *ziekte van ~*, goedaardige pijnlijke zwelling van de kraakbenige verbinding tussen het borstbeen en het sleutelbeen of de ribben; syn. costochondrodynie.

Tiffeneau, R. Frans internist; *proef van ~*, syn. ademstoottest, de in de eerste seconde na maximale inademing zo snel mogelijk uitgeademde hoeveelheid lucht, uitgedrukt in procenten van de vitale *capaciteit; zie ook peak flow, FEV_1.

tight junction *E* syn. *zonula occludens.

tigrolyse degeneratie en uiteenvallen van de lichaampjes van *Nissl.

TIJBC afk. van totale *ijzerbindingscapaciteit.

tijgerhart *fanerose van vet aan de oppervlakte van het hart.

TIL afk. van tumorinfiltrerende lymfocyt.

tilting table *E* (orthop.) horizontaal vlakje aan een beenprothese waarop de zitbeenknobbel van het bekken (tuber ischii) rust.

TIMI afk. van trombolyse in een myocardinfarct.

timbre *F* klanktint, toonkleur van de stem; *~ métallique*, metaalachtig hol geluid van de ademhaling bij *auscultatie; zie amforisch, tintement.

TIN afk. van tubulo-interstitiële *nefritis.

tinctie kleuring; *~-therapie*, geneeswijze van sommige kwaadaardige gezwellen door injecties met anilinekleurstof.

tinctuur alcoholisch vloeibaar extract van plantaardige geneesmiddelen.

tinea *L* ringworm, verzamelnaam voor schimmelziekten van de huid, maar vaak ook misbruikt voor andere huidaandoeningen; *~ amiantacea*, asbestachtige plekken op het behaarde hoofd door overvloedige roosvorming; *~ capitis*, hoofdluis, luisziekte, zie pediculosis; *~ decalvans*, met kale plekken gepaard gaande haaruitval, syn. alopecia areata; *~ favosa*, syn. *~ lupinosa* of *~ vera*, hoofdzeer, zie favus; *~ furfuracea*, ziekelijk verhoogde afscheiding van huidsmeer met schilfers, vnl. op het hoofd (hoofdroos), syn. seborrhoea sicca, zie seborroe; *~ imbricata*, tropische ringworm met concentrische ringenvorming in de huid; *~ lactea*, melkkorst, dauwworm, syn. *crusta lactea; *~ nigra*, zeldzame dermatomycose die zich uit in de vorm van zwarte, soms schilferende vlekken vnl. op de handen; *~ pedis* (alg.) schimmelziekte aan de voet; *~ tonsurans*, ook:

~ *tondens* of ~ *trichophytina*, ringworm, syn. herpes tonsurans; ~ *versicolor*, syn. van pityriasis versicolor.

Tinel, J. Frans neuroloog (1879-1952); *teken van* ~, het ontstaan van paresthesieën in de hand door kloppen op de n. medianus ter hoogte van de pols bij carpaal *tunnelsyndroom.

tinnitus aurium *L* klinken in de oren, oorsuizen; (subjectieve) niet hallucinatoire gewaarwording van geluid zonder dat hieraan een geluidsprikkel van buitenaf ten grondslag ligt; kan optreden bij aandoeningen van uitwendig oor en trommelholte (vooral otosclerose), bij hypertensie, psychogeen of reflectorisch (sinusitis, gebitsgranulomen, syndroom van *Costen, afwijkingen aan de halswervels e.a.), doch is meestal gevolg van irritatie van het binnenoor, nl. door akoestisch trauma, endo- en exogene intoxicaties (o.a. medicamenten), syndroom van *Ménière, labyrintitis en naburige ontstekingshaarden, presbyacusis, bloed- en bloedvatstoornissen, neuritis acusticus, epilepsie, nefropathie; syn. sonitus of susurrus aurium.

tintement *F* het klinken; ~ *métallique*, metaalklank die bij auscultatie wordt gehoord, bijv. bij holten (caverna) in de long.

TINU afk. van tubulo-interstitiële nefritis met uveitis.

tip (jrg.) benaming voor de centraal-veneuze *katheterisatie.

TIP afk. van 1. translating inhibiting protein *E*. 2. tandheelkundig informatiepunt. 3. terminaal interfalangeaal (gewricht).

TIPSS afk. van transjugulaire intrahepatische portosystemische stent shunt.

tiqueur *F* lijder aan tic.

tisane *F*, **ptisane** *G* kruidenthee; feitelijk gerstedrank.

TISS afk. van therapeutic intervention scoring system *E*.

tissue *E* weefsel; zie connective tissue.

titer 1. gehalte aan opgeloste stof. 2. hoogste verdunning, uitgedrukt in een breukgetal, van een agens dat nog in staat is een reactie te verwekken.

titillatie, titillatio *L* kriebeling, hoestprikkel; lichte vorm van jeuk.

titillomanie ziekelijke neiging om zich te krabben.

titreren langs vloeibare weg het gehalte aan bepaalde stoffen bepalen, door vergelijking met een standaardoplossing.

titubatie wankelende gang, de onvaste gang (dronkemansgang) bij ziekten der kleine hersenen.

tixotroop zie thixotropie.

TK afk. van thymidinekinase.

Tl thallium, een element; de radioactieve isotoop Tl-201 wordt (als thalliumchloride) gebruikt in de scintigrafie.

TL afk. van terminale latentietijd.

TLBL afk. van T-cell lymphoblastic lymphoma *E*.

TLC afk. van 1. totale longcapaciteit. 2. totale laparoscopische colectomie. 3. dunnelaag (thin layer) chromatografie.

TLCL afk. van T-lymfosarcoomcel leukemie; syn. *ATL.

TLCO afk. van transferfactor van de long voor koolstofmonoxide (CO).

TLGZ afk. van tweedelijnsgezondheidszorg.

TLI afk. van total lymphoid irradiation *E*.

TLS afk. van tumor-lysis syndroom.

TLV afk. van threshold limit value *A*.

TLW afk. van totaal lichaamswater.
T-lymfocyten zie T-cellen.
Tm afk. van transport maximum.
TM afk. van transcendente meditatie.
TMA(O) afk. van trimethylamine(-oxide); zie ook vislucht-syndroom.
TMB afk. van terminale myocardbeschadiging.
Tm1/2 halfwaardetijd van (actieve) metabolieten van een geneesmiddel.
TMC afk. van Tokyo medical college, in engere zin de hiernaar genoemde test voor de kwantitatieve bepaling van het *kleuronderscheidingsvermogen.
TmP/GFR fosfaat-terugresorptie, renale (tubulaire) functieproef bij vermoede hypercalciëmie.
TMR afk. van topical magnetic resonance *E*.
TMZ afk. van *transmurale zorg.
TNF afk. van tumor necrosis factor *E*, product van hoofdzakelijk macrofagen.
TNI afk. van total node irradiation *E*.
TNM afk. van tumor, nodule (lymfeklier), metastase; classificatiesysteem voor kwaadaardige gezwellen.
TNO PG afk. van toegepast natuurwetenschappelijk onderzoek, afdeling preventie en gezondheid, voorheen NIPG.
TNS afk. van transcutane neurostimulatie; zie ook TENS.
TOA afk. van technisch oogheelkundig assistent.
TOAST afk. van transcervical oocyte and sperm transfer.
toco- (smst.) m.b.t. de bevalling; *~dochium*, kraamkliniek; *~ferol*, zie vitamine E; *~gonie*, voortplanting door ouders; *~grafie*, registratie van de weeën tijdens de partus; *~logie*, baringsleer; *~lyse*, toediening van een weeënremmend middel, tocolyticum, ter voorkoming van een dreigende partus praematurus; *~*manie*, psychische stoornis na een bevalling; *~tomie*, zie tomotocie.
TOCS afk. van *thoracic outlet compression syndrome *E*.
tocus, tokos *G* bevalling, syn. partus.
Todd, R. Engels arts (1809-1860), *paralyse van ~*, tijdelijke verlamming van het lichaamsdeel dat overeenkomt met het deel van de motorische hersenschors waarin, voorafgaand, een partiële epileptische aanval heeft plaatsgevonden; zie ook epilepsie.
TOE afk. van transoesofageale echocardiografie.
toedekkende therapie (psych.) therapie die niet zozeer gericht is op het bestrijden van dieper liggende oorzaken, maar meer op het behandelen van symptomen.
toepfer zie tupfer.
toe- *~reikendheid*, zie sufficiëntie; *~rekenbaar*, imputabel.
toerekeningsvatbaar wettelijke term die betrekking heeft op de verstandelijke vermogens van beklaagden ten tijde van de door hen gepleegde misdaad en op de vraag of ze onderscheid wisten te maken tussen goed en kwaad en aldus al dan niet verantwoordelijk kunnen worden gesteld voor hun daden.
toeschietreflex het toevloeien van melk uit de alveoli van de borstklier naar de grotere melkgangen t.g.v. prikkeling van de tepel van de zogende vrouw, bijv. bij het aanleggen van het kind.
toe- *~val*, insult; *~vloeiing*, affluentie.
tofus *L* (lett. tufsteen) meervoud *tofi*; 1. knobbel, in engere zin jichtknobbel, ophoping van uraten in gewrichtskraakbeen, fascies, pezen, huid en subcutis;

~ *arthriticus*, syn. nodus arthriticus, jichtknobbel; ~ *syphiliticus*, knobbel aan de beenderen t.g.v. beenvliesontsteking bij syfilis. 2. (tandheelk.) tandsteen. 3. (oogheelk.) syn. chalazion.

togavirussen tot de *arbovirussen behorende groep van RNA-virussen met een diameter van 25-70 nm; infecties met togavirussen komen hoofdzakelijk bij dieren voor (vnl. onder het beeld van encefalitis en encefalomyelitis), sporadisch bij de mens.

token economy *E* een aspect van gedragstherapie waarbij een verstandelijk gehandicapte wordt beloond voor 'goed gedrag' d.m.v. een fiche, voorwerp, een aantekening op een lijst of iets dergelijks; wanneer de betrokkene een vooraf afgesproken aantal fiches of voorwerpen enz. heeft verdiend worden ze omgewisseld voor een tastbare beloning bijv. een gezellig uitstapje of extra zakgeld.

toko- zie toco-.

tolerantie 1. verdraagzaamheid; het vermogen geneesmiddelen, dieetvoedsel en derg. te verdragen; tgst. intolerantie; *~stadium,* het stadium van gehele bewusteloosheid bij narcose. 2. gewenning, het verschijnsel dat steeds meer van een (genees)middel moet worden gebruikt om een gelijkwaardig effect te verkrijgen; *immunologische ~*, het niet optreden van *rejectie t.g.v. een specifiek en intrinsiek onvermogen van het immunomechanisme op bepaalde antigenen te reageren t.g.v. een contact met deze antigenen vóórdat het vermogen tot een *immunoreactie tot ontwikkeling was gekomen, òf door de werking van middelen die deze reactie tegengaan.

Tolosa, E. Spaans arts; *syndroom van ~-Hunt*, éénzijdige hevige pijn in de oogkas, *oftalmoplegie, ontsteking van de sinus cavernosus en uitval van de hersenzenuwen III t/m VI bij *pseudotumor in de bovenste oogkas-fissuur.

TOM afk. van stichting thuiszorg op maat.

tomatenkwekersziekte allergische *alveolitis t.g.v. *sensibilisatie tegen een op verdroogde tomatenbladeren groeiende schimmelsoort.

-tomie *G* (smst.) snijden, operatie, bijv. artrotomie, infundibulotomie, pneumectomie.

tomografie verzamelnaam voor de verschillende methoden vlg. welke *planigrafie kan worden uitgevoerd; zelfst.nw. *tomogram*; *computer~*, tomografisch onderzoek van een lichaamsdeel met behulp van een computer, afk. CT; *emissie~*, een techniek waarbij weefsels worden onderzocht met behulp van radioactieve isotopen die positronen, fotonen uitzenden; met behulp van een computer worden driedimensionale beelden gemaakt waaruit de activiteit van het betreffende gebied is af te leiden; *quantitatieve computer ~*, zie QCT.

tomomanie ziekelijke lust om te opereren of geopereerd te worden.

tomoscan *E* computertomografie.

tomotocie, tomotokie keizersnede, syn. sectio caesarea.

Tonegawa, S. Japans moleculair-bioloog (geb. 1939), Nobelprijswinnaar voor zijn stelling dat een relatief klein aantal genen in staat is te coderen voor de grote diversiteit van antistoffen.

Tonelli, L. Italiaans arts, zie kadaverstand.

tong *lingua.

tonga syn. *framboesia.

tong- *~been*, os hyoideum, hyoïd; *~blaar*, zie aften; *kardinaals~*, purperrode tong bij pellagra; *~keelzenuw*, nervus glossopharyngeus; *~riem*, frenulum linguae; *~spatel*, spatel om de tong neer te drukken bij bezichtiging van de keel; *~tablet*, linguette.

Toni, G. de Italiaans kinderarts (1896-1973), zie Debré.

toniciteit zie tonus.

tonicum *L* versterkend, eetlustopwekkend (toniserend) middel; roborans.

tonisch m.b.t. de tonus, tgst. clonisch.

tonisch-klonische aanval syn. grand mal (obsoleet); een vorm van primair gegeneraliseerde epilepsie; hierbij treedt, vaak ingeleid door een aura, een aanval op van tonische, gevolgd door klonische krampen van de spieren van het gehele lichaam, welke hoogstens enkele minuten duren; de patiënt is bewusteloos (valt neer) en uit soms een initiële schreeuw (glottiskramp), verder: incontinentie (niet obligaat), tongbeet, cyanose; na deze convulsieve verschijnselen duurt de bewusteloosheid nog voort, daarna ontwaking met amnesie vóór de aanval; volgen de aanvallen elkaar op zonder herstel van bewustzijn ertussen, dan spreekt men van status epilepticus.

toniserend 1. *tonus verhogend. 2. versterkend, eetlustopwekkend.

tonofant toestel waarmee tonen kunnen worden zichtbaar gemaakt.

tonofibrillen intracellulaire bundels van *filamenten met onbekende betekenis.

tonografie drukmeting en registratie daarvan.

tonolyse vermindering van tonus.

tonometer 1. instrument om de tonus te meten. 2. bloeddrukmeter.

tonoscillograaf toestel waarmee de schommelingen van de bloeddruk kunnen worden opgetekend.

tonsil, tonsilla *L* amandel, meervoud tonsillae of tonsillen, syn. amygdalum, lymfatisch orgaan rechts en links in het achterste gedeelte van de mondholte tussen de verhemeltebogen (*~ palatina*); *~ (epi)pharyngea*, syn. *~ tertia*, zgn. derde amandel, ophoping van lymfatisch weefsel op de achterste keelwand ter hoogte van de uitmonding van de buizen van Eustachius in de nasofarynx; zie ook adenoïd; *~ cerebelli*, boonvormig, paramediaan uiteinde van de ventrale hemisfeer der kleine hersenen; *~ intestinalis*, syn. *plaques van *Peyer; *~ lingualis*, lymfatisch weefsel in de tongwortel.

tonsillair, tonsillaris *L* m.b.t. de tonsillen.

tonsillectomie operatie waarbij de tonsillen geheel worden verwijderd ('gepeld').

tonsillitis amandelontsteking, syn. amygdalitis, angina tonsillaris.

tonsillotomie operatie waarbij de amandelen gedeeltelijk worden verwijderd ('geknipt').

tonsillotoom instrument waarmee *tonsillotomie wordt verricht.

tonus *L* spanningstoestand van weefsels, vnl. van spieren.

toompje zie frenulum.

toondoofheid zie amusie.

toorn ira.

Tooth, H. Engels neuroloog (1856-1925), zie Charcot.

top zie apex, vertex; *top-* (smst.) plaatselijk.

TOPAZ afk. van tijdelijk ondersteuningspunt allochtonen in de zorgsector.

topectomie verwijdering van een deel van de schors van de voorhoofdskwab van de hersenen.

tophus zie tofus.

tophyperidrosis sterke plaatselijke zweetafscheiding; zie ook hyperhidrose.
topicum *L* geneesmiddel dat plaatselijk wordt aangewend, bijv. zalf; bijv.nw. *topicaal*.
topo- (smst.) m.b.t. plaats of gebied; plaatselijk (topisch); *~gnosis*, tactiel oriëntatievermogen; *~narcose*, plaatselijke verdoving; *~niem*, benoeming naar een geografische plaats, bijv. Haverhill-ziekte.
TORCH acroniem van een aantal congenitale infecties: toxoplasmose, others (andere zoals syfilis, listeriosis), rubella, cytomegalie en herpes simplex; zie ook TORCHES.
TORCHES acroniem van toxoplasmose, rubella, cytomegalie, herpes simplex en syfilis; *~-syndroom*, een totaliteits*syndroom van potentiële infecties die hetzij prenataal (transplacentair of intra-uterien), dan wel tijdens of kort na de geboorte de pasgeborene kunnen besmetten, met encefalitis, hepatitis, huidafwijkingen e.a. als gevolg.
torcular *L* 1. syn. tourniquet. 2. (anat.) kuilvormige structuur.
torderen torsie toepassen.
torenschedel oxycefalie; hoge, puntige schedelvorm; ook: acrocefalie, hypsicefalie, turricefalie.
tormenta *L* (ook: *tormina*) kwellingen, buikpijn.
tornaculum *L* syn. tourniquet.
TORP afk. van total ossicular replacement prosthesis *E*.
torpide zwak, slap; stompzinnig, traag, gevoelloos; tgst. erethisch; ~ *habitus*, dikke neus en bovenlip, opgezwollen gelaat, stompzinnige uitdrukking enz. bij scrofuleuze kinderen; ~ *koorts*, koorts gepaard gaande met hoge graad van zwakte, vooral spier- en hartzwakte, syn. asthenische koorts; ~ *zweer*, zweer die weinig neiging tot genezing toont; syn. atonische zweer.
torpitudo *L* (ook: *torpor* of *torpiditeit*) slapheid, traagheid, gevoelloosheid; ~ *intestinorum*, verstopping.
torsie, torsio *L* draaiing, wkw. *torderen*; *~-fractuur*, fractuur door krachtige draaiing in de lengte-as van het betreffende lichaamsdeel; *~spasmus*, zie dystonie: dystonia lordotica deformans.
torso *It* de romp.
torticollis *L* scheefhals, syn. caput obstipum of collum obstipum; kan zijn aangeboren of bij de geboorte ontstaan door verkorting of verscheuring van halsspieren; kan ook optreden door littekenvorming na verzwering of verbranding, verlamming, contractuur of spasmus van halsspieren, enz.; ~ *nasopharyngealis*, luxatie van de 2de halswervel (draaier, axis) ten opzichte van de 1ste (atlas) met dislocatie en leidend tot scheefstand van het hoofd, een en ander meestal als complicatie van een ernstige ontsteking in het gebied tussen wervelkolom en achterste farynxwand, minder vaak bij *reumatoïde artritis of door een trauma; syn. syndroom van Grisel; syn. IAAD; ~ *spasmodica*, een idiopathische *hyperkinesie van nekspieren door extrapiramidale dystonie òf symptomatisch na koolstofmonoxide-intoxicatie, gebruik van neuroleptica, encefalitis of bij de ziekte van *Wilson (bet. 2) e.a.
tortueus, tortuosis *L* gekronkeld, gekromd; zelfst.nw. *tortuositas;* gekronkeld verloop, bijv. van bloedvaten bij arteriosclerose.
tortura oris *L* mondklem, kramp der kauwspieren; syn. trismus.
torula *L* gistcel die zeer gevaarlijke infectieziekte kan veroorzaken (*torulose*); oude

benaming voor Cryptococcus.
torulus *L* dikte, verhoging, vklw. van torus; ~ *stramineus*, syn. lectulus stramineus; ~ *tactilis*, tastkussentje van de vinger, meervoud toruli.
torus *L* verhoging, verhevenheid, dikte; ~ *frontalis*, verhevenheid midden op de neuswortel; ~ *manus*, de handvlakte, syn. metacarpus; ~ *palatinus*, osteoma durum van het gehemelte.
TOS afk. van thoracic outlet syndrome *E*.
total hip *E* (pop.) *artroplastiek van het heupgewricht (vervanging door een kunstgewricht).
toucher *F* vnl. chirurgische en gynaecologische onderzoekmethode, bestaande uit het inwendig betasten van een lichaamsholte met één of twee vingers ('inwendig onderzoek'); invoelen (diergeneesk.); *mitralis* ~, digitale exploratie van het ostium mitrale bij commissurotomie; *rectaal* ~, toucher van de endeldarm met de wijsvinger; *vaginaal* ~, toucher van schede, baarmoeder en adnexa in de regel met wijs- en middelvinger.
toucheren 1. het verrichten van een toucher. 2. het aanstippen van wild vlees met een *causticum (vnl. met helse steen, zie lapis).
tour *F* omdraaiing, cirkelgang, bijv. de winding van een zwachtelverband; ~ *de maître*, een bijzondere wijze van invoeren van een metalen katheter in de blaas.
Tourette zie Gilles de la Tourette.
tourniquet *F* aderpers; syn. torcular, tornaculum; zie knevelverband.
toxalbuminen vergiftige eiwitten die in plantaardige of bacteriële vergiffen en ook in slangengif (ofiotoxine) voorkomen.
toxanemie anemie door toxische invloeden.
toxemie aanwezigheid van toxinen in het bloed; bloedvergiftiging door toxinen.
toxiciteit vergiftigheid.
toxico- (smst.) m.b.t. vergif; *~dermie*, huidaandoening veroorzaakt door vergiftige stoffen, bijv. geneesmiddelen; *~fobie*, (ook: toxofobie), ziekelijke vrees te worden vergiftigd; *~hemie*, zie toxikemie; *~logie*, wetenschap die zich bezighoudt met over het algemeen ongewenste effecten van lichaamsvreemde stoffen op een levend organisme; *~manie*, ziekelijke lust naar middelen die een roes of verdoving veroorzaken; *~nose*, syn. toxicopathie; *~pathie*, ziekte door intoxicatie veroorzaakt, syn. toxicose, toxiconose, toxonose; *~phidia*, syn. thanatophidia.
toxicose syn. *toxicopathie.
toxicum *G* vergif, meervoud toxica; zie toxine.
toxine *G* vergif, de schadelijke stoffen die door bacteriën worden gevormd en ook de schadelijke afscheidingsproducten van sommige klieren in het lichaam van mens of dier.
toxine-antitoxine zie TA (bet. 1).
toxinemie syn. toxikemie.
toxisch vergiftig; ~ *shock-syndroom*, zie shock.
toxitherapie (ook: toxotherapie) de toepassing van vergiffen als geneesmiddel.
Toxocara een in de darm van honden en katten voorkomende spoelwormsoort, pathogeen voor de mens.
toxocariasis infestatie met Toxocara.
toxofobie zie toxicofobie.
toxogeen gifvormend; door vergif veroorzaakt.
toxoglobulinen giftige eiwitten; zie globuline, toxine.

toxoïd oorspronkelijk ongiftig geworden *toxine bijv. door lang bewaren of door chemische inwerking; tegenwoordig wordt er uitsluitend onder verstaan: door chemische bewerking ongiftig gemaakt toxine (syn. anatoxine), dat gebruikt wordt voor onvatbaarmaking (immunisatie, inenting, vaccinatie) tegen de betreffende infectieziekte, zoals difterie en tetanus; daar het zijn toxische eigenschappen kwijt is doch wèl antigeen werkt, ontstaat geen ziekte doch wel immuniteit.

toxolysine *G* vergif (toxine)-oplossend tegengif.

toxomucine een vergiftige mucine verkregen uit kweken van tuberkelbacillen.

toxonose zie toxicopathie.

Toxoplasma *G* een geslacht van parasitaire sporozoa, waarvan sommige soorten pathogeen zijn; zie toxoplasmose; (pop.) kattendrekparasiet.

toxoplasmose infectie met *Toxoplasma gondii vnl. bij katachtigen, ook voorkomend bij de mens in de vorm van diverse orgaanontstekingen en bij immunosuppressieve toestanden (o.a. AIDS), meestal als chronisch-latente infectie zonder klinische verschijnselen; bijna altijd treedt spontaan genezing op; kan ook oorzaak zijn van habituele abortus; betrekkelijk frequent is de *aangeboren vorm* van toxoplasmose (*prenataal-verworven ~*), nl. bij pasgeborenen wier moeder tijdens de zwangerschap (al of niet latent) is geïnfecteerd; hierbij worden vnl. neurologische afwijkingen aangetroffen door beschadigingen in het centrale zenuwstelsel (hydrocefalie, chorioretinopathie, intracerebrale verkalkingen met vertraging van de geestelijke ontwikkeling) en endocriene stoornissen zoals hypothyroïdie, doch ook komt de viscerale vorm voor met *hepatitis (waaruit zich een chronische agressieve vorm kan ontwikkelen).

toxotherapie zie toxitherapie.

TP afk. van 1. total protein *E.* 2. tuberculineprecipitatie. 3. truncus pulmonalis. 4. terugvalpreventie.

TP-5 een pentapeptide, gesynthetiseerd uit *thymopoëtine.

t-PA, TPA afk. van tissue-type plasminogen activator *E*, weefsel*plasminogeen-activator, een stof met bloedontstollende activiteit (fibrinolyse); is in staat bloedstolsels op te lossen.

TP(H)A afk. van Treponema pallidum (hem)agglutinatie (reactie).

TPI afk. van Treponema pallidum immobilisatie, zie Nelson.

TPN afk. van total parenteral nutrition.

TPP afk. van 1. thiamine-pyrophosphorzuur. 2. testosteronphenylpropionaat.

TPR afk. van triceps-peesreflex; zie ook TP(V)R.

TPV afk. van totale parenterale voeding; syn. TPN.

TP(V)R afk. van 1. total peripheral (vascular) resistance *E*, totale perifere (vasculaire) weerstand. 2. triceps-peesreflex.

TPW afk. van therapeutische plasma-wisseling; wordt vnl. bij sommige neurologische aandoeningen toegepast.

traan lacrima; *~been*, os lacrimale; *~druppelcel*, zie dacryocyt; *~figuur*, traanvormige figuur in het voor-achterwaartse röntgenbeeld van het normale bekken mediaal van het acetabulum, ontstaan door projectie van enkele contrastlijnen op elkaar; *~gas*, zie strijdgassen; *~heuvel*, caruncula lacrimalis; *~kanaal*, canaliculus lacrimalis; *~klier*, glandula lacrimalis; *~meer*, lacus lacrimalis; *~oog*, zie dacryorroe; *~punt*, de opening in elke ooglidrand

waardoorheen het traanvocht wordt afgevoerd naar de *canaliculus lacrimalis.
trabecula *L* steunend spier-, bot- of bindweefselbundeltje, syn. trabekel; *~e carneae*, dikke spierbundels aan de binnenzijde van de hartkamers; *~ corneosclerale*, trabekelsysteem, steunweefsel van de *kamerhoek; *~e corporae cavernosae*, resp. *spongiosi*, de fibromusculaire begrenzingen van de holten in de zwellichamen van penis, resp. rondom de mannelijke urethra.
trabeculotomie oogoperatie bij glaucoom waarbij een blijvende fistel wordt gemaakt tussen voorste oogkamer en het subconjunctivale weefsel voor de afvoer van het kamerwater; syn. goniotomie.
trabeculum foutief voor *trabecula; zie ook trabekel.
trabekel syn. *trabecula; *~blaas*, balkenblaas, beeld van de binnenzijde van de urineblaas bij verhoogde intravesicale druk (bijv. prostaathypertrofie), waardoor de musculatuur hypertrofieert en het slijmvlies tussen de verdikte spierbalkjes wordt uitgebocht.
tracer *E* zie speurdosis.
trachea *G* luchtpijp, kraakbenige buis waardoor de inademingslucht naar de longen, en de uitademingslucht naar buiten wordt gevoerd; begint bij het strottenhoofd achter de schildklier en loopt naar beneden waar zij zich in twee takken splitst naar de beide longen; *~canule*, buis voor de ademhaling na luchtpijpoperatie; *sabelschede ~*, zijdelingse afplatting en vernauwing van de trachea, meestal door een vergroting van de schildklier (struma); *~stenose*, luchtpijpvernauwing.
trache- *~aal*, de trachea betreffend; *~ algie*, 1. pijn in de trachea. 2. syn. voor kroep; *~itis*, catarrale ontsteking van de trachea.
trachelodynie pijn in de nek.
tracheloteratus *G* aangeboren misvorming van de hals.
tracheo m.b.t. de trachea (luchtpijp).
tracheobronchitis ontsteking van de luchtpijp (trachea) en de luchtpijpvertakkingen (bronchi).
tracheo- *~fonie*, het geluid dat bij auscultatie van de trachea wordt gehoord; *~cele*, diverticulum van het luchtpijpslijmvlies; *~phyma G*, krop; *~scoop*, instrument voor tracheoscopie; *~scopie*, bezichtiging van het inwendige van de trachea; *~stenose*, syn. *tracheastenose; *~stoma*, door operatie verkregen opening (lip*fistel) in de trachea; *~stomie*, het maken van een tracheostoma.
tracheotomie *G* luchtpijpsnede, operatieve opening van de trachea.
tracheotoom instrument voor tracheotomie.
trachoom, trachoma *G* een oogontsteking (folliculaire conjunctivitis) met korrelvormige insluitsels, veroorzaakt door *Chlamydia trachomatis*.
trachyfonie, trachyphonia *G* schorheid.
tractie, tractio *L* trekken; *~hoofdpijn*, hoofdpijn bij lokale, ruimte-innemende intracraniële processen, bijv. tumor cerebri; abcessen e.d.
tractotomie 1. doorsnijding van (pijn)geleidende zenuwbanen, in engere zin de tractus spinothalamicus. 2. idem van de tractus iliotibialis.
tractus *L* 1. streng, vezelbundel, in engere zin van zenuwvezels. 2. langwerpig orgaan. 3. systeem van fysiologisch bij elkaar behorende organen. *~ corticobulbaris*, de zenuwbaan tussen de hersenschors (cortex) en de bullus (medulla oblongata); *~ corticospinalis*, de zenuwbaan die vanuit de motorische hersenschors naar het ruggenmerg loopt en die zorgt voor de willekeurige motoriek; *~ digestivus* of *~ intestinalis*, spijsverteringskanaal, darmkanaal;

~ *iliotibialis*, ligamenteuze versterking van de fascia lata aan de buitenzijde van het bovenbeen; ~ *locomotorius*, het bewegingsapparaat; ~ *olfactorius*, 'reukbaan', zenuwvezelbaan die de verbinding vormt tussen de *bulbus olfactorius en het reukcentrum in de grote hersenen; ~ *respiratorius*, de ademhalingswegen; ~ *umbilicalis*, navelstreng; ~ *urogenitalis*, de urine-afvoerwegen en de geslachtsorganen; ~ *uropoieticus* (foutief), de urinewegen.

tragipili de haartjes in de uitwendige gehoorgang.

tragofonie syn. *egofonie.

tragus *G* het klepje aan de voorste rand van de oorschelp.

trait *F* (ook *E*) kenmerk, onderscheid; (erf.) in engere zin een recessieve eigenschap die bij homozygotie een afwijking oplevert; *~carrier*, overbrenger van een erfelijke afwijking, die zelf deze afwijking niet vertoont.

traitement *F* behandeling.

TRALI afk. van transfusion-related acute lung injury.

TRAM-(f)lap (chir.) afk. van transversale rectus-abdominis myocutane (transpositie)lap.

tramspoor röntgenbeeld van oedemateus verdikte bronchuswanden in de vorm van evenwijdige lijnen.

trance *E* abnormale slaaptoestand, droomtoestand waarbij de heerschappij van de eigen wil over het lichaam is opgeheven, zoals bij hypnose en somnambulisme; ook: geestvervoering.

tranenvloed dacryorroe, epiphora, stillicidium.

tranquillizer kalmerend middel; syn. *ataracticum; *major ~*, zie neurolepticum; *minor ~*, zie anxiolyticum.

trans- (smst.) door(heen); *~-abdominaal*, door de buikwand heen.

transactionele analyse afk. TA, vorm van psychotherapie die wordt beoefend in een groep, met als belangrijkste doel de cliënt een duidelijker, volwassener en realistischer houding ten opzichte van het leven te leren krijgen.

transactionele theorie theorie van de waarneming, gebaseerd op de idee dat wat wordt waargenomen afhankelijk is van kennis die is verzameld in interactie met de omgeving.

transaminasen, aminotransferasen intracellulair voorkomende enzymen werkzaam bij de omzetting van aminozuren; bereiken hoge concentratie in het bloedserum bij weefselnecrose (klinische toepassing vooral bij de diagnose van myocardinfarct en bij leverziekten); zie ook transferasen.

transbuccaal via het wangslijmvlies.

transcendent, transcendentaal van onbekende kracht, bovenzinnelijk.

transcendente meditatie afk. TM, vorm van meditatie die ontwikkeld is door de Indiase natuurkundige Maharishi Mahesh Yogi; beoogd wordt allereerst het geven van geestelijke en lichamelijke ontspanning en tenslotte te komen tot bovenzintuiglijke (transcendente) ervaringen.

transconioscopie tracheoscopie via een *coniotomie.

transcortine een in bloedplasma voorkomend α-globuline, dat als transporteiwit dient voor *corticosteroïden.

transcriptase *reverse ~*, enzym dat in staat is om RNA om te zetten in DNA; dit staat bekend als omgekeerde (reverse *E*) *transcriptie; het enzym komt met name voor bij de *retrovirussen, maar komt eveneens voor in cellen van *eukaryoten.

transcriptie de overdracht van genetische informatie van de DNA-moleculen op het boodschapper-*RNA (mRNA); zie ook translatie.

transcutaan lett. door de huid; (farm.) geleidelijke penetratie van een daartoe geschikt geneesmiddel via de huid en opneming in het bloed; syn. *transdermaal.*

transdermaal door de huid heen; syn. transcutaan.

transducer *E* (natuurk.) elk instrument dat de éne vorm van energie omzet in een andere, bijv. een bepaalde temperatuur, 'vertaald' in een elektrisch signaal.

transductie verandering van de erfelijke eigenschappen van een cel t.g.v. het overbrengen door faagwerking van een deel van een chromosoom uit een andere cel; *signaal ~*, in de celbiologie een keten van processen tussen een extracellulair signaal en het antwoord van de cel.

transe *F* (doods)angst.

transfectie techniek waarbij vreemd DNA in een eukaryote cel wordt gebracht, gewoonlijk gevolgd door expressie van één of meer genen van het geïntroduceerde DNA.

transferasen enzymen die delen van chemische verbindingen overbrengen naar een andere, bijv. aminotransferasen zorgen voor het overbrengen van aminogroepen; zie ook transaminasen.

transferfactor *E* extract uit lymfocyten waarmee passief cellulaire immuniteit kan worden overgedragen in gevallen van immuno*deficiëntie.

transferrine ijzer transporterend serumproteïne (syn. siderofiline), bovendien humorale afweerstof (zie afweerstoffen) in bloed en slijmvliezen, die (evenals *lactoferrine) bacteriële groei tegengaat via de bacteriële ijzerstofwisseling; *ferro-~*, met ijzer beladen transferrine.

transfert verplaatsing van sensibele of sensorische symptomen of stoornissen van de éne plaats naar de andere, meestal van links naar rechts, soms omgekeerd, hetzij zonder aanwijsbare oorzaak, hetzij kunstmatig, bijv. door therapeutische ingrepen, suggestie, galvanisatie e.d.

transformatie 1. verandering van vorm, functie of structuur van cellen en weefsels; *genetische ~*, verandering van de erfelijke eigenschappen van een cel t.g.v. het binnendringen of kunstmatig binnenbrengen van *DNA-moleculen uit een andere cel; *maligne ~*, de overgang van eigenschappen van de normale cel in die van de kwaadaardige cel, vnl. zich uitend in ontsporing van celademhaling, eiwitsynthese en celdeling. 2. syn. degeneratie. 3. (psych.an.) het zodanig wijzigen van een verdrongen impuls of emotie, dat deze in verhulde vorm tot het bewustzijn kan worden 'toegelaten'.

transformisme de leer dat de diersoorten zich hebben ontwikkeld uit één oersoort.

transfunderen een transfusie geven.

transfusé 1. benaming voor mensen die transfusies moeten ondergaan (bijv. hemofilielijders). 2. het kind van een tweeling dat bloed ontvangt van het andere kind, de *transfuseur.

transfuseur het kind van een tweeling dat bloed pompt naar het andere kind, de *transfusé (bet. 2).

transfusie, transfusio *L bloed~*, overbrenging van bloed uit de ene mens in een een ander; dikwijls wordt in plaats van bloed een transfusie van plasma of een vervangende vloeistof gegeven; *autologe ~*, het opnieuw transfunderen van verloren of afgenomen eigen bloed; *foeto-foetale ~*, transfusie bij een tweeling, waarbij het bloed van het ene kind, de *transfuseur, naar het andere kind, de *transfusé (bet. 2) gaat; *wissel~*, zie exsanguinatie; zie ook autotransfusie.

transgeen (kunstmatige) overdracht van een bepaald *gen door manipulatie van geslachtscellen; ~ *dier*, dier met bijv. een menselijk gen, zie ook DAF-gen.
transiënt, transient *E* voorbijgaand, tijdelijk, kortstondig; syn. passager, passagère, transitoir; ~*e flora*, de huidflora die afhangt van het contact met de buitenwereld, kan min of meer gemakkelijk worden weggewassen; zie ook *residente flora.
transitie verandering in bouw of functie.
transitivisme (psych.) overgang, overdracht op iets anders of op een ander; het verschijnsel dat sommige psychotici hun belevingen aan anderen toeschrijven of anderen voor ziek houden in plaats van zichzelf.
transitoir *F*, **transitorisch**, **transitorius** *L* van voorbijgaande aard; *mania transitoria*, uitbarsting van woede of razernij, soms met geweldpleging.
transketolase erytrocytenenzym; graadmeter voor de voorziening van het lichaam met vitamine B_1.
translatie 1. het proces waarbij *mRNA wordt 'vertaald' (translatie = vertaling) in eiwitten. 2. (fysiol.) glijdende beweging van de gewrichtskop over het oppervlak van de gewrichtskom.
translokatie het afbreken van een deel van een chromosoom bij de kerndeling, gevolgd door versmelting met een ander, niet-homoloog chromosoom; als uitwisseling tussen beide chromosomen plaatsheeft, spreekt men van *reciproke* ~.
trans- ~*lucent*, doorzichtig, doorschijnend; ~*luminaal*, via de holte van een buis of hol orgaan; ~*meataal*, via een *meatus; ~*migratie*, 1. verplaatsing, uittreding. 2. syn. diapedese.
transmissie overbrenging, overdracht, overerving, bijv. impulsoverdracht van het ene neuron naar het andere, overbrenging van ziektekiemen, enz.; *cochleaire* ~, geluid-overbrenging van midden- naar binnenoor via de *stapes; *directe* ~, transmissie van een infectieus agens van de ene persoon op de andere; *horizontale* ~, overdracht van ziekte(kiemen) via (rechtstreekse) besmetting binnen een populatie; term dient ter onderscheiding van *verticale* ~, overdracht van ziekte(kiemen) van een ouder op een nakomeling (genetisch, transplantair of perinataal).
trans- ~*mitter*, zie neurotransmitters; ~*muraal*, door de gehele wand (van een orgaan) heen; ~*murale zorg*, omvat vormen van zorg die, toegesneden op de behoefte van de patiënt, verleend worden op basis van afspraken over samenwerking, afstemming en regie tussen generalistische en specialistische zorgverleners, waarbij sprake is van een gemeenschappelijk gedragen verantwoordelijkheid met expliciete deelverantwoordelijkheden (NRV, 1995).
transmutatie verandering, verwisseling, het in elkaar overgaan; ~*leer*, afstammingsleer; ~*theorie*, theorie volgens welke alle levende organismen zich uit zeer eenvoudige stamvormen hebben ontwikkeld.
transpeptidase enzym dat de overgang van aminozuren naar een (andere) peptidenketen bevordert.
transpersonalisatie (psych.) persoonlijkheidsverandering; het vóórkomen van meer dan één persoonlijkheid in een individu; zie ook *dissociatieve identiteitsstoornis.
transpiratie het zweten, huidademing.
transplantaat weefsel of ander materiaal, gebruikt voor transplantatie; *mesh (E)*-~, transplantaat t.b.v. grote huidwondoppervlakken (meestal na verbranding),

gevormd uit *Thiersch-epidermisstroken welke door een bepaalde rekking een netwerkstructuur hebben gekregen, in welks mazen een 'meervouds'-epithelisatie optreedt.

transplantatie (chir.) overplanting of inhechting van weefsel of (een gedeelte van) een orgaan op een andere plaats in het lichaam of naar een ander lichaam; *allo~*, zie allotransplantatie; *~-antigeen*, syn. *weefselantigeen; *auto~*, zie autotransplantatie; *beenmerg~*, zie beenmergtransplantatie; *domino~*, zie dominotransplantatie; *embryo-~*, zie fertilisatie; *hart~*, zie harttransplantatie; *hetero~*, *heterogene~*, *heterologe~*, syn. *xenotransplantatie; *heterotope ~*, transplantatie van een weefsel of orgaan naar een andere plaats dan waar het zich normaal bevindt; *hom(e)o~* (ook: *homoio~*), syn. *allotransplantatie; *iso~*, transplantatie van een orgaan, afkomstig van een identieke *tweelingpartner; *orgaan~*, resp. *weefsel~*, (chir.) het overbrengen van een orgaan, resp. van weefsel, van het éne individu naar het andere met behoud van de eigen functie; *orthotope ~*, tranplantatie van een weefsel of orgaan naar de plaats waar het zich normaal bevindt; *trans-species ~*, transplantatie tussen verwante diersoorten; *xeno~*, zie xenotransplantatie; zie ook implantatie.

transport *A* de beweging van biochemische stoffen door de celmembranen en epitheelcellen (bijv. de niertubuli, het darmepitheel); *~defect*, tot de aangeboren stofwisselingsziekten gerekende foutieve transporten, waarschijnlijk t.g.v. een vertraagde rijping van een enzymsysteem; tot de *nier~defecten* worden gerekend de renale *rachitis, het syndroom van Debré-de Toni-Fanconi, cystinosis (Lignac), cystinurie, hartnupziekte, renale *glucosurie en nefrogene *diabetes insipidus; *~eiwit*, zie bindingseiwitten; *~ijzer*, zie siderofiline, transferrine.

transposable elements *E* zie transposons.

transpositie 1. het zich op een abnormale plaats bevinden van organen; het onderling verwisseld zijn van organen in hun ligging; *~ viscerum omnium*, *situs viscerum inversum van alle ingewanden; *~ van de grote arteriën*, aangeboren hartafwijking waarbij de aorta uit de rechter hartkamer en de truncus pulmonalis uit de linker hartkamer ontspringt; gevolg is dat het O_2-arme bloed uit het lichaam via de vv. cavae, het rechter atrium, de rechter kamer en de aorta teruggaat naar het lichaam; het O_2-rijke bloed stroomt via het linker atrium en de linker ventrikel terug naar de longen; gevolgen van een en ander zijn cyanose en metabole acidose (vanwege de hypoxie). 2. (chir.) operatie waarbij de onderlinge ligging van twee structuren wordt gewijzigd. 3. (erf.) verplaatsing van genetisch materiaal binnen een genoom waardoor de expressie van naburige genen beïnvloed kan worden; zie ook transposons.

transposons, transposable elements *E* (erf.) kleine stukjes *DNA die in het genoom van plaats (kunnen) veranderen en mede verantwoordelijk zijn voor de regeling van de genactiviteit.

transsectie (chir.) *incisie dwars op de lengterichting.

transseksisme, transseksualisme zie transseksualiteit.

transseksualiteit genderidentiteitsstoornis, waarbij een discrepantie bestaat tussen genderidentiteit en genderrol enerzijds en het biologische geslacht anderzijds; syn. genderdysforie.

transsoon (in de echoscopie) gebied dat geen echo geeft.

transsudaat sereus vocht uit het bloed dat door veranderde druk in de bloedvaten is uitgedreven bijv. in cysten, bij oedeem, bevat in tegenstelling tot exsudaat geen

of weinig eiwit of cellen.
transthermie syn. *diathermie.
transuretraal via de urethra; meestal wordt bedoeld per-uretraal.
transversaal, transversalis overdwars, dwars, dwarsliggend of -lopend.
transversie (erf.) verwisseling, verplaatsing.
transvestie, transvestitisme 1. 'verkledingszucht', de eigenschap van sommige mensen zich permanent of incidenteel te kleden als iemand van het andere geslacht; syn. eonisme; zelfst.nw. *transvestiet*. 2. (vlg. DSM-IV) een parafilie, waarbij een heteroseksuele man gedurende langere tijd een seksuele drang, fantasie en opwinding voelt met betrekking tot het dragen van vrouwelijke kleding; zie ook travestie.
trap *E* lett. valstrik; *trapping*, het verschijnsel dat sommige chemische stoffen, óok geneesmiddelen, in organisch weefsel kunnen worden 'gevangen' en daardoor de functie van dat weefsel kunnen remmen of tenietdoen.
trapezius *L* trapeziumvormig; *musculus* ~, monnikskapspier.
trapjesproef syn. twostep-test, proef vlg. Master voor onderzoek van de functie van de kransslagaders van het hart; een trapje van twee treden moet op en neer worden gelopen, waarna een ECG ('belastings'-ECG) wordt gemaakt; de trapjesproef is in onbruik t.g.v. de toepassing van de fiets*ergometrie.
Traube, L. Duits clinicus (1818-1876); *ruimte van* ~, het bij percussie normaliter tympanitisch klinkende maaggebied, begrensd door lever-, milt- en hartdemping.
traulisme, traulismus *G* stamelen.
trauma *G* gewelddadige inwerking, een verwonding (ook in psychische zin) tot gevolg hebbend, meervoud *traumata*; dikwijls wordt (foutief) de verwonding zelf bedoeld; *akoestisch* ~, blijvende doofheid door onherstelbare beschadiging van de haarcellen in het binnenoor t.g.v. intensieve geluidprikkels of door *blast; *~tisch*, door een trauma ontstaan; *~tische psychose*, zie psychose; *~tisme*, syn. traumatosis; *~tofilie*, bewust of onbewust zichzelf steeds in situaties brengen die uiteindelijk leiden tot letsel bij zichzelf of bij anderen; *~togeen*, door trauma veroorzaakt; *~tologie*, de wetenschap betreffende de oorzaken, diagnostiek, behandeling, prognose, revalidatie enz. van ongevalsletsels; *~toloog*, chirurg of orthopeed die zich heeft gespecialiseerd in de ongevalsgeneeskunde; *~tonesis*, wondhechting; *~topyra G*, wondkoorts, syn. febris traumatica; *~tosis, ~tose,* (ook: *~tismus* of *~tisme*) aandoening of stoornis in de algemene toestand t.g.v. ernstige verwonding.
travestie dikwijls onjuist gebruikt als een medisch woord; zie transvestie.
Treacher-Collins-syndroom zeldzame autosomaal-dominant erfelijke *dysostosis mandibulofacialis met gehoorverlies; syn. syndroom van Franceschetty-Zwahlen-Klein.
trechterborst zie pectus.
Treitz, W. Oostenrijks patholoog (1819-1872); *ligament van* ~, spierweefselstreng tussen middenrif (hiatus oesophagi) en de overgang van duodenum in jejunum; *plooi van* ~, buikvliesplooi tussen duodenum en linkernier, waarin enkele grote bloedvaten lopen; syn. *boog van* ~.
trek- *~benen* (pop.) *restless legs *E*; *~pleister*, *pleister, geïmpregneerd met geneesmiddelen om ontstekingen 'uit te trekken', zoals diachylonzalf en dergelijke; *~zalf*, zalf die een ontsteking van huid en subcutis tot rijping brengt.
trematoden zuigwormen; zie Clonorchis, Distoma, Echinostoma, Fasciola hepatica,

Fasciolopsis buski, Opistorchis, paragonimiasis, Schistosoma, schistosomiasis.

tremograaf toestel voor het optekenen van tremoren (*tremogram*).

tremor *L* beving; onwillekeurige ritmische bewegingen van extrapiramidale oorsprong; kan normaal voorkomen na hevige gemoedsaandoening, grote lichaamsinspanning enz.; ziekelijke vormen van beven worden veroorzaakt door auto-intoxicatie bijv. bij de ziekte van *Graves en leverinsufficiënties, chronische vergiftiging (bijv. door alcohol, tabak, opium, lood, kwikzilver), nerveuze storingen, spierziekten en verder bij de ziekte van Parkinson (paralysis agitans); ~ *essentialis*, syn. ~ *simplex*, beven zonder bekende oorzaak; *flapping ~ E*, syn. asterixis; *intentie~*, tremor die onmiddellijk optreedt bij het (willen) uitvoeren van een gerichte beweging; ~ *senilis*, beven als ouderdomsverschijnsel.

tremulus bevend; ook: fijne tremor.

trench *E* loopgraaf; *~fever*, *loopgravenkoorts; *~foot*, loopgraafvoet, plaatselijk koudeletsel aan een voet zonder bevriezing; *~throat*, angina van *Plaut-Vincent.

Trendelenburg, F. Duits chirurg (1844-1924); *canule van ~*, luchtpijpcanule met opblaasbare gummiballon, waardoor de luchtpijp kan worden afgesloten; *fenomeen van ~*, bij insufficiëntie van het heupgewricht of de omringende bilspieren zakt het bekken naar de gezonde zijde bij staan op het been aan de zieke kant; *ligging van ~*, ligging van de patiënt met verhoogd bekken en het hoofd laag bij onderzoek of buikoperatie; *symptoom van ~*, vulling van beenspataders in craniocaudale richting bij insufficiënte kleppenfunctie in de vena *saphena.

trepaan kroonzaag van verschillende afmetingen ter verwijdering van circulaire stukjes schedeldak of sclera; syn. *trépan F*.

trepanatie operatie met een *trepaan; (hersen)panboring; syn. encephalolysis.

tréphine *F* syn. *trepaan, in engere zin klein model trepaan.

Treponema *L* een geslacht der spirocheten; bijv.nw. *treponemaal*; ~ *pallidum*, de verwekker van syfilis; ~ *pertenue*, de verwekker van framboesia tropica; *~tose* (alg.) ziekte veroorzaakt door Treponema.

tresis *G* opening, wond, doorboring.

TRF syn *TRH.

TRG afk. van tetracycline-resistente gonokokken, syn. TRNG.

TRH afk. van *thyrotropin (of *TSH) releasing hormone *E*, één van de neurohormonen van de hypothalamus; bevordert in de *hypofysevoorkwab de afgifte van *TSH (thyrotropine).

tri afk. van trichloorethyleen; *~-vergiftiging*, ziektebeeld dat ontstaat door overmatige inademing van trichloorethyleen, een vluchtige stof die o.a. in de meeste soorten vlekkenwater voorkomt; de voornaamste verschijnselen zijn euforie, speekselvloed, sterk zweten, hartkloppingen, waggelende gang, opwinding, hoofdpijn; lever- en beenmergbeschadiging komen voor; *~-zucht*, verslaving aan 'tri', in de regel vanwege de euforie- en roesverwekkende werking.

TRI afk. van transient retinal ischaemia *E*.

triadisch gedrieën.

triage *F* schiften, uitzoeken; in engere zin het rangschikken van gewonden bij rampen, oorlog en dergelijke, naar de ernst der verwondingen.

triakel syn. *theriaca.

triangul- *~aris*, driehoekig; *~us*, driehoek; *~ocyt*, syn. *stomatocyt.

trias *G* drietal (van verschijnselen), bijv. ~ *van *Hutchinson.*
tribade homoseksuele vrouw, *lesbienne.
tribadie, tribadisme vrouwelijke homoseksualiteit, lesbische liefde.
tribus groep; een tribus bestaat uit een aantal genera (zie genus).
TRIC afk. van trachoma-inclusie-*conjunctivitis.
triceps *L* driehoofdig, bijv. *musculus ~ brachii,* driehoofdige armspier, de strekspier voor de onderarm.
trichalgie *G* het pijngevoel dat bij het bestrijken van de haren soms wordt gevoeld bij neuralgie van perifere zenuwen.
trichauxis *G*, **trichauxesis** syn. hypertrichose.
trichesthesie overgevoeligheid van het haar; haarpijn.
trichiasis *G* het naar binnen gekeerd zijn van de ooghamen, waardoor het oog voortdurend wordt geprikkeld; syn. phalangosis.
trichine, Trichina, Trichinella haarworm, geslacht van nematoden; ~ *spiralis*, komt voor bij het varken en de rat en kan ook in het menselijk lichaam geraken door het gebruik van rauw of onvoldoende gekookt of gebraden varkensvlees en aldus *trichinose veroorzaken.
trichinellose, trichinellosis, trichiniasis zie trichinose.
trichinose, trichinosis (ook: *trichiniasis* of *trichinellosis*), trichinenziekte, haarwormziekte, veroorzaakt door het binnendringen van trichinen in het menselijk lichaam, waar zij zich in de spieren nestelen, vooral in het middenrif, de tussenribspieren, halsspieren, biceps; de ziekte begint met maag- en darmstoornissen, later koorts en pijnlijke zwelling van de aangedane spieren met spraak-, slik-, of ademhalingsstoornissen.
trichisme zeer smalle barst, bijna niet merkbare beenbreuk.
trichitis ontsteking van de haarwortels.
trichloorethyleen zie tri-vergiftiging.
tricho- *G* (smst.) haar, m.b.t. de haren; haardun; *~bacterie,* (alg.) bacterie met dunne zweepdraden; flagellatum; *~bezoar*, haarbal, uit haren bestaande darm- of maagsteen; syn. pilobezoar; zie ook fytobezoar; *~cardie*, vlokkig hart (cor villosum), hart met vlokkige afzettingen van fibrine, bij pericarditis; *~cephaliasis*, ziekte door Trichocephalus dispar.
Trichocephalus dispar *L* zweepworm, tot de rondwormen (trichotrachelidae of nematoden) behorende, 4 à 5 cm lange ingewandsworm, die vnl. in de blindedarm (caecum) zetelt; syn. Trichuris.
tricho- *~clasis*, zie trichorrhexis nodosa; *~cryptosis,* aandoening der haarzakjes (folliculi); *~-epithelioom*, multipele goedaardige *epidermis-woekeringen (Brooke's gezwelletjes).
trichofytie, *G*, **trichophytia** (ook: *trichophytosis* of *trichofytose*), ziekte verwekt door Trichophyton, schimmelziekte; ~ *eczematosa marginata*, syn. eczema marginatum; ~ *profunda,* vorm van trichofytie waartoe o.a. kerion celsi en sycose behoren; ~ *superficialis*, benaming voor verschillende vormen van herpes tonsurans; ~ *tonsurans* syn. herpes tonsurans.
tricho- *~glossie*, harige tong, veroorzaakt door woekering van papillen; *~lemma*, haarschacht; *~malacie*, misvorming van de haarfollikels; *~manie*, zie trichotillomanie; *~metrie*, kwantitatief haaronderzoek (gewicht, dikte).
Trichomonas geslacht van parasitaire protozoën (flagellaten); ~ *hominis*, komt voor in de menselijke darm en kan langdurige diarree veroorzaken; ~ *vaginalis*,

leeft parasitair in de vagina en verwekt dan een stinkende *fluor.
trichomoniasis infectie met *Trichomonas.
Trichomyces haarschimmel; zie trichomycosis.
trichomycosis *G* door schimmels (Trichomyces) veroorzaakte haarziekte.
trichonodosis *G* het ontstaan van knopen in droog hoofdhaar.
trichonose, trichonosis *G* syn. *trichopathie*, (alg) haarziekte.
trichophytia zie trichofytie.
Trichophyton *G* schimmel, syn. Microsporon tonsurans (ook: Microsporon mentagraphytes), oorzaak van herpes tonsurans en eczema marginatum.
trichopoliodystrofie syn. ziekte van *Menkes.
trichopoliose het grijs worden (poliosis) van de haren, syn. canities.
trichoptilosis *G* splijting van de haaruiteinden.
trichorrhexis nodosa *L* aandoening van de haren van baard en wenkbrauwen waarbij zich kleine knobbeltjes vormen; ter plaatse van deze knobbeltjes breken de haren gemakkelijk af (bamboehaar); syn. trichoclasis.
trichoschisis *G* splijting van het haar.
trichosis *G*, abnormale haargroei, bijv. hyper-, paratrichose; syn. trichiasis.
Trichosporon geslacht van haarschimmels.
trichotillomanie (psych.) stoornis in de impulscontrole, niet het gevolg van een lichamelijke aandoening, gekenmerkt door het uittrekken van haren zodanig dat waarneembaar haarverlies optreedt; syn. trichomanie.
trichotomie verdeling in drieën.
Trichotrachelida *G* rondworm; tot de familie van de Trichotrachelida behoren de trichine en de Trichocephalus dispar.
trichromasie *G* bijv.nw. *trichromatisch*; syn. polychromatopsie; driekleurenzin, het normale vermogen kleuren te onderscheiden, gebaseerd op het feit dat de receptoren voor het kleurenzien (de kegeltjes van het netvlies) uit drie soorten bestaan, nl. gevoelig voor rood, groen en blauw licht; de kleur die wordt waargenomen, wordt bepaald door de verhouding waarin het licht ieder van de drie kegeltjessoorten prikkelt; *anomale* ~, kleurenzwakte t.g.v. een relatief te geringe gevoeligheid van één van de drie kleurwaarnemingssystemen.
trichuriasis infectie met *Trichuris trichiura*, zie Trichocephalus dispar.
Trichuris *G* syn. Trichocephalus.
tricolor-fenomeen (jrg.) fenomeen van *Raynaud (wit t.g.v. arteriolen-vernauwing, blauw door opvolgende cyanose, rood door vaatverwijding).
tricuspidaal, tricuspidalis *L* drieslippig; *valvula* ~, drieslippige klep tussen de rechter boezem en rechter kamer van het hart; wordt ook kortweg tricuspidalis genoemd.
trid. (rec.) afk. van triduum, drie dagen.
triduum *L* drie dagen; afk. (rec.) trid.
triëlcon *G* instrument voorzien van drie armen, waarmee kogels uit het lichaam kunnen worden getrokken.
trifacialis *L* syn. nervus trigeminus.
trifide, trifidus *L* in drieën gespleten.
trifurcatie splitsing in drie vertakkingen, bijv. de *tripus halleri.
trigemini *L* drieling; ~ *conjuncti*, aan elkaar gegroeide drieling.
trigeminie het optreden van een *extrasystole, gevolgd door een compensatoire *pauze, na elke twee slagen van het basisritme van het hart.

trigeminus drieling; meestal wordt bedoeld *nervus* ~ (drielingzenuw), de vijfde hersenzenuw, syn. trifacialis; *~neuralgie*, zie neuralgie.
trigger *E* lett. trekker; *~-effect*, bijkomstige factor, die een latente ziekte plotseling doet uitbreken; *~-finger*, syn. knipmesvinger.
triggering *E* vrijmaking; teweegbrenging; opwekking, in gang zetten.
triglyceride verbinding van glycerol met vetzuren; de meeste plantaardige en dierlijke vetten en oliën bestaan uit triglyceriden.
trigonaal driehoekig.
trigonitis ontsteking van het *trigonum vesicae.
trigonocefalie *craniostenose van de voorhoofdsnaad; driehoekshoofd (naar voren toe abnormaal smal).
trigonum *G* driehoek; ~ *retromolare*, het driehoekig gebied van de mondholte tussen de 3de molaren van boven- en onderkaak, dorsaalwaarts begrensd door het mondslijmvlies ter hoogte van de *crista buccinatoria; ~ *vesicae*, het driehoekig deel van het blaasslijmvlies tussen de inmondingen van de urineleiders en het begin van de urethra (ostium urethrae externum).
trijodothyronine zie T_3.
trileen afk. van trichloorethyleen.
trilhaar kinocilium.
trilogie zie Fallot.
trimeer driedelig.
triozorg zorg waarbij de huisarts, de praktijkverpleegkundige en de praktijkassistente betrokken zijn.
trip (drugsjargon) lichte toxische psychose; toestand die optreedt na gebruik van psycholytica (zie psycholyticum).
tripelfosfaat dikwijls in het urinesediment voorkomende fosforzure zouten.
tripelsyndroom syn. syndroom van *Behçet.
tripeptide verbinding van drie aminozuren.
triple *F*, **tripel** drievoudig; *~test*, een (nog experimentele) serumtest bij zwangeren waarbij het serum wordt onderzocht op drie stoffen: *AFP (bet. 1), *HCG en *oestrogeen (oestriol); er is een sterk verhoogde kans op trisomie 21-zwangerschap (syndroom van *Down) bij een laag gehalte aan AFP (waarschijnlijk door verminderde nierwerking van de foetus), een hoge concentratie HCG (mogelijk door een disfunctie van de placenta) en een verlaagd gehalte aan oestrogeen (oorzaak onbekend).
triplegie verlamming van beide benen en één arm.
triploïdie vorm van *polyploïdie met 3× het haploïde aantal chromosomen.
triplopie, triplopia *L* drievoudig zien, stoornis van het gezichtsvermogen waarbij de lijder de beelden drievoudig ziet.
tripolair driepolig, bijv. van stroomtoevoer.
tripsie, thrypsis *G* zie lithotripsie.
tripus Halleri *G* (lett. drievoet van Haller) de plaats waar de truncus coeliacus zich vertakt in a. gastrica sinistra, a. hepatica en a. lienalis.
triradius de ontmoetingsplaats van drie gebieden van min of meer evenwijdig lopende huidlijsten.
trisme *F* mondklem; ~ *mental*, de onmogelijkheid om de mond te openen bij pogingen om te spreken t.g.v. nervositeit.
trismus *G* mondklem, kaakkramp, de onmogelijkheid de mond voldoende te

openen t.g.v. afwijking van de kauwspieren of van het kaakgewricht, mond- en gebitsontstekingen, trichinose en vele andere; bij *klonische* kramp treedt tandenknarsen op; trismus is een van de eerste verschijnselen van tetanus en komt ook voor bij aandoeningen der hersenvliezen; ~ *capistratum,* trismus door vergroeiing van het tandvlees met de wangen na stomatitis ulcerosa.

trisomie het aanwezig zijn van drie in plaats van twee chromosomen van dezelfde soort in de celkern; *dubbele ~*, extra aanwezigheid van twee chromosomen van verschillende paren.

tristichiasis *G* drie rijen oogharen in plaats van twee; zie ook distichiasis, trichiasis.

tristimanie syn. *melancholie.

tritanomalie zeer zeldzame vorm van anomale *trichromasie, nl. kleurenzwakte voor blauw. tritanopie.

tritanopie zeer zeldzame vorm van dichromasie, nl. totaal gemis van het systeem voor waarneming van blauw.

trituratie, trituratio *L* (farm.) het fijnwrijven.

tritus *L* fijngewreven, bijv. van een geneesmiddel.

triviaal onbeduidend, alledaags, 'gewoon'.

tRNA afk. van transfer-RNA, transport-RNA; zie ribonucleïnezuur.

TRNG afk. van tetracycline-resistente *Neisseria gonorrhoeae*, syn. TRG.

trocar *F*, **trocart** zie troicart.

trochanter draaier, uitsteeksel van het bovenste deel van het dijbeen, te onderscheiden in ~ *major*, de grote draaier aan de buitenzijde en ~ *minor*, de kleine draaier, op dezelfde hoogte aan de binnenzijde.

troche *G* (geneesmiddel)tablet; vklw. *trochisci* (meervoud), koekjes, tabletjes.

trochlea *L* katrol, katrolvormig lichaamsdeel, in engere zin de fovea of spina trochlearis in de orbita (oogkas) waarover de bovenste schuine oogspier (m. obliquus superior bulbi) verloopt; ~ *humeri*, het katrolvormig deel van het elleboogsgewricht; ~ *tali*, het bovenste gewrichtsvlak van het sprongbeen.

trochlearis m.b.t. een trochlea; katrolvormig.

trochocefalie *G* rondhoofdigheid door te vroege gedeeltelijke verbening van de kroonnaad; zie ook leptocefalie.

trochoscoop *G* statief met verschuifbare röntgenbuis.

troebelheid opacitas; bijv.nw. *opaak*.

trofiek voedingstoestand.

trofisch tot de voeding (der weefsels) behorend, syn. nutritief; *~e stoornissen*, stoornissen in voeding en groei der weefsels.

trofoblast het buitenste laagje cellen van het jonge embryo dat contact heeft met de baarmoederwand; zorgt voor de uitwisseling van voedingsstoffen en afvalproducten; hieruit ontwikkelen zich chorion, amnion en placenta.

trofoedeem familiale vorm van chronisch oedeem vnl. aan de benen.

trofo- (smst.) m.b.t. de voeding; *~neurose*, *trofische stoornis(sen) t.g.v. disfunctie van de zenuwverzorging; *~nomie*, voedingsleer; *~nose*, (ook: *trofopathie*), ziekte van stofwisseling of spijsvertering; *~troop*, invloed uitoefenend op het metabolisch niveau van een weefsel; *~tropisme*, syn. chemotaxis; *~zoiet*, de aseksuele vegetatieve vorm van de meeste sporozoën (Toxoplasma, Plasmodium, Isospora, Entamoeba e.a.).

troicart *F* (ook: *troisquarts, trocart of trocar*), instrument om vloeistoffen af te tappen, bestaande uit een dikke holle naald met een daarin passende mandrijn met driekantige scherpe spits; wordt gebruikt bij drainage en punctie; *exploratieve ~*, troicart waarmee onderzocht kan worden of zich in een orgaan, lichaamsholte of gezwel een vloeistof bevindt.

troisquarts *F* zie troicart.

tromb- zie ook thromb-.

trombaferese *aferese van trombocyten.

trombase syn. *trombine.

trombasthenie 1. verminderd stollend vermogen van het bloed; tgst. trombofilie. 2. aangeboren en autosomaal recessief-erfelijke hemorragische diathese met gestoorde adhesiviteit, aggregatie en retractie van de bloedplaatjes; syn. ziekte van *Glanzmann.

trombe zie trombus.

trombectomie operatieve verwijdering van een trombus.

trombendarteriëctomie (chir.) *endarteriëctomie en tevens trombectomie.

Trombicula een mijtengeslacht, o.a. overbrengers van verschillende soorten van mijtenkoorts; *~sis*, *trombidiosis*, infestatie met Trombicula.

trombine een enzym dat bij het bloedstollingsproces zorgt voor de omzetting van het plasma-eiwit *fibrinogeen in het vezelige, onoplosbare eiwit*fibrine; trombine ontstaat uit *protrombine door activering o.i.v. *tromboplastine; *~tijd*, afk. TT, een laboratoriumbepaling die een indruk geeft over de snelheid van de omzetting van fibrinogeen naar fibrine.

trombo- zie ook thrombo-.

trombocyt *G* bloedplaatje, kleine kleurloze ovaal bloedcel zonder kern; komt in een aantal van 200-350.000 per mm^3 bloed voor; door *aggregatie van trombocyten vormt zich bij een verwonding (onder geschikte omstandigheden) een plug als eerste fase in de *bloedstelping; ze bevatten plaatjesfactoren o.a. tromboplastine voor de omzetting van protrombine in trombine bij het proces van de *bloedstolling.

trombocytemie verhoogd aantal bloedplaatjes; syn. trombocytose.

trombocytopenie verlaagd aantal bloedplaatjes, syn. trombopenie.

trombo- *~cytose*, syn. trombocytemie; *~dystrofie*, zie trombopathie; *~embolie*, *embolie door een (deel van een) trombus; *~ferese*, zie aferese.

trombofilie de (erfelijke) neiging bij sommige mensen tot het ontstaan van veneuze *trombose door deficiëntie van o.a. *AT-III, *proteïne-C en proteïne-S, voorts door *dysplasminogenemie en *dysfibrinogenemie.

tromboflebitis, thrombophlebitis haardvormige ontsteking van de wand van een vena met vorming van trombi; *~ en fil de fer F*, zeer hard aanvoelende, getromboseerde venen zonder ontstekingsverschijnselen bij tromboflebitis migrans; *~ migrans*, het optreden van tromboflebitis op een plek nabij een juist genezen haard; wordt ook waargenomen als paraneoplastisch verschijnsel; syn. flebotrombose.

trombogeniciteit de grootte van de kans op trombosering.

trombokinase syn. *tromboplastine.

trombolyse *lysis (bet. 2) van een trombus.

trombomoduline een endotheel*receptor welke de eigenschap van trombine als bloedstollend enzym omkeert tot antistollend.

trombopathie 1. stoornis in de werking van de trombocyten. 2. *constitutionele ~*, syn. ziekte van Von *Willebrand.

trombopenie verlaagd aantal bloedplaatjes, syn. trombocytopenie; *essentiële* ~, bloedvlekziekte, syn. morbus maculosis, zie Werlhof.

tromboplastine activator van protrombine; komt voor in het bloedplasma na het uiteenvallen van trombocyten en vormt zich in beschadigd weefsel; syn. trombokinase, stollingsfactor III.

trombopoëse, thrombopo(i)esis *G* vorming van trombocyten.

trombopoëtine hormoon dat de aanmaak van megakaryoblasten regelt.

trombose, thrombosis *G* vorming van een trombus in een ader, slagader of in het hart; de eerste vorm (*veneuze* ~) wordt bevorderd door (zie trias van *Virchow) veranderingen in de vaatwand (vnl. de intima), in de circulatie (vooral verlangzaming) en/of in de samenstelling van het bloed (aantal erytro- en trombocyten, fibrinogeengehalte, stollingsstoornissen), terwijl verder algemene ziekten, zwangerschap, operatie een rol van betekenis kunnen spelen; activatie van stollingsfactoren staat hier centraal; evenals arteriële trombose treedt veneuze trombose soms op t.g.v. de werking van anti-*cardiolipine antistoffen, vooral bij *SLE; wordt de trombus zó groot dat afsluiting van de ader optreedt (vooral bij de zgn. *diep-veneuze* ~, met kans op embolie), dan volgt bemoeilijking van de veneuze circulatie met o.a. zwelling, oedeem, cyanose, afkoeling met bleekheid, ischemie, necrose, collaterale circulatie en gevaar van (long)*embolie; de verdere ontwikkeling van een trombus kan zijn uitbreidende groei, slinking door autolyse (*fibrinolyse), ontsteking met opvolgende septische embolieën, *organisatie en *kanalisatie, verkalking met het ontstaan van flebolieten; bij *arteriële* ~ (met o.a. coronaire, cerebrale en mesenteriale lokalisatie) spelen hoofdzakelijk intima-afwijkingen een rol, zoals arterio- en atherosclerose, luetisch aneurysma, thromboangiitis; aggregatie van trombocyten staat hier centraal; *cardiale* ~, het optreden van trombose in het hart, ontstaat vnl. door bloedstroomverlangzaming in linker atrium en hartoor, bij necrose van het endocard t.g.v. myocardinfarct en bij reumatische endocarditis of endocarditis lenta; ~ *cerebralis*, trombose van een bloedvat in de hersenen; *compressie*~, trombose ontstaan door druk van buiten af op een bloedvat; *coronaire* ~, trombose in een tak van de aa. coronariae (hartkransslagaders) waardoor een deel van de hartspier infarceert; *diep-veneuze* ~, trombusvorming in de grote 'verzameladers' van de ledematen (vnl. de benen) en de romp; afk. DVT; **dilatatie*~, trombose ontstaan in een aneurysma of varix; *marantische* ~, trombose veroorzaakt door verzwakking van de bloedsomloop, bij uitputtende ziekten; ~ *migrans*, trombose telkens ontstaande in verschillende bloedvaten; *obturerende* ~, trombose waarbij het bloedvat geheel verstopt is, tgst. *wandstandige* ~; *traumatische* ~, gewone bloedstolling na trauma en bij ontsteking.

trombosedienst organisatie die zich belast met de geregelde controle van het stollend vermogen van het bloed van mensen die antistollingstherapie ondergaan.

tromboseren het zich vormen van een trombus in een bloedvat.

trombospondine een in trombocyten voorkomend proteïne.

trombostase, thrombostasis *G* verlangzaming van de bloedstroom voorafgaand aan het optreden van trombose.

trombotest volgens Owren, methode om de mate van onstolbaarheid van het bloed te bepalen, berustend op controle van de anti-vitamine-K werking van anticoagulantia; afk. TT.

tromboxaan een door trombocyten geproduceerde prostaglandine (zie prostaglandinen) met vaatvernauwende en *aggregatie-bevorderende werking; antagonist van prostacycline.
trombus, trombe, thrombus *G* meervoud trombi (tromben), bloedstolsel dat zich vormt op en vastzit aan de beschadigde binnenzijde van een bloedvat (endotheel) en aldus *trombose veroorzaakt; zie ook embolus.
trommelbuik zie tympanisme.
trommelholte tympanum; cavum tympani, middenoor; zie ook auris media.
trommelstok zie drumsticks; *~vingers*, syn. empyeemvingers, hippocratische vingers, verdikking van de uiteinden der vingers bij lijders aan stuwingstoestanden in de longen en in het gebied van de vena cava superior, zoals chronische hart- en longziekten, bronchiëctasieën, longfibrose, longcarcinoom, aangeboren hartgebrek, kortom toestanden leidend tot chronische hypoxie.
trommelvlies membrana tympani, myrinx; *~buisje,* tijdelijk in een opening in het trommelvlies gebracht dubbelgeknopt plastic buisje bij slecht functionerende buis van Eustachius ter ventilering van het middenoor waarmee herstel van een slepende otitis media muco-serosa (*glue ear) wordt beoogd; door opheffing van de onderdruk in het middenoor verbetert tevens het gehoor; syn. middenoorbeluchtingsbuisje.
tromofilie *G* aangeboren neiging tot beven.
tromomanie syn. delirium alcoholicum, zie delirium.
trompet zie tuba.
trompetterspier musculus buccinator.
-troof (smst.) m.b.t. de voeding.
-troop (smst.) met affiniteit tot; bijv. cortico-, gonado-, neurotroop.
tropenkolder psychische stoornissen veroorzaakt door verblijf in de tropen door eenzaamheid en eentonigheid.
tropenzweer zie ulcus, fagedenisme.
troph- zie trof-.
tropical typhus *E* febris exanthematica tropica, verzamelnaam voor in tropische streken voorkomende *rickettsiosen, zoals Sumatrakoorts, shoptyfus, scrubtyfus, tsutsugamushikoorts.
tropische tyfus zie tropical typhus.
tropisme groeirespons van een organisme op een externe prikkel; *positief ~*, tropisme naar de prikkel toe; *negatief ~*, tropisme van de prikkel af.
trousse *F* tasje of doosje om instrumenten in op te bergen en mee te voeren.
Trousseau, A. Frans arts (1801-1867); *fenomeen van ~*, het ontstaan van een spastische buiging van het polsgewricht en een obstetrische *hand bij latente *tetanie t.g.v. een circulaire compressie van de arm gedurende enkele minuten; *ziekte van ~*, hemochromatose.
TRS afk. van tubulo-reticular structures *E*, insluitsels in het cytoplasma van orgaancellen bij *collageenziekten, auto-immuunziekten, vasculitiden, chronische virusziekten.
Trueta, J. Spaans traumatoloog (1897-1977) o.a. bekend om zijn principes van de wondbehandeling: wondexcisie en -toilet, drainage, goede bloedvoorziening en immobilisatie in gipsverband.
truncaal, trunkaal zie truncus.

truncus *L* stam, buis, stronk, wortel; bijv.nw. *trunkaal*; ~ *brachiocephalicus*, armhoofdslagader, de eerste uit de aortaboog ontspringende grote slagader, die zich splitst in de a. subclavia en de a. carotis communis dextra; syn. a. brachiocephalica, a. innominata, naamloze slagader (obsoleet); ~ *cerebri*, *hersenstam; ~ *coeliacus*, de grote ingewandsslagader; ~ *pulmonalis*, de slagaderstam tussen rechter hartkamer en de splitsing in linker en rechter a. pulmonalis; ~ *sympathicus*, grensstreng; de onderling verbonden sympathische ganglia ter weerszijden van de wervelkolom.

TRUS afk. van transrectale ultrasonografie (transrectale echografie); zie ook TU-US.

trypanosis syn. *trypanosomiasis.

trypanosomiasis door Trypanosoma veroorzaakte ziekte; ~ *hominis*, Afrikaanse slaapziekte; de parasiet wordt door de steek van de tseetseevlieg op de mens overgebracht; de voornaamste verschijnselen zijn lymfadenitis en meningo-encefalitis; in het eerste acute stadium bestaat hoge koorts, later treden lusteloosheid, moeheid, slaapzucht en onverschilligheid op; tenslotte is de slaap zo goed als ononderbroken en volgt de dood.

Trypanosoom, Trypanosoma *G* tot de protozoa behorend zweepdiertje dat door de tseetseevlieg op de mens en op dieren (vooral runderen en paarden; *~brucei*) wordt overgebracht en verschillende ziekten verwekt, zie trypanosomiasis; zie ook Glossina; *~koorts*, het eerste (acute) stadium van de *trypanosomiasis.

trypsie zie tripsie.

trypsine eiwitsplitsend enzym; zie ook trypsinogeen.

trypsinogeen een niet werkzaam pro-enzym in het pancreassap, dat door enterokinase (uit de darmwand) wordt veranderd in trypsine dat in de dunne darm eiwitten verteert (splitst).

tryptofaan een essentieel aminozuur, onmisbaar in de opbouw van lichaamseiwitten; aanwezig in vlees, vis en kaas.

Ts afk. van T-suppressorcel.

TS afk. van 1. *tentamen suicidii. 2. tubereuze sclerose. 3. trauma-score.

TSAB afk. van thyroid stimulating antibodies *E*.

TSB afk. van totale slaapdeprivatie.

TSC afk. van 1. tubereuze sclerose, TS (bet. 2.). 2. tethered spinal cord.

tseetseevlieg verzamelnaam van verschillende Afrikaanse soorten steekvliegen die trypanosomiasis op mensen en dieren overbrengen.

TSG afk. van tijdschrift voor sociale gezondheidszorg.

TSH afk. van thyroïd stimulerend hormoon uit de hypofysevoorkwab, dat de normale werking van de schildklier onderhoudt, c.q. (bij verhoogde productie) deze activeert tot productie van de hormonen *T_3 en *T_4; syn. thyrotropine; zie ook TRH.

TSI afk. van thyroïdstimulerend immunoglobuline.

TSLS afk. van toxic-shocklike syndrome *(E)* door *Streptococcus pyogenes*.

TSP afk. van 1. tropische spastische paraparese. 2. tropical spastic paresis *E*.

TSS afk. van 1. tropical splenomegaly syndrome *E*, miltvergroting bij populaties in chronisch-endemische malariagebieden. 2. toxische-*shocksyndroom.

TSTA afk. van tumor specifieke transplantatie antigeniciteit; syn. TATA.

tsutsugamushikoorts *J* vorm van mijtenkoorts in Japan, veroorzaakt door *Rickettsia akamushi; syn. kedanikoorts; zie rickettsiosen.

TT afk. van 1. *trombotest. 2. *trombinetijd.
TTE afk. van transthoracale echocardiografie.
TTMC afk. van transtracheale microkatheter.
TTP afk. van 1. trombotische trombo(cyto)penische purpura; zie Moschcowitz. 2. thymidinetrifosfaat.
ttpA afk. van tissue-type plasminogen activator *A*.
TTS (farm.) afk. van 1. transdermaal therapeutisch systeem; toediening van een geneesmiddel via de huid t.b.v. een 'systemisch' (d.i. niet-plaatselijk) effect, bijv. ondergebracht in een zalf of een pleister (pop.: plakpil). 2. tarsale-tunnel-syndroom.
TTT afk. van 1. thymoltroebelingstest, een leverfunctieproef. 2. trombotest(tijd). 3. transpupillaire thermotherapie.
tuba *L* trompet; ~ *eustachii*, syn. ~ *acustica* of *auditiva*, oortrompet, verbindingsbuis tussen neusholte en trommelholte t.b.v. de luchtvoorziening van de laatste; ~ *fallopii*, syn. ~ *uterina*, baarmoedertrompet, eileider, verbindingsbuis van buik- en baarmoederholte; syn. salpinx.
tubage *F* syn. intubatie.
tubair *F*, **tubarius** *L* de tuba betreffend of hiertoe behorend.
tuber *L* knobbel, meervoud *tubera*, vklw. tuberculum.
tuberculeus m.b.t., berustend op of lijdend aan tuberculose.
tuberculide papulaire huidaandoening bij lijders aan tuberculose, waarschijnlijk een allergische reactie op tuberculine.
tuberculine het eerst door Koch bereid tuberkelbaciltoxine; ~*reactie*, allergische ('delayed type') lokale en algemene (o.a. koorts) reacties die na scarificatie ('huidkrasjes') of intracutane injectie met tuberculine optreden bij personen die aan tuberculose lijden of hieraan lijdende zijn geweest.
tuberculoïd gelijkend op een tuberkel.
Tuberculomyces *G* tuberkelbacil.
tuberculoom gezwelachtige verkaasde tuberculeuze ontstekingshaard.
tuberculose, tuberculosis *L* door de tuberkelbacil (*Mycobacterium tuberculosis of Mycobacterium bovis) veroorzaakte infectieziekte, die gepaard gaat met het optreden van kleine knobbeltjes in het aangedane weefsel, die kunnen samenvloeien tot tuberculeuze infiltraten welke de neiging vertonen te necrotiseren ('verkazen') en vervolgens te vervloeien en aldus holten of cavernes te vormen, vnl. in de longen; treedt bij longtuberculose communicatie op met de bronchiale vertakkingen dan is een *'open tuberculose'* ontstaan en bevat het sputum in de regel tuberkelbacillen, zodat de patiënt dan besmettelijk is voor zijn omgeving; de besmetting met tuberkelbacillen kan plaats hebben 1. door inademing; (druppel*infectie), 2. door inslikken, 3. plaatselijk, bijv. door verwondingen; ~ *cutis*, huidtuberculose, o.a. lupus vulgaris *(~ cutis luposa)* en scrofuloderma; ~ *miliaris acuta*, syn. granulie, acute miliaire tuberculose, hematogene uitzaaiing van tuberkelbacillen door het lichaam, 'vliegende tering'; syn. ~ *generalis miliaris*; ~ *pulmonum*, longtering, chronische ontsteking van één of beide longen, gepaard gaande met koorts, hoesten (meestal met opgeven van fluimen) en vermagering; *skelet~*, tuberculose van beenweefsel t.g.v. hematogene uitzaaiing van de humane vorm van de tuberkelbacil vanuit een haard die zich meestal in de long bevindt.
tuberculum *L* tuberkel, knobbeltje, uitsteeksel; ~ *anatomicum*, syn. lupus

anatomicus, verruca necrogenica, lijktuberkel aan de handen van patholoog-anatomen, besmet bij secties.
tuberkel door de tuberkelbacil veroorzaakt granulatiegezwelletje dat de grondslag vormt van tuberculeuze aandoeningen; tuberkels bestaan uit afgestorven cellen, bindweefsel, lymfocyten en zgn. reuzencellen; *~bacil*, zie tuberculose.
tuberositas *L* knobbelachtige verhevenheid, kleine dikte; bijv.nw. *tubereus*.
tubotomie (chir.) ondoorgankelijk maken van de tuba fallopii ter onvruchtbaarmaking (sterilisatie) van de vrouw.
tubotympanitis catarre van de tuba eustachii, waardoor deze is afgesloten en in het middenoor een negatieve druk heerst; dikwijls treedt in het middenoor vochtafscheiding op, doofheid en soms adhesievorming; (pop.) verkoudheidsoor; zie ook glue ear.
tubulair, tubuleus in de vorm van een buisje (tubulus), op buisjes gelijkend, in één of meer buisjes ontstaand, buisjes betreffend of hiertoe behorend.
tubuli meervoud van *tubulus; ~ *colligentes*, verzamelbuisjes in de nieren; ~ *contorti*, gekronkelde buisjes in de nieren; ~ *lacrimales*, traanbuisjes, afscheidingsbuisjes der traanklieren; ~ *recti*, rechte buisjes in de nieren.
tubuline zie microtubulus.
tubulus *L* buisje, vklw. van tubus, meervoud *tubuli; in de *nier~*, die tezamen met de *glomerulus het *nefron vormt, komt het ultrafiltraat uit de glomerulus terecht, dat tal van chemische wijzigingen ondergaat voordat het als urine in het nierbekken verschijnt; *~necrose*, beschadiging van de niertubuli bij de uitscheiding van voor de nier giftige stoffen (sublimaat, tetrachloorkoolstof en vele andere) of door ischemie; ~ *seminiferis*, zaadkanaaltje van de testis.
tubus *L* buis.
tufting *E* röntgenologisch herkenbare diffuse botresorptie aan de basis van de eindfalangen der vingers in de vorm van een kwastje, o.a. bij hyperparathyroïdie.
tuftsine (genoemd naar Tufts Medical School) een in de milt gevormd peptide dat in granulocyten wordt opgenomen en fagocytose bevordert; zie leukokinine.
tularemie een ziekte bij knaagdieren, veroorzaakt door *Pasteurella tularensis* en overgebracht door insecten; ook bij de mens waargenomen na omgang met besmette dieren, onder heftige toxische verschijnselen, algemene lymfeklierontsteking en hoge koorts.
tulband *~gezwel*, convoluut van goedaardige epithelioompjes op de hoofdhuid; *~-iris*, syn. iridauxesis.
TULIP afk. van transurethral ultrasound guided laser-induced prostatectomy.
tumefactie, tumefactio *L* zwelling, gezwollen toestand.
tumescentie, tumescentia *L* syn. tumefactie.
tumidus *L* gezwollen.
tumor *L* 1. zwelling, één der kenmerkende verschijnselen van ontsteking.
2. zwelling in de zin van gezwel, nieuwvorming (neoplasma); men onderscheidt goed- en kwaadaardige gezwellen (*benigne* en *maligne tumoren*); kenmerken van maligniteit zijn uitzaaiing of metastasering via bloed- of lymfestroom, snelle en infiltrerende groei in het omliggende weefsel, necrose al of niet met verweking of ettering, recidief na verwijdering van het gezwel en cachexie; ~ *albus*, syn. lupia juncturae, obsoleet voor tuberculose van een gewricht waarbij dit er bleek en gezwollen uitziet; ~ *benignus*, goedaardig gezwel; *bruine ~*, cysteuze granulomateuze botlaesie (vnl. in ribben, sleutelbeen, kaak, schedel) door

osteoclastische botresorptie bij *hyperparathyroïdie; *burkitt-~*, zie Burkitt-tumor; ~ *cerebri,* hersengezwel; voornaamste verschijnselen zijn hoofdpijn, sufheid, duizeligheid, plotseling vallen, braken, dwangstanden van het hoofd, loop-, spraak-, lees-, schrijf-, zintuigstoornissen, psyche-veranderingen, nystagmus, stuwingspapillen, blefaroptose, drukpols, gezichtsveldafwijkingen; ~ *fibrinosus*, vezelstof bevattend gezwel, ontstaan door een bloeduitstorting in de weefsels waaruit het vloeibare gedeelte wordt opgeslorpt; ~ *fibrosus*, syn. fibroom; *havercel-~*, longcarcinoom bestaande uit spoelvormige '*oatcellen'; ~ *imaging E*, het opsporen van neoplasma's of metastasen daarvan; ~ *malignus,* kwaadaardig gezwel; ~ *merkstoffen*, zie tumormarkers; ~ *mucosus*, syn. myxoom, slijmweefselgezwel; *~-progressie*, het ontstaan van celvarianten in maligne gezwellen die kwaadaardiger zijn dan de reeds bestaande tumorcellen; *~-promotie*, toeneming van gezwelgroei door bepaalde (chemische) stoffen; ~ *villosus*, fibrinevlokken bevattend gezwel; *~virus*, zie retrovirussen. Verder onderscheidt men o.a. nog de volgende gezwelvormen: *adenoom* (klierweefselgezwel), *angioom* (vaatgezwel), *carcinoom* (kankergezwel), *enchondroom* (kraakbeengezwel), *endothelioom* (endotheelgezwel), *glioom* (zenuwsteunweefselgezwel), *cystoom* (gezwel met holtevorming), *lipoom* (vetgezwel), *lymfoom*, (zie lymfoom), *melanoom* (kwaadaardig pigmentgezwel), *myoom* (spierweefselgezwel), *sarcoom* (kwaadaardig bindweefselgezwel), *struma* (schildkliergezwel), *tyroma* (gezwel uit verkaasde lymfeklieren) e.a.

tumorlysis syndroom het ontstaan van *nierinsufficiëntie door een 'overmaat' van afvalproducten (vnl. urinezuur, fosfaten en kalium), gevormd bij het afsterven van maligne-gezwelcellen, meestal na chemotherapie, vooral wanneer de tumor een snelgroeiende maligniteit en een grote 'tumourload' bezit.

tumormarkers *E* (ook: *tumormerkstoffen*) door een gezwel geproduceerde antigene stoffen, welke met behulp van monoklonale *antistoffen reeds in een vroeg stadium van het gezwel kunnen worden aangetoond.

tumourlet *E* klein perifeer *carcinoïd.

tumourload *E* lett. gezwelbelasting; in engere zin gezwelmassa.

TUMT afk. van transuretrale microwave thermotherapie.

tumultus *L* onrust, gedruis; ~ *cordis* onregelmatige en zeer snelle werking van het hart; ~ *sermonis*, overdreven haastig spreken, syn. battarisme.

tungiasis ontstekingsreactie van de huid t.g.v. het in de huid dringen van de bevruchte vrouwelijke zandvlo (tunga penetrans).

tunica *L* vlies, omhulsel, rok, meervoud tunicae; de vaatwanden bestaan uit 3 lagen of rokken *(~ intima, media, adventitia)*; ~ *adiposa*, vetlaag, uit vet bestaand omhulsel; ~ *albuginea*, syn. ~ *fibrosa*, wit omhulsel, bindweefsellaag rondom klieren, oogbol, milt, eierstok, nier, zaadbal, bijbal, sponsachtige lichamen van penis en kittelaar; ~ *cornea opaca*, syn. ~ *sclerotica*, harde oogrok, syn. sclera; ~ *dartos*, de spierrok van het scrotum; ~ *dartos labialis*, de gladde spierlaag van de grote schaamlippen; ~ *mucosa,* de slijm afscheidende laag van de slijmvliezen; ~ *vaginalis communis,* het vliezig omhulsel van testis, epididymis en zaadstreng.

tunnel- *~anemie*, zie ankylostomiasis; *~geruis*, continue souffle bij open ductus Botalli en bij sporadische andere aandoeningen van hart en grote vaten.

tunnelsyndroom perifere *neuropathie en spieratrofie t.g.v. be- of inklemming (*entrapment) van een zenuw; het *carpale*, resp. *tarsale* ~ met acroparesthesieën t.g.v. druk op de n. medianus, resp. de n. tibialis posterior in de buigpezentunnel onder het dwarse handwortelligament, resp. achter de binnenenkel; *radiaal* ~, beknelling van de n. radialis (diffuse pijn in de gehele onderarm) t.g.v. geforceerde pronatie en buiging in de pols; oorzaken van een tunnelsyndroom kunnen zijn o.a.: reumatoïde artritis, trauma, oedeem (o.a. premenstrueel en in de zwangerschap), climacterium, fibrose, acromegalie, amyloïdose, hypothyroïdie, sarcoïdose, sclerodermie, vetzucht; syn. *entrapment-*neuropathie.

tunnelvisus extreme gezichtsveldbeperking (bij een normale gezichtsscherpte); komt voor o.a. bij chronisch glaucoom en retinitis pigmentosa.

tupfer *D* depper, prop van hydrofiel gaas om bij operaties bloed te deppen.

TUR afk. van transuretrale (beter: peruretrale) resectie (bij prostaathypertrofie); zie ook TURP, TURT.

turbidimetrie het bepalen van de troebelheid van een vloeistof.

turbulentie (psych.) onstuimigheid, woeligheid, opstandigheid; ondeugd.

Turcot, J. Frans patholoog; *syndroom van* ~, autosomaal recessief erfelijke (adeno)polyposis (zie polypose) van het colon en tumoren van het centrale zenuwstelsel.

turgescentie, turgescentia *L* verhoogde weefselspanning veroorzaakt door overvloedige vulling met bloed en weefselvochten.

turgor de normale, osmotische, d.i. isotonische, spanning van de cel, dus van de weefsels, syn. biotonus.

turista reis-diarree.

Turks zadel *sella turcica.

turnbochel hoog-thoracale arcuaire kyfose door jarenlange intensieve gymnastiekbeoefening, waarschijnlijk t.g.v. frequente traumatische microbeschadigingen aan tussenwervelschijven en ligamenten.

Turner, H. Amerikaans endocrinoloog (1892-1970); *syndroom van* ~, zie gonadale *dysgenesie, Noonan, X0.

turn over *E* 1. (bioch.) de hoeveelheid van een bepaalde stof die gedurende het metabolische proces in een bepaalde tijd wordt verwerkt. 2. (fysiol.) het proces van de voortdurende vervanging van de cellen der weefsels en van het bloed; de intensiteit onderscheidt men in 'laag' en 'hoog'.

TURP afk. van transuretrale resectie van de prostaat.

turricefalie syn. *oxycefalie.

TURT afk. van transuretrale resectie van een tumor.

tussen- *~hersenen*, diencephalon; *~ribzenuwen*, nervi intercostalis; *~schot*, septum; *~wervelschijf*, discus intervertebralis.

tussiculatie, tussiculatio *L* kuchen.

tussis *L* hoest; ~ *convulsiva* of *quinta*, syn. pertussis, kinkhoest, epidemisch optredende besmettelijke ontsteking van de slijmvliezen van de luchtwegen, veroorzaakt door Bordetella pertussis (bacil van Bordet-Gengou); tast vnl. kinderen van 2 tot 6 jaar aan; gekenmerkt door hoestbuien, waarbij een gierend geluid wordt gemaakt t.g.v. krampachtige vernauwing van de stemspleet; bij elke hoestaanval wordt een dik taai slijm naar boven gewurgd; dankzij vaccinatie is de incidentie van kinkhoest thans vrijwel nihil.

tussometrie meting van hoestfrequentie en -intensiteit.

TU-US afk. van transuretrale ultrasonografie; echografie voor de diagnostiek van blaastumoren.

TVE afk. van transvaginale echografie.

TVK afk. van taskforce volumebeheersing en kostenbeperking.
TVLO afk. van totaal verbrand lichaamsoppervlak, syn. TBSA.
TVP afk. van textured vegetable protein *E*, zgn. kunstvlees, bereid uit soja.
TVZ afk. van 1. tijdschrift voor ziekenverpleging. 2. temperamentsschaal voor zwakzinnigen.
twaalfvingerige darm duodenum.
twar een Chlamydia-achtig micro-organisme, dat acute aandoeningen van de luchtwegen veroorzaakt (de naam is samengesteld uit de codering van de eerste twee isolaties).
TWC afk. van total white cells, totaal aantal leukocyten.
tweedelijnsgezondheidszorg syn. *intramurale gezondheidszorg.
tweeling gemelli, gemini; *monovulaire* ~, eeneiig of *identieke* ~, d.i. tweeling ontstaan uit één bevruchte eicel, syn. *monozygote* ~; *binovulaire* ~, twee-eiige tweeling, d.i. tweeling ontstaan uit twee afzonderlijke, tezelfdertijd bevruchte eicellen, syn. *dizygote* ~; *~pols*, pulsus bigeminus.
tweelingmethode een vergelijking van concordantiepercentages bij monozygote en dizygote tweelingen om te bepalen of het fenotype is bepaald door erfelijke of omgevingsfactoren; zie ook concordantie.
twincoil *A* dubbelspiraal in een kunstnier.
twitch *E* spierschok; kortdurende contractie van een spiervezel t.g.v. één actiepotentiaal.
TWK afk. van thoracale wervelkolom.
twostep-test *E*, zie trapjesproef (obsoleet).
TWR afk. van tussenwervelruimte.
TWS afk. van tussenwervelschijf (discus intervertebralis).
tyf- zie ook typh-.
tyfeus tyfusachtig; gelijkend op het beeld van typhus abdominalis.
tyflectomie syn. *appendectomie.
tyflose, typhlosis *G* blindheid.
tyfo- *~bacillose*, (obsoleet) septische tuberculose met een tyfeus ziektebeeld; ziekte van Landouzy; *~hemie*, aanwezigheid van tyfusbacillen in het bloed; *~ied*, 1. syn. typhus abdominalis. 2. tyfeuze verschijnselen na cholera; *~manie*, het ijlen bij tyfeuze koorts; *~toxine*, het toxine van tyfusbacillen.
tyfus, typhus *G* (N.B. typhus *E* = vlektyfus (Ned.); tyfus (Ned.) = typhoid fever *E*) verzamelnaam voor besmettelijke ziekten die zich kenmerken door hoge koorts en bewustzijnsstoornissen; ~ *abdominalis*, ook: *tyfoïd, enterotyphus, ileotyphus* of *febris typhoidea*, buik- of ingewandstyfus, tyfeuze koorts, veroorzaakt door tyfusbacillen (Salmonella typhi), bijv. door het drinken van besmet drinkwater of melk; incubatietijd 6-20 dagen; ongeveer een week na het ziekworden wordt buiktyfus gekenmerkt door o.a. aanhoudende hoge koorts (febris continua) gedurende ongeveer 14 dagen, ijlen, bronchitis, darmzweren (soms met bloeding en perforatie), exantheem (roseolae); recidieven komen voor; ~ *amarillicus*, syn. *febris flava; ~ *ambulatorius*, zeer lichte vorm van tyfus, waarbij de patiënt niet bedlegerig is; ~ *des os F*, beendertyfus, met osteomyelitis gepaard gaande vorm van tyfus; ~ *exanthematicus*, syn. ~ *petechialis*, syn. ~ *epidemica, vlektyfus*, door kleerluizen overgebrachte *rickettsiose met hoge koorts, koude rillingen en een vlekkig, zich over het gehele lichaam verspreidend *exantheem; de koorts blijft ongeveer 14 dagen hoog, de zieke is meestal

bewusteloos en ijlt; in zware gevallen geeft de uitslag aanleiding tot bloedingen; de ziekte is meestal dodelijk, evt. t.g.v. complicaties (longontsteking, nierziekten enz.); ~ *hepaticus*, verouderde naam voor de ziekte van Weil; ~ *icteroides*, syn. *febris flava; ~ *recurrens*, syn. febris recurrens; ~ *siderans*, ernstige vorm van tyfus die spoedig de dood veroorzaakt; *tropical ~ E*, zie tropical typhus; ~ *versatilis*, met grote onrust gepaard gaande vorm van tyfus; *vlek~*, syn. van typhus exanthematicus.

tylectomie (chir.) verwijdering van alléén de lokale aandoening (*G* tylos = knobbel) bij borstkanker.

tyloom, tyloma *G* eeltvormsel, door voortdurende druk of wrijving veroorzaakte hoornachtige verdikking van de opperhuid, vooral aan handen en voeten.

tylosis *G* 1. eeltvorming; ~ *palmo-plantaris*, symmetrische verdikking van de huid van handpalmen en voetzolen t.g.v. meer dan normale keratose; kan zijn aangeboren doch komt ook voor door *paraneoplasie; syn. syndroom van Howel-Evans. 2. een vorm van blefaritis waarbij de rand van het ooglid verhard en verdikt wordt; ~ *linguae*, syn. leukoplakie.

tylosteresis *G* operatieve verwijdering van callus (eelt).

tympanectomie *G* operatieve verwijdering van het trommelvlies.

tympanie, tympania *G* zie tympanisme; ~ *uteri*, syn. physometra.

tympanisme syn. *tympania*, *tympanites* of *tympanitis*, trommelbuik; opgeblazenheid van de buik, waardoor deze hol klinkt bij percussie.

tympanitis syn. *otitis media.

tympanitisch gezegd van het holle geluid dat bij percussie wordt gehoord boven luchtbevattende holten.

tympanogram curve die de uitkomsten van *tympanometrie weergeeft.

tympanometrie het meten van de verhouding tussen akoestische *impedantie en de druk welke geluidsgolven op het trommelvlies uitoefenen.

tympanoplastiek elke gehoorverbeterende operatie in het middenoor, d.i. herstel of verbetering van de keten: trommelvlies-gehoorbeentjes-binnenoor, d.m.v. plastische operatieve ingrepen.

tympanosclerose sclerose van het trommelvlies.

tympanostoma niet genezende of niet genezen trommelvliesperforatie.

tympanotomie insnijding in het trommelvlies (membrana tympani) om etter of vocht te doen afvloeien; syn. paracentese.

tympanum *G* de trommelholte van het oor; het middenoor.

tyndallisatie methode van sterilisatie van vloeistoffen vlg. de Engelse fysicus J. Tyndall (1820-1893), bestaande uit, gedurende enige dagen, herhaaldelijk 1 à 2 uur verwarmen van vloeistoffen tot 58 °C.

type 1. (bact.) die bacteriën die door hun eigenschappen de kenmerken van een *species vertegenwoordigen. 2. *~-A persoonlijkheid*, zie persoonlijkheid; *~-B persoonlijkheid*, zie persoonlijkheid.

typering 1. (bact.) identificatie van (in engere zin pathogene) micro-organismen. 2. *weefsel~*, zie weefseltypering.

typhlitis *G* blindedarmontsteking, zie appendicitis; ~ *stercoralis*, typhlitis veroorzaakt door ophoping van ontlasting.

typhlocellulitis syn. *paratyphlitis.

typhlon *G* blindedarm, syn. caecum.

typhlosis zie tyflose.

typhoid fever *E* typhus abdominalis.
typhosus *G* tot tyfus behorend of hierop gelijkend; tyfeus.
typhus zie tyfus.
typologie groepsgewijze classificatie van het persoonlijkheidstype, speciaal t.a.v. het temperament; verscheidene auteurs hebben en dergelijke indelingen uitgewerkt; vaak wordt verband gelegd met het *somatotype; de ~ *van Heymans* en *Wiersma* berust op de grondeigenschappen: actief, emotioneel en primair-reagerend (en de tegenstellingen) en onderscheidt de typen: gepassioneerd, cholerisch, sanguïnisch, flegmatisch, sentimenteel, nerveus, amorf en apathisch.
typose ziekteverschijnsel dat met enige regelmaat terugkeert, zoals de koorts bij *malaria.
typus *G* type, beeld, grondvorm, kenmerk, karakter; ~ *bovinus* resp. *humanus*, het voor het rund, resp. de mens kenmerkende type van de tuberkelbacil.
tyramine (chem.) een afgeleide van tyrosine; komt voor in *secale cornutum, rottend vlees, oude kaas en dergelijke; behoort tot de *sympathicomimetica en zou polyneuropathie kunnen teweegbrengen.
tyroma *G* tumor bestaande uit verkaasde lymfeklieren.
tyrosine een aminozuur dat samen met jodium (uit voedsel en water) de grondstof vormt voor de synthese van mono- en dijodotyrosine (afk. MIT, resp. DIT), tri- en tetrajodothyronine (afk. T_3, resp. T_4), alle hormonen van de schildklier.
tyrosinose syn. oxyfenylurie; *essentiële* ~, zeldzaam *enzymdefect waarbij overmatige uitscheiding van het aminozuur tyrosine e.a. met de urine plaats heeft; de verschijnselen zijn o.a. spiertrekkingen, spasticiteit, slechte groei; *symptomatische* ~, soortgelijk ziektebeeld door leverziekte (hepatitis, cirrose) en/of gebrek aan vitamine C.
tyrosis *G*, verkazing, verandering van levend weefsel in een droge lichtgele massa.
tyrotoxinum *G* een zich in rottende kaas vormend sterk vergif.
tyrotoxisme, tyrotoxismus *G* kaasvergiftiging.
Tzanck, A. Russisch dermatoloog in Parijs (1886-1954); ~-*proef*, microscopische test voor de cytologische onderscheiding tussen herpetische *dermatosen en andere huidaandoeningen welke gepaard gaan met blaasjes, blaren en pustels.
TZ/ARBO wet terugdringing ziekteverzuim en herziening arbeidsomstandighedenwet.

U

U afk. van unit, internationale eenheid van enzymactiviteit; de hoeveelheid enzym die per minuut 1 μmol substraat omzet.
UA (farm.) afk. van uitsluitend (af te leveren door een) apotheek.
UAF afk. van *ut aliquid fiat.
UAO afk. van upper airway obstructions.
Über-Ich zie superego.
ubi pus, ibi evacua *L* waar etter is, verwijder die; oude, nog steeds geldende stelregel.
ubiquitair overal voorkomend, alomtegenwoordig.
u.c. (rec.) afk. van usus cognitus, gebruik bekend.
UCD afk. van uiterste consumptiedatum.
UCG afk. van urine-choriongonadotrofine(test).
UD afk. van ulcus duodeni.
UDP afk van 1. urethradrukprofiel. 2. uridinedifosfaat.
u.e. (rec.) afk. van usus externus, (voor) uitwendig gebruik.
UER afk. van uretrale *endoresectie.
UG afk. van urogenitaal(systeem).
UHI afk. van universitair huisartseninstituut.
u.i. (rec.) afk. van usus internus, (voor) inwendig gebruik.
UICC afk. van union internationale contre (le) cancer *F*.
uilenoog syn. *vogeloog.
uit- *~ademing*, zie exhalatie; *~barsting*, explosie; *~blazing*, exsufflatie; *~droging*, zie xerosis; *~drijving*, zie partus; *~drijvingsperiode*, zie partus; *~eenwijken*, zie diastase, divergent; *~erlijk*, zie euchroea; *~gloeien*, zie flamberen; *~groeisel*, excrescentie; *~heveling*, zie siplion; *~holling*, excavatie; *~lepeling*, zie excochleatie; *~loper*, zie root-sleeve; *~lozingsbuis*, zie ductus; *~monding*, zie orificium.
uitpuiling zie prolaps.
uitputting defatigatie.
uit- *~rekken*, zie pandiculatie; zie ook distensie, extensie; *~roeiing*, zie eradicatie; zie ook pesticide; *~scheuring*, zie evulsie, exerese; *~snijding*, zie ectomie, excisie, resectie; *~spoeling*, zie irrigatie; *~steeksel*, zie eminentie, prominentie, protuberantie, spina; *~straling*, zie irradiatie, radiculair, radiatie; *~strijk*, het in een dunne laag uitsmeren van onderzoekmateriaal voor microscopisch onderzoek, bijv. cervix-uitstrijk, uitstrijk van de baarmoederhals (cervix uteri); *~stulping*, zie divertikel, prolaps; zie ook root-sleeve; *~tering*, zie consumptie; zie ook cachexie, emaciatie, marasmus, tabescentie; *~treding*, zie transmigratie; *~trekken*, zie evulsie, exerese, extractie.
uitvalverschijnsel opgeheven of verminderd zijn van enigerlei functie van een orgaan, orgaanonderdeel of -systeem door ziekte of operatieve ingreep, dan wel fysiologisch; begrip vindt vooral toepassing in de neurologie.
uit- *~vloeiing*, zie fluor, fluxus; *~vlokking*, flocculatie; *~was*, excrescentie;

*~wasemin*g, zie transpiratie; *~wendig*, externus; *~wendig onderzoek*, ectoscopie; *~werpselen*, zie feces; *~zaaiing*, disseminatie, metastase; *~zakking*, zie prolaps; *~zuiging*, exsuccatie.

UK afk. van 1. urokinase. 2. uislaapkamer.

UKG afk. van ultrakortegolf.

ulalgie pijn in het tandvlees; ook: oulalgie.

ULC afk. van universitair longcentrum.

ulcera meervoud van ulcus (bijv. ulcera peptica, meervoud van *ulcus pepticum).

ulceratie, ulceratio *L* verzwering, vorming van een ulcus; syn. helcose; wkw. *ulcereren*.

ulcereus, ulceratief met zweervorming (ulcus) gepaard gaand.

ulcerogeen zweerverwekkend, zweervorming bevorderend.

ulcerosa *L* zwerend; bijv. colitis ulcerosa.

ulcus *L* zweer, weefselverlies aan de oppervlakte van epitheel of huid, dat traag of in 't geheel niet door weefselvorming wordt aangevuld, dus weinig of geen neiging tot genezing vertoont; zweren kunnen worden veroorzaakt door infectie van wonden, plaatselijke voedingsstoornissen, belemmerde bloedsomloop, algemene infectieziekten, maligniteiten; ~ *callosum*, zweer met verdikte wanden en bodem; ~ *carcinomatosum*, ulcus pepticum dat in een carcinoom overgaat; ~ *catarrhale*, oppervlakkige slijmvlieszweer bij catarre, zie erosie; ~ *colpodes*, zweer met ondermijnde randen; syn. ulcus sinuosum; ~ *corneae*, zie keratitis; ~ *corrosivum*, syn. ulcus pepticum; ~ *cruris varicosum* of ~ *cruris venosum*, zweer aan het onderbeen t.g.v. slechte huiddoorbloeding door spataders ('open been') of diepe veneuze trombose; *druk~*, ulcus dat ontstaat in het door atrofie van het kaakbot te ruim geworden mondslijmvlies bij een wanverhouding tussen dit en de randen van een gebitsprothese; ~ *duodeni*, ulcus pepticum van het duodenum; ~ *durum*, harde *sjanker; ~ *erethicum*, pijnlijke, met hevige ontsteking van de omgeving en bloeding gepaard gaande zweer; ~ *fistulosum*, fistelzweer; ~ *granulosum*, met granulaties bedekte zweer; ~ *mixtum*, syn. chancre mixte; ~ *molle*, weke *sjanker; ~ *oesophagi*, ulcus pepticum in (het onderste deel van) de slokdarm; ~ *pepticum*, zweer in een gedeelte van het maagdarmkanaal dat voortdurend in aanraking komt met (zoutzuur bevattend) maagsap; naar de lokalisatie zijn dit het ulcus duodeni (meest frequent), het ulcus oesophagi (minst frequent) en het ulcus ventriculi; ~ *phagedaenicum*, invretende zweer; ~ *rodens*, oppervlakkige huidkanker met neiging tot spoedige verzwering; zie basilioom, cancroïd; ~ *rotundum*, (maag)zweer met een ronde vorm; ~ *serpens*, voortkruipende, voortwoekerende zweer; ~ *simplex*, ulcus pepticum met rustig aspect zonder reacties in het omgevende weefsel; ~ *sinuosum*, syn. ulcus colpodes; *stress-~*, een meestal hemorragisch, klein ulcus pepticum in slokdarm, maag of duodenum, min of meer acuut ontstaan onder invloed van *stress (shock, ingrijpende operatie, verbrandingen, zware mentale of lichamelijke belasting e.a.); ~ *trophicum*, ulcus t.g.v. lokale ischemie; ~ *tropicum*, tropenzweer, snel om zich heen invretende zweer vnl. in de tropen, meestal aan onderbeen of voet t.g.v. slechte voeding en geïnfecteerd door een symbiose van spirocheten en staafvormige bacteriën; ~ *varicosum*, syn. ulcus cruris varicosum; ~ *ventriculi*, maagzweer, ulcus pepticum van de maag.

ULD afk. van urate lowering drug *E*.

ule- *G* (smst.) 1. m.b.t. littekens. 2. m.b.t. het tandvlees.

ulegyrie *G* misvorming van hersenwindingen t.g.v. embryonale laesies.
ulerythema *G* verzamelnaam voor dermatosen die zonder ettering met atrofische littekenvorming en roodheid genezen; ~ *centrifugum*, *erythematodes.
uletomie (ook: ulotomie) doorsnijding van een litteken.
ulitis *G* ontsteking van het tandvlees, syn. gingivitis.
Ullrich, O Duits kinderarts (1894-1957); *Bonnevie-~-syndroom*, syn. pterygiumsyndroom.
ulna *L* ellepijp, het aan de pinkzijde gelegen bot van de onderarm; bijv.nw. *ulnaris*, *ulnair*.
ulocacè *G* syn. gingivitis ulcerosa; tandvleesverzwering.
ulodermatitis, ulodermitis dermatitis met vorming van littekens.
uloncus *G* syn. epulis.
ulotomie zie uletomie.
ulotrichen *G* kroesharige mensenrassen.
ultima ratio *L* het enige dat nog gedaan kan worden.
ultimum *L* laatste; ~ *moriens*, hetgeen het laatste sterft, bijv. de rechterboezem van het hart; ~ *refugium*, laatste toevlucht; ~ *remedium*, laatste hulpmiddel.
ultra- *L* (smst.) in bijzondere mate; overtreffende trap; *~diaan*, tijdperk van ongeveer een etmaal; term in de chronobiologie; *~filtraat*, de vloeistof (vóórurine, pro-urine, primaire urine) in het kapsel van *Bowman; *~geluid*, zie ultrasoon; *~microscoop*, zeer sterke *microscoop; *~sonisch*, syn. ultrasoon; *~sonografie*, syn. *echografie; zelfst.nw. *ultrasonogram*.
ultrasone ~ *geluidstrillingen*, die door hun hoge frequentie niet waarneembaar zijn voor het menselijk gehoor; syn. Ultraschall *(D)*; ~ *scanning*, zie echografie.
ultrasound scan *E* zie echografie.
ultraviolet afk. UV, *~te stralen*, voor het oog onzichtbare stralen uit het lichtspectrum met een kleinere golflengte dan het violet; zij kleuren de huid bruin en worden toegepast bij sommige huidaandoeningen, haaruitval e.a.
ultravirus virus dat met gebruikmaking van de modernste vergrotingstechniek niet zichtbaar is te maken.
ululatie hysterisch gehuil.
umbilicaal, umbilicalis *L* de umbilicus (navel) betreffend.
umbilicatus voorzien van een navelvormige uitdieping.
umbilicus *L* navel, rond litteken in het midden van de buik van mens of zoogdier, ter plaatse van de overgang van de navelstreng in de vrucht tijdens de embryonale ontwikkeling; syn. omphalus, umbo.
umbo *L* 1. stipje, uitpuiling, puntvormige bloeding, syn. stigma; ~ *membrana tympani*, de 'navel' van het trommelvlies, d.i. de uitpuiling in het centrum ter plaatse van het uiteinde van de hamersteel. 2. syn. voor umbilicus.
UML afk. van ural minimal lesions *E*.
UMP afk. van uridinemonofosfaat.
unciformis *L* (ook: uncinatus) haakvormig.
unci- *L* *~nariasis*, oude benaming van mijnwormziekte (ankylostomiasis); *~natus*, syn. unciformis; *~nus*, haakje; vklw. van uncus.
unctie, unctio *L* zalving, inwrijving met zalf.
uncus *L* haak; haakvormige structuur; het haakvormige voorste einde van de gyrus hippocampi.
unda *L* golf, plooi.

undina pipetvormig toestel voor spoeling van het oog.
undulatie, undulatio *L* (ook: ondulatie) golfbeweging.
undulerend golvend.
unguentum *L* zalf; ~ *leniens*, verzachtende zalf.
unguis *L* *nagel; ~ *aduncțus*, syn. onychogryposis; ~ *corneae*, syn. *onyx, halvemaanvormige etterophoping in de voorste oogkamer; ~ *hippocraticus*, blauwe kleur van de nagels voorkomend bij longziekten en bij minimale circulatie; ~ *incarnatus*, in de huid gegroeide nagel; ~ *laminaris*, platte nagel; ~ *tegularis*, sterk gebogen, koepelvormige nagel.
uni- (smst.) eenheid, één bezittend, uit één bestaand, bijv. *~cellulair*, uit één cel bestaande, tgst. multicellulair; *~cornis*, éénhoornig; *~lateralis, ~lateraal*, éénzijdig; *~locularis, ~loculair*, uit één holte bestaande, tgst. multilocularis; *~nucleair*, met één kern, tgst. multinucleair; *~para*, vrouw die één kind gebaard heeft; *~polair*, 1. met één pool of uitsteeksel. 2. t.g.v. één enkele oorzaak; *~polaire psychose*, zie psychose; *~teitsleer*, de leer dat verschillende ziekten het gevolg zijn van één en dezelfde besmetting; *~ventriculair hart*, aangeboren hartafwijking waarbij slechts één functionele kamer aanwezig is; *~versalis, ~versaal, ~verseel*, overal verspreid, algemeen.
UNIREG afk. van uniforme registratie van wachtlijsten in ziekenhuizen.
UNSCEAR United Nations scientific committee on the effects of atomic radiation (*E*).
Unterberger, S. Oostenrijks KNO-arts (overl. 1971); *proef van ~*, onderzoek van de perifere vestibulaire functie d.m.v. hoge beenheffingen ('pas-op-de-plaats') met gesloten ogen gedurende één minuut; bij uitval van het labyrint draait de onderzochte geleidelijk om zijn lengte-as naar de aangetaste zijde.
u.p. (rec.) afk. van usus proprius, (voor) eigen gebruik.
UP afk. van 1. ulcus pepticum. 2. urethra praeternaturalis.
u-PA afk. van urokinase-plasminogeenactivator.
UPFP afk. van uvulopalatofaryngoplastiek, syn. UPPP.
UPPP afk. van uvulopalatofaryngoplastiek, syn. UPFP.
upstroke *E* (card.) opwaartse slag in het (fono)cardiogram.
upswing *E* (jrg.) zie abstinentiesyndroom.
UR (farm.) afk. van uitsluitend (af te leveren op) recept.
uraat zout van urinezuur.
urachus verbinding tussen navel en apex van de blaas in het embryo; na de geboorte geoblitereerd tot een streng: ligamentum umbilicale medianum.
uraemia zie uremie.
uragogum *G* urinedrijvend middel, syn. diureticum.
urano- *G* (gehemelte); *~coloboma*, aangeboren spleet in een deel van het harde gehemelte; *~plastiek*, operatie waarbij uranoschisis wordt gesloten; *~schisis, ~schisma*, syn. *palatum fissum; *~scopus*, syn. iniëncefalie.
urarthritis syn. arthritis urica; *jicht.
uratemie overmaat van uraten (zouten van urinezuur) in het bloed.
uratisch m.b.t. *uraat; *~e diathese*, aanleg voor jicht (obsoleet).
uraturie overmaat van uraten in de urine.
urbaan betrekking hebbend op (behorend tot) het stadsleven, de stadscultuur; tgst. ruraal.
urea- *~clearance*, zie clearance; *~plasma urealyticum*, Chlamydia-achtige bacterie

die urogenitale infecties kan veroorzaken.
uredo *L* brandend gevoel in de huid.
uremic frost *E* wit beslag op de neusvleugels bij uremie.
uremie, uraemia *G* verhoogd ureumgehalte van het bloed; komt voor in de meeste gevallen van *nierinsufficiëntie t.g.v. onvoldoende uitscheiding van afbraakproducten van de eiwitstofwisseling; de term gold vroeger als syn. voor nierinsufficiëntie; ~ *par manque de sel F*, zie azotemie.
uresiaesthesis *G* voortdurende aandrang om te urineren.
uresis *G* het urineren; syn. mictie.
ureter *G* urineleider, buis waardoor de urine van het nierbekken naar de blaas vloeit; *~itis*, ontsteking van de ureter; *~ocutaneostomie*, operatieve opening van een ureter naar de huid; *~ocele*, 1. prolaps van het ureterslijmvlies in de blaas. 2. cysteuze verwijding van het intramurale deel van de ureter; *~ocystoscoop*, cystoscoop, geschikt voor katheterisatie van de ureters; *~olithectomie*, (chir.) operatieve verwijdering van een uretersteen; *~otomie*, operatie waarbij de ureter wordt geopend.
ureteraal m.b.t. een ureter of de ureters (n.t.v.m. uretraal).
ureterorenoscopie bezichtiging van urineleider en nierbekken met een endoscoop.
urethra *G* urinekanaal, urinebuis, plasbuis, buis waardoor de urine van de blaas naar buiten vloeit; bijv.nw. *urethralis, uretraal.*
urethreurynter instrument om de urethra op te rekken.
urethrismus kramp in de urethra.
urethritis *G* zie uretritis.
urethro- zie ook uretro-; *~balanitis*, uretritis tezamen met balanitis; *~cystitis*, ontsteking van blaas en urethra.
uretritis, urethritis *G* ontsteking van de urethra; ~ *chlamydialis,* uretritis die bij geslachtsverkeer wordt overgebracht door infectie met *Chlamydia trachomatis*; ~ *chronica*, uretritis met vochtige afscheiding na genezen urethritis gonorrhoica of chlamydialis; ~ *gonorrhoica*, druiper; ~ *non-specifica*, *niet-specifieke ~*, afk. NSU, uretritis, overgebracht door geslachtsverkeer, waarbij geen gonokokken of *Chlamydia trachomatis* kunnen worden aangetoond.
uretro- m.b.t. de urethra; *~dynie*, zie uretralgie; *~grafie*, het maken van een röntgenfoto van de urethra; *~meter*, toestel waarmee de rekbaarheid en de wijdte van de urethra kunnen worden gemeten; *~rroe*, uitvloeiing uit de urethra; *~rragie*, sterke bloeding uit de urethra; *~scoop*, instrument waarmee de urethra van binnen kan worden bezichtigd; *~stenose*, stenose van de urethra; *~tomie*, operatieve insnijding van de urethra met een uretrotoom, bijv. bij uretrostenose.
ureum *G* een eindproduct van de eiwitstofwisseling, ontstaat in de lever en wordt door de nieren met de urine uit het bloed verwijderd; ~ *clearance*, zie clearance; ~ *cyclus*, chemisch proces in de mitochondriën van de levercellen waarbij giftig ammoniak wordt omgezet in ureum.
urge *E* aandrang; *~-*incontinentie*, zie incontinentie.
urgens *L* (rec.) dringend.
uribag *E* draagurinaal.
urico- *~lysis*, afbraak van uraten in de weefsels; *~suricum*, middel dat de urinezuuruitscheiding door de nieren bevordert; *~surie*, uitscheiding van uraten met de urine.
uridrosis het uitzweten van ureum bij uremie; sudor urinosus.

-urie (smst.) in de urine of m.b.t. het urineren, bijv. proteïnurie, anurie.
urina zie urine.
urinaal syn. urineau, urodochium. 1. op het lichaam gedragen rubber of plastiek zakje om urine op te vangen bij incontinentie; syn. *uribag. 2. urinefles voor bedlegerige zieken.
urine, urina *G* het uitscheidingsproduct van de nieren; deze onttrekken aan het bloed de stoffen waaruit de urine bestaat; urine van gezonde mensen heeft een heldere licht- tot donkergele kleur; het s.g. bedraagt gemiddeld 1.015-1.020, de hoeveelheid die dagelijks geloosd wordt, gemiddeld 1½ liter; normale urine bevat ±96% water en 4% stofwisselingsproducten, zoals ureum, verschillende zouten, urobiline enz.; ~ *spastica*, grote hoeveelheid lichtgekleurde urine, geloosd na nerveuze opwinding; ~**derivatie*, afleiding van de urine na verwijderde zieke blaas naar sigmoïd of huid, dan wel volgens de operatie van *Bricker.
urine- *~bezinksel*, zie sediment; *~blaas*, vesica urinaria; *~kanaal*, urethra; *~leider*, ureter.
urineren zie mictie.
urineretentie terughouden van urine in de blaas door onvermogen de blaas te ledigen.
urinoom met urine gevulde holte in een nier (foutief).
urninde homoseksuele vrouw.
urobil- *~ine*, bruine galkleurstof, reductieproduct van bilirubine (via *urobilinogeen*), voorkomend in de faeces (waaraan het de kleur verleent) en soms in de urine; syn. stercobiline; *~inemie*, de aanwezigheid van urobiline in het bloed; *~inurie*, abnormaal grote hoeveelheid urobiline in de urine.
uro- *~cystitis*, ontsteking van de urineblaas; *~dochium*, zie urinaal; *~dynamica*, de kennis van de kwaliteiten van de urinestroom onder normale en pathologische omstandigheden, *~dynamica* omvat, behalve de fysiologische aspecten, o.a. *incontinentie en vernauwingen op diverse plaatsen in de tractus; *~dynie*, pijn bij het urineren; *~faan*, in de urine verschijnend; *~fane stoffen*, stoffen die, door het lichaam opgenomen, onveranderd in de urine verschijnen.
urofilie 1. (vlg. DSM-IV) een *parafilie waarbij de betrokkene een sterk seksueel gerichte belangstelling heeft voor urine en urineren. 2. seksuele variant waarbij een of beide partners opgewonden raken door het ruiken en zien van urine of door beplast te worden; syn. urolagnie.
uro- *~foon*, elektrisch wekapparaat, toegepast bij enuresis nocturna ('bedwateren'), dat alarm maakt zodra urine afloopt; *~geen*, van urine afkomstig, door urine veroorzaakt, uit urine ontstaan, bijv. een besmetting.
urogenitaal tot de urinewegen en geslachtsorganen (genitaliën) behorend; ~ *systeem*, het geheel der urinewegen en geslachtsorganen.
urografie het maken van een röntgenfoto (*urogram*) van de urinewegen nadat een contrastmiddel in de aders of in de urinewegen is gespoten.
urokinase eiwitsplitsend enzym, product van nierparenchymcellen, dat plasminogeen activeert tot plasmine; wordt gebruikt als thrombolyticum (fibrinolyticum).
urolagnie syn. van *urofilie.
uroliet nier- of urinesteen, steen die zich uit urinestoffen vormt.
urolithiasis *G* de vorming van of de aanwezigheid van urolieten in de urine-afvoerwegen (nierbekken, urineleiders, blaas).

urologie de kennis van de chirurgische ziekten van nieren, urinewegen en de mnl. geslachtsorganen.
uroloog specialist in de urologie.
uro- *~meter*, instrument om het s.g. van urine te bepalen; *~nephrosis, nefrose*, syn. hydronefrose; *~poëse, ~poiesis*, urinevorming; *~psammus*, niergruis, graveel; *~roseïne*, rode kleurstof in de urine, vooral bij *cachexie en darmrotting; *~schesis*, belemmerde urinelozing; *~scopie*, urineonderzoek; *~scopisch*, op uroscopie betrekking hebbend; *~semiologie*, diagnostisch urineonderzoek; *~sepsis*, sepsis t.g.v. pyelonefritis, syn. urotoxemie; *~stea(to)liet*, 'vetsteen'; vet bevattende niersteen; *~stoma*, kunstmatige, meestal tijdelijke opening van de urine-afvoerwegen naar buiten of naar de dunne darm; *~thelium, ~theel*, het (overgangs)epitheel van nierbekkens, urineleiders, blaas en pars prostatica van de mnl. urethra; *~toxemie*, syn. urosepsis, *~tuberculose*, tuberculose der urinewegen.
URS afk. van uretero-renoscopie.
urtica polygonale zwelling door oedeem van de huid; jeukende *kwaddel.
urticaria *L* netelroos, netelkoorts, netelzucht, porseleinkoorts, syn. cnidosis; met hevige jeuk en vorming van bultjes ('galbulten') gepaard gaande huiduitslag; urticaria is soms uiting van een *atopische reactie, doch veelal is de oorzaak van fysische aard (urticaria factitia, zie hierna); in de pathogenese van urticaria kunnen alle overgevoeligheidsreacties vlg. de typologie van *Coombs en Gell een rol spelen; deze reacties kunnen o.a. bestaan ten opzichte van geneesmiddelen e.a. chemische stoffen, voedsel (noten, vis, eieren, tomaten, kaas enz.), endoparasieten, graspollen, huisstof, planten en dieren, bacteriën, schimmels; *acute ~*, urticaria die na een duur van maximaal vier weken is genezen; *~ angioneurotica*, syn. *Quincke's oedeem; *~ bullosa*, netelroos waarbij de bulten blaren worden; *cholinergische ~*, urticaria door prikkeling van de huid langs cholinergische reflexbanen; *chronische ~*, urticaria die langer duurt dan vier weken; *contact-~*, urticaria ontstaan door (meestal herhaaldelijke) aanraking met stoffen welke uiteindelijk een anafylactische reactie kunnen opwekken door *IgE; *~ evanida*, spoedig weer verdwijnende netelroos; *~ factitia*, syn. urticaria provocata, urticaria door fysische oorzaken, zoals trauma, koude, harde wind, hitte, licht, straling; *~ papulosa*, met puistjes gepaard gaande urticaria; *~ persistens*, zeer langzaam verdwijnende urticaria; *~ pigmentosa* (ziekte van Nettleship; mestcelreticulose), aangeboren vorm van urticaria die vele jaren duurt en gele of bruine vlekken achterlaat, gekenmerkt door infiltraten van mestcellen; is ook waargenomen als paraneoplastisch verschijnsel; *~ provocata*, syn. urticaria factitia; *~ solaris*, urticaria t.g.v. overgevoeligheid voor zonlichtbestraling; *~ vesiculosa*, urticaria gepaard gaande met de vorming van blaasjes.
usance, usantie gewoonte; gebruik.
Usher, 1. **C.** Engels oogarts (1865-1942); *syndroom van ~*, autosomaal-recessief-erfelijke progressieve cochleaire doofheid in de jeugd, retinopathia pigmentosa, hemeralopie, gestoord kleuronderscheidingsvermogen., toenemende gezichtsveldbeperking tot tunnelvisus of totaal; zie abiotrofie. 2. **B.** Canadees huidarts (geb. 1899); *ziekte van ~-Senear*, pemphigus *erythematodes.
USPET afk. van urokinase-streptokinase pulmonary embolism trial.
USS afk. van ureterosigmoïdostomie.
ustio, ustus *L* brandwond, zie combustie.
usura zie usuur.

usureren aanvreten, afslijten.
usus *L* gebruik; ~ *cognitus*, gebruik bekend; afk. (rec.) u.c.; ~ *externus*, uitwendig gebruik; afk. (rec.) u.e.; ~ *internus*, inwendig gebruik; afk. (rec.) u.i.; ~ *proprius*, eigen gebruik; afk. (rec.) u.p.
usuur, *L*, **usura** afslijting, gedeeltelijk verdwijnen van een lichaamsdeel of orgaan door druk van een gezwel of zwelling.
ut aliquid fiat *L* 'om iets te doen', of *ut aliquid fieri videatur*, 'om te doen schijnen alsof iets gedaan wordt'; het voorschrijven van middelen welke geen directe invloed op de ziekte kunnen uitoefenen, doch tot doel hebben de zieke gerust te stellen, omdat deze geen genoegen neemt met een afwachtende behandeling; afk. UAF.
ut dict. *L* (rec.) afk. van ut dictum: zoals gezegd is.
uteralgie, uteralgia *L* syn. hysteralgie, metralgie; baarmoederpijn.
uterien, uterinus *L* de uterus betreffend of hiertoe behorend.
Utermöhlen, G. Nederlands KNO-arts (overl. 1960); *bril van* ~, bril met twee visus (meestal hypermetropie-)corrigerende glazen en een zwak prisma, ter behandeling van (bepaalde vormen van) duizeligheid.
utero- *L* (smst.) m.b.t. de uterus.
uterus *L* baarmoeder, syn. metra, hystera; het orgaan bij de vrouw, gelegen tussen blaas en endeldarm in het kleine bekken, waarin het jonge embryo zich ontwikkelt; het bestaat uit het baarmoederlichaam (*corpus uteri*) en de zich hieruit naar beneden toe voortzettende baarmoederhals (*cervix uteri*) die met haar *portio vaginalis in de schede uitmondt; ~ *bicornis* (*unicollis*), tweehoornige uterus (met één cervix); ~ *bilocularis*, syn. uterus septus; ~ *bipartitus*, syn. uterus septus; ~ *didelphys*, dubbele uterus met één vagina; ~ *duplex bicornis*, syn. uterus septus; ~ *duplex separatus*, syn. uterus didelphys; ~ *extirpatie*, het verwijderen van de uterus, syn. hysterectomie (obsoleet); ~ *gravidus*, zwangere uterus; ~ *masculinus*, utriculus prostaticus; ~ *myomatosus*, uterus met één of meer (kleinere) myomen (zie myoom); ~ *septus*, uterus met een *septum (en twee cervixkanalen); syn. uterus bilocularis, uterus bipartitus, uterus duplex bicornis; ~ *subseptus*, uterus met een *septum in de fundus; ~ *unicornis*, éénhoornige uterus (met of zonder rudimentaire andere helft).
UTI afk. van urinary tract infection, syn. UWI.
UT iks afk. van universiteit Twente intelligente kniestabilisatie, syn. UTX.
utilisatie benutting.
UTP afk. van uridinetrifosfaat.
utriculus *L* zakje; 1. ~ *vestibuli*, het ovale blaasje in de voorhof (zie labyrint) aan de basis van de drie vliezige halfcirkelvormige kanalen; het bevat horizontaal gelegen evenwichtszintuigen (macula utriculi). 2. ~ *prostaticus* of *masculinus*, rudimentaire holte (ongeveer 1 cm lang) in de *colliculus seminalis van de prostaat, het is een rudiment van de gang van *Müller, syn. uterus masculinus.
UTX syn. UT iks.
UUU afk. van unilateraal uretero-ureterostoma.
UV afk. van 1. ultraviolet; ~-*A*, 315-400 nm licht; ~-*B*, 280-315 nm licht; ~-*C*, 100-280 nm licht. 2. ulcus ventriculi. 3. uiterlijke verzorging. 4. urinevolume. 5. uitvoerend verpleegkundige.
UVD afk. van uiterste verkoopdatum.
uvea *L* 1. verzamelnaam voor choroidea, corpus ciliare en iris. 2. druifvlies, de

pigmentlaag van de iris.

uveïtis, uveitis *L* ontsteking van de uvea; ~ *anterior*, syn. iridocyclitis; *endogene* ~, uveïtis door lymfocytaire immuunreactie bij (hernieuwd) contact met een eerder causaal antigeen, vnl. bij ziekten als tuberculose, lepra, toxoplasmose, sarcoïdose; *facogene* ~, uveïtis door de werking van auto-antistoffen tegen lens-proteïnen (na kapseltrauma's); ~ *posterior*, syn. choroidoretinitis.

UVI afk. van universitair verpleeghuisarts-instituut.

uviolglas glas dat ultraviolette stralen goed doorlaat.

UVO afk. van uitkomsten van overleg

uvula *L* huig, kegelvormige uitloper van het zachte gehemelte in de mond aan de ingang van de keel, syn. staphyle of staphylion; ~ *bifida*, gespleten huig.

uvulitis *L* ontsteking van de uvula, syn. staphylítis, kionitis.

uvuloptose, uvuloptosis *L* gezakte uvula (huig) of een deel ervan; syn. staphyloptosis.

uvulotomie (chir.) verwijdering van de uvula (huig) of een deel ervan, syn. stafylotomie.

UVV afk. van unie van (vrouwelijke) vrijwilligers.

UWI afk. van urineweginfectie, syn. UTI.

UZ afk. van universitair ziekenhuis (België).

V

v. afk. van 1. visus. 2. vitrum (rec.). 3. vena.
v.a. afk. van voor-achterwaarts.
VA afk. van 1. verzorgingsassistent(e). 2. verpleeghuisarts. 3. VA-shunt, ventriculo-atriale shunt.
VAAP afk. van vincristine, ara-c, Adriblastina (doxorubicine), prednison; een cytostatica-combinatie.
vaat- *~accident*, zie accident; *~*anastomose* (chir.), het aanleggen van een verbinding tussen twee gelijksoortige bloedvaten, al of niet met inschakeling van een *prothese; *~gezwel*, angioom; *~kramp*, angiospasme; *~verlamming*, vasoplegie; *~vlies*, zie choroïd.
vaccin *F* een voor parenterale, orale of aerogene toediening bestemd antigeen met een zeer lage virulentie, dat een specifieke humorale en/of cellulaire *immunoreactie teweegbrengt; entstof bestaande uit dode of verzwakte micro-organismen, celwand-antigenen, onderdelen van virussen, kapselpolysachariden, verzwakte exotoxinen, enz.
vaccina zie vaccine.
vaccinatie 1. inenting met vaccine tegen pokken (*variola) ten einde onvatbaarheid daartegen teweeg te brengen; sedert de mondiale uitroeiing van pokken (8 mei 1980) is algemene vaccinatie niet meer nodig. 2. alg. benaming voor *actieve* onvatbaarmaking (*immunisatie) tegen infectieziekten, waardoor het lichaam zelf de afweer verzorgt (= actief); de hiervoor gebruikte stoffen heten anatoxine, toxoïd of vaccin; syn. inoculatie; *electieve ~*, vaccinatie van lieden met een verhoogd risico op infectie met een bepaald micro-organisme; *selectieve ~*, vaccinatie van mensen met verhoogde vatbaarheid voor bepaalde infecties. 3. niet-specifieke stimulatie van bepaalde delen van het immuunapparaat bij gezwelziekten.
vaccine, vaccina *L* (van *L* vacca = koe) 1. koepokentstof; zie ook variola. 2. koepok.
vaccinee *E* iemand aan wie een vaccin is toegediend.
vaccinia *L* ziekte teweeggebracht door inenting met koepokstof, m.a.w. de 'normale' reactie op vaccinatie; *~ generalisata*, eczema vaccinatum, zie eczeem.
vaccinostyle vaccinatiepen.
vaccinotherapie geneeswijze waarbij gebruik wordt gemaakt van een vaccin.
VACTERL afk. van vertebrale afwijkingen, anusatresie, cardiale afwijkingen, tracheo-esofageale fistel, renale afwijkingen, ledemaatsafwijkingen; een *associatie; zie ook VATER.
vacuole kleine, al of niet met vloeistof gevulde holte in de cel.
vacuolisatie het ontstaan van vacuolen bij degeneratie van cellen.
vacuüm (vacuum *L*) luchtledige ruimte; *~buis*, buis met sterk verdunde lucht, waarin kathode- of röntgenstralen worden voortgebracht; *~extractor*, (verlosk.) metalen zuignap die op het ongeboren kinderhoofd wordt aangebracht teneinde, na teweegbrenging van onderdruk, het kind door het geboortekanaal te trekken.

VAD afk. van ventricular assist device *E*.
vader pater *L*; *~moord*, patricide.
vaderschapstest onderzoek waarbij men probeert te achterhalen of de man in kwestie ook in werkelijkheid de vader van het kind is; hierbij kijkt men o.a. naar de overeenkomst in bloedgroepen, HLA-typering en DNA-fingerprinting (zie VNTR).
vagebond landloper; *~age*, zwerfzucht; *~shuid*, bruine pigmentvlekken op de huid t.g.v. luizenbeten (melanoderma pediculorum) en bij verschillende vormen van *malabsorptie.
vagina *L* 1. vliezige of fibreuze schede, bijv. ~ *tendinis*, peesschede. 2. schede, het deel van de inwendige vrl. geslachtsorganen tussen vulva en uterus, bestemd voor de paring, vormt een deel van het baringskanaal; syn. colpos.
vaginaal, vaginalis *L* m.b.t. de vagina; *fluor ~*, zie fluor.
vaginectomie (chir.) gehele of gedeeltelijke verwijdering van de vagina.
vaginisme, vaginismus *L* (ook: vaginodynie) afweerreactie tegen de coïtus door onwillekeurig aanspannen van de spieren van de schede-ingang (introitus); coïtus is onmogelijk of zéér pijnlijk; te onderscheiden in *primair ~*, *psychisch ~*, vanaf het begin aanwezig; in het verleden als *conversieverschijnsel, tegenwoordig als resultaat van *conditionering gezien; *secundair ~*, t.g.v. organische pijnverwekkende oorzaken zoals ontstekingen, stug *hymen e.a.; komt méér voor dan de primaire vorm; combinatie van beide vormen is mogelijk; syn. *elytrospasmus; zie ook seksuele disfuncties.
vaginitis *L* syn. colpitis.
vagino- *~cele*, syn. colpocele; *~dynie*, zie vaginisme; *~mycosis*, ontsteking van het slijmvlies van de vagina door schimmels; *~scopie*, inwendige bezichtiging van de schede met een schedespiegel (speculum); syn. colposcopie.
vaginose aandoening van het vaginale epitheel; *bacteriële ~*, eventueel versterkte, onaangenaam riekende vaginale afscheiding (*fluor vaginalis) door overheersing van anaërobe bacteriën in de vagina.
vagitorium suppositorium voor de vagina.
vagitus *L* 1. het schreien van kleine kinderen; ~ *uterinus*, ~ *vaginalis*, zeldzaam verschijnsel dat het ongeboren kind geluid geeft als de vliezen gebroken zijn, het kind lucht kan inademen en tot ademen geprikkeld wordt. 2. geschreeuw, geblaat.
vagotomie doorsnijding van de beide nervi vagi (zie vagus); operatie, toegepast bij ulcus ventriculi en -duodeni en bij hyperaciditeit, syn. parasympathicotomie; *selectieve ~*, vagotomie waarbij uitsluitend de zenuwvezels worden gekliefd welke de zoutzuursecretie van het maagslijmvlies innerveren.
vagotonie syn. parasympathicotonie, toestand waarbij de functie van de parasympathicus overweegt over die van de sympathicus met krampen van het gladde spierweefsel, bleekheid, verhoogde klierwerking, bradycardie, nausea, hyperhidrosis, hypothermie, lage ademfrequentie, bloeddruk en basaalmetabolisme, hypoglykemie, leukopenie, eosinofilie, miosis, laag FSH-gehalte, obstipatie.
vagus *L* afk. van nervus vagus, zwervende of dwalende zenuw, het 10de hersenzenuwpaar, dat deelneemt aan vele functies van ademhaling, spijsvertering en hartwerking.
VAHS afk. van virus associated hemophagocytic syndrome *E*, ernstig ziektebeeld met koorts, gewichtsverlies, lymfadenopathie, lever- en miltvergroting,

pancytopenie en *hemofagocytose, meestal geassocieerd met een gegeneraliseerde virusinfectie.

VAIN afk. van vaginale intra-epitheliale neoplasie.

VAIO afk. van verpleeghuisarts in opleiding.

vairon *F* syn. heteroglaucus; zie heterochromia iridis.

VAKO afk. van visueel-auditief-kinesthetisch-olfactorisch systeem.

valgus *L* naar buiten gedraaid, (het distale deel) buitenwaarts gebogen, bijv. genu valgum, X-been; *cubitus* ~, stand van de onderarm van het lichaam àf (bij supinatie).

validation *E* benaderingsmethode waarbij de realiteit zoals de cliënt die uitspreekt en ervaart als dé realiteit bevestigd wordt.

valide gezond, krachtig, goed functionerend; goed genezen; zelfst.nw. *validiteit*.

vallatus *L* omwald, omgeven door een wal.

vallecula *L* gleufje, kleine inzinking.

valleikoorts een vorm van *coccidioïdomycose in Californië.

Valleix, F. Frans arts (overl. 1855); *drukpunten van* ~, zie points douloureux.

vallende ziekte zie epilepsie.

vallum unguis *L* nagelwal; ook: perionychium.

Valsalva, A. Italiaans arts (1666-1723); *proef van* ~: uitademingsbeweging bij gesloten mond en neus veroorzaakt bij intacte tubae eustachii o.m. verhoogde druk op de trommelvliezen en een positieve intrathoracale druk; de proef geeft diverse diagnostische en therapeutische mogelijkheden; *sinussen van* ~ (anat.), verwijdingen in de aortawand tegenover de drie aortakleppen, syn. sinus aortae.

valva *L* klep; ~ *aortae*, syn. ~ *aortica*, aortaklep, drieslippige klep aan het begin van de aorta, bestaat uit drie halvemaanvormige slippen (valvulae semilunares); ~ *atrioventricularis dextra*, syn. valva tricuspidalis, klep tussen rechter boezem en rechter kamer; tricuspidalisklep; ~ *atrioventricularis sinistra*, syn. valva mitralis, valvula bicuspidalis, tweeslippige klep tussen linker boezem en linker kamer; bicuspidalisklep; mitralisklep; ~ *ileocaecalis*, syn. klep van Bauhin, klep bij de overgang van ileum naar caecum; ~ *mitralis*, syn. valva atrioventricularis sinistra, valvula bicuspidalis; ~ *pulmonaria*, syn. valva trunci pulmonalis; ~ *tricuspidalis*, syn. atrioventricularis dextra; ~ *trunci pulmonalis*, syn. valva pulmonaria, pulmonalisklep, drieslippige klep aan het begin van de truncus pulmonalis.

valvula *L* (vklw. van valva), klepje, klepvlies; zie ook valva; ~ *bicuspidalis*, syn. *valva atrioventricularis sinistra; ~ *lymphatica*, klep in een lymfevat; ~ *semilunaris*, halvemaanvormige slip in de aortaklep en pulmonalisklep; ~ *venae cavae inferioris*, klep van *Eustachius, halvemaanvormige richel bij de uitmonding van de vena cava inferior in het rechter atrium van het hart; bij de foetus leidt deze 'klep' het bloed in de richting van het foramen ovale; ~ *venosa*, klep in een vene (ader).

valvulair, valvularis *L* m.b.t. een valvula.

valvulitis ontsteking van een klep of klepvlies (valvula).

valv(ul)otomie (chir.), in engere zin: insnijding van een klep; operatieve verwijdering van een (hart)klep wegens stenose of insufficiënte functie, en vervanging door een bio- of een metalen prothese.

valv(ul)oplastiek chirurgisch of transluminaal herstel aan een (hart)klep; zie ook ballonvalvuloplastiek.

vanishing lung *E* verandering van een longkwab of deel ervan in een systeem van

dunwandige holten t.g.v. gegeneraliseerd emphysema bullosum.
VAO afk. van verpleeghuisartsopleiding, verpleeghuisartsopleider.
VAP (farm.) afk. van vincristine, Adriblastina (doxorubicine), prednison, een cytostatica-combinatie.
vapeurs *F* 1. opgezetheid van de buik door gassen, zie meteorisme. 2. angst van sommige zenuwlijders bij ophoping van gassen in de darmen. 3. syn. congesties of 'opvliegingen', bijv. in de menopauze.
vapor *L* damp; *~imeter*, verdampingsmeter; *~isatie*, verdamping; behandeling met een verdampende vloeistof, bijv. in een stoombad.
vaporarium *L* stoombad.
vaporisatie behandeling met stoom (obsoleet); ook: verdamping.
Vaquez, L. Frans internist (1860-1936), zie polycytemie (polycythaemia vera).
varentest syn. kristallisatiereactie; vers afgenomen cervixslijm vertoont bij het aan de lucht drogen een varenstructuur; dit gebeurt bij slijm in de periode vóór de ovulatie door de invloed van oestrogenen op de cervix en door het ontbreken van progestatieve invloed; de varentest is dan ook negatief in de tweede helft van de ovulatoire menstruele cyclus en dus ook bij zwangerschap; de zoutkristallisatie ontstaat door een hoog zoutgehalte van het slijm; de varentest kan daarom ook dienen om na te gaan of bij de bevalling de vliezen gebroken zijn; wanneer het cervixslijm is vermengd met het vruchtwater (rijk aan zouten) zal het gedroogde slijm eveneens varenvormige kristallen vertonen.
variabel veranderlijk; tgst. constant.
variant-angina zie Prinzmetal.
varicella *L* wind- of waterpokken, besmettelijke, goedaardige kinderziekte gepaard gaande met blaasjes over het gehele lichaam; geneest meestal in 1 à 2 weken; syn. pseudovariola; complicaties (hoofdzakelijk aandoeningen van het centrale zenuwstelsel) zijn zeldzaam; *~-zoster-virus*, tot de groep van de *herpesvirussen behorend virus dat varicella veroorzaakt; kan sporadisch bij hetzelfde individu door endogene reïnfectie vanuit een sensibel ganglion leiden tot optreden van varicellablaasjes in het gebied van een *dermatoom van één lichaamshelft: *herpes zoster.
varices spataderen, meervoud van *varix; *downhill-~*, slokdarmvarices, veroorzaakt door drukverhoging in de bovenste holle ader (zie *vena cava superior syndroom).
varicocele *G* spataderbreuk, zakaderbreuk, ziekelijke uitzetting van de aders van de zaadstreng, kan oorzaak zijn van infertiliteit; bij de vrouw: uitzetting van aders in de brede baarmoederbanden *(~ parovarialis)*.
varicomphalos *G* zwelling rondom de navel door gezwollen aders.
varicophthisis *G* schrompeling van een spatader; kunstmatige trombosering van een spatader door inspuiting van een hiervoor bestemd middel; zie (sclero-)*therapie.
varicose, varicosis, varicositas spataderziekte, de aanwezigheid van *varices (spataderen).
varicosus *L* ook: *varikeus* of *variqueux F*, op varices gelijkend, ermee behept, deze betreffend, ertoe behorend.
varicotomie incisie van een varix.
variegatus *L* vlekkig, bijv. van huid, uitslag enz.; tgst. laevigatus.
variola *L* pokken, pokziekte, zeer besmettelijke acute, endemisch voorkomende

infectieziekte, door het variolavirus veroorzaakt; op 14 dec. 1977 heeft de WHO officieel variola tot een uitgeroeide ziekte verklaard, gevolgd door de afschaffing van de vaccinatie op 8 mei 1980.
varioliformis *L* op pokken gelijkend.
variolois *L* lichte vorm van variola, syn. variola mitigata.
varisatie het ontstaan of het (chir.) maken van de varus-stand.
varix *L* spatader, blauwscheut, meervoud **varices*; door belemmering in de bloedstroom (bemoeilijking van terugvloeien van bloed naar het hart) en/of vaatwanddegeneratie veroorzaakte uitzetting van aders, vnl. aan de onderbenen; vaak een gevolg van veel staan, doch ook dikwijls na zwangerschap of na andere oorzaken die stuwing van het bloed tot gevolg hebben; aderuitzetting van de endeldarm noemt men aambeien (hemorroïde), van de zaadstreng: zakaderbreuk (varicocele); soms ontstaan zweren (ulcus cruris); door sterke drukking of door stoten kan een spatader barsten en veel bloedverlies veroorzaken; soms is operatie (flebectomie), *stripping of sclerosering (zie varicophthisis) noodzakelijk, doch vaak wordt met het dragen van elastische kousen volstaan.
VARS afk. van visual analogue rating scale.
varus *L* (het distale deel) naar binnen gebogen; *genu varum*, O-been.
vas *L* vat, meervoud vasa; ~ *afferens*, het aanvoerende bloedvat van het kapsel van Bowman; *vasa capillaria*, haarvaten; ~ *deferens*, oude naam voor *ductus deferens deferens, de zaadleider, de afvoerbuis van de testis; ~ *efferens*, het afvoerende bloedvat van het kapsel van Bowman; *vasa lymphatica*, lymfevaten; *vasa nervorum*, de voedende bloedvaten van zenuwen; *vasa praevia* (verlosk.), navelstrengvaten tussen amnion en chorion (dus in de vliezen) die zich bevinden vóór het voorliggende kindsdeel bij de partus; *vasa sanguifera*, ook: *vasa sanguinea*, bloedvaten; *vasa vasorum*, de voedende bloedvaten van de vaatwanden; *vasa velamentosa*, syn. vasa praevia.
vasa meervoud van *vas.
vasculair, vascularis *L* m.b.t. (bloed)vaten.
vasculaire dementie syn. multi-infarctdementie, zie dementie.
vascularisatie doorgroeiing met bloedvaten; bloedvoorziening, doorbloeding.
vasculatuur het vaatstelsel.
vasculitis *L* (meervoud vasculitides, vasculitiden), ontsteking van bloedvaten (hoofdzakelijk arteriolen, capillairen en venulen van huid, slijmvliezen, spieren, ingewandsorganen en vasa nervorum) als reactie op endotheellaesies door de inwerking van met het bloed circulerende schadelijke stoffen; vasculitis leidt meestal tot ischemische beschadigingen in het verzorgingsgebied van de ontstoken vaten; een belangrijke vorm van vasculitis is die t.g.v. afzetting in de vaatwand van circulerende (persisterende) *immuuncomplexen en *complementfactoren of van antigeen-antistof verbindingen; hiertoe behoren polyarteriitis (*periarteriitis nodosa), glomerulonefritis, essentiële *cryoglobulinemie, het syndroom van *Churg-Strauss, de ziekte van *Wegener, de *arteriitis gigantocellulare, de purpura van Schönlein-*Henoch, de vasculitis allergica (zie hierna), het syndroom van *Takayashu en de hypergammaglobulinemische purpura van *Waldenström; algemene verschijnselen die zich kunnen voordoen zijn koorts waarvan de oorzaak onbekend blijft (*febris e.c.i.), disfunctie van orgaanstelsels, ischemische symptomen; ~ *allergica*, immunologische vasculitis zich vnl. uitend in huidverschijnselen (geïndureerde purpura vooral aan teen- en vingertoppen,

intracutane bloedingen, urticarieel exantheem), gewrichtsklachten, paresthesieën, longinfiltraten en nieraandoeningen (syndroom van Gougerot-Ruiter); *necrotiserende huid~*, papels vnl. aan de benen met purpura-aspect t.g.v. vasculitis van hoofdzakelijk de huidvenulen, veelal bij collageenziekten, lymfoproliferatieve aandoeningen, cystische fibrose, e.a.; ~ *nodularis*, erythema nodosum non-tuberculosa (zie erytheem); *optic-disc ~ (E)*, beeld van papiloedeem tot centraal-veneuze occlusie t.g.v. vasculitis in de *fundus oculi; *symptomatische ~*, vasculitis als minder kenmerkende afwijking bij bepaalde ziektebeelden zoals reumatoïde artritis, SLE, sclerodermie, dermatomyositis, M. Sjögren, acuut reuma, episcleritis, neuropathieën; *systemische ~*, vasculitis op vele plaatsen in het lichaam, vormen van vasculitis waarbij één of meer orgaansystemen zijn betrokken (zie tekst hiervoor).

vasculopathie (bloed)vatafwijking.

vasculosus *L* rijk aan bloedvaten.

vasculum *L* vaatje (vklw. van vas).

vasectomie (chir.) ondoorgankelijk maken door doorsnijding en onderbinding van de ductus deferens (oude naam: vas deferens) ter onvruchtbaarmaking van de man; zie ook priksterilisatie, sterilisatie (bet. 2), vasoligatie, vasotomie, vasotunicostomie.

vaseline *F* witte of gele reukloze substantie verkregen door destillatie van petroleum; wordt gebruikt bij de bereiding van zalven.

vasitis ontsteking van de *ductus deferens (oude naam: vas deferens); syn. deferentitis.

vaso- (smst.) vat, bloedvat; syn. angio-; *~constrictie*, vernauwing van vaten; *~dilatatie*, verwijding van vaten.

vasolabiliteit stoornis in het fysiologisch evenwicht tussen vasoconstrictie en vasodilatatie, o.a. gekenmerkt door spoedig blozen, zweetuitbraak, versterkte *dermografie en dergelijke; *posturale ~*, syn. orthostatische *hypotensie.

vasoligatie, vasoligatuur (chir.) 1. onderbinding van een vat. 2. onderbinding van het vas deferens; zie ook vasectomie, vasotomie.

vasomotorisch m.b.t. vernauwing of verwijding van vaten; *~e stoornissen*, ontstaan door functionele of organische afwijkingen der vaatzenuwen; *~ zenuwstelsel*, syn. nervus sympathicus, zie autonoom.

vasoneurose syn. *angioneurose.

vasoplegie verlamming van bloedvaten (vasa).

vasopressine één der hormonen van de *hypofyse-achterkwab; bevordert de terugresorptie van water in de niertubuli (*antidiuretisch effect), heeft bloeddrukverhogende werking; syn. *antidiuretisch hormoon; voorts bevordert vasopressine (als '*voorloper') de opslag en het terugroepen van geheugeninformatie.

vasoregulatie de rol van de bloedvaten in de regeling van de bloeddruk bij houdingsveranderingen van het lichaam, hoofdzakelijk door *vasoconstrictie en vasodilatatie; gestoorde vasoregulatie komt o.a. voor in de ouderdom, bij *polyneuropathieën, gebruik van bepaalde medicamenten, sommige neurologische aandoeningen (o.a. het syndroom van *Shy-Dräger) en bij idiopathische orthostatische hypotensie.

vasospasme, vasospasmus vernauwing van bloedvaten t.g.v. kramp, vnl. arteriolen en capillairen.

vasotomie (chir.) doorsnijding van de *ductus deferens met onderbinding van de beide stompen.
vasotunicostomie afk. VTS; *vasectomie met implantatie van het testiculaire deel van de doorgesneden *ductus deferens in de *tunica vaginalis; de methode heeft het voordeel van de mogelijkheid tot herstel van de continuïteit van de *ductus deferens (en refertilisatie) en voorkomt spermastuwing alsmede (aanmerkelijke) antistofvorming tegen spermatozoën.
vasovagaal 1. m.b.t. de vasomotorische werking van de nervus vagus. 2. zie syndroom van *Gowers.
vasovasotomie herstel van de continuïteit van de *ductus deferens na een eerder uitgevoerde *vasotunicostomie ter *refertilisatie.
vat zie vas.
VATER afk. van vertebrale afwijkingen, anusatresie, tracheo-esofageale fistel, renale afwijkingen, een *associatie; zie ook VACTERL.
Vater, A. Duits anatoom (1684-1751); *lichaampjes van ~-Pacini*, eindlichaampjes der gevoelszenuwen in de huid; *papil van ~*, *papilla vateri*, syn. papilla duodeni, verhevenheid in het slijmvlies van de twaalfvingerige darm waar de ductus choledochus en de ductus pancreaticus uitmonden.
VATS afk. van video assisted thorascopic surgery *E*.
VAZ afk. van 1. vereniging van apothekersassistenten in ziekenhuizen. 2. vereniging van academische ziekenhuizen
VBOK afk. van vereniging ter bescherming van het ongeboren kind, vereniging voor hulp aan moeder en kind bij (ongewenste) zwangerschap.
VC afk. van vitale capaciteit.
VCA afk. van virus *capside antigeen (van het EBV).
VCFS afk. van *velocardiofaciaal syndroom.
VCG afk. van vectorcardiogram.
VCPV afk. van vereniging voor consultatieve psychiatrische verpleegkunde.
VCSS afk. van *vena cava superior-syndroom.
VCTS afk. van vision contrast test system *E*.
VD afk. van 1. veneuze druk. 2. venereal disease(s) *E*, geslachtsziekte(n). 3. vasculaire dementie.
VDR(L) *A* afk. van venereal disease research (laboratory); *~-reactie*, vlokkingsreactie op syfilis (lues).
VDB afk. van Vlaamse dementie-batterij.
VDSA afk. van veneuze digitale subtractie-angiografie.
VE afk. van 1. vacuümextractie. 2. versie en extractie.
VeBOSS afk. van Nederlandse vereniging tot bevordering van het onderwijs aan slechthorende kinderen en kinderen met spraak-/taalmoeilijkheden.
vecordia *L* (ook: vesania) waanzin.
VECP afk. van visually evoked cortical potentials *E*.
vectis *L* hefboom, (verlosk.) instrument ter ontwikkeling van het hoofd.
vector *L* lett. drager. 1. overbrenger - meestal een insect - van ziektekiemen; zo is de Anopheles de vector van de malariaparasiet; vergelijk fomes. 2. (natuurk.) factor die behalve een bepaalde grootte, bovendien een richting heeft; *~-*cardiogram*, afk. VCG, lusvormige curve welke de maximale potentiaalverschillen in de hartspier van moment tot moment weergeeft in grootte en richting; syn. monocardiogram.

veganisme zie vegetarisme (bet. 3).

veget- (smst.) m.b.t. groei; *~abiel*, van planten afkomstig; *~abilia*, plantaardig voedsel; *~ans*, (dermatologie) (alg.) papillair woekerend; *~ariër*, aanhanger van het vegetarisme.

vegetarisme voedingswijze zonder gebruik te maken van vlees- of visspijzen. 1. *humanitair ~*, waarbij uit ethische overwegingen alle spijzen vermeden worden waarvoor dieren moeten worden gedood. 2. *lacto~*, waarbij de voeding uitsluitend bestaat uit melk- en plantaardige spijzen. 3. *veganisme*, strengste vorm van vegetarisme waarbij alle dierlijke eiwitten (dus ook melk, boter, kaas, eieren, enz.) vermeden worden en de voeding dus uitsluitend plantaardig is.

vegetatie, vegetatio *L* groei, woekering.

vegetatief hetgeen eigen is aan de noodzakelijke verrichtingen van mensen, dieren en planten; *~tieve functies*, bloedsomloop, spijsvertering, ademhaling, voortplanting enz.; *~tieve labiliteit*, syn. vegetatieve *dystonie; *~ stelsel*, zie autonoom; *~ve toestand*, toestand waarbij het leven slechts bestaat via het *autonoom zenuwstelsel en het aan de wil onderworpen zenuwstelsel is uitgeschakeld; zie ook coma.

vehiculum *L* (farm.) (lett.: voertuig) elke stof die aan een geneeskundig recept is toegevoegd alleen met de bedoeling aan het werkzame gedeelte een geschikte vorm voor de voorgeschreven toepassing te geven; syn. constituens, excipiens.

velamen, velamentum *L* overtreksel, sluier, vlies; *~ abdominale*, syn. peritoneum; *~ cerebri*, de hersenvliezen; *~ corporis commune*, syn. *~ nativum*, de huid.

velleïteit (psych.) onvermogen om de wil of een wens in een daad om te zetten of tot uitvoering te brengen, wilszwakte.

vellus *L* donshaar; nest- of wolhaar, de tweede haargeneratie; ontstaat na de geboorte (na uitval van het *lanugohaar) en is eveneens pigment- en mergloos.

velocardiofaciaal syndroom afk. VCFS, congenitale aandoening, gekenmerkt door een gespleten verhemelte (velum), hartafwijkingen, typische gelaatstrekken, leermoeilijkheden en een verhoogde kans op ernstige psychische stoornissen (psychose, schizofrenie).

velogram syn. *dromogram.

velum *L* sluier, *~ palatinum*, het zachte gehemelte.

vena *L* ader, afk. v.; meervoud venae, afk. vv.; de bloedvaten waardoorheen het bloed uit het lichaam naar het hart stroomt via twee hoofdstammen, de bovenste holle ader (v. cava superior) en onderste holle ader (v. cava inferior); het bloed uit de spijsverteringsorganen wordt (door verschillende takken, verenigd in de poortader) naar de lever gevoerd; *~ axillaris*, okselader; *~ azygos*, een collateraal bloedvat van de onderste holle ader, ligt rechts op de wervelkolom, vervoert bloed vanuit het lenden- en ruggebied naar de bovenste holle ader; *~ brachiocephalica*, verzamelvat van de vena subclavia en de vena jugularis; de beide vv. brachiocephalicae verenigen zich tot de vena cava superior; *~ cava inferior*, de onderste holle ader; *~ cava superior*, de bovenste holle ader; *~ cava superior-syndroom*, stuwingsverschijnselen aan gelaat, hals, armen en borstkas t.g.v. druk op de vena cava superior (door gezwellen, trombose, mediastinitis, polycytemie, aorta-aneurysma, M. Hodgkin, intrathoracaal struma e.a.), zich uitend in opzwelling van de weefsels, gestuwde aders, cyanose, prikkelhoest, soms geestelijke verwardheid; zie voor collaterale circulatie: *collateraal; *~ centralis hepatis*, het centrale adertje in een leverlobje; *~ centralis retinae*, centraal gelegen netvliesader, begeleidende ader van de a. centralis retinae; ~ *cerebri*, hersenader; ~ *colica*, ader van de dikke darm(colon); *venae comitantes*, de aders die naast gelijknamige slagaders lopen; *vv. communicantes* syn. *vv. perforantes*, een 150-tal aders in boven- en onderbeen die verbindingen vormen tussen de grote oppervlakkige en diepe aders; zij spelen een belangrijke drainerende rol in de afvoer van bloed uit huid en subcutis van de benen; sommige verlopen dwars door de spieren heen; ~ *cordis*, ader in de hartwand; ~ *cutanea*, huidader; ~ *facialis*, aangezichtsader; ~ *femoralis*, dijbeenader; ~ *gastrica*, maagader; ~ *hemi-azygos*, verzamelvene van de onderste intercostaalvenen, mondt uit in de vena azygos; ~ *hepatica*, leverader; ~ *iliaca*, de darmbeenader, bekkenader, waaruit de onderste holle ader ontstaat; ~ *intercostalis*, tussenribader; ~ *jugularis*, halsader; ~ *lienalis*, syn. ~ *splenica*, miltader; ~ *mesenterica*, darmader; ~ *ovarica*, ader van de eierstok; ~ *perforans*, meervoud vv. perforantes, zie hiervoor; ~ *poplitea*, ader in de knieholte; ~ *portae*, syn. ~ *portalis*, poortader, grote ader die het zuurstofarme, voedselrijke bloed uit de spijsverteringsorganen, de milt en de alvleesklier naar de lever voert; ~ *profunda*, diepgelegen ader; ~ *pulmonalis*, ader met zuurstofrijk bloed, de longader; ~ *renalis*, nierader; ~ *saphena magna*, de grote oppervlakkige beenader, zie ook saphena; ~ *saphena parva*, kleine, oppervlakkig gelegen kuitader; ~ *subclavia*, ondersleutelbeenader, voortzetting van de okselader; ~ *suprarenalis*, bijnierader; ~ *temporalis*, slaapbeenader; ~ *testicularis*, ader uit de testis; ~ *umbilicalis*, navelstrengader, foetale ader die zuurstofrijk bloed voert van de placenta naar de vena hepatica en de linker tak van de vena portae; ~ *uterina*, baarmoederader.

venaesectio zie venasectie.

venapunctie 1. het aanprikken van een vena om bloed af te nemen voor onderzoek. 2. idem om een geneesmiddel intraveneus in te spuiten; zie ook punctie.

venasectie, venaesectio *L* aderlating, het kunstmatig openen van een vena; syn. flebotomie.

venectasie verwijding van een ader.

veneficium *L* vergiftiging, syn. intoxicatie.

venengraft vakjargon voor de beenader vena saphena magna; zie ook coronaire *bypass.

venenosus *L* vergiftig.

venenpols syn. aderpols, de weergave van de polsgolf in de rechterboezem van het hart, geregistreerd aan de vena jugularis interna, zowel onder normale als onder pathologische omstandigheden.

venenum *L* vergif, syn. toxicum, toxine.

vener(e)ofobie ziekelijke vrees een geslachtsziekte te hebben of te krijgen.

vener(e)ologie de leer of kennis der geslachtsziekten, syn. kypridologie.

vener(e)oloog specialist voor geslachtsziekten; zie ook dermatoloog.

venerie *F* (afgeleid van Venus) venerische ziekte, syn. venerismus.

venerische ziekten geslachtsziekten, seksueel overdraagbare aandoeningen (SOA), ziekten die bijna altijd ontstaan door geslachtelijk verkeer met een daaraan lijdend persoon; hiertoe behoren gonorroe, ulcus molle (chancroïd), syfilis, lymphogranuloma inguinale en granuloma venereum; andere aandoeningen die door geslachtsverkeer worden overgebracht, zijn uretritis (door Chlamydia,

Mycoplasma en herpesvirus), balanitis (door Candida en Trichomonas), prostatitis en endometritis (door stafylokokken), *herpes genitalis en *AIDS; ziekten als hepatitis B, molluscum contagiosum, amoebiasis (beide bij mnl. homoseksuelen), pediculosis en scabiës worden niet tot venerische ziekten in engere zin gerekend (al is het verschil niet altijd scherp afgetekend).

venerismus *L* venerische ziekte; ~ *pyorrhoicus*, syn. gonorroe.

venerologie, veneroloog syn. venereologie, venereoloog.

veneus, venosus *L* aderlijk; een vena betreffend.

veno- *L* (smst.) ader (vena), m.b.t. een ader.

venomotorisch invloed uitoefenend op de wijdte der aders.

veno-occlusive disease *E* ziekte t.g.v. afsluiting van kleine adervertakkingen door perivasale weefselveranderingen op grond van toxische invloeden, vooral in de lever.

venosclerose verharding van de aderwanden.

venosus zie veneus.

venster zie fenestra; *labyrint~s*, het ovale en het ronde venster tussen midden- en binnenoor.

vensterperiode de periode tussen het moment van besmetting en het positief worden van de test om de besmetting aan te tonen; speelt met name voor de diagnostiek van de HIV-ziekte (AIDS) een belangrijke rol, syn. window-fase; zie ook AIDS.

venter *L* buik, syn. abdomen; ook: de buik van een spier; ~ *imus*, de buikholte; ~ *medius*, de borstholte; ~ *propendens*, hangbuik; ~ *supremis*, de schedelholte.

ventiel luchtklep met eenrichtingpassage; afsluiting.

ventielpneumothorax pneumothorax waarbij door een wond tijdens de inademing lucht in de pleuraholte stroomt, maar bij de uitademing geen lucht naar buiten kan ontsnappen, zodat de hoeveelheid lucht toeneemt.

ventilatie 1. luchtverversing, syn. aeratie. 2. *respiratie.

ventouse *F* 1. kop (voor het 'zetten van koppen') om bloed naar een deel van de huid te zuigen (obsoleet); ~ *sèche*, droge kop; ~ *scarifiée*, bloedige kop, zie scarificator. 2. syn. *vacuümextractor.

ventraal, ventralis *L* m.b.t. de buik; wat aan de buikzijde gelegen is; in vóórwaartse richting; syn. abdominaal, tgst. dorsaal.

ventralis zie ventraal.

ventriculair, ventricularis *L* m.b.t. een ventriculus.

ventriculografie het maken van een röntgenogram van de hersenkamers na verwijdering van de liquor en vervanging hiervan door lucht.

ventriculomegalie syn. *hydrocefalie.

ventriculostomie *drainage van de derde hersenkamer bij hydrocefalie.

ventrikel, ventriculus *L* (vklw. van venter) 1. kamer van het hart (~ *cordis*) of hersenkamer, hersenventrikel (~ *cerebri*). 2. maag, syn. stomachus. 3. holte; ~ *bilocularis*, *zandlopermaag; ~ *cordis dexter*, rechter hartkamer; ~ *cordis sinister*, linker hartkamer; ~ *lateralis*, zijkamer der hersenen, zijventrikel, laterale ventrikel; ~ *quartus, tertius*, vierde, derde hersenventrikel; *~septumdefect*, al of niet aangeboren opening in het tussenschot van de hartkamers; *linker ~-hypertrofie*, compensatoire *hypertrofie van de spierwand der linker hartkamer bij hypertensie, klepgebrek en bij aangeboren hartafwijking c.q. infarct, gepaard met interstitiële fibrose, verminderde contractiliteit en daardoor functieverlies,

ventriculaire aritmieën en soms acute dood.
ventriloquïsme buikspreken.
ventrofixatie, ventrofixatio *L* ~ *uteri*, operatie waarbij de uterus aan de buikwand wordt vastgehecht bij retroversie.
venula *L* vklw. van vena, adertje, meervoud venulae.
Venus *L* Italiaanse godin van de vruchtbaarheid; Romeinse godin van de schoonheid en de liefde.
venus- *~berg*, *~heuvel*, (anat.) syn. mons veneris (zie mons pubis); *~krans*, zie corona; *~ziekte*, *venerische ziekte.
VEP afk. van visual *evoked potentials *E*, de elektrische respons van de occipitale (visuele) hersenschors op belichting van het netvlies met lichtflitsen (grovere methode) of met oplichtende schaakbordpatronen; de potentialen worden afgeleid van het gebied van achterhoofdsbeen/wandbeen; syn. VER.
VER afk. van visual evoked response *E* (op het EEG); syn. VEP.
veratrine vergiftig alkaloïd uit de nieswortel; *veratrinismus*, veratrinevergiftiging.
verbaal mondeling, met woorden, bijv. *verbale suggestie*, suggereren door toespreken; *verbale therapie* (psych.) behandeling door gesprek.
verbandwagen een behandelwagen ten behoeve van meerdere patiënten met een groot assortiment steriele medische hulpmiddelen; de voorraad is voor maximaal 24 uur; zie ook satellietwagen.
verbening zie ossificatie.
Verbiest, H. Nederlands neurochirurg; *syndroom van ~*, aangeboren vernauwing van het lumbale wervelkanaal, gekenmerkt door lumbago en paresthesieën, zwakte en pijn in de benen, uitsluitend in verticale houding; het beeld kan enige gelijkenis vertonen met dysbasia intermittens.
verbigeratie, verbigeratio *L* het voortdurend herhalen van onzinnige woorden of zinnen, komt voor bij schizofrenie.
verbloeding exsanguinatie.
verblijfskatheter zie katheter.
verbranding zie combustie.
verdedigingsmechanisme (psych.) zie afweermechanisme.
verdorvenheid (psych.) zie depravatie.
verdoving *lokale, plaatselijke ~*, zie locoregionale *anesthesie.
verdringing (psych.) vorm van *afweermechanisme waarbij gedachten en impulsen die voor het bewustzijn onaanvaardbaar zijn, daaruit worden verwijderd en worden weggehouden; *primaire ~*, waarbij al wat mogelijk angst kan oproepen, met kracht uit het bewustzijn wordt verwijderd en wordt weggehouden; *secundaire ~*, waarbij elementen die herinneringen zouden kunnen oproepen aan het verdrongene, zelf worden verdrongen.
verdubbelingsdosis de hoeveelheid straling die een gelijke hoeveelheid mutaties induceert als welke spontaan optreden.
verdunning zie dilutie; *~sproef* (Volhard) nierfunctieproef d.m.v. het doen drinken van 11/2 l water op de nuchtere maag, welke hoeveelheid bij gezonde nieren binnen 4 uren als urine moet zijn uitgescheiden.
verdwijningsangst zie annihilatie-angst.
vereenzaming zie deprivatie-syndroom.
verettering abcedering.
vergeetachtigheid oblivio; zie ook geheugen, herinneringsvermogen, memory.

vergens *L* (over)hellend in een bepaalde richting; zelfst.nw. **vergentie*.
vergentie een beweging van het éne oog in relatie tot het andere.
vergroeiing accretie, concretio.
vergruizing zie litholapaxie, lithotripsie, schokgolflithotripsie.
verharding zie induratie.
verhemelte zie palatum; ook: gehemelte.
verhevenheid zie eminentie, papil, prominentie, torus.
verhoorning zie kerat-.
verhulde depressie syn. van geagiteerde depressie, zie depressie.
verkalking calcificatie; zie ook arteriosclerose.
verkazing zie tyrosis; zie ook tuberculose.
verkleving adhesie.
verkoeverkamer (verkoeveren = zich herstellen), syn. recovery room *E*, kamer vlak bij de operatiekamer waar patiënten uit de narcose 'bijkomen' totdat het bewustzijn volledig is teruggekeerd; in de verkoeverkamer, waar het toezicht berust bij de anesthesist, worden o.a. infusen, zuurstof en dergelijke toegediend, een en ander onder controle van diverse apparaten.
verkoling zie carbonisatie.
verkoudheid zie coryza, rinitis; *~s-oor*, zie tubotympanitis.
verkrachting het door geweld of onder dreiging van geweld dwingen tot geslachtsgemeenschap.
verkregen acquisitus *L*.
verkromming zie gibbus.
verlamming zie diplegie en hemiplegie, hypokinesie, paralyse, pseudoparalyse, parese; *spastische ~*, zie spasticiteit.
verlatingsangst zie separatie-angststoornis.
verlengde merg medulla oblongata.
verloskunde obstetrie.
verlostang zie forceps.
vermes zie vermis.
vermi- (smst.) *~cidum*, syn. vermifugum, meervoud vermicida; *~cula*, (vklw. van vermis) wormpje; *~cularis*, *~culair*, op een worm gelijkend, met wormen in verband staande of hiertoe behorend; *~culitis*, weinig gebruikelijke naam voor appendicitis; *~formis*, wormvormig, syn. vermicularis; *processus ~formis*, het wormvormig aanhangsel van de blindedarm, syn. appendix vermiformis; *~fugum*, wormdrijvend of wormdodend middel, meervoud vermifuga; syn. anthelminthicum, vermicidum.
vermijding (psych.) *afweermechanisme waarmee het ego zich beschermt tegen echte of vermeende dreigingen, bestaande uit een onbewuste terugtrekking uit de werkelijkheid van de buitenwereld.
verminatio ziekte door wormen veroorzaakt; syn. helminthiasis.
verminking mutilatie.
vermis *L* worm, meervoud vermes, syn. helmins; (anat.) wormvormige structuur; in engere zin ~ *cerebelli*, het tussenstuk van de kleine hersenen.
vermoeidheid fatigatio; lassitudo.
vermoeidheidssyndroom, chronisch zie myalgische *encefalomyelitis; zie ook *neurastheen syndroom.
vernaal, vernalis m.b.t. de lente; (uitbr.) allergisch.

vernauwing zie isthmus, stenochorie, stenose, strictuur, stridor.

Verner, J. Amerikaans arts (geb. 1927); *syndroom van ~-Morrison*, waterige diarree, hypokaliëmie en achloorhydrie bij bepaalde pancreastumoren ('vipomen') welke *VIP produceren; syn. secretorische *diarree.

vernix caseosa *L* het gele kaasachtige huidsmeer, dat het lichaam van pasgeborenen bedekt.

verplaatsing 1. zie dislocatie, transpositie; (chir.) paratopie. 2. (psych.) overdragen van affect of wensen en verlangens van een oorspronkelijk voorwerp of persoon op een ander voorwerp of persoon.

verpleeghuisgeneeskunde medisch specialisme, probleem-georiënteerde medische zorg in multidisciplinair verband voor gehandicapte, voornamelijk bejaarde patiënten met chronische en intercurrente (bijkomende) gezondheidsproblemen.

verplegen op professionele wijze ondersteunen van de zelfzorg van zieken en gehandicapten en deze ondersteunen in relatie tot andere hulpverleners die eveneens hulp/zorg verlenen.

verrekijkerbril zie distalbril.

verrekking zie distorsie.

verruca *L* wrat, meervoud verrucae; plaatselijke verdikking van de opperhuid met vorming van papillen (tepeltjes); vorm van papilloom, het meest voorkomend aan de handen, soms veel tegelijk; de oorzaak is een papovavirus dat de opperhuid aantast, de aandoening is dus besmettelijk; bijzondere soorten wratten kunnen zich vormen bij geslachtsziekten, zie condyloma; ~ *carnosa*, syn. ~ *mollis*, vleesachtige wrat, zachte wrat; ~ *necrogenica*, lijktuberkel, syn. tuberculum anatomicum; ~ *senilis*, lichtgele tot donkerbruine, goedaardige, multipele en verheven huidgezwelletjes op latere leeftijd, vnl. aan de romp; ~ *seborrhoica*, syn. verruca senilis; ~ *simplex*, syn. ~ *vulgaris*, gewone, eenvoudige harde wrat.

verrukeus, verrucosus *L* wratachtig, wratvormig, met wratten bedekt.

versatiel, versatilis *L* zeer beweeglijk, zeer onrustig, bijv. *typhus* ~, met grote onrust gepaard gaande vorm van tyfus.

verscheuring laceratie.

verschuiving 1. (alg.) ~ *naar links*, het vóórkomen in het bloedbeeld van een abnormaal groot aantal neutrofiele granulocyten met hoogstens twee kernsegmenten, de zgn. staafkernige granulocyten; linksverschuiving treedt meestal op bij infectietoestanden; ~ *naar rechts*, idem met meer dan drie kernsegmenten, syn. hypersegmentatie. 2. (psych.) *afweermechanisme waarvan de grondslag wordt gevormd door het emotionele conflict waaruit angst voortkomt, en dat van het oorspronkelijke object wordt overgebracht naar een nieuw; het nieuwe object lijkt meestal in een bepaald opzicht of in een bepaalde kwaliteit op het oorspronkelijke; *syndroom~*, zie syndroomverschuiving.

versie, versio *L* kering. 1. (verlosk.) het in een andere ligging brengen van het kind in de baarmoeder. 2. kanteling van een orgaan, bijv. de baarmoeder, waarbij de normale knik tussen baarmoederhals en -lichaam is opgeheven en het orgaan voorover of achterover is gekanteld; zie ook retrocessio, retroversie, retroflexie.

verslaving 1. geestelijke afhankelijkheid (*dependentie) die een gebruiker van *drugs kan ondervinden, gekenmerkt door hunkering naar het middel, voorts door verschijnselen als *preoccupatie, verheimelijking, herkenning van lotgenoten en dergelijke.

verslikking dysdeglutitio.

verstand intellect, sensus; *~skies*, dens serotinus, molaris tertius; *~sverbijstering*, taraxie.
verstandelijk gehandicapt zie gehandicapten.
versterf zie gangreen, necrose.
versterking (farm.) roborans, tonicum; *wederzijdse ~*, zie synergisme; zie ook potentiëring.
versterven het spontaan of als bewuste keuze ophouden met eten en drinken in een toestand waarin door ouderdom of een dodelijke ziekte de voedsel- en vochtbehoefte van nature is teruggelopen.
verstikking zie suffocatie.
verstoorde lichaamsbeleving zie stoornis in de *lichaamsbeleving.
verstuiking zie distorsie.
verstuiver zie hydroconion, nebulisator, spray.
verte *L* (rec.) keer om, zie ookz.
vertebra *L* wervel, meervoud vertebrae; *~e cervicales*, de 7 halswervels; *~e coccygeae*, de (onderling vergroeide) staart- of stuitbeenwervels; *~e lumbales*, de 5 lendenwervels; *~ prominens*, de zevende halswervel, waarvan het doornvormig uitsteeksel verder uitsteekt dan dat van de andere; *~ plana*, röntgenologische aanduiding van een afgeplat wervellichaam zoals bij *osteochondrose, lipoïdgranuloom e.a.; *~e sacrales*, de (onderling vergroeide) 5 heiligbeenwervels, die tezamen het os sacrum (heiligbeen) vormen; *~e thoracicae*, de 12 borstwervels.
vertebraal m.b.t. de wervels; *~ale pijn*, zie radiculair.
vertebraat gewerveld dier, meervoud vertebrata *L*, vertebraten.
vertebro-basilaris-syndroom intermitterende insufficiëntie van de circulatie in het vaatgebied van de aa. vertebralis en basilaris, meestal door atherosclerose, soms (tevens) door artrose van de nekwervels (druk op het vat), en gekenmerkt door prikkelings- en uitvalverschijnselen van het betreffende hersen- en zintuiggebied, zoals paresen, dubbelzien, vertigo, doofheid, tinnitus, hoofdpijn, nystagmus, dysfagie, drop attacks, collaps, ataxie, hallucinaties, enz.; syn. syndroom van Barré, cervicale vertigo.
vertex *L* top, kruin, uiterste punt; *~ cordis*, punt van het hart; *~ cubiti*, elleboog, syn. olecranon.
vertigo *L* duizeligheid, evenwichtsstoornis gepaard gaande met misselijkheid; onaangenaam gevoel van instabiliteit van het lichaam ten opzichte van de omgeving in de vorm van draaiduizeligheid of van zgn. liftsensatie, hetzij in aanvallen, hetzij continu; ontstaat door *desintegratie van de ruimtelijke oriëntatiezin, welke wordt bepaald door **a.** het evenwichtsorgaan (zie labyrint), **b.** het gezichtszintuig en **c.** het *proprioceptief systeem, hetzij door een gestoorde centrale coördinatie van deze drie (bij arteriosclerose, hersentumor, encefalitis, hypoglykemie van de hersenen, na hersenschudding of psychogeen), hetzij door storing van één daarvan, en wel meestal het eerstgenoemde (zodra bijv. door een of andere aandoening de informaties van het linker- en rechterorgaan van elkaar afwijken, ontstaat vertigo); oorzaken van deze zgn. *vestibulaire ~* kunnen òf van algemene aard zijn, zoals gebrekkige bloedvoorziening (anemie, hyper- of hypotensie, arteriosclerose, vaatkrampen), infectieziekten, avitaminosen (B_{12}!), vergiftigingen (kinine, salicyl, alcohol, nicotine, streptomycine, koolstofmonoxide) en reflectorisch tot stand komen (zoals bij zwangerschap, maaglijden en door

prikkeling van de achterste zenuwwortels bij cervicale aandoeningen) òf plaatselijk in het labyrint of nabij de n. vestibularis zijn gezeteld, zoals kan voorkomen bij meningitis, herpes zoster, diabetes, gezwellen, multipele sclerose, *brughoektumor en bij lokale ontstekingen, bloedingen, verwondingen, hydrops enz.; de *oculaire* ~ komt vnl. voor bij diplopie en astigmatisme; de *psychogene* ~ openbaart zich bij agora- en claustrofobie, bij psychasthenie en neurovegetatief-dystonische toestanden.

vertigofobie ziekelijke vrees voor duizelingen.

verumontanum *L* *colliculus seminalis.

verus *L* echt, waar; tgst. spurius.

vervetting steatose.

vervloeiing zie colliquatie, liquefactie.

vervolgingswaan zie paranoia; zie ook persecutie.

VerVe afk. van vereniging voor verplegingswetenschappers.

vervreemding (psych.) 1. gevoel van vreemdheid en afzondering in vergelijking met anderen. 2. afgesneden worden van het individu van het veronderstelde 'echte' of 'diepere' zelf, als gevolg van het zich krampachtig aanpassen aan de wensen van anderen, de druk van sociale gebruiken en andere naar buiten gerichte motieven. 3. verouderde aanduiding voor een voortschrijdende psychische stoornis.

verwaarlozing geen of te weinig aandacht schenken aan; zie ook *affectieve verwaarlozing.

verwardheid (psych.) toestand van angst, desoriëntatie, motorische onrust en verlaagd bewustzijn; syn. confusie.

verweking zie maceratie.

verwijlkatheter syn. verblijfskatheter, zie katheter.

verwonding zie laesie, vulnus.

verzachtend palliatief, zie palliativum.

verzachting mitigatie, palliatie.

verzadiging saturatie.

verzakking zie ptose; *~sabces*, syn. abscessus congestionis.

verzeping saponificatie; de triglyceriden van verschillende vetzuren vormen de zepen; de vaste zepen worden met natronloog, de halfvloeibare met kaliloog gemaakt.

vèrziendheid zie hypermetropie.

verzwering zie ulceratie.

verzwikking zie distorsie.

VES afk. van 1. ventriculaire extrasystole. 2. visuele erotische stimuli.

Vesalius, Andreas *L* (Andries van Wesele) Zuid-Nederlands anatoom (1514-1564), hoogleraar te Padua, Pisa, Bologna en Bazel, lijfarts van Karel V en Philips II; hij was de eerste die anatomie onderwees aan het menselijk kadaver, schreef *De Humani Corporis Fabrica*, het eerste werk met natuurgetrouwe anatomische afbeeldingen en wordt terecht 'de vader der moderne anatomie' genoemd.

vesania *L* gebrek aan gezond verstand, waanzin.

vesanus *L* waanzinnige.

vesica *L* (vklw. vesicula) 1. blaas; *~fellea*, galblaas, bevindt zich aan de ondervlakte van de rechter leverkwab en verzamelt de door de lever (hepar) voortgebrachte gal totdat deze in de darm moet worden uitgestort; ~ *urinaria*, urineblaas; in de urineblaas monden de beide urineleiders uit (zie ureter); het onderste (nauwe) gedeelte (de hals) mondt uit in de urinebuis (*urethra); aan de overgang tussen de hals van de blaas en de urinebuis bevindt zich een kringvormige sluitspier (*sfincter); de blaas van de man kan minder urine bevatten dan die van de vrouw; hierdoor urineert de man vaker dan de vrouw. 2. blaar, syn. bulla.

vesicaal, vesicalis *L* de vesica betreffend of hiertoe behorend.

vesicans, vesicatorium *L* blaartrekkend middel; blaartrekkend gas; meervoud vesicantia, vesicatoria; zie strijdgassen.

vesico- *L* (smst.) m.b.t. blaas; *~cele*, syn. cystocele; *~renaal*, m.b.t. urineblaas, (ureter) en nier; *~scopie*, onderzoek van de (urine)blaas met een cystoscoop; *~stoma*, fistel gevormd door urineblaas met buitenwand te verbinden.

vesicula *L* (vklw. van vesica) blaasje, meervoud vesiculae; ~ *cephalica*, syn. ~ *cerebralis*, hersenblaasje; ~ *germinativa*, kernblaasje, de kern van de eicel; ~ *pulmonis*, longblaasje, syn. alveolus; ~ *seminalis*, zaadblaasje; produceert een vloeistof welke dient als energiebron voor de actieve voortbeweging der spermatozoën; syn. glandula vesicularis.

vesiculair, vesicularis *L* m.b.t. blaasjes; ~ *ademgeruis*, het ademgeruis afkomstig uit de fijne longblaasjes dat bij auscultatie van een gezonde long wordt gehoord; *glandula* ~, syn. vesicula seminalis.

vesicu- *~lase*, enzym in de prostaatvloeistof; *~leus*, syn. vesiculosus; *~litis*, ontsteking van de zaadblaasjes; *~losus*, uit blaasjes bestaand, blaasachtig.

vesp. (rec.) afk. van vespere, 's avonds.

vespere *L* 's avonds, afk. vesp.; bijv.nw. *vesperaal*.

vespertilio *L* vleermuis; vlindervormig erytheem in het gelaat aan weerszijden van de neus bij *erythematodes en pellagra; syn. butterfly dermatitis *E*.

vestibulair, vestibularis *L* het vestibulum betreffend; *~syndroom*, zie Ménière.

vestibulair systeem het evenwichtsorgaan; zie labyrint.

vestibularis zie vestibulair.

vestibulodynie lokale pijn (meestal tijdens de coïtus) van het *vestibulum vaginae.

vestibulo-oculaire reflex het optreden van oogbeweging na inspuiting van ijskoud water in de uitwendige gehoorgang bij vrijliggend intact trommelvlies.

vestibulum *L* voorhof, portaal, toegang; ~ *labyrinthi*, voorhof van het *labyrint; ~ *laryngis*, zich beneden het strotklepje bevindende voorhof van de larynx; ~ *nasi*, zich ter hoogte van de neusvleugels bevindende toegang tot de neusholte; ~ *oris*, de voorhof van de mond, de ruimte tussen de tandkassen en de wangen; ~ *vaginae*, de voorhof van de schede, de ruimte die wordt begrensd door de kleine schaamlippen.

vestigium syn. *rudiment.

vestimentum mortis onverwachte verbetering van een huidziekte kort voor de dood.

vetbreuk zie hernia adiposa.

vetembolie *embolie door in de bloedstroom geraakte vetbolletjes t.g.v. ernstige traumata (fracturen van de grote beenderen, verbranding e.a.); ~ *syndroom*, posttraumatische activatie van stollingsfactoren veroorzaakt diffuse intravasale *stolling en vorming van vetpartikels in het bloedplasma; verschijnselen zijn ademhalingsinsufficiëntie, cerebrale stoornissen (sufheid, evt.

uitvalsverschijnselen), petechiën, koorts, tachycardie, netvliesafwijkingen, geelzucht en nierfunctiestoornissen; zie ook shock.

veteranenziekte zie legionairsziekte.

veterinair, veterinarius *L* m.b.t. de veeartsenijkunde; ook: dierenarts.

vet- *~gezwel*, zie lipoom, steatoom; *~hart* 1. vettige *degeneratie van de hartspier. 2. vet*depositie tussen de hartspiervezels bij sterke adipositas; *~lever*, *hepar adiposum, steatose van de lever.

vet- *~weefsel*, tela adiposa; *~weefselontsteking*, pimelitis.

vetzuren organische zuren die het grondbestanddeel vormen van vetten; *essentiële ~*, vetzuren die door het organisme niet kunnen worden gemaakt en voor zijn instandhouding onmisbaar zijn (dus met het voedsel moeten worden opgenomen, bijv. linolzuur); *onverzadigde ~*, vetzuren met één of meer dubbele bindingen, bijv. linolzuur; *verzadigde ~*, vetzuren zonder dubbele bindingen, bijv. boterzuur en stearinezuur.

vezel zie fibra.

VF afk. van ventrikelfibrilleren.

VG afk. van verzekeringsgeneeskundige.

VGO afk. van volledig geriatrisch onderzoek.

VGW(M) afk. van veiligheid-gezondheid-welzijn-(milieu) commissie.

VGZ afk. van vrouwengezondheidszorg.

VHAN afk. van vereniging van homeopathische artsen in Nederland.

VHDV afk. van vereniging hoofden dagbehandeling in verpleeghuizen.

VHIG afk. van vereniging voor hygiëne en infectiepreventie in de gezondheidszorg.

VHL afk. van 1. vereniging hematologische laboratoriumdiagnostiek. 2. Von *Hippel-Lindau-syndroom.

VHV afk. van vrouwenhulpverlening.

vial *E* flesje, in engere zin steekflacon; ook: ampul.

via naturalis *L per vias naturales*, langs de natuurlijke wegen.

vibex *L* meervoud vibices, streepvormige bloeding onder de huid.

vibratie trilling; *~gevoel*, het kunnen waarnemen van de trillingen van een stemvork op de huid; *~syndroom* (afk. *VWF), vnl. bij hand-arm arbeid (vooral die welke met trillingen gepaard gaat) voorkomende vaatstoornissen (secundaire M. *Raynaud), paresthesieën in de vingers en degeneratieve bot- en gewrichtsafwijkingen; *~therapie*, syn. vibrotherapie, geneeswijze met schuddende toestellen, bijv. het zitten in een fauteuil vibratoire (trillingsstoel); *~zin*, syn. vibratiegevoel.

Vibrio *L*, **vibrion** *F* korte spiraal- of schroefvormige bacterie (spirillum), meervoud *vibriones; ~ cholerae asiaticae*, cholerabacterie, syn. kommabacil; *~ El Tor*, een Vibrio gevonden bij pelgrims in de Egyptische plaats El Tor; zie ook cholera.

vibrissae *L* de haartjes vóór in de neus.

vibrofoon instrumentje waarmee het trommelvlies door geluidstrillingen kan worden gemasseerd.

vibrometer instrumentje voor behandeling van doofheid, waarmee snelle trillingen van het trommelvlies kunnen worden teweeggebracht.

vibrotherapie syn. *vibratietherapie.

vicariëren iets of iemand vervangen.

vicariërend in de plaats van iets anders komend, bijv. als een nier niet meer functioneert, treedt de andere vicariërend op, neemt haar werk over; *~e menstruatie*, zie menstruatie.

vicarius *L* vervangend; zie vicariërend; zelfst.nw. *vicaris*.

vicieus schadelijk, syn. *vitiosus.

VI-CPS afk. van virulent capsulair polysacharide-Salmonella (vaccin).

Vidal, J. Frans dermatoloog (1825-1893); *syndroom van ~-Jacquet*, syn. syndroom van *Reiter; *ziekte van ~*, neurodermitis.

VIDO afk. van vrouwen in de overgang.

vierdendaagse koorts zie quartana; zie ook malaria.

vierde ziekte rubeola scarlatinosa, ziekte van Filatow-Dukes; acute (virale?) ziekte met koorts, lymfekliervergroting en een roodvonkachtig exantheem.

vier *~factoren-vaccin*, zie tetravaccin; *~factoren-concentraat*, *intraveneus toe te dienen preparaat, dat de vitamine K-gevoelige stollingsfactoren in hoge concentratie bevat; zie PPBS; *~hoekig*, quadrangularis; *~hoofdig*, quadriceps; *~kant*, quadratus.

viervingerlijn een dwarsverlopende buigplooi over de gehele handpalm, 'apenplooi' (simean crease).

vigil- *L* waakzaam; zie ook vigilantie; *coma ~*, zie persistent vegetative state; zie ook coma; *~ambulisme*, zie somnambulisme; *~antie*, (psych.) waakzaamheid, alertheid; *~ia*, slapeloosheid, zie insomnie; *~iteit*, opwekbaarheid van de aandacht.

vijfdaagse koorts 1. loopgravenkoorts, een rickettsiose. 2. syn. dengue.

vijfdendaagse koorts zie quintana.

vijfde ziekte (megal)erythema infectiosum of erythema variabile, *parvovirus-infectieziekte met guirlande-achtig erytheem op de strekzijden van armen en benen, soms ook op de romp, passagère hemolytische anemie, matig ernstige polyartritis, sterke diffuse roodheid van de wangen, geringe koorts en weinig algemeen ziekzijn; bij volwassenen doen zich soms milde gewrichtsklachten voor.

vijgwrat zie condyloma.

vijzel (farm.) bronzen, koperen of ijzeren kom voor het fijnwrijven van geneesmiddelen met een stamper; syn. mortier.

VIK afk. van 1. Vlaams instituut voor kwaliteitszorg. 2. vereniging integrale kankercentra.

villi *L* *vlokken, vlokkige aanhangsels; *~ arachnoideae*, *granulaties van het spinnenwebvlies via welke de passage van de *liquor cerebrospinalis naar de veneuze bloedbaan plaats heeft; zie ook bloed-liquor *barrière; *chorion-~*, de bloedvaten bevattende villi van het *chorion; *~ intestinales*, darmvlokken, zie intestinum; *~ pericardiaci*, vlokkige afzettingen van fibrine bij ontsteking van het pericard (pericarditis).

villosus *L* vlokkig.

villus *L* enkelvoud van *villi.

VIM afk. van vereniging voor geïntegreerde opvoeding van mongoloïde kinderen.

vimentine een spierspecifiek intermediair *filament, tumormarker voor mesenchymale gezwellen.

VIN afk. van vulvaire intra-epitheliale *neoplasie.

Vincent, J. Frans bacterioloog (1862-1950), zie Plaut.

vinctura *L* verband.

vinculum verbindingsbandje; syn. frenulum.
Vineberg, A. Canadees hartchirurg (geb. 1903); *operatie van ~*, arteriële *bypass tussen één van de of beide aa. mammariae en de (insufficiënte) coronaire (hart)circulatie.
vinger zie digitus; *~afdruk*, afdruk van de huidlijsten (dermatoglyfen) der vingers; *~condoom*, klein condoom ter bescherming van de vinger bij verwonding en ten gebruike bij inwendig onderzoek van lichaamsholten; *~hoedskruid*, digitalis folium; *~kootje*, phalanx digiti manus; *~taal*, zie cheirologie.
Vinson, P. Amerikaans arts (1890-1959), zie ziekte van *Plummer-Vinson.
violatie, violatio *L* *aanranding, *verkrachting.
viosterol zie vitamine D.
VIP afk. van 1. vasoactief intestinaal polypeptide, een enterohormoon (zie enterohormonen) dat als *neurotransmitter vaatverwijdende (penis- en clitoriserectie), secretorische en spier*toniserende (zgn. *vipergische*) werking heeft. 2. vaginal identification of pathogens *E*. 3. vaso-active inhibiting peptide *E*, een neurotransmitter.
viperine het werkzame bestanddeel van addergif.
vipoom een *apudoom dat *VIP (bet. 1) in overmaat produceert, hetgeen leidt tot het *WDHA-syndroom.
viraal m.b.t. een virus; t.g.v. een virus.
viraginiteit homoseksualiteit bij vrouwen (n.t.v.m. virginiteit).
virago *L* (n.t.v.m. virgo) vrouw met mannelijk voorkomen en mannelijke eigenschappen.
Virchow, R. Duits patholoog (1821-1902), hoogleraar te Berlijn, grondlegger van de cellulaire pathologie; *klier van ~*, palpeerbare lymfeklierzwelling in de linker supraclaviculaire kuil bij maligne processen in de buik; *trias van ~*, beschadiging van de vaatwand, wijziging van bloedstroom en -samenstelling als factoren tot het ontstaan van trombose.
viremie aanwezigheid van virus in het bloed; bijv.nw. *viremisch*.
virginaal, virginalis *L*, **virgineel** maagdelijk.
virginiteit, virginitas *L* maagdelijkheid.
virgo *L* maagd, vrouw met ongeschonden hymen; *uterus~*, vrouw die nog niet zwanger is geweest.
viricide virusdodend (middel); ook: virucide.
viriel, virilis *L* mannelijk; tgst. feminien, vrouwelijk.
virilisatie syn. masculinisatie, het ontstaan van mannelijke secundaire geslachtskenmerken bij vrouwen, zoals lage stem (androglossie), mannelijk beharingspatroon, vergroting van de clitoris, amenorroe, enz.; kan kunstmatig ontstaan door androgene therapie.
viriliserend *virilisatie teweegbrengend.
virilisme, virilismus *L* mannelijk voorkomen van een vrouw.
viriliteit 1. mannelijkheid. 2. aanwezigheid van de normale seksuele kenmerken bij het mnl. individu.
virion de morfologische benaming van een *virusdeeltje. nucleocapside.
virogeen langs virale weg; d.m.v. of onder invloed van een virus.
viroïd tot nu toe niet geclassificeerd infectieus agens, bestaande uit stukjes 'naakt' RNA dat - evenals een virus - een cel nodig heeft om zich te repliceren, doch overigens afwijkt van wat onder virus wordt verstaan.

virolepticum syn. *virostaticum.
virologie de wetenschap betreffende virussen en virusziekten.
viroplasma conglomeraten van virusdeeltjes in geïnfecteerde cellen.
virose virusziekte.
virostaticum virusgroei-belemmerend middel, syn. virustaticum.
virtueel denkbeeldig, schijnbaar bestaand; ~ *beeld*, beeld dat door het oog anders wordt waargenomen dan het in werkelijkheid is, bijv. het dichtbij zien van vèrafgelegen voorwerpen door een verrekijker, het vergroot zien van voorwerpen door een vergrootglas, een spiegelbeeld, enz.; tgst. reëel.
virucide zie viricide.
virulentie het vermogen van een micro-organisme om te wedijveren met de omgevende microflora, weefsel te beschadigen en/of de verdedigingsmechanismen van de gastheer te weerstaan; bijv.nw. *virulent*; tgst. avirulent.
virus meervoud virussen, smetstof, lett. vergif; bijv.nw. *viraal*; kleinste infectieuze deeltjes bij mensen, dieren, planten en bacteriën (zie bacteriofaag), groot 10-300 nm; zie virion; het genetisch materiaal (*~-genoom*) bestaat uit DNA of RNA, nooit beide; virussen kunnen zich slechts vermenigvuldigen met behulp van het cellulaire apparaat, dat zij binnendringen (eiwitsynthese in het cytoplasma met behulp van vnl. ribosomen en enzymen; DNA-replicatie in de kern); classificatie van de virussen geschiedt naar het type van het *nucleïnezuur (DNA of RNA) en de grootte en structuur van het virion; DNA-virussen zijn: **adenovirussen, *herpesvirussen, *papovavirussen, *picodnavirussen, *pokvirussen*; RNA-virussen zijn: **arenavirussen, *coronavirussen, *diplornavirussen, *myxovirussen, *oncornavirussen, *paramyxovirussen, *picornavirussen, *rhabdovirussen* en **togavirussen*; *defect-~*, incompleet virus zoals voor het *Delta-agens, omdat het niet in staat is zich te vermenigvuldigen bij afwezigheid van *HBV; *~mantel*, zie capside; *onco-~*, gezwelverwekkend virus; *papilloma-~*, wratvirus; sommige typen veroorzaken wratachtige vormsels op de huid in het anogenitale gebied; *polyoma-~*, een *papovavirus met oncogene werking bij sommige knaagdieren; *slow ~ infection E*, besmetting met virussen welke een langzaam progressief verlopend ziektebeeld veroorzaken en een lange incubatietijd hebben.
virustaticum syn. virostaticum.
vis *L* kracht; ~ *a tergo*, stuw-, span- of zuigkracht; ~ *medicatrix naturae*, geneeskracht der natuur; ~ *vitalis*, levenskracht.
viscera *L* ingewanden, enkelvoud viscus; bijv.nw. *visceralis, visceraal.*
viscero- (smst.) m.b.t. de *viscera; *~motorisch*, de beweging van de viscera veroorzakend; *~ptose*, syn. enteroptose; *~toom*, ingewandsgedeelte van een metameer.
viscidus *L* (ook: *viscosus*), kleverig.
viscosimeter toestel om viscositeit van vloeistoffen te meten.
viscositeit 1. kleverigheid. 2. de mate van inwendige wrijving van het bloed of andere vloeistoffen; bijv.nw. *viscidus, viscosus.*
viscosus *L* (ook: viscidus), kleverig.
viscum *L* kleefstof, lijm.
viscus enkelvoud van *viscera.
visie, visio *L* het zien, gezichtsvermogen; schijnbeeld; zie ook visus.
visioen gezichtsbedrog, gezichtshallucinatie; *Pick's visioenen*, syn. *partiële visuele*

vertigo, zeldzaam gezichtsbedrog bij vitamine B-complex-deficiëntie in de vorm van beweging van gedeelten van het gezichtsveld.
visionair, visionaris *L* op een visioen berustend.
viskeus stroperig, taai vloeibaar.
vislucht-syndroom de verspreiding van de geur van rotte vis door trimethylamine (afk. TMA) t.g.v. bacteriële metabole afbraak van voedsel dat rijk is aan choline (eidooier, lever, nier, sojabonen, erwten en sommige soorten zeevis), waardoor het kwalijk riekende - waarschijnlijk t.g.v. een aangeboren stofwisselingsstoornis niet-geoxideerde TMA met de urine wordt uitgescheiden.
vismeellong allergische *alveolitis bij werkers in de vismeelindustrie.
visschubbenziekte zie ichthyose.
vissenbek-litteken typisch aspect van de genezen huid na een open wond bij lijders aan het syndroom van Ehlers-Danlos.
vissen-ogen toenemende troebeling van de gehele cornea met afnemend gezichtsvermogen bij sommige vetstofwisselingsstoornissen.
visualisatie zichtbaarmaking; veraanschouwelijking.
visueel het zien betreffend; *visuele hallucinatie*, gezichtshallucinatie, visioen.
visum (et) repertum *L* (lett.: gezien en waargenomen) verslag van een geneeskundige bevinding; deskundig rapport van een lijkopening.
visuometer instrument om de visus te meten.
visus *L* de gezichtsscherpte, het gezichtsvermogen, afk.: v.; ~ *oculi dextri*, gezichtsscherpte rechter oog, afk. VOD; ~ *oculi sinistri*, gezichtsscherpte linker oog, afk. VOS; ~ *amplificatus*, syn. macropsie; ~ *coloratus*, syn. chromatopsie; ~ *defiguratus*, syn. metamorfopsie; ~ *dimidiatus*, syn. hemianopsie; ~ *diminitus*, syn. micropsie; ~ *diurnus*, syn. hemeralopie; ~ *duplicatus*, dubbelzien; ~ *juvenum*, bijziendheid (myopie); ~ *lucidus*, syn. fotopsie; ~ *muscarum*, syn. mouches volantes; ~ *senilis*, syn. presbyopie.
visvergiftiging syn. ichthyisme.
viswervel centraal ingedeukte wervel bij osteoporose.
VIT afk. van vereniging van instellingen voor thuisverzorging in Nederland.
vita *L* leven; ~ *minima*, zeer geringe tekenen van leven, uiterste graad van verval van krachten.
vitaal m.b.t. het leven; *~ale capaciteit*, zie capaciteit; *~ale depressie*, zie depressie; *~ale *indicatie*, zie indicatie; *~ale kleuring*, kleuring van niet-gefixeerd weefsel of bloed.
vitalis *L* zie vitaal; tgst. avitaal.
vitalisme, vitalismus *L* leer van de levenskracht (*vitaliteit), syn. dynamismus.
vitaliteit levenskracht; zie ook biotonus (bet. 2); *~sdaling*, de 'normale' vermindering van vitaliteit, ongeveer vanaf het 60ste jaar; kan worden gekenmerkt door gebrek aan belangstelling, lusteloosheid, prikkelbaarheid, koppigheid, geestelijke verwarring, affectlabiliteit, depressiviteit, moeheid, slaapstoornissen, concentratieverlies, gebrek aan inzicht, geheugenverlies.
vitallium metaallegering, gebruikt als prothesemateriaal voor tandvullingen, beenpennen e.d.
vitaminen organische stoffen die in het voedsel, zij het in kleine hoeveelheden, aanwezig moeten zijn voor de instandhouding van de normale stofwisseling (metabolisme) van het organisme, omdat dit ze niet of slechts in onvoldoende mate kan opbouwen; bij een tekort of ontbreken van vitaminen treden

verschijnselen op van *avitaminosen (*deficiëntieziekten).

vitamine A axeroftol, retinol; *--deficiëntie* (bijv. door *malabsorptie) veroorzaakt verhoorningsafwijkingen van de huid, nachtblindheid (hemeralopie) en gestoorde epitheelvorming, leidend tot *keratomalacie, *xeroftalmie en afschilfering van epitheel van ademhalings- en urinewegen, vaak gevolgd door steenvorming in deze laatste; het komt voor in levertraan, melk, room, boter, eigeel en kaas; als *caroteen*, een zgn. provitamine, treft men het vooral aan in wortelen, groenten en vruchten.

vitamine B beter: de groep der B-vitaminen of het *vitamine-B-complex*; tot deze groep behoren: *thiamine* (= B_1), *ribo-* of *lactoflavine* (= B_2), *nicotinezuur* en *nicotinamide* (= B_3), *choline* (= B_4), *pantotheenzuur* (= B_5), *pyridoxine* (= B_6), *biotine* (vitamine H), *inositol, para-aminobenzoëzuur, folinezuur* (= B_{11}) en *cobalamine* (= B_{12}); de B-vitaminen zijn o.m. van grote betekenis voor de stofwisseling van de koolhydraten (oxidatie van glucose) en de aminozuren, en ontlenen hieraan hun belang voor de functie van het zenuwstelsel; vrijwel alle vitaminen van het B-complex komen voor in gist en gistproducten. Het menselijk organisme is in staat de B-vitaminen zelf te produceren, waarbij o.a. de darmbacteriën een rol spelen; daar deze bacteriën bij behandeling van ziekten met antibiotica te gronde kunnen gaan, heeft deze behandeling soms een tekort aan B-vitaminen tot gevolg (antibiotics-deficiency-syndrome).

Thiamine (vit. B_1) heeft een regulerende functie in de koolhydraatstofwisseling; een langdurig tekort in de voeding leidt tot beriberi en tot metabole acidose door vertraagde melkzuurafbraak, vooral bij alcoholici; vit. B_1-deficiëntie kan voorts leiden tot decompensatie cordis; het werkt gunstig bij zenuwontstekingen; het komt voor in bonen, het zilvervlies van rijst, gist, dierlijke organen, groene groenten, sommige vruchten, melk en eieren.

Riboflavine of *lactoflavine* (vit. B_2) speelt een rol bij de celademhaling; een tekort kan aandoeningen teweegbrengen van lippen, tong en mondslijmvlies, huid (seborroe), ogen en centraal zenuwstelsel; het komt voor in melk, spierweefsel, lever, nieren, eieren, groenten en gist.

Nicotinezuur (niacine) en *nicotinamide* (vit. B_3) werken als coënzym in de koolhydraat-stofwisseling en intensiveert de energieleverende processen in de cellen; langdurig tekort in de voeding is een belangrijke factor voor het ontstaan van *pellagra; de voornaamste voedingsbronnen die dit vitamine bevatten zijn dierlijke organen, rijstzilvervlies en gist; het nicotinezuur werkt vaatverwijdend, het nicotinamide niet.

Choline (vit. B_4) heeft lipotrope eigenschappen (remt vetafzetting in de lever) en stimuleert de parasympathicus.

Pantotheenzuur (vit. B_5) heeft waarschijnlijk een specifieke werking in de stofwisseling van huid en slijmvliezen en bij herstel van defecten hiervan en is als coënzym onmisbaar bij de vorming van *haem; zie ook pyridoxine (vitamine B_6).

Pyridoxine of *adermine* (vit. B_6) reguleert de opbouw en de omzetting van onverzadigde vetzuren en versnelt de glycogenese; pyridoxine is actief in de synthese van *haem, welke bij pyridoxine-deficiëntie derhalve wordt geschaad, zodat anemie kan ontstaan; het komt hoofdzakelijk voor in lever, gist en rijstzilvervlies; het wordt therapeutisch wel toegepast bij röntgenkater en zwangerschapsbraken; het remt de oxalaatsynthese.

Biotine (vitamine H) is een coënzym dat in zeer veel voedingsmiddelen voorkomt; bij afwezigheid in het voedsel kunnen algemene groeistoornissen ontstaan en heeft de gezondheidstoestand van de huid te lijden.
Folinezuur, foliumzuur (vit. B_{11} of Bc) komt in vele dierlijke en plantaardige (bladgroenten!) voedingsmiddelen in verschillende vormen voor en is onmisbaar bij de vorming van erytrocyten; tekort aan folinezuur leidt tot megaloblastaire of macrocytische hyperchrome *anemie en depressieve verschijnselen; het is tevens een geneesmiddel tegen deze ziekten
Inositol syn. *inosiet; over inositol-deficiëntie bij de mens is weinig bekend.
Para-aminobenzoëzuur een 'bacterie'-vitamine, onontbeerlijk voor de groei van micro-organismen; aanwezig in gist en lever; de werkzaamheid wordt geremd door *sulfonamiden.
Cobalamine (vit. B_{12}) zie extrinsic factor; speelt een rol bij de aminozuurstofwisseling en is onmisbaar bij de opbouw van nucleïnezuren en nucleoproteïnen, dus voor het instandhouden van de weefsels; de resorptie van cobalamine is slechts mogelijk bij aanwezigheid van de 'intrinsic factor'; bij de vorming van erytrocyten speelt vit. B_{12} ook een belangrijke rol; vit. B_{12}-deficiëntie is o.a. kenbaar aan megaloblastische anemie en hypersegmentatie der granulocyten.

vitamine C ascorbinezuur; tekort hiervan veroorzaakt *scorbuut t.g.v. gebrekkige *collageensynthese; het is (als antioxidans) tevens nodig voor de omzetting van folinezuur; het komt voor in vrijwel alle verse vruchten en groenten.

vitamine D in vet (niet in water) oplosbaar vitamine, voorkomend in levertraan, boter, eieren en sommige plantaardige oliën; het kan synthetisch worden bereid door bestraling van ergosterol (*calciferol, viosterol) en wordt door het lichaam gemaakt door bestraling van de huid met ultraviolet licht (bij gebrek aan zonlicht kan vitamine D-*deficiëntie ontstaan met als gevolg hypocalciëmie, hypofosfatemie, demineralisatie van het skelet, tetanische verschijnselen e.a.); het is werkzaam bij de calciumstofwisseling in het lichaam, biedt bescherming tegen rachitis en vindt toepassing bij osteomalacie en osteoporose; overdosering kan leiden tot intoxicaties waarbij hypercalciëmie optreedt.

vitamine E tocoferol, komt voor in plantaardige oliën, granen, eigeel en lever; vitamine E voorkomt waarschijnlijk *malabsorptie van lipiden tijdens de embryonale groei en daarna; deficiëntie van vitamine E kan aldus leiden tot degeneratieve verschijnselen in spieren en ruggenmerg, alsmede axono- en retinopathie met overeenkomstige functiestoornissen en (zelden) hemolytische anemie.

vitamine F verzamelnaam voor een groep onverzadigde vetzuren (o.a. linol- en linoleenzuur); bij het ontbreken ervan in het voedsel kunnen haaruitval en xeronosis ontstaan; de betekenis van vitamine F bij de mens is onbekend.

vitamine G oude naam van riboflavine, zie vitamine B.

vitamine H biotine, zie vitamine B.

vitamine K antihemorragisch vitamine, bevordert de vorming van protrombine door de lever en aldus de bloedstolling; het wordt therapeutisch gebruikt bij hemorragische diathesen welke op tekort aan protrombine berusten; verder is vitamine K betrokken bij de synthese van een groot aantal eiwitten; vitamine K komt voor in sommige groenten, lever, eidooier en hennepzaad en wordt bovendien, evenals vit. B-complex, endogeen door de darmflora geproduceerd;

vitamine K-deficiëntie leidt tot tekort aan een aantal bloedstollingsfactoren (o.a. protrombine).
vitamine M oude naam van folinezuur, zie vitamine B.
vitamineren het toevoegen van vitaminen aan voedings- of geneesmiddelen; zie ook vitaminiseren.
vitaminiseren omzetting tot vitamine, bijv. ergosterol (n.t.v.m. vitamineren).
vitelline in de vitellus voorkomend nucleo-albumine.
vitellus *L* eidooier; ~ *formativus*, vormingsdooier, het deel van de dooier waaruit de kiem groeit; ~ *nutritivus*, voedingsdooier, het deel dat de vrucht voedt.
vitiligo *L* huidaandoening waarbij pigmentloze vlekken omgeven door een donkere rand in de huid optreden, vaak over het gehele lichaam; de haren die op deze plekken groeien zijn kleurloos; de aandoening berust op een stoornis in de melaninevorming t.g.v. de afwezigheid van *melanocyten (Langerhans-cellen hebben hun plaats ingenomen), waarschijnlijk door auto-immune oorzaken; ~ *gravior*, ernstige vorm die gepaard gaat met witte en grijsbruine vlekken, syn. lepra maculosa.
vitiosus *L* schadelijk, ziekelijk, syn. vicieus; *circulus* ~, het wederzijds beïnvloeden en verergeren van twee ziekelijke toestanden, bijv. hart- en longaandoeningen waarbij de laatste de eerste verergeren, enz.
vitium *L* gebrek, meervoud vitia; ~ *cordis*, organische hartziekte, in engere zin klepgebrek; ~ *cordis congenita*, aangeboren hartgebrek; ~ *primae formationis*, aangeboren gebrek of misvorming.
vitrectomie (oogheelk.) operatieve verwijdering van het *corpus vitreum (glasvocht) zonder de schors.
vitreus glasachtig, van glas.
vitro zie in vitro.
vitrocultuur het kweken in glas, kunstmatig kweken van dierlijke weefsels buiten het organisme, weefselcultuur.
vitropressie druk met een glasplaatje op de huid ten einde deze bloedeloos te maken om eventueel huidverkleuring juist te kunnen beoordelen.
vitrum *L* glas (van een medicijnfles).
vitusdans (sint-) zie chorea.
vivificatie het leven opwekken, ook: levendwording.
vivipaar levendbarend; zie ook ovipaar.
viviperceptie de bestudering van levensverrichtingen zonder vivisectie.
vivisectie, vivisectio *L* onderzoek naar levensverrichtingen door operatieve proefnemingen op levende dieren.
VKB afk. van voorste kruisband
VKGN afk. van vereniging klinische genetica Nederland.
VKM afk. van vereniging tegen kindermishandeling, thans stichting voorkoming van kindermishandeling.
VKO afk. van vereniging voor keizersnede-ouders.
VL afk. van verstandelijke leeftijd.
VLAG afk. van voeding, levensmiddelentechnologie, agrobiotechnologie, gezondheid (onderzoeksschool).
VLAP afk. van visuele laserablatie van de prostaat.
VLDL afk. van very low density lipoproteins *E*; verzorgen het transport (vnl. van lever naar weefsels) van in het lichaam gesynthetiseerde triglyceriden; afm. 0,02-

0,07µm.

vlees *~boom*, zie myoom; *~nat-urine*, het aspect van de urine bij acute glomerulonefritis door hematurie; *~vergiftiging*, zie botulisme; *~vlieg*, zie Sarcophaga.

vlek zie macula.

vlektyfus *epidemische ~*, syn. van typhus exanthematicus (zie tyfus); *endemische ~*, syn. *murine ~*, door de rattenvlo overgebrachte rickettsiose.

vleugel- *~naald*, canule voor venapunctie met vleugelvormig greepje; *~slag-tremor*, *asterixis; *~vel*, zie pterygium.

vliegwielfenomeen na beëindiging van een lichamelijke inspanning houdt de versnelde ademhaling nog enige tijd aan.

vlies zie membraan.

vlinderbad syn. hubbard-tank, bad dat gebruikt wordt in de orthopedische revalidatie en door zijn vlindervorm de bewegingen van de ledematen toestaat; meestal uitgerust met een outillage voor hydromassage; de voornaamste (hydrotherapeutische) voordelen van het vlinderbad berusten op het feit dat de oefenbewegingen van de motorisch gehandicapte patiënt in het water veel minder inspanning vergen dan erbuiten.

vlinder- *~*exantheem*, eczemateus uitslag in het gelaat, met de neus als centrum en zich uitbreidend op de wangen; *~figuur*, zie vespertilio.

VLO afk. van verbrand lichaamsoppervlak; zie ook TVLO.

vlo zie pulex.

vloed zie fluor.

vloei *~baar*, liquefactus; *~ing*, zie fluxus, metrorragie, perte; *~stof*, zie liquor.

vlokken zie villi; *~atrofie*, al of niet geheel verlies van darmvlokken door diverse oorzaken en in de regel met darmfunctiestoornissen als gevolg; *~test* (gynaecologie), chorionvillusbiopsie, afk. CVB; onderzoek van *chorionweefsel, verkregen d.m.v. aspiratie langs vaginale of transabdominale weg, op evt. chromosoomafwijkingen en enzymdefecten (desgewenst ook het geslacht) bij de vrucht; de ingreep wordt thans pas na de 10e week verricht omdat er mogelijk een verband bestaat tussen een vroege chorionbiopsie en aangeboren afwijkingen aan de foetale extremiteiten.

vluchtreflex syn. *afweerreflex.

VM afk. van ventilator manager *E*, *expertsysteem betreffende *beademing na een operatie.

VMA afk. van vanillyl mandelic acid *E*, vanillylamandelzuur, eindproduct van de stofwisseling van *noradrenaline, *adrenaline, wordt verhoogd in de urine uitgescheiden bij een neuroblastoom, feochromocytoom.

VMCE afk. van vereniging voor mensen met constitutioneel eczeem.

VMCP afk. van vincristine (Oncovin®), melfalan, cyclofosfamide, prednison; een cytostatica-combinatie.

VMS afk. van verenigde medische speciaalzaken.

VNB afk. van vereniging van Nederlandse bejaardenoorden.

VNIV afk. van vereniging van Nederlandse incontinentieverpleegkundigen.

VNT afk. van vereniging van natuurgeneeskundige therapeuten.

VNTR afk. van variable number of tandem repeats, syn. minisatellieten; een bepaalde sequentie (volgorde) van basenparen wordt tientallen tot honderden keren achtereen -in tandem- herhaald; het aantal keren dat de sequentie wordt herhaald varieert per chromosoom; door het DNA te knippen kan men met een *probe deze VNTR-sequenties als bandjes (streepjes) zichtbaar maken; dit bandenpatroon ('streepjescode', 'fingerprinting') is karakteristiek voor het individu; wordt toegepast bij identificatie van DNA-monsters, bijv. bij vaderschapstest, identificaties van slachtoffers, geweldplegers (o.a. bij verkrachting) en bij het vaststellen van monozygote of dizygote tweelingen.

VNVA afk. van vereniging van Nederlandse vrouwelijke artsen.

VNZ afk. van vereniging van Nederlandse zorgverzekeraars (ziekenfondsen), gefuseerd met KLOZ tot zorgverzekeraars Nederland (ZN).

VO afk. van 1. volkomen ontsluiting. 2. veneuze occlusie. 3. verpleeghuis voor opleiding tot verpleeghuisarts. 4. voortgezette opleiding.

VOC afk. van voltage operated channel *E*.

vocaal klinker; tgst. consonant, medeklinker.

vocalis *L* vocaal; de stem betreffend of hiertoe behorend.

vociferatie het aandoenlijk gejammer van sommige geesteszieken.

VOD afk. van 1. visus oculi dextri; *~cc* afk. van VOD cum correctione, met correctie; *~sc* afk. van VOD sine correctione, zonder correctie. 2. veno-occlusive disease *E*.

VODS gezichtsscherpte van beide ogen tezamen.

VOEG afk. van vragenlijst voor onderzoek van de ervaren gezondheid.

voet zie pes; *~bad*, lavipedium; *diabetische ~*, t.g.v. de uitgebreide metabole stoornissen bij diabetes mellitus, versterkt door micro- en macro-*angiopathieën, neuropathische, d.i. trofische afwijkingen, infecties, motorische uitvalverschijnselen, artropathieën, bloedstollingsstoornissen, slechte verzorging enz. kunnen diabetici 'onbruikbare' voeten krijgen, hetgeen zelfs tot amputatie kan escaleren; *~jicht*, zie podagra; *~verzorging*, chiropedie, pedicure, podiatrie, podotherapie.

voetzool planta; *~reflex*, zie Strümpell, Babinski.

VOG afk. van 1. vroegtijdige opsporing gehoorstoornissen. 2. voortgezette opleidingen gezondheidszorg. 3. vereniging van ondernemingen in de geestelijke gezondheidszorg.

vogel- *~borst*, syn. kippenborst, zie pectus; *~gezicht*, te geringe ontwikkeling van de benedenhelft van het gelaat met kleine kin, brede jukbogen en spitsgewelfd gehemelte; zie ook ziekte van *Still-Chauffard; *~houdersziekte*, zeldzame koortsende ziekte, veroorzaakt door overgevoeligheid voor antigenen, afkomstig van vogels; *~ogen*, (meervoud) zie cytomegalie-infectie; *~ziekte*, zie ornithosis, psittacose.

Vogt 1. **O.** Duits neuroloog (1870-1959); *syndroom van ~*, zie tibialis anterior syndroom. 2. **A.** Zwitsers oogarts (1879-1943), zie Batten, idiotie; *syndroom van ~-Koyanagi*, zie oculocutaan syndroom.

VOI afk. van vereniging van patiënten met osteogenesis imperfecta.

VOK afk. van voorste oogkamer.

vola *L ~ manus*, handpalm, syn. palma manus.

volaris *L* de handpalm betreffend, syn. palmaris.

volbloedigheid zie plethora.

volemie verhouding van de totale bloedhoeveelheid ten opzichte van het lichaamsgewicht; normaal: 74 ml per kg.

Volhard, F. Duits clinicus (1872-1950), zie concentratie-, verdunningsproef.

Volkmann, R. von Duits chirurg (1800-1889), zie contractuur.
vollemaansgezicht rood, gezwollen gelaat, zie Cushing.
volsella *L* getand pincet.
volt afgeleid van Volta, Italiaans natuurkundige (1745-1827), maateenheid: de elektromotorische kracht nodig om door een weerstand van 1 ohm een stroom van 1 ampère te doen gaan.
volume, volumen *L* omvang, de ruimte die iets inneemt; *long~*, zie vitale *capaciteit; *~ pulmonum auctum*, reversibele toestand van sterk tot maximaal vergroot longvolume bij ernstige astma-aanvallen.
volumetrie maatanalyse; zie titreren.
volumineus omvangrijk.
voluntarius *L* vrijwillig.
volvulosis syn. onchocerciasis, zie Filaria.
volvulus *L* darmkronkel, 'knoop' in de darm. of de maag t.g.v. draaiing (torsie).
volwassene adultus.
vomer *L* ploegschaarbeen, deel van het neustussenschot.
vomeren braken; zie vomitus.
vomica *L* abces, etterholte, in engere zin holte in een long of hetgeen daaruit wordt opgehoest.
vomitatie syn. *vomitus.
vomitief, vomitivum *L* ook: *vomitorium*, braakmiddel, meervoud vomitiva, vomitoria; syn. emeticum.
vomitofobie de angst te zullen braken, aandrang tot braken bij emoties.
vomito negro *S* lett. zwarte braking; zie febris flava, ochropyra.
vomitorium *L* braakmiddel.
vomituritie, vomituritio *L* misselijkheid, braakbewegingen.
vomitus *L* het braken, syn. emesis; vomitus kan worden veroorzaakt door vergiftiging, zeeziekte, ileus, hersenschudding, geelzucht, stress-situaties, in het begin van de zwangerschap, bij acute infectieziekten t.g.v. prikkeling van het braakcentrum en bij een 'bedorven' maag; *~ cruentus*, braking die bloed bevat; *~ gravidarum*, het braken bij zwangerschap; *~ marinus*, zeeziekte, syn. naupathie, nausea navigantium; *~ matutinus*, ochtendbraken (bij zwangerschap; bij dronkaards).
voorbeschiktheid predispositie.
voorbewust (psych.an.) term die verwijst naar kennis, beelden enz., die op een gegeven moment niet in het bewustzijn aanwezig zijn, maar daarin wel gemakkelijk kunnen worden opgeroepen.
voorbijgaand *passager (*F*), transiënt, transitoir.
voorbijgaande ticstoornis zie ticstoornis.
voor- *~hersenen*, *pro-encephalon; *~hof*, zie vestibulum; *~hoofd*, zie frons; zie ook glabella, sinciput; *~hoofdsbeen*, os frontale; *~hoofdsholte*, sinus frontalis, zie bijholten, sinus; *~hoofdskwab*, zie lobus cerebri; *~hoofdsligging*, (verlosk.) schedelligging met schedel in matige deflexie (minder uitgesproken dan bij aangezichtsligging); *~hoofdsnaad*, sutura frontalis; *~hoofdsspier*, m. frontalis; *~hoorn*, zie cornu; *~huid*, preputium; *~kern*, zie pronucleus; *~keur*, predilectie.
voorloper 1. zie precursor. 2. *~cellen*, ongedifferentieerde cellen, stamcellen in het beenmerg, die zich ontwikkelen tot één van de soorten bloedcellen.
voormelk de veel glucose bevattende moedermelk in het begin van de voeding

maar wel na het *colostrum; zie ook achtermelk.

voor- *~overbuigen* (orthop.) anteversie, kataflexie; *~portaal*, zie vestibulum; *~standerklier*, *prostaat.

voortplanting procreatie.

voorwater vocht tussen de vruchtvliezen dat soms tijdens de baring afloopt vóórdat deze geheel zijn gebroken.

voorwortel (motorische) *radix ventralis nervorum spinalis.

VOP afk. van veneuze occlusie plethysmografie, een onbloedige methode voor de kwantitatieve beoordeling van de bloedstroomsterkte.

voraciteit, voracitas *L* gulzigheid.

vormleer morfologie, morfografie.

VOS afk. van 1. visus oculi sinistri; *~cc*, afk. van VOS cum correctione, met correctie; *~sc*, afk. van VOS sine correctione, zonder correctie. 2. vragenlijst organisatie-stress.

vossenhuid alopecia.

voussure *F* uitpuiling.

VOV afk. van 1. verplegend, ondersteunend en verzorgend personeel. 2. vroegtijdige opsporing van visusstoornissen

VOVA afk. van vervolgopleiding tot verpleeghuisarts.

VOVB afk. van vereniging van opleidingsinstituten voor de verplegende en de verzorgende beroepen.

VOVZ afk. van vereniging voor oogheelkundige verpleging en zorgverpleging.

vox *L* *stem; ~ *cholerica*, de hese stem van choleralijders en (alg.) bij vochttekort; ~ *clandestina*, fluisterstem; ~ *neurasthenica*, zwak stemgeluid voorkomend bij neurasthenici.

voyeur iemand die bij het kijken naar seksuele handelingen van anderen seksueel genot en bevrediging beleeft; syn. gluurder.

voyeurisme (vgl. DSM-IV) een *parafilie waarbij de betrokkene herhaaldelijk een sterke seksuele drang en fantasie heeft betreffende het bekijken van nietsvermoedende naakte of seksueel actieve personen; syn. mixoscopie.

VPB afk. van ventricular premature beat.

VPF afk. van vasculaire permeabiliteitsfactor.

VPG afk. van vereniging voor psychogeriatrie.

VPS afk. van ventilatie-perfusie *scintigrafie.

VPT afk. van vibratory perception threshold *E*.

vraatzucht zie boulimie.

vreemd lichaam zie corpus alienum.

vrees angst (zie aldaar) gekoppeld aan een bepaald object of met een concrete inhoud; 'gerichte'angst, (geconcretiseerde angst).

vreetcel zie fagocyt.

Vries, Hugo de Nederlands botanicus (1848-1935), zie mutatietheorie.

vriescoupe dun weefselschijfje van bevroren materiaal voor microscopisch onderzoek, meestal toegepast om tijdens een operatie snel een pathologisch-anatomische diagnose mogelijk te maken.

VRIGG afk. van vereniging regionale instellingen geestelijke gezondheidszorg.

VRIN afk. van vereniging van revalidatiecentra in Nederland.

vroedvrouw obstetrix; obstetrica, verloskundige.

vroeggeboorte zie preterme geboorte.

vrouwen- *~arts*, gynaecoloog; *~besnijdenis*, verzamelnaam voor allerlei medisch niet noodzakelijke ingrepen aan de uitwendige vrouwelijke genitaliën op basis van traditie, geloof of cultuur; zie circumcisie, clitoridectomie, infibulatie; *~borst*, zie mamma; *~condoom*, voorbehoedmiddel dat wordt ingebracht in de vagina; het is vervaardigd van polyurethaan en is niet alleen een anticonceptivum, maar biedt ook bescherming tegen geslachtsziekten en infecties (o.a. HIV); *~haat*, misogynie.

VRT afk. van vereniging voor Rogeriaanse therapie

vrucht zie embryo; zie ook foetus; *~afdrijving*, *abortus provocatus; *~baarheid*, fertiliteit; *~ensuiker*, fructose; *~vliezen*, zie amnion, chorion; *~water*, zie liquor amnii, zie amnion; *~wateronderzoek*, zie amniocentese, amnioscopie; *~zak*, *amnionholte.

VS afk. van venasectie.

VSD afk. van ventrikelseptumdefect.

VSFC afk. van *vierstollingsfactoren-concentraat, syn. PPBS, PPSB.

VSG afk. van 1. variant surface glycoprotein *E.* 2. vereniging sportgeneeskunde.

VSK afk. van 1 verslavingskliniek. 2. vereniging tegen seksuele kindermishandeling binnen het gezin.

VSM afk. van 1. vena saphena magna. 2. Voorhoeve-Schwabe-merk geneesmiddelen (homeopathie).

VSN afk. van vereniging spierziekten Nederland.

VSOP afk. van vereniging samenwerkende ouder- en patiëntenorganisaties.

VSP afk. van vereniging van stomapatiënten.

VSR afk. van ventrikelseptumruptuur.

VT afk. van 1. ventrikeltachycardie. 2. vaginaal toucher. 3. volume per (adem)teug, syn. Vt, tidal volume. 4. voedingstoestand.

Vt afk. van tidal volume, volume per ademteug, syn. VT (bet. 3)

VTE afk. van veneuze *trombo-embolie.

VTEC afk. van verocyto (= Shigella-like) toxinproducing *Escherichia coli; zie hemolytisch-uremisch syndroom.

VTO afk. van vroegtijdige onderkenning (van ontwikkelingsstoornissen bij kinderen).

VTS afk. van vasotunicostomie.

VTV afk. van volksgezondheidstoekomstverkenningen.

vulgair, vulgaris *L* gewoon, algemeen; ook: 'laag bij de grond', ordinair.

vulnerabel, vulnerabilis *L* kwetsbaar, verwondbaar.

vulnerabiliteit kwetsbaarheid.

vulnus *L* meervoud vulnera; syn. laesie; wond, kwetsuur, blessure, letsel; alg. iedere beschadiging van het lichaam door uitwendige oorzaken, zoals kneuzing, verbranding, verscheuring, verwonding, waarbij de natuurlijke samenhang van weefsels wordt verbroken; ~ *contusum*, syn. ~ *conquassatum*, gekneusde wond; ~ *e lapsu*, verwonding t.g.v. een val; ~ *incisivum*, snijwond; ~ *laceratum*, scheurwond; ~ *morsum*, bijtwond; ~ *penetrans*, doordringende wond, wond die tot een lichaamsholte of gewrichtsholte doordringt; ~ *punctum*, steekwond; ~ *scissum*, opengespleten wond; ~ *sclopetarium* of *sclopetorum*, kogelwond, scherfwond; ~ *venenatum*, wond door vergiftige beet of steek van een dier; ~ *venenatum serpente*, slangenbeet.

vulva *L* de uitwendige vrouwelijke geslachtsorganen, bestaande uit mons pubis,

labia majora en minora, clitoris en vestibulum vaginae.
vulvitis *L* ontsteking van de vulva.
vulvodynie gevoel van branderigheid, prikkeling en pijn aan de vulva.
vulvovaginale klieren slijmklieren, uitmondend in het vestibulum vaginae bij de vrouw, syn. glandulae Bartholini.
vulvovaginitis *L* vulvitis met colpitis.
vv. afk. van venae, venen, meervoud van *vena, ader.
VVAIO afk. van vereniging van verpleeghuisartsen in opleiding.
VVAGZ afk. van vereniging voor verpleegkundigen in de algemene gezondheidszorg.
VvE afk. van vereniging voor epidemiologie.
VVI afk. van vereniging van verpleegkundig-informatici.
VVIV afk. van vereniging van voedings- en infusieverpleegkundigen.
VVIZV afk. van Vlaamse vereniging voor intensieve zorgen verpleegkundigen.
VVKV afk. van vereniging van kinderverpleegkundigen.
VVOG afk. van vereniging van ouders met gehandicapte kinderen.
VVSN afk. van vereniging verpleegkundigen stomazorg Nederland.
VVV afk. van 1. vrouw(elijk), vet, veertig, syn. FFF (bet. 2), predispositie voor galblaasstenen. 2. vulvovaginitis venerea.
VVVG afk. van vereniging verpleegkundigen en verzorgenden geriatrie.
VVVM afk. van vereniging verpleegkundige beroepsbeoefenaren in de MGZ (maatschappelijke gezondheidszorg).
VW afk. van 'voorspellende waarde' (van een laboratoriumtest).
VWF afk. van 1. vibration (induced) white finger(s) *E*, zie vibratiesyndroom. 2. Von Willebrand-factor, syn. vWF.
vWF afk. van Von Willebrand-factor, syn. VWF (bet. 2).
VWS afk. van ministerie van volksgezondheid, welzijn en sport, voorheen WVC.
VZ afk. van 1. verzorging. 2. verzorgende.
VZB afk. van vrouwen zonder baarmoeder, thans WVZB.
VZR afk. van voetzool*reflex.
VZS afk. van vegetatief zenuwstelsel; syn. *AZS.
VZV afk. van varicella-zoster-virus.

W

waakinfuus een intraveneus infuus, aangelegd bij patiënten waarbij in de (nabije) toekomst plotseling de noodzaak kan ontstaan tot toediening van medicijnen of vocht (bloed); het betreft een voorzorgsmaatregel.

Waaler, E. Noors bacterioloog; *~-Rose test*, zie Rose.

waan een niet-corrigeerbare persoonlijke overtuiging die in strijd is met de objectieve werkelijkheid en die met absolute zekerheid wordt aangehangen; wijst op een psychotische stoornis; *~beleven*, veranderde realiteitszin bij iemand die zijn angst en verwarring onder de knie tracht te krijgen; betrokkene krijgt steeds meer het gevoel dat alles alleen om hem draait en gaat de dingen steeds meer op zichzelf betrekken; *~gedachte*, waan; *~kristallisatie*, overgangsstadium tijdens de tweede fase van waanvorming, waarbij vage en onduidelijke vermoedens plotseling een eigen structuur en gestalte krijgen en een waangedachte ontstaat; *organische ~*, zie organisch psychosyndroom; *~stemming*, gevoelens van onzekerheid en twijfel die vooral voorkomen tijdens de eerste fase van het ontstaan van een waan.

waanstoornis term die m.i.v. DSM-IV in de plaats is gekomen voor de term paranoïde stoornis; een stoornis niet het gevolg van het gebruik van een middel of lichamelijke aandoening en niet tot schizofrenie behorend, gekenmerkt door het optreden van hardnekkige niet-bizarre wanen (betrekking hebbend op situaties die in de werkelijkheid zouden kunnen voorkomen), eventueel bij de waan behorende gevoels- of reukhallucinaties, terwijl voor het overige het algemeen functioneren niet duidelijk gestoord is. De verschillende types zijn: 1. *achtervolgingswaan* (het idee hebben van feitelijke achtervolging of benadeling). 2. *erotomane waan* (het idee aanbeden te worden). 3. *grootheidswaan* (het idee beroemd, machtig, intelligent enz. te zijn). 4. *jaloersheidswaan* (het idee door de partner bedrogen te worden). 5. *somatische waan* (het idee een handicap of ernstige lichamelijke aandoening te hebben).

waan *~systeem*, waanordening die optreedt wanneer iemand zijn waan begint te systematiseren en alle zaken uit het dagelijks leven vanuit zijn waangedachte gaat verklaren; *~voorstelling*, inhoud van een waangedachte; *~vorming*, ontwikkeling tot een waan, waarbij enkele fasen zijn te onderscheiden; eerste fase: waanstemming, tweede fase: waankristallisatie, derde fase: waanwereld en waansysteem; *~waarneming*, toekennen van een onjuiste betekenis van een in principe juiste waarneming als onderdeel van het gestoorde denkproces; *~wereld*, geheel aan denkstoornissen dat ontstaat wanneer iemand met waangedachten daaraan meer gedachten gaat verbinden en deze betrekt op zijn dagelijkse levenssituatie.

Waardenburg, P. Nederlands oogarts (1886-1979), grondlegger van de klinische genetica in Nederland; *syndroom van ~*, autosomaal dominant-erfelijk beeld van dystopia canthorum (zie dystopie), blepharophimosis, brede neuswortel, dóorlopende wenkbrauwen, adelaarsneus, heteroglaucus of helder-blauwe irissen, aangeboren perceptiedoofheid (hypoplasie van het orgaan van Corti) en partieel albinisme van het hoofdhaar.

waarneming perceptie.

WAC afk. van werkgroep verpleegkundig AIDS-consulenten.
wagenziekte zie reisziekte.
waggel- *~gang*, bij gestoorde abductie van het bovenbeen (bijv. bij letsel van de mm. glutaei) zakt de heup naar de kant van het opgetilde been (zie ook fenomeen van *Trendelenburg); bij het lopen ontstaat dan een waggelgang; *~gewricht*, aangeboren of verworven verhoogde 'slapheid' van een gewricht, waardoor reeds bij een gering trauma verzwikking optreedt; syn. laxitas articulorum.
Wagner, H. Zwitsers oogarts (1905-1981); *syndroom van ~*, autosomaal dominant-erfelijke dystrofie van netvlies en glasvocht van het oog, progressieve bijziendheid, dagblindheid (zie nyctalopie) netvliesloslating, choroïd-vaatdegeneraties e.a.; syn. degeneratio hyaloideoretinalis hereditaria.
WAIS afk. van *Wechsler adult intelligence scale *E.*
WAK afk. van wearable artificial kidney *E.*
Walcher, G. Duits vrouwenarts (1856-1935); *ligging van ~*, ligging van de barende vrouw met afhangende benen (buiten het bed) ter verwijding van het bekken bij lichte bekkenvernauwing.
Waldenström, J. Zweeds internist (geb. 1906); *ziekte van ~*, zie macroglobulinemie; *benigne hypergammaglobulinemische purpura van ~*, recidiverende purpura aan de benen, vnl. bij jonge vrouwen, veroorzaakt door necrotiserende *vasculitis in de huidcapillairen.
Waldeyer, H. von Duits anatoom (1836-1921); *maagstraat van ~*, het gebied langs de kleine curvatuur van de maag, begrensd door lengteplooien waarlangs vnl. vloeistof rechtstreeks van cardia naar duodenum wordt getransporteerd; *ring van ~*, ring van lymfoïd weefsel rondom de keelingang, gevormd door de amandelen, de lymfefollikels aan de tongbasis en van de nasofarynx.
Walker, Mary Brits neuroloog; *~-effect*, verlamming van spiergroepen door arbeid van andere spiergroepen bij myasthenia gravis (zie myasthenie), waarschijnlijk door circulatie van stoffen die in het patho-metabolisme van deze ziekte een rol spelen; Walker, A. Amerikaans chirurg (geboren 1907); zie Dandy-Walker syndroom.
Wallenberg, A. Duits neuroloog (1862-1949); *syndroom van ~*, acuut optreden van vertigo, braken, heesheid, nystagmus, Horner-syndroom, trigeminus-uitval, slikstoornissen, hik, ataxie en gekruiste sensibiliteitsstoornissen t.g.v. ischemie in het gebied van de a. cerebelli inferior posterior, soms als onderdeel van het *vertebro-basilaris syndroom; bij chroniciteit doen zich soms autistische verschijnselen voor; syn. dorsolateraal oblongata of lateraal-hersenstam-syndroom.
Waller, A. Engels arts (1816-1870); *~se degeneratie*, weefsel- en functieverlies perifeer van de laesie in een zenuw t.g.v. verbreking van de verbinding met de hersenen.
walschot (farm.) vettige, van walvissen afkomstige, substantie, gebruikt in zalfbases; syn. cetaceum.
Walthard, M. Zwitsers vrouwenarts (1867-1933); *celhaarden van ~*, celgroepen in de eierstokken, bestaande uit trilhaar-, beker- en indifferente cellen, waaruit ovariaalcysten en Brenner-tumoren kunnen ontstaan.
wandbeen os parietale; *~kwab*, zie lobus cerebri.
wandcellen zie pariëtaal.
wandel- *~milt*, zie splenoptose; *~nier*, nefroptose, ren mobilis.

wandluis bedwants, Acanthia, Cimex.
wang bucca, gena, mala; *~oor*, *melotie.
wangehoor dysacusis.
WAO afk. van wet op de arbeidsongeschiktheidsverzekering.
WaR of **WR** afk. van Wassermann-reactie.
warmbloedig homeotherm.
warmtestuwing overmatige transpiratie, misselijkheid, braken, onrust, hoofdpijn, dorst en hartkloppingen t.g.v. blootstelling aan hitte bij zware arbeid.
Warren-operatie distale spleno-renale shunt bij bloedende slokdarmvarices.
Wartenberg, R. Amerikaans neuroloog (1887-1956); *fenomeen van ~*, bij parkinsonisme worden tijdens het lopen de armen niet meebewogen; *reflex van ~*, tractie aan de palmaire zijde van de gebogen middelvinger veroorzaakt buiging en adductie van de duim bij piramidebaanlaesie.
Warthin, A. Amerikaans patholoog-anatoom (1866-1931); *tumor van ~*, adenolymfoom van de glandula parotis met gunstige prognose; syn. cystadenolymphoma papillare.
WAS afk. van Wiskott-Aldrich-syndroom.
wasachtige ontaarding zie amyloïd.
wasbordfenomeen bij *osteochondroom aan de voorzijde van het schouderblad kunnen tijdens abductie en anteflexie van de gelijkzijdige arm exostosen voel- en hoorbaar over de ribben schuiven (ondanks tussenliggend spierweefsel).
Wassermann, A. von Duits bacterioloog (1866-1925); *~'s reactie*, serologische (complementbindings-)reactie ter vaststelling van syfilis.
wasting *E* 1. emaciatie. 2. uitterend, uitputtend; *lymphadenopathy ~ syndrome E*, onvrijwilllig gewichtsverlies, langdurige diarree, algemeen malaisegevoel t.g.v. HIV-infectie; 'mini-AIDS'.
water- *~breuk*, syn. waterzakbreuk, hydrocele; *~gezwel*, zie hygroom; *~glas* (chem.) silicaathoudende, aan de lucht hard wordende vloeistof, o.a. gebruikt voor het maken van fixerende verbanden; *~hoofd*, zie hydrocefalie.
Waterhouse, R. Brits arts (1873-1958); *syndroom van ~-Friderichsen*, purpura fulminans, zeer snel dodelijk verlopende purpura bij meningokokkensepsis en andere (ernstige) kokkogene en virale infectieziekten, gekenmerkt door bloedingen in huid en slijmvliezen en in de bijnier, waarschijnlijk t.g.v. *proteïne-C-deficiëntie.
water- *~kanker*, zie cancer, noma; *~nier*, zie hydronefrose; *~pokken*, varicella; *~slot* (chir.), darmdeel tussen de twee anastomosen bij het *Roux-Y-principe, waarin refluerende darminhoud kan uitwijken zonder de maag te bereiken.
watervergiftiging hoofdpijn, misselijkheid, verwardheid, spierkrampen, convulsies, eventueel coma, t.g.v. overvloedige toevoer (bijv. infusen) of retentie van water, wanneer door gestoorde functie de nieren niet in staat zijn voldoende water uit te scheiden (oligurie); door verhoging van de veneuze druk kan decompensatio cordis ontstaan.
water- *~vloed*, zie hydrorroe; *~vrees*, zie hydrofobie; *~(zak)breuk*, zie hydrocele; *~zucht*, zie hydrops, oedeem.
WB afk. van western blot *E*.
WBB afk. van wet bodembescherming.
WBC afk. van 1. whole body counting *E*. 2. witte bloedcellen(telling).
WBD afk. van whole body dose *E*.

WBI zie WBIO.
WBIG afk. van de wet *BIG.
WBIO afk. van wet bestrijding infectieziekten en opsporing ziekteoorzaken, kortweg WBI.
WBM afk. van whole body mass *E*, de totaliteit van de weefsels waaruit het lichaam bestaat.
WBO afk. van wet bejaardenoorden.
WBOPZ afk. van wet BOPZ (bijzondere opnemingen in psychiatrische ziekenhuizen).
WCA afk. van wet chemische afvalstoffen.
WCPV afk. van wet collectieve preventie volksgezondheid.
WCS afk. van woundcare consultant society.
WDA afk. van werkgroep deskundigheidsbevordering (praktijk)assistenten.
WDH afk. van werkgroep deskundigheidsbevordering huisartsen.
WDHA afk. van waterige diarree, hypokaliëmie, achloorhydrie; syn. Verner-Morrison-syndroom; zie ook vipoom.
web dun weefsel of membraan met webvormig uiterlijk in buisvormige organen (vnl. slokdarm en larynx) met röntgenbeeld als een spinnenweb, soms !eidend tot passagestoornis en/of stenose.
webbed neck *E* *pterygium colli.
Weber, 1. **E.** Duits fysioloog (1795-1878); *proef van ~*, lateralisatie van het geluid van de op de schedel geplaatste stemvork (beengeleiding) naar de zijde van het beste oor in geval van perceptie*doofheid, naar de zijde van het slechtste oor bij geleidingsdoofheid. 2. **F.** Engels arts (1863-1962), zie Christian, Sturge. 3. **H.** Engels arts (1823-1918); *syndroom van ~-Gubler*, syn. hemiplegia alternans superior, homolaterale verlamming van de nervus oculomotorius, strabismus, gefixeerde wijde pupillen en ptose, met contralaterale spastische hemiplegie, een en ander door een cerebrovasculair accident in de hersenstam.
Wechsler, D. Amerikaans psycholoog (1896-1978) aan het Bellevue-hospitaal te New York; *~-Bellevue test*, psychotest voor het onderzoek van de intelligentie en eventuele psychopathologie, o.m. gebaseerd op bevattelijkheid, inprenting, beredenering, herkenning, vergelijking, parate kennis, reproductie, combinatievermogen, woordenschat; de proef is ook te gebruiken voor de beoordeling van de beroepsgeschiktheid; syn. Wechsler adult intelligence scale (afk. WAIS).
wedge *E* zie wiggedruk.
weed *E* fantasienaam voor marihuana.
weeën zie dolor, partus; *~storm*, het optreden van weeën zonder tussenpozen; *~zwakte*, inertia uteri, het (tijdelijk) verminderen of uitblijven van weeën tijdens de baring.
weefbeen zie polyostotische *dysplasie.
weefsel een groep cellen met dezelfde bouw en functie; organen zijn opgebouwd uit verschillende weefsels; bij mens en dier onderscheidt men de volgende weefsels: epitheel (dekweefsel), steunweefsel (bindweefsel, kraakbeen en been), spierweefsel en zenuwweefsel; *~antigeen,* de voor het individu kenmerkende erfelijke factor welke de *compatibiliteit bepaalt met weefsel van een ander individu; syn. transplantatie-antigeen; *~cultuur,* steriel kweken onder bepaalde omstandigheden van stukjes weefsel op een kunstmatige voedingsbodem; *~expansie* (chir.), het oprekken van weefsel (meestal huid) als voorbereiding op

een *plastiek; *~groep*, de door *weefseltypering verkregen informatie over de aard van het weefsel in immunologisch opzicht; *~herkenning*, zie weefseltypering.

weefselhormonen op vele plaatsen in het lichaam geproduceerde, endocrien werkzame stoffen (meestal peptiden), waartoe behoren de *enterohormonen, enkefaline, endorfinen, bombesine, dopamine, serotonine, melatonine, bradykinine, erytropoëtine, angiotensine, prostaglandinen en -cyclinen, tromboxeen.

weefsel- *~kweek*, syn. weefselcultuur; *~macrofagen*, zie reticulo-endotheliaal systeem; *~spanning*, zie turgescentie.

weefseltypering het bepalen van de op leukocyten aanwezige *weefselantigenen (deze zijn nl. dezelfde als die van de andere kernhoudende (weefsel)cellen van hetzelfde individu), hoofdzakelijk t.b.v. orgaantransplantaties.

weeping *E* lett. huilend; *~ liver*, het doorlaten van vocht door het leverkapsel bij sommige vormen van chronische hepatitis; *~ skin*, het vierde stadium van *eczeem.

weer- *~pijn*, zie referred pain; *~spannigheid*, renitentie; *~standsvermogen*, zie resistentie.

Wegener, F. Duits arts (geb. 1907); *ziekte van ~*, syn. granuloma gangraenescens, necrotiserende granulomateuze ontsteking van de gehele tractus respiratorius (inclusief sinusitiden) met longinfiltraten, o.a. gekenmerkt door vasculitiden, voorts proliferatieve glomerulonefritis met nierinsufficiëntie, vaak ook artropathieën, kraakbeendestructie, purpura, anemie en ernstige oogafwijkingen; immunosuppressieve therapie is dikwijls succesvol.

wegraking (meestal korte) periode van bewustzijnsdaling door cardiale of cerebrale oorzaak; zie absence, black-out, collaps, epilepsie (bet. 2), hyperventilatie, syncope, toeval.

wei zie serum.

Weil, 1. **A.** Duits arts (1848-1916); *syndroom van ~*, leptospirosis icterohaemorrhagica (zie leptospirose), acute infectieziekte, hoge koorts, nefritis, geelzucht door hepatitis met diep-oranjekleurige urine, bloedingen, spierpijnen vnl. in de kuiten, vergroting van lever en milt, soms meningitis in de 2de week; soms is er een complicatie door *ARDS; infectie via slijmvliezen en huiddefecten door contact met door rattenurine besmet water; oude benaming: typhus hepaticus. 2. **E.** Duits arts in Praag (1880-1922); *reactie van ~-Felix*, agglutinatietest op rickettsiosen met behulp van heterofiel (Proteus-)antigeen.

Weir Mitchell zie Mitchell.

Weiss, S. Amerikaans patholoog (overl. 1942), zie Mallory, G.

weivlies membrana serosa, zie serosa.

wekaminen stoffen (sympathicomimetica) die door werking op het autonoom zenuwstelsel een sterke lichamelijk en geestelijk opwekkende werking uitoefenen en vermoeidheid en slaapbehoefte doen verminderen (psychomotorische stimulatie); syn. amfetaminen.

Welch, W. Amerikaans patholoog en bacterioloog (1850-1934), stimulator van het geneeskundig onderwijs in de VS.

WEMOS afk. van werkgroep medische ontwikkelingssamenwerking.

Wenckebach, K. Nederlands internist te Groningen en Wenen (1864-1940); *perioden van ~*, groepen van hartcontracties gedurende een zeker, zich telkens herhalend tijdsverloop, gekenmerkt door geleidelijk toenemende verlenging van de atrioventriculaire geleidingstijd t.g.v. verminderde geleidbaarheid in de (beschadigde) bundel van His.

wenkbrauw supercilium *L*, ophrys *G*.

Werdnig, G. Oostenrijks neuroloog (1862-1919); *ziekte van ~-Hoffmann*, autosomaal recessief erfelijke spinale spieratrofie bij jonge kinderen t.g.v. een progressief degeneratief proces in de voorhoorncellen; de sensibele neuronen (achterwortels) kunnen mede zijn aangetast; soortgelijk beeld bij oudere kinderen is de ziekte van Kugelberg-Welander en bij volwassenen de spieratrofie type *Aran-Duchenne.

werkremming aanpassingsstoornis die zich uit in het niet goed functioneren in het werk of bij de studie; gaat vaak samen met angst en depressie.

Werlhof, P. Duits arts (1699-1767); *ziekte van ~*, bloedvlekziekte; purpura, o.a. gekenmerkt door trombopenie; komt symptomatisch voor bij ziekten als LED en maligne lymfoom, verder bij bepaald geneesmiddelengebruik; intraveneuze toediening van hoge doses menselijk Ig is meestal succesvol (toeneming van het aantal bloedplaatjes); waarschijnlijk berust de ziekte op een auto-immuunproces; syn. idiopathische trombocytopenische purpura (*ITP), essentiële trombopenie, purpura haemorrhagica, morbus maculosus werlhofii.

Wermer, P. Amerikaans endocrinoloog (1898-1975); *syndroom van ~*, een *MEN (zgn. type 1) gekenmerkt door adenoom van hypofyse en pancreas, hyperplasie van de bijschildklieren (glandulae parathyroideae) met de daarvoor typische verschijnselen en die van het *Zollinger-Ellison syndroom, hyperinsulinisme of verhoogde productie van het hormoon *glucagon.

Wernicke, K. Duits psychiater (1848-1905); *syndroom van ~-*Korsakov*, neurologisch-psychiatrisch ziektebeeld, gekenmerkt door apathie, desoriëntatie, gestoorde inprenting, ante- en retrograde *amnesie, confabulatie, onrust, euforie, bewustzijnsdaling, nystagmus, oogspierparesen, dalende visus t.g.v. neuritis optica, ataxie, vegetatieve verschijnselen, polyneuropathie, vestibulaire parese; de oorzaak is meestal chronisch alcoholisme en soms een ernstige chronische ziekte, ondervoeding en dergelijke; hersenletsels worden veroorzaakt door enzymatische stoornissen van het glycolysemetabolisme op grond van aneurinegebrek (en waarschijnlijk andere vitaminen van het B-complex), dat als de causale factor van het syndroom wordt beschouwd; *ziekte van ~*, de (hoofdzakelijk) neurologische verschijnselen bij het hierboven geschetste ziektebeeld dat thans genoemd wordt het syndroom van Wernicke-Korsakov; zie ook amnestisch syndroom, Korsakov-syndroom.

Wertheim, E. Oostenrijks gynaecoloog (1864-1920); *operatie van ~*, totale wegneming van uterus en adnexa; *operatie van ~-Schauta*, syn. interpositio uteri vesicovaginalis; zie interpositie.

wervel vertebra; *blok~*, zie blokwervel; *~boog*, arcus vertebralis; *~kanaal*, canalis vertebralis; *~kolom*, columna of spina vertebralis; ruggengraat; *~lichaam*, corpus vertebrae.

western blot *E* een 'blotting'-onderzoek (zie ook Southern), waarin antistoffen tegen antigene delen van een virus worden aangetoond.

Westphal, C. Duits neuroloog (1833-1890); *paralyse van ~*, familiale periodieke aanvallen van verlammingen met areflexie, vnl. aan de extremiteiten, o.a. gekenmerkt door verhoging van het intra- ten koste van het extracellulaire kaliumgehalte (hypokaliëmie); *syndroom van ~-Struempell*, ziekte van *Wilson (bet. 2).

wetting agent *E* (farm.) zie detergens.

WGBO afk. van wet op de geneeskundige behandelingsovereenkomst.

WGM afk. van wetsontwerp voorzieningen gezondheidszorg en maatschappelijke dienstverlening.

WGR afk. van wetenschappelijk genootschap voor revalidatiegeneeskunde.

Wharton, Th. Engels anatoom (1614-1673); *gelei van* ~, het geleiachtig weefsel van de navelstreng; *ziekte van* ~, ontsteking van de uitvoergang van de onderkaakspeekselklier (ductus whartonianus).

WHAW afk. van werkdruk en herstel bij afwijkende werktijden.

wheezing *E* hijgen; zacht fluitend geluid bij een bemoeilijkte uitademing zoals bij astma of een corpus alienum in een bronchus.

WHHL afk. van Watanabe heritable hyperlipidemia.

whiplash zweepslagachtige (snelle, heftige achterwaartse en voorwaartse) beweging van het hoofd, optredend bij o.a. kop-staartbotsingen en sportongevallen die beschadigingen in en rondom de cervicale wervelkolom tot gevolg hebben; syn. zweepslag; *~-syndroom*, geheel aan symptomen ten gevolge van een voorafgaand whiplash-trauma, vnl. hoofd-, nek- en schouderpijn, beperkte beweeglijkheid, duizeligheid, slaap- en evenwichtsstoornissen; syn. cervicaal zweepslagsyndroom, traumatisch cervicaal syndroom, cervicocefaal syndroom; *~-trauma*, het totaal van letsels aan spieren, gewrichten, botten, banden en weke delen in en rondom de cervicale wervelkolom, dat ontstaat als gevolg van de whiplash; syn. non-contact-acceleratie-deceleratie-hoofd-nektrauma, craniocervicaal acceleratieletsel (afk. CAL).

Whipple 1. **G.** Amerikaans patholoog (1878-1976); *ziekte van* ~, syn. intestinale lipodystrofie; hoofdzakelijk bij mannen voorkomende ziekte, gekenmerkt door malabsorptie met eiwitverlies, vermagering, ijzerdeficiëntie, leidend tot ondervoeding en uitputting, voorts door seronegatieve polyartritis, polyserositis, cerebrale afwijkingen (soms met *OPS), hyperpigmentatie, lymfadenopathie, hypotensie, hypocalci- en -kaliëmie; pathologisch-anatomisch vindt men o.a. de lichaampjes van *Sieracki; mogelijke oorzaken: gestoorde leukocytenactiviteit bij bacteriële darminfecties òf enzymdeficiëntie in het macrofagensysteem. 2. **A.** Amerikaans chirurg (1881-1963); *operatie van* ~, resectie van de pancreaskop en een deel van maag en duodenum met inhechting van de rest van het pancreas in de dunne darm.

whirlpoolbath *E* lett. draaikolkbad, vorm van *hydrotherapie welke het lichaam of een extremiteit blootstelt aan de kinetische en thermische invloed van water dat in krachtige beweging wordt gebracht.

White, P. Dudley Amerikaans cardioloog (1886-1973), zie syndroom van *Wolff-Parkinson-White.

whitlow zie fijt.

white spot disease *E* zie lichen.

WHO world health organization *E*, wereldgezondheidsorganisatie.

whole body counting *E* *antroporadiometrie met bepaling van de plaatsen waar het radioactieve materiaal zich bevindt.

WHOPS afk. van WHO prostatic symptom score: serumconcentratie prostaatspecifiek antigeen (*PSA), rectaal toucher en transrectale echografie.

WHVZ afk. van wet hygiëne en veiligheid zwemgelegenheden.

WiB afk. van wet inzake bloedtransfusie.
Wickham, L. Frans huidarts (overl. 1913); *striae van ~*, stervormige streping van het *stratum granulosum bij *lichen ruber planus.
Widal, G. Frans arts (1862-1929); *reactie van ~*, agglutinatieproef bij buiktyfus en paratyfus.
wiegendood zie SIDS.
Wiersma, E. Nederlands psychiater (1858-1950), zie Bourdon.
wiggebeen os sphenoidale, sfenoïd; *~holte*, sinus sphenoidalis.
wiggedruk (wedge pressure *E*) druk in een bepaald vaatgebied, gemeten met behulp van een met vloeistof gevulde katheter (verbonden met een manometer) die distaalwaarts in een arterie wordt opgeschoven tot hij met de punt klem zit (als een wig).
wig- *~vormig*, sfenoïdaal; *~wervel*, zie hemispondylus.
wijdlopigheid (psych.) term voor indirecte en traag terzake komende manier van spreken, gepaard gaande met veel onnodige, langdradige details.
wijnvlek zie naevus, vinosus.
wijsvinger index.
Wildervanck, L. Nederlands oogarts (geb. 1907); *syndroom van ~*, cervico-oculo-acusticus syndroom, erfelijk symptomencomplex met doofstomheid, *kikvorshals, abducensparalyse, enoftalmie, hypoplastisch gelaat, spina bifida occulta e.a.
wild vlees granulatieweefsel dat, bij de wondgenezing, boven het niveau van de huid uitgroeit; zie ook keloïd, granulatie; syn. akestoom, caro luxurians.
Wilkie, D. Schots chirurg (overl. 1938); *syndroom van ~*, obstructie van het distale deel van het duodenum t.g.v. compressie door de a. mesenterica superior of één van haar takken; syn. a. mesenterica superior-syndroom; ook wel genoemd intermitterende hoge ileus; predispositie tot het ziektebeeld o.a. door *ectomorfie, sterke scoliose of lendenlordose, gipscorset e.a.
Wilkinson, D. Engels huidarts, zie Sneddon.
Willebrand, E. von Fins internist (1870-1949); *ziekte van ~*, vorm van autosomaal dominant overervende hemofilie (vooral gekenmerkt door spier-, gewrichts-, huid- en slijmvliesbloedingen), waarbij de samenklontering van de trombocyten bij de bloedstolling is gestoord, gepaard met een factor-VIII (*~ factor*)-deficiëntie, waarschijnlijk door een stoornis in de synthese van het molecuul, mogelijk onder invloed van hypothyroïdie; de (zeer zeldzame) homozygote vorm heeft een dubieuze prognose.
Willi, H. Zwitsers kinderarts, zie Prader.
Williams-syndroom supravalvulaire aortastenose, mentale retardatie, *elfjesgelaat en overgevoeligheid voor vitamine D.
Willis, Th. Engels anatoom (1621-1675), zie circulus arteriosus cerebri, corpus albicans, paracusis; *ziekte van ~*, diabetes mellitus.
Wilmington stad in de VS, *~-brace*, bepaalde beugel ter correctie van juveniele idiopathische *scoliose.
Wilms, M. Duits chirurg (1867-1918), zie nefroblastoom.
Wilson, 1. **C.** Engels arts (geb. 1906), zie glomerulo*sclerose. 2. **S.** Engels neuroloog (1878-1937); *ziekte van ~*, autosomaal recessief-erfelijke aangeboren stofwisselingsstoornis welke leidt tot koperstapeling in diverse organen, o.a. in de cornea, zichtbaar als de *groene ring van Kayser-Fleischer en in de nucleus lentiformis van het *corpus striatum (vandaar de synonieme benaming: *hepato-*

lenticulaire degeneratie) met als gevolg deficiëntie van *ceruloplasmine; een en ander leidt tot chronische actieve *hepatitis c.q. nodulaire levercirrose, hemolytische anemie, neurologische verschijnselen (ataxie, tremoren), nierinsufficiëntie, secundaire pyrofosfaatartropathie (zie artropathie), cerebrale pseudosclerose (Westphal-Struempell), tetanoïde chorea (Gowers). 3. **W.** Engels dermatoloog (1809-1884), zie dermatitis exfoliativa.

Wimberger, H. Oostenrijks röntgenoloog (geb. 1892); *teken van* ~, ringvormige verdichtingen op de röntgenfoto's van de epifysen van pijpbeenderen bij osteotabes, rachitis en lues congenita.

wimper cilium, blepharon.

Winckel, F. von Duits verloskundige (1837-1911); *teken van* ~, bij druk op de buik boven de symfyse na de geboorte van het kind, beweegt de navelstreng binnenwaarts als de placenta nog niet los is van de baarmoederwand.

wind- (smst.) *~ei*, bevrucht ei zonder embryo-aanleg, slechts bestaande uit hypoplastisch chorion; zie ook mola; *~pokken*, zie varicella; *second ~ E* (fysiol.), lett. 'tweede adem', het verdwijnen van de luchthonger die ontstaat dadelijk na het begin van een zware lichamelijke inspanning (bekend bij sportlieden) t.g.v. koolzuurconcentratie in het bloed, doordat er in het begin van de inspanning nog geen volledige harmonische samenwerking van de vegetatieve regelingsmechanismen tot stand is gekomen.

window-fase syn. *vensterperiode, zie ook AIDS.

Winiwarter, A. Duits chirurg (1848-1917); *ziekte van ~-Buerger*, zie Buerger.

Winkelmann, K. Duits chirurg (1863-1925); *operatie van* ~, klieving, omkering en hechting van de tunica vaginalis testis bij hydrocele.

winter- *~hand, ~voet*, zie pernio; *~slaap*, zie diapauze.

WIP afk. van werkgroep infectiepreventie.

Wirsung, J. Duits arts (1600-1643); *ductus wirsungianus*, de afvoerbuis van het pancreas (ductus pancreaticus); *wirsungorragie*, bloedverlies uit de ductus t.g.v. chronische pancreatitis, cyste of ruptuur van een aneurysma in het pancreas.

WIRZI afk. van werkgroep implementatie registratie ziekenhuisinfecties.

WISC afk. van Wechsler intelligence scale for children.

Wiskott, A. Duits kinderarts en immunoloog (1898-1978); *syndroom van ~-Aldrich* (afk. WAS), gekenmerkt door ernstig eczeem, bloedingsneiging (door verminderd aantal slecht functionerende trombocyten) en opportunistische infecties t.g.v. gestoorde cellulaire immuniteit op grond van een X-gebonden recessief-erfelijke, immunologische incompetentie van de T-cellen.

wisseltransfusie zie exsanguinatie.

Wissler, H. Zwitsers kinderarts; *syndroom van ~-Fanconi*, langdurige recidiverende koorts, exantheem, artralgieën en leukocytose door onbekende oorzaak; komt zowel bij kinderen als bij volwassenen voor en heeft een gunstige prognose, syn. subsepsis allergica.

withdrawal *E* zie derving; *~-bleeding E*, afbraak- of onttrekkingsbloeding.

wit- *~kop*, favus bij negers; *~teling*, albino; *~te pokken*, alastrim.

witte vloed *fluor albus.

Witzel, F. Duits chirurg (1856-1925); *fistel van* ~, schuin door de buikwand aangelegde *Nelatonkatheter naar maag- of darmlumen; voedingssonde.

WK afk. van wervelkolom.

WKCZ afk. van wet klachtrecht cliënten zorgsector.

WMA afk. van world medical association.
WMB afk. van wet milieubeheer.
WME afk. van wet op de medische experimenten.
WNB afk. van werkgroep nazorg borstkanker.
WNL afk. van within normal limits *E*, binnen normale grenzen.
WODAGG afk. van woon- en dagvoorzieningen voor geestelijk gehandicapten.
WOEF afk. van werkgroep overleg extramurale functies.
woestijnkoorts zie coccidioidomycose.
WOG afk. van wet op de geneesmiddelenvoorziening.
wolf zie lupus; zie ook cariës; *~sspin*, zie tarantel; *~szweer*, zie lupus.
Wolff, K. anatoom te St. Petersburg (1733-1794); *lichaam van ~*, oernier, mesonephron; *gang van ~*, *ductus mesonephricus.
Wolff, L. Amerikaans cardioloog (1898-1972); *syndroom van ~-Parkinson-White*, aanvallen van *tachycardie, alleen aantoonbaar op het ECG; een deel ven rechter of linker ventrikel wordt voortijdig ontladen door middel van een accessoire geleidingsbundel (bundel van *Kent).
Wolfram, D. Amerikaans internist (geb. 1901), zie DIDMOAD-syndroom.
wol- *~haar*, zie lanugo; *~vet*, adeps lanae.
wolhyniakoorts *loopgravenkoorts.
WONCA/SIMG afk. van world organization of national colleges, academies and academic associations of general practitioners/family physicians/SIMG.
wond zie laesie, vulnus.
wonder- *~gezwel*, zie teratoom; *~olie*, zie ricinusolie.
wondexcisie het uitsnijden van een onregelmatige, rafelige wond.
wond- *~genezing*, zie intentie, restitutie, sanatie; *~hechting*, traumatonesis; *~roos*, erysipelas; *~stijfkramp*, zie tetanus; *~toilet*, chirurgische reiniging van verontreinigde, besmette wonden door het wegnemen van grove verontreinigingen, bloedstolsels, weefsel- en huidflarden, teneinde infectie zo veel mogelijk tegen te gaan en de wondgenezing vlotter te doen plaatshebben.
woord- *~betekenis*, zie semantiek; *~blindheid*, onvermogen om woorden welke men leest, in hun betekenis te begrijpen, zie dyslexie; *~doofheid*, zie afasie, logokofose; *~envloed*, zie logorroe, loquax, polylalie; *~speling*, paranomasie; *~vervorming*, zie paragrafie.
worm vermis; *~drijvend middel*, vermifugum; zie ook helminthagogum; *~vormig*, vermiformis; zie ook appendix, vermicula; *~ziekten*, zie helminthiasis.
worstelaarstype zie syndroom van Cornelia de *Lange.
worstvergiftiging zie botulisme.
wortel zie radix; *~mouw*, zie root-sleeve; *~pijn*, zie radiculaire pijn; *~schede*, de drie verenigde ruggenmergsvliezen (zie dura mater) die de vóór- en achterwortels (zie radix) van het ruggenmerg omkleden bij de uittreding buiten de wervelkolom en overgaan in het *epineurium; zie ook foramen intervertebrale, root-sleeve; *~vlies* (tandheelk.) periost van de tandkas; *~syndroom*, zie radiculaire pijn.
Wortsalat *D* 1. woordenbrij, als uitingsvorm van verward denken bij psychotische patiënten. 2. onbegrijpelijke en onsamenhangende spraak bij receptieve *afasie.
WOS afk. van wondverzorgingsondersteuningssysteem.
WPOG afk. van werkgroep psychosomatische obstetrie en gynaecologie.
WPW afk. van *Wolff-Parkinson-White.
WR afk. van Wassermann-reactie.

wrat zie condyloma, HPV, lenticel, lentigo, papil, thymion, verruca.
wreef regio dorsalis pedis; voetrug.
WSW afk. van wet op de sociale werkvoorziening.
WT afk. van wisseltransfusie.
WTG afk. van wet tarieven gezondheidszorg.
WTZ afk. van wet op de toegang tot ziektekostenverzekeringen.
Wuchereria zie Filaria.
WUG afk. van wet op de uitoefening van de geneeskunde.
WULbZ afk. van wetsvoorstel uitbreiding loondoorbetalingsplicht bij ziekte.
Wulfften Palthe, P. van Nederlands zenuwarts en luchtvaartfysioloog (overl. 1976), grondlegger van het begrip *leiodystonie.
wurgseks zie hypoxifilie.
WVC afk. van ministerie van welzijn, volksgezondheid en cultuur, thans VWS.
WVG afk. van wet voorzieningen gehandicapten.
WVN afk. van whiplashvereniging Nederland.
WVO afk. van wet verontreiniging oppervlaktewateren.
WVZB afk. van werkgroep voorlichting en zelfhulp rond baarmoederproblematiek, voorheen VZB.
Wyburn-Mason, R. *~syndroom*, zeldzame autosomaal dominant-erfelijke arteriële en veneuze angiëctasieën in het gebied van middenhersenen en netvlies met naevi in het gelaat; de verschijnselen zijn afhankelijk van de lokalisatie; soms zijn er mentale symptomen.
WZF afk. van woonzorgfederatie.
WZV afk. van wet ziekenhuisvoorzieningen.

X

X aanduiding van 1. het *geslachtschromosoom X. 2. *röntgenfoto. 3. operatie geschied.

X-ALD afk. van X-chromosomale adrenoleukodystrofie.

xanthelasma *G* kleine xanthomen (zie xanthoom) in de huid van de oogleden bij hypercholesterolemie.

xanthine dioxypurine, een purinederivaat; de meest bekende afgeleiden van xanthine zijn caffeïne, theobromine en theofylline.

xanthinesteen blaas- of niersteen, vnl. bestaande uit xanthine.

xanthi(n)urie het voorkomen van xanthine in de urine, een aangeboren stofwisselingsstoornis.

xanthochromie geelkleuring van de huid, niet door icterus, bijv. door sommige geneesmiddelen en bij gegeneraliseerd xanthelasma.

xanthogranulomatose syn. ziekte van *Hand-Schüller-Christian.

xanthoma zie xanthoom.

xanthomatose zie hyperlipidemie; zie ook Hand-Schüller-Christian.

xanthoom, xanthoma *G* lipoïdgezwelletje; ~ *disseminatum,* xanthomen die zich niet alleen in de huid voordoen doch ook in inwendige organen, peesscheden, periost e.a.; ~ *tuberosum*, zachte, lichtgele, iets verheven plekken in de huid, bestaande uit cholesterolophopingen, gelokaliseerd aan de strekzijde van de extremiteiten, de billen, gelaat, handen en voeten.

xanthopsie het geel gekleurd zien (zie ook chromatopsie) van alle voorwerpen, voorkomend bij icterus en bij vergiftiging met santonine.

xanthopsydracia *G* gele puistjes in de huid.

xanthorroe gele etterige afscheiding uit de schede.

xanthosis *G* gele verkleuring van weefsel bij weefseldegeneratie en in kankergezwellen; ~ *cutis*, xanthosis van de huid (vnl. bij overmatig gebruik van caroteenrijke voeding).

X-been syn. *genu valgum.

X-BOZ afk. van röntgenfoto buikoverzicht.

X-chromosoom geslachtschromosoom dat bij vrouwen in de lichaamscellen gepaard voorkomt (zie ook Y-chromosoom), syn. heterosoom; de eicel bevat altijd slechts één X-chromosoom; *fragiel ~-syndroom*, oligofrenie op grond van beschadiging (nabij de top van de lange arm) van het X-chromosoom.

xenenthesis *G* het inbrengen van een vreemd voorwerp, bijv. klysma, in het lichaam.

xeno- (smst.) vreemd; *~biose*, gastvrije levensgemeenschap; *~biotisch*, lichaamsvreemd; zelfst.nw. *~bioticum*; *~filie*, overdreven voorkeur voor zaken van vreemde herkomst; *~fobie,* 1. angst voor contact met vreemden. 2. angst voor of weerzin tegen alles wat vreemd of ongewoon is, tgst. xenofilie; *~fonie,* stemverandering; *~ftalmie*, oogontsteking veroorzaakt door uitwendige invloeden; *~geen*, syn. heteroloog; *~genesis*, syn. heterogenese; *~glossie*, lett. 'vreemdtongigheid'; (psych.) het zich uitdrukken in een vreemde taal (zonder deze meester te zijn)

tijdens delirante schemertoestanden; *~graft E*, heteroloog transplantaat.
xenotransplantatie transplantatie van weefsels of organen, waarbij donor en ontvanger niet tot dezelfde soort behoren (bijv. van dier naar mens); syn. heterotransplantatie, heterologe *transplantatie.
xenotropie (bioch.) (groei)activiteit in een soortvreemd milieu.
xeraphion *G* (farm.) 1. stopmiddel. 2. geneesmiddel dat droog moet worden ingenomen. 3. opdrogend poeder.
xerocollyrium *G* droog geneesmiddel voor het oog, bijv. oogzalf.
xerodermie, xeroderma *G* perkamenthuid, een aandoening van de opperhuid, waarbij deze langzaam uitdroogt, dun en gerimpeld wordt en spoedig springt, met wasbleke of gelige kleur; ~ *pigmentosum*, xerodermie met pigmentvorming onder invloed van zonlichtbestraling (ziekte van Kaposi).
xerodermosteose syn. syndroom van *Sjögren.
xeroftalmie degeneratie met uitdroging en secundaire ontsteking van het hoornvlies, waardoor het oog een dof aanzien krijgt, veroorzaakt door avitaminose A; syn. xerosis corneae.
xeroftol syn. axeroftol, zie vitamine A.
xero- *~grafie*, zie xeroradiografie; *~nosis*, dorheid van de huid.
xeroradiografie röntgenfotografie op een plaat met elektrisch geladen seleniumpoeder.
xerosis *G* uitdroging van een orgaan; ~ *bulbi*, uitdroging van de oogappel; ~ *conjunctivae*, uitdroging van het bindvlies van het oog; ~ *corneae*, zie xeroftalmie; ~ *vaginae*, uitdroging van de schede.
xerostomie droge mond; kan o.a. voorkomen na gebruik van bepaalde geneesmiddelen en bij het syndroom van Sjögren.
xifalgie syn. *xifodynie*, pijn in het xifoïd.
xifodynie syn. *xifalgie*, pijn in het xifoïd; zie ook sternalgie.
xifoïd processus xiphoideus, zwaardvormig aanhangsel van het sternum (borstbeen).
xiphodymus *G* syn. ileoxiphopagus.
xiphopagus *G* syn. thoracopagus.
XIST afk. van X-inactief specifiek transcript, een transcript dat wordt afgelezen van het inactieve X-chromosoom, dat waarschijnlijk en X-chromosoom-inactivatiecentrum heeft op de lange arm.
XLA afk. van X-linked (X-chromosomaal) agammaglobulinemie.
XLP afk. van geslachtsgebonden lymfoproliferatief (syndroom), een *EBV-infectie (bij mannen) met een zeer variabele expressie en dito prognose.
X0 geslachtschromosomale patroon bij het syndroom van Turner, slechts één X-chromosoom aanwezig.
XP afk. van xeroderma pigmentosum.
X-RPMD afk. van X-recessive progressive mixed deafness *E*.
X-stralen syn. *röntgenstralen.
XXX vrouwen met trisomie X; er is dikwijls sprake van mentale retardatie en spraakstoornissen.
XXY syndroom van *Klinefelter.
xylose houtsuiker, een pentose; *~test*, belastingsproef in de diagnostiek van *malabsorptie.
xysma vliesje, dat soms bij diarree in de ontlasting voorkomt.
xyster *G* syn. raspatorium.

XYY mannen met een afwijkend geslachtschromosomenpatroon (normaal XY); komt voor bij ongeveer 1 op 1000 jongens; kenmerken: grote lichaamslengte, hypogenitalisme, varicose, verminderd IQ.

Y

Y aanduiding van 1. het *geslachtschromosoom Y. 2. het chemisch element yttrium, een grijs metaal; zie ook yttrium, YAG-laser.

YAC yeast artificial chromosome.

YAG-laser afk. van yttrium-aluminiumgranaat-*laser.

Yalow, Rosalyn Amerikaans immunologe (geb. 1921), Nobelprijswinnares in 1977 voor haar ontwikkeling van de *RIA.

YAVIS afk. van young, attractive (of adaptable), verbal, intelligent, successful *E*; uitdrukking in de psychosociale hulpverlening t.a.v. cliënten; *non-*, gezegd van mensen die niet aan de genoemde kenmerken voldoen.

yaws *Afr* syn. framboesia.

Y-chromosoom geslachtschromosoom dat bij mannen in de lichaamscellen voorkomt tezamen met het X-chromosoom; het wordt slechts in de helft van het aantal zaadcellen aangetroffen.

yellow nail syndrome *E* het gecombineerd voorkomen van *scleronychie, lymfoedeem en tracheobronchitis.

Yergason, R. Amerikaans orthopeed (geb. 1901); *teken van ~*, bij het *bicipitalis syndroom veroorzaakt *flexiesupinatie tegen een weerstand in, pijn in de lange bicepspees ter hoogte van de schouder; gelijktijdige *anteflexie (bet. 2) van de bovenarm kan dit effect accentueren; dezelfde pijn wordt gevoeld bij supinatie van de gestrekte onderarm en achterwaartse beweging van de arm in de schouder.

Yersin, A. Frans bacterioloog (1863- 1943), beschreef de pestbacil (Yersinia pestis; 1894) en ontwikkelde samen met Roux een voorbehoedend *serum tegen pest.

Yersinia naar *Yersin genoemde groep bacteriën van het geslacht Pasteurella; ~ *enterocolitica*, veroorzaakt chronische darmaandoening, gelijkend op enteritis regionalis, soms gevolgd door polyartritis en spondylitis ankylopoetica; ~ *pestis*, oude naam Pasteurella pestis, verwekker van ratten- en mensenpest.

yoga *Ind* door Yogi Ramacharaka ontwikkeld systeem om door zelfdiscipline een hoge lichamelijke en geestelijke gezondheidsgraad te bereiken.

yoghurt Turks-Bulgaars melkproduct verkregen door indikking en fermentering; heeft gunstige invloed op de darmflora o.a. door de aanwezigheid van *Lactobacillus bulgaricus*.

yohimbine alkaloïd, een aphrodisiacum.

Yoppers young onset Parkinsons, jonge parkinsonpatiënten.

yperiet zie strijdgassen.

Ypsilon naam van een Nederlandse vereniging van familieleden van psychotische patiënten.

yttrium een grijs metaal, symbool Y; een radioactieve isotoop van dit metaal wordt gebruikt voor niet-chirurgische behandeling van synovitis/artritis d.m.v. lokale injectie in het gewricht; zie ook YAG-laser.

Z

zaad zie semen; *~ader*, vena testicularis; *~bal*, zie testis; *~blaasje*, vesicula seminalis; *~cel*, spermatosoma, -tozoïd, -tozoön, spermium; *~cyste*, zie spermatocele; *~leider*, vas deferens, syn. ductus deferens; *~loop*, zie gonacratia, spermatorroe; *~lozing*, ejaculatie; *~slagader*, arteria spermatica; *~storting*, ejaculatie; *~streng*, funiculus spermaticus; *~vloed*, syn. zaadloop.

zaagspier musculus serratus.

zadel- (smst.) *~embolus*, syn. *ruiterembolus; *~gewricht*, (anat.) articulatio sellaris; de kromming van de gewrichtsvlakken in de twee loodrecht op elkaar staande richtingen is tegengesteld; *~hoofd*, zie clinocefalie; *~neus*, ingezonken benige neusrug door versterf van het neusseptum (bijv. bij lepra, lues, lupus, abces), door trauma (boksen) of aangeboren.

zak saccus; *~aderbreuk*, zie varicocele; *~vormig*, sacciformis; *~waterzucht*, zie hydrops.

zakmesfenomeen weerstand bij het begin van een snelle passieve beweging van een gewricht bij piramidebaanlaesies.

zalf zie unguentum, lipogel; *~basis*, zie vehiculum; *~gelaat*, zie Parkinson.

Zalm, F. Zwitsers patholoog (overl. 1904); *infarct van ~*, rood lever*infarct door afsluiting van een tak van de vena portae.

zalmlever amyloïdlever; zie amyloïdose.

Zander, J. Zweeds arts (1835-1920), uitvinder van verschillende apparaten voor fysiotherapie; *~-methode*, methode van mechanotherapie ter genezing van misvormingen, verstijvingen, enz.

zandlopermaag ventriculus bilocularis, plaatselijke circulaire samentrekking van de maagspierwand of bindweefselschrompeling; zie ook cascademaag.

zandvlo zie Pulex, tungiasis.

zangersknobbeltje nodulus vocalis.

ZAS afk. van zorg-aanbod-schaal.

ZBV afk. van zelfbeoordelingsvragenlijst.

zebratanden gespikkeld uiterlijk van het gebit door glazuur*dystrofie t.g.v. fluorose.

zeefbeen *os ethmoidale; *~cellen*, cellulae ethmoidales, etmoïdcellen.

zeefplaat *lamina cribrosa van het zeefbeen waar de *fila olfactoria doorheen lopen.

ZEEP afk. van zero end-expiratory pressure.

zeepbeleffect uitsparingen in het röntgenbeeld van de aangedane beenderen bij de ziekte van *Kahler t.g.v. plasmocytomen; ook bij reuzenceltumoren.

zeeziekte naupathie; zie ook kinetose, vomitus.

zegelring- *~celcarcinoom*, een carcinoom waarvan de cellen een slijmophoping vertonen, *~cellymfoom*, een non-Hodgkin-lymfoom, gekenmerkt door een ophoping van immunoglobulinen in de cellen (B-type) t.g.v. een deficiënte uitscheiding; *~configuratie*, beeld van de calices (zie calix) op het IVP bij papilnecrose; *~structuur*, celbeeld bij sommige kwaadaardige lymfomateuze gezwellen (o.a. *linitis plastica).

zeitgeber *D* signalen van diverse aard, die zorgdragen voor de afstemming van de 'biologische *klok' (circadiaanse ritmiek); syn. entraining agent *E*.

zelf 1. geperfectioneerde en hoogstaande karakterisering van wat men zou willen zijn. 2. componenten van de persoonlijkheid die een individu in sociale interacties van belang acht. 3. datgene van zichzelf waarvan men zich bewust is; *~acceptatie*, zichzelf accepteren aan de hand van een betrekkelijk objectieve inschatting van de unieke eigen talenten en vermogens, realistische erkenning van de grenzen daarvan en een gevoel van tevredenheid met zowel die talenten als hun beperkingen; *~beeld*, de voorstelling die iemand van zichzelf heeft; *~beschouwing*, introspectie; *~besef*, zich bewust zijn van zichzelf; *~besmetting*, auto-infectie; *~depreciatie*, zie minderwaardigheidscomplex; *~doding*, suïcide, suïthanasie; *~ingenomenheid*, zie egofilie, egotisme, narcisme; *~kwellende persoonlijkheid*, zie persoonlijkheid; *~moord*, suïcide; *~ontleding*, autolyse; *~ontplooiing*, zie zelfverwerkelijking; *~overschatting*, egomanie; zie ook expansie (bet. 2); *~perceptietheorie*, theoretisch gezichtspunt waarin wordt gesteld dat de attitudes, overtuigingen en zelfkarakterisering van mensen voor een belangrijk deel zijn bepaald door het observeren van het eigen gedrag; *~verminking*, automutilatie; *~vertering*, autodigestie, autolyse; *~verwerkelijking*, laatste (en hoogste) niveau van psychologische ontwikkeling, dat bereikt kan worden wanneer alle primaire behoeften zijn bevredigd en 'verwerkelijking' van de volledige persoonlijke mogelijkheden plaatsvindt; syn. zelfontplooiing; *~zorg*, het in staat zijn die activiteiten van het dagelijk leven te verrichten, waarmee men zelfstandig kan (blijven) functioneren; zie ook ADL.

Zellweger, H. Amerikaans kinderarts (geb. 1909); *syndroom van ~*, syn. cerebrohepatorenaal syndroom, een autosomaal-recessief overervende ziekte die meestal vóór het eerste levensjaar letaal is; er is sprake van ernstige psychomotorische retardatie, dysmorfie, stoornis in de aanleg van de hersenen (oligofrenie) en degeneratieve afwijkingen in verschillende organen zoals lever en nieren; het is een *peroxisomale ziekte waarbij van de *peroxisomen wel de membranen aanwezig zijn maar de inhoud ontbreekt; de peroxisomen worden dan ook aangeduid als peroxisomale 'ghosts'.

zelotypie *G* 1. ziekelijk overdreven ijver om een bepaald doel te bereiken. 2. ziekelijke afgunst.

zemelenuitslag zie pityriasis.

Zenker, F. Duits patholoog (1825-1898); *divertikel van ~*, *divertikel in de dorsale hypofarynxwand op de grens met de oesophagus.

zenuw zie nervus; *~arts*, neuroloog of psychiater; *~baan* (alg.) tractus; *~behandeling* (tandheelk.), zie devitalisatie; *~cel*, ganglioncel; *~gassen*, zie strijdgassen; *~pijn*, neuralgie.

zenuwstelsel het samenstel van het uit zenuwweefsel opgebouwde deel van het lichaam.

zéro *F* nul, nulpunt.

ZES afk. van 1. zorgevaluatie-score. 2. Zollinger-Ellison-syndroom.

zesde ziekte exanthema subitum, goedaardige infectieziekte bij kinderen onder de 4 jaar; na een 3 dagen durende hoge koorts treedt het exantheem over het gehele lichaam op; het is meestal na 24 uur verdwenen; de vlekjes doen denken aan die bij rodehond, ze zijn echter meestal iets verheven; syn. roseola infantum; de

verwekker vertoont grote overeenkomst met het humane herpesvirus type 6.
zetacisme lispelende uitspraak van de letter z.
zetpil zie suppositorium.
ZFR afk. van ziekenfondsraad.
ZG afk. van zintuiglijk gehandicapte.
ZGO afk. van 1. zonder geneeskundig onderzoek. 2. zorg voor zieken, gehandicapten en ouderen.
ZHD afk. van ziekenhuishygiënische dienst.
ZHIO afk. van ziekenhuishygiënist in opleiding.
ZI afk. van 1. zwakzinnigeninrichting. 2. zelfinseminatie.
ZIB afk. van zeer intensieve behandeling.
Ziedses des Plantes, B. Nederlands röntgenoloog (1903-1993), grondlegger van de subtractie-röntgenografie.
Ziehl, F. Duits bacterioloog (1857-1926); *kleuring vlg. ~-Neelsen*, kleuringsmethode voor het aantonen van tuberkelbacillen.
ziekenhuishygiënist een gekwalificeerde ziekenhuismedewerker die een actief beleid voert met betrekking tot de ziekenhuishygiëne door preventie, opsporing, registratie en bestrijding van *ziekenhuisinfecties.
ziekenhuisinfectie iedere infectie die in het ziekenhuis (of in een andere instelling voor de gezondheidszorg) is ontstaan zowel bij patiënten als bij het personeel; de infectie was dus nog niet aanwezig op het moment van ziekenhuisopname, de patiënt bevond zich op dat moment ook niet in de incubatietijd van een infectie; de ziekteverwekker kan tot de eigen flora van de patiënt behoren (endogene infectie) of in het ziekenhuis zijn verkregen (exogene infectie); een ziekenhuisinfectie wordt soms pas waargenomen na ontslag van de patiënt; 5-10% van de ziekenhuispatiënten heeft een ziekenhuisinfectie; syn. nosocomiale infectie.
ziekte *morbus, elk proces in het organisme, dat t.g.v. schadelijke invloeden, veranderingen teweegbrengt in de kwantitatieve of kwalitatieve werking van cellen of weefsels, waardoor het functionele evenwicht van lichaam en/of geest wordt verstoord en een reactie tot herstel van dit (of een nieuw) evenwicht in het leven wordt geroepen; *functionele ~*, syn. ziekte *sine materia, zie functioneel; *psychosomatische ~*, zie psychosomatiek.
ziekte- *~beloop*, decursus; *~cijfer*, zie morbiditeit; *~geschiedenis*, historia morbi; *~kiem*, zie bacterie, virus; *~kiemvrij*, steriel; *~leer*, nosologie, pathologie; *~verschijnsel*, symptoom, signe, fenomeen; *~vrees*, zie pathofobie; *~waan*, inbeelding dat men allerlei ziekten en kwalen heeft; syn. *nosomanie.
ziektewinst (psych.) bewust of onbewust beleefd voordeel, verbonden aan het ziek zijn; *primaire ~*, ziektewinst waarbij angstwekkende of onaanvaardbare impulsen, wensen, gedachten en dergelijke leiden tot een ziekmakend symptoom, zodat aan de oorspronkelijke angst en conflictspanning wordt ontsnapt; *secundaire ~*, ziektewinst die optreedt doordat een gebrek wordt aangewend als middel om zich aan onplezierige verplichtingen te onttrekken; syn. neurotische ziektewinst.
zielkunde zie psychologie.
Zieve, L. Amerikaans internist (geb. 1915); *trias van ~*, voorbijgaande hyperlipidemie, icterus en hemolytische anemie gepaard met levercelvervetting, een en ander door alcoholmisbruik.
ZIFT afk. van zygote intrafallopian transfer; na toepassing van *IVF worden de bevruchte eicellen in de eileider gebracht door laparoscopie of met behulp van

een slangetje dat via vagina en baarmoeder in de eileider wordt gebracht; zie ook GIFT.

ZIG afk. van zorg in getal, verkorte versie van FOZ.

zilverdraadaspect oftalmoscopisch beeld van de retina-arteriën bij vernauwd lumen en arteriosclerose; zie ook koperdraadaspect.

zilverschub zie psoriasis.

zinkdeficiëntie tekort aan het sporenelement zink in het organisme door malabsorptie en alimentaire of excretore oorzaken; verschijnselen van zinkdeficiëntie bij de mens zijn: groeivertraging, hypogonadisme, anorexie, hypogeusie, pica, vertraagde wondgenezing, immuno*deficiëntie, anemie, *acrodermatitis enteropathica, congenitale misvormingen.

zinne- *~beeld*, zie symbool; *~lijkheid*, sensualiteit; *~nschok*, *levitatie (bet. 2).

zinsbegoocheling syn. illusie.

Zinsser, H. Amerikaans bacterioloog (1878-1940), zie Brill.

ZIP afk. van 1. zorginnovatieprogramma voor chronisch psychotische patiënten. 2. tijdschrift voor ziekenhuishygiëne en infectiepreventie.

ZIS afk. van ziekenhuisinformatiesysteem, syn. HIS (bet. 2).

zit- *~angst*, acathisie; *~bad*, encathisma.

ZMLK afk. van zeer moeilijk lerende kinderen; zie ook MLK.

ZN afk. van zorgverzekeraars Nederland, fusie van KLOZ met VNZ.

zoantropie bij psychische stoornissen soms voorkomend waandenkbeeld in een dier te zijn veranderd.

zogen lactare *L*, lactatie *L*, allaitement *F*.

Zohlen, E. Duits chirurg; bij chondromalacie van de *patella wordt hevige pijn gevoeld bij aanspannen van de beenstrekkers wanneer de onderzoeker de knieschijf maximaal distaalwaarts fixeert.

zoïsme, zoismus *G* syn. vitalisme.

Zollinger, R. Amerikaans chirurg (geb. 1903); *syndroom van ~-Ellison*, hypersecretie en -aciditeit van het maagsap tezamen met *ulcera peptica in het maagdarmkanaal met steatorroe en malabsorptie t.g.v. de inwerking van gastrine of verwante stof, geproduceerd door een *gastrinoom.

zomer- *~griep*, *bornholmse ziekte; *~sproeten*, efeliden.

zona *L* 1. syn. herpes zoster; *~ ophthalmica*, herpes zoster vnl. optredend in de omgeving van het oog. 2. zone, gebied, streek, gordel; *~ pellucida*, membraanachtige buitenste begrenzing van de eicel, bestaande uit mucopolysachariden.

zonaal een zone betreffend, tot een zone behorend.

zondagsbeet het voortdurend naar voren brengen van de onderkaak bij prognathie van de bovenkaak teneinde het ontsierende aspect te maskeren.

Zondek, B. Israëlisch gynaecoloog (1891-1966); *reactie van Aschheim, ~ en Friedman*, een biologische *zwangerschapsreactie, berustend op de werking van gonadotroop hypofysevoorkwab-hormoon, inmiddels in onbruik.

zondewaan waan van iemand die denkt dat hij schuldig is aan de ellende in de wereld.

zone gebied, in engere zin bepaald gedeelte van het lichaamsoppervlak; *erogene ~*, huidgebied dat bij prikkeling seksuele gevoelens opwekt.

zonesthesie gordelgevoel, voorkomend bij tabes dorsalis.

zonne- *~brand*, zie erytheem, heliodermatose; *~bloemcataract*, zie chalcosis lentis; *~steek*, zie heliosis; *~vlecht*, zie cerebrum abdominale.

zonografie methode van planigrafie d.m.v. gecoördineerde beweging van röntgenbuis en film.
zonula vklw. van zona; ~ *adhaerens*, cel-cel verbinding, komt voor bij kubische en hoogprismatische epitheelcellen vlak onder de zonula occludens; bestaat hoofdzakelijk uit een band van actinefilamenten die het plasmamembraan aan de binnenzijde over de gehele omtrek van de cel bedekt; het zijn bandvormige *desmosomen; ~ *ciliaris*, de ring van steunweefsel waarin de ooglens is opgehangen tussen het corpus ciliare en de lens-equator; ~ *occludens* syn. tight junction *E*, cel-cel verbinding meestal aan de apicale zijde (vlak onder de 'vrije' oppervlakte) van kubische en hoogprismatische epitheelcellen; de plasmamembranen zijn op een aantal plaatsen lijstvormig als een gordel rondom de gehele cel-apex met elkaar versmolten, zodat de intercellulaire spleet van apicale naar basale richting niet meer doorlaatbaar is (occlusie = afsluiting) zodat de stoffen door de cel heen getransporteerd moeten worden, bijv. bij darmepitheelcellen..
zonulolysis (enzymatische) oplossing van de zonula ciliaris d.m.v. chymotrypsine om de ooglens uit haar omgeving los te maken als onmiddellijke voorbereiding tot de lensextractie.
zoöerastie *G* ontucht met dieren.
zoöfagie het eten van dierlijk voedsel.
zoöfilie 1. liefde voor dieren. 2. zogen van een dier door een vrouw. 3. erotische gevoelens door het liefkozen van dieren. 4. antivivisectionisme. 5. voorkeur van een insect (muskiet) voor een dier boven een mens.
zoö- ~**fobie*, vrees voor dieren; ~*fysiologie*, de leer of kennis van de levensverschijnselen (fysiologie) in het dierlijk lichaam; ~*gamie*, geslachtelijke voortplanting; ~*geen*, veroorzaakt door of via een dierlijk organisme; ~*gonie*, het voortbrengen van levende jongen.
zool planta; *voet*~, planta pedis.
zoö- ~*logie*, dierkunde; ~*magnetisme*, dierlijk magnetisme, zie Mesmer; ~*manie*, ziekelijke genegenheid voor dieren.
Zoon, J. Nederlands huidarts (1902-1958); *ziekte van* ~, balanoposthitis benigna chronica plasmocellularis; zie balanitis, Queyrat.
zoö- ~*nose*, ziekte van dieren op mensen overgebracht; ~*pathologie*, ziektekunde van de dieren; ~*psie*, bij delirium soms optredend verschijnsel dat de lijder allerlei dieren ziet krioelen; ~*stuprum*, syn. sodomie; ~*toxinen*, vergiffen (toxinen) van dieren afkomstig; ~*trofotoxisme*, vergiftiging door het gebruik van dierlijk voedsel.
zoster afk. van herpes zoster.
zout sal; *fysiologische ~oplossing, solutie*, steriele, isotone oplossing van 9‰ keukenzout in water (9 gram NaCl/l).
Zuckergussleber *D* syn. foie glacé; zie *perihepatitis chronica hyperplastica.
Zuckerkandl, E. Oostenrijks anatoom (overl. 1910); *orgaan van* ~, een *paraganglion, veelal multipel, langs de onderste buikaorta.
zuigeling lactens; ~*eczeem*, zie lactigo.
Zulliger, H. Duits psycholoog (overl. 1965); ~-*test*, psychologische onderzoekmethode met behulp van drie gestandaardiseerde inktvlekfiguren.
Zumbusch, J. von *ziekte van* ~, zie psoriasis pustulosa.
zusterchromatiden de beide chromatiden van een chromosoom, ontstaan na replicatie van het DNA in de S-fase van de *interfase; elke nieuwe cel ontvangt

van ieder chromosoom één van beide zusterchromatiden die vanaf dat moment weer chromosoom worden genoemd; ~ *uitwisseling*, afk. SCE, uitwisseling van stukjes DNA tussen twee zusterchromatiden, sterk verhoogd bij het *Bloom-syndroom, ook na behandeling met mutagene en carcinogene stoffen.

zuur acidum *L.*

zuur-base-evenwicht de normale verhouding tussen de zure en basische stoffen in het bloed.

zuur- *~branden*, zie pyrosis; *~gehalte*, aciditeit; *~graad*, *pH.

zuurstof zie oxygenium; *serum~*, de zuurstof die in het bloedserum is opgelost (de meeste in het bloed aanwezige zuurstof bevindt zich in de rode bloedcellen gebonden aan het hemoglobine); **hyperbare ~behandeling*, het doen inademen van zuivere zuurstof bij een druk van meer dan één atmosfeer (1 atm. = 1.013 bar) door een zieke met een aandoening als acute *koolmonoxidevergiftiging, caissonziekte, acute lucht- of gas*embolie, gas*gangreen, chronische osteomyelitis, acuut hersenoedeem, longinsufficiëntie.

zuurvast uitdrukking in de bacteriologie om micro-organismen aan te duiden die hun kleuring behouden ook na behandeling met een zuur, bij zuurvaste staafjes zoals tuberkelbacteriën.

zuurvergiftiging zie acidose.

ZVG afk. van stichting zuivel, voeding en gezondheid.

ZVN afk. van zorgvoorzieningen Nederland.

ZVS afk. van zorg-vraag-schaal.

zwaailap gesteeld (auto-)huidtransplantaat.

zwaarmoedigheid depressie; dysthymie, hypochondrie, melancholie.

zwaartemeter gravimeter.

zwakbegaafdheid (psych.) lichte stoornis in de intelligentie (IQ 71-84); zwakbegaafden worden niet tot de geestelijk of verstandelijk gehandicapten gerekend.

zwakzinnigheid (psych.) syn. geestelijke, verstandelijke handicap; oligofrenie; psychische stoornis waarbij het IQ minder dan ±70 bedraagt; door aangeboren of zeer vroeg verworven afwijkingen in de hersenen veroorzaakte gehele of gedeeltelijke ongeschiktheid om tot verstandelijke ontwikkeling te komen (*mentale retardatie*); men onderscheidde voorheen drie vormen: de lichtste vorm *debilitas* (IQ 50-70 à 80), de zwaardere vorm *imbecillitas* (IQ 25-50) en de zwaarste vorm *idiotie* (IQ <25); tegenwoordig hanteert men de indeling: lichte zwakzinnigheid (IQ 50-70), matige zwakzinnigheid (IQ 35-50), ernstige zwakzinnigheid (IQ 20-35), diepe zwakzinnigheid (IQ <20); de oorzaak is in 30-40% van de gevallen onbekend; bekende oorzaken zijn o.a. chromosomale afwijkingen, embryonale factoren, pre- en perinatale complicaties, infecties, hypothyroïdie of diabetes van de moeder, intoxicaties van de moeder.

zwanenhals 1. röntgenbeeld van de aorta ascendens in de rechtszijdige schuine opname. 2. beeld van de dropping *hand. 3. hyperextensie van het proximale interfalangeale gewricht en gefixeerde flexiestand van het distale interfalangeale gewricht van de hand bij reumatoïde artritis.

zwanger praegnans.

zwangerschap zie graviditeit.

zwangerschapshypertensie oude benaming zwangerschapstoxicose; hypertensieve aandoening met onbekende oorzaak en wisselend klinisch beeld die alleen bij zwangeren (bij ongeveer 5%) en niet buiten de de zwangerschap voorkomt; de aandoening wordt gekenmerkt door hypertensie, eventueel met proteïnurie, en kan leiden tot *eclampsie; komt voor in de tweede helft van de zwangerschap en komt meer voor bij vrouwen die nog niet gebaard hebben (nulliparae), bij meerlingzwangerschap, mola en vooraf bestaande spieraandoening, vaatziekte of hypertensie (gesuperponeerde zwangerschapshypertensie); zie ook zwangerschapstoxicose.

zwangerschapsreacties zijn chemische, allergologische, biologische of immunologische proeven om de uitsluitend in de zwangerschap voorkomende hormonale stof choriongonadotrofine in lichaamsvloeistoffen aan te tonen, en hebben ten doel deze vroegtijdig (zwangerschap van 1-2 weken) vast te stellen, d.i. voordat uiterlijke zwangerschapstekenen waarneembaar zijn. De *immunologische* methode (die tegenwoordig vrijwel uitsluitend wordt toegepast) geeft een betrouwbare uitslag en berust op het verhinderen van agglutinatie van gesensibiliseerde schapen-erytrocyten door gonadotrofine-antistoffen wanneer dit hormoon aanwezig is in de onderzochte urine.

zwangerschapstoxicose ziektetoestand in de zwangerschap vooral gekenmerkt door verhoogde bloeddruk; omdat een toxicose (vergiftiging door toxinen) nooit is aangetoond wordt bij voorkeur de term *zwangerschapshypertensie gehanteerd.

zware-keten-ziekte syn. van heavy chain disease, zie Franklin, E.

zwartwaterkoorts zie malaria.

zwavel zie sulfur; *~koolstofvergiftiging*, sulfocarbonisme; *~zuurvergiftiging*, sulfoxisme.

zweef- *~gevoel* of *~beleving*, *levitatie (bet. 2); *~methode*, *levitatie (bet. 1).

zweepdraad flagellum, kinocilium.

zweepslag 1. *whiplash. 2. plotse heftige pijn in de kuit t.g.v. een spierscheur.

zweepworm zie Trichocephalus dispar.

zweer zie sjanker, epicauma, espundia, helcoma, serpens, ulcus.

zweet zie sudor; *~bad*, sudatorium; *~middel*, diaphoreticum.

zwel- *~ling*, zie tumor; *~lichaam*, corpus cavernosum.

zwembadgranuloma ulcereuze huidlaesies, secundair geïnfecteerd door **Mycobacterium marinum*.

zwemmers- *~eczeem*, syn. badkamereczeem, dermatofytose, epidermofytie; *~oog*, inclusie-*conjunctivitis; *~oor*, zie otitis externa.

zwerfcel zie planocyt.

zwerfzucht zie dromomanie; fugue.

zwervende zenuw nervus vagus, de tiende hersenzenuw.

zwervershuid cutis vagantium; bruin gepigmenteerde huid met krabeffecten, littekens en al of niet ontstoken laesies.

zweten zie transpiratie.

zweven zie levitatie.

zwezerik thymus.

ZWO afk. van zuiver wetenschappelijk onderzoek.

zwoerd littekenachtige, hyperplastische fibrose t.g.v. ontsteking van een weivlies, in engere zin het borstvlies (pleura), syn. schwarte *D*.

zygapofyse gewrichtsuitsteeksel van een wervel.

zygoma jukboog.

zygote *G* het versmeltingsproduct van twee gameten, waaruit het embryo groeit; de bevruchte eicel; zie ook homozygoot; de zygote van de malariaparasiet heet

*oökineet (bezit motiliteit).
zymase perssap van gistcellen, oplosbaar enzym.
zymodeem enzymenpatroon.
zymogeen het inactieve voorstadium van een enzym; zie pro-enzym.
zymologie de leer of kennis van de gisting en van de enzymen.
zymose, zymosis *G* 1. werking van een enzym. 2. ziekte door lagere organismen veroorzaakt; ~ *gastrica*, zuurvorming in de maag veroorzaakt door gisting van de inhoud; bijv.nw. *zymotisch*.
ZZ afk. van zelfzorg.
ZZA afk. van zelfzorgactiviteiten.
ZZG afk. van 1. zorgzwaartegroep. 2. zorg voor zieken en gehandicapten.
ZZT afk. van ziekenhuiszorg en topzorg.